Portable Japanese - Indonesian - English Dictionary

ポータブル

日インドネシア英
インドネシア日英
辞典

川村よし子 総監修
フロレンティナ・エリカ 監修
三修社編集部 編

三修社

まえがき

　人と人が顔をあわせてことばを交わすこと、それは世界がボーダレスにつながるようになった現代においても、コミュニケーションにとって何よりも大切なものです。

　ことばを交わすためには、ネットに頼っているわけにはいきません。単語一つでもいいので、お互いに相手の言葉を理解しようとすること、相手の言語であいさつを声に出してみること、そんな小さな歩み寄りがコミュニケーションのきっかけを作ってくれるはずです。出会った相手が片言であっても、自らの母語を話してくれた時のうれしさや安心感、それは何物にもかえがたいものです。旅行やビジネスで訪れた異国の地で、自ら進んでコミュニケーションをとりたいと思った時に役立つ辞書を、そんな思いで作られたのが、この『ポータブル』辞書シリーズです。

　このシリーズの基本理念は、1999 年に Web 上で公開を始めた、日本語学習者向けの読解支援システム『リーディング・チュウ太』にあります。このシステムは Web 上の学習支援ツールとして先駆的な役割を果たしてきました。さらに 2003 年には世界各国の学習者からの「母語で書かれた辞書が欲しい」という強い要望を受け、多言語版日本語辞書の開発に着手しました。各国の協力者によって作成された辞書は、『チュウ太のWeb 辞書』として公開しています。ただ、いずれも日本語の文章を読むためのもので、それぞれの言語から日本語を引くことはできませんでした。また、持ち歩けるハンディな辞書が欲しいという声も寄せられていました。こうした期待に応えるためにできあがったのがこのシリーズです。

　この辞書の作成には、チュウ太の多言語辞書の編集に協力してくれた世界各国のプロジェクトメンバーの支援が不可欠でした。いろいろな形でチュウ太を支えてくださっている皆様にこの場を借りて感謝の意を表します。また、それぞれの言語版の辞書は、各国語の監修者、編集協力者、さらに三修社編集部とのコラボレーションによって完成したものです。この辞書を手に、一人でも多くの方が、日本語と現地語を媒介にして、人と人とのコミュニケーションの楽しさを味わっていただけることを願っています。

2017 年 11 月

総監修　川村よし子

本辞典の使い方

本辞典は「日本語・インドネシア語・英語」「インドネシア語・日本語・英語」から構成されている。

日インドネシア英

日本語の見出し語として、約 12,700 語を収録。五十音順に配列し、すべての漢字にふりがなをつけた。外来語、外国の地名などはカタカナ書きとした。見出し語が多義の場合、代表的な語義を上に置き、派生の語義については、見出し語直後の（　）内に意味を示した。見出し語が、単独では使用されず他の語と組み合わせて用いられる語の場合は、他の語の置かれる位置を～で示した。

インドネシア語の［　］は、直前の 1 語が［　］内の語句と交換可能であることを表し、（　）は、その中の語句の使用が任意であることを表している。また、インドネシア語にはカタカナで発音を示した。（カタカナによる発音表記の詳細は「2．文字と発音」参照）

インドネシア日英

インドネシア語の見出し語として、約 10,300 語を収録。語幹だけでなく、それに接頭辞、接尾辞などの接辞がついてできた代表的な派生語も独立した見出し語として扱い、すべてをローマ字アルファベット順に配列した。接辞部分は黒、語幹部分は色で示した。色分けだけでは正しい語幹が示せない場合は、見出し語の後に《　》に入れて示した。また、インドネシア語にはカタカナで発音を示した。（カタカナによる発音表記の詳細は「2．文字と発音」参照）

付録

1. インドネシア語とその使用地域
2. 文字と発音
3. 語順
4. 接頭辞が付く動詞と名詞
5. 数字
6. 日付の表記と読み方
・よく使う日常会話集／よく使う単語集（巻末）

1. インドネシア語とその使用地域

インドネシア語

インドネシア語は、インドネシア共和国の国語です。かつて、インドネシアという国が統一される以前、インドネシアは数千の島々における王国から形成されており、それぞれの島において民族ごとに異なった言語が話されていました。14世紀にイスラムが入ってくるとともに交易が盛んになり、共通語の必要性が出てきました。当時、マラッカ海峡の東西およびその周辺海域で用いられていた海上交易のための共通語（リンガ・フランカ）だったのはムラユ語（マレー語）で、それが現在のインドネシア語の基礎となりました。さらに、インドネシアの統一に伴って、インドネシア語が国語として制定されました。

インドネシア語の特徴としては次のようなものがあげられます。1つ目は、インドネシア語では、アルファベットの26文字を使っていますが、発音は日本語のローマ字読みに似ていることです。例えば、**saya**（私）は「サヤ」、**roti**（パン）は「ロティ」などです。2つ目は、インドネシア語には複雑な敬語がないため、言っている文章が丁寧かどうかは話し方や話している時の表情や態度などで判断されます。また、インドネシア語には複雑な過去形や現在進行形などのような時制もありません。例えば、「私はラーメンを食べる」をインドネシア語にすると、**saya**（私）**makan**（食べる）**ramen**（ラーメン）となりますが、それが昨日や明日の出来事であっても、同じように **Saya makan ramen.** と言います。これに、**kemarin**（昨日）や **besok**（明日）などのような時を表す単語をつければ、「私は昨日ラーメンを食べた。」や「私は明日ラーメンを食べます。」などになります。そのため、インドネシア語を学ぶにあたって、一番求められるのは語彙力、つまり、いかに多くの単語を知っているかです。

インドネシアの基本情報

国土： 赤道付近にある約 13,000 もの大小の島々から成る島国です。国土総面積は約 189 万平方 km（日本の約5倍）で、東西の距離は長く、米国の東西両岸間とほぼ同じで約 5,000km に及びます。

時差： 時間帯は3つに区分されていて、インドネシア東部時間・中部時間・西部時間に分けられています。東部時間（パプアやマル

ク諸島など）は日本と同じ時間ですが、中部時間（バリ島やボルネオ島（現カリマンタン島）など）は日本より１時間遅く、西部時間（スマトラ島やジャワ島など）は日本より２時間遅くなっています。

主な都市：ジャカルタ（首都）、スラバヤ、ジョグジャカルタ、デンパサール、バンドゥン

人口：約２億5,790万人（2016年インドネシア統計局）で、中国、インド、米国に次いで世界第４位です。

宗教：国民の88.6パーセントがイスラム教を信仰していて、世界最多のイスラム教徒を有する国でもあります。その一方で、憲法では信教の自由が保障されているため、キリスト教、ヒンズー教、仏教などを信仰する国民も多く存在しています。

民族：ジャワ族（約４割）が一番多いですが、スンダ族、マレー族、バリ族のほか、中華系、アラブ系、インド系などを主要民族とする多民族国家です。

通貨：ルピアー（2017年現在、１円が約120ルピアー）

気候：熱帯性気候で、季節は雨季と乾季に分かれています。

2. 文字と発音

文字はローマ字を用います。文章の最初の文字や、人名、島、町などの固有名詞の最初の一文字は大文字で、それ以外は小文字で書きます。

インドネシア語のアルファベットの読み方

A	B	C	D	E	F	G	H	I
アー	ベー	チェー	デー	エー	エフ	ゲー	ハー	イー
J	K	L	M	N	O	P	Q	R
ジェー	カー	エル	エム	エヌ	オー	ペー	キー	エル
S	T	U	V	W	X	Y	Z	
エス	テー	ウー	フェー	ウェー	エクス	イェー	ゼッ	

母音

インドネシア語には６つの母音があります。**a**、**i**、**u**、**e**、**o** のように５つの文字で書き表されますが、**e** には２種類の音があります。**a**、**i**、**o** は日本語の「ア」、「イ」、「オ」と同じように発音します。特に **u** と

e の音には注意が必要です。**u**「ウ」は、日本語の「う」とは違う音です。**u**「ウ」を発音するときには、必ず口を丸めて「ウ」と発音します。この「ウ」は、長めにゆっくりと言うと、きれいな発音になります。**e** には、次のように2種類の異なった発音があります。

文字	音	説明
é	エ [e]	日本語の「え」と同じように発音します。この辞典では **é** と表記し、曖昧母音の **e** と区別していますが、一般には **e** と表記されていることもありますので、注意が必要です。
e	ウ [ə]	曖昧母音です。口は **é**「エ」を発音するときと同じ形をして、**u**「ウ」の発音をします。弱く発音した日本語の「う」に近い音です。

二重母音

ai、**au**、**oi** という3つの二重母音があります。ただし、口語体の場合、**ai** と **au** という2種類の二重母音を、それぞれ、**ai** を **é**、**au** を **o** のように発音することもあります。

例　表記：**sampai**（着く）　　　口語体発音：**sampé**
　　表記：**kalau**（もしも〜たら）　口語体発音：**kalo**

子音

p、**b**、**k**、**g**、**j**、**h**、**m**、**n**、**r**、**w**、**y** は、日本語のローマ字表記と同じように発音すれば問題ありません。その他の文字には注意が必要です。以下に、この辞典でのカタカナの表記法と実際の発音の仕方を示します。

文字	音 (_a)	説明
f	ファ [f]	英語の **f** と同じ音です。上の歯を下唇にあてて発音します。
v	ファ [v]	**f** と同じ発音です。上の歯を下唇にあてて発音します。
t	タ [t]	日本語のタ行と同じように発音します。ただし、**ti** は「ティ」、**tu** は「トゥ」です。
d	ダ [d]	日本語のダ行と同じように発音します。ただし、**di** は「ディ」、**du** は「ドゥ」です。
c	チャ [tʃ]	日本語のチャ行と同じように発音します。**ci** は「チ」です。
s	サ [s]	日本語のサ行と同じように発音します。**si** は「スィ」です。
z	ザ [z]	日本語のザ行と同じように発音します。**zi** は「ズィ」です。
l	ラ [l]	英語の **l** と同じ音です。舌の先を上の歯の裏にしっかりと付けて発音します。なお、**l** と **r** を区別するために、この辞典では、文末の **r** は通常の「ル」と表記し、**l** は小さな「ル」と表記しています。

次の表のように2文字で表記される子音もあります。その場合にも、音としては1つであるという点に注意してください。

文字	音 (_a)	説明
sy	シャ [ʃ]	日本語のシャ行と同じように発音します。**syi** は「シ」です。
ny	ニャ [ɲ]	舌の先を下の歯の裏にしっかりと付けて発音します。日本語のニャ行と似ていますが、もっとはっきりとした音になります。
ng	ン(ｸﾞ)ア [ŋ]	いわゆる鼻濁音です。「あんがい（案外）」と言うときの「ん」の音です。この辞典では「ン(ｸﾞ)」と表記しています。
kh	ハ [x]	ハ行と同じように発音し、基本的には **k** という音を発音しないことが多いです。たとえば、**khusus**（特集）は「フスス」と発音します。

音節の最後の p/b、t/d、k/g

これらの子音は、音節の最後では口の構えだけになります。息は出しませんが、発音はしています。日本人には聞こえなくても、インドネシア人には聞こえますので、口の構えはしっかりしてください。

インドネシア語	カナ表記	日本語	説明
ip	イ(ﾌﾟ)	いっ（ぱい）	唇を閉じたままにし、息を出しません。
yab	ヤ(ﾌﾟ)	やっ（ば～）	
it	イ(ﾄ)	いっ（たい）	舌の先を上の歯の裏にしっかり付けたまま、息や音は出しません。
bed	ベ(ﾄﾞ)	ベッ（ド）	
ak	アッ	あっ（！）	口を開けたまま、重いものを持ち上げようとするときのように息を止めます。

語中の ng

語の途中に現れる **ng** ＋母音は、同じ音節に属し、いわゆる鼻濁音となります。この辞典では「ン」の後に (ｸﾞ) のように小さな文字で表記しています。ガ行の音が入らないように注意してください。ガ行の音が出てくるのは、間に **g** がもう1つ入った **ngg** ＋母音のときです。

tangan (= ta + ngan)　　　タン(ｸﾞ)アン　　（×タンガン）　　「手」

sungai (= su + ngai)　　　スン(ｸﾞ)アイ　　（×スンガイ）　　「川」

cf. **tangga (= tang + ga)**　タンガ　　　　　　　　　　　　　「階段」

語末の m、n、ng

日本語では区別されることのない、音節末の「ん」は、インドネシア

語では３種類の区別があり、意味の違いにつながります。語末の **m** と **n** は特に注意が必要です。**m** は唇をしっかり閉じます。**n** は舌の先を上の歯の裏に付けて保持します。この辞典では、**m** は小さい「ム」、**n** は「ン」、**ng** は「ン(グ)」で表記して、区別しています。

makam	マカム	（× マカン）	「墓」
cf. **makan**	マカン		「食べる」
jalan	ジャラン		「道」
cf. **jarang**	ジャラン(グ)		「めったに〜ない」

アクセントとイントネーション

インドネシア語の単語には、単語ごとに決まったアクセントとイントネーションはありません。そのため、アクセントによって意味を区別することはありませんが、アクセントは、ほぼ決まった位置に現れます。音韻フレーズの最後から２番目の音節が高く発音されます。以下の語の線が、アクセントの高低のイメージです。

例１（語や句のアクセント）
baju saya（服　私　➡　私の服）

ba	ju	（服）
バ	ジュ	

ba	ju	sa	ya	（私の服）
バ	ジュ	サ	ヤ	

１語である **baju**（服）のアクセントが **ba** にあるのに対して、**baju saya** の場合は **baju**（服）と **saya**（私）の２語からなっているので、**saya** の **sa** にアクセントがあります。その部分で声の高さが上がり、その後下降します。このパターンは最も一般的なものです。

例２（疑問文のイントネーション）
Siapa nama Anda?
（誰　名前　あなた　➡　あなたの名前は？）

si	a	pa	/	na	ma	An	da
スィ	ア	パ		ナ	マ	アン	ダ

疑問文は日本語と同様、基本的には文末が上昇するイントネーションになります。

3. 語順

名詞句

インドネシア語の場合、英語の be 動詞のような役割を果たす語は簡単な文章の中では使われません。例１のように、**ini**、**itu** などの指示代名詞の場合、名詞句は後ろにつきますが、所有格を表す場合は、例２のように名詞句が所有者の前につきます。また、例３に示されるように形容詞は名詞句の後ろにつきます。ただ、数量を表す語の場合は、その数字と助数詞が名詞句の前につきます。

> 例： 1. **Ini buku.**（これ　本）「これは本です。」
> 2. **paspor saya**（パスポート　私）「私のパスポート」
> 3. **mobil baru**（車　新しい）「新しい車」
> 4. **dua batang rokok**（２　本　タバコ）「タバコ２本」

前置詞句

| 前置詞　名詞句 |

di / ke / dari Tokyo（で / へ / から　東京）「東京で / へ / から」

pada / kepada / dari Bu Nina
（所に / へ / から　さん　ニーナ）「ニーナさんの所に / へ / から」

pada pukul 3:00（に　〜時　3:00）「３時に」

形容詞句

| 《程度》形容詞 |

terlalu / sangat / sedikit mahal
（〜すぎる / 非常に / 少し　高価な）「高すぎる / 非常に高い / 少し高い」

| 名詞句　形容詞 |

rumah baru（家　新しい）「新しい家」

sepatu murah（靴　安い）「安い靴」

形容詞句は名詞句の後ろにつきます。但し、**banyak**（たくさん / 多い）、**sedikit**（少ない）、**semua**（全て / 全部）など数を表す形容詞の場合は、日本語と同様に形容詞句が名詞句の前につきます。

banyak orang（たくさん　人）「たくさんの人たち」

semua murid（全て　生徒）「全ての生徒」

動詞句

動詞《目的語》

makan ikan（食べる　魚）「魚を食べる」

membeli sepatu（買う　靴）「靴を買う」

複数形
複数を示すには、次のような方法があります。
(1) 名詞を2回繰り返す
　　anak-anak（子供　子供）「子供たち」
　　kue-kue（ケーキ　ケーキ）「ケーキ」
　　murid-murid（生徒　生徒）「生徒たち」
(2) 形容詞を2回繰り返す
　　Saya makan makanan yang enak-enak.
　　（私　食べる　食べ物　美味しい　美味しい）
　　「私は美味しい食べ物を食べます。」
　　Saya melihat gedung yang tinggi-tinggi.
　　（私　見た　建物　高い　高い）
　　「私は高い建物を見ました。」
(3) 複数を示す語を用いる
　　Tiga orang karyawan（3　人　社員）「3人の社員」
　　Beberapa jam yang lalu ibu saya tiba di Tokyo.
　　（数時間　前　母　私　着いた　に　東京）
　　「数時間前に私の母が東京に着きました。」
(4) 単数形のまま（常識でわかるもの）
　　Gigi singa tajam.
　　（歯　ライオン　鋭い）「ライオンの歯は鋭いです。」
　　Manusia mempunyai tangan.
　　（人間　持っている　手）「人間は手を持っている。」

肯定文

主語　述語

[Nama saya] [Aki].（名前　私　アキ）「私の名前はアキです。」

[Saya] [dari Tokyo].（私　から　東京）「私は東京から来ました。」

否定文

主語　bukan　述語（名詞句）

[Saya] bukan [orang Korea].
（私　ではない　人　韓国）「私は韓国人ではありません。」

[Ini] bukan [buku saya].
（これ　ではない　本　私）「これは私の本ではありません。」

主語　tidak　述語（形容詞句・動詞句）

[Hari ini] tidak [panas].
（今日　〜ない　暑い）「今日は暑くありません。」

[Saya] tidak [makan daging].
（私　〜ない　食べる　肉）「私は肉を食べません。」

ただし、口語体では **tidak** の代わりに **nggak** がよく用いられます。

疑問文

口語体では、基本的には尋ねたい部分を疑問詞に変えるだけですが、文語体では、疑問詞が文頭に来ることが多いです。疑問詞がない疑問文では文頭に **Apakah** をつけますが、口語体ではつけないことも多いです。

疑問詞のある疑問文

文語体 **Siapa nama Anda?**　　口語体 **Nama Anda siapa?**
　　（誰　名前　あなた）「あなたの名前は？」

文語体 **Di mana rumah Anda?** 口語体 **Rumah Anda di mana?**
　　（どこ　家　あなた）「あなたの家はどこですか？」

疑問詞がない疑問文

Apakah Anda guru?
（ですか　あなた　先生）「あなたは先生ですか？」

Ya, saya guru.
（はい　私　先生）「はい、私は先生です。」

Bukan, saya bukan guru.
（いいえ　私　ではありません　先生）

「いいえ、私は先生ではありません。」

Apakah Anda sedang belajar bahasa Indonesia?
（していますか　あなた　勉強　語　インドネシア）

「あなたはインドネシア語を勉強していますか？」

Ya, saya sedang belajar bahasa Indonesia.
（はい　私　しています　勉強　語　インドネシア）
「はい、私はインドネシア語を勉強しています。」

Tidak, saya tidak sedang belajar bahasa Indonesia.
（いいえ、私　していません　勉強　語　インドネシア）
「いいえ、私はインドネシア語を勉強していません。」

主な助動詞と語順
[Saya] bisa [minum bir].
（私　できる　飲む　ビール）「私はビールが飲めます。」

[Anda] boleh [datang besok].
（あなた　〜してもいい　来る　明日）「あなたは明日来てもいいです。」

[Dia] tidak mau [berbicara bahasa Inggris].
（彼　〜ない　〜たい　話す　英語）「私は英語で話したくない。」

4. 接頭辞が付く動詞と名詞

接頭辞は語幹の一番はじめの文字によって変化する場合があります。代表的なものは次の変化です。

接頭辞 meN・peN の変化
接頭辞 **meN**（受動態）、**peN**（〜する人・物）は、**N** の部分が次のように変化します。ここでは **meN** を例にして説明します。

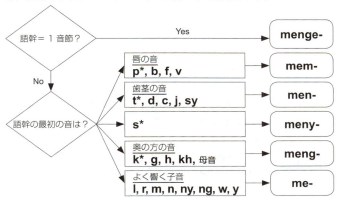

*tspk 脱落規則

語幹が2音節以上で最初の音が **t**、**s**、**p**、**k** の場合、**meN-** の付加に伴い、**t**、**s**、**p**、**k** が消えます。**tspk** 脱落規則は、語幹が外来語とみなされる場合には適用されません。

5. 数字

		1□	□0	□00	□,000	□,000,000
0	**kosong** コソン(グ) **nol** ノル					
1	**satu** サトゥ	**sebelas** スブラス	**sepuluh** スプルー	**seratus** スラトゥス	**seribu** スリブ	**sejuta** スジュタ
2	**dua** ドゥア					
3	**tiga** ティガ					
4	**empat** ウンパ(ト)					
5	**lima** リマ	単独形 + **belas** ブラス	単独形 + **puluh** プルー	単独形 + **ratus** ラトゥス	単独形 + **ribu** リブ	単独形 + **juta** ジュタ
6	**enam** ウナム					
7	**tujuh** トゥジュー					
8	**delapan** ドゥラパン					
9	**sembilan** スンビラン					

6. 日付の表記と読み方

「日ー月ー年」の順で書きます。「日」の前に **tanggal** [タンガル] を入れ、読むときは、さらに「年」の前に **tahun** [タフン]「年」を入れます。「月」という意味の **bulan** [ブラン] は口語の場合はよく略されます。

例：「2017年8月19日」

表記：**19 Agustus 2017　　19/08/2017**

読み：**tanggal sembilan belas (bulan) Agustus tahun dua ribu tujuh belas**

[タンガル スンビラン ブラス (ブラン) アグストゥス タフン ドゥア リブ トゥジュー ブラス]

ポータブル

日**インドネシア**英

▼ あ，ア

あ

アーモンド	almon / badam アルモン / バダム	almond
愛 (あい)	cinta チンタ	love
相変わらず (あいかわらず)	tetap トゥタ(プ)	as usual
アイコン	ikon イコン	icon
挨拶 (あいさつ)	salam サラム	greeting
挨拶する (あいさつする)	memberi salam ムンブリ サラム	to greet
相性 (あいしょう)	kecocokan クチョチョカン	affinity
愛称 (あいしょう)	panggilan パンギラン	nickname
愛情 (あいじょう)	kasih sayang カスィー サヤン(グ)	affection
愛人 (あいじん)	perempuan simpanan / selir / gendak プルンプアン シンパナン / スリル / グンダッ	lover
合図 (あいず)	tanda / isyarat タンダ / イシャラ(ト)	sign
合図する (あいずする)	memberi isyarat / memberi tanda ムンブリ イシャラ(ト) / ムンブリ タンダ	to sign
アイスクリーム	és krim エス クリム	ice cream
愛する (あいする)	mencintai ムンチンタイ	to love
愛想 (あいそ)	keramahan クラマハン	amiable
空いた (あいた)	kosong / luang コソン(グ) / ルアン(グ)	empty
間（場所）(あいだ)	antara アンタラ	space
間（期間）(あいだ)	selama スラマ	interval
間柄 (あいだがら)	hubungan フブン(グ)アン	relationship

日	インドネシア	英
<ruby>相<rt>あい</rt></ruby><ruby>次<rt>つ</rt></ruby>ぐ	**berturut-turut** ブルトゥル(ト) トゥル(ト)	to continue
<ruby>相<rt>あい</rt></ruby><ruby>手<rt>て</rt></ruby>	**pasangan** パサン(グ)アン	partner
<ruby>相<rt>あい</rt></ruby><ruby>手<rt>て</rt></ruby>（試合の）	**lawan** ラワン	opponent
アイデア	**idé** イデ	idea
<ruby>I D<rt>アイディー</rt></ruby>	**ID / idéntitas** アイディ / イデンティタス	identification
<ruby>I T<rt>アイティー</rt></ruby> <ruby>企<rt>き</rt></ruby><ruby>業<rt>ぎょう</rt></ruby>	**perusahaan IT** プルサハアン アイティー	information technology company
アイドル	**idola** イドラ	idol
<ruby>生<rt>あい</rt></ruby><ruby>憎<rt>にく</rt></ruby>	**sayangnya** サヤン(グ)ニャ	unfortunately
<ruby>合<rt>あい</rt></ruby><ruby>間<rt>ま</rt></ruby>	**jeda** ジュダ	interval
<ruby>曖<rt>あい</rt></ruby><ruby>昧<rt>まい</rt></ruby>	**ketidakjelasan / ambiguitas** クティダッジュラサン / アンビグイタス	vagueness
<ruby>曖<rt>あい</rt></ruby><ruby>昧<rt>まい</rt></ruby>な	**tidak jelas / ambigu** ティダッ ジュラス / アンビグ	vague
アイロン	**setrika** ストリカ	iron
<ruby>会<rt>あ</rt></ruby>う	**bertemu (dengan)** ブルトゥム（ドゥン(グ)アン）	to meet
<ruby>合<rt>あ</rt></ruby>う（一致する）	**setuju / sesuai** ストゥジュ / ススアイ	to match
<ruby>合<rt>あ</rt></ruby>う（調和する）	**cocok** チョチョッ	to harmonize
<ruby>合<rt>あ</rt></ruby>う（フィットする）	**pas** パス	to fit
<ruby>遭<rt>あ</rt></ruby>う	**mengalami** ムン(グ)アラミ	to come across
アウト（野球）	**(bola) mati** (ボラ) マティ	out
<ruby>喘<rt>あえ</rt></ruby>ぐ	**ternganga** トゥルン(グ)アン(グ)ア	to gasp
<ruby>敢<rt>あ</rt></ruby>えて	**berani** ブラニ	at great pains

日	インドネシア	英
青 あお	(warna) biru （ワルナ）ビル	blue
青い あお	biru ビル	blue
青い（未熟な） あお	belum matang ブルム マタン（グ）	immature
仰ぐ あお	menengadah ムヌン（グ）アダー	to look up
扇ぐ あお	mengipas ムン（グ）イパス	to fan
青白い あおじろ	pucat プチャ(ト)	pale
仰向け あお む	telentang トゥルンタン（グ）	on one's back
垢 あか	daki ダキ	dirt
赤 あか	(warna) mérah （ワルナ）メラー	red
赤い あか	mérah メラー	red
証し あか	bukti ブクティ	proof
赤字 あか じ	défisit デフィスイ(ト)	in the red
明かす（夜を） あ	bermalam / berjaga / begadang ブルマラム / ブルジャガ / ブガダン（グ）	to pass the night
明かす （はっきりさせる） あ	memperjelas ムンプルジュラス	to disclose
赤ちゃん あか	bayi バイ	baby
赤らむ あか	memérah ムメラー	to turn red
明かり あ	cahaya / sinar チャハヤ / スイナル	light
上がり あ	kenaikan クナイカン	rise
上がる あ	naik ナイッ	be raised [moved]
上がる（数値が） あ	naik / meningkat ナイッ / ムニンカ(ト)	to rise

あ

日	インドネシア	英
^あ上がる （家・部屋に）	**masuk ke rumah** マスック ルマー	to enter the house [room]
^あ上がる （仕事・ゲームが）	**tamat / selesai** タマ(ト) / スルサイ	to finish [complete] the work [game]
^{あか}明るい	**terang** トゥラン(グ)	bright
^{あか}明るい（性格）	**ceria** チュリア	cheerful
^{あか}明るい （よく知っている）	**pintar / tahu banyak (tentang)** ピンタル / タウ バニャッ（トゥンタン(グ)）	be familiar with
^{あき}秋	**musim gugur** ムスィム ググル	fall
^あ空き	**kekosongan** クコソン(グ)アン	empty
^{あ かん}空き缶	**kaléng kosong** カレン(グ) コソン(グ)	empty can
^{あき}明らか（な）	**jelas / terang** ジュラス / トゥラン(グ)	clear
^{あきら}諦め	**penyerahan** プニュラハン	abandonment
^{あきら}諦める	**menyerah** ムニュラー	to give up
^あ飽きる	**bosan / jemu / jenuh** ボサン / ジュム / ジュヌー	be tired of
^{あき}呆れる	**tercengang / bengong** トゥルチュン(グ)アン(グ) / ブン(グ)オン(グ)	be astounded
^{あく}悪	**kejahatan** クジャハタン	evil
^あ開く（ドアが）	**buka** ブカ	to open
^あ開く（店・幕が）	**mulai** ムライ	to start
^あ空く（場所が）	**(menjadi) kosong** （ムンジャディ）コソン(グ)	to leave space
^あ空く（穴が）	**berlubang** ブルルバン(グ)	be pierced with a hole
^{あくえいきょう}悪影響	**dampak buruk / dampak négatif** ダンパッ ブルッ / ダンパッ ネガティフ	bad influence [effects]
^{あくしゅ}握手	**jabat tangan** ジャバ(ト) タン(グ)アン	handshake

日	インドネシア	英
握手する あくしゅ	berjabat tangan ブルジャバ(ト) タン(グ)アン	to shake hands
悪臭 あくしゅう	bau tidak énak バウ ティダッ エナッ	offensive odor
悪性 あくせい	keburukan クブルカン	malignancy
アクセサリー	aksésoris アクセソリス	accessory
アクセル	pédal gas ペダル ガス	gas pedal
アクセント	aksén アクセン	accent
あくどい	nakal / jahat ナカル / ジャハ(ト)	vicious
欠伸 あくび	kuap クア(ブ)	yawn
欠伸する あくび	menguap ムン(グ)ウア(ブ)	to yawn
悪魔 あくま	iblis / sétan イブリス / セタン	devil
あくまでも	tetap トゥタ(ブ)	to the last
明け方 あ がた	subuh スブー	dawn
挙げ句 あ く	akhirnya アヒルニャ	in the end
揚げた あ	digoréng ディゴレン(グ)	fried
開ける あ	membuka ムンブカ	to open
明ける（夜が） あ	menyingsing (fajar) ムニインスイン(グ) （ファジャル）	to break (of the day)
明ける（年が） あ	menyambut tahun baru ムニャンブ(ト) タフン バル	to greet the New Year
あげる	beri / memberi ブリ / ムンブリ	to give
上げる あ	menaikkan ムナイッカン	to raise [rise up]
上げる あ （人を家・部屋に）	mengizinkan seseorang untuk masuk ke rumah ムン(グ)イズインカン ススオラン(グ) ウントゥ(ク) マスック ルマー	to let *sb* enter the house [room]

日	インドネシア	英
<ruby>上<rt>あ</rt></ruby>げる （仕事・ゲームを）	menyelesaikan ムニュルサイカン	to finish [complete] the work [game]
<ruby>揚<rt>あ</rt></ruby>げる	menggoréng ムンゴレン（グ）	to deep-fry
<ruby>顎<rt>あご</rt></ruby>	dagu ダグ	chin
<ruby>憧<rt>あこが</rt></ruby>れ	pujaan プジャアン	admiration
<ruby>憧<rt>あこが</rt></ruby>れる	memuja ムムジャ	be attracted to
<ruby>朝<rt>あさ</rt></ruby>	pagi パギ	morning
<ruby>麻<rt>あさ</rt></ruby>	rami ラミ	hemp
<ruby>痣<rt>あざ</rt></ruby>	memar ムマル	bruise
<ruby>浅<rt>あさ</rt></ruby>い	dangkal / céték ダンカル / チェテッ	shallow
<ruby>浅<rt>あさ</rt></ruby>い（時間・期間が）	muda ムダ	short
<ruby>浅<rt>あさ</rt></ruby>い（経験・理解が）	dangkal / kurang ダンカル / クラン（グ）	be insufficient
<ruby>朝市<rt>あさいち</rt></ruby>	pasar pagi パサル パギ	morning market
<ruby>朝<rt>あさ</rt></ruby>ごはん	sarapan / makan pagi サラパン / マカン パギ	breakfast
<ruby>明後日<rt>あさって</rt></ruby>	lusa ルサ	the day after tomorrow
<ruby>朝寝坊<rt>あさねぼう</rt></ruby>	bangun kesiangan バン（グ）ウン クスイアン（グ）アン	oversleeping
あさましい	keji クジ	shameless
<ruby>欺<rt>あざむ</rt></ruby>く	mencurangi ムンチュラン（グ）イ	to fool
<ruby>鮮<rt>あざ</rt></ruby>やか	kecerahan クチュラハン	brightness
<ruby>鮮<rt>あざ</rt></ruby>やかな	cerah チュラー	bright
アサリ	(kerang) kepa （クラン（グ）） クパ	Japanese littleneck

日	インドネシア	英
嘲笑う あざわら	mengéjék ムン(グ)エジェッ	to make fun of
あし（足・脚）	kaki カキ	foot / leg
足（移動手段） あし	moda transportasi モダ トランスポルタスイ	moving means
味 あじ	rasa (makanan / minuman) ラサ（マカナン / ミヌマン）	taste
アジア	Asia アスィア	Asia
アジア人 じん	orang Asia オラン(グ) アスィア	Asian (people)
足跡 あしあと	jejak kaki ジュジャッ カキ	footprint
あしからず	jangan dibawa ke hati ジャン(グ)アン ディバワ ク ハティ	please do not feel bad
足首 あしくび	pergelangan kaki プルグラン(グ)アン カキ	ankle
アシスタント	asistén アスィステン	assistant
明日 あした	bésok ベソッ	tomorrow
味見 あじみ	cicip / mencicipi チチ(プ) / ムンチチピ	tasting
味見する あじみ	mencicip ムンチチ(プ)	to taste
足元 あしもと	langkah ランカー	around the feet
味わい あじ	rasa ラサ	flavor
味わう あじ	merasakan ムラサカン	to taste
預かる あず	dititipi ディティティピ	to keep
預ける あず	menitipkan ムニティ(プ)カン	to leave
アスパラガス	asparagus アスパラグス	asparagus
汗 あせ	keringat クリン(グ)ア(ト)	sweat

日	インドネシア	英
ASEAN（アセアン）	ASEAN アセアン	ASEAN
焦る（あせる）	gelisah / tergesa-gesa グリサー / トゥルグサ グサ	be in hurry
褪せる（あせる）	pudar プダル	to fade
あそこ	di sana ディ サナ	there
遊び（あそび）	permainan プルマイナン	play
遊ぶ（あそぶ）	bermain ブルマイン	to play
遊ぶ（あそぶ） （働いていない）	menganggur ムン(グ)アングル	be idle
遊ぶ（あそぶ） （活用していない）	tidak digunakan ティダッ ディグナカン	to waste
値（あたい）（価格・価値）	harga ハルガ	price
値（あたい）（数値）	angka アンカ	numerical value
値する（あたいする）	bernilai ブルニライ	to have value
与える（あたえる）	memberikan ムンブリカン	to give
あたたかい	hangat ハン(グ)ア(ト)	warm
あたたかい （思いやりのある）	berhati hangat ブルハティ ハン(グ)ア(ト)	considerate
あたたまる	(menjadi) hangat (ムンジャディ) ハン(グ)ア(ト)	to warm up
あたためる	menghangatkan ムンハン(グ)ア(ト)カン	to warm
頭（あたま）（頭部）	kepala クパラ	head
頭（あたま）（頭脳）	otak オタッ	brain
頭金（あたまきん）	uang muka / persekot ウアン(グ) ムカ / プルスコ(ト)	down payment
新しい（あたらしい）	baru バル	new / novel

日	インドネシア	英
新しい（新鮮な）	segar スガル	new / fresh
辺り	sekitar スキタル	surroundings
当り	kena クナ	hit
当り（正解）	benar / betul ブナル / ブトゥル	correct
当り前（な）	wajar / tentu saja ワジャル / トゥントゥ サジャ	a matter of course / ordinary
当たる（ぶつかる）	terkena トゥルクナ	to hit *sth*
当たる（命中する）	kena クナ	to collide with *sth*
当たる（一致する）	tepat / kena トゥパ(ト) / クナ	to correspond with *sth*
あたる （食べ物などに）	keracunan クラチュナン	to get poised
あちこち	di mana-mana ディ マナ マナ	everywhere
あちら	di sana ディ サナ	that
あつい（暑い・熱い）	panas パナス	hot
熱い（思いが強い）	bergairah / bersemangat / antusias ブルガイラー / ブルスマン(グ)ア(ト) / アントゥスィアス	be passionate
厚い	tebal トゥバル	thick
悪化	memburuknya ムンブルッニャ	deterioration
悪化する	memburuk ムンブルッ	to deteriorate
扱い	perlakuan プルラクアン	treatment
扱う	memperlakukan ムンプルラクカン	to treat
厚かましい	tak tahu malu タッ タウ マル	shameless
あっけない	terlalu mudah トゥルラル ムダー	too easy

日	インドネシア	英
あっさりした(味)	hambar / tawar ハンバル / タワル	lightly-seasoned
あっさりと (簡単に)	dengan mudah ドゥン(グ)アン ムダー	easily
圧縮	komprési コンプレスィ	compression
圧縮する	mengomprési ムン(グ)オンプレスィ	to compress
斡旋	perantaraan プルアンタラアン	mediation
斡旋する	menjadi perantara ムンジャディ プルアンタラ	to mediate
あっという間	sekejap スクジャ(プ)	instant
圧倒	kemenangan mutlak クムナン(グ)アン ムトラッ	overpower
圧倒する	mengalahkan secara mutlak ムン(グ)アラーカン スチャラ ムトラッ	to overwhelm
圧迫	penekanan プヌカナン	pressure
圧迫する	menekan ムヌカン	to press
アップする (数値・レベル)	meningkat ムニンカ(ト)	to raise
アップする (アップロード)	mengunggah ムン(グ)ウンガー	to upload
集まり	kumpulan クンプラン	gathering
集まる	berkumpul ブルクンプル	to get together
集める	mengumpulkan ムン(グ)ウンプルカン	to collect
誂える	memesan ムムサン	to order (a dress)
圧力	tekanan トゥカナン	pressure
宛先	alamat tujuan アラマ(ト) トゥジュアン	address
当て字	huruf pengganti フルフ プンガンティ	substitute character

日	インドネシア	英
宛名	alamat アラマ(ト)	address
あてはまる	pas / cocok パス / チョチョッ	be true
あてはめる	mengepaskan / mencocokkan ムン(グ)ウパスカン / ムンチョチョッカン	to apply
当てる	membenturkan ムンブントゥルカン	to hit
当てる（推測する）	tebak / menebak トゥバッ / ムヌバッ	to guess
後（後方）	belakang ブラカン(グ)	backward
後（残り）	sisa スィサ	remaining
後（以後）	sesudahnya ススダーニャ	after
後（終了後）	seusai スウサイ	after
あと〜	〜 lagi ラギ	in
跡	jejak ジュジャッ	track
跡継ぎ	penerus プヌルス	successor
後で	nanti ナンティ	later
アドバイス	nasihat ナスィハ(ト)	advice
アドバイスする	menasihati ムナスィハティ	to advise
後払い	pascabayar パスチャバヤル	deferred payment
後払いする	bayar kemudian バヤル クムディアン	to pay later
後回し	penundaan プヌンダアン	postponement
アドレス	alamat アラマ(ト)	address
穴	lubang ルバン(グ)	hole

日	インドネシア	英
アナウンサー	penyiar プニィアル	announcer
あなた	Anda アンダ	you
あなた方	kalian カリアン	you
兄	kakak laki-laki カカッ ラキ ラキ	brother
アニメ	animasi アニマスィ	animation
姉	kakak perempuan カカッ プルンプアン	sister
あの	itu イトゥ	that
あの方	beliau ブリアウ	that person
アパート	apartemén アパルトゥメン	apartment
暴れる	mengamuk ムン(グ)アムッ	to act violently
浴びる	menyiram ムニィラム	to bathe
アフターサービス	layanan purnajual ラヤナン プルナジュアル	after-sales service
危ない	berbahaya ブルバハヤ	dangerous
危ない （信用できない）	tidak bisa dipercaya ティダッ ビサ ディプルチャヤ	unreliable
脂	lemak ルマッ	lard
油	minyak ミニャッ	oil
油絵	lukisan cat minyak ルキサン チャ(ト) ミニャッ	oil painting
油っこい	berlemak ブルルマッ	greasy
脂身	lamur ラムル	fatty meat
アプリ	aplikasi アプリカスィ	application

日	インドネシア	英
アフリカ	**Afrika** アフリカ	Africa
アフリカ人	**orang Afrika** オラン (グ) アフリカ	African
炙る	**memanggang** ムマンガン (グ)	to grill
溢れる (外に出る)	**meluap** ムルア (プ)	to overflow
溢れる (豊富に存在する)	**melimpah** ムリンパー	to abound
アプローチ	**pendekatan** プンドゥカタン	approach
アプローチする	**mendekati** ムンドゥカティ	to approach
あべこべ	**keterbalikan** クトゥルバリカン	the wrong way around
あべこべな	**terbalik** トゥルバリ (ク)	opposite
アポイントメント	**janji** ジャンジ	appointment
甘い	**manis** マニス	sweet
甘い (塩が足りない)	**kurang asin** クラン (グ) アスィン	not well salted
甘い (厳格でない)	**longgar** ロンガル	indulgent
甘い (不十分)	**tidak cukup** ティダッ チュク (プ)	insufficient
甘える	**manja** マンジャ	to depend on
雨具	**perlengkapan hujan** プルルンカパン フジャン	rain gear
甘口	**manis** マニス	sweet
アマチュア	**amatir** アマティル	amateur
雨戸	**tirai hujan** ティライ フジャン	rain shutter
甘やかす	**memanjakan** ムマンジャカン	to pamper

日	インドネシア	英
あまり （それほど〜ない）	tidak begitu ティダッ ブギトゥ	not so much
余り（残ったもの）	sisa スィサ	remainder
余る	tersisa トゥルスィサ	to remain
甘んじる	berpuas hati ブルプアス ハティ	to content oneself with
網	jaring ジャリン(グ)	net
編み物	rajutan ラジュタン	knitting
編む（セーターなど）	merajut ムラジュ(ト)	to knit
編む（文章など）	menyusun ムニュスン	to edit
飴	permén プルメン	candy
雨	hujan フジャン	rain
アメリカ	Amérika アメリカ	America
アメリカ人	orang Amérika オラン(グ) アメリカ	American (people)
危うい	berbahaya ブルバハヤ	dangerous
怪しい	mencurigakan ムンチュリガカン	suspicious
操る	mengontrol ムン(グ)オントロル	to control
危ぶむ	khawatir ハワティル	be afraid of
あやふやさ	keragu-raguan クラグ ラグアン	uncertainty
あやふやな	ragu-ragu ラグ ラグ	uncertain
過ち	kesalahan クサラハン	mistake
誤り	kesalahan / kekeliruan クサラハン / ククリルアン	mistake

日	インドネシア	英
誤る あやま	**berbuat salah** ブルブア(ト) サラー	to make a mistake
謝る あやま	**meminta maaf / memohon maaf** ムミンタ マアフ / ムモホン マアフ	to apologize
歩み あゆ	**langkah** ランカー	step
歩み寄る あゆ よ	**berkompromi (dengan)** ブルコンプロミ（ドゥン(グ)アン）	to compromise with
歩む あゆ	**melangkah** ムランカー	to step
あら	**wah** ワー	wow
荒い あら	**kasar** カサル	harsh
粗い あら	**kasar** カサル	rough
洗う あら	**mencuci** ムンチュチ	to wash
予め あらかじ	**terlebih dahulu** トゥルルビー ダフル	in advance
嵐 あらし	**badai** バダイ	storm
荒らす あ	**memorak-porandakan** ムモラッ ポランダカン	to ravage
あらすじ	**ringkasan** リンカサン	plot
争い あらそ	**perselisihan / pertengkaran** ブルスリスィハン / ブルトゥンカラン	battle
争う あらそ	**berselisih / bertengkar** ブルスリスィー / ブルトゥンカル	to dispute
新た あら	**kebaruan** クバルアン	newness
新たな あら	**baru** バル	new
改まる あらた	**diperbarui** ディプルバルイ	be renewed
改めて あらた	**lagi / sekali lagi** ラギ / スカリ ラギ	over again
改める あらた	**memperbaharui** ムンプルバハルイ	to renew

日	インドネシア	英
荒っぽい	kasar カサル	rough
アラビア語	bahasa Arab バハサ アラ(ブ)	Arabian (language)
アラブ	Arab アラ(ブ)	Arab
アラブ人	orang Arab オラン(グ) アラ(ブ)	Arabian (people)
あらゆる	segala スガラ	every
霰	hujan és フジャン エス	hail
表す	menunjukkan ムヌンジュッカン	to indicate
現す	menampilkan ムナンピルカン	to show
著す	menulis ムヌリス	to write
現れ	penampakan プナンパカン	indication
現れる	tampak タンパッ	to appear
ありえない	mustahil ムスタヒル	impossible
ありがとう	terima kasih トゥリマ カスィー	thank you
有り様	keadaan クアダアン	condition
ありのまま	apa adanya アパ アダニャ	the way one is
ありふれた	biasa ビアサ	common
(〜は) ありますか	adakah? アダカー	Is [Are] there ~?
ある	ada アダ	to exist
或る	suatu スアトゥ	some
あるいは	atau アタウ	or

日	インドネシア	英
アルカリ	alkali アルカリ	alkali
歩く	berjalan ブルジャラン	to walk
アルコール	alkohol アルコホル	alcohol
アルコール飲料	minuman beralkohol ミヌマン ブルアルコホル	alcoholic drink
アルバイト	pekerjaan paruh waktu プクルジャアン パルー ワクトゥ	part-time job
アルバイトする	bekerja paruh waktu ブクルジャ パルー ワクトゥ	to work part-time
アルバム	album アルブム	album
アルファベット	alfabét アルファベ(ト)	alphabet
アルミニウム	aluminium アルミニウム	aluminum
アルミホイル	kertas aluminium クルタス アルミニウム	aluminum foil
あれ	itu イトゥ	that
あれ（例のもの）	itu / yang itu イトゥ / ヤン(グ) イトゥ	what-do-you-call-it
あれこれ	begini-begitu ブギニ ブギトゥ	one or another
荒れた	amuk / gejolak アムッ / グジョラッ	fierce / strong
荒れる	mengamuk ムン(グ)アムッ	to go wild
アレルギー	alérgi アレルギ	allergy
泡	gelembung グルンブン(グ)	bubble
合わせる	menghubungkan ムン(グ)フブンカン	to connect
慌ただしい	terburu-buru / tergesa-gesa トゥルブル ブル / トゥルグサ グサ	busy
慌てる	panik / buru-buru パニッ / ブル ブル	be panic

日	インドネシア	英
アワビ	abalon アバロン	abalone
<ruby>哀<rt>あわ</rt></ruby>れ	kasihan カスィハン	pity
<ruby>案<rt>あん</rt></ruby>	usulan ウスラン	idea
<ruby>安易<rt>あんい</rt></ruby>	kemudahan クムダハン	easiness
<ruby>安易<rt>あんい</rt></ruby>な	mudah ムダー	easy
<ruby>案外<rt>あんがい</rt></ruby>	(di) luar dugaan (ディ) ルアル ドゥガアン	unexpectedly
<ruby>暗記<rt>あんき</rt></ruby>	penghafalan プン(グ)ハファラン	memorizing
<ruby>暗記<rt>あんき</rt></ruby>する	menghafal ムンハファル	to memorize
アンケート	angkét アンケ(ト)	questionnaire
アンコール	penambahan waktu pertunjukan / lagu プナンバハン ワクトゥ プルトゥンジュカン / ラグ	encore
アンコールする	meminta supaya pertunjukan / lagu ditambah ムミンタ スパヤ プルトゥンジュカン / ラグ ディタンバー	to receive an encore
<ruby>暗殺<rt>あんさつ</rt></ruby>	pembunuhan (diam-diam) プンブヌハン (ディアム ディアム)	assassination
<ruby>暗殺<rt>あんさつ</rt></ruby>する	membunuh ムンブヌー	to assassinate
<ruby>暗算<rt>あんざん</rt></ruby>	penghitungan di luar kepala プン(グ)ヒトゥン(グ)アン ディ ルアル クパラ	mental arithmetic
<ruby>暗算<rt>あんざん</rt></ruby>する	menghitung di luar kepala ムンヒトゥン(グ) ディ ルアル クパラ	to calculate mentally
<ruby>暗示<rt>あんじ</rt></ruby>	indikasi インディカスィ	indication
<ruby>暗示<rt>あんじ</rt></ruby>する	mengindikasikan ムン(グ)インディカスィカン	to indicate
<ruby>暗証番号<rt>あんしょうばんごう</rt></ruby>	nomor PIN ノモル ピン	PIN number
<ruby>案<rt>あん</rt></ruby>じる	khawatir (akan) ハワティル (アカン)	to worry about
<ruby>安心<rt>あんしん</rt></ruby>	kelegaan クルガアン	relief

日	インドネシア	英
安心する あんしん	merasa lega ムラサ ルガ	to feel at ease
安静 あんせい	istirahat イスティラハ(ト)	to rest in bed
安静にする あんせい	beristirahat ブルイスティラハ(ト)	to take a rest
安全 あんぜん	keamanan クアマナン	safety
安全な あんぜん	aman アマン	safe
安定 あんてい	kestabilan クスタビラン	stability
安定した あんてい	stabil スタビル	stable
アンテナ	anténa アンテナ	antenna
あんな	seperti itu スプルティ イトゥ	like that
案内 あんない	panduan / pemanduan パンドゥアン / プマンドゥアン	guide
案内する あんない	memandu ムマンドゥ	to guide
あんなに	sebegitu スブギトゥ	so much
案の定 あん じょう	seperti yang diduga スプルティ ヤン(グ) ディドゥガ	as expected
あんまりな	keterlaluan クトゥルラルアン	too bad

▼ い，イ

～位 い	peringkat ～ プリンカ(ト)	rank
意 い	kehendak / keinginan クヘンダッ / クイン(グ)イナン	mind
胃 い	lambung ランブン(グ)	stomach
いい	baik / bagus バイッ / バグス	good
言い争う い あらそ	bertengkar ブルトゥンカル	to argue [quarrel] with

日	インドネシア	英
いいえ	tidak / bukan ティダッ / ブカン	no
言いがかり	tuduhan tanpa alasan トゥドゥハン タンパ アラサン	false charge [accusation]
いい加減な	ceroboh チュロボー	careless
言い出す (言い始める)	mulai berbicara ムライ ブルビチャラ	to begin to speak
言い出す (最初に言う)	menyebutkan pertama ムニュブ(ト)カン プルタマ	to tell first
言いつける	memerintah ムムリンター	to complain
E メール	e-mail / surél イーメイル / スレル	e-mail
言い訳	dalih ダリー	excuse
言い訳する	berdalih ブルダリー	to excuse
委員	panitia / komite パニティア / コミトゥ	committee
医院	klinik クリニッ	doctor's clinic
言う	mengatakan ムン(グ)アタカン	to say
家	rumah ルマー	home
家出 (する)	kabur dari rumah / minggat カブル ダリ ルマー / ミンガ(ト)	runaway / to run away
イカ	cumi-cumi チュミ チュミ	squid
以下	ke bawah ク バワー	below
以外	kecuali クチュアリ	except for
意外	luar dugaan ルアル ドゥガアン	unexpectedness
意外な	(di) luar dugaan (ディ) ルアル ドゥガアン	unexpected
いかが	bagaimana バガイマナ	how

日	インドネシア	英
医学 いがく	ilmu kedokteran イルム クドゥトゥラン	medical science
生かす い	memanfaatkan ムマンファア(ト)カン	to make the most of
いかに	bagaimana バガイマナ	how
いかにも	benar-benar ブナル ブナル	as if
怒り いか	kemarahan クマラハン	anger
～いかん	tergantung pada ~ トゥルガントゥン(グ) パダ	depending on
粋 いき	keanggunan クアングナン	stylishness
息 いき	napas ナパス	breath
息をする いき	bernapas ブルナパス	to breathe
～行き い	tujuan トゥジュアン	(bound) for ~
意義 いぎ	arti アルティ	meaning
異議 いぎ	keberatan クブラタン	disagreement
生き生き い い	asyik アスィッ	full of life
勢い いきお	kekuatan ククアタン	force
生きがい い	alasan untuk hidup アラサン ウントゥ(ク) ヒドゥ(プ)	reason for living
生き返る い かえ	hidup kembali ヒドゥ(プ) クンバリ	to revive
息苦しい いきぐる	sesak nafas スサッ ナファス	hard to breathe
意気込む いきご	bersemangat ブルスマン(グ)ア(ト)	be enthusiastic about
行き先 い さき	déstinasi デスティナスィ	destination
行き違い い ちが	saling salah paham サリン(グ) サラー パハム	misunderstanding

日	インドネシア	英
行き詰る	buntu ブントゥ	to reach to a deadlock
粋な	anggun アングン	stylish
いきなり	tiba-tiba ティバ ティバ	suddenly
生き物	mahluk hidup マールッ ヒドゥ(プ)	living thing
イギリス	Inggris イングリス	the United Kingdom
イギリス人	orang Inggris オラン(グ) イングリス	British (people)
生きる	hidup ヒドゥ(プ)	to live
生きる(役立つ)	bermanfaat ブルマンファア(ト)	be useful
行く	pergi プルギ	to go
育児	pengasuhan anak プン(グ)アスハン アナッ	childcare
育児する	merawat / mengasuh anak ムラワ(ト) / ムン(グ)アスー アナッ	to take care of one's baby
育児休暇	cuti mengasuh anak チュティ ムン(グ)アスー アナッ	childcare leave
意気地なし	pengecut プン(グ)ウチュ(ト)	coward
育成	pembinaan プンビナアン	training
育成する	membina ムンビナ	to train
いくつ	berapa ブラパ	how many
いくら	berapa (harga) ブラパ (ハルガ)	how much
池	kolam コラム	pond
生け花	seni merangkai bunga スニ ムランカイ ブン(グ)ア	Japanese flower arrangement
(〜しては)いけません	tidak boléh ティダッ ボレー	must not

日	インドネシア	英
（花を）生ける	merangkai bunga ムランカイ ブン(グ)ア	to arrange flowers
意見	pendapat プンダパ(ト)	opinion
異見	pendapat (yang) lain プンダパ(ト) (ヤン(グ)) ライン	different view
意見交換	tukar pendapat トゥカル プンダパ(ト)	exchange of opinions
意見交換する	bertukar pendapat ブルトゥカル プンダパ(ト)	to exchange opinions
以後	seterusnya ストゥルスニャ	after this
以降	sejak スジャッ	since
意向	maksud / niat マクス(ド) / ニア(ト)	intention
移行	transisi トランスイスイ	transition
移行する	berpindah ブルピンダー	to transfer
イコール	sama dengan サマ ドゥン(グ)アン	equal
いざ	bila diperlukan ビラ ディプルルカン	now then
勇ましい	berani ブラニ	brave
遺産	warisan ワリサン	inheritance
石	batu バトゥ	stone
意思	kehendak クヘンダッ	mind
意志	keinginan / kehendak クイン(グ)イナン / クヘンダッ	determination
医師	dokter ドクトゥル	doctor
意地	tegar / keteguhan hati トゥガル / クトゥグハン ハティ	obstinate
維持	pemeliharaan プムリハラアン	maintenance

い

維持する	mempertahankan ムンプルタハンカン	to keep
意識	kesadaran クサダラン	awareness
意識する	menyadari ムニャダリ	be aware of
遺失物	barang hilang バラン(グ) ヒラン(グ)	lost article
遺失物保管所	kantor penemuan barang hilang カントル プヌムアン バラン(グ) ヒラン(グ)	Lost and Found Office
意地になる	berkeras ブルクラス	to insist
いじめる	menganiaya / merisak ムン(グ)アニアヤ / ムリサッ	to tease
医者	dokter ドクトゥル	doctor
移住	migrasi ミグラスィ	immigration
移住する	bermigrasi ブルミグラスィ	to immigrate
衣装	pakaian パカイアン	clothes
以上	lebih dari ルビー ダリ	more than
以上 (文章の締めくくり)	sekian スキアン	that's all
異常	abnormal アブノルマル	abnormality
異常な	keabnormalan クアブノルマラン	abnormal
移植	transplantasi トランスプランタスィ	transplantation
移植する	mentransplantasikan ムントランスプランタスィカン	to transplant
衣食住	sandang pangan dan papan スダン(グ) パン(グ)アン ダン パパン	food, clothing and shelter
いじる	mengutak-atik / menyentuh ムン(グ)ウタッ アティッ / ムニュントゥー	to touch
意地悪	kenakalan クナカラン	maliciousness

日	インドネシア	英
意地悪な いじわる	**nakal** ナカル	malicious
椅子 いす	**kursi** クルスイ	chair
椅子 いす (スツール・ベンチ)	**kursi / bangku** クルスイ / バンク	stool / bench
泉 いずみ	**mata air** マタ アイル	fountain
イスラム教 きょう	**agama Islam** アガマ イスラム	Islamic
イスラム教徒 きょうと	**pemeluk agama Islam** プムルッ アガマ イスラム	Muslim (people)
いずれ (近々)	**dalam waktu dekat** ダラム ワクトゥ ドゥカ(ト)	sooner or later
いずれにしても	**bagaimanapun** バガイマナプン	in any case
いずれも	**keduanya** クドゥアニャ	both
異性 いせい	**jenis kelamin yang berbéda** ジュニス クラミン ヤン(グ) ブルベダ	opposite sex
異性の いせい	**lawan jenis (kelamin)** ラワン ジュニス (クラミン)	of opposite sex
遺跡 いせき	**peninggalan** プニンガラン	remains
以前 いぜん	**dulu / sebelum** ドゥル / スブルム	before
依然 いぜん	**tetap** トゥタ(プ)	still
忙しい いそが	**sibuk** スィブッ	busy
急ぐ いそ	**terburu-buru / tergesa-gesa** トゥルブル ブル / トゥルグサ グサ	to hurry
依存 いぞん	**ketergantungan** クトゥルガントゥン(グ)アン	dependence
依存する いぞん	**bergantung (pada)** ブルガントゥン(グ) (パダ)	to depend on
板 いた	**papan** パパン	board
痛い いた	**sakit** サキ(ト)	painful

日	インドネシア	英
遺体	mayat / jenazah マヤ(ト) / ジュナザー	corpse
偉大	kebesaran クブサラン	greatness
偉大な	mahabesar マハブサル	great
委託	titip ティティ(プ)	commission
委託する	menitipkan (atas dasar saling percaya) ムニティ(プ)カン（アタス ダサル サリン(グ) プルチャヤ）	to entrust
抱く	memeluk ムムルッ	to hold
いたずら	kenakalan クナカラン	mischief
いたずらする	berbuat nakal ブルブア(ト) ナカル	to make mischief
(山の) 頂	puncak プンチャッ	summit
いただきます	mari kita makan マリ キタ マカン	Let's eat!
至って	benar-benar ブナル ブナル	extremely
痛み	rasa sakit ラサ サキ(ト)	pain
痛む	(merasa) sakit （ムラサ）サキ(ト)	to feel pain
痛み止め	obat penahan rasa sakit オバ(ト) プナハン ラサ サキ(ト)	painkiller
炒めた	ditumis ディトゥミス	stir-fried
炒める	menumis ムヌミス	to stir-fry
傷める	terluka トゥルルカ	to hurt
(〜の) 至り	puncak / 〜 yang tak terhingga プンチャッ / ヤン(グ) タッ トゥルヒンガ	utmost 〜
イタリア	Italia イタリア	Italy
イタリア語	bahasa Italia バハサ イタリア	Italian (language)

日	インドネシア	英
イタリア人	orang Italia オラン(グ) イタリア	Italian (people)
至る	sampai サンパイ	to reach
労る	memelihara ムムリハラ	to take care of
1	satu サトゥ	one
位置	letak ルタッ	position
市	pasar パサル	market
一々	satu demi satu サトゥ ドゥミ サトゥ	one by one
一応	sekadarnya / sedikit banyak スカダルニャ / スディキ(ト) バニャッ	more or less
一概に	tanpa syarat / pukul rata タンパ シャラ(ト) / プクル ラタ	unconditionally
一月	Januari ジャヌアリ	January
イチゴ	strobéri ストロベリ	strawberry
一時（時刻）	【口】jam satu / 【文】pukul satu ジャム サトゥ / プクル サトゥ	one o'clock
一時（一旦）	sementara スムンタラ	temporarily
一時停止	penghentian sementara プン(グ)フンティアン スムンタラ	halt
一時停止する	menghentikan untuk sementara ムンフンティカン ウントゥ(ク) スムンタラ	to halt
一時的	sementara スムンタラ	temporary
著しい	mencolok ムンチョロッ	considerable
位置する	terletak トゥルルタッ	be located [positioned]
一段と	(jauh) lebih (ジャウー) ルビー	even more
一度	satu kali / sekali サトゥ カリ / スカリ	once

日	インドネシア	英
いちど 一度に	pada waktu yang bersamaan / sekaligus パダ ワクトゥ ヤン (グ) ブルサマアン / スカリグス	at the same time
いちどう 一同	semua スムア	all the persons
いちにち 一日	sehari スハリ	a (one) day
いち ば 市場	pasar パサル	market place
いちばん 一番	nomor satu ノモル サトゥ	the first
いちばん 一番 (番号 1)	nomor satu ノモル サトゥ	number one
いちばん 一番 (最も)	paling パリン (グ)	most
いち ぶ 一部	bagian バギアン	part
いち ぶ 一部の	sebagian スバギアン	some
いち ぶ ぶん 一部分	sebagian スバギアン	small part
いちめん 一面	satu sisi サトゥ スイスイ	one side
いちめん 一面 (表紙)	halaman utama ハラマン ウタマ	front page
いちめん 一面 (一局面)	satu sisi サトゥ スイスイ	one aspect
いちもく 一目	sekali pandang / sekilas スカリ パンダン (グ) / スキラス	look
いちよう 一様	kesamarataan / keseragaman クサマラタアン / クスラガマン	unanimity
いちよう 一様に	sama rata / seragam サマ ラタ / スラガム	unanimously
い ちょうやく 胃 腸 薬	obat pencernaan オバ (ト) プンチュルナアン	digestive medicine
いちりつ 一律	tanpa kecuali タンパ クチュアリ	equality
いちりゅう 一 流	kelas atas クラス アタス	first class

日	インドネシア	英
一連 いちれん	serangkaian スランカイアン	series
いつ	kapan カパン	when
胃痛 いつう	sakit perut サキ(ト) プル(ト)	stomachache
一家 いっか	keluarga クルアルガ	family
いつか	kapan-kapan カパン カパン	sometime
五日（日付） いつか	tanggal lima タンガル リマ	the fifth (day)
五日（期間） いつか	lima hari リマ ハリ	five days
一括 いっかつ	sekaligus / serentak スカリグス / スルンタク	one lump sum
一括する いっかつ	menyatukan ムニャトゥカン	to lump together
一括で いっかつ	sekaligus スカリグス	in a lump
一気 いっき	tanpa jeda タンパ ジェダ	without stopping
一気に いっき	sekaligus / sekalian スカリグス / スカリアン	at once
一挙に いっきょ	serempak スルンパク	at a stroke
一見 いっけん	sekelebat スクルバ(ト)	at a glance
一切 いっさい	segalanya スガラニャ	everything
一昨日 いっさくじつ	dua hari lalu ドゥア ハリ ラル	the day before yesterday
一昨年 いっさくねん	dua tahun lalu ドゥア タフン ラル	the year before last
一種 いっしゅ	sejenis スジュニス	kind
一週間 いっしゅうかん	seminggu スミング	a week
一瞬 いっしゅん	sekejap スクジャ(プ)	moment

日	インドネシア	英
いっしょ 一緒	bersama ブルサマ	together
いっしょう 一生	seumur hidup スウムル ヒドゥ(ブ)	lifetime
いっしょうけんめい 一生懸命	bersungguh-sungguh ブルスングー スングー	doing one's best
いっしん 一心	mati-matian / sungguh-sungguh マティ マティアン / スングー スングー	intently
いっせい 一斉に	secara serentak スチャラ スルンタッ	all at once
いっそ	lebih baik ルビー バイッ	better
いっそう 一層	lebih ルビー	much more
いったい 一体	satu badan サトゥ バダン	one body
いったい 一帯	sekeliling スクリリン(グ)	whole place
いったん 一旦	sekali スカリ	once
いっち 一致	persetujuan ブルストゥジュアン	agreement
いっち 一致する	bertepatan / bersamaan ブルトゥパタン / ブルサマアン	to match with
5つ	lima buah リマ ブアー	five
いってい 一定	tetap トゥタ(ブ)	fixed
いってい 一定する	(menjadi) tetap (ムンジャディ) トゥタ(ブ)	be fixed
いってきます	saya pergi dulu サヤ ブルギ ドゥル	see you soon
いつですか	kapan? カパン	When is it?
いつでも	kapan pun カパン プン	anytime
いってらっしゃい	hati-hati di jalan ハティ ハティ ディ ジャラン	have a good day
いつの間にか	tanpa sadar タンパ サダル	unnoticed

日	インドネシア	英
いっぱい 一杯	segelas スグラス	a cup of
いっぱい （満たされた）	penuh プヌー	full
いっぱい （たくさん）	banyak バニャッ	lots of
いっぱく 一泊	hal menginap semalam ハル ムン(グ)イナ(プ) スマラム	overnight stay
いっぱくする 一泊する	menginap semalam ムン(グ)イナ(プ) スマラム	to stay overnight
いっぱん 一般	umum ウムム	general
いっぱんてき 一般的に	secara umum スチャラ ウムム	generality
いっぺん 一変	perubahan プルウバハン	change
いっぺん 一変する	berubah ブルウバー	to change
いっぽう（それに対し） 一方	di lain pihak / sementara itu / adapun ディ ライン ピハッ / スムンタラ イトゥ / アダプン	on the other hand
いっぽう（片側） 一方	satu pihak サトゥ ピハッ	one party
いっぽうつうこう 一方通行	jalan searah ジャラン スアラー	ONE WAY
いっぽうてき 一方的	sepihak スピハッ	one-side [way]
いつまでも	sampai kapan pun サンパイ カパン プン	forever
いつも	selalu スラル	always
いてん 移転	perpindahan プルピンダハン	moving
いてん 移転する	berpindah ブルピンダー	to move
いでん 遺伝	keturunan クトゥルナン	heredity
いでん 遺伝する	diturunkan ディトゥルンカン	be inherited
いと 糸	benang ブナン(グ)	thread

日	インドネシア	英
意図 いと	maksud マクス(ド)	intention
意図する いと	bermaksud ブルマクス(ド)	to intend
井戸 い ど	sumur スムル	water well
緯度 い ど	lintang リンタン(グ)	latitude
移動 い どう	perpindahan / pemindahan ブルピンダハン / プミンダハン	movement
移動する い どう	berpindah ブルピンダー	to move
異動 い どう	mutasi ムタスィ	personnel change
異動する い どう	berpindah tugas ブルピンダー トゥガス	be transferred to
いとこ	sepupu スププ	cousin
営む いとな	mengusahakan ムン(グ)ウサハカン	to carry out
挑む いど	menantang ムナンタン(グ)	to challenge to
〜以内 い ない	dalam 〜 ダラム	within
田舎（地方） い な か	kampung カンプン(グ)	the country
田舎（故郷） い な か	kampung halaman カンプン(グ) ハラマン	hometown
稲作 いなさく	pertanian padi ブルタニアン パディ	rice cultivation
稲光 いなびかり	cahaya halilintar チャハヤ ハリリンタル	flash of lightning
犬 いぬ	anjing アンジン(グ)	dog
稲 いね	padi パディ	rice
居眠り い ねむ	tidur ayam / tidur ティドゥル アヤム / ティドゥル	doze
居眠りする い ねむ	tertidur トゥルティドゥル	to doze

日	インドネシア	英
いのち 命	nyawa ニャワ	life
イノベーション	inovasi イノファスィ	innovation
いの 祈り	doa ドア	prayer
いの 祈る（願う）	berdoa ブルドア	to pray / to wish
いの 祈る（礼拝を行う）	bersembahyang / salat ブルスンバーヤン(グ) / サラ(ト)	to perform a prayer
いばる	berbangga ブルバンガ	be proud of
い はん 違反	pelanggaran プランガラン	breach
い はん 違反する	melanggar ムランガル	to breach
いびき	dengkuran ドゥンクラン	snore
いびきをかく	mendengkur ムンドゥンクル	to snore
い ふく 衣服	pakaian パカイアン	clothes
イベント	acara アチャラ	event
いま 今	sekarang スカラン(グ)	now
い ま 居間	ruang tamu ルアン(グ) タム	living room
いまいま 忌々しい	keji クジ	annoying
いまごろ 今頃	sekarang スカラン(グ)	now
いま 今さら	baru sekarang バル スカラン(グ)	at this late date
いま 未だ	belum ブルム	yet
いま 今に	dalam waktu dekat ダラム ワクトゥ ドゥカ(ト)	soon
いま 今にも	kapan pun カパン プン	any moment

日	インドネシア	英
今まで いま	sampai saat ini サンパイ サア(ト) イニ	until now
意味 い み	arti / makna アルティ / マクナ	meaning
意味する い み	berarti ブルアルティ	to mean
移民 (移民すること) い みん	migrasi ミグラスイ	immigrant
移民 (外国からの) い みん	imigrasi イミグラスイ	immigration
移民 (外国からの移民者) い みん	imigran / pendatang イミグラン / プンダタン(グ)	immigrant
移民 (外国への) い みん	émigran エミグラン	emigration
移民 (移民する人) い みん	migran ミグラン	immigrant
移民 (外国への移民者) い みん	imigran イミグラン	emigrant
移民する い みん	berémigrasi ブルエミグラスイ	to immigrate
移民する (外国へ) い みん	berémigrasi ブルエミグラスイ	to emigrate
イメージ	gambaran / citra ガンバラン / チトラ	image
イメージする	membayangkan ムンバヤンカン	to have an image
妹 いもうと	adik perempuan アディッ プルンプアン	younger sister
いや	bukan / tidak ブカン / ティダッ	no
嫌 いや	ketidaksukaan クティダッスカアン	unpleasant
嫌々 いやいや	dengan berat hati ドゥン(グ)アン ブラ(ト) ハティ	unwillingly
嫌がる いや	enggan ウンガン	to hate
医薬品 い やくひん	obat-obatan オバ(ト) オバタン	medicine
卑しい いや	hina ヒナ	mean

日	インドネシア	英
嫌な (いや)	tidak suka / tidak senang ティダッ スカ / ティダッ スナン(グ)	unpleasant
いやに	tidak biasanya ティダッ ビアサニャ	awfully
いやらしい	jorok ジョロッ	nasty
イヤリング	anting-anting アンティン(グ) アンティン(グ)	earring
いよいよ	akhirnya アヒルニャ	finally
意欲 (いよく)	kemauan / keinginan クマウアン / クイン(グ)イナン	eager
以来 (いらい)	sejak スジャッ	since then
依頼 (いらい)	permohonan プルモホナン	request
依頼する (いらい)	memohon / meminta ムモホン / ムミンタ	to ask
いらいら	kejéngkélan クジェンケラン	irritation
いらいらする	jéngkél ジェンケル	be irritated
イラスト	gambar ガンバル	illustration
いらっしゃいませ	selamat datang スラマ(ト) ダタン(グ)	Welcome
入口 (いりぐち)	pintu masuk ピントゥ マスッ	entrance
衣料 (いりょう)	pakaian パカイアン	clothing
医療 (いりょう)	pengobatan プン(グ)オバタン	medical care
威力 (いりょく)	kekuasaan ククアサアン	influence
いる	ada アダ	to exist
煎る (い)	menyangrai ムニャンライ	to toast
要る (い)	memerlukan ムムルルカン	to need

日	インドネシア	英
衣類（いるい）	pakaian パカイアン	clothing
入れ墨（いれずみ）	tato タト	tattoo
入れ墨を入れる（いれずみをいれる）	menato ムナト	to have tattoo
入れ歯（いれば）	gigi palsu ギギ パルス	dentures
入れ物（いれもの）	wadah ワダー	case
入れる（いれる）	memasukkan ムマスッカン	to put *sth* into
入れる（電源などを）（いれる）	memasang / menyalakan ムマサン(グ) / ムニャラカン	to turn on
色（いろ）	warna ワルナ	color
色々（いろいろ）	macam / keragaman マチャム / クラガマン	variety
色々な（いろいろな）	bermacam-macam ブルマチャム マチャム	various
異論（いろん）	keberatan クブラタン	objection
岩（いわ）	batu バトゥ	rock
祝う（いわう）	merayakan ムラヤカン	to celebrate
イワシ	sardén サルデン	sardine
言わば（いわば）	dengan kata lain ドゥン(グ)アン カタ ライン	so to speak
いわゆる	yaitu / yang disebut ヤイトゥ / ヤン(グ) ディスブ(ト)	what we call
印鑑（いんかん）	cap / stémpél チャ(プ) / ステンベル	signature stamp
陰気さ（いんきさ）	kemurungan クムルン(グ)アン	gloom
陰気な（いんきな）	murung ムルン(グ)	gloomy
隠居（いんきょ）	pénsiun ペンスィウン	retirement

日	インドネシア	英
隠居（している人）	**pénsiunan** ペンスィウナン	retiree
隠居する （仕事を引退する）	**pénsiun / mengundurkan diri** ペンスィウン / ムン(グ)ウンドゥルカン ディリ	to retire
インク	**tinta** ティンタ	ink
インゲン豆	**buncis** ブンチス	common bean
印刷	**cétak** チェタッ	print
印刷する	**mencétak** ムンチェタッ	to print
印刷物	**barang cétakan** バラン(グ) チェタカン	printed matter
印紙	**materai / ségel** マトゥライ / セグル	stamp
印象	**kesan** クサン	impression
インスタント	**instan** インスタン	instant
インスタント ラーメン	**mie instan** ミー インスタン	instant ramen noodles
インストール	**instalasi** インスタラスィ	installation
インストールする	**menginstalasi** ムン(グ)インスタラスィ	to install
インストラクター	**instruktur** インストルクトゥル	instructor
引率	**pimpinan / pengarahan** ピンピナン / プン(グ)アラハン	leading
引率する	**memimpin / mengarahkan** ムミンピン / ムン(グ)アラーカン	to lead
インターチェンジ	**persimpangan** ブルスインパン(グ)アン	interchange
インターナショナル	**internasional** イントゥルナスィオナル	international
インターネット	**internét** イントゥルネ(ト)	Internet
インターネット カフェ	**warnét** ワルネ(ト)	Internet café

日	インドネシア	英
インターホン	**interphone** イントゥルフォン	interphone
引退 （いんたい）	**pengunduran diri** プン(グ)ウンドゥラン ディリ	retirement
引退する （いんたい）	**mengundurkan diri** ムン(グ)ウンドゥルカン ディリ	to retire
インタビュー	**wawancara** ワワンチャラ	interview
インタビューする	**mewawancarai** ムワワンチャライ	to interview
インテリ	**cendekiawan** チュンドゥキアワン	intellectual
インテリア	**interior** イントゥリオル	interior
インド	**India** インディア	India
インドシナ半島 （はんとう）	**semenanjung Indocina** スムナンジュン(グ) インドチナ	the Indochina Peninsula
インド人 （じん）	**orang India** オラン(グ) インディア	Indian
インドネシア	**Indonésia** インドネスィア	Indonesia
インドネシア語 （ご）	**bahasa Indonésia** バハサ インドネスィア	Indonesian (language)
インドネシア人 （じん）	**orang Indonésia** オラン(グ) インドネスィア	Indonesian (people)
インド洋 （よう）	**Samudera Hindia** サムドゥラ ヒンディア	the Indian Ocean
因縁（縁・ゆかり） （いんねん）	**hubungan / kaitan** フブン(グ)アン / カイタン	connection
因縁（言いがかり） （いんねん）	**tuduhan tanpa bukti** トゥドゥハン タンパ ブクティ	false accusation
インフォメーション	**informasi** インフォルマスィ	information
インフルエンザ	**influénza** インフルエンザ	flu
インフレーション	**inflasi** インフラスィ	inflation
陰謀 （いんぼう）	**konspirasi** コンスピラスィ	plot

日	インドネシア	英
<ruby>引用<rt>いんよう</rt></ruby>	**kutipan / pengutipan** クティパン / プン(グ)ウティパン	quotation
<ruby>引用<rt>いんよう</rt></ruby>する	**mengutip** ムン(グ)ウティ(プ)	to quote
<ruby>飲料水<rt>いんりょうすい</rt></ruby>	**air minum** アイル ミヌム	drinking [portable] water
<ruby>引力<rt>いんりょく</rt></ruby>	**daya tarik** ダヤ タリッ	gravitation

▼ う，ウ

ウィスキー	**wiski** ウィスキ	whisky
ウイルス	**virus** フィルス	virus
ウィンカー	**lampu séin** ランプ セイン	winkers
ウィンタースポーツ	**olahraga musim dingin** オラーラガ ムスィム ディン(グ)イン	winter sports
ウール	**wol** ウォル	wool
<ruby>上<rt>うえ</rt></ruby>	**atas** アタス	upper
<ruby>上<rt>うえ</rt></ruby>（より大きい・多い）	**lebih** ルビー	be larger than
<ruby>上<rt>うえ</rt></ruby>（優れている）	**unggul** ウングル	be superior to
ウェイター	**pelayan (laki-laki)** プラヤン（ラキ ラキ）	waiter
ウェイトレス	**pelayan (perempuan)** プラヤン（プルンプアン）	waitress
<ruby>植木<rt>うえき</rt></ruby>	**tanaman** タマナン	plant
ウェブサイト	**situs wéb** スィトゥス ウェ(ブ)	website
<ruby>飢<rt>う</rt></ruby>える	**kelaparan** クラパラン	to starve
<ruby>植<rt>う</rt></ruby>える	**menanam** ムナナム	to plant
ウォーミングアップ	**pemanasan** プマナサン	warming-up

日	インドネシア	英
迂回	pengambilan jalan memutar プン(グ)アンビラン ジャラン ムムタル	detour
迂回する	mengambil jalan memutar ムン(グ)アンビル ジャラン ムムタル	to take a detour
うがい	kumur クムル	gargling
うがいする	berkumur ブルクムル	to gargle
うがい薬	obat kumur オバ(ト) クムル	mouth wash
迂回路	jalan alternatif / jalan memutar ジャラン アルトゥルナティフ / ジャラン ムムタル	detour
伺う	bertanya ブルタニャ	to ask
窺う（中の様子を）	melongok ムロン(グ)オッ	to peep into through
窺う（推察する）	menduga ムンドゥガ	to infer
浮ぶ	mengapung ムン(グ)アプン(グ)	to float
浮べる	mengapungkan ムン(グ)アプンカン	to set afloat
受かる	lulus ルルス	to pass
雨季	musim hujan ムスィム フジャン	the rainy season
浮き輪	pelampung berenang プランプン(グ) ブルナン(グ)	swimming tube
浮く （水面に・空中に）	terapung トゥルアプン(グ)	to float
浮く （費用・時間などが）	penghématan プン(グ)ヘマタン	to save
受け入れ	penerimaan プヌリマアン	receiving
受け入れる	menerima ムヌリマ	to receive
受け継ぐ	mewarisi ムワリスィ	to take over
受付	résépsionis レセプスィオニス	reception desk

日	インドネシア	英
受付（係） うけつけ	penerima tamu / résépsionis プヌリマ タム / レセプスィオニス	receptionist
受付（手続き） うけつけ	pendaftaran プンダフタラン	registration
受け付ける うけつ	menerima ムヌリマ	to receive
受け止める うけと	menangkap ムナンカ(プ)	to grasp
受け取り うけと	penerimaan プヌリマアン	receipt
受け取り人 うけと	penerima プヌリマ	recipient
受け取る うけと	menerima ムヌリマ	to receive
受け身 うけみ	pasif パスィフ	passiveness
受け持ち うけも	tugas トゥガス	undertaking
受け持つ うけも	mengambil ムン(グ)アンビル	be in charge of
受ける う	menerima ムヌリマ	to take
受ける（試験を） う	mengikuti ムン(グ)イクティ	to take
動かす うご	menggerakkan ムングラッカン	to move
動き うご	gerakan グラカン	movement
動く うご	bergerak ブルグラッ	to move
動く（移動する） うご	beralih ブルアリー	to transfer
動く （機械が機能する） うご	beroperasi ブルオプラスィ	to function
ウサギ	kelinci クリンチ	rabbit
胡散臭い うさんくさ	curiga / mencurigakan チュリガ / ムンチュリガカン	suspicious
牛 うし	sapi サピ	cow

日	インドネシア	英
失う うしな	kehilangan クヒラン(グ)アン	to lose
後ろ うし	belakang ブラカン(グ)	the back
渦 うず	pusaran air プサラン アイル	whirlpool
薄い (厚みがない・ 密度が低い) うす	tipis ティピス	thin
薄い (色・光) うす	muda / terang ムダ / トゥラン(グ)	light
薄い (味) うす	tawar / hambar タワル / ハンバル	light
薄暗い うすぐら	remang-remang ルマン(グ) ルマン(グ)	dim
薄める うす	mencairkan ムンチャイルカン	to dilute
埋める うず	mengubur ムン(グ)ウブル	to bury
嘘 うそ	kebohongan / bohong クボホン(グ)アン / ボホン(グ)	lie
嘘つき うそ	pembohong / pendusta プンボホン(グ) / プンドゥスタ	liar
歌 うた	lagu ラグ	song
歌う うた	menyanyi / menyanyikan ムニャニィ / ムニャニィカン	to sing
疑う うたが	mencurigai ムンチュリガイ	to doubt
うたたね	tidur sebentar ティドゥル スブンタル	nap
家 うち	rumah ルマー	house
内 うち	dalam ダラム	inside / within
打ち明ける う あ	membuka hati / mencurahkan hati ムンブカ ハティ / ムンチュラーカン ハティ	to open one's heart to *sb*
打ち合わせ う あ	rapat persiapan / pertemuan ラパ(ト) プルスィアパン / プルトゥムアン	advance arrangements
打ち合わせる う あ	mengatur waktu ムン(グ)アトゥル ワクトゥ	to arrange beforehand

日	インドネシア	英
内側 うちがわ	**bagian dalam** バギアン ダラム	the inside
内気な うちきな	**malu-malu** マル マル	shy
打ち切る うちきる	**mengakhiri** ムン(グ)アヒリ	to finish
内金 うちきん	**persekot / uang muka** プルスコ(ト) / ウアン(グ) ムカ	deposit
打ち消し うちけし	**penyangkalan** プニャンカラン	denial
打ち消す うちけす	**menyangkal** ムニャンカル	to deny
打ち込む うちこむ	**menghayati** ムンハヤティ	to throw oneself into (work)
宇宙 うちゅう	**antariksa** アンタリッサ	universe
うちわ	**kipas** キパス	fan
内訳 うちわけ	**perincian** プリンチアン	the details
打つ (強く叩く) うつ	**memukul** ムムクル	to hit
打つ (太鼓などを) うつ	**menabuh** ムナブー	to beat
打つ (釘などを) うつ	**memakukan** ムマクカン	to nail
打つ (タイプする) うつ	**mengetikkan** ムン(グ)ウティッカン	to type
討つ うつ	**mengalahkan** ムン(グ)アラーカン	to defeat
撃つ うつ	**menémbak** ムネンバッ	to shoot
うっかり	**dengan sembrono** ドゥン(グ)アン スンブロノ	carelessly
美しい うつくしい	**indah** インダー	beautiful
写し うつし	**salinan** サリナン	copy
写す うつす	**menyalin** ムニャリン	to make a copy

日	インドネシア	英
うつ 移す	memindahkan ムミンダーカン	to move
うつ 移す (病気などを)	menularkan ムヌラルカン	to pass the disease to people
うつ 映す	memantulkan ムマントゥルカン	to mirror
うった 訴え	gugatan グガタン	appeal
うった 訴える	menggugat ムングガ(ト)	to sue
うった 訴える (訴えかけ)	menyerukan ムニュルカン	to appeal
うった 訴える (訴訟)	menuntut / mendakwa ムヌントゥ(ト) / ムンダクワ	to sue
うっとうしい	menyebalkan ムニュバルカン	irritating
うつびょう 鬱病	déprési デプレスィ	depression
うつ ぶ うつ伏せ	telungkup トゥルンク(プ)	on one's stomach
うつむく	menunduk ムヌンドゥッ	to look down
うつ 移る	berpindah ブルピンダー	be transferred
うつ 移る (移動する)	pindah / berpindah ピンダー / ブルピンダー	to move
うつ 移る (病気などが)	tertular / terjangkit トゥルトゥラル / トゥルジャンキ(ト)	be transmitted
うつ 写る	dipotrét / ada di dalam (foto) ディポトレ(ト) / アダ ディ ダラム (フォト)	be taken
うつ 映る	terpantul トゥルパントゥル	be mirrored
うつろ (心・表情などが)	hampa ハンパ	blank
うつろ (な)	kosong コソン(グ)	vacancy / blank
うつわ 器	wadah ワダー	bowl
うで 腕	lengan ルン(グ)アン	arm

日	インドネシア	英
腕（腕力） うで	kekuatan tangan ククアタン タン(グ)アン	physical [arm] strength
腕（手腕・腕前） うで	keterampilan クトゥランピラン	competence / skill
腕時計 うで ど けい	jam tangan ジャム タン(グ)アン	watch
雨天 うてん	cuaca hujan チュアチャ フジャン	rain
促す うなが	mendorong ムンドロン(グ)	to urge
ウナギ	belut ブル(ト)	eel
頷く うなず	mengangguk ムン(グ)アングッ	to nod
唸る うな	mengerang ムン(グ)ウラン(グ)	to howl
ウニ	bulu babi ブル バビ	sea urchin
うぬぼれ	kesombongan クソンボン(グ)アン	vanity
奪う うば	merenggut ムルングッ(ト)	to snatch
馬 うま	kuda クダ	horse
美味い う ま	énak エナッ	tasty
上手い う ま	pandai / pintar パンダイ / ピンタル	skillful
埋まっている う	tertimbun トゥルティンブン	to have been buried
埋まる う	terkubur トゥルクブル	be buried
生まれ う	lahir / kelahiran ラヒル / クラヒラン	birth
生まれつき う	bawaan / pembawaan sejak lahir バワアン / ブンバワアン スジャッ ラヒル	one's nature
生まれる う	lahir / dilahirkan ラヒル / ディラヒルカン	be born
海 うみ	laut ラウ(ト)	sea

日	インドネシア	英
<ruby>膿<rt>うみ</rt></ruby>	**nanah** ナナー	pus
<ruby>海<rt>うみ</rt></ruby><ruby>辺<rt>べ</rt></ruby>	**tepi laut** トゥピ ラウ(ト)	seaside
<ruby>産<rt>う</rt></ruby>む	**melahirkan** ムラヒルカン	to give birth to
<ruby>有<rt>う</rt></ruby><ruby>無<rt>む</rt></ruby>	**ada tidaknya** アダ ティダッニャ	presence or absence
<ruby>梅<rt>うめ</rt></ruby>	**aprikot Jepang** アプリコ(ト) ジュパン(グ)	Japanese apricot
<ruby>埋<rt>う</rt></ruby>め<ruby>込<rt>こ</rt></ruby>む	**menanam** ムナナム	to implant
<ruby>埋<rt>う</rt></ruby>める	**mengubur** ムン(グ)ウブル	to plant
<ruby>敬<rt>うやま</rt></ruby>う	**menghormati** ムンホルマティ	to respect
<ruby>右<rt>う</rt></ruby><ruby>翼<rt>よく</rt></ruby>	**sayap kanan** サヤ(プ) カナン	right wing
<ruby>裏<rt>うら</rt></ruby>	**belakang** ブラカン(グ)	the reverse side
<ruby>裏<rt>うら</rt></ruby>（<ruby>内情<rt>ないじょう</rt></ruby>）	**situasi internal** スィトゥアスィ イントゥルナル	internal conditions [affairs]
<ruby>裏<rt>うら</rt></ruby>（<ruby>証拠<rt>しょうこ</rt></ruby>）	**bukti** ブクティ	evidence
<ruby>裏<rt>うら</rt></ruby><ruby>返<rt>がえ</rt></ruby>し	**terbalik** トゥルバリ(ク)	inside out
<ruby>裏<rt>うら</rt></ruby><ruby>返<rt>がえ</rt></ruby>す	**membalik** ムンバリ(ク)	to turn over
<ruby>裏<rt>うら</rt></ruby><ruby>切<rt>ぎ</rt></ruby>る	**mengkhianati** ムンヒアナティ	to betray
<ruby>裏<rt>うら</rt></ruby><ruby>口<rt>ぐち</rt></ruby>	**pintu belakang** ピントゥ ブラカン(グ)	back door
<ruby>占<rt>うらな</rt></ruby>い	**ramalan** ラマラン	fortune-telling
<ruby>占<rt>うらな</rt></ruby>う	**meramal** ムラマル	to tell *sb's* fortune
<ruby>恨<rt>うら</rt></ruby>み	**dendam** ドゥンダム	grudge
<ruby>恨<rt>うら</rt></ruby>む	**mendendam** ムンドゥンダム	to have a grudge against

日	インドネシア	英
裏面 (うらめん)	bagian belakang バギアン ブラカン(グ)	the back
羨ましい (うらやましい)	iri イリ	envious
羨む (うらやむ)	(merasa) iri (ムラサ) イリ	to envy
売り上げ (うりあげ)	hasil penjualan / omsét ハスィル プンジュアラン / オムセ(ト)	sales
売り切れ (うりきれ)	habis ハビス	sold out
売り切れる (うりきれる)	terjual habis トゥルジュアル ハビス	be sold out
売り出し (うりだし)	penjualan プンジュアラン	bargain sale
売り出す (うりだす)	menjual ムンジュアル	to put *sth* on the market
売り手 (うりて)	penjual プンジュアル	seller
売り場 (うりば)	tempat penjualan トゥンパ(ト) プンジュアラン	selling place
売り物 (うりもの)	barang dagangan バラン(グ) ダガン(グ)アン	merchandise
売る (うる)	menjual ムンジュアル	to sell
潤う (うるおう)	menjadi basah ムンジャディ バサー	to become wet
潤った (うるおった)	lembap ルンバ(プ)	moist
うるさい	berisik ブリスィッ	noisy
うるさい(不快だ)	céréwét チュレウェ(ト)	disgusting
うれしい	senang / gembira スナン(グ) / グンビラ	glad
売れ行き (うれゆき)	laris tidaknya penjualan ラリス ティダッニャ プンジュアラン	sales
売れる (うれる)	terjual / laris トゥルジュアル / ラリス	be in demand
うろうろする	berkeliaran ブルクリアラン	to wander

日	インドネシア	英
うわき 浮気	selingkuh スリンクー	(love) affair
うわき 浮気する	berselingkuh ブルスリンクー	to have an affair
うわぎ 上着	jakét ジャケ(ト)	coat
うわさ 噂	desas-desus / gosip ドゥサスドゥッス / ゴスィ(プ)	rumor
うわさ 噂する	bergosip ブルゴスィ(プ)	to gossip
うわまわ 上回る	melampaui ムランパウイ	to surpass
う 植わる	tertanam トゥルタナム	be planted
うん 運	keberuntungan クブルウントゥン(グ)アン	fortune
うんえい 運営	manajemén / pengelolaan マナジュメン / プン(グ)ウロラアン	management
うんえい 運営する	mengelola ムン(グ)ウロラ	to manage
うんが 運河	kanal カナル	canal
うんざりする	jemu ジュム	be tired of *sth*
うんそう 運送	pengangkutan プン(グ)アンクタン	transportation
うんそう 運送する	mengangkut ムン(グ)アンク(ト)	to transport
うんそうがいしゃ 運送会社	perusahaan angkutan プルウサハアン アンクタン	transportation [trucking] company
うんちん 運賃	tarif angkutan タリフ アンクタン	fare
うんてん 運転	mengemudi ムン(グ)ウムディ	driving
うんてん 運転する	mengemudi / mengendarai ムン(グ)ウムディ / ムン(グ)ウンダライ	to drive
うんてんしゅ 運転手	sopir / pengemudi ソピル / プン(グ)ウムディ	driver
うんてんそうさ 運転操作	pengoperasian プン(グ)オプラスィアン	driving operation

日	インドネシア	英
<ruby>運転免許証<rt>うんてんめんきょしょう</rt></ruby>	**SIM** スィム	driver's license
<ruby>運動<rt>うんどう</rt></ruby>	**olahraga** オラーラガ	exercise
<ruby>運動<rt>うんどう</rt></ruby> (社会的活動)	**kampanye / gerakan** カンパニュ / グラカン	campaign
<ruby>運動<rt>うんどう</rt></ruby>する	**berolahraga** ブルオラーラガ	to do exercise
<ruby>運動<rt>うんどう</rt></ruby>する(社会的に)	**berkampanye** ブルカンパニュ	to campaign
<ruby>運搬<rt>うんぱん</rt></ruby>	**pengangkutan** プン(グ)アンクタン	transportation
<ruby>運搬<rt>うんぱん</rt></ruby>する	**mengangkut** ムン(グ)アンク(ト)	to transport
<ruby>運命<rt>うんめい</rt></ruby>	**takdir** タッディル	destiny
<ruby>運輸<rt>うんゆ</rt></ruby>	**transportasi** トランスポルタスィ	transportation
<ruby>運用<rt>うんよう</rt></ruby>	**pengelolaan** プン(グ)ウロラアン	application
<ruby>運用<rt>うんよう</rt></ruby>する	**mengelola** ムン(グ)ウロラ	to apply

▼ え，エ

日	インドネシア	英
<ruby>絵<rt>え</rt></ruby>	**gambar / lukisan** ガンバル / ルキサン	picture
エアコン	**AC** アーセー	air conditioner
エアメール	**pos udara** ポス ウダラ	airmail
エイ	**ikan pari** イカン パリ	ray
<ruby>永遠<rt>えいえん</rt></ruby>	**keabadian** クアバディアン	eternity
<ruby>永遠<rt>えいえん</rt></ruby>に	**selamanya / sepanjang masa** スラマニャ / スパンジャン(グ) マサ	forever
<ruby>永遠<rt>えいえん</rt></ruby>の	**abadi** アバディ	eternal / everlasting
<ruby>映画<rt>えいが</rt></ruby>	**film** フイルム	movie

え

日	インドネシア	英
えいがかん 映画館	bioskop ビオスコ(プ)	movie theater
えいきゅう 永久	keabadian クアバディアン	eternal
えいきゅうの 永久の	kekal / abadi クカル / アバディ	eternal
えいきょう 影響	pengaruh プン(グ)アルー	influence
えいきょうする 影響する	berpengaruh / memengaruhi ブルプン(グ)アルー / ムムン(グ)アルヒ	to influence
えいぎょう 営業	usaha / operasi ウサハ / オプラスィ	business
えいぎょうする 営業する	membuka usaha ムンブカ ウサハ	to run business
えいぎょうじかん 営業時間	jam buka ジャム ブカ	business hours
えいぎょうちゅう 営業中	buka ブカ	be open
えいぎょうび 営業日	hari kerja ハリ クルジャ	business [work] day
えいご 英語	bahasa Inggris バハサ イングリス	English
えいじしんぶん 英字新聞	koran berbahasa Inggris コラン ブルバハサ イングリス	English paper
えいしゃ 映写	pemutaran film プムタラン フィルム	showing
えいしゃする 映写する	memutar film ムムタル フィルム	to show films
エイズ	AIDS エイズ	AIDS
えいせい 衛生	kebersihan クブルスィハン	sanitation
えいせい 衛星	satelit サトゥリ(ト)	satellite
えいせいほうそう 衛星放送	siaran satelit スィアラン サトゥリ(ト)	satellite broadcasting
えいぞう 映像	gambar ガンバル	image
えいゆう 英雄	pahlawan パーラワン	hero

日	インドネシア	英
栄養 (えいよう)	gizi ギズィ	nutrition
笑顔 (えがお)	senyuman スニュマン	smile
描く (えがく)	menggambarkan ムンガンバルカン	to draw
液 (えき)	cairan チャイラン	liquid
駅 (えき)	stasiun スタスィウン	station
エキス	sari / ékstrak サリ / エクストラッ	extract
エキストラベッド	tempat tidur tambahan トゥンパ(ト) テイドゥル タンバハン	extra bed
液体 (えきたい)	cairan チャイラン	fluid
エゴイスト	égois エゴイス	egoist
エコノミークラス	kelas ékonomi クラス エコノミ	economy class
エコロジー	ékologi エコロギ	ecology
餌 (えさ)	pakan パカン	feed
エスカルゴ	bekicot ブキチョ(ト)	escargot
エスカレーター	éskalator エスカラトル	escalator
エステサロン	salon éstétik サロン エステテイッ	beauty salon
エステティシャン	terapis salon éstétik トゥラピス サロン エステテイッ	aesthetician
エスプレッソ	ésprésso エスプレッソ	espresso
枝 (えだ)	dahan ダハン	branch
エチケット	étikét エテイケ(ト)	etiquette
閲覧 (えつらん)	pembacaan プンバチャアン	reading

日	インドネシア	英
閲覧する	membaca ムンバチャ	to read
エネルギー	énérgi / tenaga エネルギ / トゥナガ	energy
絵の具	alat untuk mewarnai アラ(ト) ウントゥ(ク) ムワルナイ	paint
絵はがき	kartu pos bergambar カルトゥ ポス ブルガンバル	picture postcard
エビ	udang ウダン(グ)	shrimp
エプロン	celemék チュルメッ	apron
絵本	buku bergambar ブク ブルガンバル	picture book
獲物	hasil buruan ハスィル ブルアン	prey
偉い	hébat ヘバ(ト)	great
選ぶ	memilih ムミリー	to select
襟	kerah クラー	collar
エリート	élité / golongan atas エリテ / ゴロン(グ)アン アタス	the elite
得る	mendapat / mendapatkan ムンダパ(ト) / ムンダパ(ト)カン	to gain
エレガント	keéleganan クエルガナン	elegance
エレガントな	élegan エルガン	elegant
エレベーター	lift リフト	elevator
円（丸）	bulatan ブラタン	round
円（日本円）	yén イェン	yen
縁	jodoh / ikatan ジョドー / イカタン	relationship
縁（関係）	hubungan フブン(グ)アン	relationship

日	インドネシア	英
縁（めぐり合わせ） えん	**takdir** タッディル	chance
宴会 えんかい	**pésta / perjamuan** ペスタ / プルジャムアン	banquet
円滑 えんかつ	**kelancaran** クランチャラン	smoothness
円滑な えんかつ	**lancar** ランチャル	smooth
縁側 えんがわ	**serambi / beranda** スランビ / ブランダ	porch
沿岸 えんがん	**pantai** パンタイ	shore
延期 えんき	**penundaan / penangguhan** プヌンダアン / プナングーハン	postponement
延期する えんき	**menunda / menangguhkan** ムヌンダ / ムナングーカン	to postpone
演技 えんぎ	**akting** アクティン(グ)	performance
演技する えんぎ	**berakting** ブルアクティン(グ)	to perform
婉曲 えんきょく	**éufémisme** エウフェニスム	euphemisms
婉曲な えんきょく	**éufémistis** エウフェミステイス	euphemistic
園芸 えんげい	**pertamanan** プルタマナン	gardening
演劇 えんげき	**sandiwara / drama** サンディワラ / ドラマ	performance
遠視 えんし	**rabun dekat / hiperopia** ラブン ドゥカ(ト) / ヒプロピア	farsightedness
エンジニア	**ahli mesin** アフリ ムスィン	engineer
円周 えんしゅう	**keliling lingkaran** クリリン(グ) リンカラン	circumference
演習 えんしゅう	**pelatihan / latihan** プラティハン / ラティハン	seminar
演習する えんしゅう	**mengadakan pelatihan** ムン(グ)アダカン プラティハン	to drill
演出 えんしゅつ	**penyutradaraan** プニュ(ト)ラダラアン	direction

日	インドネシア	英
えんしゅつ 演出する	menyutradarai ムニュトラダライ	to direct
えんじょ 援助	bantuan バントゥアン	assistance
えんじょ 援助する	membantu ムンバントゥ	to assist
えんしょう 炎症	radang ラダン(グ)	inflammation
えん 演じる	memainkan ムマインカン	to act
エンジン	mesin ムスィン	engine
えんぜつ 演説	pidato ピダト	address
えんぜつ 演説する	berpidato ブルピダト	to address
えんせん 沿線	sepanjang rél スパンジャン(グ) レル	along a railway
えんそう 演奏	permainan musik ブルマイナン ムスィッ	performance
えんそう 演奏する	bermain (musik) ブルマイン (ムスィッ)	to perform
えんそく 遠足	darmawisata ダルマウィサタ	field trip
えんだん 縁談	perjodohan ブルジョドハン	a marriage proposal
えんちょう 延長（拡張）	pemanjangan ブマンジャン(グ)アン	extension
えんちょう 延長（継続）	perpanjangan ブルパンジャン(グ)アン	continuation
えんちょう 延長する（拡張）	memanjangkan ムマンジャンカン	to extend
えんちょう 延長する（継続）	memperpanjang ムンブルパンジャン(グ)	to continue
えんちょう 延長コード	(kabel) éksténsi (カブル) エクステンスィ	extension cord
エンドウ豆 まめ	kacang polong カチャン(グ) ポロン(グ)	green pea
えんとつ 煙突	cerobong asap チュロボン(グ) アサ(プ)	chimney

日	インドネシア	英
<ruby>鉛筆<rt>えんぴつ</rt></ruby>	**pénsil** ペンスィル	pencil
<ruby>鉛筆削り<rt>えんぴつけずり</rt></ruby>	**rautan pénsil** ラウタン ペンスィル	pencil sharpener
<ruby>遠方<rt>えんぽう</rt></ruby>	**kejauhan** クジャウハン	distance
<ruby>円満<rt>えんまん</rt></ruby>	**kerukunan** クルクナン	harmony
<ruby>円満な<rt>えんまんな</rt></ruby>	**rukun** ルクン	harmonious
<ruby>遠慮<rt>えんりょ</rt></ruby>	**keseganan** クスガナン	reserve
<ruby>遠慮する<rt>えんりょする</rt></ruby>	**segan-segan / sungkan** スガン スガン / スンカン	to reserve

▼ お，オ

日	インドネシア	英
<ruby>尾<rt>お</rt></ruby>	**ékor** エコル	tail
<ruby>甥<rt>おい</rt></ruby>	**keponakan laki-laki** クポナカン ラキ ラキ	nephew
<ruby>追い掛ける<rt>おいかける</rt></ruby>	**mengejar** ムン(グ)ウジャル	to pursue
<ruby>追い越し<rt>おいこし</rt></ruby>	**salip** サリ(プ)	overtaking
<ruby>追い越す<rt>おいこす</rt></ruby>	**mendahului** ムンダフルイ	to pass
<ruby>追い越す<rt>おいこす</rt></ruby>(車などが)	**salip / menyalip** サリ(プ) / ムニャリ(プ)	to overtake
<ruby>追い越す<rt>おいこす</rt></ruby>(勝る)	**atasi / mengatasi** アタスィ / ムン(グ)アタスィ	to surpass
<ruby>追い込む<rt>おいこむ</rt></ruby>	**menggiring** ムンギリン(グ)	to corner
おいしい	**énak / lezat / sedap / gurih** エナッ / ルザ(ト) / スダ(プ) / グリー	delicious
<ruby>追い出す<rt>おいだす</rt></ruby>	**mengusir** ムン(グ)ウスィル	to expel
<ruby>追いつく<rt>おいつく</rt></ruby>	**menyusul** ムニュスル	to catch up with
オイル	**minyak** ミニャッ	oil

| --- | --- | --- |
老いる _お	menua ムヌア	to grow old
お祝い _{いわ}	perayaan プラヤアン	celebration
お祝いする _{いわ}	merayakan ムラヤカン	to celebrate
王 _{おう}	raja ラジャ	king
追う _お	mengejar ムン(グ)ウジャル	to follow
負う _お	memikul / menanggung ムミクル / ムナングン(グ)	to bear
応援 _{おうえん}	dukungan ドゥクン(グ)アン	support
応援する _{おうえん}	mendukung ムンドゥクン(グ)	to support
王宮 _{おうきゅう}	istana raja イスタナ ラジャ	royal palace
応急 _{おうきゅう}	darurat ダルラ(ト)	emergency
応急手当 _{おうきゅう て あて}	pertolongan darurat プルトロン(グ)アン ダルラ(ト)	first aid
黄金 _{おうごん}	emas ウマス	gold
応札 _{おうさつ}	tawaran タワラン	bid
応札する _{おうさつ}	menawar dalam lélang ムナワル ダラ厶 レラン(グ)	to bid
王子 _{おう じ}	pangéran パン(グ)エラン	prince
王女 _{おうじょ}	putri プトリ	princess
応じる _{おう}	menjawab ムンジャワ(ブ)	to answer
往診 _{おうしん}	kunjungan dokter クンジュン(グ)アン ドクトゥル	house call [visit]
往診する _{おうしん}	melakukan kunjungan ムラクカン クンジュン(グ)アン	to make a house call
応接 _{おうせつ}	penerimaan tamu プヌリマアン タム	reception

日	インドネシア	英
応接する おうせつ	**menerima tamu** ムヌリマ タム	to receive
応対 おうたい	**penerimaan** プヌリマアン	reception
応対する おうたい	**menerima** ムヌリマ	to receive
横断 おうだん	**penyeberangan** プニュブラン(グ)アン	crossing
横断する おうだん	**menyeberang** ムニュブラン(グ)	to cross
横断歩道 おうだん ほ どう	**zébra cross** ゼブラ クロス	pedestrian crossing
往復 おうふく	**bolak-balik / pulang-pergi** ボラッ バリ(ク) / プラン(グ) プルギ	round trip
往復する おうふく	**pulang-pergi** プラン(グ) プルギ	to go and return
往復切符 おうふくきっ ぷ	**karcis pulang-pergi** カルチス プラン(グ) プルギ	round-trip ticket
欧米 おうべい	**Éropa dan Amérika** エロパ ダン アメリカ	Europe and America
横柄な おうへい	**angkuh** アンクー	arrogant
応募 おう ぼ	**lamaran** ラマラン	application
応募する おう ぼ	**melamar** ムラマル	to apply for
応用 おうよう	**terapan / penerapan** トゥラパン / プヌラパン	practical use
応用する おうよう	**menerapkan** ムヌラプカン	to use *sth* practically
終える お	**menyelesaikan** ムニュルサイカン	to finish
多い おお	**banyak** バニャッ	lots of
多い (人が) おお	**banyak / ramai** バニャッ / ラマイ	many
多い (割合が) おお	**besar** ブサル	many
多い (頻度が) おお	**sering** スリン(グ)	often

日	インドネシア	英
<ruby>大<rt>おお</rt></ruby>いに	**teramat** トゥラマ(ト)	greatly
<ruby>覆<rt>おお</rt></ruby>う	**menutupi** ムヌトゥピ	to cover
<ruby>大方<rt>おおかた</rt></ruby>	**mayoritas** マヨリタス	majority
<ruby>大柄<rt>おおがら</rt></ruby>な	**bertubuh besar** ブルトゥブー ブサル	large
<ruby>大<rt>おお</rt></ruby>きい	**besar** ブサル	big / great
<ruby>大<rt>おお</rt></ruby>きい （程度が甚だしい）	**berat** ブラ(ト)	strong
<ruby>大<rt>おお</rt></ruby>きさ	**ukuran** ウクラン	size
<ruby>大<rt>おお</rt></ruby>げさな	**berlebihan** ブルルビハン	exaggerated
オーケストラ	**orkéstra** オルケストラ	orchestra
<ruby>大<rt>おお</rt></ruby>さじ	**séndok makan** センドッ マカン	tablespoon
<ruby>大<rt>おお</rt></ruby>ざっぱな	**tidak saksama** ティダッ サクサマ	rough
<ruby>大筋<rt>おおすじ</rt></ruby>	**garis besar** ガリス ブサル	outline
オーストラリア	**Australia** アウストラリア	Australia
オーストラリア<ruby>人<rt>じん</rt></ruby>	**orang Australia** オラン(グ) アウストラリア	Australian (people)
<ruby>大勢<rt>おおぜい</rt></ruby>	**banyak orang** バニャッ オラン(グ)	many people
<ruby>大空<rt>おおぞら</rt></ruby>	**langit luas** ラン(グ)イ(ト) ルアス	open sky
オーダー	**pesanan** プサナン	order
<ruby>大通<rt>おおどお</rt></ruby>り	**jalan raya** ジャラン ラヤ	main street
オートバイ	**sepéda motor** スペダ モトル	motorbike
オートマチック	**otomatik** オトマティッ	automatic

日	インドネシア	英
オートマチック式	**otomatis** オトマティス	automatic type
オートメーション	**otomasi** オトマスィ	automation
オートロック	**kunci otomatis** クンチ オトマティス	self-locking
オーナー	**pemilik** プミリッ	owner
オーバーする	**melebihi** ムルビヒ	to go over
オーバーな	**berlebihan** ブルルビハン	exaggerated
オーバーヒート	**terlalu panas** トゥルラル パナス	overheat
オーバーヒートする	**(menjadi) terlalu panas** （ムンジャディ）トゥルラル パナス	to overheat
大幅な	**secara signifikan** スチャラ スィグニフィカン	substantial
オープニング	**pembukaan** プンブカアン	opening
オープン（開業）する	**membuka** ムンブカ	to open
オープンな	**jujur / ceplas-ceplos** ジュジュル / チュプラス チュプロス	frank
大まかな	**secara garis besar** スチャラ ガリス ブサル	rough
大文字	**huruf besar** フルフ ブサル	capital letter
大家	**pemilik rumah** プミリッ ルマー	landlord
公	**resmi** ルスミ	official
大凡	**kira-kira / kurang lebih** キラ キラ / クラン（グ）ルビー	roughly
丘	**bukit** ブキ（ト）	hill
お母さん	**ibu** イブ	mother
おかえりなさい	**selamat datang (kembali ke rumah)** スラマ（ト）ダタン（グ）（クンバリ ク ルマー）	polite way to say 'welcome home'

日	インドネシア	英
お陰 (かげ)	berkat ブルカ(ト)	obligation
お菓子 (かし)	kué クエ	confectionary
おかしい (面白い)	lucu ルチュ	funny
おかしい (普通でない)	anéh アネー	unusual
おかしい (矛盾している)	bertentangan ブルトゥンタン(グ)アン	contradict
おかしい (不釣り合い)	tidak seimbang ティダッ スインバン(グ)	imbalance
侵す (おか)	melanggar ムランガル	to invade
犯す (おか)	melakukan (kejahatan) ムラクカン (クジャハタン)	to commit a crime
おかず	lauk ラウッ	side dish
お金 (かね)	uang ウアン(グ)	money
お構いなく (かま)	jangan répot-répot ジャン(グ)アン レポ(ト) レポ(ト)	don't bother
拝む (おが)	menyembah ムニュンバー	to pray
おかわり	isi ulang イスィ ウラン(グ)	refill
沖 (おき)	lepas pantai ルパス パンタイ	offshore
～置き (お)	selang ～ スラン(グ)	every ... time [day]
補う (おぎな)	mencukupi ムンチュクピ	to compensate
置物 (おきもの)	hiasan ヒアサン	ornament
起きる (起床する) (お)	bangun (tidur) バン(グ)ウン (ティドゥル)	to get up
起きる (発生する) (お)	muncul / terjadi ムンチュル / トゥルジャディ	to occur
奥 (おく)	pojok / sudut ポジョッ / スドゥ(ト)	the interior

日	インドネシア	英
おく 億	**seratus juta** スラトゥス ジュタ	a hundred million
お 置く	**meletakkan** ムルタッカン	to put
おくがい 屋外	**di luar (rumah) / tempat terbuka** ディ ルアル（ルマー）/ トゥンパ(ト) トゥルブカ	outdoors
おくさま 奥様	**nyonya / istri** ニョニャ / イストリ	polite way to say 'wife'
おくじょう 屋上	**atap** アタ(プ)	rooftop
おくば 奥歯	**geraham** グラハム	back tooth
おくびょう 臆病	**pengecut** プン(グ)ウチュ(ト)	cowardice
おくさき 送り先	**alamat tujuan** アラマ(ト) トゥジュアン	destination
おくりもの 贈り物	**hadiah** ハディアー	gift
おく 贈る	**memberi** ムンブリ	to give
おく 送る	**mengirim** ムン(グ)イリム	to send
おく 送る（人を〜まで）	**mengantar** ムン(グ)アンタル	to see *sb* off
おく 送る （ある期間を過ごす）	**meléwatkan** ムレワ(ト)カン	to spend time
おく 遅れ	**keterlambatan** クトゥルランバタン	postponement
おく 遅れる	**terlambat** トゥルランバ(ト)	be late
おこ 起こす （目を覚まさせる）	**membangunkan** ムンバン(グ)ウンカン	to awaken
おこ 起こす （引き起こす）	**menyebabkan** ムニュバブカン	to cause
おごそ 厳か	**kekhidmatan** クキドマタン	dignity
おごそ 厳かな	**khidmat** キドマ(ト)	dignified
おこた 怠る	**melalaikan** ムラライカン	to neglect

日	インドネシア	英
怒った	marah マラー	angry
行い	perilaku / kelakuan プリラク / クラクアン	action
行う	melaksanakan ムラクサナカン	to conduct
起こる	terjadi トゥルジャディ	to occur
怒る	marah マラー	be angry
奢る (人にごちそうする)	mentraktir ムントラクティル	to treat *sb* to *sth*
奢る (過度に贅沢をする)	berméwah-méwah ブルメワー メワー	to live in luxury
押さえる (上から)	menekan ムヌカン	to press
押さえる (動かないように)	pegang / memegang プガン(グ) / ムムガン(グ)	to hold
抑える	tahan / menahan タハン / ムナハン	to restrict
幼い	kekanak-kanakan クカナッ カナカン	be very young
治まる	mereda ムルダ	to become peaceful
収まる	menempati ムヌンパティ	to settle
収まる (弱くなる)	reda / mereda ルダ / ムルダ	to subside
収まる (終わる)	selesai スルサイ	to end
収まる (収納できる)	muat ムア(ト)	to fit
収める	menyimpan ムニィンパン	to store
治める	memerintah ムムリンター	to rule
お産	persalinan プルサリナン	childbirth
おじ (父母の兄)	pakdé パクデ	uncle

日	インドネシア	英
おじ（父母の弟）	paklik / om / paman パクリッ / オム / パマン	uncle
惜しい	hampir ハンピル	unfortunate
惜しい（近い）	hampir ハンピル	close
惜しい （もったいない）	sayang サヤン（グ）	pitiful
お爺さん （高齢の男性）	kakék カケッ	old man
押入れ	lemari dinding ルマリ ディンディン（グ）	closet
教え	ajaran アジャラン	teaching
教える（教授する）	ajar / mengajar アジャル / ムン（グ）アジャル	to teach
教える（伝える）	memberitahu / mengabarkan ムンブリタフ / ムン（グ）アバルカン	to tell
お辞儀する	membungkuk ムンブンクッ	to bow
押し切る	mengatasi ムン（グ）アタスィ	to overcome
押し込む	memasukkan dengan paksa / mendorongkan ムマスッカン ドゥン（グ）アン パクサ / ムンドロンカン	to thrust
おじさん （年配の男性）	paman / om パマン / オム	uncle
惜しむ	menyesali ムニュサリ	be sparing of
おしゃぶり	empéng ウンペン（グ）	dummy
おしゃべり	obrolan オブロラン	idle talk
おしゃべりする	mengobrol ムン（グ）オブロル	to chat
おしゃれ	modis モディス	style
おしゃれする	berdandan ブルダンダン	fashionableness

日	インドネシア	英
おしゃれな	**modis / apik / tréndi** モディス / アピッ / トレンディ	fashionable
汚職 おしょく	**korupsi** コルプスィ	corruption
押し寄せる おしよ	**mengerumuni** ムン(グ)ウルムニ	to close in
雄 おす	**jantan** ジャンタン	male animal
押す お	**mendorong** ムンドロン(グ)	to push
押す (動かす) お	**dorong / mendorong** ドロン(グ) / ムンドロン(グ)	to push
押す (重みを加える) お	**tekan / menekan** トゥカン / ムヌカン	to press
推す (推薦する) お	**merékoméndasi** ムレコメンダスィ	to recommend
推す (推測する) お	**menduga** ムンドゥガ	to suggest
お世辞 せじ	**basa-basi** バサ バスィ	flattery
お節介 せっかい	**perilaku usil** プリラク ウスィル	meddling
お節介な せっかい	**usil** ウスィル	meddlesome
お世話する せわ	**melayani** ムラヤニ	to care
汚染 おせん	**pencemaran** プンチュマラン	pollution
汚染する おせん	**mencemari** ムンチュマリ	to pollute
遅い おそ	**lambat** ランバ(ト)	late
襲う おそ	**menyerbu** ムニュルブ	to attack
遅くとも おそ	**paling lambat** パリン(グ) ランバ(ト)	at the latest
おそらく	**mungkin** ムンキン	probably
恐れ おそ	**kekhawatiran** クハワティラン	fear

日	インドネシア	英
恐れ入る おそ い	merépotkan ムレポ(ト)カン	be disconcerted
(～する)恐れがある おそ	ada kemungkinan アダ クムンキナン	be in danger of
恐れる おそ	takut タク(ト)	to fear
恐ろしい おそ	menakutkan ムナク(ト)カン	terrible
恐ろしい(甚だしい) おそ	ékstrim エクストリム	extreme
恐ろしい(深刻) おそ	menakutkan ムナク(ト)カン	severe
教わる おそ	diajarkan ディアジャルカン	to learn
お大事に だいじ	semoga cepat sembuh スモガ チュパ(ト) スンブー	take care of yourself
お互い(相互) たが	saling / satu sama lain サリン(グ) / サトゥ サマ ライン	each other
お互い(どちらも) たが	sama-sama サマ サマ	both
おだてる	membujuk ムンブジュッ	to flatter
穏やかさ おだ	keteduhan クトゥドゥハン	calmness
穏やかな おだ	teduh トゥドゥー	calm
落ち込む お こ	jatuh semangat ジャトゥー スマン(グ)ア(ト)	to fall in
落ち着き お つ	ketenangan クトゥナン(グ)アン	calmness
落ち着く お つ	(menjadi) tenang (ムンジャディ) トゥナン(グ)	to calm down
落葉 おちば	daun yang gugur ダウン ヤン(グ) ググル	dead leaves
お茶 ちゃ	téh テー	tea
落ちる お	jatuh ジャトゥー	to fall / to go down
落ちる (数値などが)	jatuh / turun ジャトゥー / トゥルン	to go down

日	インドネシア	英
落ちる （電源などが）	mati マティ	be turned off
落ちる （不合格になる）	tidak lulus ティダッ ルルス	be rejected
落ちる （汚れなどが）	luruh ルルー	to come off
お使い	pesuruh / suruhan プスルー / スルハン	errand
夫	suami スアミ	husband
乙な（気の利いた）	tanggap タンガ（プ）	stylish
おつり	uang kembalian / kembalian ウアン（グ）クンバリアン / クンバリアン	change
お手上げ	angkat tangan アンカ（ト）タン（グ）アン	give up
お手洗い	kamar kecil カマル クチル	rest room
音	bunyi ブニィ	sound
お父さん	ayah / bapak アヤー / ババッ	father
弟	adik laki-laki アディッ ラキ ラキ	younger brother
おどおどした	takut-takut タク（ト）タク（ト）	timid
おどかす	mengejutkan ムン（グ）ウジュ（ト）カン	to scare
男	laki-laki / lelaki ラキ ラキ / ルラキ	man
男の子	anak laki-laki アナッ ラキ ラキ	boy
男の人	pria プリア	man [men]
落とし物	barang yang hilang バラン（グ）ヤン（グ）ヒラン（グ）	lost article
落とす	menjatuhkan ムンジャトゥーカン	to drop
落とす（なくす）	menghilangkan ムンヒランカン	to lose

日	インドネシア	英
落とす （不合格にする）	tidak meluluskan ティダッ ルルスカン	to reject
落とす （汚れなどを）	membersihkan ムンブルスィーカン	to come off
脅す	mengancam ムン(グ)アンチャム	to threaten
訪れる	mengunjungi ムン(グ)ウンジュン(グ)イ	to visit
一昨日	dua hari (yang) lalu ドゥア ハリ（ヤン(グ)）ラル	the day before yesterday
一昨年	dua tahun (yang) lalu ドゥア タフン（ヤン(グ)）ラル	the year before last
大人	déwasa デワサ	adult
おとなしい	tenang トゥナン(グ)	quiet
お供	pendamping プンダンピン(グ)	going along as a companion
踊り	tarian タリアン	dancing
劣る	kalah カラー	be inferior
踊る	menari ムナリ	to dance
衰える	melemah ムルマー	to weaken
驚かす	mengejutkan ムン(グ)ウジュ(ト)カン	to surprise
驚き	keterkejutan クトゥルクジュタン	surprise
驚く	terkejut トゥルクジュ(ト)	be surprised
同い年	sebaya / seusia / seumur スバヤ / スウスィア / スウムル	the same age
お腹	perut プル(ト)	stomach
同じ	sama サマ	the same
おなら	kentut クントゥ(ト)	fart

鬼 ^{おに}	raksasa ラクササ	demon
お願い ^{ねが}	mohon / tolong モホン / トロン (グ)	favor to ask
斧 ^{おの}	kapak カパッ	ax
各々 ^{おのおの}	masing-masing マスィン (グ) マスィン (グ)	each of those
自ずから ^{おの}	dengan sendirinya ドゥン (グ) アン スンディリニャ	oneself
おば (父母の姉)	budé ブデ	aunt
おば (父母の妹)	bulik / tante / bibi ブリッ / タントゥ / ビビ	aunt
おばあさん (祖母・高齢の女性)	nénék ネネッ	grandmother / old lady
おばさん (中年の女性)	tante / bibi タントゥ / ビビ	lady
おはよう	selamat pagi スラマ (ト) パギ	good morning
帯 ^{おび}	setagén スタゲン	belt
怯える ^{おび}	gentar グンタル	to become frightened
おびただしい	berlimpah ブルリンパー	a great many
お人好し ^{ひと よ}	orang yang baik hati オラン (グ) ヤン (グ) バイッ ハティ	good-natured person
おびやかす	mengancam ムン (グ) アンチャム	to threaten
帯びる ^お	memakai / mengenakan ムマカイ / ムン (グ) ウナカン	to wear
オフィス	kantor カントル	office
オプショナルツアー	tur tambahan トゥル タンバハン	optional tour
オペレーション	operasi オプラスィ	operation
オペレーター	operator オプラトル	operator

日	インドネシア	英
覚え	ingatan イン(グ)アタン	recollection
覚えている	ingat イン(グ)ア(ト)	to remember
覚える	ingat イン(グ)ア(ト)	to memorize
溺れる	tenggelam トゥングラム	to drown
お参りする	mengunjungi kuil ムン(グ)ウンジュン(グ)イ クイル	to visit to a temple
おまえ	kau カウ	you
おまけ	tambahan / bonus タンバハン / ボヌス	premium
おまけする	menambahi / memberi bonus ムナンバヒ / ムンブリ ボヌス	to give a discount of
お待ちどおさま	maaf sudah menunggu マアフ スダー ムヌング	I'm sorry to make you waiting.
お祭り	féstival フェステイファル	festival
お守り	jimat / azimat ジマ(ト) / アズィマ(ト)	talisman
おまる	pispot / tabung penampung ピスポ(ト) / タブン(グ) プナンプン(グ)	potty
お見舞い	menjenguk orang sakit ムンジュン(グ)ウッ オラン(グ) サキ(ト)	visiting a sick person
お見舞いに行く	menéngok ムネン(グ)オッ	inquiry
おむつ	popok ポポッ	diaper
オムレツ	telur dadar トゥルル ダダル	omelet
おめでとう	selamat スラマ(ト)	congratulations
重い	berat ブラ(ト)	heavy
重い（病気・怪我）	parah / berat パラー / ブラ(ト)	serious
重い（動きが遅い）	lamban ランバン	slow

日	インドネシア	英
<ruby>重<rt>おも</rt></ruby>い（憂鬱）	murung ムルン(グ)	gloomy
<ruby>思<rt>おも</rt></ruby>い<ruby>掛<rt>が</rt></ruby>けない	tidak terduga ティダッ トゥルドゥガ	accidental
<ruby>思<rt>おも</rt></ruby>い<ruby>切<rt>き</rt></ruby>り（思う存分）	sepuasnya スプアスニャ	thoroughly
<ruby>思<rt>おも</rt></ruby>い<ruby>込<rt>こ</rt></ruby>む	yakin betul ヤキン ブトゥル	be obsessed
<ruby>思<rt>おも</rt></ruby>い<ruby>出<rt>だ</rt></ruby>す	mengingat (kembali) ムン(グ)イン(グ)ア(ト)（クンバリ）	to remember
<ruby>思<rt>おも</rt></ruby>い<ruby>出<rt>だ</rt></ruby>す（努力して）	ingat / mengingat イン(グ)ア(ト) / ムン(グ)イン(グ)ア(ト)	to recall
<ruby>思<rt>おも</rt></ruby>い<ruby>出<rt>だ</rt></ruby>す（ふと）	ingat / teringat イン(グ)ア(ト) / トゥルイン(グ)ア(ト)	to remember
<ruby>思<rt>おも</rt></ruby>いつき	hal yang tiba-tiba terpikirkan ハル ヤン(グ) ティバ ティバ トゥルピキルカン	inspiration
<ruby>思<rt>おも</rt></ruby>いつく	terpikir トゥルピキル	to come to mind
<ruby>思<rt>おも</rt></ruby>い<ruby>出<rt>で</rt></ruby>	kenangan クナン(グ)アン	memory
<ruby>思<rt>おも</rt></ruby>いやり	tenggang rasa トゥンガン(グ) ラサ	consideration
<ruby>思<rt>おも</rt></ruby>う	berpikir ブルピキル	to consider
<ruby>面白<rt>おもしろ</rt></ruby>い（滑稽な）	lucu ルチュ	funny
<ruby>面白<rt>おもしろ</rt></ruby>い（興味深い）	menarik ムナリッ	interesting
<ruby>玩具<rt>おもちゃ</rt></ruby>	mainan マイナン	toy
<ruby>表<rt>おもて</rt></ruby>	permukaan ブルムカアン	face / surface
<ruby>主<rt>おも</rt></ruby>な	utama ウタマ	chiefly
<ruby>主<rt>おも</rt></ruby>に	utamanya ウタマニャ	mainly
<ruby>趣<rt>おもむ</rt></ruby>き	rasa ラサ	taste
<ruby>赴<rt>おもむ</rt></ruby>く	pergi (ke) ブルギ (ク)	to proceed

お

日	インドネシア	英
<ruby>思<rt>おも</rt></ruby>わず	tanpa sadar タンパ サダル	instinctively
<ruby>重<rt>おも</rt></ruby>んじる	mementingkan ムムンティンカン	to consider *sth* important
<ruby>親<rt>おや</rt></ruby>	orang tua オラン(グ) トゥア	parent
<ruby>親孝行<rt>おやこうこう</rt></ruby>	bakti kepada orang tua バクティ クパダ オラン(グ) トゥア	filial devotion to one's parents
おやすみなさい	selamat tidur スラマ(ト) ティドゥル	good night
おやつ	camilan チャミラン	snack
<ruby>親不孝<rt>おやふこう</rt></ruby>	durhaka (kepada orang tua) ドゥルハカ (クパダ オラン(グ) トゥア)	unfilial
<ruby>親指<rt>おやゆび</rt></ruby>	ibu jari イブ ジャリ	thumb
<ruby>泳<rt>およ</rt></ruby>ぎ	renang ルナン(グ)	swimming
<ruby>泳<rt>およ</rt></ruby>ぐ	berenang ブルナン(グ)	to swim
およそ	kira-kira / kurang lebih キラ キラ / クラン(グ) ルビー	rough
および	serta スルタ	as well as
<ruby>及<rt>およ</rt></ruby>ぼす	menyebabkan / menimbulkan ムニュバブカン / ムニンブルカン	to cause
<ruby>檻<rt>おり</rt></ruby>	kandang カンダン(グ)	cage
オリーブ	zaitun ザイトゥン	olive
オリーブオイル	minyak zaitun ミニャッ ザイトゥン	olive oil
オリエンテーション	oriéntasi オリエンタスィ	orientation
<ruby>折<rt>お</rt></ruby>り<ruby>返<rt>かえ</rt></ruby>す	melipat ムリパ(ト)	to fold *sth* down
オリジナル	asli アスリ	original
<ruby>折<rt>お</rt></ruby>りたたみ	lipat / lipatan リパ(ト) / リパタン	fold

お

日	インドネシア	英
織物 おりもの	tenunan トゥヌナン	textile
下りる おりる	turun (ke) トゥルン（ク）	to go down
降りる（乗り物から） おりる	turun (dari) トゥルン（ダリ）	to get off [out]
降りる（高い地位・役割から） おりる	mengundurkan diri ムン（グ）ウンドゥルカン ディリ	to step down
オリンピック	olimpiade オリンピアドゥ	the Olympics
織る おる	menenun ムヌヌン	to weave
折る（紙） おる	melipat ムリパ（ト）	to fold
折る（棒） おる	mematahkan ムマターカン	to break
オルガン	organ オルガン	organ
俺 おれ	aku / gua / gué アク／グア／グエ	I
お礼 れい	ungkapan terima kasih ウンカパン トゥリマ カスィー	acknowledgment
お礼する れい	berterima kasih ブルトゥリマ カスィー	to express one's gratitude
折れる おれる	patah パター	be broken
オレンジ	jeruk keprok ジュル（ク） クプロッ	orange
オレンジ色 いろ	warna oranye ワルナ オラニュ	orange color
オレンジジュース	jus jeruk ジュス ジュル（ク）	orange juice
愚かさ おろ	kebodohan クボドハン	stupid
卸す おろ	menjual partai besar ムンジュアル パルタイ ブサル	to whole sell
下ろす おろ	menurunkan ムヌルンカン	to take down
下ろす（定着する） おろ	mengakar ムン（グ）アカル	to become established

日	インドネシア	英
下ろす（お金を引き出す）	menarik uang ムナリッ ウアン(グ)	to withdraw
降ろす（乗り物から）	menurunkan ムヌルンカン	to let *sb* off
降ろす（高い地位・役割から）	memecat ムムチャ(ト)	to discharge
疎かに	sembrono / lalai スンブロノ / ララィ	negligent
終わらせる	menyelesaikan ムニュルサイカン	bring ~to an end
終わり	selesai / tamat スルサイ / タマ(ト)	ending
終わる	selesai スルサイ	to end
恩	hutang budi フタン(グ) ブディ	indebtedness
音楽	musik ムスィッ	music
恩恵	anugerah / karunia アヌグラー / カルニア	gift from God
温室	rumah kaca ルマー カチャ	greenhouse
恩人	penyelamat プニュラマ(ト)	benefactor
温泉	pemandian air panas プマンディアン アイル パナス	hot spring
温帯	daérah beriklim sedang ダエラー ブルイクリム スダン(グ)	the temperate zone
温暖な	hangat ハン(グ)ア(ト)	warm
温度	suhu スフ	temperature
女	perempuan プルンプアン	woman
女の子	anak perempuan アナッ プルンプアン	girl
おんぶする	menggéndong ムンゲンドン(グ)	to carry *sb* on *sb's* backs
オンライン	online オンライン	online

日	インドネシア	英
<ruby>温<rt>おん</rt></ruby><ruby>和<rt>わ</rt></ruby>な	**lembut / ramah** ルンブ(ト) / ラマー	gentle

▼ か，カ

日	インドネシア	英
<ruby>課<rt>か</rt></ruby>	**bagian / departemén** バギアン / ドゥパルトゥメン	department
<ruby>蚊<rt>か</rt></ruby>	**nyamuk** ニャムッ	mosquito
ガーゼ	**kasa (pembalut)** カサ（プンバル(ト)）	gauze
カーソル	**kursor** クルソル	cursor
カーテン	**tirai** ティライ	curtain
カード	**kartu** カルトゥ	card
カードキー	**kunci tipe kartu** クンチ ティプ カルトゥ	card key
カーブ	**bélokan** ベロカン	curve
カーブする	**berbélok** ブルベロッ	to curve
カーペット	**karpét** カルペ(ト)	carpet
<ruby>回<rt>かい</rt></ruby>	**kali** カリ	time
<ruby>階<rt>かい</rt></ruby>	**lantai / tingkat** ランタイ / ティンカ(ト)	floor
<ruby>貝<rt>かい</rt></ruby>	**kerang** クラン(グ)	shellfish
<ruby>害<rt>がい</rt></ruby>	**bahaya / kerugian** バハヤ / クルギアン	harm
<ruby>改<rt>かい</rt></ruby><ruby>悪<rt>あく</rt></ruby>	**pemburukan** プンブルカン	deterioration
<ruby>改<rt>かい</rt></ruby><ruby>悪<rt>あく</rt></ruby>する	**memperburuk / memperparah** ムンプルブルッ / ムンプルパラー	to deteriorate
<ruby>会<rt>かい</rt></ruby><ruby>員<rt>いん</rt></ruby>	**anggota** アンゴタ	membership
<ruby>海<rt>かい</rt></ruby><ruby>運<rt>うん</rt></ruby>	**angkutan laut** アンクタン ラウ(ト)	maritime sea transport

日	インドネシア	英
絵画 かいが	**lukisan** ルキサン	pictorial arts
外貨 がいか	**valuta asing** ファルタ アスィン(グ)	foreign currency
開会 かいかい	**pembukaan** プンブカアン	the opening of a meeting
開会する かいかいする	**membuka** ムンブカ	to open [begin] a session
海外 かいがい	**luar negeri** ルアル ヌグリ	foreign countries
改革 かいかく	**réformasi** レフォルマスィ	reformation
改革する かいかくする	**meréformasi** ムレフォルマスィ	to reform
貝殻 かいがら	**kulit kerang** クリ(ト) クラン(グ)	shell
会館 かいかん	**balai / gedung pertemuan** バライ / グドゥン(グ) プルトゥムアン	hall
海岸 かいがん	**pantai** パンタイ	seashore
外観 がいかん	**penampilan luar** プナンピラン ルアル	outward
開館時間 かいかんじかん	**jam buka** ジャム ブカ	opening hours
会議 かいぎ	**pertemuan / rapat** プルトゥムアン / ラパ(ト)	conference
会議する かいぎする	**menggelar rapat** ムングラル ラパ(ト)	to hold a meeting [conference]
会議室 かいぎしつ	**ruang rapat** ルアン(グ) ラパ(ト)	meeting room
会議費 かいぎひ	**biaya rapat** ビアヤ ラパ(ト)	meeting cost
階級 かいきゅう	**tingkat / lével** ティンカ(ト) / レフル	class
海峡 かいきょう	**selat** スラ(ト)	channel
会計 かいけい	**keuangan** クウアン(グ)アン	accounts
解決 かいけつ	**pemecahan** プムチャハン	solution

日	インドネシア	英
かいけつ 解決する	**memecahkan** ムムチャーカン	to solve
かいけつさく 解決策	**solusi** ソルスィ	solution
かいけん 会見	**wawancara** ワワンチャラ	interview
かいけん 会見する	**mewawancarai** ムワワンチャライ	to have [hold] an interview
がいけん 外見	**penampilan** プナンピラン	appearance
かい こ 解雇	**pemecatan** プムチャタン	dismissal
かい こ 解雇する	**memecat** ムムチャ(ト)	to dismiss
かい ご 介護	**perawatan** プラワタン	nursing care
かい ご 介護する	**merawat** ムラワ(ト)	to nurse
かいごう 会合	**pertemuan** プルトゥムアン	assembly
かいごう 会合する	**bertemu** ブルトゥム	to assemble
がいこう 外交	**diplomasi** ディプロマスィ	diplomatic
がいこうかん 外交官	**diplomat** ディプロマ(ト)	diplomat
がいこく 外国	**luar negeri** ルアル ヌグリ	foreign country
がいこくかわせ 外国為替	**penukaran (mata) uang asing** プヌカラン（マタ）ウアン(グ) アスィン(グ)	foreign exchange
がいこく ご 外国語	**bahasa asing** バハサ アスィン(グ)	foreign language
がいこくじん 外国人	**orang asing** オラン(グ) アスィン(グ)	foreigner
かいさい 開催	**penyelenggaraan** プニュルンガラアン	holding (of an event)
かいさい 開催する	**menyelenggarakan** ムニュルンガラカン	to hold a meeting
かいさつ 改札	**pemeriksaan tikét** プムリッサアン ティケ(ト)	ticket examination

日	インドネシア	英
改札する	memeriksa karcis ムムリクサ カルチス	to examine tickets
改札機	mesin pemeriksa karcis ムスィン プムリクサ カルチス	ticket wicket [barrier]
解散	pembubaran プンブバラン	breakup
解散する	membubarkan ムンブバルカン	to breakup
開始	permulaan プルムラアン	beginning
開始する（始まる）	mulai / dimulai ムライ / ディムライ	to begin
開始する（始める）	mulai / memulai ムライ / ムムライ	to start
会社	perusahaan プルウサハアン	company
会社員	karyawan / pegawai カルヤワン / プガワイ	office worker
解釈	interprétasi イントゥルプレタスィ	interpretation
解釈する	menginterprétasi ムン(グ)イントゥルプレタスィ	to interpret
回収	penarikan kembali プナリカン クンバリ	recall
回収する	menarik kembali ムナリッ クンバリ	to recall
改修	rénovasi レノファスィ	repair
改修する	merénovasi ムレノファスィ	to repair
怪獣	raksasa ラクササ	monster
外出	kepergian クプルギアン	going out
外出する	keluar クルアル	to go out
外出中	sedang di luar スダン(グ) ディルアル	be out now
解除	pembatalan プンバタラン	cancellation

日	インドネシア	英
_{かいじょ} 解除する（契約）	membatalkan ムンバタルカン	to cancel
_{かいじょ} 解除する（武装）	melucuti ムルチュティ	to disarm
_{かいじょ} 解除する（制裁）	mencabut ムンチャブ(ト)	to lift
_{かいじょう} 会場	ruang pertemuan ルアン（グ）プルトゥムアン	hall
_{かいじょう} 海上	di (tengah) laut ディ（トゥン（グ）アー）ラウ(ト)	marine
_{がいしょう} 外相	menteri luar negeri ムントゥリ ルアル ヌグリ	the Minister of Foreign Affairs
_{がいしょく} 外食（する）	makan di luar マカン ディ ルアル	eating out / to eat out
_{かいすい} 海水	air laut アイル ラウ(ト)	sea water
_{かいすいよく} 海水浴（をする）	berenang di laut ブルナン（グ）ディ ラウ(ト)	sea bathing / bathe in the sea
_{かいすう} 回数	frékuénsi / kekerapan フレクエンスィ / ククラパン	number of times
_{かいすうけん} 回数券	tikét kupon ティケ(ト) クポン	coupon ticket
_{がい} 害する	merugikan ムルギカン	hurt
_{かいせい} 快晴	cuaca cerah チュアチャ チュラー	fine weather
_{かいせい} 改正	amandemén アマンドゥメン	amendment
_{かいせい} 改正する	mengamandemén ムン（グ）アマンドゥメン	to amend
_{かいせつ} 解説	pengulasan / penjelasan プン（グ）ウラサン / プンジュラサン	commentary
_{かいせつ} 解説する	mengulas / menjelaskan ムン（グ）ウラス / ムンジュラスカン	to make a commentary on
_{がいせつ} 概説	ringkasan リンカサン	the outlines
_{がいせつ} 概説する	menjelaskan secara ringkas ムンジュラスカン スチャラ リンカス	to give an outline
_{かいせん} 回線	sambungan サンブン（グ）アン	line

日	インドネシア	英
改善 かいぜん	**perbaikan** プルバイカン	improvement
改善する かいぜん	**memperbaiki** ムンプルバイキ	to improve
海草 かいそう	**rumput laut** ルンプ(ト) ラウ(ト)	sea grass
階層 かいそう	**lapisan** ラピサン	hierarchy
回送 かいそう	**ékspédisi** エクスペディスイ	forwarding
回送する かいそう	**menyampaikan** ムニャンパイカン	to forward
改装 かいそう	**rékonstruksi** レコンストルクスイ	renovation
改装する かいそう	**merékonstruksi** ムレコンストルクスイ	to renovate
回想 かいそう	**ingat kembali** イン(グ)ア(ト) クンバリ	reminiscence
回想する かいそう	**mengingat kembali** ムン(グ)イン(グ)ア(ト) クンバリ	to reminiscence
改造 かいぞう	**modifikasi** モディフィカスイ	modification
改造する かいぞう	**memodifikasi** ムモディフィカスイ	to modify
海賊 かいぞく	**perompak** プロンパッ	pirate
解体 かいたい	**pembongkaran** プンボンカラン	dismantlement
解体する かいたい	**membongkar** ムンボンカル	to dismantle
開拓 かいたく	**perintisan** プリンティサン	development
開拓する かいたく	**merintis** ムリンティス	to develop
階段 かいだん	**tangga** タンガ	stairs
会談 かいだん	**pertemuan** プルトゥムアン	talk
会談する かいだん	**bertemu** ブルトゥム	to talk

日	インドネシア	英
かいちく 改築	rénovasi レノファスィ	rebuilding
かいちく 改築する	merénovasi ムレノファスィ	to rebuild
がいちゅう 害虫	hama ハマ	insect pest
かいちゅうでんとう 懐中電灯	sénter スントゥル	flashlight
かいちょう 快調	kemulusan / kelancaran クムルサン / クランチャラン	smoothness
かいちょう 快調な	mulus / lancar ムルス / ランチャル	smooth
かいつう 開通	pembukaan (jalur transportasi) プンブカアン （ジャルル トランスポルタスィ）	the start of operation of a means of transport
かいつう 開通する	mulai beroperasi ムライ ブルオプラスィ	be opened to traffic
かいてい 改定	révisi レフィスィ	revision
かいてい 改定する	merévisi ムレフィスィ	to revise
かいてい 海底	dasar laut ダサル ラウ(ト)	seabed
かいてきさ 快適さ	kenyamanan クニャマナン	comfort
かいてきな 快適な	nyaman ニャマン	comfortable
かいてん 回転	perputaran プルプタラン	rotation
かいてん 回転する	berputar ブルプタル	to rotate
かいてん 開店	pembukaan toko プンブカアン トコ	the opening of a store
かいてん 開店する	membuka toko ムンブカ トコ	to open a store
ガイド	pemandu プマンドゥ	guide
ガイドする	memandu ムマンドゥ	to guide
かいとう 解答	jawaban ジャワバン	answering

日	インドネシア	英
解答する かいとう	menjawab ムンジャワ(ブ)	to answer
回答 かいとう	jawaban ジャワバン	reply
回答する かいとう	menjawab ムンジャワ(ブ)	to reply
街道 かいどう	jalan utama ジャラン ウタマ	main road
街灯 がいとう	lampu jalan ランプ ジャラン	streetlamp
街頭 がいとう	jalanan ジャラナン	street
該当 がいとう	layak ラヤッ	correspondence
該当する がいとう	memenuhi syarat ムムヌヒ シャラ(ト)	to correspond to
ガイドブック	buku panduan ブク パンドゥアン	guidebook
ガイドライン	garis panduan ガリス パンドゥアン	guideline
介入 かいにゅう	intervénsi イントゥルフェンスィ	intervention
介入する かいにゅう	menginterVÉNSI ムン(グ)イントゥルフェンスィ	to intervene
概念 がいねん	konsép コンセ(ブ)	concept
開発 かいはつ	pengembangan プン(グ)ウンバン(グ)アン	development
開発する かいはつ	mengembangkan ムン(グ)ウンバンカン	to develop
海抜 かいばつ	ketinggian permukaan laut クティンギアン プルムカアン ラウ(ト)	above sea level
会費 かいひ	iuran イウラン	membership fee
外部 がいぶ	bagian luar バギアン ルアル	exterior
回復 かいふく	penyembuhan プニュンブハン	recovery
回復する かいふく	sembuh スンブー	to recover

日	インドネシア	英
かいほう 介抱	perawatan / perlindungan プラワタン / プルリンドゥン(グ)アン	nursing
かいほう 介抱する	merawat / melindungi ムラワ(ト) / ムリンドゥン(グ)イ	to nurse
かいほう 解放	pelepasan プルパサン	release
かいほう 解放する	melepaskan ムルパスカン	to release
かいほう 開放	keterbukaan クトゥルブカアン	opening
かいほう 開放する	membuka ムンブカ	to leave open
かいぼう 解剖	pembedahan プンブダハン	dissection
かいぼう 解剖する	membedah ムンブダー	to dissect
がい む しょう 外務 省	kementerian luar negeri クムントゥリアン ルアル ヌグリ	the Ministry of Foreign Affairs
かいめい 解明	solusi ソルスィ	clarification
かいめい 解明する	memecahkan ムムチャーカン	to clarify
かいもの 買物	perbelanjaan プルブランジャアン	shopping
かいもの 買物する	berbelanja ブルブランジャ	to do shopping
かいものかご 買物籠	keranjang belanja クランジャン(グ) ブランジャ	shopping basket
かいやく 解約	pembatalan プンバタラン	cancellation
かいやく 解約する	membatalkan ムンバタルカン	to cancel
かいよう 海洋	samudera サムドゥラ	ocean
かいよう 潰瘍	radang ラダン(グ)	ulcer
がいよう 概要	garis besar ガリス ブサル	outline
がいらい 外来 （外国・外部から）	luar ルアル	foreign

日	インドネシア	英
外来 (病院) <small>がいらい</small>	**rawat jalan** ラワ(ト) ジャラン	outpatient
外来語 <small>がいらいご</small>	**kata serapan asing** カタ スラパン アスィン(グ)	imported word
回覧 <small>かいらん</small>	**édaran** エダラン	circulation
回覧する <small>かいらん</small>	**mengédarkan** ムン(グ)エダルカン	to circulate
戒律 <small>かいりつ</small>	**norma agama** ノルマ アガマ	religious precepts
概略 <small>がいりゃく</small>	**ringkasan** リンカサン	summary
海流 <small>かいりゅう</small>	**arus laut** アルス ラウ(ト)	ocean current
改良 <small>かいりょう</small>	**perbaikan** プルバイカン	improvement
改良する <small>かいりょう</small>	**memperbaiki** ムンプルバイキ	to improve
回路 <small>かいろ</small>	**sirkuit** スィルクイ(ト)	circuit
海路 <small>かいろ</small>	**jalur laut** ジャルル ラウ(ト)	sea route
概論 <small>がいろん</small>	**ringkasan** リンカサン	outline
会話 <small>かいわ</small>	**percakapan** プルチャカパン	conversation
会話する <small>かいわ</small>	**bercakap-cakap** ブルチャカ(プ) チャカ(プ)	to converse with
飼う <small>か</small>	**memelihara** ムムリハラ	to breed
買う <small>か</small>	**membeli** ムンブリ	to buy
カウンター	**lokét** ロケ(ト)	counter
帰す <small>かえ</small>	**memulangkan** ムムランカン	to send *sb* home
返す <small>かえ</small>	**mengembalikan** ムン(グ)ウンバリカン	to return
却って <small>かえ</small>	**justru** ジュストル	on the contrary

日	インドネシア	英
カエデ	**pohon maple** ポホン メイプル	maple tree
帰り	**kepulangan** クプラン (グ) アン	returning
顧みる	**menoléh ke belakang** ムノレー ク ブラカン (グ)	to look back
カエル	**kodok** コドッ	frog
帰る	**pulang** プラン (グ)	to return
代える	**mengganti** ムンガンティ	to convert
換える	**menukar** ムヌカル	to exchange
返る	**kembali** クンバリ	to return
変える (変化)	**ubah / mengubah** ウバー / ムン (グ) ウバー	to change
変える (変更)	**ganti / mengganti** ガンティ / ムンガンティ	to alter
顔	**muka / wajah** ムカ / ワジャー	face
顔 (面目)	**muka** ムカ	face
顔 (代表)	**wakil** ワキル	prestige
顔色	**raut muka** ラウ(ト) ムカ	complexion
家屋	**rumah** ルマー	house
顔つき	**rupa** ルパ	face
香	**wangi** ワン (グ) イ	fragrance
画家	**pelukis** プルキス	artist
課外	**ékstrakurikulér** エクストラクリクレル	extracurricular
加害者	**pelaku** プラク	perpetrator

日	インドネシア	英
<ruby>抱<rt>かか</rt></ruby>える	**memeluk** ムムルッ	to hold *sth* in one's arms
<ruby>価<rt>か</rt></ruby><ruby>格<rt>かく</rt></ruby>	**harga** ハルガ	price
<ruby>化<rt>か</rt></ruby><ruby>学<rt>がく</rt></ruby>	**kimia** キミア	chemistry
<ruby>科<rt>か</rt></ruby><ruby>学<rt>がく</rt></ruby>	**ilmu pengetahuan** イルム プン(グ)ウタフアン	science
<ruby>掲<rt>かか</rt></ruby>げる	**memasang** ムマサン(グ)	to put up
<ruby>踵<rt>かかと</rt></ruby>	**tumit** トゥミ(ト)	heel
<ruby>鏡<rt>かがみ</rt></ruby>	**cermin** チュルミン	mirror
<ruby>輝<rt>かがや</rt></ruby>く	**bersinar** ブルスィナル	to shine
<ruby>係<rt>かかり</rt></ruby>	**petugas** プトゥガス	person in charge
<ruby>掛<rt>かか</rt></ruby>かる (フックなどに)	**tergantung (di)** トゥルガントゥン(グ) (ディ)	to hang on
<ruby>掛<rt>か</rt></ruby>かる (心に留まる)	**memikat hati** ムミカ(ト) ハティ	to remind one's mind
<ruby>掛<rt>かか</rt></ruby>かる (費用・時間などが)	**memerlukan / memakan** ムムルルカン / ムマカン	to cost
<ruby>懸<rt>かか</rt></ruby>る (命・懸賞金・ 生活などが)	**bergantung (pada)** ブルガントゥン(グ) (パダ)	to hinge on
<ruby>架<rt>かか</rt></ruby>かる (橋・虹が)	**terbentang** トゥルブンタン(グ)	to bridge
<ruby>罹<rt>かか</rt></ruby>る	**terkena** トゥルクナ	to fall ill
<ruby>係<rt>かか</rt></ruby>わる	**terkait (dengan) / terlibat (dalam)** トゥルカイ(ト) (ドゥン(グ)アン) / トゥルリバ(ト) (ダラム)	to concern oneself in
<ruby>柿<rt>かき</rt></ruby>	**kesemek** クスムッ	persimmon
<ruby>鍵<rt>かぎ</rt></ruby>	**kunci** クンチ	key
<ruby>書留郵便<rt>かきとめゆうびん</rt></ruby>	**kiriman pos tercatat** キリマン ポス トゥルチャタ(ト)	registered mail [letter]
<ruby>書<rt>か</rt></ruby>き<ruby>取<rt>と</rt></ruby>り	**pendiktéan** プンディクテアン	dictation

か

日	インドネシア	英
書き取る (かき と）	mendikté ムンディクテ	to take down dictation
垣根 (かき ね)	pagar パガル	fence
かき回す (かき まわ）	mengaduk ムン(グ)アドゥッ	to throw into confusion
限り (かぎ)	batas バタス	limit
限る (かぎ)	membatasi ムンバタスィ	to limit
各～ (かく)	setiap ~ スティア(プ)	each
核 (中心) (かく)	inti / teras インティ / トゥラス	core
核 (原子核) (かく)	nuklir ヌクリル	nucleus
格 (地位・等級) (かく)	pangkat / kedudukan パンカ(ト) / クドゥドゥカン	status
格 (文法) (かく)	kasus カスス	case (in grammar)
角 (かく)	sudut スドゥ(ト)	angle
欠く (か)	kurang / berkurang クラン(グ) / ブルクラン(グ)	to lack
書く (か)	menulis ムヌリス	to write
掻く (か)	menggaruk ムンガルッ	to scratch
描く (か)	menggambar / melukis ムンガンバル / ムルキス	to draw
家具 (か ぐ)	perabot / mébel プラボ(ト) / メブル	furniture
嗅ぐ (か)	mencium ムンチウム	to smell
額 (金銭の) (がく)	nilai ニライ	price
額 (額縁) (がく)	bingkai ビンカイ	frame
学位 (がく い)	gelar グラル	degree

日	インドネシア	英
架空 (かくう) **semu** スム		fictional
学芸 (がくげい) **ilmu dan kesenian** イルム ダン クスニアン		arts and science
格言 (かくげん) **pepatah** プパター		proverb
覚悟 (かくご) **tékad** テカ(ド)		preparedness
覚悟する (かくごする) **bertékad** ブルテカ(ド)		to make up one's mind
格差 (かくさ) **kesenjangan** クスンジャン(グ)アン		gap
拡散 (かくさん) **penyebaran** プニュバラン		spreading
拡散する (かくさんする) **menyebarkan** ムニュバルカン		to spread
各自 (かくじ) **masing-masing** マスィン(グ) マスィン(グ)		each one
学士 (がくし) **sarjana** サルジャナ		bachelor
確実性 (かくじつせい) **kepastian** クパスティアン		certainty
確実な (かくじつな) **pasti** パスティ		certain
学者 (がくしゃ) **ilmuwan** イルムワン		scholar
各種 (かくしゅ) **bermacam-macam** ブルマチャム マチャム		various
隔週 (かくしゅう) **selang seminggu** スラン(グ) スミング		every two weeks
拡充 (かくじゅう) **pengembangan** プン(グ)ウンバン(グ)アン		amplification
拡充する (かくじゅうする) **memperbesar** ムンプルブサル		to amplify
学習 (がくしゅう) **pelajaran** プラジャラン		learning
学習する (がくしゅうする) **mempelajari** ムンプラジャリ		to learn
学術 (がくじゅつ) **ilmu pengetahuan** イルム プン(グ)ウタフアン		advanced learning

か

日	インドネシア	英
かくしん 核心	inti インティ	the core
かくしん 確信	keyakinan クヤキナン	conviction
かくしん 確信する	meyakini ムヤキニ	to trust in
かくしん 革新	révolusi レフォルスイ	reform
かくしん 革新する	merévolusi ムレフォルスイ	to reform
かく 隠す	menyembunyikan ムニュンブニィカン	to hide
がくせい 学生	mahasiswa マハスィスワ	student
がくせいしょう 学生証（生徒）	kartu pelajar カルトゥ プラジャル	student ID card
がくせいしょう 学生証（大学生）	kartu mahasiswa カルトゥ マハスィスワ	student ID card
がくせいしょくどう 学生食堂	kantin (kampus) カンティン（カンプス）	school cafeteria
がくせいりょう 学生寮	asrama (mahasiswa) アスラマ（マハスィスワ）	student dormitory
がくせつ 学説	ajaran アジャラン	doctrine
かくだい 拡大	pembesaran / ékspansi プンブサラン / エクスパンスイ	extension
かくだい 拡大する	memperbesar ムンプルブサル	to extend
かくち 各地	penjuru negeri プンジュル ヌグリ	various parts of the country
かくちょう 拡張	perluasan / ékspansi プルルアサン / エクスパンスイ	expansion
かくちょう 拡張する	memperluas ムンプルルアス	to expand
かくてい 確定	penentuan プヌントゥアン	decision
かくてい 確定する	menentukan ムヌントゥカン	to decide
カクテル	koktail コクタイル	cocktail

日	インドネシア	英
<ruby>角<rt>かく</rt></ruby><ruby>度<rt>ど</rt></ruby>	**derajat** ドゥラジャ(ト)	angle
<ruby>獲<rt>かく</rt></ruby><ruby>得<rt>とく</rt></ruby>	**peroléhan** プロレハン	acquisition
<ruby>獲<rt>かく</rt></ruby><ruby>得<rt>とく</rt></ruby>する	**memperoléh** ムンプロレー	to acquire
<ruby>確<rt>かく</rt></ruby><ruby>認<rt>にん</rt></ruby>	**konfirmasi** コンフィルマスィ	confirmation
<ruby>確<rt>かく</rt></ruby><ruby>認<rt>にん</rt></ruby>（承認・認定）	**pengesahan** プン(グ)ウサハン	confirmation
<ruby>確<rt>かく</rt></ruby><ruby>認<rt>にん</rt></ruby>（チェック）	**pemeriksaan / pengecékan** プムリクサアン / プン(グ)ウチェカン	check
<ruby>確<rt>かく</rt></ruby><ruby>認<rt>にん</rt></ruby>する	**mengonfirmasi** ムン(グ)オンフィルマスィ	to confirm
<ruby>確<rt>かく</rt></ruby><ruby>認<rt>にん</rt></ruby>する （承認・認定）	**mengesahkan** ムン(グ)ウサーカン	to confirm
<ruby>確<rt>かく</rt></ruby><ruby>認<rt>にん</rt></ruby>する （チェック）	**memeriksa** ムムリクサ	to check
<ruby>学<rt>がく</rt></ruby><ruby>年<rt>ねん</rt></ruby>	**tahun ajaran** タフン アジャラン	school year
<ruby>学<rt>がく</rt></ruby><ruby>費<rt>ひ</rt></ruby>	**biaya kuliah** ビアヤ クリアー	tuition fees
<ruby>楽<rt>がく</rt></ruby><ruby>譜<rt>ふ</rt></ruby>	**notasi** ノタスィ	score
<ruby>学<rt>がく</rt></ruby><ruby>部<rt>ぶ</rt></ruby>	**fakultas** ファクルタス	faculty
<ruby>格<rt>かく</rt></ruby><ruby>別<rt>べつ</rt></ruby>	**istiméwa** イスティメワ	particularly
<ruby>確<rt>かく</rt></ruby><ruby>保<rt>ほ</rt></ruby>	**penyediaan** プニュディアアン	reservation
<ruby>確<rt>かく</rt></ruby><ruby>保<rt>ほ</rt></ruby>する	**menyediakan** ムニュディアカン	to reserve
<ruby>革<rt>かく</rt></ruby><ruby>命<rt>めい</rt></ruby>	**révolusi** レフォルスィ	revolution
<ruby>学<rt>がく</rt></ruby><ruby>問<rt>もん</rt></ruby>	**ilmu pengetahuan** イルム プン(グ)ウタフアン	studies
<ruby>学<rt>がく</rt></ruby><ruby>問<rt>もん</rt></ruby>する	**menuntut ilmu** ムヌントゥ(ト) イルム	to study
<ruby>格<rt>かく</rt></ruby><ruby>安<rt>やす</rt></ruby>	**harga murah** ハルガ ムラー	low-price

か

日	インドネシア	英
かくり 隔離	**isolasi** イソラスィ	isolation
かくり 隔離する	**mengasingkan / mengisolasikan** ムン(グ)アスィンカン / ムン(グ)イソラスィカン	to isolate
かくりつ 確率	**probabilitas** プロバビリタス	probability
かくりつ 確立	**penegakan** プヌガカン	establishment
かくりつする 確立する	**menegakkan** ムヌガッカン	to establish
がくりょく 学力	**kemampuan belajar** クマンプアン ブラジャル	scholastic ability
がくれき 学歴	**riwayat pendidikan** リワヤ(ト) プンディディカン	educational background
かく 隠れる	**bersembunyi** ブルスンブニィ	to hide
がくわりりょうきん 学割料金	**diskon pelajar** ディスコン ブラジャル	student rate
か 掛け（掛け売り・掛 け買いの略）	**krédit / cicil** クレディ(ト) / チチル	credit
〜掛け（途中）	**sedang 〜** スダン(グ)	half finished
〜掛け （値引きの割合）	**perséntase diskon 〜** ブルセンタス ディスコン	ratio of discount
か 賭け	**judi** ジュディ	gambling
かげ 陰	**naungan** ナウン(グ)アン	shade
かげ 影	**bayangan** バヤン(グ)アン	shadow
がけ 崖	**tebing** トゥビン(グ)	cliff
か あし 駆け足	**berlari kencang** ブルラリ クンチャン(グ)	running fast
かけい 家計	**anggaran rumah tangga** アンガラン ルマー タンガ	family budget
かげき 過激	**keradikalan** クラディカラン	extremeness
かげきな 過激な	**radikal** ラディカル	extreme

日	インドネシア	英
賭け事	judi ジュディ	gambling
掛け算	perkalian プルカリアン	multiplication
掛け算する	mengalikan ムン(グ)アリカン	to multiply
可決	pengesahan プン(グ)ウサハン	approval
可決する	mengesahkan ムン(グ)ウサーカン	to approve
～か月	～ bulan ブラン	months
掛け布団	selimut スリム(ト)	comforter
掛ける (フックなどに)	menggantung ムンガントゥン(グ)	to hang on
掛ける (心に留める)	memedulikan ムムドゥリカン	to remind one's mind
掛ける (費用・時間などを)	mengeluarkan ムン(グ)ウルアルカン	to cost
掛ける (掛け算する)	memperkalikan ムンプルカリカン	to multiply
掛ける (×)	kali / mengalikan カリ / ムン(グ)アリカン	times
駆ける	berlari ブルラリ	to run
欠ける	berkurang ブルクラン(グ)	to lack
賭ける	bertaruh ブルタルー	to bet
架ける (橋を)	membentangkan ムンブンタンカン	to bridge
かける (眼鏡を)	pakai / memakai パカイ / ムマカイ	to wear
加減	pengaturan プン(グ)アトゥラン	adjustment
加減する	mengatur ムン(グ)アトゥル	to adjust
過去	masa lalu マサ ラル	the past

日	インドネシア	英
かご 籠	keranjang / sangkar クランジャン(グ) / サンカル	woven basket
かご 籠（鳥などを飼う）	sangkar サンカル	cage
かこ 囲い	kandang カンダン(グ)	pen
か こう 火口	kawah カワー	crater
か こう 下降	penurunan プヌルナン	descent
か こう 下降する	menurun ムヌルン	to go down
か こう 加工	pengolahan プン(グ)オラハン	proceeding
か こう 加工する	mengolah ムン(グ)オラー	to process
か ごう 化合	persenyawaan kimia プルスニャワアン キミア	chemical combination
か ごう 化合する	bersenyawa ブルスニャワ	to combine with *sth* chemically
かこ 囲む	mengelilingi ムン(グ)ウリリン(グ)イ	to enclose
かさ 傘	payung パユン(グ)	umbrella
か さい 火災	kebakaran クバカラン	fire
かさ 重なる	bertumpuk ブルトゥンプッ	to pile up
かさ 重ねる	menumpuk ムヌンプッ	to pile up
かさばる	memakan banyak tempat ムマカン バニャッ トゥンパ(ト)	be bulky
かさむ	bertambah ブルタンバー	increase
かざ む 風向き	arah angin アラー アン(グ)イン	direction of the wind
かざ 飾り	hiasan ヒアサン	decoration
かざ 飾る	menghias ムンヒアス	to decorate

日	インドネシア	英
傘を差す	memakai payung ムマカイ パユン(グ)	to use an umbrella
火山	gunung berapi グヌン(グ) ブルアビ	volcano
貸し	penyéwaan プニェワアン	rental
菓子	kué クエ	confectionary
歌詞	lirik リリッ	lyrics
家事	pekerjaan rumah tangga プクルジャアン ルマー タンガ	housework
火事	kebakaran クバカラン	fire
舵	kemudi クムディ	helm
鍛冶	penempaan プヌンパアン	smith
賢い	cerdas チュルダス	wise
かしこまりました	baiklah バイクラー	Certainly.
かしこまる	bersikap formal ブルスイカ(プ) フォルマル	to stand on ceremony
貸し出し	peminjaman プミンジャマン	lending
過失	kesalahan tak sengaja クサラハン タッ スン(グ)アジャ	mistake
果実	buah-buahan ブアー ブアハン	fruit
貸付	peminjaman プミンジャマン	loan
貸し付ける	meminjamkan ムミンジャムカン	to loan
カジノ	kasino カスィノ	casino
貸間	kamar séwaan カマル セワアン	room for rent
カシミア	kashmir カスミル	cashmere

日	インドネシア	英
かしや 貸家	rumah séwaan ルマー セワアン	rental house
かしゅ 歌手	penyanyi プニャニィ	singer
かしょ 箇所	titik / poin ティティッ / ポイン	part
かじょう 過剰	kelebihan クルビハン	surplus
かじょう 過剰な	berlebihan ブルレビハン	excess
かじょうが 箇条書き	perincian プリンチアン	itemization
かじる	mengerat ムン(グ)ウラ(ト)	to bite
か 貸す	meminjamkan ムミンジャムカン	to lend
かず 数	jumlah ジュムラー	number
ガス	gas ガス	gas
かす (な) 微か	sayup-sayup / samar-samar サユ(プ) サユ(プ) / サマル サマル	faint / subtle
ガス欠 ガス欠	kehabisan bénsin クハビサン ベンスィン	out of gas
かす 霞む	mengabur ムン(グ)アブル	to grow dim
かす 擦る	menggorés ムンゴレス	to scratch lightly
かぜ 風	angin アン(グ)イン	wind
かぜ 風邪	masuk angin マスッ アン(グ)イン	cold
かせい 火星	Mars マルス	Mars
かぜい 課税	pemajakan プマジャカン	taxation
かぜい 課税する	memajakkan ムマジャッカン	to tax
かせき 化石	fosil フォスィル	fossil

日	インドネシア	英
稼ぐ _{かせ}	mencari uang ムンチャリ ウアン(グ)	to make money
風邪薬 _{か ぜ ぐすり}	obat flu オバ(ト) フル	cold medicine
カセットテープ	kasét カセ(ト)	cassette tape
下線 _{か せん}	garis bawah ガリス バワー	underline
化繊 _{か せん}	serat kimia スラ(ト) キミア	synthetic fiber
河川 _{か せん}	sungai スン(グ)アイ	river
過疎な _{か そ}	berkurang penduduknya ブルクラン(グ) プンドゥドゥッニャ	under populated
画像 _{が ぞう}	gambar ガンバル	picture
数える _{かぞ}	menghitung ムンヒトゥン(グ)	to count
加速 _{か そく}	percepatan プルチュパタン	acceleration
加速する _{か そく}	mempercepat ムンプルチュパ(ト)	to accelerate
家族 _{か ぞく}	keluarga クルアルガ	family
加速度 _{か そく ど}	aksélerasi アクセルラスィ	rate of acceleration
ガソリン	bénsin ベンスィン	gasoline
ガソリンスタンド	pom bénsin / SPBU ポム ベンスィン / エスペーベーウー	gasoline station
型 _{かた}	modél モデル	model
肩 _{かた}	bahu バフ	shoulder
～方 _{かた}	cara ~ チャラ	how to ~
固い _{かた}	keras クラス	hard
固い(守りが・結束が) _{かた}	ketat クタ(ト)	firm

日	インドネシア	英
固い（ドアが・蓋が）	keras クラス	tight
硬い（体が）	kaku カク	stiff
堅い（確実）	pasti パスティ	certain
課題	masalah マサラー	subject
～難い	sulit ～ スリ(ト)	difficult to do
片想い	cinta bertepuk sebelah tangan チンタ ブルトゥプッ スブラー タン(グ)アン	one-side love
片栗粉	tepung maizéna トゥプン(グ) マイゼナ	starch
片言	tidak lancar / terpatah-patah ティダッ ランチャル / トゥルパター パター	broken language
形	bentuk ブントゥッ	shape
形（形式）	bentuk / format ブントゥッ / フォルマ(ト)	form
片づく	dibenahi ディブナヒ	be put in order
片づく（終わる）	selesai / rampung スルサイ / ランプン(グ)	be settled
片づく（整う）	rapi / bérés ラピ / ベレス	to become tidy
片づけ	pembenahan プンブナハン	putting in order
片づける	membenahi ムンブナヒ	to put *sth* in order
片づける（終える）	menyelesaikan / merampungkan ムニュルサイカン / ムランプンカン	to settle
片づける（整える）	merapikan / membéréskan ムラピカン / ムンベレスカン	to tidy up
カタツムリ	siput スィプ(ト)	snail
刀	pedang プダン(グ)	sword
塊	gumpalan グンパラン	lump

日	インドネシア	英
かた 固まる	mengeras ムン(グ)ウラス	to curdle
かた み 形見	peninggalan almarhum プニンガラン アルマルフム	keepsake
かたみち 片道	sejalan スジャラン	one way
かたみちきっ ぷ 片道切符	karcis sekali jalan カルチス スカリ ジャラン	one-way ticket
かたむ 傾いた	miring ミリン(グ)	inclining
かたむ 傾く	memiring ムミリン(グ)	to incline
かたむ 傾ける	memiringkan ムミリンカン	to incline
かた 固める	mengeraskan ムン(グ)ウラスカン	to make *sth* hard
かた 固める（強く確か なものにする）	memperkuat ムンプルクア(ト)	to strengthen
かたよ 偏る	berpihak ブルピハッ	to lean to one side
かた 語る	menceritakan ムンチュリタカン	to tell *sb*
カタログ	katalog カタロ(グ)	catalog
かたわ 傍ら	sisi / samping スイスイ / サンピン(グ)	side
か だん 花壇	pétak bunga ペタッ ブン(グ)ア	flower garden
か ち 価値	nilai ニライ	value
か ち 勝ち	kemenangan クムナン(グ)アン	victory
～がち	cenderung ~ チュンドゥルン(グ)	tend
か ち かん 価値観	nilai ニライ	sense of value
か ちく 家畜	ternak トゥルナッ	domestic animal
か ち 価値のある	berharga ブルハルガ	valuable

日	インドネシア	英
価値のない	tidak berharga ティダッ ブルハルガ	worthless
課長	kepala bagian クパラ バギアン	a section head
ガチョウ	angsa アンサ	goose
かつ	dan ダン	also
勝つ	menang ムナン(グ)	to win
カツオ	(ikan) cakalang （イカン）チャカラン(グ)	bonito
学科	jurusan ジュルサン	department
学会	pertemuan ilmiah プルトゥムアン イルミアー	academic society
がっかりする	kecéwa クチェワ	be disappointed
活気	vitalitas フィタリタス	energy
学期	seméster セメストゥル	semester
楽器	alat musik アラ(ト) ムスィッ	musical instrument
画期的	inovatif イノファティフ	epoch-making
学級	kelas クラス	school class
担ぐ	memikul ムミクル	to lift onto one's back
がっくりする	lesu ルス	be disappointed
括弧	tanda kurung タンダ クルン(グ)	parentheses
かっこいい	kerén クレン	cool
格好	bentuk / rupa ブントゥッ / ルパ	appearance
学校	sekolah スコラー	school

日	インドネシア	英
かっこ悪い	norak / tidak kerén ノラッ / ティダック クレン	uncool
活字	huruf cétak フルフ チェタッ	a printing type
合唱	paduan suara パドゥアン スアラ	chorus
合唱する	memadukan suara ムマドゥカン スアラ	to chorus
滑走路	landasan pacu ランダサン パチュ	runway
カッター	pisau kater ピサウ カトゥル	cutters
合致	kesesuaian クススアイアン	agreement
合致する	berpadanan / bersesuaian ブルパダナン / ブルススアイアン	to agree
かつて	dulu ドゥル	once
勝手な	seénaknya スエナッニャ	on one's own
カット	pemotongan プモトン(グ)アン	cut
カットする	memotong ムモトン(グ)	to cut out
活動	aktivitas アクティフィタス	activity
活動する	beraktivitas ブルアクティフィタス	to act
活発	keaktifan クアクティファン	activity
活発な	aktif アクティフ	active
カップ	cangkir チャンキル	cup
カップラーメン	mi instan (dalam wadah gelas styrofoam) ミー インスタン (ダラム ワダー グラス スティロフォアム)	cup noodles
合併	penggabungan プンガブン(グ)アン	consolidation
合併する	berkonsolidasi ブルコンソリダスィ	to consolidate

日	インドネシア	英
活躍 かつやく	kiprah キプラー	activity
活躍する かつやく	berkiprah ブルキプラー	to play an active role
活用 かつよう	penggunaan プングナアン	practical use
活用する かつよう	menggunakan ムングナカン	to use *sth* practically
鬘 かつら	wig ウィ(グ)	wig
活力 かつりょく	vitalitas フィタリタス	energy
仮定 かてい	pengandaian プン(グ)アンダイアン	supposition
仮定する かてい	mengandaikan ムン(グ)アンダイカン	to suppose
課程 かてい	program プログラム	course
過程 かてい	prosés プロセス	process
家庭（家） かてい	rumah ルマー	home
家庭（単位） かてい	rumah tangga / keluarga ルマー タンガ / クルアルガ	household
家庭用品 かていようひん	peralatan rumah tangga プルアラタン ルマー タンガ	household items
カテゴリー	kategori カトゥゴリ	category
がてら	sambil / sembari サンビル / スンバリ	at the same time
角（机などの） かど	sudut スドゥ(ト)	edge
角（道の） かど	pojok ポジョッ	corner
稼働 かどう	pengaktifan プン(グ)アクティファン	operation
稼働する かどう	mengaktifkan ムン(グ)アクティフカン	to operate
敵う かなう	bisa bersaing ビサ ブルサイン(グ)	to compare with

日	インドネシア	英
叶う	**terwujud** トゥルウジュ(ド)	to come true
叶える	**dapat tercapai** ダパ(ト) トゥルチャパイ	to answer a prayer
悲しい	**sedih** スディー	sad
悲しむ	**bersedih** ブルスディー	to grow sad
金槌	**palu** パルー	hammer
必ず	**pasti** パスティ	always
必ずしも	**tidak selalu** ティダッ スラル	not necessarily
かなり	**sangat** サン(グ)ア(ト)	considerably
敵わない	**tidak tertandingi** ティダッ トゥルタンディン(グ)イ	cannot match
カニ	**kepiting** クピティン(グ)	crab
加入	**masuknya** マスッニャ	joining
加入する	**ikut serta (dalam)** イク(ト) スルタ (ダラム)	to join
金	**uang** ウアン(グ)	money
鐘	**loncéng** ロンチェン(グ)	bell
加熱	**pemanasan** プマナサン	heat
加熱する	**memanaskan** ムマナスカン	to heat
かねて	**sedari dulu** スダリ ドゥル	since long ago
金持ち	**orang kaya** オラン(グ) カヤ	rich person
金持ちの	**kaya** カヤ	rich
兼ねる	**merangkap** ムランカ(プ)	to double as

日	インドネシア	英
化膿 (かのう)	nanah ナナー	suppuration
可能 (かのう)	kemungkinan クムンキナン	possibility
可能性 (かのうせい)	kemungkinan クムンキナン	possibility
可能な (かのうな)	mungkin ムンキン	possible
彼女 (かのじょ)（代名詞）	dia ディア	she / her
彼女 (かのじょ)（恋人）	pacar (wanita) パチャル（ワニタ）	girlfriend
カバー	sampul サンプル	cover
カバーする	mencakup ムンチャク(プ)	to cover
庇う (かばう)	melindungi ムリンドゥン(グ)イ	to protect
鞄 (かばん)	tas タス	bag
過半数 (かはんすう)	mayoritas マヨリタス	more than half
黴 (かび)	jamur ジャムル	mold
画鋲 (がびょう)	pinés ピネス	pin
花瓶 (かびん)	pot bunga ポ(ト) ブン(グ)ア	flower vase
株 (かぶ)（株式・株券）	saham サハム	stock
株 (かぶ)（切り株）	tunggul トゥングル	stump
カフェ	kafé カフェ	café
株式 (かぶしき)	saham サハム	stock
株式会社 (かぶしきがいしゃ)	perséroan terbatas ブルセロアン トゥルバタス	corporation
株式市場 (かぶしきしじょう)	bursa saham ブルサ サハム	stock [equity] market

日	インドネシア	英
かぶ 被せる	**menyelimuti** ムニュリムティ	to cover
カプセル	**kapsul** カプスル	capsule
カブトムシ	**kumbang badak** クンバン(グ) バダッ	beetle
かぶぬし 株主	**pemilik saham** プミリッ サハム	shareholder
かぶ 被る	**memakai** ムマカイ	to put on the head
かぶれる	**mengalami ruam** ムン(グ)アラミ ルアム	to get a rash
か ふん 花粉	**serbuk bunga** スルブッ ブン(グ)ア	pollen
かべ 壁	**dinding** ディンディン(グ)	wall
かべ 壁 (障害)	**halangan** ハラン(グ)アン	obstacle
か へい 貨幣	**mata uang** マタ ウアン(グ)	coin
かべがみ 壁紙	**kertas dinding** クルタス ディンディン(グ)	wallpaper
カボチャ	**labu** ラブ	pumpkin
かま 釜	**periuk** プリウッ	rice cooker
かま 鎌	**sabit** サビ(ト)	sickle
かま 構う	**mengacuhkan** ムン(グ)アチューカン	to care about
かま 構え	**bangunan** バン(グ)ウンナン	posture
かま 構える	**berancang-ancang** ブルアンチャン(グ) アンチャン(グ)	to get ready
カマキリ	**sentadu** スンタドゥ	(praying) mantis
が まん 我慢	**sabar** サバル	endurance
が まん 我慢する	**bersabar** ブルサバル	to tolerate

日	インドネシア	英
紙 かみ	kertas クルタス	paper
神 かみ	Tuhan / déwa トゥハン / デワ	god
髪 かみ	rambut ランプ(ト)	hair
噛み切る かみきる	menggigit sampai putus ムンギギ(ト) サンパイ プトゥス	to bite off
紙屑 かみくず	sampah kertas サンパー クルタス	wastepaper
加味する かみする	membumbui ムンブンブイ	to flavor
剃刀 かみそり	pisau cukur ピサウ チュクル	razor
過密 かみつ	kepadatan クパダタン	overcrowding
過密な かみつな	padat パダ(ト)	overcrowded
雷 かみなり	petir プティル	thunder
髪の毛 かみのけ	rambut ランプ(ト)	hair
上半期 かみはんき	paruh pertama パルー プルタマ	first half
紙袋 かみぶくろ	kantong kertas カントン(グ) クルタス	paper bag
仮眠する かみんする	tidur sebentar ティドゥル スブンタル	to take a nap
噛む かむ	mengunyah ムン(グ)ウニャー	to chew
咬む かむ	menggigit ムンギギ(ト)	to bite
ガム	permén karét プルメン カレ(ト)	gum
カムバック	kemunculan kembali クムンチュラン クンバリ	comeback
カムバックする	muncul kembali ムンチュル クンバリ	to make a comeback
カメ	kura-kura クラ クラ	turtle

日	インドネシア	英
仮名 かめい	**nama samaran** ナマ サマラン	assumed name
カメラ	**kaméra** カメラ	camera
カメラマン	**kamérawan / juru kaméra** カメラワン / ジュル カメラ	photographer
画面 がめん	**layar** ラヤル	screen
カモ	**bébék** ベベッ	duck
科目 かもく	**mata pelajaran** マタ プラジャラン	subject
～かもしれない	**mungkin ~ / barangkali ~** ムンキン / バランカリ	might be
貨物 かもつ	**barang / kargo** バラン(グ) / カルゴ	freight
カモメ	**camar** チャマル	seagull
火薬 かやく	**mesiu** ムスィウ	gunpowder
粥 かゆ	**bubur** ブブル	rice porridge
痒い かゆい	**gatal** ガタル	itchy
痒み かゆみ	**rasa gatal** ラサ ガタル	itch
歌謡 かよう	**layar** ラヤル	song
通う かよう （定期的に行き来する）	**pergi secara rutin** プルギ スチャラ ルティン	to come and go regularly
通う かよう （血・息などが）	**berédar** ブルエダル	to circulate
通う かよう （気持ちが通じる）	**terhubung** トゥルフブン(グ)	to get a feeling across
画用紙 がようし	**kertas gambar** クルタス ガンバル	drawing paper
火曜日 かようび	**hari Selasa** ハリ スラサ	Tuesday
殻 から	**cangkang** チャンカン(グ)	shell

日	インドネシア	英
^{から}空	kekosongan クコソン(グ)アン	emptiness
^{から}空の	kosong コソン(グ)	empty
〜から（場所・時間）	dari 〜 ダリ	from 〜
^{がら}柄（模様）	corak チョラッ	pattern
^{がら}柄（品位・性質）	perawakan プラワカン	character
カラー	warna ワルナ	color
^{から}辛い	pedas プダス	hot / spicy
^{から}辛い（塩味が強い）	asin アスィン	salty
^{から}辛い（酒・ワインなど）	keras クラス	dry
^{から}辛い（評価が厳しい）	ketat クタ(ト)	strict
カラオケ	karaoké カラオケ	karaoke
からかう	mengéjék ムン(グ)エジェッ	to tease
^{からくち}辛口	keras クラス	dry
カラス	gagak ガガッ	crow
ガラス	kaca カチャ	glass
^{からだ}体	badan バダン	body
^{からだ}体（健康状態）	kondisi keséhatan コンディスィ クセハタン	health status
^{からだ}体つき	potongan badan / perawakan ポトン(グ)アン バダン / プラワカン	one's build
^{から}空っぽ	kosong コソン(グ)	empty
^{から}絡む	terlibat トゥルリバ(ト)	to get involved

日	インドネシア	英
仮 かり	sementara / darurat スムンタラ / ダルラ(ト)	temporary
借り か	hutang フタン(グ)	borrowing
狩り か	perburuan プルブルアン	hunting
仮の かり	sementara スムンタラ	temporary
カリキュラム	kurikulum クリクルム	curriculum
仮に かり	seandainya スアンダイニャ	temporarily
仮払い かりばら	pembayaran sementara プンバヤラン スムンタラ	temporary payment
仮払いする かりばら	membayar untuk sementara ムンバヤル ウントゥ(ク) スムンタラ	to make a temporary payment
カリフラワー	kembang kol クンバン(グ) コル	cauliflower
火力発電所 か りょくはつでんしょ	pembangkit listrik tenaga bahan bakar fosil プンバンキ(ト) リストリ(ク) トゥナガ バハン バカル フォスイル	thermal power plant [station]
借りる (有償で) か	séwa / menyéwa セワ / ムニェワ	to rent
借りる (無償で) か	pinjam / meminjam ピンジャム / ムミンジャム	to borrow
刈る か	menyabit ムニャビ(ト)	to cut
軽い かる	ringan リン(グ)アン	light
軽い (重大でない) かる	kecil クチル	insignificant
軽い (軽薄な) かる	sembrono スンブロノ	thoughtless
軽い (病気・怪我) かる	ringan リン(グ)アン	minor
カルシウム	kalsium カルスイウム	calcium
カルタ	kartu permainan Jepang カルトゥ プルマイナン ジュパン(グ)	Japanese card game
カルテ	kartu pasién カルトゥ パスィエン	medical record

日	インドネシア	英
彼（代名詞）	dia ディア	he / his / him
彼（恋人）	pacar (laki-laki) パチャル（ラキ ラキ）	boyfriend
華麗	keélokan クエロカン	elegance
華麗な	élegan エルガン	elegant
カレー	kari カリ	curry
ガレージ	garasi ガラスィ	garage
彼ら	meréka ムレカ	they
枯れる	layu ラユ	to wither
涸れる	mengering ムン（グ）ウリン（グ）	to dry out
カレンダー	kalénder カレンドゥル	calendar
過労	kelelahan yang berlebihan クルラハン ヤン（グ） ブルルビハン	overwork
辛うじて	dengan susah payah ドゥン（グ）アン スサー パヤー	barely
カロリー	kalori カロリ	calorie
川	sungai スン（グ）アイ	river
かわ（皮・革）	kulit クリ（ト）	skin / leather
側	sebelah スブラー	side
かわいい	cantik / lucu チャンティッ / ルチュ	charming
かわいがる	menyayangi ムニャヤン（グ）イ	to have affection for
かわいそうな	kasihan カスィハン	poor
渇いた	dahaga / haus ダハガ / ハウス	thirsty

日	インドネシア	英
乾いた	kering クリン(グ)	dry
かわいらしい	cantik / lucu チャンティッ / ルチュ	cute
乾かす	mengeringkan ムン(グ)ウリンカン	to dry
川岸	tepi sungai トゥピ スン(グ)アイ	riverbank
皮切り	permulaan プルムラアン	the beginning
乾く	mengering ムン(グ)ウリン(グ)	to dry up
渇く	haus ハウス	to thirst for
交す	tukar-menukar トゥカル ムヌカル	to exchange
為替	nilai tukar mata uang asing ニライ トゥカル マタ ウアン(グ) アスィン(グ)	currency exchange
為替手形	wésel ウェスル	bill of exchange
為替レート	kurs クルス	exchange rate
変わった	anéh / berbéda アネー / ブルベダ	strange
瓦	genténg グンテン(グ)	tile
代わり	pengganti プンガンティ	substitute
代わる	berganti ブルガンティ	to take the place of
変わる (変化)	ubah / berubah ウバー / ブルウバー	to change
変わる (変更)	ganti / berganti ガンティ / ブルガンティ	to alter
換わる	ditukar ディトゥカル	be exchanged
代わる代わる	berganti-ganti ブルガンティ ガンティ	in turn
～巻	jilid ～ ジリ(ド)	volume

日	インドネシア	英
～観 かん	pandangan ～ パンダン(グ)アン	view
勘 かん	firasat フィラサ(ト)	intuition
管 かん	pipa ピパ	pipe
缶 かん	kaléng カレン(グ)	can
癌 がん	kanker カンクル	cancer
簡易 かん い	kesederhanaan クスドゥルハナアン	easy
肝炎 かんえん	hépatitis ヘパティティス	hepatitis
眼科 がん か	spésialis mata スペスィアリス マタ	ophthalmology
灌漑 かんがい	pengairan / irigasi プン(グ)アイラン / イリガスィ	irrigation
眼科医 がん か い	dokter spésialis mata ドクトゥル スペスィアリス マタ	eye doctor
考え かんが	pikiran ピキラン	thinking
考え方 かんが かた	cara berpikir チャラ ブルピキル	way of thinking
考える かんが	berpikir / memikirkan ブルピキル / ムミキルカン	to think
感覚 かんかく	perasaan プラサアン	feeling
間隔 かんかく	jarak ジャラッ	interval
管轄 かんかつ	pengawasan プン(グ)アワサン	control
乾季 かん き	musim kemarau ムスィム クマラウ	the dry season
換気 かん き	véntilasi / pertukaran udara フェンティラスィ / プルトゥカラン ウダラ	ventilation
換気する かん き	menukar udara ムヌカル ウダラ	to ventilate
観客 かんきゃく	penonton プノントン	audience

日	インドネシア	英
がんきゅう 眼球	**bola mata** ボラ マタ	eyeball
かんきょう 環境	**lingkungan** リンクン(グ)アン	environment
かんきょう ほ ご 環境 保護	**perlindungan lingkungan** プルリンドゥン(グ)アン リンクン(グ)アン	environmental protection
かん き 缶切り	**pembuka kaléng** プンブカ カレン(グ)	can opener
がんきん 元金	**kapital** カピタル	capital
がん ぐ 玩具	**mainan** マイナン	toy
かんけい 関係	**hubungan** フブン(グ)アン	relationship
かんけい 関係する	**berhubungan (dengan)** ブルフブン(グ)アン（ドゥン(グ)アン）	be related to
かんげい 歓迎	**penyambutan** プニャンブタン	welcome
かんげい 歓迎する	**menyambut baik** ムニャンブ(ト) バイッ	to welcome
かんげき 感激	**keterharuan** クトゥルハルアン	deep emotion
かんげき 感激する	**terharu** トゥルハル	be deeply moved [impressed, touched] by
かんけつ 簡潔	**singkat** スィンカ(ト)	brief
かんけつ 簡潔な	**ringkas** リンカス	brief
かんげん 還元	**pengembalian** プン(グ)ウンバリアン	restoration
かんげん 還元する	**mengembalikan** ムン(グ)ウンバリカン	to restore
かん ご 漢語	**bahasa Cina / bahasa Tiongkok** バハサ チナ / バハサ ティオンコッ	originally Chinese word
かん ご 看護	**perawatan** プラワタン	nursing
かん ご 看護する	**merawat** ムラワ(ト)	to nurse
がん こ 頑固（な）	**keras kepala** クラス クパラ	stubbornness / persistent

か

日	インドネシア	英
<ruby>慣行<rt>かんこう</rt></ruby>	**kebiasaan** クビアサアン	custom
<ruby>刊行<rt>かんこう</rt></ruby>	**penerbitan** プヌルビタン	publication
<ruby>刊行<rt>かんこう</rt></ruby>する	**menerbitkan** ムヌルビ(ト)カン	to publish
<ruby>観光<rt>かんこう</rt></ruby>	**pariwisata** パリウィサタ	sightseeing
<ruby>観光<rt>かんこう</rt></ruby>する	**berwisata** ブルウィサタ	to go sightseeing
<ruby>観光案内所<rt>かんこうあんないじょ</rt></ruby>	**pusat informasi wisata** プサ(ト) インフォルマスィ ウィサタ	tourist information center
<ruby>観光客<rt>かんこうきゃく</rt></ruby>	**turis / wisatawan** トゥリス / ウィサタワン	tourist
<ruby>観光<rt>かんこう</rt></ruby>バス	**bus pariwisata** ブス パリウィサタ	sightseeing bus
<ruby>勧告<rt>かんこく</rt></ruby>	**nasihat / saran** ナスィハ(ト) / サラン	recommendation
<ruby>勧告<rt>かんこく</rt></ruby>する	**menasihati** ムナスィハティ	to recommend
<ruby>韓国<rt>かんこく</rt></ruby>	**Koréa Selatan** コレア スラタン	South Korea
<ruby>韓国語<rt>かんこくご</rt></ruby>	**bahasa Koréa** バハサ コレア	Korean (language)
<ruby>韓国人<rt>かんこくじん</rt></ruby>	**orang Koréa** オラン(グ) コレア	Korean (people)
<ruby>看護師<rt>かんごし</rt></ruby>	**perawat** プラワ(ト)	nurse
<ruby>観察<rt>かんさつ</rt></ruby>	**obsérvasi** オプスルファスィ	observation
<ruby>観察<rt>かんさつ</rt></ruby>する	**mengobsérvasi** ムン(グ)オプスルファスィ	to observe
<ruby>換算<rt>かんさん</rt></ruby>	**konvérsi** コンフェルスィ	conversion
<ruby>換算<rt>かんさん</rt></ruby>する	**mengkonvérsikan** ムンコンフェルスィカン	to convert
<ruby>監視<rt>かんし</rt></ruby>	**pengawasan** プン(グ)アワサン	surveillance
<ruby>監視<rt>かんし</rt></ruby>する	**mengawasi** ムン(グ)アワスィ	to surveil

日	インドネシア	英
かん 感じ	perasaan プラサアン	feeling
かん じ 漢字	aksara Cina アクサラ チナ	Chinese character
かん じ 幹事	pengurus / panitia プン(グ)ウルス / パニティア	organizer
がんじつ 元日	hari tahun baru ハリ タフン バル	New Year's Day
かんしゃ 感謝	syukur / terima kasih シュクル / トゥリマ カスィー	gratitude
かんしゃする 感謝する	bersyukur ブルシュクル	to appreciate
かんじゃ 患者	pasién パスィエン	patient
かんしゅ 看守	sipir スィピル	warden
かんしゅう 慣習	kebiasaan クビアサアン	custom
かんしゅう 観衆	(para) penonton (パラ) プノントン	spectator
かんじゅせい 感受性	sénsitivitas センスィティフィタス	sensitivity
がんしょ 願書	surat permohonan スラ(ト) プルモホナン	application
かんしょう 干渉	intervénsi イントゥルフェンスィ	interference
かんしょうする 干渉する	mengintervénsi ムン(グ)イントゥルフェンスィ	to interfere
かんしょう 鑑賞	aprésiasi アプレスィアスィ	appreciation
かんしょうする 鑑賞する	menikmati ムニクマティ	to appreciate
かんじょう 勘定	perhitungan プルヒトゥン(グ)アン	count
かんじょうする 勘定する	menghitung ムンヒトゥン(グ)	to count
かんじょう 感情	perasaan プラサアン	emotion
かんじょうてきな 感情的な	émosional エモスィオナル	emotional

日	インドネシア	英
がんじょう 頑丈な	kuat / kokoh クア(ト) / ココー	solid
かんしょく 感触	sentuhan スントゥハン	touch
かん 感じる	merasa ムラサ	to feel
かんしん 関心	minat ミナ(ト)	interest
かんしん 感心	kekaguman クカグマン	admiration
かんしん 感心する	mengagumi ムン(グ)アグミ	to admire
かんじん 肝心	ésénsi / inti エセンスィ / インティ	essence
かんじん 肝心な	sangat penting サン(グ)ア(ト) プンティン(グ)	essential
かん 関する（関連する）	berkaitan (dengan) ブルカイタン (ドゥン(グ)アン)	to concern
かん 関する（〜について）	tentang ~ トゥンタン(グ)	about
かんせい 歓声	sorak-sorai ソラッ ソライ	shout of joy
かんせい 完成	penyelesaian プニュルサイアン	completion
かんせい 完成する	selesai / rampung スルサイ / ランプン(グ)	to complete
かんぜい 関税	béa ベア	custom
かんせいとう 管制塔	menara kontrol ムナラ コントロル	control tower
がんせき 岩石	bebatuan ブバトゥアン	stones and rocks
かんせつてき 間接的な	tidak langsung ティダッ ランスン(グ)	indirectness
かんせつ 関節	sendi スンディ	joint
かんせん 汗腺	kelenjar keringat クルンジャル クリン(グ)ア(ト)	sweat gland
かんせん 幹線	jalan utama ジャラン ウタマ	trunk line

日	インドネシア	英
かんせん 感染	penularan プヌララン	infection
かんせん 感染する	menular ムヌラル	be infected
かんせん 観戦	tonton トントン	spectating
かんせん 観戦する	menonton ムノントン	to spectate
かんぜん 完全	kesempurnaan クスンプルナアン	perfection
かんぜん 完全な	sempurna スンプルナ	perfect
かんぜんしゅぎ 完全主義	perféksionisme プルフェクスイオニスム	perfectionism
かんそ 簡素	kesederhanaan クスドゥルハナアン	simplicity
かんそう 感想	kesan クサン	impressions
かんそう 乾燥（した）	kering クリン (グ)	dryness / dry [dried]
かんそう 乾燥する	mengering ムン (グ) ウリン (グ)	to dry
かんぞう 肝臓	hati ハティ	liver
かんそく 観測	obsérvasi オブスルファスィ	observation
かんそく 観測する	mengobsérvasi ムン (グ) オブスルファスィ	to observe
かんそ 簡素な	sederhana スドゥルハナ	simple
かんたい 寒帯	daérah beriklim dingin ダエラー ブルイクリム デイン (グ) イン	frigid zone
かんだい 寛大	toléransi トレランスィ	tolerance
かんだい 寛大な	toléran トレラン	tolerant
かんたん 簡単	kemudahan / kegampangan クムダハン / クガンパン (グ) アン	simplicity
かんたん 簡単な	mudah / gampang ムダー / ガンパン (グ)	simple

か

日	インドネシア	英
_{かんたん ふ} 感嘆符	tanda seru タンダ スル	exclamation mark
_{かんちが} 勘違い（する）	salah paham サラー パハム	misunderstanding / to misunderstand
_{かんちょう} 官庁	kantor pemerintah カントル プムリンター	government office
_{かんちょう} 干潮	surut スル(ト)	low tide
_{かんづめ} 缶詰	pengaléngan プン(グ)アレン(グ)アン	canned food
_{かんづめ} 缶詰になる （閉じ込められる）	terkurung トゥルクルン(グ)	be confined
_{かんてい} 鑑定（検査）	pengujian プン(グ)ウジアン	judgment
_{かんてい} 鑑定（評価）	penilaian プニライアン	appraisal
_{かんてい} 鑑定する（検査）	menguji ムン(グ)ウジ	to judge
_{かんてい} 鑑定する（評価）	menilai ムニライ	to appraise
_{かんてん} 観点	sudut pandang スドゥ(ト) パンダン(グ)	point of view
_{かんでん} 感電	setrum ストルム	electric shock
_{かんでん} 感電する	kesetrum クストルム	to receive an electric shock
_{かんでん ち} 乾電池	baterai kering バトゥライ クリン(グ)	dry cell battery
_{かん ど} 感度	sénsitivitas センスイテイフイタス	sensitivity
_{かんどう} 感動	keterharuan クトゥルハルアン	impression
_{かんどう} 感動する	terharu トゥルハル	be impressed
_{かんとく} 監督	pengawas utama プン(グ)アワス ウタマ	supervisor
_{かんとく} 監督（映画の）	sutradara ストラダラ	director
_{かんとく} 監督（スポーツの）	pelatih プラティー	coach

日	インドネシア	英
かんとく 監督する	menyutradarai ムニュトラダライ	to supervise
かんな 鉋	ketam クタム	plane (tool)
カンニング	penyontékan プニョンテカン	cheating
カンニングする	menyonték ムニョンテッ	to cheat in an exam
かんねん 観念	idé / gagasan イデ / ガガサン	idea
かんねん 観念する	menyerah ムニュラー	to give up
がんねん 元年	tahun pertama タフン プルタマ	the first year
かん ぱ 寒波	gelombang dingin グロンバン(グ) ディン(グ)イン	cold wave
かんぱい 乾杯	toas トアス	toast
かんぱい 乾杯する	melakukan toas ムラクカン トアス	to make [drink] a toast
がん ば 頑張る	berusaha ブルサハ	to hang on
かんばん 看板	papan nama パパン ナマ	signboard
かんぱん 甲板	dék デッ	deck
かんびょう 看病	perawatan プラワタン	nursing
かんびょう 看病する	merawat ムラワ(ト)	to nurse
かん ぶ 幹部	pimpinan ピンピナン	leading member
かん ぶ 患部	bagian yang sakit バギアン ヤン(グ) サキ(ト)	affected part
かんぺき 完璧	sempurna スンプルナ	perfection
かんべん 勘弁する	mengampuni / memaafkan ムン(グ)アンプニ / ムマアフカン	to forgive
がんぼう 願望	keinginan クイン(グ)イナン	wish

日	インドネシア	英
カンボジア	**Kamboja** カンボジャ	Cambodia
カンボジア人	**orang Kamboja** オラン(グ) カンボジャ	Cambodian (people)
かんむり 冠	**mahkota** マーコタ	crown
かんむりょう 感無量	**perasaan yang mendalam** プラサアン ヤン(グ) ムンダラム	deep emotion
かんめい 感銘	**keterharuan** クトゥルハルアン	impression
かんゆう 勧誘	**ajakan** アジャカン	invitation
かんゆう 勧誘する	**mengajak** ムン(グ)アジャッ	to invite
かんよ 関与	**keterlibatan** クトゥルリバタン	involvement
かんよ 関与する	**terlibat (dalam)** トゥルリバ(ト) (ダラム)	be involved in
かんよう 寛容	**toléransi** トレランスィ	tolerance
かんよう 寛容な	**toléran** トレラン	tolerant
かんよう 慣用	**pemakaian (yang lazim)** プマカイアン (ヤン(グ) ラズィム)	usage
かんようく 慣用句	**idiom / ungkapan** イディオム / ウンカパン	idiom
かんよう 慣用する	**lazim memakai** ラズィム ムマカイ	to make use of
がんらい 元来	**dasarnya** ダサルニャ	originally
かんらん 観覧(する)	**melihat** ムリハ(ト)	viewing / to view
かんり 管理	**pengelolaan** プン(グ)ウロラアン	management
かんり 管理する	**mengelola** ムン(グ)ウロラ	to manage
かんりにん 管理人	**pengelola** プン(グ)ウロラ	superintendent
かんりょう 官僚	**pejabat** プジャバ(ト)	bureaucracy

日	インドネシア	英
かんりょう 完了	**penyelesaian** プニュルサイアン	completion
かんりょう 完了する (終える)	**menyelesaikan / merampungkan** ムニュルサイカン / ムランプンカン	to complete
かんりょう 完了する (終わる)	**selesai** スルサイ	to become complete
かんれい 慣例	**kebiasaan** クビアサアン	precedent
かんれき 還暦	**hari ulang tahun keenam puluh** ハリ ウラン(グ) タフン クヌナム プルー	one's sixtieth birthday
かんれん 関連	**kaitan** カイタン	association
かんれん 関連する	**berkaitan** ブルカイタン	be associated
かんれんがいしゃ 関連会社	**perusahaan berafiliasi** プルウサハアン ブルアフィリアスィ	affiliated [associated] company
かんろく 貫禄	**kewibawaan** クウィバワアン	air of importance
かんわ 緩和	**pelonggaran** プロンガラン	relaxation
かんわ 緩和する	**melonggarkan** ムロンガルカン	to relax

▼ き，キ

き 木	**pohon** ポホン	tree
き ～期 (時期)	**masa ~** マサ	period
き ～期 (季節)	**musim ~** ムスィム	season
き ～期 (段階)	**tahap ~** タハ(プ)	stage
き 気 (空気)	**angin / udara** アン(グ)イン / ウダラ	air
き 気 (雰囲気)	**suasana** スアサナ	atmosphere
き 気 (気分)	**perasaan** プラサアン	feeling
き 気 (意識)	**kesadaran** クサダラン	consciousness

き

日	インドネシア	英
気（気質）	**sifat** スイファ(ト)	character
気（性格）	**hati** ハティ	character
気圧	**tekanan udara** トゥカナン ウダラ	atmospheric pressure
議案	**rencana undang-undang / RUU** ルンチャナ ウンダン(グ) ウンダン(グ) / エルウーウー	bill
キーボード	**papan tik** パパン ティッ	keyboard
キーボード（楽器）	**papan tuts** パパン トゥッツ	keyboard
キーボード （コンピュータの）	**papan tik komputer** パパン ティッ コンプトゥル	(computer) keyboard
キーホルダー	**gantungan kunci** ガントゥン(グ)アン クンチ	key ring
黄色	**warna kuning** ワルナ クニン(グ)	yellow
黄色い	**kuning** クニン(グ)	yellow
議員	**anggota parlemén** アンゴタ パルルメン	member of an assembly
キウイフルーツ	**buah kiwi** ブアー キウイ	kiwi fruit
消える（消失する）	**hilang** ヒラン(グ)	to disappear
消える（途絶える）	**mati / padam** マティ / パダム	to go off
義援金	**dana bantuan** ダナ バントゥアン	donation
記憶	**ingatan** イン(グ)アタン	remembrance
記憶する	**mengingat** ムン(グ)イン(グ)ア(ト)	to memorize
記憶力	**daya ingat** ダヤ イン(グ)ア(ト)	memory
気温	**suhu** スフ	temperature
機会	**kesempatan** クスンパタン	opportunity

日	インドネシア	英
機械 きかい	mesin ムスィン	machine
器械 きかい	alat アラ(ト)	apparatus
危害 きがい	gangguan ガングアン	harm
議会 ぎかい	parlemén パルルメン	assembly
着替え きがえ	penggantian pakaian プンガンティアン パカイアン	change of clothes
着替える きがえる	mengganti pakaian ムンガンティ パカイアン	to change clothes
気が変わる きがかわる	berubah pikiran ブルウバー ピキラン	to change one's mind
規格 きかく	standar スタンダル	standard
企画 きかく	rencana ルンチャナ	planning
企画する きかくする	merencanakan ムルンチャナカン	to plan
着飾る きかざる	berhias diri ブルヒアス ディリ	to dress up
気がつく きがつく	menyadari ムニャダリ	to notice
気兼ね きがね	keseganan クスガナン	hesitance
気兼ねする きがねする	segan-segan スガン スガン	to hesitate
気軽 きがる	tanpa keseganan タンパ クスガナン	ease
気軽な きがるな	tanpa segan タンパ スガン	casual
器官 きかん	organ オルガン	organ
期間 きかん	jangka waktu ジャンカ ワクトゥ	term
機関（エンジン） きかん	mesin ムスィン	engine
機関（組織） きかん	organisasi / lembaga オルガニサスィ / ルンバガ	institution

日	インドネシア	英
季刊 （きかん）	tiga bulanan ティガ ブラナン	quarterly publication
気管 （きかん）	trakéa トラケア	windpipe
気管支炎 （きかんしえん）	bronkitis ブロンキティス	bronchitis
機関車 （きかんしゃ）	lokomotif ロコモティフ	locomotive
危機 （きき）	krisis クリスィス	crisis
聞き取る （ききとる）	menyimak ムニィマッ	to hear what others say
聞き取り （ききとり）	pendengaran プンドゥン（グ）アラン	hearing
効き目 （ききめ）	khasiat / keéféktifan ハスィア（ト）/ クエフェクティファン	effect
気球 （ききゅう）	balon バロン	balloon
企業 （きぎょう）	perusahaan プルウサハアン	company
帰京する （ききょうする）	pulang ke Tokyo プラン（グ）クトキョ	to return to Tokyo
戯曲 （ぎきょく）	sandiwara サンディワラ	play
基金 （ききん）	dana ダナ	foundation
飢饉 （ききん）	paceklik パチュクリッ	famine
貴金属 （ききんぞく）	logam adi ロガム アディ	precious [noble] metal
効く （きく）	manjur マンジュル	be effective
聞く （きく）	mendengarkan ムンドゥン（グ）アルカン	to listen
聞く（聞いて従う） （きく）	menuruti ムヌルティ	to listen to *sb*'s advice
聞く（質問する） （きく）	bertanya ブルタニャ	to ask a question
器具 （きぐ）	perkakas / alat プルカカス / アラ（ト）	utensil

日	インドネシア	英
喜劇 （きげき）	komédi コメディ	comedy
議決 （ぎけつ）	keputusan sidang クプトゥサン スィダン（グ）	decision
議決する （ぎけつする）	memutuskan (dalam sidang) ムムトゥスカン （ダラム スィダン（グ））	to decide
危険 （きけん）	bahaya バハヤ	danger
危険な （きけんな）	berbahaya ブルバハヤ	dangerous
棄権 （きけん）（投票）	keabstainan クアブスタイナン	abstention
棄権 （きけん）（スポーツ）	pengunduran diri / mundur プン（グ）ウンドゥラン ディリ / ムンドゥル	default
棄権する （きけんする）（投票）	abstain アブスタイン	to abstain from
棄権する （きけんする）（スポーツ）	mengundurkan diri ムン（グ）ウンドゥルカン ディリ	to default
期限 （きげん）	batas waktu バタス ワクトゥ	time limit
機嫌 （きげん）	suasana hati スアサナ ハティ	mood
起源 （きげん）	asal-usul アサル ウスル	origin
期限切れ （きげんぎれ）	kadaluarsa カダルアルサ	expiration
機構 （きこう）	struktur ストルクトゥル	machinery
気候 （きこう）	cuaca チュアチャ	climate
記号 （きごう）	lambang / simbol ランバン（グ） / スィンボル	symbol
寄航地 （きこうち）	tempat persinggahan トゥンパ（ト） プルスィンガハン	port of call
聞こえる （きこえる）	terdengar / kedengaran トゥルドゥン（グ）アル / クドゥン（グ）アラン	to sound
帰国 （きこく）	kepulangan クプラン（グ）アン	homecoming
帰国する （きこくする）	pulang ke negara asal プラン（グ） ク ヌガラ アサル	to return to one's country

日	インドネシア	英
ぎこちない	canggung / kikuk チャングン(グ) / キクッ	awkward
既婚	sudah menikah スダー ムニカー	married
気障（な）	sok kerén / berlagak ソック クレン / ブルラガッ	affectation / be affected
記載	pencantuman プンチャントゥマン	statement
記載する	mencantumkan ムンチャントゥムカン	to state
ぎざぎざ	bergerigi ブルグリギ	indentation
気さくさ	keramahan クラマハン	frankness
気さくな	berhati terbuka / terus terang / ramah ブルハティ トゥルブカ / トゥルス トゥラン(グ) / ラマー	frank
兆し	tanda / gelagat タンダ / グラガ(ト)	sign
刻む（切り刻む）	mencincang ムンチンチャン(グ)	to chop
刻む（彫る）	mengukir ムン(グ)ウキル	to inscribe
岸	tepi トゥピ	shore
記事	artikel アルティクル	article
生地	tékstur テクストゥル	plain cloth
生地（布）	kain カイン	cloth
生地（パンなどの）	adonan アドナン	dough
雉	kuau クアウ	pheasant
技師	téknisi テクニスィ	engineer
儀式	upacara ウパチャラ	ceremony
気質	tabiat タビア(ト)	mentality

日	インドネシア	英
期日 きじつ	tenggat waktu トゥンガ(ト) ワクトゥ	term limit
議事堂 ぎじどう	gedung parlemén グドゥン(グ) パルルメン	the Capitol
軋む きしむ	berciut-ciut ブルチウ(ト) チウ(ト)	to grate
汽車 きしゃ	keréta api クレタ アピ	train
記者 きしゃ	wartawan ワルタワン	journalist
記者会見 きしゃかいけん	jumpa pérs ジュンパ ペルス	press conference
機種 きしゅ	modél モデル	model
義手 ぎしゅ	tangan palsu タン(グ)アン パルス	artificial arm
記述 きじゅつ	tulisan トゥリサン	description
記述する きじゅつする	menulis ムヌリス	to describe
技術 ぎじゅつ	téknologi テクノロギ	technique
技術者 ぎじゅつしゃ	téknisi テクニスィ	technician
基準 きじゅん	standar スタンダル	standard
気象 きしょう	cuaca チュアチャ	weather
気性 きしょう	watak ワタッ	temperament
起床する きしょうする	bangun tidur バン(グ)ウン ティドゥル	to get up
議事録 ぎじろく	notulén ノトゥレン	the minutes
キス	ciuman チウマン	kiss
傷 きず	luka ルカ	injury
奇数 きすう	angka ganjil アンカ ガンジル	odd number

日	インドネシア	英
築く きず	membangun ムンバン(グ)ウン	to build
傷つく きず	terluka hatinya トゥルルカ ハティニャ	be hurt
傷つける きず	melukai ムルカイ	to hurt
規制 き せい	peraturan プルアトゥラン	regulation
規制する き せい	mengatur ムン(グ)アトゥル	to regulate
犠牲 ぎ せい	pengorbanan プン(グ)オルバナン	sacrifice
犠牲者 ぎ せいしゃ	korban コルバン	victim
寄生虫 き せいちゅう	cacing チャチン(グ)	parasite
奇跡 き せき	mukjizat ムッジザ(ト)	miracle
季節 き せつ	musim ムスイム	season
気絶する き ぜつ	pingsan ピンサン	to lose consciousness
着せる き	memakaikan ムマカイアン	to coat *sb*
汽船 き せん	kapal api カパル アピ	steamship
偽善 ぎ ぜん	kemunafikan クムナフィカン	hypocrisy
偽善者 ぎ ぜんしゃ	orang yang munafik オラン(グ) ヤン(グ) ムナフィッ	hypocrite
偽善的 ぎ ぜんてき	munafik ムナフィッ	hypocritical
基礎 き そ	dasar ダサル	the base
起訴 き そ	gugatan ググタン	indictment
起訴する き そ	menggugat ムングガ(ト)	to indict
競う きそ	bersaing ブルサイン(グ)	to compete

日	インドネシア	英
きぞう 寄贈	**sumbangan** スンバン(グ)アン	donation
きぞう 寄贈する	**menghibahkan** ムンヒバーカン	to donate
ぎぞう 偽造	**pemalsuan** プマルスアン	forgery
ぎぞう 偽造する	**memalsukan** ムマルスカン	to forge
ぎぞう 偽造の	**palsu / tiruan** パルス / ティルアン	counterfeit
きそく 規則	**peraturan** プルアトゥラン	rule
きぞく 貴族	**bangsawan** バンサワン	nobility
ぎそく 義足	**kaki palsu** カキ パルス	artificial leg
きた 北	**utara** ウタラ	north
ギター	**gitar** ギタル	guitar
きた 北アメリカ	**Amérika Utara** アメリカ ウタラ	North America
きたい 気体	**gas** ガス	gas
きたい 期待	**harapan** ハラパン	expectation
きたい 期待する	**berharap** ブルハラ(プ)	to expect
ぎだい 議題	**acara (sidang)** アチャラ（スィダン(グ))	subject for discussion
きた 鍛える	**melatih** ムラティー	to train
きたく 帰宅	**kepulangan** クプラン(グ)アン	returning home
きたく 帰宅する	**pulang ke rumah** プラン(グ) ク ルマー	to return home
きたちょうせん 北朝鮮	**Koréa Utara** コレア ウタラ	North Korea
きたな 汚い	**kotor** コトル	dirty / unclear

日	インドネシア	英
汚い (乱れている)	jelék ジュレッ	disorder
汚い (不正な)	curang チュラン(グ)	corrupt
来る	datang ダタン(グ)	upcoming
基地	pangkalan / basis パンカラン / バスィス	base
貴重	harga ハルガ	price
貴重な	berharga ブルハルガ	precious
議長	ketua rapat クトゥア ラパ(ト)	the chair
貴重品	barang berharga バラン(グ) ブルハルガ	valuables
几帳面	kecermatan クチュルマタン	punctiliousness
几帳面な	cermat チュルマ(ト)	punctilious
きちんと	dengan tertib / dengan tegas ドゥン(グ)アン トゥルティ(ブ) / ドゥン(グ)アン トゥガス	tidily
きつい (緩みがない)	ketat クタ(ト)	tight
きつい (余裕がない)	sesak スサッ	tight
きつい (性格が)	keras クラス	nasty personality
きつい (程度が強い)	terik トゥリッ	strong
喫煙 (する)	merokok ムロコッ	smoking / to smoke
気遣い	kepedulian クプドゥリアン	consideration
気遣う	memperhatikan ムンプルハティカン	be concerned
きっかけ	pemicu プミチュ	cause
きっかり	persis / tepat プルスィス / トゥパ(ト)	just

日	インドネシア	英
気づく	menyadari ムニャダリ	to notice
ぎっくり腰	keseléo pinggang クスレオ ピンガン(グ)	strained back
喫茶店	kedai kopi クダイ コピ	teahouse
ぎっしり	penuh プヌー	densely
キッチン	dapur ダプル	kitchen
切手	perangko プランコ	stamp
きっと	pasti パスティ	surely
キツネ	rubah ルバー	fox
きっぱり	dengan tegas ドゥン(グ)アン トゥガス	decidedly
切符	karcis カルチス	ticket
切符売り場	lokét ロケ(ト)	ticket office
規定	ketentuan クトゥントゥアン	rules
規定する	menentukan ムヌントゥカン	to rule
起点	titik awal / titik mula ティティッ アワル / ティティッ ムラ	the starting point
機転	kecerdasan クチュルダサン	wits
軌道	orbit オルビ(ト)	track
既読	sudah dibaca スダー ディバチャ	read
気取り屋	orang yang angkuh オラン(グ) ヤン(グ) アンクー	poser
気に入らない	tidak suka ティダッ スカ	unacceptable
気に入る	suka スカ	fond / to like

日	インドネシア	英
記入 <ruby>き<rt>きにゅう</rt></ruby>	**pengisian** プン(グ)イスィアン	entry
記入する	**mengisi** ムン(グ)イスィ	to enter
絹	**sutra** ストラ	silk
記念	**peringatan** プルイン(グ)アタン	celebration
記念する	**memperingati** ムンプルイン(グ)アティ	to celebrate
昨日	**kemarin** クマリン	yesterday
機能	**fungsi** フンスィ	function
機能する	**berfungsi** ブルフンスィ	to function
技能	**kecakapan / keterampilan** クチャカパン / クトゥランピラン	skill
キノコ	**jamur** ジャムル	mushroom
気の毒な	**kasihan** カスィハン	pitiful
牙	**taring** タリン(グ)	fangs
気迫	**semangat** スマン(グ)ア(ト)	spirit
規範	**norma** ノルマ	norm
基盤	**basis** バスィス	foundation
厳しい	**tegas / ketat** トゥガス / クタ(ト)	strict
気品	**keanggunan** クアングナン	dignity
寄付	**sumbangan** スンバン(グ)アン	contribution
寄付する	**menyumbangkan** ムニュンバンカン	to contribute
気風	**semangat** スマン(グ)ア(ト)	spirit

日	インドネシア	英
起伏 きふく	turun-naiknya トゥルン ナイクニャ	ruggedness
起伏する きふく	naik turun ナイ トゥルン	to rise and fall
ギブス	gips ギプス	plaster cast
気分 きぶん	perasaan プラサアン	mood
規模 きぼ	skala スカラ	scale
希望 きぼう	harapan ハラパン	hope
希望する きぼう	berharap / menginginkan ブルハラ(プ) / ムン(グ)イン(グ)インカン	to hope
基本 きほん	dasar ダサル	the basics
気紛れ きまぐれ	keisengan クイスン(グ)アン	capriciousness
気紛れな きまぐれ	berubah-ubah ブルウバー ウバー	capricious
生真面目 きまじめ	kesungguhan クスングハン	earnestness
生真面目な きまじめ	bersungguh-sungguh ブルスングー スングー	earnest
期末 きまつ	akhir seméster アヒル セメストゥル	the end of a term
決まり きまり	aturan アトゥラン	rule
きまり悪い	canggung / kikuk チャングン(グ) / キクッ	embarrassed
決まる きまる	ditentukan / ditetapkan ディトゥントゥカン / ディトゥタ(プ)カン	be decided
君 きみ	kamu カム	you
黄身 きみ	kuning telur クニン(グ) トゥルル	yolk
～気味 ぎみ	agak ～ アガッ	slightly tending to
君達 きみたち	kalian カリアン	all of you

日	インドネシア	英
機密 (きみつ)	kerahasiaan クラハスィアアン	secret
気味の悪い (きみわるい)	menjijikkan ムンジジッカン	weird
奇妙 (きみょう)	keanéhan / keganjilan クアネハン / クガンジラン	strangeness
奇妙な (きみょうな)	anéh / ganjil アネー / ガンジル	strange
義務 (ぎむ)	kewajiban クワジバン	responsibility
気難しい (きむずかしい)	orang yang sulit オラン(グ) ヤン(グ) スリ(ト)	difficult person
記名 (きめい)	penulisan nama プヌリサン ナマ	signature
記名する (きめいする)	menulis nama ムヌリス ナマ	to sign one's name
偽名 (ぎめい)	nama palsu ナマ パルス	false [fictitious] name
決める (きめる)	memutuskan ムムトゥスカン	to decide
気持ち (きもち)	perasaan プラサアン	feeling
気持ちのよい (きもちのよい)	énak エナッ	comfortable
着物 (きもの)	kimono キモノ	kimono
疑問 (ぎもん)	pertanyaan プルタニャアン	doubt
客（来訪者）(きゃく)	tamu タム	customer
客（招待客）(きゃく)	tamu undangan タム ウンダン(グ)アン	visitor
客（顧客）(きゃく)	langganan ランガナン	client
規約 (きやく)	anggaran dasar アンガラン ダサル	agreement
逆（反対）(ぎゃく)	kebalikan クバリカン	opposite
逆に (ぎゃくに)	sebaliknya スバリッニャ	conversely

日	インドネシア	英
ぎゃく 逆の	kebalikan クバリカン	opposite
きゃくしつがかり 客室係（ホテル）	petugas kamar hotel プトゥガス カマル ホテル	housekeeping staff
ぎゃくしゅう 逆襲	serangan balik スラン(グ)アン バリ(ク)	counterattack
ぎゃくしゅう 逆襲する	menyerang balik ムニュラン(グ) バリ(ク)	to counterattack
きゃくしょく 脚色	penyaduran プニャドゥラン	dramatization
きゃくしょく 脚色する	menyadur ムニャドゥル	to dramatize
きゃくせき 客席	tempat duduk tamu トゥンパ(ト) ドゥドゥッ タム	seats for the audience
ぎゃくせつ 逆説	paradoks パラドクス	paradox
ぎゃくたい 虐待	penganiayaan プン(グ)アニアヤアン	abuse
ぎゃくたい 虐待する	menyiksa ムニイクサ	to abuse
ぎゃくてん 逆転	kebalikan クバリカン	reversal
ぎゃくてん 逆転する	berbalik ブルバリ(ク)	to reverse
きゃくほん 脚本	naskah ナスカー	script
きゃくま 客間	ruang tamu ルアン(グ) タム	guest room
きゃしゃ 華奢な	langsing / ramping ランスィン(グ) / ランピン(グ)	slender
きゃっかん 客観	objéktif オブジェクティフ	objectivity
きゃっかん 客観する	memandang secara objéktif ムマンダン(グ) スチャラ オブジェクティフ	to objectify
きゃっかんし 客観視する	melihat secara objéktif ムリハ(ト) スチャラ オブジェクティフ	to objectify
きゃっかんせい 客観性	objéktivitas オブジェクティフィタス	objectivity
きゃっかんてき 客観的な	objéktif オブジェクティフ	objective

き

日	インドネシア	英
キャッシュカード	kartu ATM カルトゥ アーテーエム	cash card
キャッチ	penangkapan プナンカパン	catching
キャッチする	menangkap ムナンカ(プ)	to catch
キャビン アテンダント	awak kabin アワッ カビン	cabin attendant
キャプテン	kaptén カプテン	captain
キャベツ	kol コル	cabbage
ギャラ	imbalan jasa / honorarium インバラン ジャサ / ホノラリウム	performance fee
キャリア	karir カリル	career
ギャング	géng ゲン(グ)	gang
キャンセル	pembatalan プンバタラン	cancellation
キャンセルする	batalkan / membatalkan バタルカン / ムンバタルカン	to cancel
キャンセル料 りょう	biaya pembatalan ビアヤ プンバタラン	cancellation fee
キャンパス	kampus カンプス	campus
キャンピングカー	mobil karavan モビル カラファン	camper
キャンプ	perkémahan プルケマハン	camp
キャンプする	berkémah ブルケマー	to camp
ギャンブル	judi ジュディ	gambling
急 きゅう	mendadak ムンダダッ	suddenness
球 きゅう	bola ボラ	ball
級 きゅう	tingkat ティンカ(ト)	class

日	インドネシア	英
^{きゅう}旧〜	**〜 lama** ラマ	former
9	**sembilan** スンビラン	nine
^{きゅうえん}救援	**pertolongan / bantuan** プルトロン(グ)アン / バントゥアン	relief
^{きゅうえん}救援する	**menolong** ムノロン(グ)	to relieve
^{きゅうか}休暇	**liburan / cuti** リブラン / チュティ	holidays
^{きゅうかく}嗅覚	**indra penciuman** インドラ プンチウマン	sense of smell
^{きゅうがく}休学	**cuti kuliah** チュティ クリアー	leave of absence from school
^{きゅうがく}休学する	**mengambil cuti kuliah** ムン(グ)アンビル チュティ クリアー	be absent from school temporarily
^{ぎゅうかわ}牛革	**kulit sapi** クリ(ト) サピ	cowhide
^{きゅうかん}急患	**pasién gawat darurat** パスィエン ガワ(ト) ダルラ(ト)	emergency patient
^{きゅうぎ}球技	**permainan bola** プルマイナン ボラ	ball game
^{きゅうきゅうしゃ}救急車	**ambulans** アンブランス	ambulance
^{きゅうきゅうしょち}救急処置	**pertolongan pertama** プルトロン(グ)アン プルタマ	first aid
^{きゅうぎょう}休業	**libur kerja** リブル クルジャ	suspension
^{きゅうぎょう}休業する	**mengambil libur kerja** ムン(グ)アンビル リブル クルジャ	to suspend
^{きゅうきょく}究極	**ékstrim** エクストリム	the extreme
^{きゅうくつ}窮屈	**kesesakan** クスサカン	tightness
^{きゅうくつ}窮屈な	**sesak** スサッ	tight
^{きゅうけい}休憩	**istirahat** イスティラハ(ト)	rest
^{きゅうけい}休憩する	**beristirahat** ブルイスティラハ(ト)	to rest

日	インドネシア	英
きゅうげき 急激	drastis ドラスティス	abruptness
きゅうげき 急激な	pesat プサ(ト)	abrupt
きゅうこう 急行	éksprés エクスプレス	express (train)
きゅうこう 休講	libur kuliah リブル クリアー	class cancellation
きゅうこう 休講する	meliburkan kuliah ムリブルカン クリアー	to cancel a class [lecture]
きゅうこうれっしゃ 急行列車	keréta éksprés クレタ エクスプレス	express train
きゅうこん 球根	umbi lapis ウンビ ラピス	bulb
きゅうこん 求婚	peminangan プミナン(グ)アン	proposal of marriage
きゅうこん 求婚する	meminang ムミナン(グ)	to propose marriage
きゅうさい 救済	penyelamatan プニュラマタン	relief
きゅうさい 救済する	menyelamatkan ムニュラマ(ト)カン	to relieve
きゅうし 休止	jeda ジュダ	break
きゅうし 休止する	berhenti sebentar ブルフンティ スブンタル	to make a pause
きゅうじ 給仕	pelayanan プラヤナン	service at table
きゅうじ 給仕する	melayani ムラヤニ	to serve
きゅうじつ 休日	hari libur ハリ リブル	holiday
きゅうしゅう 吸収	penyerapan プニュラパン	absorption
きゅうしゅう 吸収する	menyerap ムニュラ(プ)	to absorb
90	sembilan puluh スンビラン プルー	ninety
きゅうしゅつ 救出	penyelamatan プニュラマタン	rescue

日	インドネシア	英
きゅうしゅつ 救出する	menyelamatkan ムニュラマ(ト)カン	to rescue
きゅうしょ 急所	titik penting ティティッ プンティン(グ)	key point
きゅうじょ 救助	penyelamatan プニュラマタン	help
きゅうじょ 救助する	menyelamatkan ムニュラマ(ト)カン	to help
きゅうしょく 給食	makanan sekolah マカナン スコラー	school meal
きゅうしょく 給食する	menyediakan makanan sekolah ムニュディアカン マカナン スコラー	to provide meals
きゅうじん 求人	lowongan kerja ロウォン(グ)アン クルジャ	recruitment
きゅうじん 求人する	mencari tenaga kerja ムンチャリ トゥナガ クルジャ	to recruit
きゅうせん 休戦	gencatan senjata グンチャタン スンジャタ	ceasefire
きゅうせん 休戦する	melakukan gencatan senjata ムラクカン グンチャタン スンジャタ	to cease fighting
きゅうそく 休息	istirahat イスティラハ(ト)	rest
きゅうそく 休息する	beristirahat ブルイスティラハ(ト)	to take a rest
きゅうそく 急速	kepesatan クプサタン	quickness
きゅうそく 急速な	pesat プサ(ト)	quick
きゅうち 旧知	kenalan lama クナラン ラマ	old friend
きゅうでん 宮殿	keraton / istana クラトン / イスタナ	royal palace
きゅう 急な (速い)	cepat チュパ(ト)	rapid
きゅう 急な (突然の)	tiba-tiba ティバ ティバ	sudden
きゅう 急な (傾斜が)	terjal / curam トゥルジャル / チュラム	steep
ぎゅうにく 牛肉	daging sapi ダギン(グ) サピ	beef

き

日	インドネシア	英
ぎゅうにゅう 牛乳	**susu sapi** スス サビ	milk
きゅうびょう 急病	**penyakit dadakan** プニャキ(ト) ダダカン	sudden sickness [illness]
きゅう 急ブレーキ	**mengerém mendadak** ムン(グ)ウレム ムンダダッ	sudden braking
きゅうぼう 窮乏	**kemiskinan** クミスキナン	poverty
きゅうぼう 窮乏する	**sengsara** スンサラ	be poor
きゅうめいどうい 救命胴衣	**baju pelampung** バジュ プランプン(グ)	life jacket
きゅうゆ 給油	**pengisian bénsin** プン(グ)イスィアン ベンスィン	refueling
きゅうゆ 給油する	**mengisi bénsin** ムン(グ)イスィ ベンスィン	to refuel
きゅうゆう 旧友	**teman lama** トゥマン ラマ	old friend
きゅうよ 給与	**gaji** ガジ	wages
きゅうよ 給与する	**menggaji** ムンガジ	to grant
きゅうよう 急用	**urusan mendadak** ウルサン ムンダダッ	urgent business
きゅうよう 休養	**istirahat** イスティラハ(ト)	relaxation
きゅうよう 休養する	**beristirahat** ブルイスティラハ(ト)	to relax
きゅうよめいさいしょ 給与明細書	**daftar gaji** ダフタル ガジ	pay slip
キュウリ	**ketimun** クティムン	cucumber
きゅうりょう 丘陵	**bukit** ブキ(ト)	hill
きゅうりょう 給料	**gaji** ガジ	wages
きゅうりょうび 給料日	**hari gajian** ハリ ガジアン	payday
きよ 寄与	**kontribusi** コントリブスィ	contribution

日	インドネシア	英
きよ 寄与する	mengontribusi ムン(グ)オントリブスイ	to contribute
きよ 清い	bersih ブルスィー	clean
きょう 今日	hari ini ハリ イニ	today
きよう 器用	kecekatan tangan クチュカタン タン(グ)アン	skill
きよう 器用な	cekatan チュカタン	skillful
ぎょう 行	baris バリス	line
きょうい 驚異	kehéranan クヘラナン	astonishment
きょういく 教育	pendidikan プンディディカン	education
きょういく 教育する	mendidik ムンディディッ	to educate
きょういん 教員	guru / dosén グル / ドセン	teacher
きょうか 教科	mata pelajaran マタ プラジャラン	school subject
きょうか 強化	penguatan プン(グ)ウアタン	reinforcement
きょうか 強化する	memperkuat ムンプルクア(ト)	to reinforce
きょうかい 協会	lembaga / asosiasi ルンバガ / アソスィアスイ	society
きょうかい 境界	perbatasan プルバタサン	border
きょうかい 教会	geréja グレジャ	church
きょうがく 共学	koédukasi コエドゥカスイ	coeducation
きょうかしょ 教科書	buku pelajaran ブク プラジャラン	textbook
きょうかん 共感	simpati スインパティ	sympathy
きょうかん 共感する	bersimpati ブルスインパティ	to sympathize with

日	インドネシア	英
きょうき 凶器	senjata maut スンジャタ マウ(ト)	deadly weapon
きょうき 狂気	kegilaan クギラアン	madness
きょうぎ 競技	pertandingan プルタンディン(グ)アン	game
きょうぎ 競技する	bertanding ブルタンディン(グ)	to play a game
きょうぎ 協議	négosiasi ネゴスィアスィ	negotiation
きょうぎ 協議する	bernégosiasi ブルネゴスィアスィ	to negotiate
ぎょうぎ 行儀	tata krama タタ クラマ	behavior
ぎょうぎ わる 行儀が悪い	berperilaku buruk ブルプリラク ブルッ	to behave badly
きょうきゅう 供給	pasokan / penyediaan パソカン / プニュディアアン	supply
きょうきゅう 供給する	memasok ムマソッ	to supply
きょうぐう 境遇	keadaan クアダアン	environment
きょうくん 教訓	ajaran / pelajaran アジャラン / プラジャラン	teaching
きょうけんびょう 狂犬病	rabiés ラビエス	rabies
きょうこう 恐慌	panik パニッ	panic
きょうこう 強行	pelaksanaan プラクサナアン	enforcement
きょうこう 強行する	melaksanakan ムラクサナカン	to enforce
きょうこう 強硬	kekerasan ククラサン	stubbornness
きょうこう 強硬な	keras クラス	stubborn
きょうざい 教材	bahan ajar バハン アジャル	teaching materials
きょうさく 凶作	gagal panén ガガル パネン	poor crop

日	インドネシア	英
きょうさんしゅぎ 共産主義	**komunisme** コムニスム	communism
きょうさんしゅぎしゃ 共産主義者	**komunis** コムニス	communist
きょうし 教師	**guru / dosén** グル / ドセン	teacher
ぎょうじ 行事	**acara / perayaan** アチャラ / プラヤアン	event
きょうしつ 教室	**ruang kelas** ルアン(グ) クラス	classroom
ぎょうしゃ 業者	**pengusaha manufaktur** プン(グ)ウサハ マヌファクトゥル	manufacturer
きょうじゅ 享受	**penikmatan** プニクマタン	enjoyment
きょうじゅする 享受する	**menikmati** ムニクマティ	to enjoy
きょうじゅ 教授	**profésor** プロフェソル	professor
きょうしゅう 郷愁	**kerinduan pada kampung halaman** クリンドゥアン パダ カンプン(グ) ハラマン	homesickness
きょうしゅう 教習	**latihan** ラティハン	training
きょうしゅうする 教習する	**melatih** ムラティー	to train
きょうしゅくする 恐縮する	**terhutang budi** トゥルフタナ(グ) ブディ	to feel obliged
きょうしょく 教職	**profési guru** プロフェスィ グル	teaching profession
きょう 興じる	**asyik** アスィッ	to have fun
きょうせい 強制	**pemaksaan** プマクサアン	compulsion
きょうせいする 強制する	**memaksakan** ムマクサカン	to compel
きょうせい 共生	**simbiosis** スィンビオスィス	symbiosis
きょうせいする 共生する	**bersimbiosis** ブルスィンビオスィス	to live together
ぎょうせい 行政	**pemerintahan** プムリンタハン	governance

日	インドネシア	英
ぎょうせき 業績	hasil karya ハスィル カルヤ	accomplishment
きょうそう 競争	perlombaan プルロンバアン	competition
きょうそう 競争する	berlomba ブルロンバ	to compete
きょうそうりょく 競争力	daya saing ダヤ サイン(グ)	competitive edge
きょうぞん 共存	koéksisténsi コエクスィステンスィ	coexistence
きょうぞん 共存する	hidup berdampingan ヒドゥ(プ) ブルダンピン(グ)アン	to coexist
きょうだい （兄弟姉妹）	saudara kandung サウダラ カンドゥン(グ)	sibling / brother / sister
きょうち 境地	tempat トゥンパ(ト)	ground
きょうちょう 協調	kerja sama / kooperasi クルジャ サマ / コオプラスィ	cooperation
きょうちょう 協調する	bekerja sama / berkooperasi ブクルジャ サマ / ブルコオプラスィ	to cooperate
きょうちょう 強調	penekanan プヌカナン	emphasis
きょうちょう 強調する	menekankan ムヌカンカン	to emphasize
きょうつう 共通する	memiliki persamaan ムミリキ プルサマアン	be common
きょうつうせい 共通性	kesamaan クサマアン	common
きょうてい 協定	kesepakatan / perjanjian / persetujuan クスパカタン / プルジャンジアン / プルストゥジュアン	agreement
きょうてい 協定する	mencapai kesepakatan ムンチャパイ クスパカタン	to reach agreement
きょうど 郷土	kampung halaman カンプン(グ) ハラマン	one's hometown
きょうどう 共同	koperasi コプラスィ	cooperation
きょうどう 共同する	berkoperasi ブルコプラスィ	to cooperate
きょうどりょうり 郷土料理	kulinér tradisional クリネル トラディスィオナル	local [country] dish

日	インドネシア	英
きょうはく 脅迫	**ancaman** アンチャマン	threat
きょうはく 脅迫する	**mengancam** ムン(グ)アンチャム	to threaten
きょうはん 共犯	**komplot** コンプロ(ト)	complicity
きょうふ 恐怖	**ketakutan** クタクタン	fear
きょうふしんいだ 恐怖心を抱く	**takut** タク(ト)	be fearful
きょうみ 興味	**minat** ミナ(ト)	interest
ぎょうむ 業務	**tugas / pekerjaan** トゥガス / プクルジャアン	operation
きょうめい 共鳴	**résonansi** レソナンスィ	resonance
きょうめい 共鳴する	**bergema** ブルグマ	to resonate
きょうよう 教養	**pengetahuan umum** プン(グ)ウタフアン ウムム	culture
きょうり 郷里	**daérah asal** ダエラー アサル	one's hometown
きょうりゅう 恐竜	**dinosaurus** ディノサウルス	dinosaur
きょうりょく 協力	**kerja sama** クルジャ サマ	cooperation
きょうりょく 協力する	**bekerja sama** ブクルジャ サマ	to cooperate with
きょうりょく 強力	**kekuatan** ククアタン	strength
きょうりょく 強力な	**kuat** クア(ト)	strong
きょうれつ 強烈	**kehébatan** クヘバタン	intensity
きょうれつ 強烈な	**inténs / hébat** インテンス / ヘバ(ト)	intense
ぎょうれつ 行列	**antréan** アントレアン	line
ぎょうれつ 行列する	**mengantré** ムン(グ)アントレ	to form a line

き

日	インドネシア	英
きょえいしん 虚栄心	kesombongan クソンボン(グ)アン	vanity
きょか 許可	izin イズィン	permission
きょか 許可する	mengizinkan ムン(グ)イズィンカン	to permit
ぎょぎょう 漁業	perikanan プルイカナン	fishery
きょく 曲	lagu ラグ	music
きょくげん 極限	batas バタス	utmost limit
きょくせん 曲線	garis lengkung ガリス ルンクン(グ)	curved line
きょくたん 極端	keékstréman クエクストレマン	extremeness
きょくたんな 極端な	ékstrém エクストレム	extreme
きょくど 局留め	pengiriman yang dialamatkan ke kantor pos yang ditunjuk プン(グ)イリマン ヤン(グ) ディアラマ(ト)カン ク カントル ポス ヤン(グ) ディトゥンジュッ	general delivery
きょじゅう 居住	kediaman クディアマン	residence
きょじゅう 居住する	menghuni / mendiami ムンフニ / ムンディアミ	to reside
きょしょくしょう 拒食症	anoréksia アノレクスィア	anorexia
きょじん 巨人	raksasa ラクササ	giant
きょぜつ 拒絶	penolakan プノラカン	refusal
きょぜつする 拒絶する	menolak ムノラッ	to refuse
ぎょせん 漁船	kapal nelayan カパル ヌラヤン	fishing boat
ぎょそん 漁村	kampung nelayan カンプン(グ) ヌラヤン	fishing village
きょだい 巨大	kebesaran クブサラン	of very large

日	インドネシア	英
きょだい 巨大な	raksasa ラクササ	very large
きょてん 拠点	pangkalan パンカラン	base
きょねん 去年	tahun lalu タフン ラル	last year
きょ ひ 拒否	penolakan プノラカン	refusal
きょ ひ 拒否する	menolak ムノラッ	to refuse
きょよう 許容	toléransi トレランスィ	permission
きょよう 許容する	menoléransi ムノレランスィ	to permit
きよ 清らか	kejernihan クジュルニハン	purity
きよ 清らかな	jernih ジュルニー	pure
きょ り 距離	jarak ジャラッ	distance
きら 嫌い	kebencian クブンチアン	dislike
きら 嫌いな	benci ブンチ	disliked
きら 嫌う	membenci ムンブンチ	to dislike
(～する) きらいが ある	berkecenderungan ブルクチュンドゥルン(グ)アン	tendency
き らく 気楽	senang / santai スナン(グ) / サンタイ	easygoing
き らく 気楽な	santai サンタイ	be easygoing
きらびやかな	luar biasa ルアル ビアサ	gorgeous
きらめく	berkilauan / bergemerlapan ブルキラウアン / ブルグムルラパン	to glitter
きり 霧	kabut カブ(ト)	fog
ぎ り 義理	utang budi ウタン(グ) ブディ	justice

日	インドネシア	英
義理の	tiri ティリ	social obligation
義理の (配偶者の家族)	ipar イパル	in-law
切り換える	mengalihkan ムン(グ)アリーカン	to switch
切り株	tunggul トゥングル	stump
切り傷	luka iris ルカ イリス	slash
ギリシャ	Yunani ユナニ	Greece
ギリシャ語	bahasa Yunani バハサ ユナニ	Greek (language)
ギリシャ人	orang Yunani オラン(グ) ユナニ	Greek (people)
キリスト	Kristus / Nabi Isa クリストゥス / ナビ イサ	Jesus Christ
キリスト教	agama Kristen アガマ クリストゥン	Christianity
キリスト教徒	Kristen クリストゥン	Christian
規律	tata tertib / disiplin タタ トゥルティ(ブ) / ディスイプリン	discipline
切り札	kartu penentu カルトゥ プヌントゥ	trump
気流	aliran udara アリラン ウダラ	air current
技量	keterampilan クトゥランピラン	ability
キリン	jerapah ジュラパー	giraffe
着る	memakai ムマカイ	to wear
切る（切断する）	memotong ムモトン(グ)	to break off
切る（電話を）	tutup / putus トゥトゥ(ブ) / プトゥス	to hang up
切る（刃物などで 傷つける）	membacok ムンバチョッ	to cut

日	インドネシア	英
切る (不要部分を捨てる)	**membuang** ムンブアン(グ)	to discard
切る (電源などを)	**matikan / mematikan** マティカン / ムマティカン	to turn off
切る (はさみで)	**menggunting** ムングンティン(グ)	to cut
~切れ	**~ potong** ポトン(グ)	a piece
切れ (刃物の切れ味)	**ketajaman** クタジャマン	sharpness
切れ (頭脳・技術の鋭さ)	**ketajaman** クタジャマン	sharpness
きれい (な)	**cantik** チャンティッ	beauty / beautiful
きれい (清潔)	**bersih** ブルスィー	cleanness
きれい (すっかり)	**menyeluruh** ムニュルルー	completeness
きれい (乱れていない)	**rapi** ラピ	perfection
切れ目	**batas** バタス	cut line
切れる	**putus** プトゥス	be cut
キロ	**kilo** キロ	kilo
帰路	**perjalanan pulang** ブルジャラナン プラン(グ)	homeward
記録	**catatan / rékor** チャタタン / レコル	recording
記録する	**mencatat** ムンチャタ(ト)	to record
キログラム	**kilogram** キログラム	kilogram
キロメートル	**kilométer** キロメトゥル	kilometer
議論	**perdébatan** ブルデバタン	argument
議論する	**berdébat** ブルデバ(ト)	to argue

日	インドネシア	英
ぎ わく 疑惑	kecurigaan クチュリガアン	distrust
きわ 極まる	mencapai puncak ムンチャパイ プンチャッ	to reach an extreme
きわ 極み	puncak プンチャッ	the height
きわ 極めて	amat sangat / teramat アマ(ト) サン(グ)ア(ト) / トゥラマ(ト)	extremely
きわ 極める	menguasai sepenuhnya ムン(グ)ウアサイ スプヌーニャ	to master
き 気をつける	berhati-hati ブルハティ ハティ	be careful
きん 菌	kuman / baktéri クマン / バクテリ	fungus
きん 金	emas ウマス	gold
ぎん 銀	pérak ペラッ	silver
きんいつ 均一な	rata ラタ	even
きんいろ 金色	warna emas ワルナ ウマス	gold (color)
ぎんいろ 銀色	warna pérak ワルナ ペラッ	silver (color)
きんえん 禁煙	dilarang merokok ディララン(グ) ムロコッ	non-smoking
きんえん 禁煙する	berhenti merokok ブルフンティ ムロコッ	to abstain from smoking
きん か 金貨	koin emas コイン ウマス	gold coin
ぎん か 銀貨	koin pérak コイン ペラッ	silver coin
ぎん が 銀河	galaksi ガラクスィ	galaxy
きんがく 金額	jumlah uang ジュムラー ウアン(グ)	amount of money
きんがん 近眼	miopia ミオピア	nearsightedness
きん き 禁忌	kontraindikasi / tabu コントラインディカスィ / タブ	contraindication

日	インドネシア	英
きんきゅう 緊急	keadaan darurat クアダアン ダルラ(ト)	emergency
きんきゅうな 緊急な	darurat ダルラ(ト)	emergent
きんぎょ 金魚	ikan mas hias イカン マス ヒアス	goldfish
きんこ 金庫	brankas ブランカス	safe
きんこう 近郊	pinggiran ピンギラン	the suburbs
きんこう 均衡	keseimbangan クスインバン(グ)アン	balance
きんこう 均衡する	berimbang ブルインバン(グ)	to balance
ぎんこう 銀行	bank バンク	bank
ぎんこういん 銀行員	pegawai bank プガワイ バンク	bank clerk
ぎんこうこうざ 銀行口座	rékening bank レクニン(グ) バンク	bank account
ぎんこうふりこみ 銀行振込	transfer トランスフル	bank transfer
きんし 近視	miopia ミオピア	nearsightedness
きんし 禁止	larangan ララン(グ)アン	prohibition
きんし 禁止された	terlarang トゥルララン(グ)	forbidden
きんし 禁止する	melarang ムララン(グ)	to prohibit
きんしゅ 禁酒	pantangan minum alkohol パンタン(グ)アン ミヌム アルコホル	abstinence from alcohol
きんじょ 近所	tetangga トゥタンガ	the neighborhood
きん 禁じる	melarang ムララン(グ)	to forbid
きんせん 金銭	uang ウアン(グ)	money
きんぞく 金属	logam ロガム	metal

日	インドネシア	英
きんだい 近代	**zaman modérn** ザマン モデルン	recent times
きんちょう 緊張（心が）	**kegugupan** クググパン	nervousness
きんちょう 緊張 （身体が・関係が）	**ketegangan** クテガガン(グ)アン	tension
きんちょう 緊張する（心が）	**gugup** ググ(プ)	to get nervous
きんちょう 緊張する （身体が・関係が）	**jadi tegang** ジャディ トゥガン(グ)	to get tense
きんにく 筋肉	**otot** オト(ト)	muscle
きんべん 勤勉さ	**ketekunan** クテクナン	hard work
きんべん 勤勉な	**rajin / tekun** ラジン / トゥクン	hardworking
ぎんみ 吟味	**pemeriksaan** プムリクサアン	close examination
ぎんみ 吟味する	**memeriksa dengan teliti** ムムリクサ ドゥン(グ)アン トゥリティ	to examine closely
きんむ 勤務	**tugas / dinas** トゥガス / ディナス	duty
きんむ 勤務する	**bekerja** ブクルジャ	be on duty
きんもつ 禁物	**larangan / pantangan** ララン(グ)アン / パンタン(グ)アン	taboo
きんゆう 金融	**keuangan** クウアン(グ)アン	finance
きんようび 金曜日	**hari Jumat** ハリ ジュマ(ト)	Friday
きんり 金利	**bekerja** ブクルジャ	interest
きんりん 近隣	**tetangga** トゥタンガ	neighborhood
きんろう 勤労	**kerja keras** クルジャ クラス	labor
きんろう 勤労する	**bekerja** ブクルジャ	to labor

き

▼ く，ク

区	**distrik** ディストリッ	district
～苦	**kesulitan ~** クスリタン	pain
具合（調子・状態）	**keadaan / kondisi** クアダアン / コンディスイ	condition
具合（方法）	**cara** チャラ	means
クアラルンプール	**Kuala Lumpur** クアラ ルンプル	Kuala Lumpur
区域	**daérah / wilayah** ダエラー / ウィラヤー	area
クイズ	**kuis** クイス	quiz
食い違う	**berselisih / bertikai / bertentangan** ブルスリスィー / ブルティカイ / ブルトゥンタン(グ)アン	to conflict with
食う	**makan** マカン	to eat
空間	**ruang** ルアン(グ)	space
空気	**udara** ウダラ	air
空気圧	**tekanan udara** トゥカナン ウダラ	air pressure
空気入れ	**pompa angin** ポンパ アン(グ)イン	air pump
空気清浄器	**penjernih udara** プンジュルニー ウダラ	air filter [cleaner]
空港	**bandar udara** バンダル ウダラ	airport
空車	**taksi kosong** タクスイ コソン(グ)	empty taxi
偶数	**bilangan genap** ビラン(グ)アン グナ(プ)	even number
空席	**tempat duduk yang kosong** トゥンパ(ト) ドゥドゥッ ヤン(グ) コソン(グ)	vacant seat
偶然	**kebetulan** クブトゥラン	accidentally

日	インドネシア	英
空想（くうそう）	angan-angan / khayalan アン(グ)アン アン(グ)アン / ハヤラン	imagination
空想する（くうそう）	melamun ムラムン	to imagine
偶像（ぐうぞう）	idola イドラ	idol
空中（くうちゅう）	udara ウダラ	midair
クーデター	kudéta クデタ	coup d'état
空洞（くうどう）	rongga ロンガ	hollow
空腹（くうふく）	kelaparan クラパラン	empty stomach
空腹な（くうふく）	lapar ラパル	hungry
クーポン	kupon クポン	coupon
クーラー	penyejuk udara プニュジュッ ウダラ	air conditioner
クール	kesejukan クスジュカン	coolness
クールな	sejuk スジュッ	cool
空路（くうろ）	perjalanan udara プルジャラナン ウダラ	air route [lane]
区画（くかく）	blok ブロッ	division
九月（くがつ）	Séptémber セプテンブル	September
区間（くかん）	trayék トライエッ	section
茎（くき）	batang バタン(グ)	stem
釘（くぎ）	paku パク	nail
釘抜き（くぎぬき）	(alat) pencabut paku (アラ(ト)) プンチャブ(ト) パク	nail puller
苦境（くきょう）	keadaan yang sulit クアダアン ヤン(グ) スリ(ト)	plight

日	インドネシア	英
<ruby>区<rt>く</rt></ruby><ruby>切<rt>ぎ</rt></ruby>り	**période** ペリオドゥ	period
<ruby>区<rt>く</rt></ruby><ruby>切<rt>ぎ</rt></ruby>る	**membatasi** ムンバタスィ	to punctuate
くぐる	**meléwati bawah** ムレワティ バワー	to pass through (under)
<ruby>草<rt>くさ</rt></ruby>	**rumput** ルンプ(ト)	grass
<ruby>臭<rt>くさ</rt></ruby>い	**bau** バウ	stinking
<ruby>草<rt>くさ</rt></ruby><ruby>地<rt>ち</rt></ruby>	**padang rumput** パダン(グ) ルンプ(ト)	meadow
<ruby>腐<rt>くさ</rt></ruby>った	**busuk** ブスッ	rotten
<ruby>腐<rt>くさ</rt></ruby>る	**membusuk** ムンブスッ	to rot
<ruby>鎖<rt>くさり</rt></ruby>	**rantai** ランタイ	chain
<ruby>櫛<rt>くし</rt></ruby>	**sisir** スィスィル	comb
<ruby>籤<rt>くじ</rt></ruby>	**undi** ウンディ	lottery
<ruby>籤<rt>くじ</rt></ruby><ruby>引<rt>び</rt></ruby>き	**undian** ウンディアン	drawing lots
<ruby>籤<rt>くじ</rt></ruby><ruby>引<rt>び</rt></ruby>きする	**mengundi** ムン(グ)ウンディ	to draw lots
<ruby>串<rt>くし</rt></ruby><ruby>焼<rt>や</rt></ruby>き	**satai / saté** サタイ / サテ	roasted meat and vegetables on skewers
クジャク	**merak** ムラッ	peacock
くしゃみ (する)	**bersin** ブルスィン	sneezing / to sneeze
<ruby>苦<rt>く</rt></ruby><ruby>情<rt>じょう</rt></ruby>	**keluhan** クルハン	complaint
クジラ	**ikan paus** イカン パウス	whale
<ruby>苦<rt>く</rt></ruby><ruby>心<rt>しん</rt></ruby>する	**bersusah payah** ブルスサー パヤー	be at pains to
<ruby>屑<rt>くず</rt></ruby>	**sampah** サンパー	junk

日	インドネシア	英
くすぐったい	geli グリ	tickle
崩す	meruntuhkan ムルントゥーカン	to break
薬（医薬品）	obat オバ(ト)	medicine
薬（化学薬品）	bahan kimia obat バハン キミア オバ(ト)	chemical
薬指	jari manis ジャリ マニス	ring finger
崩れる	runtuh ルントゥー	to crumble
癖	kebiasaan クビアサアン	habit
糞	tahi タヒ	excrement
管	pipa ピパ	pipe
具体	perincian プリンチアン	specific
具体的な	konkrét コンクレ(ト)	concrete
砕く	memecahkan ムムチャーカン	to break into pieces
砕ける	dapat memecahkan ダパ(ト) ムムチャーカン	be broken
果物	buah-buahan ブアー ブアハン	fruit
下らない	picisan / nonséns ピチサン / ノンセンス	trifling
下り	turun トゥルン	descent
下る	menuruni ムヌルニ	to come down
口	mulut ムル(ト)	mouth
口（出入りする）	pintu / gerbang ピントゥ / グルバン(グ)	entrance and exit
愚痴	keluhan クルハン	grumble

日	インドネシア	英
<ruby>口<rt>くち</rt></ruby>がうまい	pintar ngomong ピンタル ン(グ)オモン(グ)	cajoling
<ruby>口<rt>くち</rt></ruby>が<ruby>堅<rt>かた</rt></ruby>い	pintar menjaga rahasia ピンタル ムンジャガ ラハスィア	discreet
<ruby>口<rt>くち</rt></ruby>が<ruby>軽<rt>かる</rt></ruby>い	suka berbicara スカ ブルビチャラ	talkative
<ruby>口癖<rt>くちぐせ</rt></ruby>	kebiasaan bicara クビアサアン ビチャラ	favorite [pet] phrase
<ruby>口喧嘩<rt>くちげんか</rt></ruby>	pertengkaran プルトゥンカラン	quarrel
<ruby>口喧嘩<rt>くちげんか</rt></ruby>する	bertengkar ブルトゥンカル	to quarrel
<ruby>口<rt>くち</rt></ruby>ずさむ	bersenandung ブルスナンドゥン(グ)	to sing to oneself
くちばし	paruh パルー	bird's bill
<ruby>唇<rt>くちびる</rt></ruby>	bibir ビビル	lips
<ruby>口笛<rt>くちぶえ</rt></ruby>	siul / siulan スィウル / スィウラン	whistle
<ruby>口紅<rt>くちべに</rt></ruby>	lipstik / gincu リプスティ(ク) / ギンチュ	lipstick
<ruby>口調<rt>くちょう</rt></ruby>	cara berbicara チャラ ブルビチャラ	manner [way] of talking
<ruby>朽<rt>く</rt></ruby>ちる	lapuk ラプッ	to crumble
<ruby>靴<rt>くつ</rt></ruby>	sepatu スパトゥ	shoes
<ruby>苦痛<rt>くつう</rt></ruby>	penderitaan プンドゥリタアン	suffering
<ruby>覆<rt>くつがえ</rt></ruby>す	memutarbalikkan ムムタルバリッカン	to reverse
クッキー	kué クエ	cookie
くっきり	dengan jelas ドゥン(グ)アン ジュラス	clearly
<ruby>靴下<rt>くつした</rt></ruby>	kaus kaki カウス カキ	socks
ぐっすり	nyenyak ニュニャッ	soundly (sleep)

日	インドネシア	英
<ruby>屈折<rt>くっせつ</rt></ruby>	**réfraksi** レフラクスィ	refraction
<ruby>屈折<rt>くっせつ</rt></ruby>する	**beréfraksi** ブレフラクスィ	to deflect
くっつく	**merekat** ムルカ(ト)	to stick
くっつける	**merekatkan** ムルカ(ト)カン	to make *sth* stick
<ruby>屈服<rt>くっぷく</rt></ruby>	**menyerah kalah** ムニュラー カラー	surrender
<ruby>屈服<rt>くっぷく</rt></ruby>する	**tunduk (kepada)** トゥンドゥッ (クパダ)	to surrender to
<ruby>靴<rt>くつ</rt></ruby>べら	**sendok sepatu** センドッ スパトゥ	shoehorn
<ruby>靴磨<rt>くつみが</rt></ruby>き	**menyemir** ムニュミル	shoe polishing
くつろぐ	**bersantai** ブルサンタイ	to relax
くどい (うるさい)	**nyinyir / banyak cincong** ニィニィル / バニャッ チンチョン(グ)	irritatingly repetitive
くどい (味が)	**keras** クラス	strong (flavor)
<ruby>句読点<rt>くとうてん</rt></ruby>	**tanda baca** タンダ バチャ	punctuation mark
<ruby>口説<rt>くど</rt></ruby>く	**merayu** ムラユ	to talk *sb* into doing
<ruby>国<rt>くに</rt></ruby>	**negara** ヌガラ	country
<ruby>国<rt>くに</rt></ruby> (中央政府)	**pemerintah pusat** プムリンター プサ(ト)	central government
<ruby>国<rt>くに</rt></ruby> (故郷)	**kampung halaman** カンプン(グ) ハラマン	hometown
<ruby>苦悩<rt>くのう</rt></ruby>	**penderitaan** プンドゥリタアン	agony
<ruby>苦悩<rt>くのう</rt></ruby>する	**menderita** ムンドゥリタ	to agonize
<ruby>配<rt>くば</rt></ruby>る	**membagikan** ムンバギカン	to distribute
<ruby>首<rt>くび</rt></ruby> (頸部)	**léhér** レヘル	neck

日	インドネシア	英
くび 首（解雇）	pemecatan プムチャタン	dismissal
くびかざ 首飾り	kalung カルン(グ)	necklace
くびわ 首輪	kalung カルン(グ)	collar
くふう 工夫	akal アカル	device
くふう 工夫する	memutar otak ムムタル オタッ	to devise
くぶん 区分	penggolongan プンゴロン(グ)アン	division
くぶん 区分する	mengotak-ngotakkan ムン(グ)オタッ ン(グ)オタッカン	to divide
くべつ 区別	pembédaan プンベダアン	differentiation
くべつ 区別する	membédakan ムンベダカン	to differentiate
くぼ 窪んだ	cekung チュクン(グ)	sunken
クマ	beruang ブルアン(グ)	bear
くみ 組	kelompok クロンポッ	team
くみ 組（学級）	kelas クラス	class
くみあい 組合	asosiasi アソスィアスィ	association
く　あ 組み合わせ	kombinasi コンビナスィ	combination
く　あ 組み合わせる	mengombinasikan ムン(グ)オンビナスィカン	to combine
く　こ 組み込む	menginstalasi ムン(グ)インスタラスィ	to fit *sth* into
く　た 組み立てる	merakit ムラキ(ト)	to construct
く 汲む	menimba ムニンバ	to pump
く 酌む	menuang ムヌアン(グ)	to pour

日	インドネシア	英
組む	berpasangan ブルパサン(グ)アン	to unite
クメール語	bahasa Kamboja バハサ カンボジャ	Khmer (language)
雲	awan アワン	cloud
蜘蛛	laba-laba ラバ ラバ	spider
曇った (天候)	mendung / berawan ムンドゥン(グ) / ブルアワン	cloudy
曇った (不透明)	kabur カブル	obscure
曇り (天候)	berawan / mendung ブルアワン / ムンドゥン(グ)	cloudiness
曇り (不透明)	kesuraman クスラマン	obscurity
曇る (天候)	berawan / mendung ブルアワン / ムンドゥン(グ)	to become cloudy
曇る (不透明になる)	kusam / buram / suram クサム / ブラム / スラム	to become obscure
悔しい	menyesal ムニュサル	be frustrated
悔む	menyesalkan ムニュサルカン	to regret
蔵	gudang グダン(グ)	warehouse
位	peringkat プリンカ(ト)	rank
暗い (色)	gelap / tua / pekat グラ(プ) / トゥア / プカ(ト)	dark
暗い (性格)	pemurung プムルン(グ)	gloomy
暗い (よく知らない)	kurang tahu クラン(グ) タウ	be unfamiliar with
～ぐらい	kira-kira ～ / kurang lebih ～ キラ キラ / クラン(グ) ルビー	about
クライアント	klién クリエン	client
グラウンド	lapangan ラパン(グ)アン	field

日	インドネシア	英
クラクション	**klakson** クラクソン	horn
暮らし	**kehidupan** クヒドゥパン	life
クラシック	**klasik** クラスィッ	classic
クラシック音楽	**musik klasik** ムスィッ クラスィッ	classical music
クラス（学級）	**kelas** クラス	class
クラス（階級）	**pangkat** パンカ(ト)	rank
暮らす	**hidup** ヒドゥ(プ)	to live
グラス	**kaca** カチャ	glass
クラッチ	**kopling** コプリン(グ)	clutch
クラブ	**klub** クル(ブ)	club
グラフ	**grafik** グラフィッ	graph
比べる	**membandingkan** ムンバンディンカン	to compare
グラム	**gram** グラム	gram
クリーニング	**pencucian** プンチュチアン	cleaning
クリーニングする	**mencuci** ムンチュチ	to clean
クリーム	**krim** クリム	cream
グリンピース	**kacang polong** カチャン(グ) ポロン(グ)	green peas
繰り返す	**mengulangi** ムン(グ)ウランギ	to repeat
繰り越す	**memindahkan** ムミンダーカン	to carry forward [over]
クリスマス	**Natal** ナタル	Christmas

日	インドネシア	英
クリップ	penjepit kertas プンジュピ(ト) クルタス	paper clip
来る	datang ダタン(グ)	to come [approach]
狂う (精神状態が)	(menjadi) gila (ムンジャディ) ギラ	to go insane
狂う (熱中しすぎる様子が)	menggilai ムンギライ	to go crazy
狂う (機能などが)	rusak ルサ(ク)	to get out of order
グループ	grup / rombongan / kelompok グル(プ) / ロンボン(グ)アン / クロンポッ	group
苦しい (肉体的に)	menyakitkan ムニャキ(ト)カン	painful
苦しい (精神的に)	sulit / susah スリ(ト) / スサー	stressful
苦しむ	menderita ムンドゥリタ	to suffer from
苦しめる	menyusahkan ムニュサーカン	to cause sb pain
狂った	gila ギラ	mad
車	mobil モビル	car
車 (車輪)	roda ロダ	wheel
車椅子	kursi roda クルスィ ロダ	wheelchair
クルミ	kacang kenari カチャン(グ) クナリ	walnut
くるむ	membungkus ムンブンクス	to wrap up
暮れ	akhir tahun アヒル タフン	the year-end
グレー	abu-abu アブ アブ	gray
クレーン	mesin dérék ムスィン デレッ	crane
クレジット	krédit クレディ(ト)	credit

日	インドネシア	英
クレジットカード	**kartu krédit** カルトゥ クレディ(ト)	credit card
くれる	**memberi / memberikan** ムンブリ / ムンブリカン	to give
暮れる	**berakhir** ブルアヒル	to grow dark
黒	**warna hitam** ワルナ ヒタム	black
黒い	**hitam** ヒタム	black
黒い (肌の色)	**hitam / gelap** ヒタム / グラ(プ)	dark
黒い (悪・不正)	**gelap** グラ(プ)	injustice
苦労	**penderitaan** ブンドゥリタアン	trouble
苦労する	**susah payah** スサー パヤー	to undergo trouble
玄人	**ahli / jago** アフリ / ジャゴ	professional
クローク	**gantungan** ガントゥン(グ)アン	cloakroom
グローバル スタンダード	**standar dunia** スタンダル ドゥニア	global standard
黒字	**surplus** スルプルス	surplus
黒幕	**dalang** ダラン(グ)	mastermind
くわえる	**menggondol** ムンゴンドル	to put *sth* in one's mouth
加える	**menambahkan** ムナンバーカン	to add
詳しい (詳細な)	**detil / terperinci** ドゥティル / トゥルプリンチ	detailed
詳しい (精通している)	**tahu banyak / berpengetahuan** タウ バニャッ / ブルプン(グ)ウタフアン	to know well
加わる (参加する)	**ikut serta (dalam) / mengikuti** イク(ト) スルタ (ダラム) / ムン(グ)イクティ	to join
加わる (増える)	**ditambah** ディタンバー	be added

日	インドネシア	英
〜君 _{くん}	**Saudara 〜** サウダラ	Mr.
〜群 _{ぐん}	**kelompok 〜** クロンポッ	group
軍 _{ぐん}	**pasukan** パスカン	army
郡 _{ぐん}	**kecamatan** クチャマタン	county
軍艦 _{ぐんかん}	**kapal perang** カパル プラン（グ）	warship
軍事 _{ぐんじ}	**kemilitéran** クミリテラン	military affairs
君主 _{くんしゅ}	**raja** ラジャ	monarch
群集 _{ぐんしゅう}	**kerumunan** クルムナン	crowd
軍隊 _{ぐんたい}	**angkatan** アンカタン	military
軍備 _{ぐんび}	**persenjataan** プルスンジャタアン	armaments
軍服 _{ぐんぷく}	**seragam tentara** スラガム トゥンタラ	military uniform
訓練 _{くんれん}	**pelatihan** プラティハン	training
訓練する _{くんれん}	**melatih** ムラティー	to train

▼ け，ケ

毛（髪の毛） _け	**rambut** ランプ（ト）	hair
毛（羊毛・羽毛・ブ ラシの毛など） _け	**bulu** ブル	wool / feather / brush
刑 _{けい}	**hukuman** フクマン	punishment
〜系 _{けい}	**sistém 〜** スイステム	system
芸 _{げい}	**keterampilan** クトゥランピラン	artistic skill
ゲイ	**homoséks / gay** ホモセクス / ガイ	gay

日	インドネシア	英
敬意 けい い	**rasa hormat** ラサ ホルマ(ト)	regard
経緯 けい い	**kronologi** クロノロギ	details
経営 けいえい	**manajemén** マナジュメン	management
経営する けいえい	**mengelola** ムン(グ)ウロラ	to manage
経営者 けいえいしゃ	**pengelola** プン(グ)ウロラ	manager
経過 けい か	**berlalunya** ブルラルニャ	passage
経過する けい か	**berlalu** ブルラル	to pass
警戒 けいかい	**kewaspadaan** クワスパダアン	caution
警戒する けいかい	**mewaspadai** ムワスパダイ	to caution
軽快な けいかい	**tangkas** タンカス	agile
計画 けいかく	**rancangan** ランチャン(グ)アン	plan
計画する けいかく	**berencana** ブルンチャナ	to plan
警官 けいかん	**polisi** ポリスィ	police officer
契機 けい き	**kesempatan** クスンパタン	opportunity
景気 けい き	**kondisi ékonomi** コンディスィ エコノミ	business conditions
計器 けい き	**alat pengukur** アラ(ト) プン(グ)ウクル	gauge
経験 けいけん	**pengalaman** プン(グ)アラマン	experience
経験する けいけん	**mengalami** ムン(グ)アラミ	to experience
軽減 けいげん	**peringanan** プリン(グ)アナン	reduction
軽減する けいげん	**meringankan** ムリン(グ)アンカン	to reduce

日	インドネシア	英
稽古 けいこ	latihan ラティハン	practice
稽古する けいこ	berlatih ブルラティー	to practice
敬語 けいご	bahasa sopan バハサ ソパン	honorific
警護 けいご	penjagaan プンジャガアン	guard
警護する けいご	menjaga ムンジャガ	to guard
傾向 けいこう	kecenderungan クチュンドゥルン(グ)アン	tendency
蛍光 けいこう	fluoreséns フルオルスンスイ	fluorescence
蛍光灯 けいこうとう	lampu néon ランプ ネオン	fluorescent light
警告 けいこく	peringatan プルイン(グ)アタン	warning
警告する けいこく	mengingatkan ムン(グ)インガ(ト)カン	to warn
掲載 けいさい	pencantuman プンチャントゥマン	publication
掲載する けいさい	mencantumkan / memuat ムンチャントゥムカン / ムムア(ト)	to publish
経済 けいざい	ékonomi エコノミ	economy
警察 けいさつ	polisi ポリスィ	police
警察官 けいさつかん	polisi ポリスィ	police officer
警察署 けいさつしょ	kantor polisi カントル ポリスィ	police station
計算 けいさん	perhitungan プルヒトゥン(グ)アン	calculation
計算する けいさん	menghitung ムンヒトゥン(グ)	to calculate
刑事 けいじ	détéktif デテクティフ	detective
掲示 けいじ	pengumuman プン(グ)ウムマン	notice

日	インドネシア	英
けい じ 掲示する	**memampangkan** ムマンパンカン	to put up a notice
けいしき 形式	**formalitas** フォルマリタス	style
けい じ ばん 掲示板	**papan pengumuman** パパン プン(グ)ウムマン	notice board
けいしゃ 傾斜	**kemiringan** クミリン(グ)アン	inclination
けいしゃ 傾斜する	**miring** ミリン(グ)	to incline
げいじゅつ 芸術	**seni** スニ	art
げいじゅつ か 芸術家	**seniman** スニマン	artist
けいしょく 軽食	**makanan ringan** マカナン リン(グ)アン	light meal
けいせい 形勢	**situasi** スイトゥアスイ	situation
けいせい 形成	**pembentukan** プンブントゥカン	formation
けいせい 形成する	**membentuk** ムンブントゥッ	to form
けいせん 罫線	**garis aturan** ガリス アトゥラン	ruled line
けいぞく 継続	**pelanjutan** プランジュタン	continuation
けいぞく 継続する	**melanjutkan** ムランジュ(ト)カン	to continue
けいそつ 軽率	**kegegabahan** クグガバハン	carelessness
けいそつ 軽率な	**gegabah** グガバー	careless
けいたい 形態	**bentuk / pola** ブントゥッ / ポラ	form
けいたい 携帯する	**membawa** ムンバワ	to carry on
けいたいでん わ 携帯電話	**télépon sélulér** テレポン セルルル	mobile phone
け いと 毛糸	**benang wol** ブナン(グ) ウォル	wool yarn

け

日	インドネシア	英
けいど 経度	**garis bujur** ガリス ブジュル	longitude
けいとう 系統	**sistém** スィステム	system
げいにん 芸人	**pelawak** プラワッ	comedian
げいのう 芸能	**seni pertunjukan** スニ プルトゥンジュカン	performing art
けいば 競馬	**pacuan kuda** パチュアン クダ	horse racing
けいはくさ 軽薄さ	**kesembronoan** クスンブロノアン	silliness
けいはくな 軽薄な	**sembrono** スンブロノ	silly
けいばつ 刑罰	**hukuman** フクマン	penalty
けいひ 経費	**biaya** ビアヤ	cost
けいび 警備	**pengawalan** プン(グ)アワラン	guard
けいびする 警備する	**menjaga** ムンジャガ	to guard
けいひん 景品	**hadiah** ハディアー	giveaway
けいぶ 警部	**kaptén polisi** カプテン ポリスィ	police captain
けいべつ 軽蔑	**penghinaan** プン(グ)ヒナアン	contempt
けいべつする 軽蔑する	**menghina** ムンヒナ	to disdain
けいほう 警報	**alarm** アラルム	alarm
けいむしょ 刑務所	**penjara** プンジャラ	prison
けいやく 契約	**kontrak** コントラ(ク)	contract
けいやくする 契約する	**mengontrak / mengikat kontrak** ムン(グ)オントラ(ク) / ムン(グ)イカ(ト) コントラ(ク)	to enter into a contract
けいやくえんちょう 契約延長	**perpanjangan kontrak** プルパンジャン(グ)アン コントラ(ク)	extension of contract

日	インドネシア	英
けいやくしょ 契約書	**surat kontrak** スラ(ト) コントラ(ク)	contract
けい ゆ 軽油	**minyak ringan** ミニャッ リン(グ)アン	light oil
けい ゆ 〜経由	**léwat 〜 / melalui 〜** レワ(ト) / ムラルイ	via 〜
けい ゆ 経由する	**melalui** ムラルイ	to go by way of
けいよう し 形容詞	**kata sifat** カタ スイファ(ト)	adjective
けいようどう し 形容動詞	**verba adjéktif** フルバ アジェクテイフ	adjective verb
けい り 経理	**akuntasi** アクンタスイ	accounting
けいれき 経歴	**riwayat hidup** リワヤ(ト) ヒドゥ(プ)	one's career
けいれつ 系列	**afiliasi** アフィリアスイ	affiliate
けいれん 痙攣（する）	**kejang** クジャン(グ)	(to) twitch
けい ろ 経路	**jalur** ジャルル	course
ケーキ	**kué** クエ	cake
ゲート	**gerbang** グルバン(グ)	gate
ケーブル	**kabel** カブル	cable
ケーブルテレビ	**télévisi kabel** テレフィスイ カブル	cable TV [television]
ゲーム	**permainan** ブルマイナン	game
け が 怪我	**cedera** チュドゥラ	injury
け が 怪我する	**terluka** トゥルルカ	to injure
げ か 外科	**spésialis bedah** スペスィアリス ブダー	surgery
げ かい 外科医	**dokter spésialis bedah** ドクトゥル スペスィアリス ブダー	surgeon

け

日	インドネシア	英
けがらわしい	jorok ジョロッ	disgusting
毛皮	kulit héwan クリ(ト) ヘワン	fur
劇	sandiwara サンディワラ	play
劇場	téater テアトゥル	theater
激増	peningkatan tajam プニンカタン タジャム	sudden increase
激増する	meningkat tajam ムニンカ(ト) タジャム	to increase suddenly
劇団	kelompok téater クロンポッ テアトゥル	theatrical company
激怒	kegeraman クグラマン	rage
激怒する	geram グラム	be enraged
激励	dorongan ドロン(グ)アン	encouragement
激励する	membesarkan hati ムンブサルカン ハティ	to encourage
今朝	tadi pagi タディ パギ	this morning
下剤	laksatif ラクサティフ	laxative
消印	cap pos チャ(プ) ポス	postmark
景色	pemandangan プマンダン(グ)アン	scenery
消しゴム	karet penghapus カレ(ト) プン(グ)ハプス	eraser
下車する	turun トゥルン	to get off
下宿	pondokan ポン(グ)イナパン	lodging
下宿する	indekos / memondok インデコス / ムモンドッ	to lodge
下旬	akhir アヒル	the last decade of

日	インドネシア	英
化粧 けしょう	dandanan ダンダナン	makeup
化粧する けしょう	berdandan ブルダンダン	to put on makeup
化粧水 けしょうすい	losion ロスィオン	face lotion
化粧品 けしょうひん	kosmétik コスメティッ	cosmetics
消す (火を) けす	memadamkan ムマダムカン	to extinguish
消す (電源を) けす	mematikan ムマティカン	to turn off
消す (見えなくする) けす	melenyapkan ムルニャ(プ)カン	to erase
下水 げすい	drainase ドライナス	sewage
下水道 げすいどう	saluran drainase サルラン ドライナス	sewerage
ゲスト	tamu タム	guest
削る けずる	mengikis ムン(グ)イキス	to reduce
削る (そぎ取る) けずる	pangkas / memangkas パンカス / ムマンカス	to shave
削る (減らす) けずる	kurang / mengurangi クラン(グ) / ムン(グ)ウラン(グ)イ	to reduce
桁 けた	digit ディジ(ト)	beam
下駄 げた	sandal kayu Jepang サンダル カユ ジュパン(グ)	Japanese wooden sandal
けち	kepelitan クプリタン	stinginess
けちな	pelit プリ(ト)	stingy
ケチャップ	saus tomat サウストマ(ト)	ketchup
血圧 けつあつ	tekanan darah トゥカナン ダラー	blood pressure
決意 けつい	tékad テカ(ド)	determination

日	インドネシア	英
けつい 決意する	bertékad ブルテカ(ド)	be determined to
けつえき 血液	darah ダラー	blood
けつえきがた 血液型	golongan darah ゴロン(グ)アン ダラー	blood type
けつえきけんさ 血液検査	tés darah テス ダラー	blood test
けっか 結果	hasil ハスィル	result
けっかく 結核	tuberkulosis トゥブルクロスィス	tuberculosis
けっかん 欠陥	kekurangan ククラン(グ)アン	defect
けっかん 血管	pembuluh darah プンブルー ダラー	blood vessel
けつぎ 決議	keputusan クプトゥサン	resolution
けつぎ 決議する	mengambil keputusan ムン(グ)アンビル クプトゥサン	to resolve
げっきゅう 月給	gaji bulanan ガジ ブラナン	monthly salary
けっきょく 結局	akhirnya アヒルニャ	after all
けっきん 欠勤	tidak masuknya kerja ティダッ マスッニャ クルジャ	absence from work
けっきん 欠勤する	tidak masuk kerja ティダッ マスッ クルジャ	be absent from work
げっけい 月経	haid ハイ(ド)	period
けっこう 血行	perédaran darah ブルエダラン ダラー	blood circulation
けっこう 結構 （予想以上に良い）	baik バイッ	be better than one's expectation
けっこう 結構（十分だ）	cukup チュク(プ)	enough
けっこう 結構（ある程度）	lumayan ルマヤン	to some extent
けっこう 結構な	baik バイッ	satisfactory

日	インドネシア	英
けっこう 決行	pelaksanaan プラクサナアン	decisive action
けっこう 決行する	melaksanakan ムラクサナカン	to take decisive action
けっこう 欠航	pembatalan プンバタラン	flight [ferry, cruise] cancellation
けっこう 欠航する	membatalkan penerbangan (pelayaran) ムンバタルカン プヌルバン（グ）アン （プラヤラン）	to cancel a flight [ferry, cruise]
けつごう 結合	perpaduan プルパドゥアン	combination
けつごう 結合する	bersatu ブルサトゥ	to combine
けっこん 結婚	pernikahan プルニカハン	marriage
けっこん 結婚する	menikah ムニカー	to get married
けっこんしき 結婚式	upacara pernikahan ウパチャラ プルニカハン	wedding ceremony
けっさい 決済	penyelesaian transaksi プニュルサイアン トランサクスイ	settlement
けっさい 決済する	menyelesaikan transaksi ムニュルサイカン トランサクスイ	to settle
けっさく 傑作	mahakarya マハカルヤ	masterwork
けっさん 決算	penutupan buku プヌトゥパン ブク	account settlement
けっさん 決算する	menutup buku ムヌトゥ（プ） ブク	to settle accounts
けっ 決して	takkan pernah タッカン プルナー	never
げっしゃ 月謝	biaya bulanan ビアヤ ブラナン	monthly tuition fee
けつじょ 欠如	ketiadaan / tidak adanya クティアダアン / ティダッ アダニャ	lack
けつじょ 欠如する	kurang クラン（グ）	be lack in
けっしょう 決勝	final フィナル	the final(s)
けっしょう 結晶	kristal クリスタル	crystallization

日	インドネシア	英
けっしょう 結晶する	mengkristal ムンクリスタル	to crystallize
けっしん 決心	tékad テカ(ド)	determination
けっしん 決心する	bertékad ブルテカ(ド)	be determined to
けっ 決する	memutuskan ムムトゥスカン	to decide
けっせい 結成	pembentukan プンブントゥカン	formation
けっせい 結成する	membentuk ムンブントゥッ	to form
けっせき 結石	kalkulus カルクルス	calculus
けっせき 欠席	ketidakhadiran クティダッハディラン	absence
けっせき 欠席する	absén / tidak hadir アブセン / ティダッ ハディル	be absent from
けっそく 結束	kebersatuan クブルサトゥアン	unity
けっそく 結束する（まとまる）	bersatu ブルサトゥ	to unite
けっそく 結束する（しばる）	mengikat ムン(グ)イカ(ト)	to band
げっそり	benar-benar kurus ブナル ブナル クルス	to have no energy left
けつだん 決断	keputusan クブトゥサン	clear determination
けつだん 決断する	memutuskan ムムトゥスカン	to make a clear determination
けっちゃく 決着	penyelesaian プニュルサイアン	settlement
けっちゃく 決着する	tuntas / selesai トゥンタス / スルサイ	to settle
けってい 決定	keputusan クブトゥサン	decision
けってい 決定する	memutuskan ムムトゥスカン	to decide
けってん 欠点	kelemahan クルマハン	fault

日	インドネシア	英
けっとう 決闘	**duél** ドゥエル	duel
けっとう 血統	**silsilah** スィルスィラー	pedigree
けっぱく 潔白な	**tidak bersalah / polos** ティダッ ブルサラー / ポロス	innocence
げっぷ 月賦	**angsuran bulanan** アンスラン ブラナン	monthly payment
けつぼう 欠乏	**kekurangan** ククラン(グ)アン	insufficiency
けつぼう 欠乏する	**berkurang** ブルクラン(グ)	insufficient
けつまつ 結末	**akhir** アヒル	conclusion
げつまつ 月末	**akhir bulan** アヒル ブラン	the end of the month
げつようび 月曜日	**hari Senin** ハリ スニン	Monday
けつろん 結論	**kesimpulan** クスィンプラン	conclusion
けつろん 結論する	**menyimpulkan** ムニィンプルカン	to conclude
げどくざい 解毒剤	**obat penawar racun** オバ(ト) プナワル ラチュン	antidote
けとばす 蹴飛ばす	**menendang (dengan keras)** ムヌンダン(グ) (ドゥン(グ)アン クラス)	to kick off
けなす 貶す	**menjelék-jelékkan** ムンジュレッ ジュレッカン	to speak ill of
けぬき 毛抜き	**catut** チャトゥ(ト)	tweezers
げねつざい 解熱剤	**obat penurun panas** オバ(ト) プヌルン パナス	antifebrile
けねん 懸念	**kekhawatiran** クハワティラン	concern
けねん 懸念する	**khawatir** ハワティル	to concern
けはい 気配	**gelagat** グラガ(ト)	sign
けびょう 仮病	**pura-pura sakit** プラ プラ サキ(ト)	pretended [feigns] illness

日	インドネシア	英
下品 (げひん)	jorok ジョロッ	crude
煙い (けむい)	penuh asap プヌー アサ(プ)	smoky
毛虫 (けむし)	ulat bulu ウラ(ト) ブル	hairy caterpillar
煙 (けむり)	asap アサ(プ)	smoke
煙る (けむる)	berasap ブルアサ(プ)	be smoky
獣 (けもの)	héwan ヘワン	beast
家来 (けらい)	anak buah アナッ(プ) ブアー	retainer
下痢 (げり)	diaré ディアレ	diarrhea
下痢する (げりする)	méncrét メンチュレ(ト)	to have diarrhea
下痢止め薬 (げりどめやく)	obat diaré オバ(ト) ディアレ	antidiarrheal medicine
ゲリラ	gérilya / gérilyawan ゲリルヤ / ゲリルヤワン	guerrilla
蹴る (ける)	menendang ムヌンダン(グ)	to kick
けれども	tetapi トゥタピ	although
険しい (けわしい)	terjal トゥルジャル	steep
件 (けん)	kasus / peristiwa カスス / プリスティワ	case
券 (けん)	karcis カルチス	ticket
県 (けん)	provinsi プロフィンスイ	prefecture
剣 (けん)	pedang プダン(グ)	sword
現〜 (げん)	~ kini キニ	existing
弦 (げん)	dawai ダワイ	string

日	インドネシア	英
<ruby>権<rt>けん</rt></ruby><ruby>威<rt>い</rt></ruby>	kekuasaan ククアサアン	authority
<ruby>牽<rt>けん</rt></ruby><ruby>引<rt>いん</rt></ruby>	penyérétan プニェレタン	towing
<ruby>原<rt>げん</rt></ruby><ruby>因<rt>いん</rt></ruby>	penyebab プニュバ(ブ)	cause
<ruby>検<rt>けん</rt></ruby><ruby>疫<rt>えき</rt></ruby>	karantina カランティナ	quarantine
<ruby>検<rt>けん</rt></ruby><ruby>疫<rt>えき</rt></ruby>する	mengarantina ムン(グ)アランティナ	to quarantine
<ruby>検<rt>けん</rt></ruby><ruby>疫<rt>えき</rt></ruby><ruby>期<rt>き</rt></ruby><ruby>間<rt>かん</rt></ruby>	masa karantina マサ カランティナ	quarantine period
<ruby>検<rt>けん</rt></ruby><ruby>閲<rt>えつ</rt></ruby>	penyénsoran プニェンソラン	censorship
<ruby>検<rt>けん</rt></ruby><ruby>閲<rt>えつ</rt></ruby>する	menyénsor ムニェンソル	to censor
<ruby>嫌<rt>けん</rt></ruby><ruby>悪<rt>お</rt></ruby>	kebencian クブンチアン	hatred
<ruby>嫌<rt>けん</rt></ruby><ruby>悪<rt>お</rt></ruby>する	membenci ムンブンチ	to hate
<ruby>喧<rt>けん</rt></ruby><ruby>嘩<rt>か</rt></ruby>	pertengkaran プルトゥンカラン	quarrel / fight
<ruby>喧<rt>けん</rt></ruby><ruby>嘩<rt>か</rt></ruby>する	bertengkar ブルトゥンカル	to quarrel / to fight
<ruby>原<rt>げん</rt></ruby><ruby>価<rt>か</rt></ruby>	harga pokok ハルガ ポコッ	the cost price
<ruby>見<rt>けん</rt></ruby><ruby>解<rt>かい</rt></ruby>	pendapat プンダパ(ト)	view
<ruby>限<rt>げん</rt></ruby><ruby>界<rt>かい</rt></ruby>	batas バタス	limit
<ruby>見<rt>けん</rt></ruby><ruby>学<rt>がく</rt></ruby>	tur studi トゥル ストゥディ	study tour
<ruby>見<rt>けん</rt></ruby><ruby>学<rt>がく</rt></ruby>する	mengikuti tur studi ムン(グ)イクティ トゥル ストゥディ	to take a study tour
<ruby>幻<rt>げん</rt></ruby><ruby>覚<rt>かく</rt></ruby>	halusinasi ハルスィナスィ	hallucination
<ruby>厳<rt>げん</rt></ruby><ruby>格<rt>かく</rt></ruby>	keketatan ククタタン	strictness
<ruby>厳<rt>げん</rt></ruby><ruby>格<rt>かく</rt></ruby>な	ketat クタ(ト)	strict

日	インドネシア	英
げんかん 玄関	pintu masuk ピントゥ マスッ	entrance
げんき 元気	keséhatan クセハタン	health
げんき 元気な	séhat セハ(ト)	healthy
げんき 元気な (快活な)	ceria チュリア	cheerful
けんきゅう 研究	penelitian プヌリティアン	research
けんきゅう 研究する	meneliti ムヌリティ	to research
けんきゅうしつ 研究室	ruang penelitian ルアン(グ) プヌリティアン	laboratory
けんきょ 謙虚	kerendahan hati クルンダハン ハティ	humility
けんきょ 謙虚な	rendah hati ルンダー ハティ	humble
けんぎょう 兼業	kerja sambilan クルジャ サンビラン	side business
けんぎょう 兼業する	merangkap ムランカ(プ)	to engage in a side business
けんきん 献金	sumbangan / penyumbangan スンバン(グ)アン / プニュンバン(グ)アン	contribution
けんきん 献金する	menyumbangkan ムニュンバンカン	to contribute
げんきん 現金	uang tunai ウアン(グ) トゥナイ	cash
げんけい 原型	purwarupa / prototipe プルワルパ / プロトティプ	original form
けんけつ 献血	donor darah ドノル ダラー	blood donation
けんけつ 献血する	mendonor darah ムンドノル ダラー	to donate blood to
けんげん 権限	otoritas オトリタス	power / authority
げんご 言語	bahasa バハサ	language
けんこう 健康	keséhatan クセハタン	health

日	インドネシア	英
けんこう 健康な	séhat セハ(ト)	healthy
げんこう 原稿	naskah ナスカー	manuscript
げんこう 現行	yang (berlaku) sekarang ヤン(グ) (ブルラク) スカラン(グ)	current
けんこう ほ けん 健康保険	asuransi keséhatan アスランスィ クセハタン	health insurance
けん さ 検査	pemeriksaan プムリッサアン	inspection
けん さ 検査する	memeriksa ムムリッサ	to inspect
けんざい 健在	keséhatan クセハタン	be in good condition
けんざい 健在な	séhat セハ(ト)	be well
げんざい 現在	saat ini / sekarang サア(ト) イニ / スカラン(グ)	the present time
げんざいりょう 原材料	bahan baku バハン バク	raw material
けんさく 検索	pencarian プンチャリアン	search
けんさく 検索する	mencari ムンチャリ	to search
げんさく 原作	karya asli カルヤ アスリ	the original
けんさく 検索ワード	kata kunci カタ クンチ	search word
げんさん 原産	asal アサル	origin
げんさん ち 原産地	tempat asal トゥンパ(ト) アサル	the place of origin
けん じ 検事	jaksa ジャッサ	public prosecutor
げん し 原始	primitif プリミティフ	primitive
げん し 原子	atom アトム	atom
げんじつ 現実	kenyataan クニャタアン	the real

日	インドネシア	英
げんじつてき 現実的	réalistis レアリスティス	realistic
げんしゅ 元首	kepala negara クパラ ヌガラ	the chief of state
けんしゅう 研修	pelatihan プラティハン	in-service training
けんしゅうする 研修する	melatih ムラティー	to conduct an in-service training
げんじゅう 厳重	keketatan ククタタン	strictness
げんじゅうな 厳重な	ketat クタ(ト)	strict
けんしゅうプログラム 研修プログラム	program pelatihan プログラム プラティハン	training program
げんしょ 原書	buku asli ブク アスリ	the original
けんしょう 懸賞	sayembara サユンバラ	prize
けんしょう 検証	inspéksi インスペクスィ	inspection
けんしょうする 検証する	menginspéksi ムン(グ)インスペクスィ	to inspect
げんしょう 減少	berkurangnya ブルクランニャ	decrease
げんしょうする 減少する	berkurang ブルクラン(グ)	to decrease
げんしょう 現象	fénoména フェノメナ	phenomenon
げんじょう 現状	keadaan sekarang / status quo クアダアン スカラン(グ) / スタトゥス クオ	the present condition
げんしりょく 原子力	tenaga nuklir トゥナガ ヌクリル	nuclear power
げんしりょくはつでんしょ 原子力発電所	pembangkit lisrik tenaga nuklir プンバンキ(ト) リスリック トゥナガ ヌクリル	nuclear power plant [station]
けんしん 献身	bakti バクティ	dedication
けんしんてき 献身的	berdédikasi / setia ブルデディカスィ / スティア	devoted
げんぜい 減税	pemotongan pajak プモトン(グ)アン パジャ(ク)	tax cut [reduction]

日	インドネシア	英
げんぜい 減税する	**memotong pajak** ムモトン(グ) パジャ(ク)	to cut [reduce] taxes
けんせつ 建設	**pembangunan** プンバン(グ)ウナン	construction
けんせつ 建設する	**membangun** ムンバン(グ)ウン	to construct
けんぜん 健全	**keséhatan** クセハタン	soundness
けんぜん 健全な	**séhat** セハ(ト)	sound
げん そ 元素	**unsur** ウンスル	element
けんぞう 建造	**struktur** ストルクトゥル	construction
げんそう 幻想	**khayalan / lamunan** ハヤラン / ラムナン	fantasy
げんぞう 現像	**pencucian film** プンチュチアン フィルム	developing (film)
げんぞう 現像する	**mencuci film** ムンチュチ フィルム	to develop (film)
げんそく 原則	**asas** アサス	fundamental principle
げんそく 減速	**perlambatan** プルランバタン	deceleration
げんそく 減速する	**memperlambat** ムンプルランバ(ト)	to decelerate
けんそん 謙遜	**kerendahan hati** クルンダハン ハティ	modesty
けんそん 謙遜する	**rendah hati** ルンダー ハティ	be modest
げんだい 現代	**masa kini** マサ キニ	modern times
げんだい 現代の	**modérn / masa kini** モデルン / マサ キニ	modern
けん ち 見地	**sudut pandang** スドゥ(ト) パンダン(グ)	viewpoint
げん ち 現地	**setempat** ストゥンパ(ト)	the actual place
げん ち 現地の	**lokal** ロカル	local

日	インドネシア	英
けんちく 建築	pembangunan プンバン(グ)ウナン	construction
けんちく 建築する	membangun ムンバン(グ)ウン	to construct
げんち じかん 現地時間	waktu setempat ワクトゥ ストゥンパ(ト)	local time
げんち ちょうたつ 現地調達	pengadaan barang lokal プン(グ)アダアン バラン(グ) ロカル	local procurement
げんち ほうじん 現地法人	perusahaan lokal プルサハアン ロカル	local subsidiary
けんちょう 県庁	kantor gubernur カントル グブルヌル	prefectural office
げんてい 限定	pembatasan プンバタサン	restriction
げんてい 限定する	membatasi ムンバタスィ	to restrict
げんていひん 限定品	produk terbatas プロドゥットゥルバタス	exclusive item
げんてん 原典	buku asli ブク アスリ	the original text
げんてん 原点	titik mula ティティッ ムラ	the starting point
げんてん 減点	pengurangan poin プン(グ)ウラン(グ)アン ポイン	deduction
げんてん 減点する	mengurangi poin ムン(グ)ウラン(グ)イ ポイン	to deduct points
げんど 限度	batas バタス	limit
けんとう 見当	dugaan ドゥガアン	guess
けんとう 検討	peninjauan プニンジャウアン	examination
けんとう 検討する	meninjau ムニンジャウ	to examine
げん 現に	ternyata / sesungguhnya トゥルニャタ / ススングーニャ	actually
げんば 現場	lokasi / tempat ロカスィ / トゥンパ(ト)	scene
げんば かんとく 現場監督	mandor マンドル	site supervisor

日	インドネシア	英
げんばく 原爆	bom atom ボム アトム	atomic bomb
けんびきょう 顕微鏡	mikroskop ミクロスコ(プ)	microscope
けんぶつ 見物	wisata ウィサタ	sightseeing
けんぶつする 見物する	berwisata ブルウィサタ	to sightsee
げんぶん 原文	téks asli テクス アスリ	the original
けんぽう 憲法	undang-undang ウンダン(グ) ウンダン(グ)	constitution
げんみつ 厳密	kecermatan クチュルマタン	strictness
げんみつな 厳密な	cermat チュルマ(ト)	strict
けんめいさ 懸命さ	ketekunan クトゥクナン	earnestness
けんめいな 懸命な	tekun / sungguh トゥクン / スングー	earnest
けんめい 賢明	kebijaksanaan クビジャゥサナアン	wiseness
けんめいな 賢明な	bijaksana ビジャゥサナ	wise
げんめつ 幻滅	kekecéwaan ククチェワアン	disillusionment
げんめつする 幻滅する	kecéwa クチェワ	be disillusioned
けんもん 検問	pemeriksaan / razia プムリゥサアン / ラズィア	inspection
けんもんする 検問する	memeriksa ムムリゥサ	to inspect
けんやく 倹約	penghématan プン(グ)ヘマタン	economy
けんやくする 倹約する	menghémat ムンヘマ(ト)	be economical
げんゆ 原油	minyak mentah ミニャッ ムンター	crude oil
けんよう 兼用	perangkapan プランカパン	combined use

日	インドネシア	英
けんよう 兼用する	**merangkap** ムランカプ(プ)	to make *sth* serve a double purpose
けん り 権利	**hak** ハッ	right
げん り 原理	**prinsip** プリンスィプ(プ)	principle
げんりょう 原料	**bahan dasar** バハン ダサル	ingredient
けんりょく 権力	**kekuasaan / otoritas** ククアサアン / オトリタス	authority
げんろん 言論	**perdébatan** プルデバタン	speech

▼ こ，コ

日	インドネシア	英
こ 子	**anak** アナッ	child
こ 個	**individual** インディフィドゥアル	individual
こ 故〜	**almarhum 〜 / mendiang 〜** アルマルフム / ムンディアン(グ)	the late
こ 〜個（助数詞）	**〜 buah** ブアー	-
5	**lima** リマ	five
ご 語	**kata** カタ	word
こい 恋	**cinta** チンタ	love
こい 鯉	**ikan mas** イカン マス	carp
こい 濃い（色）	**tua / gelap / pekat** トゥア / グラ(プ) / プカ(ト)	deep
こい 濃い（気体の濃度）	**pekat** プカ(ト)	dense
こい 濃い（味・匂い）	**kental / pekat** クンタル / プカ(ト)	strong
こい 濃い（充実している）	**cukup** チュク(プ)	full
こい 濃い（液体の濃度）	**kental** クンタル	thick

日	インドネシア	英
ご い 語彙	kosakata / perbendaharaan kata コサカタ / プルブンダハラアン カタ	vocabulary
こい 恋しい	rindu リンドゥ	to miss *sb*
こい 恋する	mencintai ムンチンタイ	to fall in love
こいびと 恋人	pacar パチャル	lover
コイン	koin コイン	coin
コインロッカー	loker berbayar ロクル ブルバヤル	coin-operated locker
こう（亀や蟹の甲羅） 甲	cangkang チャンカン（グ）	back
こう（手足の） 甲	punggung (tangan) プングン（グ）（タン（グ）アン）	instep
こう い 好意	niat baik ニア（ト）バイ（ク）	goodwill
こう い 行為	perilaku / tindakan プリラク / ティンダカン	action
ごう い 合意	kesepakatan クスパカタン	agreement
ごう い 合意する	bersepakat ブルスパカ（ト）	to agree
こう い しつ 更衣室	ruang ganti ルアン（グ）ガンティ	locker room
こう い てき 好意的	positif ポスィティフ	favorable
こういん 工員	buruh pabrik ブルー パブリッ	worker
ごういん 強引	pemaksaan プマクサアン	coercion
ごういん 強引な	nékat / memaksa ネカ（ト）/ ムマクサ	coercive
ごういん 強引に	secara paksa スチャラ パクサ	forcibly
ごう う 豪雨	hujan deras フジャン ドゥラス	heavy rain
こううん 幸運	keberuntungan クブルウントゥン（グ）アン	good fortune

日	インドネシア	英
<ruby>光栄<rt>こうえい</rt></ruby>	**kejayaan** クジャヤアン	glory
<ruby>光栄<rt>こうえい</rt></ruby>な	**berjaya** ブルジャヤ	glorious
<ruby>交易<rt>こうえき</rt></ruby>	**perdagangan** ブルダガン(グ)アン	trade
<ruby>交易<rt>こうえき</rt></ruby>する	**berdagang** ブルダガン(グ)	to trade
<ruby>公園<rt>こうえん</rt></ruby>	**taman** タマン	park
<ruby>公演<rt>こうえん</rt></ruby>	**pertunjukan** プルトゥンジュカン	public performance
<ruby>公演<rt>こうえん</rt></ruby>する	**mempertunjukkan** ムンプルトゥンジュッカン	to perform publicly
<ruby>講演<rt>こうえん</rt></ruby>	**ceramah** チュラマー	lecture
<ruby>講演<rt>こうえん</rt></ruby>する	**berceramah** ブルチュラマー	to give a lecture
<ruby>高音<rt>こうおん</rt></ruby>	**nada tinggi** ナダ ティンギ	high tone
<ruby>高温<rt>こうおん</rt></ruby>	**suhu tinggi** スフ ティンギ	high temperature
<ruby>効果<rt>こうか</rt></ruby>	**éfék** エフェッ	effect
<ruby>硬貨<rt>こうか</rt></ruby>	**uang logam** ウアン(グ) ロガム	coin
<ruby>降下<rt>こうか</rt></ruby>	**penurunan** プヌルナン	fall
<ruby>降下<rt>こうか</rt></ruby>する	**menurun** ムヌルン	to fall
<ruby>高価<rt>こうか</rt></ruby>	**harga tinggi** ハルガ ティンギ	high price
<ruby>高価<rt>こうか</rt></ruby>な	**mahal** マハル	expensive
<ruby>豪華<rt>ごうか</rt></ruby>さ	**keméwahan** クメワハン	luxury
<ruby>豪華<rt>ごうか</rt></ruby>な	**méwah** メワー	luxurious
<ruby>後悔<rt>こうかい</rt></ruby>	**penyesalan** プニュサラン	regret

日	インドネシア	英
こうかい 後悔する	menyesal ムニュサル	to regret
こうかい 公開	pembukaan プンブカアン	opening
こうかい 公開する	membuka untuk umum ムンブカ ウントゥ(ク) ウムム	to open to the public
こうかい 航海	pelayaran プラヤラン	voyage
こうかい 航海する	berlayar ブルラヤル	to voyage
こうがい 公害	polusi ポルスイ	pollution
こうがい 郊外	pinggiran ピンギラン	suburb
こうがく 工学	ilmu téknik イルム テクニッ	engineering
こうがく 光学	optik オプティ(ク)	optics
こうかく 合格	kelulusan クルルサン	passing an examination
こうかく 合格する	lulus ルルス	to pass an examination
こうがくしん 向学心	semangat belajar スマン(グ)ア(ト) ブラジャル	desire to learn
こうかん 交換	pertukaran プルトゥカラン	exchange
こうかん 交換する	menukar ムヌカル	to exchange
こうき 後期	séméster genap セメストゥル グナ(プ)	the second half [latter]
こうぎ 抗議	protés プロテス	protest
こうぎ 抗議する	memprotés ムンプロテス	to protest
こうぎ 講義	kuliah クリアー	lecture
こうぎ 講義する	memberi kuliah ムンブリ クリアー	to give a lecture
こうぎ 合議	perundingan ブルンディン(グ)アン	discussion

日	インドネシア	英
こう ぎ 合議する	**berunding** ブルゥンディン(グ)	to discuss
こう き あつ 高気圧	**udara bertekanan tinggi** ウダラ ブルトゥカナン ティンギ	high-atmospheric pressure
こう き しん 好奇心	**rasa keingintahuan** ラサ クイン(グ)インタフアン	curiosity
こう き 高貴な	**mulia** ムリア	noble
こうきゅう 高級	**kelas atas** クラス アタス	high class
こうきゅう 高級な	**éksklusif** エクスクルスイフ	high-class
こうきょ 皇居	**istana kekaisaran** イスタナ クカイサラン	the Imperial Palace
こうきょう 好況	**kemakmuran** クマクムラン	prosperity
こうきょう 公共	**umum / publik** ウムム / プブリッ	the public
こうきょう 公共の	**umum** ウムム	public
こうぎょう 工業	**perindustrian** プリンドゥストリアン	industry
こうぎょう 鉱業	**pertambangan** プルタンバン(グ)アン	mining industry
こうぎょう 興行	**hiburan** ヒブラン	public entertainment
こうぎょう ち たい 工業地帯	**kawasan industri** カワサン インドゥストリ	industrial zone
ごうきん 合金	**logam campur** ロガム チャンプル	alloy
こう ぐ 工具	**peralatan** プルアラタン	tool
こうくう 航空	**penerbangan** プヌルバン(グ)アン	aviation
こうくうがいしゃ 航空会社	**maskapai penerbangan** マスカパイ プヌルバン(グ)アン	airline company
こうくうけん 航空券	**tikét pesawat** ティケ(ト) プサワ(ト)	airline ticket
こうくうびん 航空便	**pos udara** ポス ウダラ	airmail

日	インドネシア	英
こうけい 光景	**pemandangan** プマンダン(グ)アン	sight
こうげい 工芸	**kerajinan (tangan)** クラジナン (タン(グ)アン)	craft
ごうけい 合計	**jumlah** ジュムラー	total
ごうけいする 合計する	**menjumlah** ムンジュムラー	to total
ごうけいがく 合計額	**jumlah total** ジュムラー トタル	total amount
こうけいき 好景気	**suasana ékonomi yang baik** スアサナ エコノミ ヤン(グ) バイッ	business boom
こうけいしゃ 後継者	**penerus** プヌルス	successor
こうげき 攻撃	**serangan** スラン(グ)アン	attack
こうげきする 攻撃する	**menyerang** ムニュラン(グ)	to attack
こうけつあつ 高血圧	**hiperténsi** ヒプルテンスィ	high-blood pressure
こうけん 貢献	**kontribusi** コントリブスィ	contribution
こうけんする 貢献する	**berkontribusi** ブルコントリブスィ	to contribute
こうげん 高原	**dataran tinggi** ダタラン ティンギ	highland
こうけんにん 後見人	**pelindung / wali** プリンドゥン(グ) / ワリ	guardian
こうご 口語	**bahasa lisan** バハサ リサン	spoken [colloquial] language
こうご 交互	**bergantian** ブルガンティアン	alternation
こうごに 交互に	**berganti-ganti** ブルガンティ ガンティ	alternately
こうこう 高校	**SMA / sekolah menengah atas** エスエムア / スコラー ムヌン(グ)アー アタス	high school
こうこう 孝行	**bakti** バクティ	filial devotion
こうこうする 孝行する	**berbakti** ブルバクティ	be dutiful to one's parents

日	インドネシア	英
こうこうせい 高校生	**siswa SMA** スィスワ エスエムア	high school student
こうこう 煌々と	**kerlap-kerlip** クルラ(プ) クルリ(プ)	brightly
こうこがく 考古学	**arkéologi** アルケオロギ	archaeology
こうこく 広告	**iklan** イクラン	advertisement
こうこくする 広告する	**mengiklankan** ムン(グ)イクランカン	to advertise
こうさ 交差	**persilangan** プルスィラン(グ)アン	intersection
こうさする 交差する	**bersilang** プルスィラン(グ)	to intersect
こうざ 口座	**rékening** レクニン(グ)	bank account
こうざ 講座	**séminar / kuliah** セミナル / クリアー	course
こうさい 交際	**pergaulan** プルガウラン	relationship
こうさいする 交際する	**bergaul** プルガウル	to have a relationship with
こうさく 工作	**kerajinan** クラジナン	handicraft
こうさくする 工作する	**membuat** ムンブア(ト)	to make
こうさく 耕作	**penggarapan** プンガラパン	farming
こうさくする 耕作する	**menggarap** ムンガラ(プ)	to farm
こうさつ 考察	**pertimbangan** プルティンバン(グ)アン	consideration
こうさつする 考察する	**tinjau / meninjau** ティンジャウ / ムニンジャウ	to examine
こうさてん 交差点	**persimpangan** プルスィンパン(グ)アン	intersection
こうさん 降参	**penyerahan** プニュラハン	surrender
こうさんする 降参する	**menyerah** ムニュラー	to surrender

日	インドネシア	英
こうざん 鉱山	tambang タンバン(グ)	mine
こうし 講師	guru グル	lecturer
こうじ 工事	konstruksi / pekerjaan コンストルクスイ / プクルジャアン	construction
こうじ 工事する	melakukan pekerjaan ムラクカン プクルジャアン	to perform construction work
こうしき（正式） 公式	resmi ルスミ	formality
こうしき（法則） 公式	rumus ルムス	formula
こうしき 公式な	resmi ルスミ	formal
こうじつ 口実	dalih / alasan ダリー / アラサン	excuse
こうして	begini ブギニ	in this way
こうしにく 仔牛肉	daging anak sapi ダギン(グ) アナッ サピ	veal
こうしゃ 後者	yang kedua ヤン(グ) クドゥア	the latter
こうしゃ 校舎	gedung sekolah / kampus グドゥン(グ) スコラー / カンプス	school building
こうしゅう 公衆	publik ブブリッ	the public
こうしゅう 講習	kursus クルスス	short course
こうしゅう 講習する	memberi kursus ムンブリ クルスス	to give a short course
こうしゅうでんわ 公衆電話	télépon umum テレポン ウムム	public telephone
こうしゅう 公衆トイレ	toilét umum トイレ(ト) ウムム	comfort station
こうじゅつ 口述	pendiktéan プンディクテアン	dictation
こうじゅつ 口述する	mendikté ムンディクテ	to dictate
こうじゅん 降順	pengurutan menurun プン(グ)ウルタン ムヌルン	descending order

日	インドネシア	英
こうじょ 控除	**pengurangan** プン(グ)ウラン(グ)アン	deduction
こうじょ 控除する	**mengurangi** ムン(グ)ウラン(グ)イ	to deduct
こうしょう 交渉	**perundingan** ブルンディン(グ)アン	negotiation
こうしょう 交渉する	**berunding** ブルウンディン(グ)	to negotiate
こうしょう 高尚さ	**keluhuran** クルフラン	sophistication
こうじょう 工場	**pabrik** パブリッ	factory
こうじょう 向上	**peningkatan** プニンカタン	improvement
こうじょう 向上する	**meningkat** ムニンカ(ト)	to improve
ごうじょう 強情 (な)	**keras kepala** クラス クパラ	stubbornness / stubborn
こうしょう 高尚な	**luhur** ルフル	sophisticated
こうしょきょうふしょう 高所恐怖症	**akrofobia** アクロフォビア	acrophobia
こうしん 行進	**pawai** パワイ	march
こうしん 行進する	**berpawai** ブルパワイ	to march
こうしん 更新	**pembaruan** ブンバルアン	renewal
こうしん 更新する	**memperbarui** ムンプルパルイ	to renew
こうしんりょう 香辛料	**rempah** ルンパー	spices
こうすい 降水	**présipitasi** プレスィピタシ	precipitation
こうすい 香水	**minyak wangi** ミニャッ ワン(グ)イ	perfume
こうずい 洪水	**banjir** バンジル	flood
こうすいりょう 降水量	**curah hujan** チュラー フジャン	rainfall amount

日	インドネシア	英
こうせい **構成**	**komposisi** コンポスィスィ	composition
こうせい **構成する**	**membentuk** ムンブントゥッ	to compose
こうせい **公正**	**keadilan** クアディラン	justice
こうせい **公正な**	**adil** アディル	fair
こうせい **合成**	**sintétis** スィンテティス	composition
こうせい **合成する**	**membuat** ムンブア(ト)	to compose
こうせいのう **高性能**	**kinerjanya bagus** キヌルジャニャ バグス	high performance
こうせいのう **高性能な**	**canggih** チャンギー	sophisticated
こうせいぶっしつ **抗生物質**	**antibiotik** アンティビオティッ	antibiotics
こうせき **功績**	**pencapaian** プンチャパイアン	achievement
こうせん **光線**	**sinar** スィナル	beam
こうぜん **公然**	**umum / publik** ウムム / プブリッ	openly
こうそ **酵素**	**énzim** エンズィム	enzyme
こうそう **構想**	**gagasan / konsép** ガガサン / コンセ(プ)	idea
こうそう **構想する**	**menggagas** ムンガガス	to come up with an idea
こうそう **抗争**	**pertarungan** プルタルン(グ)アン	struggle
こうそう **抗争する**	**bertarung** ブルタルン(グ)	to struggle
こうそう **高層**	**tingkat tinggi** ティンカ(ト) ティンギ	upper floor
こうそう **高層の**	**bertingkat tinggi** ブルティンカ(ト) ティンギ	high-rise
こうぞう **構造**	**struktur** ストルクトゥル	structure

日	インドネシア	英
こうそく 高速	kecepatan tinggi クチュパタン ティンギ	high speed
こうそく 校則	peraturan sekolah プルアトゥラン スコラー	school rules [regulations]
こうそく 拘束	penahanan プナハナン	bondage
こうそく 拘束する	mengamankan / menahan ムン(グ)アマンカン / ムナハン	to bind
こうそくどうろ 高速道路	jalan tol ジャラントル	expressway
こうたい 後退	kemunduran クムンドゥラン	regression
こうたい 後退する	mundur ムンドゥル	to regress
こうたい 交代	pergantian プルガンティアン	change
こうたい 交代する	mengganti ムンガンティ	to change
こうたい 交代で	secara bergantian スチャラ ブルガンティアン	in turn
こうたく 光沢	kilap キラ(プ)	gloss
こうち 高地	dataran tinggi ダタラン ティンギ	highland
こうち 耕地	lahan garapan ラハン ガパラン	arable land
こうちゃ 紅茶	téh hitam テー ヒタム	tea
こうちょう 校長	kepala sekolah クパラ スコラー	principal
こうちょう 好調	kelancaran クランチャラン	good condition
こうちょう 好調な	lancar ランチャル	in good condition
こうつう 交通	lalu lintas ラル リンタス	traffic
こうつうきかん 交通機関	moda transportasi モダ トランスポルタスイ	transportation facilities
こうつうじこ 交通事故	kecelakaan lalu lintas クチュラカアン ラル リンタス	traffic accident

日	インドネシア	英
こうつう ひ 交通費	biaya transportasi ビアヤ トランスポルタスィ	transportation expenses
こうつうひょうしき 交通標識	rambu lalu lintas ランブ ラル リンタス	traffic sign
こうてい 校庭	halaman sekolah ハラマン スコラー	schoolyard
こうてい 行程	jarak / perjalanan ジャラッ / プルジャラナン	distance
こうてい 肯定	pembenaran プンブナラン	affirmation
こうてい 肯定する	membenarkan ムンブナルカン	to affirm
こうていてき 肯定的な	positif ポスィティフ	positive
こうていひょう 工程表	diagram prosés kerja ディアグラム プロセス クルジャ	process chart
こう ど 高度	ketinggian クティンギアン	altitude
こう ど 高度な	tinggi ティンギ	to a high degree
こうとう 口頭	lisan リサン	oral
こうとう 高等(な)	tinggi ティンギ	high / high-grade
こうどう 講堂	aula / auditorium アウラ / アウディトリウム	lecture hall
こうどう 行動	tindakan ティンダカン	action
こうどう 行動する	bertindak ブルティンダッ	to act
ごうとう 強盗	perampok プランポッ	robber
ごうとう 強盗(強盗行為)	perampokan プランポカン	robbery
ごうどう 合同	gabungan ガブン(グ)アン	combination
ごうどう 合同する	bergabung ブルガブン(グ)	to combine
こうとうがっこう 高等学校	SMA / sekolah menengah atas エスエムア / スコラー ムヌン(グ)アー アタス	high school

日	インドネシア	英
こうどく 購読 (する)	**berlangganan** ブルランガナン	subscription / to subscribe to (newspaper, magazine)
こうないえん 口内炎	**seriawan** スリアワン	canker sore
こうにゅう 購入	**pembelian** ブンブリアン	purchase
こうにゅう 購入する	**membeli** ムンブリ	to purchase
こうにん 後任	**pengganti** ブンガンティ	successor
こうにん 公認	**pengakuan resmi** ブン(グ)アクアン ルスミ	official recognition
こうにん 公認する	**mengakui secara resmi** ムン(グ)アクイ スチャラ ルスミ	to officially recognize
こうねつひ 光熱費	**biaya listrik** ビアヤ リストリ(ク)	charges for lighting and fuel
こうば 工場	**pabrik** パブリッ	factory
こうはい 後輩	**junior** ジュニオル	junior
こうはい 荒廃	**puing** プイン(グ)	destruction
こうはい 荒廃した	**hancur / menjadi puing** ハンチュル / ムンジャディ プイン(グ)	devastated
こうはい 荒廃する	**terbengkalai** トゥルブンカライ	to destroy
こうばい 購買	**pembelian** ブンブリアン	purchase
こうばい 購買する	**membeli** ムンブリ	to purchase
こうはん 後半	**paruh kedua** パルー クドゥア	second half
こうばん 交番	**pos polisi** ポス ポリスィ	police box
こうひょう 好評	**réputasi baik** レプタスィ バイッ	favorable comment
こうひょう 公表	**pengumuman** ブン(グ)ウムマン	announcement
こうひょう 公表する	**mengumumkan** ムン(グ)ウムムカン	to announce

日	インドネシア	英
こう ふ 交付	pemberian プンブリアン	issuing
こう ふ 交付する	memberikan ムンブリカン	to issue
こうふく 幸福	kebahagiaan クバハギアアン	happiness
こうふく 幸福な	bahagia バハギア	happy
こうふく する 降伏する	menyerah kalah ムニュラー カラー	to surrender
こうぶつ 鉱物	mineral ミネラル	mineral
こうぶつ 好物	makanan kesukaan マカナン クスカアン	favorite food [dish]
こうふん 興奮	gairah ガイラー	excitement
こうふん する 興奮する	bergairah / naik darah ブルガイラー / ナイッ ダラー	to get excited
こうへい 公平	keadilan クアディラン	fairness
こうへい 公平な	adil アディル	fair
こう ほ 候補	calon チャロン	candidacy
こう ぼ 公募	lowongan kerja ロウォン(グ)アン クルジャ	inviting applications
こう ぼ 公募する	membuka lowongan kerja ムンブカ ロウォン(グ)アン クルジャ	to invite applications
こう ぼ 酵母	ragi ラギ	yeast
こうほう 後方	belakang ブラカン(グ)	rearward
こうぼう 工房	studio ストゥディオ	studio
こう ほ しゃ 候補者	calon チャロン	candidate
こうみょう 巧妙	kelicikan クリチカン	skillfulness
こうみょう 巧妙な	licik リチッ	skillful

日	インドネシア	英
こう む 公務	**tugas resmi** トゥガス ルスミ	public [state] service
こう む いん 公務員	**pegawai negeri** プガワイ ヌグリ	public employee
こうもく 項目	**kategori** カトゥゴリ	category
コウモリ	**kelelawar** クルラワル	bat
こうもん 肛門	**anus** アヌス	anus
こうもん 拷問	**penyiksaan** プニックサアン	torture
こうもん 拷問する	**menyiksa** ムニィクサ	to torture
こうよう 紅葉	**daun kemérahan** ダウン クメラハン	colored leaves of autumn
こうよう 紅葉する	**warnanya berubah** ワルナニャ ブルウバー	to change color (of autumn leaves)
こうよう 公用	**urusan resmi** ウルサン ルスミ	official use
こうよう 公用の	**resmi** ルスミ	official
こ う 小売り	**écéran** エチェラン	retailing
こう 小売りする	**mengécér** ムン(グ)エチェル	to retail
ごう り か 合理化	**rasionalisasi** ラスィオナリサスィ	rationalization
こうりぎょう 小売業	**usaha écéran** ウサハ エチェラン	retail industry
ごう り しゅ ぎ 合理主義	**rasionalisme** ラスィオナリスム	rationalism
こうりつ 公立	**negeri** ヌグリ	public
こうりつ 効率	**éfisiénsi** エフィスィエンスィ	efficiency
こうりつ か 効率化	**peningkatan éfisiénsi** プニンカタン エフィスィエンスィ	increasing efficiency
ごう り てき 合理的	**rasional** ラスィオナル	rationality

日	インドネシア	英
こうりゅう 交流	**pertukaran** プルトゥカラン	interchange
こうりゅう 交流する	**bertukar** ブルトゥカル	to interchange
こうりゅう 合流	**pergabungan** プルガブン(グ)アン	joining
こうりゅう 合流する	**bergabung** ブルガブン(グ)	to join
こうりょ 考慮	**pertimbangan** プルティンバン(グ)アン	consideration
こうりょ 考慮する	**mempertimbangkan** ムンプルティンバンカン	to give consideration to
こうりょう 香料	**pewangi** プワン(グ)イ	fragrance
こうりょく 効力	**khasiat** ハスィア(ト)	effect
こうれいしゃ 高齢者	**lanjut usia / lansia** ランジュ(ト) ウスィア / ランスィア	old person
こうろ 香炉	**pengukup** プン(グ)ウク(プ)	incense burner
こうろ 航路	**rute** ルトゥ	route
こえ 声	**suara** スアラ	voice
こえ 声 (意見・主張)	**suara / pendapat** スアラ / プンダパ(ト)	opinion
ごえい 護衛	**pengawalan** プン(グ)アワラン	guard
ごえい 護衛する	**mengawal** ムン(グ)アワル	to guard
こえる 越える	**mengatasi / melampaui** ムン(グ)アタスィ / ムランパウイ	to get over
こえる 超える	**lebih / melebihi** ルビー / ムルビヒ	to exceed
コース (課程)	**program** プログラム	course
コース (経路)	**jalur / rute** ジャルル / ルトゥ	course
コーチ	**pelatih** プラティー	coach

日	インドネシア	英
コーチする	melatih ムラティー	to coach
コート（衣服）	mantel マントゥル	overcoat
コート（競技場）	gelanggang グランガン(グ)	court
コード	kode コドゥ	code
コーナー	pojok ポジョッ	corner
コーヒー	kopi コピ	coffee
コーラ	kola コラ	cola
コーラス	paduan suara パドゥアン スアラ	chorus
凍らせる	bekukan / membekukan ブクカン / ムンブクカン	to freeze
コーラン	Al-Quran アル クルアン	the Koran
氷	és エス	ice
凍る	membeku ムンブク	to freeze
ゴール （得点すること）	gol ゴル	goal
ゴール （得点できる場所）	gol / gawang ゴル / ガワン(グ)	goal
ゴール（目標）	tujuan / maksud トゥジュアン / マクス(ド)	goal
コオロギ	jangkrik ジャンクリッ	cricket
誤解	salah pengertian サラー プン(グ)ウルティアン	misunderstanding
誤解する	salah mengerti / salah paham サラー ムン(グ)ウルティ / サラー パハム	to misunderstand
子会社	anak perusahaan アナッ プルサハアン	subsidiary
語学	ilmu bahasa イルム バハサ	language learning

日	インドネシア	英
こ 焦がす	menghanguskan ムンハン(グ)ウスカン	to burn
こ がつ 五月	Méi メイ	May
こ がら 小柄	tubuh kecil トゥブー クチル	smallness
こ がら 小柄な	bertubuh kecil ブルトゥブー クチル	small
こ ぎっ て 小切手	cék チェッ	check
ゴキブリ	kecoa クチョア	cockroach
こ きゃく 顧客	pelanggan プランガン	client
こ きゅう 呼吸	pernapasan プルナパサン	breath
こ きゅう 呼吸する	bernapas ブルナパス	to breathe
こ きょう 故郷	kampung halaman カンプン(グ) ハラマン	one's hometown
こく	gurih グリー	rich in taste
こ 漕ぐ	mengayuh ムン(グ)アユー	to row
こ く 語句	frasa dan kata フラサ ダン カタ	words and phrases
こくえい 国営	milik negara ミリッ ヌガラ	national
こくおう 国王	raja ラジャ	king
こく ご 国語	bahasa nasional バハサ ナスィオナル	national language
こくさい 国際	internasional イントゥルナスィオナル	international
こくさい 国債	obligasi pemerintah オブリガスィ プムリンター	the national debt
こくさいせん 国際線	penerbangan internasional プヌルバン(グ)アン イントゥルナスィオナル	international flight
こくさいてき 国際的	internasional イントゥルナスィオナル	international

日	インドネシア	英
こくさいでん わ 国際電話	télépon internasional テレポン イントゥルナスィオナル	international call
こくさん 国産	produk dalam negeri / produk nasional プロドゥッ ダラム ヌグリ / プロドゥッ ナスィオナル	domestically produced
こくじん 黒人	orang berkulit hitam オラン(グ) ブルクリ(ト) ヒタム	black
こくせき 国籍	kewarganegaraan クワルガヌガラアン	nationality
こく ち 告知	pengumuman プン(グ)ウムマン	notice
こく ち 告知する	mengumumkan ムン(グ)ウムムカン	to notify
こく ど 国土	wilayah téritori ウィラヤー テリトリー	territory
こくどう 国道	jalan nasional ジャラン ナスィオナル	national highway [route, road]
こくない 国内	dalam negeri ダラム ヌグリ	domestic
こくないせん 国内線	penerbangan doméstik プヌルバン(グ)アン ドメスティ(ク)	domestic flight
こくはく 告白	pengakuan プン(グ)アクアン	confession
こくはく 告白する	mengaku ムン(グ)アク	to confess
こくばん 黒板	papan tulis パパン トゥリス	blackboard
こくふく 克服	penanggulangan プナングラン(グ)アン	conquest
こくふく 克服する	menanggulangi / mengatasi ムナングラン(グ)イ / ムン(グ)アタスィ	to conquer
こくぼう 国防	pertahanan negara プルタハナン ヌガラ	national defense
こくみん 国民	masyarakat マシャラカ(ト)	member of a nation
こくもつ 穀物	gandum ガンドゥム	grain
こくゆう (の) 国有 (の)	milik negara ミリッ ヌガラ	government-owned
こくらく 極楽	surga スルガ	paradise

日	インドネシア	英
こくりつ **国立**	**negeri / nasional** ヌグリ / ナスィオナル	national
こくりつ **国立の**	**negeri** ヌグリ	national
こくりつこうえん **国立公園**	**taman nasional** タマン ナスィオナル	national park
こくれん **国連**	**Perserikatan Bangsa-Bangsa / PBB** プルスリカタン バンサ バンサ / ペーベーベー	the United Nations
こ ちゃいろ **焦げ茶色**	**cokelat tua** チョクラ(ト) トゥア	dark brown
こ **焦げる**	**hangus** ハン(グ)ウス	to burn
こげん **語源**	**asal kata** アサル カタ	word origin
ここ	**di sini** ディ スィニ	here
こ こ **個々**	**masing-masing** マスィン(グ) マスィン(グ)	each
ご ご **午後**	**soré** ソレ	afternoon
ココア	**biji kokoa** ビジ ココア	cocoa
こお **凍える**	**kedinginan** クディン(グ)イナン	to freeze
ここ ち **心地**	**rasa** ラサ	feeling
ここ ち **心地よい**	**nyaman** ニャマン	comfortable
ここの か （日付） **九 日**	**tanggal sembilan** タンガル スンビラン	ninth
ここの か （期間） **九 日**	**sembilan hari** スンビラン ハリ	nine days
9つ	**sembilan buah** スンビラン ブアー	nine
こころ **心**	**hati** ハティ	heart
こころ （本質） **心**	**hakikat** ハキカ(ト)	essence
こころあた **心当り**	**mempunyai dugaan (akan sesuatu)** ムンプニャイ ドゥガアン （アカン ススアトゥ）	idea

日	インドネシア	英
こころ え 心得	pemahaman プマハマン	knowledge
こころ え 心得る	mengerti ムン(グ)ウルティ	to understand
こころ が 心掛け	sikap méntal スィカ(プ) メンタル	attitude
こころ が 心掛ける	berusaha ブルウサハ	to aim
こころざし 志	cita-cita チタ チタ	aim
こころざ 志す	bercita-cita ブルチタ チタ	to aim at
こころづか 心遣い	kepedulian クプドゥリアン	consideration
こころづよ 心強い	merasa aman ムラサ アマン	be encouraging
こころぼそ 心細い	merasa khawatir ムラサ ハワティル	to feel anxious
こころ 試み	percobaan プルチョバアン	attempt
こころ 試みる	mencoba ムンチョバ	to attempt
こころよ 快い	nikmat / nyaman ニクマ(ト) / ニャマン	pleasant
ご さ 誤差	kesalahan クサラハン	error
ご さ どう 誤作動	malafungsi マラフンスィ	malfunction
こし 腰	pinggang ピンガン(グ)	hips
こ じ 孤児	anak yatim (piatu) アナッ ヤティム (ピアトゥ)	orphaned child
こし か 腰掛ける	duduk ドゥドゥッ	to sit down
こ しつ 個室	ruang pribadi ルアン(グ) プリバディ	private room
50	lima puluh リマ プルー	fifty
ご じゅうおん 五十音	suku kata bahasa Jepang スク カタ バハサ ジュパン(グ)	Japanese syllabary

日	インドネシア	英
語順 ごじゅん	**urutan kata** ウルタン カタ	word order [patterns]
胡椒 こしょう	**merica** ムリチャ	pepper
故障 こしょう	**kerusakan** クルサカン	breakdown
故障した こしょう	**rusak** ルサ(ク)	be out of order
故障する こしょう	**rusak** ルサ(ク)	to breakdown
拵える こしら	**membuat** ムンブア(ト)	to make
こじれる	**menjadi rumit** ムンジャディ ルミ(ト)	get complicated
個人 こじん	**individu** インディフィドゥ	individual
故人 こじん	**almarhum / mendiang** アルマルフム / ムンディアン(グ)	the deceased
個人情報 こじんじょうほう	**informasi pribadi** インフォルマスィ プリバディ	personal information [data]
超す (ある数値・時 間などを) こ	**melebihi** ムルビヒ	to exceed
越す (通りすぎて 向こう側へ) こ	**melampaui** ムランパウイ	to pass
越す (引っ越す) こ	**berpindah** ブルピンダー	to move
濾す こ	**menyaring** ムニャリン(グ)	to filter
梢 こずえ	**pucuk pohon** プチュッ ポホン	treetop
コスト	**biaya** ビアヤ	cost
コスト パフォーマンス	**kinerja biaya** キヌルジャ ビアヤ	cost performance
擦る こす	**menggosok** ムンゴソッ	to rub
擦れる (車体などが) こす	**tergésék / tergosok** トゥルゲセッ / トゥルゴソッ	to brush
個性 こせい	**kepribadian** クプリバディアン	individuality

日	インドネシア	英
こせいてき 個性的	**berkarakter** ブルカラクトゥル	individuality
こせき 戸籍	**daftar keluarga** ダフタル クルアルガ	family register
こぜに 小銭	**récéhan** レチェハン	small change
こぜん 午前	**pagi** パギ	morning / a.m.
ごぞん ご存じ	**seperti yang (sudah) Anda ketahui** スプルティ ヤン(グ) (スダー) アンダ クタフイ	as you know
こたい 固体	**benda padat** ブンダ パダ(ト)	solid
こだい 古代	**zaman purba** ザマン プルバ	ancient times
こたえ 答	**jawaban** ジャワバン	answer
こた 答える (返事をする)	**balas / membalas** バラス / ムンバラス	to reply
こた 答える (質問に)	**jawab / menjawab** ジャワ(ブ) / ムンジャワ(ブ)	to answer
こた 応える	**memenuhi** ムムヌヒ	to respond
こだわる	**terobsési** トゥルオブセスイ	be obsessive
ごちそう	**hidangan** ヒダン(グ)アン	entertainment
ごちそうさま	**terima kasih atas hidangannya** トゥリマ カスィー アタス ヒダン(グ)アンニャ	thank you for a wonderful meal
ごちそうする (供する)	**menghidangkan** ムンヒダンカン	to entertain
ごちそうする (おごる)	**mentraktir** ムントラクティル	to treat
こちょう 誇張	**hiperbola** ヒプルボラ	exaggeration
こちょう 誇張する	**membesar-besarkan** ムンブサル ブサルカン	to exaggerate
こちらに	**di sebelah sini** ディ スブラー スィニ	this side
コツ	**kiat** キア(ト)	trick

日	インドネシア	英
こっか 国家	**negara** ヌガラ	nation
こっか 国歌	**lagu kebangsaan** ラグ クバンサアン	national anthem
こっかい 国会	**parlemén** パルルメン	national assembly
こづかい 小遣い	**uang saku** ウアン(グ) サク	pocket money
こっかいぎじどう 国会議事堂	**gedung parlemén** グドゥン(グ) パルルメン	the Diet building
こっかく 骨格	**kerangka tulang** クランカ トゥラン(グ)	skeleton
こっき 国旗	**bendéra kebangsaan** ブンデラ クバンサアン	national flag
こっきょう 国境	**perbatasan (negara)** プルバタサン（ヌガラ）	national border
コック	**koki** コキ	cook
こっけい 滑稽	**kejenakaan** クジュナカアン	humor
こっけいな 滑稽な	**jenaka** ジュナカ	humorous
こっこう 国交	**hubungan diplomatik** フブン(グ)アン ディプロマティ(ク)	diplomatic
こっせつ（する） 骨折（する）	**patah tulang** パタ― トゥラン(グ)	broken bone / to break a bone
こっそり	**diam-diam** ディアム ディアム	quietly
こった 凝った	**pegal** プガル	stiff
こづつみ 小包	**bungkusan kecil** ブンクサン クチル	package
こっとうひん 骨董品	**barang antik** バラン(グ) アンティッ	antique
コップ	**gelas** グラス	glass
こてい 固定	**pemasangan** プマサン(グ)アン	fixing
こていする 固定する	**memasang** ムマサン(グ)	to fix

日	インドネシア	英
こ てい 固定する （物を挟んで）	kencangkan / mengencangkan クンチャンカン / ムン(グ)ウンチャンカン	to fasten
こ てい し さんぜい 固定資産税	pajak bumi dan bangunan パジャ(ク) ブミ ダン バン(グ)ウンナン	property tax
こ てん 古典	klasik クラスィッ	classic
こと（できごと） 事（できごと）	hal ハル	thing
こと（事情） 事（事情）	keadaan クアダアン	situation
ごと 〜毎	setiap ~ / tiap ~ スティア(プ) / ティア(プ)	every
こ どう 鼓動	debaran jantung ドゥバラン ジャントゥン(グ)	heartbeat
ことがら 事柄	hal ハル	matter
こ どく 孤独	kesepian クスピアン	loneliness
こ どく 孤独な	kesepian / sepi クスピアン / スピ	lonely
ことごとく	segala-galanya スガラ ガラニャ	completely
こ とし 今年	tahun ini タフン イニ	this year
ごと 如し	seperti スプルティ	just like
こと づ 言付ける	meninggalkan pesan ムニンガルカン プサン	to send *sth* (by messenger)
こと 異なる	berbeda ブルベダ	to differ
こと 殊に	khususnya フススニャ	especially
こと 事によると	kalau-kalau カラウ カラウ	according to circumstances
こと ば（言語） 言葉（言語）	bahasa バハサ	language
こと ば（語・表現） 言葉（語・表現）	kata / ungkapan カタ / ウンカパン	word / expression / phrase
こと ば づか 言葉遣い	pemakaian bahasa / bahasa プマカイアン バハサ / バハサ	way of talking

日	インドネシア	英
子供（娘・息子）	anak アナッ	child
子供（未成年）	anak (di bawah umur) アナッ（ディ バワー ウムル）	minor
子供服	pakaian anak-anak パカイアン アナッ アナッ	children's clothing
子供料金	tarif anak タリフ アナッ	children's fare
小鳥	burung kecil ブルン（グ） クチル	little bird
諺	peribahasa プリバハサ	proverb
断る	menolak ムノラッ	to refuse
粉	bubuk ブブッ	powder
粉々な	hancur luluh ハンチュル ルルー	fragmented
粉ミルク	susu bubuk スス ブブッ	milk powder
コネ	konéksi コネクスイ	connection
この	ini イニ	this
この間	waktu itu ワクトゥ イトゥ	last time
この頃	akhir-akhir ini / baru-baru ini アヒル アヒル イニ / バル バル イニ	recently
この前	baru-baru ini / beberapa waktu yang lalu バル バル イニ / ブブラパ ワクトゥ ヤン（グ） ラル	the other day
好ましい	diharapkan ディハラ（プ）カン	pleasant
好み	seléra スレラ	liking
好む	menyukai ムニュカイ	to like
琥珀	ambar アンバル	amber
ごはん	nasi ナスィ	rice

日	インドネシア	英
コピー	fotokopi フォトコピ	copy
コピーする	memfotokopi ムンフォトコピ	to copy
コピー機	mesin fotokopi ムスィン フォトコピ	copy machine
コピー商品	produk bajakan プロドゥッ バジャカン	fake [counterfeit] product
コピーライト	hak cipta ハッ チプタ	copyright
瘤	bénjol / bonggol ベンジョル / ボンゴル	lump
御無沙汰する	sudah lama tidak bertemu スダー ラマ ティダッ ブルトゥム	be silent
個別	kesendirian クスンディリアン	individuality
個別な	individual インディフィドゥアル	individual
個別に	secara terpisah スチャラ トゥルピサー	individually
こぼす	menumpahkan ムヌンパーカン	to spill
こぼれる	tumpah トゥンパー	to get spilled
ゴマ	kacang カチャン(グ)	sesame
コマーシャル	komérsial コムルスィアル	commercial
細かい（粒子）	rinci リンチ	fine
細かい（お金）	récéh レチェー	small
細かい（重要でない）	sepélé スペレ	insignificant
ごまかす	mencurangi ムンチュラン(グ)イ	to cheat
鼓膜	gendang telinga グンダン(グ) トゥリン(グ)ア	eardrum
困っている	kesulitan クスリタン	have trouble [difficulty] in

日	インドネシア	英
こま 細やか	kehalusan クハルサン	tenderness
こま 細やかな	halus ハルス	tender
こま 困る	répot / kesulitan レポ(ト) / クスリタン	to have a hard time
ごみ	sampah サンパー	trash
コミックス	komik コミッ	comics
ごみ箱	tong sampah トン(グ) サンパー	trash can
ごみ袋	kantong sampah カントン(グ) サンパー	trash bag
コミュニケーション	komunikasi コムニカスィ	communication
こ 混む	sesak スサッ	be crowded
ゴム	karét カレ(ト)	rubber
こむぎ 小麦	gandum ガンドゥム	wheat
こむぎこ 小麦粉	tepung gandum トゥプン(グ) ガンドゥム	flour
こめ 米	beras ブラス	rice
コメディ	komédi コメディ	comedy
コメディアン	pelawak プラワッ	comedian
こ 込める	memasukkan ムマスッカン	to include
コメント	koméntar コメンタル	comment
コメントする	mengomentari ムン(グ)オメンタリ	to comment
ごめんなさい	maaf マアフ	sorry
こもじ 小文字	huruf kecil フルフ クチル	small letter

日	インドネシア	英
こもり 子守	**penjagaan anak** プンジャガアン アナッ	babysitting
こもり 子守する	**menjaga anak** ムンジャガ アナッ	to nurse a baby
こもりうた 子守唄	**senandung** スナンドゥン(グ)	cradlesong
こ 籠もる	**mengurung diri** ムン(グ)ウルン(グ) ディリ	to shut oneself up
こもん 顧問	**penasihat** プナスィハ(ト)	adviser
こや 小屋	**pondok** ポンドッ	cottage
こゆう 固有	**asli** アスリ	characteristic (of)
こゆう 固有の	**khas / unik** ハス / ウニッ	inherent
こゆび 小指	**(jari) kelingking** (ジャリ) クリンキン(グ)	little finger
こよう 雇用	**mempekerjakan** ムンプクルジャカン	employment
こよう 雇用する	**menggaji** ムンガジ	to employ
こよみ 暦	**kalénder** カレンドゥル	calendar
こらく 娯楽	**hiburan** ヒブラン	amusement
こ 凝らす	**memusatkan** ムムサ(ト)カン	to concentrate
こ 凝り	**kepegalan** クプガラン	stiffness
こりつ 孤立	**isolasi** イソラスィ	isolation
こりつ 孤立する	**terisolasi** トゥリソラスィ	be isolated
ゴリラ	**gorila** ゴリラ	gorilla
こ 懲りる	**kapok** カポッ	to learn from hard experience
こ 凝る	**pegal** プガル	to get stiff

日	インドネシア	英
ゴルフ	**golf** ゴルフ	golf
ゴルフ場	**lapangan golf** ラパン(グ)アン ゴルフ	golf course
これ	**ini** イニ	this
これから	**mulai sekarang** ムライ スカラン(グ)	from now on
コレクション	**koléksi** コレクスィ	collection
コレステロール	**kolésterol** コレストゥロル	cholesterol
これら	**ini semua** イニ スムア	these
頃	**sewaktu** スワクトゥ	around
転がす	**menggulingkan** ムングリンカン	to roll *sth*
転がる	**menggelinding** ムングリンディン(グ)	to roll
殺す	**membunuh** ムンブヌー	to kill
転ぶ	**jatuh** ジャトゥー	to fall down
怖い	**takut** タク(ト)	frightening
怖い (恐くさせる)	**menakutkan / mengerikan** ムナク(ト)カン / ムン(グ)ウリカン	frightening
壊す	**merusak** ムルサ(ク)	to destroy
壊れ物注意	**mudah pecah** ムダー プチャー	Fragile
壊れやすい	**gampang rusak** ガンパン(グ) ルサ(ク)	fragile
壊れる	**rusak** ルサ(ク)	be destroyed
紺色	**warna biru tua** ワルナ ビル トゥア	dark [deep] blue
今回	**kali ini** カリ イニ	this time

日	インドネシア	英
<ruby>根気<rt>こん き</rt></ruby>	kesabaran クサバラン	perseverance
<ruby>根拠<rt>こんきょ</rt></ruby>	alasan アラサン	basis
コンクール	kompetisi コンペティスィ	contest
コンクリート	kongkrit コンクリ(ト)	concrete
<ruby>混血<rt>こんけつ</rt></ruby>	berdarah campuran (keturunan) ブルダラ チャンプラン（クトゥルナン）	mixed parentage
<ruby>今月<rt>こんげつ</rt></ruby>	bulan ini ブラン イニ	this month
<ruby>今後<rt>こん ご</rt></ruby>	selanjutnya スランジュ(ト)ニャ	in the future
<ruby>混合<rt>こんごう</rt></ruby>	campuran チャンプラン	mixture
<ruby>混合する<rt>こんごう</rt></ruby>	mencampuri ムンチャンプリ	to mix
コンサート	konsér コンセル	concert
コンサートホール	gedung konsér グドゥン(グ) コンセル	concert hall
<ruby>混雑<rt>こんざつ</rt></ruby>	kepadatan クパダタン	crowding
<ruby>混雑した<rt>こんざつ</rt></ruby>	penuh sesak / padat プヌー スサッ / パダ(ト)	crowded
<ruby>混雑する<rt>こんざつ</rt></ruby>	padat パダ(ト)	be crowded
コンサルティング	konsultasi コンスルタスィ	consulting
<ruby>今週<rt>こんしゅう</rt></ruby>	minggu ini ミング イニ	this week
コンセント	stop kontak / colokan listrik スト(プ) コンタ(ク) / チョロカン リストリ(ク)	plug
コンソメ	kaldu sup カルドゥ ス(プ)	consommé
<ruby>混んだ<rt>こ</rt></ruby>	padat / sesak パダ(ト) / スサッ	crowded
コンタクト	kontak コンタ(ク)	contact

日	インドネシア	英
コンタクトレンズ	lénsa kontak レンサ コンタ(ク)	contact lens
こんだて 献立	ménu メヌ	menu
こんちゅう 昆虫	serangga スランガ	insect
こんてい 根底	dasar ダサル	the root
コンテスト	kontés コンテス	contest
コンデンスミルク	susu kental manis スス クンタル マニス	condensed milk
こんど 今度（今から）	kali ini カリ イニ	this time
こんど 今度（またの機会）	lain kali ライン カリ	next time
こんどう 混同	kecampuradukan クチャンプルアドゥッカン	mixing
こんどう 混同する	bercampur aduk / mencampuradukkan ブルチャンプル アドゥッ / ムンチャンプルアドゥッカン	to mix up
コンドーム	kondom コンドム	condom
コントラスト	kontras コントラス	contrast
コントロール	kontrol コントロル	control
コントロールする	mengontrol ムン(グ)オントロル	to control
こんな	seperti ini スプルティ イニ	such
こんなに	sebanyak ini スバニャッ イニ	so much
こんなん 困難	kesulitan / kesusahan / kesukaran クスリタン / クスサハン / クスカラン	difficulty
こんなん 困難な	sulit / susah / sukar スリ(ト) / スサー / スカル	difficult
こんにち 今日	hari ini ハリ イニ	today
こんにちは	selamat siang スラマ(ト) スィアン(グ)	hello

日	インドネシア	英
コンパス	**kompas** コンパス	compass
こんばん 今晩	**malam ini** マラム イニ	tonight
こんばんは	**selamat malam** スラマ(ト) マラム	good evening
コンビニ	**minimarket** ミニマルク(ト)	convenience store
コンピュータ	**komputer** コンプトゥル	computer
コンプレックス	**rendah diri** ルンダー ディリ	complex
こんぽん 根本	**pokok / dasar** ポコッ / ダサル	fundamental
こん や 今夜	**malam ini** マラム イニ	tonight
こんやく 婚約	**pertunangan** プルトゥナン(グ)アン	engagement
こんやくしゃ 婚約者	**tunangan** トゥナン(グ)アン	fiancé [fiancée]
こんやく 婚約する	**bertunangan** ブルトゥナン(グ)アン	to become engaged
こんらん 混乱	**kekacauan** クカチャウアン	confusion
こんらん 混乱する	**kacau** カチャウ	to become confused
こんわく 困惑	**kebingungan** クビン(グ)ウン(グ)アン	confusion
こんわく 困惑する	**bingung** ビン(グ)ウン(グ)	be confused

▼ さ，サ

さ 差	**perbedaan / selisih** ブルベダアン / スリスィー	difference
さあ	**ayo** アヨ	Come on!
サークル	**perkumpulan** ブルクンプラン	circle
サービス	**layanan** ラヤナン	service

日	インドネシア	英
サービスする	**melayani** ムラヤニ	to provide service
サーフィン	**selancar** スランチャル	surfing
サーフィンする	**berselancar** ブルスランチャル	to surf
再~	**~ kembali** クンバリ	re-
~歳	**~ tahun** タフン	years old
財	**harta** ハルタ	wealth
再会	**pertemuan kembali** ブルトゥムアン クンバリ	meeting again
再会する	**bertemu lagi** ブルトゥム ラギ	to meet again
災害	**bencana** ブンチャナ	disaster
在学	**terdaftar di suatu sekolah** トゥルダフタル ディ スアトゥ スコラー	student status
在学する	**bersekolah / duduk di bangku sekolah** ブルスコラー / ドゥドゥッ ディ バンク スコラー	be enrolled as a student
最近	**akhir-akhir ini** アヒル アヒル イニ	recently
細菌	**kuman / baktéri** クマン / バクテリ	bacteria
細工	**kerajinan** クラジナン	handiwork
採掘	**penambangan** ブナンバン(グ)アン	digging
採掘する	**menambang** ムナンバン(グ)	to dig
サイクリング	**bersepéda** ブルスペダ	cycling
サイクル	**siklus** スィクルス	cycle
採決	**pemungutan suara** ブムン(グ)ウタン スアラ	vote
採決する	**memungut suara** ムムン(グ)ウ(ト) スアラ	to take a vote

日	インドネシア	英
さいけん 再建	rékonstruksi レコンストルクスイ	reconstruction
さいけん 再建する	merékonstruksi ムレコンストルクスイ	to reconstruct
さいげん 再現	réka ulang レカ ウラン(グ)	reappearance
さいげん 再現する	meréka ulang ムレカ ウラン(グ)	to reappear
ざいげん 財源	sumber uang スンブル ウアン(グ)	revenue source
さいご 最後	terakhir トゥルアヒル	the end
ざいこ 在庫	persediaan / stok プルスディアアン / ストッ	stock
さいこう 最高	paling tinggi パリン(グ) ティンギ	supreme
さいこう 最高の	tertinggi / terbaik トゥルティンギ / トゥルバイッ	highest
さいこ 最古の	tertua トゥルトゥア	oldest
さいご 最後の	terakhir トゥルアヒル	last
サイコロ	dadu ダドゥ	dice
さいこん 再婚	pernikahan kembali プルニカハン クンバリ	remarriage
さいこん 再婚する	menikah lagi ムニカー ラギ	to remarry
さいさん 再三	berkali-kali ブルカリ カリ	again and again
さいさん 採算	neraca ヌラチャ	profit
ざいさん 財産	harta ハルタ	property
さいじつ 祭日	hari perayaan ハリ プラヤアン	national holiday
さいしゅう 最終	terakhir トゥルアヒル	the last
さいしゅう 採集	pengumpulan プン(グ)ウンプラン	collection

さ

日	インドネシア	英
さいしゅう 採集する	mengumpulkan ムン(グ)ウンプルカン	to collect
さいしょ 最初	pertama プルタマ	the first
さいしょう 最小	terkecil トゥルクチル	minimum / smallest
さいしょう 最小の	terkecil トゥルクチル	smallest
さいじょう 最上	tertinggi / teratas トゥルティンギ / トゥルアタス	the best
さいしょうげん 最小限	minimum ミニムム	minimum
さいしょくしゅぎしゃ 菜食主義者	végétarian フェゲタリアン	vegetarian
さいしん 最新	terbaru / terkini / mutakhir トゥルバル / トゥルキニ / ムタヒル	the latest
さいしん 最新の	terbaru トゥルバル	latest
サイズ	ukuran ウクラン	size
さいせい 再生	pemutaran プムタラン	playback
さいせい 再生する (命)	hidup kembali / menjelma ヒドゥ(プ) クンバリ / ムンジュルマ	to regenerate
さいせい 再生する (リサイクル)	mendaurulang ムンダウルラン(グ)	to recycle
さいせい 再生する (細胞・器官)	régénerasi レゲヌラスィ	to regenerate
さいせい 再生する (音楽などを)	putar / memutar / pasang プタル / ムムタル / パサン(グ)	to play
さいせい 再生する (復活させる)	pendayagunaan ulang プンダヤグナアン ウラン(グ)	to regenerate
ざいせい 財政	keuangan publik クウアン(グ)アン プブリッ	public finance
さいせいし 再生紙	kertas daur ulang クルタス ダウル ウラン(グ)	recycled paper
さいぜん 最善	paling baik パリン(グ) バイッ	best
さいぜんせん 最前線	garis depan ガリス ドゥパン	the forefront

さ

日	インドネシア	英
^{さいせんたん} 最先端の	tercanggih / termaju トゥルチャンギー / トゥルマジュ	cutting-edge
^{さいそう} 再送	pengiriman kembali プン(グ)イリマン クンバリ	resending
^{さいそう} 再送する	mengirim lagi ムン(グ)イリム ラギ	to resend
^{さいそく} 催促	desakan ドゥサカン	demanding
^{さいそく} 催促する	mendesak ムンドゥサッ	to demand
サイダー	air soda アイル ソダ	soda
^{さいだい} 最大	terbesar トゥルブサル	maximum
^{さいだいげん} 最大限	semaksimal mungkin スマクスィマル ムンキン	maximum
^{さいたく} 採択	pengesahan プン(グ)ウサハン	adoption
^{さいたく} 採択する	mengesahkan ムン(グ)ウサーカン	to adopt
^{ざいだん} 財団	yayasan ヤヤサン	foundation
^{さいちゅう} 最中	tengah / sedang トゥン(グ)アー / スダン(グ)	in the midst
^{さいてい} 最低	terendah トゥルンダー	lowest
^{さいてい} 裁定	keputusan クプトゥサン	decision
^{さいてい} 裁定する	memutuskan ムムトゥスカン	to decide
^{さいていきおん} 最低気温	suhu udara terendah スフ ウダラ トゥルンダー	the lowest temperature
^{さいてん} 採点	penilaian プニライアン	marking
^{さいてん} 採点する	menilai ムニライ	to mark
^{さいなん} 災難	bencana ブンチャナ	calamity
^{さいのう} 才能	bakat バカ(ト)	talent

さ

日	インドネシア	英
さいばい 栽培	pembudidayaan プンブディダヤアン	cultivation
さいばい 栽培する	membudidayakan ムンブディダヤカン	to cultivate
さいはつ 再発	kambuhnya カンブーニャ	recurrence
さいはつ 再発する	kambuh カンブー	to recur
さいはっこう 再発行する	menerbitkan ulang ムヌルビ(ト)カン ウラン(グ)	to reissue
さいばん 裁判	persidangan プルスィダン(グ)アン	trial
さい ふ 財布	dompét ドンペ(ト)	wallet
さい ぶ 細部	detil ドゥティル	details
さいぼう 細胞	sél セル	cell
さいほう 裁縫	pekerjaan jahit menjahit プクルジャアン ジャヒ(ト) ムンジャヒ(ト)	sewing
さいほうする 裁縫する	menjahit ムンジャヒ(ト)	to sew
さい む 債務	utang ウタン(グ)	liabilities
ざいもく 材木	kayu カユ	wood
さいよう 採用	pengangkatan / pengadopsian プン(グ)アンカタン / プン(グ)アドプスィアン	adoption
さいようする 採用する	mengangkat / mengadopsi ムン(グ)アンカ(ト) / ムン(グ)アドプスィ	to adopt
さい り よう 再利用	penggunaan kembali プングナアン クンバリ	reuse
さい り ようする 再利用する	menggunakan kembali ムングナカン クンバリ	to reuse
ざいりょう 材料	bahan / matéri バハン / マテリ	ingredients
サイレン	siréne スィレヌ	siren
さいわ 幸い	kebahagiaan クバハギアアン	good luck [fortune]

日	インドネシア	英
幸いな	bahagia バハギア	fortunate
サイン	tanda tangan タンダ タン(グ)アン	sign
サインする	menandatangani ムナンダタンガ(ン)(グ)アニ	to sign
サインペン	péna khusus untuk tanda tangan ペナ フスス ウントゥ(ク) タンダ タン(グ)アン	felt-tip pen
サウナ	sauna サウナ	sauna
遮る	menghambat ムンハンバ(ト)	to block
さえずる	berkicau ブルキチャウ	to twitter
冴える	menjadi jernih ムンジャディ ジュルニー	be bright
竿	tiang pancang ティアン(グ) パンチャン(グ)	pole
坂	tanjakan タンジャカン	slope
境	batas バタス	border
栄える	berjaya ブルジャヤ	to prosper
差額	selisih harga スリスィー ハルガ	balance
逆さま	keterbalikan クトゥルバリカン	inversion
逆さまな	terbalik トゥルバリ(ク)	inverse
さがす	mencari ムンチャリ	to search
杯	sloki スロキ	sake cup
逆立ち	jungkir balik ジュンキル バリ(ク)	handstand
魚	ikan イカン	fish
肴	teman minum トゥマン ミヌム	snack

日	インドネシア	英
<ruby>魚<rt>さかな</rt></ruby> <ruby>料理<rt>りょうり</rt></ruby>	masakan ikan マサカン イカン	fish dishes
<ruby>遡<rt>さかのぼ</rt></ruby>る	menelusuri kembali ムヌルスリ クンバリ	to go back
<ruby>酒場<rt>さかば</rt></ruby>	tempat minum トゥンパ(t) ミヌム	bar
<ruby>逆<rt>さか</rt></ruby>らう	membantah ムンバンター	to resist
<ruby>盛<rt>さか</rt></ruby>り	puncak プンチャッ	the peak
<ruby>下<rt>さ</rt></ruby>がる（下への移動）	turun トゥルン	to move down
<ruby>下<rt>さ</rt></ruby>がる（数値が）	menurun ムヌルン	to go down
<ruby>下<rt>さ</rt></ruby>がる（後退する）	mundur ムンドゥル	to step down
<ruby>盛<rt>さか</rt></ruby>ん	keramaian クラマイアン	prosperity
<ruby>盛<rt>さか</rt></ruby>んな	ramai ラマイ	prosperous
<ruby>先<rt>さき</rt></ruby>（尖った先端）	ujung ウジュン(グ)	tip
<ruby>先<rt>さき</rt></ruby>（前方）	depan ドゥパン	ahead
<ruby>先<rt>さき</rt></ruby>（前もって）	dulu / terlebih dahulu ドゥル ／ トゥルルビー ダフル	in advance
<ruby>先<rt>さき</rt></ruby>（近い過去）	kemarin クマリン	the near past
<ruby>詐欺<rt>さぎ</rt></ruby>	penipuan プニプアン	fraud
<ruby>先<rt>さき</rt></ruby>に（お先に）	duluan ドゥルアン	first
<ruby>先<rt>さき</rt></ruby>に（前方に）	di depan ディ ドゥパン	at [to] the front
<ruby>先<rt>さき</rt></ruby>に（先端に）	di ujung ディ ウジュン(グ)	at [to] the tip
<ruby>先払<rt>さきばら</rt></ruby>い	prabayar プラバヤル	advance payment
<ruby>先払<rt>さきばら</rt></ruby>いする	bayar dulu バヤル ドゥル	to pay in advance

日	インドネシア	英
先程 ^{さきほど}	baru saja バル サジャ	a little while ago
作業 ^{さ ぎょう}	pekerjaan プクルジャアン	operation
作業する ^{さ ぎょう}	beroperasi ブルオプラスィ	to operate
作業台 ^{さ ぎょうだい}	meja kerja メジャ クルジャ	work bench
昨〜 ^{さく}	~ lalu ラル	last-
柵 ^{さく}	pagar パガル	fence
策 ^{さく}	siasat スィアサ(ト)	plan
咲く ^さ	berkembang / berbunga ブルクンバン(グ) / ブルブン(グ)ア	to bloom
裂く ^さ	merobék ムロベッ	to split up
索引 ^{さくいん}	indéks インデクス	index
削減 ^{さくげん}	pemotongan プモトン(グ)アン	reduction
削減する ^{さくげん}	memotong ムモトン(グ)	to reduce
錯誤 ^{さく ご}	kekeliruan ククリルアン	mistake
錯誤する ^{さく ご}	keliru クリル	to make a mistake
作者 ^{さくしゃ}	penulis プヌリス	author
搾取 ^{さくしゅ}	pemerasan プムラサン	exploitation
搾取する ^{さくしゅ}	memeras ムムラス	to exploit
削除 ^{さくじょ}	penghapusan プン(グ)ハプサン	deletion
削除する ^{さくじょ}	menghapus ムンハプス	to delete
作成 ^{さくせい}	pembuatan プンブアタン	drawing up

日	インドネシア	英
さくせい 作成する	membuat ムンブア(ト)	to draw up
さくせん 作戦	stratégi ストラテギ	strategy
さくせん 作戦 (軍事)	operasi militér オプラスィ ミリテル	military operation
さくねん 昨年	tahun lalu タフン ラル	last year
さくばん 昨晩	semalam スマラム	last night
さくひん 作品	karya カルヤ	production
さくぶん 作文	karangan カラン(グ)アン	composition
さくぶん 作文する	mengarang ムン(グ)アラン(グ)	to compose
さくもつ 作物	hasil pertanian ハスィル プルタニアン	crops
さくら 桜	bunga sakura ブン(グ)ア サクラ	cherry blossoms
さくらん 錯乱	kebingungan / kekacauan クビン(グ)ウン(グ)アン / ククカチャウアン	distraction
さくらん 錯乱する	bingung / kacau ビン(グ)ウン(グ) / カチャウ	be distracted
サクランボ	(buah) céri (ブアー) チェリ	cherry
さくりゃく 策略	rékayasa レカヤサ	plot
さぐ 探る	pencarian プンチャリアン	to feel around for
サケ	ikan salmon イカン サルモン	salmon
さけ 酒 (アルコール飲 料全般)	minuman beralkohol ミヌマン ブルアルコホル	alcoholic drinks
さけ 叫び	teriakan トゥリアカン	scream
さけ 叫ぶ	berteriak ブルトゥリアッ	to scream
さ 避ける	menghindar ムンヒンダル	to avoid

日	インドネシア	英
裂ける	terbelah トゥルブラー	to split
下げる（下への移動）	menurunkan ムヌルンカン	to move down
下げる（数値を）	menurunkan ムヌルンカン	to go down
下げる（片づける）	menarik kembali / menyurutkan ムナリック クンバリ / ムニュル(ト)カン	to put away
鎖骨	tulang selangka トゥラン(グ) スランカ	clavicle
支える	menopang ムノパン(グ)	to support
捧げる	mempersembahkan ムンプルスンバーカン	to offer
囁き	bisikan ビスィカン	whisper
囁く	berbisik ブルビスィッ	to whisper
刺さる	tertusuk トゥルトゥスッ	to stick
匙	séndok センドッ	spoon
差し掛かる	datang mendekati ダタン(グ) ムンドゥカティ	to come near to
差し込む	menyisipkan / menyelatkan ムニィスィ(プ)カン / ムニィスィ(プ)カン	insert [push] ~ in
指図	perintah プリンター	directions
指図する	memerintahkan ムムリンターカン	to direct
差出人	pengirim プン(グ)イリム	sender
差し出す	menyodorkan ムニョドルカン	to hold out in front of one
差し支え	halangan ハラン(グ)アン	hindrance
差し支える	berhalangan ブルハラン(グ)アン	to hinder
差し引き	pengurangan / pemotongan プン(グ)ウラン(グ)アン / プモトン(グ)アン	deduction

日	インドネシア	英
差し引く さ ひ	mengurangi / memotong ムン(グ)ウラン(グ)イ / ムモトン(グ)	to deduct
刺身 さしみ	sashimi サシミ	sashimi
刺す さ	menusuk ムヌスッ	to prick
指す さ	menunjuk ムヌンジュッ	to point
射す さ	memancar ムマンチャル	to shine
挿す さ	menyisipkan / memasukkan ムニィスィ(プ)カン / ムマスッカン	to insert
さすが	sesuai dengan harapan / mémang pantas ススアイドゥン(グ)アン ハラパン / メマン(グ) パンタス	as expected
授ける さず	mengaruniai ムン(グ)アルニアイ	to award
擦る さす	mengusap ムン(グ)ウサ(プ)	to rub
座席 ざ せき	tempat duduk トゥンパ(ト) ドゥドゥッ	seat
座席番号 ざ せきばんごう	nomor kursi ノモル クルスィ	seat number
挫折 ざ せつ	putus asa プトゥス アサ	setback
挫折する ざ せつ	patah semangat パター スマン(グ)ア(ト)	to suffer a setback
誘う さそ	mengajak ムン(グ)アジャッ	to invite
定まる さだ	ditetapkan ディトゥタ(プ)カン	be decided
定める さだ	menetapkan ムヌタ(プ)カン	to decide
座談会 ざ だんかい	pertemuan プルトゥムアン	round-table talk
～冊 さつ	jilid ～ ジリ(ド)	volume
札 さつ	uang kertas ウアン(グ) クルタス	bank note
雑 ざつ	kurang rapi クラン(グ) ラピ	miscellany

日	インドネシア	英
さつえい 撮影	pengambilan gambar プン(グ)アンビラン ガンバル	taking a picture
さつえい 撮影する	mengambil gambar ムン(グ)アンビル ガンバル	to take a picture
さつえいきんし 撮影禁止	dilarang mengambil gambar ディララン(グ) ムン(グ)アンビル ガンバル	NO PHOTOGRAPHY [VIDEOS]
ざつおん 雑音	kebisingan クビスィン(グ)アン	noise
さっか 作家	penulis プヌリス	author
ざっか 雑貨	barang kelontong バラン(グ) クロントン(グ)	sundries
サッカー	sépak bola セパッ ボラ	soccer
さっかく 錯覚	ilusi イルスィ	illusion
さっかく 錯覚する	berilusi ブルイルスィ	be under an illusion
さっき	tadi タディ	a little while ago
さっきゅう 早急な	cepat チュパ(ト)	urgent
さっきょく 作曲	komposisi musik コンポスィスィ ムスィッ	musical composition
さっきょく 作曲する	mencipta lagu ムンチプタ ラグ	to compose (music)
さっきん 殺菌	stérilisasi ステリリサスィ	sterilization
さっきん 殺菌する	menstérilkan ムンステリルカン	to sterilize
さっさと	cepat-cepat チュパ(ト) チュパ(ト)	quickly
ざっし 雑誌	majalah マジャラー	magazine
ざっしゅ 雑種	hibrida ヒブリダ	hybrid
さつじん 殺人	pembunuhan プンブヌハン	murder
さっ 察する	menebak ムヌバッ	to guess

日	インドネシア	英
ざっそう 雑草	**rumput liar** ルンプ(ト) リアル	weed
さっそく 早速	**segera** スグラ	immediately
ざつだん 雑談	**obrolan** オブロラン	chat
ざつだん 雑談する	**mengobrol** ムン(グ)オブロル	to chat
さっちゅうざい 殺虫剤	**pembasmi hama** プンバスミ ハマ	pesticide
さっちゅう 殺虫スプレー	**semprotan inséktisida** スンプロタン インセクティスィダ	insecticidal spray
さっと	**seketika** スクティカ	quickly
ざっと	**secara ringkas** スチャラ リンカス	roughly
ざっとう 雑踏	**kerumunan** クルムナン	crowd
さっとう 殺到する	**berkerumun** ブルクルムン	to rush
さっぱりする	**segar** スガル	clean
さっぱりした(味)	**ringan** リン(グ)アン	light
さっぱりした (性格)	**berterus terang / jujur** ブルトゥルス トゥラン(グ) / ジュジュル	open hearted
さて	**nah** ナー	well
さてい 査定	**penilaian** プニライアン	assessment
さてい 査定する	**menilai** ムニライ	to assess
さとう 砂糖	**gula** グラ	sugar
さどう 作動	**operasi** オプラスィ	operation
さどう 作動する	**beroperasi** ブルオプラスィ	to operate
さと 悟る	**menyadari** ムニャダリ	to realize

日	インドネシア	英
砂漠	padang pasir パダン(グ) パスィル	desert
裁く	menghakimi ムンハキミ	to judge
錆	karat カラ(ト)	rust
錆る	berkarat ブルカラ(ト)	be rusted
寂しい	sepi スピ	lonely
座標	koordinat コオルディナ(ト)	coordinates
座布団	bantal kursi バンタル クルスィ	floor cushion
サプライヤー	penyuplai プニュプライ	supplier
差別	diskriminasi ディスクリミナスィ	discrimination
差別する	mendiskriminasi ムンディスクリミナスィ	to discriminate
作法	tata krama タタ クラマ	manners
さほど	begitu ブギトゥ	(not) so
サボる	membolos ムンボロス	to play truant
様々	keragaman クラガマン	variety
様々な	bermacam-macam ブルマチャム マチャム	various
覚ます	membangunkan ムンバン(グ)ウンカン	to awake
冷ます	mendinginkan ムンディン(ギ)インカン	to cool *sth* down
醒ます（酔いを）	pulih dari mabuk プリー ダリ マブッ	to sober up
妨げる	menghambat ムンハンバ(ト)	to block
さまよう	berseliweran ブルスリウゥラン	to rove

日	インドネシア	英
寒い	dingin ディン(グ)イン	cold
寒気	rasa dingin ラサ ディン(グ)イン	chill
寒さ	kedinginan クディン(グ)イナン	coldness
侍	samurai サムライ	samurai
サメ	(ikan) hiu (イカン) ヒウ	shark
覚める	terbangun / terjaga トゥルバン(グ)ウン / トゥルジャガ	to wake up
冷める	(menjadi) dingin (ムンジャディ) ディン(グ)イン	to get cold
さも	seolah-olah スオラー オラー	as it should be
座薬	obat supositoria オバ(ト) スポスイトリア	suppository
左右	pengaruh プン(グ)アルー	influence
左右する	memengaruhi ムムン(グ)アルヒ	to have influence over
作用	éfék エフェッ	effect
作用する	bekerja ブクルジャ	to affect
さようなら	sampai jumpa (lagi) サンパイ ジュンパ (ラギ)	goodbye
左翼	sayap kiri サヤ(プ) キリ	left wing
皿	piring ピリン(グ)	dish
再来月	dua bulan yang akan datang ドゥア ブラン ヤン(グ) アカン ダタン(グ)	the month after next
再来週	dua minggu yang akan datang ドゥア ミン(グ) ヤン(グ) アカン ダタン(グ)	the week after next
再来年	dua tahun yang akan datang ドゥア タフン ヤン(グ) アカン ダタン(グ)	the year after next
攫う (連れ去る)	menculik ムンチュリッ	to kidnap

日	インドネシア	英
渫う （川などの土砂を）	mengeruk ムン(グ)ウル(ク)	to clean out
復習う	mengulang ムン(グ)ウラン(グ)	to review
ざらざらした	kesat / kasar クサ(ト) / カサル	scabrous
サラダ	selada / salada スラダ / サラダ	salad
更に	tambahan lagi タンバハン ラギ	further
サラリーマン	karyawan (swasta) カルヤワン（スワスタ）	salaried employee
ザリガニ	lobster air tawar ロブストゥル アイル タワル	crawfish
サル	monyét / kera モニェ(ト) / クラ	monkey
去る	berlalu ブルラル	to go away
ざる	turas トゥラス	sieve
騒がしい	berisik / ramai ブリスイッ / ラマイ	noisy
騒ぎ	keributan クリブタン	fuss
騒ぐ	berbising / bergaduh ブルビスイン(グ) / ブルガドゥー	to make noise
爽やか	kesegaran クスガラン	freshness
爽やかな	segar スガル	fresh
障る	mengganggu ムンガング	to hinder
触る	menyentuh ムニュントゥー	to touch
～さん（男性に）	Pak ~ パッ	Mr.
～さん（女性に）	Bu ~ ブ	Ms.
～さん（若い男性に）	Mas ~ マス	Mr.

日	インドネシア	英
～さん（若い女性に）	Mbak ～ ンバッ	Ms.
3	tiga ティガ	three
～産	buatan ～ ブアタン	product
酸	asam アサム	acid
サンオイル	losion untuk berjemur ロスィオン ウントゥ(ク) ブルジュムル	suntan lotion
参加	keikutsertaan クイク(ト)スルタアン	participation
参加する	ikut serta (dalam) イク(ト) スルタ (ダラム)	to participate
酸化	oksidasi オクスィダスィ	oxidation
酸化する	teroksidasi トゥルオクスィダスィ	to oxidize
三角	segitiga / segi tiga スギティガ / スギ ティガ	triangle
山岳	pegunungan プグヌン(グ)アン	mountains
残額	saldo サルド	balance
三角定規	penggaris segitiga プンガリス スギティガ	triangle ruler
三月	Maret マル(ト)	March
参議院	majelis tinggi マジュリス ティンギ	the Upper House
産休	cuti melahirkan チュティ ムラヒルカン	maternity leave
産業	perindustrian プリンドゥストリアン	industry
残業	kerja lembur クルジャ ルンブル	overtime work
残業する	bekerja lembur ブクルジャ ルンブル	to work overtime
残業時間	jam lembur ジャム ルンブル	overtime hours

さ

日	インドネシア	英
<ruby>残金<rt>ざんきん</rt></ruby>	**saldo** サルド	the balance
サングラス	**kacamata hitam** カチャマタ ヒタム	sunglasses
<ruby>産後<rt>さんご</rt></ruby>	**setelah melahirkan** ストゥラー ムラヒルカン	after childbirth
<ruby>珊瑚<rt>さんご</rt></ruby>	**karang** カラン(グ)	coral
<ruby>参考<rt>さんこう</rt></ruby>	**réferénsi** レフレンスィ	reference
<ruby>参考書<rt>さんこうしょ</rt></ruby>	**buku réferénsi** ブク レフレンスィ	reference book
<ruby>残酷<rt>ざんこく</rt></ruby>	**kezaliman** クザリマン	cruelty
<ruby>残酷な<rt>ざんこくな</rt></ruby>	**sadis** サディス	cruel
30	**tiga puluh** ティガ プルー	thirty
<ruby>産出<rt>さんしゅつ</rt></ruby>	**penghasilan** プン(グ)ハスィラン	production
<ruby>産出する<rt>さんしゅつする</rt></ruby>	**menghasilkan** ムンハスィルカン	to produce
<ruby>参照<rt>さんしょう</rt></ruby>	**rujukan** ルジュカン	reference
<ruby>参照する<rt>さんしょうする</rt></ruby>	**merujuk (kepada)** ムルジュッ (クパダ)	to refer to
<ruby>参上する<rt>さんじょうする</rt></ruby>	**mengunjungi** ムン(グ)ウンジュン(グ)イ	to visit
<ruby>算数<rt>さんすう</rt></ruby>	**aritmatika** アリトマティカ	arithmetic
<ruby>酸性<rt>さんせい</rt></ruby>	**sifat asam** スィファ(ト) アサム	acidity
<ruby>賛成<rt>さんせい</rt></ruby>	**persetujuan** プルストゥジュアン	approval
<ruby>賛成する<rt>さんせいする</rt></ruby>	**menyetujui** ムニュトゥジュイ	to approve
<ruby>酸素<rt>さんそ</rt></ruby>	**oksigén** オクスィゲン	oxygen
<ruby>残高<rt>ざんだか</rt></ruby>	**saldo** サルド	the balance

さ

日	インドネシア	英
ざんだか ぶ そく 残高不足	kekurangan saldo ククラン(グ)アン サルド	insufficient balance [funds]
サンタクロース	Sinterklas スィントゥルクラス	Santa Claus
サンダル	sandal サンダル	sandals
さん ち 産地	daérah penghasil ダエラー プン(グ)ハスィル	place of production
さんちょう 山頂	puncak gunung プンチャッ グヌン(グ)	mountaintop
サンドイッチ	roti lapis (sandwich) ロティ ラピス (サンドウィッチ)	sandwich
ざんねん 残念	sayang サヤン	regret
ざんねん 残念な	sayangnya サヤン(グ)ニャ	regrettable
ざんねん おも 残念に思う	menyayangkan ムニャヤンカン	to regret
さんばし 桟橋	dermaga ドゥルマガ	pier
さん び 賛美	pujian プジアン	praise
さん び 賛美する	memuji ムムジ	to praise
さんぷく 山腹	léréng gunung レレン(グ) グヌン(グ)	hillside
さん ふ じん か 産婦人科	obstétri dan ginékologi オブステトリ ダン ギネコロギ	obstetrics and gynecology department
さん ふ じん か い 産婦人科医	dokter spésialis obstétri dan ginékologi ドクトゥル スペスィアリス オブステトリ ダン ギネコロギ	obstetrics and gynecology specialist
さんぶつ 産物	hasil ハスィル	product
サンプリング	pengambilan sampel プン(グ)アンビラン サンプル	sampling
サンプル	contoh / sampel チョントー / サンプル	sample
さん ぽ 散歩	jalan-jalan ジャラン ジャラン	a walk

日	インドネシア	英
<ruby>散<rt>さん</rt></ruby><ruby>歩<rt>ぽ</rt></ruby>する	berjalan-jalan ブルジャラン ジャラン	to walk
<ruby>酸<rt>さん</rt></ruby><ruby>味<rt>み</rt></ruby>	rasa asam / kemasaman ラサ アサム / クマサマン	sourness
<ruby>山<rt>さん</rt></ruby><ruby>脈<rt>みゃく</rt></ruby>	pegunungan プグヌン(グ)アン	mountain range
<ruby>山<rt>さん</rt></ruby><ruby>林<rt>りん</rt></ruby>	hutan gunung フタン グヌン(グ)	mountains and forests

▼ し，シ

日	インドネシア	英
<ruby>市<rt>し</rt></ruby>	kota コタ	city
<ruby>師<rt>し</rt></ruby>	guru グル	master
<ruby>死<rt>し</rt></ruby>	kematian クマティアン	death
<ruby>詩<rt>し</rt></ruby>	puisi プイスィ	poem
〜<ruby>氏<rt>し</rt></ruby>（男性）	Bapak 〜 バパッ	Mr. 〜
〜<ruby>氏<rt>し</rt></ruby>（女性）	Ibu 〜 イブ	Mrs. 〜 / Miss 〜
〜<ruby>時<rt>じ</rt></ruby>	pukul 〜 プクル	hour
<ruby>字<rt>じ</rt></ruby>	huruf フルフ	character
<ruby>痔<rt>じ</rt></ruby>	wasir ワスィル	hemorrhoids
<ruby>試<rt>し</rt></ruby><ruby>合<rt>あい</rt></ruby>	pertandingan プルタンディン(グ)アン	game
<ruby>試<rt>し</rt></ruby><ruby>合<rt>あい</rt></ruby>する	bertanding ブルタンディン(グ)	to play a game
<ruby>仕<rt>し</rt></ruby><ruby>上<rt>あ</rt></ruby>がり	penyelesaian プニュルサイアン	result
<ruby>仕<rt>し</rt></ruby><ruby>上<rt>あ</rt></ruby>がる	selesai スルサイ	be finished
<ruby>仕<rt>し</rt></ruby><ruby>上<rt>あ</rt></ruby>げ	penyelesaian プニュルサイアン	finish
<ruby>仕<rt>し</rt></ruby><ruby>上<rt>あ</rt></ruby>げる	menyelesaikan ムニュルサイカン	to finish

し

日	インドネシア	英
明々後日 （しあさって）	tiga hari kemudian ティガ ハリ クムディアン	two days after tomorrow
幸せ （しあわ）	kebahagiaan クバハギアアン	happiness
幸せな （しあわ）	bahagia バハギア	happy
飼育 （しいく）	pemeliharaan プムリハラアン	breeding
飼育する （しいく）	memelihara ムムリハラ	to breed
シーズン	musim ムスィム	season
シーツ	sepréi スプレイ	sheet
強いて （し）	secara paksa スチャラ パクサ	forcibly
シート（紙・覆い）	lembaran ルンバラン	sheet
シート（座席）	tempat duduk トゥンパ(ト) ドゥドゥッ	seat
シートベルト	sabuk pengaman サブッ プン(グ)アマン	seat belt
ジーパン	celana jins チュラナ ジンス	jeans
GPS （ジーピーエス）	GPS ゲーペーエス	GPS
強いる （し）	memaksakan ムマクサカン	to force
シール	perekat プルカ(ト)	sticker
仕入れ （しい）	penyediaan プニュディアアン	purchase
仕入れる （しい）	menyediakan ムニュディアカン	to lay in (stock / goods)
子音 （しいん）	konsonan コンソナン	consonant
試飲 （しいん）	pengetésan minuman プン(グ)ウテサン ミヌマン	tasting
試飲する （しいん）	mencicip minuman ムンチチ(プ) ミヌマン	to try

日	インドネシア	英
寺院	kuil クイル	temple
ジーンズ	jins ジンス	jeans
しーんと	sepi / sunyi スピ / スニィ	all quiet
自衛	béla diri ベラ ディリ	self-preservation
自衛する	membéla diri ムンベラ ディリ	to defend oneself
シェービング クリーム	krim cukur / busa cukur クリム チュクル / ブサ チュクル	shaving cream
ジェット機	pesawat jét プサワ(ト) ジェ(ト)	jet airplane
シェフ	chéf / kepala juru masak シェフ / クパラ ジュル マサッ	chef
支援	dukungan ドゥクン(グ)アン	assistance
支援する	mendukung ムンドゥクン(グ)	to assist
潮	pasang パサン(グ)	tide
塩	garam ガラム	salt
塩辛い	asin アスィン	salty
仕送り	pengiriman / kiriman プン(グ)イリマン / キリマン	remittance
仕送りする	mengirimkan ムン(グ)イリムカン	to remit
栞	penanda halaman buku プナンダ ハラマン ブク	bookmark
シカ	rusa ルサ	deer
歯科	klinik gigi クリニッ ギギ	dentist
自我	égo エゴ	self
歯科医	dokter gigi ドクトゥル ギギ	dentist

日	インドネシア	英
視界	pandangan / penglihatan パンダン(グ)アン / プン(グ)リハタン	sight
司会	pembawa acara プンバワ アチャラ	chairperson
司会する	membawa acara ムンバワ アチャラ	to take the chair
次回	lain kali ライン カリ	the next time
紫外線	sinar ultraviolét スィナル ウルトラフィオレ(ト)	ultraviolet rays
市街地	kota コタ	city
仕返し	pembalasan プンバラサン	retaliation
仕返しする	membalas dendam ムンバラス ドゥンダム	to retaliate
四角	persegi プルスギ	square
視覚	penglihatan プン(グ)リハタン	visual perception
資格	kualifikasi クアリフィカスィ	qualification
自覚	kesadaran クサダラン	self-awareness
自覚する	sadar / menyadari サダル / ムニャダリ	to become conscious of
四角い	berbentuk persegi ブルブントゥッ プルスギ	square
四角形	persegi プルスギ	square
仕掛け	jebakan ジュバカン	contrivance
～しかける	hampir ～ / nyaris ～ ハンピル / ニャリス	to set about
しかし	tetapi トゥタピ	but
仕方	cara チャラ	method
仕方がない	apa boléh buat アパ ボレー ブア(ト)	cannot help

日	インドネシア	英
四月 （しがつ）	April アプリル	April
じかに	secara langsung スチャラ ランスン（グ）	directly
しかも	selain itu スライン イトゥ	furthermore
叱る （しかる）	memarahi ムマラヒ	to scold
時間 （じかん）	waktu ワクトゥ	time
～時間 （～じかん）	～ jam ジャム	～ hour (s)
～時間目 （～じかんめ）	jam ke ～ ジャム ク	period
時間割 （じかんわり）	jadwal ジャドワル	timetable
四季 （しき）	empat musim ウンパ（ト） ムスイム	four seasons
指揮 （しき）	kepemimpinan クプミンピナン	direction
指揮する （しきする）	memimpin ムミンピン	to direct
式 （式典） （しき）	upacara ウパチャラ	ceremony
式 （数式・化学式） （しき）	rumus ルムス	formula
～式 （様式・方式） （～しき）	ala / bergaya アラ / ブルガヤ	style
時期 （じき）	masa / musim マサ / ムスイム	season
磁気 （じき）	magnét マグネ（ト）	magnetism
磁器 （じき）	porselén ポルスレン	porcelain
敷金 （しききん）	uang jaminan ウアン（グ） ジャミナン	security deposit
色彩 （しきさい）	warna ワルナ	color
指揮者 （しきしゃ）	dirigén ディリゲン	conductor

日	インドネシア	英
しきじょう 式場	ruang upacara ルアン (グ) ウパチャラ	ceremonial hall
しきたり	tradisi トラディスイ	tradition
しき ち 敷地	lahan ラハン	site
じきに	sebentar lagi スブンタル ラギ	soon
しきべつ 識別	pembédaan プンベダアン	distinction
しきべつ 識別する	membedakan ムンブダカン	to distinguish
し きゅう 至急	segera スグラ	urgent
し きゅう 子宮	rahim / kandungan ラヒム / カンドゥン (グ)アン	uterus
し きゅう 支給	pemasokan プマソカン	payment
し きゅう 支給する	memasok ムマソッ	to pay
じ きゅう 時給	honor per jam ホノル プル ジャム	hourly wage [pay]
じ きゅうりつ 自給率	rasio swasembada ラスィオ スワスンバダ	self-sufficiency ratio
じ きゅうりょく 持久力	daya tahan ダヤ タハン	stamina
し きょ 死去	berpulangnya ブルプランニャ	death
し きょ 死去する	berpulang ブルプラン (グ)	to die
し ぎょう 始業	permulaan / awal ブルムラアン / アワル	start
じ ぎょう 事業	usaha ウサハ	project
しきりに	sering / seringkali スリン (グ) / スリンカリ	frequently
し き 仕切る	membatasi ムンバタスィ	to divide
し きん 資金	dana ダナ	fund

日	インドネシア	英
敷く	menghamparkan ムンハンパルカン	to put down
軸	poros ポロス	an axis
しくじる	gagal ガガル	to fail
仕組み	struktur ストルクトゥル	mechanism
死刑	hukuman mati フクマン マティ	capital punishment
刺激	rangsangan ランサン(グ)アン	stimulus
刺激する	merangsang ムラサン(グ)	to stimulate
湿気る	menjadi lembap ムンジャディ ルンバ(プ)	to become humid
茂る	(menjadi) rimbun / merimbun (ムンジャディ) リンブン / ムリンブン	to grow thick
試験	ujian ウジアン	examination
試験する	menguji ムン(グ)ウジ	to examine
資源	sumber daya スンブル ダヤ	resources
事件	peristiwa / kasus プリスティワ / カスス	case
事故	kecelakaan クチュラカアン	accident
自己	diri sendiri ディリ スンディリ	oneself
思考	pemikiran / pikiran プミキラン / ピキラン	thinking
思考する	berpikir ブルピキル	to think
施行	pelaksanaan プラクサナアン	enforcement
施行する	melaksanakan ムラクサナカン	to enforce
試行	percobaan プルチョバアン	trial

日	インドネシア	英
しこう 試行する	mencoba ムンチョバ	to try
しこう 志向	hasrat ハスラ(ト)	intention
しこう 志向する	berhasrat ブルハスラ(ト)	to intend
しこう 嗜好	kegemaran クグマラン	preference
しこう 嗜好する	menggemari ムングマリ	to prefer
じこう 事項	hal ハル	matters
じこく 時刻	jam ジャム	time
じごく 地獄	neraka ヌラカ	hell
じこくひょう 時刻 表	jadwal waktu ジャドワル ワクトゥ	timetable
じこしょうかい 自己 紹 介	perkenalan diri プルクナラン ディリ	self-introduction
じこしょうかい 自己 紹 介する	memperkenalkan diri ムンプルクナルカン ディリ	to introduce oneself
じこしょうめいしょ 事故 証 明書	surat pernyataan kecelakaan スラ(ト) プルニャタアン クチュラカアン	accident certificate
しごと（職業） 仕事（職業）	pekerjaan プクルジャアン	occupation
しごと（するべきこと） 仕事（するべきこと）	urusan ウルサン	duty
しごと 仕事する	bekerja ブクルジャ	to work
じさ 時差	selisih waktu スリスィー ワクトゥ	time difference
じざい 自在	kebébasan クベバサン	being able to do as one desires
じざい 自在な	sesuka hati ススカ ハティ	at free
しさくひん 試作品	prototipe プロトティプ	prototype
しさつ 視察	inspéksi インスペクスイ	inspection

日	インドネシア	英
視察する しさつ	menginspéksi ムン（グ）インスペクスィ	to inspect
自殺（する） じさつ	bunuh diri ブヌー ディリ	(to commit) suicide
時差ぼけ じさ	kepenatan terbang クブナタン トゥルバン（グ）	jet lag
資産 しさん	harta ハルタ	property
持参 じさん	bawa バワ	bringing
持参する じさん	membawa ムンバワ	to bring
指示 しじ	petunjuk プトゥンジュッ	indication
指示する しじ	menunjukkan ムヌンジュッカン	to indicate
支持 しじ	dukungan ドゥクン（グ）アン	support
支持する しじ	mendukung ムンドゥクン（グ）	to support
事実 じじつ	kenyataan クニャタアン	fact
支社 ししゃ	kantor cabang カントル チャバン（グ）	branch office
死者 ししゃ	orang meninggal オラン（グ） ムニンガル	dead
磁石 じしゃく	magnét マグネ（ト）	magnet
四捨五入 ししゃごにゅう	pembulatan プンブラタン	rounding off
四捨五入する ししゃごにゅう	membulatkan ムンブラ（ト）カン	to round off
自主 じしゅ	sukaréla スカレラ	independence
自首 じしゅ	penyerahan diri プニュラハン ディリ	giving oneself up
自首する じしゅ	menyerahkan diri ムニュラーカン ディリ	to give oneself up
刺繍 ししゅう	sulaman スラマン	embroidery

日	インドネシア	英
刺繡する ししゅう	menyulam ムニュラム	to embroider
始終 しじゅう	selamanya スラマニャ	always
自習 じしゅう	pembelajaran mandiri プンブラジャラン マンディリ	study by oneself
自習する じしゅう	belajar sendiri ブラジャル スンディリ	to study by oneself
支出 ししゅつ	pengeluaran uang プン(グ)ウルアラン ウアン(グ)	expenditure
支出する ししゅつ	mengeluarkan uang ムン(グ)ウルアルカン ウアン(グ)	to spend / to pay
自主的に じしゅてき	secara sukaréla スチャラ スカレラ	voluntarily
辞書 じしょ	kamus カムス	dictionary
市場 しじょう	pasar パサル	market
事情 じじょう	keadaan クアダアン	conditions
試食 ししょく	pengetésan makanan プン(グ)ウテサン マカナン	tasting
試食する ししょく	mencicip makanan ムンチチ(プ) マカナン	to taste
辞職 じしょく	pengunduran diri プン(グ)ウンドゥラン ディリ	resignation
辞職する じしょく	mengundurkan diri ムン(グ)ウンドゥルカン ディリ	to resign
私書箱 ししょばこ	kotak pos コタッ ポス	post-office box
詩人 しじん	penyair プニャイル	poet
自信 じしん	percaya diri プルチャヤ ディリ	self-confidence
自身 じしん	diri sendiri ディリ スンディリ	oneself
地震 じしん	gempa bumi グンパ ブミ	earthquake
自炊 じすい	masak sendiri マサッ スンディリ	self-cooking

日	インドネシア	英
自炊する じすい	memasak sendiri ムマサッ スンディリ	to cook one's own food
指数 しすう	indéks インデクス	index
静かな しず	tenang / sunyi トゥナン(グ) / スニィ	silent
静かな しず (感情・態度が)	tenang トゥナン(グ)	calm
しずく	rintik / embun リンティッ / ウンブン	drop
システム	sistém スィステム	system
静まる しず	(menjadi) sunyi (ムンジャディ) スニィ	to become quiet
沈む しず (水上から水中へ)	tenggelam トゥングラム	to submerge
沈む しず (下に移動)	menurun ムヌルン	to feel low
沈む しず (気分が)	muram ムラム	to feel down
沈める しず	menenggelamkan ムヌングラムカン	to sink
姿勢 しせい (体)	postur ポストゥル	posture
姿勢 しせい (態度)	sikap スィカ(プ)	attitude
時制 じせい	waktu ワクトゥ	tense
自生する じせい	tumbuh liar トゥンブー リアル	to grow wild
施設 しせつ	fasilitas ファスィリタス	facilities
視線 しせん	pandangan パンダン(グ)アン	eye
自然 しぜん	alam アラム	nature
自然な しぜん	alami アラミ	natural
事前 じぜん	terlebih dahulu トゥルルビー ダフル	beforehand

日	インドネシア	英
自然科学 (しぜんかがく)	ilmu pengetahuan alam イルム プン(グ)ウタフアン アラム	natural science
事前審査 (じぜんしんさ)	pratinjau プラティンジャウ	preliminary investigation
思想 (しそう)	idéologi イデオロギ	thought
子息 (しそく)	putra プトラ	sb's son
時速 (じそく)	kecepatan per jam クチュパタン プル ジャム	speed per hour
持続 (じぞく)	kelanjutan クランジュタン	continuance
持続する (じぞくする)	berlanjut ブルランジュ(ト)	to continue
子孫 (しそん)	keturunan クトゥルナン	descendant
自尊心 (じそんしん)	rasa harga diri ラサ ハルガ ディリ	self-respect
舌 (した)	lidah リダー	tongue
下 (した)	bawah バワー	bottom
下の (したの)	di bawah ディ バワー	below
シダ	daun paku ダウン パク	fern
死体 (したい)	mayat マヤ(ト)	dead body
次第 (しだい)	keadaan クアダアン	circumstances
〜次第 (しだい)	bergantung kepada 〜 ブルガントゥン(グ) クパダ	depending on 〜
次第に (しだいに)	perlahan-lahan / pelan-pelan ブルラハン ラハン / プラン プラン	gradually
事態 (じたい)	situasi スィトゥアスイ	state of affairs
字体 (じたい)	bentuk tulisan / fon ブントゥット トゥリサン / フォン	font
辞退 (じたい)	pengunduran diri プン(グ)ウンドゥラン ディリ	declining

日	インドネシア	英
辞退する	mengundurkan diri ムン(グ)ウンドゥルカン ディリ	to decline
時代	zaman ザマン	era
慕う	merindukan ムリンドゥカン	to yearn for
下請業者	subkontraktor ス(ブ)コントラクトル	subcontractor
従う	menuruti / menaati ムヌルティ / ムナアティ	to obey
下書き	draf ドラフ	draft
下書きする	membuat draf ムンブア(ト) ドラフ	to draft
したがって	maka マカ	consequently
下着	pakaian dalam パカイアン ダラム	underwear
支度	persiapan ブルスィアパン	arrangements
自宅	rumah sendiri ルマー スンディリ	one's home
下心	pamrih パムリー	ulterior motive
下地	dasar / fondasi ダサル / フォンダスィ	foundation
親しい	akrab / dekat アクラ(ブ) / ドゥカ(ト)	friendly
親しみ	keakraban クアクラバン	familiarity
親しむ	mengakrabi ムン(グ)アクラビ	to get friendly
下調べ	penyelidikan pendahuluan ブニュリディカン プンダフルアン	preliminary investigation
下調べする	menyelidik terlebih dahulu ムニュリディット トゥルルビー ダフル	to make a preliminary investigation
仕立てる	menyiapkan ムニィア(ブ)カン	to tailor
下取り（する）	tukar tambah トゥカル タンバー	(to take a) trade-in

日	インドネシア	英
下火になる したび	mereda ムルダ	die down
シタビラメ	ikan lidah イカン リダー	sole
下町 したまち	pusat kota プサ(ト) コタ	downtown
下見 したみ	inspéksi pendahuluan インスペクスィ プンダフルアン	preliminary inspection
下見する したみ	melakukan inspéksi pendahuluan ムラクカン インスペクスィ プンダフルアン	to make a preliminary inspection
自治 じち	otonomi オトノミ	self-government
七月 しちがつ	Juli ジュリ	July
試着（する） しちゃく	mengepas pakaian ムン(グ)ウパス パカイアン	fitting / to try on
試着室 しちゃくしつ	kamar pas カマル パス	fitting room
シチュー	stew ストゥ	stew
市長 しちょう	wali kota ワリ コタ	mayor
質 しつ	mutu / kualitas ムトゥ / クアリタス	quality
歯痛 しつう	sakit gigi サキ(ト) ギギ	toothache
実家 じっか	rumah orangtua ルマー オラントゥア	parents' house
失格 しっかく	diskualifikasi ディスクアリフィカスィ	disqualification
失格する しっかく	dicabut haknya ディチャブ(ト) ハッニャ	be disqualified
しっかり	tegas トゥガス	firmly
しっかり（強く結びついている）	kukuh / ketat ククー / クタ(ト)	solidly
しっかり（堅実）	krédibel / bonafid クレディブル / ボナフィ(ド)	securely
しっかり（十分に）	cukup チュク(プ)	sufficiently

日	インドネシア	英
じっかん 実感	perasaan プラサアン	a real feeling
じっかん 実感する	merasa ムラサ	to actually feel
しつぎ 質疑	pertanyaan プルタニャアン	question
しつぎ 質疑する	menanyakan ムナニャカン	to ask a question
しつぎ おうとう 質疑応答	tanya jawab タニャ ジャワ(ブ)	question and answer
しっきゃく 失脚	kejatuhan / jatuhnya クジャトゥハン / ジャトゥーニャ	downfall
しっきゃく 失脚する	jatuh ジャトゥー	to fall from power
しつぎょう 失業	pengangguran プン(グ)アングラン	unemployment
しつぎょう 失業する	menganggur ムン(グ)アングル	to become unemployed
じつぎょう か 実業家	pengusaha プン(グ)ウサハ	business person
しつぎょうしゃ 失業者	penganggur プン(グ)アングル	unemployed person
しつぎょうりつ 失業率	rasio pengangguran ラスィオ プン(グ)アングラン	unemployment [jobless] rate
シック	keasrian クアスリアン	chicness
シックな	asri アスリ	chic
しっくり	pas / keserasian パス / クスラスィアン	(fitting) perfectly
しっくりする	serasi スラスィ	to fit perfectly
しっけ 湿気	kelembapan クルンバパン	humidity
しつけ 躾	pendisiplinan プンディスィプリナン	disciplining
しつ 躾ける	mendisiplinkan ムンディスィプリンカン	to train
じっけん 実験	percobaan プルチョバアン	experimentation

日	インドネシア	英
実験する じっけん	mencoba ムンチョバ	to experiment
実現 じつげん	réalisasi レアリサスィ	realization
実現する じつげん	meréalisasikan ムレアリサスィカン	to realize
しつこい	nékat ネカ(ト)	persistent
実行 じっこう	pelaksanaan プラクサナアン	execution
実行する じっこう	melaksanakan ムラクサナカン	to execute
実際 じっさい	ternyata トゥルニヤタ	really
実施 じっし	pelaksanaan プラクサナアン	implementation
実施する じっし	melaksanakan ムラクサナカン	to implement
実質 じっしつ	hakikat ハキカ(ト)	substance
実習 じっしゅう	kerja nyata クルジャ ニヤタ	practice
実習する じっしゅう	berpraktik ブルプラクテッ	to practice
実情 じつじょう	keadaan yang sebenarnya クアダアン ヤン(グ) スブナルニャ	the actual circumstances
湿疹 しっしん	dérmatitis (bintik-bintik mérah di kulit) デルマティティス（ビンティッ ビンティッ メラー ディ クリ(ト))	rash
失神 しっしん	pingsan ピンサン	faint
失神する しっしん	(jatuh) pingsan （ジャトゥー）ピンサン	to faint
実績 じっせき	hasil ハスィル	results
実践 じっせん	praktik プラクテッ	practice
実践する じっせん	mempraktikkan ムンプラクティッカン	to practice
質素 しっそ	kesederhanaan クスドゥルハナアン	simplicity

日	インドネシア	英
しっそ 質素な	**sederhana** スドゥルハナ	simple
しっそう 失踪	**menghilang** ムンヒラン(グ)	disappearance
じったい 実態	**keadaan yang sesungguhnya** クアダアン ヤン(グ) ススングーニャ	the actual condition
しっち 湿地	**lahan basah** ラハン バサー	swamp
しっちょう 失調	**malafungsi** マラフンスィ	malfunction
しっと 嫉妬	**rasa cemburu** ラサ チュンブル	jealousy
しっと 嫉妬する	**cemburu** チュンブル	to feel jealousy
しつど 湿度	**kelembapan** クルンバパン	humidity
じっと	**terus-menerus** トゥルス ムヌルス	fixedly
しっとぶか 嫉妬深い	**cemburu** チュンブル	jealousy
じつ 実に	**benar** ブナル	truly
じつ 実は	**sebenarnya** スブナルニャ	actually
しっぱい 失敗	**kegagalan** クガガラン	failure
しっぱい 失敗する	**gagal** ガガル	to fail
じっぴ 実費	**biaya sebenarnya** ビアヤ スブナルニャ	actual expense
しっぴつ 執筆	**penulisan** プヌリサン	writing
しっぴつ 執筆する	**menulis** ムヌリス	to write
しっぷ 湿布	**komprés basah** コンプレス バサー	(medical) compress
しっぷ 湿布する	**mengomprés** ムン(グ)オンプレス	to apply a (medical) compress
じつぶつ 実物	**benda yang sebenarnya** ブンダ ヤン(グ) スブナルニャ	real thing

日	インドネシア	英
尻尾 しっぽ	ékor エコル	tail
失望 しつぼう	kekecéwaan ククチェワアン	disappointment
失望する しつぼう	kecéwa クチェワ	be disappointed
質問 しつもん	pertanyaan プルタニャアン	question
質問する しつもん	menanyakan / tanyakan ムナニャカン / タニャカン	to ask a question
実用 じつよう	kepraktisan クプラクティサン	practical use
実用的な じつようてき	praktis プラクテイス	practical
〜しづらい	sulit 〜 スリ(ト)	hard
質量 しつりょう	massa マッサ	mass
実力 じつりょく	kemampuan sendiri クマンプアン スンディリ	ability
失礼 しつれい	ketidaksopanan クティダッソパナン	rudeness
失礼する しつれい	melakukan perbuatan tidak sopan ムラクカン プルブアタン ティダッ ソパン	be rude
失礼な しつれい	tidak sopan ティダッ ソパン	rude
実例 じつれい	contoh nyata チョントー ニャタ	example
失恋（する） しつれん	putus cinta プトゥス チンタ	broken heart / to be broken hearted
指定 してい	penunjukan プヌンジュカン	designation
指定する してい	menunjuk ムヌンジュッ	to designate
指定席 していせき	tempat duduk yang sudah dipesan トゥンパ(ト) ドゥドゥッ ヤン(グ) スダー ディプサン	reserved seat
指摘 してき	penunjukan プヌンジュカン	pointing out
指摘する してき	menunjukkan ムヌンジュッカン	to point out

日	インドネシア	英
〜してください	silakan 〜 スィラカン	please 〜
私鉄	keréta swasta クレタ スワスタ	private railroad
〜してはならない	tidak boléh 〜 ティダッ ボレー	must not
〜してもらう	minta untuk 〜 ミンタ ウントゥ(ク)	to have *sb* do
支店	kantor cabang カントル チャバン(グ)	branch office
視点	sudut pandang スドゥ(ト) パンダン(グ)	point of view
辞典	kamus カムス	dictionary
自転	rotasi ロタスィ	rotation
自転する	berotasi ブロタスィ	to rotate
自転車	sepéda スペダ	bicycle
指導	bimbingan ビンビン(グ)アン	guidance
指導する	membimbing ムンビンビン(グ)	to guide
児童	anak アナッ	children
自動で	secara otomatis スチャラ オトマティス	automatically
自動の	otomatis オトマティス	automatic
自動更新	pembaruan otomatis プンバルアン オトマティス	automatic renewal
自動更新する	memperbarui secara otomatis ムンプルバルイ スチャラ オトマティス	to automatically renew
自動詞	kata kerja intransitif カタ クルジャ イントランスィティフ	intransitive verb
自動車	mobil モビル	car
自動販売機	mesin penjual otomatis ムスィン プンジュアル オトマティス	vending machine

日	インドネシア	英
自動引き落し	pendebitan otomatis プンドゥビタン オトマティス	automatic withdrawal
しとやかな	halus ハルス	graceful
品切れ	kehabisan stok クハビサン ストッ	out of stock
〜しなければ ならない	harus 〜 ハルス	must
萎びる	(menjadi) layu / melayu （ムンジャディ）ラユ / ムラユ	to shrivel
品物	barang バラン（グ）	goods
シナモン	kulit kayu manis クリ(ト) カユ マニス	cinnamon
しなやか	keélastisan クエラスティサン	softness
しなやかな	fléksibel / élastis / lentur フレクスィブル / エラスティス / ルントゥル	soft / elastic
シナリオ	skénario スケナリオ	scenario
歯肉	gusi グスィ	gums
歯肉炎	radang gusi ラダン（グ） グスィ	gingivitis
し尿	tinja dan kemih ティンジャ ダン クミー	human excrement
辞任	pengunduran diri プン（グ）ウンドゥラン ディリ	resignation
辞任する	mengundurkan diri ムン（グ）ウンドゥルカン ディリ	to resign
死ぬ（人間）	meninggal ムニンガル	to die
死ぬ（動物）	mati マティ	to die
地主	pemilik tanah プミリッ タナー	landowner
凌ぐ（耐える）	bertahan / menahan ブルタハン / ムナハン	to endure
凌ぐ（超える）	mengatasi ムン（グ）アタスィ	to exceed

日	インドネシア	英
しば 芝	rumput ルンプ(ト)	lawn
し はい 支配	penguasaan プン(グ)ウアサアン	rule
し はい 支配する	menguasai ムン(グ)ウアサイ	to rule
しばい 芝居	pertunjukkan プルトゥンジュッカン	play
し はいにん 支配人	manajer マナジュル	manager
じ はく 自白	pengakuan プン(グ)アクアン	confession
じ はく 自白する	mengakui ムン(グ)アクイ	to confess
しばしば	sering / kerap スリン(グ) / クラ(プ)	often
し はつ 始発	keréta pertama クレタ プルタマ	the first train
しば ふ 芝生	rumput ルンプ(ト)	grass
し はら 支払い	pembayaran プンバヤラン	payment
し はらいきん 支払金	bayaran バヤラン	payout
し はらいでんぴょう 支払伝票	bon pembayaran ボン プンバヤラン	payment slip
し はらいほうほう 支払方法	cara pembayaran チャラ プンバヤラン	payment method
し はら 支払う	membayar ムンバヤル	to pay
しばらく	sementara スムンタラ	for short while
しばらくお待ち ください	tunggu sebentar トゥング スブンタル	Please wait a moment.
しば 縛る	mengikat ムン(グ)イカ(ト)	to tie
じ ばん 地盤	tanah タナー	ground
し はん き 四半期	kuartal / triwulan クアルタル / トリウラン	quarter

日	インドネシア	英
耳鼻科 （じびか）	spésialis telinga dan hidung スペスィアリス トゥリン(グ)ア ダン ヒドゥン(グ)	otolaryngology
持病 （じびょう）	penyakit kronis プニャキ(ト) クロニス	chronic illness [disease]
痺れ （しびれ）	kesemutan / mati rasa クスムタン / マティ ラサ	numbness
痺れた （しびれた）	kebas / kesemutan クバス / クスムタン	numb
痺れる （しびれる）	kesemutan クスムタン	to get numb
渋い （しぶい）	kelat / sepat クラ(ト) / スパ(ト)	bitter
至福 （しふく）	kebahagiaan tertinggi クバハギアアン トゥルティンギ	bliss
私物 （しぶつ）	barang milik pribadi バラン(グ) ミリッ プリバディ	personal belongings
しぶとい	kukuh / kuat ククー / クア(ト)	tough
渋味 （しぶみ）	rasa sepat ラサ スパ(ト)	astringency
自分 （じぶん）	diri sendiri ディリ スンディリ	self
自分（自覚・自意識） （じぶん）	sendiri スンディリ	self-awareness
紙幣 （しへい）	uang kertas ウアン(グ) クルタス	paper money
自閉症 （じへいしょう）	autisme アウティスム	autism
司法 （しほう）	hukum pengadilan フクム プン(グ)アディラン	judiciary
脂肪 （しぼう）	lemak ルマッ	fat
志望 （しぼう）	keinginan クイン(グ)イナン	desire
志望する （しぼうする）	berkeinginan ブルクイン(グ)イナン	to desire
死亡 （しぼう）	kematian / téwasnya クマティアン / テワスニャ	death
死亡する （しぼうする）	meninggal / téwas ムニンガル / テワス	to die

日	インドネシア	英
しぼむ (植物が)	menjadi layu ムンジャディ ラユ	to wither
しぼむ (タイヤ・風船が)	kempis クンピス	to deflate
絞る	memeras ムムラス	to wring
資本	modal モダル	capital
縞	belang ブラン(ゲ)	stripe
島	pulau プラウ	island
姉妹	bersaudara perempuan ブルサウダラ プルンプアン	sisters
終いに	akhirnya アヒルニャ	at the end
(～して) しまう	terlanjur ~ トゥルランジュル	already
シマウマ	zébra ゼブラ	zebra
字幕	téks film テクス フィルム	subtitles
縞々の	bersetrip / belang-belang ブルストリ(プ) / ブラン(ゲ) ブラン(ゲ)	striped
始末	penyelesaian プニュルサイアン	disposal
始末する	menyelesaikan ムニュルサイカン	to dispose of
しまった	celaka チュラカ	oops
閉まる	tutup トゥトゥ(プ)	to close
自慢	kebanggaan クバンガアン	boasting
自慢する	membanggakan ムンバンガカン	be boastful of
しみ	noda / kotoran ノダ / コトラン	stain
地味 (な)	sederhana スドゥルハナ	simple / plain

日	インドネシア	英
しみじみ	dengan tulus ドゥン(グ)アントゥルス	deeply
シミュレーション	simulasi スィムラスィ	simulation
シミュレーションする	menyimulasikan ムニィムラスィカン	to simulate
市民	warga sipil ワルガ スィビル	citizen
ジム	pusat kebugaran プサ(ト) クブガラン	gym
事務	pekerjaan kantor プクルジャアン カントル	office work
事務員	pegawai kantor プガワイ カントル	clerk
SIM カード	kartu SIM カルトゥ スィム	SIM card
事務所	kantor カントル	office
使命	misi ミスィ	mission
指名	penunjukan プヌンジュカン	designation
指名する	menunjuk ムヌンジュッ	to designate
締め切り	tenggat / batas waktu トゥンガ(ト) / バタス ワクトゥ	deadline
締め切る	menutup ムヌトゥ(プ)	to close
示す	menunjukkan ムヌンジュッカン	to display
しめた	dapat ダパ(ト)	got it
湿る	(menjadi) lembap （ムンジャディ）ルンバ(プ)	to become wet
閉める	menutup ムヌトゥ(プ)	to close
締める (ひもなど で固定する)	mengikat ムン(グ)イカ(ト)	to tighten
締める (お金の出し 入れを少なくする)	memangkas ムマンカス	to save

日	インドネシア	英
締める (ベルト・ネクタイを)	pakai / memakai パカイ / ムマカイ	to wear
占める (占有する)	menguasai / menduduki ムン(グ)ウアサイ / ムンドゥドゥキ	to occupy
占める(割合を持つ)	meraih / menguasai ムライー / ムン(グ)ウアサイ	to account for
地面	permukaan tanah プルムカアン タナー	ground surface
霜	embun beku ウンブン ブク	white frost
地元	lokal / setempat ロカル / ストゥンパ(ト)	local neighborhood
下半期	paruh kedua パルー クドゥア	second half
指紋	sidik jari スィディッ ジャリ	fingerprint
視野	pandangan パンダン(グ)アン	field of view
ジャーナリスト	jurnalis ジュルナリス	journalist
シャープペンシル	pénsil mékanik ペンスィル メカニッ	mechanical pencil
シャーベット	és krim sharbét エス クリム シャルベ(ト)	sherbet
社員	karyawan カルヤワン	employee
釈迦	Buddha ブッダ	Buddha
社会	masyarakat マシャラカ(ト)	society
社会科学	ilmu pengetahuan sosial イルム プン(グ)ウタフアン ソスィアル	social science
ジャガイモ	kentang クンタン(グ)	potato
しゃがむ	jongkok ジョンコッ	to squat down
ジャカルタ	Jakarta ジャカルタ	Jakarta
弱〜	~ lemah ルマー	weakly

日	インドネシア	英
じゃぐち 蛇口	keran (air) クラン（アイル）	faucet
じゃくてん 弱点	kelemahan クルマハン	weakness
しゃくや 借家	rumah séwa ルマー セワ	rented house
しゃこ 車庫	garasi ガラスィ	garage
しゃこう 社交	pergaulan プルガウラン	socializing
しゃざい 謝罪	permohonan maaf プルモホナン マアフ	apology
しゃざい 謝罪する	meminta maaf ムミンタ マアフ	to apologize
しゃしょう 車掌	kondéktur コンデクトゥル	conductor
しゃしん 写真	foto フォト	photograph
ジャズ	jazz ジャズ	jazz
ジャスミンティー	téh melati テー ムラティ	jasmine tea
しゃせい 写生	skétsa スケッツァ	sketching
しゃせい 写生する	membuat skétsa ムンブア(ト) スケッツァ	to sketch
しゃせつ 社説	éditorial エディトリアル	editorial
しゃぜつ 謝絶	penolakan プノラカン	refusal
しゃぜつ 謝絶する	menolak ムノラッ	to refuse
しゃせん 車線	lajur ラジュル	traffic lane
しゃたく 社宅	perumahan untuk pegawai プルマハン ウントゥ(ク) プガワイ	company housing
しゃちょう 社長	diréktur ディレクトゥル	president
シャツ	keméja クメジャ	shirt

日	インドネシア	英
<ruby>若干<rt>じゃっかん</rt></ruby>	beberapa ブブラパ	few
<ruby>借金<rt>しゃっきん</rt></ruby>	utang ウタン(グ)	debt
<ruby>借金<rt>しゃっきん</rt></ruby>する	berutang ブルウタン(グ)	to go into debt
ジャックフルーツ	(buah) nangka (ブアー) ナンカ	jackfruit
しゃっくり (する)	cegukan チュグカン	hiccough / to hiccup
シャッター(<ruby>鎧戸<rt></rt></ruby>)	pintu rolling door ピントゥ ローリン(グ) ド	shutter
シャッター (カメラ)	tombol kaméra トンボル カメラ	shutter
<ruby>車道<rt>しゃどう</rt></ruby>	jalan mobil ジャラン モビル	roadway
しゃぶる	menghisap ムンヒサ(プ)	to suck
<ruby>喋る<rt>しゃべ</rt></ruby>	berbicara ブルビチャラ	to talk
<ruby>邪魔<rt>じゃま</rt></ruby>	gangguan ガングアン	obstacle
<ruby>邪魔<rt>じゃま</rt></ruby>する	ganggu / mengganggu ガング / ムンガング	to disturb
ジャム	selai スライ	jam
<ruby>斜面<rt>しゃめん</rt></ruby>	léréng / miring レレン(グ) / ミリン(グ)	inclined plane
<ruby>砂利<rt>じゃり</rt></ruby>	kerikil クリキル	gravel
<ruby>車両<rt>しゃりょう</rt></ruby>	gerbong グルボン(グ)	carriage
<ruby>車輪<rt>しゃりん</rt></ruby>	roda ロダ	wheel
<ruby>洒落<rt>しゃれ</rt></ruby>	banyolan バニョラン	wordplay
<ruby>謝礼<rt>しゃれい</rt></ruby>	imbalan jasa インバラン ジャサ	fee
シャワー	pancuran / shower パンチュラン / シャワー	shower

日	インドネシア	英
シャワー付き	**dilengkapi pancuran [shower]** ディルンカピ パンチュラン [シャワー]	with shower
じゃんけん	**sutén** ステン	rock-paper-scissors
ジャンパー	**jakét** ジャケ(ト)	jacket
ジャンプ	**lompatan** ロンパタン	jump
ジャンプする	**melompat** ムロンパ(ト)	to jump
シャンプー	**sampo** サンポ	shampoo
シャンプーする	**menyampo** ムニャンポ	to shampoo
ジャンル	**jenis / génre** ジュニス / ゲンル	genre
州	**provinsi** プロフィンスイ	state
衆	**kumpulan orang** クンプラン オラン(グ)	great numbers
週	**minggu** ミング	week
私有	**milik pribadi** ミリッ プリバディ	private ownership
私有する	**memiliki** ムミリキ	to own *sth* privately
10	**sepuluh** スプルー	ten
住	**tempat tinggal** トゥンパ(ト) ティンガル	living
銃	**senapan** スナパン	gun
自由	**kebébasan** クベバサン	freedom
自由な	**bébas** ベバス	be free
重圧	**tekanan** トゥカナン	pressure
周囲	**sekeliling / sekitar** スクリリン(グ) / スキタル	surrounding

日	インドネシア	英
11	**sebelas** スブラス	eleven
じゅういちがつ 十一月	**Novémber** ノフェンブル	November
しゅうえき 収益	**untung** ウントゥン(グ)	proceeds
しゅうえきせい 収益性	**keuntungan** クウントゥン(グ)アン	profitability
しゅうかい 集会	**perkumpulan** ブルクンプラン	gathering
しゅうかいする 集会する	**berkumpul** ブルクンプル	to gather
しゅうかく 収穫	**panén** パネン	harvest
しゅうかくする 収穫する	**memanén** ムマネン	to harvest
しゅうがくする 修学する	**mempelajari** ムンプラジャり	to learn
じゅうがつ 十月	**Oktober** オクトブル	October
しゅうかん 習慣	**kebiasaan** クビアサアン	habit
しゅうかん 週間	**minggu** ミング	week
しゅうき 周期	**siklus** スィクルス	cycle
しゅうぎいん 衆議院	**majelis rendah** マジュリス ルンダー	the Lower House
しゅうきゅう 週給	**gaji mingguan** ガジ ミングアン	weekly wage [pay]
じゅうきょ 住居	**tempat tinggal** トゥンパ(ト) ティンガル	residence
しゅうきょう 宗教	**agama** アガマ	religion
しゅうぎょう 終業	**selesai / akhir** スルサイ / アヒル	finish
しゅうぎょう 就業	**pekerjaan** ブクルジャアン	employment
しゅうぎょうする 就業する	**mulai bekerja** ムライ ブクルジャ	to start [begin] work

日	インドネシア	英
じゅうぎょういん 従業員	**karyawan** カルヤワン	employee
しゅうきん 集金	**pengumpulan uang** プン(グ)ウンプラン ウアン(グ)	bill collection
しゅうきん 集金する	**mengumpulkan uang** ムン(グ)ウンプルカン ウアン(グ)	to collect money [bill]
19	**sembilan belas** スンビラン ブラス	nineteen
しゅうけい 集計	**perhitungan** プルヒトゥン(グ)アン	totalization
しゅうけい 集計する	**memperhitungkan** ムンプルヒトゥンカン	to totalize
しゅうげき 襲撃	**serbuan** スルブアン	assault
しゅうげき 襲撃する	**menyerbu** ムニュルブ	to assault
15	**lima belas** リマ ブラス	fifteen
しゅうごう 集合	**perkumpulan** プルクンプラン	gathering
しゅうごう 集合する	**berkumpul** ブルクンプル	to gather
しゅうごうばしょ 集合場所	**tempat berkumpul** トゥンパ(ト) ブルクンプル	meeting place
しゅうさい 秀才	**orang yang berbakat** オラン(グ) ヤン(グ) ブルバカ(ト)	bright [brilliant, intelligent] person
13	**tiga belas** ティガ ブラス	thirteen
しゅうし 収支	**pendapatan dan pengeluaran** プンダパタン ダン プン(グ)ウルアラン	income and expenses
しゅうし 修士	**magister** マギストゥル	master's degree
しゅうし 終始	**selalu / sejak awal sampai akhir** スラル / スジャッ アワル サンパイ アヒル	always
しゅうじ 習字	**kaligrafi Jepang** カリグラフィ ジュパン(グ)	calligraphy
じゅうし 重視	**pengutamaan** プン(グ)ウタマアン	serious consideration
じゅうし 重視する	**mementingkan** ムムンティンカン	to make much account of

し

日	インドネシア	英
<ruby>従<rt>じゅう</rt></ruby><ruby>事<rt>じ</rt></ruby>	pekerjaan プクルジャアン	engagement with
<ruby>従<rt>じゅう</rt></ruby><ruby>事<rt>じ</rt></ruby>する	mengerjakan ムン(グ)ウルジャカン	to engage in
17	tujuh belas トゥジュー ブラス	seventeen
<ruby>終<rt>しゅう</rt></ruby><ruby>日<rt>じつ</rt></ruby>	sepanjang hari スパンジャン(グ) ハリ	all day
<ruby>充<rt>じゅう</rt></ruby><ruby>実<rt>じつ</rt></ruby>	kepuasan クプアサン	fullness
<ruby>充<rt>じゅう</rt></ruby><ruby>実<rt>じつ</rt></ruby>する	produktif プロドゥクテイフ	to make full
<ruby>収<rt>しゅう</rt></ruby><ruby>集<rt>しゅう</rt></ruby>	pengumpulan プン(グ)ウンプラン	collection
<ruby>収<rt>しゅう</rt></ruby><ruby>集<rt>しゅう</rt></ruby>する	mengumpulkan ムン(グ)ウンプルカン	to collect
<ruby>自<rt>じ</rt></ruby><ruby>由<rt>ゆう</rt></ruby><ruby>主<rt>しゅ</rt></ruby><ruby>義<rt>ぎ</rt></ruby>	liberalisme リブラリスム	liberalism
<ruby>自<rt>じ</rt></ruby><ruby>由<rt>ゆう</rt></ruby><ruby>主<rt>しゅ</rt></ruby><ruby>義<rt>ぎ</rt></ruby>の	liberal リブラル	liberal
<ruby>住<rt>じゅう</rt></ruby><ruby>所<rt>しょ</rt></ruby>	alamat アラマ(ト)	one's address
<ruby>就<rt>しゅう</rt></ruby><ruby>職<rt>しょく</rt></ruby>	pekerjaan プクルジャアン	getting employment
<ruby>就<rt>しゅう</rt></ruby><ruby>職<rt>しょく</rt></ruby>する	mendapat pekerjaan ムンダパ(ト) プクルジャアン	to find employment
<ruby>修<rt>しゅう</rt></ruby><ruby>飾<rt>しょく</rt></ruby>	modifikasi モデイフイカスィ	modification
<ruby>修<rt>しゅう</rt></ruby><ruby>飾<rt>しょく</rt></ruby>する	memodifikasi ムモデイフイカスィ	to modify
<ruby>十<rt>じゅう</rt></ruby><ruby>字<rt>じ</rt></ruby><ruby>路<rt>ろ</rt></ruby>	perempatan プルウンパタン	crossroads
<ruby>囚<rt>しゅう</rt></ruby><ruby>人<rt>じん</rt></ruby>	narapidana ナラピダナ	prisoner
<ruby>重<rt>じゅう</rt></ruby><ruby>心<rt>しん</rt></ruby>	pusat massa プサ(ト) マッサ	center of gravity
ジュース	jus ジュス	juice
<ruby>修<rt>しゅう</rt></ruby><ruby>正<rt>せい</rt></ruby>	koréksi コレクスィ	correction

日	インドネシア	英
しゅうせい 修正する	mengoréksi ムン(グ)オレクスィ	to correct
しゅうぜん 修繕	perbaikan プルバイカン	repair
しゅうぜん 修繕する	memperbaiki ムンプルバイキ	to repair
じゅうたい 渋滞	kemacetan クマチュタン	traffic jam
じゅうたい 渋滞する	macet マチュ(ト)	be caught in a traffic jam
じゅうたい 重体	kondisi kritis コンディスィ クリティス	serious condition
じゅうたい 重体の	parah / akut パラー / アク(ト)	serious
じゅうだい 重大	pentingnya プンティン(グ)ニャ	importance
じゅうだい 重大な	penting プンティン(グ)	important
じゅうたく 住宅	rumah ルマー	house
じゅうたくち 住宅地	daérah perumahan ダエラー プルマハン	residential area [zone, district, quarter]
じゅうたくちたい 住宅地帯	perumahan プルマハン	residential zone
しゅうだん 集団	kelompok クロンポッ	group
じゅうたん 絨毯	permadani / karpét プルマダニ / カルペ(ト)	carpet
しゅうちしん 羞恥心	rasa malu ラサ マル	sense of shame
しゅうちゃく 執着	obsési オブセスィ	persistence
しゅうちゃく 執着する	terobsési トゥルオブセスィ	be persistent
しゅうちゅう 集中	konséntrasi コンセントラスィ	concentration
しゅうちゅう 集中する	berkonséntrasi ブルコンセントラスィ	to concentrate
しゅうちゅうちりょうしつ 集中治療室	unit perawatan darurat ウニ(ト) プラワタン ダルラ(ト)	intensive care unit (ICU)

日	インドネシア	英
しゅうてん **終点**	**titik akhir** ティティッ アヒル	ending point
しゅうてん（乗り物） **終点（乗り物）**	**terminal** トゥルミナル	terminal
じゅうてん **重点**	**titik berat** ティティッ ブラ(ト)	important point
じゅうでん **充電**	**cas** チャス	charging
じゅうでん **充電する**	**mengecas** ムン(グ)ウチャス	to charge
じゅうでんき **充電器**	**alat cas** アラ(ト) チャス	battery charger
じゅうどう **柔道**	**judo** ジュド	judo
しゅうとくぶつ **拾得物**	**barang temuan** バラン(グ) トゥムアン	found item
じゅうなん **柔軟**	**keluwesan / fléksibilitas** クルウサン / フレクスィビリタス	flexibility
じゅうなん **柔軟な**	**luwes / fléksibel** ルウス / フレクスィブル	flexible
12	**dua belas** ドゥア ブラス	twelve
じゅうにがつ **十二月**	**Désémber** デセンブル	December
しゅうにゅう **収入**	**pendapatan** プンダパタン	income
しゅうにん **就任**	**pelantikan** プランティカン	assumption of office
しゅうにん **就任する**	**mulai menjabat** ムライ ムンジャバ(ト)	to assume office
じゅうにん **住人**	**penghuni** プン(グ)フニ	resident
しゅうはいにん **集配人**	**tukang pos** トゥカン(グ) ポス	postman
18	**delapan belas** ドゥラパン ブラス	eighteen
じゅうびょう **重病**	**penyakit parah** プニャキ(ト) パラー	serious [critical] illness
しゅうふく **修復**	**réstorasi** レストラスィ	restoration

日	インドネシア	英
しゅうふく 修復する	meréstorasi ムレストラスィ	to restore
じゅうふく 重複	pengulangan プン(グ)ウラン(グ)アン	overlapping
じゅうふく 重複する	berulang-ulang ブルウラン(グ) ウラン(グ)	to overlap
じゅうぶん 充分	kecukupan クチュクパン	sufficiency
じゅうぶん 充分な	cukup チュク(プ)	sufficient
しゅうまつ 週末	akhir pekan アヒル プカン	weekend
じゅうみん 住民	penduduk プンドゥドゥッ	inhabitants
じゅうやく 重役	éksékutif エクセクティフ	executive
しゅうゆう 周遊	tur トゥル	tour
しゅうよう 収容	penampungan プナンプン(グ)アン	accommodation
しゅうよう 収容する	menampung ムナンプン(グ)	to accommodate
じゅうよう 重要	pentingnya プンティン(グ)ニャ	importance
じゅうよう 重要な	penting プンティン(グ)	important
14	empat belas ウンパ(ト) ブラス	fourteen
じゅうらい 従来	sebagaimana biasa スバガイマナ ビアサ	as usual
しゅうり 修理	perbaikan プルバイカン	repair
しゅうり 修理する	memperbaiki ムンプルバイキ	to repair
しゅうりこうじょう 修理工場	béngkél ベンケル	repair [maintenance] shop
しゅうりょう 終了	penyelesaian プニュルサイアン	end
しゅうりょう 終了する	menyelesaikan ムニュルサイカン	to end

日	インドネシア	英
しゅうりょう 修了	kelulusan クルルサン	completion
しゅうりょう 修了する	lulus ルルス	to complete
じゅうりょう 重量	berat / bobot ブラ(ト) / ボボ(ト)	weight
じゅうりょく 重力	gravitasi グラフィタスイ	gravity
16	enam belas ウナム ブラス	sixteen
しゅえい 守衛	satuan pengamanan サトゥアン ブン(グ)アマナン	guard
しゅえん 主演	pemeran utama ブムラン ウタマ	leading actor [actress]
しゅえん 主演する	membintangi ムンビンタン(グ)イ	to play the lead role
しゅかん 主観	subyéktivitas スブイエクテイフイタス	subjectivity
しゅかんてき 主観的な	subyéktif スブイエクテイフ	subjective
しゅぎ 主義	prinsip ブリンスイ(ブ)	principle
しゅぎょう 修行	penempaan ブヌンパアン	training
しゅぎょう 修行する	menempa ムヌンパ	to train
じゅぎょう 授業	kuliah クリアー	lesson
じゅぎょう 授業する	memberi kuliah ムンブリ クリアー	to take a lesson
じゅぎょうりょう 授業料	biaya kuliah ビアヤ クリアー	tuition
じゅく 塾	bimbingan belajar ビンビン(グ)アン ブラジャル	private school
しゅくが 祝賀	perayaan ブラヤアン	celebration
しゅくが 祝賀する	merayakan ムラヤカン	to celebrate
じゅくご 熟語	idiom イデイオム	idiom

日	インドネシア	英
熟した じゅく	matang マタン(グ)	ripe
祝日 しゅくじつ	hari raya ハリ ラヤ	holiday
縮小 しゅくしょう	penciutan プンチウタン	reduction
縮小する しゅくしょう	menciut ムンチウ(ト)	to reduce
熟睡 じゅくすい	tidur nyenyak ティドゥル ニュニャッ	sound [deep] sleep
熟睡する じゅくすい	tidur lelap ティドゥル ルラ(プ)	to sleep soundly
宿題 しゅくだい	pekerjaan rumah / PR プクルジャアン ルマー / ペーエル	assignment
祝典 しゅくてん	perayaan プラヤアン	celebration
宿泊 しゅくはく	penginapan プン(グ)イナパン	accommodation
宿泊する しゅくはく	menginap ムン(グ)イナ(プ)	to accommodate
宿泊客 しゅくはくきゃく	penginap プン(グ)イナ(プ)	house guest
祝福 しゅくふく	restu ルストゥ	blessing
祝福する しゅくふく	merestui ムルストゥイ	to bless
宿命 しゅくめい	nasib ナスィ(ブ)	destiny
熟慮 じゅくりょ	pertimbangan yang saksama プルティンバン(グ)アン ヤン(グ) サクサマ	deliberation
熟慮する じゅくりょ	mempertimbangkan dengan saksama ムンプルティンバンカン ドゥン(グ)アン サクサマ	to deliberate
熟練 じゅくれん	keahlian クアフリアン	proficiency
熟練する じゅくれん	memiliki keahlian ムミリキ クアフリアン	proficient
手芸 しゅげい	kerajinan tangan クラジナン タン(グ)アン	handicraft
手芸品 しゅげいひん	hasil kerajinan tangan ハスィル クラジナン タン(グ)アン	handicrafts

し

日	インドネシア	英
しゅけん 主権	kedaulatan クダウラタン	sovereignty
じゅけん 受験	ujian ウジアン	taking an exam
じゅけん 受験する	menempuh ujian ムヌンプー ウジアン	to take an exam
しゅご 主語	subyék スブイェッ	subject
しゅこうげい 手工芸	kerajinan tangan / hasta karya クラジナン タン(グ)アン / ハスタ カルヤ	handicraft
しゅさい 主催	penyelenggaraan プニュルンガラアン	sponsorship
しゅさい 主催する	menyelenggarakan ムニュルンガラカン	to sponsor
しゅざい 取材	pencarian berita プンチャリアン ブリタ	news gathering
しゅざい 取材する	meliput ムリプ(ト)	to gather news
しゅし 趣旨	maksud マクス(ド)	intended meaning
しゅじゅ 種々	bermacam-macam ブルマチャム マチャム	various
しゅじゅつ 手術	operasi オプラスィ	operation
しゅじゅつ 手術する	membedah ムンブダー	to operate
しゅしょう 首相	perdana menteri プルダナ ムントゥリ	prime minister
しゅしょく 主食	makanan pokok マカナン ポコッ	staple diet
しゅじん 主人（家の）	suami スアミ	master of a house
しゅじん 主人 （旅館や店などの）	tuan トゥアン	landlord
じゅしん 受信	penerimaan pesan プヌリマアン プサン	receipt of a message
じゅしん 受信する	menerima pesan ムヌリマ プサン	to receive a message
じゅしん 受診	konsultasi コンスルタスィ	consultation

日	インドネシア	英
<ruby>受診<rt>じゅしん</rt></ruby>する	**berkonsultasi kepada dokter** ブルコンスルタシ クパダ ドクトゥル	to consult a doctor
<ruby>主人公<rt>しゅじんこう</rt></ruby>	**tokoh utama** トコー ウタマ	main character
<ruby>主体<rt>しゅたい</rt></ruby>	**subyék** スブイェッ	the subject
<ruby>主題<rt>しゅだい</rt></ruby>	**téma** テマ	theme
<ruby>手段<rt>しゅだん</rt></ruby>	**cara** チャラ	way
<ruby>主張<rt>しゅちょう</rt></ruby>	**klaim / penegasan** クレイム / プヌガサン	insistence
<ruby>主張<rt>しゅちょう</rt></ruby>する	**mengklaim / menegaskan** ムンクレイム / ムヌガスカン	to insist on
<ruby>出演<rt>しゅつえん</rt></ruby>	**penampilan** プナンピラン	appearance
<ruby>出演<rt>しゅつえん</rt></ruby>する	**menampilkan** ムナンピルカン	to appear in
<ruby>出勤<rt>しゅっきん</rt></ruby>	**kerja** クルジャ	going to work
<ruby>出勤<rt>しゅっきん</rt></ruby>する	**masuk kerja** マスッ クルジャ	to go to work
<ruby>出血<rt>しゅっけつ</rt></ruby>	**pendarahan** プンダラハン	bleeding
<ruby>出血<rt>しゅっけつ</rt></ruby>する	**berdarah** ブルダラー	to bleed
<ruby>出現<rt>しゅつげん</rt></ruby>	**kemunculan** クムンチュラン	appearance
<ruby>出現<rt>しゅつげん</rt></ruby>する	**muncul** ムンチュル	to appear
<ruby>述語<rt>じゅつご</rt></ruby>	**prédikat** プレディカ(ト)	predicate
<ruby>出国<rt>しゅっこく</rt></ruby>	**keberangkatan ke luar negeri** クブランカタン ク ルアル ヌグリ	embarkation
<ruby>出国<rt>しゅっこく</rt></ruby>する	**berangkat ke luar negeri** ブランカ(ト) ク ルアル ヌグリ	to embark
<ruby>出産<rt>しゅっさん</rt></ruby>	**persalinan** プルサリナン	having a baby
<ruby>出産<rt>しゅっさん</rt></ruby>する	**bersalin** ブルサリン	to have a baby

日	インドネシア	英
しゅっしゃ 出社（する）	masuk kantor マスッ カントル	attendance / to go to work
しゅっせい 出生	kelahiran クラヒラン	birth
しゅっせい 出生する	lahir ラヒル	be born
しゅつじょう 出場	keikutsertaan クイク(ト)スルタアン	participation
しゅつじょう 出場する	ikut bertanding イク(ト) ブルタンディン(グ)	to participate in
しゅっしん 出身	asal アサル	come from
しゅっせ 出世	kesuksésan / kenaikan pangkat クスッセサン / クナイカン パンカ(ト)	promotion
しゅっせ 出世する	suksés / naik pangkat スクセス / ナイッ パンカ(ト)	be promoted
しゅっせき 出席	kehadiran クハディラン	attendance
しゅっせき 出席する	menghadiri ムンハディリ	to attend to
しゅつだい 出題	penyusunan soal ujian プニュスナン ソアル ウジアン	setting questions for a test
しゅつだい 出題する	membuat soal ujian ムンブア(ト) ソアル ウジアン	to set questions for a test
しゅっちょう 出張	perjalanan dinas ブルジャラナン ディナス	business trip
しゅっちょう 出張する	melakukan perjalanan dinas ムラクカン ブルジャラナン ディナス	to go on a business trip
しゅっちょうてあて 出張手当	tunjangan dinas トゥンジャン(グ)アン ディナス	travel allowance
しゅっちょうひ 出張費	biaya perjalanan dinas ビアヤ ブルジャラナン ディナス	travel expenses [costs]
しゅつどう 出動	pengerahan プン(グ)ウラハン	going to work
しゅつどう 出動する	dikerahkan ディラーカン	to go to work
しゅっぱつ 出発	keberangkatan クブランカタン	departure
しゅっぱつする 出発する	berangkat ブランカ(ト)	to depart

日	インドネシア	英
出発時間 しゅっぱつじかん	jam keberangkatan ジャム クブランカタン	departure time
出発ロビー しゅっぱつ	lobi keberangkatan ロビ クブランカタン	departure lounge [lobby]
出版 しゅっぱん	penerbitan プヌルビタン	publishing
出版する しゅっぱん	menerbitkan ムヌルビ(ト)カン	to publish
出版社 しゅっぱんしゃ	penerbit プヌルビ(ト)	publishing company [house]
出費 しゅっぴ	biaya ビアヤ	expenses
出費する しゅっぴ	mengeluarkan uang ムン(グ)ウルアルカン ウアン(グ)	to expend
出品 しゅっぴん	paméran パメラン	exhibition
出品する しゅっぴん	memamérkan ムマメルカン	to exhibit
首都 しゅと	ibu kota イブ コタ	capital city
主導 しゅどう	pimpinan ピンピナン	taking the initiative
主導する しゅどう	memimpin ムミンピン	to take the initiative
取得 しゅとく	pemeroléhan プムロレハン	acquisition
取得する しゅとく	memperoléh ムンプルオレー	to acquire
主任 しゅにん	ketua クトゥア	person in charge of
首脳 しゅのう	pimpinan ピンピナン	leader
守備 しゅび	pertahanan プルタハナン	defense
守備する しゅび	bertahan ブルタハン	to defend
主婦 しゅふ	ibu rumah tangga イブ ルマー タンガ	housewife
手法 しゅほう	téknik テクニッ	technique

日	インドネシア	英
しゅみ 趣味	hobi ホビ	hobby
しゅみ 趣味（好み・傾向）	seléra スレラ	preference
じゅみょう 寿命	usia harapan hidup ウスィア ハラパン ヒドゥ(プ)	lifespan
しゅもく 種目	cabang チャバン(グ)	event
じゅもく 樹木	pepohonan プポホナン	tree
しゅやく 主役	tokoh utama トコー ウタマ	the leading role
しゅよう 腫瘍	tumor トゥモル	tumor
しゅよう 主要	keutamaan クウタマアン	primacy
しゅような 主要な	utama ウタマ	principal
じゅよう 需要	permintaan プルミンタアン	demand
じゅりつ 樹立	pendirian プンディリアン	establishment
じゅりつする 樹立する	mendirikan ムンディリカン	to establish
しゅりょう 狩猟	perburuan プルブルアン	hunting
じゅりょう 受領	penerimaan プヌリマアン	receipt
じゅりょうする 受領する	menerima ムヌリマ	to receive
しゅるい 種類	jenis ジュニス	variety
シュレッダー	penghancur kertas プン(グ)ハンチュル クルタス	shredder
しゅわ 手話	bahasa isyarat バハサ イシャラ(ト)	sign language
じゅわき 受話器	pesawat télépon プサワ(ト) テレポン	telephone receiver
しゅん 旬	musim ムスィム	season

日	インドネシア	英
旬の しゅん	musiman ムスィマン	in season
順位 じゅん い	peringkat プリンカ(ト)	ranking
瞬間 しゅんかん	saat サア(ト)	moment
循環 じゅんかん	perédaran プルエダラン	circulation
循環する じゅんかん	berédar ブルエダル	to circulate
準急 じゅんきゅう	semi éksprés スミ エクスプレス	local express
准教授 じゅんきょうじゅ	associate proféssor アソーシエイト プロフェソル	associate professor
純金 じゅんきん	emas murni ウマス ムルニ	pure gold
巡査 じゅん さ	polisi ポリスィ	police officer
順々に じゅんじゅん	berurutan ブルウルタン	in order
順序 じゅんじょ	urutan ウルタン	order
純情 じゅんじょう	kepolosan クポロサン	innocence
純情な じゅんじょう	polos ポロス	innocent
準じる じゅん	berdasarkan ブルダサルカン	be based upon
純粋さ じゅんすい	kemurnian クムルニアン	purity
純粋な じゅんすい	murni ムルニ	pure
順調 じゅんちょう	kelancaran クランチャラン	favorableness
順調な じゅんちょう	lancar ランチャル	favorable
順応 じゅんのう	adaptasi アダプタスィ	adjustment
順応する じゅんのう	beradaptasi ブルアダプタスィ	to adjust

日	インドネシア	英
じゅんばん 順番	giliran ギリラン	order
じゅんび 準備	persiapan プルスィアパン	preparation
じゅんび 準備する	mempersiapkan ムンプルスィア(プ)カン	to prepare for
しょう 章	bab バ(ブ)	chapter
しょう 賞	hadiah ハディアー	prize
しよう 仕様	spésifikasi / spék スペスィフィカスィ / スペッ	specifications
しよう 使用	pemakaian プマカイアン	use
しよう 使用する	memakai ムマカイ	to use
しよう 私用	urusan pribadi ウルサン プリバディ	private use
しよう 私用する	memakai secara pribadi ムマカイ スチャラ プリバディ	to use privately
しよう 試用	pencobaan プンチョバアン	trial
しよう 試用する	mencoba ムンチョバ	to try out
じょう 情	perasaan プラサアン	feeling
じょう 錠	gembok グンボッ	lock
じょうい 上位	peringkat atas プリンカ(ト) アタス	higher rank
じょうえん 上演	pementasan プムンタサン	performance
じょうえん 上演する	mementaskan ムムンタスカン	to perform
しょうか 消化	pencernaan プンチュルナアン	digestion
しょうか 消化する	mencerna ムンチュルナ	to digest
しょうか 城下	di bawah istana ディ バワー イスタナ	under the castle

日	インドネシア	英
しょうかい 紹介	**perkenalan** プルクナラン	introduction
しょうかい 紹介する	**memperkenalkan** ムンプルクナルカン	to introduce
しょうがい 障害	**hambatan / gangguan** ハンバタン / ガングアン	obstacle
しょうがい 生涯	**riwayat hidup** リワヤ(ト) ヒドゥ(プ)	life
しょうがいしゃ 障害者	**penyandang cacat** プニャンダン(グ) チャチャ(ト)	disabled [handicapped] person
しょうかき 消火器	**pemadam api** プマダム アピ	fire extinguisher
しょうがくきん 奨学金	**béasiswa** ベアスィスワ	scholarship
しょうがくせい 小学生	**siswa SD** スィスワ エスデー	elementary school student
しょうがつ 正月	**tahun baru** タフン バル	the New Year
しょうがっこう 小学校	**sekolah dasar / SD** スコラー ダサル / エスデー	elementary school
しょうかふりょう 消化不良	**gangguan pencernaan / dispépsia** ガングアン プンチュルナアン / ディスペプスィア	indigestion
じょうき 蒸気	**uap** ウア(プ)	steam
じょうぎ 定規	**penggaris** プンガリス	ruler
じょうきゃく 乗客	**penumpang** プヌンパン(グ)	passenger
しょうきゅう 昇給	**kenaikan upah** クナイカン ウパー	pay increase
しょうきゅうする 昇給する	**naik gaji** ナイッ ガジ	to get a rise in one's salary
じょうきゅう 上級	**lével atas / tingkat mahir** レフル アタス / ティンカ(ト) マヒル	upper grade
しょうきょ 消去	**penghapusan** プン(グ)ハプサン	deletion
しょうきょする 消去する	**menghapus** ムンハプス	to delete
しょうぎょう 商業	**perdagangan** プルダガン(グ)アン	commerce

日	インドネシア	英
じょうきょう 状況	keadaan / situasi / kondisi クアダアン / スィトゥアスィ / コンディスィ	conditions
じょうきょう 上京（する）	pergi ke ibu kota プルギ ク イブ コタ	coming [to come] to the capital (Tokyo)
しょうきょくせい 消極性	kepasifan クパスィファン	passiveness
しょうきょくてき 消極的	pasif パスィフ	being passive
しょうきょくてきな 消極的な	(bersifat) pasif (ブルスィファ(ト)) パスィフ	passive
しょうきん 賞金	hadiah ハディアー	reward
じょうくう 上空	langit ラン(グ)イ(ト)	up in the sky
じょうげ 上下	atas bawah アタス バワー	top and bottom
じょうげする 上下する	naik turun ナイ(ト)トゥルン	to move up and down
しょうげき 衝撃	pukulan / guncangan プクラン / グンチャン(グ)アン	impact
しょうげき（大きな影響） 衝撃（大きな影響）	impak / pengaruh yang kuat インパ(ツ) / プン(グ)アルー ヤン(グ) クア(ト)	impact
しょうげき（物理的） 衝撃（物理的）	hantaman / benturan ハンタマン / ブントゥラン	crushing
しょうけん 証券	sekuritas スクリタス	securities
しょうげん 証言	kesaksian クサクスィアン	testimony
しょうげんする 証言する	bersaksi ブルサクスィ	to testify to
じょうけん 条件	syarat シャラ(ト)	condition / terms
しょうけんがいしゃ 証券会社	perusahaan sekuritas プルサハアン スクリタス	securities company
しょうけんとりひきじょ 証券取引所	bursa saham ブルサ サハム	securities exchange
しょうこ 証拠	bukti ブクティ	evidence
しょうご 正午	tengah hari トゥン(グ)アー ハリ	noon

日	インドネシア	英
しょうごう 照合	pengecékan プン(グ)ウチェカン	verification
しょうごう 照合する	memvérifikasi ムンフェリフィカスイ	to verify
しょうさい 詳細	perincian プリンチアン	details
しょうさい 詳細な	rinci リンチ	detailed
じょうざい 錠剤	tablét タブレ(ト)	pill
しょうさん 称賛	pujian プジアン	praise
しょうさん 称賛する	memuji ムムジ	to give praise
じょうし 上司	atasan アタサン	one's boss
しょうじき 正直	kejujuran クジュジュラン	honesty
しょうじき 正直な	jujur ジュジュル	honest
じょうしき（知識） 常識	pengetahuan umum プン(グ)ウタフアン ウムム	common knowledge
じょうしき（判断力） 常識	akal séhat / nalar アカル セハ(ト) / ナラル	common sense
じょうしつ 上質	kualitas tinggi クアリタス ティンギ	high-quality [grade]
しょうしゃ 商社	perusahaan perdagangan プルウサハアン プルダガン(グ)アン	trading company
しょうしゃ 勝者	pemenang プムナン(グ)	winner
じょうしゃ（する） 乗車	naik kendaraan ナイック クンダラアン	boarding / to board
じょうしゃけん 乗車券	karcis keréta カルチス クレタ	train ticket
しょうじゅん 昇順	pengurutan menaik プン(グ)ウルタン ムナイッ	ascending order
じょうじゅん 上旬	awal bulan アワル ブラン	the beginning of a month
しようしょ 仕様書	spésifikasi スペスイフィカスイ	specifications

日	インドネシア	英
しょうじょ 少女	gadis ガディス	little girl
しょうしょう 少々	sedikit スディキ(ト)	just a little bit
しょうじょう 症状	gejala penyakit グジャラ プニャキ(ト)	symptom
じょうしょう 上昇	peningkatan プニンカタン	rising
じょうしょう 上昇する	meningkat ムニンカ(ト)	to rise
しょう 生じる	timbul / disebabkan ティンブル / ディスバ(ブ)カン	to cause
しょうしん 昇進	kenaikan pangkat クナイカン パンカ(ト)	promotion
しょうしん 昇進する	naik pangkat ナイッ パンカ(ト)	be promoted
じょうず 上手	kepandaian / kemahiran クパンダイアン / クマヒラン	proficiency
じょうず 上手な	pandai / mahir パンダイ / マヒル	proficient
しょうすう 小数	angka désimal アンカ デスィマル	decimal
しょうすう 少数	jumlah yang sedikit ジュムラー ヤン(グ) スディキ(ト)	a small number
しょうすう 少数の	jumlah kecil / segelintir ジュムラー クチル / スグリンティル	a small number of
しょう 称する	menyebut ムニュブ(ト)	to call
じょうせい 情勢	situasi スィトゥアスィ	state of affairs
しょうせつ 小説	novél ノフェル	novel
しょうそく 消息	kabar / berita カバル / ブリタ	information
しょうたい 正体	idéntitas イデンティタス	one's true character
しょうたい 招待	undangan ウンダン(グ)アン	invitation
しょうたい 招待する	mengundang ムン(グ)ウンダン(グ)	to invite

日	インドネシア	英
じょうたい 状態	keadaan / kondisi クアダアン / コンディスィ	condition
しょうだく 承諾	persetujuan プルストゥジュアン	consent
しょうだく 承諾する	menyetujui ムニュトゥジュイ	to consent to
じょうたつ 上達	kemajuan クマジュアン	improvement
じょうたつ 上達する	(menjadi) mahir (ムンジャディ) マヒル	to improve
じょうだん 冗談	canda チャンダ	joke
しょうだん 商談	négosiasi bisnis ネゴスィアスィ ビスニス	business talk
しょうだん 商談する	bernégosiasi tentang bisnis ブルネゴスィアスィ トゥンタン(グ) ビスニス	to have a business talk with
しょうち 承知	pemahaman プマハマン	knowledge of
しょうち 承知する	mengetahui ムン(グ)ウタフイ	to acknowledge
しようちゅう 使用中	sedang dipakai スダン(グ) ディパカイ	during use
じょうちょ 情緒	émosi エモスィ	emotion
しょうちょう 小腸	usus kecil ウスス クチル	small intestine
しょうちょう 象徴	lambang / simbol ランバン(グ) / スィンボル	symbol
しょうちょう 象徴する	melambangkan ムランバンカン	to symbolize
しょうてん 商店	toko トコ	store
しょうてん 焦点	(titik) fokus (ティティッ) フォクス	focus
しょうどう 衝動	desakan ドゥサカン	impulse
じょうとう 上等	mutu tinggi ムトゥ ティンギ	superiority
じょうとう 上等な	tingkat tinggi ティンカ(ト) ティンギ	be superior

日	インドネシア	英
しょうどく 消毒	stérilisasi ステリリサスィ	disinfection
しょうどく 消毒する	menstérilkan ムンステリルカン	to disinfect
しょうどくえき 消毒液	cairan antiséptik チャイラン アンティセプティ(ク)	antiseptic solution
しょうどくやく 消毒薬	antiséptik アンティセプティ(ク)	antiseptic
しょうとつ 衝突	tabrakan / benturan タブラカン / ブントゥラン	crash
しょうとつする 衝突する	menabrak ムナブラッ	to crash into
しょうにか 小児科	pédiatri ペディアトリ	pediatrics ward
しょうにかい 小児科医	dokter anak ドクトゥル アナッ	pediatrician
しょうにん 商人	pedagang プダガン(グ)	merchant
しょうにん 証人	saksi サクスィ	witness
しょうにん 承認	persetujuan プルストゥジュアン	approval
しょうにんする 承認する	menyetujui ムニュトゥジュイ	to approve
しょうにん 使用人	pegawai プガワイ	employee
じょうねつ 情熱	gairah ガイラー	passion
じょうねつてき 情熱的	bergairah ブルガイラー	passionate
しょうねん 少年	anak laki-laki アナッ ラキ ラキ	boy
じょうば 乗馬	menunggang kuda ムヌンガン(グ) クダ	horse riding
しょうはい 勝敗	kekalahan dan kemenangan ククカラハン ダン クムナン(グ)アン	victory or defeat
しょうばい 商売	perdagangan プルダガン(グ)アン	trade
しょうばいする 商売する	berdagang ブルダガン(グ)	to trade

日	インドネシア	英
じょうはつ 蒸発	penguapan プン(グ)ウアパン	evaporation
じょうはつ 蒸発する	menguap ムン(グ)ウア(プ)	to evaporate
しょう ひ 消費	konsumsi コンスムスィ	consumption
しょう ひ 消費する	mengonsumsi ムン(グ)オンスムスィ	to consume
しょう ひ しゃ 消費者	konsumén コンスメン	consumer
しょう ひ ぜい 消費税	pajak konsumsi パジャ(ク) コンスムスィ	consumption tax
しょうひょう 商 標	mérek dagang メレッ ダガン(グ)	trademark
しょうひん 賞品	hadiah ハディアー	prize
しょうひん 商品	barang jualan バラン(グ) ジュアラン	article of trade
しょうひんけん 商品券	kupon belanja クポン ブランジャ	gift certificate [voucher]
じょうひん 上品	keéleganan クエルガナン	elegance
じょうひん 上品な	élegan エルガン	elegant
しょう ぶ 勝負	pertandingan / persaingan プルタンディン(グ)アン / プルサイン(グ)アン	match [game]
しょう ぶ 勝負する	bertarung ブルタルン(グ)	to compete in a match [game]
じょう ぶ 丈夫	kekukuhan / kekuatan クククハン / ククアタン	sturdiness
じょう ぶ 丈夫な (健康な)	kuat / séhat クア(ト) / セハ(ト)	sturdy
じょう ぶ 丈夫な (耐久性がある)	kuat / kukuh クア(ト) / ククー	sturdy
しょうべん 小 便	air kemih アイル クミー	urine
しょうべん 小 便する	buang air kecil ブアン(グ) アイル クチル	to urinate
じょう ほ 譲 歩	kompromi コンプロミ	conciliation

日	インドネシア	英
<ruby>譲<rt>じょう</rt></ruby><ruby>歩<rt>ほ</rt></ruby>する	berkompromi ブルコンプロミ	to concede
<ruby>使<rt>し</rt></ruby><ruby>用<rt>よう</rt></ruby><ruby>法<rt>ほう</rt></ruby>	cara pemakaian チャラ プマカイアン	usage
<ruby>消<rt>しょう</rt></ruby><ruby>防<rt>ぼう</rt></ruby>	pemadaman api プマダアン アビ	fire fighting
<ruby>情<rt>じょう</rt></ruby><ruby>報<rt>ほう</rt></ruby>	informasi インフォルマスィ	information
<ruby>消<rt>しょう</rt></ruby><ruby>防<rt>ぼう</rt></ruby><ruby>士<rt>し</rt></ruby>	petugas pemadam kebakaran プトゥガス プマダム クバカラン	firefighter
<ruby>消<rt>しょう</rt></ruby><ruby>防<rt>ぼう</rt></ruby><ruby>車<rt>しゃ</rt></ruby>	mobil pemadam kebakaran モビル プマダム クバカラン	fire engine
<ruby>消<rt>しょう</rt></ruby><ruby>防<rt>ぼう</rt></ruby><ruby>署<rt>しょ</rt></ruby>	kantor pemadam kebakaran カントル プマダム クバカラン	fire station
<ruby>消<rt>しょう</rt></ruby><ruby>防<rt>ぼう</rt></ruby><ruby>隊<rt>たい</rt></ruby>	tim pemadam kebakaran ティム プマダム クバカラン	fire department [service]
<ruby>正<rt>しょう</rt></ruby><ruby>味<rt>み</rt></ruby>	harga bersih ハルガ ブルスィー	retail price
<ruby>静<rt>じょう</rt></ruby><ruby>脈<rt>みゃく</rt></ruby>	urat darah halus ウラ(ト) ダラー ハルス	vein
<ruby>乗<rt>じょう</rt></ruby><ruby>務<rt>む</rt></ruby><ruby>員<rt>いん</rt></ruby>	awak アワッ	crew member
<ruby>照<rt>しょう</rt></ruby><ruby>明<rt>めい</rt></ruby>	penerangan プヌラン(グ)アン	lighting
<ruby>照<rt>しょう</rt></ruby><ruby>明<rt>めい</rt></ruby>する	menerangi ムヌラン(グ)イ	to light
<ruby>証<rt>しょう</rt></ruby><ruby>明<rt>めい</rt></ruby>	bukti ブクティ	certification
<ruby>証<rt>しょう</rt></ruby><ruby>明<rt>めい</rt></ruby>する	membuktikan ムンブクティカン	to certify
<ruby>証<rt>しょう</rt></ruby><ruby>明<rt>めい</rt></ruby><ruby>書<rt>しょ</rt></ruby>	sértifikat / surat keterangan セルティフィカ(ト) / スラ(ト) クトゥラン(グ)アン	certificate
<ruby>正<rt>しょう</rt></ruby><ruby>面<rt>めん</rt></ruby>	depan ドゥパン	front
<ruby>消<rt>しょう</rt></ruby><ruby>耗<rt>もう</rt></ruby>（体力）	pengurasan プン(グ)ウラサン	exhaustion
<ruby>消<rt>しょう</rt></ruby><ruby>耗<rt>もう</rt></ruby>（物）	habis pakai ハビス パカイ	consumption
<ruby>消<rt>しょう</rt></ruby><ruby>耗<rt>もう</rt></ruby>する	menguras ムン(グ)ウラス	to consume

日	インドネシア	英
しょうもうひん 消耗品	barang habis pakai バラン(グ) ハビス パカイ	consumables
じょうやく 条約	perjanjian / pakta プルジャンジアン / パクタ	treaty
しょう ゆ 醤油	kécap asin ケチャ(プ) アスィン	soy sauce
しょうよう 商用	urusan bisnis ウルサン ビスニス	business
しょうらい 将来	masa depan マサ ドゥパン	future
しょう り 勝利	kemenangan クムナン(グ)アン	victory
しょう り 勝利する	menang ムナン(グ)	to win
じょうりく 上陸	pendaratan プンダラタン	landing
じょうりく 上陸する	mendarat ムンダラ(ト)	to land
しょうりゃく 省略	penyingkatan プニインカタン	abbreviation
しょうりゃく（割愛） 省略	penghilangan プン(グ)ヒラン(グ)アン	omission
しょうりゃく 省略する	menyingkat ムニインカ(ト)	to abbreviate
しょうりゃく（省く） 省略する	menyingkat / menghilangkan ムニインカ(ト) / ムンヒランカン	to omit
じょうりゅう 蒸留	penyulingan プニュリン(グ)アン	distillation
じょうりゅう 蒸留する	menyuling ムニュリン(グ)	to distill
じょうりゅうしゅ 蒸留酒	minuman suling ミヌマン スリン(グ)	spirits
しょうりょう 少量	sedikit スディキ(ト)	a small amount [quantity]
しょうれい 奨励	dorongan ドロン(グ)アン	encouragement
しょうれい 奨励する	mendorong ムンドロン(グ)	to encourage
じょうれい 条例	peraturan プルアトゥラン	regulation

日	インドネシア	英
じょうろ	**gembor** グンボル	watering can
ショー	**pertunjukan** プルトゥンジュカン	show
女王 じょおう	**ratu** ラトゥ	queen
ジョーク	**gurauan / kelakar / lelucon / candaan** グラウアン / クラカル / ルルチョン / チャンダアン	joke
ショーツ	**celana dalam wanita** チュラナ ダラム ワニタ	panties
ショールーム	**ruang paméran** ルアン(グ) パメラン	showroom
除外 じょがい	**pengecualian** プン(グ)ウチュアリアン	exclusion
除外する じょがい	**mengecualikan** ムン(グ)ウチュアリカン	to exclude
初期 しょき	**permulaan** プルムラアン	beginning
初級 しょきゅう	**lével dasar / tingkat pemula** レフル ダサル / ティンカ(ト) プムラ	beginner's class
助教授 じょきょうじゅ	**asistén profésor** アスィステン プロフェソル	assistant professor
除菌 じょきん	**pemusnahan baktéri** プムスナハン バクテリ	bacteria elimination
除菌する じょきん	**memusnahkan baktéri** ムムスナーカン バクテリ	to eliminate bacteria
食あたり しょく	**keracunan makanan** クラチュナン マカナン	food poisoning
職員 しょくいん	**pegawai** プガワイ	staff
食塩 しょくえん	**garam dapur** ガラム ダプル	salt
職業 しょくぎょう	**pekerjaan** プクルジャアン	occupation
食後 しょくご	**setelah makan** ストゥラー マカン	after a meal [eating]
食事 しょくじ	**makanan** マカナン	meal
食事する しょくじ	**makan** マカン	to have a meal

日	インドネシア	英
しょくぜん 食前	sebelum makan スブルム マカン	before a meal [eating]
しょくぜんしゅ 食前酒	perangsang seléra プランサン(グ) スレラ	appetizer
しょくたく 食卓	méja makan メジャ マカン	dining table
しょくちゅうどく 食中毒	keracunan makanan クラチュナン マカナン	food poisoning
しょくどう 食堂	kantin カンティン	cafeteria
しょくどう 食道	ésofagus エソファグス	esophagus
しょくにん 職人	tukang トゥカン(グ)	artisan
しょくば 職場	tempat kerja トゥンパ(ト) クルジャ	workplace
しょくひん 食品	makanan マカナン	food products
しょくぶつ 植物	tanaman タマナン	plant
しょくぶつえん 植物園	kebun botani クブン ボタニ	botanical garden
しょくみんち 植民地	daérah jajahan ダエラー ジャジャハン	colony
しょくむ 職務	tugas / dinas / jabatan トゥガス / ディナス / ジャバタン	work
しょくもつ 食物	makanan マカナン	food
しょくよう (の) 食用 (の)	dapat dimakan ダパ(ト) ディマカン	edible
しょくよく 食欲	nafsu makan ナッス マカン	appetite for food
しょくりょう 食料	makanan マカナン	food
しょくりょうひん 食料品	bahan makanan バハン マカナン	foodstuff
じょげん 助言	nasihat ナスィハ(ト)	advice
じょげんする 助言する	memberi nasihat / menasihati ムンブリ ナスィハ(ト) / ムナスィハティ	to advise

日	インドネシア	英
じょこう 徐行	jalan pelan-pelan ジャラン プラン プラン	crawl
じょこう 徐行する	berjalan lambat ブルジャラン ランバ(ト)	to go slowly
しょさい 書斎	kamar baca カマル バチャ	study
しょざい 所在	keberadaan クブルアダアン	whereabouts
しょじ 所持	pemilikan プミリカン	possession
しょじする 所持する	memiliki / mempunyai ムミリキ / ムンプニャイ	to possess
じょし 女子	wanita ワニタ	woman [women]
じょし 女史	ibu / nyonya イブ / ニョニャ	Madame
じょし 助詞	kata bantu カタ バントゥ	particle
しょしき 書式	formulir フォルムリル	form
じょしつ 除湿	penghilangan kelembapan プン(グ)ヒラン(グ)アン クルンパパン	dehumidification
じょしつする 除湿する	menghilangkan kelembapan ムンヒランカン クルンパパン	to dehumidify
じょしつき 除湿器	alat penghilang kelembapan udara アラ(ト) プン(グ)ヒラン(グ) クルンパパン ウダラ	dehumidifier
じょしゅ 助手	pembantu / asistén プンバントゥ / アスィステン	assistant
しょじゅん 初旬	awal bulan アワル ブラン	the first third of a month
じょじょに 徐々に	berangsur-angsur ブルアンスル アンスル	gradually
しょしんしゃ 初心者	pemula プムラ	beginner
じょせい 女性	perempuan プルンプアン	woman
しょせき 書籍	buku ブク	books
しょぞく 所属	posisi ポスィスィ	belonging to

日	インドネシア	英
しょぞく 所属する	bergabung dalam ブルガブン（グ）ダラム	to belong to
じょたい 除隊	pemberhentian プンブルフンティアン	discharge
じょたい 除隊する	meninggalkan korps ムニンガルカン コルプス	be discharged
しょち 処置（対処）	tindakan / langkah ティンダカン / ランカー	action
しょち 処置（手当て）	perawatan プラワタン	treatment
しょち 処置する （対処する）	menindak ムニンダッ	to dispose of
しょち 処置する （手当てする）	merawat ムラワ（ト）	to treat
しょちょう 所長	diréktur ディレクトゥル	director
しょっかん 触感	indra peraba インドラ プラバ	tactile impression [feeling]
しょっかん 食感	tékstur テクストゥル	texture
しょっき 食器	alat makan アラ（ト）マカン	tableware
ジョッキ	gelas bir グラス ビル	beer mug
ショック	shok ショッ	shock
しょっぱい	asin アスィン	salty
ショッピングカート	keranjang belanja クランジャン（グ）ブランジャ	shopping cart
ショッピングモール	mal マル	shopping mall
ショップ	toko トコ	shop
しょてい 所定	yang ditentukan ヤン（グ）ディトゥントゥカン	designated
しょてん 書店	toko buku トコ ブク	bookstore
しょどう 書道	kaligrafi カリグラフィ	calligraphy

日	インドネシア	英
じょどうし 助動詞	kata kerja bantu カタ クルジャ バントゥ	auxiliary verb
しょとく 所得	pendapatan / penghasilan プンダパタン / プン(グ)ハスィラン	income
しょとくぜい 所得税	pajak pendapatan パジャ(ク) プンダパタン	income tax
しょばつ 処罰	hukuman フクマン	punishment
しょばつする 処罰する	menghukum ムンフクム	to punish
しょはん 初版	cétakan pertama チェタカン プルタマ	the first edition
しょひょう 書評	ulasan buku ウラサン ブク	book review
しょぶん（捨てる） 処分（捨てる）	pembuangan プンブアン(グ)アン	to dispose
しょぶん（処罰） 処分（処罰）	sanksi / hukuman サンクスィ / フクマン	punishment
しょぶんする 処分する （捨てる）	membuang ムンブアン(グ)	to dispose of
しょぶんする 処分する （処罰する）	mengenakan sanksi ムン(グ)ウナカン サンクスィ	to deal with
しょほ 初歩	langkah pertama ランカー プルタマ	the first step
しょほうせん 処方箋	resép obat ルセ(プ) オバ(ト)	prescription
しょみん 庶民	rakyat jelata ラクヤ(ト) ジュラタ	the common people
しょむ 庶務	tata usaha タタ ウサハ	general affairs
しょめい 署名	tanda tangan タンダ タン(グ)アン	signature
しょめいする 署名する	menandatangani ムナンダタン(グ)アニ	to sign
しょめん 書面	dokumén ドクメン	document
しょゆう 所有	kepemilikan クプミリカン	possession
しょゆうする 所有する	memiliki / mempunyai ムミリキ / ムンプンニャイ	to possess

日	インドネシア	英
<ruby>女優<rt>じょゆう</rt></ruby>	aktris アクトリス	actress
<ruby>所有物<rt>しょゆうぶつ</rt></ruby>	milik / kepunyaan / punya ミリッ / クプニャアン / プニャ	belongings
<ruby>所要時間<rt>しょようじかん</rt></ruby>	waktu tempuh ワクトゥ トゥンプー	duration
<ruby>処理<rt>しょり</rt></ruby>	pengurusan プン(グ)ウルサン	disposal
<ruby>処理<rt>しょり</rt></ruby>する	mengurus ムン(グ)ウルス	to dispose of
<ruby>書類<rt>しょるい</rt></ruby>	dokumén ドクメン	document
<ruby>地雷<rt>じらい</rt></ruby>	ranjau darat ランジャウ ダラ(ト)	land mine
<ruby>白髪<rt>しらが</rt></ruby>	uban ウバン	gray hair
<ruby>知<rt>し</rt></ruby>らせ	pengumuman プン(グ)ウムマン	information
<ruby>知<rt>し</rt></ruby>らせる	mengumumkan / memberitahukan ムン(グ)ウムムカン / ムンブリタフカン	to let *sb* know
<ruby>調<rt>しら</rt></ruby>べる	memeriksa ムムリクサ	to investigate
<ruby>尻<rt>しり</rt></ruby>	pantat パンタ(ト)	hips
<ruby>知<rt>し</rt></ruby>り<ruby>合<rt>あ</rt></ruby>い	kenalan クナラン	acquaintance
シリーズ	sérial セリアル	series
<ruby>私立<rt>しりつ</rt></ruby>（の）	swasta スワスタ	private
<ruby>自立<rt>じりつ</rt></ruby>	kemandirian クマンディリアン	independence
<ruby>自立<rt>じりつ</rt></ruby>する	berdiri sendiri ブルディリ スンディリ	be independent of
<ruby>資料<rt>しりょう</rt></ruby>	bahan / matéri バハン / マテリ	material
<ruby>視力<rt>しりょく</rt></ruby>	penglihatan プン(グ)リハタン	eyesight
<ruby>知<rt>し</rt></ruby>る	mengetahui ムン(グ)ウタフイ	to know

日	インドネシア	英
汁（液体）	**sari** サリ	juice
汁（汁物・椀物）	**sup** ス(プ)	soup
印	**tanda** タンダ	mark
印 （感情・概念を表す）	**éksprési** エクスプレスイ	expression
記す	**mencatat** ムンチャタ(ト)	to write down
指令	**instruksi** インストルクスイ	order
指令する	**menginstruksikan** ムン(グ)インストルクスイカン	to issue an order
城	**bénténg / puri / kastél** ベンテン(グ) / プリ / カステル	castle
白（い）	**putih** プティー	white
素人	**orang awam** オラン(グ) アワム	amateur
シロップ	**sirup** スイル(プ)	syrup
皺	**kerut / keriput** クル(ト) / クリプ(ト)	wrinkles
芯（鉛筆の）	**isi pénsil** イスイ ペンスイル	lead
芯（果物の）	**bagian tengah buah / inti / sumbu** バギアン トゥン(グ)アー ブアー / インティ / スンブ	core
進化	**évolusi** エフォルスイ	evolution
進化する	**berévolusi** ブルエフォルスイ	to evolve
侵害	**pelanggaran** プランガラン	invasion
侵害する	**melanggar** ムランガル	to invade
人格	**karakter / watak / akhlak** カラクトゥル / ワタッ / アーラッ	character
進学（する）	**melanjutkan sekolah** ムランジュ(ト)カン スコラー	education continuance / to enter a higher-level school

日	インドネシア	英
シンガポール	**Singapura** スィン(グ)アプラ	Singapore
シンガポール人	**Orang Singapura** オラン(グ) スィン(グ)アプラ	Singaporean (people)
新幹線	**keréta peluru Jepang** クレタ プルル ジュパン(グ)	Shinkansen
審議	**pembahasan** プンバハサン	deliberation
審議する	**membahas** ムンバハス	to deliberate on
新記録	**rékor baru** レコル バル	new record
心筋梗塞	**serangan jantung** スラン(グ)アン ジャントゥン(グ)	myocardial infarction
真空	**hampa udara / vakum** ハンパ ウダラ / ファクム	vacuum
シングルルーム	**kamar singel** カマル スィン(グ)ウル	single room
神経	**saraf** サラフ	nerve
神経痛	**nyeri saraf** ニュリ サラフ	neuralgia
真剣さ	**kesungguhan / kesériusan** クスングハン / クセリウサン	seriousness
真剣な	**sérius** セリウス	serious
人権	**hak manusia** ハッ マヌスィア	human rights
人件費	**biaya tenaga kerja** ビアヤ トゥナガ クルジャ	personnel expenses
新興	**berkembang pesat** ブルクンバン(グ) プサ(ト)	rising
信仰	**kepercayaan** クプルチャヤアン	faith
信仰する	**memeluk / menganut** ムムルッ / ムン(グ)アヌ(ト)	to have faith in
振興	**promosi** プロモスィ	advancement
振興する	**mempromosikan** ムンプロモスィカン	to advance

日	インドネシア	英
しんこう 進行	kemajuan クマジュアン	advancement
しんこう 進行する	maju マジュ	to advance
しんごう 信号	lampu lalu lintas ランプ ラル リンタス	traffic light
じんこう 人口	populasi ポプラスィ	population
じんこう 人工	buatan / artifisial ブアタン / アルティフィスィアル	artificial
しんこうこく 新興国	negara berkembang ヌガラ ブルクンバン (グ)	emerging nation
しんこうしじょう 新興市場	pasar berkembang パサル ブルクンバン (グ)	emerging market
じんこうとう 人工島	pulau buatan プラウ ブアタン	artificial island
じんこうみつど 人口密度	kepadatan penduduk クパダタン プンドゥドゥッ	population density
しんこく 深刻さ	kesériusan クセリウサン	seriousness
しんこく 深刻な	sérius セリウス	serious
しんこく 申告	laporan ラポラン	declaration
しんこく 申告する	melaporkan ムラポルカン	to declare
しんこくがく 申告額	jumlah uang yang dilaporkan ジュムラー ウアン (グ) ヤン (グ) ディラポルカン	statement amount
しんこん 新婚	pengantin baru プン (グ) アンティン バル	just-married
しんこんりょこう 新婚旅行	perjalanan bulan madu ブルジャラナン ブラン マドゥ	honeymoon
しんさ 審査	penilaian プニライアン	examination
しんさ 審査する	menilai ムニライ	to examine
じんざい 人材	tenaga kerja トゥナガ クルジャ	human resource
しんさつ 診察	pemeriksaan プムリクサアン	medical examination

日	インドネシア	英
しんさつ 診察する	memeriksa ムムリクサ	to medically examine
しんさつしつ 診察室	ruang periksa ルアン (グ) プリクサ	examination room
しん し 紳士	pria プリア	gentleman
じん じ 人事	urusan kepegawaian ウルサン クプガワイアン	personnel affairs
しんしつ 寝室	ruang tidur ルアン (グ) ティドゥル	bedroom
しんじつ 真実	kebenaran クブナラン	truth
しんじゃ 信者	penganut / pemeluk プン (グ) アヌ(ト) / プムルッ	believer
じんじゃ 神社	kuil Shinto クイル シント	Shinto shrine
しんじゅ 真珠	mutiara ムティアラ	pearl
じんしゅ 人種	suku / ras スク / ラス	race
しんじゅう (する) 心中	bunuh diri bersama ブヌー ディリ ブルサマ	(to commit) double suicide
しんしゅつ 進出	ékspansi エクスパンスイ	advancement
しんしゅつ 進出する	berékspansi ブルエクスパンスイ	to advance
しんじょう 心情	perasaan プラサアン	one's feelings
しんじょう 信条	kepercayaan クプルチャヤアン	belief
しん 信じる	meyakini / percaya ムヤキニ / プルチャヤ	to believe
しんしん 心身	jasmani dan rohani ジャスマニ ダン ロハニ	body and soul
しんじん 新人	pendatang baru プンダタン (グ) バル	new member
しんせい 申請	permohonan / lamaran プルモホナン / ラマラン	applying
しんせい 申請する	melamar ムラマル	to apply for

し

日	インドネシア	英
しんせい 神聖さ	kesucian クスチアン	sacredness
しんせい 神聖な	suci スチ	sacred
じんせい 人生	hidup ヒドゥ(プ)	human life
しんせいひん 新製品	produk baru プロドゥッ バル	new product
しんせき 親戚	kerabat クラバ(ト)	relative
しんせつ 親切	kebaikan hati クバイカン ハティ	kindness
しんせつな 親切な	baik hati バイッ ハティ	kind
しんせん 新鮮	kesegaran クスガラン	freshness
しんせんな 新鮮な	segar スガル	fresh
しんぜん 親善	persahabatan プルサハバタン	friendship
しんそう 真相	kebenaran クブナラン	truth
しんぞう 心臓	jantung ジャントゥン(グ)	heart
じんぞう 人造	buatan manusia ブアタン マヌスィア	man-made
じんぞう 腎臓	ginjal ギンジャル	kidney
じんそく 迅速	cepatnya チュパ(ト)ニャ	quickness
じんそくな 迅速な	cepat チュパ(ト)	quick
しんたい 身体	tubuh / badan トゥブー / バダン	body
しんだい 寝台	tempat tidur トゥンパ(ト) ティドゥル	bed
じんたい 人体	tubuh manusia トゥブー マヌスィア	human body
しんだん 診断	diagnosis ディアグノスイス	diagnosis

日	インドネシア	英
診断する しんだん	mendiagnosis ムンディアグノスィス	to diagnose
診断書 しんだんしょ	surat diagnosa スラ(ト) ディアグノサ	medical certificate
新築 しんちく	baru dibangun バル ディバン(グ)ウン	new construction
新築する しんちく	membangun ムンバン(グ)ウン	to newly construct
身長 しんちょう	tinggi badan ティンギ バダン	height
慎重 しんちょう	hati-hati ハティ ハティ	careful
慎重な しんちょう	hati-hati ハティ ハティ	careful
進捗状況 しんちょくじょうきょう	kemajuan クマジュアン	progress
新陳代謝 しんちんたいしゃ	métabolisme メタボリスム	metabolism
進呈 しんてい	pemberian プンブリアン	presentation
進呈する しんてい	memberi ムンブリ	to give a presentation
進展 しんてん	perkembangan プルクンバン(グ)アン	progress
進展する しんてん	maju マジュ	to progress
神殿 しんでん	kuil クイル	shrine
心電図 しんでんず	éléktrokardiogram エレクトロカルディオグラム	electrocardiogram
進度 しんど	kemajuan クマジュアン	progress
震度 しんど	getaran / goncangan グタラン / ゴンチャン(グ)アン	seismic intensity
振動 しんどう	goyangan / getaran ゴヤン(グ)アン / グタラン	vibration
振動する しんどう	bergetar ブルグタル	to vibrate
侵入 しんにゅう	invasi インファスィ	invasion

日	インドネシア	英
しんにゅう 侵入する	menginvasi ムン(グ)インファスイ	to invade
しんにゅう 進入	masuknya マスッニャ	entry
しんにゅう 進入する	memasuki ムマスキ	to enter
しんにゅうきんし 進入禁止	dilarang masuk ディララン(グ) マスッ	No Entry
しんにゅうせい 新入生	mahasiswa baru マハスィスワ バル	freshman
しんにん 信任	kepercayaan クプルチャヤアン	confidence
しんにん 信任する	memercayakan ムムルチャヤカン	to have confidence in
しんねん 信念	kepercayaan クプルチャヤアン	belief
しんぱい 心配	kekhawatiran クハワティラン	anxiety
しんぱい 心配する	khawatir ハワティル	to feel anxious
しんぱい 心配な	bimbang / risau / resah / kuatir ビンバン(グ) / リサウ / ルサー / クアティル	worried
シンハラ語	bahasa Sinhala バハサ シンハラ	Sinhalese (language)
しんぱん 審判	wasit ワスィ(ト)	umpire
しんぱん 審判する	mewasiti ムワスティ	to umpire
しんび 神秘	kegaiban / keajaiban クガイバン / クアジャイバン	mystery
しんびてき 神秘的な	gaib / mistérius ガイ(ブ) / ミステリウス	mysterious
しんぴん 新品	barang baru バラン(グ) バル	brand new
しんぴん 新品の	masih baru / barang yang belum dipakai マスィー バル / バラン(グ) ヤン(グ) ブルム ディパカイ	brand-new
じんぶつ 人物	tokoh / orang トコー / オラン(グ)	person
しんぶん 新聞	koran / surat kabar コラン / スラ(ト) カバル	newspaper

日	インドネシア	英
じんぶんか がく 人文科学	ilmu humaniora イルム フマニオラ	humanities
しんぶんしゃ 新聞社	penerbit surat kabar プヌルビ(ト) スラ(ト) カバル	newspaper publishing company
しん ぽ 進歩	kemajuan クマジュアン	progress
しん ぽ 進歩する	maju マジュ	to progress
しんぼう 辛抱	kesabaran クサバラン	patience
しんぼう 辛抱する	bersabar ブルサバル	be patient
しんぼうづよ 辛抱強い	sabar サバル	perseverance
シンボル	lambang / simbol ランバン(グ) / スィンボル	symbol
しんみつ 親密な	akrab / erat / intim アクラ(ブ) / ウラ(ト) / インティム	intimate
じんみゃく 人脈	konéksi コネクスィ	connection
じんみん 人民	rakyat ラクヤ(ト)	the citizens
じんめい 人命	jiwa manusia ジワ マヌスィア	human life
じんめい 人名	nama orang ナマ オラン(グ)	person's name
しん や 深夜	larut malam ラル(ト) マラム	late at night
しんゆう 親友	sahabat サハバ(ト)	best friend
しんよう 信用	kepercayaan クプルチャヤアン	confidence
しんよう 信用する	percaya (kepada) / memercayai プルチャヤ (クパダ) / ムムルチャヤイ	to place confidence in
しんようじょう 信用状	surat krédit スラ(ト) クレディ(ト)	letter of credit
しんらい 信頼	kepercayaan クプルチャヤアン	trust
しんらい 信頼する	mengandalkan / memercayai ムン(グ)アンダルカン / ムムルチャヤイ	to trust in

日	インドネシア	英
しんらい 信頼できる	bisa diandalkan ビサ ディアンダルカン	reliable
しん り 心理	jiwa ジワ	state of mind
しん り 真理	kebenaran クブナラン	truth
しんりゃく 侵略	agrési アグレスィ	invasion
しんりゃく 侵略する	melakukan agrési ムラクカン アグレスィ	to invade
しんりょう 診療	pengobatan プン(グ)オバタン	medical care
しんりょう 診療する	mengobati ムン(グ)オバティ	to provide medical care
しんりょうじょ 診療所	klinik クリニッ	clinic
しんりん 森林	hutan フタン	forest
しんるい 親類	kaum kerabat カウム クラバッ(ト)	relative
じんるい 人類	manusia マヌスィア	human beings
しん ろ 進路	arah tujuan アラー トゥジュアン	one's future
しん ろ 針路	haluan ハルアン	course
しん わ 神話	mitos ミトス	mythology

▼ す，ス

日	インドネシア	英
す 酢	cuka チュカ	vinegar
す 巣	sarang サラン(グ)	nest
～ず ～図	gambar ～ ガンバル	diagram
すいあつ 水圧	tekanan air トゥカナン アイル	water pressure
すい い 水位	ketinggian air クティンギアン アイル	water level

日	インドネシア	英
すいい 推移	**peralihan** プラリハン	transition
すいい 推移する	**beralih** ブルアリー	to transition
スイートルーム	**kamar suite** カマル スイトゥ	suite
すいえい 水泳	**renang** ルナン(グ)	swimming
すいえい 水泳する	**berenang** ブルナン(グ)	to swim
スイカ	**semangka** スマンカ	watermelon
すいがい 水害	**bencana banjir** ブンチャナ バンジル	flood damage
すいぎん 水銀	**mérkuri** メルクリ	mercury
すいげん 水源	**sumber air** スンブル アイル	source of a stream
すいさん 水産	**hasil laut** ハスィル ラウ(ト)	fisheries
すいさんぎょう 水産業	**industri perikanan** インドゥストリ ブルイカナン	fishing industry
すいさんぶつ 水産物	**hasil laut** ハスィル ラウ(ト)	marine products
すいじ 炊事	**masak** マサッ	cooking
すいじ 炊事する	**memasak** ムマサッ	to cook
すいしつ 水質	**kualitas air** クアリタス アイル	water quality
すいじゅん 水準	**taraf** タラフ	level
すいじょうき 水蒸気	**uap air** ウア(プ) アイル	steam
すいしん 推進	**dorongan** ドロン(グ)アン	promotion
すいしん 推進する	**mendorong** ムンドロン(グ)	to promote
すいせん 推薦	**rékoméndasi** レコメンダスィ	recommendation

日	インドネシア	英
すいせん 推薦する	merékoméndasikan ムレコメンダスィカン	to recommend
すいせん 水洗する	menyiram ムニイラム	to flush
すいせん 水洗トイレ	toilét siram トイレ(ト) スィラム	flush toilet
すいそ 水素	hidrogén ヒドロゲン	hydrogen
すいそう 水槽	bak air バッ アイル	water tank
すいそう 吹奏	peniupan プニウパン	playing wind instruments
すいそう 吹奏する	memainkan alat musik tiup ムマインカン アラ(ト) ムスィッ テイウ(プ)	to play wind instruments
すいそう 膵臓	pankréas パンクレアス	pancreas
すいそく 推測	dugaan ドゥガアン	supposition
すいそく 推測する	menduga ムンドゥガ	to suppose
すいぞくかん 水族館	akuarium アクアリウム	aquarium
すいたい 衰退	kemerosotan クムロソタン	decline
すいたい 衰退する	merosot ムロソ(ト)	to decline
すいちょく 垂直	kelurusan クルルサン	verticality
すいちょく 垂直な	tegak lurus / vértikal トゥガッ ルルス / フェルティカル	vertical
スイッチ	tombol トンボル	switch
すいてい 推定	penerkaan / éstimasi プヌルカアン / エスティマスィ	estimation
すいてい 推定する	menerka ムヌルカ	to estimate
すいてき 水滴	tétésan / titik air テテサン / ティティッ アイル	water drop
すいでん 水田	sawah サワー	paddy field

日	インドネシア	英
すいとう 水筒	**botol air** ボトル アイル	water bottle
すいどう 水道	**saluran air** サルラン アイル	water supply
すいどうかん 水道管	**pipa air** ピパ アイル	water pipe
すいどうすい 水道水	**air keran / air lédeng** アイル クラン / アイル レドゥン(グ)	tap water
すいはん き 炊飯器	**penanak nasi** プナナッ ナスィ	rice cooker
ずいひつ 随筆	**éséi** エセイ	essay
すいぶん 水分	**kadar air** カダル アイル	moisture
ずいぶん 随分	**sangat** サン(グ)ア(ト)	extremely
すいへい 水平	**horizontal** ホリソンタル	horizontality
すいへいな 水平な	**datar** ダタル	horizontal
すいへいせん 水平線	**horizon / cakrawala** ホリゾン / チャクラワラ	horizon
すいみん（をとる） 睡眠（をとる）	**tidur** ティドゥル	(to) sleep
すいみんやく 睡眠薬	**obat tidur** オバ(ト) ティドゥル	sleeping pill
すいめん 水面	**permukaan air** プルムカアン アイル	water surface
すいよう び 水曜日	**hari Rabu** ハリ ラブ	Wednesday
すい り 推理	**tebakan** トゥバカン	inference
すい り 推理する	**menebak** ムヌバッ	to infer
すいりょく 水力	**tenaga air** トゥナガ アイル	water power
すいりょくはつでんしょ 水力発電所	**pembangkit listrik tenaga air** プンバンキ(ト) リストリ(ク) トゥナガ アイル	hydroelectric power plant [station]
す 吸う	**menghisap** ムンヒサ(プ)	to inhale

日	インドネシア	英
すうがく 数学	matématika マテマティカ	mathematics
すうし 数詞	kata bilangan カタ ビラン(グ)アン	numeral
すうじ 数字	angka アンカ	figure
ずうずうしい	lancang ランチャン(グ)	impudent
すうち 数値	angka アンカ	numerical value
スーツ	setélan / jas ステラン / ジャス	suit
スーツケース	tas koper タス コプル	suitcase
スーパーマーケット	supermarket スプルマルク(ト)	supermarket
すうはい 崇拝	pemujaan プムジャアン	worship
すうはい 崇拝する	menyembah ムニュンバー	to worship
スープ	sup ス(プ)	soup
すうりょう 数量	jumlah ジュムラー	quantity
すえ 末	akhir アヒル	the end
スエード	kulit suede クリ(ト) スエドゥ	suede
すえつける 据え付ける	memasang ムマサン(グ)	to fix
すえっこ 末っ子	anak bungsu アナッ ブンス	the youngest child
すえる 据える	memasang ムマサン(グ)	to set
スカート	rok ロッ	skirt
スカーフ	syal シャル	scarf
ずかい 図解	ilustrasi イルストラスイ	illustration

日	インドネシア	英
図解する ずかい	menggambar ilustrasi ムンガンバル イルストラスィ	to illustrate
頭蓋骨 ずがいこつ	tengkorak トゥンコラッ	skull
素顔 すがお	wajah asli ワジャー アスリ	face without makeup
清々しい すがすが	segar スガル	refreshing
姿 すがた	sosok / rupa ソソッ / ルパ	figure
図鑑 ずかん	buku bergambar ブク ブルガンバル	illustrated book
隙 すき	celah チュラー	chink
好き すき	kesukaan クスカアン	liking
～過ぎ すぎ	terlalu ~ トゥルラル	pass
スキー	ski スキ	skiing
スキー場 じょう	lapangan ski ラパン(グ)アン スキ	ski resort
スキー用具 ようぐ	peralatan ski プルアラタン スキ	ski tool
好き嫌い すききら	suka dan tidak suka スカ ダン ティダッ スカ	likes and dislikes
好き好き すきず	kesukaan yang berbéda-béda クスカアン ヤン(グ) ブルベダ ベダ	different taste
透き通った すきとお	tembus cahaya / tembus pandang / tembus terang トゥンブス チャハヤ / トゥンブス パンダン(グ) / トゥンブス トゥラン(グ)	clear
透き通る すきとお	bening ブニン(グ)	clear
好きな すき	suka スカ	favorite
隙間 すきま	celah チュラー	chink
スキャン	pemindaian プミンダイアン	scanning

日	インドネシア	英
スキャンする	memindai ムミンダイ	to scan
過ぎる (通過・経過)	meléwati ムレワティ	to pass / to progress
過ぎる (度を越している)	berlebihan ブルルビハン	to exceed
空く	kosong コソン(グ)	to empty
すぐ (間もなく)	tak lama kemudian タッ ラマ クムディアン	soon
すぐ (急いで)	dengan segera / cepat ドゥン(グ)アン スグラ / チュパ(ト)	quickly
すぐ (他のことをせず)	segera スグラ	immediately
すぐに	segera スグラ	right now
救い	pertolongan / bantuan ブルトロン(グ)アン / バントゥアン	relief
救う	menyelamatkan ムニュラマ(ト)カン	to save *sb*
掬う	menciduk ムンチドゥッ	to scoop
スクール	sekolah スコラー	school
少ない	sedikit スディキ(ト)	very few
少なくとも	sedikit-dikitnya スディキ(ト) ディキ(ト)ニャ	at least
～ずくめ	serba ~ スルバ	entirely
スクリーン	layar ラヤル	screen
優れた	unggul ウングル	excellent
図形	bangun datar バン(グ)ウン ダタル	figure
スケート	seluncur スルンチュル	skating
スケジュール	jadwal ジャドワル	schedule

日	インドネシア	英
すごい	**hébat** ヘバ(ト)	marvelous
少し	**sedikit** スディキ(ト)	a few
少しずつ	**sedikit demi sedikit** スディキ(ト) ドゥミ スディキ(ト)	little by little
少しも	**sedikitpun** スディキ(ト)プン	not at all
過ごす	**menghabiskan / meléwatkan** ムンハビスカン / ムレワ(ト)カン	to spend
スコップ	**sekop** スコ(プ)	shovel
健やか	**keséhatan** クセハタン	health
健やかな	**séhat** セハ(ト)	healthy
杜撰	**kecerobohan** クチュロボハン	carelessness
杜撰な	**ceroboh** チュロボー	careless
筋（筋肉）	**otot** オト(ト)	muscle
筋（繊維）	**serabut** スラブ(ト)	fiber
筋（道理）	**akal** アカル	reason
筋（小説などの）	**plot** プロ(ト)	story
素性	**asal-usul** アサル ウスル	origin
鈴	**loncéng** ロンチェン(グ)	bell
濯ぐ	**membilas** ムンビラス	to rinse
涼しい	**sejuk** スジュッ	cool
進み	**kemajuan** クマジュアン	advance
進む	**maju** マジュ	to go forward / to make progress / to improve

日	インドネシア	英
進む（昇進する）	naik pangkat menjadi ナイッ パンカ(ト) ムンジャディ	to go up
進む（時計が）	terlalu cepat トゥルラル チュパ(ト)	to gain time
進む（大学へ）	melanjutkan sekolah ムランジュ(ト)カン スコラー	to go on to college
進む（はかどる）	maju マジュ	to go on
進む（病状が）	memburuk ムンブルッ	to worsen
進める	memajukan ムマジュカン	to promote
涼む	menyejukkan diri ムニュジュッカン ディリ	to enjoy the cool air
勧め	anjuran アンジュラン	suggestion
勧める	menganjurkan ムン(グ)アンジュルカン	to suggest
スズメ	burung pipit ブルン(グ) ピピ(ト)	sparrow
スズメバチ	tawon タウォン	hornet
裾	lengan baju ルン(グ)アン バジュ	hem
スター	bintang ビンタン(グ)	star
スターター	starter スタルトゥル	starter
スタート	permulaan プルムラアン	start
スタートする	memulai ムムライ	to start
スタイル	gaya ガヤ	style
スタジアム	stadion スタディオン	stadium
スタジオ	studio ストゥディオ	studio
スタッフ	staf スタフ	staff

日	インドネシア	英
廃れる すた	(menjadi) usang (ムンジャディ) ウサン(グ)	be outdated
スタンド	tribun トリブン	stands
スタンド (観客席)	tempat duduk penonton トゥンパ(ト) ドゥドゥッ(ク) プノントン	stand
スタンド (電気スタンド)	lampu méja ランプ メジャ	lamp
スタンド (店)	gerai / stan グライ / スタン	stand
～ずつ	per ~ / demi ~ プル / ドゥミ	each
頭痛 ず つう	sakit kepala サキ(ト) クパラ	headache
すっかり	secara total / sepenuhnya / menyeluruh スチャラ トタル / スプヌーニャ / ムニュルルー	completely
すっきり (余分なものがない)	jernih ジュルニー	clear
すっきり (簡潔な)	ringkas リンカス	concise
すっきり (味)	tawar タワル	light
すっきり (汚れが ない・片づいている)	rapi ラピ	tidy
すっきり (心配事がない)	lega ルガ	carefree
ずっと	terus-menerus トゥルス ムヌルス	all the time
酸っぱい す	asam アサム	sour
ステーキ	bistik ビステッ	steak
ステージ	panggung パングン(グ)	stage
素敵な す てき	bagus バグス	nice
すでに	telah / sudah トゥラー / スダー	already
捨てる す	membuang ムンブアン(グ)	to throw away

日	インドネシア	英
ステレオ	stéréo ステレオ	stereo
ステンレス	(baja) tahan karat (バジャ) タハン カラ(ト)	stainless steel
ストーカー	penguntit プン(グ)ウンティ(ト)	stalker
ストーブ	alat penghangat ruangan アラ(ト) プン(グ)ハン(グ)ア(ト) ルアン(グ)アン	stove
ストッキング	stoking ストキン(グ)	stockings
ストップ	perhentian プルフンティアン	stop
ストップする	berhenti ブルフンティ	to stop
ストライキ	mogok モゴッ(ク)	strike
ストライプ	belang ブラン(グ)	stripe
ストレス	strés ストレス	stress
ストロー	sedotan スドタン	straw
ストロボ	lampu kilat ランプ キラ(ト)	stroboscope
砂 (すな)	pasir パスィル	sand
素直 (すなお)	kejujuran クジュジュラン	obedience
素直な (すなお)	jujur ジュジュル	obedient
スナック (菓子)	kudapan / makanan kecil クダパン / マカナン クチル	snack
スナック (バー)	bar バル	snack bar
すなわち	yaitu / yakni ヤイトゥ / ヤクニ	that is
頭脳 (ずのう)	otak オタッ(ク)	brains
スノータイヤ	ban salju バン サルジュ	snow tire

日	インドネシア	英
スパイス	rempah ルンパー	spice
すばしこい	sigap / gesit スィガ(プ) / グスィ(ト)	nimble
スパムメール	spam surat éléktronik / spam email スパム スラ(ト) エレクトロニッ / スパム イーメイル	spam mail
すばやい	sigap / gesit スィガ(プ) / グスィ(ト)	quick
すばらしい	hébat ヘバ(ト)	wonderful
すばらしさ	bagusnya バグスニャ	niceness
スピーカー	pengeras suara プン(グ)ウラス スアラ	speaker
スピーチ	pidato ピダト	speech
スピード	kecepatan クチュパタン	speed
図表	diagram ディアグラム	chart
スプーン	séndok センドッ	spoon
ずぶ濡れ	basah kuyup バサー クユ(プ)	to get soaked
スプリング	pegas プガス	spring
スプレー	semprotan スンプロタン	spray
スプレーする	menyemprot ムニュンプロ(ト)	to spray
スペア	cadangan チャダン(グ)アン	spare
スペイン	Spanyol スパニョル	Spain
スペイン語	bahasa Spanyol バハサ スパニョル	Spanish (language)
スペイン人	orang Spanyol オラン(グ) スパニョル	Spanish (people)
スペース	ruang ルアン(グ)	space

日	インドネシア	英
スペシャリスト	spésialis スペスィアリス	specialist
スペック	kinerja キヌルジャ	specification
すべて	semua スムア	all
滑る	meluncur ムルンチュル	to slide
スポーツ	olah raga オラー ラガ	sports
スポーツカー	mobil sport モビル スポル(ト)	sports car
スポーツクラブ	klub olah raga クル(ブ) オラー ラガ	sports club
スポットライト	lampu sorot ランプ ソロ(ト)	spotlight
ズボン	celana チュラナ	pants
スポンジ	spons スポンス	sponge
スマート	kecerdasan / kepintaran クチュルダサン / クピンタラン	smartness
スマートな	cerdas / pintar チュルダス / ピンタル	smart
スマートフォン	télépon pintar テレポン ピンタル	smartphone
住まい	tempat tinggal トゥンパ(ト) ティンガル	house
澄ます(透明にする)	menjernihkan ムンジュルニーカン	to make *sth* transparent
澄ます (平気な顔・気取った顔をする)	sok-sokan ソッ ソカン	to pretend
澄ます (耳を)	mendengarkan ムンドゥン(グ)アルカン	to listen carefully
済ませる	menyelesaikan ムニュルサイカン	to finish
隅	sudut スドゥ(ト)	corner
墨	tinta ティンタ	Chinese ink

日	インドネシア	英
炭 すみ arang アラン(グ)	arang アラン(グ)	charcoal
〜済み 〜ず	selesai 〜 スルサイ	completed
炭火 すみ び	api arang アピ アラン(グ)	charcoal grilling
すみません	permisi プルミスィ	Excuse me.
すみません (お詫び)	mohon maaf モホン マアフ	I'm sorry
速やか すみ	kecepatan クチュパタン	speediness
速やかな すみ	cepat チュパ(ト)	speedy
済む す	selesai スルサイ	to end
住む す	tinggal ティンガル	to live
澄む す	(menjadi) jernih (ムンジャディ) ジュルニー	to become clear
スムーズ	kemulusan クムルサン	smoothness
スムーズな	mulus ムルス	smooth
スモークサーモン	salmon asap サルモン アサ(プ)	smoked salmon
スモッグ	kabut asap カブ(ト) アサ(プ)	smog
スライド	penggéséran プンゲセラン	slide
スライドする	meluncurkan / menggésér ムルンチュルカン / ムンゲセル	to slide
ずらす	menggésér ムンゲセル	to shift
スラックス	celana チュラナ	slacks
スラム	kawasan kumuh カワサン クムー	slum
ずらりと	berdérét ブルデレ(ト)	in a row

日	インドネシア	英
ずらりと並ぶ	berdérét-dérét ブルデレ(ト) デレ(ト)	be in a row
すり	pencopét プンチョペ(ト)	pickpocket
スリッパ	selop スロ(プ)	slippers
スリップ （車などが雨で）	tergelincir トゥルグリンチル	slip
スリップ（下着）	rok dalam ロッ ダラム	slip
スリムな	langsing ランスィン(グ)	slim
スリランカ	Sri Langka スリ ランカ	Sri Lanka
スリランカ人	orang Sri Langka オラン(グ) スリ ランカ	Sri Lankan
する	melakukan ムラクカン	to do
する（変える・育てる）	menjadikan ムンジャディカン	to alter
する（職務）	bekerja sebagai ブクルジャ スバガイ	to accomplish one's duty
刷る	mencétak ムンチェタッ	to print
擦る	menggoréskan ムンゴレスカン	to rub
擦る（すりつぶす）	menggiling ムンギリン(グ)	to grind
擦る（マッチを）	menggorés ムンゴレス	to strike
ずるい	curang チュラン(グ)	sly
スルタン	sultan スルタン	sultan
～するつもりだ	akan ~ アカン	be going to
鋭い（よく切れる）	tajam / runcing タジャム / ルンチン(グ)	sharp
鋭い（感性）	péka ペカ	sensitive

日	インドネシア	英
鋭い （洞察力がある）	**tajam** タジャム	smart
ずれ	**selisih** スリスィー	gap
すれ違い	**selisih jalan** スリスィー ジャラン	passing each other
すれ違う	**berselisih jalan** ブルスリスィー ジャラン	to pass each other
擦れる	**dapat menggoréskan** ダパ(t) ムンゴレスカン	be rubbed
ずれる	**bergésér / berselisih** ブルゲセル / ブルスリスィー	to slip out
座る	**duduk** ドゥドゥッ	to sit down
すんなり	**dengan mudah / dengan gampang** ドゥン(グ)アン ムダー / ドゥン(グ)アン ガンバン(グ)	without objection
寸法	**ukuran** ウクラン	size

▼ せ，セ

日	インドネシア	英
背	**punggung** ブングン(グ)	back
背（背丈）	**tinggi** ティンギ	height
（〜の）せい	**gara-gara 〜** ガラ ガラ	reason
姓	**nama keluarga / marga** ナマ クルアルガ / マルガ	family name
性	**jenis kelamin** ジュニス クラミン	sex
税	**pajak** パジャ(ク)	tax
誠意	**keikhlasan** クイクラサン	sincerity
生育	**pertumbuhan** ブルトゥンブハン	growing
生育する	**tumbuh** トゥンブー	to grow
成果	**hasil** ハスィル	result

日	インドネシア	英
せいかい 正解	jawaban ジャワバン	correct answer
せいかい 正解する	menjawab dengan tepat ムンジャワ(ブ) ドゥン(グ)アン トゥパ(ト)	to answer correctly
せいかく 性格	sifat スィファ(ト)	personality
せいかく 正確	keakuratan クアクラタン	accuracy
せいかく 正確な	akurat アクラ(ト)	accurate
せいかつ 生活	kehidupan クヒドゥパン	life
せいかつ 生活する	hidup ヒドゥ(ブ)	to live
せいかつ ひ 生活費	biaya hidup ビアヤ ヒドゥ(ブ)	living expenses
ぜいかん 税関	pabéan パベアン	customs
ぜいかんけん さ 税関検査	pemeriksaan pabéan プムリッsサアン パベアン	customs inspection
ぜいかんしんこくしょ 税関申告書	surat keterangan pabéan スラ(ト) クトゥラン(グ)アン パベアン	customs declaration
せい き 世紀	abad アバ(ド)	century
せい き 正規	formal / tetap フォルマル / トゥタ(ブ)	regular
せい ぎ 正義	keadilan クアディラン	justice
せいきゅう 請 求	tuntutan トゥントゥタン	demand
せいきゅう 請 求 する	menuntut ムヌントゥ(ト)	to make a demand
せいきゅう 請 求 する（お金）	menagih ムナギー	to charge
せいきゅうきんがく 請 求 金額	jumlah tagihan ジュムラー タギハン	amount claimed [requested, demanded]
せいきゅうしょ 請 求 書	surat tagihan スラ(ト) タギハン	bill
ぜいきん 税金	pajak パジャ(ク)	tax

日	インドネシア	英
<ruby>税金免除<rt>ぜいきんめんじょ</rt></ruby>	**pembébasan pajak** プンベバサン パジャ(ク)	tax exemption
<ruby>生計<rt>せいけい</rt></ruby>	**nafkah** ナフカー	livelihood
<ruby>整形外科<rt>せいけいげか</rt></ruby>	**bedah ortopédi** ブダー オルトペディ	orthopedic unit
<ruby>整形外科医<rt>せいけいげかい</rt></ruby>	**dokter spésialis bedah ortopédi** ドクトゥル スペシアリス ブダー オルトペディ	orthopedist
<ruby>整形手術<rt>せいけいしゅじゅつ</rt></ruby>	**bedah plastik** ブダー プラスティッ	plastic [cosmetic] surgery
<ruby>清潔<rt>せいけつ</rt></ruby>	**kebersihan** クブルスィハン	cleanliness
<ruby>清潔な<rt>せいけつな</rt></ruby>	**bersih** ブルスィー	clean
<ruby>政権<rt>せいけん</rt></ruby>	**pemerintahan** プムリンタハン	political power
<ruby>制限<rt>せいげん</rt></ruby>	**pembatasan** プンバタサン	limit
<ruby>制限する<rt>せいげんする</rt></ruby>	**membatasi** ムンバタスィ	to limit
<ruby>成功<rt>せいこう</rt></ruby>	**kesuksésan / keberhasilan** クスクセサン / クブルハスィラン	success
<ruby>成功する<rt>せいこうする</rt></ruby>	**berhasil / suksés** ブルハスィル / スクセス	to succeed in
<ruby>精巧<rt>せいこう</rt></ruby>	**kehalusan** クハルサン	elaborateness
<ruby>精巧な<rt>せいこうな</rt></ruby>	**halus** ハルス	elaborate
<ruby>星座<rt>せいざ</rt></ruby>	**rasi bintang** ラスィ ビンタン(グ)	constellation
<ruby>制裁<rt>せいさい</rt></ruby>	**sangsi** サンスィ	punishment
<ruby>政策<rt>せいさく</rt></ruby>	**kebijakan** クビジャカン	policy
<ruby>製作<rt>せいさく</rt></ruby>	**pembuatan / produksi** プンブアタン / プロドゥクスィ	manufacture
<ruby>製作する<rt>せいさくする</rt></ruby>	**memproduksi** ムンプロドゥクスィ	to manufacture
<ruby>精算<rt>せいさん</rt></ruby>	**perhitungan** プルヒトゥン(グ)アン	adjustment

日	インドネシア	英
せいさん 精算する	memperhitungkan ムンプルヒトゥンカン	to adjust
せいさん 生産	produksi / penghasilan プロドゥクスイ / プン(グ)ハスィラン	production
せいさん 生産する	menghasilkan / memproduksi ムンハスィルカン / ムンプロドゥクスイ	to produce
せいさんしゃ 生産者	penghasil プン(グ)ハスィル	producer
せいさんのうりょく 生産能力	kemampuan produksi クマンプアン プロドゥクスイ	production capacity
せいし 生死	hidup dan mati ヒドゥ(プ) ダン マティ	life or death
せいし 静止	perhentian プルフンティアン	standing still
せいし 静止する	berhenti ブルフンティ	to stop moving
せいじ 政治	politik ポリティ(ク)	politics
せいしき 正式	resminya ルスミニヤ	formality
せいしき 正式な	resmi ルスミ	formal
せいしつ 性質	sifat スィファ(ト)	nature
せいじつ 誠実	ketulusan クトゥルサン	sincerity
せいじつ 誠実な	tulus トゥルス	sincere
せいしゃいん 正社員	pegawai tetap プガワイ トゥタ(プ)	regular employee
せいじゅく 成熟	kematangan クマタン(グ)アン	maturity
せいじゅく 成熟した	matang マタン(グ)	mature
せいじゅく 成熟する	(menjadi) matang (ムンジャディ) マタン(グ)	be mature
せいしゅん 青春	masa muda マサ ムダ	youth
せいじゅん 清純	keceriaan クチュリアアン	purity

日	インドネシア	英
せいじゅん 清純な	ceria チュリア	pure
せいしょ 聖書	Alkitab アルキタ(ブ)	Bible
せいしょ 清書	penulisan ulang dengan rapi プヌリサン ウラン(グ) ドゥン(グ)アン ラピ	fair copy
せいしょ 清書する	menulis ulang dengan rapi ムヌリス ウラン(グ) ドゥン(グ)アン ラピ	to make a fair copy of
せいじょう 正常	kenormalan クノルマラン	normality
せいじょう 正常な	normal ノルマル	normal
せいしょうねん 青少年	pemuda-pemudi プムダ プムディ	juveniles
せいしん 精神	jiwa ジワ	spirit
せいしん 精神（理念）	semangat スマン(グ)ア(ト)	mind / philosophy
せいしんあんていざい 精神安定剤	obat penenang オバ(ト) プヌナン(グ)	tranquilizer
せいしんか い 精神科医	dokter spésialis kedokteran jiwa ドクトゥル スペスイアリス クドクトゥラン ジワ	orthopedist
せいじん 成人	déwasa デワサ	adult
せいじん 成人する	menjadi déwasa ムンジャディ デワサ	to become an adult
せいすう 整数	bilangan bulat ビラン(グ)アン ブラ(ト)	integer
せい 制する	menguasai ムン(グ)ウアサイ	to control
せいせき 成績	nilai / préstasi ニライ / プレスタスィ	grade
せいせきしょうめいしょ 成績証明書	transkrip akadémik トランスクリ(プ) アカデミッ	transcript
せいぜん 整然と	dengan teratur ドゥン(グ)アン トゥルアトゥル	neatly
せいそう 清掃	pembersihan プンブルスィハン	cleaning
せいそう 清掃する	membersihkan ムンブルスィーカン	to clean

日	インドネシア	英
^{せいそう} 正装	pakaian resmi パカイアン ルスミ	formal dress
^{せいそう} 盛装	dandan resmi ダンダン ルスミ	dressing up
^{せいそう} 盛装する	berdandan resmi ブルダンダン ルスミ	to dress up
^{せいぞう} 製造	produksi プロドゥクスイ	manufacture
^{せいぞう} 製造する	memproduksi ムンプロドゥクスイ	to manufacture
^{せいぞうぎょう} 製造業	industri manufaktur インドゥストリ マヌファクトゥル	manufacturing industry
^{せいぞん} 生存	éksisténsi エクスイステンスイ	existence
^{せいぞん} 生存する	hidup ヒドゥ(プ)	to exist
^{せいぞんしゃ} 生存者	korban selamat コルバン スラマ(ト)	survivor
^{せいだい} 盛大	kebesaran クブサラン	magnificence
^{せいだい} 盛大な	besar-besaran ブサル ブサラン	magnificent
^{せいたいけい} 生態系	ékosistém エコスィステム	ecosystem
^{ぜいたく} 贅沢	keméwahan クメワハン	luxury
^{ぜいたく} 贅沢な	méwah メワー	luxurious
^{せいちょう} 声調	nada ナダ	tone
^{せいちょう} 成長	pertumbuhan ブルトゥンブハン	growth
^{せいちょう} 成長する	tumbuh トゥンブー	to grow
^{せいてい} 制定	penyusunan ブニュスナン	enactment
^{せいてい} 制定する	mengesahkan / mengundangkan ムン(グ)ウサーカン / ムン(グ)ウンダンカン	to enact
^{せいてき} 静的	statis スタティス	static

日	インドネシア	英
せいてつ 製鉄	**pembuatan besi** プンブアタン ブスィ	iron manufacture
せいてつ 製鉄する	**memproduksi besi** ムンプロドゥクスィ ブスィ	to manufacture iron
せいてん 晴天	**cuaca cerah** チュアチャ チュラー	clear sky
せいでん き 静電気	**listrik statis** リストリ(ク) スタティス	static electricity
せい と 生徒	**murid** ムリ(ド)	pupil
せい ど 制度	**sistém** スィステム	system
せい ど 精度	**keakuratan** クアクラタン	precision
せいとう 政党	**partai politik / parpol** パルタイ ポリティ(ク) / パルポル	political party
せいとう 正当	**keabsahan** クアブサハン	rightness
せいとう 正当な	**sah / absah** サー / アブサー	right
せいとん 整頓	**pengaturan / penataan** プン(グ)アトゥラン / プナタアン	arrangement
せいとん 整頓する	**mengatur / menata** ムン(グ)アトゥル / ムナタ	to arrange
せいねん 成年	**déwasa** デワサ	adult
せいねん 青年	**pemuda** プムダ	youth
せいねん（女性） 青年（女性）	**gadis / pemudi** ガディス / プムディ	young woman
せいねん（男性） 青年（男性）	**jejaka / pemuda** ジュジャカ / プムダ	young man
せいねんがっ び 生年月日	**tanggal lahir** タンガル ラヒル	date of birth
せいのう 性能	**kemampuan / kinerja** クマンプアン / キヌルジャ	capability
せい び 整備	**perawatan** プラワタン	maintenance
せい び 整備する	**merawat** ムラワ(ト)	to maintain

日	インドネシア	英
せいびょう 性病	penyakit menular séksual プニャキ(ト) ムヌラル セクスアル	sexually transmitted disease
せいひん 製品	produk プロドゥッ	products
せい ふ 政府	pemerintah プムリンター	government
せいふく 制服	seragam スラガム	uniform
せいふく 征服	penaklukan プナクルカン	conquest
せいふくする 征服する	menaklukkan ムナクルッカン	to conquer
せいぶつ 生物	mahluk hidup マールッ ヒドゥ(プ)	living thing
せいぶん 成分	zat ザ(ト)	ingredient
せいべつ 性別	jenis kelamin ジュニス クラミン	gender
せいほう 製法	cara pembuatan チャラ プンブアタン	manufacturing method
せいほうけい 正方形	persegi プルスギ	square
せいまい 精米	penggilingan beras プンギリン(グ)アン ブラス	polished rice
せいまいする 精米する	menumbuk ムヌンブッ	to polish rice
せいみつ 精密さ	ketepatan クトゥパタン	precision
せいみつ 精密な	tepat トゥパ(ト)	precise
ぜい む しょ 税務署	kantor pajak カントル パジャ(ク)	tax office
せいめい 姓名	nama lengkap ナマ ルンカ(プ)	name
せいめい 生命	jiwa ジワ	life
せいめい 声明	pernyataan プルニャタアン	statement
せいもん 正門	gerbang utama グルバン(グ) ウタマ	main gate

日	インドネシア	英
せいやく 制約	pembatasan プンバタサン	restriction
せいやく 制約する	membatasi ムンバタスィ	to restrict
せいよう 西洋	Barat / dunia Barat バラ(ト) / ドゥニア バラ(ト)	the West
せいよく 性欲	hawa nafsu ハワ ナッス	sexual desire
せいり 生理	fisiologi フィスィオロギ	physiology
せいり（月経） 生理	haid / datang bulan ハイ(ド) / ダタン(グ) ブラン	menstruation
せいり 整理	pembenahan / pengaturan プンブナハン / プン(グ)アトゥラン	adjustment
せいり 整理する	membenahi / mengatur ムンブナヒ / ムン(グ)アトゥル	to adjust
せいりつ 成立	terjadinya トゥルジャディニャ	formation
せいりつ 成立する	mendirikan ムンディリカン	to form
ぜいりつ 税率	tarif pajak タリフ パジャ(ク)	tax rate
せいりつう 生理痛	sakit / nyeri bulanan サキ(ト) / ニュリ ブラナン	menstrual [period] pain
せいりょういんりょうすい 清涼飲料水	minuman ringan ミヌマン リン(グ)アン	soft drink
せいりよう 生理用ナプキン	pembalut wanita プンバル(ト) ワニタ	sanitary napkin [pad]
せいりょく 勢力	kekuatan ククアタン	power
せいりょくてき 精力的	bergairah / bersemangat ブルガイラー / ブルスマン(グ)ア(ト)	energetic
せいれき 西暦	maséhi マセヒ	A.D.
せいれつ 整列	baris バリス	standing in a line
せいれつ 整列する	berbaris dengan teratur ブルバリス ドゥン(グ)アン トゥルアトゥル	to stand in a line
セーター	switer スウィトゥル	sweater

日	インドネシア	英
セーフティボックス	kotak penyimpanan barang berharga コタッ プニィンパナン バラン(グ) ブルハルガ	safety box
セール	obralan オブララン	sale
セールスマン	wiraniaga ウィラニアガ	salesperson
背負う	memikul / menggéndong ムミクル / ムンゲンドン(グ)	to shoulder
世界	dunia ドゥニア	world / specific field
世界遺産	warisan dunia ワリサン ドゥニア	world heritage
急かす	mendesak ムンドゥサッ	to hasten
咳	batuk バトゥッ	cough
席	tempat duduk トゥンパ(ト) ドゥドゥッ	seat
石炭	batu bara バトゥ バラ	coal
赤道	khatulistiwa ハトゥリスティワ	the equator
責任	tanggung jawab タングン(グ) ジャワ(ブ)	responsibility
責任者	penanggung jawab ブナングン(グ) ジャワ(ブ)	person in charge
責務	tugas トゥガス	duty
石油	minyak bumi ミニャッ ブミ	oil
セクシー	keséksian クセクスィアン	sexiness
セクシーな	séksi セクスィ	sexy
セクション	séksi / bagian セクスィ / バギアン	section
セクハラ	pelécéhan séksual プレチェハン セクスアル	sexual harassment
世間	masyarakat マシャラカ(ト)	society

日	インドネシア	英
せ じ 世辞	**basa-basi** バサ バスィ	compliment
ぜ せい 是正	**perbaikan** プルバイカン	correction
ぜ せい 是正する	**memperbaiki** ムンプルバイキ	to correct
せ たい 世帯	**rumah tangga** ルマー タンガ	household
せ だい 世代	**génerasi** ゲヌラスィ	generation
せつ 節	**klausa** クラウサ	passage
せつ 説	**téori** テオリ	theory
ぜつえん 絶縁（縁を切る）	**pemutusan hubungan** プムトゥサン フブン(グ)アン	breakup
ぜつえん 絶縁する （縁を切る）	**memutuskan hubungan** ムムトゥスカン フブン(グ)アン	to break up
せっかい 石灰	**kapur** カプル	lime
せっかい 切開	**pembedahan** プンブダハン	incision
せっかい 切開する	**membedah** ムンブダー	to make an incision
せっかく （無理をして）	**sengaja** スン(グ)アジャ	kindly
せっかくの （滅多にない）	**langka** ランカ	rarely
せっきょう 説教	**khotbah** コ(ト)バー	preach
せっきょう 説教（叱責）	**omélan / ceramah** オメラン / チュラマー	nag
せっきょう 説教する	**berkhotbah** ブルコ(ト)バー	to preach
せっきょう 説教する （叱責する）	**menggurui / dikhotbahi / diceramahi** ムングルイ / ディコ(ト)バヒ / ディチュラマヒ	to nag
せっきょくてき 積極的	**aktif** アクティフ	positiveness
せっきん 接近	**pendekatan** プンドゥカタン	approach

日	インドネシア	英
接近する せっきん	mendekati ムンドゥカティ	to approach
セックス	persetubuhan / hubungan intim プルストゥブハン / フブン(グ)アン インティム	sex
セックスする	bersetubuh / berhubungan intim ブルストゥブー / ブルフブン(グ)アン インティム	to have sex
設計 せっけい	perancangan / rancangan プランチャン(グ)アン / ランチャン(グ)アン	design
設計する せっけい	merancang ムランチャン(グ)	to design
赤血球 せっけっきゅう	sél darah mérah セル ダラー メラー	red blood cell
石鹸 せっけん	sabun サブン	soap
切実 せつじつ	keseriusan / kesungguh-sungguhan クスリウサン / クスング― スングーハン	earnestness
切実な せつじつ	serius / sungguh-sungguh スリウス / スングー スングー	earnest
接触 せっしょく	kontak / pengontakan コンタ(ク) / プン(グ)オンタカン	contact
接触する せっしょく	mengontak ムン(グ)オンタ(ク)	to make contact
接する せっ	meraba / menyentuh ムラバ / ムニュントゥー	to touch
接する（触れる） せっ	mengadakan kontak / menemui / menerima ムン(グ)アダカン コンタ(ク) / ムヌムイ / ムヌリマ	be exposed
接する（隣接する） せっ	berbatasan ブルバタサン	to border
節制 せっせい	menahan diri ムナハン ディリ	moderation
せっせと	dengan giat / dengan rajin / dengan sungguh-sungguh ドゥン(グ)アン ギア(ト) / ドゥン(グ)アン ラジン / ドゥン(グ)アン スングー スングー	diligently
接続 せつぞく	sambungan サンブン(グ)アン	connection
接続する せつぞく	menyambung ムニャンブン(グ)	to connect
接続詞 せつぞくし	kata sambung カタ サンブン(グ)	conjunction

日	インドネシア	英
せつぞくびん 接続便	**penerbangan lanjutan** プヌルバン(グ)アン ランジュタン	connecting flight
せったい 接待	**jamuan** ジャムアン	entertainment
せったい 接待する	**menjamu** ムンジャム	to entertain
ぜったい 絶対	**kemutlakan** クムトラカン	absolutely
ぜったいてき 絶対的	**mutlak** ムトラッ	absolute
せったい ひ 接待費	**biaya menjamu tamu** ビアヤ ムンジャム タム	entertainment expenses [allowance]
せつだん 切断	**pemutusan** プムトゥサン	disconnection
せつだん 切断する	**memutus** ムムトゥス	to disconnect
せっ ち 設置	**pendirian / peletakan / pemasangan** プンディリアン / プルタカン / プマサン(グ)アン	establishment
せっ ち 設置する	**mendirikan / meletakkan / memasang** ムンディリカン / ムルタッカン / ムマサン(グ)	to establish
せっ ち 設置する (設立する)	**membentuk / mendirikan** ムンブントゥッ / ムンディリカン	to establish
せっ ち 設置する (配置する)	**menempatkan / melengkapi** ムヌンパ(ト)カン / ムルンカピ	to place
せっちゃくざい 接 着 剤	**lém / perekat** レム / プルカ(ト)	adhesive
せっ ちゅう 折 衷	**kompromi** コンプロミ	compromise
せっちゅう 折衷する	**berkompromi** ブルコンプロミ	to arrange a compromise
せってい 設定	**pengaturan** プン(グ)アトゥラン	setting up
せってい 設定する	**mengatur** ムン(グ)アトゥル	to set up
せってん 接点	**titik kontak** ティティッ コンタ(ク)	point of contact
セット	**sét** セ(ト)	set
せつ ど 節度	**batas kewajaran** バタス クワジャラン	moderation

日	インドネシア	英
せっとく 説得	bujukan / rayuan ブジュカン / ブンジュラサン	persuasion
せっとく 説得する	membujuk / merayu ムンブジュッ / ムラユ	to persuade
せつ 切ない	memilukan ムミルカン	heartrending
せつび 設備	fasilitas ファスィリタス	facilities
せつび 設備する	memfasilitasi ムンファスィリタスィ	to provide facilities
ぜつぼう 絶望	putus asa プトゥス アサ	despair
ぜつぼう 絶望する	berputus asa ブルプトゥス アサ	to despair
せつめい 説明	penjelasan ブンジュラサン	explanation
せつめい 説明する	menjelaskan ムンジュラスカン	to explain
ぜつめつ 絶滅	punah / binasa プナー / ビナサ	extermination
ぜつめつ 絶滅する	memusnahkan / membinasakan ムムスナーカン / ムンビナサカン	to exterminate
せつやく 節約	penghématan プン(グ)ヘマタン	saving
せつやく 節約する	menghémat ムンヘマ(ト)	to save
せつりつ 設立	pendirian ブンディリアン	establishment
せつりつ 設立する	mendirikan ムンディリカン	to establish
せともの 瀬戸物	porselén ポルスレン	china
せなか 背中	punggung ブングン(グ)	back
ぜひ 是非	pasti パスティ	by all means
ぜひ 是非とも	ingin sekali イン(グ)イン スカリ	by all means
せびろ 背広	jas ジャス	jacket

日	インドネシア	英
<ruby>背骨<rt>せぼね</rt></ruby>	**tulang punggung** トゥラン (グ) プングン (グ)	backbone
<ruby>狭<rt>せま</rt></ruby>い	**sempit** スンピ (ト)	small / narrow
<ruby>狭<rt>せま</rt></ruby>い（面積）	**sempit / kecil** スンピ (ト) / クチル	small
<ruby>狭<rt>せま</rt></ruby>い（幅・心）	**sempit** スンピ (ト)	narrow
<ruby>迫<rt>せま</rt></ruby>る（近づく）	**mendekat** ムンドゥカ (ト)	to come closer
<ruby>迫<rt>せま</rt></ruby>る（ある数値に）	**mendekati** ムンドゥカティ	to draw near
<ruby>迫<rt>せま</rt></ruby>る（期限が）	**menjelang** ムンジュラン (グ)	to approach
<ruby>迫<rt>せま</rt></ruby>る（強要する）	**memaksakan** ムマクサカン	to demand
<ruby>蝉<rt>せみ</rt></ruby>	**tonggérét** トンゲレ (ト)	cicada
セミナー	**séminar** セミナル	seminar
<ruby>攻<rt>せ</rt></ruby>め	**serangan** スラン (グ) アン	attack
<ruby>攻<rt>せ</rt></ruby>める	**menyerang** ムニュラン (グ)	to attack
せめて	**sedikit-dikitnya / paling tidak** スディキ (ト) ディキ (ト) ニャ / パリン (グ) ティダ (ッ)	at least
<ruby>責<rt>せ</rt></ruby>める	**menyalahkan / menuduh** ムニャラーカン / ムヌドゥー	to blame
セメント	**semén** スメン	cement
セラミック	**keramik** クラミッ	ceramics
ゼリー	**jéli** ジェリ	jelly
<ruby>台詞<rt>せりふ</rt></ruby>	**perkataan / kata-kata / ucapan** プルカタアン / カタ カタ / ウチャパン	one's lines
<ruby>競<rt>せ</rt></ruby>る	**bersaing** ブルサイン (グ)	to compete
セルフサービス	**swalayan** スワラヤン	self-service

日	インドネシア	英
セレモニー	upacara ウパチャラ	ceremony
0	nol / kosong ノル / コソン(グ)	zero
セロハンテープ	sélotip セロティ(プ)	cellophane adhesive tape
セロリ	selédri スレドリ	celery
世論	opini publik / pendapat umum オピニ プブリッ / プンダパ(ト) ウムム	public opinion
世話	perawatan プラワタン	care
世話する	merawat ムラワ(ト)	to take care of
世話する （紹介・仲介する）	menjadi perantara ムンジャディ プルアンタラ	to mediate
世話好き	suka menolong スカ ムノロン(グ)	busybody
世話になる （負担・迷惑）	mengganggu ムンガング	to trouble
千	ribu リブ	thousand
栓	tutup / penutup トゥトゥ(プ) / プヌトゥ(プ)	stopper
線	jalur ジャルル	line
善	kebaikan クバイカン	good deed
全〜	seluruh ~ スルルー	all
繊維	serat スラ(ト)	fiber
善意	niat baik ニア(ト) バイ(ク)	goodwill
全員	semua orang スムア オラン(グ)	all the members
前回	kali sebelumnya カリ スブルムニャ	last [previous] time
全快	pemulihan total / keseluruhan プムリハン トタル / クスルルハン	complete recovery

日	インドネシア	英
^{ぜんかい} 全快する	pulih secara total プリー スチャラ トタル	to make a complete recovery
^{せんがん} 洗顔	pencucian muka プンチュチアン ムカ	face washing
^{せんがん} 洗顔する	mencuci muka ムンチュチ ムカ	to wash one's face
^{せんきょ} 選挙	pemilihan プミリハン	election
^{せんきょ} 選挙する	memilih ムミリー	to elect
^{せんきょう} 宣教	dakwah ダクワー	missionary work
^{せんきょう} 宣教する	menyebarkan agama ムニュバルカン アガマ	to do missionary work
^{せんげつ} 先月	bulan lalu ブラン ラル	last month
^{せんげん} 宣言	déklarasi デクララスィ	declaration
^{せんげん} 宣言する	mendéklarasikan ムンデクララスィカン	to declare
^{ぜんご} 前後	sebelum dan sesudah スブルム ダン ススダー	before and after
^{せんこう} 線香	dupa ドゥパ	incense stick
^{せんこう} 先行	lebih dahulu ルビー ダフル	going ahead
^{せんこう} 先行する	mendahului ムンダフルイ	to go ahead
^{せんこう} 選考	pilihan ピリハン	selection
^{せんこう} 選考する	menyeléksi ムニュレクスィ	to select
^{せんこう} 専攻	spésialisasi スペスィアリサスィ	major
^{せんこう} 専攻する	mengkhususkan diri ムンクススカン ディリ	to major in
^{ぜんこく} 全国	seluruh negeri スルルー ヌグリ	the whole country
^{せんさい} 戦災	kerusakan perang クルサカン プラン(グ)	war damage

日	インドネシア	英
せんさい 繊細	sénsitivitas / kepékaan センスィティフィタス / クペカアン	sensitiveness
せんさい 繊細な	sénsitif / péka センスィティフ / ペカ	sensitive
せんざい 洗剤	déterjén デトゥルジェン	detergent
ぜんさい 前菜	perangsang seléra プランサン(グ) スレラ	appetizer
せんじつ 先日	hari yang lalu ハリ ヤン(グ) ラル	the other day
ぜんじつ 前日	kemarin クマリン	the previous day
せんしゃ 洗車	pencucian mobil プンチュチアン モビル	car wash
せんしゃ 洗車する	mencuci mobil ムンチュチ モビル	to wash a car
ぜんしゃ 前者	yang disebut lebih dahulu ヤン(グ) ディスブ(ト) ルビー ダフル	the former
せんしゅ 選手	pemain プマイン	player
せんしゅう 先週	minggu lalu ミング ラル	last week
せんしゅう 専修する	mengkhususkan diri ムンクススカン ディリ	to specialize in
ぜんしゅう 全集	koléksi lengkap コレクスィ ルンカ(プ)	complete works
せんじゅつ 戦術	stratégi ストラテギ	strategy
せんじょう 戦場	médan perang メダン プラン(グ)	battlefield
せんじょう 洗浄	pencucian プンチュチアン	cleaning
せんじょう 洗浄する	mencuci ムンチュチ	to clean
せんしょくたい 染色体	kromosom クロモソム	chromosome
ぜんしん 全身	sekujur tubuh スクジュル トゥブー	the whole body
ぜんしん 前進	kemajuan クマジュアン	advancement

日	インドネシア	英
ぜんしん 前進する	maju マジュ	to advance
せんしんこく 先進国	negara maju ヌガラ マジュ	developed country [nation]
せん す 扇子	kipas キパス	fan
せんすい 潜水	penyelaman プニュラマン	submerging
せんすい 潜水する	menyelam ムニュラム	to submerge
せんせい 先生	guru グル	teacher
ぜんせい 全盛	kejayaan クジャヤアン	glory
ぜん せ かい 全世界	seluruh dunia スルルー ドゥニア	the whole world
ぜんぜん 全然（〜ない）	sama sekali tidak サマ スカリ ティダッ	not at all
せん そ 先祖	nénék moyang ネネッ モヤン(グ)	ancestor
せんそう 戦争	perang プラン(グ)	war
せんそう 戦争する	berperang ブルプラン(グ)	to engage in war
ぜんそく 喘息	asma アスマ	asthma
センター	pusat プサ(ト)	center
せんだい 先代	générasi sebelumnya ゲネラスィ スブルムニャ	the predecessor
ぜんたい 全体	keseluruhan クスルルハン	the whole
せんたく 選択	pilihan / pemilihan ピリハン / プミリハン	choice
せんたく 選択する	memilih ムミリー	to choose
せんたく 洗濯	pencucian pakaian プンチュチアン パカイアン	washing
せんたく 洗濯する	mencuci pakaian ムンチュチ パカイアン	to wash

せ

日	インドネシア	英
せんたくき 洗濯機	mesin cuci ムスィン チュチ	washing machine
せんたくし 選択肢	pilihan ピリハン	option
せんたく 洗濯ばさみ	penjepit pakaian プンジュピ(ト) パカイアン	clothes pin
せんたく 洗濯ロープ	tali jemuran タリ ジュムラン	clothesline
せんたん 先端	ujung ウジュン(グ)	trend
センチメートル	séntiméter センティメトゥル	centimeter
せんちゃく 先着	kedatangan pertama クダタン(グ)アン プルタマ	first to arrive
せんちゃくする 先着する	datang paling awal ダタン(グ) パリン(グ) アワル	be the first to arrive
せんちょう 船長	kaptén カプテン	captain
ぜんちょう 全長	panjang パンジャン(グ)	full length
ぜんちょう 前兆	gelagat グラガ(ト)	omen
ぜんてい 前提	dasar pikiran / alasan ダサル ピキラン / アラサン	premise
せんでん 宣伝	promosi プロモスィ	advertisement
せんでんする 宣伝する	mempromosikan ムンプロモスィカン	to advertise
せんてんてき 先天的 (な)	bawaan lahir バワアン ラヒル	inherent / innate
ぜんと 前途	masa depan マサ ドゥパン	prospects
せんとう 先頭	kepala クパラ	the head
せんとう 戦闘	pertempuran / peperangan プルトゥンプラン / ププラン(グ)アン	battle
せんとうする 戦闘する	bertempur ブルトゥンプル	to battle
せんにゅう 潜入	penyusupan プニュルンドゥパン	infiltration

日	インドネシア	英
せんにゅう 潜入する	menyusup ムニュルンドゥ(プ)	to infiltrate
せんにゅうかん 先入観	prasangka プラサンカ	bias
ぜんにんしゃ 前任者	pendahulu プンダフル	predecessor
せん ぬ 栓抜き	pembuka botol プンブカ ボトル	opener
ぜんねん 前年	tahun sebelumnya タフン スブルムニャ	the previous year
せんぱい 先輩	sénior セニオル	senior
せんぱく 船舶	kapal カパル	vessel
ぜんはん 前半	paruh pertama パルー プルタマ	first half
ぜんぱん 全般	secara umum スチャラ ウムム	the whole
ぜん ぶ 全部	seluruhnya / semuanya スルルーニャ / スムアニャ	whole
せんぷう き 扇風機	kipas angin キパス アン(グ)イン	fan
ぜんめつ 全滅	pemusnahan プムスナハン	annihilation
ぜんめつ 全滅する	musnah ムスナー	be annihilated
せんめん 洗面	pencucian muka プンチュチアン ムカ	washing one's face
せんめん 洗面する	mencuci muka ムンチュチ ムカ	to wash one's face
せんめんだい 洗面台	wastafel ワスタフル	wash stand
ぜんめんてき 全面的	secara menyeluruh スチャラ ムニュルルー	complete
ぜんめんてき 全面的な	keseluruhan / sepenuhnya クスルルハン / スプヌーニャ	full
ぜんめんてき 全面的に	secara keseluruhan / secara total / secara penuh / sepenuhnya スチャラ クスルルハン / スチャラ トタル / スチャラ プヌー / スプヌーニャ	fully

日	インドネシア	英
せんもん 専門	**keahlian** クアフリアン	specialty
せんもん い 専門医	**dokter spésialis** ドクトゥル スペスィアリス	medical specialist
せんやく 先約	**janji** ジャンジ	previous commitment [arrangement, appointment, engagement]
せんよう 専用	**khusus / éksklusif** フスス / エクスクルスイフ	exclusive use
せんよう 専用する	**dikhususkan untuk** ディクススカン ウントゥ(ク)	to use exclusively
せんよう 専用の	**khusus untuk** フスス ウントゥ(ク)	exclusive
せんりゃく 戦略	**stratégi** ストラテギ	strategy
せんりょう 占領	**pendudukan** プンドゥドゥッカン	occupation
せんりょう 占領する	**menduduki** ムンドゥドゥキ	to occupy
せんりょう 善良	**kebaikan** クバイカン	goodness
せんりょく 戦力	**kekuatan militér** ククアタン ミリテル	strength
ぜんりょく 全力	**segenap tenaga** スグナ(プ) トゥナガ	doing one's best
ぜんれい 前例	**présédén** プレセデン	precedent
せんろ 線路	**jalur** ジャルル	railway

▼ そ，ソ

そ あくひん 粗悪品	**barang bermutu rendah** バラン(グ) ブルムトゥ ルンダー	goods of poor [bad] quality
～沿い	**sepanjang ~** スパンジャン(グ)	along
そう	**begitu** ブギトゥ	so
そう 僧	**biksu** ビクス	priest
そう 層	**lapis** ラピス	layer

日	インドネシア	英
沿う (川などに)	**menelusuri** ムヌルスリ	to go along
象	**gajah** ガジャー	elephant
像	**patung** パトゥン(グ)	statue
相違	**perbédaan** プルベダアン	difference
相違する	**berbéda** ブルベダ	to differ
そう言えば	**ngomong-ngomong** ン(グ)オモン(グ) ン(グ)オモン(グ)	that reminds me
相応	**kecocokan** クチョチョカン	suitability
相応な	**cocok** チョチョッ	suitable
騒音	**kebisingan** クビスィン(グ)アン	noise
増加	**pertambahan** プルタンバハン	increase
増加する	**bertambah** ブルタンバー	to increase
総会	**rapat umum** ラパ(ト) ウムム	general meeting
総額	**jumlah total** ジュムラー トタル	total
創刊	**penerbitan édisi pertama** プヌルビタン エディスィ プルタマ	foundation of a periodical
創刊する	**menerbitkan édisi pertama** ムヌルビ(ト)カン エディスィ プルタマ	to launch a periodical
葬儀	**upacara pemakaman** ウパチャラ プマカマン	funeral
臓器	**organ** オルガン	organ
早急	**kecepatan** クチュパタン	immediacy
早急な	**cepat** チュパ(ト)	immediate
増強	**penguatan** プン(グ)ウアタン	reinforcement

日	インドネシア	英
<ruby>増強<rt>ぞうきょう</rt></ruby>する	memperkuat ムンプルクア(ト)	to reinforce
<ruby>送金<rt>そうきん</rt></ruby>	transfer トランスフル	remittance
<ruby>送金<rt>そうきん</rt></ruby>する	mentransfer ムントランスフル	to remit
<ruby>雑巾<rt>ぞうきん</rt></ruby>	kain pél カイン ペル	floor cloth
<ruby>遭遇<rt>そうぐう</rt></ruby>	pertemuan プルトゥムアン	encounter
<ruby>遭遇<rt>そうぐう</rt></ruby>する	bertemu / berjumpa ブルトゥム / ブルジュンパ	to encounter
<ruby>象牙<rt>ぞうげ</rt></ruby>	gading ガディン(グ)	ivory
<ruby>草原<rt>そうげん</rt></ruby>	padang rumput パダン(グ) ルンプ(ト)	grassland
<ruby>増減<rt>そうげん</rt></ruby>	fluktuasi フルクトゥアスイ	increase and decrease
<ruby>増減<rt>そうげん</rt></ruby>する	berfluktuasi ブルフルクトゥアスイ	to increase and decrease
<ruby>倉庫<rt>そうこ</rt></ruby>	gudang グダン(グ)	warehouse
<ruby>相互<rt>そうご</rt></ruby>	saling サリン(グ)	mutual
<ruby>走行<rt>そうこう</rt></ruby>	perjalanan プルジャラナン	running
<ruby>走行<rt>そうこう</rt></ruby>する	berjalan ブルジャラン	to run
<ruby>総合<rt>そうごう</rt></ruby>	seluruh / semua / segala スルルー / スムア / スガラ	synthesis
<ruby>総合<rt>そうごう</rt></ruby>する	memadukan ムマドゥカン	to synthesize
<ruby>走行距離<rt>そうこうきょり</rt></ruby>	jarak tempuh ジャラ(ト)トゥンプー	mileage
<ruby>総合的<rt>そうごうてき</rt></ruby>な	secara umum スチャラ ウムム	general
<ruby>捜査<rt>そうさ</rt></ruby>	penyelidikan プニュリディカン	investigation
<ruby>捜査<rt>そうさ</rt></ruby>する	menyelidiki ムニュリディキ	to investigate

そ

日	インドネシア	英
そう さ 操作	pengoperasian / operasi プン(グ)オプラスィアン / オプラスィ	operation
そう さ 操作する	mengoperasi ムン(グ)オプラスィ	to operate
そうさい 相殺	mengimbangi ムン(グ)インバン(グ)イ	offsetting
そうさい 相殺する	saling menghapuskan サリン(グ) ムンハプスカン	to offset
そうさく 創作	penciptaan プンチプタアン	creation
そうさく 創作する	menciptakan ムンチプタカン	to create
そうさく 捜索	pencarian プンチャリアン	search
そうさく 捜索する	mencari-cari ムンチャリ チャリ	to search for
そう じ 掃除	pembersihan プンブルスィハン	cleaning
そう じ 掃除する	membersihkan ムンブルスィーカン	to clean
そうしき 葬式	upacara pemakaman ウパチャラ プマカマン	funeral
そうしつ（する） 喪失	kehilangan クヒラン(グ)アン	loss / to lose
そうじゅう 操縦	operasi オプラスィ	control
そうじゅう 操縦する	mengendalikan ムン(グ)ウンダリカン	to control
そうしょう 蔵相	menteri keuangan / menkeu ムントゥリ クウアン(グ)アン / ムンクウ	the Minister of Finance
そうしょく 装飾	hiasan / dékorasi ヒアサン / デコラスィ	ornamentation
そうしょく 装飾する	menghias / mendékorasi ムンヒアス / ムンデコラスィ	to decorate
そうしょく 増殖	penambahan / pertambahan プナンバハン / プルタンバハン	multiplication
そうしょく 増殖する	bertambah / menambahkan ブルタンバー / ムナンバーカン	to multiply
そうしん 増進	promosi プロモスィ	increase

日	インドネシア	英
<ruby>増進<rt>ぞうしん</rt></ruby>する	**mempromosikan** ムンプロモスィカン	to increase
<ruby>造船<rt>ぞうせん</rt></ruby>	**pembuatan kapal** プンブアタン カパル	shipbuilding
<ruby>造船<rt>ぞうせん</rt></ruby>する	**membuat kapal** ムンブア(ト) カパル	to build ships
<ruby>創造<rt>そうぞう</rt></ruby>	**penciptaan** プンチッタアン	creation
<ruby>創造<rt>そうぞう</rt></ruby>する	**menciptakan** ムンチッタカン	to create
<ruby>想像<rt>そうぞう</rt></ruby>	**imajinasi / bayangan** イマジナスィ / バヤン(グ)アン	imagination
<ruby>想像<rt>そうぞう</rt></ruby>する	**membayangkan** ムンバヤンカン	to imagine
<ruby>騒々<rt>そうぞう</rt></ruby>しい	**ribut / berisik** リブ(ト) / ブリスィッ	noisy
<ruby>相続<rt>そうぞく</rt></ruby>	**pewarisan** プワリサン	inheritance
<ruby>相続<rt>そうぞく</rt></ruby>する	**mewarisi** ムワリスィ	to inherit
<ruby>相続税<rt>そうぞくぜい</rt></ruby>	**pajak waris** パジャ(ク) ワリス	inheritance tax
<ruby>曾祖父<rt>そうそふ</rt></ruby>	**kakék buyut** カケッ ブユ(ト)	great-grandfather
<ruby>曾祖母<rt>そうそぼ</rt></ruby>	**nénék buyut** ネネッ ブユ(ト)	great-grandmother
<ruby>相対<rt>そうたい</rt></ruby>	**rélatif** レラティフ	relative
<ruby>壮大<rt>そうだい</rt></ruby>	**keagungan** クアグン(グ)アン	magnificence
<ruby>壮大<rt>そうだい</rt></ruby>な	**agung** アグン(グ)	magnificent
<ruby>増大<rt>そうだい</rt></ruby>	**peluasan** プルアサン	enlargement
<ruby>増大<rt>そうだい</rt></ruby>する	**meluas** ムルアス	to enlarge
<ruby>相対的<rt>そうたいてき</rt></ruby>	**rélatif** レラティフ	relative
<ruby>相対的<rt>そうたいてき</rt></ruby>に	**secara rélatif / secara nisbi** スチャラ レラティフ / スチャラ ニスビ	relatively

日	インドネシア	英
そうだん 相談	**konsultasi** コンスルタスィ	consultation
そうだん 相談する	**berkonsultasi** ブルコンスルタスィ	to consult
そうち 装置	**unit** ウニ(ト)	device
そうち 装置する	**memasang** ムマサン(グ)	to equip with
そうてい 想定	**anggapan** アンガパン	assumption
そうてい 想定する	**menganggap** ムン(グ)アンガ(プ)	to assume
そうとう 相当	**setara** スタラ	suitability
そうとう 相当する	**setara dengan** スタラ ドゥン(グ)アン	be suitable for
～そうとう ～相当の	**bernilai ～** ブルニライ	worth ～
そうどう 騒動	**kerusuhan** クルスハン	disturbance
そうどう 騒動する	**merusuhkan** ムルスーカン	to create a disturbance
そうなん 遭難	**tersesatnya** トゥルスサ(ト)ニャ	accident
そうなん 遭難する	**tersesat** トゥルスサ(ト)	to meet with an accident
そうば 相場	**harga pasar** ハルガ パサル	market price
そうび 装備	**perlengkapan** ブルルンカパン	equipment
そうび 装備する	**melengkapi** ムルンカピ	to equip with
そうふ 送付	**pengiriman** プン(グ)イリマン	sending
そうふ 送付する	**mengirim** ムン(グ)イリム	to send
そうふさき 送付先	**alamat tujuan** アラマ(ト) トゥジュアン	delivery address
そうべつ 送別	**perpisahan** ブルピサハン	send-off

そ

日	インドネシア	英
送別する そうべつ	melepas / berpisah ムルパス / ブルピサー	to send off
送別会 そうべつかい	pésta perpisahan ペスタ ブルピサハン	farewell party
贈与 ぞうよ	penghibahan プン(ゲ)ヒバハン	donation
贈与する ぞうよ	menghibahkan ムンヒバーカン	to donate
贈与税 ぞうよぜい	pajak pemberian パジャ(ク) ブンブリアン	gift tax
総理大臣 そうりだいじん	perdana menteri ブルダナ ムントゥリ	the Prime Minister
創立 そうりつ	pendirian ブンディリアン	establishment
創立する そうりつ	mendirikan ムンディリカン	to establish
僧侶 そうりょ	biksu ビクス	monk
送料 そうりょう	ongkos kirim オンコス キリム	postage
添える そ	melampirkan ムランピルカン	to attach
ソース	saus サウス	sauce
ソーセージ	sosis ソスィス	sausage
ソーダ	soda ソダ	soda
～足（助数詞） そく	sepasang ~ スパサン(ゲ)	-
俗語 ぞくご	slang スラン(ゲ)	slang
即座に そくざ	segera スグラ	immediate
促進 そくしん	promosi ブロモスィ	promotion
促進する そくしん	mempromosikan ムンプロモスィカン	to promote
即する そく	berdasarkan ブルダサルカン	in keeping with

日	インドネシア	英
_{ぞく}属する	**dimiliki oléh** ディミリキ オレー	to belong to
_{ぞくぞく}続々	**satu demi satu** サトゥ ドゥミ サトゥ	one after another
_{そくたつ}速達	**pos kilat** ポス キラ(ト)	express delivery
_{そくてい}測定	**pengukuran** プン(グ)ウクラン	measurement
_{そくてい}測定する	**mengukur** ムン(グ)ウクル	to measure
_{そくど}速度	**kecepatan** クチュパタン	speed
_{そくどせいげん}速度制限	**batas kecepatan** バタス クチュパタン	speed limit
_{そくばく}束縛	**pengikatan** プン(グ)イカタン	restriction
_{そくばく}束縛する	**mengikat** ムン(グ)イカ(ト)	to restrict
_{そくめん}側面	**sisi** スィスィ	side
_{そくりょう}測量	**survéi** スルフェイ	measuring
_{そくりょう}測量する	**menyurvéi** ムニュルフェイ	to measure
_{そくりょく}速力	**kecepatan** クチュパタン	speed
そこ	**sana / situ** サナ / スィトゥ	there
_{そこ}底	**dasar** ダサル	bottom
そこで	**di sana** ディ サナ	so
_{そこ}損ねる	**merusak** ムルサ(ク)	to hurt
_{そこ}損なう	**merusak / mengganggu / merugikan** ムルサ(ク) / ムンガング / ムルギカン	to hurt
_{そざい}素材	**matéri** マテリ	material
_{そし}阻止	**pencegahan** プンチュガハン	obstruction

日	インドネシア	英
阻止する	mencegah ムンチュガー	to obstruct
組織	organisasi オルガニサスィ	organization
組織する	mengorganisir ムン(グ)オルガニスィル	to organize
組織図	skéma organisasi スケマ オルガニサスィ	organization chart
素質	kemampuan / bakat クマンプアン / バカ(ト)	nature
そして	kemudian クムディアン	and
訴訟	gugatan グガタン	lawsuit
祖先	nénék moyang ネネッ モヤン(グ)	ancestor
注ぐ	mencurahkan / menuangkan ムンチュラーカン / ムヌアン(グ)カン	to pour
そそっかしい	ceroboh チュロボー	careless
育ち	asuhan / didikan / latar belakang アスハン / ディディカン / ラタル ブラカン(グ)	upbringing
育つ	tumbuh / dibesarkan トゥンブー / ディブサルカン	to grow
育てる	menumbuhkan / membesarkan ムヌンブーカン / ムンブサルカン	to bring up
措置	tindakan / langkah ティンダカン / ランカー	action
措置する	bertindak ブルティンダッ	to take action
そちら	sana / situ サナ / スィトゥ	there
卒業	kelulusan クルルサン	graduation
卒業する	lulus ルルス	to graduate
ソックス	kaus kaki カウス カキ	socks
そっくり	sangat mirip サン(グ)ア(ト) ミリ(プ)	similar

日	インドネシア	英
そっけない	kasar / tidak peduli カサル / ティダップ プドゥリ	blunt
率直 そっちょく	kejujuran クジュジュラン	frankness
率直な そっちょく	jujur ジュジュル	frank
そっと	dengan lembut ドゥン(グ)アン ルンブ(ト)	gently
袖 そで	lengan ルン(グ)アン	sleeves
外 そと	luar ルアル	outside / outdoor
外側 そとがわ	bagian luar バギアン ルアル	the outside
備え付ける そな つ	melengkapi ムルンカピ	to equip
備える そな	menyiapkan ムニィアッ(プ)カン	to prepare
備わる そな	dilengkapi ディルンカピ	be equipped
その	itu イトゥ	that
その上 うえ	selain itu スライン イトゥ	besides
その内 うち	sebentar lagi スブンタル ラギ	soon
その頃 ころ	saat itu サア(ト) イトゥ	then
その他の～ た	～ yang lain ヤン(グ) ライン	other ～
そのため	(oléh) karena itu (オレー) カルナ イトゥ	for that reason
そのため (その目的で)	untuk tujuan itu / maksud ウントゥ(ク) トゥジュアン イトゥ / マクス(ド)	for that purpose
その他 ほか	selain itu スライン イトゥ	and so on
そのまま	begitu saja ブギトゥ サジャ	like that
側 そば	sebelah スブラー	nearby

日	インドネシア	英
聳える そび	**menjulang (tinggi)** ムンジュラン(グ)(ティンギ)	to tower
祖父 そ ふ	**kakék** カケッ	grandfather
ソファー	**sofa** ソファ	sofa
ソフト（柔らかい）	**lembut** ルンブ(ト)	soft
祖父母 そ ふ ぼ	**kakék dan nénék** カケッ ダン ネネッ	grandparents
祖母 そ ぼ	**nénék** ネネッ	grandmother
素朴 そ ぼく	**kesederhanaan** クスドゥルハナアン	simplicity
素朴な そ ぼく	**sederhana** スドゥルハナ	simple
粗末 そ まつ	**murahan / picisan** ムラハン / ピチサン	cheap
粗末な そ まつ	**sederhana** スドゥルハナ	meagre
染まる そ	**dicelup / diwarnai** ディチュル(プ) / ディワルナイ	be dyed
背く（違反する） そむ	**mengingkari / mengecéwakan** ムン(グ)インカリ / ムン(グ)ウチェワカン	to disobey
背く（反抗する） そむ	**mengkhianati** ムンヒアナティ	to betray
背ける そむ	**membuang muka** ムンブアン(グ) ムカ	to look away from
染める そ	**mewarnai / mencelup** ムワルナイ / ムンチュル(プ)	to dye
粗野 そ や	**kekasaran** クカサラン	roughness
粗野な そ や	**kasar** カサル	rough
空 そら	**langit** ラン(グ)イ(ト)	sky
逸らす そ	**mengalihkan** ムン(グ)アリーカン	to turn away
反らす そ	**melengkungkan / mengelukkan** ムルンクン(グ)カン / ムン(グ)ウルッカン	to bend

日	インドネシア	英
<ruby>橇<rt>そり</rt></ruby>	keréta salju クレタ サルジュ	sleigh
<ruby>剃<rt>そ</rt></ruby>る	mencukur ムンチュクル	to shave
<ruby>反<rt>そ</rt></ruby>る	melengkung ムルンクン(グ)	be curved
それ	itu イトゥ	it
それから	setelah itu ストゥラー イトゥ	after that
それぞれ	masing-masing マスィン(グ) マスィン(グ)	each other
それで	jadi ジャディ	and so
それでも	meski demikian ムスキ ドゥミキアン	but
それとも	atau アタウ	or
それに	lagi pula ラギ プラ	besides
それ<ruby>程<rt>ほど</rt></ruby>	sebegitu / segitu スブギトゥ / スギトゥ	so much
それ<ruby>故<rt>ゆえ</rt></ruby>	karena itu カルナ イトゥ	therefore
<ruby>逸<rt>そ</rt></ruby>れる	menyimpang ムニィンパン(グ)	to stray off
ソロ	solo ソロ	solo
<ruby>揃<rt>そろ</rt></ruby>い	réntétan / dérétan レンテタン / デレタン	a set of
<ruby>揃<rt>そろ</rt></ruby>いの	sama サマ	same
<ruby>揃<rt>そろ</rt></ruby>う	berkumpul / berdérét ブルクンプル / ブルデレ(ト)	be all together
<ruby>揃<rt>そろ</rt></ruby>える	melengkapi ムルンカピ	to complete a set
そろそろ	sebentar lagi スブンタル ラギ	soon
そろばん	sempoa スンポア	abacus

日	インドネシア	英
_{そん} 損	**kerugian** クルギアン	loss
_{そん} 損な	**merugi** ムルギ	unprofitable
_{そんえきけいさんしょ} 損益計算書	**laporan laba rugi** ラポラン ラバ ルギ	profit and loss statement
_{そんがい} 損害	**kerusakan / kerugian** クルサカン / クルギアン	damage
_{そんけい} 尊敬	**kehormatan** クホルマタン	respect
_{そんけい} 尊敬する	**menghormati** ムンホルマティ	to respect
_{そんざい} 存在	**keberadaan** クブルアダアン	existence
_{そんざい} 存在する	**berada** ブルアダ	to exist
ぞんざい	**kecerobohan** クチュロボハン	negligence
ぞんざいな	**ceroboh** チュロボー	negligent
_{そんしつ} 損失	**kerugian** クルギアン	loss
_{そんしょう} 損傷	**kerusakan** クルサカン	damage
_{そんしょう} 損傷する	**mengalami kerusakan** ムン(グ)アラミ クルサカン	to damage
_{そんしょう} 損傷する (傷つく)	**rusak / cedera / luka** ルサ(ク) / チュドゥラ / ルカ	be damaged
_{そんしょう} 損傷する (傷つける)	**merusak / mencederai / melukai** ムルサ(ク) / ムンチュドゥライ / ムルカイ	to damage
_{そんぞく} 存続	**kelangsungan** クランスン(グ)アン	continuation
_{そんぞく} 存続する	**berlangsung** ブルランスン(グ)	to continue
_{そんちょう} 尊重	**penghormatan** プン(グ)ホルマタン	respect
_{そんちょう} 尊重する	**menghormati / menjunjung tinggi** ムンホルマティ / ムンジュンジュン(グ) ティンギ	to respect
_{そんとく} 損得	**untung rugi** ウントゥン(グ) ルギ	loss and gain

そ

日	インドネシア	英
そんな	**begitu** ブギトゥ	such
そんなに	**sebegitu / segitu** スブギトゥ / スギトゥ	so much

▼ た，タ

た

日	インドネシア	英
ダース	**lusin** ルスィン	dozen
ターミナル	**terminal** トゥルミナル	terminal
対 <small>たい</small>	**lawan** ラワン	versus
隊 <small>たい</small>	**tim / pasukan** ティム / パスカン	party
鯛 <small>たい</small>	**ikan kakap** イカン カカ(プ)	sea bream
～帯 <small>たい</small>	**zona / wilayah ～** ゾナ / ウィラヤー	zone
タイ	**Thailand** タイラン(ド)	Thailand
タイ語 <small>ご</small>	**bahasa Thailand** バハサ タイラン(ド)	Thai (language)
タイ人 <small>じん</small>	**orang Thailand** オラン(グ) タイラン(ド)	Thai (people)
台（土台） <small>だい</small>	**dasar** ダサル	stand
～台（助数詞） <small>だい</small>	**buah** ブアー	-
題 <small>だい</small>	**judul / titel** ジュドゥル / テイトゥル	title
～代（代金） <small>だい</small>	**bayaran ～ / biaya ～** バヤラン / ビアヤ	～ charges
～代（年代） <small>だい</small>	**-an** アン	～'s
代案 <small>だいあん</small>	**rencana alternatif** ルンチャナ アルトゥルナティフ	alternative plan
体育 <small>たいいく</small>	**pendidikan jasmani** プンディディカン ジャスマニ	physical education (PE)
第一 <small>だいいち</small>	**pertama** プルタマ	No.1

日	インドネシア	英
たいいん 退院	keluar rumah sakit クルアル ルマー サキ(ト)	leaving hospital
たいいん 退院する	meninggalkan rumah sakit ムニンガルカン ルマー サキ(ト)	to leave hospital
ダイエット	diét ディエ(ト)	dieting
ダイエット食品 しょくひん	makanan diét マカナン ディエ(ト)	diet food
たいおう 対応	penanganan / pelayanan プナン(グ)アナン / プラヤナン	response
たいおう 対応する	menangani / mengatasi / melayani ムナン(グ)アニ / ムン(グ)アタスィ / ムラヤニ	to respond to
たいおん 体温	suhu badan スフ バダン	body temperature
たいおんけい 体温計	térmométer テルモメトゥル	clinical thermometer
たい か 退化	dégénerasi デゲヌラスィ	degeneration
たい か 退化する	mengalami dégénerasi ムン(グ)アラミ デゲヌラスィ	to degenerate
たい か 大家	ahli / pakar アフリ / パカル	authority
たいかい 大会	rapat besar ラパ(ト) ブサル	convention
たいかい 大会（試合）	pertandingan / kejuaraan プルタンディン(グ)アン / クジュアラアン	contest
たいかい 大会（集会）	perhimpunan プルヒンプナン	convention
たいがい 大概	hampir semua ハンピル スムア	almost all
たいかく 体格	figur / perawakan フィグル / プラワカン	physique
だいがく 大学	universitas ウニフルスィタス	university
だいがくいん 大学院	pascasarjana パスチャサルジャナ	graduate school
たいがく 退学する	putus sekolah プトゥス スコラー	to leave school
だいがくせい 大学生	mahasiswa マハスィスワ	university student

日	インドネシア	英
たいき 大気	udara ウダラ	air
たいきおせん 大気汚染	pencemaran udara プンチュマラン ウダラ	air pollution
たいきゅうせい 耐久性	ketahanan クタハナン	durability
たいきん 大金	banyak uang バニャッ ウアン(グ)	big money
だいきん 代金	harga / biaya / tarif ハルガ / ビアヤ / タリフ	price
だいく 大工	tukang kayu トゥカン(グ) カユ	carpenter
たいぐう 待遇	perlakuan プルラクアン	treatment
たいぐうする 待遇する	memperlakukan ムンプルラクカン	to treat
たいくつ 退屈	kebosanan クボサナン	boredom
たいくつする 退屈する	bosan ボサン	be bored with
たいくつな 退屈な	membosankan ムンボサンカン	boring
たいけい 体系	sistém スィステム	system
たいけい 体形	bentuk tubuh ブントゥットゥブー	figure
たいけつ 対決	konfrontasi コンフロンタスィ	confrontation
たいけつする 対決する	berkonfrontasi ブルコンフロンタスィ	to confront
たいけん 体験	pengalaman プン(グ)アラマン	experience
たいけんする 体験する	mengalami ムン(グ)アラミ	to experience
たいこ 太鼓	gendang グンダン(グ)	drum
たいこう 対抗	oposisi / perlawanan オポスィスィ / プルラワナン	opposition
たいこうする 対抗する	mengoposisi / melawan ムン(グ)オポスィスィ / ムラワン	to oppose

日	インドネシア	英
ダイコン	lobak ロバッ	white radish
滞在 (する)	tinggal ティンガル	(to) stay
滞在期間	jangka waktu tinggal ジャンカ ワクトゥ ティンガル	length of stay
対策	penanggulangan プナングラン(グ)アン	countermeasure
大使	duta besar ドゥタ ブサル	ambassador
退治	pemberantasan プンブランタサン	extermination
退治する	memberantas ムンブランタス	to exterminate
大事	pentingnya プンティン(グ)ニャ	importance
大事な	penting プンティン(グ)	important
大使館	kedutaan besar クドゥタアン ブサル	embassy
大して	sangat サン(グ)ア(ト)	not very
退社 (する)	pulang dari kantor プラン(グ) ダリ カントル	leaving the office / to leave the office
大衆	rakyat / massa ラクヤ(ト) / マッサ	the public
体重	berat badan ブラ(ト) バダン	body weight
対処	penanganan / penanggulangan プナン(グ)アナン / プナングラン(グ)アン	dealing [coping] with
対処する	menangani / menanggulangi ムナン(グ)アニ / ムナングラン(グ)イ	to deal [cope] with
対照	kontras コントラス	contrast
対照する	mengontraskan ムン(グ)オントラスカン	to contrast with
対象	objék オブジェッ	subject
大小	besar dan kecil ブサル ダン クチル	large and small

日	インドネシア	英
だいじょうぶ 大丈夫（な）	tidak apa-apa ティダッ アパ アパ	satisfactoriness / all right
たいしょく 退職	pengunduran diri プン（グ）ウンドゥラン ディリ	retirement
たいしょく 退職する	keluar dari pekerjaan / mengundurkan diri クルアル ダリ プクルジャアン / ムン（グ）ウンドゥルカン ディリ	to retire
だいじん 大臣	menteri ムントゥリ	minister
だい ず 大豆	kacang kedelai カチャン（グ） クドゥライ	soybean
だい す 大好きな	gemar / sangat suka グマル / サン（グ）ア（ト） スカ	favorite
たい 対する	terhadap トゥルハダ（プ）	against
だい 題する	bertéma / berjudul ブルテマ / ブルジュドゥル	titled
たいせい 体制	sistém スィステム	system
たいせい 態勢	sikap スィカ（プ）	attitude
たいせいよう 大西洋	Samudera Atlantik サムドゥラ アトランティッ	the Atlantic Ocean
たいせき 体積	volume フォルム	volume
たいせつ 大切さ	pentingnya プンティン（グ）ニャ	preciousness
たいせつ 大切な	berharga / penting ブルハルガ / プンティン（グ）	precious
たいせん 大戦	perang dunia プラン（グ） ドゥニア	great war
たいそう 大層	sangat サン（グ）ア（ト）	awfully
たいそう 体操	senam スナム	exercise
たいそう 体操する	bersenam ブルスナム	to exercise
だいたい 大体	sebagian besar / kira-kira スバギアン ブサル / キラ キラ	generally
たいだん 対談	pembicaraan プンビチャラアン	conversation

日	インドネシア	英
<ruby>対談<rt>たいだん</rt></ruby>する	berdialog dengan ブルディアロ(グ) ドゥン(グ)アン	to converse with
<ruby>大胆<rt>だいたん</rt></ruby>さ	keberanian クブラニアン	boldness
<ruby>大胆<rt>だいたん</rt></ruby>な	berani ブラニ	bold
<ruby>大地<rt>だい ち</rt></ruby>	bumi / tanah ブミ / タナー	earth / ground / land
<ruby>台地<rt>だい ち</rt></ruby>	dataran tinggi ダタラン ティンギ	plateau
<ruby>体調<rt>たいちょう</rt></ruby>	kondisi badan コンディスィ バダン	physical condition
<ruby>大腸<rt>だいちょう</rt></ruby>	usus besar ウスス ブサル	large intestine
タイツ	celana ketat チュラナ クタ(ト)	tights
<ruby>大抵<rt>たいてい</rt></ruby>	sebagian besar スバギアン ブサル	mostly
<ruby>態度<rt>たい ど</rt></ruby>	perilaku / sikap プリラク / スィカ(プ)	attitude
<ruby>対等<rt>たいとう</rt></ruby>	kesetaraan クスタラアン	equality
<ruby>対等<rt>たいとう</rt></ruby>な	setara スタラ	equal
<ruby>大統領<rt>だいとうりょう</rt></ruby>	présidén プレスィデン	president
<ruby>台所<rt>だいどころ</rt></ruby>	dapur ダプル	kitchen
タイトル (表題)	judul ジュドゥル	title
タイトル (肩書き)	gelar グラル	title
<ruby>台無<rt>だい な</rt></ruby>し	hancur luluh / berantakan ハンチュル ルルー / ブランタカン	mess
<ruby>滞納<rt>たいのう</rt></ruby>	penunggakan プヌンガカン	arrears
<ruby>滞納<rt>たいのう</rt></ruby>する	menunggak ムヌンガ(ク)	be in arrears
<ruby>大半<rt>たいはん</rt></ruby>	sebagian besar スバギアン ブサル	majority

日	インドネシア	英
たいひ 対比	kontras / perbandingan コントラス / プルバンディン(グ)アン	comparison
たいひ 対比する	membandingkan ムンバンディンカン	to compare with
だいひょう 代表	wakil / ketua ワキル / クトゥア	representative
だいひょう 代表する	mewakili ムワキリ	to represent
だいひょうしゃ 代表者	wakil / ketua ワキル / クトゥア	representative
ダイビング	selam スラム	diving
ダイビングする	menyelam (selam) ムニュラム (スラム)	to dive
タイプ	tipe ティプ	type
だいぶ (かなり)	sungguh-sungguh / sangat スングー スングー / サン(グ)ア(ト)	quite
だいぶ (ほとんど)	cukup チュク(プ)	mostly
たいふう 台風	angin topan アン(グ)イン トパン	typhoon
だいぶぶん 大部分	sebagian besar スバギアン ブサル	most part
たいへいよう 太平洋	Samudera Pasifik サムドゥラ パスィフィッ	the Pacific Ocean
たいへんさ 大変さ	kesulitan クスリタン	awfulness
たいへんな 大変な	sulit スリ(ト)	awful
だいべん 大便	tinja ティンジャ	excrements
だいべん (する) 代弁	berbicara mewakili ブルビチャラ ムワキリ	speaking for another / to speak for another
たいほ 逮捕	penangkapan プナンカパン	arrest
たいほ 逮捕する	menangkap ムナンカ(プ)	to arrest
たいほう 大砲	artileri アルティルリ	cannon

日	インドネシア	英
たいぼう **待望**	**harapan** ハラパン	hoping for
たいぼく **大木**	**pohon besar** ポホン ブサル	big tree
だいほん **台本**	**skénario / naskah** スケナリオ / ナスカー	script
たい ま **大麻**	**ganja** ガンジャ	marijuana
タイマー	**pengukur waktu** プン(グ)ウクル ワクトゥ	timer
たいまん **怠慢**	**kemalasan** クマラサン	negligence
たいまん **怠慢な**	**malas** マラス	negligent
タイミング	**waktu** ワクトゥ	timing
タイムリー	**tepat waktu** トゥパ(ト) ワクトゥ	timeliness
タイムリーな	**tepat pada waktunya** トゥパ(ト) パダ ワクトゥニャ	timely
だいめい **題名**	**judul / téma** ジュドゥル / テマ	title
だいめい し **代名詞**	**kata ganti** カタ ガンティ	pronoun
たいめん **対面**	**pertemuan** プルトゥムアン	(face-to-face) meeting
たいめん **対面する**	**bertemu muka / berhadapan** ブルトゥム ムカ / ブルハダパン	to meet (face-to-face)
タイヤ	**ban** バン	tire
ダイヤグラム	**diagram** ディアグラム	diagram
ダイヤモンド	**permata** プルマタ	diamond
ダイヤル	**lémpéng jam** レンペン(グ) ジャム	dial
たいよう **太陽**	**matahari** マタハリ	sun
だいよう **代用**	**subtitusi / penggantian** スブティトゥスイ / プンガンティアン	substitution

日	インドネシア	英
だいよう 代用する	mengganti ムンガンティ	to substitute
たい 平ら	kerataan クラタアン	flatness
たい 平らな	rata ラタ	flat
だいり 代理	agén アゲン	proxy
たいりく 大陸	benua ブヌア	continent
だいりせき 大理石	marmer / (batu) pualam マルムル /(バトゥ)プアラム	marble
たいりつ 対立	konfrontrasi / permusuhan コンフロンタスィ / ブルムスハン	confrontation
たいりつ 対立する	berkonfrontasi / bermusuhan ブルコンフロンタスィ / ブルムスハン	to confront
だいりてん 代理店	agén アゲン	agency
だいりにん 代理人	agén アゲン	agent
たいりょう 大量	jumlah besar ジュムラー ブサル	a large quantity
たいりょく 体力	kekuatan fisik / stamina ククアタン フィスィッ / スタミナ	physical strength
タイル	ubin ウビン	tile
たいわ 対話	dialog ディアロ(グ)	conversation
たいわ 対話する	berdialog ブルディアロ(グ)	to converse
たう 田植え	penanaman padi プナナマン パディ	rice-planting
たう 田植えする	menanam padi di sawah ムナナム パディ ディ サワー	to plant rice
ダウンする	jatuh ジャトゥー	to go down
ダウンロード	unduhan / pengunduhan ウンドゥハン / ブン(グ)ウンドゥハン	download
ダウンロードする	mengunduh ムン(グ)ウンドゥー	to download

日	インドネシア	英
唾液 だえき	(air) liur （アイル）リウル	saliva
絶えず た	terus-menerus / tanpa henti トゥルス ムヌルス / タンパ フンティ	constantly
絶える た	terputus / terhenti トゥルプトゥス / トゥルフンティ	be discontinued
耐える た	bertahan ブルタハン	to endure
堪える た	bersabar / bertahan ブルサバル / ブルタハン	to endure
楕円 だ えん	oval オファル	oval
倒す たお	merobohkan ムロボーカン	to knock *sth* down
倒す（押し倒す） たお	menjatuhkan (jatuh) ムンジャトゥーカン（ジャトゥー）	to push *sth* down
倒す（打倒する） たお	mengalahkan (kalah) ムン（グ）アラーカン（カラー）	to knock *sth* down
タオル	handuk ハンドゥッ	towel
倒れる たお	jatuh ジャトゥー	to fall down
鷹 たか	(burung) elang （ブルン（グ））ウラン（グ）	hawk
高い たか	tinggi ティンギ	tall
高い（値段） たか	mahal マハル	expensive
互いに たが	saling サリン（グ）	mutual
打開 だ かい	pemecahan プムチャハン	breakthrough
打開する だ かい	memecahkan ムムチャーカン	to break through
高さ たか	ketinggian クティンギアン	height
高まる たか	meninggi ムニンギ	to rise
高める たか	meninggikan ムニンギカン	to elevate

日	インドネシア	英
<ruby>耕<rt>たがや</rt></ruby>す	**membajak** ムンバジャッ	to cultivate
<ruby>宝<rt>たから</rt></ruby>	**harta** ハルタ	treasure
だから	**jadi** ジャディ	therefore
<ruby>宝<rt>たから</rt></ruby>くじ	**lotré** ロトレ	public lottery
タガログ<ruby>語<rt>ご</rt></ruby>	**bahasa Tagalog** バハサ タガロ(グ)	Tagalog
<ruby>滝<rt>たき</rt></ruby>	**air terjun** アイル トゥルジュン	waterfall
<ruby>焚火<rt>たきび</rt></ruby>	**api unggun** アピ ウングン	fire
<ruby>妥協<rt>だきょう</rt></ruby>	**kompromi** コンプロミ	compromise
<ruby>妥協<rt>だきょう</rt></ruby>する	**berkompromi** ブルコンプロミ	to reach a compromise
<ruby>焚<rt>た</rt></ruby>く	**membakar** ムンバカル	to burn
<ruby>炊<rt>た</rt></ruby>く	**menanak** ムナナッ	to cook (rice)
<ruby>抱<rt>だ</rt></ruby>く	**memeluk** ムムルッ	to hug
たくさん	**banyak** バニャッ	many
タクシー	**taksi** タクスィ	taxi
タクシー<ruby>乗<rt>の</rt></ruby>り<ruby>場<rt>ば</rt></ruby>	**pangkalan taksi** パンカラン タクスィ	taxi stand
<ruby>託児所<rt>たくじしょ</rt></ruby>	**tempat penitipan anak** トゥンパ(ト) プニティパン アナッ	childcare [daycare] center
<ruby>宅配便<rt>たくはいびん</rt></ruby>	**(layanan) pesan antar** (ラヤナン) プサン アンタル	home delivery service
たくましい	**kuat** クア(ト)	robust
<ruby>巧<rt>たく</rt></ruby>み	**keterampilan** クトゥランピラン	skill
<ruby>巧<rt>たく</rt></ruby>みな	**terampil** トゥランピル	skillful

日	インドネシア	英
蓄える <small>たくわ</small>	menyimpan ムニィンパン	to save
丈 <small>たけ</small>	panjang baju パンジャン(グ) バジュ	height
竹 <small>たけ</small>	bambu バンブ	bamboo
～だけ	hanya ～ ハニャ	only
打撃（打つこと） <small>だげき</small>	pukulan プクラン	blow
打撃（ダメージ） <small>だげき</small>	kerusakan クルサカン	damage
妥結 <small>だ きょう</small>	persetujuan プルストゥジュアン	settlement
妥結する <small>だ きょう</small>	mencapai persetujuan ムンチャパイ プルストゥジュアン	to reach a settlement
タケノコ	rebung ルブン(グ)	bamboo shoot
炊ける <small>た</small>	menanak (tanak) ムナナッ（タナッ）	be ready
凧 <small>たこ</small>	layang-layang ラヤン(グ) ラヤン(グ)	kite
多国籍 <small>た こくせき</small>	kewarganegaraan ganda クワルガヌガラアン ガンダ	multiple citizenship
駄作 <small>ださく</small>	karya picisan カルヤ ピチサン	poor work
打算 <small>ださん</small>	hitungan / perhitungan ヒトゥン(グ)アン / プルヒトゥン(グ)アン	calculating
確かさ <small>たし</small>	kepastian クパスティアン	certainty
確かな <small>たし</small>	pasti パスティ	certain
確かめる <small>たし</small>	memastikan ムマスティカン	to confirm
足し算 <small>た ざん</small>	penambahan プナンバハン	addition
多種多様 <small>た しゅ た よう</small>	keanékaragaman クアネカラガマン	diversity
多種多様な <small>た しゅ た よう</small>	beranéka ragam ブルアネカ ラガム	diverse

日	インドネシア	英
多少 たしょう	sedikit banyak スディキ(ト) バニャッ	somewhat
足す たす	menambah ムナンバー	to add
足す（＋） たす	tambah タンバー	plus
出す（内から外へ） だす	mengeluarkan ムン(グ)ウルアルカン	to take out
出す（食事などを） だす	menghidangkan / menyajikan ムンヒダンカン / ムニャジカン	to serve
出す（書類などを） だす	menyerahkan / mengajukan ムニュラーカン / ムン(グ)アジュカン	to submit
（〜し）出す だす	memulai ~ ムムライ	to start
多数 たすう	mayoritas マヨリタス	a large number
多数決 たすうけつ	keputusan suara terbanyak クプトゥサン スアラ トゥルバニャッ	majority decision
助かる（救われる） たすかる	terselamatkan (selamat) トゥルスラマ(ト)カン （スラマ(ト)）	be rescued
助かる（楽である） たすかる	tertolong トゥルトロン(グ)	be carefree
助け たすけ	pertolongan プルトロン(グ)アン	help
助ける たすける	menolong ムノロン(グ)	to help
携わる たずさわる	terlibat (dalam) トゥルリバ(ト) （ダラム）	be involved in
尋ねる たずねる	bertanya ブルタニャ	to ask
訪ねる たずねる	mengunjungi ムン(グ)ウンジュン(グ)イ	to visit
ただ（普通の）	biasa ビアサ	common
ただ（無料の）	gratis / cuma-cuma グラティス / チュマ チュマ	free
ただいま	saya pulang サヤ プラン(グ)	I'm home.
戦い たたかい	perjuangan プルジュアン(グ)アン	fight

日	インドネシア	英
戦う	berjuang ブルジュアン(グ)	to fight
叩く	memukul ムムクル	to hit
叩く（ドアなどを）	mengetuk (ketuk) ムン(グ)ウトゥッ（クトゥッ）	to knock
叩く（平手で）	bertepuk (tepuk) ブルトゥプッ（トゥプッ）	to clap
ただし	tetapi トゥタピ	unless
正しい	benar ブナル	correct
ただちに	segera スグラ	immediately
畳む	melipat ムリパ(ト)	to fold
漂う	hanyut ハニュ(ト)	to drift
立ち上がる	berdiri ブルディリ	to stand up
立入禁止	dilarang masuk ディララン(グ) マスッ	KEEP OUT
立ち去る	meninggalkan ムニンガルカン	to leave
立ち止まる	berhenti ブルフンティ	to come to a stop
立ち退く	mengosongkan / digusur ムン(グ)オソンカン / ディグスル	to move out of
立場	posisi ポスィスィ	standpoint
たちまち	dalam (waktu) sekejap ダラム（ワクトゥ）スクジャ(プ)	in an instant
ダチョウ	burung unta ブルン(グ) ウンタ	ostrich
立ち寄る	mampir / singgah マンピル / スィンガー	to drop in
立つ	berdiri ブルディリ	to stand up
立つ（成立する）	diselesaikan ディスルサイカン	be completed

日	インドネシア	英
<ruby>建<rt>た</rt></ruby>つ	**dibangun** ディバン(グ)ウン	be built
<ruby>断<rt>た</rt></ruby>つ	**memotong** ムモトン(グ)	to cut
<ruby>断<rt>た</rt></ruby>つ（断絶する）	**putuskan** プトゥスカン	to sever
<ruby>経<rt>た</rt></ruby>つ	**berlalu** ブルラル	to pass away
<ruby>発<rt>た</rt></ruby>つ	**berangkat** ブランカ(ト)	to depart
<ruby>卓球<rt>たっきゅう</rt></ruby>	**ténis méja / ping pong** テニス メジャ / ピン(グ) ポン(グ)	table-tennis
<ruby>脱臼<rt>だっきゅう</rt></ruby>（する）	**keseléo** クスレオ	dislocation / to dislocate
だっこする	**menggéndong** ムンゲンドン(グ)	to carry in one's arms
<ruby>脱脂綿<rt>だっしめん</rt></ruby>	**kapas pembalut** カパス プンバル(ト)	absorbent cotton
<ruby>脱出<rt>だっしゅつ</rt></ruby>	**pelarian** プラリアン	escape
<ruby>脱出<rt>だっしゅつ</rt></ruby>する	**meloloskan diri / keluar** ムロロスカン ディリ / クルアル	to escape
<ruby>達人<rt>たつじん</rt></ruby>	**jago / jagoan** ジャゴ / ジャゴアン	master
<ruby>達<rt>たっ</rt></ruby>する	**mencapai** ムンチャパイ	to reach
<ruby>脱<rt>だっ</rt></ruby>する	**meloloskan diri / keluar** ムロロスカン ディリ / クルアル	to escape
<ruby>達成<rt>たっせい</rt></ruby>	**pencapaian** プンチャパイアン	accomplishment
<ruby>達成<rt>たっせい</rt></ruby>する	**mencapai** ムンチャパイ	to accomplish
<ruby>脱税<rt>だつぜい</rt></ruby>	**penghindaran pajak** プン(グ)ヒンダラン パジャ(ク)	tax evasion
<ruby>脱税<rt>だつぜい</rt></ruby>する	**menghindari pajak** ムンヒンダリ パジャ(ク)	to evade tax
<ruby>脱線<rt>だっせん</rt></ruby>	**keluar jalur** クルアル ジャルル	derailment
<ruby>脱線<rt>だっせん</rt></ruby>する	**keluar jalur / anjlok** クルアル ジャルル / アンジョロッ	to derail

日	インドネシア	英
たった	hanya ハニャ	only
脱退 だったい	pengunduran diri プン(グ)ウンドゥラン ディリ	withdrawal
脱退する だったい	keluar / mundur クルアル / ムンドゥル	to withdraw
たっぷり	cukup チュク(プ)	enough
竜巻 たつまき	tornado トルナド	tornado
脱毛 だつもう	penghilangan bulu プン(グ)ヒラン(グ)アン ブル	hair removal
脱毛する だつもう	menghilangkan bulu ムンヒランカン ブル	to remove hair
盾 たて	taméng タメン(グ)	shield
縦 たて	lébar レバル	length
(～階) 建て だ	berlantai ~ ブルランタイ	storied
建て替える た か	membangun kembali ムンバン(グ)ウン クンバリ	to rebuild
立て替える た か	membayar untuk orang lain ムンバヤル ウントゥ(ク) オラン(グ) ライン	to make payment for someone
建前 たてまえ	tampak luar (untuk orang) タンパッ ルアル (ウントゥ(ク) オラン(グ))	principle
建物 たてもの	bangunan バン(グ)ウンナン	building
建てる た	membangun ムンバン(グ)ウン	to build
立てる (垂直に) た	menegakkan ムヌガッカン	to set up
立てる (計画を) た	merencanakan ムルンチャナカン	to plan
妥当 だとう	kepantasan / kecocokan クパンタサン / クチョチョカン	appropriateness
妥当な だとう	pantas / cocok パンタス / チョチョッ	appropriate
他動詞 たどうし	kata kerja transitif カタ クルジャ トランスイテイフ	transitive verb

日	インドネシア	英
たとえ (〜だとしても)	**kalaupun** カラウプン	even though
たとえ (例)	**contoh** チョントー	example
たとえ (比喩)	**perumpamaan** プルンパマアン	metaphor
例えば	**misalnya** ミサルニャ	for example
例える	**mengumpamakan** ムン(グ)ウンパマカン	to use a metaphor
たどり着く	**mencapai** ムンチャパイ	to arrive at last
たどる	**menelusuri** ムヌルスリ	to pursue
棚	**rak** ラッ	shelf
谷	**lembah / lebak** ルンバー / ルバッ	valley
ダニ	**tungau** トゥンガウ	tick
他人	**orang lain** オラン(グ) ライン	others
種	**biji** ビジ	seed
種 (原因)	**akar** アカル	cause
種 (題材・話題)	**topik** トピッ	topic
楽しい	**menyenangkan** ムニュナンカン	pleasant
楽しみ	**senang** スナン(グ)	fun
楽しむ	**menikmati** ムニクマティ	enjoy
頼み	**permohonan** プルモホナン	request
頼む	**memohon** ムモホン	to ask a favor
頼もしい	**bisa dipercaya** ビサ ディプルチャヤ	trustworthy

日	インドネシア	英
束 たば	berkas / ikat ブルカス / イカ(ト)	bundle
タバコ	rokok / tembakau ロコッ / トゥンバカウ	tobacco
束ねる たば	mengikat ムン(グ)イカ(ト)	to bundle
度 たび	kali カリ	time
旅 たび	perjalanan ブルジャラナン	trip
旅する たび	berjalan / bepergian ブルジャラン / ブブルギアン	to take a trip
たびたび	sering / kerap スリン(グ) / クラ(プ)	often
旅人 たびびと	musafir / pengembara ムサフィル / ブン(グ)ウンバラ	traveler
タブー	tabu / pantang タブ / パンタン(グ)	taboo
だぶだぶ	kelonggaran クロンガラン	looseness
だぶだぶな	longgar ロンガル	loose
ダブル	dobel / rangkap ドブル / ランカ(プ)	double
ダブルベッド	tempat tidur untuk dua orang トゥンパ(ト) テイドゥル ウントゥ(ク) ドゥア オラン(グ)	double bed
ダブルルーム	kamar untuk dua orang カマル ウントゥ(ク) ドゥア オラン(グ)	double room
多分 たぶん	mungkin ムンキン	perhaps
食べ物 た もの	makanan マカナン	food
食べる た	memakan / makan ムマカン / マカン	to eat
他方 た ほう	pihak lain ピハッ ライン	the other side
多忙 た ぼう	sibuk スィブッ	busy
多忙な た ぼう	sibuk スィブッ	busy

日	インドネシア	英
打撲 だぼく	**memar** ムマル	bruise
打撲する だぼく	**mengalami luka memar** ムン(グ)アラミ ルカ ムマル	to bruise
打撲傷 だぼくしょう	**luka memar** ルカ ムマル	bruise
球（スポーツ） たま	**bola** ボラ	ball
玉 たま	**bulatan** ブラタン	ball
弾 たま	**peluru** プルル	bullet
卵 たまご	**telur** トゥルル	egg
卵料理 たまごりょうり	**masakan telur** マサカン トゥルル	egg dish
魂 たましい	**jiwa** ジワ	soul
騙す だま	**menipu** ムニプ	cheat
たまたま	**kebetulan** クブトゥラン	by chance
たまに	**terkadang** トゥルカダン(グ)	occasionally
タマネギ	**bawang bombay** バワン(グ) ボンバイ	onion
たまらない	**tidak tahan** ティダッ タハン	be unbearable
溜まる た	**menggenang** ムングナン(グ)	to gather
黙る だま	**diam** ディアム	to stop talking
タミル語 ご	**bahasa Tamil** バハサ タミル	Tamil (language)
多民族の たみんぞく	**multiras / multiétnis / beragam suku bangsa** ムルティラス / ムルティエ(ト)ニス / ブルアガム スク バンサ	multi-ethnic
ダム	**waduk** ワドゥッ	dam
（〜の）ため	**untuk 〜** ウントゥ(ク)	for 〜 / to〜

日	インドネシア	英
(〜の) ため (理由)	**karena (sebab) 〜** カルナ（スバ(ブ)）	for (the reason of) 〜
だめ	**tidak boléh** ティダッ ボレー	not good
だめな	**tidak baik** ティダッ バイッ	no good
溜め息	**héla nafas** ヘラ ナファス	sigh
試し	**percobaan** プルチョバアン	trial
試す	**mencoba** ムンチョバ	to try
ためらう	**ragu-ragu** ラグ ラグ	to hesitate
溜める	**menghimpun / mengumpulkan** ムン(グ)ヒンプン / ムン(グ)ウンプルカン	to gather
保つ	**bertahan** ブルタハン	to maintain
たやすい	**mudah sekali** ムダー スカリ	easy
多様	**keragaman** クラガマン	diversity
多様な	**bermacam / berbagai** ブルマチャム / ブルバガイ	diverse
便り	**kabar** カバル	news
頼る	**mengandalkan** ムン(グ)アンダルカン	to rely on
たらい	**baskom** バスコム	washtub
〜だらけ	**penuh dengan 〜** プヌー ドゥン(グ)アン	be full of
だらしない (整っていない)	**tidak rapi / tidak teratur** ティダッ ラピ / ティダット トゥルアトゥル	untidy
だらしない (お金に)	**boros** ボロス	sloppy
だらしない (体力 気力根性がない)	**kurang semangat / berantakan** クラン(グ) スマン(グ)ア(ト) / ブランタカン	slack / lazy
タラップ	**tangga (pesawat)** タン(グ)ガ（プサワ(ト)）	ramp

日	インドネシア	英
足りない た	kurang / tidak cukup クラン (グ) / ティダッ チュク (プ)	be lacking
足りる た	cukup チュク (プ)	be enough
だるい	lemas / lemah ルマス / ルマー	dull
タルト	kue tar クエ タル	tart
弛み たる	kekenduran ククンドゥラン	slack
弛む たる	kendur クンドゥル	to slack
誰 だれ	siapa スィアパ	who
誰か だれ	seseorang ススオラン (グ)	somebody
垂れ下がる た　さ	menggantung ke bawah / menjuntai / teruntai ムンガントゥン (グ) ク バワー / ムンジュンタイ / トゥルンタイ	to hang loose
誰でも だれ	siapapun / siapa saja スィアパプン / スィアパ サジャ	anybody
誰も (〜ない) だれ	(tidak 〜) siapapun (ティダッ) スィアパプン	(not 〜) anybody
垂れる た	bergantung ブルガントゥン (グ)	to hang
タレント	artis アルティス	public personality
タワー	menara ムナラ	tower
痰 たん	dahak ダハッ	phlegm
単位 たん　い	satuan / unit サトゥアン / ウニ (ト)	unit
単一 たんいつ	tunggal トゥンガル	single
担架 たん　か	tandu / brankar タンドゥ / ブランカル	stretcher
段階 だんかい	tingkat / tahap ティンカ (ト) / タハ (プ)	stage

日	インドネシア	英
短期 たん き	jangka péndék ジャンカ ペンデッ	short term
短気 たん き	cepat naik darah / temperaméntal チュパ(ト) ナイッ ダラー / トゥンプラメンタル	short temper
短気な たん き	cepat marah チュパ(ト) マラー	short-tempered
短期間 たん き かん	jangka péndék ジャンカ ペンデッ	short term
タンク	tangki タンキ	tank
団結 だんけつ	persatuan プルサトゥアン	unity
団結する だんけつ	bersatu ブルサトゥ	to unite
探検 たんけん	ékspédisi / éksplorasi エクスペディスイ / エクスプロラスイ	exploration
探検する たんけん	mengéksplorasi ムン(グ)エクスプロラスイ	to explore
断言 だんげん	penegasan プヌガサン	declaration
断言する だんげん	menegaskan / menandaskan ムヌガスカン / ムナンダスカン	to declare
単語 たん ご	kata カタ	word
炭鉱 たんこう	tambang batu bara タンバン(グ) バトゥ バラ	coal mine
単語帳 たん ご ちょう	daftar kosa kata ダフタル コサ カタ	vocabulary notebook
炭酸飲料 たんさんいんりょう	minuman berkarbonasi ミヌマン ブルカルボナスイ	carbonated drink
炭酸水 たんさんすい	air soda アイル ソダ	carbonated water
男子 だん し	laki-laki / pria ラキ ラキ / プリア	boy
断食 だんじき	puasa プアサ	fasting
断食する だんじき	berpuasa ブルプアサ	to fast
短縮 たんしゅく	penyingkatan プニィンカタン	shortening

日	インドネシア	英
たんしゅく 短縮する	menyingkatkan ムニィンカ(ト)カン	to shorten
たんじゅん 単純	kesederhanaan クスドゥルハナアン	simplicity
たんじゅん 単純な	sederhana スドゥルハナ	simple
たんしょ 短所	kelemahan / kekurangan クルマハン / ククラン(グ)アン	weakness
たんじょう 誕生	kelahiran クラヒラン	birth
たんじょう 誕生する	lahir / dilahirkan ラヒル / ディラヒルカン	be born
たんじょう び 誕生日	hari kelahiran / hari ulang tahun ハリ クラヒラン / ハリ ウラン(グ) タフン	birthday
たん す 箪笥	lemari ルマリ	wardrobe
ダンス	tarian タリアン	dance
たんすい 淡水	air tawar アイル タワル	fresh water
だんすい 断水	gangguan suplai air ガングアン スプライ アイル	suspension of water supply
だんすい 断水する	memutus aliran air ムムトゥス アリラン アイル	to suspend water supply
たんすい か ぶつ 炭水化物	karbohidrat カルボヒドラ(ト)	carbohydrate
たんすう 単数	tunggal トゥンガル	singular number
だんせい 男性	laki-laki ラキ ラキ	man [men]
だんぜん 断然	terang / jelas / pasti トゥラン(グ) / ジュラス / パスティ	decidedly
たん そ 炭素	karbon カルボン	carbon
たんだい 短大	akadémi アカデミ	junior college
だんたい 団体	grup グル(プ)	group
だんたいりょこう 団体旅行	tur wisata rombongan トゥル ウィサタ ロンボン(グ)アン	group tour

た

日	インドネシア	英
だんだん 段々	semakin / berangsur / berangsur-angsur スマキン / ブルアンスル / ブルアンスル アンスル	gradually
だんち 団地	kompléks perumahan コンプレクス プルマハン	apartment complex
たんちょう 単調さ	monoton / membosankan モノトン / ムンボサンカン	monotony
たんちょう 単調な	monoton / nada tunggal / datar モノトン / ナダ トゥンガル / ダタル	monotonous
たんてい 探偵	détéktif デテクティフ	detective
だんてい 断定	penegasan プヌガサン	conclusion
だんてい 断定する	menegaskan / menyimpulkan ムヌガスカン / ムニィンプルカン	to conclude
たんとう 担当	bagian / tanggung jawab バギアン / タングン(グ) ジャワ(ブ)	charge
たんとう 担当する	menangani ムナン(グ)アニ	be in charge of
たんとうしゃ 担当者	penanggung jawab プナングン(グ) ジャワ(ブ)	person in charge
たんどく 単独	sendiri スンディリ	individual
だんな 旦那 (男性に対する呼称)	Bapak バパッ	sir
だんな 旦那 (夫)	suami スアミ	husband
たん 単なる	sekadar スカダル	mere
たん 単に	cuma チュマ	merely
だんねつ 断熱	isolasi panas / insulasi イソラスィ パナス / インスラスィ	insulation
だんねつ 断熱する	mengisolasi panas ムン(グ)イソラスィ パナス	to insulate
だんねん 断念	batal / pembiaran バタル / プンビアラン	abandonment
だんねん 断念する	membatalkan / menyerah ムンバタルカン / ムニュラー	to abandon
たんぱ 短波	gelombang péndék グロンバン(グ) ペンデッ	short wave

日	インドネシア	英
たんぱくしつ 蛋白質	**protéin** プロテイン	protein
ダンプカー	**truk (tronton)** トルッ（トロントン）	dump truck
たんぺん 短編	**cerita péndék / cerpén** チュリタ ペンデッ / チュルペン	short story
た 田んぼ	**sawah** サワー	rice field
たん ぽ 担保	**jaminan** ジャミナン	collateral
たん ぽ 担保する	**menjamin** ムンジャミン	to secure (payment, etc.)
だんぼう（暖める器具） 暖房	**alat penghangat ruangan** アラ(ト) プン(グ)ハン(グ)ア(ト) ルアン(グ)アン	heater
だんぼう（暖めること） 暖房	**pemanasan** プマナサン	heating
だんぼう 暖房する	**menghangatkan kamar** ムンハン(グ)ア(ト)カン カマル	to heat (a space, room)
だん 段ボール	**kardus** カルドゥス	cardboard
タンポポ	**dandélion** ダンデリオン	dandelion
だんめん 断面	**permukaan yang rata / penampang** プルムカアン ヤン(グ) ラタ / プナンパン(グ)	cross-section
だんらく 段落	**alinéa / paragraf** アリネア / パラグラフ	paragraph
だんりょく 弾力	**élastisitas / kekenyalan** エラステイスイタス / ククニャラン	elasticity

▼ ち，チ

ち 血	**darah** ダラー	blood
ち（地面） 地	**tanah / bumi** タナー / ブミ	ground
ち あん 治安	**keamanan** クアマナン	public security
ち い 地位	**posisi** ポスィスィ	status
ち いき 地域	**daérah** ダエラー	area

日	インドネシア	英
小さい ちい	kecil クチル	small / little / slight
チーズ	kéju ケジュ	cheese
チーフ	kepala / ketua クパラ / クトゥア	chief
チーム	tim ティム	team
チームワーク	kerjasama dalam kelompok クルジャサマ ダラム クロンポッ	teamwork
知恵 ち え	akal アカル	wisdom
チェック	cék チェッ	check
チェックアウト	chéck-out / lapor keluar チェク アウ(ト) / ラポル クルアル	check-out
チェックアウトする	meninggalkan ムニンガルカン	to check out
チェックイン	chéck-in / lapor masuk チェク イン / ラポル マスッ	check-in
チェックインする	melakukan chéck-in ムラクカン チェク イン	to check in
チェックイン カウンター	konter chéck-in / gerai lapor masuk コントゥル チェク イン / グライ ラポル マスッ	check-in counter
チェックする	mengecék ムン(グ)ウチェク	to check
遅延 ち えん	keterlambatan / penundaan クトゥルランバタン / プヌンダアン	delay
遅延する ち えん	menunda ムヌンダ	to delay
チェンジ	perubahan プルウバハン	change
チェンジする	mengubah ムン(グ)ウバー	to change
地下 ち か	bawah tanah バワー タナー	basement
近い ちか	dekat ドゥカ(ト)	near
近い (似ている) ちか	dekat / mirip ドゥカ(ト) / ミリ(プ)	similar

ち

日	インドネシア	英
違い ちが	perbédaan プルベダアン	difference
近いうちに ちか	sebentar lagi スブンタル ラギ	at an early date
違いない ちが	pasti パスティ	must
誓う ちか	bersumpah ブルスンパー	to swear
違う（同じでない） ちが	berbéda ブルベダ	be different from
違う（正しくない） ちが	salah サラー	be wrong
違える ちが	membédakan ムンベダカン	to change
近く ちか	dekat / terjangkau ドゥカ(ト) / トゥルジャンカウ	be close at hand
近頃 ちかごろ	akhir-akhir ini / baru-baru ini アヒル アヒル イニ / バル バル イニ	recently
地下水 ち か すい	air tanah アイル タナー	ground water
近々 ちかぢか	tak lama lagi / dalam waktu dekat タッ ラマ ラギ / ダラム ワクトゥ ドゥカ(ト)	soon
近づく ちか	mendekati ムンドゥカティ	to approach
近づける ちか	mendekatkan ムンドゥカ(ト)カン	to bring *sth* close
地下鉄 ち か てつ	keréta bawah tanah クレタ バワー タナー	subway
近道 ちかみち	jalan pintas ジャラン ピンタス	shortcut
近寄る ちか よ	mendekati ムンドゥカティ	to come near
力 ちから	kekuatan / tenaga ククアタン / トゥナガ	power
力（作用） ちから	daya ダヤ	strength
力（能力） ちから	kemampuan クマンプアン	capability
力強い ちからづよ	kuat クア(ト)	powerful

日	インドネシア	英
地球 ちきゅう	bumi ブミ	the Earth
ちぎる	merobék ムロベッ	to tear
地区 ちく	distrik ディストリッ	district
畜産 ちくさん	peternakan プトゥルナカン	stock raising
畜生 ちくしょう	ternak トゥルナッ	brute
蓄積 ちくせき	akumulasi アクムラスィ	accumulation
蓄積する ちくせき	berakumulasi ブルアクムラスィ	to accumulate
地形 ちけい	bentang alam ブンタン(グ) アラム	terrain
チケット	tikét ティケ(ト)	ticket
遅刻 ちこく	keterlambatan クトゥルランバタン	lateness
遅刻する ちこく	terlambat トゥルランバ(ト)	be late for
知事 ちじ	gubernur グブルヌル	governor
知識 ちしき	pengetahuan プン(グ)ウタフアン	knowledge
地質 ちしつ	kualitas tanah クアリタス タナー	nature of the soil
地上 ちじょう	permukaan tanah プルムカアン タナー	ground
知人 ちじん	kenalan クナラン	acquaintance
地図 ちず	peta プタ	map
知性 ちせい	intelék イントゥレッ	intelligence
地帯 ちたい	zona ゾナ	zone
父 ちち	ayah アヤー	father

日	インドネシア	英
父（創始者） bapak pendiri パパッ プンディリ		founder
父親 ayah / bapak アヤー / パパッ		father
縮む mengerut ムン(グ)ウル(ト)		to shrink
縮める meméndékkan ムメンデッカン		to shorten
縮れた keriting / berombak / ikal クリティン(グ) / ブロンバッ / イカル		wavy
縮れる mengikal / mengeriting ムン(グ)イカル / ムン(グ)ウリティン(グ)		be wavy
秩序 ketertiban クトゥルティバン		order
窒素 nitrogén ニトロゲン		nitrogen
窒息 kekurangan napas / asfiksia ククラン(グ)アン ナパス / アスフィクスイア		suffocation
窒息する mengalami asfiksia ムン(グ)アラミ アスフィクスイア		to suffocate
ちっとも（～ない） sedikitpun (tidak ~) スディキ(ト)プン (ティダッ)		(not ~) at all
チップ tip / persén ティ(プ) / プルセン		tip
知的 inteléktual イントゥレクトゥアル		intellectual
地点 poin ポイン		spot
知能 inteligénsi / kecerdasan イントゥリゲンスイ / クチュルダサン		intelligence
地平線 horizon ホリゾン		horizon
地方 daérah ダエラー		local
地方（非大都市） daérah (bukan kota besar) ダエラー (ブカン コタ ブサル)		countryside
地名 nama tempat ナマ トゥンパ(ト)		name of a place
茶（植物・飲料） téh テー		tea

日	インドネシア	英
茶（色）	(warna) cokelat （ワルナ）チョクラ（ト）	brown
チャーター	pencarteran / carter プンチャルトゥラン / チャルトゥル	charter
チャーターする	mencarter ムンチャルトゥル	to charter
チャーター機	pesawat carter プサワ（ト）チャルトゥル	charter plane
チャイナタウン	pecinan プチナン	Chinatown
チャイム	loncéng ロンチェン（グ）	chime
チャイルドシート	tempat duduk bayi トゥンパ（ト）ドゥドゥッ バイ	child seat
茶色	warna cokelat ワルナ チョクラ（ト）	brown
着（到着）	tiba / sampai ティバ / サンパイ	arrival
着手	permulaan プルムラアン	commencement
着手する	memulai ムムライ	to commence
着色	pewarnaan プワルナアン	coloring
着色する	mewarnai ムワルナイ	to color
着席（する）	duduk ドゥドゥッ	sitting down / to sit down
着々	setahap demi setahap スタハ（プ）ドゥミ スタハ（プ）	step by step
着目	perhatian プルハティアン	attention
着目する	memperhatikan ムンプルハティカン	to pay attention to
着陸	pendaratan プンダラタン	landing
着陸する	mendarat ムンダラ（ト）	to land
着工	peletakan batu pertama プルタカン バトゥ プルタマ	starting construction

日	インドネシア	英
<ruby>着工<rt>ちゃっこう</rt></ruby>する	memulai konstruksi ムムライ コンストルクスイ	to start construction
<ruby>茶<rt>ちゃ</rt></ruby>の<ruby>湯<rt>ゆ</rt></ruby>	upacara minum téh ウパチャラ ミヌム テー	tea ceremony
ちやほやする	memuji-muji ムムジ ムジ	to flatter
<ruby>茶碗<rt>ちゃわん</rt></ruby>（カップ）	cangkir チャンキル	cup
<ruby>茶碗<rt>ちゃわん</rt></ruby>（ごはん用）	mangkuk マンクッ	rice bowl
～ちゃん（人の名 前などに付ける）	si ～ スィ	-
チャンス	kesempatan クスンパタン	chance
ちゃんと	dengan rapi / baik-baik ドゥン(グ)アン ラピ / バイッ バイッ	neatly
チャンネル	saluran サルラン	channel
<ruby>注<rt>ちゅう</rt></ruby>	catatan チャタタン	note
<ruby>注意<rt>ちゅうい</rt></ruby>	kehati-hatian クハティ ハティアン	awareness
<ruby>注意<rt>ちゅうい</rt></ruby>（意識）	perhatian プルハティアン	attention
<ruby>注意<rt>ちゅうい</rt></ruby>（忠告）	peringatan プルイン(グ)アタン	warning
<ruby>注意<rt>ちゅうい</rt></ruby>する	mewaspadai ムワスパダイ	be aware of
<ruby>注意<rt>ちゅうい</rt></ruby>する （意識する）	memperhatikan ムンプルハティカン	to pay attention
<ruby>注意<rt>ちゅうい</rt></ruby>する （忠告する）	mengingatkan / memperingatkan ムン(グ)インガ(ト)カン / ムンプリンガ(ト)カン	to warn
<ruby>中央<rt>ちゅうおう</rt></ruby>	tengah / pusat トゥン(グ)アー / プサ(ト)	center
<ruby>仲介<rt>ちゅうかい</rt></ruby>	perantaraan プルアンタラアン	mediation
<ruby>仲介<rt>ちゅうかい</rt></ruby>する	memperantarai ムンプルアンタライ	to mediate
<ruby>宙返<rt>ちゅうがえ</rt></ruby>り	salto サルト	somersault

ち

日	インドネシア	英
<ruby>宙<rt>ちゅう</rt></ruby>返りする	**bersalto** ブルサルト	to do a somersault
<ruby>中学校<rt>ちゅうがっこう</rt></ruby>	**sekolah menengah pertama** スコラー ムヌン(グ)アー プルタマ	junior high school
<ruby>中華料理<rt>ちゅう か りょう り</rt></ruby>	**masakan Cina** マサカン チナ	Chinese food
<ruby>中間<rt>ちゅうかん</rt></ruby>	**pertengahan** プルトゥン(グ)アハン	the middle
<ruby>中近東<rt>ちゅうきんとう</rt></ruby>	**timur tengah dan timur dekat** ティムル トゥン(グ)アー ダン ティムル ドゥカ(ト)	the Middle and Near East
<ruby>中継<rt>ちゅうけい</rt></ruby>	**siaran langsung** スィアラン ランスン(グ)	live broadcast
<ruby>中継する<rt>ちゅうけい</rt></ruby>	**menyiarkan secara langsung** ムニィアルカン スチャラ ランスン(グ)	to broadcast
<ruby>中継放送<rt>ちゅうけいほうそう</rt></ruby>	**siaran langsung** スィアラン ランスン(グ)	relay
<ruby>中古<rt>ちゅう こ</rt></ruby>	**bekas** ブカス	used
<ruby>中古の<rt>ちゅう こ</rt></ruby>	**bekas / sudah terpakai** ブカス / スダー トゥルパカイ	used
<ruby>忠告<rt>ちゅうこく</rt></ruby>	**nasihat** ナスィハ(ト)	advice
<ruby>忠告する<rt>ちゅうこく</rt></ruby>	**menasihati** ムナスィハティ	to advise
<ruby>中国<rt>ちゅうごく</rt></ruby>	**Cina / Tiongkok** チナ / ティオンコッ	China
<ruby>中国語<rt>ちゅうごく ご</rt></ruby>	**bahasa Cina** バハサ チナ	Chinese (language)
<ruby>中国人<rt>ちゅうごくじん</rt></ruby>	**orang Cina** オラン(グ) チナ	Chinese (people)
<ruby>仲裁<rt>ちゅうさい</rt></ruby>	**médiasi** メディアスィ	mediation
<ruby>仲裁する<rt>ちゅうさい</rt></ruby>	**menengahi** ムヌン(グ)アヒ	to mediate
<ruby>中止<rt>ちゅう し</rt></ruby>	**penghentian** プン(グ)フンティアン	cancellation
<ruby>中止する<rt>ちゅう し</rt></ruby>	**menghentikan** ムンフンティカン	to cancel
<ruby>忠実さ<rt>ちゅうじつ</rt></ruby>	**kesetiaan** クスティアアン	faithfulness

日	インドネシア	英
忠実な ちゅうじつな	setia スティア	faithful
駐車 ちゅうしゃ	parkir パルキル	parking
駐車する ちゅうしゃする	memarkir ムマルキル	to park (a car)
注射 ちゅうしゃ	suntikan スンティカン	injection
注射する ちゅうしゃする	menyuntik ムニュンティッ	to inject
注射器 ちゅうしゃき	alat suntik アラ(ト) スンティッ	syringe
駐車禁止 ちゅうしゃきんし	dilarang parkir ディララン(グ) パルキル	NO PARKING
駐車場 ちゅうしゃじょう	tempat parkir トゥンパ(ト) パルキル	parking lot
中旬 ちゅうじゅん	pertengahan bulan プルトゥン(グ)アハン ブラン	the middle of a month
中傷 ちゅうしょう	fitnah フィ(ト)ナー	slander
中傷する ちゅうしょうする	memfitnah ムンフィ(ト)ナー	to slander
抽象 ちゅうしょう	abstrak アブストラッ	abstraction
抽象する ちゅうしょうする	mengabstrakkan ムン(グ)アブストラッカン	to abstract (from)
抽象化 ちゅうしょうか	abstraksi アブストラクスイ	abstraction
抽象的 ちゅうしょうてき	abstrak アブストラッ	abstract
中小企業 ちゅうしょうきぎょう	usaha kecil menengah / UKM ウサハ クチル ムヌン(グ)アー / ウーカーエム	small and medium- sized companies
昼食 ちゅうしょく	makan siang マカン スィアン(グ)	lunch
中心 ちゅうしん	pusat プサ(ト)	center
中心街 ちゅうしんがい	pusat kota プサ(ト) コタ	downtown
虫垂 ちゅうすい	usus buntu ウスス ブントゥ	appendix

日	インドネシア	英
<ruby>虫<rt>ちゅうすいえん</rt></ruby>垂炎	radang usus buntu ラダン(グ) ウスス ブントゥ	appendicitis
<ruby>中枢<rt>ちゅうすう</rt></ruby>	pusat プサ(ト)	central
<ruby>中世<rt>ちゅうせい</rt></ruby>	abad pertengahan アバ(ド) プルトゥン(グ)アハン	the Middle Ages
<ruby>中性<rt>ちゅうせい</rt></ruby>	nétral ネトラル	neutral
<ruby>忠誠<rt>ちゅうせい</rt></ruby>	kesetiaan クスティアアン	loyalty
<ruby>抽選<rt>ちゅうせん</rt></ruby>	lotré / undian ロトレ / ウンディアン	lottery
<ruby>抽選<rt>ちゅうせん</rt></ruby>する	menarik undian ムナリッ ウンディアン	to draw lots
<ruby>中断<rt>ちゅうだん</rt></ruby>	interupsi イントゥルプスィ	interruption
<ruby>中断<rt>ちゅうだん</rt></ruby>する	menginterupsi ムン(グ)イントゥルプスィ	to interrupt
<ruby>中途<rt>ちゅうと</rt></ruby>	pertengahan jalan プルトゥン(グ)アハン ジャラン	halfway
<ruby>中東<rt>ちゅうとう</rt></ruby>	Timur Tengah ティムル トゥン(グ)アー	Middle East
<ruby>中毒<rt>ちゅうどく</rt></ruby>	keracunan クラチュナン	poisoning
<ruby>中毒<rt>ちゅうどく</rt></ruby>（依存）	ketagihan / kecanduan / ketergantungan クタギハン / クチャンドゥアン / クトゥルガントゥン(グ)アン	addiction
<ruby>中毒<rt>ちゅうどく</rt></ruby>する	meracuni ムラチュニ	to poison
<ruby>中途半端<rt>ちゅうとはんぱ</rt></ruby>（な）	tanggung タングン(グ)	halfway
<ruby>中年<rt>ちゅうねん</rt></ruby>	setengah baya ストゥン(グ)アー バヤ	middle age
<ruby>中年<rt>ちゅうねん</rt></ruby>の	usia paruh baya / setengah baya ウスィア パルー バヤ / ストゥン(グ)アー バヤ	middle-aged
<ruby>中腹<rt>ちゅうふく</rt></ruby>	separuh jalan / tengah jalan スパルー ジャラン / トゥン(グ)アー ジャラン	halfway up
<ruby>注目<rt>ちゅうもく</rt></ruby>	perhatian プルハティアン	attention
<ruby>注目<rt>ちゅうもく</rt></ruby>する	memperhatikan ムンプルハティカン	to pay attention to

ち

日	インドネシア	英
注文 ちゅうもん	pesanan プサナン	order
注文する ちゅうもん	memesan ムムサン	to order
中立 ちゅうりつ	nétralitas ネトラリタス	neutrality
中立する ちゅうりつ	nétral ネトラル	to neutralize
中和 ちゅうわ	nétralisasi ネトラリサスィ	neutralization
中和する ちゅうわ	menétralkan ムネトラルカン	to neutralize
兆 ちょう	triliun トリリウン	trillion
腸 ちょう	usus ウスス	intestine
蝶 ちょう	kupu-kupu クプ クプ	butterfly
超～ ちょう	super ~ スプル	super-
調印 ちょういん	tanda tangan タンダ タン(グ)アン	signing
調印する ちょういん	menandatangani ムナンダタン(グ)アニ	to sign
懲役 ちょうえき	hukuman penjara フクマン プンジャラ	imprisonment
超過 ちょうか	surplus スルプルス	excess
超過する ちょうか	melebihi ムルビヒ	to exceed
聴覚 ちょうかく	pendengaran プンドゥン(グ)アラン	sense of hearing
朝刊 ちょうかん	surat kabar pagi スラ(ト) カバル パギ	morning edition (of a newspaper)
長官 ちょうかん	diréktur jénderal ディレクトゥル ジュンドゥラル	chief officer
長期 ちょうき	jangka panjang ジャンカ パンジャン(グ)	long term
聴講 ちょうこう	kehadiran クハディラン	attendance / audit

日	インドネシア	英
<ruby>聴<rt>ちょう</rt></ruby><ruby>講<rt>こう</rt></ruby>する	menghadiri ムンハディリ	to attend / to audit
<ruby>彫<rt>ちょう</rt></ruby><ruby>刻<rt>こく</rt></ruby>	ukiran ウキラン	sculpture
<ruby>彫<rt>ちょう</rt></ruby><ruby>刻<rt>こく</rt></ruby>する	mengukir ムン(グ)ウキル	to sculpt
<ruby>調<rt>ちょう</rt></ruby><ruby>査<rt>さ</rt></ruby>	survéi スルフェイ	investigation
<ruby>調<rt>ちょう</rt></ruby><ruby>査<rt>さ</rt></ruby>する	menyurvéi ムニュルフェイ	to investigate
<ruby>調<rt>ちょう</rt></ruby><ruby>子<rt>し</rt></ruby>	kondisi コンディスイ	condition
<ruby>聴<rt>ちょう</rt></ruby><ruby>衆<rt>しゅう</rt></ruby>	audiéns アウディエンス	audience
<ruby>徴<rt>ちょう</rt></ruby><ruby>収<rt>しゅう</rt></ruby>	pengumpulan プン(グ)ウンプラン	collection
<ruby>徴<rt>ちょう</rt></ruby><ruby>収<rt>しゅう</rt></ruby>する	mengumpulkan ムン(グ)ウンプルカン	to collect
<ruby>長<rt>ちょう</rt></ruby><ruby>所<rt>しょ</rt></ruby>	kelebihan クルビハン	strong point
<ruby>長<rt>ちょう</rt></ruby><ruby>女<rt>じょ</rt></ruby>	anak perempuan pertama アナップルンプアン プルタマ	the eldest daughter
<ruby>頂<rt>ちょう</rt></ruby><ruby>上<rt>じょう</rt></ruby>	puncak プンチャッ	summit
<ruby>朝<rt>ちょう</rt></ruby><ruby>食<rt>しょく</rt></ruby>	makan pagi / sarapan マカン パギ / サラパン	breakfast
<ruby>聴<rt>ちょう</rt></ruby><ruby>診<rt>しん</rt></ruby><ruby>器<rt>き</rt></ruby>	stétoskop ステトスコ(プ)	stethoscope
<ruby>調<rt>ちょう</rt></ruby><ruby>整<rt>せい</rt></ruby>	koordinasi コオルディナスイ	coordination
<ruby>調<rt>ちょう</rt></ruby><ruby>整<rt>せい</rt></ruby>する	mengkoordinasi ムンコオルディナスイ	to coordinate
<ruby>調<rt>ちょう</rt></ruby><ruby>節<rt>せつ</rt></ruby>	pengaturan プン(グ)アトゥラン	adjustment
<ruby>調<rt>ちょう</rt></ruby><ruby>節<rt>せつ</rt></ruby>する	mengatur ムン(グ)アトゥル	to adjust
<ruby>挑<rt>ちょう</rt></ruby><ruby>戦<rt>せん</rt></ruby>	tantangan タンタン(グ)アン	challenge
<ruby>挑<rt>ちょう</rt></ruby><ruby>戦<rt>せん</rt></ruby>する	menantang ムナンタン(グ)	to take up a challenge

ち

日	インドネシア	英
ちょうぞう 彫像	patung パトゥン(グ)	statue
ちょうだい 頂戴する	menerima ムヌリマ	to accept
ちょうたつ 調達	pengumpulan / pengusahaan プン(グ)ウンプラン / プン(グ)ウサハアン	procurement
ちょうたつ 調達する	mengumpulkan / mengusahakan ムン(グ)ウンプルカン / ムン(グ)ウサハカン	to procure
ちょうたん 長短	kelebihan dan kekurangan クルビハン ダン ククラン(グ)アン	strengths and weaknesses
ちょうてい 調停	médiasi / arbitrase メディアスィ / アルビトラス	mediation
ちょうてい 調停する	menengahi ムヌン(グ)アヒ	to mediate
ちょうてん 頂点	titik puncak ティティッ プンチャッ	top
ちょうど 丁度	pas / tepat パス / トゥパ(ト)	just
ちょうなん 長男	anak laki-laki pertama アナッ ラキ ラキ プルタマ	the eldest son
ちょうはつ 挑発	provokasi プロフォカスィ	provocation
ちょうはつ 挑発する	memprovokasi ムンプロフォカスィ	to provoke
ちょうふく（同じもの） 重複	duplikat / duplikasi ドゥプリカ(ト) / ドゥプリカスィ	duplication
ちょうふく 重複 （重なること）	tumpang tindih トゥンパン(グ) ティンディー	overlap
ちょうふく 重複 （繰り返すこと）	pengulangan プン(グ)ウラン(グ)アン	duplication
ちょうふく 重複する （重なる）	bertumpang tindih ブルトゥンパン(グ) ティンディー	to overlap
ちょうふく 重複する （繰り返す）	menduplikat ムンドゥプリカ(ト)	to duplicate
ちょうへん 長編	cerita panjang チュリタ パンジャン(グ)	full-length (novel)
ちょうほう 重宝	pemanfaatan プマンファアタン	convenience
ちょうほう 重宝する	bermanfaat ブルマンファア(ト)	convenient

日	インドネシア	英
<ruby>眺望<rt>ちょうぼう</rt></ruby>	pemandangan プマンダン(グ)アン	view
<ruby>長方形<rt>ちょうほうけい</rt></ruby>	persegi panjang プルスギ パンジャン(グ)	rectangle
<ruby>調味料<rt>ちょうみりょう</rt></ruby>	bumbu ブンブ	seasoning
<ruby>調理<rt>ちょうり</rt></ruby>	pemasakan プマサカン	cooking
<ruby>調理する<rt>ちょうり</rt></ruby>	memasak ムマサッ	to cook
<ruby>調和<rt>ちょうわ</rt></ruby>	harmoni ハルモニ	harmony
<ruby>調和する<rt>ちょうわ</rt></ruby>	(menjadi) harmonis (ムンジャディ) ハルモニス	to harmonize
チョーク	kapur カプル	chalk
<ruby>貯金<rt>ちょきん</rt></ruby>	tabungan タブン(グ)アン	savings
<ruby>貯金する<rt>ちょきん</rt></ruby>	menabung ムナブン(グ)	to save money
<ruby>直後<rt>ちょくご</rt></ruby>	seusai スウサイ	right after
<ruby>直接<rt>ちょくせつ</rt></ruby>	langsung ランスン(グ)	direct
<ruby>直線<rt>ちょくせん</rt></ruby>	garis lurus ガリス ルルス	straight line
<ruby>直前<rt>ちょくぜん</rt></ruby>	sesaat sebelum スサア(ト) スブルム	right before
<ruby>直腸<rt>ちょくちょう</rt></ruby>	réktum レクトゥム	rectum
<ruby>直通<rt>ちょくつう</rt></ruby>	langsung ランスン(グ)	direct communication
<ruby>直通する<rt>ちょくつう</rt></ruby>	langsung menuju ランスン(グ) ムヌジュ	to communicate directly with
<ruby>直方体<rt>ちょくほうたい</rt></ruby>	balok バロッ	cuboid
<ruby>直面<rt>ちょくめん</rt></ruby>	konfrontasi コンフロンタスィ	confrontation
<ruby>直面する<rt>ちょくめん</rt></ruby>	menghadapi ムンハダピ	to confront

ち

日	インドネシア	英
<ruby>直流<rt>ちょくりゅう</rt></ruby>	arus searah アルス スアラー	direct current
<ruby>直流<rt>ちょくりゅう</rt></ruby>する	mengalir searah ムン(グ)アリル スアラー	to flow directly
チョコレート	cokelat チョクラ(ト)	chocolate
<ruby>著作権<rt>ちょさくけん</rt></ruby>	hak cipta ハッ チプタ	copyright
<ruby>著者<rt>ちょしゃ</rt></ruby>	penulis プヌリス	writer
<ruby>著書<rt>ちょしょ</rt></ruby>	karya buku カルヤ ブク	work
<ruby>貯蔵<rt>ちょぞう</rt></ruby>	tempat penyimpanan トゥンパ(ト) プニィンパナン	storage
<ruby>貯蔵<rt>ちょぞう</rt></ruby>する	menyimpan ムニィンパン	to store up
<ruby>貯蓄<rt>ちょちく</rt></ruby>	tabungan タブン(グ)アン	savings
<ruby>貯蓄<rt>ちょちく</rt></ruby>する	menabung ムナブン(グ)	to save up
<ruby>直角<rt>ちょっかく</rt></ruby>	siku-siku / sudut siku スイク スイク / スドゥ(ト) スイク	right angle
<ruby>直感<rt>ちょっかん</rt></ruby>	intuisi イントウイスイ	intuition
<ruby>直感<rt>ちょっかん</rt></ruby>する	mempunyai firasat ムンプニャイ フィラサ(ト)	to intuit
<ruby>直径<rt>ちょっけい</rt></ruby>	diaméter ディアメトゥル	diameter
<ruby>直行便<rt>ちょっこうびん</rt></ruby>	penerbangan langsung プヌルバン(グ)アン ランスン(グ)	direct [non-stop] flight
ちょっと	sedikit スディキ(ト)	a little
<ruby>著名<rt>ちょめい</rt></ruby>な	terkenal トゥルクナル	famous
<ruby>散<rt>ち</rt></ruby>らかす	mengacak-acak ムン(グ)アチャッ アチャッ	to scatter
<ruby>散<rt>ち</rt></ruby>らかる	acak-acakan アチャッ アチャカン	be untidy
ちらし	selebaran スルバラン	flyer

ち

日	インドネシア	英
^ち散らす	menyérakkan ムニェラッカン	to scatter
ちらっと	sekilas / selirik スキラス / スリリッ	at a glance
^{ち り}地理	géografi ゲオグラフィ	geography
^{がみ}ちり紙	tisu ティス	tissue paper
^とちり取り	pengki プンキ	dustpan
^{ち りょう}治療	pengobatan プン(グ)オバタン	medical treatment
^{ち りょう}治療する	mengobati ムン(グ)オバティ	to give medical treatment
^ち散る	gugur / rontok ググル / ロント(ク)	to fall
^{ちんぎん}賃金	gaji / upah ガジ / ウパー	pay
^{ちんしゃく}賃借	penyéwaan プニェワアン	lease
^{ちんしゃく}賃借する	menyéwa ムニェワ	to lease
^{ちんせいざい}鎮静剤	obat penenang オバ(ト) プヌナン(グ)	sedative
^{ちんたい}賃貸	penyéwaan プニェワアン	rental
^{ちんたい}賃貸する	menyéwakan ムニェワカン	to rent
^{ちんつうざい}鎮痛剤	analgésik アナルゲスィッ	analgesic
^{ちんでん}沈殿	pengendapan プン(グ)ウンダパン	precipitation
^{ちんでん}沈殿する	mengendap ムン(グ)ウンダ(プ)	be precipitated
チンパンジー	simpansé スィンパンセ	chimpanzee
^{ちんぼつ}沈没	penenggelaman プヌングラマン	sinking
^{ちんぼつ}沈没する	tenggelam トゥングラム	to sink

日	インドネシア	英
<ruby>沈黙<rt>ちんもく</rt></ruby>	kesunyian / kesenyapan クスニィアン / クスニャパン	silence
<ruby>沈黙<rt>ちんもく</rt></ruby>する	diam ディアム	be silent
<ruby>陳列<rt>ちんれつ</rt></ruby>	pemajangan プマジャン(グ)アン	display
<ruby>陳列<rt>ちんれつ</rt></ruby>する	memajang / memamérkan ムマジャン(グ) / ムマメルカン	to display

▼ つ，ツ

ツアー	tur トゥル	tour
<ruby>対<rt>つい</rt></ruby>	pasangan パサン(グ)アン	pair
<ruby>追加<rt>ついか</rt></ruby>	tambahan / penambahan タンバハン / プナンバハン	addition
<ruby>追加<rt>ついか</rt></ruby>する	menambahkan ムナンバーカン	to add
<ruby>追加費用<rt>ついかひよう</rt></ruby>	biaya tambahan ビアヤ タンバハン	additional expenses [costs]
<ruby>追及<rt>ついきゅう</rt></ruby>	invéstigasi インフェスティガスィ	investigation
<ruby>追求<rt>ついきゅう</rt></ruby>	tuntutan トゥントゥタン	pursuit
<ruby>追及<rt>ついきゅう</rt></ruby>する	menuntut ムヌントゥ(ト)	to investigate
<ruby>追求<rt>ついきゅう</rt></ruby>する	menginvéstigasi ムン(グ)インフェスティガスィ	to pursue
<ruby>追伸<rt>ついしん</rt></ruby>	catatan tambahan チャタタン タンバハン	postscript
<ruby>追跡<rt>ついせき</rt></ruby>	pengejaran プン(グ)ウジャラン	chase
<ruby>追跡<rt>ついせき</rt></ruby>する	mengejar ムン(グ)ウジャル	to chase
<ruby>一日<rt>ついたち</rt></ruby>	tanggal satu タンガル サトゥ	the first (day)
ついで	berikutnya / selanjutnya ブリク(ト)ニャ / スランジュ(ト)ニャ	at one's convenience
<ruby>付<rt>つ</rt></ruby>いて<ruby>行<rt>い</rt></ruby>く (<ruby>後<rt>あと</rt></ruby>から<ruby>追<rt>お</rt></ruby>う)	mengikuti ムン(グ)イクティ	to follow

日	インドネシア	英
付いて行く （同行する）	menemani / menyertai ムヌマニ / ムニュルタイ	to go with
ついでに	sambil / sekalian サンビル / スカリアン	incidentally
遂に	akhirnya アヒルニャ	at last
追放	déportasi / pengusiran デポルタスィ / プン(グ)ウスィラン	banishment
追放する	mengusir / mendéportasi / mengasingkan ムン(グ)ウスィル / ムンデポルタスィ / ムン(グ)アスィンカン	to banish
費やす（お金）	mengeluarkan ムン(グ)ウルアルカン	to spend
費やす（時間）	menghabiskan ムンハビスカン	to spend
墜落	jatuhnya (pesawat) ジャトゥーニャ（プサワ(ト)）	fall
墜落する	jatuh ジャトゥー	to fall
ツインベッド	twin bed トウィン ベッド	twin bed
ツインルーム	kamar twin カマル トウィン	twin room
通	ahli アフリ	expert
通貨	mata uang マタ ウアン(グ)	currency
通過	léwat レワ(ト)	pass-by
通過する	meléwati ムレワティ	to pass by
通学	bersekolah ブルスコラー	attending school
通学する	pergi ke sekolah ブルギ ク スコラー	to attend school
痛感	penyadaran プニャダラン	feeling acutely
痛感する	benar-benar merasakan ブナル ブナル ムラサカン	to feel acutely
通勤（する）	pulang pergi bekerja プラン(グ) ブルギ ブクルジャ	commuting / to commute

つ

日	インドネシア	英
つうこう 通行	lintasan / perjalanan リンタサン / プルジャラナン	passing through
つうこう 通行する	meléwati ムレワティ	to pass through
つうしょう 通称	panggilan sehari-hari パンギラン スハリ ハリ	common name
つうじょう 通常	biasanya ビアサニャ	usual
つうじょう 通常の	biasa / lazim ビアサ / ラズィム	ordinary
つう 通じる （交通機関が）	menuju ムヌジュ	to lead to
つう 通じる （意志・意味が）	terhubung / dipahami トゥルフブン(グ) / ディパハミ	to make sense
つうしん 通信	komunikasi コムニカスィ	correspondence
つうしん 通信する	berkomunikasi ブルコムニカスィ	to correspond with
つうしんきょういく 通信教育	kursus jarak jauh クルスス ジャラッ ジャウー	correspondence course
つうしんはんばい 通信販売	pesanan léwat pos プサナン レワ(ト) ポス	mail order
つうせつ 痛切	kuatnya / kekuatan クア(ト)ニャ / ククアタン	keenness
つうせつ 痛切な	kuat クア(ト)	keen
つうち 通知	pemberitahuan プンブリタフアン	notice
つうち 通知する	memberitahu / memberitahukan ムンブリタフ / ムンブリタフカン	to notify
つうちょう 通帳	buku tabungan ブク タブン(グ)アン	passbook
つうほう 通報	laporan / pelaporan ラポラン / プラポラン	report
つうほう 通報する	melaporkan (ke polisi) ムラポルカン (ク ポリスィ)	to report
つうやく 通訳	penerjemah プヌルジュマー	interpreter
つうやく 通訳する	menerjemahkan ムヌルジュマーカン	to interpret

日	インドネシア	英
<ruby>通用<rt>つうよう</rt></ruby>	**berlakunya** ブルラクニャ	availability
<ruby>通用<rt>つうよう</rt></ruby>する	**berlaku** ブルラク	be available
<ruby>通路<rt>つうろ</rt></ruby>	**lorong** ロロン(グ)	passage
<ruby>通路側席<rt>つうろがわせき</rt></ruby>	**tempat duduk dekat gang** トゥンパ(ト) ドゥドゥッ ドゥカ(ト) ガン(グ)	an aisle seat
<ruby>通話<rt>つうわ</rt></ruby>	**pembicaraan télépon** プンビチャラアン テレポン	phone call
<ruby>通話<rt>つうわ</rt></ruby>する	**menélépon** ムネレポン	to telephone
<ruby>杖<rt>つえ</rt></ruby>	**tongkat** トンカ(ト)	cane
<ruby>使<rt>つか</rt></ruby>い<ruby>捨<rt>す</rt></ruby>ての	**sekali pakai dibuang** スカリ パカイ ディブアン(グ)	disposable
<ruby>使<rt>つか</rt></ruby>い<ruby>道<rt>みち</rt></ruby>	**cara penggunaan** チャラ プングナアン	how to use
<ruby>使<rt>つか</rt></ruby>う	**memakai / menggunakan** ムマカイ / ムングナカン	to use
<ruby>仕<rt>つか</rt></ruby>える	**melayani** ムラヤニ	to serve
<ruby>司<rt>つかさど</rt></ruby>る	**mengurus / mengelola** ムン(グ)ウルス / ムン(グ)ウロラ	to administer
<ruby>束<rt>つか</rt></ruby>の<ruby>間<rt>ま</rt></ruby>	**sesaat / dalam waktu sekejap** スサア(ト) / ダラム ワクトゥ スクジャ(プ)	a brief moment of time
<ruby>捕<rt>つか</rt></ruby>まえる	**menangkap** ムナンカ(プ)	to capture
<ruby>捕<rt>つか</rt></ruby>まる	**ditangkap** ディタンカ(プ)	be captured
<ruby>掴<rt>つか</rt></ruby>む	**memegang** ムムガン(グ)	to grasp
<ruby>疲<rt>つか</rt></ruby>れ	**kelelahan** クルラハン	fatigue
<ruby>疲<rt>つか</rt></ruby>れた	**lelah** ルラー	be tired
<ruby>疲<rt>つか</rt></ruby>れる	**lelah** ルラー	be tired
<ruby>月<rt>つき</rt></ruby>	**bulan** ブラン	moon / month

つ

日	インドネシア	英
次 つぎ	selanjutnya スランジュ(ト)ニャ	next
付き合い つ あ	pergaulan プルガウラン	association
付き合う つ あ	bergaul ブルガウル	to get along
突き当たり つ あ	ujung jalan ウジュン(グ) ジャラン	the end
突き当たる つ あ	sampai di ujung jalan サンパイ ディ ウジュン(グ) ジャラン	to come to the end
付き添い つ そ	pendamping プンダンピン(グ)	escort
付き添う つ そ	mendampingi ムンダンピン(グ)イ	to accompany
次々 つぎつぎ	terus-menerus トゥルス ムヌルス	one after another
月並み (な) つき な	konvénsional / biasa コンフェンスィオナル / ビアサ	conventionality / conventional
月日 つき ひ	hari bulan ハリ ブラン	date
継ぎ目 つ め	sambungan サンブン(グ)アン	joint
尽きる つ	habis / kehabisan ハビス / クハビサン	to run out
着く つ	tiba ティバ	to arrive
突く つ	mendorong ムンドロン(グ)	to push
就く つ	menduduki / menempati ムンドゥドゥキ / ムヌンパティ	to engage in
点く つ	menyala ムニャラ	to catch fire
付く つ	menémpél ムネンペル	to stick
付く (付属する) つ	dilengkapi ディルンカビ	to attach
付く (汚れる) つ	(menjadi) kotor (ムンジャディ) コトル	to stain
継ぐ つ	menggantikan ムンガンティカン	to succeed to

日	インドネシア	英
接ぐ	menghubungkan ムン(グ)フブンカン	to join a thing
注ぐ	menuang ムヌアン(グ)	to pour
机	méja メジャ	desk
尽くす	melakukan yang terbaik / mengeluarkan segenap tenaga ムラクカン ヤン(グ) トゥルバイッ / ムン(グ)ウルアルカン スグナ(プ) トゥナガ	to do one's best
つくづく	sangat サン(グ)ア(ト)	keenly
償い	kompénsasi コンペンサスィ	compensation
償う	menutupi ムヌトゥピ	to compensate
作る	membuat ムンブア(ト)	to make
繕う	menambal / memperbaiki ムナンバル / ムンプルバイキ	to mend
付け加える	menambahkan ムナンバーカン	to add
付ける	menémpélkan ムネンペルカン	to attach
付ける（備え付ける）	memasang ムマサン(グ)	to attach
付ける（添加する）	membubuhkan / menambahkan ムンブブーカン / ムナンバーカン	to add
浸ける（さっと）	mencelupkan ムンチュル(プ)カン	to dip
浸ける（長い時間）	merendam ムルンダム	to soak
着ける	memakai ムマカイ	to wear
漬ける	merendam ムルンダム	to soak
点ける	menyalakan ムニャラカン	to light up
告げる	mengumumkan / memberitahukan ムン(グ)ウムムカン / ムンブリタフカン	to announce

つぐ　➡　つげる　

つ

日	インドネシア	英
つごう 都合	situasi dan kondisi スィトゥアスィ ダン コンディスィ	convenience
つごう 都合がよい	sesuai / cocok ススアイ / チョチョッ	convenient
つじつま 辻褄	konsisténsi コンスィステンスィ	coherence
つた 伝える	menyampaikan ムニャンパイカン	to inform
つた 伝わる	tersampaikan / disampaikan トゥルサンパイカン / ディサンパイカン	be transmitted
つち 土	tanah タナー	earth
つつ 筒	pipa ピパ	tube
つづ 続き	kelanjutan クランジュタン	continuation
つづ 突く	mendorong ムンドロン(グ)	to pick
つづ 続く	berlanjut ブルランジュ(ト)	be continued
つづ 続けて	lalu / berikutnya ラル / ブルイク(ト)ニャ	on end
つづ 続ける	meneruskan / melanjutkan ムヌルスカン / ムランジュ(ト)カン	to continue
つ こ 突っ込む	memasukkan / menerobos ムマスッカン / ムヌロボス	to stick
つつ 謹しむ	menahan diri ムナハン ディリ	to behave oneself
つつ 謹しむ (控える)	menahan diri / menghindari / berhati-hati / menjaga ムナハン ディリ / ムンヒンダリ / ブルハティ ハティ / ムンジャガ	to refrain from
つ ば 突っ張る (棒など を当てて支える)	menopang / menyokong / menyangga ムノパン(グ) / ムニョコン(グ) / ムニャンガ	to stretch
つ ば 突っ張る (筋肉や 皮膚が張る)	(menjadi) kaku (ムンジャディ) カク	to tense / to strain
つつ 包み	bungkusan ブンクサン	package
つつ 包む	membungkus ムンブンクス	to wrap

日	インドネシア	英
務まる つと	patut / layak / cocok パトゥ(ト) / ラヤッ / チョチョッ	be fit
務め つと	tugas トゥガス	duty
勤め つと	pekerjaan プクルジャアン	business
勤め先 つと さき	tempat kerja トゥンパ(ト) クルジャ	place of work
努めて つと	secara proaktif スチャラ プロアクティフ	as much as possible
勤める つと	bekerja ブクルジャ	to work
努める つと	berusaha ブルウサハ	to make efforts
務める つと	melayani ムラヤニ	to serve
綱 つな	tali tambang タリ タンバン(グ)	rope
繋がり つな	pertalian プルタリアン	connection
繋がる つな	terhubung トゥルフブン(グ)	be connected
繋ぐ つな	menghubungi ムンフブン(グ)イ	to connect
津波 つ なみ	tsunami ツナミ	tsunami
常に つね	selalu スラル	always
つねる	mencubit ムンチュビ(ト)	to pinch
角 つの	tanduk タンドゥッ	horn
募る つの	mengumpulkan ムン(グ)ウンプルカン	to recruit
募る (寄付を) つの	menerima / mencari / menarik ムヌリマ / ムンチャリ / ムナリッ	to collect
募る (人材を) つの	rékrut レクル(ト)	to recruit
唾 つば	(air) ludah (アイル) ルダー	saliva

日	インドネシア	英
<ruby>翼<rt>つばさ</rt></ruby>	**sayap** サヤ(プ)	wing
ツバメ	**(burung) layang-layang** (ブルン(グ)) ラヤン(グ) ラヤン(グ)	swallow
<ruby>粒<rt>つぶ</rt></ruby>	**bulir / butir** ブリル / ブティル	grain
<ruby>潰<rt>つぶ</rt></ruby>す	**menghancurkan** ムンハンチュルカン	to crush
つぶやく	**berbisik** ブルビスィッ	to murmur
つぶらな	**bulat** ブラ(ト)	round
つぶる	**menutup mata** ムヌトゥ(プ) マタ	to shut
<ruby>潰<rt>つぶ</rt></ruby>れる	**hancur** ハンチュル	be crushed
<ruby>壺<rt>つぼ</rt></ruby>	**pot / kendi / gentong** ポ(ト) / クンディ / グントン(グ)	pot
つぼみ	**kuncup** クンチュ(プ)	bud
<ruby>妻<rt>つま</rt></ruby>	**istri** イストリ	wife
つまずく (けつまずく)	**sandung / tersandung** サンドゥン(グ) / トゥルサンドゥン(グ)	to stumble
つまむ (指・箸などで)	**menjumput** ムムング(ト)	to pinch
つまむ (軽く食べる)	**mencicip** ムンチチ(プ)	to taste
つまらない (興味がない)	**membosankan** ムンボサンカン	boring
つまらない (価値がない)	**tidak berharga** ティダッ ブルハルガ	valueless
つまり	**yaitu / yakni / jelasnya** ヤイトゥ / ヤクニ / ジュラスニャ	that is to say
<ruby>詰<rt>つ</rt></ruby>まる (隙間なく入る)	**jejal** ジュジャル	be packed
<ruby>詰<rt>つ</rt></ruby>まる (短く縮まる)	**mengerut** ムン(グ)ウル(ト)	to shrink
<ruby>詰<rt>つ</rt></ruby>まる (塞がって流れない)	**tersumbat** トゥルスンバ(ト)	be blocked

日	インドネシア	英
詰まる （丈が短くなる）	meméndék ムメンデッ	be shorten
罪	dosa ドサ	crime / sin
積荷	muatan ムアタン	cargo
積む	menumpuk ムヌンプッ	to pile (up)
摘む	memetik ムムティッ	to pick
爪	kuku クク	nail
爪切り	gunting kuku グンティン(グ) クク	nail clippers
冷たい	dingin ディン(グ)イン	cold
詰める	mengisi ムン(グ)イスィ	to pack
積める	dapat menumpuk ダパ(ト) ムヌンプッ	can pile
積り	keinginan / kemauan クイン(グ)イナン / クマウアン	intention
積もる	bertumpuk ブルトゥンプッ	to heap up
艶	kilau キラウ	gloss
梅雨	musim hujan ムスィム フジャン	rainy season
露（水滴）	embun ウンブン	drop
つゆ(少しも〜ない)	sama sekali (tidak) サマ スカリ (ティダッ)	(not) at all
強い	kuat クア(ト)	strong
強い (丈夫)	kuat / kukuh クア(ト) / ククー	sturdy
強気	keagrésifan クアグレスィファン	aggression
強気な	agrésif アグレスィフ	aggressive

日	インドネシア	英
強まる （つよ）	**menguat** ムン(グ)ウア(ト)	to grow strong
強める （つよ）	**menguatkan / memperkuat** ムン(グ)ウア(ト)カン / ムンプルクア(ト)	to strengthen
辛い （つら）	**menyakitkan** ムニャキ(ト)カン	painful
連なる （つら）	**beriringan / berdérétan** ブルイリン(グ)アン / ブルデレタン	to line up
貫く （つらぬ）	**menembusi / melubangi** ムヌンブスィ / ムルバン(グ)イ	to pierce
連ねる （つら）	**mendérétkan** ムンデレ(ト)カン	to line up
釣り （つ）	**pemancingan / mancing** プマンチン(グ)アン / マンチン(グ)	fishing
釣り合う （つ あ）	**seimbang** スインバン(グ)	to balance
釣り鐘 （つ がね）	**loncéng** ロンチェン(グ)	bell
吊り革 （つ かわ）	**gantungan di bis / keréta** ガントゥン(グ)アン ディ ビス / クレタ	strap
釣り堀 （つ ぼり）	**(tempat) pemancingan** (トゥンパ(ト)) プマンチン(グ)アン	fish pond
釣る （つ）	**memancing** ムマンチン(グ)	to fish
吊る （つ）	**menggantung** ムンガントゥン(グ)	to hang
吊るす （つ）	**menggantungkan** ムンガントゥンカン	to suspend
連れ （つ）	**pengikut** プン(グ)イク(ト)	companion
連れ去る （つ さ）	**menculik** ムンチュリッ	take ~away
連れて行く （つ い）	**menyertakan** ムニュルタカン	to take *sb*
連れる （つ）	**menyertai** ムニュルタイ	to bring along
悪阻 （つわり）	**mengidam / loya** ムン(グ)イダム / ロヤ	morning sickness

▼ て，テ

て 手	tangan タン(グ)アン	hand
で あ 出会い	pertemuan プルトゥムアン	encounter
で あ 出会う	bertemu ブルトゥム	to meet
て あて 手当	pengobatan / perawatan / penanganan プン(グ)オバタン / プラワタン / プナン(グ)アナン	(medical) treatment
て あ 手当てする	mengobati ムン(グ)オバティ	to give (medical) treatment
て あら 手洗い (トイレ)	toilét / kamar kecil / WC トイレ(ト) / カマル クチル / ウェーセー	toilet
て あら 手洗い (手を洗う)	hal mencuci tangan ハル ムンチュチ タン(グ)アン	to wash one's hands
て あら 手洗いする (手で洗う)	mencuci dengan tangan ムンチュチ ドゥン(グ)アン タン(グ)アン	to wash by hands
ていあん 提案	saran / proposal サラン / プロポサル	suggestion
ていあん 提案する	menyarankan ムニャランカン	to make a suggestion
ティー T シャツ	baju kaus バジュ カウス	T-shirt
ティーバッグ	kantong téh celup カントン(グ) テー チュル(プ)	tea bag
ていいん 定員	kapasitas カパスィタス	capacity
ていおん 低音	nada rendah ナダ ルンダー	bass
ていおん 低温	suhu rendah スフ ルンダー	low temperature
てい か 低下	penurunan プヌルナン	fall
てい か 低下する	menurun ムヌルン	to fall
てい か 定価	harga tetap ハルガ トゥタ(プ)	price
てい か かく 低価格	harga murah ハルガ ムラー	low price

日	インドネシア	英
てい き 定期	**périodik** ペリオディッ	regular
てい ぎ 定義	**définisi** デフィニスイ	definition
てい ぎ 定義する	**mendéfinisikan** ムンデフィニスイカン	to define
てい き あつ 低気圧	**tekanan udara rendah** トゥカナン ウダラ ルンダー	low-atmospheric pressure
てい き けん 定期券	**tikét langganan** ティケ(ト) ランガナン	pass
てい き てき 定期的	**rutin** ルティン	regular
てい き てき 定期的な	**teratur / berkala** トゥルアトゥル / ブルカラ	regular
てい きゅう び 定休日	**hari libur tetap** ハリ リブル トゥタ(プ)	regular holiday
てい きょう 提供	**penyediaan** プニュディアアン	offer
てい きょう 提供する	**menyediakan** ムニュディアカン	to offer
てい けい 提携	**kolaborasi** コラボラスイ	cooperation
てい けい 提携する	**berkolaborasi** ブルコラボラスイ	to cooperate with
てい けつあつ 低血圧	**tekanan darah rendah** トゥカナン ダラー ルンダー	low-blood pressure
てい こう 抵抗	**perlawanan** プルラワナン	resistance
てい こう 抵抗する	**melawan** ムラワン	to resist
てい さい 体裁	**penampilan** プナンピラン	appearance
てい し 停止	**penghentian** プン(グ)フンティアン	stop
てい し 停止させる	**menghentikan** ムンフンティカン	to stop
てい し 停止する	**berhenti** ブルフンティ	to stop
てい じ 提示	**préséntasi** プレセンタスイ	presentation

日	インドネシア	英
ていじ 提示する	menunjukkan / memperlihatkan ムヌンジュッカン / ムンプルリハ(ト)カン	to present
ていしゃ 停車	perhentian プルフンティアン	stopping (a car)
ていしゃ 停車する	menghentikan mobil ムンフンティカン モビル	to stop (a car)
ていしゅつ 提出	pengajuan プン(グ)アジュアン	submission
ていしゅつ 提出する	mengajukan / menyerahkan ムン(グ)アジュカン / ムニュラーカン	to submit
ていしょく 定食	pakét makanan パケ(ト) マカナン	set meal
ディスカウント	potongan / diskon ポトン(グ)アン / ディスコン	discount
ていせい 訂正	koréksi / perbaikan コレクスィ / プルバイカン	correction
ていせい 訂正する	mengoréksi / memperbaiki ムン(グ)オレクスィ / ムンプルバイキ	to correct
ていせん 停戦	gencatan senjata グンチャタン スンジャタ	truce
ていせん 停戦する	melakukan gencatan senjata ムラクカン グンチャタン スンジャタ	to call a truce
ていたい 停滞	stagnasi スタグナスィ	stagnation
ていたい 停滞する	stagnan スタグナン	to stagnate
ていたく 邸宅	kediaman クディアマン	residence
ティッシュペーパー	tisu ティス	tissue paper
ていでん（する） 停電	mati listrik マティ リストリ(ク)	blackout / to have a power failure
ていど 程度	derajat ドゥラジャ(ト)	extent
ディナー	makan malam マカン マラム	dinner
ていねい 丁寧さ	kesopanan クソパナン	politeness
ていねい 丁寧な（入念な）	teliti / cermat トゥリティ / チュルマ(ト)	careful

日	インドネシア	英
ていねい 丁寧な (礼儀正しい)	sopan (santun) ソパン（サントゥン）	polite
ていねん 定年	usia pénsiun ウスィア ペンスィウン	retiring age
ていねんたいしょく 定年退職	pénsiun ペンスィウン	mandatory [compulsory] retirement
ていぼう 堤防	tanggul タングル	bank
てい り 定理	téori テオリ	theorem
で いりぐち 出入口	pintu keluar masuk ピントゥ クルアル マスッ	entrance and exit
で い り (する) 出入り (する)	keluar masuk クルアル マスッ	going in and out / to go in and out
ていりゅうじょ 停留所	halte (bus) ハルトゥ（ブス）	bus stop
て い れ 手入れ	penjagaan プンジャガアン	maintenance
て い れ 手入れする	menjaga ムンジャガ	to maintain
データ	data ダタ	datum
デート	kencan クンチャン	date
デートする	berkencan ブルクンチャン	to go on a date
テープ	pita ピタ	tape
テーブル	méja メジャ	table
テーマ	téma テマ	theme
て おく 手遅れ	terlambat トゥルランバ(ト)	being too late
て が 手掛かり	petunjuk プトゥンジュッ	clue
て が 手掛ける	menangani ムナン(グ)アニ	to undertake
で か 出掛ける	keluar クルアル	to go out

日	インドネシア	英
手数 てかず	masalah マサラー	trouble
手形 てがた	wésel ウェスル	bill
手紙 てがみ	surat スラ(ト)	letter
手軽さ てがるさ	keringanan クリン(グ)アンナン	easiness
手軽な てがるな	ringan リン(グ)アン	easy
敵 てき	musuh ムスー	enemy
～的（～のような） てき	seperti ~ スプルティ	~-like
～的（～の観点） てき	secara ~ スチャラ	~-wise
～的に てき	secara ~ / dengan ~ スチャラ / ドゥン(グ)アン	tendency (post-fix)
できあがり	hasil jadi ハスィル ジャディ	completion
できあがる	jadi / selesai ジャディ / スルサイ	be completed
適応 てきおう	adaptasi アダプタスィ	adaptation
適応する てきおう	beradaptasi ブルアダプタスィ	to adapt to
的確さ てきかくさ	ketepatan クトゥパタン	accuracy
的確な てきかくな	tepat トゥパ(ト)	accurate
適宜 てきぎ	sesuai ススアイ	properly
適合 てきごう	adaptasi アダプタスィ	adaptation
適合する てきごう	beradaptasi ブルアダプタスィ	to adapt
出来事 できごと	peristiwa / kejadian プリスティワ / クジャディアン	event
テキスト	téks テクス	textbook

日	インドネシア	英
<ruby>適<rt>てき</rt></ruby>する	cocok チョチョッ	to fit
<ruby>適性<rt>てきせい</rt></ruby>	kecocokan クチョチョカン	aptitude
<ruby>適切<rt>てきせつ</rt></ruby>	kesesuaian クススアイアン	suitability
<ruby>適切<rt>てきせつ</rt></ruby>な	sesuai ススアイ	suitable
<ruby>適度<rt>てきど</rt></ruby>	pas パス	moderation
<ruby>適度<rt>てきど</rt></ruby>な	moderat モドゥラ(ト)	moderate
<ruby>適当<rt>てきとう</rt></ruby>	kelayakan クラヤカン	appropriateness
<ruby>適当<rt>てきとう</rt></ruby>な(いい加減な)	secara sembarang スチャラ スンバラン(グ)	random
<ruby>適当<rt>てきとう</rt></ruby>な (適切な)	tepat / sesuai / layak / memadai トゥパ(ト) / ススアイ / ラヤッ / ムマダイ	appropriate
～できない	tidak bisa ~ ティダッ ビサ	be unable to
<ruby>出来物<rt>できもの</rt></ruby>	bisul / jerawat ビスル / ジュラワ(ト)	swelling
<ruby>適用<rt>てきよう</rt></ruby>	aplikasi アプリカスィ	application
<ruby>適用<rt>てきよう</rt></ruby>する	mengaplikasikan ムン(グ)アプリカスィカン	to apply
できる (完成・完了する)	rampung / selesai / tuntas ランプン(グ) / スルサイ / トゥンタス	to complete
できる (能力がある)	mampu マンプ	be competent
できる (可能である)	dapat / bisa ダパ(ト) / ビサ	be able to
<ruby>手際<rt>てぎわ</rt></ruby>	keterampilan クトゥランピラン	skill
<ruby>出口<rt>でぐち</rt></ruby>	pintu keluar ピントゥ クルアル	exit
テクノロジー	téknologi テクノロギ	technology
<ruby>手首<rt>てくび</rt></ruby>	pergelangan tangan プルグラン(グ)アン タン(グ)アン	wrist

日	インドネシア	英
で 出くわす	kebetulan bertemu クブトゥラン ブルトゥム	to come across
でこぼこ 凸凹な	bénjol / tidak rata ベンジョル / ティダッ ラタ	bumpy
デコレーション	dékorasi デコラスィ	decoration
て ごろ 手頃	terjangkau トゥルジャンカウ	reasonable
デザート	hidangan penutup ヒダン(グ)アン プヌトゥ(プ)	dessert
デザイン	désain デサイン	design
デザインする	mendésain ムデサイン	to design
で し 弟子	murid ムリ(ド)	pupil
デジタル	digital ディギタル	digital
て じな 手品	sulap スラ(プ)	magic
て じゅん 手順	langkah ランカー	process
て じょう 手錠	borgol ボルゴル	handcuffs
て すうりょう 手数料	biaya jasa ビアヤ ジャサ	charge
テスト	ujian ウジアン	test
テストする	menguji ムン(グ)ウジ	to test
でたらめ	sembarang スンバラン(グ)	nonsense
でたらめな	sembarangan スンバラン(グ)アン	incoherent
て ぢか 手近な	terjangkau トゥルジャンカウ	close by
て ちょう 手帳	buku catatan ブク チャタタン	notebook
てつ 鉄	besi ブスィ	iron

日	インドネシア	英
てっかい 撤回	**penarikan kembali** プナリカン クンバリ	retraction
てっかい 撤回する	**menarik kembali** ムナリック クンバリ	to retract
てつがく 哲学	**filsafat** フィルサファ(ト)	philosophy
てっきょう 鉄橋	**jembatan besi** ジュンバタン ブスィ	railroad bridge
て づく 手作り	**buatan tangan** ブアタン タン(グ)アン	handmade
て つけきん 手付金	**uang muka** ウアン(グ) ムカ	deposit
てっこう 鉄鋼	**baja** バジャ	steel
デッサン	**skétsa** スケッツァ	sketch
てっ 徹する	**memusatkan** ムムサ(ト)カン	to put one's soul into *sth*
てったい 撤退	**penarikan kembali / penarikan mundur** プナリカン クンバリ / プナリカン ムンドゥル	withdrawal
てったい 撤退する	**menarik kembali / menarik mundur** ムナリック クンバリ / ムナリッ ムンドゥル	to withdraw
て つだ 手伝い（手伝うこと）	**bantuan** バントゥアン	help
て つだ 手伝い（手伝う人）	**pembantu** プンバントゥ	helper
て つだ 手伝う	**membantu** ムンバントゥ	to help
て つづ 手続き	**prosédur** プロセドゥル	procedure
て つづ 手続きする	**menjalankan prosédur** ムンジャランカン プロセドゥル	to follow a procedure
てってい 徹底	**keseluruhan** クスルルハン	thoroughness
てってい 徹底する	**melakukan secara menyeluruh** ムラクカン スチャラ ムニュルルー	to do thoroughly
てっていてき 徹底的	**habis-habisan** ハビス ハビサン	thorough
てっていてき 徹底的な	**secara keseluruhan** スチャラ クスルルハン	thorough

日	インドネシア	英
<ruby>徹底的<rt>てっていてき</rt></ruby>に	secara menyeluruh スチャラ ムニュルルー	thoroughly
<ruby>鉄道<rt>てつどう</rt></ruby>	perkerétaapian プルクレタアピアン	railway
てっぺん	puncak プンチャッ	top
<ruby>鉄棒<rt>てつぼう</rt></ruby>	palang besi パラン(グ) ブスィ	iron bar
<ruby>鉄砲<rt>てっぽう</rt></ruby>	senapan / bedil スナパン / ブデル	gun
<ruby>徹夜<rt>てつや</rt></ruby>	semalam suntuk スマラム スントゥ(ク)	throughout the night
<ruby>徹夜<rt>てつや</rt></ruby>する	bergadang ブルガダン(グ)	to stay up all night
<ruby>出直<rt>でなお</rt></ruby>し	kedatangan kembali クダタン(グ)アン クンバリ	coming again
テニス	ténis テニス	tennis
テニスコート	lapangan ténis ラパン(グ)アン テニス	tennis court
<ruby>手荷物<rt>てにもつ</rt></ruby>	barang bawaan バラン(グ) バワアン	baggage
<ruby>手荷物預<rt>てにもつあずか</rt></ruby>り<ruby>証<rt>しょう</rt></ruby>	surat keterangan penitipan barang スラ(ト) クトゥラン(グ)アン プニティパン バラン(グ)	luggage ticket
<ruby>手荷物引換<rt>てにもつひきかえ</rt></ruby><ruby>証<rt>しょう</rt></ruby>	bukti tuntutan bagasi ブクティ トゥントゥタン バガスィ	baggage claim tag
<ruby>手荷物引渡<rt>てにもつひきわた</rt></ruby>し	penyerahan barang プニュラハン バラン(グ)	baggage claim
<ruby>手<rt>て</rt></ruby>ぬぐい	handuk ハンドゥッ	towel
<ruby>手<rt>て</rt></ruby>のひら	telapak tangan トゥラパッ タン(グ)アン	palm
デパート	toko serba ada / toserba トコ スルバ アダ / トスルバ	department store
<ruby>手配<rt>てはい</rt></ruby>	penyediaan プニュディアアン	arrangement
<ruby>手配<rt>てはい</rt></ruby>する	menyediakan ムニュディアカン	to arrange
<ruby>手<rt>て</rt></ruby>はず	rencana ルンチャナ	plan

日	インドネシア	英
手引き てびき	petunjuk プトゥンジュッ	guidance
手引きする てびき	menunjuk ムヌンジュッ	to guide
デフォルト	setélan asal ステラン アサル	default
手袋 てぶくろ	sarung tangan サルン(グ) タン(グ)アン	gloves
手本 てほん	contoh teladan チョントー トゥラダン	model
手間 てま	kerépotan クレポタン	trouble
手前 てまえ	sebelah sini スブラー スィニ	this side
手回し てまわ	pengaturan プン(グ)アトゥラン	arrangement
出迎えの でむか	jemputan ジュンプタン	pickup
出迎える でむか	menjemput ムンジュンプ(ト)	to go and meet
デモ	unjuk rasa ウンジュッ ラサ	demonstration
手元 てもと	dalam jangkauan ダラム ジャンカウアン	at hand
デモンストレーション	démonstrasi デモンストラスィ	demonstration
寺 てら	kuil / candi クイル / チャンディ	temple
照らす てらす	menerangi ムヌラン(グ)イ	to light up
テラス	téras テラス	terrace
デラックスルーム	kamar deluxe カマル デラクス	deluxe room
照り返す てかえ	memantul ムマントゥル	to reflect
照る てる	bersinar ブルスィナル	to shine
出る（内から外へ） で	keluar クルアル	to go out

日	インドネシア	英
で 出る（出発する）	**berangkat** ブランカ(ト)	to depart
で 出る（出演・出場する）	**tampil** タンピル	to perform
テレックス	**téléks** テレクス	telex
テレビ	**télévisi** テレフィスィ	television
テロ	**téror** テロル	terrorism
テロリスト	**téroris** テロリス	terrorist
て わ 手分け	**pembagian kerja** プンバギアン クルジャ	division of work
て わ 手分けする	**membagi pekerjaan** ムンバギ プクルジャアン	to divide job
てん 天	**langit** ラン(グ)イ(ト)	heaven
てん 点（小さな印）	**titik** ティティッ	spot
てん 点（得点）	**poin** ポイン	point
でんあつ 電圧	**tegangan listrik** トゥガン(グ)アン リストリ(ク)	voltage
てん い 転移	**perpindahan / penyebaran** プルピンダハン / プニュバラン	spread of a disease
てん い 転移する	**berpindah / menyebar / menjalar** ブルピンダー / ムニュバル / ムンジャジャル	to spread
てんいん 店員	**pelayan toko** プラヤント トコ	shop clerk
でんえん 田園	**persawahan** プルサワハン	countryside
てん か 天下	**seluruh negeri** スルルー ヌグリ	the whole country
てん か 点火	**penyalaan** プニャラアン	ignition
てん か 点火する	**menyalakan** ムニャラカン	to ignite
てんかい 展開	**perkembangan** プルクンバン(グ)アン	development

日	インドネシア	英
てんかい 展開する	berkembang ブルクンバン (グ)	to develop
てんかい 転回	perputaran プルプタラン	rotation
てんかい 転回する	berputar プルプタル	to rotate
てんかん 癲癇	épilépsi エピレプスィ	epilepsy
てんかん 転換	perubahan プルウバハン	conversion
てんかん 転換する	berubah プルウバー	to convert
てんき 天気	cuaca チュアチャ	weather
でんき 伝記	biografi ビオグラフィ	biography
でんき（エネルギー） 電気	listrik リストリ (ク)	electricity
でんき（照明） 電気	lampu ランプ	lamp
でんきゅう 電球	bola lampu / bohlam ボラ ランプ / ボーラム	electric bulb
てんきょ 転居	perpindahan rumah プルピンダハン ルマー	moving
てんきょ 転居する	berpindah rumah プルピンダー ルマー	to move
てんきよほう 天気予報	prakiraan cuaca プラキラアン チュアチャ	weather report
てんきん 転勤	pindah tugas ピンダー トゥガス	transfer
てんきん 転勤する	berpindah tugas プルピンダー トゥガス	to transfer
てんけい 典型	tipikal ティピカル	type
てんけん 点検	pemeriksaan プムリクサアン	inspection
てんけん 点検する	memeriksa ムムリクサ	to inspect
でんげん 電源	sumber listrik スンブル リストリ (ク)	power supply

日	インドネシア	英
てんこう 天候	cuaca チュアチャ	weather
でんごん 伝言	pesan プサン	message
でんごん 伝言する	menyampaikan pesan ムニャンパイカン プサン	to give [take] a message
てんさい 天才	génius ゲニウス	genius
てんさい 天災	bencana alam ブンチャナ アラム	disaster
てんさい 転載	cétakan ulang チェタカン ウラン(グ)	reprinting
てんさい 転載する	mencétak ulang ムンチェタッ ウラン(グ)	to reprint
てんし 天使	malaikat マライカ(ト)	angel
てんじ 点字	huruf braile フルフ ブライル	braille
てんじ 展示	paméran パメラン	exhibition
てんじ 展示する	memamérkan ムマメルカン	to exhibit
でんし 電子	éléktronik エレクトロニッ	electron
でんし そうきん 電子送金	pembayaran éléktronik プンバヤラン エレクトロニッ	electronic remittance
でんしゃ 電車	keréta listrik クレタ リストリ(ク)	train
てんじょう 天井	plafon / atap プラフォン / アタ(プ)	ceiling
てんじょういん 添乗員	awak kabin アワッ カビン	tour conductor
てんしょく 転職	pindah kerja ピンダ クルジャ	change of job [occupation]
てんしょく 転職する	berpindah kerja ブルピンダ クルジャ	to change job [occupation]
てん 転じる	mengalihkan ムン(グ)アリーカン	to turn
でんし 電子レンジ	oven mikrowave オフン ミクロウェー(ブ)	microwave oven

日	インドネシア	英
てんすう **点数**	**nilai / skor** ニライ / スコル	score
でんせつ **伝説**	**legénda** ルゲンダ	legend
てんせん **点線**	**garis titik** ガリス ティティッ	dotted line
でんせん **電線**	**kawat listrik** カワ(ト) リストリ(ク)	electrical wire
でんせん **伝染**	**penularan** プヌララン	infection
でんせん **伝染する**	**menular** ムヌラル	to infect
てんそう **転送**	**transfer / pengiriman** トランスフル / プン(グ)イリマン	forwarding
てんそう **転送する**	**mentransfer / mengirim** ムントランスフル / ムン(グ)イリム	to forward
てんたい **天体**	**benda langit** ブンダ ラン(グ)イ(ト)	astronomical body
でんたく **電卓**	**kalkulator** カルクラタル	calculator
でんたつ **伝達**	**komunikasi** コムニカスィ	communication
でんたつ **伝達する**	**menyampaikan** ムニャンパイカン	to communicate
てんち **天地**	**langit dan bumi** ラン(グ)イ(ト) ダン ブミ	heaven and earth
でんち **電池**	**baterai** バトゥライ	battery
でんちゅう **電柱**	**tiang listrik** ティアン(グ) リストリ(ク)	electric light pole
てんてき **点滴**	**infus** インフス	intravenous drip
てんてん **転々とする**	**berpindah-pindah** ブルピンダー ピンダー	to change frequently
テント	**ténda** テンダ	tent
てんとう **転倒**	**kejatuhan** クジャトゥハン	fall
てんとう **転倒する**	**jatuh** ジャトゥー	to fall

日	インドネシア	英
でんとう 電灯	lampu ランプ	light
でんとう 伝統	tradisi トラディスィ	tradition
でんとうぎょうじ 伝統 行事	upacara tradisional ウパチャラ トラディスィオナル	traditional event
でんとうてき 伝統的	tradisional トラディスィオナル	traditional
てんない 店内	di dalam toko ディ ダラム トコ	inside the store
てんにん 転任	mutasi ムタスィ	change of post
てんにん 転任する	berpindah tugas ブルピンダー トゥガス	to change post
てんねん 天然の	alami アラミ	natural
てんねん 天然ガス	gas alam ガス アラム	natural gas
てんねんしげん 天然資源	sumber alam スンブル アラム	natural resources
てんのう 天皇	kaisar カイサル	Emperor
でんぱ 電波	sinyal スィニャル	radio wave
でんぴょう 伝票	bon ボン	check
てんぷ 添付	lampiran ランピラン	attachment
てんぷ 添付する	melampirkan ムランピルカン	to attach
テンポ	témpo テンポ	tempo
てんぽ 店舗	toko トコ	shop
てんぼう 展望	pemandangan プマンダン(グ)アン	view
てんぼう 展望する	memandang ムマンダン(グ)	to view
でんぽう 電報	télégram テレグラム	telegram

日	インドネシア	英
でんらい 伝来	turun temurun トゥルン トゥルン	hereditary
でんらい 伝来する	menyampaikan / menurunkan kepada ムニャンパイカン / ムヌルンカン クパダ	to hand down
てんらく 転落	jatuhnya / kejatuhan ジャトゥーニャ / クジャトゥハン	tumble
てんらく 転落する	jatuh / tergelincir ジャトゥー / トゥルグリンチル	to tumble
てんらんかい 展覧会	paméran パメラン	exhibition
でんりゅう 電流	arus listrik アルス リストリ(ク)	electric current
でんりょく 電力	daya listrik ダヤ リストリ(ク)	electric power
でんわ 電話	télépon テレポン	telephone
でんわ 電話する	menélépon ムネレポン	to call
でんわばんごう 電話番号	nomor télépon ノモル テレポン	telephone number
でんわ 電話ボックス	télépon umum テレポン ウムム	telephone booth

▼ と，ト

日	インドネシア	英
と 戸	pintu ピントゥ	door
ど 〜度（温度）	〜 derajat ドゥラジャ(ト)	degree
ど 〜度（頻度）	〜 kali カリ	frequency
ドア	pintu ピントゥ	door
ドアチェーン	rantai pintu ランタイ ピントゥ	door chain
と 問い	pertanyaan プルタニャアン	question
と あ 問い合わせ	pertanyaan プルタニャアン	inquiry
と あ 問い合わせる	menanyakan ムナニャカン	to inquire

日	インドネシア	英
～という	yang disebut ～ ヤン(グ) ディスブ(ト)	so-called
～といえども	meskipun ～ ムスキプン	even though
ドイツ	Jérman ジェルマン	Germany
ドイツ語	bahasa Jérman バハサ ジェルマン	German (language)
ドイツ人	orang Jérman オラン(グ) ジェルマン	German (people)
トイレ	toilét トイレ(ト)	toilet
トイレットペーパー	tisu toilét ティス トイレ(ト)	toilet paper
党	partai パルタイ	party
塔	menara ムナラ	tower
棟	gedung グドゥン(グ)	building
問う	bertanya (tentang) / menanyakan ブルタニャ (トゥンタン(グ)) / ムナニャカン	to ask
胴	badan / badan tubuh バダン / バダン トゥブー	body
銅	tembaga トゥンバガ	copper
答案	jawaban ジャワバン	answer
同意	persetujuan プルストゥジュアン	agreement
同意する	menyetujui / setuju ムニュトゥジュイ / ストゥジュ	to agree
統一	persatuan プルサトゥアン	unity
統一する	mempersatukan ムンプルサトゥカン	to unify
同一性	kesamaan クサマアン	identity
同一の	sama サマ	identical

日	インドネシア	英
どういん **動員**	**pengerahan** プン(グ)ウラハン	mobilization
どういん **動員する**	**mengerahkan** ムン(グ)ウラーカン	to mobilize
どうか	**tolong** トロン(グ)	please
どう か **銅貨**	**koin tembaga** コイン トゥンバガ	copper coin
どう が **動画**	**vidéo / gambar** フィデオ / ガンバル	video
どうかく **同格**	**sejajar** スジャジャル	equal
とうがら し **唐辛子**	**cabai / lombok** チャバイ / ロンボッ	chili
どうかん **同感**	**simpati** スィンパティ	sympathy
どうかん **同感する**	**bersimpati** ブルスィンパティ	to sympathize
とう き **陶器**	**tembikar** トゥンビカル	pottery
とう ぎ **討議**	**débat / pembahasan** デバ(ト) / ブンバハサン	discussion
とう ぎ **討議する**	**berdébat / membahas** ブルデバ(ト) / ムンバハス	to discuss
どう き **動機**	**dorongan / motivasi** ドロン(グ)アン / モティファスィ	motivation
どう き **動悸**	**debaran jantung** ドゥバラン ジャントゥン(グ)	palpitation
どう ぎ ご **同義語**	**sinonim** スィノニム	synonym
とうきゅう **等級**	**kelas / tingkat** クラス / ティンカ(ト)	grade
どうきゅう **同級**	**sekelas** スクラス	same class
どうしゅうせい **同級生**	**teman sekelas** トゥマン スクラス	classmate
どうきょ（する） **同居（する）**	**hidup bersama** ヒドゥ(プ) ブルサマ	living together / to live together
どう ぐ **道具**	**perkakas / alat** ブルカカス / アラ(ト)	tool

日	インドネシア	英
とうげ 峠	bukit ブキ(ト)	peak
とうけい 統計	statistik スタティスティッ	statistics
とうこう 登校	pergi sekolah プルギ スコラー	going to school
とうこう 登校する	pergi (ke) sekolah / bersekolah プルギ (ク) スコラー / ブルスコラー	to go to school
とうごう 統合	penyatuan / unifikasi プニャトゥアン / ウニフィカスィ	unification
とうごう 統合する	menyatukan ムニャトゥカン	to unify
どうこう 動向	kecenderungan / trén クチュンドゥルン(グ)アン / トレン	tendency
どうこう 瞳孔	pupil (mata) プピル (マタ)	pupil
どうこう 同行	pendampingan プンダンピン(グ)アン	company
どうこう 同行する	pergi bersama / menemani プルギ ブルサマ / ムヌマニ	to accompany
どうさ 動作	tindakan ティンダカン	movement
どうさ 動作する	bergerak ブルグラッ	to move
とうざい 東西	timur dan barat ティムル ダン バラ(ト)	east and west
どうさつ 洞察	tinjauan ティンジャウアン	insight
どうさつ 洞察する	meninjau ムニンジャウ	to have an insight to
とうさん 倒産	kebangkrutan クバンクルタン	bankruptcy
とうさん 倒産する	bangkrut バンクル(ト)	to go bankrupt
とうし 投資	invéstasi / penanaman modal インフェスタスィ / プナナマン モダル	investment
とうし 投資する	berinvéstasi / menanam modal ブルインフェスタスィ / ムナナム モダル	to invest
とうじ 当時	saat itu サア(ト) イトゥ	at that time

日	インドネシア	英
どう し 動詞	**kata kerja** カタ クルジャ	verb
どう し 同士	**sesama** スサマ	fellow
どう し 同志	**sekelompok** スクロンポッ	comrade
どう じ 同時	**waktu yang sama** ワクトゥ ヤン(グ) サマ	same time
どう じ 同時に	**serentak** スルンタッ	at the same time
とうじつ 当日	**hari itu** ハリ イトゥ	that day
どうしても	**bagaimanapun juga** バガイマナプン ジュガ	by all means
とうしょ 投書	**surat pembaca** スラ(ト) プンバチャ	letter from a reader
とうしょ 投書する	**mengirim surat** ムン(グ)イリム スラ(ト)	to write a letter
とうじょう 登場	**kemunculan** クムンチュラン	appearance
とうじょう 登場する	**muncul** ムンチュル	to appear
とうじょう 搭乗	**masuk pesawat** マスッ プサワ(ト)	boarding
とうじょう 搭乗する	**memasuki pesawat** ムマスキ プサワ(ト)	to board
どうじょう 道場	**tempat latihan** トゥンパ(ト) ラティハン	exercise hall
どうじょう 同情	**simpati** スィンパティ	sympathy
どうじょう 同情する	**bersimpati** ブルスィンパティ	to sympathize
とうじょう 搭乗ゲート	**gerbang menuju tempat naik pesawat** グルバン(グ) ムヌジュ トゥンパ(ト) ナイッ プサワ(ト)	boarding gate
とうじょうけん 搭乗券	**tanda masuk** タンダ マスッ	boarding pass
とうすい 陶酔する	**(menjadi) mabuk** （ムンジャディ）マブッ	be intoxicated with
どうせ	**bagaimanapun** バガイマナプン	anyhow

日	インドネシア	英
とうせい 統制	kontrol コントロル	control
どうせいあい 同性愛	cinta sesama jenis チンタ ススマ ジュニス	homosexuality
とうせん 当選	terpilih トゥルピリー	winning in the election
とうせん 当選する	dipilih ディピリー	be elected
とうぜん 当然	tentu saja トゥントゥ サジャ	matter of course
どうぞ	silahkan / silakan スィラーカン / スィラカン	please
とうそう 逃走	pelarian プラリアン	escape
とうそう 逃走する	kabur / melarikan diri カブル / ムラリカン ディリ	to escape
どうそうせい 同窓生	teman sekolah / sealumni トゥマン スコラー / アルムニ	schoolmate
とうそつ 統率	kepemimpinan クプミンピナン	leadership
とうそつする 統率する	memimpin ムミンピン	to lead
とうだい 灯台	mercusuar ムルチュスアル	light house
とうたつ 到達	pencapaian プンチャパイアン	achievement
とうたつする 到達する	mencapai ムンチャパイ	to achieve
とうち 統治	pemerintahan プムリンタハン	rule
とうちする 統治する	memerintah ムムリンター	to rule
とうちゃく 到着	kedatangan クダタン(グ)アン	arrival
とうちゃくする 到着する	datang ダタン(グ)	to arrive
とうちゃくじかん 到着時間	waktu kedatangan ワクトゥ クダタン(グ)アン	arrival time
とうちゃく 到着ロビー	ruang kedatangan ルアン(グ) クダタン(グ)アン	arrival lounge [lobby]

日	インドネシア	英
どうちょう 同調	sinkronisasi スインクロニサスィ	synchronization
どうちょう 同調する	mensinkronisasikan ムンスィンクロニサスィカン	to synchronize
とうてい 到底	tidak mungkin ティダッ ムンキン	utterly
どうてき 動的	dinamis ディナミス	dynamic
とうと 尊い	berharga ブルハルガ	noble
とうとう	akhirnya アヒルニャ	at last
どうとう 同等	ékualitas エクアリタス	equality
どうどう 堂々	megah ムガー	majestic
どうとく 道徳	moral モラル	morality
とうと 尊ぶ	menghormati ムンホルマティ	to respect
とうなん 盗難	pencurian プンチュリアン	robbery
とうなん 東南	tenggara トゥンガラ	south-east
とうなん 東南アジア	Asia Tenggara アスィア トゥンガラ	Southeast Asia
とうなんしょうめいしょ 盗難証明書	surat keterangan kecurian スラ(ト) クトゥラン(グ)アン クチュリアン	report of the theft
とうなんとどけ 盗難届	laporan kecurian ラポラン クチュリアン	theft report
どうにか	bagaimanapun バガイマナプン	somehow
とうにゅう 投入	invéstasi インフェスタスィ	investment
とうにゅう 投入する	menginvéstasikan ムン(グ)インフェスタスィカン	to invest
どうにゅう 導入	introduksi / pengantar イントロドゥクスィ / プン(グ)アンタル	introduction
どうにゅう 導入する	mengintroduksi ムン(グ)イントロドゥクスィ	to introduce

と

日	インドネシア	英
とうにょうびょう 糖尿病	diabétes ディアベトゥス	diabetes
とうにん 当人	orang tersebut / orang yang bersangkutan オラン(グ) トゥルスブ(ト) / オラン(グ) ヤン(グ) ブルサンクタン	the person himself [herself]
とうばん 当番	pikét ピケ(ト)	watch
とうひょう 投票	pemungutan suara プムン(グ)ウタン スアラ	voting
とうひょうする 投票する	memberikan suara ムンブリカン スアラ	to vote
とうふ 豆腐	tahu タウ	tofu
どうふうした 同封した	terlampir トゥルランピル	enclosed
どうふうする 同封する	melampirkan ムランピルカン	to enclose
どうぶつ 動物	binatang ビナタン(グ)	animal
どうぶつえん 動物園	kebun binatang クブン ビナタン(グ)	zoo
とうぶん 当分	(untuk) sementara waktu (ウントゥ(ク)) スムンタラ ワクトゥ	for a while
とうぶん 等分	bagi rata バギ ラタ	equal dividing
とうぶんする 等分する	membagi sama rata ムンバギ サマ ラタ	to divide equally
とうぼう 逃亡	pelarian プラリアン	escape
とうぼうする 逃亡する	melarikan diri ムラリカン ディリ	to escape
どうみゃく 動脈	artéri / pembuluh nadi アルテリ / プンブルー ナディ	artery
どうみゃくこうか 動脈硬化	artériosklérosis アルテリオスクレロスイス	arteriosclerosis
とうみん 冬眠	hibernasi ヒブルナスィ	hibernation
とうみんする 冬眠する	melakukan hibernasi ムラクカン ヒブルナスィ	to hibernate
とうめい 透明	transparansi トランスパランスィ	transparency

日	インドネシア	英
とうめい 透明な	transparan トランスパラン	transparent
どうめい 同盟	aliansi アリアンスィ	alliance
どうめい 同盟する	beraliansi ブルアリアンスィ	to ally
とうめん 当面	(untuk) sementara waktu （ウントゥ（ク）スムンタラ ワクトゥ	for the time being
トウモロコシ	jagung ジャグン（グ）	corn
とうやく 投薬	pemberian obat ブンブリアン オバ（ト）	medication
とうやく 投薬する	memberi obat ムンブリ オバ（ト）	to give a medicine to
どうやら	nampaknya / sepertinya / kiranya ナンパッニャ / スブルティニャ / キラニャ	somehow
とうゆ 灯油	kérosin ケロスィン	kerosene
とうよう 東洋	Timur / dunia Timur ティムル / ドゥニア ティムル	the East
どうよう 童謡	lagu anak-anak ラグ アナッ アナッ	children's song
どうよう 動揺	guncangan グンチャン（グ）アン	shaking
どうよう 動揺する	terguncang トゥルグンチャン（グ）	be shaken
どうよう 同様	kesamaan クサマアン	similarity
どうよう 同様な	sama サマ	be similar
どうり 道理	logika ロギカ	reason
どうりょう 同僚	rekan kerja ルカン クルジャ	colleague
どうりょく 動力	daya / tenaga ダヤ / トゥナガ	power
どうろ 道路	jalan ジャラン	road
とうろく 登録	pendaftaran ブンダフタラン	registration

日	インドネシア	英
とうろく 登録する	mendaftar ムンダフタル	to register
どうろ ち ず 道路地図	peta jalan プタ ジャラン	road map
どう ろ ひょうしき 道路 標 識	rambu jalan ランブ ジャラン	road signs
とうろん 討論	débat デバ(ト)	debate
とうろん 討論する	berdébat / membahas ブルデバ(ト) / ムンバハス	to debate
どう わ 童話	cerita anak チュリタ アナッ	fairy tale
とお 遠い	jauh ジャウー	far
とお か 十日（日付）	tanggal sepuluh タンガル スプルー	the tenth (day)
とお か 十日（期間）	sepuluh hari スプルー ハリ	ten days
とお 遠く	jauh ジャウー	far
とお 遠ざかる	menjauh ムンジャウー	to go away
とお 通す	meluluskan ムルルスカン	to let pass
とおまわ 遠回り	memutar jauh ムムタル ジャウー	detour
とお 通り	jalanan ジャラナン	street
とお か 通り掛かる	kebetulan léwat クブトゥラン レワ(ト)	to happen to pass by
とお す 通り過ぎる	keléwatan クレワタン	to go past
とお 通る（通過する）	meléwati ムレワティ	to pass
とお 通る（達する）	mencapai ムンチャパイ	to reach
とお 通る（受け入れられる）	diangkat / dipilih / diterima ディアンカ(ト) / ディピリー / ディトゥリマ	be accepted
とお 通る（合格する）	lulus ルルス	to pass

日	インドネシア	英
トーン	nada ナダ	tone
と かい 都会	perkotaan プルコタアン	city
とかく	sementara itu スムンタラ イトゥ	meantime
トカゲ	kadal カダル	lizard
と 溶かす	melarutkan ムラル(ト)カン	to dissolve
とが 尖った	tajam / menonjol tajam タジャム / ムノンジョル タジャム	sharp
とが 尖る	(menjadi) tajam (ムンジャディ) タジャム	to become sharp
とが 咎める	menyalahkan ムニャラーカン	to blame
とき（特定のある時点） 時	ketika / waktu クティカ / ワクトゥ	moment
とき（時間・時刻） 時	masa / waktu マサ / ワクトゥ	time
とき（接続詞・前置詞） 時	ketika / waktu クティカ / ワクトゥ	when / while
とき（時代） 時	zaman ザマン	era
ときどき 時々	kadang-kadang カダン(グ) カダン(グ)	sometimes
ドキドキする	berdebar-debar ブルドゥバル ドゥバル	be nervous
と ぎ 途切れる	terputus-putus トゥルプトゥス プトゥス	to break
とく 得	keuntungan クウントゥン(グ)アン	profit
と 解く	memecahkan (soal) ムムチャーカン （ソアル）	to solve
と 説く	mengajarkan ムン(グ)アジャルカン	to explain
と 溶く	melarutkan ムラル(ト)カン	to dissolve
と 研ぐ	mengasah ムン(グ)アサー	to sharpen

日	インドネシア	英
^{しりぞ}退く mundur ムンドゥル		to make room
^{どく}毒 racun / bisa ラチュン / ビサ		poison
^{とく い}得意 kepandaian / keahlian クパンダイアン / クアフリアン		strong point
^{とく い}得意な pandai パンダイ		be good at
^{とく ぎ}特技 kemampuan spésial クマンプアン スペスィアル		special talent
^{どくさい}独裁 tirani ティラニ		tyranny
^{とくさん}特産 produk khas プロドゥッ ハス		special product
^{どく じ}独自 orisinalitas オリスィナリタス		originality
^{どく じ せい}独自性 orisinalitas オリスィナリタス		originality
^{どく じ}独自な orisinal / khas オリスィナル / ハス		original
^{どくしゃ}読者 pembaca プンバチャ		reader
^{とくしゅ}特殊 kekhususan クフススサン		specialty
^{とくしゅ}特殊な khusus / spésial フスス / スペスィアル		special
^{とくしゅう}特集 khusus フスス		special feature
^{とくしゅう}特集する mengutamakan ムン(グ)ウタマカン		to feature
^{どくしょ}読書（する） membaca ムンバチャ		reading / to read
^{とくしょく}特色 spésialitas スペスィアリタス		special character
^{どくしん}独身 lajang ラジャン(グ)		single
^{とくせい}特性 karakter カラクトゥル		characteristic
^{どくぜつ}毒舌 mulut tajam ムル(ト) タジャム		sharp tongue

日	インドネシア	英
独占 どくせん	**monopoli** モノポリ	monopoly
独占する どくせん	**memonopoli** ムモノポリ	to monopolize
独創 どくそう	**orisinalitas** オリスィナリタス	originality
独創性 どくそうせい	**orisinalitas** オリスィナリタス	originality
独創的 どくそうてき	**orisinal** オリスィナル	original
特徴 とくちょう	**kekhususan** クフススサン	special feature
特長 とくちょう	**kelebihan** クルビハン	strong point
特定 とくてい	**idéntifikasi** イデンティフィカスィ	identification
特定する とくてい	**mengidéntifikasi** ムン(グ)イデンティフィカスィ	to identify
得点 とくてん	**poin** ポイン	scoring
得点する とくてん	**mendapat poin** ムンダパ(ト) ポイン	to score
独特 どくとく	**keunikan** クウニカン	uniqueness
独特な どくとく	**unik** ウニッ	unique
特に とくに	**khususnya** フススニャ	especially
特売 とくばい	**diskon / korting / potongan harga** ディスコン / コルティン(グ) / ポトン(グ)アン ハルガ	special sale
特売する とくばい	**memberi potongan harga** ムンブリ ポトン(グ)アン ハルガ	to have a special sale on
特派する とくは	**mengutus** ムン(グ)ウトゥス	to send *sb* specially
特別 とくべつ	**keistiméwaan** クイスティメワアン	specialty
特別な とくべつ	**spésial / istiméwa** スペスィアル / イスティメワ	special
独房 どくぼう	**kamar isolasi** カマル イソラスィ	solitary cell

と

日	インドネシア	英
匿名 とくめい	anonim アノニム	anonymity
匿名の とくめい	anonim / tidak bernama アノニム / ティダッ ブルナマ	anonymous
特有 とくゆう	khas ハス	uniqueness
独立 どくりつ	kemerdékaan クムルデカアン	independence
独立する どくりつ	mencapai kemerdékaan / merdéka ムンチャパイ クムルデカアン / ムルデカ	be independent
棘 とげ	duri ドゥリ	thorn
時計 とけい	jam ジャム	clock
溶け込む とけこむ	mencairkan ムンチャイルカン	to melt into
溶ける とける	mencairkan ムンチャイルカン	to melt
遂げる とげる	mencapai ムンチャパイ	to achieve
退ける どける	menyingkirkan ムニィンキルカン	to remove
どこ	di mana ディ マナ	where
どこか (疑問文)	di mana-mana ディ マナ マナ	anywhere
どこか (肯定文)	di suatu tempat ディ スアトゥ トゥンパ(ト)	somewhere
どこまで (場所)	sampai mana サンパイ マナ	where (to)
どこまで (程度)	sejauh mana スジャウー マナ	how far
床屋 とこや	tukang cukur トゥッカン(グ) チュクル	barber
ところが	akan tetapi アカン トゥタピ	but
～どころか	bahkan ~ バーカン	nevertheless
ところで	ngomong-ngomong ン(グ)オモン(グ) ン(グ)オモン(グ)	by the way

日	インドネシア	英
ところどころ 所々	**di mana-mana** ディ マナ マナ	here and there
とざん 登山	**pendakian gunung** プンダキアン グヌン(グ)	mountain climbing
とざん 登山する	**mendaki gunung** ムンダキ グヌン(グ)	to climb mountain
とし 都市	**kota** コタ	metropolitan
とし（年齢） 年	**umur / usia** ウムル / ウスィア	age
とし（時の単位） 年	**tahun** タフン	year
としごろ 年頃	**usia kawin** ウスィア カウィン	marriageable age
としつき 年月	**waktu** ワクトゥ	years
とじま 戸締り	**penguncian pintu (jendéla)** プン(グ)ウンチアン ピントゥ（ジュンデラ）	locking the doors [windows]
とじま 戸締りする	**mengunci pintu** ムン(グ)ウンチ ピントゥ	to lock the doors
とじょう 途上	**(di) tengah jalan** （ディ）トゥン(グ)アー ジャラン	in the process of
どじょう 土壌	**tanah** タナー	soil
としょかん 図書館	**perpustakaan** プルプスタカアン	library
としょ 年寄り	**orang yang tua / lanjut usia** オラン(グ) ヤン(グ) トゥア / ランジュ(ト) ウスィア	old person
と 綴じる	**menjilid** ムンジリ(ド)	to bind
と 閉じる	**menutup** ムヌトゥ(プ)	to close
としん 都心	**pusat kota** プサ(ト) コタ	downtown area
とそう 塗装	**pengecatan** プン(グ)ウチャタン	painting
とそう 塗装する	**mengecat** ムン(グ)ウチャ(ト)	to paint
どだい 土台	**fondasi** フォンダスィ	foundation

日	インドネシア	英
途絶える <small>と だ</small>	punah <small>プナー</small>	to die out
戸棚 <small>と だな</small>	lemari <small>ルマリ</small>	shelf
途端 <small>と たん</small>	seusai <small>スウサイ</small>	just at the moment
土地 <small>と ち</small>	lahan <small>ラハン</small>	land
途中 <small>と ちゅう</small>	di tengah-tengah <small>ディ トゥン(グ)アー トゥン(グ)アー</small>	on one's way
途中の（作業中の） <small>と ちゅう</small>	sedang dalam proses <small>スダン(グ) ダラム プロスス</small>	in the process
途中の（道中の） <small>と ちゅう</small>	dalam perjalanan / di tengah jalan <small>ダラム プルジャラナン / ディ トゥン(グ)アー ジャラン</small>	on the way
どちら（方向）	mana <small>マナ</small>	where
どちら（二つのうち）	yang mana <small>ヤン(グ) マナ</small>	which
特急 <small>とっきゅう</small>	éksprés khusus <small>エクスプレス フスス</small>	limited express
特許 <small>とっきょ</small>	patén <small>パテン</small>	patent
とっくに	jauh hari <small>ジャウー ハリ</small>	already
特権 <small>とっけん</small>	hak istiméwa / prérogatif <small>ハッ イスティメワ / プレロガティフ</small>	privilege
とっさ	mendadak <small>ムンダダッ</small>	suddenness
とっさに	dalam sekejap mata <small>ダラム スクジャ(プ) マタ</small>	in an instant
突然 <small>とつぜん</small>	tiba-tiba <small>ティバ ティバ</small>	suddenly
取っ手 <small>と て</small>	pegangan <small>プガンガン</small>	handle
取って代わる <small>と か</small>	menggantikan <small>ムンガンティカン</small>	to replace
突破 <small>とっぱ</small>	terobosan <small>トゥロボサン</small>	breakthrough
突破する <small>とっぱ</small>	menerobos / menembus <small>ムヌロボス / ムヌンブス</small>	to break through

日	インドネシア	英
トッピング	**tambahan** タンバハン	topping
トップ	**top** ト(プ)	top
土手	**tanggul** タングル	bank
とても	**sangat** サン(グ)ア(ト)	very
届く	**sampai** サンパイ	to reach
届け	**notifikasi / pemberitahuan** ノティフィカスィ / プンブリタフアン	notification
届ける (送る)	**mengirim** ムン(グ)イリム	to send
届ける (知らせる)	**melaporkan / memberitahu** ムラポルカン / ムンブリタフ	to report
滞る	**lesu** ルス	to fall into arrears
整える (準備する)	**menyediakan** ムニュディアカン	to prepare
整える (整理する)	**menyusun** ムニュスン	to tidy
整った	**tersusun** トゥルススン	well-regulated
留まる	**tinggal** ティンガル	to stay
止める	**menghentikan** ムンフンティカン	to stop
～と共に	**bersama ～ / dengan ～** ブルサマ / ドゥン(グ)アン	together
トナー	**tinta bubuk** ティンタ ブブッ	toner
ドナー	**donor** ドノル	donor
唱える (声に出す)	**membaca** ムンバチャ	to recite
唱える (コーランを)	**mengaji** ムン(グ)アジ	to recite
唱える (主張する)	**menyuarakan** ムニュアラカン	to voice

日	インドネシア	英
となり 隣	**tetangga** トゥタンガ	neighbor
どな 怒鳴る	**berteriak** ブルトゥリアッ	to shout
とにかく	**pokoknya / pentingnya** ポコクニャ / プンティン(グ)ニャ	anyway
どの	**yang mana** ヤン(グ) マナ	which
～殿 どの	**Bapak ～** バパッ	Mr.
どのように	**bagaimana** バガイマナ	how to
と 飛ばす（空中に）	**menerbangkan** ムヌルバンカン	to fly
と 飛ばす（スピード）	**mengebut** ムングブ(ト)	to accelerate
と 飛ばす （途中を抜かす）	**melangkahi** ムランカヒ	to skip
と こ 飛び込む	**terjun ke** トゥルジュン ク	to jump in
と だ 飛び出す （走って出る）	**berlari keluar** ブルラリ クルアル	to rush out
と だ 飛び出す （急に現れる）	**tiba-tiba muncul** ティバ ティバ ムンチュル	to rush out / to appear suddenly
と だ 飛び出す （噴出する）	**menyembur** ムニュンブル	to spout
と だ 飛び出す （急いで出発する）	**tergesa-gesa berangkat** トゥルゲサ ゲサ ブランカ(ト)	to leave quickly / to depart hastily
トピックス	**topik** トピッ	topic
ど ひょう 土俵	**dohyo (aréna pertandingan sumo)** ドヒョ（アレナ プルタンディン(グ)アン スモ）	sumo ring
とびら 扉	**pintu** ピントゥ	door
と 飛ぶ	**terbang** トゥルバン(グ)	to fly
と 跳ぶ	**melompat** ムロンパ(ト)	to jump
どぶ 溝	**parit** パリ(ト)	drain

日	インドネシア	英
徒歩 (と ほ)	**jalan kaki** ジャラン カキ	on foot
土木 (ど ぼく)	**téknik sipil** テクニッ シピル	civil engineering
とぼける	**berpura-pura tidak tahu** ブルプラ プラ ティダッ タウ	to play innocent
乏しい (とぼ)	**miskin** ミスキン	scarcity
トマト	**tomat** トマ(ト)	tomato
戸惑い (と まど)	**kebingungan** クビン(グ)ウン(グ)アン	confusion
戸惑う (と まど)	**bingung** ビン(グ)ウン(グ)	to get confused
泊まる (と)	**bermalam / menginap** ブルマラム / ムン(グ)イナ(プ)	to stay
止まる (停止する) (と)	**berhenti** ブルフンティ	to stop
止まる (一時静止する) (と)	**berhenti sebentar** ブルフンティ スブンタル	to halt
留まる (固定する) (と)	**dikuatkan** ディクア(ト)カン	to fix
留まる (印象に残る) (と)	**tertambat / terpikat** トゥルタンバ(ト) / ムピカ(ト)	to remain one's mind
富 (とみ)	**kekayaan** ククヤアン	wealth
富む (と)	**kaya** カヤ	to grow wealthy
止める (と)	**menghentikan** ムンフンティカン	to stop
泊める (と)	**memberi tempat menginap** ムンブリ トゥンパ(ト) ムン(グ)イナ(プ)	to put *sb* up at
停める (車などを) (と)	**menghentikan** ムンフンティカン	to stop
ともかく	**pokoknya / pentingnya** ポコクニャ / ブンティン(グ)ニャ	in any case
共稼ぎ (ともかせ)	**suami-istri keduanya bekerja** スアミ イストリ クドゥアニャ ブクルジャ	double-income
友達 (ともだち)	**teman** トゥマン	friend

日	インドネシア	英
<ruby>伴<rt>ともな</rt></ruby>う	menyertai ムニュルタイ	to accompany
<ruby>共<rt>とも</rt></ruby>に	bersama ブルサマ	together
<ruby>共働<rt>ともばたら</rt></ruby>き	suami-istri bekerja スアミ イストリ ブクルジャ	dual income
<ruby>土曜日<rt>どようび</rt></ruby>	hari Sabtu ハリ サブトゥ	Saturday
トラ	harimau / macan ハリマウ / マチャン	tiger
ドライ	lugas ルガス	dryness
ドライな	tidak acuh ティダッ アチューー	dry
ドライアイス	és kering エス クリン(グ)	dry ice
ドライクリーニング	cuci kering チュチ クリン(グ)	dry cleaners
ドライバー	pengemudi プン(グ)ウムディ	driver
ドライブイン	drive-in ドライブ イン	drive-in
ドライブ (する)	menyetir ムニュティル	driving / to drive
ドライフルーツ	buah kering ブアー クリン(グ)	dried fruit
ドライヤー	pengering rambut プン(グ)ウリン(グ) ランブ(ト)	dryer
<ruby>捕<rt>とら</rt></ruby>える	menangkap ムナンカ(プ)	to catch
トラック	truk トルッ	track
トラブル	masalah マサラー	trouble
ドラマ	drama ドラマ	drama
トランク (車の)	bagasi バガスィ	trunk
トランク (旅行用の)	koper コプル	suitcase

日	インドネシア	英
トランジット	**transit** トランスイ(ト)	transit
トランプ	**kartu rémi** カルトゥ レミ	cards
鳥 <ruby>とり</ruby>	**burung** ブルン(グ)	bird
とりあえず	**sementara ini** スムンタラ イニ	for the time being
取り上げる	**mengambil** ムン(グ)アンビル	to take up
取り扱い	**penggunaan** プングナアン	treatment
取り扱う	**menggunakan** ムングナカン	to treat
ドリアン	**durian** ドゥリアン	durian
トリートメント	**perawatan rambut** プラワタン ランブ(ト)	(hair) treatment
トリートメントする	**merawat rambut** ムラワ(ト) ランブ(ト)	to give one's hair a treatment
取り入れる	**mengambil** ムン(グ)アンビル	to take in
取り替え	**penukaran / pertukaran** プヌカラン / プルトゥカラン	exchange
取り替える	**menukar** ムヌカル	to exchange
取り囲む	**mengelilingi** ムン(グ)ウリリン(グ)イ	surround
取り組む	**menangani** ムナン(グ)アニ	to tackle
取り消す	**membatalkan** ムンバタルカン	to cancel
取り締まり	**penertiban** プヌルティバン	regulation
取り締まる	**menertibkan** ムヌルティブカン	to control
取り調べる	**menyelidiki** ムニュリディキ	to investigate
取り出す	**mengeluarkan** ムン(グ)ウルアルカン	to take out

日	インドネシア	英
取り立てる と た	menagih ムナギー	to collect (a tax)
取り次ぐ と つ	menjadi perantara ムンジャディ ブルアンタラ	to act as an agent
取り付ける と つ	memasang ムマサン(グ)	to install
鶏肉 とりにく	daging ayam ダギン(グ) アヤム	chicken
取り除く と のぞ	menghilangkan / membersihkan ムンヒランカン / ムンブルスィーカン	to remove
取り引き と ひ	transaksi トランサクスィ	trade
取り引きする と ひ	bertransaksi ブルトランサクスィ	to trade
取り巻く と ま	mengelilingi ムン(グ)ウリリン(グ)イ	to surround
取り混ぜる と ま	mencampur ムンチャンプル	to mix
取り戻す と もど	mengembalikan ムン(グ)ウンバリカン	to recover
塗料 とりょう	cat チャ(ト)	paint
努力 どりょく	usaha ウサハ	effort
努力する どりょく	berusaha ブルウサハ	to make an effort
取り寄せる と よ	memesan ムムサン	to order
ドリル（練習）	latihan ラティハン	drill
ドリル（道具）	bor ボル	drill
とりわけ	khususnya フススニャ	especially
取る（手でつかむ） と	mengambil ムン(グ)アンビル	to take
取る（取り除く） と	melepaskan ムルパスカン	to remove
取る（記録に残す） と	membuat ムンブア(ト)	to record

日	インドネシア	英
取る（得る） と	mendapat ムンダパ(ト)	to obtain
獲る（獲物） と	menangkap ムナンカ(プ)	to capture
採る（収穫する） と	memetik / mengumpulkan ムムティッ / ムン(グ)ウンプルカン	to harvest [collect]
採る（採用する） と	mengangkat / menerima ムン(グ)アンカ(ト) / ムヌリマ	to employ
撮る と	mengambil foto ムン(グ)アンビル フォト	to take a picture
摂る と	memberi asupan ムンブリ アスパン	to take
トルコ	Turki トゥルキ	Turkey
トルコ語 ご	bahasa Turki バハサ トゥルキ	Turkish (language)
トルコ人 じん	orang Turki オラン(グ) トゥルキ	Turk
どれ	yang mana ヤン(グ) マナ	which
奴隷 どれい	budak ブダ(ク)	slave
トレーニング	pelatihan プラティハン	training
トレーニングする	berlatih ブルラティー	to train
トレーニング ウエアー	pakaian olahraga パカイアン オラーラガ	training [sweat] suit
ドレス	baju terusan バジュ トゥルサン	dress
ドレッシング	saus サウス	dressing
泥 どろ	lumpur ルンプル	mud
トローチ	pastiles パステイルス	troche
とろける	mencair ムンチャイル	to dissolve
泥棒 どろぼう	pencuri / maling プンチュリ / マリン(グ)	robber

日	インドネシア	英
度忘れ （ど わす）	terlupa トゥルルパ	lapse of memory
トン	ton トン	ton
鈍感 （どんかん）	ketumpulan / kekurangpékaan クトゥンプラン / ククランペカアン	insensitiveness
鈍感な （どんかん）	tumpul / kurang péka トゥンプル / クラン（グ）ペカ	insensitive
鈍痛 （どんつう）	mati rasa マティ ラサ	dull pain
とんでもない	hébat ヘバ（ト）	unbelievable
どんどん （強く打ちつける音）	dengan keras ドゥン（グ）アン クラス	steadily
どんどん （進む・捗る）	semakin スマキン	to go forward steadily
どんな	bagaimana バガイマナ	what kind of
どんなに	bagaimanapun バガイマナプン	no matter how
トンネル	terowongan トゥロウォン（グ）アン	tunnel
問屋 （とん や）	pedagang grosir プダガン（グ） グロスィル	wholesaler

▼ な，ナ

日	インドネシア	英
内 （ない）	dalam ダラム	inner
無い （な）	tidak ada ティダッ アダ	be free from
内科 （ない か）	penyakit dalam プニャキ（ト） ダラム	internal medicine
内科医 （ない か い）	dokter penyakit dalam ドクトゥル プニャキ（ト） ダラム	physician
内閣 （ないかく）	kabinét カビネ（ト）	the Cabinet
内出血 （ないしゅっけつ）	pendarahan dalam プンダラハン ダラム	internal bleeding
内出血する （ないしゅっけつ）	berdarah di dalam ブルダラー ディ ダラム	to bleed internally

日	インドネシア	英
内緒 ないしょ	rahasia ラハスィア	secret
内心 ないしん	dalam hati ダラム ハティ	at heart
内戦 ないせん	perang sipil プラン(グ) スィピル	civil war
内線電話 ないせんでんわ	interkom イントゥルルコム	extension telephone
内臓 ないぞう	organ オルガン	internal organs
ナイター	pertandingan malam hari プルタンディン(グ)アン マラム ハリ	night game
ナイトクラブ	klub malam クル(ブ) マラム	nightclub
ナイフ	pisau ピサウ	knife
内部 ないぶ	bagian dalam バギアン ダラム	the inside
内容 ないよう	isi イスィ	contents
内乱 ないらん	perang saudara プラン(グ) サウダラ	civil war
内陸 ないりく	pedalaman プダラマン	inland
ナイロン	nilon ニロン	nylon
苗 なえ	benih ブニー	seedling
苗木 なえぎ	benih / bibit ブニー / ビビ(ト)	young plant
なお	lebih lanjut ルビー ランジュ(ト)	furthermore
なおさら	apalagi アパラギ	all the more
治す なおす	menyembuhkan ムニュンブーカン	to cure
治る なおる	sembuh スンブー	to get well
直す（修繕する）なおす	memperbaiki ムンプルバイキ	to repair

日	インドネシア	英
<ruby>直<rt>なお</rt></ruby>す（訂正する）	membetulkan ムンブトゥルカン	to correct
<ruby>直<rt>なお</rt></ruby>る	menjadi baik (kembali) ムンジャディ バイッ（クンバリ）	be mended
<ruby>仲<rt>なか</rt></ruby>	hubungan フブン（グ）アン	relationship
<ruby>中<rt>なか</rt></ruby>（内部）	(di) dalam （ディ）ダラム	the inside
<ruby>中<rt>なか</rt></ruby>（期間内・最中）	di tengah ディ トゥン（グ）アー	within
<ruby>永<rt>なが</rt></ruby>い	lama ラマ	everlasting
<ruby>長<rt>なが</rt></ruby>い	panjang パンジャン（グ）	long
<ruby>長靴<rt>ながぐつ</rt></ruby>	(sepatu) bot （スパトゥ）ボ（ト）	boots
<ruby>長<rt>なが</rt></ruby>さ	panjang パンジャン（グ）	length
<ruby>流<rt>なが</rt></ruby>し	bak cuci piring バッ チュチ ピリン（グ）	sink
<ruby>流<rt>なが</rt></ruby>す	mengalirkan ムン（グ）アリルカン	to wash away
<ruby>仲直<rt>なかなお</rt></ruby>り	rékonsiliasi レコンスィリアスィ	reconciliation
<ruby>仲直<rt>なかなお</rt></ruby>りする	berbaikan ブルバイカン	be reconciled
なかなか （予想外に）	tidak mudah ティダッ ムダー	not easily
なかなか（〜ない）	jarang / langka ジャラン（グ）／ ランカ	barely
<ruby>長々<rt>ながなが</rt></ruby>	panjang-panjang パンジャン（グ）パンジャン（グ）	at great length
<ruby>中庭<rt>なかにわ</rt></ruby>	halaman ハラマン	courtyard
<ruby>半<rt>なか</rt></ruby>ば	pertengahan プルトゥン（グ）アハン	half
<ruby>長引<rt>ながび</rt></ruby>く	berlarut ブルラル（ト）	be prolonged
<ruby>中程<rt>なかほど</rt></ruby>	pertengahan プルトゥン（グ）アハン	halfway

日	インドネシア	英
仲間 _{なかま}	**teman** トゥマン	colleague
中身 _{なかみ}	**isi** イスィ	content
眺め _{ながめ}	**pemandangan** プマンダン(グ)アン	view
眺める _{ながめ}	**memandang** ムマンダン(グ)	to look at
中指 _{なかゆび}	**jari tengah** ジャリ トゥン(グ)アー	middle finger
仲良く _{なかよ}	**dengan rukun / dengan mesra** ドゥン(グ)アン ルクン / ドゥン(グ)アン ムスラ	to get along with
仲良くする _{なかよ}	**berkawan baik** ブルカワン バイッ	to get along
仲良し _{なかよ}	**teman baik** トゥマン バイッ	good friend
(〜し) ながら	**sambil 〜** サンビル	while
流れ _{なが}	**aliran** アリラン	current
流れ星 _{なが ぼし}	**bintang jatuh** ビンタン(グ) ジャトゥー	shooting star
流れる _{なが}	**mengalir** ムン(グ)アリル	to flow
流れる _{なが} (液体と共に物が)	**hanyut** ハニュ(ト)	to stream along
流れる (経過する) _{なが}	**berlalu** ブルラル	to pass
流れる _{なが} (予定がなくなる)	**batal / dibatalkan** バタル / ディバタルカン	be cancelled
渚 _{なぎさ}	**pantai** パンタイ	beach
泣く _な	**menangis** ムナン(グ)イス	to weep
鳴く (鳥) _な	**berkicau** ブルキチャウ	to sing
慰める _{なぐさ}	**menghibur** ムンヒブル	to comfort
無くす (取り除く) _な	**menghilangkan** ムンヒランカン	to remove

日	インドネシア	英
無くす（紛失する）	kehilangan クヒラン(グ)アン	to lose
無くなる（行方不明になる）	hilang ヒラン(グ)	be lost
無くなる（尽きる）	habis / kosong ハビス / コソン(グ)	be unavailable
亡くす	ditinggal mati ディティンガル マティ	to lose *sb*
亡くなる	meninggal ムニンガル	to die
殴る	memukul ムムクル	to punch
嘆く	bersedih ブルスディー	to lament
投げ出す（外に）	melémpar ムレンパル	to throw out
投げ出す（諦める）	menyerah ムニュラー	to abandon
投げる	melémpar ムレンパル	to throw
仲人	perantara プルアンタラ	matchmaker
和やかさ	keramahan クラマハン	amiability
和やかな	ramah ラマー	amiable
名残り	peninggalan プニンガラン	remains of
情け	simpati スィンパティ	sympathy
情けない	menyedihkan ムニュディーカン	pitiful
情け深い	penyayang プニャヤン(グ)	merciful
無し	tanpa タンパ	without
梨	pir ピル	pear
詰る	mencela ムンチュラ	to blame

ナス	**térong** テロン(グ)	eggplant
何故	**mengapa / kenapa** ムン(グ)アパ / クナパ	why
何故か	**entah mengapa** ウンター ムン(グ)アパ	somehow
謎	**mistéri** ミステリ	mystery
謎々	**teka-teki** トゥカ トゥキ	riddle
名高い	**terkenal** トゥルクナル	famous
なだらか	**kelandaian** クランダイアン	smoothness
なだらかな	**landai** ランダイ	smooth
雪崩	**longsoran salju** ロンソラン サルジュ	avalanche
夏	**musim panas** ムスイム パナス	summer
懐かしい	**rindu** リンドゥ	fondly-remembered
懐く	**jinak** ジナッ	to get attached to
名付ける	**menamai** ムナマイ	to name
ナッツ	**kacang-kacangan** カチャン(グ) カチャン(グ)アン	nuts
納得	**pemahaman** プマハマン	understanding
納得する	**mengerti** ムン(グ)ウルティ	to understand
夏休み	**liburan musim panas** リブラン ムスイム パナス	summer vacation
撫でる	**membelai** ムンブライ	to stroke
～等	**~ dan lain-lain** ダン ライン ライン	and so on
7	**tujuh** トゥジュー	seven

日	インドネシア	英
70	**tujuh puluh** トゥジュー プルー	seventy
7つ	**tujuh buah** トゥジュー ブアー	seven
斜め	**miring** ミリン(グ)	oblique
何	**apa** アパ	what
何か	**sesuatu** ススアトゥ	something
何気ない	**tidak sengaja / tanpa maksud (apapun)** ティダッ スン(グ)アジャ / タンパ マクス(ド) (アパプン)	unconcerned
何しろ	**pokoknya** ポコクニャ	at any rate
何も (〜ない)	**apa-apa** アパ アパ	nothing
何より	**terlebih-lebih** トゥルルビー ルビー	above all
七日 (日付)	**tanggal tujuh** タンガル トゥジュー	the seventh (day)
七日 (期間)	**tujuh hari** トゥジュー ハリ	seven days
ナプキン (食事の時の)	**serbét** スルベ(ト)	napkin
ナプキン (生理用品)	**pembalut wanita** プンバル(ト) ワニタ	sanitary napkin
名札	**kartu nama** カルトゥ ナマ	name card
鍋	**panci** パンチ	pan
生	**mentah** ムンター	raw
生意気	**kesombongan** クソンボン(グ)アン	impertinence
生意気な	**tidak sopan / kurang ajar / sombong** ティダッ ソパン / クラン(グ) アジャル / ソンボン(グ)	impertinent
名前	**nama** ナマ	name
生臭い	**amis / anyir** アミス / アニイル	fishy-smelling

日	インドネシア	英
生クリーム なま	krim クリム	fresh cream
怠け者 なま もの	pemalas プマラス	lazy person
怠ける なま	malas マラス	to neglect
なまぬるい	suam-suam kuku スアム スアム クク	lukewarm
生の (直接の) なま	langsung ランスン(グ)	direct
生の なま (手を加えていない)	mentah ムンター	raw
生ビール なま	draft bir ドラフ(ト) ビル	draft beer
生身 なま み	raga ラガ	living body
鉛 なまり	timbal ティンバル	lead
訛り なま り	logat ロガ(ト)	dialect
波 なみ	ombak オンバッ	wave
並の なみ	biasa ビアサ	common
並木道 なみ き みち	jalan dengan dérétan pohon ジャラン ドゥン(グ)アン デレタン ポホン	tree-lined road
涙 なみだ	air mata アイル マタ	tears
滑らかさ なめ	kelembutan クルンブタン	smoothness
滑らかさ なめ (よどみなさ)	kemulusan クムルサン	smoothness
滑らかな なめ	licin リチン	smooth
滑らかな なめ (よどみない)	mulus ムルス	smooth
舐める (舌で) な	menjilat ムンジラ(ト)	to lick
舐める な (甘く見る・みくびる)	meréméhkan ムレメーカン	to look down

日	インドネシア	英
悩ましい	memusingkan / mengganggu / menyusahkan ムムシンカン / ムンガング / ムニュサーカン	difficult
悩み	hal yang memusingkan / mengganggu / menyusahkan ハル ヤン(グ) ムムシンカン / ムンガング / ムニュサーカン	trouble
悩む	merasa susah / merasa terganggu ムラサ スサー / ムラサ トゥルガング	to suffer from
ならう	meneladani ムヌラダニ	to follow a precedent
習う	belajar ブラジャル	to learn *sth*
鳴らす	membunyikan ムンブニィカン	to ring
慣らす	membiasakan ムンビアサカン	to accustom
馴らす	menjinakkan ムンジナッカン	to train
並びに	serta スルタ	besides
並ぶ	berdérét / antri ブルデレ(ト) / アントリ	to queue
並べる	menjajarkan / mendérétkan ムンジャジャルカン / ムンデレ(ト)カン	to line up
成り立つ	terdiri dari トゥルディリ ダリ	be made up of
なる （構成されている）	terdiri dari トゥルディリ ダリ	to comprise
（〜に）なる	menjadi 〜 ムンジャディ	to become
鳴る	berbunyi ブルブニィ	to ring
（実が）生る	berbuah ブルブアー	to grow
なるべく	sedapat mungkin スダパ(ト) ムンキン	as ... as possible
なるほど	betul / benar ブトゥル / ブナル	absolutely
なるほど （そうですか）	oh begitu オー ブギトゥ	I see

日	インドネシア	英
なるほど (確かに)	mémang begitu メマン(グ) ブギトゥ	indeed
慣れ	kebiasaan クビアサアン	habituation
ナレーション	narasi ナラスィ	narration
ナレーター	narator ナラトル	narrator
なれなれしい	tidak malu-malu ティダッ マル マル	over familiar
慣れる (適応する)	beradaptasi / menyesuaikan diri ブルアダプタスィ / ムニュスアイカン ディリ	to get used to
慣れる (習熟する)	terbiasa トゥルビアサ	to become proficient
馴れる	jinak ジナッ	to become tame
縄	tambang タンバン(グ)	rope
南極	kutub selatan クトゥ(ブ) スラタン	the South Pole
軟膏	(obat) salep (オバ(ト)) サル(ブ)	ointment
ナンセンス	omong kosong オモン(グ) コソン(グ)	nonsense
何だか	agak / sedikit アガッ / スディキ(ト)	somehow
何だかんだ	ini-itu / begini-begitu イニ イトゥ / ブギニ ブギトゥ	this and that
難聴	gangguan pendengaran ガングアン ブンドゥン(グ)アラン	poor hearing
難点	kesulitan クスリタン	trouble
何と	betapa / bagaimana ブタパ / バガイマナ	how
何となく	rasa-rasanya ラサ ラサニャ	for some reason or other
ナンバー	nomor ノモル	number
ナンバープレート	plat nomor ブラ(ト) ノモル	car license [number] plate

日	インドネシア	英
^{なんびょう} 難病	penyakit kronis プニャキ(ト) クロニス	intractable [serious, incurable] disease
^{なんべい} 南米	Amérika Selatan アメリカ スラタン	South America
^{なんぼく} 南北	utara dan selatan ウタラ ダン スラタン	north and south
^{なんみん} 難民	pengungsi プン(グ)ウンスイ	refugees
^{なんもん} 難問	masalah yang sulit マサラー ヤン(グ) スリ(ト)	difficult problem [question]

に

▼ に，二

2	dua ドゥア	two
〜に (場所に向けて)	ke 〜 ク	to 〜
〜に (人・抽象物に向けて)	kepada 〜 クパダ	to 〜
〜に (位置)	di 〜 ディ	at 〜
^に 荷	muatan ムアタン	load
^{に あ} 似合う	cocok チョチョッ	to suit
^に 煮える	direbus ディルブス	be boiled
^{にお} 匂い	aroma アロマ	smell
^{にお} 臭い	bau バウ	smell
〜において	pada 〜 / di 〜 パダ / ディ	at [in]
〜における	di 〜 / di dalam 〜 ディ / ディ ダラム	at [in]
^{にお} 匂う	beraroma ブルアロマ	be fragrant
^{にお} 臭う	berbau ブルバウ	to stink
^{にが} 苦い	pahit パヒ(ト)	bitter

日	インドネシア	英
逃がす	membébaskan ムンベバスカン	to let *sb* free
二月	Fébruari フェブルアリ	February
苦手	kelemahan クルマハン	weak point
苦手な	lemah ルマー	be not good at
似通う	mirip (dengan) ミリ(プ) (ドゥン(グ)アン)	resemble
～に関して	terkait dengan ~ トゥルカイ(ト) ドゥン(グ)アン	be connected with
にきび	jerawat ジュラワ(ト)	pimple
にぎやか (な)	ramai ラマイ	vivaciousness / lively
握る	memegang / menggenggam / mengepal ムムガン(グ) / ムングンガム / ムングパル	to take hold of
にぎわう	ramai ラマイ	to flourish
肉	daging ダギン(グ)	meat
憎い	benci ブンチ	hateful
憎しみ	kebencian クブンチアン	hatred
憎む	membenci ムンブンチ	to hate
憎らしい	benci ブンチ	hateful
肉親	hubungan darah フブン(グ)アン ダラー	blood relation
肉体	badan / tubuh バダン / トゥブー	body
肉屋	tukang daging トゥカン(グ) ダギン(グ)	meat shop
肉料理	masakan daging マサカン ダギン(グ)	meat dish
逃げる	melarikan diri ムラリカン ディリ	to run away

に

日	インドネシア	英
にこにこ	senyum-senyum スニュム スニュム	smilingly
にこにこする	tersenyum-senyum トゥルスニュム スニュム	to smile
煮込む	merebus ムルブス	to stew
煮込んだ	direbus ディルブス	stewed
濁る	(menjadi) keruh / mengeruh (ムンジャディ) クルー / ムン(グ)ウルー	to become muddy
二酸化炭素	karbon dioksida カルボン ディオクスィダ	carbon dioxide
西	barat バラ(ト)	west
虹	pelangi プラン(グ)イ	rainbow
西日	matahari sore マタハリ ソル	afternoon sun
ニジマス	ikan trout pelangi イカン トロウ(ト) プラン(グ)イ	rainbow trout
滲む	luntur / baur ルントゥル / バウル	to blur
20	dua puluh ドゥア プルー	twenty
21	dua puluh satu ドゥア プルー サトゥ	twenty one
ニシン	ikan haring イカン ハリン(グ)	herring
偽の	palsu / tiruan パルス / ティルアン	fake
偽物	tiruan ティルアン	fake
煮た	direbus ディルブス	boiled
～日 (日付)	tanggal ~ タンガル	~-th (day)
～日 (期間)	~ hari ハリ	~ day (s)
日時	hari dan waktu ハリ ダン ワクトゥ	day and time

日	インドネシア	英
にちじょう 日常（の）	sehari-hari スハリ ハリ	daily
にちじょうせいかつ 日常生活	kehidupan sehari-hari クヒドゥパン スハリ ハリ	daily life
にちぼつ 日没	matahari tenggelam マタハリ トゥングラム	sunset
にちや 日夜	siang dan malam スィアン (グ) ダン マラム	day and night
にちようび 日曜日	hari Minggu ハリ ミング	Sunday
にちようひん 日用品	kebutuhan sehari-hari クブトゥハン スハリ ハリ	household goods
～について	tentang ~ / perihal ~ トゥンタン (グ) ／ プリハル	about
にっか 日課	rutin ルティン	daily schedule
にっき 日記	buku (catatan) harian ブク (チャタタン) ハリアン	diary
にっきゅう 日給	gaji harian ガジ ハリアン	daily wage [pay]
にづくり 荷造り	pengemasan プン(グ)ウマサン	packing
にづくりする 荷造りする	berkemas ブルクマス	to pack
にっこう 日光	sinar matahari スィナル マタハリ	sunshine
にっこり	tertawa トゥルタワ	with a smile
にっし 日誌	buku harian ブク ハリアン	diary
にっしゃびょう 日射病	kelengar matahari クルン(グ)アル マタハリ	sunstroke
にっしょく 日食	gerhana matahari グルハナ マタハリ	solar eclipse
にっちゅう 日中	siang hari スィアン (グ) ハリ	daytime
にってい 日程	jadwal ジャドワル	schedule
に 似ている	mirip (dengan) ミリ(プ) (ドゥン(グ)アン)	to look like

日	インドネシア	英
〜にとって	bagi 〜 バギ	for
担う	menanggung ムナングン(グ)	to shoulder
鈍い（切れ味が）	tumpul トゥンプル	dull
鈍い（動きが）	lamban ランバン	slow
荷札	labél / étikét ラベル / エティケ(ト)	tag
鈍る	(menjadi) tumpul (ムンジャディ) トゥンプル	to become blunt
日本	Jepang ジュパン(グ)	Japan
日本語	bahasa Jepang バハサ ジュパン(グ)	Japanese (language)
日本人	orang Jepang オラン(グ) ジュパン(グ)	Japanese (people)
日本人学校	sekolah orang Jepang スコラー オラン(グ) ジュパン(グ)	Japanese school
日本大使館	kedutaan besar Jepang クドゥタアン ブサル ジュパン(グ)	Japanese Embassy
日本領事館	Konsulat Jénderal Jepang コンスラ(ト) ジュンドゥラル ジュパン(グ)	Japanese Consulate
日本料理	masakan Jepang マサカン ジュパン(グ)	Japanese food
〜にもかかわらず	walaupun 〜 ワラウプン	although
荷物	barang bawaan バラン(グ) バワアン	luggage
荷物（負担）	beban ブバン	burden
荷物カート	troli トロリ	baggage [luggage] cart
荷物棚	lemari ルマリ	baggage [luggage] shelf
入院	opname オプナム	hospitalization
入院する	dirawat di rumah sakit ディラワ(ト) ディ ルマー サキ(ト)	to go into the hospital

日	インドネシア	英
にゅうえき 乳液	losion ロスィオン	milky lotion
にゅうか 入荷	datangnya barang (yang sudah dipesan) ダタンニャ バラン(グ) (ヤン(グ) スダー ディプサン)	arrival of goods
にゅうか 入荷する	(barang yang dipesan sudah) datang (バラン(グ) ヤン(グ) ディプサン スダー) ダタン(グ)	to arrive
にゅうがく 入学 (する)	masuk sekolah マスッ スコラー	enrolment / to enroll
にゅうぎゅう 乳牛	sapi perah サピ プラー	milk cow
にゅうきん 入金	setoran uang ストラン ウアン(グ)	depositing
にゅうきん 入金する	memasukkan uang / menyetorkan uang ムマスッカン ウアン(グ) / ムニュトルカン ウアン(グ)	to deposit money
にゅうこく 入国	masuknya (seseorang) ke suatu negara マスッニャ (ススオラン(グ)) ク スアトゥ ヌガラ	entrance into a country
にゅうこく 入国する	masuk ke suatu negara マスック スアトゥ ヌガラ	to enter a country
にゅうこく 入国カード	kartu imigrasi カルトゥ イミグラスィ	disembarkation [entry] card
にゅうこくしんさ 入国審査	pemeriksaan imigrasi プムリクサアン イミグラスィ	entry [immigration] screening
にゅうこくもくてき 入国目的	tujuan kunjungan トゥジュアン クンジュン(グ)アン	purpose of visit
にゅうざい 乳剤	émulsi エムルスィ	emulsion
にゅうさつ 入札	ténder テンドゥル	bid
にゅうさつ 入札する	memajukan ténder ムマジュカン テンドゥル	to bid
にゅうし 入試	ujian masuk ウジアン マスッ	entrance examination
にゅうじ 乳児	bayi バイ	infant
ニュージーランド	Selandia Baru スランディア バル	New Zealand
にゅうしゃ 入社 (する)	masuk kerja マスック クルジャ	joining [to join] a company
にゅうしゅ 入手	pemeroléhan プムロレハン	acquisition

日	インドネシア	英
にゅうしゅ 入手する	memperoléh ムンプルオレー	to acquire
にゅうしょう 入賞	penghargaan プン(グ)ハルガアン	winning a prize
にゅうしょう 入賞する	mendapat penghargaan ムンダパ(ト) プン(グ)ハルガアン	to win a prize
にゅうじょう 入場	masuknya マスッニャ	entrance
にゅうじょう 入場する	masuk マスッ	to enter
にゅうじょうけん 入場券	karcis masuk カルチス マスッ	admission ticket
にゅうじょうむりょう 入場無料	gratis masuk グラティス マスッ	admission free
にゅうじょうりょう 入場料	biaya masuk ビアヤ マスッ	admission [entrance] fee
ニュース	berita ブリタ	news
にゅうせいひん 乳製品	produk susu プロドゥッ スス	dairy product
にゅうもん 入門	pengenalan プン(グ)ウナラン	introduction
にゅうもん 入門する	masuk マスッ	be initiated into
にゅうよく 入浴（する）	mandi マンディ	bathing / to take a bath
にゅうりょく 入力	pengetikan プン(グ)ウティカン	input
にゅうりょく 入力する	mengetik ムン(グ)ウティッ	to input
にょう 尿	urine ウリヌ	urine
にょうけんさ 尿検査	tés urine テス ウリヌ	urine test
にょうどう 尿道	urétra ウレトラ	urethra
～によると	berdasarkan ～ / menurut ～ ブルダサルカン ／ ムヌル(ト)	according to
にらむ	melotot ムロト(ト)	to glare at

日	インドネシア	英
に 似る	**mirip** ミリ(プ)	be similar to
に 煮る	**merebus** ムルブス	to boil
にわ 庭	**halaman** ハラマン	garden
にわかに	**tiba-tiba** ティバ ティバ	suddenly
ニワトリ	**ayam** アヤム	chicken
にんか 認可	**izin** イズィン	authorization
にんか 認可する	**mengizinkan** ムン(グ)イズィンカン	to authorize
にんき 任期	**masa jabatan** マサ ジャバタン	term
にんき 人気	**popularitas** ポプラリタス	popularity
にんき 人気の	**populér / banyak diminati** ポプレル / バニャッ ディミナティ	popular
にんぎょう 人形	**bonéka** ボネカ	doll
にんげん 人間	**manusia** マヌスィア	human being
にんしき 認識（する）	**mengenali** ムン(グ)ウナリ	recognition / to recognize
にんしょう 認証	**oténtisitas** オテンティスィタス	certification
にんしょう 認証する	**memberikan oténtisitas** ムンブリカン オテンティスィタス	to certify
にんじょう 人情	**kemanusiaan** クマヌスィアアン	human feelings
にんしん 妊娠	**kehamilan** クハミラン	pregnancy
にんしん 妊娠する	**hamil** ハミル	be pregnant
ニンジン	**wortel** ウォルトゥル	carrot
にんずう 人数	**jumlah orang** ジュムラー オラン(グ)	number of people

日	インドネシア	英
にんたい 忍耐	kesabaran クサバラン	endurance
にんたい 忍耐する	bersabar ブルサバル	to endure
にんち 認知	pengenalan プン(グ)ウナラン	recognition
にんち 認知する	mengenali ムン(グ)ウナリ	to recognize
にんちしょう 認知症	déménsia デメンスィア	dementia
ニンニク	bawang putih バワン(グ) プティー	garlic
にんぷ 妊婦	ibu hamil イブ ハミル	pregnant woman
にんむ 任務	tugas トゥガス	duty
にんめい 任命	pelantikan プランティカン	appointment
にんめい 任命する	melantik ムランティッ	to appoint

▼ ぬ，ヌ

ぬいぐるみ	bonéka ボネカ	stuffed doll
ぬ 縫う	menjahit ムンジャヒ(ト)	to sew
ぬ 抜かす	mengabaikan ムン(グ)アバイカン	to omit
ぬかるみ	lumpur ルンプル	mud
ぬ 〜抜き	tanpa 〜 タンパ	without
ぬ 抜く(引き抜く)	mencabut ムンチャブ(ト)	to pull out
ぬ 抜く(追い越す)	mendahului ムンダフルイ	to pass over
ぬ (しみを)抜く	menghilangkan ムンヒランカン	to draw out
ぬ (手を)抜く	santai サンタイ	to relax

日	インドネシア	英
脱ぐ	membuka / melepaskan ムンブカ / ムルパスカン	to take off
抜け出す	melepaskan diri ムルパスカン ディリ	to slip out
抜ける	terlepas dari トゥルルパス ダリ	to go through
抜ける (欠落する)	kekurangan / kehabisan ククラン(グ)アン / クハビサン	be missing
抜ける (とれる)	gugur / tanggal / lepas ググル / タンガル / ルパス	to fall out
主	pemilik プミリッ	master
盗み	pencurian プンチュリアン	theft
盗む	mencuri ムンチュリ	to steal
布	kain カイン	cloth
沼	rawa ラワ	swamp
濡らす	membasahi ムンバサヒ	to wet
濡れる	(menjadi) basah (ムンジャディ) バサー	to get wet
塗り薬	(obat) salep (オバ(ト)) サル(プ)	ointment
塗る	mengolés ムン(グ)オレス	to paint
ぬるい	suam-suam kuku スアム スアム クク	lukewarm

▼ ね，ネ

日	インドネシア	英
根	akar アカル	root
値	harga ハルガ	price
ネイルケア	perawatan kuku プラワタン クク	nail care
ネイルサロン	salon perawatan kuku サロン プラワタン クク	nail salon

日	インドネシア	英
音色 ねいろ	**warna suara** ワルナ スアラ	tone
値打ち ねうち	**harga** ハルガ	value
ネガ	**film négatif** フィルム ネガティフ	photographic negative
願い ねがい	**permohonan** プルモホナン	wish
願う ねがう	**memohon** ムモホン	to wish
寝返り ねがえり	**berguling** ブルグリン(グ)	to turn [roll] over
寝返る ねがえる	**berputar posisi tidur** ブルプタル ポスイスィ ティドゥル	to turn [roll] over
寝かせる ねかせる	**menidurkan** ムニドゥルカン	to lay down
ネギ	**daun bawang** ダウン バワン(グ)	green [spring] onion
値切る ねぎる	**menawar** ムナワル	to ask for a discount on
ネクタイ	**dasi** ダスィ	necktie
猫 ねこ	**kucing** クチン(グ)	cat
寝転ぶ ねころぶ	**berbaring** ブルバリン(グ)	lie down
値下げ ねさげ	**pemotongan harga** プモトン(グ)アン ハルガ	price cut [reduction]
値下げする ねさげする	**memotong harga / mengorting** ムモトン(グ) ハルガ / ムンゴルティン(グ)	to cut [reduce] price
ねじ	**baut** バウ(ト)	screw
ねじ回し ねじまわし	**obéng** オベン(グ)	screwdriver
捩じる ねじる	**memelintir** ムムリンティル	to twist
捩じれる ねじれる	**dapat memelintir** ダパ(ト) ムムリンティル	be twisted
寝過ごす ねすごす	**ketiduran** クティドゥラン	to oversleep

日	インドネシア	英
ネズミ	**tikus** ティクス	mouse
妬む	**iri** イリ	to envy
ねだる	**meminta-minta** ムミンタ ミンタ	to coax *sb* to
値段	**harga** ハルガ	price
熱（高温）	**kepanasan** クパナサン	fever
熱（熱中・興奮）	**kegairahan** クガイラハン	excitement
熱（高い体温）	**demam** ドゥマム	fever
熱意	**semangat / antusiasme** スマン(グ)ア(ト) / アントゥスィアスム	eagerness
ネックレス	**kalung** カルン(グ)	necklace
熱心	**semangat** スマン(グ)ア(ト)	eagerness
熱心な	**bersemangat** ブルスマン(グ)ア(ト)	eager
熱する	**memanasi** ムマナスィ	to heat
熱帯	**tropis** トロピス	tropical zone
熱中	**antusias** アントゥスィアス	enthusiasm
熱中する	**asik** アスィッ	to become enthusiastic
熱中症	**déhidrasi** デヒドラスィ	heatstroke
ネット	**jejaring** ジュジャリン(グ)	net
熱湯	**air panas** アイル パナス	hot water
熱量	**kalori** カロリ	heat quantity
寝床	**tempat tidur** トゥンパ(ト) ティドゥル	bed

日	インドネシア	英
ネパール	**Népal** ネパル	Nepal
ネパール語	**bahasa Népal** バハサ ネパル	Nepali
ネパール人	**orang Népal** オラン(グ) ネパル	Nepalese
ねばねばした	**léngkét** レンケ(ト)	sticky
粘り	**léngkétnya** レンケ(ト)ニャ	stickiness
粘る	**berlendir** ブルルンディル	be sticky
値引き	**potongan harga** ポトン(グ)アン ハルガ	discount
値引きする	**memotong harga / mengorting** ムモトン(グ) ハルガ / ムンゴルティン(グ)	to give [get] a discount
ネピドー	**Naypyidaw** ネピドー	Naypyidaw
寝袋	**kantong tidur** カントン(グ) ティドゥル	sleeping bag
値札	**labél harga** ラベル ハルガ	price tag [ticket]
寝坊	**kesiangan** クスィアン(グ)アン	oversleeping
寝坊する	**bangun kesiangan** バン(グ)ウン クスィアン(グ)アン	to oversleep oneself
ねまき	**pakaian tidur** パカイアン ティドゥル	nightgown
根回し	**persiapan négosiasi** ブルスィアパン ネゴスィアスィ	groundwork laying
根回しする	**bernégosiasi awal** ブルネゴスィアスィ アワル	to lay the groundwork
眠い	**mengantuk** ムン(グ)アントゥッ	sleepy
眠る	**tidur** ティドゥル	to fall asleep
根元	**akar** アカル	root
狙い	**sasaran** ササラン	aim

日	インドネシア	英
狙う ねらう	mengincar ムン(グ)インチャル	to aim
寝る ねる	tidur ティドゥル	to sleep
練る（混ぜて固くする） ねる	mengadon ムン(グ)アドン	to elaborate
練る（考案する） ねる	merancang ムランチャン(グ)	to devise
練る（練磨する） ねる	mengasah ムン(グ)アサー	to train
年 ねん	tahun タフン	year
念 ねん	perhatian プルハティアン	caution
粘液 ねんえき	lendir ルンディル	mucus
年賀 ねんが	ucapan tahun baru ウチャパン タフン バル	New Year's greeting
年間 ねんかん	tahun タフン	years
念願 ねんがん	hasrat ハスラ(ト)	long-desired
年金 ねんきん	pénsiun ペンスィウン	pension
年月 ねんげつ	masa マサ	time
年号 ねんごう	éra エラ	name of an era
捻挫（する） ねんざ	keseléo クスレオ	(to) sprain
年収 ねんしゅう	pendapatan per tahun プンダパタン プル タフン	annual [yearly] income
年中 ねんじゅう	selalu スラル	all the time
燃焼 ねんしょう	pembakaran プンバカラン	burning
燃焼する ねんしょう	menyala ムニャラ	to burn
～年生 ねんせい	kelas ～ / tingkat ～ クラス / ティンカ(ト)	grade

ね

日	インドネシア	英
年代（時代） ねんだい	éra / zaman / masa エラ / ザマン / マサ	era
年代（世代） ねんだい	génerasi ゲヌラスィ	generation
年長の ねんちょう	tua トゥア	elder
年度 ねんど	tahun anggaran タフン アンガラン	business year
粘土 ねんど	lempung ルンプン(グ)	clay
念のため ねん	untuk berjaga-jaga ウントゥ(ク) ブルジャガ ジャガ	just in case
燃費 ねんび	éfisiénsi bahan bakar エフィスィエンスィ バハン バカル	fuel efficiency
年俸 ねんぽう	gaji tahunan ガジ タフナン	annual salary
燃油サーチャージ ねんゆ	biaya bahan bakar ビアヤ バハン バカル	fuel surcharge
燃料 ねんりょう	bahan bakar バハン バカル	fuel
年輪 ねんりん	cincin pertumbuhan チンチン プルトゥンプハン	growth ring
年齢 ねんれい	umur / usia ウムル / ウスィア	age

▼ の，ノ

ノイズ	bunyi ブニィ	noise
ノイローゼ	néurosis ネウロスィス	neurosis
脳 のう	otak オタッ	brain
農家 のうか	petani プタニ	farmhouse
納期 のうき	tanggal penyerahan タンガル プニュラハン	due date
農業 のうぎょう	pertanian プルタニアン	agriculture
農耕 のうこう	pertanian プルタニアン	agriculture

日	インドネシア	英
のうさんぶつ 農産物	hasil pertanian ハスィル プルタニアン	farm products
のうじょう 農場	perkebunan プルクブナン	farm
のうぜい 納税	pembayaran pajak プンバヤラン パジャ(ク)	tax payment
のうぜいしゃ 納税者	pembayar pajak プンバヤル パジャ(ク)	taxpayer
のうそん 農村	désa pertanian デサ プルタニアン	farm village
のうち 農地	lahan pertanian ラハン プルタニアン	farmland
のうど 濃度	kepekatan クプカタン	density
のうにゅう 納入	pengiriman プン(ゲ)イリマン	delivery
のうにゅうする 納入する	mengirim / menyampaikan ムン(ゲ)イリム / ムニャンパイカン	to deliver
ノウハウ	téknik / keterampilan テクニッ / クトゥランピラン	know-how
のうひん 納品	pengiriman barang プン(ゲ)イリマン バラン(グ)	delivery
のうひんする 納品する	mengirimkan ムン(ゲ)イリムカン	to deliver
のうひんしょ 納品書	surat pengiriman スラ(ト) プン(ゲ)イリマン	statement of delivery
のうひんび 納品日	tanggal pengiriman タンガル プン(ゲ)イリマン	delivery date
のうみん 農民	petani プタニ	farmer
のうやく 農薬	péstisida ペスティスィダ	agricultural chemical
のうりつ 能率	éfisiénsi エフィスィエンスィ	efficiency
のうりょく 能力	kemampuan クマンプアン	ability
ノート	buku catatan ブク チャタタン	notebook
のがす 逃す	melepaskan ムルパスカン	to let a chance get away

日	インドネシア	英
のが 逃れる	kabur カブル	to escape
のき 軒	bagian atap バギアン アタ(プ)	eaves
のき な 軒並み	segala スガラ	every
のこぎり 鋸	gergaji グルガジ	saw
のこ 残す（余らせる）	menyisakan ムニィサカン	to leave behind
のこ 残す（離れる）	meninggalkan ムニンガルカン	to leave
のこ 残らず	tanpa sisa タンパ スィサ	entirely
のこ 残り	sisa スィサ	rest
のこ 残る	tersisa トゥルスィサ	to remain
の 載せる	memuat ムムア(ト)	to load [publish]
の 乗せる	menaikkan ムナイッカン	to let a person get in
のぞ 除く（除外する）	kecuali (mengecualikan) クチュアリ（ムン(グ)ウチュアリカン）	to exclude
のぞ 除く（取り去る）	menyingkirkan / menghilangkan ムニィンキルカン / ムンヒランカン	to remove
のぞ 覗く（こっそり）	mengintip ムン(グ)インティ(プ)	to peep
のぞ 覗く（道具を使って）	melihat ムリハ(ト)	to peek into
のぞ 覗く（立ち寄る）	singgah / mampir スィンガー / マンピル	to stop at [in]
のぞ 望ましい	idéal / diharapkan イデアル / ディハラ(プ)カン	desirable
のぞ 望み	keinginan クイン(グ)イナン	desire
のぞ 望む（願う）	menginginkan ムン(グ)イン(グ)インカン	to hope
のぞ 望む（遠くを見渡す）	memandang ムマンダン(グ)	to look around the distance

日	インドネシア	英
臨む (面している)	menghadapi ムンハダピ	to encounter
臨む (出席する)	menghadiri ムンハディリ	to attend
後	nanti ナンティ	later
ノック	ketuk / ketukan クトゥッ / クトゥカン	knocking
ノックする	mengetuk ムン (グ) ウトゥッ	to knock
乗っ取る (奪う)	merebut / merampas / menduduki ムルブ (ト) / ムランパス / ムンドゥドゥキ	to take over
～ので	karena ～ カルナ	as
喉	tenggorokan トゥンゴロカン	throat
のどか	ketenteraman クトゥントゥラマン	peace
のどかな	tentram トゥントラム	peaceful
～のに	walau ～ / meski ～ ワラウ / ムスキ	though
罵る	mengumpat ムン (グ) ウンパ (ト)	to abuse
延ばす (延期)	menunda ムヌンダ	to postpone
伸ばす (長くする)	memperpanjang / memanjangkan ムンプルパンジャン (グ) / ムマンジャンカン	to extend
延びる (延期)	dipanjangkan / (menjadi) panjang ディパンジャンカン / (ムンジャディ) パンジャン (グ)	be postponed
延びる (延長)	diperpanjang ディプルパンジャン (グ)	be extended
伸びる (長くなる)	memanjang ムマンジャン (グ)	be expanded
伸びる (まっすぐになる)	(menjadi) lurus (ムンジャディ) ルルス	be stretched
伸びる (向上する)	meningkatkan ムニンカトカン	to improve
延べ	total トタル	total

日	インドネシア	英
述べる	menyebutkan ムニュブ(ト)カン	to state
ノベルティ	hadiah khusus (dari suatu produk) ハディアー フスス (ダリ スアトゥ プロドゥッ)	novelty
上り	pendakian / kenaikan プンダキアン / クナイカン	ascent
登る	mendaki ムンダキ	to climb
上る （高いところ・地位に）	naik / menaiki ナイッ / ムナイキ	to go up
上る （取り上げられる）	diangkat ディアンカ(ト)	be taken up
上る （地方から都市へ向かう）	berangkat (ke) ブランカ(ト) (ク)	to leave for the city
昇る（太陽・月）	terbit トゥルビ(ト)	to rise
昇る（煙）	mengepul ムン(グ)ウプル	to smoke / to be filled with smoke
～のみ	hanya ～ ハニャ	only
ノミ	kutu クトゥ	flea
飲み込む	menelan ムヌラン	to swallow
飲物	minuman ミヌマン	beverage
飲む	minum / meminum ミヌム / ムミヌム	to drink
野良犬	anjing liar アンジン(グ) リアル	stray dog
野良猫	kucing liar クチン(グ) リアル	stray cat
糊	lém レム	paste
乗り換え	penggantian プンガンティアン	transfer
乗り換える	ganti ガンティ	to transfer
乗り越し	terléwat トゥルレワ(ト)	riding past

日	インドネシア	英
乗り込む	**naik** ナイッ	to get into
乗り継ぎ	**transit / singgah / mampir** トランスィ(ト) / スィンガー / マンピル	transit
乗り継ぐ	**pindah** ピンダー	to make connections
乗り継ぎ空港	**bandara transit** バンダラ トランスィ(ト)	transit airport
乗り物	**kendaraan** クンダラアン	transportation
乗る (乗り物などに)	**menaiki** ムナイキ	to ride on
乗る (上に)	**naik (ke atas)** ナイッ (ク アタス)	to get on
載る	**dimuat** ディムア(ト)	be put on
鈍い	**lambat / lamban** ランバ(ト) / ランバン	slow
呪い	**sumpah** スンパー	curse
のろのろ	**perlahan-lahan** プルラハン ラハン	slowly
のん気 (な)	**sifat suka bersantai** スィファ(ト) スカ ブルサンタイ	easygoing
のんびり (した)	**santai** サンタイ	relaxing / relaxed
のんびりする	**bersantai-santai** ブルサンタイ サンタイ	to relax

▼ は，ハ

日	インドネシア	英
葉	**daun** ダウン	leaf
歯	**gigi** ギギ	tooth
刃	**bilah** ビラー	blade
～派	**aliran ～** アリラン	group (of)
バー	**bar** バル	bar

日	インドネシア	英
場合 (ばあい)	kasus カスス	case
把握 (はあく)	penangkapan プナンカパン	comprehension
把握する (はあくする)	menangkap ムナンカ(プ)	to comprehend
バーゲンセール	obral / obralan オブラル / オブララン	bargain sale
パーセント	perséntase プルセンタス	percentage
パーティー	pésta ペスタ	party
ハード	kekerasan ククラサン	hardness
ハードな	keras クラス	hard
パート (役割・分担)	peranan プラナン	role
パート (部分)	bagian バギアン	part
パートタイマー	pekerja paruh waktu プクルジャ パルー ワクトゥ	part-timer
パートタイム	paruh waktu パルー ワクトゥ	part time job
パートナー	pasangan パサン(グ)アン	partner
ハーブ	hérba ヘルバ	herb
ハーブティー	téh hérba テー ヘルバ	herb tea
はい	iya イヤ	yes
肺 (はい)	paru-paru パル パル	lung
灰 (はい)	abu アブ	ash(es)
杯 (はい) (トロフィー)	piala ピアラ	trophy
～杯 (はい)	~ cangkir / ~ gelas / ~ sendok (takar) チャンキル / グラス / センドッ (タカル)	cup(s) / glass(es) / spoon(s)

日	インドネシア	英
～倍 ばい	～ kali lipat カリ リパ(ト)	~ times
灰色 はいいろ	warna abu-abu ワルナ アブ アブ	gray
梅雨 ばい う	musim hujan ムスィム フジャン	rainy season
廃液 はいえき	air limbah アイル リンバー	waste fluid
肺炎 はいえん	pnéumonia プネウモニア	pneumonia
ハイオクガソリン	bénsin beroktan tinggi ベンスィン ブルオクタン ティンギ	high-octane gasoline
バイオリン	biola ビオラ	violin
胚芽 はい が	émbrio エンブリオ	germ
廃棄 はいき	pembuangan プンブアン(グ)アン	disposal
廃棄する はいき	membuang ムンブアン(グ)	to dispose
排気ガス はい き	gas buang ガス ブアン(グ)	exhaust gas [fumes]
廃棄物 はい き ぶつ	limbah リンバー	waste
売却 ばいきゃく	penjualan プンジュアラン	sale
売却する ばいきゃく	menjual ムンジュアル	to sell off
配給 はいきゅう	distribusi ディストリブスィ	distribution
配給する はいきゅう	mendistribusikan ムンディストリブスィカン	to distribute
廃墟 はいきょ	puing プイン(グ)	ruins
黴菌 ばいきん	baktéri / kuman バクテリ / クマン	germ
ハイキング	mendaki ムンダキ	hiking
ハイキングする	pergi mendaki プルギ ムンダキ	to go hiking

日	インドネシア	英
バイク	**sepéda motor** スペダ モトル	motorcycle
配偶者 はいぐうしゃ	**suami / istri** スアミ / イストリ	spouse
バイクタクシー	**ojék** オジェッ	motorcycle taxi
背景 はいけい	**latar belakang** ラタル ブラカン(グ)	background
背後 はいご	**di belakang** ディ ブラカン(グ)	back
灰皿 はいざら	**asbak** アスバッ	ash tray
廃止 はいし	**penghapusan** プン(グ)ハプサン	abolition
廃止する はいし	**menghapus / mengakhiri** ムンハプス / ムン(グ)アヒリ	to abolish
歯医者 はいしゃ	**dokter gigi** ドクトゥル ギギ	dentist
拝借する はいしゃく	**meminjam** ムミンジャム	to borrow
ハイジャック	**pembajakan pesawat** プンバジャカン プサワ(ト)	hijacking
買収 ばいしゅう	**akuisisi** アクイスイスイ	purchase
買収する ばいしゅう	**mengakuisisi** ムン(グ)アクイスイスイ	to purchase
排出 はいしゅつ	**pengeluaran** プン(グ)ウルアラン	emission
排出する はいしゅつ	**mengeluarkan** ムン(グ)ウルアルカン	to emit
売春 ばいしゅん	**prostitusi / pelacuran** プロスティトゥスイ / プラチュラン	prostitution
売春する ばいしゅん	**melacur** ムラチュル	to prostitute
売春婦 ばいしゅんふ	**pelacur / wanita tuna susila (WTS)** プラチュル / ワニタ トゥナ ススィラ (ウェーテーエス)	prostitute
排除 はいじょ	**penghapusan** プン(グ)ハプサン	removal
排除する はいじょ	**menghapuskan / meniadakan** ムンハプスカン / ムニアダカン	to remove

日	インドネシア	英
ばいしょう 賠償	**kompénsasi** コンペンサスィ	compensation
ばいしょう 賠償する	**membayar kompénsasi** ムンバヤル コンペンサスィ	to compensate
はいすい 排水	**saluran air** サルラン アイル	sewage
はいすい 排水する	**membuang air** ムンブアン(グ) アイル	to drain
はいせつ 排泄	**ékskrési** エクスクレスィ	excretion
はいせつ 排泄する	**buang air** ブアン(グ) アイル	to excrete
はいせん 敗戦	**kekalahan dalam perang** クカラハン ダラム プラン(グ)	defeat
はいせん 敗戦する	**kalah perang** カラー プラン(グ)	be defeated [lost] in the war
はいたつ 配達	**penyampaian** プニャンパイアン	delivery
はいたつ 配達する	**menyampaikan** ムニャンパイカン	to deliver
はいち 配置	**penyusunan** プニュスナン	arrangement
はいち 配置する	**menyusun** ムニュスン	to arrange
はいてん 売店	**toko / kios** トコ / キオス	kiosk
はいとう 配当	**jatah** ジャター	allotment
はいとう 配当する	**menjatah** ムンジャター	to allot
パイナップル	**nanas** ナナス	pineapple
ばいばい 売買	**jual beli** ジュアル ブリ	trading
ばいばい 売買する	**berjual beli** ブルジュアル ブリ	to trade
バイパス	**bypass** バイパス	bypass
はいふ 配布	**distribusi** ディストリブスィ	distribution

は

日	インドネシア	英
はいふ 配布する	mendistribusikan ムンディストリブスィカン	to distribute
パイプ (管)	pipa ピパ	pipe
パイプ (喫煙具)	cangklong チャンクロン(グ)	pipe
はいぶん 配分	pembagian プンバギアン	distribution
はいぶん 配分する	membagi ムンバギ	to distribute
はいぼく 敗北	kekalahan クカラハン	defeat
はいぼく 敗北する	kalah カラー	be defeated
はいゆう 俳優	aktor アクトル	actor
ばいりつ 倍率	tingkat kompetisi ティンカ(ト) コンプティスィ	magnification
はいりょ 配慮	pertimbangan プルティンバン(グ)アン	consideration
はいりょ 配慮する	mempertimbangkan ムンプルティンバンカン	to take into consideration
バイリンガル	bilingual ビリングアル	bilingual
はい 入る	masuk マスッ	to come [fit] into
はい 入る (新たに所属する)	bergabung ブルガブン(グ)	to belong to
はいれつ 配列	susunan ススナン	arrangement
はいれつ 配列する	menyusun ムニュスン	to arrange
パイロット	penerbang プヌルバン(グ)	pilot
は 這う	merangkak ムランカッ	to crawl
ハエ	lalat ララ(ト)	fly
は 生える	tumbuh トゥンブー	to grow

は

日	インドネシア	英
<ruby>映<rt>は</rt></ruby>える	kelihatan menarik クリハタン ムナリッ	to look attractive
<ruby>墓<rt>はか</rt></ruby>	makam マカム	grave
<ruby>馬鹿<rt>ば か</rt></ruby>	kebodohan クボドハン	fool
<ruby>馬鹿<rt>ば か</rt></ruby>な	bodoh ボドー	foolish
<ruby>破壊<rt>は かい</rt></ruby>	kerusakan クルサカン	destruction
<ruby>破壊<rt>は かい</rt></ruby>する	merusak ムルサ(ク)	to destroy
はがき	kartu pos カルトゥ ポス	post card
<ruby>剥<rt>は</rt></ruby>がす	mengupas ムン(グ)ウパス	to remove
<ruby>博士<rt>はか せ</rt></ruby>	doktor ドクトル	doctor
<ruby>捗<rt>はかど</rt></ruby>る	maju マジュ	to make progress
はかない	fana ファナ	transient
<ruby>馬鹿馬鹿<rt>ば か ば か</rt></ruby>しい	konyol コニョル	ridiculous
<ruby>秤<rt>はかり</rt></ruby>	timbangan ティンバン(グ)アン	scale
<ruby>計<rt>はか</rt></ruby>る（測定する）	mengukur ムン(グ)ウクル	to measure
<ruby>計<rt>はか</rt></ruby>る（推測する）	memperkirakan ムンプルキラカン	to conjecture
<ruby>図<rt>はか</rt></ruby>る	merancang ムランチャン(グ)	to plan
<ruby>諮<rt>はか</rt></ruby>る	merencanakan ムルンチャナカン	to consult
<ruby>破棄<rt>は き</rt></ruby>	pembuangan プンブアン(グ)アン	destruction
<ruby>破棄<rt>は き</rt></ruby>する	membuang ムンブアン(グ)	to destroy
<ruby>吐<rt>は</rt></ruby>き<ruby>気<rt>け</rt></ruby>	rasa mual ラサ ムアル	nausea

日	インドネシア	英
はきはき	jelas ジュラス	lucidness
はきはきと （話す・答えるなど）	dengan jelas ドゥン(グ)アン ジュラス	lucidly
掃く	menyapu ムニャプ	to sweep
吐く	muntah ムンター	to vomit
履く	mengenakan ムン(グ)ウナカン	to put on
剥ぐ	mengupas ムン(グ)ウパス	to tear off
迫害	penindasan プニンダサン	persecution
迫害する	menindas ムニンダス	to persecute
白菜	sawi putih サウィ プティー	Chinese cabbage
薄弱	kelemahan クルマハン	weakness
薄弱な	lemah ルマー	weak
拍手	tepuk tangan トゥプッ タン(グ)アン	applause
拍手する	bertepuk tangan ブルトゥプッ タン(グ)アン	to clap one's hands
白状	pengakuan プン(グ)アクアン	confession
白状する	mengaku ムン(グ)アク	to confess
白人	orang kulit putih オラン(グ) クリ(ト) プティー	white
剥製	benda yang diawétkan ブンダ ヤン(グ) ディアウェトカン	stuffed specimen
漠然と	secara tidak jelas スチャラ ティダッ ジュラス	vague
莫大（な）	sangat besar サン(グ)ア(ト) ブサル	enormousness / enormous
爆弾	bom ボム	bomb

日	インドネシア	英
白鳥 はくちょう	angsa アンサ	swan
バクテリア	baktéri バクテリ	bacteria
白内障 はくないしょう	katarak カタラッ	cataract
爆破 ばくは	peledakan プルダカン	blast
爆破する ばくは	meledakkan ムルダッカン	to blast
爆発 ばくはつ	ledakan ルダカン	explosion
爆発する ばくはつ	meledak ムルダッ	to explode
博物館 はくぶつかん	muséum ムセウム	museum
歯車 はぐるま	roda gigi ロダ ギギ	gear
暴露 ばくろ	pembongkaran プンボンカラン	disclosure
暴露する ばくろ	membongkar ムンボンカル	to disclose
刷毛 はけ	kuas クアス	brush
激しい はげ	keras クラス	fierce
バケツ	émbér エンベル	bucket
励ます はげ	menyemangati ムニュマン(グ)アティ	to encourage
励む はげ	berusaha ブルウサハ	to make efforts
剥げる は	terkelupas トゥルクルパス	to peel off
禿げる は	botak ボタッ	to become bald
化ける ば	menyamar (sebagai) ムニャマル (スバガイ)	to disguise (as)
派遣 はけん	pengutusan プン(グ)ウトゥサン	dispatch

は

日	インドネシア	英
派遣する はけん	mengutus ムン(グ)ウトゥス	to dispatch
箱 はこ	kotak コタッ	box
運ぶ はこ	mengangkut ムン(グ)アンク(ト)	to carry
挟まる はさ	terjepit トゥルジュピ(ト)	be caught in
挟む はさ	menjepit ムンジュピ(ト)	to put *sth* between
鋏 はさみ	gunting グンティン(グ)	scissors
破産 はさん	kebangkrutan クバンクルタン	bankruptcy
破産する はさん	bangkrut バンクル(ト)	to go bankrupt
橋 はし	jembatan ジュンバタン	bridge
端 はし	ujung ウジュン(グ)	edge
箸 はし	sumpit スンピ(ト)	chop sticks
恥 はじ	aib アイ(ブ)	shame
弾く はじ	memetik / menggamit ムムティッ / ムンガミ(ト)	to flip
はしご	tangga タンガ	ladder
始まり はじ	permulaan プルムラアン	beginning
始まる はじ	mulai ムライ	to begin
始め はじ	awal アワル	start
始めに はじ	awalnya アワルニャ	at the beginning
初め はじ	pertama プルタマ	first time
初めて はじ	(untuk) pertama kali (ウントゥ(ク)) プルタマ カリ	for the first time

日	インドネシア	英
初めに はじ	pertama-tama プルタマ タマ	first of all
初めまして はじ	perkenalkan プルクナルカン	How do you do?
パジャマ	piyama ピヤマ	pajamas
場所 ば しょ	tempat トゥンパ(ト)	place
柱 はしら	tiang ティアン(グ)	pole
恥じらう は	(merasa) malu (ムラサ) マル	be shy
走る はし	berlari ブルラリ	to run
恥じる は	(merasa) malu (ムラサ) マル	be shamed
バジル	selasih スラスィー	basil
橋渡し はしわた	penjembatanan プンジュンバタナン	mediation
橋渡しする はしわた	menjembatani ムンジュンバタニ	to mediate
筈 はず	sebaiknya / seharusnya / semestinya スバイッニャ / スハルスニャ / スムスティニャ	ought to do
バス	bus ブス	bus
恥ずかしい は	malu マル	shameful
バスケットボール	bola baskét ボラ バスケ(ト)	basketball
外す（取り外す） はず	melepaskan ムルパスカン	to remove
外す（当たらない） はず	gagal / melését ガガル / ムレセ(ト)	to miss the mark
外す （一時的に離れる） はず	di luar ディ ルアル	to leave
外れる はず	terlepas トゥルルパス	to come off
パスタ	pasta パスタ	pasta

日	インドネシア	英
バスタオル	**handuk mandi** ハンドゥッ マンディ	bath towel
バス付き	**dengan bathtub** ドゥン(グ)アン バスタブ	with bath
バス停	**halte bus** ハルトゥ ブス	bus stop
パスポート	**paspor** パスポル	passport
弾む	**melambung** ムランブン(グ)	to bounce
パズル	**teka-teki** トゥカ トゥキ	puzzle
バスルーム	**kamar mandi** カマル マンディ	bathroom
バスローブ	**jubah mandi** ジュバー マンディ	bathrobe
パスワード	**kata sandi** カタ サンディ	password
パセリ	**péterséli** ペトゥルセリ	parsley
パソコン	**komputer** コンプトゥル	personal computer
破損	**kerusakan** クルサカン	damage
破損する	**rusak** ルサ(ク)	to damage
旗	**bendéra** ブンデラ	flag
肌	**kulit** クリ(ト)	skin
バター	**mentéga** ムンテガ	butter
パターン	**pola** ポラ	pattern
裸	**telanjang** トゥランジャン(グ)	nakedness
肌着	**baju dalam** バジュ ダラム	underwear
はたく	**membersihkan debu** ムンブルスィーカン ドゥブ	to dust

日	インドネシア	英
畑 (はたけ)	ladang ラダン(グ)	field
裸足 (はだし)	bertelanjang kaki ブルトゥランジャン(グ) カキ	bare-foot
はたして	benar-benar ブナル ブナル	really
果たす (はたす)	menepati / mencapai ムヌパティ / ムンチャパイ	to achieve
働き (はたらき)	fungsi フンスイ	work
働く (はたらく)	bekerja ブクルジャ	to work
8	delapan ドゥラパン	eight
ハチ	lebah / tawon ルバー / タウォン	bee
八月 (はちがつ)	Agustus アグストゥス	August
80	delapan puluh ドゥラパン プルー	eighty
ハチミツ	madu マドゥ	honey
ばつ (「×」印)	tanda silang タンダ スイラン(グ)	cross
罰 (ばつ)	hukuman フクマン	punishment
罰する (ばっする)	menghukum ムンフクム	to punish
発育 (はついく)	pertumbuhan ブルトゥンブハン	growth
発育する (はついくする)	tumbuh トゥンブー	to grow
発音 (はつおん)	lafal ラファル	pronunciation
発音する (はつおんする)	melafalkan ムラファルカン	to pronounce
発芽 (はつが)	pertunasan ブルトゥナサン	germination
発芽する (はつがする)	bertunas ブルトゥナス	to germinate

日	インドネシア	英
発揮 はっき	penampilan プナンピラン	demonstration
発揮する はっき	mengeluarkan / menampilkan ムン(グ)ウルアルカン / ムナンピルカン	to demonstrate
はっきり	dengan jelas ドゥン(グ)アン ジュラス	clearly
はっきりした (明瞭な)	jelas ジュラス	clear
はっきりした (色が濃い)	cerah チュラー	vivid
罰金 ばっきん	denda ドゥンダ	fine
バッグ	tas タス	bag
パック	pakét パケ(ト)	statement of delivery
発掘 はっくつ	penggalian プンガリアン	excavation
発掘する はっくつ	menggali ムンガリ	to excavate
バックミラー	kaca spion カチャ スピオン	rearview mirror
抜群 ばつぐん	terkemuka トゥルクムカ	outstanding
パッケージ	kemasan クマサン	package
白血病 はっけつびょう	léukémia レウケミア	leukemia
発見 はっけん	penemuan プヌムアン	discovery
発見する はっけん	menemukan ムヌムカン	to discover
発言 はつげん	ucapan ウチャパン	statement
発言する はつげん	mengucapkan ムン(グ)ウチャ(プ)カン	to make a statement
発行 はっこう	publikasi プブリカスィ	publication
発行する はっこう	mempublikasikan ムンプブリカスィカン	to publish

は

日	インドネシア	英
発酵 はっこう	férméntasi フェルメンタスィ	fermentation
発酵させた はっこう	diférméntasi ディフェルメンタスィ	fermented
伐採 ばっさい	penebangan プネバン(グ)アン	deforestation
伐採する ばっさい	menebang ムヌバン(グ)	to deforest
抜歯 ばっし	pencabutan gigi プンチャブタン ギギ	tooth extraction
バッジ	lencana ルンチャナ	badge
発射 はっしゃ	peluncuran プルンチュラン	launch
発射する はっしゃ	meluncurkan ムルンチュルカン	to launch
発車 はっしゃ	keberangkatan クブランカタン	departure
発車する はっしゃ	berangkat ブランカ(ト)	to depart
パッションフルーツ	markisa マルキサ	passion fruit
発進 はっしん	keberangkatan クブランカタン	departure
発進する はっしん	berangkat ブランカ(ト)	to depart
抜粋 ばっすい	kutipan / pengutipan クティパン / プン(グ)ウティパン	extract
抜粋する ばっすい	mengutip ムン(グ)ウティ(プ)	to extract
発生 はっせい	terjadinya トゥルジャディニャ	occurrence
発生する はっせい	terjadi トゥルジャディ	to occur
発想 はっそう	idé イデ	idea
発想する はっそう	mencetuskan ムンチェトゥスカン	to have an idea
発送 はっそう	pengiriman プン(グ)イリマン	dispatch

日	インドネシア	英
はっそう 発送する	mengirim ムン(グ)イリム	to dispatch
はっそうひん 発送品	kiriman キリマン	shipping item
バッタ	belalang ブララン(グ)	grasshopper
はったつ 発達	perkembangan ブルクンバン(グ)アン	development
はったつ 発達する	berkembang ブルクンバン(グ)	to develop
ばったり	kebetulan クブトゥラン	with a thud
はっちゅうしょ 発注書	surat pesanan スラ(ト) ブサナン	order form
バッテリー（電池）	baterai バトゥライ	battery
バッテリー （乗り物の）	aki アキ	battery
はってん 発展	perkembangan ブルクンバン(グ)アン	development
はってん 発展する	berkembang ブルクンバン(グ)	to develop
はつでん 発電	produksi listrik プロドゥクスイ リストリ(ク)	power generation
はつでん 発電する	membangkitkan (tenaga) listrik ムンバンキ(ト)カン （トゥナガ） リストリ(ク)	to generate power
はつでんしょ 発電所	pembangkit listrik プンバンキ(ト) リストリ(ク)	power plant [station]
はってん と じょうこく 発展途上国	negara berkembang ヌガラ ブルクンバン(グ)	developing country [nation]
バット VAT	pajak pertambahan nilai バジャ(ク) ブルタンバハン ニライ	Value Added Tax
バット（野球の）	pemukul (bisbol) ブムクル （ビスボル）	bat
バット（浅い容器）	tong トン(グ)	vat
はつねつ 発熱	demam ドゥマム	fever
はつねつ 発熱する	(menjadi) demam （ムンジャディ）ドゥマム	to have a fever

日	インドネシア	英
はつばい 発売	penjualan プンジュアラン	on sale
はつばい 発売する	menjual ムンジュアル	to sell
はつびょう 発病	penyakit プニャキ(ト)	illness
はつびょう 発病する	menjadi sakit ムンジャディ サキ(ト)	to become ill
はっぴょう 発表	pengumuman プン(グ)ウムマン	announcement
はっぴょう 発表する	mengumumkan ムン(グ)ウムムカン	to announce
はつみみ 初耳	baru dengar バル ドゥン(グ)アル	first (I've) heard of it
はつめい 発明	penciptaan プンチプタアン	invention
はつめい 発明する	menciptakan ムンチプタカン	to invent
は 果て	akhir アヒル	end
は で 派手 (な)	mencolok ムンチョロッ	gaudiness / gaudy
は 果てる (終わる)	berakhir / habis / tamat / selesai ブルアヒル / ハビス / タマ(ト) / スルサイ	to end
は 果てる (死ぬ)	meninggal ムニンガル	to die
ばてる	lelah ルラー	be exhausted
ハト	merpati ムルパティ	pigeon
パトカー	mobil patroli モビル パトロリ	patrol car
はな 花	bunga ブン(グ)ア	flower
はな 鼻	hidung ヒドゥン(グ)	nose
はなし 話 (話す内容)	cerita チュリタ	story
はなし 話 (話す行為)	pembicaraan プンビチャラアン	talk

日	インドネシア	英
話し合い はな あ	diskusi ディスクスィ	consultations
話し合う はな あ	berdiskusi ブルディスクスィ	to talk
話し掛ける はな か	menyapa ムニャパ	to speak to
話し中 はな ちゅう	sedang berbicara スダン(グ) ブルビチャラ	busy (on a telephone)
話す はな	berbicara ブルビチャラ	to speak
離す はな	memisahkan ムミサーカン	to separate
離す（差をつける） はな	menjauhi ムンジャウヒ	to get a lead
放す はな	melepaskan ムルパスカン	to let *sth* go
鼻筋 はなすじ	batang hidung バタン(グ) ヒドゥン(グ)	ridge of the nose
花束 はなたば	bukét ブケ(ト)	bouquet
鼻血 はな ぢ	mimisan ミミサン	nosebleed
バナナ	pisang ピサン(グ)	banana
はなはだしい	luar biasa ルアル ビアサ	extreme
華々しい はなばな	hébat ヘバ(ト)	spectacular
花火 はな び	kembang api クンバン(グ) アピ	fireworks
花びら はな	daun bunga ダウン ブン(グ)ア	flower petal
花見 はな み	melihat bunga sakura pada musim semi ムリハ(ト) ブン(グ)ア サクラ パダ ムスィム スミ	cherry-blossom viewing
鼻水 はなみず	ingus イン(グ)ウス	runny nose
花屋 はな や	toko bunga トコ ブン(グ)ア	flower shop
華やか はな	keceriaan クチュリアアン	gorgeousness

日	インドネシア	英
華やかな はな	ceria チュリア	gorgeous
花嫁 はなよめ	pengantin wanita プン(グ)アンティン ワニタ	bride
離れる はな	berpisah ブルピサー	to separate
離れる（差がある） はな	berselisih ブルスリスィー	to mark *sth* as different
離れる（去る） はな	meninggalkan ムニンガルカン	be far away from
離れる（辞める） はな	berhenti (dari) ブルフンティ（ダリ）	to quit
バニラ	vanili ファニリ	vanilla
羽（羽毛） はね	bulu ブル	feather
羽（翼） はね	sayap サヤ(プ)	wing
ばね	pegas プガス	spring
跳ねる（飛び上がる） は	melompat / meloncat ムロンパ(ト) / ムロンチャ(ト)	to jump
跳ねる（飛び散る） は	memantul ムマントゥル	to splash
ハノイ	Hanoi ハノイ	Hanoi
母 はは	ibu イブ	mother
幅 はば	lébar レバル	width
パパイヤ	pepaya プパヤ	papaya
母親 ははおや	ibu イブ	mother
幅広い はばひろ	luas ルアス	wide
阻む はば	mencegah ムンチュガー	to block
省く はぶ	penghilangan プン(グ)ヒラン(グ)アン	to omit

は

日	インドネシア	英
歯ブラシ	sikat gigi スィカ(ト) ギギ	toothbrush
破片	serpihan スルピハン	fragment
葉巻	cerutu チュルトゥ	cigar
浜辺	pantai パンタイ	beach
はまる	terperosok トゥルプロソッ	to fall into
歯磨き	sikat gigi スィカ(ト) ギギ	toothpaste
歯磨きする	menyikat gigi ムニィカ(ト) ギギ	to brush one's teeth
歯磨き粉	pasta gigi パスタ ギギ	tooth powder
ハム	ham ハム	ham
はめる	memasang ムマサン(グ)	to put on
場面	adegan アドゥガン	scene
早い	cepat / awal チュパ(ト) / アワル	early
速い	cepat チュパ(ト)	fast
早口	bicaranya cepat ビチャラニャ チュパ(ト)	fast talking
林	hutan フタン	woods
生やす	menumbuhkan ムヌンブーカン	to grow
早める	mempercepat ムンプルチュパ(ト)	to speed up
流行る	(menjadi) populér (ムンジャディ) ポプレル	be popular
腹	perut プル(ト)	belly
薔薇	mawar マワル	rose

は

日	インドネシア	英
ハラール	**halal** ハラル	halal
ハラール認証	**sértifikasi halal** セルティフィカスイ ハラル	halal certification
ハラール認証書	**sértifikat halal** セルティフィカ(ト) ハラル	halal certificate
ハラールマーク	**tanda halal** タンダ ハラル	halal logo
払い込む	**membayar** ムンバヤル	to pay up
払い戻し	**pengembalian uang** プン(グ)ウンバリアン ウアン(グ)	refund
払い戻す	**mengembalikan uang** ムン(グ)ウンバリカン ウアン(グ)	to pay back
払う（支払う）	**membayar** ムンバヤル	to pay
払う（除去する）	**menyingkirkan** ムニィンキルカン	to remove
払う（追い払う）	**halau (menghalau)** ハラウ （ムンハラウ）	to drive
払う（払い除ける）	**tepis (menepis)** トゥピス （ムヌピス）	to shake off
パラシュート	**parasut** パラス(ト)	parachute
ばらす（暴露する）	**bongkar (membongkar)** ボンカル （ムンボンカル）	to expose
ばらす（分割する）	**memisahkan** ムミサーカン	to split up
腹立ち	**kemarahan** クマラハン	anger
原っぱ	**ruang terbuka hijau** ルアン(グ) トゥルブカ ヒジャウ	open field
はらはらする	**cemas** チュマス	to feel nervous
ばらばらの	**memecah-belah** ムムチャー ブラー	all split up
ばらまく	**menyérakkan** ムニェラッカン	to scatter
バランス	**keseimbangan** クスインバン(グ)アン	balance

は

日	インドネシア	英
バランスシート	neraca ヌラチャ	balance sheet
針	jarum ジャルム	needle
針金	kawat カワ(ト)	wire
張り紙	plakat プラカ(ト)	poster
馬力	daya kuda / tenaga kuda ダヤ クダ / トゥナガ クダ	horsepower
張り切る	bekerja keras ブクルジャ クラス	to work enthusiastically
貼り付ける	menémpél ムネンペル	to paste *sth* on
春	musim semi ムスィム スミ	spring
張る	menegang ムヌガン(グ)	to spread
貼る	menémpél ムネンペル	to stick
遥か	jarak ジャラッ	distance
遥かな	jauh ジャウー	far
バルコニー	balkon バルコン	balcony
晴れ	cerah チュラー	fine
晴れる	cerah チュラー	to clear
腫れ	pembengkakan プンブンカカン	swelling
腫れた	bengkak ブンカッ	swollen
腫れる	membengkak ムンブンカッ	to swell
バレエ	balét バレ(ト)	ballet
パレード	pawai パワイ	parade

日	インドネシア	英
バレーボール	**bola voli** ボラ フォリ	volleyball
破裂（する）	**pecah** プチャー	(to) rupture
パワー	**tenaga** トゥナガ	power
パワーハラスメント	**kekerasan (power harassment)** ククラサン（パワー ハラスメント）	power harassment
反〜	**kontra 〜** コントラ	anti-
半	**setengah** ストゥン(グ)アー	half
班	**grup / kelompok** グル(プ) / クロンポッ	group
版（改訂などの）	**édisi** エディスィ	edition
晩	**malam** マラム	evening
〜番	**nomor 〜** ノモル	No.
パン	**roti** ロティ	bread
範囲	**lingkup / batas** リンク(プ) / バタス	range
反映	**réfléksi** レフレクスィ	reflection
反映する	**meréfléksikan / mencerminkan** ムレフレクスィカン / ムンチュルミンカン	to reflect
繁栄	**kemakmuran** クマクムラン	prosperity
繁栄する	**makmur** マクムル	to prosper
版画	**cétakan** チェタカン	print
ハンガー	**gantungan** ガントゥン(グ)アン	hanger
繁華街	**kawasan sibuk** カワサン スィブッ	busy area
半額	**setengah harga** ストゥン(グ)アー ハルガ	half price

日	インドネシア	英
ハンカチ	**sapu tangan** サプ タン(グ)アン	handkerchief
はんかん 反感	**antipati** アンティパティ	antipathy
はんきょう 反 響	**réspon** レスポン	echo
はんきょう 反 響 する	**bergema** ブルグマ	to echo
パンク	**gembos** グンボス	puncture
ばんぐみ 番組	**acara** アチャラ	program
バングラデシュ	**Bangladésh** バン(グ)ラデス	Bangladesh
バングラデシュ人	**orang Bangladésh** オラン(グ) バン(グ)ラデス	Bangladeshi (people)
はんけい 半径	**radius** ラディウス	radius
パンケーキ	**panekuk** パヌクッ	pancake
はんげき 反撃	**serangan balik** スラン(グ)アン バリ(ク)	counterattack
はんげき 反撃する	**menyerang balik** ムニュラン(グ) バリ(ク)	to strike back
はんけつ 判決	**putusan** プトゥサン	judgment
ばんけん 番犬	**anjing penjaga** アンジン(グ) プンジャガ	guard dog
はんこ 判子	**stémpél** ステンペル	seal
パン粉	**tepung roti** トゥプン(グ) ロティ	bread crumbs
はんこう 反抗	**oposisi** オポスィスィ	resistance
はんこう 反抗する	**perlawanan** プルラワナン	to resist
ばんごう 番号	**nomor** ノモル	number
バンコク	**Bangkok** バンコッ	Bangkok

日	インドネシア	英
<ruby>晩<rt>ばん</rt></ruby>ごはん	makan malam マカン マラム	dinner
<ruby>犯罪<rt>はんざい</rt></ruby>	kejahatan クジャハタン	crime
<ruby>万歳<rt>ばんざい</rt></ruby>	hidup ヒドゥ(プ)	banzai
ハンサム	ketampanan クタンパナン	handsomeness
ハンサムな	tampan タンパン	handsome
<ruby>判事<rt>はんじ</rt></ruby>	hakim ハキム	judge
<ruby>反射<rt>はんしゃ</rt></ruby>	pantulan パントゥラン	reflection
<ruby>反射<rt>はんしゃ</rt></ruby>する	memantul ムマントゥル	to reflect
<ruby>繁盛<rt>はんじょう</rt></ruby>	kemakmuran クマクムラン	prosperity
<ruby>繁盛<rt>はんじょう</rt></ruby>する	makmur マクムル	to prosper
<ruby>繁殖<rt>はんしょく</rt></ruby>	pembiakan プンビアカン	breeding
<ruby>繁殖<rt>はんしょく</rt></ruby>する(殖える)	berkembang biak ブルクンバン(グ) ビアッ	to breed
<ruby>繁殖<rt>はんしょく</rt></ruby>する(殖やす)	membiakkan ムンビアッカン	to breed
<ruby>反<rt>はん</rt></ruby>する	bertentangan ブルトゥンタン(グ)アン	be opposed to
<ruby>反省<rt>はんせい</rt></ruby>	penyesalan / réfléksi プニュサラン / レフレクスィ	reflection
<ruby>反省<rt>はんせい</rt></ruby>する	menyesal / merasa bersalah ムニュサル / ムラサ ブルサラー	to reflect on
<ruby>絆創膏<rt>ばんそうこう</rt></ruby>	pléster プレストゥル	bandage
<ruby>反則<rt>はんそく</rt></ruby>	pelanggaran プランガラン	foul
<ruby>反則<rt>はんそく</rt></ruby>する	melakukan pelanggaran ムラクカン プランガラン	to commit a foul
パンダ	panda パンダ	(giant) panda

日	インドネシア	英
<ruby>反対<rt>はんたい</rt></ruby>（逆）	oposisi オポスィスィ	opposition
<ruby>反対<rt>はんたい</rt></ruby>（不同意）	tidak setuju ティダッ ストゥジュ	disagreement
<ruby>反対<rt>はんたい</rt></ruby>する	melawan ムラワン	to oppose
<ruby>反対<rt>はんたい</rt></ruby>の（逆）	kebalikan クバリカン	opposite
<ruby>反対<rt>はんたい</rt></ruby>の（不同意）	bertentangan / berlawanan ブルトゥンタン(グ)アン / ブルラワナン	opposing
<ruby>反対<rt>はんたい</rt></ruby>の（もう一方）	yang lain ヤン(グ) ライン	the other
<ruby>判断<rt>はんだん</rt></ruby>	penilaian / pertimbangan プニライアン / プルティンバン(グ)アン	judgment
<ruby>判断<rt>はんだん</rt></ruby>する	menilai / menimbang ムニライ / ムニンバン(グ)	to judge
～<ruby>番地<rt>ばんち</rt></ruby>	nomor ~ (rumah) ノモル（ルマー）	house number
パンツ（下着）	celana dalam チュラナ ダラム	underpants
パンツ（ズボン）	celana チュラナ	trousers
<ruby>判定<rt>はんてい</rt></ruby>（評価）	penilaian プニライアン	judgment
<ruby>判定<rt>はんてい</rt></ruby>（決定）	putusan プトゥサン	decision
<ruby>判定<rt>はんてい</rt></ruby>する （評価する）	mempertimbangkan ムンプルティンバンカン	to judge
<ruby>判定<rt>はんてい</rt></ruby>する （決定する）	menentukan / memutuskan ムヌントゥカン / ムムトゥスカン	decide
<ruby>半島<rt>はんとう</rt></ruby>	semenanjung スムナンジュン(グ)	peninsula
<ruby>半導体<rt>はんどうたい</rt></ruby>	sémikonduktor セミコンドゥクトル	semiconductor
ハンドバッグ	tas jinjing タス ジンジン(グ)	handbag
ハンドル	kemudi クムディ	handle
ハンドル （車などの）	setir スティル	steering wheel

は

日	インドネシア	英
ハンドル（取っ手）	pegangan プガンガン	handle
はんにち 半日	setengah hari ストゥン(グ)アー ハリ	half a day
はんにん 犯人	penjahat プンジャハ(ト)	criminal
ばんにん 万人	semua orang スムア オラン(グ)	everybody
ばんねん 晩年	usia senja ウスィア スンジャ	one's final years
はんのう 反応	réaksi レアクスィ	reaction
はんのう 反応する	beréaksi ブレアクスィ	to react
ばんのう 万能	mahakuasa マハクアサ	almighty
ばんのう 万能な	serbabisa スルバビサ	all-round
はん ば 半端	ketidakrampungan クティダッランプン(グ)アン	incompleteness
はん ば 半端な	tidak rampung ティダッ ランプン(グ)	incomplete
ハンバーガー	hamburger ハンブルグル	hamburger
ハンバーグ	burger steak ブルグル ステー(ク)	hamburg steak
はんばい 販売	penjualan プンジュアラン	selling
はんばい 販売する	menjual ムンジュアル	to sell
はんばいいん 販売員	pramuniaga プラムニアガ	salesperson
はんばいしゅうにゅう 販売収入	keuntungan penjualan クウントゥン(グ)アン プンジュアラン	sale income
はんばいそくしん 販売促進	promosi プロモスィ	sales promotion [activity]
はんぱつ 反発	penolakan / perlawanan プノラカン / プルラワナン	repellence
はんぱつ 反発する	menolak / melawan ムノラッ / ムラワン	to repel

日	インドネシア	英
パンフレット	brosur / pamflét ブロスル / パンフレ(ト)	brochure
半分 はんぶん	setengah ストゥン(グ)アー	half
～番目 ばん め	nomor / ke- ノモル / ク	the ～th (indicating order)
半面 はんめん	sebelah スブラー	one side
反面 はんめん	sisi lain スィスィ ライン	the other side
反乱 はんらん	pemberontakan プンブロンタカン	revolt
反乱する はんらん	memberontak ムンブロンタッ	to revolt
氾濫 はんらん	banjir バンジル	flooding
氾濫する はんらん	banjir / meluap バンジル / ムルア(プ)	to flood
反論 はんろん	penyangkalan プニャンカラン	objection
反論する はんろん	menyangkal ムニャンカル	to object

ひ

▼ ひ，ヒ

日	インドネシア	英
火 ひ	api アピ	fire
灯 ひ	cahaya チャハヤ	light
碑 ひ	tugu トゥグ	monument
日 ひ	hari / tanggal ハリ / タンガル	day
日（太陽・日光） ひ	matahari マタハリ	sun / sunlight
日（日中） ひ	siang スィアン(グ)	daytime
美 び	keindahan クインダハン	beauty
ピアス	anting-anting アンティン(グ) アンティン(グ)	pierced earring

日	インドネシア	英
日当たり ひ あ	cahaya matahari チャハヤ マタハリ	sunshine
ピアノ	piano ピアノ	piano
BSE ビーエスイー (牛海綿状脳症・狂牛病)	penyakit sapi gila プニャキ(ト) サピ ギラ	Bovine Spongiform Encephalopathy (BSE)
ピーナッツ	kacang カチャン(グ)	peanut
ピーマン	paprika パプリカ	green pepper
ビール	bir ビル	beer
ヒーロー	pahlawan パーラワン	hero
冷える ひ	dingin ディン(グ)イン	to get cold
被害 ひ がい	kerugian クルギアン	damage
被害者 ひ がいしゃ	korban コルバン	victim
控え室 ひか しつ	ruang tunggu ルアン(グ) トゥング	waiting room
控え目 ひか め	kesederhanaan / kerendahan hati クスドゥルハナアン / クルンダハン ハティ	modesty
控え目な ひか め	sederhana / rendah hati スドゥルハナ / ルンダー ハティ	modest
日帰り ひ がえ	perjalanan pulang pergi tanpa menginap プルジャラナン プラン(グ) プルギ タンパ ムン(グ)イナ(プ)	day trip
日帰りする ひ がえ	melakukan perjalanan pulang pergi tanpa menginap ムラクカン プルジャラナン プラン(グ) プルギ タンパ ムン(グ)イナ(プ)	to take a day trip
日帰りの ひ がえ	pulang pergi プラン(グ) プルギ	day
日帰り旅行 ひ がえ りょこう	berwisata tanpa menginap ブルウィサタ タンパ ムン(グ)イナ(プ)	day trip
控える ひか	menahan diri ムナハン ディリ	to restrain
比較 ひ かく	perbandingan プルバンディン(グ)アン	comparison

日	インドネシア	英
ひかく 比較する	membandingkan ムンバンディンカン	to compare
ひかくてき 比較的	rélatif レラティフ	comparatively
ひかくせいひん 皮革製品	produk dari kulit プロドゥッ ダリ クリ(ト)	leather product
ひかげ 日陰	tempat teduh トゥンパ(ト) トゥドゥー	shade
ひがさ 日傘	parasol パラソル	parasol
ひがし 東	timur ティムル	east
ひかぜい 非課税	bébas pajak ベバス パジャ(ク)	tax-free [exempt]
ピカピカ	mengkilap / kinclong ムンキラ(プ) / キンチュロン(グ)	shiny
ひかり 光	cahaya チャハヤ	light
ひか 光る	bercahaya ブルチャハヤ	to shine
ひか 光る（光沢がある）	berkilauan ブルキラウアン	to glisten
ひか 光る（優れて目立つ）	mencolok ムンチョロッ	be excellent
ひかん 悲観	pésimisme ペスィミスム	pessimism
ひかん 悲観する	pésimis ペスィミス	be pessimistic
～ひき ～匹（助数詞）	~ ékor エコル	-
ひ あ 引き上げる	mengangkat / menarik ムン(グ)アンカ(ト) / ムナリッ	to pull up
ひき 率いる	memimpin ムミンピン	to lead
ひ う 引き受ける	menyanggupi ムニャングピ	to undertake
ひ お 引き起こす	menyebabkan / mengakibatkan ムニュバブカン / ムン(グ)アキバ(ト)カン	to cause
ひきかえけん 引換券	kupon クポン	coupon

日	インドネシア	英
引き返す ひ かえ	balik / kembali バリ(ク) / クンバリ	to return
引き替える ひ か	menukar ムヌカル	to exchange
引き下げる ひ さ	menurunkan ムヌルンカン	to reduce
引き算 ひ ざん	pengurangan プン(グ)ウラン(グ)アン	subtraction
引きずる ひ	menyérét ムニェレ(ト)	to drag
引き出し ひ だ (机・たんすなどの)	laci ラチ	drawer
引き出し(預金の) ひ だ	penarikan uang プナリカン ウアン(グ)	withdrawal
引き出す ひ だ	mengeluarkan ムン(グ)ウルアルカン	to pull out
引き出す(預金を) ひ だ	menarik / mengeluarkan ムナリッ / ムン(グ)ウルアルカン	to withdraw
引き止める ひ と	membujuk supaya tidak jadi pergi ムンブジュッ スパヤ ティダッ ジャディ プルギ	to keep *sb* from leaving
引き取る ひ と	mengambil alih ムン(グ)アンビル アリー	to take charge of
ひき肉 にく	daging cincang / daging giling ダギン(グ) チンチャン(グ) / ダギン(グ) ギリン(グ)	minced meat
卑怯 ひ きょう	kecurangan クチュラン(グ)アン	meanness
卑怯な ひ きょう	curang チュラン(グ)	mean
引き分け ひ わ	séri / imbang セリ / インバン(グ)	draw
引き渡す ひ わた	menyerahkan ムニュラーカン	to hand over
引く ひ	menarik ムナリッ	to pull
引く(引き算する) ひ	mengurangi ムン(グ)ウラン(グ)イ	to subtract
引く(引用する) ひ	mengutip ムン(グ)ウティ(プ)	to cite
引く(辞書を) ひ	mencari ムンチャリ	to look up

日	インドネシア	英
引く (普通の状態に戻る)	surut スル(ト)	to return to a normal state
弾く	memetik ムムティッ	to play
轢く	menggilas / menabrak ムンギラス / ムナブラッ	to run over
挽く	menggiling ムンギリン(グ)	to saw
低い	rendah ルンダー	low
ピクニック	piknik ピクニッ	picnic
ピクルス	acar アチャル	pickles
髭	jénggot / kumis ジェンゴ(ト) / クミス	beard
悲劇	tragédi トラゲディ	tragedy
髭剃り	alat pencukur jénggot アラ(ト) プンチュクル ジェンゴ(ト)	shaver / razor
否決	penolakan プノラカン	rejection
否決する	menolak ムノラッ	to reject
非行	kenakalan (remaja) クナカラン (ルマジャ)	delinquency
飛行	penerbangan プヌルバン(グ)アン	flight
飛行する	terbang トゥルバン(グ)	to take a flight
飛行機	pesawat / kapal terbang プサワ(ト) / カパル トゥルバン(グ)	airplane
非公式	tidak resmi ティダッ ルスミ	unofficial
飛行場	bandar udara / bandara バンダル ウダラ / バンダラ	airport
非合法	ilégal / tidak sah イレガル / ティダッ サー	illegal
日頃	biasanya ビアサニャ	usually

ひ

日	インドネシア	英
膝 (ひざ)	lutut ルトゥ(ト)	knee
ビザ	visa フィサ	visa
ピザ	pizza ピザ	pizza
被災地 (ひさいち)	daérah bencana ダエラー ブンチャナ	disaster area
陽射し (ひざし)	sinar matahari スィナル マタハリ	sunlight
久しい (ひさしい)	kelamaan クラマアン	long
久し振り (ひさしぶり)	sudah lama tidak bertemu スダー ラマ ティダッ ブルトゥム	after a long time
悲惨 (ひさん)	kesedihan クスディハン	misery
悲惨な (ひさんな)	menyedihkan ムニュディーカン	miserable
肘 (ひじ)	siku スィク	elbow
ビジネス	bisnis ビスニス	business
ビジネスクラス	kelas bisnis クラス ビスニス	business class
ビジネスパーソン	pengusaha ブン(グ)ウサハ	business person
比重 (ひじゅう)	berat jenis ブラ(ト) ジュニス	specific gravity
美術 (びじゅつ)	kesenian クスニアン	fine art
美術館 (びじゅつかん)	muséum seni ムセウム スニ	art museum
秘書 (ひしょ)	sékretaris セクルタリス	secretary
避暑 (ひしょ)	penyegaran ブニュガラン	refreshing
非常 (ひじょう)	keadaan darurat クアダアン ダルラ(ト)	extraordinariness
非常な (ひじょうな)	darurat ダルラ(ト)	extraordinary

日	インドネシア	英
微笑 びしょう	**senyuman** スニュマン	smile
微笑する びしょうする	**tersenyum** トゥルスニュム	to smile
非常階段 ひじょうかいだん	**tangga darurat** タンガ ダルラ(ト)	emergency stairway
非常口 ひじょうぐち	**pintu darurat** ピントゥ ダルラ(ト)	emergency exit [door]
美人 びじん	**wanita cantik** ワニタ チャンティッ	beautiful woman
ピストル	**pistol** ピストル	pistol
歪む ひずむ	**béngkok** ベンコッ	to warp
微生物 びせいぶつ	**mikroorganisme** ミクロオルガニスム	microorganism
脾臓 ひぞう	**limpa** リンパ	spleen
密か ひそか	**kerahasiaan** クラハスィアアン	secrecy
密かな ひそかな	**rahasia** ラハスィア	secret
額 ひたい	**dahi** ダヒ	forehead
浸す ひたす	**mencelupkan** ムンチュル(プ)カン	to soak
ひたすら	**dengan tekun** ドゥン(グ)アン トゥクン	intently
ビタミン	**vitamin** フィタミン	vitamin
ビタミン剤 ビタミンざい	**suplemén vitamin** スプルメン フィタミン	vitamin pills
左 ひだり	**kiri** キリ	left
左（左翼） ひだり（さよく）	**(sayap) kiri** （サヤ(プ)）キリ	leftist
ピタリと	**dengan pas** ドゥン(グ)アン パス	perfectly
左利き ひだりきき	**kidal** キダル	left-handedness

ひ

日	インドネシア	英
引っ掛かる （掛かって止まる）	tersangkut トゥルサンク（ト）	be hooked
引っ掛かる （騙される）	ditipu ディティプ	be tricked by
引っ掻く	mencakar ムンチャカル	to scratch
引っ掛ける	menggantungkan ムンガントゥンカン	to hang
筆記	penulisan プヌリサン	note-taking
筆記する	menulis ムヌリス	to take notes
びっくり	kagét カゲ（ト）	surprise
びっくりする	terkejut トゥルクジュ（ト）	be surprised
ひっくり返す	membalikkan ムンバリッカン	to turn upside down
ひっくり返る	berbalik ブルバリ（ク）	be overturned
日付け	tanggal タンガル	date
引っ越し	perpindahan プルピンダハン	moving
引っ越す	berpindah ブルピンダー	to move
引っ込む	mundur ムンドゥル	to draw back
必死	kesungguhan クスングハン	desperation
必死な	mati-matian マティ マティアン	desperate
ヒツジ	domba ドンバ	sheep
筆者	penulis プヌリス	writer
必修	wajib ワジ（ブ）	compulsory
必需品	barang kebutuhan / barang pokok バラン（グ）クブトゥハン / バラン（グ）ポコッ	necessities

ひ

日	インドネシア	英
びっしょり	basah kuyup バサー クユ(プ)	to get soaked through
ひつぜん 必然	keharusan クハルサン	necessity
ぴったり (ちょうどいい)	pas パス	exactly
ぴったり (くっつく)	menémpél ムネンペル	tightly
(時間が) ぴったり	tepat (dengan) waktu トゥパ(ト) (ドゥン(グ)アン) ワクトゥ	just
ヒッチハイク	penébéngan プネベン(グ)アン	hitchhiking
ひってき 匹敵	kesetaraan クスタラアン	equality
ひってき 匹敵する	setara スタラ	be equal to
ひ　ば 引っ張る	menarik ムナリク	to pull
ひつよう 必要	keperluan クプルルアン	necessity
ひつよう 必要な	perlu プルル	necessary
ひつようじょうけん 必要 条件	syarat yang diperlukan シャラ(ト) ヤン(グ) ディプルルカン	necessary condition
ひつよう 必要とする	perlu プルル	to need
ひつよう ふ か けつ 必要不可欠	keperluan クプルルアン	necessity
ひつよう ふ か けつ 必要不可欠な	perlu プルル	necessary
ひ てい 否定	penyangkalan プニャンカラン	denial
ひ てい 否定する	memungkiri ムムンキリ	to deny
ひ ていてき 否定的	négatif ネガティフ	negative
ビデオ	vidéo フィデオ	video
ひと 人	orang オラン(グ)	people [person]

ひ

日	インドネシア	英
ひど 酷い	kejam クジャム	cruel
ひとかげ 人影	sosok ソソッ	figure
ひとがら 人柄	karakter カラクトゥル	personality
ひとけ 人気	kepopuléran クポプレラン	sign of life
ひとこと 一言	sepatah スパター	single word
たにんごと 他人事	urusan orang lain ウルサン オラン(グ) ライン	other people's affairs
ひとご 人込み	kerumunan クルムナン	crowds
ひところ	suatu waktu dulu スアトゥ ワクトゥ ドゥル	at one time
ひとさ ゆび 人差し指	(jari) telunjuk (ジャリ) トゥルンジュッ	forefinger
ひと 等しい	sama dengan サマ ドゥン(グ)アン	equal to
ひとじち 人質	sandera サンドゥラ	hostage
ひとすじ 一筋	segaris スガリス	line
1つ	sebuah スブアー	one
ひととお 一通り	secara ringkas スチャラ リンカス	briefly
ひとどお 人通り	jalan pejalan kaki ジャラン プジャラン カキ	pedestrian traffic
ひとまず	sementara ini スムンタラ イニ	for the present
ひとみ 瞳	pupil mata プピル マタ	pupil of an eye
ひとめ 人目	perhatian / sorotan プルハティアン / ソロタン	public eye [notice]
ひと休み	istirahat sejenak イスティラハ(ト) スジュナッ	short rest
ひとり 一人（一名）	seorang スオラン(グ)	one person

日	インドネシア	英
<ruby>一人<rt>ひとり</rt></ruby> （相手や仲間がいない）	sendirian スンディリアン	alone
<ruby>日取<rt>ひ ど</rt></ruby>り	tanggal タンガル	date
<ruby>独<rt>ひと</rt></ruby>り<ruby>言<rt>ごと</rt></ruby>	bicara sendiri ビチャラ スンディリ	monologue
<ruby>一人<rt>ひとり</rt></ruby>で	sendiri スンディリ	alone
ひとりでに	dengan sendirinya ドゥン（グ）アン スンディリニャ	spontaneously
<ruby>一人一人<rt>ひとりひとり</rt></ruby>	seorang demi seorang スオラン（グ） ドゥミ スオラン（グ）	one by one
ひな（ひな<ruby>鳥<rt></rt></ruby>）	anak burung (ayam) アナップ ブルン（グ）（アヤム）	chicken
ひな（<ruby>人形<rt></rt></ruby>）	bonéka Hina ボネカ ヒナ	Hina dolls
<ruby>日向<rt>ひなた</rt></ruby>	tempat yang terang / hangat トゥンパ(ト) ヤン（グ） トゥラン（グ） / ハン（グ）ア(ト)	sunny place
ひな<ruby>祭<rt>まつ</rt></ruby>り	Féstival Anak Perempuan フェスティファル アナップ プルンプアン	the Girls' Festival on March 3
<ruby>非難<rt>ひ なん</rt></ruby>	penyalahan プニャラハン	blame
<ruby>非難<rt>ひ なん</rt></ruby>する	tuduh トゥドゥー	to accuse
<ruby>避難<rt>ひ なん</rt></ruby>	pengungsian プン（グ）ウンスィアン	shelter
<ruby>避難<rt>ひ なん</rt></ruby>する	mengungsi ムン（グ）ウンスィ	to take shelter
<ruby>避難所<rt>ひ なんじょ</rt></ruby>	tempat évakuasi トゥンパ(ト) エファクアスイ	shelter
<ruby>避難命令<rt>ひ なんめいれい</rt></ruby>	perintah évakuasi プリンター エファクアスイ	evacuation order
ビニール	plastik プラスティッ	vinyl
ビニール<ruby>袋<rt>ぶくろ</rt></ruby>	kantong plastik カントン（グ） プラスティッ	plastic bag
<ruby>皮肉<rt>ひ にく</rt></ruby>	ironi イロニ	irony
<ruby>皮肉<rt>ひ にく</rt></ruby>な	ironis イロニス	ironic

日	インドネシア	英
ひ 日にち	tanggal タンガル	day
ひにょうきかい 泌尿器科医	dokter spésialis urologi ドクトゥル スペスィアリス ウロロギ	urologist
ひにん 避妊	kontrasépsi コントラセプスィ	contraception
ひにん 避妊する	mencegah kehamilan ムンチュガー クハミラン	to prevent pregnancy
ひにんやく 避妊薬	obat kontraséptif オバ(ト) コントラセプティフ	contraceptive
ひね 捻る	memilin ムミリン	to twist
ひ い 日の入り	terbenamnya matahari トゥルブナムニャ マタハリ	sunset
ひ で 日の出	terbitnya matahari トゥルビ(ト)ニャ マタハリ	sunrise
ひ まる 日の丸	bendéra Jepang ブンデラ ジュパン(グ)	Japanese national flag
ひばな 火花	percikan api プルチカン アピ	spark
ひ はん 批判	kritikan クリティカン	criticism
ひ はん 批判する	mengkritik ムングリティ(ク)	to criticize
ひ はんてき 批判的	kritis クリティス	critical
ひび	retak ルタッ	crack
ひび 響き	gema グマ	sound
ひび 響く	bergema ブルグマ	to sound
ひ ひょう 批評	koméntar コメンタル	review
ひ ひょう 批評する	berkoméntar / mengoméntari ブルコメンタル / ムン(グ)オメンタリ	to review
び ひん 備品	peralatan プルアラタン	equipment
ひ ふ 皮膚	kulit クリ(ト)	skin

日	インドネシア	英
皮膚科医 ひふかい	dokter spésialis kulit ドゥクトゥル スペスィアリス クリ(ト)	dermatologist
暇 ひま	waktu luang ワクトゥ ルアン(グ)	free time
暇な ひま	luang ルアン(グ)	free
向日葵 ひまわり	bunga matahari ブン(グ)ア マタハリ	sunflower
秘密 ひみつ	kerahasiaan クラハスィアアン	secret
微妙 びみょう	sénsitivitas センスィティフィタス	delicacy
微妙な びみょう	sénsitif センスィティフ	delicate
悲鳴 ひめい	jeritan ジュリタン	scream
紐 ひも	tali タリ	string
冷やかす ひ	menertawakan ムヌルタワカン	to make fun of
百 ひゃく	ratus ラトゥス	hundred
日焼け ひ や	terbakar matahari トゥルバカル マタハリ	suntan
日焼けする ひ や	terbakar (sinar) matahari トゥルバカル (スィナル) マタハリ	to get sunburn
日焼け止め ひ や ど	pelindung sinar matahari プリンドゥン(グ) スィナル マタハリ	sunblock
冷やす ひ	mendinginkan ムンディン(グ)インカン	to cool
百科事典 ひゃっか じ てん	énsiklopédia エンスィクロペディア	encyclopedia
百貨店 ひゃっか てん	toko serba ada トコ スルバ アダ	department store
比喩 ひ ゆ	perumpamaan プルンパマアン	figure of speech
ビュッフェ	prasmanan プラスマナン	buffet
票 ひょう	suara スアラ	vote

ひ

日	インドネシア	英
ひょう 表	**daftar** ダフタル	chart
ひよう 費用	**biaya** ビアヤ	expense
びょう 秒	**detik** ドゥティッ	second
びよう 美容	**kecantikan** クチャンティカン	beauty
びよういん 美容院	**salon kecantikan** サロン クチャンティカン	beauty salon [shop]
びょういん 病院	**rumah sakit** ルマー サキ(ト)	hospital
ひょうか 評価	**penilaian** プニライアン	valuation
ひょうかする 評価する	**menilai** ムニライ	to evaluate
びょうき 病気	**penyakit** プニャキ(ト)	disease
ひょうげん 表現	**ungkapan** ウンカパン	expression
ひょうげんする 表現する	**mengungkapkan** ムン(グ)ウンカ(プ)カン	to express
ひょうご 標語	**slogan** スロガン	slogan
ひょうし 表紙	**sampul** サンプル	cover
びようし 美容師	**penata rambut** プナタ ランブ(ト)	hairdresser
ひょうしき 標識	**tanda / rambu** タンダ / ランブ	sign
びょうしゃ 描写	**déskripsi** デスクリプスイ	description
びょうしゃする 描写する	**mendéskripsikan** ムンデスクリプスイカン	to describe
ひょうじゅん 標準	**standar** スタンダル	standard
ひょうじょう 表情	**air muka** アイル ムカ	expression
びょうじょう 病状	**gejala penyakit** グジャラ プニャキ(ト)	medical condition

508　　ひょう ➡ びょうじょう

日	インドネシア	英
<ruby>表<rt>ひょう</rt></ruby><ruby>題<rt>だい</rt></ruby>	judul ジュドゥル	title
<ruby>平<rt>びょう</rt></ruby><ruby>等<rt>どう</rt></ruby>	kesetaraan クスタラアン	equality
<ruby>平<rt>びょう</rt></ruby><ruby>等<rt>どう</rt></ruby>な	setara スタラ	be equal
<ruby>漂<rt>ひょう</rt></ruby><ruby>白<rt>はく</rt></ruby><ruby>剤<rt>ざい</rt></ruby>	bahan pemutih バハン プムティー	bleach
<ruby>評<rt>ひょう</rt></ruby><ruby>判<rt>ばん</rt></ruby>	réputasi レプタスィ	reputation
<ruby>標<rt>ひょう</rt></ruby><ruby>本<rt>ほん</rt></ruby>	contoh チョントー	specimen
<ruby>表<rt>ひょう</rt></ruby><ruby>面<rt>めん</rt></ruby>	permukaan プルムカアン	surface
<ruby>病<rt>びょう</rt></ruby><ruby>歴<rt>れき</rt></ruby>	riwayat keséhatan リワヤ(ト) クセハタン	medical history
<ruby>評<rt>ひょう</rt></ruby><ruby>論<rt>ろん</rt></ruby>	kritik クリティッ	criticism
<ruby>評<rt>ひょう</rt></ruby><ruby>論<rt>ろん</rt></ruby>する	mengkritik ムンクリティッ	to criticize
ひょっとすると	jangan-jangan ジャン(グ)アン ジャン(グ)アン	be possible
ビラ	selebaran スルバラン	leaflet
<ruby>開<rt>ひら</rt></ruby>く	membuka ムンブカ	to open
<ruby>開<rt>ひら</rt></ruby>ける	dapat membuka ダパ(ト) ムンブカ	to open out
<ruby>平<rt>ひら</rt></ruby>たい	rata ラタ	flat
ひらめき (閃光)	kilat キラ(ト)	spark
ひらめき(アイデア)	inspirasi インスピラスィ	inspiration
びり	urutan terakhir ウルタン トゥルアヒル	the last
<ruby>比<rt>ひ</rt></ruby><ruby>率<rt>りつ</rt></ruby>	rasio ラスィオ	ratio
<ruby>肥<rt>ひ</rt></ruby><ruby>料<rt>りょう</rt></ruby>	pupuk ププッ	fertilizer

ひ

日	インドネシア	英
微量 びりょう	**jumlah sangat sedikit** ジュムラー サン(グ)ア(ト) スディキ(ト)	trace amount
昼 ひる	**siang** スィアン(グ)	noon
昼ごはん ひる	**makan siang** マカン スィアン(グ)	lunch
ビルディング	**gedung** グドゥン(グ)	building
昼寝（する） ひるね	**tidur siang** ティドゥル スィアン(グ)	(to take a) nap
昼間 ひるま	**siang hari** スィアン(グ) ハリ	daytime
ビルマ語 ご	**bahasa Myanmar** バハサ ミャンマル	Burmese (language)
昼休み ひるやす	**istirahat siang** イスティラハ(ト) スィアン(グ)	lunch break
比例 ひれい	**proporsi** プロポルスィ	proportion
比例した ひれい	**yang berbanding lurus** ヤン(グ) ブルバンディン(グ) ルルス	in proportion to
比例する ひれい	**berbanding lurus** ブルバンディン(グ) ルルス	in proportion to
ヒレ肉 にく	**(daging) has dalam** （ダギン(グ)）ハス ダラム	fillet
広い（幅） ひろ	**lébar** レバル	large
広い（面積） ひろ	**luas** ルアス	wide
ヒロイン	**pahlawan wanita** パーラワン ワニタ	heroine
拾う ひろ	**memungut** ムムン(グ)ウ(ト)	to pick up
披露 ひろう	**penampilan** プナンピラン	announcement
披露する ひろう	**menampilkan** ムナンピルカン	to announce
疲労 ひろう	**kelelahan** クルラハン	fatigue
疲労する ひろう	**lelah** ルラー	be tired of

日	インドネシア	英
広がる ひろ	meluas ムルアス	to spread
広げる ひろ	membébérkan ムンベベルカン	to spread
広さ ひろ	luas ルアス	size
広場 ひろ ば	lapangan / alun-alun ラパン(グ)アン / アルン アルン	plaza
広々 ひろびろ	lapang ラパン(グ)	open
広まり ひろ	meluas ムルアス	spread
広まる ひろ	meluas ムルアス	to spread
広める ひろ	menyebarkan ムニュバルカン	to broaden
瓶 びん	botol ボトル	bottle
～便 びん	penerbangan ~ プヌルバン(グ)アン	flight
敏感 びんかん	sénsitivitas センスィティフィタス	sensitivity
敏感な びんかん	sénsitif センスィティフ	sensitive
ピンク	mérah muda / pink メラー ムダ / ピンク	pink
貧血 ひんけつ	anémia アネミア	anemia
貧困 ひんこん	kemiskinan クミスキナン	poverty
品質 ひんしつ	kualitas / mutu クアリタス / ムトゥ	quality
品質管理 ひんしつかん り	pengendalian kualitas プン(グ)ウンダリアン クアリタス	quality control
貧弱 ひんじゃく	kelemahan クルマハン	meagerness
品種 ひんしゅ	ras / macam / jenis ラス / マチャム / ジュニス	variety
便箋 びんせん	kertas surat クルタス スラ(ト)	letter paper

日	インドネシア	英
ピンチ	keadaan mendesak クアダアン ムンドゥサッ	pinch
瓶詰め	kemasan botol クマサン ボトル	bottled
ヒンディー語	bahasa Hindi バハサ ヒンディ	Hindi (language)
ヒント	tips テイプス	hint
ヒンドゥー教	agama Hindu アガマ ヒンドゥ	Hinduism
頻繁	keseringan / kekerapan クスリン(グ)アン / ククラパン	frequency
頻繁な	sering / kerap スリン(グ) / クラ(プ)	frequent
頻繁に	dengan sering / kerap ドゥン(グ)アン スリン(グ) / クラ(プ)	frequently
貧乏	kemiskinan クミスキナン	poverty
貧乏な	miskin ミスキン	poor

▼ ふ，フ

ファーストクラス	kelas satu クラス サトゥ	first class
無愛想	ketidakramahan クティダックラマハン	bluntness
無愛想な	tidak ramah ティダッ ラマー	blunt
ファイル	berkas ブルカス	file
ファストフード	makanan cepat saji マカナン チュパ(ト) サジ	fast food
ファスナー	ritsléting リッスレティン(グ)	zipper
ファックス	faks ファクス	fax
ファックスする	mengirim faks ムン(グ)イリム ファクス	to fax
ファックス番号	nomor faks ノモル ファクス	fax number

日	インドネシア	英
ファッション	busana ブサナ	fashion
ファミリー企業	perusahaan keluarga プルサハアン クルアルガ	family company
ファン	penggemar プングマル	fan
不安	kecemasan クチュマサン	anxiety
不安な	cemas チュマス	be anxious
ファンデーション	bedak dasar ブダ(ク) ダサル	foundation
ファンド	dana / modal ダナ / モダル	fund
不意	mendadak ムンダダッ	sudden
不一致	ketidaksamaan クティダッサマアン	disagreement
フィットネスクラブ	pusat kebugaran プサ(ト) クブガラン	fitness club
フィリピノ語	bahasa Filipina (Tagalog) バハサ フィリピナ (タガロ(グ))	Filipino (language)
フィリピン	Filipina フィリピナ	the Philippines
フィリピン人	orang Filipina オラン(グ) フィリピナ	Filipino (people)
フィルター	penyaring / saringan プニャリン(グ) / サリンガン	filter
フィルム	film フィルム	film
封	ségel セグル	seal
ブーケ	bukét ブケ(ト)	bouquet
風景	pemandangan プマンダン(グ)アン	scenery
封鎖	pemblokiran プンブロキラン	blockade
封鎖する	memblokir ムンブロキル	to block

日	インドネシア	英
ふう し 風刺	satire / sindiran サティル / スィンディラン	satire
ふう し 風刺する	menyindir ムニインデイル	to satirize
ふうしゃ 風車	kincir angin キンチル アン(グ)イン	windmill
ふうしゅう 風習	kebiasaan / adat クビアサアン / アダ(ト)	customs
ブース	bilik ビリッ	booth
ふうせん 風船	balon バロン	balloon
ふうそく 風速	kecepatan angin クチュパタン アン(グ)イン	wind velocity [speed]
ふうぞく（風習） 風俗	adat / kebiasaan アダ(ト) / クビアサアン	custom
ふうぞく（風俗営業） 風俗	hiburan déwasa ヒブラン デワサ	adult entertainment
ふうちょう 風潮	trén トレン	trend
ブーツ	(sepatu) bot (スパトゥ) ボ(ト)	boots
ふう ど 風土	iklim イクリム	natural features
ふうとう 封筒	amplop アンプロ(プ)	envelop
ふう ふ 夫婦	suami istri スアミ イストリ	husband and wife
ブーム	naik daun ナイッ ダウン	boom
ふうりょく 風力	tenaga angin トゥナガ アン(グ)イン	wind power
ふうりょくはつでんしょ 風力発電所	pembangkit listrik tenaga angin プンバンキ(ト) リストリ(ク) トゥナガ アン(グ)イン	wind-power plant [station]
プール	kolam renang コラム ルナン(グ)	swimming pool
ふ うん 不運	kesialan クスィアラン	misfortune
ふ え 笛	suling スリン(グ)	flute

ふ

日	インドネシア	英
フェスティバル	féstival フェスティファル	festival
フェリー	(kapal) féri （カパル）フェリ	ferry
増える	bertambah ブルタンバー	to increase
フォアグラ	foie gras フォア グラ	goose liver
フォーク	garpu ガルプ	fork
フォーム	bentuk ブントゥッ	form
フォルダ	berkas ブルカス	folder
不可	gagal ガガル	failure
部下	bawahan バワハン	subordinate
深い	dalam ダラム	deep / profound
不快感	ketidaknyamanan クティダッニャマナン	discomfort
付加価値税	pajak pertambahan nilai パジャ(ク) プルタンバハン ニライ	value-added tax
不可欠	keperluan クプルルアン	essentiality
不可欠な	vital フィタル	essential
深さ	kedalaman クダラマン	depth
不可能	kemustahilan クムスタヒラン	impossibility
不可能な	mustahil ムスタヒル	impossible
ブカブカ（浮く）	terapung-apung トゥルアプン(グ) アプン(グ)	buoyantly / to float
深まる	mendalam ムンダラム	to become deeper
深める	mendalami / mendalamkan ムンダラミ / ムンダラムカン	to deepen

ふ

日	インドネシア	英
不完全 ふ かんぜん	ketidaklengkapan クティダッルンカパン	incompleteness
不完全な ふ かんぜん	yang tidak sempurna ヤン（グ）ティダッ スンプルナ	incomplete
武器 ぶ き	senjata スンジャタ	weapon
吹き替え ふ か	alih suara アリー スアラ	dubbing
不規則 ふ き そく	ketidakteraturan クティダットゥルアトゥラン	irregularity
不規則な ふ き そく	tidak teratur / tidak bérés ティダッ トゥルアトゥル ／ ティダッ ベレス	irregular
不吉 ふ きつ	kesialan クスィアラン	unluckiness
不吉な ふ きつ	sial スィアル	unlucky
吹出物 ふき で もの	jerawat ジュラワ（ト）	pimple
不気味 ふ き み	keseraman クスラマン	weirdness
不気味な ふ き み	seram スラム	weird
普及 ふ きゅう	penyebaran プニュバラン	diffusion
普及する ふ きゅう	meluas / memasyarakat ムルアス ／ ムマシャラカ（ト）	to diffuse
不況 ふ きょう	résési / kelesuan ékonomi / déprési レセスィ ／ クルスアン エコノミ ／ デプレスィ	recession
不器用 ふ きよう	kecanggungan クチャングン（グ）アン	awkwardness
不器用な ふ きよう	canggung チャングン（グ）	awkward
付近 ふ きん	sekitar スキタル	vicinity
布巾 ふ きん	kain pél カイン ペル	dish towel
服 ふく	pakaian パカイアン	clothes
福 ふく	keberuntungan クブルウントゥン（グ）アン	fortune

ふ

日	インドネシア	英
（息を）吹く	meniup / menghembus ムニゥ(プ) / ムン(グ)フンブス	to blow
（笛を）吹く	meniup ムニゥ(プ)	to whistle
（風が）吹く	bertiup ブルティゥ(プ)	to wind
拭く	menyéka ムニェカ	to wipe
噴く	mengeluarkan ムン(グ)ウルアルカン	to blow
副業	kerja sampingan クルジャ サンピン(グ)アン	side job
複合	gabungan ガブン(グ)アン	compound
複合する	bergabung ブルガブン(グ)	to compound
複雑	kerumitan クルミタン	complexity
複雑な	rumit ルミ(ト)	complex
副作用	éfék samping エフェッ サンピン(グ)	side effect
副詞	advérbia ア(ド)フェルビア	adverb
福祉	kesejahteraan クスジャートゥラアン	welfare
複写	fotokopi フォトコピ	copy
複写する	memfotokopi ムンフォトコピ	to copy
復習	pengulangan プン(グ)ウラン(グ)アン	review
復習する	mengulang ムン(グ)ウラン(グ)	to review
復讐	balas dendam バラス ドゥンダム	retaliation
復讐する	membalas dendam ムンバラス ドゥンダム	to retaliate
服従	kepatuhan クパトゥハン	obedience

ふ

日	インドネシア	英
ふくじゅう 服従する	tunduk / patuh トゥンドゥッ / パトゥー	to obey
ふくすう 複数	jamak ジャマッ	plural
ふくせい 複製	duplikat ドゥプリカ(ト)	reproduction
ふくせい 複製する	menduplikat ムンドゥプリカ(ト)	to reproduce
ふくそう 服装	busana ブサナ	clothes
ふくつう 腹痛	sakit perut サキ(ト) プル(ト)	stomachache
ふく 含む	mengandung / termasuk ムン(グ)アンドゥン(グ) / トゥルマスッ	to include
ふくめん 覆面	topéng トペン(グ)	mask
ふくよう 服用	konsumsi obat コンスムスィ オバ(ト)	taking (medicine)
ふくよう 服用する	minum obat ミヌム オバ(ト)	to take (medicine)
ふくようりょう 服用量	dosis ドスィス	dose
ふくらはぎ	betis ブティス	calf
ふく 膨らます	membengkakkan ムンブンカッカン	to blow up
ふく 膨らむ	membengkak ムンブンカッ	to swell out
ふく 膨らむ (布が風で)	mengembung ムン(グ)ウンブン(グ)	to billow
ふく 膨らんだ	mengembung / bengkak ムン(グ)ウンブン(グ) / ブンカッ	inflated
ふく 膨れる	bengkak ブンカッ	to swell
ふくろ 袋	kantong カントン(グ)	bag
フクロウ	burung hantu ブルン(グ) ハントゥ	owl
ふくろこうじ 袋 小路	jalan buntu ジャラン ブントゥ	dead-end street

日	インドネシア	英
不景気 ふ けい き	résési レセスィ	recession
不潔 ふ けつ	kekotoran クコトラン	dirtiness
不潔な ふ けつ	kotor コトル	dirty
更ける ふ	larut ラル(ト)	to get late
老ける ふ	menua ムヌア	to become old
耽る ふけ	tergila-gila トゥル ギラ	to indulge
不幸 ふ こう	ketidakbahagiaan クティダッバハギアアン	unhappiness
不幸な ふ こう	tidak bahagia ティダッ バハギア	unhappy
富豪 ふ ごう	hartawan ハルタワン	rich person
符号 ふ ごう	tanda タンダ	code
布告 ふ こく	déklarasi デクララスィ	proclamation
布告する ふ こく	mendéklarasikan ムンデクララスィカン	to proclaim
ブザー	bél ベル	buzzer
夫妻 ふ さい	suami istri スアミ イストリ	husband and wife
負債 ふ さい	hutang フタン(グ)	debt
不在 ふ ざい	tidak ada di tempat ティダッ アダ ディ トゥンパ(ト)	absence
塞がる ふさ	tertutup トゥルトゥトゥ(プ)	be closed
塞ぐ ふさ	menutup ムヌトゥ(プ)	to close
塞ぐ（遮る） ふさ	menghalangi / menghadang ムンハラン(グ)イ / ムンハダン(グ)	to block
ふざける	berkelakar / bermain-main ブルクラカル / ブルマイン マイン	to make fun of

日	インドネシア	英
ふさわしい	pantas / layak パンタス / ラヤッ	suitable
節	buku ブク	joint
武士	ksatria クサトリア	samurai
無事	keselamatan クスラマタン	safety
無事な	selamat スラマ(ト)	safe
不思議	keajaiban クアジャイバン	mystery
不思議な	ajaib アジャイ(ブ)	mysterious
不自由	kecacatan クチャチャタン	inconvenience
不自由な	cacat チャチャ(ト)	inconvenient
不十分	kekurangan ククラン(グ)アン	insufficiency
不十分な	tidak cukup ティダッ チュク(プ)	insufficient
不順	ketidakteraturan クティダットゥラトゥラン	irregularity
不順な	tidak teratur / tidak bérés ティダッ トゥラアトゥル / ティダッ ベレス	irregular
部署	bagian バギアン	department
負傷	luka ルカ	injury
負傷する	cedera / terluka チュドゥラ / トゥルルカ	to get injured
腐食	korosi コロスィ	corrosion
腐食する	(terjadi) korosi (トゥルジャディ) コロスィ	to corrode
侮辱	penghinaan プン(グ)ヒナアン	insult
侮辱する	menghina ムンヒナ	to insult

ふ

日	インドネシア	英
不審 ふしん	kecurigaan クチュリガアン	doubt
不審な ふしん	mencurigakan ムンチュリガカン	doubtful
不振 ふしん	kemerosotan クムロソタン	slump
不振な ふしん	tidak aktif ティダッ アクティフ	be dull
夫人 ふじん	nyonya ニョニャ	wife
婦人 ふじん	wanita ワニタ	lady
婦人科医 ふじんかい	dokter spésialis obstétri dan ginékologi ドクトゥル スペスィアリス オブステトリ ダン ギネコロギ	gynecologist
不親切 ふしんせつ	ketidakramahan クティダッラマハン	unkindness
不親切な ふしんせつ	tidak ramah ティダッ ラマー	unkind
部数 ぶすう	oplah オプラー	number of copies
襖 ふすま	pintu fusuma ピントゥ フスマ	fusuma (paper sliding door)
不正 ふせい	kecurangan クチュラン(グ)アン	corruption
不正な ふせい	curang チュラン(グ)	corrupt
防ぐ ふせ	mencegah ムンチュガー	to prevent
武装 ぶそう	persenjataan ブルスンジャタアン	armament
武装する ぶそう	bersenjata ブルスンジャタ	to arm oneself
不測の ふそく	tak terduga タットゥルドゥガ	unforeseen
不足 ふそく	kekurangan ククラン(グ)アン	inadequacy
不足する ふそく	berkurang ブルクラン(グ)	inadequate
付属 ふぞく	perlengkapan ブルルンカパン	accessories

日	インドネシア	英
付属する ふ ぞく	dilengkapi ディルンカピ	be attached to
蓋 ふた	tutup トゥトゥ(プ)	lid
札（番号札など） ふだ	labél ラベル	tag
札（タグ） ふだ	tanda タンダ	tag
札（トランプなどの） ふだ	kartu カルトゥ	playing cards
豚 ぶた	babi バビ	pig
舞台 ぶ たい	panggung パングン(グ)	stage
双子 ふた ご	kembar クンバル	twin
再び ふたた	lagi ラギ	again
２つ	dua buah ドゥア ブアー	two
豚肉 ぶたにく	daging babi ダギン(グ) バビ	pork
負担 ふ たん	tanggung jawab タングン(グ) ジャワ(プ)	burden
負担（精神的重荷） ふ たん	beban ブバン	burden
負担する ふ たん	menanggung ムナングン(グ)	to bear
普段 ふ だん	biasa ビアサ	usual
普段着 ふ だん ぎ	baju sehari-hari バジュ スハリ ハリ	casual wear
縁 ふち	tepi トゥピ	edge
不注意 ふ ちゅう い	kecerobohan クチュロボハン	carelessness
不注意な ふ ちゅう い	ceroboh チュロボー	careless
不調 ふ ちょう	keadaan buruk クアダアン ブルッ	bad condition

日	インドネシア	英
不調な	buruk ブルッ	be in a bad condition
部長	kepala bagian クパラ バギアン	chief of department
打つ	memukul ムムクル	to hit
不通	interupsi イントゥルプスィ	interruption
普通	kebiasaan クビアサアン	ordinariness
普通な	biasa ビアサ	ordinary
二日 (日付)	tanggal dua タンガル ドゥア	the second day
二日 (期間)	dua hari ドゥア ハリ	two days
普通預金	rékening tabungan レクニン(グ) タブン(グ)アン	savings account
物価	harga barang ハルガ バラン(グ)	prices
復活	kebangkitan クバンキタン	revival
復活する	bangkit バンキ(ト)	to revive
二日酔い	mual setelah minum minuman beralkohol terlalu banyak semalam ムアル ストゥラー ミヌム ミヌマン ブルアルコホル トゥルラル バニャッ スマラム	hangover
ぶつかる	menabrak ムナブラッ	to hit
物議	kontrovérsi コントロフェルスィ	criticism
復旧	pemulihan プムリハン	restoration
復旧する	pulih プリー	to restore
仏教	agama Buddha アガマ ブッダ	Buddhism
仏教徒	Buddhis ブディス	Buddhist

日	インドネシア	英
ぶつける	menabrakkan ムナブラッカン	to knock
復興 ふっこう	rékonstruksi レコンストルクスイ	reconstruction
復興する ふっこう	bangkit バンキ(ト)	to reconstruct
物資 ぶっし	suplai / pasokan スプライ / パソカン	supplies
物質 ぶっしつ	matéri マテリ	material
仏像 ぶつぞう	patung Buddha パトゥン(グ) ブッダ	statue of Buddha
物騒な ぶっそう	berbahaya ブルバハヤ	dangerous
物体 ぶったい	benda / objék ブンダ / オブジェッ	object
沸騰 ふっとう	didih ディディー	boiling
沸騰する ふっとう	mendidih ムンディディー	to boil
仏塔 ぶっとう	pagoda パゴダ	pagoda
ブツブツ (言う)	berbisik ブルビスィッ	to mumble
物理 ぶつり	fisika フィスィカ	physics
筆 ふで	kuas クアス	brush
ふと	tiba-tiba ティバ ティバ	by chance
太い ふとい	gemuk グムッ	thick
不当 ふとう	ketidakadilan クティダカディラン	injustice
不当な ふとうな	tidak adil ティダッ アディル	unjust
ブドウ	anggur アングル	grapes
不動産 ふどうさん	properti プロプルティ	real estate

日	インドネシア	英
<ruby>不動産屋<rt>ふ どうさん や</rt></ruby>	perusahaan properti プルサハアン プロプルティ	real estate agent [office]
<ruby>不得意<rt>ふ とく い</rt></ruby>	tidak pandai ティダッ パンダイ	being poor at *sth*
<ruby>太腿<rt>ふともも</rt></ruby>	paha パハ	thigh
<ruby>太る<rt>ふと</rt></ruby>	(menjadi) gemuk (ムンジャディ) グムッ	to grow fat
<ruby>布団<rt>ふ とん</rt></ruby>	kasur カスル	bedding
<ruby>船荷証券<rt>ふな に しょうけん</rt></ruby>	konosemén コノスメン	bill of landing
<ruby>船便<rt>ふなびん</rt></ruby>	pos laut ポス ラウ(ト)	shipping
<ruby>船酔い<rt>ふな よ</rt></ruby> (する)	mabuk laut マブッ ラウ(ト)	seasickness / to get seasick
<ruby>無難<rt>ぶ なん</rt></ruby>	keamanan クアマナン	safety
<ruby>無難な<rt>ぶ なん</rt></ruby>	aman アマン	safe
<ruby>赴任<rt>ふ にん</rt></ruby>	penugasan プヌガサン	departure for one's new post
<ruby>赴任する<rt>ふ にん</rt></ruby>	ditugaskan (ke) ディトゥガスカン (ク)	to leave for one's new post
<ruby>船<rt>ふね</rt></ruby>	kapal (laut) カパル (ラウ(ト))	ship
プノンペン	Phnom Penh プノム ペン	Phnom Penh
<ruby>腐敗<rt>ふ はい</rt></ruby> (腐る)	pembusukan プンブスカン	decay
<ruby>腐敗<rt>ふ はい</rt></ruby> (不正)	kebusukan / penyeléwéngan クブスカン / プニュレウェン(グ)アン	corruption
<ruby>腐敗する<rt>ふ はい</rt></ruby> (腐る)	membusuk ムンブスッ	to go bad
<ruby>腐敗する<rt>ふ はい</rt></ruby> (不正)	menyeléwéng ムニュレウェン(グ)	corrupt
<ruby>不評<rt>ふ ひょう</rt></ruby>	ketidakpopuléran クティダッポプレラン	unpopularity
<ruby>不評な<rt>ふ ひょう</rt></ruby>	tidak disukai ティダッ ディスカイ	unpopular

ふ

日	インドネシア	英
ぶひん 部品	komponén コンポネン	parts
ふぶき 吹雪	badai salju バダイ サルジュ	blizzard
ふふく 不服	ketidakpuasan クティダップアサン	dissatisfaction
ふふくな 不服な	berkeberatan ブルクブラタン	be dissatisfied with
ぶぶん 部分	bagian バギアン	part
ふへい 不平	keluhan クルハン	complaint
ふべん 不便	ketidakpraktisan クティダップラクティサン	inconvenience
ふべんな 不便な	tidak praktis ティダッ プラクティス	inconvenient
ふへんてきな 普遍的な	universal ウニフルサル	universal
ふぼ 父母	orang tua オラン(グ) トゥア	parents
ふまえる 踏まえる	mendasarkan ムンダサルカン	be grounded
ふまん 不満	ketidakpuasan クティダップアサン	dissatisfaction
ふまんな 不満な	tidak puas ティダッ プアス	be dissatisfied with
ふみきり 踏み切り	perlintasan プルリンタサン	railroad crossing
ふみこむ 踏み込む	melangkah ムランカー	to step into
ふみんしょう 不眠症	insomnia インソムニア	insomnia
ふむ 踏む	menginjak ムン(グ)インジャッ	to step
ふめい 不明	ketidakjelasan クティダッ(ク)ジュラサン	obscurity
ふめいな 不明な	tidak jelas ティダッ ジュラス	obscure
ふもと 麓	kaki gunung カキ グヌン(グ)	foot

日	インドネシア	英
部門 ぶもん	bagian バギアン	department
増やす ふやす	menambahkan ムナンバーカン	to increase
冬 ふゆ	musim dingin ムスィム ディン(グ)イン	winter
不愉快 ふゆかい	ketidaksenangan クティダッスナン(グ)アン	discomfort
不愉快な ふゆかいな	tidak senang ティダッ スナン(グ)	discomforting
扶養 ふよう	pemeliharaan プムリハラアン	support
扶養する ふようする	menghidupi ムンヒドゥピ	to support
フライト	penerbangan プヌルバン(グ)アン	flight
フライパン	panci パンチ	frying pan
プライベート	kepribadian クプリバディアン	privacy
プライベートな	pribadi プリバディ	private
ブラインド	kerai クライ	window shade
ブラウザ	peramban プランバン	browser
ブラウス	blus ブルス	blouse
ぶら下げる ぶらさげる	menggantungkan ムンガントゥンカン	to hang
ブラシ	sikat スィカ(ト)	brush
ブラジャー	BH ベーハー	brassiere
ブラジル	Brasil ブラスィル	Brazil
プラス	plus プルス	plus
プラスチック	plastik プラスティッ	plastic

日	インドネシア	英
プラットホーム	péron ペロン	platform
ふらふらする （安定しない）	tidak stabil ティダッ スタビル	be unstable
ふらふらする （発熱などで体が）	pening プニン(グ)	be dizzy
ぶらぶらする （揺れる様子）	berayun ブルアユン	to dangle
ぶらぶらする （あてもなく歩き回る）	berkeliaran ブルクリアラン	to wander
ぶらぶらする （仕事をしない様子）	berpangku tangan ブルパンク タン(グ)アン	to go on sabotage
プラン	rencana ルンチャナ	plan
フランス	Perancis プランチス	France
フランス語	bahasa Perancis バハサ プランチス	French (language)
フランス人	orang Perancis オラン(グ) プランチス	French (people)
ブランデー	bréndi ブレンディ	brandy
ブランド	mérek メレッ	brand
ブランド品	barang bermérek バラン(グ) ブルメレッ	brand-name product [goods]
不利	keadaan yang merugikan クアダアン ヤン(グ) ムルギカン	disadvantage
不利な	merugikan ムルギカン	disadvantageous
フリーズする	hang ハン(グ)	to freeze
不利益	kerugian クルギアン	disadvantage
振替	pergantian プルガンティアン	transfer
振り返る	menoléh ke belakang ムノレー ク ブラカン(グ)	to look back
振り込み	transfer / pengiriman トランスフル / プン(グ)イリマン	bank transfer

日	インドネシア	英
振り出し ふ・だ	permulaan プルムラアン	beginning
プリペイドカード	kartu prabayar カルトゥ プラバヤル	prepaid card
プリペイド携帯 けいたい	ponsél prabayar ポンセル プラバヤル	prepaid cell-phone [cellular phone, mobile phone]
振り向く ふ・む	menoléh ke belakang ムノレー ク ブラカン(グ)	to turn around
不良 ふ りょう	kecacatan / kerusakan クチャチャタン / クルサカン	defect
不良な ふ りょう	cacat / rusak チャチャ(ト) / ルサ(ク)	defective
不良品 ふ りょうひん	apkir / barang (yang) rusak アプキル / バラン(グ) (ヤン(グ)) ルサ(ク)	defective product [goods]
不良率 ふ りょうりつ	perséntase barang yang rusak プルセンタス バラン(グ) ヤン(グ) ルサ(ク)	defectiveness rate
浮力 ふ りょく	daya apung ダヤ アプン(グ)	buoyancy
武力 ぶ りょく	kekuatan militér ククアタン ミリテル	force
(〜の) ふりをする	berpura-pura ~ ブルプラ プラ	to pretend
不倫 ふ りん	perselingkuhan ブルスリンクハン	extramarital love
不倫する ふ りん	berselingkuh ブルスリンクー	to make immorality
プリン	puding プディン(グ)	pudding
プリント	pencétakan プンチェタカン	printing
プリントする	mencétak ムンチェタッ	to print
降る ふ	turun トゥルン	to fall
振る ふ	mengayunkan ムン(グ)アユンカン	to wave
振る (振って散らす) ふ	membubuhi / memberi ムンブブヒ / ムンブリ	shake
振る (割り当てる) ふ	menjatahkan ムンジャターカン	to allot

日	インドネシア	英
振る (求愛などを拒否する)	menolak ムノラッ	to reject
古い	tua / lama トゥア / ラマ	old
古い（新鮮でない）	layu / basi ラユ / バスィ	aged
フルーツ	buah-buahan ブアー ブアハン	fruit
震える	bergetar / gemetar ブルグタル / グムタル	to shiver
故郷	kampung halaman カンプン(グ) ハラマン	hometown
ブルネイ	Brunéi ブルネイ	Brunei
ブルネイ人	orang Brunéi オラン(グ) ブルネイ	Bruneian (people)
フルネーム	nama lengkap ナマ ルンカ(プ)	full name
振る舞う	bersikap / berperilaku ブルスィカ(プ) / ブルプリラク	to behave
震わせる	menggetarkan ムングタルカン	to make *sth* tremble
無礼	ketidaksopanan クティダッソパナン	impoliteness
無礼な	tidak sopan / kurang ajar ティダッ ソパン / クラン(グ) アジャル	impolite
ブレーキ	rém レム	brake
プレゼンテーション	préséntasi プレセンタスィ	presentation
プレゼント	hadiah ハディアー	present
プレゼントする	memberi hadiah ムンブリ ハディアー	to give a present
プレッシャー	tekanan トゥカナン	pressure
触れる	menyentuh ムニュントゥー	to touch
振れる	berayun-ayun / bergoyang ブルアユン アユン / ブルゴヤン(グ)	to swing

日	インドネシア	英
風呂 (ふ ろ)	kamar mandi カマル マンディ	bath
プロ	profési プロフェスィ	professional
ブローチ	bros ブロス	brooch
付録 (ふ ろく)	suplemén / tambahan スプルメン / タンバハン	appendix
プログラム	program プログラム	program
プロジェクト	proyék プロイエッ	project
風呂敷 (ふ ろ しき)	kain pembungkus カイン プンブンクス	square cloth for wrapping
プロセス	prosés プロセス	process
ブロッコリー	brokoli ブロコリ	broccoli
プロペラ	baling-baling バリン(グ) バリン(グ)	propeller
プロポーズ	peminangan プミナン(グ)アン	proposal
プロポーズする	meminang ムミナン(グ)	to propose
プロモーション	promosi プロモスィ	promotion
フロント	depan ドゥパン	front
フロントガラス	kaca depan カチャ ドゥパン	windshield
ふわふわした (柔らかい)	lembut ルンブ(ト)	fluffy
ふわふわした (落ち着かない)	gelisah グリサー	frivolous
～分 (ふん)	～ menit ムニ(ト)	minute
文 (ぶん)	kalimat カリマ(ト)	sentence
雰囲気 (ふん い き)	suasana スアサナ	atmosphere

日	インドネシア	英
ふん か 噴火	letusan / érupsi ルトゥサン / エルプスィ	eruption
ふん か 噴火する	meletus ムルトゥス	to erupt
ぶん か 文化	kebudayaan / budaya クブダヤアン / ブダヤ	culture
ふんがい 憤慨	kegeraman クグラマン	indignation
ふんがい 憤慨する	geram グラム	be indignant
ぶんかい 分解	analisa アナリサ	analysis
ぶんかい 分解する	menganalisa ムン(グ)アナリサ	to analyze
ぶんがく 文学	sastra / kesusastraan サストラ / クススストラアン	literature
ぶん か ざい 文化財	warisan budaya ワリサン ブダヤ	cultural assets
ぶんぎょう 分業	pembagian tugas プンバギアン トゥガス	division of work [labor]
ぶんぎょう 分業する	membagi tugas ムンバギ トゥガス	to divide the work [labor]
ぶんげい 文芸	kesusastraan クススサストラアン	literary art
ぶんけん 文献	pustaka プスタカ	literature
ぶん ご 文語	bahasa tulisan バハサ トゥリサン	written language
ぶん こ ほん 文庫本	buku saku ブク サク	paperback book
ぶんさん 分散	pemencaran プムンチャラン	scattering
ぶんさん 分散する	bersérak / berpencar ブルセラッ / ブルプンチャル	to scatter
ぶん し（分数の） 分子	pembilang プンビラン(グ)	numerator
ぶん し（原子の結合体） 分子	molékul モレクル	molecule
ふんしつ 紛失（する）	kehilangan クヒラン(グ)アン	loss / to lose

日	インドネシア	英
ふんしゅつ 噴出	letusan / érupsi ルトゥサン / エルプスイ	eruption
ふんしゅつ 噴出する	meletus ムルトゥス	to erupt
ぶんしょ 文書	dokumén ドクメン	document
ぶんしょう 文章	kalimat カリマ(ト)	sentence
ふんすい 噴水	air mancur アイル マンチュル	fountain
ぶんすう 分数	fraksi フラクスイ	fraction
ぶんせき 分析	analisis アナリスイス	analysis
ぶんせき 分析する	menganalisis ムン(グ)アナリスイス	to analyze
ふんそう 紛争	sengkéta / konflik スンケタ / コンフリッ	dispute
ふんそう 紛争する	bersengkéta ブルスンケタ	to dispute
ぶんたい 文体	gaya kalimat ガヤ カリマ(ト)	style
ふんだんに	banyak バニャッ	abundantly
ぶんたん 分担	pembagian プンバギアン	division
ぶんたん 分担する	membagi ムンバギ	to divide
ふんとう 奮闘	berusaha ブルウサハ	struggle
ふんとう 奮闘する	berjuang ブルジュアン(グ)	to struggle
ぶんぱい 分配	distribusi ディストリブスイ	distribution
ぶんぱい 分配する	mendistribusikan ムンディストリブスイカン	to distribute
ぶんぷ 分布	distribusi ディストリブスイ	distribution
ぶんぷ 分布する	mendistribusikan ムンディストリブスイカン	to distribute

日	インドネシア	英
ふんべつ 分別	kesaksamaan / kebijaksanaan クサクサマアン / クビジャクサナアン	discretion
ぶんべつ 分別（分けること）	pemisahan プミサハン	classification
ぶんべつ 分別する（分ける）	memisahkan ムミサーカン	to classify
ぶんぼ 分母	penyebut プニュブ(ト)	denominator
ぶんぽう 文法	tata bahasa タタ バハサ	grammar
ぶんぼうぐ 文房具	alat tulis アラ(ト) トゥリス	stationery
ぶんぼうぐてん 文房具店	toko alat tulis トコ アラ(ト) トゥリス	stationery store
ふんまつ 粉末	bubuk / serbuk ブブッ / スルブッ	powder
ぶんみゃく 文脈	kontéks コンテクス	context
ぶんめい 文明	peradaban プルアダバン	civilization
ぶんや 分野	bidang ビダン(グ)	field
ぶんり 分離	pemisahan プミサハン	separation
ぶんり 分離する	memisahkan ムミサーカン	to separate
ぶんりょう 分量	kuantitas クアンティタス	quantity
ぶんるい 分類	klasifikasi クラスィフィカスィ	classification
ぶんるい 分類する	mengklasifikasi ムンクラスィフィカスィ	to classify
ぶんれつ 分裂	pembagian プンバギアン	division
ぶんれつ 分裂する	terbelah トゥルブラー	to divide

▼ へ，ヘ

ペア	pasangan パサン(グ)アン	pair

日	インドネシア	英
ヘアスタイル	**gaya rambut** ガヤ ランブ(ト)	hairstyle
ヘアスプレー	**semprot rambut** スンプロッ(ト) ランブ(ト)	hair spray
へい 塀	**pagar** パガル	wall
へいかい 閉会	**penutupan** プヌトゥパン	closure
へいかい 閉会する	**menutup acara** ムヌトゥ(プ) アチャラ	to close a meeting
へいき 兵器	**senjata / persenjataan** スンジャタ / プルスンジャタアン	weapon
へいき 平気	**tidak apa-apa** ティダッ アパ アパ	to remain cool
へいきん 平均	**rerata / rata-rata** ルラタ / ラタ ラタ	average
へいきん 平均する	**merata-ratakan** ムラタ ラタカン	to average
へいこう（な） 平行	**paralél** パラレル	(be in) parallel
へいこう 並行	**bertumpuk** ブルトゥンプッ	overlap
へいこう 並行する	**serentak / bersamaan waktunya** スルンタッ / ブルサマアン ワクトゥニャ	to go side-by-side
へいこう（する） 閉口	**termangu** トゥルマン(グ)ウ	embarrassment / be embarrassed
へいさ 閉鎖	**pemblokiran** プンブロキラン	blockage
へいさ 閉鎖する	**memblokir** ムンブロキル	to block
へいし 兵士	**tentara / prajurit / laskar** トゥンタラ / プラジュリ(ト) / ラスカル	soldier
へいじつ 平日	**hari kerja** ハリ クルジャ	weekday
へいじょう 平常	**biasa** ビアサ	ordinary
へいたい 兵隊	**prajurit** プラジュリ(ト)	soldier
へいち 平地	**dataran** ダタラン	level land [ground]

日	インドネシア	英
へいてん 閉店	tutup toko トゥトゥ(プ) トコ	closing a store
へいてん 閉店する	tutup トゥトゥ(プ)	to close a store for the day
へいねつ 平熱	suhu badan normal スフ バダン ノルマル	normal temperature
へいほう 平方	persegi プルスギ	square
へいぼん 平凡（な）	biasa ビアサ	ordinariness / ordinary
へいめん 平面	bidang datar ビダン(グ) ダタル	flat
へいや 平野	padang パダン(グ)	plain
へいれつ 並列	paralél / sejajar パラレル / スジャジャル	parallel
へいれつ 並列する	berjajar / berjéjér ブルジャジャル / ブルジェジェル	to stand in a row
へいわ 平和	kedamaian / perdamaian クダマイアン / プルダマイアン	peace
へいわ 平和な	damai ダマイ	peaceful
ベーコン	irisan daging babi イリサン ダギン(グ) バビ	bacon
ページ	halaman ハラマン	page
ベージュ	warna abu-abu kecoklatan ワルナ アブ アブ クチョクラタン	beige
ベース	dasar ダサル	base
へきえき 辟易する	bosan / jenuh / jemu (akan) ボサン / ジュヌ / ジュム （アカン）	be bored with
へこ 凹む	melekuk ムルクッ	to get dented
へこ 凹んだ	dekok ドゥコッ	dented
ベジタリアン	végétarian フェゲタリアン	vegetarian
ベスト	terbaik トゥルバイッ	best

日	インドネシア	英
ベストセラー	terlaris トゥルラリス	best-seller
<ruby>臍<rt>へそ</rt></ruby>	pusar プサル	navel
<ruby>下手<rt>へた</rt></ruby>	kejanggalan / kekakuan クジャンガラン / クカクアン	awkwardness
<ruby>下手<rt>へた</rt></ruby>な	kurang pandai クラン(グ) パンダイ	awkward
<ruby>隔<rt>へだ</rt></ruby>たる	berjarak ブルジャラッ	be distant
<ruby>隔<rt>へだ</rt></ruby>てる	menjauhkan ムンジャウーカン	to set apart
ペダル	pédal ペダル	pedal
<ruby>別<rt>べつ</rt></ruby>	yang lain ヤン(グ) ライン	difference
<ruby>別居<rt>べっきょ</rt></ruby>	pisah rumah ピサー ルマー	separation
<ruby>別居<rt>べっきょ</rt></ruby>する	berpisah rumah ブルピサー ルマー	to live separately
<ruby>別荘<rt>べっそう</rt></ruby>	vila フィラ	summer house
<ruby>別途<rt>べっと</rt></ruby>	secara terpisah スチャラ トゥルピサー	separately
ベッド	ranjang ランジャン(グ)	bed
ペット	binatang peliharaan ビナタン(グ) プリハラアン	pet
ベッドカバー	spréi スプレイ	bedspread
ヘッドフォン	headset ヘ(ド)セ(ト)	headphones
ペットボトル	botol plastik ボトル プラスティッ	plastic bottle
ヘッドライト	lampu kepala ランプ クパラ	head light
<ruby>別<rt>べつ</rt></ruby>に（別段）	biasa saja ビアサ サジャ	nothing special
<ruby>別々<rt>べつべつ</rt></ruby>	pemisahan / sendiri-sendiri プミサハン / スンディリ スンディリ	separation

日	インドネシア	英
別々な べつべつ	lain / berbéda ライン / ブルベダ	separate
別料金 べつりょうきん	biaya tambahan ビアヤ タンバハン	extra
ペディキュア	pédikur ペディクル	pedicure
ベテラン	pensiunan / véteran ブンスィウナン / フェトゥラン	veteran
ベトナム	Viétnam フィエ(ト)ナム	Vietnam
ベトナム語 ご	bahasa Viétnam バハサ フィエ(ト)ナム	Vietnamese (language)
ベトナム人 じん	orang Viétnam オラン(グ) フィエ(ト)ナム	Vietnamese (people)
ヘビ	ular ウラル	snake
部屋 へや	kamar / ruang カマル / ルアン(グ)	room
部屋番号 へ や ばんごう	nomor kamar ノモル カマル	room number
減らす へ	mengurangi ムン(グ)ウラン(グ)イ	to reduce
減る へ	berkurang ブルクラン(グ)	to decrease
ベランダ	beranda ブランダ	balcony
縁 へり	kelim / lipitan クリム / リピタン	hem
ヘリコプター	hélikopter ヘリコプトゥル	helicopter
ベル	bél ベル	bell
ヘルスメーター	timbangan badan ティンバン(グ)アン バダン	bathroom scales
ベルト	sabuk サブッ	belt
ヘルニア	hérnia ヘルニア	hernia
ヘルメット	hélm ヘルム	helmet

日	インドネシア	英
^{へん}変	keanéhan クアネハン	strangeness
^{へん}変な	anéh アネー	strange
^{へん}辺	sisi スイスイ	side
ペン	pulpén プルペン	pen
^{へんあつ き}変圧器	transformator / trafo トランスフォルマトル / トラフォ	transformer
^{へん か}変化	perubahan プルウバハン	change
^{へん か}変化する	berubah プルウバー	to change
^{べんかい}弁解	dalih / alasan ダリー / アラサン	excuse
^{べんかい}弁解する	menjelaskan alasan ムンジュラスカン アラサン	to make excuse
^{へんかく}変革	transformasi トランスフォルマスイ	transformation
^{へんかく}変革する	bertransformasi プルトランスフォルマスイ	to transform
^{べんガル ご}ベンガル語	bahasa Bengali バハサ ブンガリ	Bengali (language)
^{へんかん}返還	pengembalian プン(グ)ウンバリアン	return
^{へんかん}返還する	mengembalikan ムン(グ)ウンバリカン	to return
^{べん き}便器	klosét クロセ(ト)	toilet bowl
^{べん ぎ}便宜	kenyamanan クニャマナン	convenience
ペンキ	cat チャ(ト)	paint
^ぬペンキを塗る	mengecat ムン(グ)ウチャ(ト)	to paint
^{へんきゃく}返却	pengembalian プン(グ)ウンバリアン	return
^{へんきゃく}返却する	mengembalikan ムン(グ)ウンバリカン	to return

日	インドネシア	英
べんきょう 勉強	pelajaran プラジャラン	study
べんきょう 勉強する	belajar ブラジャル	to study
へんけん 偏見	prasangka プラサンカ	prejudice
べんご 弁護	pembélaan プンベラアン	defense
へんこう 変更	pengubahan プン(グ)ウバハン	alternation
へんこう 変更する	mengubah ムン(グ)ウバー	to alter
べんごし 弁護士	pengacara プン(グ)アチャラ	lawyer
べんご 弁護する	membéla ムンベラ	to defend
へんさい 返済	pembayaran utang プンバヤラン ウタン(グ)	refund
へんさい 返済する	membayar utang ムンバヤル ウタン(グ)	to refund
へんじ 返事	jawaban ジャワバン	reply
へんじ 返事する	menjawab ムンジャワ(ブ)	to reply
へんしゅう 編集	redaksi / penyusunan ルダクスィ / プニュスナン	editing
へんしゅう 編集する	menyusun ムニュスン	to edit
べんしょう 弁償	ganti rugi / kompénsasi ガンティ ルギ / コンペンサスィ	compensation
べんしょう 弁償する	membayar ganti rugi ムンバヤル ガンティ ルギ	to compensate
へんしん 返信	jawaban ジャワバン	reply
へんしん 返信する	menjawab ムンジャワ(ブ)	to reply
へんせん 変遷	perubahan / transisi プルバハン / トランスィスィ	changes
へんせん 変遷する	berubah-ubah ブルバー ウバー	to change

日	インドネシア	英
へんそう 変装	penyamaran プニャマラン	disguise
へんそう 変装する	menyamar ムニャマル	disguise oneself
ベンチ	bangku バンク	bench
ベンチ	tang タン(グ)	pliers
へんとう 返答	jawaban ジャワバン	reply
へんとう 返答する	menjawab ムンジャワ(ブ)	to reply
へんどう 変動	fluktuasi フルクトゥアスィ	change
へんどう 変動する	berfluktuasi ブルフルクトゥアスィ	to change
べんとう 弁当	bekal ブカル	boxed lunch
べんぴ 便秘	sembelit スンブリ(ト)	constipation
べんぴ 便秘する	menjadi sembelit ムンジャディ スンブリ(ト)	be constipated
へんぴん 返品	pengembalian / pemulangan プン(グ)ウンバリアン / プムランガン	return
へんぴん 返品する	memulangkan / mengembalikan ムムランカン / ムン(グ)ウンバリカン	to return
べんり 便利	kepraktisan クプラクティサン	convenience
べんり 便利な	praktis プラクティス	convenient
べんろん 弁論	débat デバ(ト)	debate
べんろん 弁論する	berdébat ブルデバ(ト)	to debate

▼ ほ，ホ

日	インドネシア	英
ほ 歩	langkah ランカー	step
ほ 穂	bulir ブリル	ear (of a grain)

日	インドネシア	英
<ruby>保育<rt>ほ いく</rt></ruby>	pengasuhan anak プン(グ)アスハン アナッ	upbringing
<ruby>保育<rt>ほ いく</rt></ruby>する	mengasuh anak ムン(グ)アスー アナッ	to bring up
<ruby>保育園<rt>ほ いくえん</rt></ruby>	tempat penitipan anak トゥンパ(ト) プニティパン アナッ	nursery school
ボイコット	boikot ボイコ(ト)	boycott
ボイコットする	memboikot ムンボイコ(ト)	to boycott
ポイント	poin ポイン	point
<ruby>法<rt>ほう</rt></ruby>（法律）	undang-undang ウンダン(グ) ウンダン(グ)	law
～<ruby>法<rt>ほう</rt></ruby>（方法）	cara ～ チャラ	method
<ruby>方<rt>ほう</rt></ruby>（方向）	arah ～ アラー	direction
<ruby>方<rt>ほう</rt></ruby>（比べられるものの一方）	yang ～ ヤン(グ)	one side
<ruby>棒<rt>ぼう</rt></ruby>	tongkat トンカ(ト)	stick
<ruby>法案<rt>ほうあん</rt></ruby>	rancangan undang-undang / RUU ランチャン(グ)アン ウンダン(グ) ウンダン(グ) / エルウーウー	bill
<ruby>防衛<rt>ぼうえい</rt></ruby>	pertahanan プルタハナン	defense
<ruby>防衛<rt>ぼうえい</rt></ruby>する	mempertahankan ムンプルタハンカン	to defend
<ruby>貿易<rt>ぼうえき</rt></ruby>	perdagangan プルダガン(グ)アン	trade
<ruby>貿易<rt>ぼうえき</rt></ruby>する	memperdagangkan ムンプルダガンカン	to trade
<ruby>望遠鏡<rt>ぼうえんきょう</rt></ruby>	téléskop テレスコ(プ)	telescope
<ruby>防音<rt>ぼうおん</rt></ruby>	kedap suara クダ(プ) スアラ	sound insulation
<ruby>放火<rt>ほう か</rt></ruby>	pembakar プンバカル	arson
<ruby>放火<rt>ほう か</rt></ruby>する	membakar ムンバカル	to set fire on

ほ

日	インドネシア	英
ぼう か 防火	pencegahan kebakaran プンチュガハン クバカラン	fireproof
ぼうかい 崩壊	kerobohan クロボハン	collapse
ぼうかい 崩壊する	roboh ロボー	to collapse
ぼうがい 妨害	gangguan ガングアン	disturbance
ぼうがい 妨害する	mengganggu ムンガング	to disturb
ほうがく 方角	arah アラー	direction
ほうがく 法学	ilmu hukum イルム フクム	jurisprudence
ほうき	sapu サプ	broom
ほう き 放棄	pembuangan (hak) プンブアン(グ)アン (ハッ)	abandonment
ほう き 放棄する	membuang (hak) ムンブアン(グ) (ハッ)	to abandon
ほうけん 封建	féodal フェオダル	feudal
ほうげん 方言	dialék ディアレッ	dialect
ぼうけん 冒険	petualangan プトゥアラン(グ)アン	adventure
ぼうけん 冒険する	bertualang ブルトゥアラン(グ)	to go on an adventure
ほうこう 方向	arah アラー	direction
ぼうこう 膀胱	kandung kemih カンドゥン(グ) クミー	bladder
ほうこうかんかく 方向感覚	mengerti arah ムン(グ)ウルティ アラー	a sense of direction
ほうこく 報告	laporan ラポラン	report
ほうこく 報告する	melaporkan ムラポルカン	to report
ほうこくしょ 報告書	surat laporan スラ(ト) ラポラン	report

ほ

日	インドネシア	英
<ruby>方策<rt>ほうさく</rt></ruby>	**kebijakan** クビジャカン	policy
<ruby>豊作<rt>ほうさく</rt></ruby>	**panén raya** パネン ラヤ	good harvest
<ruby>奉仕<rt>ほうし</rt></ruby>	**pelayanan** プラヤナン	service
<ruby>奉仕する<rt>ほうし</rt></ruby>	**melayani** ムラヤニ	to serve
<ruby>帽子<rt>ぼうし</rt></ruby>	**topi** トピ	hat
<ruby>防止<rt>ぼうし</rt></ruby>	**pencegahan** プンチュガハン	prevention
<ruby>防止する<rt>ぼうし</rt></ruby>	**mencegah** ムンチュガー	to prevent
<ruby>方式<rt>ほうしき</rt></ruby>	**métode** メトドゥ	formula
<ruby>放射<rt>ほうしゃ</rt></ruby>	**radiasi / pancaran** ラディアスイ / パンチャラン	radiation
<ruby>放射する<rt>ほうしゃ</rt></ruby>	**memancarkan** ムマンチャルカン	to radiate
<ruby>放射能<rt>ほうしゃのう</rt></ruby>	**radioaktif** ラディオアクティフ	radioactivity
<ruby>報酬<rt>ほうしゅう</rt></ruby>	**imbalan** インバラン	reward
<ruby>放出<rt>ほうしゅつ</rt></ruby>	**émisi** エミスイ	emission
<ruby>放出する<rt>ほうしゅつ</rt></ruby>	**mengeluarkan** ムン(グ)ウルアルカン	to emit
<ruby>報じる<rt>ほう</rt></ruby>	**memberitakan** ムンブリタカン	to report
<ruby>方針<rt>ほうしん</rt></ruby>	**kebijakan** クビジャカン	policy
<ruby>宝石<rt>ほうせき</rt></ruby>	**permata** プルマタ	jewelry
<ruby>紡績<rt>ぼうせき</rt></ruby>	**pemintalan** プミンタラン	spinning
ぼう<ruby>然<rt>ぜん</rt></ruby>と	**terpana** トゥルパナ	absent-mindedly
ぼう<ruby>然<rt>ぜん</rt></ruby>とする	**tertegun / terpesona** トゥルトゥグン / トゥルプソナ	stunned

ほ

日	インドネシア	英
ほうそう 包装	kemasan クマサン	wrapping
ほうそう 包装する	mengemas ムングマス	to wrap
ほうそう 放送	siaran / penyiaran スィアラン / プニィアラン	broadcast
ほうそう 放送する	menyiarkan ムニィアルカン	to broadcast
ほうそうきょく 放送局	stasiun pemancar スタスィウン プマンチャル	broadcasting station
ほうそうし 包装紙	kertas kemasan クルタス クマサン	wrapping paper
ほうそく 法則	hukum フクム	rule
ほうたい 包帯	balut バル(ト)	bandage
ぼうだい 膨大な	sangat besar サン(グ)ア(ト) ブサル	enormous
ほうち 放置	penelantaran プヌランタラン	abandonment
ほうち 放置する	menelantarkan / membengkalaikan ムヌランタルカン / ムムブンカライカン	to abandon
ほうちょう 包丁	pisau ピサウ	knife
ぼうちょう 膨脹	muai ムアイ	expansion
ぼうちょう 膨脹する	memuai / muai ムムアイ / ムアイ	to expand
ほうてい 法廷	pengadilan プン(グ)アディラン	court
ほうていしき 方程式	persamaan プルサマアン	equation
ほうどう 報道	berita ブリタ	report
ほうどう 報道する	memberitakan ムンブリタカン	to report
ぼうとう 冒頭	pembukaan / permulaan プンブカアン / プルムラアン	beginning
ぼうどう 暴動	kerusuhan / pemberontakan クルスハン / プンブロンタカン	riot

日	インドネシア	英
ほうにち 訪日	kunjungan ke Jepang クンジュン(グ)アン ク ジュパン(グ)	visit to Japan
ぼうはん 防犯	pencegahan kejahatan プンチュガハン クジャハタン	security
ほう び 褒美	hadiah ハディアー	reward
ほうふ 豊富さ	kekayaan クカヤアン	plentifulness
ほう ふ 豊富な	kaya カヤ	plentiful
ぼうふう 暴風	angin badai アン(グ)イン バダイ	storm
ほうほう 方法	cara チャラ	method
ほうぼう 方々	di mana-mana ディ マナ マナ	everywhere
ほうむ 葬る	mengubur ムン(グ)ウブル	to bury
ぼうめい 亡命	suaka スアカ	exile
ぼうめい 亡命する	mencari suaka (ke) ムンチャリ スアカ (ク)	to exile oneself
ほうめん 方面	arah アラー	district
ほうもん 訪問	kunjungan クンジュン(グ)アン	visit
ほうもん 訪問する	mengunjungi ムン(グ)ウンジュン(グ)イ	to visit
ほうもんしゃ 訪問者	pengunjung プン(グ)ウンジュン(グ)	visitor
ほう こ 放り込む	melémpar ke dalam ムレンパル ク ダラム	to throw in
ほう だ 放り出す	membuang ムンブアン(グ)	to throw out
ほうりつ 法律	hukum / undang-undang フクム / ウンダン(グ) ウンダン(グ)	law
ぼうりょく 暴力	kekerasan ククラサン	violence
ホウレンソウ	bayam バヤム	spinach

ほ

日	インドネシア	英
飽和 (ほうわ)	kejenuhan クジュヌハン	saturation
飽和する (ほうわする)	jenuh ジュヌー	be saturated
吠える (ほえる)	menggonggong ムンゴンゴン(グ)	to bark
頬 (ほお)	pipi ピピ	cheek
ボーイ	pelayan プラヤン	waiter
ホース	slang スラン(グ)	hose
ポーズ (姿勢・態度)	sikap / pose スィカ(プ) / ポス	pose
ポーズ (一時停止)	jeda ジュダ	pause
ボーダー	setrip ストリップ	horizontal stripe
ポーター	pengangkut barang / portir / kuli プンガンク(ト) バラン(グ) / ポルティル / クリ	porter
ポーチ	tas kecil タス クチル	pouch
ホーチミン	Ho Chi Minh ホ チ ミン	Ho Chi Minh City
ボート	perahu プラフ	boat
ボーナス	bonus ボヌス	bonus
ホーム (家)	rumah ルマー	home
ホーム (プラットホーム)	péron ペロン	station platform
ホームシック	rindu rumah リンドゥ ルマー	homesickness
ホームステイ	homestay ホムステイ	homestay
ホームページ	laman ラマン	homepage
ホームレス	tunawisma トゥナウィスマ	homeless

日	インドネシア	英
ホール	aula アウラ	hall
ボール	bola ボラ	ball
ボールペン	pulpén プルペン	ballpoint pen
保温	penghangatan プン(グ)ハンガタン	keeping warm
保温する	menghangatkan ムンハン(グ)ア(ト)カン	to keep warm
他	lain ライン	other [another]
捕獲	penangkapan プナンカパン	capture
捕獲する	menangkap ムナンカ(プ)	to capture
朗らかさ	keceriaan クチュリアアン	cheerfulness
朗らかな	ceria チュリア	cheerful
保管	penyimpanan プニィンパナン	keeping
保管する	menyimpan ムニィンパン	to keep
簿記	pembukuan プンブクアン	bookkeeping
補給	pemasokan プマソカン	supply
補給する	memasok ムマソッ	to supply
補強	penguatan プン(グ)ウアタン	reinforcement
補強する	menguatkan / memperkuat ムン(グ)ウア(ト)カン / ムンプルクア(ト)	to reinforce
募金	pengumpulan uang プン(グ)ウンプラン ウアン(グ)	donation
募金する	menyumbang / mengumpulkan uang ムニュンバン(グ) / ムン(グ)ウンプルカン ウアン(グ)	to donate money
僕	saya サヤ	I

日	インドネシア	英
牧師 (ぼくし)	**pendéta** プンデタ	clergyman
牧場 (ぼくじょう)	**ladang peternakan** ラダン(グ) プトゥルナカン	stock farm
僕達 (ぼくたち) (聞き手を含む)	**kita** キタ	we / our / us (including the hearer)
僕達 (ぼくたち) (聞き手を含まない)	**kami** カミ	we / our / us (excluding the hearer)
牧畜 (ぼくちく)	**peternakan** プトゥルナカン	stock farming
捕鯨 (ほげい)	**perburuan paus** プルブルアン パウス	whaling
補欠 (ほけつ)	**cadangan / pengganti** チャダン(グ)アン / プンガンティ	substitute
ポケット	**kantong** カントン(グ)	pocket
惚ける (ぼける)	**pikun** ピクン	to grow senile
保険 (ほけん)	**asuransi** アスランスィ	insurance
保健 (ほけん)	**keséhatan** クセハタン	health
保健所 (ほけんじょ)	**pusat keséhatan masyarakat / puskesmas** プサ(ト) クセハタン マシャラカ(ト) / プスケスマス	health center
保護 (ほご)	**perlindungan** プルリンドゥン(グ)アン	protection
保護する (ほごする)	**melindungi** ムリンドゥン(グ)イ	to protect
母校 (ぼこう)	**almamater** アルママトゥル	alma mater
歩行者 (ほこうしゃ)	**pejalan kaki** プジャラン カキ	pedestrian
母国 (ぼこく)	**tanah air** タナー アイル	home country
埃 (ほこり)	**debu** ドゥブ	dust
誇り (ほこり)	**kebanggaan** クバンガアン	pride
誇る (ほこる)	**membanggakan** ムンバンガカン	be proud of

ほ

日	インドネシア	英
ほころびる	koyak コヤッ	to come apart
星 ほし	bintang ビンタン(グ)	star
欲しい ほ	ingin / mau イン(グ)イン / マウ	to want
ポジション	posisi ポスィスィ	position
干し物 ほ もの	jemuran ジュムラン	dried thing
保釈 ほ しゃく	jaminan ジャミナン	bail
保釈する ほ しゃく	melepaskan dengan jaminan ムルパスカン ドゥン(グ)アン ジャミナン	to let *sb* out on bail
保釈金 ほ しゃくきん	uang jaminan ウアン(グ) ジャミナン	bail money
保守 ほ しゅ	pemeliharaan プムリハラアン	conservation
保守する ほ しゅ	memelihara ムムリハラ	to conserve
補充 ほ じゅう	pengisian プン(グ)イスィアン	supplementation
補充する ほ じゅう	mengisi ムン(グ)イスィ	to supplement
募集 ぼ しゅう	perékrutan プレクルタン	recruitment
募集する ぼ しゅう	merékrut ムレクル(ト)	to recruit
保守的 ほ しゅてき	konsérvatif コンセルファティフ	conservatism
補助 ほ じょ	bantuan バントゥアン	assistance
補助する ほ じょ	membantu ムンバントゥ	to assist
保証 ほ しょう	jaminan ジャミナン	guarantee
保証する ほ しょう	menjamin ムンジャミン	to guarantee
保障 ほ しょう	keamanan クアマナン	security

日	インドネシア	英
保障する ほしょう	menjamin keamanan ムンジャミン クアマナン	to ensure
補償 ほしょう	kompénsasi コンペンサスィ	compensation
補償する ほしょう	mengganti kerugian ムンガンティ クルギアン	to compensate
保証期間 ほしょう き かん	masa jaminan マサ ジャミナン	guarantee [warranty] period
保証金 ほしょうきん	uang jaminan ウアン(グ) ジャミナン	deposit
補償金 ほしょうきん	uang ganti rugi ウアン(グ) ガンティ ルギ	indemnity
保証書 ほしょうしょ	garansi ガランスィ	warranty
保証人 ほしょうにん	penjamin プンジャミン	guarantor
補助金 ほじょきん	uang subsidi ウアン(グ) スプスィディ	subsidy
干す ほ	menjemur ムンジュムル	to dry
ポスター	poster ポストゥル	poster
ポスト（投函用）	pos ポス	post
ポスト （家の郵便受）	kotak surat コタッ スラ(ト)	mailbox
ポスト（地位・役職）	jabatan ジャバタン	post
細い ほそ	tipis ティピス	fine
細い（痩せている） ほそ	ramping / langsing ランピン(グ) / ランスィン(グ)	slim
舗装 ほ そう	pengaspalan プン(グ)アスパラン	paving
舗装する ほ そう	mengaspal ムン(グ)アスパル	to pave
補足 ほ そく	tambahan / penambahan タンバハン / プナンバハン	supplementation
補足する ほ そく	menambahkan ムナンバーカン	to supplement

日	インドネシア	英
保存 ほ ぞん	pengawétan / penyimpanan プン(グ)アウェタン / プニィンパナン	preservation
保存する ほ ぞん	mengawétkan / menyimpan ムン(グ)アウェ(ト)カン / ムニィンパン	to preserve
保存食品 ほ ぞんしょくひん	awétan アウェタン	preserved food
ホタテ	remis ルミス	scallop
ホタル	kunang-kunang クナン(グ) クナン(グ)	firefly
ボタン (スイッチなどの)	tombol トンボル	button
ボタン (衣類などの)	kancing カンチン(グ)	button
墓地 ぼ ち	kuburan クブラン	graveyard
ホチキス	stapler スタプルル	stapler
ホチキス針 ばり	staples スタプルス	staple
補聴器 ほ ちょう き	alat bantu dengar アラ(ト) バントゥ ドゥン(グ)アル	hearing aid
北極 ほっきょく	kutub utara クトゥ(ブ) ウタラ	the North Pole
発作 ほっ さ	serangan スラン(グ)アン	attack
没収 ぼっしゅう	penyitaan プニィタアン	confiscation
没収する ぼっしゅう	menyita ムニィタ	to confiscate
発疹 ほっしん	bintik-bintik ビンティッ ビンティッ	rash
発足 ほっそく	peluncuran プルンチュラン	start
発足する ほっそく	meluncurkan ムルンチュルカン	to start
ポット	téko テコ	pot
ほっとする	(merasa) lega (ムラサ) ルガ	to feel relieved

ほ

日	インドネシア	英
ぼつらく 没落	jatuh ジャトゥー	ruin
ぼつらく 没落する	menjatuhkan ムンジャトゥーカン	to fall
ボディガード	pengawal プン(グ)アワル	bodyguard
ボディチェック	penggeledahan badan プングルダハン バダン	frisk
ホテル	hotél ホテル	hotel
ほど 程	kira-kira キラ キラ	about
ほどう 歩道	trotoar トロトアル	pavement
ほど 解く	mengurai ムン(グ)ウライ	to untie
ほとけ 仏	Buddha ブッダ	Buddha
ほど 解ける	berurai / terurai ブルウライ / トゥルウライ	to get untied
ほどこ 施す	mendermakan / menyedekahi ムンドゥルマカン / ムニュドゥカヒ	to give charity
ほとり 畔	pinggir sungai ピンギル スン(グ)アイ	on the bank of
ほとんど	hampir ハンピル	almost
ぼにゅう 母乳	air susu ibu (ASI) アイル スス イブ（アスィ）	breast milk
ほにゅうびん 哺乳瓶	botol dot ボトル ド(ト)	nursing [baby] bottle
ほにゅうるい 哺乳類	mamalia ママリア	mammals
ほね 骨	tulang トゥラン(グ)	bone
ほのお 炎	api アピ	flame
ほぼ	hampir / kira-kira ハンピル / キラ キラ	about
ほほえ 微笑む	tersenyum トゥルスニュム	to smile

日	インドネシア	英
褒める	memuji ムムジ	to praise
ぼやく	mengeluh ムン(グ)ウルー	to grumble
ぼやける	mengabur / memudar ムン(グ)アブル / ムムダル	to become dim
保養	peristirahatan / pemulihan keséhatan プルイスティラハタン / プムリハン クセハタン	convalescence
保養する	memulihkan keséhatan / beristirahat ムムリーカン クセハタン / プルイスティラハ(ト)	to convalesce
ボランティア	tenaga sukaréla トゥナガ スカレラ	volunteer
ボランティアの	sukaréla スカレラ	voluntary
堀	parit パリ(ト)	moat
保留	penundaan プヌンダアン	reservation
保留する	menunda untuk sementara ムヌンダ ウントゥ(ク) スムンタラ	to reserve
捕虜	tawanan タワナン	captive
掘る	menggali ムンガリ	to dig
彫る	mengukir / memahat ムン(グ)ウキル / ムマハ(ト)	to carve
ボルト (電圧の単位)	volt フォル(ト)	volt
ボルト (ねじ)	baut バウ(ト)	bolt
ポルトガル	Portugis ポルトゥギス	Portugal
ポルトガル語	bahasa Portugis バハサ ポルトゥギス	Portuguese (language)
ポルトガル人	orang Portugis オラン(グ) ポルトゥギス	Portuguese (people)
ぼろ	lap / pél ラ(プ) / ペル	rag
ぼろい	usang / tua / lama ウサン(グ) / トゥア / ラマ	ragged

日	インドネシア	英
<ruby>滅<rt>ほろ</rt></ruby>びる	punah プナー	to die out
<ruby>滅<rt>ほろ</rt></ruby>びる（絶滅する）	musnah / punah ムスナー / プナー	to die out
<ruby>滅<rt>ほろ</rt></ruby>ぶ	musnah ムスナー	to die out
<ruby>滅<rt>ほろ</rt></ruby>ぼす	memusnahkan ムムスナーカン	to destroy
<ruby>本<rt>ほん</rt></ruby>	buku ブク	book
<ruby>～本<rt>ほん</rt></ruby>（助数詞）	~ batang バタン(グ)	-
<ruby>盆<rt>ぼん</rt></ruby>	baki / talam バキ / タラム	tray
<ruby>本格<rt>ほんかく</rt></ruby>	yang sebenarnya ヤン(グ) スブナルニャ	full-scale
<ruby>本格的<rt>ほんかくてき</rt></ruby>な	asli アスリ	genuine
<ruby>本館<rt>ほんかん</rt></ruby>	gedung utama グドゥン(グ) ウタマ	main building
<ruby>本気<rt>ほんき</rt></ruby>	kesungguhan クスングハン	seriousness
<ruby>本気<rt>ほんき</rt></ruby>の	sérius セリウス	serious
<ruby>本国<rt>ほんごく</rt></ruby>	tanah air タナー アイル	home country
<ruby>本質<rt>ほんしつ</rt></ruby>	hakikat ハキカ(ト)	essence
<ruby>本社<rt>ほんしゃ</rt></ruby>	kantor pusat カントル プサ(ト)	head office
<ruby>本心<rt>ほんしん</rt></ruby>	perasaan sebenarnya プラサアン スブナルニャ	real feeling
<ruby>本体<rt>ほんたい</rt></ruby>	badan バダン	body
<ruby>本棚<rt>ほんだな</rt></ruby>	rak buku ラップ ブク	bookshelf
<ruby>盆地<rt>ぼんち</rt></ruby>	lembah ルンバー	basin
<ruby>本当<rt>ほんとう</rt></ruby>	sungguh-sungguh スングー スングー	really

ほ

日	インドネシア	英
本当の ほんとう	sebenarnya / sebetulnya スブナルニャ / スブトゥルニャ	true
本人 ほんにん	yang bersangkutan ヤン（グ）ブルサンクタン	person himself [herself]
本音 ほん ね	kejujuran クジュジュラン	real intention
ボンネット	kap mesin カ（プ）ムスィン	car hood
ほんの	sekadar / hanya スカダル / ハニャ	just
本能 ほんのう	insting インスティン（グ）	instinct
本場 ほん ば	tempat asal トゥンパ（ト）アサル	the home of
本部 ほん ぶ	markas マルカス	headquarters
ポンプ	pompa ポンパ	pump
本文 ほんぶん	téks テクス	text of a book
ボンベ	tabung gas タブン（グ）ガス	cylinder
本名 ほんみょう	nama asli ナマ アスリ	real name
本物 ほんもの	barang asli バラン（グ）アスリ	genuine
本物の ほんもの	asli / orisinal アスリ / オリスィナル	genuine
本屋 ほん や	toko buku トコ ブク	bookstore
翻訳 ほんやく	penerjemahan / terjemahan プヌルジュマハン / トゥルジュマハン	translation
翻訳する ほんやく	menerjemahkan ムヌルジュマーカン	to translate
ぼんやり （はっきり見えない）	kabur カブル	vacantly
ぼんやり （考える・眺める）	melamun ムラムン	blankly
本来 ほんらい	sebenarnya スブナルニャ	originally

ほ

▼ ま，マ

間（空間的間隔）	**selang** スラン(グ)	room
間（時間的間隔）	**jeda / selingan** ジュダ / スリン(グ)アン	interval
間（部屋）	**ruang** ルアン(グ)	space
マーカー	**penanda** プナンダ	marker
マーガリン	**margarin** マルガリン	margarine
マーク	**tanda** タンダ	mark
マークする	**menandai** ムナンダイ	to put a mark on
マーケット	**pasar** パサル	market
マージン	**keuntungan** クウントゥン(グ)アン	margin
まあまあ	**lumayan** ルマヤン	so-so
～枚（助数詞）	**~ lembar** ルンバル	-
毎～	**tiap ~ / setiap ~** ティア(プ) / スティア(プ)	every
毎朝	**setiap pagi** スティア(プ) パギ	every morning
毎回	**setiap kali** スティア(プ) カリ	every time
マイク	**mikrofon** ミクロフォン	microphone
迷子	**anak tersesat** アナッ トゥルスサ(ト)	lost child
毎週	**setiap minggu** スティア(プ) ミング	every week
枚数	**jumlah** ジュムラー	number of sheets
埋葬	**penguburan** プン(グ)ウブラン	burial

日	インドネシア	英
埋葬する まいそう	mengubur ムン(グ)ウブル	to bury
埋蔵 まいぞう	penguburan プン(グ)ウブラン	burial
埋蔵する まいぞう	mengubur ムン(グ)ウブル	to bury
毎月 まいつき	setiap bulan スティア(プ) ブラン	every month
毎度 まいど	setiap kali スティア(プ) カリ	every time
毎年 まいとし	setiap tahun スティア(プ) タフン	every year
マイナス	minus ミヌス	minus
毎日 まいにち	setiap hari スティア(プ) ハリ	every day
毎晩 まいばん	setiap malam スティア(プ) マラム	every night
参る（行く） まい	pergi / datang プルギ / ダタン(グ)	to pay a visit to
参る（降参する） まい	menyerah ムニュラー	to surrender
舞う ま	menari ムナリ	to dance
真上 まうえ	tepat di atas トゥパ(ト) ディ アタス	right above
前（前方） まえ	depan ドゥパン	front
前（以前） まえ	dulu ドゥル	pre-
（〜する）前 まえ	sebelum 〜 スブルム	before
前売り まえう	penjualan di depan プンジュアラン ディドゥパン	advance sales
前売りする まえう	menjual di depan ムンジュアル ディドゥパン	sell in advance
前置き まえお	pendahuluan / introduksi プンダフルアン / イントロドゥクスィ	introduction
前置きする まえお	membuat pendahuluan ムンブア(ト) プンダフルアン	to make introductory remarks

日	インドネシア	英
前書き まえ が	pendahuluan プンダフルアン	preface
前金 まえきん	persekot / uang muka プルスコ(ト) / ウアン(グ) ムカ	advance payment
前歯 まえ ば	gigi depan ギギ ドゥパン	front tooth
前払い まえばら	pembayaran di muka プンバヤラン ディ ムカ	advance payment
前払いする まえばら	bayar di muka バヤル ディ ムカ	to pay in advance
前もって まえ	terlebih dahulu トゥルルビー ダフル	in advance
負かす ま	mengalahkan ムン(グ)アラーカン	to beat
任せる まか	memercayakan / menyerahkan ムムルチャヤカン / ムニュラーカン	to leave *sth* to *sb*
曲がった ま	béngkok ベンコッ	curved
賄う まかな	menutupi biaya ムヌトゥピ ビアヤ	to cover
曲がる ま	berbélok ブルベロッ	to turn
紛らわしい まぎ	membingungkan ムンビン(グ)ウンカン	confusing
紛れる まぎ	menyamar ムニャマル	be lost
幕 まく	tirai ティライ	curtain
膜 まく	selaput スラプ(ト)	film
巻く ま	menggulung ムン(グ)ウルン(グ)	to wrap
撒く ま	menyiramkan ムニイラムカン	to scatter
蒔く ま	menabur ムナブル	to sow
枕 まくら	bantal バンタル	pillow
マグロ	(ikan) tuna (イカン) トゥナ	tuna

日	インドネシア	英
負け ま	kekalahan クカラハン	loss
負ける ま	kalah カラー	to lose / be defeated
負ける（安くする） ま	memberi korting ムンブリ コルティン(グ)	to reduce the price
曲げる ま	membéngkokkan ムンベンコックカン	to bend
孫 まご	cucu チュチュ	grandchild
真心 まごころ	keikhlasan クイクラサン	sincerity
まごつく	(menjadi) bingung (ムンジャディ) ビン(グ)ウン(グ)	be confused
誠 まこと	kebenaran クブナラン	truth
誠に まこと	sangat サン(グ)ア(ト)	really
まさか	masa / masak マサ / マサッ	unbelievable
正しく まさ	sungguh-sungguh スングー スングー	surely
摩擦 まさつ	friksi フリクスイ	friction
摩擦する まさつ	bergésék ブルゲセ(ク)	to chafe
正に まさ	benar-benar / persis ブナル ブナル / ブルスイス	exactly
勝る まさ	unggul / mengungguli ウングル / ムン(グ)ウングリ	superior to
混ざる ま	berbaur ブルバウル	be mixed with
増し ま	kenaikan クナイカン	increase
交える まじ	mencampur ムンチャンプル	to mix
真下 ました	tepat di bawah トゥパ(ト) ディ バワー	right under
まして	apalagi アパラギ	needless to say

ま

日	インドネシア	英
真面目 まじめ	kesériusan クセリウサン	seriousness
真面目な まじめな	sérius セリウス	serious
混じる まじる	berbaur ブルバウル	be mixed with
交わる まじわる	bergabung ブルガブン(グ)	to keep company
増す ます	bertambah ブルタンバー	to increase
まず	pertama-tama プルタマ タマ	first of all
麻酔 ますい	(obat) bius (オバ(ト)) ビウス	anesthesia
麻酔する ますいする	membius ムンビウス	to give an anesthetic to
不味い まずい	tidak énak ティダッ エナッ	bad-tasting
まずい (不都合)	tidak menyenangkan ティダッ ムニュナンカン	awkward
マスカラ	maskara マスカラ	mascara
マスク	masker マスクル	mask
マスコミ	média massa メディア マッサ	mass communication
貧しい まずしい	miskin ミスキン	poor
マスター	master マストゥル	master
マスタード	moster モストゥル	mustard
ますます	semakin / makin スマキン / マキン	more and more
混ぜる まぜる	mencampur ムンチャンプル	to mix
また	lagi ラギ	again
股 また	selangkangan スランカン(グ)アン	crotch

まだ（〜している）	masih マスィー	still
まだ（〜していない）	belum ブルム	not yet
またがる	menunggang ムヌンガン（グ）	to ride
またぐ	melangkahi ムランカヒ	to stride over
待たせる	membuat menunggu ムンブア(ト) ムヌング	to make *sb* wait
または	atau アタウ	or
町	kota コタ	city
待ち合い室	ruang tunggu ルアン（グ） トゥング	waiting room
待ち合わせ	janji ジャンジ	arrangement for meeting
待ち合わせる	berjanji ブルジャンジ	to arrange to meet
間違い	kesalahan クサラハン	mistake
間違える	salah サラー	to make a mistake
街角	pojok jalan ポジョッ ジャラン	street corner
待ち遠しい	tidak sabar ティダッ サバル	to wait eagerly
待ち望む	menantikan ムナンティカン	to look forward to
まちまち	keragaman クラガマン	variety
まちまちな	bermacam-macam ブルマチャム マチャム	various
松	pinus / cemara ピヌス / チュマラ	pine
末	akhir アヒル	end
待つ	menunggu ムヌング	to wait

ま

日	インドネシア	英
真っ赤 (ま か)	mérah menyala メラー ムニャラ	bright red
末期 (まっき)	tahap akhir タハ(プ) アヒル	last stage
真っ暗 (ま くら)	gelap gulita / gelap katup グラ(プ) グリタ / グラ(プ) カトゥ(プ)	pitch-dark
真っ黒 (ま くろ)	hitam legam ヒタム ルガム	black as coal
まつ毛 (げ)	bulu mata ブル マタ	eyelash
マッサージ	pijat ピジャ(ト)	massage
マッサージする	urut / mengurut ウル(ト) / ムン(グ)ウル(ト)	to massage
マッサージ師 (し)	tukang urut トゥカン(グ) ウル(ト)	masseur / masseuse
真っ青 (ま さお)	biru pekat ビル プカ(ト)	deep blue
真っ先 (ま さき)	paling awal パリン(グ) アワル	at the very beginning
マッシュルーム	jamur ジャムル	mushroom
真っ白 (ま しろ)	putih bersih プティー ブルスィー	snow-white
まっすぐ	lurus ルルス	straight
全く (まった)	keseluruhan クスルルハン	completely
マッチ	korék api コレ(ク) アビ	match
マッチする	cocok チョチョッ	to match
マットレス	matras マトラス	mattress
松葉杖 (まつ ば づえ)	kruk クルッ	crutch
真っ二つ (ま ぷた)	terbagi (menjadi) dua トゥルバギ (ムンジャディ) ドゥア	dividing into two
祭り (まつ)	perayaan ブラヤアン	festival

ま

日	インドネシア	英
祀る	menyembah ムニュンバー	to deify
～まで	sampai ~ サンパイ	till
～までに	selambat-lambatnya ~ スランバ(ト) ランバ(ト)ニャ	by
的	sasaran ササラン	target
窓	jendéla ジュンデラ	window
窓ガラス	kaca jendéla カチャ ジュンデラ	window glass
窓側席	tempat duduk dekat jendéla トゥンパ(ト) ドゥドゥッ ドゥカ(ト) ジュンデラ	window seat
窓口	lokét ロケ(ト)	counter window
まとまり	kesatuan クサトゥアン	unity
まとまる	bersatu ブルサトゥ	be settled
まとめ	kesimpulan クスインプラン	conclusion
まとめる	menyimpulkan ムニインプルカン	to put together
マトン	daging domba ダギン(グ) ドンバ	mutton
学ぶ	belajar ブラジャル	to learn
間に合う	terburu / keburu トゥルブル / クブル	be in time
マニキュア	manikur マニクル	manicure
マニュアル	pedoman プドマン	manual
マニラ	Manila マニラ	Manila
免れる	terhindar トゥルヒンダル	to escape
真似	tiruan ティルアン	imitation

日	インドネシア	英
真似する	meniru ムニル	to imitate
招き	undangan ウンダン(グ)アン	invitation
招く	mengundang ムン(グ)ウンダン(グ)	to invite
瞬き	kedip クディ(プ)	blink
瞬きする	berkedip ブルクディ(プ)	to blink
麻痺	kelumpuhan クルンプハン	paralysis
麻痺した	lumpuh ルンプー	paralyzed
麻痺する （体が動かなくなる）	mati rasa マティ ラサ	to become paralyzed
麻痺する （気に留めなくなる）	terbiasa トゥルビアサ	to get too used to
マフィア	mafia マフィア	Mafia
まぶしい	silau スィラウ	dazzling
瞼	kelopak mata クロパッ マタ	eyelid
マフラー（防寒具）	syal シャル	scarf
マフラー （自動車などの）	knalpot クナルポ(ト)	muffler
魔法	sihir スィヒル	magic
幻	ilusi / khayalan イルスィ / ハヤラン	phantom
（〜の）まま	~ apa adanya アパ アダニャ	as it is
〜まみれ	lumur ~ ルムル	covered all over
豆	kacang カチャン(グ)	bean
間もなく	sebentar lagi スブンタル ラギ	soon

日	インドネシア	英
守る（保護する）	**menjaga** ムンジャガ	to protect
守る（身を）	**melindungi** ムリンドゥン(グ)イ	to protect
守る（ルールを）	**menaati** ムナアティ	to observe
守る（約束を）	**menepati** ムヌパティ	to keep
麻薬	**narkotika** ナルコティカ	drug
眉	**alis** アリス	eyebrow
（道に）迷う	**tersesat** トゥルスサ(ト)	to get lost
迷う（決められない）	**bimbang** ビンバン(グ)	be indecisive
マヨネーズ	**mayonés** マヨネス	mayonnaise
マラソン	**maraton** マラトン	marathon
マラリア	**malaria** マラリア	malaria
丸	**bulatan** ブラタン	circle
丸い（円形）	**bulat** ブラ(ト)	round
丸い（球形）	**bundar** ブンダル	spherical
まるごと	**bulat-bulat** ブラ(ト) ブラ(ト)	entirely
まるっきり	**sama sekali** サマ スカリ	completely
まるで	**seolah-olah** スオラー オラー	as if
丸々（全部）	**seutuhnya** スウトゥーニャ	entirely
丸々とした	**gemuk** グムッ	chubby
丸める	**membulatkan** ムンブラ(ト)カン	to make *sth* round

日	インドネシア	英
<ruby>稀<rt>まれ</rt></ruby>	kelangkaan クランカアン	rarity
<ruby>稀<rt>まれ</rt></ruby>な	langka ランカ	rare
マレー<ruby>語<rt>ご</rt></ruby>	bahasa Melayu バハサ ムラユ	Malay (language)
マレーシア	Malaysia マレイスィア	Malaysia
マレーシア<ruby>語<rt>ご</rt></ruby>	bahasa Malaysia バハサ マレイスィア	Malaysian (language)
マレーシア<ruby>人<rt>じん</rt></ruby>	orang Malaysia オラン(グ) マレイスィア	Malaysian (people)
マレー<ruby>人<rt>じん</rt></ruby> / マライ<ruby>人<rt>じん</rt></ruby>	suku Melayu スク ムラユ	Malay (people)
マレー<ruby>半島<rt>はんとう</rt></ruby>	semenanjung Malaya スムナンジュン(グ) マラヤ	the Malay Peninsula
<ruby>回<rt>まわ</rt></ruby>す	memutar ムムタル	to turn
<ruby>周<rt>まわ</rt></ruby>り	sekitar スキタル	circumference
<ruby>回<rt>まわ</rt></ruby>り	putaran プタラン	turning
<ruby>回<rt>まわ</rt></ruby>り<ruby>道<rt>みち</rt></ruby>	jalan memutar ジャラン ムムタル	detour
<ruby>回<rt>まわ</rt></ruby>り<ruby>道<rt>みち</rt></ruby>する	mengambil jalan memutar ムン(グ)アンビル ジャラン ムムタル	to make a detour
（軸を中心に）<ruby>回<rt>まわ</rt></ruby>る	berputar / berkitar ブルプタル / ブルキタル	to turn around
（周囲を）<ruby>回<rt>まわ</rt></ruby>る	mengitari ムン(グ)イタリ	to go around
<ruby>万<rt>まん</rt></ruby>	sepuluh ribu スプルー リブ	ten thousand
<ruby>万一<rt>まんいち</rt></ruby>	kalau-kalau カラウ カラウ	by any chance
<ruby>満員<rt>まんいん</rt></ruby>	penuh プヌー	full of people
<ruby>蔓延<rt>まんえん</rt></ruby>する	menyebar ムニュバル	to spread
<ruby>漫画<rt>まんが</rt></ruby>	komik / manga コミク / マンガ	cartoon

日	インドネシア	英
マングローブ	**bakau** バカウ	mangrove
マングローブ湿地	**hutan bakau** フタン バカウ	mangrove swamp
満月	**purnama** プルナマ	full moon
マンゴー	**mangga** マンガ	mango
マンゴスチン	**manggis** マンギス	mangosteen
満室	**terisi semua** トゥリスィ スムア	full occupancy
満場	**seluruh peserta** スルルー プスルタ	whole audience
満場一致	**bulat** ブラ(ト)	unanimity
マンション	**mansion** マンスィオン	apartment
慢性	**kronis** クロニス	chronic
慢性の	**kronik / menahun** クロニッ / ムナフン	chronic
満足	**kepuasan** クプアサン	satisfaction
満足した	**puas** プアス	be satisfied with
満足する	**(menjadi) puas** (ムンジャディ) プアス	to satisfy
満タン	**penuh** プヌー	fill up
満タンの	**(diisi) penuh** (ディイスィ) プヌー	full
満潮	**pasang** パサン(グ)	high water
満点	**sempurna** スンプルナ	perfect score
真ん中	**tengah** トゥン(グ)アー	center
マンネリ	**rutin** ルティン	mannerism

ま

日	インドネシア	英
万年筆 まんねんひつ	péna tinta ペナ ティンタ	fountain pen
万引き まんびき	pengutilan プン(グ)ウティラン	shoplifting
万引きする まんびき	mengutil ムン(グ)ウティル	to shoplift
満腹 まんぷく	kekenyangan ククニャン(グ)アン	full stomach
満腹する まんぷく	kenyang クニャン(グ)	to eat heartily
真ん前 ま まえ	(di) hadapan (ディ) ハダパン	right in front
真ん丸い ま まる	bulat sempurna ブラ(ト) スンプルナ	perfectly round

▼ み，ミ

日	インドネシア	英
実 み	buah ブアー	fruit
身 み	tubuh トゥブー	body
見合い み あ	perjodohan プルジョドハン	meeting with a view to marriage
見上げる み あ	dongak / menengadah ドン(グ)アッ / ムヌン(グ)アダー	to look up
見合わせる み あ	menunda ムヌンダ	to postpone
ミーティング	rapat ラパ(ト)	meeting
身内 み うち	keluarga クルアルガ	relative
見栄 み え	kesombongan クソンボン(グ)アン	vanity
見える み （視界に入る）	kelihatan / terlihat クリハタン / トゥルリハ(ト)	to come into view
見える み （見る能力がある）	dapat melihat ダパ(ト) ムリハ(ト)	be able to see
（〜のように）見える み	kelihatannya 〜 クリハタンニャ	to look like
見送り み おく	pengantaran プン(グ)アンタラン	send -off

日	インドネシア	英
見送り（差し控え） みおく	mengantar / melepas ムン(グ)アンタル / ムルパス	passing up
見送る みおく	mengantarkan / melepas ムン(グ)アンタルカン / ムルパス	to see *sb* off
見送る（控える） みおく	mengurangi / menjauh / menunggu ムン(グ)ウラン(グ)イ / ムンジャウー / ムヌング	to pass up
見落とす み お	melalaikan / melengahkan ムラライカン / ムルンガーカン	to overlook
見下ろす み お	melihat ke bawah ムリハ(ト) ク バワー	to look down
未開 み かい	primitif プリミティフ	undeveloped
未開の み かい	belum maju ブルム マジュ	uncivilized
見返す み かえ	melihat kembali ムリハ(ト) クンバリ	to look back on
味覚 み かく	indra perasa インドラ プラサ	sense of taste
磨く み が	mengasah ムン(グ)アサー	to polish
見掛け み か	penampilan プナンピラン	appearance
見掛ける み か	melihat ムリハ(ト)	to happen to see
見方 み かた	cara memandang チャラ ムマンダン(グ)	viewpoint
味方 み かた	teman トゥマン	friend
味方する み かた	berpihak ブルピハッ	to take sides with
三日月 み かづき	bulan sabit / hilal ブラン サビ(ト) / ヒラル	crescent (moon)
ミカン	jeruk keprok ジュル(ク) クプロッ	mandarin orange
幹 みき	batang バタン(グ)	trunk
右 みぎ	kanan カナン	right
右（保守派） みぎ	(sayap) kanan (サヤ(プ)) カナン	rightist

日	インドネシア	英
見下す みくだ	melihat ke bawah ムリハ(ト) ク パワー	to look down on
見苦しい みぐる	tidak énak dilihat ティダッ エナッ ディリハ(ト)	shabbily
見事 みごと	mengagumkan ムンガグムカン	excellence
見事な みごと	bagus / mengagumkan バグス / ムンガグムカン	excellent
見込み みこ	prospék プロスペッ	prospect
未婚 みこん	belum menikah ブルム ムニカー	single
未婚の みこん	lajang / belum menikah ラジャン(グ) / ブルム ムニカー	single
岬 みさき	tanjung タンジュン(グ)	cape
短い みじか	péndék ペンデッ	short
惨め みじ	kesengsaraan クスンサラアン	misery
惨めな みじ	sengsara スンサラ	miserable
未熟 みじゅく	(masih) hijau / belum déwasa (マスィー) ヒジャウ / ブルム デワサ	immatureness
未熟な みじゅく	belum matang ブルム マタン(グ)	immature
ミシン	mesin jahit ムスィン ジャヒ(ト)	sewing machine
微塵 みじん	kepingan / cuilan クピン(グ)アン / チュイラン	small piece
水 みず	air アイル	water
水色 みずいろ	warna biru muda ワルナ ビル ムダ	light [pale] blue
湖 みずうみ	danau / telaga ダナウ / トゥラガ	lake
自ら みずか	sendiri スンディリ	by oneself
水着 みずぎ	pakaian renang パカイアン ルナン(グ)	swim suit

日	インドネシア	英
みずけ 水気	kadar air カダル アイル	moisture
ミスする	membuat kesalahan ムンブア(ト) クサラハン	to make a mistake
みず 水っぽい	éncér エンチェル	watery
ミステリー	mistéri ミステリ	mystery
ミスプリント	salah cétak サラー チェタク	misprint
みすぼらしい	melarat ムララ(ト)	shabby
みずみず 瑞々しい	segar スガル	fresh
みずむし 水虫	kutu air クトゥ アイル	athlete's foot
みせ 店	toko トコ	store
み せいねんしゃ 未成年者	orang yang belum déwasa オラン(グ) ヤン(グ) ブルム デワサ	minor
み せいねん 未成年の	di bawah umur ディ バワー ウムル	underage
み 見せびらかす	memamérkan ムマメルカン	to show off
み もの 見せ物	pertunjukan プルトゥンジュカン	show
み 見せる	memperlihatkan ムンプルリハ(ト)カン	to show
み そ 味噌（日本の）	miso Jepang ミソ ジュパン(グ)	miso
み そ 味噌（豆醬）	tauco タウチョ	fermented bean curd
み そ しる 味噌汁	sup miso ス(プ) ミソ	miso soup
みぞ 溝	parit パリ(ト)	ditch
～みたい	seperti ~ / kayak ~ スプルティ / カヤッ	like
み だ 見出し	judul / tajuk / titel ジュドゥル / タジュッ / テイトゥル	headline

日	インドネシア	英
満たす み	memenuhi ムムヌヒ	to fill
乱す みだ	mengganggu ムンガング	to disturb
乱れる みだ	kacau カチャウ	to get out of order
道 みち	jalan ジャラン	road
道（方法） みち	cara チャラ	method
未知 み　ち	tidak dikenal ティダッ ディクナル	unknown
身近 み ぢか	kedekatan クドゥカタン	familiarity
身近な み ぢか	dekat ドゥカ(ト)	familiar
道順 みちじゅん	rute jalan ルトゥ ジャラン	route
道端 みちばた	pinggir jalan ピンギル ジャラン	roadside
導く みちび	membimbing ムンビンビン(グ)	to guide
満ちる み	penuh プヌー	to become full
蜜 みつ	madu マドゥ	honey
三日（日付） みっ か	tanggal tiga タンガル ティガ	the third (day)
三日（期間） みっ か	tiga hari ティガ ハリ	three days
見つける み	menemukan ムヌムカン	to find
密集 みっしゅう	kepadatan クパダタン	crowd
密集する みっしゅう	padat / berimpit パダ(ト) / ブルインピ(ト)	be crowded
密接 みっせつ	intimasi / kemesraan / keakraban インティマスィ / クムスラアン / クアクラバン	intimacy
密接な みっせつ	intim / akrab インティム / アクラ(ブ)	intimate

日	インドネシア	英
3つ	**tiga buah** ティガ ブアー	three
みつど 密度	**dénsitas** デンスィタス	density
みっともない	**memalukan** ムマルカン	shameful
みつにゅうこく 密入国	**penyelundupan manusia** プニュルンドゥパン マヌスィア	illegal immigration [entry]
みっぷうの 密封の	**kedap udara (gas)** クダ(プ) ウダラ (ガス)	airtight
みつめる 見つめる	**menatap** ムナタ(プ)	to stare
みつ 見積もり	**éstimasi** エスティマスィ	estimate
みつもりしょ 見積書	**surat éstimasi** スラ(ト) エスティマスィ	estimate
みつゆ 密輸	**penyelundupan** プニュルンドゥパン	smuggling
みつゆ 密輸する	**menyelundupkan** ムニュルンドゥ(プ)カン	to smuggle
みてい 未定	**belum ditentukan** ブルム ディトゥントゥカン	indetermination
みとおし 見通し	**prospék** プロスペ(ク)	perspective
み 見どころ	**tempat yang dirékoméndasikan untuk dilihat** トゥンパ(ト) ヤン(グ) ディレコメンダスィカン ウントゥ(ク) ディリハ(ト)	highlight
みと 認める	**mengakui** ムン(グ)アクイ	to recognize
みどり 緑	**hijau** ヒジャウ	green
みどりいろ 緑色	**warna hijau** ワルナ ヒジャウ	green color
みな 皆	**semua** スムア	everybody
みなおす 見直す	**melihat kembali** ムリハ(ト) クンバリ	to look again
み 見なす	**menganggap** ムン(グ)アンガ(プ)	to regard
みなと 港	**pelabuhan** プラブハン	port

み

日	インドネシア	英
みなみ 南	selatan スラタン	south
みなみ 南アメリカ	Amérika Selatan アメリカ スラタン	South America
みなみ かい 南シナ海	Laut Cina Selatan ラウ(ト) チナ スラタン	South China Sea
みなもと 源	sumber スンブル	source
み なら 見習い	magang マガン(グ)	apprentice
み なら 見習う	meneladan ムヌラダン	to learn by watching
み 身なり	penampilan プナンピラン	dress
み な 見慣れる	terbiasa melihat トゥルビアサ ムリハ(ト)	to get used to seeing
みにく 醜い	buruk rupa ブルッ ルパ	ugly
み つ 身に付ける (習得する)	menguasai ムン(グ)ウアサイ	to acquire
み つ 身に付ける (衣服を着る)	mengenakan ムン(グ)ウナカン	to put on / to wear
み ぬ 見抜く	menduga ムンドゥガ	to see through
みね 峰	puncak プンチャッ	peak
ミネラルウォー ター	air mineral アイル ミヌラル	mineral water
み うえ 身の上	riwayat hidup / kisah pribadi リワヤ(ト) ヒドゥ(プ) / キサー プリバディ	one's history
み のが 見逃す	meléwati / meléwatkan ムレワティ / ムレワ(ト)カン	to miss
み しろきん 身代金	uang tebusan ウアン(グ) トゥブサン	ransom
み まわ 身の回り	milik pribadi ミリッ プリバディ	personal belongings
み の 実る	berbuah ブルブアー	to bear fruit
み はか 見計らう	memilih apa yang dianggap tepat ムミリー アパ ヤン(グ) ディアンガ(プ) トゥパ(ト)	to use one's discretion

日	インドネシア	英
見晴し みはらし	pemandangan プマンダン(グ)アン	view
見張る みはる	menjaga ムンジャガ	keep an eye on
身振り みぶり	géstur ゲストゥル	gesture
身分 みぶん	status / kedudukan スタトゥス / クドゥドゥカン	status
身分証明書 みぶんしょうめいしょ	kartu idéntitas カルトゥ イデンティタス	ID card
未亡人 みぼうじん	janda ジャンダ	widow
見本 みほん	contoh チョントー	sample
見舞い みまい	kunjungan クンジュン(グ)アン	inquiry
見舞う みまう	menjenguk / menéngok ムンジュン(グ)ウッ / ムネン(グ)オッ	to visit *sb* in hospital
未満 みまん	di bawah ディ バワー	under
耳 みみ	telinga トゥリン(グ)ア	ear
耳（聞く能力） みみ	pendengaran プンドゥン(グ)アラン	hearing
身元保証人 みもとほしょうにん	penanggung / penjamin プナングン(グ) / プンジャミン	surety
脈拍 みゃくはく	nadi ナディ	pulse
土産 みやげ	oléh-oléh オレー オレー	souvenir
土産物店 みやげものてん	toko oléh-oléh トコ オレー オレー	souvenir [gift] shop
都 みやこ	ibu kota イブ コタ	metropolis
ミャンマー	Myanmar ミャンマル	Myanmar
ミャンマー語 ご	bahasa Myanmar バハサ ミャンマル	Myanmar's / Burmese (language)
ミャンマー人 じん	orang Myanmar オラン(グ) ミャンマル	Myanmar's / Burmese (people)

日	インドネシア	英
ミュール	**sepatu sandal** スパトゥ サンダル	mule
みょう 妙	**keanéhan** クアネハン	strangeness
みょう 妙な	**anéh** アネー	strange
みょうごにち 明後日	**lusa** ルサ	the day after tomorrow
みょうじ 名字	**nama keluarga / marga** ナマ クルアルガ / マルガ	surname
みらい 未来	**masa depan** マサ ドゥパン	future
ミリ	**miliméter** ミリメトゥル	millimeter
みりょく 魅力	**daya tarik** ダヤ タリッ	charm
みりょくてき 魅力的	**menarik** ムナリッ	attractive
み 見る	**melihat** ムリハ(ト)	to see
み 診る	**mendiagnosis / memeriksa** ムンディアグノスィス / ムムリクサ	to examine
ミルクティー	**téh susu** テー スス	tea with milk
みれん 未練	**penyesalan** プニュサラン	regret
みわた 見渡す	**memandang** ムマンダン(グ)	to look out (over)
みんかん 民間	**swasta** スワスタ	private
みんげいひん 民芸品	**kerajinan** クラジナン	folk craft
みんしゅく 民宿	**penginapan** プン(グ)イナパン	guesthouse
みんしゅしゅぎ 民主主義	**démokrasi** デモクラスィ	democracy
みんしゅてき 民主的	**démokratis** デモクラティス	democratic
みんぞく 民族	**suku bangsa** スク バンサ	race

日	インドネシア	英
みんぞく 民俗	**folklor** フォルクロル	folkways
みんぞくおんがく 民俗音楽	**musik rakyat** ムスィッ ラクヤ(ト)	folk music
みんぞくぶよう 民俗舞踊	**tarian rakyat** タリアン ラクヤ(ト)	folk dance
みんよう 民謡	**lagu rakyat** ラグ ラクヤ(ト)	folk song

▼ む，ム

日	インドネシア	英
むいか（日付） 六日	**tanggal enam** タンガル ウナム	the sixth (day)
むいか（期間） 六日	**enam hari** ウナム ハリ	six days
むいみ 無意味	**ketiadaan arti** クティアダアン アルティ	insignificance
むいみな 無意味な	**tidak berarti** ティダッ ブルアルティ	insignificant
ムード	**suasana** スアサナ	mood
むかい 向かい	**sisi yang berlawanan** スィスィ ヤン(グ) ブルラワナン	opposite side
むがいな 無害な	**tidak berbahaya** ティダッ ブルバハヤ	harmless
むかう 向かう	**menghadap** ムンハダ(プ)	to face
むかう 向かう （目指して進む）	**menuju** ムヌジュ	to move ahead
むかえ 迎え	**jemputan** ジュンプタン	going to meet
むかえにいく 迎えに行く	**pergi menjemput** プルギ ムンジュンプ(ト)	to go to meet *sb*
むかえる 迎える	**menjemput** ムンジュンプ(ト)	to welcome
むかし 昔	**dulu / dahulu** ドゥル / ダフル	old days
むかんけい 無関係	**tidak berhubungan** ティダッ ブルフブン(グ)アン	irrelevance
むかんしんな 無関心な	**(bersikap) acuh / tidak perduli** （ブルスィカ(プ)）アチュー / ティダッ プドゥリ	indifferent

日	インドネシア	英
向き	arah アラー	direction to
麦	gandum ガンドゥム	wheat
無気力	lesu / malas ルス / マラス	lethargic
向く	mengarah ムン(グ)アラー	to turn (to)
剥く	mengupas ムン(グ)ウパス	to peel
剥く（皮を）	menguliti ムン(グ)ウリティ	to skin
無口	tidak banyak bicara ティダッ バニャッ ビチャラ	reticence
無口な	(bersifat) pendiam （ブルスィファ(ト)）ブンディアム	reticent
～向け	untuk ~ ウントゥ(ク)	for ~
向ける	mengarahkan ムン(グ)アラーカン	to turn one's face to
無限	tak terbatas タットゥルバタス	infinity
婿	menantu ムナントゥ	son-in-law
向こう	seberang スブラン(グ)	over there
無効	sudah tidak berlaku masanya スダー ティダッ ブルラク マサニャ	invalidity
無効な	tidak sah / tidak berlaku ティダッ サー / ティダッ ブルラク	invalidity / invalid
向う脛	tulang kering トゥラン(グ) クリン(グ)	shin
無言	diam ディアム	dumb
虫	serangga スランガ	insect
無視	pengabaian ブン(グ)アバイアン	ignoring
無視する	mengabaikan ムン(グ)アバイカン	to ignore

日	インドネシア	英
無地	polos ポロス	plain
蒸し暑い	panas dan lembap パナス ダン ルンバ(プ)	hot and sticky
無事故	tanpa kecelakaan タンパ クチュラカアン	without an accident
虫刺され	gigitan serangga ギギタン スランガ	insect bite
蒸した	dikukus ディククス	steamed
虫歯	karies gigi / lubang gigi カリエス ギギ / ルバン(グ) ギギ	bad tooth
無邪気 (な)	tidak berdosa ティダッ ブルドサ	innocence / innocent
矛盾	kontradiksi コントラディクスイ	contradiction
矛盾する	bertentangan ブルトゥンタン(グ)アン	to contradict
虫除け	anti serangga アンティ スランガ	insect repellent
毟る	menyiangi ムニィアンギ	to pluck
むしろ	malahan マラハン	rather than
蒸す	mengukus ムン(グ)ウクス	to steam
無数の	tak terhitung タットゥルヒトゥン(グ)	countless
難しい	sulit / susah / sukar スリ(ト) / スサー / スカル	difficult
息子	anak laki-laki アナッ ラキ ラキ	son
結び (結論)	kesimpulan クスインプラン	conclusion
結び (結び目)	simpul スインプル	knot
結び付き	hubungan / ikatan フブン(グ)アン / イカタン	connection
結び付く	bergabung ブルガブン(グ)	be related to

日	インドネシア	英
むす つ 結び付ける	menggabungkan ムンガブンカン	to connect
むす 結ぶ	mengikat ムン(グ)イカ(ト)	to connect
むすめ 娘	anak perempuan アナッ プルンプアン	daughter
む 噎せる	tersedak トゥルスダッ	be choked with
む せん 無線	nirkabel ニルカブル	wireless
む だ 無駄	kesia-siaan クスィア スィアアン	waste
む だ 無駄な	sia-sia スィア スィア	wasteful
む だ 無駄にする	menyia-nyiakan ムニィア ニィアカン	to waste
む だ づか 無駄遣い	pemborosan プンボロサン	waste of money
む だ づか 無駄遣いする	memboroskan ムンボロスカン	to waste one's money
む だん 無断	tanpa izin タンパ イズィン	without permission
む ち 無知	ketidaktahuan クティダッタフアン	ignorance
む ちゃ 無茶	kemustahilan クムスタヒラン	absurdity
む ちゃ 無茶な	tidak masuk akal / mustahil / nékat / bukan-bukan ティダッ マスッ アカル / ムスタヒル / ネカ(ト) / ブカン ブカン	absurd
む ちゃ く ちゃ 無茶苦茶	ketidakbérésan クティダッベレサン	senselessness
む ちゃ く ちゃ 無茶苦茶な	konyol / berantakan コニョル / ブランタカン	senseless
む ちゅう 夢中	keasyikan クアシカン	enthusiasm
む ちゅう 夢中な	asyik アスィッ	enthusiastic
6つ	enam buah ウナム ブアー	six

日	インドネシア	英
_{むな} 空しい	hampa / kosong ハンパ / コソン(グ)	futile
_{むね} 胸	dada ダダ	chest
_{むね} 胸（心）	hati ハティ	heart
_{むね} 胸（乳房）	buah dada / payudara ブアー ダダ / パユダラ	breast
_{む ねん} 無念	penyesalan プニュサラン	regret
_{む ねん} 無念な	menyesalkan ムニュサルカン	regretful
_{む のう} 無能	inkompeténsi インコンプテンスィ	incompetence
_{む のう} 無能な	inkompetén インコンプテン	incompetent
ムハンマド	Muhammad / Nabi Muhammad / Muhammad SAW ムハンマ(ド) / ナビ ムハンマ(ド) / ムハンマ(ド) エスアーウェ	Muhammad
_{む めんきょ} 無免許	gelap / tanpa lisénsi グラ(プ) / タンパ リセンスィ	without license
_{む やみ} 無闇	kecerobohan クチュロボハン	recklessness
_{む やみ} 無闇な	ceroboh チュロボー	reckless
_{む よう} 無用（な）	tidak berguna ティダッ ブルグナ	uselessness / useless
_{むら} 村	désa / dusun デサ / ドゥスン	village
むら	ketidakrataan クティダッラタアン	ruggedness
むらのある	tidak sama / tidak merata ティダッ サマ / ティダッ ムラタ	uneven
むらのない	sama / merata サマ / ムラタ	even
_{むら} 群がる	berkerumun ブルクルムン	to crowd
_{むらさきいろ} 紫色	warna ungu ワルナ ウン(グ)ウ	purple

日	インドネシア	英
無理 むり	ketidakmungkinan クティダッムンキナン	unreasonableness
無理な むりな	tidak mungkin ティダッ ムンキン	unreasonable
無料 むりょう	gratis / cuma-cuma グラティス / チュマ チュマ	free
群れ むれ	kelompok / rombongan クロンポッ / ロンボン(グ)アン	group
群れ (動物の) むれ	kelompok クロンポッ	herd / flock
無論 むろん	tentu saja トゥントゥ サジャ	of course

▼ め，メ

芽 め	kuncup / pucuk クンチュ(プ) / プチュッ	germ
目 め	mata マタ	eye
目 (見る能力) め	penglihatan プン(グ)リハタン	visibility
姪 めい	keponakan perempuan クポナカン プルンプアン	niece
明確 めいかく	kejelasan クジュラサン	clearness
明確な めいかく	jelas ジュラス	clear
銘柄 めいがら	mérek メルッ	brand
明細 めいさい	rincian リンチアン	details
明細書 めいさいしょ	perincian / pernyataan プリンチアン / プルニャタアン	statement
名作 めいさく	mahakarya マハカルヤ	masterpiece
名産 めいさん	produk khas プロドゥッ ハス	well-known product
名刺 めいし	kartu nama カルトゥ ナマ	name card
名詞 めいし	kata benda カタ ブンダ	noun

日	インドネシア	英
めいしょ 名所	**tempat wisata terkenal** トゥンパ(ト) ウィサタ トゥルクナル	famous place
めいしょう 名称	**nama** ナマ	name
めい 命じる	**memerintahkan** ムムリンターカン	to command
めいしん 迷信	**takhayul** タハユル	superstition
めいじん 名人	**jago** ジャゴ	expert
めいそう 瞑想	**semadi / méditasi** スマディ / メディタスィ	meditation
めいそう 瞑想する	**bersemadi / berméditasi** ブルスムディ / ブルメディタスィ	to mediate
めいちゅう 命中	**kena** クナ	(direct) hit
めいちゅう 命中する	**mengenai** ムン(グ)ウナイ	to hit the mark
メイド	**pembantu** プンバントゥ	maid
めいはく 明白	**kejelasan** クジュラサン	obviousness
めいはく 明白な	**jelas** ジュラス	obvious
めいぶつ 名物	**produk khas** プロドゥッ ハス	special product
めいぶつりょうり 名物料理	**masakan khas** マサカン ハス	specialty dish
めいぼ 名簿	**daftar nama** ダフタル ナマ	list of names
めいめい 銘々	**masing-masing** マスィン(グ) マスィン(グ)	each
めいよ 名誉	**kehormatan** クホルマタン	honor
めいよ 名誉な	**terhormat** トゥルホルマ(ト)	honorable
めいよきそん 名誉毀損	**fitnah / pencemaran nama baik / penghinaan** フィ(ト)ナー / プンチュマラン ナマ バイッ / プン(グ)ヒナアン	defamation
めいりょう 明瞭	**kejelasan** クジュラサン	clearness

日	インドネシア	英
明瞭な めいりょう	jelas ジュラス	clear
滅入る め い	(merasa) muram / (merasa) murung (ムラサ) ムラム / (ムラサ) ムルン(グ)	to feel depressed
命令 めいれい	perintah プリンター	order
命令する めいれい	memerintahkan ムムリンターカン	to order
迷路 めい ろ	labirin ラビリン	labyrinth
明朗 めいろう	keceriaan クチュリアアン	brightness
明朗な めいろう	ceria チュリア	bright
迷惑 めいわく	gangguan ガングアン	annoyance
迷惑な めいわく	mengganggu ムンガング	annoying
目上 め うえ	(orang yang) lebih tua (オラン(グ) ヤン(グ)) ルビー トゥア	elders
目移り め うつ	distraksi ディストラクスイ	distraction
目移りする め うつ	membingungkan pikiran ムンビン(グ)ウンカン ピキラン	be distracted
メーカー	produsén プロドゥセン	maker
メーター (計器)	méter メトゥル	meter
メートル	méter メトゥル	meter
メール	surat élektronik / pos-él スラ(ト) エレクトロニッ / ポス エル	email
メールする	mengirim pos-él ムン(グ)イリム ポス エル	to send [receive] an email
目方 め かた	berat / bobot ブラ(ト) / ボボ(ト)	weight
眼鏡 め がね	kacamata カチャマタ	glasses
目薬 め ぐすり	obat mata オバ(ト) マタ	eye drops

め

日	インドネシア	英
めぐ 恵まれる	dikaruniai / diberkahi ディカルニアイ / ディブルカヒ	be blessed
めぐ 恵み	berkah / rahmat ブルカー / ラーマ(ト)	blessing
めぐ 恵む	memberkahi / mengaruniai ムンブルカヒ / ムン(グ)アルニアイ	to give a thing
めく 捲る	membalik ムンバリ(ク)	to flip
めぐ 巡る	berkeliling ブルクリリン(グ)	to move around
め ざ 目指す	menuju / mengarah ムヌジュ / ムン(グ)アラー	to aim
め ざ 目覚ましい	mencengangkan ムンチュン(グ)アン(グ)カン	remarkable
め ざ　　と けい 目覚まし時計	jam béker ジャム ベクル	alarm clock
め ざ 目覚める	terbangun / tersadar トゥルバン(グ)ウン / トゥルサダル	to wake up
め した 目下	(orang yang) lebih muda (オラン(グ) ヤン(グ)) ルビー ムダ	one's junior
め じるし 目印	tanda タンダ	mark
めす 雌	betina ブティナ	female
めずら 珍しい	langka ランカ	rare
め だ 目立つ	menonjol ムノンジョル	striking
め ちゃ く ちゃ 滅茶苦茶	kacau カチャウ	incoherence
め ちゃ く ちゃ 滅茶苦茶な	amburadul アンブラドゥル	incoherent
め つ 目付き	sorot mata / éksprési mata ソロ(ト) マタ / エクスプレスィ マタ	expression in one's eyes
めっきり	sangat / sekali / dengan jelas サン(グ)ア(ト) / スカリ / ドゥン(グ)アン ジュラス	considerably
メッセージ	pesan プサン	message
めったに (〜ない)	jarang ジャラン(グ)	seldom

日	インドネシア	英
めつぼう 滅亡	kemusnahan クムスナハン	destruction
めつぼう 滅亡する	musnah ムスナー	be destroyed
メディア	média メディア	media
めでたい	membahagiakan ムンバハギアカン	happy
め ど 目処	prospék プロスペッ	outlook
メニュー	ménu メヌ	menu
めまい 眩暈	vértigo フェルティゴ	dizziness
メモ	catatan チャタタン	memo
メモする	mencatat / membuat catatan ムンチャタ(ト) / ムンブア(ト) チャタタン	to take a memo
め も 目盛り	garis ukuran ガリス ウクラン	scale
メモリ	mémori メモリ	memory
め やす 目安	patokan パトカン	guide
メロディー	mélodi / irama メロディ / イラマ	melody
メロン	mélon メロン	melon
めん 綿	katun カトゥン	cotton
めん 面	permukaan / segi プルムカアン / スギ	face
めん 麺	mi / mie ミー / ミー	noodle
めんえき 免疫	kekebalan / imunitas ククバラン / イムニタス	immunity
めんかい 面会	pertemuan / wawancara プルトゥムアン / ワワンチャラ	interview
めんかい 面会する	bertemu / mewawancarai ブルトゥム / ムワワンチャライ	to interview

日	インドネシア	英
めんきょ 免許	izin イズィン	certificate
めんきょしょう 免許証	Surat Izin Mengemudi (SIM) スラ(ト) イジン ムン(グ)ウムディ	driving license
めんしき 面識	kenal クナル	acquaintance
めんじょ 免除	pembébasan プンベバサン	exemption
めんじょする 免除する	membébaskan ムンベバスカン	to exempt
めん 面する	berhadapan ブルハダパン	to face
めんぜい 免税	bébas pajak ベバス パジャ(ク)	duty free
めんぜいする 免税する	membébaskan (dari) pajak ムンベバスカン (ダリ) パジャ(ク)	to exempt from tax
めんぜいてん 免税店	toko bébas pajak トコ ベバス パジャ(ク)	duty-free shop
めんせき 面積	luas ルアス	area
めんせき 免責	kekebalan / imunitas ククバラン / イムニタス	immunity
めんせきじょうこう 免責条項	klausul クラウスル	disclaimer
めんせつ 面接	wawancara ワワンチャラ	interview
めんせつする 面接する	mewawancarai ムワワンチャライ	to interview
めんてい 免停	pembekuan izin プンブクアン イズィン	license suspension
メンテナンス	perawatan プラワタン	maintenance
めんどう 面倒	gangguan ガングアン	trouble
めんどうな 面倒な	répot レポ(ト)	troublesome
めんどうくさい 面倒臭い	merépotkan ムレポ(ト)カン	troublesome
メンバー	anggota アンゴタ	member

日	インドネシア	英
めんぼう 綿棒	**kapas pembersih telinga** カパス プンブルスィー トゥリン(グ)ア	cotton swab
めんぼく 面目	**muka** ムカ	honor

▼ も，モ

日	インドネシア	英
～も	**juga ～** ジュガ	too
も 喪	**berkabung** ブルカブン(グ)	mourning
もう	**sudah** スダー	already
もう もう一度	**sekali lagi** スカリ ラギ	once more
もう 儲かる	**menguntungkan** ムン(グ)ウントゥンカン	to make a profit
もう 儲け	**untung** ウントゥン(グ)	profit
もう 儲ける	**menghasilkan** ムンハスィルカン	to get a profit
もう 設ける	**menyediakan** ムニュディアカン	to establish
もう い 申し入れる	**menawarkan** ムナワルカン	to propose
もう こ 申し込み	**pendaftaran** プンダフタラン	application
もう こ 申し込む	**mendaftar** ムンダフタル	to apply
もう で 申し出	**tawaran** タワラン	offer
もう で 申し出る	**menawarkan** ムナワルカン	to propose
もう ひら 申し開き	**penjelasan** プンジュラサン	excuse
もう わけ 申し訳ない	**minta maaf** ミンタ マアフ	sorry
もうすぐ	**sebentar lagi** スブンタル ラギ	soon
もうそう 妄想	**khayalan** ハヤラン	delusion

日	インドネシア	英
もうそう 妄想する	mengkhayal ムンハヤル	to have delusion
もうちょう 盲腸	usus buntu ウスス ブントゥ	appendix
もうちょうえん 盲腸炎	radang usus buntu ラダン(グ) ウスス ブントゥ	appendicitis
もうてん 盲点	titik kelemahan ティティッ クルマハン	blind spot
もうどうけん 盲導犬	anjing pemandu アンジン(グ) プマンドゥ	guide dog
もう ふ 毛布	selimut スリム(ト)	blanket
もうもく 盲目	buta ブタ	blindness
もうれつ 猛烈	kedahsyatan クダーシャタン	furiousness
もうれつ 猛烈な	dahsyat ダーシャ(ト)	furious
も 燃える	menyala ムニャラ	to burn
モーター	motor モトル	motor
モーテル	motél モテル	motel
モーニングコール	layanan membangunkan léwat télépon ラヤナン ムンバン(グ)ウンカン レワ(ト) テレポン	wake-up call
もがく	bergulat ブルグラ(ト)	to struggle
もくげきしゃ 目撃者	saksi mata サクスィ マタ	eyewitness
もくざい 木材	kayu カユ	wood
もく じ 目次	daftar isi ダフタル イスィ	table of contents
もくたん 木炭	arang kayu / arang アラン(グ) カユ / アラン(グ)	charcoal
もくてき 目的	tujuan トゥジュアン	purpose
もくてき ち 目的地	tempat tujuan トゥンパ(ト) トゥジュアン	destination

日	インドネシア	英
もくひょう 目標	targét / sasaran タルゲ(ト) / ササラン	target
もくようび 木曜日	hari Kamis ハリ カミス	Thursday
もぐ 潜る	menyelam ムニュラム	to dive
もくろく 目録	katalog / indéks カタロ(グ) / インデクス	catalogue
もくろみ 目論見	skéma スケマ	scheme
もけい 模型	modél モデル	model
もさく 模索	pencarian プンチャリアン	groping
もさく 模索する	mencari-cari ムンチャリ チャリ	to grope
もし	kalau / jika カラウ / ジカ	if
もじ 文字	huruf フルフ	letter
もしかすると	mungkin ムンキン	perhaps
もし仮に （仮に）	seandainya スアンダイニャ	supposing
もしくは	atau アタウ	otherwise
もしも	andaikan アンダイカン	if
もしもし	halo ハロ	hello
モスク	masjid マスジ(ド)	mosque
もぞうひん 模造品	imitasi イミタスィ	imitation
もたらす	membawa ムンバワ	to bring
もたれる （寄りかかる）	bersandar ブルサンダル	to lean against
もたれる（胃が）	enek ヌッ	to feel heavy

日	インドネシア	英
モダン	kemodérnan クモデルナン	modernness
モダンな	modérn モデルン	modern
餅	moci モチ	rice cake
持ち上げる	mengangkat ムン(グ)アンカ(ト)	to raise
用いる	menggunakan ムングナカン	to make use of
持ち切り	ramai dibicarakan ラマイ ディビチャラカン	the only topic
持ち込む	bawa masuk バワ マスッ	to bring *sth* into
もち米	ketan クタン	glutinous rice
持ち出す	bawa keluar バワ クルアル	to take *sth* out
もちろん	tentu saja トゥントゥ サジャ	of course
持つ	mempunyai / memiliki ムンプニャイ / ムミリキ	to have [own]
持つ（鮮度を保つ）	mengawétkan ムン(グ)アウェ(ト)カン	to keep well
目下	sekarang スカラン(グ)	at present
もったいない	sayang / mubazir サヤン(グ) / ムバズィル	wasteful
持って行く	membawa ムンバワ	to carry *sth* (to)
持っている	mempunyai / memiliki ムンプニャイ / ムミリキ	to possess
持って来る	bawa バワ	to bring
もっと	lebih ルビー	more
最も	paling パリン(グ)	most
もっともな	terjangkau トゥルジャンカウ	reasonable

日	インドネシア	英
もっぱら	hanya ハニャ	exclusively
もてなす	menjamu ムンジャム	to treat
もてる	laku / banyak yang suka ラク / バニャッ ヤン (グ) スカ	be popular with
モデル	modél モデル	model
基	dasar ダサル	foundation
戻す	mengembalikan ムン (グ) ウンバリカン	to return
基づく	berdasarkan ブルダサルカン	be based on
求める	meminta ムミンタ	to ask for
元々	asalnya アサルニャ	originally
戻る	kembali クンバリ	to go back
モニター	monitor モニトル	monitor
物	barang バラン (グ)	thing
物置き	ruang penyimpanan ルアン (グ) プニインパナン	storeroom
物音	bunyi ブニィ	noise
物語	cerita / kisah チュリタ / キサー	story
物語る	menceritakan / mengisahkan ムンチュリタカン / ムン (グ) イサーカン	to tell
物事	hal ハル	things
物差し	pengukur / penggaris プン (グ) ウクル / プンガリス	ruler
物静か (な)	pendiam プンディアム	calmness / calm
物好き	keingintahuan クイン (グ) インタフアン	curiosity

日	インドネシア	英
物好きな ものず	mempunyai rasa ingin tahu ムンプニャイ ラサ イン(グ)イン タウ	curious
物凄い ものすご	hébat ヘバ(ト)	ghastly
物足りない ものた	merasa kurang (akan sesuatu) ムラサ クラン(グ)（アカン ススアトゥ）	unsatisfied
物まね もの	tiruan ティルアン	mimicry
モノレール	monorél モノレル	monorail
もはや	tidak lagi ティダッ ラギ	no longer
模範 もはん	teladan / modél / contoh トゥラダン / モデル / チョントー	model
喪服 もふく	pakaian berkabung パカイアン ブルカブン(グ)	mourning dress
模倣 もほう	imitasi / tiruan イミタスィ / ティルアン	imitation
模倣する もほう	meniru ムニル	to imitate
籾 もみ	gabah ガバー	rice in the husk
紅葉 もみじ	daun maple ダウン メイプル	Japanese maple
揉む も	memijat ムミジャ(ト)	to rub
揉める も	bertengkar ブルトゥンカル	to get into trouble
木綿 もめん	katun カトゥン	cotton
腿 もも	paha パハ	thigh
桃 もも	buah persik ブアー ブルスィッ	peach
燃やす も	membakar ムンバカル	to burn
模様 もよう	corak チョラッ	pattern
催し もよおし	acara アチャラ	event

日	インドネシア	英
<ruby>催<rt>もよお</rt></ruby>す	menyelenggarakan ムニュルンガラカン	to hold
<ruby>最寄<rt>も よ</rt></ruby>り	terdekat トゥルドゥカ(ト)	the nearby [nearest, closest]
<ruby>最寄<rt>も よ</rt></ruby>り<ruby>駅<rt>えき</rt></ruby>	stasiun yang terdekat スタスィウン ヤン(グ) トゥルドゥカ(ト)	the nearest [closest] station
<ruby>貰<rt>もら</rt></ruby>う	menerima ムヌリマ	to receive
<ruby>漏<rt>も</rt></ruby>らす	membocorkan ムンボチョルカン	to let *sth* leak
モラトリアム	moratorium モラトリウム	moratorium
モラルハザード	moral yang membahayakan モラル ヤン(グ) ムンバハヤカン	moral hazard
<ruby>森<rt>もり</rt></ruby>	hutan フタン	forest
<ruby>盛<rt>も</rt></ruby>り<ruby>上<rt>あ</rt></ruby>がる	ramai ラマイ	to rise
<ruby>盛<rt>も</rt></ruby>る	menyajikan ムニャジカン	to serve
<ruby>漏<rt>も</rt></ruby>れる	bocor ボチョル	to leak out
<ruby>脆<rt>もろ</rt></ruby>い	rapuh ラプー	fragile
<ruby>諸<rt>もろ</rt></ruby>に	langsung ランスン(グ)	completely
～<ruby>問<rt>もん</rt></ruby>	soal ~ ソアル	question number
<ruby>門<rt>もん</rt></ruby>	gerbang / pintu グルバン(グ) / ピントゥ	gate
<ruby>文句<rt>もん く</rt></ruby>	keluhan クルハン	complaint
モンゴル	Mongolia モン(グ)オリア	Mongolia
モンゴル<ruby>語<rt>ご</rt></ruby>	bahasa Mongolia バハサ モン(グ)オリア	Mongolian (language)
モンゴル<ruby>人<rt>じん</rt></ruby>	orang Mongolia オラン(グ) モン(グ)オリア	Mongolian (people)
モンスーン	monsun モンスン	monsoon

日	インドネシア	英
問題（試験・課題） もんだい	**soal** ソアル	question / problem
問題（厄介ごと） もんだい	**masalah** マサラー	trouble
問題点 もんだいてん	**permasalahan** プルマサラハン	problem
問答する もんどう	**berdiskusi** ブルディスクスィ	to debate [discuss]

▼ や，ヤ

日	インドネシア	英
矢 や	**anak panah** アナッ パナー	arrow
焼いた や	**dipanggang** ディパンガン (グ)	baked
八百屋 やおや	**toko sayuran** トコ サユラン	greengrocer
野外 やがい	**ruang terbuka** ルアン (グ) トゥルブカ	outdoor
やがて	**nanti / tak lama lagi** ナンティ / タッ ラマ ラギ	before long
やかましい	**berisik** ブリスィッ	noisy
やかん	**cérék / téko** チェレッ / テコ	kettle
夜間 やかん	**malam hari** マラム ハリ	at night
ヤギ	**kambing** カンビン (グ)	goat
やきもち	**iri / cemburu** イリ / チュンブル	jealousy
野球 やきゅう	**bisbol** ビスボル	baseball
野球場 やきゅうじょう	**lapangan bisbol** ラパン (グ) アン ビスボル	baseball stadium
夜勤 やきん	**kerja malam** クルジャ マラム	night shift [duty]
約〜 やく	**kira-kira ~ / kurang lebih ~** キラ キラ / クラン (グ) ルビー	about
訳 やく	**terjemahan** トゥルジュマハン	translation

日	インドネシア	英
訳す やくす	menerjemahkan ムヌルジュマーカン	to translate
焼く（火で燃やす） や	membakar ムンバカル	to burn
焼く（火で調理する） や	memanggang ムマンガン(グ)	to bake
夜具 やぐ	peralatan tidur プルアラタン ティドゥル	bedclothes
役者 やくしゃ	pemeran プムラン	actor [actress]
訳者 やくしゃ	penerjemah プヌルジュマー	translator
役所 やくしょ	balai kota バライ コタ	public office
役職 やくしょく	jabatan / posisi ジャバタン / ポスィスィ	managerial position
薬草 やくそう	tumbuhan obat トゥンブハン オバ(ト)	medical herb
約束 やくそく	janji ジャンジ	promise
約束する やくそく	berjanji ブルジャンジ	to promise
役立つ やくだ	bermanfaat ブルマンファア(ト)	useful
役人 やくにん	pegawai プガワイ	government officer
役場 やくば	balai kota バライ コタ	town office
薬品 やくひん	obat-obatan オバ(ト) オバタン	medicine
薬包 やくほう	bungkus obat ブンクス オバ(ト)	cartridge
役目 やくめ	tugas / peranan トゥガス / プラナン	duty
役割 やくわり	peranan プラナン	role
火傷 やけど	luka bakar ルカ バカル	burn
火傷する やけど	kena luka bakar クナ ルカ バカル	to get burned

日	インドネシア	英
やけに	**sangat** サン(グ)ア(ト)	awfully
焼ける	**terbakar** トゥルバカル	to burn
夜行	**keréta malam** クレタ マラム	night train
野菜	**sayur** サユル	vegetable
野菜料理	**masakan sayur** マサカン サユル	vegetable dish
易しい	**mudah** ムダー	easy
優しい	**baik hati** バイッ ハティ	kind
ヤシ	**kelapa** クラパ	palm tree
屋敷	**rumah besar** ルマー ブサル	mansion
養う	**memelihara** ムムリハラ	to support
矢印	**tanda panah** タンダ パナー	arrow
野心	**ambisi** アンビスィ	ambition
(～し) やすい	**mudah ～ / gampang ～** ムダー / ガンパン(グ)	easy
安い	**murah** ムラー	cheap
安売り	**obralan** オブララン	bargain sale
安売りする	**mengobral** ムン(グ)オブラル	to sell at a bargain price
安っぽい	**murahan** ムラハン	cheap-looking
休み (休憩・休暇)	**istirahat** イスティラハ(ト)	rest
休み (欠席・欠勤)	**absén** アブセン	absence
休み (休日・祝日)	**libur** リブル	holiday

日	インドネシア	英
休む やす	beristirahat ブルイスティラハ(ト)	to rest
鑢 やすり	kikir キキル	rasp
野生 や せい	liar リアル	wild
野生する や せい	tumbuh liar トゥンブー リアル	to grow in the wild
痩せる（体が） や	(menjadi) kurus (ムンジャディ) クルス	to lose weight
痩せる（土地が） や	(menjadi) tandus (ムンジャディ) タンドゥス	to lose its fertility
屋台 や たい	warung ワルン(グ)	(street) stall
やたらな	tidak beraturan / sembarangan ティダッ ブルアトゥラン / スンバラン(グ)アン	random
やたらに	berlebihan ブルレビハン	excessively
家賃 や ちん	séwa rumah セワ ルマー	house rent
厄介 やっかい	gangguan ガングアン	trouble
厄介な やっかい	susah / répot / berabé スサー / レポ(ト) / ブラベ	troublesome
薬局 やっきょく	apoték アポテッ	pharmacy
８つ	delapan buah ドゥラパン ブアー	eight
やっと	akhirnya アヒルニャ	at last
宿 やど	penginapan プン(グ)イナパン	inn
雇う やと	mempekerjakan ムンプクルジャカン	to hire
野党 や とう	partai oposisi パルタイ オポスィスィ	party out of power
家主 や ぬし	pemilik rumah プミリッ ルマー	landlord
屋根 や ね	atap アタ(プ)	roof

日	インドネシア	英
やはり	**sudah pasti** スダー パスティ	just as I thought
野蛮 （やばん）	**kebiadaban** クビアダバン	savage
破る（裂く） （やぶる）	**merobék** ムロベッ	to tear
破る（約束を） （やぶる）	**mengingkari janji** ムン(グ)インカリ ジャンジ	to break one's promise
破る（規則を） （やぶる）	**langgar** ランガル	to violate
破れる （やぶれる）	**robék** ロベッ	to get torn
山 （やま）	**gunung** グヌン(グ)	mountain
闇 （やみ）	**kegelapan** クグラパン	darkness
止む （やむ）	**berhenti** ブルフンティ	to stop
病む （やむ）	**menjadi sakit** ムンジャディ サキ(ト)	to fall ill
やむを得ない （やむをえない）	**terpaksa / tak dapat dihindari** トゥルパクサ / タッ ダパ(ト) ディヒンダリ	unavoidable
止める （やめる）	**berhenti** ブルフンティ	to quit
辞める （やめる）	**mengundurkan diri** ムン(グ)ウンドゥルカン ディリ	to retire
やや	**sedikit** スディキ(ト)	a little bit
槍 （やり）	**tombak** トンバッ	spear
やり方 （やりかた）	**cara** チャラ	method
やり遂げる （やりとげる）	**menyelesaikan** ムニュルサイカン	to complete
やる	**melakukan** ムラクカン	to do
やる気 （やるき）	**semangat** スマン(グ)ア(ト)	motivation
柔らかい （融通が利く） （やわらかい）	**fléksibel / lunak** フレクスイブル / ルナッ	flexible

日	インドネシア	英
柔らかい（柔和）	lembut ルンブ(ト)	mild
柔らかさ	kelembutan クルンブタン	softness
柔らかな	lembut ルンブ(ト)	softly
和らげる	meredam ムルダム	to soften
ヤンゴン	Yangon ヤン(グ)オン	Yangon

▼ ゆ，ユ

日	インドネシア	英
湯	air panas アイル パナス	hot water
唯一	satu-satunya サトゥ サトゥニャ	only one
遺言	wasiat ワスィア(ト)	will
優位	dominasi ドミナスィ	superiority
優位な	dominan ドミナン	be superior to
有意義	manfaat マンファア(ト)	significance
有意義な	bermanfaat ブルマンファア(ト)	significant
憂鬱さ	kemurungan クムルン(グ)アン	depression
憂鬱な	murung ムルン(グ)	depressing
有益	keuntungan クウントゥン(グ)アン	profit
有益な	menguntungkan ムン(グ)ウントゥンカン	profitable
USB	USB ユーエスビー	USB
優越	unggul ウングル	superiority
優越する	mengungguli ムン(グ)ウングリ	be superior to

日	インドネシア	英
<ruby>遊園地<rt>ゆうえんち</rt></ruby>	**taman bermain** タマン ブルマイン	amusement park
<ruby>誘拐<rt>ゆうかい</rt></ruby>	**penculikan** ブンチュリカン	abduction
<ruby>誘拐する<rt>ゆうかい</rt></ruby>	**menculik** ムンチュリッ	to abduct
<ruby>有害な<rt>ゆうがい</rt></ruby>	**beracun / berbahaya** ブラチュン / ブルバハヤ	harmful
<ruby>有価証券<rt>ゆうかしょうけん</rt></ruby>	**sékuritas** セクリタス	securities
<ruby>夕方<rt>ゆうがた</rt></ruby>	**soré** ソレ	evening
<ruby>夕刊<rt>ゆうかん</rt></ruby>	**harian soré** ハリアン ソレ	evening paper
<ruby>勇敢<rt>ゆうかん</rt></ruby>	**keberanian** クブラニアン	bravery
<ruby>勇敢な<rt>ゆうかん</rt></ruby>	**berani** ブラニ	brave
<ruby>勇気<rt>ゆうき</rt></ruby>	**keberanian** クブラニアン	courage
<ruby>有機栽培<rt>ゆうきさいばい</rt></ruby>	**pertanian organik** ブルタニアン オルガニッ	organic
<ruby>有給休暇<rt>ゆうきゅうきゅうか</rt></ruby>	**cuti berbayar** チュティ ブルバヤル	paid vacation
<ruby>夕暮れ<rt>ゆうぐれ</rt></ruby>	**senja** スンジャ	twilight
<ruby>友好<rt>ゆうこう</rt></ruby>	**persahabatan** ブルサハバタン	friendship
<ruby>有効<rt>ゆうこう</rt></ruby>	**keéféktifan / berlakunya** クエフェクティフアン / ブルラクニャ	effectiveness
<ruby>有効な<rt>ゆうこう</rt></ruby>	**éféktif / berlaku** エフェクティフ / ブルラク	effective
ユーザー	**pengguna** ブングナ	user
<ruby>融資<rt>ゆうし</rt></ruby>	**pembiayaan** ブンビアヤアン	financing
<ruby>融資する<rt>ゆうし</rt></ruby>	**meminjamkan uang** ムミンジャムカン ウアン(グ)	to finance
<ruby>優秀<rt>ゆうしゅう</rt></ruby>	**keunggulan** クウングラン	excellence

日	インドネシア	英
ゆうしゅう 優秀な	unggul / brilian ウングル / ブリリアン	excellent
ゆうじゅう ふ だん 優柔不断	ketidakmampuan untuk mengambil keputusan クティダッマンプアン ウントゥ(ク) ムン(グ)アンビル クプトゥサン	indecisiveness
ゆうじゅう ふ だん 優柔不断な	plin-plan プリン プラン	indecisive
ゆうしょう 優勝	juara ジュアラ	victory
ゆうしょう 優勝する	menjuarai ムンジュアライ	to win the victory
ゆうじょう 友情	persahabatan プルサハバタン	friendship
ゆうしょく 夕食	makan malam マカン マラム	dinner
ゆうじん 友人	teman トゥマン	friend
ゆうずう 融通	fléksibel フレクスィブル	flexibility
ゆうずう 融通がきく	fléksibel / akomodatif フレクスィブル / アコモダティフ	flexible
ユースホステル	youth hostel ユース ホステル	youth hostel
ゆう 有する	mempunyai / memiliki ムンプニャイ / ムミリキ	to own
ゆうせい 優勢	dominasi / keunggulan ドミナスィ / クウングラン	predominance
ゆうせい 優勢な	dominan / unggul ドミナン / ウングル	predominant
ゆうせん 優先	prioritas プリオリタス	priority
ゆうせん 優先する	mendahulukan ムンダフルカン	to prioritize
ゆうそう 郵送	pengiriman プン(グ)イリマン	mail
ゆうそう 郵送する	mengirim ムン(グ)イリム	to mail
ゆうそうりょう 郵送料	ongkos pengiriman オンコス プン(グ)イリマン	postage

日	インドネシア	英
<ruby>郵送料免除<rt>ゆうそうりょうめんじょ</rt></ruby>	bébas ongkos kirim ベバス オンコス キリム	postage exemption
<ruby>U<rt>ユー</rt></ruby> ターン	putar balik プタル バリ(ク)	U-turn
<ruby>U<rt>ユー</rt></ruby> ターンする	berputar balik ブルプタル バリ(ク)	to make a U-turn
<ruby>夕立ち<rt>ゆうだ</rt></ruby>	hujan sesaat (pada soré hari) フジャン スサア(ト) (パダ ソレ ハリ)	shower
<ruby>誘導<rt>ゆうどう</rt></ruby>	pimpinan ピンピナン	guidance
<ruby>誘導<rt>ゆうどう</rt></ruby>する	memimpin ムミンピン	to guide
<ruby>有毒<rt>ゆうどく</rt></ruby>	racun / bisa ラチュン / ビサ	toxicity
<ruby>有毒<rt>ゆうどく</rt></ruby>な	beracun / berbisa ブラチュン / ブルビサ	toxic
<ruby>有能<rt>ゆうのう</rt></ruby>	kemampuan クマンプアン	capability
<ruby>有能<rt>ゆうのう</rt></ruby>な	berkemampuan ブルクマンプアン	be capable of
<ruby>夕飯<rt>ゆうはん</rt></ruby>	makan malam マカン マラム	dinner
<ruby>夕日<rt>ゆうひ</rt></ruby>	matahari senja マタハリ スンジャ	evening sun
<ruby>優美<rt>ゆうび</rt></ruby>	keéleganan / keélokan クエルガナン / クエロカン	grace
<ruby>優美<rt>ゆうび</rt></ruby>な	élegan / élok エルガン / エロッ	graceful
<ruby>郵便<rt>ゆうびん</rt></ruby>	kiriman pos キリマン ポス	post
<ruby>郵便受け<rt>ゆうびんう</rt></ruby>	kotak surat コタッ スラ(ト)	mailbox
<ruby>郵便切手<rt>ゆうびんきって</rt></ruby>	perangko プランコ	postage stamp
<ruby>郵便局<rt>ゆうびんきょく</rt></ruby>	kantor pos カントル ポス	post office
<ruby>郵便小包<rt>ゆうびんこづつみ</rt></ruby>	pakét pos パケ(ト) ポス	parcel
<ruby>郵便番号<rt>ゆうびんばんごう</rt></ruby>	kode pos コドゥ ポス	zip code

ゆ

日	インドネシア	英
ゆうびんぶつ 郵便物	**kiriman** キリマン	mail
ゆうふく 裕福	**kekayaan** クカヤアン	wealth
ゆうふく 裕福な	**kaya** カヤ	wealthy
ゆう 夕べ	**tadi malam** タディ マラム	evening
ゆうぼう 有望	**mempunyai harapan** ムンプニャイ ハラパン	promise
ゆうぼう 有望な	**harapan / menjanjikan** ハラパン / ムンジャンジカン	promising
ゆうぼく 遊牧	**pengembaraan** プン(グ)ウンバラアン	nomadism
ゆうぼく 遊牧する	**mengembara** ムン(グ)ウンバラ	to nomadize
ゆうほどう 遊歩道	**trotoar** トロトアル	esplanade
ゆうめい 有名	**ketenaran** クトゥナラン	fame
ゆうめい 有名な	**terkenal / tenar** トゥルクナル / トゥナル	famous
ユーモア	**humor** フモル	humor
ゆうやけ 夕焼け	**matahari terbenam** マタハリ トゥルブナム	sunset
ゆうゆう 悠々	**tenang** トゥナン(グ)	serene
ゆうよ 猶予	**penangguhan** プナングハン	grace
ゆうよ 猶予する	**menangguhkan** ムナングーカン	to grant *sb* a postponement
ゆうり 有利	**keuntungan** クウントゥン(グ)アン	profitability
ゆうりな 有利な	**menguntungkan** ムン(グ)ウントゥンカン	profitable
ゆうりょう 有料	**berbayar** ブルバヤル	charge
ゆうりょう 有料の	**berbayar / perlu biaya** ブルバヤル / ブルル ビアヤ	pay

日	インドネシア	英
^{ゆうりょう}有料チャンネル	saluran berbayar サルラン プルバヤル	pay channel
^{ゆうりょうどう ろ}有料道路	jalan tol ジャラン トル	toll road
^{ゆうりょく}有力な	berpengaruh ブルブン(グ)アルー	influential
^{ゆうれい}幽霊	roh / hantu ロー / ハントゥ	ghost
^{ゆうわく}誘惑	godaan ゴダアン	temptation
^{ゆうわく}誘惑する	menggoda ムンゴダ	to tempt
^{ゆえ}故に	karena itu カルナ イトゥ	therefore
^{ゆか}床	lantai ランタイ	floor
^{ゆ かい}愉快	menyenangkan ムニュナンカン	pleasure
^{ゆが}歪む	membéngkok / melengkung ムンベンコッ / ムルンクン(グ)	to warp
^{ゆき}雪	salju サルジュ	snow
^{ゆくえ}行方	tempat keberadaan トゥンパ(ト) クブルアダアン	whereabouts
^{ゆくえ ふ めい}行方不明	hilang ヒラン(グ)	missing
^{ゆ げ}湯気	uap ウア(プ)	steam
^{ゆ けつ}輸血	transfusi darah トランスフスイ ダラー	blood transfusion
^{ゆ けつ}輸血する	memberikan transfusi darah ムンブリカン トランスフスイ ダラー	to transfuse blood
^ゆ揺さぶる	mengguncangkan ムングンチャンカン	to shake
^{ゆ しゅつ}輸出	ékspor エクスポル	export
^{ゆ しゅつ}輸出する	mengékspor ムン(グ)エクスポル	to export
^{ゆす}濯ぐ	membilas ムンビラス	to rinse

ゆ

日	インドネシア	英
譲る	memberikan ムンブリカン	to hand over
輸送	transportasi トランスポルタスィ	transportation
輸送する	mengangkut / mengirim ムン (グ) アンク (ト) / ムン (グ) イリム	to transport
豊か（知識・経験）	banyaknya バニャッニャ	abundance
豊か（財産）	kekayaan クカヤアン	plentifulness
豊かな	kaya / banyak カヤ / バニャッ	rich
油断	kelengahan クルン (グ) アハン	carelessness
油断する	lengah ルン (グ) アー	be careless
ゆっくり	perlahan-lahan / pelan-pelan プルラハン ラハン / プラン プラン	slowly
ゆでた	direbus ディルブス	boiled
ゆでる	merebus ムルブス	to boil
ゆで卵	telur rebus トゥルル ルブス	boiled egg
ゆとり	waktu senggang ワクトゥ スンガン (グ)	extra time
ユニーク	keunikan クウニカン	uniqueness
ユニークな	unik ウニッ	unique
ユニフォーム	seragam スラガム	uniform
輸入	impor インポル	import
輸入する	mengimpor ムン (グ) インポル	to import
輸入許可	izin impor イズィン インポル	import permit [license]
指	jari ジャリ	finger

日	インドネシア	英
指差す	**menunjuk** ムヌンジュッ	to point
指輪	**cincin** チンチン	ring
弓	**busur** ブスル	bow
夢（寝ている時の）	**mimpi** ミンピ	dream
夢（願い・空想）	**impian** インピアン	wish
夢を見る	**bermimpi** ブルミンピ	to dream
由来	**asal-usul / asal-muasal** アサル ウスル / アサル ムアサル	origin
揺らぐ	**bergoyang / berayun** ブルゴヤン(グ) / ブルアユン	to swing
緩い	**longgar** ロンガル	loose
許す	**memaafkan** ムマアフカン	to forgive
許す（認める）	**mengizinkan** ムン(グ)イズィンカン	to permit
緩む	**(menjadi) longgar** (ムンジャディ) ロンガル	to loosen
緩める	**melonggarkan** ムロンガルカン	to loosen
（傾斜が）緩やかな	**tidak curam** ティダッ チュラム	gentle
（動きが）緩やかな	**lambat / lamban** ランバ(ト) / ランバン	slow
（カーブが）緩やかな	**tidak tajam** ティダッ タジャム	gentle
揺れる	**bergoyang** ブルゴヤン(グ)	to shake

▼ よ，ヨ

日	インドネシア	英
世	**dunia** ドゥニア	world
夜明け	**fajar** ファジャル	dawn

日	インドネシア	英
<ruby>良<rt>よ</rt></ruby>い	baik バイッ	good
<ruby>余韻<rt>よ いん</rt></ruby>	gema グマ	afterglow
<ruby>酔<rt>よ</rt></ruby>う	mabuk マブッ	to get drunk
<ruby>用意<rt>よう い</rt></ruby>	persiapan プルスィアパン	preparation
<ruby>用意<rt>よう い</rt></ruby>する	mempersiapkan ムンプルスィア（プ）カン	to prepare
<ruby>容易<rt>よう い</rt></ruby>な	mudah ムダー	easy
<ruby>要因<rt>よういん</rt></ruby>	faktor / unsur ファクトル / ウンスル	factor
<ruby>溶液<rt>ようえき</rt></ruby>	larutan ラルタン	solution
<ruby>八日<rt>よう か</rt></ruby> （日付）	tanggal delapan タンガル ドゥラパン	the eighth (day)
<ruby>八日<rt>よう か</rt></ruby> （期間）	delapan hari ドゥラパン ハリ	eight days
<ruby>妖怪<rt>ようかい</rt></ruby>	momok モモ（ク）	ghost
<ruby>溶岩<rt>ようがん</rt></ruby>	lava ラファ	lava
<ruby>容器<rt>よう き</rt></ruby>	wadah ワダー	container
<ruby>陽気<rt>よう き</rt></ruby>	keceriaan クチュリアアン	cheerfulness
<ruby>陽気<rt>よう き</rt></ruby>な	ceria チュリア	cheerful
<ruby>要求<rt>ようきゅう</rt></ruby>	permintaan プルミンタアン	request
<ruby>要求<rt>ようきゅう</rt></ruby>する	meminta ムミンタ	to request
<ruby>用件<rt>ようけん</rt></ruby>	hal / urusan ハル / ウルサン	important points
<ruby>用語<rt>よう ご</rt></ruby>	istilah イスティラー	term
<ruby>養護<rt>よう ご</rt></ruby>	perawatan プラワタン	nursing

よ

日	インドネシア	英
ようご 養護する	merawat ムラワ(ト)	to nurse
ようこそ	selamat datang スラマ(ト) ダタン(グ)	welcome
ようし 用紙	formulir フォルムリル	form
ようし 要旨	ringkasan リンカサン	summary
ようし 容姿	penampilan プナンピラン	appearance
ようし 養子	anak angkat アナッ アンカ(ト)	adopted child
ようじ 幼児	bocah ボチャー	infant
ようじ 用事	urusan ウルサン	business
ようしき 様式	gaya / pola ガヤ / ポラ	pattern
ようしょく 養殖	pembudidayaan プンブディダヤアン	breeding
ようしょく 養殖する	membudidayakan ムンブディダヤカン	to breed
ようしょく 養殖の	budidaya / pengembangbiakan ブディダヤ / プングンバン(グ)ビアカン	cultured
ようじん 用心	kewaspadaan クワスパダアン	caution
ようじん 用心する	berhati-hati ブルハティ ハティ	be careful
ようす 様子	situasi / kondisi スィトゥアスィ / コンディスィ	appearance
よう 要する	membutuhkan / memerlukan ムンブトゥーカン / ムムルルカン	to need
よう 要するに	péndéknya ペンデッニャ	in short
ようせい 妖精	bidadari ビダダリ	fairy
ようせい 要請	permintaan プルミンタアン	demand
ようせい 要請する	meminta ムミンタ	to demand

日	インドネシア	英
<ruby>養成<rt>ようせい</rt></ruby>	pelatihan プラティハン	training
<ruby>養成<rt>ようせい</rt></ruby>する	melatih / membina ムラティー / ムンビナ	to train
<ruby>容積<rt>ようせき</rt></ruby>	kapasitas カパシタス	capacity
<ruby>要素<rt>ようそ</rt></ruby>	unsur ウンスル	element
<ruby>様相<rt>ようそう</rt></ruby>	aspék アスペッ	aspect
<ruby>幼稚<rt>ようち</rt></ruby>（な）	kekanak-kanakan クカナッ カナカン	childishness / childish
<ruby>幼稚園<rt>ようちえん</rt></ruby>	taman kanak-kanak / TK タマン カナッ カナッ / テーカー	kindergarten
<ruby>幼虫<rt>ようちゅう</rt></ruby>	larva ラルファ	larva
<ruby>腰痛<rt>ようつう</rt></ruby>	sakit pinggang サキ(ト) ピンガン(グ)	backache
<ruby>要点<rt>ようてん</rt></ruby>	poin utama ポイン ウタマ	point
<ruby>用途<rt>ようと</rt></ruby>	guna / kegunaan / penggunaan グナ / クグナアン / プングナアン	use
<ruby>洋梨<rt>ようなし</rt></ruby>	(buah) pir (ブアー) ピル	European pear
<ruby>羊肉<rt>ようにく</rt></ruby>	daging domba ダギン(グ) ドンバ	mutton
<ruby>曜日<rt>ようび</rt></ruby>	hari ハリ	day of week
～<ruby>用品<rt>ようひん</rt></ruby>	perlengkapan ~ / barang ~ プルルンカパン / バラン(グ)	things
<ruby>洋品店<rt>ようひんてん</rt></ruby>	toko pakaian トコ パカイアン	clothing store
<ruby>洋風<rt>ようふう</rt></ruby>	bergaya barat / ala Barat ブルガヤ バラ(ト) / アラ バラ(ト)	Western style
<ruby>洋服<rt>ようふく</rt></ruby>	pakaian bergaya Barat パカイアン ブルガヤ バラ(ト)	Western clothes
<ruby>養分<rt>ようぶん</rt></ruby>	nutrisi / gizi ヌトリスィ / ギズィ	nourishment
<ruby>用法<rt>ようほう</rt></ruby>	cara penggunaan チャラ プングナアン	usage

よ

日	インドネシア	英
<ruby>要望<rt>ようぼう</rt></ruby>	**keinginan** クイン(ゲ)イナン	demand
<ruby>要望<rt>ようぼう</rt></ruby>する	**menginginkan** ムン(ゲ)イン(ゲ)インカン	to demand
<ruby>羊毛<rt>ようもう</rt></ruby>	**wol** ウォル	wool
ようやく	**akhirnya** アヒルニャ	at last
<ruby>要約<rt>ようやく</rt></ruby>	**ringkasan** リンカサン	summary
<ruby>要約<rt>ようやく</rt></ruby>する	**meringkas** ムリンカス	to summarize
<ruby>要領<rt>ようりょう</rt></ruby>	**cara** チャラ	knack
<ruby>容量<rt>ようりょう</rt></ruby>	**kapasitas** カパスィタス	capacity
<ruby>用例<rt>ようれい</rt></ruby>	**contoh** チョントー	example
ヨーグルト	**yoghurt** ヨグル(ト)	yoghurt
ヨーロッパ	**Éropa** エロパ	Europe
ヨーロッパ<ruby>人<rt>じん</rt></ruby>	**orang Éropa** オラン(ゲ) エロパ	European
<ruby>余暇<rt>よか</rt></ruby>	**waktu luang** ワクトゥ ルアン(ゲ)	leisure
<ruby>予感<rt>よかん</rt></ruby>	**firasat** フィラサ(ト)	premonition
<ruby>予感<rt>よかん</rt></ruby>する	**mendapat firasat** ムンダパ(ト) フィラサ(ト)	to have a premonition
<ruby>予期<rt>よき</rt></ruby>	**antisipasi** アンティスィパスィ	anticipation
<ruby>予期<rt>よき</rt></ruby>する	**berantisipasi / mengantisipasi** ブルアンティスィパスィ / ムン(ゲ)アンティスィパスィ	to anticipate
<ruby>余儀<rt>よぎ</rt></ruby>ない	**tidak ada pilihan lain** ティダッ アダ ピリハン ライン	unavoidable
<ruby>余興<rt>よきょう</rt></ruby>	**hiburan** ヒブラン	entertainment
<ruby>預金<rt>よきん</rt></ruby>	**tabungan** タブン(ゲ)アン	deposit

よ

日	インドネシア	英
<ruby>預<rt>よ</rt></ruby><ruby>金<rt>きん</rt></ruby>する	menabung ムナブン(グ)	to deposit
よく (何度も)	sering スリン(グ)	often
<ruby>良<rt>よ</rt></ruby>く	dengan baik ドゥン(グ)アン バイッ	well
<ruby>欲<rt>よく</rt></ruby>	nafsu ナフス	greed
<ruby>翌<rt>よく</rt></ruby><ruby>朝<rt>あさ</rt></ruby>	keésokan pagi クエソカン パギ	next morning
<ruby>抑<rt>よく</rt></ruby><ruby>圧<rt>あつ</rt></ruby>	penekanan プヌカナン	oppression
<ruby>抑<rt>よく</rt></ruby><ruby>圧<rt>あつ</rt></ruby>する	menekan ムヌカン	to oppress
<ruby>浴<rt>よく</rt></ruby><ruby>室<rt>しつ</rt></ruby>	kamar mandi カマル マンディ	bathroom
<ruby>翌<rt>よく</rt></ruby><ruby>日<rt>じつ</rt></ruby>	keésokan hari クエソカン ハリ	next day
<ruby>抑<rt>よく</rt></ruby><ruby>制<rt>せい</rt></ruby>	kontrol コントロル	control
<ruby>抑<rt>よく</rt></ruby><ruby>制<rt>せい</rt></ruby>する	mengontrol ムン(グ)オントロル	to control
<ruby>浴<rt>よく</rt></ruby><ruby>槽<rt>そう</rt></ruby>	bak mandi バッ マンディ	bathtub
<ruby>欲<rt>よく</rt></ruby><ruby>張<rt>ば</rt></ruby>り	kerakusan クラクサン	greediness
<ruby>欲<rt>よく</rt></ruby><ruby>張<rt>ば</rt></ruby>りな	rakus ラクス	greedy
<ruby>欲<rt>よく</rt></ruby><ruby>深<rt>ぶか</rt></ruby>な	tamak タマッ	covetous
<ruby>欲<rt>よく</rt></ruby><ruby>望<rt>ぼう</rt></ruby>	hasrat ハスラ(ト)	desire
<ruby>余<rt>よ</rt></ruby><ruby>計<rt>けい</rt></ruby>な	berlebihan ブルルビハン	more than enough
<ruby>避<rt>よ</rt></ruby>ける	menghindari ムンヒンダリ	to avoid
<ruby>予<rt>よ</rt></ruby><ruby>言<rt>げん</rt></ruby>	ramalan ラマラン	prediction
<ruby>予<rt>よ</rt></ruby><ruby>言<rt>げん</rt></ruby>する	meramal ムラマル	to predict

よ

日	インドネシア	英
<ruby>横<rt>よこ</rt></ruby>	**samping** サンピン(グ)	side
<ruby>横<rt>よこ</rt></ruby>（縦に対して）	**lébarnya / samping / sisi** レバルニャ / サンピン(グ) / スイスィ	length
<ruby>横切<rt>よこぎ</rt></ruby>る	**memotong jalan** ムモトン(グ) ジャラン	to cross
<ruby>予告<rt>よこく</rt></ruby>	**pemberitahuan terdahulu** プンブリタフアン トゥルダフル	previous notice
<ruby>予告<rt>よこく</rt></ruby>する	**memberitahu terlebih dahulu** ムンブリタフ トゥルルビー ダフル	to notify beforehand
<ruby>寄越<rt>よこ</rt></ruby>す	**menyerahkan / mengirim** ムニュラーカン / ムン(グ)イリム	to send
<ruby>汚<rt>よご</rt></ruby>す	**mengotori** ムン(グ)オトリ	to dirty
<ruby>横<rt>よこ</rt></ruby>たわる	**berbaring** ブルバリン(グ)	to lie down
<ruby>汚<rt>よご</rt></ruby>れ	**noda** ノダ	dirt
<ruby>汚<rt>よご</rt></ruby>れる	**dikotori / (menjadi) kotor** ディコトリ / (ムンジャディ) コトル	to get dirty
<ruby>予算<rt>よさん</rt></ruby>	**anggaran** アンガラン	budget
<ruby>善<rt>よ</rt></ruby>し<ruby>悪<rt>あ</rt></ruby>し	**baik buruknya** バイッ ブルッニャ	good and bad
<ruby>予習<rt>よしゅう</rt></ruby>	**persiapan untuk mempelajari sesuatu yang baru** プルスィアパン ウントゥ(ク) ムンプラジャリ ススアトゥ ヤン(グ) バル	preparation of lessons
<ruby>予習<rt>よしゅう</rt></ruby>する	**mempersiapkan pelajaran** ムンプルスィア(プ)カン プラジャラン	to prepare lessons
<ruby>余剰<rt>よじょう</rt></ruby>	**surplus** スルプルス	surplus
<ruby>余震<rt>よしん</rt></ruby>	**gempa susulan** グンパ ススラン	aftershock
<ruby>止<rt>よ</rt></ruby>す	**berhenti** ブルフンティ	to give up
<ruby>寄<rt>よ</rt></ruby>せる	**mendekatkan** ムンドゥカ(ト)カン	to come near
<ruby>予選<rt>よせん</rt></ruby>	**penyisihan** プニスィハン	elimination [qualifying] round

日	インドネシア	英
よそ	**tempat lain** トゥンパ(ト) ライン	another place
よ そう 予想	**prakiraan** プラキラアン	forecast
よ そう 予想する	**memprakirakan** ムンプラキラカン	to forecast
よ そく 予測	**perkiraan / dugaan** ブルキラアン / ドゥガアン	projection
よ そく 予測する	**memperkirakan** ムンプルキラカン	to project
よ み よそ見	**berpaling** ブルパリン(グ)	looking away
よだれ	**air liur** アイル リウル	saliva
よだれかけ	**celemék makan bayi** チュルメッ マカン バイ	bib
よ ち 余地	**ruang** ルアン(グ)	room
よっ か 四日 (日付)	**tanggal empat** タンガル ウンパ(ト)	the fourth (day)
よっ か 四日 (期間)	**empat hari** ウンパ(ト) ハリ	four days
よ かど 四つ角	**simpang empat** シンパン(グ) ウンパ(ト)	crossroads
よっきゅう 欲求	**keinginan** クイン(グ)イナン	desire
よ 酔った	**mabuk** マブッ	intoxicated
4つ	**empat buah** ウンパ(ト) ブアー	four
ヨット	**kapal layar** カパル ラヤル	yacht
よ ばら 酔っ払い	**pemabuk** プマブッ	drunken man
よ てい 予定	**rencana** ルンチャナ	planning
よ てい 予定する	**berencana** ブルンチャナ	to plan
よ ていどお 予定通り	**sesuai rencana / sesuai jadwal** ススアイ ルンチャナ / ススアイ ジャドワル	on schedule

日	インドネシア	英
予定 表 よ ていひょう	jadwal ジャドワル	schedule
与党 よ とう	partai berkuasa パルタイ ブルクアサ	ruling party
夜中 よ なか	tengah malam トゥン(グ)アー マラム	midnight
世の中 よ なか	dunia ドゥニア	the world
余白 よ はく	margin マルギン	margin
予備 よ び	cadangan チャダン(グ)アン	reserve
予備の よ び	pengganti プンガンティ	spare
呼び掛ける よ か	menyerukan ムニュルカン	to call
呼び出す よ だ	memanggil ムマンギル	to call
呼び止める よ と	menghentikan ムンフンティカン	to call out and stop
呼び鈴 よ りん	bél ベル	bell
(名前を) 呼ぶ よ	memanggil ムマンギル	to call
(救急車などを) 呼ぶ よ	memanggilkan ムマンギルカン	to call (an ambulance)
呼ぶ (招待する) よ	mengundang ムン(グ)ウンダン(グ)	to invite
夜更かし (する) よ ふ	bangun sampai larut malam バン(グ)ウン サンパイ ラル(ト) マラム	staying up late / to stay up late
夜更け よ ふ	larut malam ラル(ト) マラム	late at night
余分 よ ぶん	surplus スルプルス	surplus
余分な よ ぶん	kelebihan クルビハン	excessive
予報 よ ほう	prakiraan / ramalan プラキラアン / ラマラン	forecast
予報する よ ほう	memprakirakan / meramal ムンプラキラカン / ムラマル	to forecast

よ

日	インドネシア	英
予防 よぼう	pencegahan プンチュガハン	prevention
予防する よぼう	mencegah ムンチュガー	to prevent
予防接種 よぼうせっしゅ	vaksinasi ファクスィナスィ	vaccination
余程 よほど	sangat / sekali サン(グ)ア(ト) / スカリ	greatly
読み よみ	pembacaan プンバチャアン	reading
読み上げる よみあげる	membacakan ムンバチャカン	to read aloud
甦る よみがえる	bangkit バンキ(ト)	to revive
読む よむ	membaca ムンバチャ	to read
読む (推測する) よむ	menyelami / menduga ムニュラミ / ムンドゥガ	to guess
読む (解読する) よむ	menguraikan ムン(グ)ウライカン	to decode
嫁 よめ	istri イストリ	bride / wife
予約 よやく	pesan / pesanan / pemesanan プサン / プサナン / プムサナン	reservation
予約する よやく	memesan ムムサン	to make a reservation
予約確認 よやくかくにん	konfirmasi pesanan コンフィルマスィ プサナン	reservation confirmation
余裕 よゆう	waktu luang ワクトゥ ルアン(グ)	time to spare
寄り掛かる よりかかる	bersandar ブルサンダル	to lean on
〜より良い よりよい	lebih baik daripada 〜 ルビー バイッ ダリパダ	better than
夜 よる	malam マラム	night
(〜に) 因る よる	bergantung pada 〜 ブルガントゥン(グ) パダ	be due to
寄る よる	mendekati ムンドゥカティ	to step to

日	インドネシア	英
寄る（立ち寄る）	mampir / singgah / bertandang マンピル / スィンガー / ブルタンダン（グ）	to drop in
寄る（集まる）	berkumpul ブルクンプル	to get together
（〜に）よると	menurut 〜 / berdasarkan 〜 ムヌル（ト）/ ブルダサルカン	according to
喜び	kegembiraan クグンビラアン	joy
喜ぶ	gembira グンビラ	be glad
よろしい	baik / baiklah バイッ / バイクラー	good
よろしく	sampaikan salam kepada サンパイカン サラム クパダ	Say hello to *sb*
世論	opini publik オピニ プブリッ	public opinion
弱い	lemah ルマー	weak
弱まる	melemah ムルマー	to get weak
弱虫	pengecut プン（グ）ウチュ（ト）	coward
弱める	melemahkan ムルマーカン	to make *sth* weak
弱る	melemah ムルマー	to get weak
4	empat ウンパ（ト）	four
40	empat puluh ウンパ（ト）プルー	forty

▼ ら，ラ

ライオン	singa スィン（グ）ア	lion
来客	tamu タム	guest
来月	bulan depan ブラン ドゥパン	next month
来週	minggu depan ミング ドゥパン	next week

日	インドネシア	英
らいじょう 来場	kedatangan クダタン(グ)アン	attendance
らいじょう 来場する	datang di ダタン(グ) ディ	to attend
ライセンス	lisénsi リセンスィ	license
ライター (火をつける道具)	pemantik gas プマンティッ ガス	lighter
ライター (著述する人)	penulis プヌリス	writer
ライチ	léci レチ	litchi
ライト	cahaya チャハヤ	light
らいにち 来日	kedatangan di Jepang クダタン(グ)アン ディ ジュパン(グ)	arrival in Japan
らいにち 来日する	tiba di Jepang / datang di Jepang ティバ ディ ジュパン(グ) / ダタン(グ) ディ ジュパン(グ)	to arrive in Japan
らいねん 来年	tahun depan タフン ドゥパン	next year
ライバル	rival / saingan / pesaing リファル / サインガン / プサイン(グ)	rival
むぎ ライ麦	gandum hitam ガンドゥム ヒタム	rye
ラオス	Laos ラオス	Laos
ご ラオス語	bahasa Laos バハサ ラオス	Laotian
じん ラオス人	orang Laos オラン(グ) ラオス	Laotian
らく 楽	santai サンタイ	comfort
らく 楽(難しくない)	mudah / gampang ムダー / ガンパン(グ)	easy
らく 楽な(快適な)	senang / nyaman / santai スナン(グ) / ニャマン / サンタイ	comfortable
らく 楽な(簡単な)	mudah / gampang / ringan ムダー / ガンパン(グ) / リン(グ)アン	easy
らくえん 楽園	surga / firdaus スルガ / フィルダウス	paradise

日	インドネシア	英
落書き らく が	corét-corét チョレ(ト) チョレ(ト)	graffiti
落書きする らく が	mencorét-corét ムンチョレ(ト) チョレ(ト)	to write graffiti
落札 らくさつ	menang (dalam) lélang ムナン(グ) (ダラム) レラン(グ)	successful bid
落札する らくさつ	memenangkan lélang ムムナンカン レラン(グ)	to bid successfully
ラクダ	unta ウンタ	camel
落第 らくだい	kegagalan クガガラン	failing
落第する らくだい	gagal ガガル	to fail
楽天的 らくてんてき	optimis オプティミス	optimistic
酪農 らくのう	peternakan プトゥルナカン	dairy farming
落雷 らくらい	kilat / halilintar / petir キラ(ト) / ハリリンタル / プティル	lightning
ラケット	rakét ラケ(ト)	racket
～らしい (～のように見える)	tampak seperti ～ タンパッ スプルティ	to seem like
～らしい (ふさわしい)	cocok ～ チョチョッ	suitable
ラジオ	radio ラディオ	radio
ラジカセ	radio kasét ラディオ カセ(ト)	radio-cassette recorder
落下 らっ か	jatuhnya / kejatuhan ジャトゥーニャ / クジャトゥハン	fall
落下する らっ か	jatuh ジャトゥー	to fall
楽観 らっかん	optimisme オプティミスム	optimism
楽観する らっかん	(berpandangan) optimistis tanpa pikir panjang (ブルパンダン(グ)アン) オプティミスティス タンパ ピキル パンジャン(グ)	be optimistic
楽観的な らっかんてき	optimis オプティミス	optimistic

日	インドネシア	英
ラッシュアワー	jam sibuk ジャム スイブッ	rush hour
ラベル	labél ラベル	label
ラマダン	Ramadan ラマダン	Ramadan
ラム酒	rum ルム	rum
ラム肉	daging domba ダギン(グ) ドンバ	lamb
欄	kolom コロム	column
LAN	LAN ラン	LAN
ランチ	makan siang マカン スイアン(グ)	lunch
ランドリー	laundri ラウンドリ	laundry
ランニング	lari ラリ	running
ランニングする	berlari ブルラリ	to go running
ランプ	lampu ランプ	lamp
ランブータン	rambutan ランブタン	rambutan
乱暴	kekerasan ククラサン	violence
乱暴する	melakukan kekerasan ムラクカン ククラサン	be violent
濫用	penyalahgunaan プニャラーグナアン	abuse
濫用する	menyalahgunakan ムニャラーグナカン	to abuse

▼ り，リ

リアクション	réaksi レアクスィ	reaction
リアル（な）	nyata ニャタ	real / realistic

日	インドネシア	英
リース	séwa セワ	lease
リースする	menyéwakan ムニェワカン	to lease
リーダー	pemimpin プミンピン	leader
リード (する)	memimpin ムミンピン	(to) lead
利益	keuntungan クウントゥン(グ)アン	profit
利益率	rasio profitabilitas ラスィオ プロフィタビリタス	profit rate
理科	ilmu pengetahuan alam イルム プン(グ)ウタフアン アラム	science
理解	pemahaman プマハマン	understanding
理解する	memahami ムマハミ	to understand
利害	kepentingan クプンティン(グ)アン	interests
リキュール	minuman keras ミヌマン クラス	liqueur
陸	daratan ダラタン	land
陸上	di darat ディ ダラ(ト)	on land
陸上競技	atlétik アトレティッ	athletics
理屈	logika ロギカ	reason
利口な	pandai / pintar パンダイ / ピンタル	smart
離婚	perceraian プルチュライアン	divorce
離婚する	bercerai ブルチュライ	to get a divorce
リサイクル	daur ulang ダウル ウラン(グ)	recycling
リサイクルする	mendaur ulang ムンダウル ウラン(グ)	to recycle

り

日	インドネシア	英
利子 りし	bunga / suku bunga ブン(グ)ア / スク ブン(グ)ア	interest
利潤 りじゅん	keuntungan クウントゥン(グ)アン	profit
リス	tupai / bajing トゥパイ / バジン(グ)	squirrel
リスク	résiko レスィコ	risk
リスト	daftar ダフタル	list
リストラ	pemecatan プムチャタン	restructuring
リストラする	memecat ムムチャ(ト)	to restructure
リズム	ritme リトム	rhythm
理性 りせい	akal / akal budi アカル / アカル ブディ	reason
理性的な りせいてき	masuk akal / rasional マスッ アカル / ラスィオナル	rational
理想 りそう	idéal イデアル	ideal
リゾート	résor レソル	resort
利息 りそく	bunga / suku bunga ブン(グ)ア / スク ブン(グ)ア	interest
離脱 りだつ	keluar dari ~ / pisah dari ~ クルアル ダリ / ピサー ダリ	leave
離脱する りだつ	meninggalkan / memisahkan diri / menanggalkan / melepaskan ムニンガルカン / ムミサーカン ディリ / ムナンガルカン / ムルパスカン	to leave
率 りつ	rasio / perséntase ラスィオ / プルセンタス	proportion
立体 りったい	bangun ruang バン(グ)ウン ルアン(グ)	three-dimensional shape
リットル	liter リトゥル	liter
立派 りっぱ	kebagusan / kemegahan クバグサン / クムガハン	excellence

日	インドネシア	英
りっぱ 立派な	bagus / megah バグス / ムガー	excellent
りっぽう 立法	législasi / pembuatan undang-undang レギスラスィ / プンブアタン ウンダン(グ) ウンダン(グ)	legislation
り てん 利点	keuntungan クウントゥン(グ)アン	advantage
り ねん 理念	konsép / prinsip コンセ(プ) / プリンスィ(プ)	philosophy
り はつてん 理髪店	tukang cukur トゥカン(グ) チュクル	barber shop
リハビリ	réhabilitasi レハビリタスィ	rehabilitation
り ふ じん 理不尽（な）	tidak masuk akal ティダッ マスッ アカル	unreasonableness / unreasonable
リポート	laporan ラポラン	report
リボン	pita ピタ	ribbon
リモコン	pengendali jarak jauh プン(グ)ウンダリ ジャラッ ジャウー	remote control
りゃく ご 略語	singkatan スィンカタン	abbreviation
りゃく 略する	menyingkat ムニインカ(ト)	to abbreviate
りゃくだつ 略奪	perebutan プルブタン	plunder
りゃくだつ 略奪する	merebut ムルブ(ト)	to plunder
りゅう 〜流	aliran 〜 アリラン	style
りゅう 龍	naga ナガ	dragon
り ゆう 理由	alasan / sebab アラサン / スバ(ブ)	reason
りゅういき 流域	daérah aliran sungai ダエラー アリラン スン(グ)アイ	basin
りゅうがく 留学（する）	belajar di luar negeri ブラジャル ディ ルアル ヌグリ	study abroad / to go abroad to study
りゅうがくせい 留学生	mahasiswa asing マハスィスワ アスィン(グ)	student studying abroad

り

日	インドネシア	英
りゅうこう 流行	trén トレン	fashion
りゅうこう 流行する	laku / laris / (menjadi) populér ラク / ラリス / (ムンジャディ) ポプレル	be in fashion
りゅうざん 流産	keguguran クググラン	miscarriage
りゅうざん 流産する	gugur ググル	to miscarry
りゅうしゅつ 流出	luapan ルアパン	outflow
りゅうしゅつ 流出する	meluap / mengalir keluar ムルア(プ) / ムン(グ)アリル クルアル	to flow out of
りゅうせい 流星	météor メテオル	shooting star
りゅうちょう 流暢な	fasih / lancar ファスィー / ランチャル	fluent
りゅうちょう 流暢に	dengan fasih / dengan lancar ドゥン(グ)アン ファスィー / ドゥン(グ)アン ランチャル	fluently
りゅうつう 流通	perédaran プルエダラン	circulation
りゅうつう 流通する	berédar プルエダル	to circulate
リュックサック	(tas) ransel (タス) ランスル	backpack
りょう 寮	asrama アスラマ	dormitory
りょう 量	jumlah ジュムラー	quantity
りょう 漁	perikanan プルイカナン	fishing
りょう 猟	perburuan プルブルアン	hunting
りよう 利用	pemanfaatan プマンファアタン	use
りよう 利用する	memanfaatkan ムマンファア(ト)カン	to use
りょういき 領域	wilayah ウィラヤー	territory
りょうかい 領海	perairan téritorial プルアイラン テリトリアル	territorial waters

日	インドネシア	英
りょうかい 了解	pemahaman / pengertian プマハマン / プン(グ)ウルティアン	understanding
りょうかい 了解する	mengerti / memahami ムン(グ)ウルティ / ムマハミ	to understand
りょうがえ 両替	penukaran uang プヌカラン ウアン(グ)	money exchange
りょうがえ 両替する	menukar uang ムヌカル ウアン(グ)	to exchange money
りょうがえしょ 両替所	tempat penukaran uang トゥンパ(ト) プヌカラン ウアン(グ)	exchange counter
りょうがわ 両側	kedua pihak クドゥア ピハク	both sides
りょうきょく 両極	kedua kutub クドゥア クトゥ(ブ)	the two poles
りょうきん 料金	biaya ビアヤ	charge
りょうきんひょう 料金表	daftar tarif ダフタル タリフ	price list
りょうこう 良好	kebaikan クバイカン	fineness
りょうこう 良好な	baik バイッ	fine
りょうさん 量産	produksi massa プロドゥクスイ マッサ	mass production
りょうさんする 量産する	memproduksi massal ムンプロドゥクスイ マッサル	to mass produce
りょうし 漁師	nelayan ヌラヤン	fisherman
りょうじ 領事	konsul コンスル	consul
りょうじかん 領事館	Konsulat コンスラ(ト)	consulate
りょうしき 良識	akal アカル	common sense
りょうしつ 良質	mutu tinggi ムトゥ ティンギ	good quality
りょうしゅう 領収	penerimaan プヌリマアン	receipt
りょうしゅうする 領収する	menerima ムヌリマ	to acquire

日	インドネシア	英
りょうしゅうしょ 領収書	kuitansi クイタンスィ	receipt
りょうしょう 了承	pemakluman プマクルマン	approval
りょうしょうする 了承する	memaklumi ムマクルミ	to approve
りょうしん 両親	orang tua オラン(グ) トゥア	parents
りょうしん 良心	hati nurani ハティ ヌラニ	conscience
りょうしんてき 良心的	berhati nurani / ramah ブルハティ ヌラニ / ラマー	conscientious
りょうせい 良性の	jinak ジナッ	benign
りょうど 領土	wilayah téritorial ウィラヤー テリトリアル	territory
りょうほう 両方	keduanya / dua-duanya クドゥアニャ / ドゥア ドゥアニャ	both
りょうり 料理	masakan マサカン	cooking
りょうり 料理する	memasak ムマサッ	to cook
りょうりつ 両立	seimbang スインバン(グ)	balance
りょうりつ 両立させる	menyeimbangkan ムニュインバン(グ)カン	to manage to balance
りょかく 旅客	penumpang プヌンパン(グ)	passenger
りょけん 旅券	paspor パスポル	passport
りょこう 旅行	perjalanan / tamasya / wisata プルジャラナン / タマシャ / ウィサタ	journey
りょこう 旅行する	melancong / bepergian / bertamasya / berwisata ムランチョン(グ) / ブプルギアン / ブルタマシャ / ブルウィサタ	to take a journey
りょこうがいしゃ 旅行会社	biro (agén) perjalanan wisata ビロ (アゲン) プルジャラナン ウィサタ	travel company [agent]
りょこうほけん 旅行保険	asuransi perjalanan アスランスィ プルジャラナン	travel insurance

日	インドネシア	英
りょこうようひん 旅行用品	perlengkapan bepergian プルレンカパン ブプルギアン	travel goods
りょてい 旅程	jadwal perjalanan ジャドワル プルジャラナン	itinerary
りょひ 旅費	biaya perjalanan ビアヤ プルジャラナン	travel expenses [costs]
リラックス	riléks リレクス	relaxation
リラックスする	bersantai ブルサンタイ	to relax
りりく 離陸	lepas landas ルパス ランダス	takeoff
りりくする 離陸する	melakukan lepas landas ムラクカン ルパス ランダス	to take off
りりつ 利率	perséntase keuntungan プルセンタス クウントゥン(グ)アン	interest rate
りれき 履歴	riwayat リワヤ(ト)	resume
りれきしょ 履歴書	riwayat hidup リワヤ(ト) ヒドゥ(プ)	resume
りろん 理論	téori テオリ	theory
りんぎょう 林業	kehutanan クフタナン	forestry
リンゴ	apel アプル	apple
りんごく 隣国	negara tetangga ヌガラ トゥタンガ	neighboring country [nation]
りんじ 臨時	sementara スムンタラ	temporary
りんじん 隣人	tetangga トゥタンガ	neighbor
リンス	bilas ビラス	rinse
リンスする	membilas ムンビラス	to rinse one's hair
りんり 倫理	étika エティカ	ethics

▼ る，ル

類 <small>るい</small>	jenis ジュニス	sort
類義語 <small>るいぎご</small>	sinonim スィノニム	synonym
類似 <small>るいじ</small>	kemiripan クミリパン	resemblance
類似する <small>るいじ</small>	mirip dengan ミリ(プ) ドゥン(グ)アン	to resemble
類推 <small>るいすい</small>	analogi アナロギ	analogy
類推する <small>るいすい</small>	menganalogikan ムン(グ)アナロギカン	to analogize
ルーズ	kelonggaran クロンガラン	looseness
ルーズな (ゆったりした)	longgar ロンガル	loose
ルーズな (時間に)	tidak menepati waktu ティダッ ムヌパティ ワクトゥ	not punctual
ルーツ	asal-usul / asal-muasal アサル ウスル / アサル ムアサル	roots
ルームサービス	pelayanan kamar プラヤナン カマル	room service
ルームメイト	teman sekamar トゥマン スカマル	roommate
ルール	peraturan / aturan プルアトゥラン / アトゥラン	rule
留守 <small>るす</small>	tidak di rumah ティダッ ディ ルマー	absence from home
留守する <small>るす</small>	keluar / ada di luar rumah クルアル / アダ ディ ルアル ルマー	be away from home
留守番 <small>るすばん</small>	penjagaan rumah プンジャガアン ルマー	care-taking
留守番する <small>るすばん</small>	menjaga rumah ムンジャガ ルマー	to take charge of the house
留守番電話 <small>るすばんでんわ</small>	mesin penjawab telepon ムスィン プンジャワ(ブ) テレポン	answering machine

る

▼ れ，レ

<ruby>例<rt>れい</rt></ruby>	**contoh** チョントー	example
<ruby>礼<rt>れい</rt></ruby>	**hormat** ホルマ(ト)	bow
<ruby>零<rt>れい</rt></ruby>	**nol** ノル	zero
<ruby>霊<rt>れい</rt></ruby>	**roh / arwah** ロー / アルワー	spirit
<ruby>例外<rt>れいがい</rt></ruby>	**pengecualian** プン(グ)ウチュアリアン	exception
<ruby>礼儀<rt>れいぎ</rt></ruby>	**kesopanan / sopan santun** クソパナン / ソパン サントゥン	manners / etiquette
<ruby>冷酷な<rt>れいこく</rt></ruby>	**kejam** クジャム	cruel
<ruby>冷静<rt>れいせい</rt></ruby>	**ketenangan** クトゥナン(グ)アン	calmness
<ruby>冷静な<rt>れいせい</rt></ruby>	**tenang** トゥナン(グ)	calm
<ruby>冷蔵<rt>れいぞう</rt></ruby>	**pendinginan** プンディンギナン	cold storage
<ruby>冷蔵する<rt>れいぞう</rt></ruby>	**mendinginkan** ムンディン(グ)インカン	to refrigerate
<ruby>冷蔵庫<rt>れいぞうこ</rt></ruby>	**kulkas** クルカス	refrigerator
<ruby>冷淡<rt>れいたん</rt></ruby>	**kedinginan** クディン(グ)イナン	indifference
<ruby>冷淡な<rt>れいたん</rt></ruby>	**dingin** ディン(グ)イン	indifferent
<ruby>冷凍<rt>れいとう</rt></ruby>	**pembekuan** プンブクアン	freezing
<ruby>冷凍された<rt>れいとう</rt></ruby>	**dibekukan** ディブクカン	frozen
<ruby>冷凍する<rt>れいとう</rt></ruby>	**membekukan** ムンブクカン	to freeze
<ruby>冷凍食品<rt>れいとうしょくひん</rt></ruby>	**makanan beku** マカナン ブク	frozen food
レイプ	**pemerkosaan** プムルコサアン	rape

日	インドネシア	英
レイプする	memerkosa ムムルコサ	to rape
れいふく 礼服	pakaian formal パカイアン フォルマル	formal wear [dress]
れいぼう 冷房	alat penyejuk udara アラ(ト) プニュジュッ ウダラ	air-conditioner
レインコート	jas hujan / mantel ジャス フジャン / マントゥル	raincoat
レース (競争)	perlombaan プルロンバアン	race
レース (刺繡)	rénda レンダ	lace
れきし 歴史	sejarah スジャラー	history
レギュラー	régulér レグレル	regular
レギンス	celana ketat チュラナ クタ(ト)	leggings
レクリエーション	rékréasi レクレアスィ	recreation
レコード	piringan hitam ピリンガン ヒタム	record
レジ	kasir カスィル	register
レシート	bon / slip pembayaran ボン / スリ(プ) プンバヤラン	receipt
レシピ	resép ルセ(プ)	recipe
レジャー	rékréasi レクレアスィ	leisure
レストラン	réstoran レストラン	restaurant
レズビアン	lésbian レスビアン	lesbian
レタス	daun selada ダウン スラダ	lettuce
れつ 列	barisan バリサン	line
レッカー車	mobil dérék モビル デレッ	tow truck

日	インドネシア	英
列車 れっしゃ	keréta クレタ	train
レッスン	pelajaran プラジャラン	lesson
劣勢 れっせい	inférioritas / rasa rendah diri インフェリオリタス / ラサ ルンダー ディリ	inferiority
劣勢な れっせい	inférior / rendah diri インフェリオル / ルンダー ディリ	be inferior to
列島 れっとう	kepulauan クプラウアン	chain of islands
劣等感 れっとうかん	rasa rendah diri ラサ ルンダー ディリ	inferiority complex
レトルト食品 しょくひん	makanan dalam kemasan (retort food) マカナン ダラム クマサン （レトル(ト) フー(ド)）	retort food
(操作) レバー	tuas トゥアス	gearshift
レバー（肝臓）	hati ハティ	liver
レベル	lével レフル	level
レポート	laporan ラポラン	report
レポートする	melaporkan ムラポルカン	to report
レモン	limau リマウ	lemon
レモンティー	téh limau テー リマウ	tea with lemon
恋愛 れんあい	percintaan プルチンタアン	love
恋愛する れんあい	mencintai ムンチンタイ	to love
煉瓦 れん が	(batu) bata （バトゥ） バタ	brick
連休 れんきゅう	cuti bersama チュティ ブルサマ	consecutive holidays
連合 れんごう	uni / perserikatan ウニ / プルスリカタン	union
連合する れんごう	bersatu / berserikat ブルサトゥ / ブルスリカ(ト)	to unite

日	インドネシア	英
連鎖 れん さ	pertalian プルタリアン	chain
連鎖する れん さ	berantai ブランタイ	to chain
レンジ	oven mikrowave オフン ミクロウェー(フ)	range
連日 れんじつ	berhari-hari / setiap hari ブルハリ ハリ / スティア(プ) ハリ	day after day
練習 れんしゅう	latihan ラティハン	practice
練習する れんしゅう	berlatih ブルラティー	to practice
レンズ	lénsa レンサ	lens
連想 れんそう	asosiasi アソスィアスィ	association of ideas
連想する れんそう	berasosiasi ブルアソスィアスィ	to associate ideas
連続 れんぞく	berkelanjutan ブルクランジュタン	succession
連続した れんぞく	berlanjut ブルランジュ(ト)	continuous
連続する れんぞく	berturut-turut / beréntét ブルトゥル(ト) トゥル(ト) / ブレンテ(ト)	to continue
連帯 れんたい	solidaritas ソリダリタス	solidarity
連帯する れんたい	bersatu / berserikat ブルサトゥ / ブルスリカ(ト)	to solidify
レンタカー	mobil séwa モビル セワ	rental car
レンタル	penyéwaan プニェワアン	rental
レンタルする	menyéwa ムニェワ	to rent
連中 れんちゅう	kumpulan クンプラン	company
レントゲン	radiografi ラディオグラフィ	x-ray
連盟 れんめい	liga リガ	league

れ

日	インドネシア	英
<ruby>連絡<rt>れんらく</rt></ruby>	**penghubungan / kontak** プン(グ)フブン(グ)アン / コンタ(ク)	contact
<ruby>連絡<rt>れんらく</rt></ruby>する	**menghubungi** ムンフブン(グ)イ	to contact
<ruby>連絡先<rt>れんらくさき</rt></ruby>	**alamat kontak** アラマ(ト) コンタ(ク)	contact information

▼ ろ，ロ

日	インドネシア	英
<ruby>廊下<rt>ろうか</rt></ruby>	**lorong** ロロン(グ)	corridor
<ruby>老眼鏡<rt>ろうがんきょう</rt></ruby>	**kacamata baca** カチャマタ バチャ	convex glasses
<ruby>老人<rt>ろうじん</rt></ruby>	**orang yang tua** オラン(グ) ヤン(グ) トゥア	old person
<ruby>老衰<rt>ろうすい</rt></ruby>	**kepikunan** クピクナン	senility
<ruby>老衰<rt>ろうすい</rt></ruby>する	**pikun** ピクン	become decrepit
<ruby>漏水<rt>ろうすい</rt></ruby>	**kebocoran** クボチョラン	water leak
<ruby>漏水<rt>ろうすい</rt></ruby>する	**bocor** ボチョル	to leak water
<ruby>蝋燭<rt>ろうそく</rt></ruby>	**lilin** リリン	candle
<ruby>労働<rt>ろうどう</rt></ruby>	**pekerjaan** プクルジャアン	labor
<ruby>労働<rt>ろうどう</rt></ruby>する	**bekerja** ブクルジャ	to labor
<ruby>労働者<rt>ろうどうしゃ</rt></ruby>	**pekerja** プクルジャ	worker
<ruby>労働条件<rt>ろうどうじょうけん</rt></ruby>	**syarat-syarat kerja** シャラ(ト) シャラ(ト) クルジャ	terms of employment
<ruby>労働法<rt>ろうどうほう</rt></ruby>	**hukum ketenagakerjaan** フクム クトゥナガクルジャアン	labor law
<ruby>労働力<rt>ろうどうりょく</rt></ruby>	**tenaga kerja** トゥナガ クルジャ	labor force
<ruby>朗読<rt>ろうどく</rt></ruby>	**pembacaan dengan suara keras** プンバチャアン ドゥン(グ)アン スアラ クラス	reading aloud
<ruby>朗読<rt>ろうどく</rt></ruby>する	**membaca dengan suara keras** ムンバチャ ドゥン(グ)アン スアラ クラス	to read aloud

ろ

日	インドネシア	英
浪費 ろう ひ	pemborosan プンボロサン	waste
浪費する ろう ひ	memboroskan ムンボロッカン	to waste
労力 ろうりょく	usaha / upaya ウサハ / ウパヤ	labor
ローション	losion ロスィオン	lotion
ロープ	tambang タンバン(グ)	rope
ロープウェイ	keréta gantung クレタ ガントゥン(グ)	ropeway
ローマ字 じ	alfabét Latin / huruf Latin アルファベ(ト) ラティン / フルフ ラティン	Roman alphabet
ローン	utang ウタン(グ)	loan
6	enam ウナム	six
録音 ろくおん	perekaman / rekaman プルカマン / ルカマン	recording
録音する ろくおん	merekam suara ムルカム スアラ	to record
録画 ろく が	perekaman プルカマン	recording
録画する ろく が	merekam ムルカム	to record
六月 ろくがつ	Juni ジュニ	June
60	enam puluh ウナム プルー	sixty
碌な ろく	cukup / pantas チュク(プ) / パンタス	not any
碌に ろく	dengan cukup / dengan pantas ドゥン(グ)アン チュク(プ) / ドゥン(グ)アン パンタス	not well
ロケット	rokét ロケ(ト)	rocket
露骨 ろ こつ	kejelasan / kegamblangan クジュラサン / クガンブラン(グ)アン	conspicuousness
露骨な ろ こつ	jelas-jelas / gamblang ジュラス ジュラス / ガンブラン(グ)	conspicuous

日	インドネシア	英
ロゴマーク	logo ロゴ	logo mark
路地	gang ガン(グ)	alley
ロシア	Rusia ルスィア	Russia
ロシア語	bahasa Rusia バハサ ルスィア	Russian (language)
ロシア人	orang Rusia オラン(グ) ルスィア	Russian (people)
路線	jalur / rute ジャルル / ルトゥ	route
路線図	peta rute プタ ルトゥ	route map
ロッカー	loker ロクル	locker
肋骨	tulang rusuk / iga トゥラン(グ) ルス(ク) / イガ	rib
ロバ	keledai クルダイ	donkey
ロビー	lobi ロビ	lobby
ロボット	robot ロボ(ト)	robot
ロマンティック	romantis ロマンティス	romantic
論議	perdébatan プルデバタン	discussion
論議する	berdébat / membahas ブルデバ(ト) / ムンバハス	to discuss
論じる	berarguméntasi ブルアルグメンタスィ	to argue
論争	polemik ポルミ(ク)	dispute
論争する	berpolemik ブルポルミ(ク)	to dispute
論文	makalah / skripsi / tésis / disertasi マカラー / スクリプスィ / テスィス / ディスルタスィ	thesis
論理	logika ロギカ	logic

▼ わ，ワ

輪	lingkaran リンカラン	ring
和（調和）	harmoni ハルモニ	harmony
和（合計）	jumlah ジュムラー	sum
ワープロ	pengolah kata プン(ゲ)オラー カタ	word processor
ワールドカップ	Piala Dunia ピアラ ドゥニア	the World Cup
ワイシャツ	keméja クメジャ	shirt
ワイパー	penyéka kaca プニェカ カチャ	windshield wipers
Wi-Fi	Wi-Fi ワイファイ	Wi-Fi
賄賂	sogokan ソゴカン	bribe
ワイン	anggur アングル	wine
若い	muda ムダ	young
和解	rékonsiliasi レコンスィリアスィ	reconciliation
和解する	berdamai ブルダマイ	to reconcile
沸かす	memasak air ムマサッ アイル	to boil
わがまま	perilaku yang égois プリラク ヤン(ゲ) エゴイス	selfishness
わがままな	égois エゴイス	selfish
若者	anak muda / remaja アナッ ムダ / ルマジャ	youngster
分かる	mengerti / memahami ムン(ゲ)ウルティ / ムマハミ	to understand
別れ	perpisahan プルピサハン	parting

日	インドネシア	英
<ruby>別<rt>わか</rt></ruby>れる	berpisah ブルピサー	to say good-by
<ruby>若々<rt>わかわか</rt></ruby>しい	muda ムダ	young
<ruby>脇<rt>わき</rt></ruby>（そば・かたわら）	samping サンピン(グ)	side
<ruby>脇<rt>わき</rt></ruby>（脇の下）	ketiak クティアッ	armpit
<ruby>枠<rt>わく</rt></ruby>	kerangka クランカ	frame
<ruby>沸<rt>わ</rt></ruby>く	mendidih ムンディディー	to boil
<ruby>湧<rt>わ</rt></ruby>く	memancar ムマンチャル	to flow out
<ruby>惑星<rt>わくせい</rt></ruby>	planét プラネ(ト)	planet
ワクチン	vaksin ファクスィン	vaccine
<ruby>分<rt>わ</rt></ruby>ける	membagi ムンバギ	to divide
<ruby>輪<rt>わ</rt></ruby>ゴム	karét gelang カレ(ト) グラン(グ)	rubber band
<ruby>技<rt>わざ</rt></ruby>	téknik テクニッ	technique
わざと	sengaja スン(グ)アジャ	on purpose
わざわざ	dengan sengaja ドゥン(グ)アン スン(グ)アジャ	expressly
<ruby>和食<rt>わしょく</rt></ruby>	masakan Jepang マサカン ジュパン(グ)	Japanese food [cuisine]
わずか	sedikit スディキ(ト)	slight
<ruby>煩<rt>わずら</rt></ruby>わしい	mengganggu ムンガング	troublesome
<ruby>忘<rt>わす</rt></ruby>れ<ruby>物<rt>もの</rt></ruby>	barang yang tertinggal バラン(グ) ヤン(グ) トゥルティンガル	thing left behind
<ruby>忘<rt>わす</rt></ruby>れる	lupa / melupakan ルパ / ムルパカン	to forget
<ruby>綿<rt>わた</rt></ruby>	katun カトゥン	cotton

日	インドネシア	英
わ だい 話題	cerita / pokok pembicaraan チュリタ / ポコッ プンビチャラアン	theme
わたし 私	saya サヤ	I
わたしたち 私 達 (聞き手を含む)	kita キタ	we / our / us (including the hearer)
わたしたち 私 達 (聞き手を含まない)	kami カミ	we / our / us (excluding the hearer)
わた 渡す	menyerahkan ムニュラーカン	to hand
わだち 轍	jejak roda ジュジャッ ロダ	rut
わた どり 渡り鳥	burung migrasi ブルン(グ) ミグラスイ	migratory bird
わた 渡る	menyeberang ムニュブラン(グ)	to go across
ワックス	lilin リリン	wax
ワット	watt ワ(ト)	watt
わな 罠	jerat / jebakan / perangkap ジュラ(ト) / ジュバカン / プランカ(プ)	trap
ワニ	buaya ブアヤ	alligator
わ 詫び	permintaan maaf プルミンタアン マアフ	apology
わ 詫びる	meminta maaf / memohon maaf ムミンタ マアフ / ムモホン マアフ	to apologize
わ ふう 和風	ala Jepang アラ ジュパン(グ)	Japanese style
わ ふく 和服	pakaian Jepang パカイアン ジュパン(グ)	kimono
わら 藁	jerami ジュラミ	straw
わら 笑い	tawa タワ	laughter
わら 笑う	tertawa トゥルタワ	to laugh
わり 割り	porsi ポルスイ	rate

日	インドネシア	英
わりあい **割合**	**perséntase** プルセンタス	ratio
わりあい **割合に**	**rélatif** レラティフ	comparatively
わ あ **割り当て**	**jatah** ジャター	quota
わ かん **割り勘する**	**bayar bagi rata** バヤル バギ ラタ	to split the bill / to go Dutch
わ こ **割り込む** （間に入る）	**memotong antrian** ムモトン(グ) アントリアン	to break into
わ こ **割り込む** （口を挟む）	**memotong** ムモトン(グ)	to interrupt / to intervene
わ ざん **割り算**	**pembagian** プンバギアン	division
わり **割と**	**rélatif** レラティフ	comparatively
わ び **割り引き**	**diskon / korting** ディスコン / コルティン(グ)	discount
わりまし **割増**	**tambahan** タンバハン	extra
わりまし **割増する**	**menambah** ムナンバー	to give extra
わりましりょうきん **割増料金**	**biaya tambahan** ビアヤ タンバハン	extra [additional] charge
わ **割る**（分ける・割り 算する）	**membagi** ムンバギ	to divide
わ **割る**（砕く）	**memecahkan** ムムチャーカン	to split
わる **悪い**（劣っている）	**buruk / rendah** ブルッ / ルンダー	bad
わる **悪い**（基準に合わない）	**buruk** ブルッ	poor
わる **悪い**（邪悪な）	**jahat** ジャハ(ト)	evil
わるぐち **悪口**	**makian / nistaan / umpatan / celaan** マキアン / ニスタアン / ウンパタン / チュラアン	verbal abuse
わるもの **悪者**	**penjahat** プンジャハ(ト)	bad fellow
わ **割れる**（分かれる）	**pecah** プチャー	to crack

日	インドネシア	英
割れる (壊れる)	rusak ルサ(ク)	to break
割れる (下回る)	turun di bawah ~ トゥルン ディ バワー	to fall below
湾	teluk トゥルッ	bay
椀	mangkuk マンクッ	wooden bowl
ワンピース	baju terusan バジュ トゥルサン	dress
腕力	kekuatan tangan ククアタン タン(グ)アン	physical [muscular] strength
ワンルーム	satu kamar サトゥ カマル	studio apartment

わ

インドネシア日英

A

abad [アバ(ド)] (愛 century) 世紀

abad pertengahan
[アバ(ド) プルトゥン(グ)ハン]
(愛 the Middle Ages) 中世

abadi [アバディ] (愛 eternal / everlasting)
永遠の / 永久の

abah [アバー]
(愛 dad) 【アラビア語】父ちゃん

abai [アバイ] (愛 to neglect) 怠 (おこた) る

abaikan [アバイカン] (愛 to neglect /
to ignore) 怠る / 省 (はぶ) く

abalon [アバロン] (愛 abalone) アワビ

abang [アバン(グ)] (愛 elder brother)
兄 / お兄さん

abdi [アブディ] (愛 to serve / servant)
奉仕する / 召使い

abdi dalem [アブディ ダルム]
(愛 courtier (in Javanese Kingdoms))
【ジャワ語】(ジャワ王宮内の) 召使い

abjad [アブジャ(ド)] (愛 alphabet)
アルファベット

abnormal [アブノルマル] (愛 abnormal)
異常な

absah [アブサー] (愛 legal) 合法 / 正当な

absén [アブセン] (愛 absence / absent)
休み / 休む / 欠席〈欠勤〉(する)

absénsi [アブセンスィ]
(愛 take attendance) 出席を取る

abstain [アブスタイン] (愛 abstain)
棄権する (投票)

abstrak [アブストラッ] (愛 abstract)
抽象的な / 要旨

abstraksi [アブストラクスィ]
(愛 abstraction) 抽象化

abu [アブ] (愛 ash(es)) 灰

abu-abu [アブ アブ] (愛 gray) グレー

AC [アーセー] (愛 air conditioner) エアコン

acak-acakan [アチャッ アチャカン]
(愛 be untidy) 散らかる

acar [アチャル] (愛 pickles) 漬物 / ピクルス

acara [アチャラ] (愛 event / program)
イベント / 番組 / 催し / 行事

acuan [アチュアン] (愛 reference)
目処 (めど) / レファレンス

acuh [アチュー] (愛 care) 気をつかう

ada [アダ] (愛 to be (present) / to have)
ある / いる / 持っている

ada kekuatiran [アダ ククアティラン]
(愛 there is a risk of ~)
(~する) 恐れがある

ada tidaknya [アダ ティダッニャ]
(愛 existence or non-existence) 有無

adab [アダ(ブ)] (愛 manners) 礼儀

adakah [アダカー] (愛 is [was] it that)
~ (です) か

adakalanya [アダカラニャ]
(愛 sometimes) 時折

adakan [アダカン] (愛 to hold / to have)
開催する / 行う

adalah ［アダラー］（英 to be）
　〜である / 〜だ

adanya ［アダニャ］（英 the presence of 〜）
　〜があるくいる〉こと

adaptasi ［アダプタスィ］（英 adaptation）適応

adapun ［アダプン］（英 on the other hand）
　一方（それに対し）

adat ［アダ(ト)］（英 custom）
　風俗 / 風習 / 慣習

adegan ［アドゥガン］（英 scene）場面

Adik ［アディッ］（英 you）あなた（自分より年
　が下の人に対する呼び方）

adik ［アディッ］（英 younger sibling
　[brother / sister]）弟 / 妹

adik laki-laki ［アディッ ラキ ラキ］
　（英 younger brother）弟

adik perempuan ［アディッ プルンプアン］
　（英 younger sister）妹

adil ［アディル］（英 fair）公正な / 公平な

adili ［アディリ］（英 to judge）裁（さば）く

adinda ［アディンダ］
　（英 younger sibling [brother / sister]）
　弟君（おとうとぎみ）/ 妹君（いもうとぎみ）

adonan ［アドナン］（英 dough）
　生地（パンなどの）

adu ［アドゥ］（英 to complain）苦情を言う

aduan ［アドゥアン］（英 complaint）
　苦情 / 文句

aduk ［アドゥッ］（英 to stir）掻き回す

advérbia ［ア(ド)フェルビア］（英 adverb）副詞

afiliasi ［アフィリアスィ］（英 affiliation）
　付属 / 所属

Afrika ［アフリカ］（英 Africa）アフリカ

agak ［アガッ］（英 rather / somewhat）
　〜気味 / 何だか

agaknya ［アガッニャ］（英 seemingly /
　on earth）どうも / 〜らしい / 一体

agama ［アガマ］（英 religion）宗教

agama Buddha ［アガマ ブッダ］
　（英 Buddhism）仏教

agama Hindu ［アガマ ヒンドゥ］
　（英 Hinduism）ヒンドゥー教

agama Islam ［アガマ イスラム］
　（英 Islamic）イスラム教

agama Kristen ［アガマ クリストゥン］
　（英 Christianity）キリスト教

agar ［アガル］（英 so that）
　〜であるように / 〜するように

agén ［アゲン］（英 proxy / agency / agent）
　代理 / 代理店 / 代理人

agénda ［アゲンダ］（英 agenda）議題

agénsi ［アゲンスィ］（英 agency）代理店 / 庁

agrési ［アグレスィ］（英 aggression）攻撃

agrésif ［アグレスィフ］（英 aggressive）
　攻撃的な / 果敢な

agung ［アグン(グ)］（英 great / grand）
　偉大な / 壮大な

Agustus ［アグストゥス］（英 August）八月

ah ［アー］（英 ah）【口語】あ / ええと / おや

Ahad [アハ(ド)]（圏 Sunday）日曜（日）

ahli [アフリ]（圏 expert / professional / authority）通（つう）/ 玄人 / 大家（たいか）

ahli bedah [アフリ ブダー]
（圏 surgeon）外科医

ahli dérmatologi [アフリ デルマトロギ]
（圏 dermatologist）皮膚科医

ahli mesin [アフリ ムスィン]
（圏 machine engineer）エンジニア

aib [アイ(ブ)]（圏 shame）恥

AIDS [エイズ]（圏 AIDS）エイズ

air [アイル]（圏 water）水 / 飲み物 / 液

air bah [アイル バー]（圏 flood）
洪水 / 大水（おおみず）

air bawah tanah [アイル バワー タナー]
（圏 ground water）地下水

air berkarbonat [アイル ブルカルボナ(ト)]
（圏 carbonated water）炭酸水

air besar [アイル ブサル]（圏 excrement）
大便

air kecil [アイル クチル]（圏 urine）小便

air kemih [アイル クミー]（圏 urine）小便

air kencing [アイル クンチン(グ)]
（圏 urine）小便

air keran [アイル クラン]
（圏 tap water）水道水

air laut [アイル ラウ(ト)]（圏 sea water）海水

air lédeng [アイル レドゥン(グ)]
（圏 tap water）水道水

air limbah [アイル リンバー]
（圏 waste fluid）廃液（はいえき）

air liur [アイル リウル]（圏 saliva）
よだれ / 唾液（だえき）

air mancur [アイル マンチュル]
（圏 fountain）噴水

air mata [アイル マタ]（圏 tears）涙

air mineral [アイル ミヌラル]
（圏 mineral water）ミネラルウォーター

air minum [アイル ミヌム]（圏 drinking [portable] water）飲料水

air muka [アイル ムカ]
（圏 expression）表情

air panas [アイル パナス]
（圏 hot water）湯

air pasang [アイル パサン(グ)]
（圏 high tide）満潮（まんちょう）

air soda [アイル ソダ]（圏 soda / carbonated water）サイダー / 炭酸水

air surut [アイル スル(ト)]（圏 low tide）
干潮（かんちょう）

air susu [アイル スス]（圏 breast milk）母乳

air tanah [アイル タナー]
（圏 ground water）地下水

air tawar [アイル タワル]
（圏 fresh water）淡水

air terjun [アイル トゥルジュン]
（圏 waterfall）滝

ajaib [アジャイ(ブ)]
（圏 mysterious）不思議な

ajak [アジャッ]（圏 to invite）誘う

A

ajakan [アジャカン]（英 invitation）誘い

ajar [アジャル]（英 to teach）
教える（教授する）

ajaran [アジャラン]
（英 teaching / doctrine）教え / 教訓

ajaran agama [アジャラン アガマ]
（英 religious doctrine）教義 / 戒律

aju [アジュ]（英 to submit）提出する

ajudan [アジュダン]
（英 adjutant / assistant）副官 / 助手

ajuk [アジュッ]（英 to mimic）真似る

ajukan [アジュカン]（英 to submit）提出する

akad [アカ(ド)]
（英 contract / agreement）契約

akad krédit [アカ(ド) クレディ(ト)]（英 loan agreement）借款契約 / 借款契約書

akad nikah [アカ(ド) ニカー]（英 wedding vows (based on Islamic law)）
婚姻儀式（イスラム法に基づいて）

akadémi [アカデミ]（英 academy）
アカデミー / 学院

akal [アカル]（英 device / wisdom / common sense）
工夫 / 筋（道理）/ 知恵 / 良識

akal budi [アカル ブディ]
（英 common sense）理性

akal séhat [アカル セハ(ト)]
（英 common sense）常識（判断力）

akan [アカン]（英 will / of）
〜するつもりだ / 〜だろう / 〜に対して

akan datang [アカン ダタン(グ)]
（英 upcoming）来（きた）る / 将来の

akan tetapi [アカン トゥタピ]（英 however）
しかしながら

akar [アカル]（英 root / to be rooted）
根 / 根付（ねづ）く / 定着する

akhir [アヒル]（英 the last decade of / the end of）下旬 / 結末 / 末 / 果て / 終業

akhir bulan [アヒル ブラン]
（英 the end of the month）月末

akhir pekan [アヒル プカン]
（英 weekend）週末

akhir seméster [アヒル セメストゥル]
（英 the end of a term）期末

akhir tahun [アヒル タフン]
（英 the year-end）暮れ

akhir-akhir ini [アヒル アヒル イニ]
（英 recently / at the time）
最近 / この頃 / 近頃

akhiran [アヒラン]（英 suffix）接尾辞

akhirat [アヒラ(ト)]（英 the hereafter）
あの世 / 来世（らいせ）

akhiri [アヒリ]（英 to finish）終わらせる

akhirnya [アヒルニャ]（英 finally / at last / after all）遂に / ようやく / 結局

akhlak [アーラッ]（英 moral / moral character）道徳 / 品性

aki [アキ]（英 battery）バッテリー（乗り物の）

akibat [アキバ(ト)]（英 result / as a result of 〜）（〜の）結果

akibatnya [アキバ(ト)ニャ]
（英 as a result）その結果

akidah [アキダー]（英 belief / faith）
信仰 / 信条

akrab [アクラ(ブ)]（英 intimate / friendly）
親密な / 親しい / 密接な

akrofobia [アクロフォビア]（英 acrophobia）
高所恐怖症

aksara Cina [アクサラ チナ]
（英 Chinese character）漢字

aksélerasi [アクセルラスィ]
（英 acceleration）加速

aksén [アクセン]（英 accent）アクセント

aksésoris [アクセソリス]（英 accessory）
アクセサリー

aksi [アクスィ]（英 action / behavior）
活躍 / 行為 / 振り

akta [アクタ]（英 certificate）証書

aktif [アクティフ]（英 active）
積極的な / 活発な

akting [アクティン(グ)]（英 act）演技

aktivitas [アクティフィタス]（英 activity）活動

aktor [アクトル]（英 actor）俳優

aku [アク]（英 I）俺 / 僕 / あたし

akuarium [アクアリウム]（英 aquarium）
水族館 / 水槽

akui [アクイ]（英 to confess / to admit）
白状する / 認める

akuisisi [アクイスィスィ]（英 purchase）買収

akumulasi [アクムラスィ]
（英 accumulation）蓄積

akuntansi [アクンタンスィ]
（英 accounting）経理

akur [アクル]（英 to agree / to follow）
同意する / 従う

akurat [アクラ(ト)]（英 accurate）正確な

akut [アク(ト)]（英 serious）重体の

ala [アラ]（英 ~ style）～風(ふう)

ala Barat [アラ バラ(ト)]
（英 Western style）洋風

ala Jepang [アラ ジュパン(グ)]
（英 Japanese style）和風

alam [アラム]（英 nature）自然

alam sekitar [アラム スキタル]
（英 natural surroundings）周囲の自然

alam semesta [アラム スムスタ]
（英 universe）宇宙

alamak [アラマッ]（英 oh my god）
【口語】あらまあ / なんてこった

alamat [アラマ(ト)]（英 address / one's
address）宛名 / アドレス / 住所

alamat pengirim [アラマ(ト) プン(グ)イリム]
（英 the sender address）差出人の住所

alamat tujuan [アラマ(ト) トゥジュアン]
（英 address / destination / delivery
address）宛先 / 送り先 / 送付先

alami [アラミ]（英 natural）自然な / 天然の

alangkah [アランカー]（英 how）
いかに / どれほど

alarm [アラルム]（英 alarm）警報

alas [アラス]（英 mat / base）
敷物(しきもの) / 土台

alasan [アラサン]（英 reason / excuse / premise）根拠 / 口実 / 前提 / 弁解 / 理由

alat [アラ(ト)]（英 apparatus / utensil / tool）器械 / 器具 / 道具

alat bantu dengar
[アラ(ト) バントゥ ドゥン(グ)アル]
（英 hearing aid）補聴器(ほちょうき)

alat cas [アラ(ト) チャス]
（英 battery charger）充電器(じゅうでんき)

alat makan [アラ(ト) マカン]
（英 tableware）食器

alat musik [アラ(ト) ムスィッ]
（英 musical instrument）楽器

alat pemadam api [アラ(ト) プマダム アピ]
（英 fire extinguisher）消火器

alat pemanas air [アラ(ト) プマナス アイル]
（英 water heater）給湯器

alat penghangat ruangan
[アラ(ト) プン(グ)ハン(グ)ア(ト) ルアンガン]
（英 heater）暖房(暖める器具)

alat penghilang kelembapan udara
[アラ(ト) プン(グ)ヒラン(グ) クルンバパン ウダラ]
（英 dehumidifier）除湿器

alat pengukur [アラ(ト) プン(グ)ウクル]
（英 meter）計器

alat perekam [アラ(ト) プルカム]
（英 tape recorder）テープレコーダー

alat suntik [アラ(ト) スンティッ]
（英 syringe）注射器

alat tiup [アラ(ト) ティウ(プ)]（英 horn）
管楽器(かんがっき)

alat tulis [アラ(ト) トゥリス]（英 stationery）
筆記用具 / 文房具

album [アルブム]（英 album）アルバム

alérgi [アレルギ]（英 allergy）アレルギー

alfabét [アルファベ(ト)]（英 alphabet）
アルファベット

alhamdulillah [アルハムドゥリラー]
（英 thank God）
【アラビア語】おかげさまで

aliansi [アリアンスィ]（英 alliance）同盟

alih [アリー]（英 to alter / to convert）
変える / 転換する

alih bahasa [アリー バハサ]
（英 translation / interpretation）
翻訳 / 通訳

alih suara [アリー スアラ]（英 dubbing）
吹き替え

alinéa [アリネア]（英 paragraph）段落

alir [アリル]（英 to flow）流れる

aliran [アリラン]（英 flow / stream）
流れ / 流派(りゅうは) / 系

aliran darah [アリラン ダラー]
（英 blood circulation）血流 / 血行

aliran udara [アリラン ウダラ]
（英 air current）気流

alis [アリス]（英 eyebrow）眉(まゆ)

alkali [アルカリ]（英 alkali）アルカリ

Alkitab [アルキタ(ブ)]（英 Bible）聖書

A

alkohol [アルコホル]（英 alcohol）
アルコール / 酒

Allah [アラー]（英 Allah）
アッラー（イスラム教の神）

almamater [アルママトゥル]
（英 alma mater）母校

almarhum [アルマルフム]
（英 the dead / the late / the deceased）
死者 / 故〜 / 故人

almari [アルマリ]（英 shelf / cupboard）
戸棚 / 食器棚

almari baju [アルマリ バジュ]
（英 wardrobe）箪笥(たんす)

almari buku [アルマリ ブク]
（英 bookshelf）本棚

almon [アルモン]（英 almond）アーモンド

Al-Quran [アル クルアン]
（英 the Quran）コーラン

alternatif [アルトゥルナティフ]
（英 alternative）代わりの / 代替の

aluminium [アルミニウム]（英 aluminum）
アルミ / アルミニウム

alumni [アルムニ]（英 alumni）同窓生

alun [アルン]（英 ripple / wave）さざ波 / 波

alun-alun [アルン アルン]（英 plaza）広場

amal [アマル]（英 charity）
慈善(じぜん) / チャリティー

amalan [アマラン]（英 habit / practice）
習慣 / 行為

amalkan [アマルカン]（英 to practice）
実践する

aman [アマン]（英 safe）安全な / 無難な

amanah [アマナー]（英 trust）委託

amandemén [アマンドゥメン]
（英 amendment）改正

amat [アマ(ト)]（英 very / truly）
大変 / 大いに / 誠に

amat sangat [アマ(ト) サン(グ)ア(ト)]
（英 extremely）極めて

amati [アマティ]（英 to observe /
to monitor）観測する / 監視する

amatir [アマティル]（英 amateur）アマチュア

ambigu [アンビグ]（英 vague）曖昧な

ambiguitas [アンビグイタス]
（英 vagueness）曖昧

ambil [アンビル]（英 to take / to cost）
取る / 撮る / かかる(時・金が) / 受験する

ambil alih [アンビル アリー]（英 to take over）
取って代わる / 引き継ぐ

ambil keputusan [アンビル クプトゥサン]
（英 to make a decision）
決定する / 決心する

ambil tempat duduk
[アンビル トゥンパ(ト) ドゥドゥッ]
（英 to take a seat）席を取る

ambil tindakan [アンビル ティンダカン]
（英 to take action）対処する / 措置する

ambisi [アンビスィ]（英 ambition）野心

ambulan [アンブラン]
（英 ambulance）救急車

amburadul [アンブラドゥル]
（英 incoherent）滅茶苦茶な

Amérika [アメリカ] (愛 America)アメリカ

Amérika Selatan [アメリカ スラタン]
(愛 South America)南米 / 南アメリカ

Amérika Utara [アメリカ ウタラ]
(愛 North America)北アメリカ

amis [アミス] (愛 fishy-smelling)生臭い

amplop [アンプロ(プ)] (愛 envelop)封筒

ampu [アンプ] (愛 to flatter / to hold)
お世辞を言う / 支える

ampun [アンプン] (愛 forgiveness)
赦(ゆる)し / 赦免(しゃめん)

amuk [アムッ] (愛 to run amok)暴れる

-an [アン] (愛 ~'s)~代(年代)

anak [アナッ] (愛 child / children)
子 / 子供(娘 / 息子) / 児童

anak angkat [アナッ アンカ(ト)]
(愛 adopted child)養子

anak buah [アナッ ブアー]
(愛 retainer)家来(けらい)

anak bungsu [アナッ ブンス]
(愛 the youngest child)末っ子

anak burung [アナッ ブルン(グ)]
(愛 chicken)ひな(ひな鳥)

anak dara [アナッ ダラ]
(愛 maiden / virgin)乙女 / 処女

anak kapal [アナッ カパル]
(愛 crew member)乗務員

anak kembar [アナッ クンバル]
(愛 twin)双子

anak laki-laki [アナッ ラキ ラキ]
(愛 boy / son)男の子 / 少年 / 息子

anak laki-laki pertama
[アナッ ラキ ラキ プルタマ]
(愛 the eldest son)長男

anak muda [アナッ ムダ]
(愛 youngster)若者

anak panah [アナッ パナー]
(愛 arrow)矢

anak perempuan [アナッ プルンプアン]
(愛 girl / daughter)女の子 / 娘

anak perempuan pertama
[アナッ プルンプアン プルタマ]
(愛 the eldest daughter)長女

anak perusahaan [アナッ プルサハアン]
(愛 subsidiary)子会社

anak tangga [アナッ タンガ]
(愛 step)段 / 階段

anak tersesat [アナッ トゥルスサ(ト)]
(愛 lost child)迷子

anak yatim [アナッ ヤティム]
(愛 orphan)孤児(こじ)

analgésik [アナルゲスィッ]
(愛 analgesic)鎮痛剤

analisis [アナリスィス] (愛 analysis)分析

analogi [アナロギ] (愛 analogy)類推

ancam [アンチャム] (愛 to threaten)
脅す / 脅かす

ancaman [アンチャマン] (愛 threat)
脅し / 脅迫 / 脅威

Anda [アンダ]（廖 you）あなた

Anda semua [アンダ スムア]
（廖 you / your）
あなた達（不特定多数の人に対して）

andai [アンダイ]（廖 if）もしも / 仮に

andaikan [アンダイカン]
（廖 to suppose）もしも / 仮に

andalan [アンダラン]
（廖 reliable）頼りになる

anéh [アネー]（廖 unusual / strange）
変な / 普通でない / 奇妙な

anémia [アネミア]（廖 anemia）貧血

anéstésia [アネステシア]
（廖 anesthesia）麻酔

angan-angan [アン(グ)アン アン(グ)アン]
（廖 imagination）空想

anggap [アンガ(プ)]
（廖 to regard）見なす

anggapan [アンガパン]
（廖 view / opinion）見解 / 考え

anggar [アンガル]
（廖 to budget）予算を組む

anggaran [アンガラン]（廖 budget）予算

anggaran dasar [アンガラン ダサル]
（廖 byelaw）会則

anggaran rumah tangga
[アンガラン ルマー タンガ]
（廖 family budget）家計

anggarkan [アンガルカン]
（廖 to budget）予算を組む

anggota [アンゴタ]（廖 member / limb /
part）メンバー / 構成員 / 部分（身体の）

anggota parlemén [アンゴタ パルルメン]
（廖 member of an assembly）議員

anggota polisi [アンゴタ ポリスィ]
（廖 police officer）警官

angguk [アングッ]（廖 to nod）頷く

anggun [アングン]（廖 elegant / graceful）
エレガントな / 華麗な / 優美な

anggur [アングル]（廖 grapes / wine）
ブドウ / ワイン

angin [アン(グ)イン]（廖 wind / air）
風 / 気（空気）

angin badai [アン(グ)イン バダイ]
（廖 storm）暴風

angin topan [アン(グ)イン トパン]
（廖 typhoon）台風

angka [アンカ]（廖 numeral / number）
数 / 数字 / 数値

angka bulat [アンカ ブラ(ト)]
（廖 integer）整数

angka désimal [アンカ デスィマル]
（廖 decimal）小数

angka ganjil [アンカ ガンジル]
（廖 odd number）奇数

angka genap [アンカ グナ(プ)]
（廖 even number）偶数

angka pecahan [アンカ プチャハン]
（廖 fraction）分数

angkasa [アンカサ]
（廖 sky / space）空中 / 大気

angkasa luar［アンカサ ルアル］
（英 universe）宇宙

angkat［アンカ(ト)］（英 to lift）(持ち)上げる

angkat tangan［アンカ(ト) タン(グ)アン］
（英 give up）お手上げ

angkatan［アンカタン］（英 troops / group / generation）軍隊 / グループ / 世代

angkét［アンケ(ト)］（英 survey）アンケート

angkuh［アンクー］（英 arrogant）横柄な

angkut［アンク(ト)］（英 to carry / to transport）運ぶ / 輸送する

angkutan［アンクタン］（英 freight）貨物

angsa［アンサ］（英 goose / swan）
ガチョウ / 白鳥

angsur［アンスル］（英 gradually / to pay by installment）徐々に / 分割払いする

angsuran［アンスラン］（英 loan）
分割払い / ローン

angsuran bulanan［アンスラン ブラナン］
（英 monthly payment）月賦（げっぷ）

animasi［アニマスイ］（英 animation）アニメ

anjak［アンジャッ］（英 to shift / to move）
移る / ずれる

anjing［アンジン(グ)］（英 dog）犬

anjing laut［アンジン(グ) ラウ(ト)］
（英 seal）アザラシ

anjing liar［アンジン(グ) リアル］
（英 stray dog）野良犬（のらいぬ）

anjing pemandu［アンジン(グ) プマンドゥ］
（英 guide dog）盲導犬

anjing penjaga［アンジン(グ) プンジャガ］
（英 guard dog）番犬

anjlok［アンジョロッ］（英 to derail）脱線する

anjung［アンジュン(グ)］（英 porch / veranda）
縁側（えんがわ）/ ポーチ / ベランダ

anjungan［アンジュン(グ)アン］
（英 pavilion / bridge）
展示館 / パビリオン / 船橋 / ブリッジ

anjuran［アンジュラン］（英 suggestion）勧め

anjurkan［アンジュルカン］
（英 to suggest）勧める

anonim［アノニム］（英 anonymity / anonymous）匿名 / 匿名の

anoréksia［アノレクスイア］
（英 anorexia）拒食症

antara［アンタラ］（英 space）間（場所）

antara satu sama lain
［アンタラ サトゥ サマ ライン］
（英 each other / mutually）互いに

antaranya［アンタラニャ］（英 above all / among others / some of them）
中でも / とりわけ / そのうちいくつか

antarbangsa［アンタルバンサ］
（英 international）国際的な

antariksa［アンタリクサ］（英 universe）宇宙

anténa［アンテナ］（英 antenna）アンテナ

anti-［アンティ］（英 anti-)反〜

antibiotik［アンティビオティッ］
（英 antibiotics）拒食症

antik［アンティッ］（英 antique）
骨董品（こっとうひん）/ アンティーク

anting-anting [アンティン(ク) アンティン(ク)]
(英 earring / pierced earring)
イヤリング / ピアス

antipati [アンティパティ] (英 antipathy)反感

antiséptik [アンティセプティ(ク)]
(英 antiseptic)消毒薬

antisipasi [アンティスィパスィ]
(英 anticipation)予期

antologi [アントロギ] (英 anthology)
選集(せんしゅう) / アンソロジー

antréan [アントレアン] (英 line)行列

antropologi [アントロポロギ]
(英 anthropology)人類学

antropologi budaya
[アントロポロギ ブダヤ]
(英 cultural anthropology)文化人類学

antusias [アントゥスィアス]
(英 enthusiasm / be passionate)
熱中 / 熱(あつ)い(思いが強い)

antusiasme [アントゥスィアスム]
(英 eagerness)熱意

anu [アヌ]
(英 what do you call it / so and so)
【口語】あれ / 何とか / あのー / ええと

anugerah [アヌグラー] (英 award)賞

anus [アヌス] (英 anus)肛門

anut [アヌ(ト)] (英 to have faith in)
信仰する

anyam [アニャム] (英 to weave)
(かごなどを)編(あ)む

anyir [アニィル] (英 fishy-smelling)生臭い

apa [アパ] (英 what)何

apa adanya [アパ アダニャ]
(英 the way one is)ありのまま

apa boléh buat [アパ ボレー ブア(ト)]
(英 cannot help)仕方がない

apa saja [アパ サジャ]
(英 anything)何でも

apa-apa [アパアパ] (英 anything)
何でも / 何か / 何も

apabila [アパビラ] (英 when / while)
〜するとき / 〜のとき

apalagi [アパラギ] (英 moreover)
なおさら / ましてや

apartemén [アパルトゥメン]
(英 apartment)アパート

apel [アプル] (英 apple)リンゴ

apéndiks [アペンディクス] (英 appendix)
付録 / 付遺 / 虫垂 / 盲腸

api [アピ] (英 fire / flame)火 / 炎

api arang [アピ アラン(ク)]
(英 charcoal grilling)炭火

api unggun [アピ ウングン] (英 fire)焚火

apit [アピ(ト)] (英 to nip)挟(はさ)む

apkir [アプキル] (英 defective product
[goods])不良品

aplikasi [アプリカスィ] (英 application)
アプリケーション / 応用

aplikasikan [アプリカスィカン]
(英 to apply)応用する

apoték [アポテッ] (英 pharmacy)薬局

aprésiasi [アプレスィアスィ]
（愛 appreciation）鑑賞

aprikot Jepang [アプリコ(ト) ジュパン(グ)]
（愛 Japanese apricot）梅

April [アプリル]（愛 April）四月

apron [アプロン]（愛 apron (airplane)）
エプロン（飛行機の）

Arab [アラ(ブ)]（愛 Arab）アラブ

Arab Saudi [アラ(ブ) サウディ]
（愛 Saudi Arabia）サウジアラビア

arah [アラー]（愛 direction / point of the
compass）方向 / 方角 / 方面 / 向き

arah angin [アラー アン(ギ)イン]
（愛 the direction of the wind）風向き

arah belakang [アラー ブラカン(グ)]
（愛 rear）後方

arah tujuan [アラー トゥジュアン]
（愛 one's future）進路

arahan [アラハン]（愛 order / conducting）
指示 / 命令 / 指揮

arahkan [アラーカン]
（愛 to direct / to order）
（映画などを）監督する / 指示する

arak [アラッ]（愛 alcohol / alcoholic
drinks / spirits）酒

arang [アラン(グ)]（愛 charcoal）炭 / 木炭

arang kayu [アラン(グ) カユ]
（愛 charcoal）木炭

arbitrase [アルビトラス]（愛 mediation）調停

arca [アルチャ]（愛 statue / sculpture）
像 / 彫刻

aréna [アレナ]（愛 arena）
アリーナ / 舞台（活動の）

Argéntina [アルゲンティナ]
（愛 Argentina）アルゼンチン

arif [アリフ]（愛 wise / well versed）
賢い / 精通した / 明るい

aritmatika [アリトマティカ]
（愛 arithmetic）算数

arkéologi [アルケオロギ]
（愛 archaeology）考古学

aroma [アロマ]（愛 smell）匂い

artéri [アルテリ]（愛 artery）動脈

arti [アルティ]（愛 meaning）意義 / 意味

artifisial [アルティフィスィアル]
（愛 artificial）人工

artikel [アルティクル]
（愛 article）記事 / 条 / 論文

artis [アルティス]（愛 artist）
アーティスト / 芸能人

artisan [アルティサン]（愛 artisan）職人

arus [アルス]（愛 current）流れ

arus laut [アルス ラウ(ト)]
（愛 ocean current）海流

arus listrik [アルス リストリ(ク)]
（愛 electric current）電流

arus searah [アルス スアラー]
（愛 direct current）直流

arus udara [アルス ウダラ]
（愛 air current）気流

arwah [アルワー]（愛 spirit）霊

AS ［アーエス］（英 USA）アメリカ

asah ［アサー］（英 to sharpen）研（と）ぐ

asal ［アサル］（英 the of *sth* origin /
come from）原産 / 出身

asal kata ［アサル カタ］
（英 word origin）語源

asal usul ［アサル ウスル］（英 origin）起源

asalkan ［アサルカン］（英 as long as）
〜である限り

asal-muasal ［アサル ムアサル］
（英 origin / roots）由来 / ルーツ

asal-usul ［アサル ウスル］（英 origin / roots）
起源 / 素性 / 由来 / ルーツ

asam ［アサム］（英 acid / sour）酸 / 酸っぱい

asap ［アサ（プ）］（英 smoke）煙

asar ［アサル］（英 afternoon prayer）
夕方の礼拝時間

asas ［アサス］（英 base）根拠

asasi ［アサスイ］（英 basic）基本的な

asbak ［アスバッ］（英 ash tray）灰皿

ASEAN ［アセアン］（英 ASEAN (Association
of Southeast Asian Nations)）
アセアン（東南アジア諸国連合）

asét ［アセ（ト）］（英 asset）財産

asfiksia ［アスフィクスィア］
（英 suffocation）窒息（ちっそく）

Asia ［アスィア］（英 Asia）アジア

Asia Tenggara ［アスィア トゥンガラ］
（英 Southeast Asia）東南アジア

asin ［アスィン］（英 spicy / salty）塩からい

asing ［アスィン（グ）］（英 foreign / strange）
外国の / なじみのない

asistén ［アスィステン］（英 assistant）
アシスタント / 助手

asistén profésor ［アスィステン プロフェソル］
（英 assistant professor）助教授

asistén rumah tangga
［アスィステン ルマァ タンガ］（英 housemaid）
お手伝いさん / メイド / 家政婦

asli ［アスリ］（英 original / characteristic
(of) / genuine）
オリジナル / 固有 / 本格的な

asma ［アスマ］（英 asthma）喘息（ぜんそく）

asmara ［アスマラ］（英 love）恋

asosiasi ［アソスィアスィ］（英 association /
association of ideas / society）
組合 / 連想 / 協会

asparagus ［アスパラグス］
（英 asparagus）アスパラガス

aspék ［アスペッ］（英 aspect）側面 / 面 / 相

aspirasi ［アスピラスィ］（英 aspiration）志

asrama ［アスラマ］（英 dormitory）寮

asrama pekerja ［アスラマ プクルジャ］
（英 workers' dormitory）社員寮

asrama pelajar ［アスラマ プラジャル］
（英 student dormitory）学生寮

asrama putri ［アスラマ プトリ］
（英 women's dormitory）女子寮

asri ［アスリ］（英 chic）シックな

astaga [アスタガ]（愛 oh my god）
【口語】何てこった

astaghfirullah [アスタフィルロー]
（愛 oh my god）【アラビア語】何てこった

asuh [アスー]（愛 to bring up /
to care for）育てる / 養育する

asuhan [アスハン]（愛 upbringing）
養育 / 保育 / 教育

asuransi [アスランスィ]
（愛 insurance）保険

asuransi jiwa [アスランスィ ジワ]
（愛 life insurance）生命保険

asuransi keséhatan
[アスランスィ クセハタン]
（愛 health insurance）健康保険

asuransi perjalanan
[アスランスィ プルジャラナン]
（愛 travel insurance）旅行保険

asyik [アスィッ]（愛 full of life / to have
fun / enthusiastic）生き生き / 興じる /
夢中な

atap [アタ(プ)]（愛 rooftop / roof /
ceiling）屋上 / 屋根 / 天井

atas [アタス]（愛 upper）上（うえ）

atas darat [アタス ダラ(ト)]
（愛 ground / on land）地上 / 陸上

atas daratan [アタス ダラタン]
（愛 on land）陸上

atas muka bumi [アタス ムカ ブミ]
（愛 on earth）地球上

atas urusan kerja [アタス ウルサン クルジャ]
（愛 on business）商用で

atasan [アタサン]（愛 one's boss）上司

atasé [アタセ]（愛 attaché）
アタッシェ / 公使館員

atasi [アタスィ]（愛 to overcome /
to surpass）克服する / 上回る

atau [アタウ]（愛 or / otherwise）
あるいは / それとも / または / もしくは

ataupun [アタウプン]
（愛 or）あるいは / ないし

atlet [アトル(ト)]（愛 player）選手

atlétik [アトレティッ]（愛 athletics）陸上競技

ATM [アーテーエム]（愛 ATM）ATM

atom [アトム]（愛 atom）原子

atur [アトゥル]（愛 to tidy / to arrange）
整理する / 配置する

aturan [アトゥラン]（愛 rule）決まり / ルール

audiénsi [アウディエンスィ]
（愛 courtesy call）表敬訪問

audit [アウディ(ト)]（愛 to audit）監査する

auditorium [アウディトリウム]
（愛 lecture hall）講堂

aula [アウラ]（愛 hall / lecture hall）
ホール / 講堂

Australia [アウストラリア]（愛 Australia）
オーストラリア

auténtik [アウテンティッ]（愛 authentic）
信憑性がある / 純正な

autisme [アウティスム]（愛 autism）自閉症

awak [アワッ]（愛 crew member）乗務員

awak kabin [アワッ カビン]
(嗯 cabin attendant) キャビンアテンダント

awak kapal [アワッ カバル] (嗯 shipman /
crew) 船員 / 乗組員 / クルー

awal [アワル] (嗯 start / early)
始め / 始業 / 早い

awal bulan [アワル ブラン]
(嗯 the beginning of a month)
上旬 / 初旬

awalnya [アワルニャ]
(嗯 at the beginning) 始めに

awam [アワム] (嗯 public) 公共の

awan [アワン] (嗯 cloud) 雲

awas [アワス] (嗯 (to pay) attention)
注意 (する)

awasi [アワスィ] (嗯 to keep an eye on)
監視する / 見張る

awét [アウェ(ト)] (嗯 long lasting) 長持ち

(makanan) awétan
[(マカナン) アウェタン] (嗯 preserved food)
保存食品

awétkan [アウェ(ト)カン]
(嗯 to preserve) 保存する

ayah [アヤー] (嗯 father) 父 / 父親 / 父さん

ayahanda [アヤハンダ] (嗯 father) 父上

ayak [アヤッ] (嗯 sieve) ふるい / こし器

ayam [アヤム] (嗯 chicken) ニワトリ

ayat [アヤ(ト)] (嗯 sentence) 文 (ぶん)

ayo [アヨ] (嗯 Come on!) さあ

ayu [アユ] (嗯 beautiful woman) 美人な

ayunkan [アユンカン] (嗯 to swing) 振る

azimat [アズィマ(ト)] (嗯 talisman) お守り

B

bab [バ(ブ)] (嗯 chapter) 章

babak [ババッ] (嗯 scene) 幕

babak pertama [ババッ プルタマ]
(嗯 first scene) 一回戦

babi [バビ] (嗯 pig) 豚

baca [バチャ] (嗯 to read) 読む

bacaan [バチャアン] (嗯 reading)
読み物 / 読み方

badai [バダイ] (嗯 storm) 嵐

badai salju [バダイ サルジュ]
(嗯 blizzard) 吹雪

badak [バダッ] (嗯 rhinoceros) サイ

badam [バダム] (嗯 almond) アーモンド

badan [バダン] (嗯 body / the body)
体 / 本体 / 身体 / 胴 / 肉体

badminton [バドミントン]
(嗯 badminton) バドミントン

bagai [バガイ] (嗯 just like)
〜のような / 〜のごとく

bagaikan [バガイカン] (嗯 just like)
〜のような / 〜のごとく

bagaimana [バガイマナ] (嗯 how / how
to / what kind of) いかが / いかに /
どのように / どんな / 何と

bagaimanapun [バガイマナプン]
 (英 anyhow / somehow / in someway)
 いずれにしても / どうせ / どうにか /
 どんなに / 何とか

bagaimanapun juga
 [バガイマナプン ジュガ]
 (英 by all means) どうしても

bagasi [バガスィ] (英 trunk) トランク (車の)

bagasi kabin [バガスィ カビン]
 (英 cabin baggage) 機内の荷物

bagi [バギ] (英 for) 〜にとって

bagi rata [バギ ラタ]
 (英 equal dividing) 等分

bagian [バギアン]
 (英 part / department / section)
 部分 / 部署 / 部門 / 課

bagian atap [バギアン アタ(プ)]
 (英 eaves) 軒 (のき)

bagian dalam [バギアン ダラム]
 (英 the inside) 内側 / 内部

bagian luar [バギアン ルアル]
 (英 exterior / the outside) 外部 / 外側

bagian tengah buah
 [バギアントゥン(グ)アー ブアー]
 (英 core) 芯 (果物の)

bagian yang sakit
 [バギアン ヤン(グ) サキ(ト)]
 (英 affected part) 患部

baginda [バギンダ] (英 His Majesty)
 陛下 / 王様

bagus [バグス] (英 nice / good / excellent)
 すてきな / いい / 見事な / 立派な

bagusnya [バグスニャ]
 (英 niceness) すばらしさ

bahagia [バハギア] (英 happy / fortunate)
 幸福な / 幸いな / 幸せな

bahan [バハン] (英 ingredients /
 material) 材料 / 資料

bahan ajar [バハン アジャル]
 (英 teaching materials) 教材

bahan bakar [バハン バカル]
 (英 fuel) 燃料

bahan baku [バハン バク]
 (英 raw material) 原材料

bahan dasar [バハン ダサル]
 (英 ingredient) 原料

bahan makanan [バハン マカナン]
 (英 foodstuff) 食料品

bahan mentah [バハン ムンター]
 (英 raw material / ingredient)
 原材料 / 原料

bahan pemutih [バハン プムティー]
 (英 bleach) 漂白剤

bahan pengawét [バハン プン(グ)アウェ(ト)]
 (英 preservative) 保存料

bahasa [バハサ] (英 language / way of
 talking) 言語 / 言葉 / 言葉づかい

bahasa Arab [バハサ アラ(ブ)]
 (英 Arabian (language)) アラビア語

bahasa asing [バハサ アスィン(グ)]
 (英 foreign language) 外国語

bahasa Bengali [バハサ ブンガリ]
 (英 Bengali (language)) ベンガル語

bahasa Cina [バハサ チナ]
(英 Chinese (language)) 中国語

bahasa Hindi [バハサ ヒンディ]
(英 Hindi (language)) ヒンディー語

bahasa hormat [バハサ ホルマ(ト)]
(英 honorific) 敬語 / 尊敬語

bahasa Indonésia [バハサ インドネシア]
(英 Indonesian (language))
インドネシア語

bahasa informal [バハサ インフォルマル]
(英 casual expression) くだけた言い方

bahasa Inggris [バハサ イングリス]
(英 English) 英語

bahasa isyarat [バハサ イシャラ(ト)]
(英 sign language) 手話

bahasa Italia [バハサ イタリア]
(英 Italian (language)) イタリア語

bahasa Jepang [バハサ ジュパン(グ)]
(英 Japanese (language)) 日本語

bahasa Jérman [バハサ ジェルマン]
(英 German (language)) ドイツ語

bahasa Kamboja [バハサ カンボジャ]
(英 Khmer (language)) クメール語

bahasa Koréa [バハサ コレア]
(英 Korean (language)) 韓国語

bahasa Laos [バハサ ラオス]
(英 Laotian) ラオス語

bahasa lisan [バハサ リサン]
(英 spoken [colloquial] language)
口語 / 話し言葉

bahasa Malaysia [バハサ マレイスィア]
(英 Malaysian (language)) マレーシア語

bahasa Mandarin [バハサ マンダリン]
(英 Mandarin (language))
北京語 / 普通話

bahasa Melayu [バハサ ムラユ]
(英 Malay (language)) マレー語

bahasa Mongolia [バハサ モン(グ)オリア]
(英 Mongolian (language)) モンゴル語

bahasa Myanmar [バハサ ミャンマル]
(英 Myanmar's / Burmese (language))
ミャンマー語

bahasa nasional [バハサ ナスィオナル]
(英 national language) 国語

bahasa Népal [バハサ ネパル]
(英 Nepali) ネパール語

bahasa pengantar
[バハサ プン(グ)アンタル]
(英 medium of instruction)
(教育での) 使用言語

bahasa Perancis [バハサ プランチス]
(英 French (language)) フランス語

bahasa Portugis [バハサ ポルトゥギス]
(英 Portuguese (language))
ポルトガル語

bahasa Rusia [バハサ ルスィア]
(英 Russian (language)) ロシア語

bahasa sopan [バハサ ソパン]
(英 honorific) 敬語

bahasa Spanyol [バハサ スパニョル]
(英 Spanish (language)) スペイン語

bahasa Tagalog [バハサ タガロ(グ)]
(英 Tagalog) タガログ語

bahasa Tamil [バハサ タミル]
(英 Tamil (language)) タミル語

B

bahasa Thailand ［バハサ タイラン(ド)］
（愛 Thai (language)）タイ語

bahasa Tiongkok ［バハサ ティオンコッ］
（愛 originally Chinese word）漢語

bahasa tulisan ［バハサ トゥリサン］
（愛 written language）文語

bahasa Viétnam ［バハサ フィエ(ト)ナム］
（愛 Vietnamese (language)）ベトナム語

bahasa Yunani ［バハサ ユナニ］
（愛 Greek (language)）ギリシャ語

bahaya ［バハヤ］
（愛 danger / harm）危険 / 害

bahkan ［バーカン］
（愛 nevertheless）～どころか

bahu ［バフ］（愛 shoulder）肩

bahwa ［バーワ］（愛 that）～ということ

baik ［バイッ］（愛 good）良い

baik buruknya ［バイッ ブルッニャ］
（愛 good and bad）善し悪し

baik hati ［バイッ ハティ］
（愛 kind）親切な / 優しい

baik-baik ［バイッ バイッ］
（愛 neatly）きちんと / ちゃんと

baiklah ［バイクラー］（愛 certainly / good）
かしこまりました / よろしい

baja ［バジャ］（愛 steel）鉄鋼

bajak ［バジャッ］（愛 to plough）耕す

bajing ［バジン(グ)］（愛 squirrel）リス

baju ［バジュ］（愛 clothes）服

baju dalam ［バジュ ダラム］
（愛 underwear）下着 / 肌着

baju kaus ［バジュ カウス］
（愛 T-shirt）Tシャツ

baju pelampung ［バジュ プランプン(グ)］
（愛 life jacket）救命胴衣

baju sehari-hari ［バジュ スハリ ハリ］
（愛 casual wear）普段着

baju seragam ［バジュ スラガム］
（愛 uniform）制服 / ユニフォーム

baju terusan ［バジュ トゥルサン］
（愛 dress）ドレス / ワンピース

baju tidur ［バジュ ティドゥル］
（愛 nightclothes）ねまき

bak air ［バッ アイル］（愛 water tank）水槽

bak mandi ［バッ マンディ］
（愛 bathtub）浴槽

(alam) baka ［ (アラム) バカ］
（愛 the hereafter）永遠の

bakal ［バカル］（愛 future / will）
将来の / 将来

bakar ［バカル］（愛 to burn [bake] /
baked）焼く / 燃やす / 焼いた

bakat ［バカ(ト)］
（愛 talent / nature）才能 / 素質

bakau ［バカウ］（愛 mangrove）
マングローブ

baki ［バキ］（愛 tray）盆

baktéri ［バクテリ］（愛 bacteria / fungus /
germ）バクテリア / 菌 / 細菌 / ばい菌

bakti [バクティ] (英 dedication / filial devotion) 献身 / 孝行

bakti kepada orang tua
[バクティ クパダ オラン(グ) トゥア]
(英 filial devotion to one's parents)
親孝行

bakul [バクル] (英 basket) 【ジャワ語】かご

bala [バラ] (英 troop / disaster)
軍隊 / 災害

bala bantuan [バラ バントゥアン]
(英 rescue forces) 援軍

balai [バライ] (英 hall) 会館

balai kota [バライ コタ] (英 public office / town office) 役所 / 役場

balapan [バラパン] (英 track)
トラック (陸上競技の)

balas [バラス] (英 to reply)
答える (返事をする)

balas dendam [バラス ドゥンダム]
(英 to take revenge)
仕返しする / 復讐する

balasan [バラサン] (英 reply)
返事 / 返答 / 返信

balét [バレ(ト)] (英 ballet) バレエ

balik [バリ(ク)] (英 to return) 引き返す

baling-baling [バリン(グ) バリン(グ)]
(英 propeller) プロペラ

balkon [バルコン] (英 balcony) バルコニー

balok [バロッ(ク)] (英 cuboid) 直方体

balon [バロン] (英 balloon) 気球 / 風船

balut [バル(ト)] (英 to wrap)
くるむ / 包む / 巻く

balutan [バルタン] (英 wrapping / bandage) 包み / 包装 / 包帯

bambu [バンブ] (英 bamboo) 竹

ban [バン] (英 tire) タイヤ

ban salju [バン サルジュ]
(英 snow tire) スノータイヤ

bandar [バンダル]
(英 (game / drugs) dealer) ディーラー

bandar udara [バンダル ウダラ]
(英 airport) 空港 / 飛行場

bandara [バンダラ] (英 airport) 飛行場

bandingan [バンディン(グ)アン]
(英 comparison) 比較 / 匹敵するもの

bandingkan [バンディンカン]
(英 to compare) 比べる

bang [バン(グ)] (英 older brother) お兄さん

bangga [バンガ] (英 proud) 誇りに思う

bangkit [バンキ(ト)]
(英 to revive / to reconstruct)
復活する / 復興する / 甦る

bangkitkan [バンキ(ト)カン] (英 to bring about / to bring up) 引き起こす / もたらす / (話題を) 持ち出す

Bangkok [バンコッ(ク)] (英 Bangkok) バンコク

bangkrut [バンクル(ト)] (英 to go bankrupt)
倒産する / 破産する

bangku [バンク] (英 bench / stool)
ベンチ / スツール

B

Bangladésh [バン(グ)ラデス]
(英 Bangladesh)バングラデシュ

bangsa [バンサ] (英 race)民族

bangsawan [バンサワン]
(英 nobility)貴族

bangun [バン(グ)ウン] (英 to get up)
起きる / 目覚める / 立ち上がる

bangun datar [バン(グ)ウン ダタル]
(英 figure)図形

bangun kesiangan
[バン(グ)ウン クスィアン(グ)アン] (英 oversleeping /
to oversleep oneself)朝寝坊 / 寝坊する

bangun ruang [バン(グ)ウン ルアン(グ)]
(英 three-dimensional shape)立体

bangun sampai larut malam
[バン(グ)ウン サンパイ ラル(ト) マラム]
(英 staying up late / to stay up late)
夜更かし(する)

bangunan [バン(グ)ウンナン]
(英 posture / building)構え / 建物

bangunkan [バン(グ)ウンカン]
(英 to wake *sb* up)起こす

banjir [バンジル] (英 flood / flooding /
to flood)洪水 / 氾濫 / 氾濫する

bank [バンク] (英 bank)銀行

bantah [バンター] (英 to object /
to protest)反論する / 抗議する

bantal [バンタル] (英 pillow)枕

bantal kursi [バンタル クルスィ]
(英 floor cushion)座布団

bantu [バントゥ] (英 to help)助ける / 手伝う

bantuan [バントゥアン]
(英 assistance / help / relief)
援助 / 手伝うこと / 補助 / 救援 / 救い

banyak [バニャッ]
(英 lots of / many / rich)多い / 豊かな

banyak cincong [バニャッ チンチョン(グ)]
(英 irritatingly repetitive)
【口語】くどい(うるさい)

banyak diminati [バニャッ ディミナティ]
(英 popular)人気の

banyak mulut [バニャッ ムル(ト)]
(英 annoying)【口語】うるさい

banyak orang [バニャッ オラン(グ)]
(英 many people)大勢

banyak uang [バニャッ ウアン(グ)]
(英 big money)大金

banyak yang suka [バニャッ ヤン(グ) スカ]
(英 be popular with)もてる

banyak-banyak [バニャッ バニャッ]
(英 a lot (of))たくさん(の) / とても

banyaknya [バニャッニャ]
(英 abundance / volume)
多いこと / 多さ

banyolan [バニョラン] (英 joke)ジョーク

bapa [ババ] (英 father)父

bapak [ババッ] (英 father)父 / 先駆者

Bapak ~ [ババッ] (英 sir / Mr.)～さん

bapak pendiri [ババッ プンディリ]
(英 founder)父(創始者)

bar [バル] (英 snack bar / bar)
バー / 酒場

bara [バラ]（愛 ember)燃えさし / 炭火

barang [バラン(グ)]（愛 goods / freight / things)品物 / 商品 / 物 / 貨物 / ～用品

barang angkutan [バラン(グ) アンクタン]
（愛 forwarding goods)運送品

barang antik [バラン(グ) アンティッ]
（愛 antique)骨董品

barang asli [バラン(グ) アスリ]
（愛 genuine)本物

barang baru [バラン(グ) バル]
（愛 brand new)新品

barang bawaan [バラン(グ) バワアン]
（愛 baggage / luggage)手荷物 / 荷物

barang belum dipakai
[バラン(グ) ブルム ディパカイ]
（愛 unused item)未使用品

barang berharga [バラン(グ) ブルハルガ]
（愛 valuables)貴重品

barang bermérek [バラン(グ) ブルメルッ]
（愛 brand-name product [goods])
ブランド品

barang bermutu rendah
[バラン(グ) ブルムトゥ ルンダー]（愛 goods of poor [bad] quality)粗悪品

barang cétakan [バラン(グ) チェタカン]
（愛 printed matter)印刷物

barang dagangan [バラン(グ) ダガン(グ)アン]
（愛 merchandise)売り物

barang hilang [バラン(グ) ヒラン(グ)]
（愛 lost property)落とし物

barang kelontong [バラン(グ) クロントン(グ)]
（愛 sundries)雑貨

barang milik pribadi
[バラン(グ) ミリッ プリバディ]
（愛 personal belongings)私物

barang pokok [バラン(グ) ポコッ]
（愛 necessities)必需品

barang rusak [バラン(グ) ルサ(ク)]
（愛 defective goods)不良品

barang temuan [バラン(グ) トゥムアン]
（愛 found item)
拾得物（しゅうとくぶつ）

barang tertinggal
[バラン(グ) トゥルティンガル]
（愛 thing left behind)忘れ物

barangkali [バランカリ]
（愛 probably)おそらく

barat [バラ(ト)]（愛 west)西

barat daya [バラ(ト) ダヤ]
（愛 southwest)南西

barat laut [バラ(ト) ラウ(ト)]
（愛 northwest)北西

baring [バリン(グ)]（愛 to lay down)
寝転ぶ / 横たわる

baringkan [バリンカン]（愛 to lay down)
寝かせる / 横にする

baris [バリス]（愛 line / standing in a line)
行 / 整列

barisan [バリサン]（愛 line)列

baru [バル]（愛 new / novel)
新しい / 新たな

baru dengar [バルドゥン(グ)アル]
（愛 first (I've) heard of it)初耳

baru dibangun [バル ディバン(グ)ウン]
(愛) new construction)新築

baru saja [バル サジャ]
(愛) a little while ago)先程

baru sekarang [バル スカラン(グ)]
(愛) at this late date)今さら

baru-baru ini [バル バル イニ](愛) at the time / the other day / recently)
この頃 / この前 / 近頃

basa-basi [バサ バスィ](愛) flattery / compliment)お世辞

basah [バサー](愛) wet / moist)
濡れた / 湿った

basah kuyup [バサー クユ(プ)]
(愛) to get soaked / to get soaked through)ずぶ濡れ / びっしょり

basahi [バサヒ](愛) to wet)濡らす

basahkan [バサーカン](愛) to wet)濡らす

basi [バスィ](愛) aged)古い(新鮮でない)

basis [バスィス](愛) foundation / base)
基盤 / 基地

baskom [バスコム](愛) washtub)たらい

basmi [バスミ](愛) to eradicate / to exterminate)撲滅する / 退治する

basuh [バスー](愛) to wash)洗う

bata [バタ](愛) baked mud (brick))煉瓦

batal [バタル](愛) to cancel)
中止する / キャンセルする

batalkan [バタルカン](愛) to cancel)
中止する / キャンセルする / 取り消す

batang [バタン(グ)](愛) stem / trunk / stick)茎 / 幹 / 棒 / 〜本(助数詞)

batang hidung [バタン(グ) ヒドゥン(グ)]
(愛) ridge of the nose)鼻筋

batang tubuh [バタン(グ) トゥブー]
(愛) trunk / self)胴 / 身 / 自身

batas [バタス](愛) limit / border / range)
限り / 切れ目 / 限界 / 限度 / 境 / 範囲

batas kecepatan [バタス クチュパタン]
(愛) speed limit)速度制限

batas usia [バタス ウスィア]
(愛) age limit)年齢制限

batas waktu [バタス ワクトゥ](愛) time limit / deadline)期限 / 締め切り

batasan [バタサン](愛) limit / border)
制限 / 限度 / 境界

batasi [バタスィ](愛) to limit)制限する

baterai [バトゥライ](愛) battery)
電池 / バッテリー

baterai sél kering [バトゥライ セル クリン(グ)]
(愛) dry cell battery)乾電池

batik [バティッ](愛) batik)
バティック(ろうけつ染め)

batin [バティン](愛) inner self / mind)
内面 / 心

batu [バトゥ](愛) stone / rock)石 / 岩

batu bara [バトゥ バラ](愛) coal)石炭

batu bata [バトゥ バタ]
(愛) brick)煉瓦(れんが)

batu karang [バトゥ カラン(グ)]
(愛) coral / calculus)サンゴ / 結石

batu kerikil ［バトゥ クリキル］
  （愛 gravel）砂利

batu an ［バトゥアン］
  （愛 stones and rocks）岩石

batuk ［バトゥッ（愛 cough）咳（せき）

batuk kering ［バトゥック クリン（ク）］
  （愛 tuberculosis）結核（けっかく）

bau ［バウ］（愛 smell）匂い / 臭い

bau tidak énak ［バウ ティダッ エナッ］
  （愛 offensive odor）悪臭

baur ［バウル］（愛 to blur）滲（にじ）む

baut ［バウ(ト)］（愛 screw / bolt）
  ねじ / ボルト

bawa ［バワ］
  （愛 to bring / to take / to carry）
  持って来る〈行く〉/ 連れる / つながる

bawa keluar ［バワ クルアル］
  （愛 to take *sth* out）持ち出す

bawa lari ［バワ ラリ］
  （愛 to take *sth* away）連れ去る

bawa masuk ［バワ マスッ］
  （愛 to bring *sth* into）持ち込む

bawa an ［バワアン］（愛 one's nature）
  生まれつき

bawa an lahir ［バワアン ラヒル］
  （愛 inherent / innate）先天的（な）

bawah ［バワー］（愛 bottom）下

bawah tanah ［バワー タナー］
  （愛 basement）地下

bawah umur ［バワー ウムル］
  （愛 underage）未成年の

bawah an ［バワハン］
  （愛 subordinate）部下

bawang ［バワン(ク)］（愛 garlic）ニンニク

bawang bombay ［バワン(ク) ボンバイ］
  （愛 onion）タマネギ

bawang daun ［バワン(ク) ダウン］
  （愛 green onion）ネギ

bawang mérah ［バワン(ク) メラー］
  （愛 red onion）赤ニンニク

bawang putih ［バワン(ク) プティー］
  （愛 garlic）ニンニク

bayam ［バヤム］（愛 spinach）ほうれん草

bayang ［バヤン(ク)］（愛 silhouette /
  reflection）影 / 姿（鏡や水面に映った）

bayang an ［バヤン(ク)アン］（愛 shadow /
  imagination）影 / 想像

bayang-bayang ［バヤン(ク) バヤン(ク)］
  （愛 shadow）影

bayang kan ［バヤンカン］（愛 to imagine /
  to visualize / to imply）
  想像する / イメージする / ほのめかす

bayar ［バヤル］（愛 to pay）払う

bayar di muka ［バヤル ディ ムカ］
  （愛 to pay in advance）前払いする

bayar kemudian ［バヤル クムディアン］
  （愛 to pay later）後払いする

bayar sendiri-sendiri
  ［バヤル スンディリ スンディリ］
  （愛 bill divide）割勘

bayar an ［バヤラン］（愛 payout /
  ～ charges）支払金 / ～代（代金）

bayi [バイ]（熟 baby / infant)
赤ちゃん / 乳児

béa [ベア]（熟 tax)税

béasiswa [ベアスイスワ]
（熟 scholarship)奨学金

bebal [ブバル]（熟 foolish)愚かな / 馬鹿な

beban [ブバン]（熟 burden)
負担 / 荷物 / 精神的重荷

bebankan [ブバンカン]
（熟 to burden)負担をかける

bébas [ベバス]（熟 be free)自由な

bébas cukai [ベバス チュカイ]（熟 tax-free / duty-free)非課税の / 免税の

bébas ongkos kirim
[ベバス オンコス キリム]
（熟 postage exemption)送料無料

bébas pajak [ベバス パジャ(ク)]
（熟 tax-free [exempt] / duty free)
非課税 / 免税(めんぜい)

bébaskan [ベバスカン]（熟 to release / to let *sb* free)解放する / 自由にする

bébaskan diri [ベバスカン ディリ]
（熟 to escape)逃れる

bebatuan [ブバトゥアン]
（熟 stones and rocks)岩石

bébék [ベベッ]（熟 duck)カモ

beberapa [ブブラパ]
（熟 several)いくつかの

beberapa waktu yang lalu
[ブブラパ ワクトゥ ヤン(グ) ラル]
（熟 the other day)この前

bedah [ブダー]
（熟 to operate)手術する

bedah ortopédi [ブダー オルトペディ]
（熟 orthopedic unit)整形外科

bedah plastik [ブダー プラスティッ]
（熟 plastic [cosmetic] surgery)
整形手術

bedil [ブデル]
（熟 gun)【ジャワ語】鉄砲

begawan [ブガワン]（熟 expert)巨匠

begini [ブギニ]（熟 like this)
このような / このように

begini-begitu [ブギニ ブギトゥ]
（熟 one or another / this and that)
あれこれ / 何だかんだ

begitu [ブギトゥ]（熟 not so / so / such)
さほど / そう / そんな

begitu saja [ブギトゥ サジャ]
（熟 like that)そのまま

bekal [ブカル]（熟 boxed lunch)弁当

bekas [ブカス]（熟 used)中古(の)

bekas roda [ブカス ロダ]
（熟 rut)轍(わだち)

bekas tapak kaki [ブカス タパッ カキ]
（熟 footprint)足跡

bekerja [ブクルジャ]
（熟 to work)勤める / 仕事する

bekerja keras [ブクルジャ クラス]
（熟 to work enthusiastically)張り切る

bekerja lembur [ブクルジャ ルンブル]
（熟 to work overtime)残業する

bekerja paruh waktu
[ブクルジャ バルー ワクトゥ]
(英 to work part-time)アルバイトする

bekerja sama [ブクルジャ サマ]
(英 to cooperate with / to cooperate)
協力する / 協調する / 提携する

bekerja sambilan [ブクルジャ サンビラン]
(英 to work part-time)アルバイトする

bekerja sebagai [ブクルジャ スバガイ]
(英 work as ~)〜として働く

bekicot [ブキチョ(ト)]
(英 escargot)エスカルゴ

beku [ブク](英 frozen / to freeze)
凍った / 凍る

bekukan [ブクカン](英 to freeze)
凍らせる / (口座を)凍結する

bél [ベル](英 buzzer / bell)
ブザー / ベル / 呼び鈴

béla [ベラ](英 to defend)護る / 弁護する

béla diri [ベラ ディリ]
(英 self-defense)自衛

belah [ブラー]
(英 side / slit / to split / to break)
〜側(がわ) / 裂け目 / 裂く / 割る

belajar [ブラジャル](英 to learn *sth* /
to study / to learn)習う / 勉強する / 学ぶ

belajar di luar negeri
[ブラジャル ディ ルアル ヌグリ](英 study
abroad / to go abroad to study)
留学(する)

belajar sendiri [ブラジャル スンディリ]
(英 to study by oneself)自習する

belaka [ブラカ](英 totally / solely)
まったく / すっかり / みんな

belakang [ブラカン(グ)](英 backward /
the back)後方 / 後ろ / 裏

belalang [ブララン(グ)]
(英 grasshopper)バッタ

Belanda [ブランダ](英 Holland)オランダ

belang [ブラン(グ)]
(英 stripe / horizontal stripe)縞(しま) /
ストライプ / ボーダー

belanja [ブランジャ](英 to shop /
expenses)買いものをする / 費用

belas [ブラス](英 ~-teen)十〜

belas kasihan [ブラス カスイハン]
(英 sympathy / compassion)
同情 / 情け

belasan tahun [ブラサン タフン]
(英 teenage)十代の

beli [ブリ](英 to buy)買う

belia [ブリア](英 youth / youngster)
青年 / 若者

beliau [ブリアウ](英 that person)あの方

belikat [ブリカ(ト)](英 shoulder blade)
肩甲骨(けんこうこつ)

bélok [ベロッ](英 to turn)曲がる

bélokan [ベロカン](英 curve)カーブ

belukar [ブルカル](英 secondary forest /
brushwood)(二次)林 / 藪(やぶ)

belum [ブルム](英 yet / not yet)
未(いま)だ / まだ(〜していない)

belum déwasa [ブルム デワサ]
（愚 immatureness）未熟

belum ditentukan [ブルム ディトゥントゥッカン]
（愚 indetermination）未定

belum maju [ブルム マジュ]
（愚 uncivilized）未開の

belum matang [ブルム マタン(グ)]
（愚 immature）未熟な

belum menikah [ブルム ムニカー]
（愚 single）未婚 / 未婚の

belut [ブル(ト)]（愚 eel）ウナギ

benam [ブナム]（愚 be soaked / to sink /
to go underneath）浸（つ）かる / 沈む /
沈める / 裏に入り込む

benamkan [ブナムカン]
（愚 to submerge）沈める / 浸（ひた）す

benang [ブナン(グ)]（愚 thread）糸

benang wol [ブナン(グ) ウォル]
（愚 wool yarn）毛糸

benar [ブナル]
（愚 truly / correct / absolutely）
実に / 正しい / 正解 / なるほど

benar-benar [ブナル ブナル]
（愚 extremely / really / exactly）
いかにも / 至って / はたして / 正に

bencana [ブンチャナ]
（愚 disaster / calamity）災害 / 災難

bencana alam [ブンチャナ アラム]
（愚 natural disaster）自然災害 / 天災

bencana banjir [ブンチャナ バンジル]
（愚 flood damage）水害

bencana perang [ブンチャナ プラン(グ)]
（愚 war damage）戦災

benci [ブンチ]（愚 to dislike / hateful）
嫌いな / 憎い / 憎らしい

benda [ブンダ]（愚 thing / object）
物 / 物体 / 物事

benda cair [ブンダ チャイル]
（愚 liquid）液体

benda hidup [ブンダ ヒドゥ(プ)]
（愚 living thing）生き物

benda langit [ブンダ ラン(グ)イ(ト)]
（愚 astronomical body）天体

benda padat [ブンダ パダ(ト)]
（愚 solid）固体

benda yang sebenarnya
[ブンダ ヤン(グ) スブナルニャ]
（愚 the real thing）実物

bendahara [ブンダハラ]
（愚 exchequer）会計担当

bendéra [ブンデラ]（愚 flag）旗

bendéra Jepang [ブンデラ ジュパン(グ)]
（愚 Japanese national flag）日の丸

bendéra kebangsaan
[ブンデラ クバンサアン]（愚 national flag）国旗

bendung [ブンドゥン(グ)]
（愚 to stop / to contain / dyke）
阻止する / せき止める / 堰（せき）

bengal [ブン(グ)アル]（愚 stable lad）
腕白（わんぱく）な / 悪ガキ

bengis [ブン(グ)イス]
（愚 fierce / cruel / to be indignant）
凶暴な / 残忍な / 憤慨する

bengkak [ブンカッ]
（愛 swollen / to swell / inflated）
腫れた / 腫れる / 膨らんだ / 膨れる

béngkél [ベンケル]
（愛 repair [maintenance] shop）
修理工場

béngkok [ベンコッ]（愛 to warp）歪む

bengong [ブン(グ)オン(グ)]
（愛 be astounded）呆れる

benih [ブニー]（愛 seedling / young plant）苗 / 苗木

bening [ブニン(グ)]（愛 clear）透き通る

bénjol [ベンジョル]（愛 lump / bumpy）
瘤(こぶ) / 凸凹(でこぼこ)な

bénsin [ベンスィン]（愛 gasoline）ガソリン

bénsin beroktan tinggi
[ベンスィン ブルオクタン ティンギ]
（愛 high-octane gasoline）
ハイオクガソリン

bentang [ブンタン(グ)]（愛 to spread out / to air）広げる / 述べる

bénténg [ベンテン(グ)]（愛 castle）城

bentuk [ブントゥッ]（愛 shape / form / appearance）形 / 形式 / 格好 / 形態

bentuk permukaan bumi
[ブントゥッ ブルムカアン ブミ]
（愛 the lay of the land）地形

bentuk tiga diménsi
[ブントゥッ ティガ ディメンスィ]（愛 solid）立体

bentuk tubuh [ブントゥッ トゥブー]
（愛 figure）体形

benturan [ブントゥラン]（愛 crushing / crash）衝撃(物理的) / 衝突

benua [ブヌア]（愛 continent）大陸

bepergian [ブプルギアン]（愛 to take a journey / to take a trip）旅行する

berabé [ブラベ]（愛 troublesome）厄介な

beracun [ブラチュン]
（愛 harmful / toxic）有害な / 有毒な

berada [ブルアダ]（愛 to exist）存在する

beradaptasi [ブルアダプタスィ]
（愛 to adjust / to adapt to）
順応する / 適応する / 適合する

beradu [ブルアドゥ]（愛 to compete）競う

beragam suku bangsa
[ブルアガム スク バンサ]
（愛 multi-ethnic）多民族の

berair [ブルアイル]（愛 watery）水っぽい

bérak [ベラッ]（愛 shit / excrement）
糞(ふん) / 大便

berakal [ブルアカル]（愛 intelligent）
聡明な / 賢明な

berakhir [ブルアヒル]（愛 to end）終わる

beraktivitas [ブルアクティフィタス]
（愛 to act）活動する

berakumulasi [ブルアクムラスィ]
（愛 to accumulate）蓄積する

beraliansi [ブルアリアンスィ]
（愛 to ally）同盟する

beralih [ブルアリー]
（愛 to shift / to move）移る / 変わる

berancang-ancang
［ブルアンチャン(グ) アンチャン(グ)］
（愚 to get ready）構える

beranda［ブランダ］（愚 balcony / porch）
ベランダ / 縁側

beranéka ragam［ブルアネカ ラガム］
（愚 diverse）多種多様な

berangan-angan
［ブルアン(グ)アン アン(グ)アン］
（愚 to fancy）空想する

beranggapan［ブルアンガパン］
（愚 to presume / to think）
思い込む / 考える

berangkat［ブランカ(ト)］
（愚 to depart）出発する / 発進する

berangkat ke luar negeri
［ブランカ(ト) ク ルアル ヌグリ］
（愚 to embark）出国する

berangsur［ブルアンスル］
（愚 gradually）段々

berangsur-angsur［ブルアンスル アンスル］
（愚 gradually）徐々に / 段々

berani［ブラニ］
（愚 at great pains / brave / bold）
敢えて / 勇ましい / 大胆な / 勇敢な

beranjak［ブルアンジャッ］
（愚 to move / to shift）移る

berantai［ブランタイ］（愚 to chain）連鎖する

berantakan［ブランタカン］
（愚 slack / lazy / senseless）だらしない
（体力気力根性がない）/ 無茶苦茶な

berapa［ブラパ］（愚 how many /
how much）いくつ / いくら

berapi-api［ブルアピ アピ］（愚 flushed /
ardent）（怒りで）真っ赤な / 熱烈な

berarguméntasi［ブルアルグメンタスィ］
（愚 to argue）論じる

beraroma［ブルアロマ］
（愚 be fragrant）匂う

berarti［ブルアルティ］（愚 to mean）意味する

beras［ブラス］（愚 rice）米

beras ketan［ブラス クタン］
（愚 glutinous rice）もち米

berasa［ブラサ］（愚 to feel）【口語】感じる

berasal［ブルアサル］
（愚 to come from）〜出身の

berasap［ブルアサ(プ)］
（愚 smoky）煙を出す / 煙った

berasosiasi［ブルアソスィアスィ］
（愚 to associate ideas）連想する

berat［ブラ(ト)］（愚 heavy / serious /
weight）重い / 深刻な / 重さ

berat badan［ブラ(ト) バダン］
（愚 body weight）体重

berat hati［ブラ(ト) ハティ］（愚 reluctant）
気が重い / 気が進まない

berat jenis［ブラ(ト) ジュニス］
（愚 specific gravity）比重

berawan［ブルアワン］（愚 cloudy /
cloudiness / to become cloudy）
（天候）曇った / 曇り / 曇る

berayun［ブルアユン］
（愚 to dangle / to swing）
ぶらぶらする（揺れる様子）/ 揺らぐ

berayun-ayun [ブルアユン アユン]
（裏 to swing）振れる

berbadan [ブルバダン]
（裏 to have a ~ body）体が〜な

berbadan dua [ブルバダン ドゥア]
（裏 pregnant）妊娠中の

berbagai [ブルバガイ]
（裏 diverse）多様な

berbagai jenis [ブルバガイ ジュニス]
（裏 various kinds (of)）各種（の）

berbahasa [ブルバハサ]
（裏 to speak ~ (language)）〜語を話す

berbahaya [ブルバハヤ]（裏 dangerous /
harmful）危険な / 物騒な / 有害な

berbaikan [ブルバイカン]
（裏 be reconciled）仲直りする

berbakat [ブルバカ(ト)]
（裏 talented）才能がある

berbakti [ブルバクティ]（裏 be dutiful to
one's parents）孝行する

berbanding lurus
[ブルバンディン(グ) ルルス]
（裏 in proportion to）比例する

berbangga [ブルバンガ]
（裏 to be proud of）誇る

berbaring [ブルバリン(グ)]
（裏 to lie down）横になる / 寝転ぶ

berbaris [ブルバリス]（裏 to line up /
to queue）整列する / 並ぶ

berbatasan [ブルバタサン]
（裏 to border）接する（隣接する）

berbau [ブルバウ]（裏 to stink）臭う

berbaur [ブルバウル]（裏 be mixed with）
混ざる / 混じる

berbayar [ブルバヤル]
（裏 charge / pay）有料（の）

berbéda [ブルベダ]（裏 to differ /
be different from / separate）
相違する / 別々な

berbelanja [ブルブランジャ]
（裏 to do shopping）買物する

berbelaskasihan [ブルブラスカスィハン]
（裏 to sympathize / merciful）
同情する / 情け深い

berbélok [ブルベロッ]（裏 to turn）曲がる

berbentuk [ブルブントゥッ]
（裏 ~-shaped）形が〜な

berbentuk persegi
[ブルブントゥッ ブルスギ]（裏 square）四角い

berbesar hati [ブルブサル ハティ]
（裏 big-hearted）誇らしく思う / 胸を張る

berbicara [ブルビチャラ]
（裏 to talk / to speak）しゃべる / 話す

berbicara mewakili
[ブルビチャラ ムワキリ]（裏 speak for）代弁する

berbincang [ブルビンチャン(グ)]
（裏 to chat）おしゃべり

berbisik [ブルビスィッ]（裏 to whisper /
to murmur / to mumble）
ささやく / つぶやく / ブツブツ言う

berbohong [ブルボホン(グ)]
（裏 to lie）嘘をつく

berbuah [ブルブアー]（愛 to grow /
to bear fruit）（実が）生る / 実る

berbuat nakal [ブルブア(ト) ナカル]
（愛 to make mischief）いたずらする

berbuat salah [ブルブア(ト) サラー]
（愛 to make a mistake）過ちを犯す

berbudi [ブルブディ]
（愛 wise / good moral character）
品性のある

berbuka [ブルブカ]
（愛 to break the fast）断食を解く

berbunga [ブルブン(グ)ア]（愛 to flower /
with interest）花が咲く / 利子が付く

berbunyi [ブルブニィ]
（愛 to sound / to ring / to say）
音がする / 鳴る / 〜と書いてある

bercahaya [ブルチャハヤ]
（愛 to shine）光る / 輝く

bercakap-cakap [ブルチャカ(プ) チャカ(プ)]
（愛 to converse with）会話する

bercampur [ブルチャンプル]
（愛 to mix）混ざる

bercampur aduk [ブルチャンプル アドゥッ]
（愛 to mix up）混同する

bercanda [ブルチャンダ]
（愛 to make a joke）冗談を言う

bercerai [ブルチュライ]
（愛 to get a divorce）離婚する

berceramah [ブルチュラマー]
（愛 to give a lecture）講演する

bercerita [ブルチュリタ]
（愛 to tell）語る / 話をする

bercinta [ブルチンタ]（愛 to be in love）
恋する / 恋愛する

bercita-cita [ブルチタ チタ]
（愛 to dream of）理想とする

bercocok tanam [ブルチョチョッ タナム]
（愛 farming）農業を営む

bercorak [ブルチョラッ]
（愛 with designs）柄付（がら）つ）きの

bercukur [ブルチュクル]（愛 to shave）剃る

berdagang [ブルダガン(グ)]
（愛 to trade）交易する / 商売する

berdakwah [ブルダッワー]（愛 to do
missionary work）【アラビア語】（イスラ
ムの教えを）宣教（せんきょう）する

berdalih [ブルダリー]
（愛 to excuse）言い訳する

berdamai [ブルダマイ]（愛 to make peace）
仲直りする / 和解する

berdandan [ブルダンダン]
（愛 fashionableness / to put on makeup）
おしゃれする / 化粧する

berdandan resmi [ブルダンダン ルスミ]
（愛 to dress up）盛装する

berdarah [ブルダラー]
（愛 to bleed / to be of 〜 blood）
血を流す / 出血する / 〜の血を引く

berdarah campuran
[ブルダラー チャンプラン]
（愛 mixed race）混血の血筋を持つ

berdarah di dalam
[ブルダラー ディ ダラム]
（愛 to bleed internally）内出血する

berdasarkan [ブルダサルカン]
(要 be based upon / be based on / according to)
準じる / 基(もと)づく / ～によると

berdaya upaya [ブルダヤ ウパヤ]
(要 make an effort) 努力する

berdebar-debar [ブルドゥバル ドゥバル]
(要 be nervous) ドキドキする

berdébat [ブルデバ(ト)]
(要 to debate) 討論する

berdédikasi [ブルデディカスィ]
(要 devoted) 献身的

berdekatan [ブルドゥカタン]
(要 nearby / near) 近くの / 最寄りの

berdentam [ブルドゥンタム] (要 to bang)
バタンと音を立てる

berdentum [ブルドゥントゥム] (要 to roar)
ドーン〈バーン〉という音を立てる

berdérét [ブルデレ(ト)] (要 in a row / be all together / to queue)
ずらりと / 揃う / 並ぶ

berdérét-dérét [ブルデレ(ト) デレ(ト)]
(要 be in a row) ずらりと並ぶ

berdialog [ブルディアロ(グ)]
(要 to dialogue) 対話する / 対談する

berdiam [ブルディアム]
(要 to live / stay) 住んでいる

berdiét [ブルディエ(ト)]
(要 to diet) ダイエットする

berdikari [ブルディカリ]
(要 to be independent) 自立する

berdiri [ブルディリ]
(要 to stand up) 立ち上がる / 立つ

berdiri sendiri [ブルディリ スンディリ]
(要 be independent of) 自立する

berdiskusi [ブルディスクスィ] (要 to talk / to discuss) 話し合う / 論議する

berdoa [ブルドア]
(要 to pray / to wish) 祈る(願う)

berdosa [ブルドサ] (要 to commit a sin / sinful) 罪を犯す / 罪深い

berdua [ブルドゥア]
(要 two of) ～二人(だけ)

berdukacita [ブルドゥカチタ]
(要 to grieve) 悲しむ / 嘆く

beréaksi [ブレアクスィ]
(要 to react) 反応する

berédar [ブレエダル] (要 to circulate)
循環する / 流通する

beregu [ブルグ] (要 doubles)
ダブルス(戦)

berékspansi [ブレエクスパンスィ]
(要 to advance) 進出する

berémigrasi [ブルエミグラスィ]
(要 to emigrate) 移民する / 移住する

berémpati [ブルエンパティ]
(要 to empathize) 共感する

berenang [ブルナン(グ)]
(要 to swim) 泳ぐ / 水泳する

berencana [ブルンチャナ]
(要 to plan) 計画する / 予定する

bérés [ベレス] (英 to become tidy)
片づく(整う)

berévolusi [ブルエフォルスイ]
(英 to evolve)進化する

berfaédah [ブルファエダー]
(英 profitable)有益な

berfoya-foya [ブルフォヤ フォヤ]
(英 to fool around / to party)
遊んで過ごす / パーティーする

berfungsi [ブルフンスイ]
(英 to function)機能する

bergabung [ブルガブン(グ)]
(英 to combine / to join)
合同する / 合流する

bergadang [ブルガダン(グ)](英 to stay up
all night / to pass the night)
徹夜する / 明かす(夜を)

bergaduh [ブルガドゥー]
(英 to make noise)騒ぐ

bergairah [ブルガイラー]
(英 passionate / excited / energetic)
情熱的 / 興奮する / 精力的

bergambar [ブルガンバル](英 pictorial /
to have one's picture taken)
挿絵付きの / 写真付きの / 写真を撮る

berganti [ブルガンティ]
(英 to take the place of / to alter)
代わる / 変わる(変更)

bergantian [ブルガンティアン]
(英 alternation)交互

berganti-ganti [ブルガンティ ガンティ]
(英 in turn / alternately)
代わる代わる / 交互に

bergantung [ブルガントゥン(グ)]
(英 to depend / to hang)
依存する / 頼る / ぶら下がる

bergantung kepada ~
[ブルガントゥン(グ) クパダ]
(英 to depend on)～に頼る / ～次第

bergantung pada [ブルガントゥン(グ) パダ]
(英 be due to)(～に)よる

bergaul [ブルガウル]
(英 to get along)付き合う

bergaul dengan baik
[ブルガウルドゥン(グ) バイ(ク)]
(英 to get along with)仲良くする

bergaya [ブルガヤ]
(英 style)～式(様式・方式)

bergaya barat [ブルガヤ バラ(ト)]
(英 Western style)洋風

bergegas [ブルグガス](英 to hurry)急ぐ

bergelombang [ブルグロンバン(グ)]
(英 to wave)波打つ

bergelut [ブルグル(ト)]
(英 to struggle)格闘する

bergema [ブルグマ]
(英 to echo)こだまする / 反響する

bergembira [ブルグンビラ]
(英 to be glad)喜ぶ

bergemerlapan [ブルグムルラパン]
(英 to glitter)きらめく

bergerak [ブルグラ(ク)]
(英 to move)動く / 動作する

bergerigi [ブルグリギ]
(英 indentation)ギザギザ

B

bergésék [ブルゲセ(ク)]
（愚 to chafe）摩擦する

bergésér [ブルゲセル]
（愚 to slip out）ずれる

bergetar [ブルゲタル]
（愚 to vibrate / to shiver）
振動する / 震える

bergiat [ブルギア(ト)]
（愚 to be active）活躍する

bergolak [ブルゴラッ]
（愚 confused / unstable / boiling）
混乱した / 不安定な / 沸騰している

bergoncang [ブルゴンチャン(グ)]
（愚 to shake / to be disturbed）
揺れる / 動揺する

bergosip [ブルゴスィ(プ)]
（愚 to gossip）噂する

bergoyang [ブルゴヤン(グ)]（愚 to shake /
to swing）揺れる / 振れる / 揺らぐ

bergoyang-goyang
[ブルゴヤン(グ) ゴヤン(グ)]
（愚 to swing / to sway）
ゆらゆらする / ふらふらする

bergulat [ブルグラ(ト)]
（愚 to struggle）もがく

berguling [ブルグリン(グ)]
（愚 to roll）転がる

bergumam [ブルグマム]
（愚 to mumble）ブツブツ言う

berguna [ブルグナ]（愚 useful）役立つ

bergurau [ブルグラウ]
（愚 to joke）冗談を言う

berhadapan [ブルハダパン]
（愚 to face / to meet (face-to-face)）
面する / 対面する

berhak [ブルハッ]（愚 entitled）権利がある

berhala [ブルハラ]（愚 idol）偶像

berhalangan [ブルハラン(グ)アン]
（愚 unable）都合が悪い

berharap [ブルハラ(プ)]（愚 to expect /
to hope）期待する / 希望する

berharga [ブルハルガ]
（愚 valuable / precious / noble）
価値のある / 貴重な / 尊い / 大切な

berhasil [ブルハスィル]
（愚 to succeed in）成功する

berhasrat [ブルハスラ(ト)]
（愚 to intend）志向する

berhati [ブルハティ]
（愚 to have a ~ heart）～な心を持った

berhati hangat [ブルハティ ハン(グ)ア(ト)]
（愚 considerate）
あたたかい（思いやりのある）

berhati terbuka [ブルハティトゥルブカ]
（愚 frank）気さくな

berhati-hati [ブルハティ ハティ]
（愚 be careful / conscience /
to refrain from）
気をつける / 用心する / 謹しむ（控える）

berhémat [ブルヘマ(ト)]
（愚 to be frugal）倹約する

berhenti [ブルフンティ]（愚 to stop /
to stop moving / to quit）ストップする /
静止する / 立ち止まる / 停止する

berhenti berperang [ブルフンティ ブルプラン(グ)]（英 to cease fighting）休戦する / 停戦する

berhenti kerja [ブルフンティ クルジャ]
（英 to resign / to retire）
退職する / 辞める

berhenti merokok [ブルフンティ ムロコッ]
（英 to stop smoking）
煙草を吸うのをやめる

berhenti sebentar [ブルフンティ スブンタル]
（英 to make a pause / to halt）
休止する / 止まる（一時静止する）

berhenti sekolah [ブルフンティ スコラー]
（英 to leave school）
（大学以外を）退学する

berhias [ブルヒアス]（英 to dress up / decorated）着飾る / 飾り付けされた

berhibernasi [ブルヒブナスィ]
（英 to hibernate）冬眠する

berhijrah [ブルヒジュラー]
（英 to migrate）移住する

berhimpun [ブルヒンプン]
（英 to assemble）集まる / 集合する

berhitung [ブルヒトゥン(グ)]
（英 to count）数える / 計算する

berhubungan [ブルフブン(グ)アン]
（英 to be related / to contact）
関係する / 連絡する

beri [ブリ]（英 to give / to allow）
与える / くれる / 〜させてくれる〈あげる〉

beri perhatian [ブリ ブルハティアン]
（英 to pay attention）注意を払う

beri pinjaman [ブリ ピンジャマン]
（英 to loan）貸付(かしつ)ける / 貸す

beri potongan harga
[ブリ ポトン(グ)アン ハルガ]
（英 to give a discount）値引きする

beri semangat [ブリ スマン(グ)ト]
（英 to cheer up）励ます / 元気付ける / やる気を出させる

beri tahu [ブリ タウ]（英 to tell）
知らせる / 伝える

beribu-ribu [ブリブ リブ]
（英 thousands of）何千もの

berikut [ブリク(ト)]（英 following / next）
後に続く / 次の

berikutnya [ブリク(ト)ニャ]（英 at one's convenience / on end）ついで / 続けて

berilmu [ブリルム]（英 knowledgeable）
教養がある / 知識を備えた

berilusi [ブリルスィ]
（英 be under an illusion）錯覚する

beriman [ブリマン]
（英 faithful）敬虔な / 信心深い

berimbang [ブリンバン(グ)]
（英 to balance）均衡する

berimigrasi [ブリミグラスィ]
（英 immigrate into）移民する / 移住する

berimpit [ブルインピ(ト)]
（英 be crowded）密集する

berinteraksi [ブルイントゥラクスィ]
（英 to interact）交流する / 触れ合う

berinvéstasi [ブルインフェスタスィ]
（英 to invest）投資する

beriringan [ブルイリン(グ)アン]
（働 to line up）連なる

berisi [ブルイスィ]
（働 filled (with) / plump）中身がある /
〜が入っている / 肉付きがよい

berisik [ブリスィッ]
（働 noisy）騒がしい / 騒々しい

beristirahat [ブルイスティラハ(ト)]
（働 to take a rest / to rest / to relax）
安静にする / 休憩する / 休む

berita [ブリタ]（働 news / report /
information）ニュース / 報道 / 消息

berjabat tangan [ブルジャバ(ト) タン(グ)アン]
（働 to shake hands）握手する

berjaga [ブルジャガ]
（働 to pass the night）明かす（夜を）

berjaga-jaga [ブルジャガ ジャガ]
（働 to be careful [precautious]）
用心する / 警戒する

berjajar [ブルジャジャル]
（働 to stand in a row）並ぶ / 列をなす

berjalan [ブルジャラン]
（働 to walk / to run / to take a trip）
歩く / 走行する / 旅する

berjalan kaki [ブルジャラン カキ]
（働 to walk / on foot）歩く / 徒歩で

berjalan-jalan [ブルジャラン ジャラン]
（働 to walk）散歩する

berjangkit [ブルジャンキ(ト)]
（働 to be infected / to spread）
伝染する / 感染する / 広まる

berjanji [ブルジャンジ]
（働 to arrange to meet / to promise）
待ち合わせる / 約束する

berjarak [ブルジャラッ]
（働 be distant）隔たる

berjaya [ブルジャヤ]
（働 to succeed）成功する

berjéjér [ブルジェジェル]
（働 to stand in a row）並ぶ / 列をなす

berjoging [ブルジョギン(グ)]
（働 to jog）ジョギングする

berjual beli [ブルジュアル ブリ]
（働 to trade）売買する

berjuang [ブルジュアン(グ)]（働 to fight /
to struggle）戦う / 奮闘する

berjudi [ブルジュディ]（働 to gamble）
ギャンブルする / 賭け事をする

berjudul [ブルジュドゥル]（働 titled）題する

berjumlah [ブルジュムラー]（働 to total）
合計で〜になる

berjumpa [ブルジュンパ]（働 to meet）会う

berjuntai [ブルジュンタイ]（働 to dangle）
ぶらぶらする / 垂れ下がる

berkabung [ブルカブン(グ)]
（働 mourning）喪（も）

berkadar [ブルカダル]
（働 to be in proportion）比例する

berkah [ブルカー]（働 blessing）恵み

berkaitan [ブルカイタン]
（働 be associated）関連する

berkala [ブルカラ] (愛 regular) 定期的な

berkali-kali [ブルカリ カリ]
(愛 repeatedly) たびたび / 何度も

berkampanye [ブルカンパニュ]
(愛 to campaign) 選挙運動をする

berkarakter [ブルカラクトゥル]
(愛 individuality) 個性的

berkarat [ブルカラ(ト)] (愛 be rusted /
to corrode) 錆る / 腐食する

berkas [ブルカス] (愛 file / folder / bundle)
ファイル / フォルダ / 束 (たば)

berkat [ブルカ(ト)] (愛 thanks to /
blessing) 〜のおかげで / 恩恵 / 幸福

berkata [ブルカタ] (愛 to say) 言う / 話す

berkata-kata [ブルカタ カタ] (愛 to talk)
しゃべる / 話をする

berkawan [ブルカワン]
(愛 to get along) 仲良くする

berkawan baik [ブルカワン バイッ]
(愛 to get along) 仲良くする

berkeberatan [ブルクブラタン]
(愛 be dissatisfied with) 不服な

berkecenderungan
[ブルクチュンドゥルン(グ)アン]
(愛 to be prone to) 〜する傾向がある

berkedip [ブルクディ(プ)]
(愛 to blink) 瞬 (まばた) きする

berkeinginan [ブルクイン(グ)イナン]
(愛 to desire) 志望する

berkelahi [ブルクラヒ] (愛 to fight /
to quarrel) 喧嘩する / 揉める

berkelakar [ブルクラカル]
(愛 to joke) 冗談を言う / ふざける

berkelakuan buruk
[ブルクラクアン ブルッ] (愛 to behave badly)
素行が悪い

berkelana [ブルクラナ]
(愛 to travel) 放浪する / さまよう

berkelanjutan [ブルクランジュタン]
(愛 succession) 連続

berkeliaran [ブルクリアラン]
(愛 to wander) うろうろする /
ぶらぶらする (あてもなく歩き回る)

berkeliling [ブルクリリン(グ)]
(愛 to move around) 巡 (めぐ) る

berkélok-kélok [ブルクロッ クロッ]
(愛 winding) くねくねした (道)

berkémah [ブルクマー]
(愛 to camp) キャンプする

berkemampuan [ブルクマンプアン]
(愛 be capable of) 有能な

berkemas [ブルクマス]
(愛 to pack) 荷造りする

berkembang [ブルクンバン(グ)]
(愛 to develop / to bloom)
展開する / 発達する / 発展する / 咲く

berkembang biak [ブルクンバン(グ) ビアッ]
(愛 to breed) 繁殖する (殖える)

berkembang pesat
[ブルクンバン(グ) プサ(ト)] (愛 rising) 新興

berkenaan [ブルクナアン] (愛 relevant /
to be applicable / concerning)
当該の / 該当する / 〜に関して

B

berkenalan [ブルクナラン]
(憂 to get to know）知り合いになる

berkenan [ブルクナン]
(憂 to like）気に入る

berkencan [ブルクンチャン]
(憂 to go on a date）デートする

berkeras [ブルクラス]
(憂 to insist / firmly)
意地になる / 断固として

berkeriut [ブルクリウ(ト)]
(憂 to creak）軋(きし)む / みしみしいう

berkerumun [ブルクルムン] (憂 to rush /
to crowd）殺到する / 群がる

berkesan [ブルクサン] (憂 to be effective)
効果がある / 効果的な

berkhayal [ブルハヤル] (憂 to daydream)
空想する / ぼんやりする

berkhidmat [ブルヒドマ(ト)]
(憂 to serve）仕える / 勤める

berkhotbah [ブルコ(ト)バー]
(憂 to preach）説教する

berkicau [ブルキチャウ]
(憂 to twitter / to sing)
さえずる / 鳴く（鳥)

berkilat [ブルキラ(ト)] (憂 to shine）光る

berkilauan [ブルキラウアン] (憂 to glisten /
to glitter）光る（光沢がある) / きらめく

berkiprah [ブルキプラー]
(憂 to play an active role）活躍する

berkisar [ブルキサル] (憂 to revolve)
(話が)〜中心に進む / 回転する

berkolaborasi [ブルコラボラスィ]
(憂 to cooperate with）提携する

berkoméntar [ブルコメンタル]
(憂 to review）批評する

berkompromi [ブルコンプロミ]
(憂 to compromise）妥協する

berkomunikasi [ブルコムニカスィ]
(憂 to communicate)
コミュニケーションする / 通信する

berkonflik [ブルコンフリッ] (憂 to be in
conflict）対立する / 紛争する

berkonfrontasi [ブルコンフロンタスィ]
(憂 to confront）対決する / 対立する

berkongsi [ブルコンスィ]
(憂 to share）共有する / シェアする

berkonséntrasi [ブルコンセントラスィ]
(憂 to concentrate）集中する

berkonsolidasi [ブルコンソリダスィ]
(憂 to consolidate）合併する

berkonsultasi [ブルコンスルタスィ]
(憂 to consult）相談する

berkonsultasi kepada dokter
[ブルコンスルタスィ クパダ ドットゥル]
(憂 to consult a doctor）受診する

berkontribusi [ブルコントリブスィ]
(憂 to contribute）貢献する

berkorban [ブルコルバン]
(憂 to sacrifice oneself）犠牲になる

berkuasa [ブルクアサ]
(憂 to have the authority / powerful)
権限がある / 力がある

B

berkuliah [ブルクリアー]
(動 to take a lecture)講義を受ける

berkumpul [ブルクンプル]
(動 to gather)集まる / 集合す

berkumur [ブルクムル]
(動 to gargle)うがいする

berkunci [ブルクンチ] (動 with a lock /
locked)鍵の付いた / 鍵のかかった

berkunjung [ブルクンジュン(グ)]
(動 to visit)訪ねる

berkurang [ブルクラン(グ)]
(動 to decrease)減る / 減少する

berkurangnya [ブルクランニャ]
(動 decrease)減少

berkurung [ブルクルン(グ)]
(動 to confine oneself)閉じこもる

berlagak [ブルラガッ]
(動 be affected)気取(きど)る

berlainan [ブルライナン]
(動 distinct / different)別の / 違う

berlaku [ブルラク] (動 be available /
effective)通用する / 有効な

berlalu [ブルラル] (動 to pass /
to go away)経過する / 去る

berlalunya [ブルラルニャ]
(動 passage)経過

berlandaskan [ブルランダスカン]
(動 based on)〜に基(もと)づいて

berlangganan [ブルランガナン]
(動 subscription / to subscribe to
(newspaper))購読(する)

berlangsung [ブルランスン(グ)]
(動 to continue)存続する

berlanjut [ブルランジュ(ト)] (動 to continue /
be continued / continuous)
持続する / 続く / 連続した

berlantai [ブルランタイ]
(動 storied)(〜階)建て

berlapis [ブルラピス] (動 to have layers /
to be plated)層になる / メッキしてある

berlari [ブルラリ] (動 to run / to go running)
駆ける / 走る / ランニングする

berlari keluar [ブルラリ クルアル]
(動 to rush out)飛び出す(走って出る)

berlari kencang [ブルラリ クンチャン(グ)]
(動 running fast)駆け足

berlarut [ブルラル(ト)]
(動 be prolonged)長引く

berlatih [ブルラティー]
(動 to practice / to train)
稽古する / トレーニングする / 練習する

berlawanan [ブルラワナン]
(動 opposite / opposing)
逆の / 反対の(不同意)

berlayar [ブルラヤル]
(動 to voyage)航海する

berlebihan [ブルルビハン]
(動 exaggerated / more than enough)
過剰な / 余計な

berlebih-lebihan [ブルルビー ルビハン]
(動 excessive / too much)
過剰な / 行き過ぎた

berlemak [ブルルマッ]
(動 greasy)油っこい

berlénggok-lénggok
［ブルレンゴ(ク) レンゴ(ク)］（**働** swaying (head, neck, hips, etc.))（頭・首・腰等を）左右に揺らす / くねくねさせる

berlian［ブルリアン］
（**働** diamond）ダイヤモンド

berliku-liku［ブルリクリク］
（**働** curved）曲がった

berlimpah［ブルリンパー］
（**働** a great many）おびただしい

berliur［ブルリウル］
（**働** to drool）よだれが垂れる

berlomba［ブルロンバ］
（**働** to compete）競争する

berlubang［ブルルバン(ク)］
（**働** be pierced with a hole）空く（穴が）

berlumuran［ブルルムラン］
（**働** covered all over with）～まみれの

bermacam-macam
［ブルマチャム マチャム］（**働** various）いろいろな / 様々な

bermain［ブルマイン］（**働** to play / to do）遊ぶ / 演奏する / プレイする / する

bermakna［ブルマクナ］
（**働** to mean / meaningful）意味する / 意味がある / 有意義(ゆういぎ)な

bermaksud［ブルマクス(ド)］
（**働** to intend）意図する

bermalam［ブルマラム］（**働** to pass the night / to stay）明かす（夜を）/ 泊まる

bermanfaat［ブルマンファア(ト)］
（**働** be useful / convenient / useful / significant）役立つ / 重宝する / 有意義な

bermanja［ブルマンジャ］
（**働** to fawn）甘える / じゃれつく

bermasalah［ブルマサラー］
（**働** problematic）問題がある

berméditasi［ブルメディタスイ］
（**働** to mediate）瞑想する

berméwah-méwah［ブルメワー メワー］
（**働** to live in luxury）過度に贅沢をする

bermigrasi［ブルミグラスイ］
（**働** to immigrate）移住する

bermimpi［ブルミンピ］
（**働** to dream）夢を見る

berminat［ブルミナ(ト)］
（**働** to be interested）興味がある

berminyak［ブルミニャ(ク)］
（**働** oily / greasy）脂ぎった / 油っこい

bermukim［ブルムキム］
（**働** to reside）居住する

bermula［ブルムラ］
（**働** to begin / to start）始まる

bermusuhan［ブルムスハン］
（**働** to confront）対立する

bermutu［ブルムトゥ］（**働** of ~ quality / quality）質が～の / 高品質の

bermutu tinggi［ブルムトゥ ティンギ］
（**働** high quality）高品質の

bernafas［ブルナファス］
（**働** to breathe）【口語】息をする

bernama［ブルナマ］（**働** to be named）～という名前の

bernapas ［ブルナパス］
(㊞ to breathe)息をする / 呼吸する

bernasib ［ブルナスィ(ブ)］
(㊞ to have ~ luck)運が～

bernasib baik ［ブルナスィ(ブ) バイッ］
(㊞ fortunate)幸運な

bernégosiasi ［ブルネゴスィアスィ］
(㊞ to negotiate)協議する

bernégosiasi awal
［ブルネゴスィアスィ アワル］
(㊞ to lay the groundwork)根回しする

bernégosiasi tentang bisnis
［ブルネゴスィアスィ トゥンタン(グ) ビスニス］
(㊞ to have a business talk with)
商談する

berniaga ［ブルニアガ］
(㊞ to do business)商売する / 営業する

berniat ［ブルニア(ト)］(㊞ to intend)
意図する / 意思がある

bernilai ~ ［ブルニライ］
(㊞ valuable)～価値がある

bernostalgia ［ブルノスタルギア］
(㊞ to feel nostalgic)
懐かしむ / 思い出に浸(ひた)る

bernyawa ［ブルニャワ］(㊞ to be alive)
命がある / 生きている

berolahraga ［ブルオラーラガ］
(㊞ to do exercise)運動する

berolok-olok ［ブルオロッ オロッ］
(㊞ to joke / to fool)
冗談を言う / ふざける

berombak ［ブルオンバッ］
(㊞ to wave / wavy)波打つ / 波々の

berontak ［ブルオンタッ］(㊞ to resist /
to rebel)反抗する / 反乱する

beroperasi ［ブルオプラスィ］
(㊞ to function / to operate)
作動する / 稼働する

berpakaian ［ブルパカイアン］
(㊞ to dress)服を着ている

berpaling ［ブルパリン(グ)］
(㊞ to turn)向ける / 振り向く

berpangku tangan ［ブルパンク タン(グ)アン］
(㊞ doing nothing)何もしない

berpasangan ［ブルパサン(グ)アン］
(㊞ in pairs / to have a partner)ペアで /
二つ〈人〉一組で / パートナーがいる

berpaut ［ブルパウ(ト)］
(㊞ to cling)しがみつく / 固執する

berpawai ［ブルパワイ］
(㊞ to parade)パレードをする

berpayung ［ブルパユン(グ)］
(㊞ to use an umbrella)傘を差す

berpegangan ［ブルプガン(グ)アン］
(㊞ to hold each other's hand /
to hold on)
手をつなぎ合う / つかまる

berpeluang ［ブルプルアン(グ)］(㊞ to have
an opportunity)機会がある

berpencar ［ブルプンチャル］
(㊞ to scatter)分散する

berpendapat ［ブルプンダパ(ト)］
(㊞ to think)意見を持つ / 考える

berpengalaman ［ブルプンガラマン］
(㊞ to have an experience)経験がある

berpengaruh [ブルブン(グ)アルー]
(英 influential / to influence)
有力な / 影響する

berpengetahuan [ブルブン(グ)ウタフアン]
(英 to know well) 精通している

berperan [ブルブラン]
(英 to play an act / to play a role)
役を演じる / 役割をする

berperang [ブルブラン(グ)]
(英 to engage in war) 戦争する

berperilaku [ブルブリラク]
(英 to behave) 振る舞う

berperilaku buruk [ブルブリラク ブルッ]
(英 to behave badly) 行儀が悪い

berpidato [ブルピダト]
(英 to address) 演説する

berpihak [ブルピハッ] (英 to lean to one
side / to stand by sb) 偏る / 味方する

berpikir [ブルピキル] (英 to think)
思う / 思考する / 考える

berpindah [ブルピンダー]
(英 to transfer / to move)
移る / 移行する / 移転する / 引っ越す

berpindah-pindah [ブルピンダー ピンダー]
(英 to change frequently) 転々とする

berpisah [ブルピサー] (英 to separate /
to say good-by / to send off)
離れる / 別れる / 送別する

berpisah rumah [ブルピサー ルマー]
(英 to live separately) 別居する

berpoténsi [ブルポテンスィ]
(英 to have potential)
可能性がある / 見込みがある

berpraktik [ブルブラクテッ]
(英 to practice) 実習する

berpréstasi [ブルブレスタスィ]
(英 to have ~ performance)
成績が〜な / 性能が〜な

berpréstasi tinggi [ブルブレスタスィ ティンギ]
(英 outstanding / sophisticated)
成績がよい / 高性能な

berpuas diri [ブルブアス ディリ]
(英 be self-satisfied) 自己満足する

berpuas hati [ブルブアス ハティ]
(英 to content oneself with) 甘んじる

berpuasa [ブルブアサ]
(英 to fast) 断食する

berpulang [ブルブラン(グ)]
(英 to die) 死去する

berpulangnya [ブルブランニャ]
(英 death) 死去

berpura-pura [ブルブラ ブラ]
(英 to pretend) (〜の) ふりをする

berpura-pura tidak tahu
[ブルブラ ブラ ティダッ タウ] (英 to pretend not
to know) 知らないふりをする / とぼける

berputar [ブルブタル] (英 to rotate /
to turn around) 回転する / 転回する

berputar balik [ブルブタル バリ(ク)]
(英 to make a U-turn) Uターンする

berputar posisi tidur
[ブルブタル ポスィスィ ティドゥル]
(英 to turn [roll] over) 寝返る

berputar-putar [ブルブタル ブタル]
(英 to rotate / to spin) くるくる回る

berputus asa ［ブルブトゥス アサ］
（動 to despair）絶望する

bersabar ［ブルサバル］（動 to tolerate /
be patient / to endure）
我慢する / 辛抱する / 忍耐する

bersabda ［ブルサブダ］（動 to decree）
（神·王などが）おっしゃる / お定めになる

bersahaja ［ブルサハジャ］
（動 simple / casual / natural）
簡素な / 何気ない / 自然な

bersaing ［ブルサイン（グ）］
（動 to compete）競う / 競る

bersaksi ［ブルサクスィ］
（動 to testify to）証言する

bersalah ［ブルサラー］（動 wrong / guilty）
悪い / 過ちを犯す / 有罪の

bersalin ［ブルサリン］
（動 to have a baby）出産する

bersalto ［ブルサルト］
（動 to do a somersault）宙返りする

bersama ［ブルサマ］
（動 together）一緒に / 〜と共に

bersamaan ［ブルサマアン］
（動 to match with）一致する

bersamaan waktunya
［ブルサマアン ワクトゥニャ］
（動 to go side-by-side）並行する

bersama-sama ［ブルサマ サマ］
（動 together）共に / 一緒に

bersambung ［ブルサンブン（グ）］
（動 to continue / to be connected）
続く / 繋(つな)がる

bersandar ［ブルサンダル］
（動 to lean against / to lean on）
もたれる / 寄りかかる

bersangkutan ［ブルサンクタン］
（動 to be related）関係する / 関連する

bersantai ［ブルサンタイ］（動 to relax）
くつろぐ / リラックスする

bersatu ［ブルサトゥ］（動 to unite）
結合する / まとまる / 団結する

bersaudara laki-laki
［ブルサウダラ ラキ ラキ］（動 brothers）兄弟

bersaudara perempuan
［ブルサウダラ プルンプアン］（動 sisters）姉妹

bersebelahan ［ブルスブラハン］
（動 adjacent）隣り合う / 隣接する

bersedia ［ブルスディア］
（動 to be prepared / ready）
準備がある / 用意ができた

bersedih ［ブルスディー］（動 to grow sad /
to lament）悲しむ / 嘆く

bersejarah ［ブルスジャラー］（動 historic）
歴史がある / 歴史的な

bersekolah ［ブルスコラー］
（動 to attend school / to go to school）
通学する / 在学する / 登校する

bersekutu ［ブルスクトゥ］
（動 to ally）同盟する / 連携する

berselancar ［ブルスランチャル］
（動 to surf）サーフィンする

berselingkuh ［ブルスリンクー］
（動 to have an affair / to make im-
morality）浮気する / 不倫する

berselisih [ブルスリスィー]（動 to mark *sth* as different / to conflict with）差がある / 食い違う / 争う

berselisih jalan [ブルスリスィー ジャラン]（動 to pass each other）すれ違う

berseliweran [ブルスリウゥラン]（動 to rove）さまよう

bersemadi [ブルスムディ]（動 engage in meditation）瞑想する

bersemangat [ブルスマン(グ)ア(ト)]（動 be enthusiastic about / energetic）意気込む / 熱心な / 精力的

bersembahyang [ブルスンバーヤン(グ)]（動 to perform a prayer）礼拝する

bersembunyi [ブルスンブニィ]（動 to hide）隠れる

bersenam [ブルスナム]（動 to exercise）体操する

bersenandung [ブルスナンドゥン(グ)]（動 to sing to oneself）口ずさむ

bersenang-senang [ブルスナン(グ) スナン(グ)]（動 to have a good time）楽しい時を過ごす

bersengkéta [ブルスンケタ]（動 to dispute）紛争する

bersenjata [ブルスンジャタ]（動 to arm oneself）武装する

bersenyawa [ブルスニャワ]（動 to combine with *sth* chemically）化合する

bersepéda [ブルスペダ]（動 to go cycling）サイクリングをする

berserah [ブルスラー]（動 to surrender）委ねる / 投降する

bersérak [ブルセラッ]（動 to scatter）分散する

berseri [ブルスリ]（動 radiant / bright）光輝く / 晴れやかな

berserikat [ブルスリカ(ト)]（動 to unite / to solidify）連合する / 連帯する

berseri-seri [ブルスリ スリ]（動 bright）晴れ晴れとした / 生き生きした

bersetubuh [ブルストゥブー]（動 to make love）性交する

bersiap [ブルスィア(プ)]（動 to make a preparation）準備を整える

bersifat [ブルスィファ(ト)]（動 to have the characteristic of）～という特徴を持つ

bersih [ブルスィー]（動 clean / cleanness / retail price）清潔 / 清潔な / 正味

bersihkan [ブルスィーカン]（動 to clean）清掃する / 掃除する

bersikap [ブルスィカ(プ)]（動 to have a ~ attitude）態度が～な

bersikap formal [ブルスィカ(プ) フォルマル]（動 to stand on ceremony）かしこまる

bersimbiosis [ブルスィンビオスィス]（動 to live together）共生する

bersimpati [ブルスィンパティ]（動 to sympathize with / to sympathize）共感する / 同感する / 同情する

bersin [ブルスィン]（動 sneezing / to sneeze）くしゃみ（する）

bersinar [ブルスィナル]
(英 to shine)輝く / 照る

bersinar-sinar [ブルスィナル スィナル]
(英 to shine brightly)
煌々と輝く / ピカピカ光る

berskala besar [ブルスカラ ブサル]
(英 large scale)大規模

bersolék [ブルソレッ]
(英 to put on makeup)化粧する

berstatus [ブルスタトゥス](英 of ~ status)
身分が~の / 地位が~の

bersuara [ブルスアラ]
(英 to speak)発言する / 声を上げる

bersumpah [ブルスンパハ]
(英 to swear)誓う

bersungguh-sungguh
[ブルスングー スングー](英 doing one's best / earnest)一生懸命 / 生真面目な

bersusah payah [ブルスサー パヤー]
(英 be at pains to)苦心する

bersyukur [ブルシュクル]
(英 to appreciate)感謝する

bertabur [ブルタブル](英 to be scattered [covered] with)~が散りばめられた / ~で覆(おお)いつくされた

bertaburan [ブルタブラン]
(英 to be scattered / to be distributed)散乱している / 散在する / 分布する

bertafakur [ブルタファクル]
(英 to meditate)瞑想する

bertahan [ブルタハン]
(英 to defend / to endure / to maintain)守備する / 耐える / 保つ

bertajuk [ブルタジュッ]
(英 entitled)~というタイトルの

bertali [ブルタリ](英 with a strap)
紐(ひも)が付いた

bertamasya [ブルタマシャ]
(英 to take a journey)旅行する

bertambah [ブルタンバー](英 increase / to increase / to multiply)
増加 / 増加する / 増殖する

bertambah baik [ブルタンバー バイッ]
(英 to improve)向上する / 上達する

bertambah buruk [ブルタンバー ブルッ]
(英 to deteriorate)悪化する

bertandang [ブルタンダン(グ)]
(英 to drop in)立ち寄る

bertanding [ブルタンディン(グ)](英 to play a game)競技する / 試合する

bertanggung jawab
[ブルタングン(グ) ジャワ(ブ)](英 responsible / in charge)責任がある / 担当する

bertanya [ブルタニャ](英 to ask / to ask a question)伺う / 聞く(質問する) / 尋ねる

bertaruh [ブルタルー](英 to bet)賭ける

bertarung [ブルタルン(グ)]
(英 to struggle)抗争する

bertarung nyawa [ブルタルン(グ) ニャワ]
(英 to hover between life and death)
生死の境をさまよう

bertato [ブルタト](英 tattooed)
入れ墨をしている

berteduh [ブルトゥドゥー](英 to shelter)
雨宿りする / 日差しを避ける / 避難する

bertékad [ブルテカ(ド)]（㊟ to make up one's mind / be determined to）覚悟する / 決意する / 決心する

bertéma [ブルテマ]（㊟ titled）題する

bertempur [ブルトゥンプル]（㊟ to battle）戦闘する

bertemu [ブルトゥム]（㊟ to meet / to encounter）会合する / 会談する / 出会う / 遭遇する / 面会する

bertemu kebetulan [ブルトゥム クブトゥラン]（㊟ to meet accidentally）偶然に会う

bertemu lagi [ブルトゥム ラギ]（㊟ to meet again）再会する

bertemu muka [ブルトゥム ムカ]（㊟ to meet (face-to-face)）対面する

bertenaga [ブルトゥナガ]（㊟ powerful / energetic）力がある / 元気な

berténggér [ブルテンゲル]（㊟ to perch）（高い所に）止まる

bertengkar [ブルトゥンカル]（㊟ to quarrel）喧嘩する

bertentangan [ブルトゥンタン(グ)アン]（㊟ to contradict / be opposed to）矛盾する / 反する

bertepatan [ブルトゥパタン]（㊟ to match with）一致する

bertepuk tangan [ブルトゥプッタン(グ)アン]（㊟ to clap one's hands）拍手する

berteriak [ブルトゥリアッ]（㊟ to scream / to shout）叫ぶ / 怒鳴る

berterima kasih [ブルトゥリマ カスィー]（㊟ to thank）感謝する

berterus terang [ブルトゥルス トゥラン(グ)]（㊟ to be frank / frank）率直に言う / 率直な

bertikai [ブルティカイ]（㊟ to conflict with）争う

bertindak [ブルティンダッ]（㊟ to act / to take action）行動する / 措置する

bertindik [ブルティンディッ]（㊟ pierced）ピアスをした

bertingkah laku [ブルティンカー ラク]（㊟ to behave）振る舞う

bertingkat [ブルティンカ(ト)]（㊟ ~-story / multi-story）〜階ある / 階層がある

bertingkat-tingkat [ブルティンカ(ト) ティンカ(ト)]（㊟ multi level）何層にもなっている

bertiup [ブルティウ(プ)]（㊟ to wind）（風が）吹く

bertobat [ブルトバ(ト)]（㊟ to reform (one's heart)）改心する

bertolak [ブルトラッ]（㊟ to depart / to originate）出発する / 〜に始まる

bertopang [ブルトパン(グ)]（㊟ to stretch）突っ張る（棒などを当てて支える）

bertransformasi [ブルトランスフォルマスィ]（㊟ to transform）変革する

bertuah [ブルトゥアー]（㊟ lucky）幸運な

bertualang [ブルトゥアラン(グ)]（㊟ to go on an adventure）冒険する

bertubuh [ブルトゥブー]（㊟ to have a ~ body）体が〜な

bertugas [ブルトゥガス]

（働 to be on duty / to serve）
勤務する / 務める

bertujuan [ブルトゥジュアン]（働 to intend）
〜することを目的とする / 意図する

bertukar [ブルトゥカル]

（働 to interchange）交流する

bertukar pakaian [ブルトゥカル パカイアン]

（働 to change clothes）着替える

bertukar pendapat

[ブルトゥカル プンダパ(ト)]（働 to exchange
opinions）意見交換する

bertumpuk [ブルトゥンプッ]

（働 to pile up / to heap up / overlap）
重なる / 積もる / 並行

bertunangan [ブルトゥナン(グ)アン]

（働 to become engaged）婚約する

bertunas [ブルトゥナス]

（働 to germinate）発芽する

berturutan [ブルトゥルタン]

（働 consecutive）連続した

berturut-turut [ブルトゥル(ト) トゥル(ト)]

（働 no end）連続して / 続けて

bertutur [ブルトゥトゥル]

（働 to speak）話す / しゃべる

beruang [ブルアン(グ)]（働 bear）熊

berubah [ブルウバー]（働 to change /
to convert）変わる / 変化する / 転換する

berubah pikiran [ブルウバー ピキラン]

（働 to change one's mind）気が変わる

berubah-ubah [ブルウバー ウバー]

（働 changeable）次々変わる / 不安定な

berucap [ブルウチャ(プ)]

（働 to give a speech）
話をする / 演説する

berulang [ブルウラン(グ)]

（働 to repeat）繰り返す / 再発する

berulang-ulang [ブルウラン(グ) ウラン(グ)]

（働 to repeat again and again）
何度も繰り返す

berumur [ブルウムル]（働 aged / elderly）
年齢が〜の / 年を取った

berunding [ブルウンディン(グ)]

（働 to discuss / to negotiate）
合議する / 交渉する

berupa [ブルパ]（働 in the form of /
beautiful）〜の形をした / 美しい

berupaya [ブルウパヤ]（働 to be capable
of / to strive）〜する力がある / 努力する

berurai [ブルウライ]

（働 to get untied）解ける

berurusan [ブルウルサン]（働 to deal with）
取り引きする / やり取りする

berurutan [ブルウルタン]

（働 in order）順々に

berusaha [ブルウサハ]

（働 to aim / to make efforts）
心がける / 努力する

berusia [ブルウスィア]（働 aged / elderly）
年齢が〜の / 年を取った

berutang [ブルウタン(グ)]

（働 to go into debt）借金する

berwarna [ブルワルナ]（働 in color）
〜色の / 色付きの

berwibawa [ブルウィバワ]
(㊥ esteem / respected)尊敬される

berwisata [ブルウィサタ]
(㊥ to go sightseeing / to take a journey)
観光する / 見物する / 旅行する

berwisata tanpa menginap
[ブルウィサタ タンパ ムン(ヌ)イナ(ブ)]
(㊥ day trip)日帰り旅行

besar [ブサル] (㊥ big / great)
偉大 / 多い(割合が) / 大きい

besar dan kecil [ブサル ダン クチル]
(㊥ large and small)大小

besar hati [ブサル ハティ]
(㊥ honored / proud)光栄な / 名誉な

besar-besaran [ブサル ブサラン]
(㊥ magnificent)盛大な

besarnya [ブサルニャ] (㊥ how big /
the size of)大きいなぁ / 〜の大きさ

besi [ブスィ] (㊥ iron)鉄

besi tahan karat [ブスィタハン カラ(ト)]
(㊥ stainless steel)ステンレス

bésok [ベソッ] (㊥ tomorrow)明日

betapa [ブタパ] (㊥ how)何と

betina [ブティナ] (㊥ female)雌(めす)

betis [ブティス] (㊥ calf)ふくらはぎ

betul [ブトゥル] (㊥ correct / absolutely)
正解 / なるほど

betul-betul [ブトゥル ブトゥル] (㊥ really /
properly)本当に / まさに / きちんと

BH [ベーハー] (㊥ brassiere)ブラジャー

Bhinnéka Tunggal Ika
[ビネカ トゥンガル イカ] (㊥ Unity in Diversity)
多様性の中の統一

biadab [ビアダ(ブ)] (㊥ rude)
失礼な / 無礼な

biak [ビアッ] (㊥ to breed)
繁殖する / 育つ

biakkan [ビアッカン] (㊥ to breed)
育てる / 飼育する

biar [ビアル] (㊥ to let)
〜させる / 〜させておく

biara [ビアラ] (㊥ monastery)僧院

biarawan [ビアラワン] (㊥ monk)僧侶

biarawati [ビアラワティ] (㊥ nun)修道女

biarkan [ビアルカン]
(㊥ to let / to leave *sb* alone)
〜させる / 〜させておく / 放っておく

biarlah [ビアルラー] (㊥ let)
〜させておきなさい / 〜させて下さい

biarpun [ビアルプン]
(㊥ even though)〜だけれども

bias [ビアス] (㊥ to deflect)
それる / 屈折する

biasa [ビアサ] (㊥ common / usual /
ordinary / conventional)
ありふれた / 普通の / 並の / 平凡

biasa saja [ビアサ サジャ]
(㊥ nothing special)別に(別段)

biasakan [ビアサカン]
(㊥ to accustom / to make ~ a habit)
慣らす / 普通のことにする

biasakan diri [ビアサカン ディリ]
(愛 to get used to)慣れる

biasanya [ビアサニャ] (愛 usually /
normally)普通 / 通常 / 本来

biawak [ビアワッ] (愛 type of iguana)
オオトカゲ

biaya [ビアヤ] (愛 cost / expense / charge)
経費 / コスト / 料金

biaya bahan bakar [ビアヤ バハン バカル]
(愛 fuel surcharge)燃油サーチャージ

biaya bulanan [ビアヤ ブラナン]
(愛 monthly tuition fee)月謝

biaya hidup [ビアヤ ヒドゥ(プ)]
(愛 living expenses)生活費

biaya jasa [ビアヤ ジャサ]
(愛 charge)手数料

biaya kuliah [ビアヤ クリアー]
(愛 tuition fees / tuition)学費 / 授業料

biaya listrik [ビアヤ リストリ(ク)] (愛 charges
for lighting and fuel)光熱費

biaya masuk [ビアヤ マスッ]
(愛 admission [entrance] fee)入場料

biaya pembatalan [ビアヤ プンバタラン]
(愛 cancellation fee)キャンセル料

biaya penerimaan tamu
[ビアヤ プヌリマアン タム]
(愛 entertainment expenses)接待費

biaya perjalanan [ビアヤ プルジャラナン]
(愛 travel expenses [costs])旅費

biaya perjalanan dinas
[ビアヤ プルジャラナン ディナス]
(愛 travel expenses [costs])出張費

biaya rapat [ビアヤ ラパ(ト)]
(愛 meeting cost)会議費

biaya sebenarnya [ビアヤ スブナルニャ]
(愛 actual expense)実費

biaya tambahan [ビアヤ タンバハン]
(愛 additional charge / extra charge)
追加費用 / 別料金 / 割増料金

biaya tenaga kerja
[ビアヤ トゥナガ クルジャ]
(愛 personnel expenses)人件費

biaya transportasi
[ビアヤ トランスポルタシイ]
(愛 transportation expenses)交通費

biayai [ビアヤイ] (愛 to cover / to finance)
(費用を)負担する / 融資する

bibi [ビビ] (愛 aunt / lady)
おば(父母の妹) / おばさん(中年の女性)

bibir [ビビル] (愛 the lips)唇

bibit [ビビ(ト)] (愛 young plant)苗木

bicara [ビチャラ] (愛 trial / discussion)
裁判 / 審理 / 話し合い

bicara sendiri [ビチャラ スンディリ]
(愛 monologue)独り言

bicarakan [ビチャラカン]
(愛 to try)裁く / 審理する

bicaranya cepat [ビチャラニャ チュパ(ト)]
(愛 fast talking)早口

bidadari [ビダダリ] (愛 angel)天使

bidang [ビダン(グ)] (愛 field / plot)
分野 / 領域 / 区画 / ～枚(助数詞)

bidikan [ビディカン]（英 shooting / target）
射撃 / 狙い / 的（まと）

bihun [ビフン]（英 rice noodles）ビーフン

bijak [ビジャッ]（英 wise / bright）
賢い / 利口な

bijaksana [ビジャッサナ]
（英 wise / brilliant）賢明な / 聡明な

biji [ビジ]（英 seed / grain）
種（たね）/ 粒 / ～つく個〉（助数詞）

biji kokoa [ビジ ココア]（英 cocoa）ココア

biji mata [ビジ マタ]（英 eyeball）眼球

biksu [ビッス]（英 priest / monk）僧 / 僧侶

bilah [ビラー]（英 blade）刃

bilang [ビラン(グ)]（英 to say / to count）
言う / 数える

bilangan [ビラン(グ)アン]
（英 number / quantity）数 / 数量

bilangan bulat [ビラン(グ)アン ブラ(ト)]
（英 integer）整数

bilangan ganjil [ビラン(グ)アン ガンジル]
（英 odd number）奇数

bilangan genap [ビラン(グ)アン グナ(プ)]
（英 even number）偶数

bilangan prima [ビラン(グ)アン プリマ]
（英 prime number）素数

bilas [ビラス]
（英 to rinse）すすぐ / リンスする

bilik [ビリッ]（英 room）部屋

bilingual [ビリングアル]
（英 bilingual）バイリンガル

bilion [ビリオン]（英 billion）十億

bimbang [ビンバン(グ)]（英 be indecisive /
worried）迷う（決められない）/ 心配な

bimbing [ビンビン(グ)]
（英 to guide）指導する / 先導する

bimbingan [ビンビン(グ)アン]
（英 guidance）指導

bimbingan belajar
[ビンビン(グ)アン ブラジャル]（英 private school）塾

bin [ビン]（英 son of）～の息子の

bina [ビナ]（英 develop / to train）育成する

binaan [ビナアン]（英 (someone) who
trained to be skilled）育成する対象

binasa [ビナサ]（英 extermination）絶滅

binatang [ビナタン(グ)]（英 animal）動物

binatang kesayangan
[ビナタン(グ) クサヤン(グ)アン]
（英 favorite pet）お気にいりのペット

binatang peliharaan
[ビナタン(グ) プリハラアン]（英 pet）ペット

bincang [ビンチャン(グ)]
（英 to discuss）話し合う

binéka [ビネカ]（英 diversity）多様な

bingkai [ビンカイ]（英 frame）額縁

bingung [ビングン(グ)]（英 be confused /
to get confuse）困惑する / 戸惑う

bini [ビニ]（英 wife）
【ジャカルタ方言】女房（にょうぼう）/ 嫁（よめ）

binokular [ビノクラル]
（英 binoculars）双眼鏡

bintang [ビンタン(グ)]
(麗 star)星 / (映画などの)スター

bintang jatuh [ビンタン(グ) ジャトゥー]
(麗 shooting star)流れ星

binti [ビンティ](麗 daughter of)～の娘の

bintik [ビンティッ]
(麗 spot)そばかす / しみ / 斑点

bintik-bintik [ビンティッ ビンティッ]
(麗 dots / speckle)点々 / ボツボツ

bintil-bintil [ビンティル ビンティル]
(麗 speckle)【口語】ボツボツ

biografi [ビオグラフィ]
(麗 biography)伝記

biola [ビオラ](麗 violin)バイオリン

biologi [ビオロギ](麗 biology)生物学

bioskop [ビオスコ(プ)]
(麗 movie theater)映画館

bir [ビル](麗 beer)ビール

biri-biri [ビリ ビリ](麗 sheep)羊(ひつじ)

biro [ビロ](麗 bureau)局 / 事務局

biro perjalanan wisata
[ビロ ブルジャラナン ウィサタ]
(麗 travel bureau)旅行会社

birokrasi [ビロクラスィ](麗 bureaucracy)
官僚制度 / お役所主義

biru [ビル](麗 blue)青 / 青い

biru langit [ビル ラン(グ)イ(ト)]
(麗 sky blue)空色

biru muda [ビル ムダ](麗 light blue)水色

biru tua [ビル トゥア]
(麗 dark blue)紺 / 紺色

bisa [ビサ]
(麗 be able to / poison / toxicity)
できる(可能である) / 毒 / 有毒

bisa bersaing [ビサ ブルサイン(グ)]
(麗 can compete)競争できる

bisa dipercaya [ビサ ディプルチャヤ]
(麗 trustworthy)信用できる

bisbol [ビスボル](麗 baseball)野球

bisik [ビスィッ](麗 to whisper)ささやく

bisikan [ビスィカン](麗 whisper)ささやき

bisikan hati [ビスィカン ハティ]
(麗 intuition)心の声 / 直感

bising [ビスィン(グ)]
(麗 noisy)うるさい / 騒がしい

biskuit [ビスクイ(ト)]
(麗 biscuit)クッキー / ビスケット

bismillah [ビスミラー](麗 in the name of
Allah)アッラーの名において

bisnis [ビスニス](麗 business)ビジネス

bistik [ビステッ](麗 steak)ステーキ

bisu [ビス](麗 mute / dumb)
無声 / 言葉を話せない

bisul [ビスル](麗 boil)おでき / 腫れ物

bius [ビウス](麗 anesthetic /
to anesthetize)麻酔 / 麻酔する

blok [ブロッ](麗 building / block)
棟(とう) / ブロック / 区画

blus [ブルス] (愛 blouse) ブラウス

bobot [ボボ(ト)] (愛 weight) 重量 / 目方

bocah [ボチャー] (愛 child) 子供

bocor [ボチョル] (愛 to leak out / to leak water) 漏れる / 漏水する

bodoh [ボドー] (愛 foolish) 馬鹿な

bohlam [ボーラム] (愛 electric bulb) 電球

bohong [ボホン(グ)] (愛 lie / to lie) 嘘 / 嘘をつく

boikot [ボイコ(ト)] (愛 boycott / to boycott) ボイコット (する)

bola [ボラ] (愛 ball) 球 / ボール

bola baskét [ボラ バスケ(ト)] (愛 basketball) バスケットボール

bola lampu [ボラ ランプ] (愛 electric bulb) 電球

bola mata [ボラ マタ] (愛 eyeball) 眼球

bola voli [ボラ フォリ] (愛 volleyball) バレーボール

bolak-balik [ボラッ バリ(ク)] (愛 round trip) 【口語】往復

boléh [ボレー] (愛 can / may / all right) ～できる / ～してよい / ～し得る / 大丈夫な

bom [ボム] (愛 bomb) 爆弾

bom atom [ボム アトム] (愛 atomic bomb) 原子力爆弾

bon [ボン] (愛 check / receipt) 伝票 / レシート

bon pembayaran [ボン ブンバヤラン] (愛 payment slip) 支払伝票

bonafid [ボナフィド] (愛 securely) しっかり (堅実)

bonéka [ボネカ] (愛 doll / stuffed doll) 人形 / ぬいぐるみ

bonggol [ボンゴル] (愛 hump / lump) 隆起 / こぶ

bongkar [ボンカル] (愛 take apart / take down) とり壊す

bongkok [ボンコッ] (愛 bent / to bend) 背中の曲がった / 腰をかがめる

bonus [ボヌス] (愛 bonus / premium) ボーナス / おまけ

bor [ボル] (愛 drill) ドリル (道具)

borang [ボラン(グ)] (愛 form) (申請) 用紙 / フォーム

borang permohonan [ボラン(グ) ブルモホナン] (愛 application form) 申請用紙 / 応募用紙

borgol [ボルゴル] (愛 handcuffs) 手錠

Bornéo [ボルネオ] (愛 Borneo) ボルネオ島 (カリマンタン島)

borong [ボロン(グ)] (愛 buy up) 買い占める

boros [ボロス] (愛 wasteful) 無駄遣いする

bosan [ボサン] (愛 be bored with / be tired of) 退屈する / 飽きる / 辟易する

botak [ボタッ] (愛 bald) 禿 (は) げた

botol [ボトル] (愛 bottle) 瓶 (びん)

botol air [ボトル アイル]
（愛 water bottle）水筒

botol dot [ボトルド(ト)]（愛 nursing [baby] bottle）哺乳瓶（ほにゅうびん）

botol plastik [ボトル プラスティッ]
（愛 plastic bottle）ペットボトル

Braille [ブライル]（愛 Braille）点字

brankar [ブランカル]（愛 stretcher）担架

brankas [ブランカス]（愛 safe）金庫

Brasil [ブラスィル]（愛 Brazil）ブラジル

bréndi [ブレンディ]（愛 brandy）ブランデー

brilian [ブリリアン]（愛 excellent）優秀な

broker [ブロクル]（愛 broker）
ブローカー / 仲買人

brokoli [ブロコリ]（愛 broccoli）ブロッコリー

bronkitis [ブロンキティス]
（愛 bronchitis）気管支炎

bros [ブロス]（愛 brooch）ブローチ

brosur [ブロスル]
（愛 brochure）パンフレット

Brunéi [ブルネイ]（愛 Brunei）ブルネイ

buah [ブアー]（愛 fruit）果物 / 実

~ buah [ブアー]（愛 piece of ~）
～つ〈個 / 冊 / 台 / 軒（けん）〉（助数詞）

buah bibir [ブアー ビビル]
（愛 popular topic）話題 / 話の種

buah dada [ブアー ダダ]
（愛 breast）胸 / 乳房

buah kering [ブアー クリン(グ)]
（愛 dried fruit）ドライフルーツ

buah kiwi [ブアー キウイ]
（愛 kiwi fruit）キウイフルーツ

buah markisa [ブアー マルキサ]
（愛 passion fruit）パッションフルーツ

buah persik [ブアー ブルスィッ]
（愛 peach）桃

buah pikiran [ブアー ピキラン]
（愛 idea / opinion）考え / 意見

buah tangan [ブアー タン(グ)アン]
（愛 souvenir）土産（みやげ）

buah-buahan [ブアー ブアハン]
（愛 fruit）果実 / 果物 / フルーツ

bual [ブアル]（愛 talk nonsense）
大口を叩く

buang [ブアン(グ)]（愛 to throw away / to remove / to abandon）
捨てる / 除く / 放（ほう）る

buang air [ブアン(グ) アイル]
（愛 to excrete）排泄する

buang air besar [ブアン(グ) アイル ブサル]
（愛 to empty one's bowels）排便する

buang air kecil [ブアン(グ) アイル クチル]
（愛 to urinate）小便する

buang undi [ブアン(グ) ウンディ]
（愛 to vote）投票する / 票を投じる

buangan [ブアン(グ)アン]
（愛 waste / exile）捨てられたもの / 亡命

buat [ブア(ト)]（愛 to do / to make / for）
する / 作る / ～のため / ふりをする

buatan ~ [ブアタン]（**愛** made in ~）~製

buatan manusia [ブアタン マヌスィア]
（**愛** artificial / man-made）
人工の / 人造の

buatan tangan [ブアタン タン(グ)アン]
（**愛** handmade）手作り

buaya [ブアヤ]（**愛** alligator）ワニ

bubuk [ブブッ]（**愛** powder）粉 / 粉末

bubur [ブブル]（**愛** rice porridge）粥(かゆ)

budak [ブダ(ク)]（**愛** slave）奴隷

budaya [ブダヤ]（**愛** culture）文化

Buddha [ブッダ]
（**愛** the Buddha / Buddha）釈迦 / 仏

budé [ブデ]（**愛** aunty）
【ジャワ語】おば（父母の姉）

budi [ブディ]（**愛** kindness / intelligence /
style）親切 / 知性 / 品格

budi pekerti [ブディ ブクルティ]
（**愛** conduct）品行 / 振る舞い

budidaya [ブディダヤ]
（**愛** cultured）養殖の

budiman [ブディマン]（**愛** wise /
well-mannered）賢明な / 礼儀正しい

bufét [ブフェ(ト)]（**愛** buffet）ビュッフェ

Bugis [ブギス]（**愛** Bugis）ブギス（人）

buih [ブイー]（**愛** bubble）泡

bujang [ブジャン(グ)]（**愛** single /
single man [woman]）独身（の）

bujur [ブジュル]（**愛** oval）楕円の

buka [ブカ]（**愛** to open / to turn on /
to take off）開く / 開ける / オープンする /
点ける / 脱ぐ

buka mata [ブカ マタ]（**愛** to open one's
eyes）めざめさせる / 気付かせる

bukan [ブカン]（**愛** no）いいえ / いや

bukan main [ブカン マイン]
（**愛** awfully）いやに

bukan-bukan [ブカン ブカン]
（**愛** nonsense / ridiculous）
でたらめな / とんでもない

bukét [ブケ(ト)]（**愛** bouquet）花束 / ブーケ

bukit [ブキ(ト)]（**愛** hill / peak）丘 / 丘陵 / 峠

bukti [ブクティ]（**愛** proof / evidence /
certification）証拠 / 証明

bukti klaim bagasi
[ブクティ クレイム バガスィ]
（**愛** baggage claim tag）手荷物引換証

buku [ブク]（**愛** book / joint）書籍 / 節

buku bergambar [ブク ブルガンバル]
（**愛** picture book）絵本

buku catatan [ブク チャタタン]
（**愛** notebook / notes）手帳 / ノート

buku gambar [ブク ガンバル]
（**愛** blank notepad）自由帳

buku harian [ブク ハリアン]
（**愛** diary）日誌

buku karya [ブク カルヤ]
（**愛** literary work）著作

buku latihan [ブク ラティハン]
（**愛** exercise book）練習帳

buku nota [ブク ノタ]
(英 receipt book)レシート・ブック

buku panduan [ブク パンドゥアン]
(英 guidebook / manual)
ガイドブック / マニュアル

buku pelajaran [ブク プラジャラン]
(英 textbook)教科書

buku référénsi [ブク レフレンスィ]
(英 reference book)参考書

buku tabungan [ブク タブン(グ)アン]
(英 passbook)通帳

buku téks [ブク テクス]
(英 textbook)教科書 / テキスト

bulan [ブラン](英 moon / month)
(天体の)月 / (暦の)月

bulan depan [ブラン ドゥパン]
(英 next month)来月

bulan ini [ブラン イニ]
(英 this month)今月

bulan lalu [ブラン ラル]
(英 last month)先月

bulan madu [ブラン マドゥ]
(英 honeymoon)新婚旅行 / ハネムーン

bulan purnama [ブラン プルナマ]
(英 full moon)満月

bulan sabit [ブラン サビ(ト)]
(英 crescent (moon))三日月

bulat [ブラ(ト)](英 round / unanimity)
つぶらな / 丸い(円形)/ 満場一致

bulatan [ブラタン](英 round / ball /
circle)円(丸)/ 玉 / 丸

bulat-bulat [ブラ(ト) ブラ(ト)]
(英 entirely)まるごと

bulik [ブリッ](英 aunt)おば(父母の妹)

bulir [ブリル]
(英 ear (of a grain) / grain)穂 / 粒

bulu [ブル](英 wool / brush / feather)
(動植物やブラシなどの)毛 / (鳥の)羽毛

bulu babi [ブル バビ]
(英 sea urchin)ウニ

bulu mata [ブル マタ]
(英 eyelash)まつ毛

bumbu [ブンブ](英 seasoning)調味料

bumi [ブミ](英 the Earth / the earth
[ground / ground])地球 / 大地 / 地面

buncis [ブンチス]
(英 common bean)インゲン豆

bundar [ブンダル]
(英 round / spherical)円い / 丸い

bunga [ブン(グ)ア](英 flower / interest)
花 / 利子 / 利息

bunga bank [ブン(グ)ア バンク]
(英 (bank) interest)金利

bunga matahari [ブン(グ)ア マタハリ]
(英 sunflower)ヒマワリ

bunga sakura [ブン(グ)ア サクラ]
(英 cherry blossoms)桜

bungkus obat [ブンクス オバ(ト)]
(英 cartridge)薬包(やくほう)

bungkusan [ブンクサン]
(英 package)包み

B

buntu [ブントゥ]
(嬢 to reach to a deadlock)行き詰る

bunuh [ブヌー](嬢 to kill)殺す

bunuh diri [ブヌー ディリ]
(嬢 (to commit) suicide)自殺(する)

bunuh diri bersama
[ブヌー ディリ ブルサマ](嬢 (to commit)
double suicide)心中(する)

bunyi [ブニィ](嬢 sound / noise)
音 / ノイズ / 物音

bunyi bising [ブニィ ビスィン(グ)]
(嬢 noise)雑音 / 騒音 / ノイズ

buram [ブラム](嬢 to become obscure)
曇る(不透明になる)

burger [ブルグル]
(嬢 hamburger)ハンバーガー

bursa [ブルサ]
(嬢 (stock) exchange)取引所

Bursa Éfék Jakarta
[ブルサ エフェッ ジャカルタ]
(嬢 Jakarta Stock Exchange)
ジャカルタ証券取引所

bursa saham [ブルサ サハム]
(嬢 stock [equity] market)株式市場

buru [ブル](嬢 to hunt / to pursue)
狩猟する / 追求する / 追う

buruan [ブルアン](嬢 prey / wanted
person)獲物 / お尋ね者 / 指名手配者

buru-buru [ブル ブル]
(嬢 in a hurry)急いでいる

buruh [ブルー](嬢 laborer)労働者

buruh pabrik [ブルー パブリッ]
(嬢 worker)工員

buruk [ブルッ](嬢 be in a bad condition /
poor / bad)不調な / 悪い(基準に合わな
い) / 劣っている

buruk rupa [ブルッ ルパ](嬢 ugly)醜い

burung [ブルン(グ)](嬢 bird)鳥

burung hantu [ブルン(グ) ハントゥ]
(嬢 owl)フクロウ

burung layang-layang
[ブルン(グ) ラヤン(グ) ラヤン(グ)]
(嬢 swallow)ツバメ

burung migrasi [ブルン(グ) ミグラスィ]
(嬢 migratory bird)渡り鳥

burung pipit [ブルン(グ) ピピ(ト)]
(嬢 sparrow)スズメ

burung unta [ブルン(グ) ウンタ]
(嬢 ostrich)ダチョウ

bus [ブス](嬢 bus)バス

bus pariwisata [ブス パリウィサタ]
(嬢 sightseeing bus)観光バス

busa cukur [ブサ チュクル](嬢 shaving
cream)シェービングクリーム

busana [ブサナ](嬢 fashion / clothes)
ファッション / 服装

busuk [ブスッ](嬢 rotten)腐った

busur [ブスル](嬢 bow)弓

buta [ブタ](嬢 blindness)盲目

buta huruf [ブタ フルフ]
(嬢 illiterate)文盲の

buta warna [ブタ ワルナ]
(⚑ color blind)色盲の

butir [ブティル] (⚑ grain)粒

butiran [ブティラン] (⚑ grain)粒

bypass [バイパス] (⚑ bypass)バイパス

C

cabai [チャバイ] (⚑ chili)唐辛子

cabang [チャバン(グ)] (⚑ branch)
枝 / 支部 / 支店 / 部門

cabul [チャブル] (⚑ pornographic)猥褻な

cabut [チャブ(ト)] (⚑ to pull out [up] / to run away)引き抜く / 抜け出す / ずらかる

cacah [チャチャー] (⚑ minced)
細かく切り刻む

cacar [チャチャル] (⚑ pox)天然痘 / 痘瘡

cacar air [チャチャル アイル]
(⚑ chicken pox / varicella)水疱瘡

cacat [チャチャ(ト)] (⚑ inconvenient / defective)不自由な / 不良な

caci maki [チャチ マキ]
(⚑ swear words)罵り / 悪態

cacing [チャチン(グ)] (⚑ worm)ミミズ

cadangan [チャダン(グ)アン]
(⚑ spare / reserve / substitute)
スペア / 予備 / 補欠

cadar [チャダル] (⚑ veil)ベール

cahaya [チャハヤ]
(⚑ light)光 / ライト / 明かり

cahaya matahari [チャハヤ マタハリ]
(⚑ sunlight / sunshine)日光 / 陽射し

cair [チャイル] (⚑ liquid / melted / weak)
液状の / 溶けた / (お茶などが)薄い

cairan [チャイラン]
(⚑ liquid / fluid)液 / 液体

cairan antiséptik
[チャイラン アンティセッテイ(ク)]
(⚑ antiseptic solution)消毒液

cairkan [チャイルカン]
(⚑ to melt / to liquidize / to dilute)
溶かす / 液状にする / 薄める

cakalang [チャカラン(グ)]
(⚑ skipjack tuna)カツオ

cakap [チャカ(プ)] (⚑ good-looking / handsome)ハンサムな

cakar [チャカル] (⚑ claw / to scratch)
(かぎ)爪 / 引っ掻く

cakrawala [チャクラワラ]
(⚑ horizon)天空 / 地平

calon [チャロン] (⚑ candidacy / candidate)候補 / 候補者

camar [チャマル] (⚑ seagull)カモメ

camilan [チャミラン] (⚑ snack)おやつ

camkan [チャムカン]
(⚑ to note carefully)わかる

campak [チャンバッ] (⚑ to throw (away))投げる / 投げ捨てる

campakkan [チャンパッカン]
(⚑ to chuck)投げる / 放る

campur [チャンプル]（＠ to mix / mixed）
混ぜる / 混ざった / 足す / プラス /
介入する

campur tangan [チャンプル タン(ゲ)アン]
（＠ interference / to interfere）
介入(する) / 干渉(する)

campuran [チャンプラン]
（＠ mixture）混合

campurbaurkan [チャンプルバウルカン]
（＠ to mix）混ぜ合わせる

candaan [チャンダアン]（＠ joke）ジョーク

canggih [チャンギー]
（＠ sophisticated）高性能な

canggung [チャングン(グ)]
（＠ awkward / embarrassed）
不器用な / ぎこちない / きまり悪い

cangkang [チャンカン(グ)]（＠ shell /
the back）殻 /（亀や蟹の）甲羅

cangkir [チャンキル]
（＠ cup / rice bowl）カップ / 茶碗

cangklong [チャンクロン(グ)]
（＠ pipe）パイプ（喫煙具）

cangkul [チャンクル]（＠ hoe / to hoe）
くわ /（くわで）耕(たがや)す

cantik [チャンティッ]
（＠ beautiful / charming / cute）
きれいな / かわいい / かわいらしい

cantum [チャントゥム]
（＠ to list）記載する / 明記する

cantumkan [チャントゥムカン]
（＠ to list）記載する / 明記する

cap [チャ(プ)]（＠ signature stamp）印鑑

cap jari [チャ(プ) ジャリ]
（＠ fingerprint）指紋

cap pos [チャ(プ) ポス]（＠ postmark）消印

capai [チャパイ]（＠ to achieve / to reach）
達成する / 達する / 届く

cara berpikir [チャラ ブルピキル]
（＠ way of thinking）考え方

cara hidup [チャラ ヒドゥ(プ)]（＠ lifestyle）
ライフスタイル / 生活様式

cara pakai [チャラ パカイ]
（＠ usage）使用法

cara pandang [チャラ パンダン(グ)]
（＠ viewpoint）見方

cara pembayaran [チャラ プンバヤラン]
（＠ payment method）支払方法

cara pembuatan [チャラ プンブアタン]
（＠ manufacturing method）製法

cara penggunaan [チャラ プングナアン]
（＠ how to use / usage）使い道 / 用法

cari [チャリ]（＠ to look for / to search /
to look up）探す / 検索する /（辞書を）
引く

carik [チャリッ]（＠ to tear up / torn / piece）
引き裂く / 引き裂かれた / 〜枚(助数詞)

carter [チャルトゥル]（＠ charter / to charter）
チャーター(する)

cas [チャス]（＠ charge / to charge）
充電(する) / 電荷

cat [チャ(ト)]（＠ paint）塗料 / ペンキ

catat [チャタ(ト)]（＠ to record /
to note down）記録する / メモする

catatan [チャタタン] (麹 note / memo / recording) 注 / メモ / 記録

catatan harian [チャタタン ハリアン]
（麹 diary) 日誌 / 日記

catut [チャトゥ(ト)] (麹 pliers) ペンチ

cawan [チャワン] (麹 small bowl) 茶碗

cedera [チュドゥラ] (麹 injury / to be damaged / to get injured)
怪我 / 損傷する / 負傷する

cegah [チュガー]
（麹 to prevent) 防ぐ / 予防する

cegukan [チュグカン] (麹 hiccough / to hiccup) しゃっくり(する)

cék [チェッ] (麹 check) 小切手 / チェック

cekatan [チュカタン] (麹 skillful) 器用な

cékér [チェケル] (麹 claw / chicken claw)
爪が長い足 / 鶏の足

cekung [チュクン(グ)] (麹 sunken) 窪んだ

celaan [チュラアン] (麹 verbal abuse) 悪口

celah [チュラー] (麹 chink) 隙 / 隙間

celaka [チュラカ] (麹 damn / terrible / unfortunate) 畜生 / ひどい / 不幸な

celana [チュラナ] (麹 pants / slacks / trousers) パンツ / スラックス / ズボン

celana dalam [チュラナ ダラム]
（麹 underpants) パンツ(下着)

celana dalam wanita
[チュラナ ダラム ワニタ] (麹 shorts) ショーツ

celana jins [チュラナ ジンス]
（麹 jeans) ジーパン

celana ketat [チュラナ クタ(ト)]
（麹 tights / leggings) タイツ / レギンス

celana panjang [チュラナ パンジャン(グ)]
（麹 long trousers) 長ズボン

celemék [チュルメッ]
（麹 apron) エプロン

cemas [チュマス] (麹 to feel nervous / be anxious) はらはらする / 不安な

cemburu [チュンブル]
（麹 to feel jealousy / jealousy)
嫉妬する / 嫉妬深い / やきもち

cemerlang [チュムルラン(グ)]
（麹 excellent / glorious)
優秀な / 優れた / 光輝く

cendawan [チュンダワン]
（麹 mushroom) キノコ

cendekiawan [チュンドゥキアワン]
（麹 intellectual) 知識人

cendera mata [チュンドゥラ マタ]
（麹 souvenir) 土産 / 記念品

cenderung [チュンドゥルン(グ)]
（麹 to tend to / inclined)
〜する傾向がある / 〜に心が傾く

céndol [チェンドル] (麹 cendol)
チェンドル(緑豆ゼリーのデザート)

cengkéh [チュンケー]
（麹 clove) 丁子(ちょうじ) / クローブ

cepat [チュパ(ト)] (麹 rapid / quick / speedy / fast)
速い / 早急な / 迅速な / 早い

cepat marah [チュパ(ト) マラー]
（麹 short-tempered) 短気な

cepat naik darah ［チュパ(ト) ナイッ ダラー］
（⊛ short temper）短気

cepat-cepat ［チュパ(ト) チュパ(ト)］
（⊛ quickly）早く / 急いで

cepatnya ［チュパ(ト)ニャ］
（⊛ quickness）迅速

ceplas-ceplos ［チュプラス チュプロス］
（⊛ talk up）ずばずばと言う

cerah ［チュラー］（⊛ bright / fine /
to clear）あざやかな / 晴れ / 晴れる

cerai ［チュライ］（⊛ divorce /
to be divorced）離婚（する）

ceramah ［チュラマー］（⊛ lecture / nag）
講演 / 説教（叱責）

cerdas ［チュルダス］（⊛ wise / smart）
賢い / スマートな

cerdik ［チュルディッ］
（⊛ intelligent）賢い / 利口な

cérék ［チェレッ］（⊛ kettle）やかん

ceréwét ［チュルウェ(ト)］
（⊛ disgusting）不快な

céri ［チェリ］（⊛ cherry）さくらんぼ

ceria ［チュリア］
（⊛ cheerful）明るい / 元気な

cerita ［チュリタ］
（⊛ story / theme）話 / 物語 / 話題

cerita anak ［チュリタ アナッ］
（⊛ fairy tale）童話

cerita dongéng ［チュリタ ドン(グ)エン(グ)］
（⊛ fairy tale）おとぎ話

cerita panjang ［チュリタ パンジャン(グ)］
（⊛ full-length (novel)）長編

cerita péndék ［チュリタ ペンデッ］
（⊛ short story）短編

cerita rakyat ［チュリタ ラッヤ(ト)］
（⊛ folk tale）民話

cermat ［チュルマ(ト)］
（⊛ punctilious / strict / careful）
几帳面な / 厳密な / 丁寧な

cermin ［チュルミン］（⊛ mirror）鏡

cerminan ［チュルミナン］
（⊛ reflection）反映（するもの）

cerminkan ［チュルミンカン］
（⊛ to reflect）反映する

cerna ［チュルナ］（⊛ to digest / digested）
消化する / 理解する / 消化された

ceroboh ［チュロボー］
（⊛ careless / rude / reckless）
いい加減な / 杜撰（ずさん）な / 不注意な

cerobong asap ［チュロボン(グ) アサ(プ)］
（⊛ chimney）煙突

cerpén ［チュルペン］（⊛ short story）短編

ceruk ［チュルッ］（⊛ alcove）くぼみ

cerutu ［チュルトゥ］（⊛ cigar）葉巻

cétak ［チェタッ］（⊛ print）印刷

cétakan ［チェタカン］（⊛ print）版画

cétakan pertama ［チェタカン プルタマ］
（⊛ the first edition）初版

cétakan ulang ［チェタカン ウラン(グ)］
（⊛ reprinting）転載

cétek [チェテッ]（愚 shallow）浅い

cetus [チュトゥス]（愚 to spark / suddenly say）飛び散る / とポツンと言う

chéck-in [チェク イン]
（愚 check-in）チェックイン

chéck-out [チェク アウ(ト)]
（愚 check-out）チェックアウト

chéf [シェフ]（愚 chef）シェフ

cicak [チチャッ]
（愚 lizard）ヤモリ / トカゲ

cicil [チチル]（愚 installment）分割払い

cicip [チチ(プ)]（愚 tasting）味見

Cina [チナ]（愚 China）中国

cincang [チンチャン(グ)]
（愚 to chop up）細かく刻む

cincin [チンチン]（愚 ring）指輪

cinta [チンタ]（愚 love）愛 / 恋

cinta bertepuk sebelah tangan
[チンタ ブルトゥプッ スブラー タン(グ)アン]
（愚 one-side love）片想い

cinta monyét [チンタ モニェ(ト)]
（愚 puppy love）幼い恋

cinta sesama jenis
[チンタ ススマ ジュニス]
（愚 homosexuality）同性愛

cinta tidak berbalas
[チンタ ティダッ ブルバラス]
（愚 one-side love）片想い

cipta [チプタ]（愚 to invent / to create）
発明する / 作り出す

ciptaan [チプタアン]（愚 invention / creation）発明 / 作品 / 創造物

ciri [チリ]（愚 characteristic）特徴

ciri-ciri [チリ チリ]（愚 characteristic）特徴

cita rasa [チタ ラサ]
（愚 taste）好み / 味覚 / 味

cita-cita [チタ チタ]
（愚 ambition）夢 / 願望 / 志

citra [チトラ]（愚 image）イメージ

cium [チウム]（愚 to kiss）キスする

ciuman [チウマン]（愚 kiss）キス

cocok [チョチョッ]（愚 matching / suitable）ぴったり合った / ふさわしい

cokelat [チョクラ(ト)]
（愚 chocolate）チョコレート

coklat [チョクラ(ト)]（愚 chocolate / brown）
チョコレート / 茶色の

colokan listrik [チョロカン リストリ(ク)]
（愚 plug）コンセント

combéran [チョンベラン]
（愚 drain sewer）下水溝

comblang [コンブラン(グ)]
（愚 matchmaker）縁結び役 / 仲人役

condong [コンドン(グ)]
（愚 inclined / slanting）傾いた / 斜めの

congék [チョン(グ)エッ]
（愚 runny ear / poor hearing）
【ジャワ語】耳垂れ / 耳が聞こえない

conténg [チョンテン(グ)]
（愚 check mark）チェックマーク

contoh [チョントー]
(爱 example / specimen / sample)
例 / 標本 / 見本 / サンプル / 模範

contoh fakta [チョントー ファクタ]
(爱 case) 事例

contoh teladan [チョントー トゥラダン]
(爱 model) 手本

corak [チョラッ] (爱 pattern) 柄 / 模様

corétan [チョレタン] (爱 graffiti) 落書き

cuaca [チュアチャ] (爱 climate / weather)
気候 / 気象 / 天気 / 天候

cuaca cerah [チュアチャ チュラー]
(爱 fine weather / clear sky)
快晴 / 晴天

cuaca hujan [チュアチャ フジャン]
(爱 rain) 雨天

cubit [チュビ(ト)]
(爱 to pinch) つねる / つまむ

cuci [チュチ] (爱 to wash / to develop)
洗う / 現像する

cuci dengan tangan
[チュチ ドゥン(グ)アン タン(グ)アン]
(爱 wash by hands) 手で洗う

cuci kering [チュチ クリン(グ)]
(爱 dry cleaners) ドライクリーニング

cuci mata [チュチ マタ] (爱 to feast
one's eyes) 目の保養をする

cucu [チュチュ] (爱 grandchild) 孫

cucuk [チュチュッ] (爱 beak) くちばし

cuka [チュカ] (爱 vinegar) 酢

cukai [チュカイ] (爱 tax) 税 / 税金

cukup [チュク(プ)] (爱 enough / quite)
充分な / 足りる / かなり

cukur [チュクル] (爱 to shave) 剃(そ)る

culik [チュリッ] (爱 to kidnap / to abduct)
連れ去る / 誘拐する

cuma [チュマ] (爱 just / merely)
単に / ただ / ほんの

cuma-cuma [チュマ チュマ]
(爱 free) 無料

cumi-cumi [チュミ チュミ] (爱 squid) イカ

curah hujan [チュラー フジャン]
(爱 rainfall) 降水量

curam [チュラム]
(爱 steep) 急傾斜の / 険しい

curang [チュラン(グ)]
(爱 corrupt / sly / mean)
ずるい / 卑怯な / 不正な

curi [チュリ] (爱 to steal) 盗む

curiga [チュリガ] (爱 suspicious)
疑わしく思う / 用心する

cuti [チュティ] (爱 holidays) 休暇

cuti berbayar [チュティ ブルバヤル]
(爱 paid vacation) 有給休暇

cuti bersama [チュティ ブルサマ]
(爱 consecutive holidays) 連休

cuti kuliah [チュティ クリアー] (爱 leave of
absence from school) 休学

cuti melahirkan [チュティ ムラヒルカン]
(爱 maternity leave) 産休

cuti mengasuh anak
[チュティ ムン(グ)アスー アナッ]
(英 childcare leave)育児休暇

D

dada [ダダ] (英 chest)胸

dadu [ダドゥ] (英 dice)サイコロ

daérah [ダエラー] (英 area / local)
地域 / 地方 / 区域

daérah aliran sungai
[ダエラー アリラン スン(グ)アイ] (英 basin)流域

daérah asal [ダエラー アサル]
(英 one's hometown)郷里

daérah bencana [ダエラー ブンチャナ]
(英 disaster area)被災地

daérah beriklim dingin
[ダエラー ブリクリム ディン(グ)イン]
(英 frigid zone)寒帯

daérah beriklim sedang
[ダエラー ブリクリム スダン(グ)]
(英 temperate zone)温帯

daérah jajahan [ダエラー ジャジャハン]
(英 colony)植民地

daérah penghasil
[ダエラー プン(グ)ハスィル]
(英 place of production)産地

daérah perumahan [ダエラー ブルマハン]
(英 residential area [district])住宅地

daftar [ダフタル] (英 chart / list)表 / リスト

daftar gaji [ダフタル ガジ]
(英 pay slip)給与明細書

daftar isi [ダフタル イスィ]
(英 table of contents)目次

daftar kosa kata [ダフタル コサ カタ]
(英 vocabulary notebook)単語帳

daftar nama [ダフタル ナマ]
(英 list of names)名簿

daftar riwayat hidup
[ダフタル リワヤ(ト) ヒドゥ(プ)] (英 resume)履歴書

daftar tarif [ダフタル タリフ]
(英 price list)料金表

dagang [ダガン(グ)] (英 trade / foreign)
取引 / 貿易 / 外来の

dagangan [ダガン(グ)アン]
(英 merchandise)商品

daging [ダギン(グ)] (英 meat)肉

daging anak domba
[ダギン(グ) アナッドンバ] (英 lamb)子羊の肉

daging anak sapi [ダギン(グ) アナッ サピ]
(英 veal)仔牛肉

daging ayam [ダギン(グ) アヤム]
(英 chicken)鶏肉

daging babi [ダギン(グ) バビ]
(英 pork)豚肉

daging cincang [ダギン(グ) チンチャン(グ)]
(英 minced meat)ひき肉

daging domba [ダギン(グ) ドンバ]
(英 mutton / lamb)マトン / ラム肉

daging giling [ダギン(グ) ギリン(グ)]
(英 minced meat)ひき肉

daging kambing [ダギン(グ) カンビン(グ)]
(英 chevon)山羊肉(やぎにく)

daging kambing muda
[ダギン(グ) カンビン(グ) ムダ](英 lamb)ラム肉

daging sapi [ダギン(グ) サピ]
(英 beef)牛肉

dagu [ダグ](英 chin)顎(あご)

dahaga [ダハガ]
(英 thirsty / to starve for / thirst)
喉が渇いた / 渇望する / 喉の渇き

dahak [ダハッ](英 phlegm)痰(たん)

dahan [ダハン](英 branch)枝

dahi [ダヒ](英 forehead)額 / おでこ

dahsyat [ダーシャ(ト)](英 furious)猛烈な

dahulu [ダフル](英 old days)昔

dahului [ダフルイ](英 to precede /
to lead)〜の前に来る / 〜に先行する /
〜に先駆ける

dahulukan [ダフルカン]
(英 to prioritize)優先する

daki [ダキ](英 dirt)垢(あか)

dakwa [ダクワ]
(英 charge / accuse)起訴する

dakwah [ダクワー]
(英 missionary activity)伝道活動

dalam [ダラム](英 within / inside /
inner / deep)〜以内 / 内 / 深い

dalam hati [ダラム ハティ]
(英 at heart)内心

dalam negeri [ダラム ヌグリ]
(英 domestic)国内

dalam perjalanan [ダラム プルジャラナン]
(英 on the way)途中の(道中の)

dalam sekejap [ダラム スクジャ(プ)]
(英 in a moment)一瞬にして

dalam sekejap mata
[ダラム スクジャ(プ) マタ]
(英 in an instant)とっさに

dalam toko [ダラム トコ]
(英 inside the store)店内

dalam waktu dekat
[ダラム ワクトゥ ドゥカ(ト)](英 sooner or later /
soon)いずれ(近々) / 近々

dalam waktu sekejap
[ダラム ワクトゥ スクジャ(プ)]
(英 in a moment)一瞬にして

dalang [ダラン(グ)](英 mastermind /
puppeteer)黒幕 / 影絵師

dalih [ダリー](英 excuse)
言い訳 / 口実 / 弁解

dalil [ダリル](英 point of contention /
theorem)論点 / 定理

damai [ダマイ](英 peaceful)平和な

dampak buruk [ダンパ(ク) ブルッ]
(英 bad influence [effects])悪影響

dampak négatif [ダンパッ ネガティフ]
(英 bad influence [effects])悪影響

dan [ダン](英 and)および / と / そして

dan lain-lain [ダン ライン ライン]
(英 and so on)〜など / 〜等々

dan sebagainya [ダン スバガイニャ]
(英 and the like)
〜など / およびそれに類するもの

dana [ダナ]（英 foundation / fund）
基金 / 資金

dana bantuan [ダナ バントゥアン]
（英 donation）義援金

danau [ダナウ]（英 lake）湖

dandan resmi [ダンダン ルスミ]
（英 dressing up）正装

dandanan [ダンダナン]（英 makeup）化粧

dandélion [ダンデリオン]
（英 dandelion）タンポポ

dangkal [ダンカル]
（英 shallow / be insufficient）
浅い / 浅い（経験・理解が）

dansa [ダンサ]（英 dance）ダンス

dapat [ダパ(ト)]（英 to get / to be found /
can）得る / もらう / 見つかる / 〜できる

dapur [ダプル]（英 kitchen）キッチン / 台所

dara [ダラ]（英 virgin）少女 / 処女

darah [ダラー]（英 blood）血液 / 血

darah daging [ダラー ダギン(グ)]
（英 relatives）
血が繋がっている / 親戚 / 親類

darat [ダラ(ト)]（英 land / inland）陸 / 内陸

daratan [ダラタン]（英 land）陸

dari ~ [ダリ]（英 from）〜から（場所・時間）

daring [ダリン(グ)]（英 online）オンライン

daripada [ダリパダ]（英 than）〜よりも

darmawisata [ダルマウィサタ]
（英 field trip）遠足

darurat [ダルラ(ト)]（英 emergency /
emergent / temporary）緊急

dasar [ダサル]（英 base / basic / bottom /
foundation）基礎 / 基本 / 土台 / 下地

dasar bedak [ダサル ブダ(ク)]
（英 foundation primer）化粧下地

dasar laut [ダサル ラウ(ト)]
（英 the seabed）海底

dasar pikiran [ダサル ピキラン]
（英 premise）前提

dasarnya [ダサルニャ]
（英 basically）基本的には

dasi [ダスィ]（英 necktie）ネクタイ

data [ダタ]（英 data）データ / 資料

datang [ダタン(グ)]（英 to come）来る

datang bulan [ダタン(グ) ブラン]
（英 menstruation）月経 / 生理

datang ke [ダタン(グ) ク]
（英 to attend）来場する

datang ke Jepang
[ダタン(グ) ク ジュパン(グ)]
（英 to arrive in Japan）来日する

datang mendekati
[ダタン(グ) ムンドゥカティ]
（英 to come near to）差しかかる

datang paling awal
[ダタン(グ) パリン(グ) アワル]
（英 come first）一番最初に来る

datar [ダタル]（英 flat）平らな

dataran [ダタラン]（英 field / plain）平野

D

dataran tinggi [ダタラン ティンギ]
(英 highland / plateau)
高原 / 高地 / 台地

daun [ダウン](英 leaf)葉

daun bawang [ダウン バワン(グ)]
(英 green [spring] onion)ネギ

daun paku [ダウン パク](英 fern)シダ

daun selada [ダウン スラダ]
(英 lettuce)レタス

daur ulang [ダウル ウラン(グ)]
(英 recycling)リサイクル

dawai [ダワイ](英 string)弦(げん)

daya [ダヤ]
(英 strength / power)作用 / 動力

daya apung [ダヤ アプン(グ)]
(英 buoyancy)浮力

daya ingat [ダヤ イン(グ)ア(ト)]
(英 memory)記憶力

daya kuda [ダヤ クダ]
(英 horsepower)馬力

daya listrik [ダヤ リストリ(ク)]
(英 electric power)電力

daya saing [ダヤ サイン(グ)]
(英 competitive edge)競争力

daya tahan [ダヤ タハン]
(英 stamina)持久力

daya tarik [ダヤ タリッ]
(英 gravitation / charm)引力 / 魅力

debar [ドゥバル](英 beat / to beat)
鼓動 / 鼓動を打つ

debaran jantung [ドゥバラン ジャントゥン(グ)]
(英 heartbeat / palpitation)
鼓動 / 動悸

debar-debar [ドゥバル ドゥバル]
(英 heartbeat / thrill / to get nervous)
ドキドキ(する) / はらはら(する)

débat [デバ(ト)]
(英 debate)討論 / ディベート

debu [ドゥブ](英 dust)埃(ほこり)

définisi [デフィニスィ](英 definition)定義

défisit [デフィスィ(ト)](英 in the red)赤字

dégénerasi [デゲネラスィ]
(英 degeneration)退化

degup [ドゥグ(プ)](英 beat / throbbing)
鼓動 / ドキドキ(心臓の音)

déhidrasi [デヒドラスィ]
(英 heatstroke)熱中症

dék [デッ](英 deck)甲板

dekat [ドゥカ(ト)](英 near / close)
近い / 身近な / 親しい / 似ている

déklamasi [デクラマスィ](英 declamation /
to read aloud)朗読 / 朗読する

déklarasi [デクララスィ](英 declaration /
proclamation)宣言 / 布告

dékorasi [デコラスィ](英 decoration /
ornamentation)デコレーション / 装飾

delapan [ドゥラパン](英 eight)8

delapan belas [ドゥラパン ブラス]
(英 eighteen)18

delapan buah [ドゥラパン ブアー]
(英 eight)8つ

delapan puluh [ドゥラパン プルー]
（愛 eighty）80

délegasi [デルガスィ]
（愛 delegation）代表団

delima [ドゥリマ]（愛 pomegranate）ザクロ

demam [ドゥマム]（愛 excitement / fever）
熱（熱中・興奮）/ 発熱

demam berdarah [ドゥマム ブルダラー]
（愛 dengue fever）デング熱

déménsia [デメンスィア]
（愛 dementia）認知症

demi [ドゥミ]（愛 each）〜ずつ

demikian [ドゥミキアン]
（愛 like that）そのように / そのような

démokrasi [デモクラスィ]
（愛 democracy）民主主義

démokratik [デモクラティッ]
（愛 democratic）民主的な

démokratis [デモクラティス]
（愛 democratic）民主的

démonstrasi [デモンストラスィ]
（愛 demonstration）デモンストレーション

denda [ドゥンダ]（愛 fine）罰金

dendam [ドゥンダム]（愛 grudge）恨み

dengan [ドゥン(グ)アン]（愛 with / by / and）
〜と一緒に / 〜付きの / 〜で / 〜と / 〜に

dengan baik [ドゥン(グ)アン バイッ]
（愛 well）良く

dengan berat hati
[ドゥン(グ)アン ブラ(ト) ハティ]
（愛 unwillingly）嫌々（いやいや）

dengan gampang
[ドゥン(グ)アン ガンバン(グ)]
（愛 without objection）すんなり

dengan giat [ドゥン(グ)アン ギア(ト)]
（愛 diligently）せっせと

dengan jelas [ドゥン(グ)アン ジュラス]
（愛 clearly / lucidly / considerably）
くっきり / はきはきと（話す・答えるなど）/
はっきり / めっきり

dengan kamar mandi
[ドゥン(グ)アン カマル マンディ]
（愛 with bathroom [shower room]）
バスルーム [シャワールーム] 付き

dengan kata lain [ドゥン(グ)アン カタ ライン]
（愛 in other words）言い換えれば

dengan keras [ドゥン(グ)アン クラス]
（愛 steadily）
どんどん（強く打ちつける音）

dengan kuat [ドゥン(グ)アン クア(ト)]
（愛 tightly）ぴったり（くっつく）

dengan lembut [ドゥン(グ)アン ルンブ(ト)]
（愛 gently）そっと

dengan mudah [ドゥン(グ)アン ムダー]
（愛 easily / without objection）
あっさりと（簡単に）/ すんなり

dengan pas [ドゥン(グ)アン パス]
（愛 perfectly）ピタリと

dengan rapi [ドゥン(グ)アン ラピ]
（愛 neatly）きちんと

dengan rukun [ドゥン(グ)アン ルクン]
（愛 to get along with）仲良く

dengan segera [ドゥン(グ)アン スグラ]
（愛 quickly）すぐに（急いで）

dengan sembrono
[ドゥン(グ)アン スンブロノ] (薁 carelessly)うっかり

dengan sendirinya
[ドゥン(グ)アン スンディリニャ] (薁 oneself / spontaneously)自ずから / ひとりでに

dengan sengaja [ドゥン(グ)アン スン(グ)アジャ]
(薁 expressly)わざわざ

dengan sering [ドゥン(グ)アン スリン(グ)]
(薁 frequently)頻繁(ひんぱん)に

dengan susah payah
[ドゥン(グ)アン ススアー パヤー] (薁 barely)辛うじて

dengan tegas [ドゥン(グ)アントゥガス]
(薁 decidedly / tidily)きっぱり / きちんと

dengan tekun [ドゥン(グ)アントゥクン]
(薁 intently)ひたすら

dengan teratur [ドゥン(グ)アントゥルアトゥル]
(薁 neatly)整然と

dengan tertib [ドゥン(グ)アントゥルテイ(ブ)]
(薁 tidily)きちんと

dengan tulus [ドゥン(グ)アントゥルス]
(薁 deeply)しみじみ

dengar [ドゥン(グ)アル] (薁 to hear / to listen)聞く / 耳にする / 従う

dengarkan [ドゥン(グ)アルカン] (薁 to listen carefully)聞く / 耳を澄ます

dengkur [ドゥン(グ)クル] (薁 snore / to snore)いびき / いびきをかく

dengkuran [ドゥンクラン] (薁 snore)いびき

dénsitas [デンスイタス] (薁 density)密度

denyut [ドゥニュ(ト)] (薁 beat)鼓動

denyutan [ドゥニュタン]
(薁 beat / pulse)鼓動 / 脈

denyutan nadi [ドゥニュタン ナディ]
(薁 pulse)脈拍(みゃくはく)

depan [ドゥパン] (薁 ahead / front)
先(前方) / 正面 / フロント / 前(前方)

departemén [デゥパルトゥメン]
(薁 department)課

déportasi [デポルタスイ]
(薁 deportation)強制送還

déposito [デポスイト]
(薁 (bank) fixed deposit)定期預金

déprési [デプレスイ]
(薁 depression / recession)鬱病 / 不況

dera [ドゥラ] (薁 flagellation)むち打ち

derajat [ドゥラジャ(ト)] (薁 angle / extent / degree)角度 / 程度 / 〜度(温度)

deras [ドゥラス]
(薁 heavy (rain))勢いが激しい

derau [ドゥラウ] (薁 noise)雑音

dérét [デレ(ト)] (薁 row)列

dérétan [デレタン] (薁 row)列 / 並び

derita [ドゥリタ] (薁 suffering / to suffer)
苦悩 / 悩み / 苦しむ

derma [ドゥルマ] (薁 donation / to donate)寄付 / 寄付する

dermaga [ドゥルマガ] (薁 pier)桟橋

dérmatitis [デルマティティス]
(薁 dermatitis)皮膚炎

désa [デサ]（英 countryside）村落 / 田舎

désa pertanian [デサ プルタニアン]
（英 farm village）農村

désain [デサイン]（英 design）デザイン

desak [ドゥサッ]（英 to urge / to push）
強く求める / 迫る / 押す

desakan [ドゥサカン]（英 insistence /
pressure）強い要求 / 圧力

desas-desus [ドゥサス ドゥスス]
（英 rumor）噂

Désémber [デセンブル]
（英 December）十二月

déskripsi [デスクリプスイ]
（英 description）記述

déstinasi [デスティナスイ]
（英 destination）目的地 / 行き先

détéktif [デテクティフ]
（英 detective）刑事 / 探偵

déterjén [デトゥルジェン]（英 detergent）洗剤

detik [ドゥティッ]（英 second）秒

detil [ドゥティル]（英 details / detailed）
細部 / 詳しい（詳細な）

dévisa [デフィサ]
（英 foreign currency）外貨

déwa [デワ]（英 god）神

déwan [デワン]（英 house of / council）
ホール / 議会 / 委員会 / 局

Déwan Perwakilan Rakyat
[デワン プルワキラン ラクヤ(ト)]
（英 People's Representative Council）
国民代議員（国会）

déwasa [デワサ]
（英 adult）大人 / 成人 / 成年

déwi [デウィ]（英 goddess）女神

di ~ [ディ]（英 in / at / on）
～において / ～における / ～で

di atas permukaan laut
[ディ アタス プルムカアン ラウ(ト)]
（英 above sea level）海抜（かいばつ）

di bawah umur [ディ バワー ウムル]
（英 underage）未成年の

di darat [ディ ダラ(ト)]（英 the land）陸上

di laut [ディ ラウ(ト)]（英 at sea）海上

di luar dugaan [ディ ルアル ドゥガアン]
（英 unexpected）意外な / 予想外の

di mana-mana [ディ マナ マナ]
（英 anywhere）どこでも / どこにも

di sebelah sini [ディ スブラー スィニ]
（英 this side）こちらへ

di suatu tempat [ディ スアトゥ トゥンパ(ト)]
（英 somewhere）どこか（肯定文）

di tengah jalan [ディ トゥン(グ)アー ジャラン]
（英 on the way）途中の（道中の）

di tengah-tengah
[ディ トゥン(グ)アートゥン(グ)アー]
（英 in the middle of ~）～の真ん中 / 途中

dia [ディア]（英 she / he）
彼女（代名詞）/ 彼（代名詞）

diabétes [ディアベトゥス]
（英 diabetes）糖尿病

diagnosis [ディアグノスィス]
（英 diagnosis）診断

diagram [ディアグラム] (英 chart / diagram)
図表 / ダイヤグラム

diagram prosés kerja
[ディアグラム プロセス クルジャ]
(英 process chart) 工程表

diajarkan [ディアジャルカン]
(英 to learn) 教わる

dialék [ディアレッ] (英 dialect) 方言

dialog [ディアロ(グ)] (英 conversation) 対話

diam [ディアム] (英 to stop talking /
be silent) 黙る / 沈黙する

diam-diam [ディアム ディアム]
(英 quietly) こっそり

diaméter [ディアメトゥル] (英 diameter) 直径

dian [ディアン] (英 light) 灯火

dianggap [ディアンガ(プ)]
(英 to be regarded) みなされる

diangkat [ディアンカ(ト)]
(英 be taken up / be accepted)
取り上げられる / 受け入れられる

dianugerahi [ディアヌグラヒ]
(英 to be awarded) 授けられる / 賜わる

diaré [ディアレ] (英 diarrhea) 下痢

diari [ディアリ] (英 diary) 日記 / 日誌

dibangun [ディバン(グ)ウン] (英 be built) 建つ

dibanjiri [ディバンジリ]
(英 to be flooded) 〜が氾濫する

dibatalkan [ディバタルカン]
(英 to be cancelled)
中止される / キャンセルされる

dibawa [ディバワ]
(英 to be brought / to be carried)
もたらされる / 運ばれる

dibawa masuk [ディバワ マスッ]
(英 to be brought in)
持ち込まれる / 連れて来られる

dibekukan [ディブクカン]
(英 frozen) 冷凍された

dibenahi [ディブナヒ]
(英 be put in order) 片づく

dibentuk [ディブントゥッ] (英 to be formed)
形成される / 築かれる

diberhentikan [ディブルフンティカン]
(英 to be dismissed / to be stopped)
解雇される / 止められる

diberkahi [ディブルカヒ]
(英 be blessed) 恵まれる

dibersihkan [ディブルスィーカン]
(英 clean down) 掃除される

dibesar-besarkan [ディブサル ブサルカン]
(英 to be exaggerated) 大げさに言う

dibesarkan [ディブサルカン]
(英 to grow) 育つ

dibiarkan [ディビアルカン]
(英 to be left as it is) 放置される

dibina [ディビナ]
(英 developed by) 育成される

dibinasakan [ディビナサカン]
(英 to be destroyed / to be devastated)
破壊される / 壊滅させられる

dibuang [ディブアン(グ)]
(英 to be thrown away) 捨てられる

dicabut haknya [ディチャブ(ト) ハッニャ]
（愛 be disqualified）失格する

dicelup [ディチュル(プ)]
（愛 be dyed）染まる

diceramahi [ディチュラマヒ]
（愛 to nag）説教する / 叱責する

didih [ディディー]
（愛 to boil）沸騰する / 沸く

didik [ディディッ(ク)]（愛 to educate）教育する

didikan [ディディカン]
（愛 upbringing / teaching）
教育 / しつけ

diékspor [ディエクスポル]
（愛 to be exported (by)）輸出される

diesél [ディスル]（愛 diesel (oil)）
ディーゼル油 / ディーゼルの

diét [ディエ(ト)]（愛 dieting）ダイエット

digalakkan [ディガラッカン]
（愛 to be encouraged）推奨される

digantung [ディガントゥン(グ)]
（愛 to be suspended / to be hung）
停止される / 停職にされる / 吊るされる

digelar [ディグラル]
（愛 take place）開催される

digelari [ディグラリ]
（愛 receive a title / honorary）
称号を授与される

digemari [ディグマリ]
（愛 to be liked）好まれる

digital [ディギタル]（愛 digital）デジタル

digoréng [ディゴレン(グ)]（愛 fried）揚げた

digunakan [ディグナカン]
（愛 to be used）使われる

digusur [ディグスル]
（愛 to move out of）立ち退く

diharapkan [ディハラ(プ)カン]
（愛 pleasant / desirable）
好ましい / 望ましい

dihormati [ディホルマティ]
（愛 to be respected）
尊敬される / 尊重される

diimpor [ディインポル]
（愛 to be imported (by)）輸入される

diinginkan [ディイン(グ)インカン]
（愛 to be wanted）欲しがられる

diiringi [ディイリン(グ)イ]
（愛 to be accompanied）
付き添われる / 同伴される

dijadikan [ディジャディカン]
（愛 to be made）〜に（なら）される

dijangkiti [ディジャンキティ]
（愛 to be infected with）〜に感染する

dijual [ディジュアル]（愛 to be sold）売られる

dijumpai [ディジュンパイ]
（愛 to be found）見つかる

dikalahkan [ディカラーカン]
（愛 to be defeated）負かされる / 負ける

dikaruniai [ディカルニアイ]
（愛 be blessed）恵まれる

dikenakan [ディクナカン]
（愛 to be charged）課される

dikenali [ディクナリ]（愛 to be known /
to be recognized）知られる / 認識される

dikerahkan [ディラーカン]
（働 to go to work）出勤する

dikotori [ディコトリ]
（働 to get dirty）汚れる

dikuatkan [ディクア(ト)カン]
（働 to fix）留まる（固定する）

dikukus [ディククス]（働 steamed）蒸した

dilahirkan [ディラヒルカン]
（働 be born）生まれる／誕生する

dilampiri [ディランピリ]
（働 to be attached (with)）添付される

dilancarkan [ディランチャルカン]
（働 to be launched）
立ち上げられる／打ち上げられる

dilarang [ディララン(グ)]
（働 to be forbidden／don't）
禁止される／〜してはならない

dilarang masuk [ディララン(グ) マスッ]
（働 no-entry／KEEP OUT）
進入禁止／立入禁止

dilarang memotrét
[ディララン(グ) ムモトレ(ト)]（働 photography is prohibited）撮影禁止

dilarang merokok [ディララン(グ) ムロコッ]
（働 no-smoking）禁煙

dilarang parkir [ディララン(グ) パルキル]
（働 no-parking）駐車禁止

dilengkapi [ディルンカピ]
（働 be equipped／to attach／be attached to）備わる／付属する

dilihat [ディリハ(ト)]
（働 to be looked at）見られる

dilukai [ディルカイ]
（働 to be hurt）傷つけられる

dimaafkan [ディマアッカン]
（働 forgiven）許される

dimajukan [ディマジュカン]
（働 to be developed／to be forwarded）
開発される／発展させられる／転送される

dimakan [ディマカン]
（働 to be eaten）食べられる

diménsi [ディメンスィ]（働 dimension）次元

dimiliki oléh [ディミリキ オレー]
（働 to belong to）属する

dimuat [ディムア(ト)]（働 be put on）載る

dimulai [ディムライ]
（働 to begin）開始する（始まる）

dinaikkan [ディナイッカン]
（働 to be raised）上げられる

dinamik [ディナミッ]
（働 dynamic）ダイナミックな／動的な

dinamis [ディナミス]（働 dynamic）動的

dinas [ディナス]
（働 work／duty）職務／勤務

dinding [ディンディン(グ)]（働 wall）壁

dingin [ディン(グ)イン]
（働 cold／to get cold／indifferent）
寒い／冷たい／冷える／冷淡な

dinihari [ディニハリ]（働 dawn）夜明け

dinosaurus [ディノサウルス]
（働 dinosaur）恐竜

dipahami [ディパハミ]
（働 to be understood）理解される

dipanggang [ディパンガン(グ)]
（愛 baked）焼いた

dipanggil [ディパンギル]
（愛 to be called）呼ばれる

dipaparkan [ディパパルカン]
（愛 be explained）説明される

dipenuhi [ディプヌヒ]
（愛 to be filled）満たされる

diperam [ディプラム]
（愛 keep *sth* to age or ripen it）
貯蔵する（果物を熟させる目的で）

diperbarui [ディプルバルイ]
（愛 be renewed）改定される

dipercayai [ディプルチャヤイ]
（愛 to be believed / to be trusted）
信じられる / 信用される

diperlukan [ディプルルカン]
（愛 to be needed）必要とされる

diperpanjang [ディプルパンジャン(グ)]
（愛 be extended）（時間を）延長する

dipilih [ディピリー]
（愛 to be selected）選ばれる

diploma [ディプロマ]（愛 diploma）
（短期大学を卒業した時に授与される）学位

diplomasi [ディプロマスイ]
（愛 diplomatic）外交

diplomat [ディプロマ(ト)]
（愛 diplomat）外交官

diplomatik [ディプロマティ(ク)]
（愛 diplomatic）外交（上）の

dipotrét [ディポトレ(ト)]
（愛 be photographed）写真を撮られる

dipulihkan [ディプリーカン]
（愛 to be restored / to be cured）
修復される / 取り戻される / 治療される

dirawat di rumah sakit
[ディラワ(ト) ディ ルマー サキ(ト)]
（愛 to go into the hospital）入院する

direbus [ディルブス]（愛 stewed / boiled）
煮込んだ / 煮た / ゆでた

diréktur [ディレクトゥル]（愛 director）所長

diréktur jénderal [ディレクトゥル ジュンドゥラル]
（愛 chief officer）長官

diri [ディリ]（愛 self）自身 / 自己

diri sendiri [ディリ スンディリ]
（愛 oneself / self）自己 / 自身 / 自分

dirigén [ディリゲン]（愛 conductor）指揮者

disampaikan [ディサンパイカン]
（愛 told by）伝えられる

disangka [ディサンカ]（愛 to be thought /
to be guessed）憶測される / 思い込まれる

disebabkan [ディスバ(ブ)カン]
（愛 because (of) / to be caused）
〜のせいで / 〜が原因で / 引き起こされる

diselamatkan [ディスラマ(ト)カン]
（愛 to be saved / to be rescued）
救われる / 救助される

diselenggarakan [ディスルンガラカン]
（愛 to be held at）開催される / 行われる

diselesaikan [ディスルサイカン]
（愛 terminated / end）終わらせる

disertasi [ディスルタスイ]
（愛 dissertation）博士論文

D

diséwa [ディセワ]
(愛 to be rented)賃貸される

disiplin [ディスィプリン]
(愛 teaching manners / discipline)
躾(しつけ) / 規律

diskon [ディスコン]
(愛 special sale / discount)
特売 / ディスカウント / 割り引き

diskon pelajar [ディスコン プラジャル]
(愛 student rate)学割料金

diskriminasi [ディスクリミナスィ]
(愛 discrimination)差別

diskualifikasi [ディスクアリフィカスィ]
(愛 disqualification)失格

diskusi [ディスクスィ](愛 discussion)
ディスカッション / 議論

disléksia [ディスレックスィア]
(愛 dyslexia)失読症

dispénsasi [ディスペンサスィ]
(愛 dispensation)免除

dispépsia [ディスペプスィア]
(愛 indigestion)消化不良

distraksi [ディストラクスィ]
(愛 distraction)目移り

distribusi [ディストリブスィ](愛 distribution)
配給 / 配布 / 分配 / 分布

distrik [ディストリッ](愛 district)区 / 地区

disukai [ディスカイ](愛 to be liked)
好かれる / 好まれる

disunting [ディスンティン(グ)]
(愛 to be edited)編集される

ditambah [ディタンバー]
(愛 to be added)追加される

ditanam [ディタナム]
(愛 to be buried)埋められる

ditangguhkan [ディタングーカン]
(愛 to be postponed)延期される

ditangkap [ディタンカ(プ)]
(愛 be captured)捕まる

ditentukan [ディテウントゥカン]
(愛 to be determined)決められる

diterima [ディトゥリマ]
(愛 to be received / to be accepted)
受け取られる / 受け入れられる

ditetapkan [ディテトゥタ(プ)カン]
(愛 to be fixed / to be designated)
定められる / 指定される

ditinggal mati [ディティンガル マティ]
(愛 to lose *sb*)死なれる

ditipu [ディティプ]
(愛 be tricked by)騙される

dititipi [ディティティピ](愛 to keep)預かる

ditugaskan [ディトゥガスカン]
(愛 to be assigned)任務を与えられる

ditukar [ディトゥカル]
(愛 be exchanged)換わる

ditulis [ディトゥリス]
(愛 to be written)書かれる

ditumis [ディトゥミス]
(愛 stir-fried)炒められる

diturunkan [ディトゥルンカン]
(愛 be inherited)遺伝される

diulang [ディウラン(ク)]
(英 repeat) 繰り返される

diwarisi [ディワリスィ]
(英 to be inherited) 受け継がれる

diwarnai [ディワルナイ] (英 to be colored)
〜で染まる / 色付けされる

doa [ドア] (英 prayer) 祈り / 祈願

dobel [ドブル] (英 double) ダブル

dodol [ドドル] (英 dodol)
ドドル (インドネシア羊羹 (ようかん))

dokter [ドクトゥル] (英 doctor) 医師 / 医者

dokter anak [ドクトゥル アナク]
(英 pediatrician) 小児科医

dokter bedah [ドクトゥル ブダー]
(英 surgical specialist) 外科専門医

dokter gigi [ドクトゥル ギギ]
(英 dentist) 歯科医 / 歯医者

dokter ginékologi [ドクトゥル ギネコロギ]
(英 gynecological specialist)
婦人科専門医

dokter ortopédik [ドクトゥル オルトペディク]
(英 orthopedic specialist)
整形外科専門医

dokter penyakit dalam
[ドクトゥル プニャキ(ト) ダラム]
(英 physician) 内科医

dokter spésialis [ドクトゥル スペスィアリス]
(英 medical specialist) 専門医

dokter spésialis bedah
[ドクトゥル スペスィアリス ブダー]
(英 surgical) 外科医

dokter spésialis bedah ortopédi
[ドクトゥル スペスィアリス ブダー オルトペディ]
(英 orthopedist) 整形外科医

dokter spésialis kedokteran jiwa
[ドクトゥル スペスィアリス クドクトゥラン ジワ]
(英 psychiatrist) 精神科医

dokter spésialis kulit
[ドクトゥル スペスィアリス クリ(ト)]
(英 dermatologist) 皮膚科医

dokter spésialis mata
[ドクトゥル スペスィアリス マタ]
(英 ophthalmologist / eye doctor)
眼科医

dokter spésialis obstétri dan ginékologi
[ドクトゥル スペスィアリス オプステトリ ダン ギネコロギ]
(英 obstetrics and gynecology /
gynecologist) 産婦人科医 / 婦人科医

dokter spésialis urologi
[ドクトゥル スペスィアリス ウロロギ]
(英 urologist) 泌尿器科医

doktor [ドクトル] (英 doctor) 博士

doktrin [ドクトリン] (英 doctrine) 教義 / 主義

dokumén [ドクメン]
(英 document) 書面 / 書類 / 文書

dolar [ドラル] (英 dollar) ドル

domba [ドンバ] (英 sheep) 羊

doméstik [ドメスティ(ク)]
(英 domestic) 国内の

dominan [ドミナン] (英 be superior to /
predominant) 優位な / 優勢な

dominasi [ドミナスィ] (英 superiority /
predominance) 優位 / 優勢

dompét [ドンペ(ト)] (英 wallet) 財布

dongak [ドン(グ)アッ]
(英 to look up) 仰ぐ / 見上げる

dongéng [ドン(グ)エン(グ)]
(英 tale / fable) 物語 / 作り話

donor [ドノル] (英 donor) ドナー

donor darah [ドノル ダラー]
(英 blood donation) 献血

dorong [ドロン(グ)] (英 to push) 押す (動かす)

dorongan [ドロン(グ)アン]
(英 encouragement / promotion /
motivation) 激励 / 奨励 / 推進 / 動機

dorongan hati [ドロン(グ)アン ハティ]
(英 impulse) 衝動

dosa [ドサ] (英 sin) (宗教・倫理上の) 罪

dosén [ドセン] (英 university-level
instructor) (大学の) 講師

dosis [ドスィス] (英 dose) 服用量

Dr. [ドットル] (英 hold a PhD) 博士

draf [ドラフ] (英 draft) 下書き

drama [ドラマ] (英 drama / performance)
ドラマ / 演劇

drastis [ドラスティス] (英 abruptness) 急激

dua [ドゥア] (英 two) 2

dua belas [ドゥア ブラス] (英 twelve) 12

dua buah [ドゥア ブアー] (英 two) 2つ

dua bulan yang akan datang
[ドゥア ブラン ヤン(グ) アカン ダタン(グ)]
(英 the month after next) 再来月

dua hari lalu [ドゥア ハリ ラル]
(英 the day before yesterday) 一昨日

dua minggu yang akan datang
[ドゥア ミング ヤン(グ) アカン ダタン(グ)]
(英 the week after next) 再来週

dua puluh [ドゥア プルー] (英 twenty) 20

dua puluh satu [ドゥア プルー サトゥ]
(英 twenty one) 21

dua tahun lalu [ドゥア タフン ラル]
(英 the year before last) 一昨年

dua tahun yang akan datang
[ドゥア タフン ヤン(グ) アカン ダタン(グ)]
(英 the year after next) 再来年

dua-duanya [ドゥア ドゥアニャ]
(英 both) 両方

duduk [ドゥドゥッ] (英 to sit down / sitting
down) 腰掛ける / 座る / 着席 (する)

duduk di bangku sekolah
[ドゥドゥッ ディ バンク スコラー]
(英 to attend school) 在学する

duél [ドゥエル] (英 fight out) 決闘する

duga [ドゥガ] (英 to guess / to expect)
推測する / 予期する

dugaan [ドゥガアン] (英 guess / supposition /
projection) 見当 / 推測 / 予測

duit [ドゥイ(ト)] (英 money) お金

duka [ドゥカ] (英 sorrow) 悲しみ

dukacita [ドゥカチタ] (英 sad / regretful)
悲しい / 遺憾な

dukungan [ドゥクン(グ)アン] (英 support /
assistance) 応援 / 支援 / 支持

dulang [ドゥラン(グ)] (英 tray)
(砂金を選び出すために使う)お盆

dulu [ドゥル] (英 once / pre- / before /
in advance / old days)
かつて / 以前 / 前もって / 昔

duluan [ドゥルアン]
(英 the front / first)先に / お先に

dungu [ドゥング] (英 foolish)馬鹿な

dunia [ドゥニア] (英 world / specific field /
the world)世界 / 世 / 世の中

dunia timur [ドゥニア ティムル]
(英 the East)東洋

dupa [ドゥパ] (英 incense stick)線香

duplikasi [ドゥプリカスィ]
(英 duplication)重複(同じもの)

duplikat [ドゥプリカ(ト)] (英 reproduction /
duplication)複製 / 重複(同じもの)

durhaka [ドゥルハカ]
(英 treacherous)親不孝な

duri [ドゥリ] (英 thorn)棘(とげ)

durian [ドゥリアン] (英 durian)ドリアン

dusta [ドゥスタ] (英 lie)嘘

dusun [ドゥスン] (英 village)村

duta [ドゥタ] (英 ambassador)使節 / 大使

duta besar [ドゥタ ブサル]
(英 ambassador)大使

DVD [ディーフェーデーィー] (英 DVD)DVD

dwi- [ドゥウィ]
(英 two- / double-)二〜 / 二重

dwibahasa [ドゥウィバハサ]
(英 bilingual)二言語の

E

écéran [エチェラン] (英 retailing)小売り

édar [エダル] (英 to distribute /
to circulate)配布する / 回覧する

édaran [エダラン] (英 circulation)回覧

édisi [エディスィ] (英 edition)版(改訂などの)

éditor [エディトル] (英 editor)編集者

éfék [エフェッ] (英 effect)効果 / 作用

éfék samping [エフェッ サンピン(グ)]
(英 side effect)副作用

éféktif [エフェクティフ] (英 effective)有効な

éfisiénsi [エフィスィエンスィ]
(英 efficiency)効率 / 能率

éfisiénsi bahan bakar
[エフィスィエンスィ バハン バカル]
(英 fuel efficiency)燃費

égo [エゴ] (英 egocentric / ego)
自己中心的な / 自我

égois [エゴイス] (英 egoist / selfish)
エゴイスト / わがままな

éh [エー] (英 eh / oh)
えっ / あれっ(驚きや不審を示す)

éjaan [エジャアン] (英 spelling)綴(つづり)

éka [エカ] (英 one / mono)一つ

ékologi [エコロギ]
(英 ecology)エコロジー

E

ékonomi [エコノミ]（愛 economy）経済

ékor [エコル]（愛 tail）尾 / しっぽ

ékosistém [エコシステム]
（愛 ecosystem）生態系

éks [エクス]（愛 ex- / former）元 / 旧

éksékusi [エクセクスィ]（愛 execution / enforcement）処刑 / 執行

éksékutif [エクセクティフ]
（愛 executive）重役

éksisténsi [エクスィステンスィ]
（愛 existence）生存

éksklusif [エクスクルスィフ]（愛 high-class / exclusive use）高級な / 専用

ékskrési [エクスクレスィ]（愛 excretion）排泄

ékspansi [エクスパンスィ]（愛 advancement / extension / expansion）進出 / 拡大 / 拡張

ékspédisi [エクスペディスィ]（愛 forwarding / exploration）回送 / 探検

ékspérimén [エクスペリメン]
（愛 experiment）実験

éksploitasi [エクスプロイタスィ]
（愛 exploitation / to exploit）
搾取 / 搾取する

éksplorasi [エクスプロラスィ]
（愛 exploration）探検

ékspor [エクスポル]（愛 export）輸出

éksprés [エクスプレス]
（愛 express (train)）急行

éksprési [エクスプレスィ]（愛 expression）
（感情・概念を表す）表現

éksprési mata [エクスプレスィ マタ]
（愛 expression in one's eyes）目付き

éksténsi [エクステンスィ]
（愛 extension / expansion）延長 / 拡張

ékstrak [エクストラッ]（愛 extract）エキス

ékstrakurikulér [エクストラクリクレル]
（愛 extracurricular）課外

ékstrim [エクストリム]
（愛 extreme / the extreme）
はなはだしい / 究極

ékualitas [エクアリタス]（愛 equality）同等

élak [エラッ]（愛 to avoid）避ける

elang [ウラン(グ)]（愛 eagle）鷲（わし）

élastis [エラスティス]（愛 soft）しなやかな

élastisitas [エラスティスィタス]
（愛 flexibility）柔軟さ

élegan [エレガン]（愛 elegant / graceful）
エレガントな / 華麗な / 上品な / 優美な

éléktrik [エレクトリッ]
（愛 electric）電気 / 電気の

éléktronik [エレクトロニッ]（愛 electron）電子

élemén [エルメン]
（愛 element）要素 / 元素

élit [エリ(ト)]（愛 the elite）エリート

élok [エロッ]（愛 graceful）優美な

e-mail [イーメイル]（愛 e-mail）Eメール

emak [ウマッ]（愛 mum）お母さん

emas [ウマス]（愛 gold）黄金 / 金

emas murni [ウマス ムルニ]
（趣 pure gold）純金

émbér [エンベル]（趣 bucket）バケツ

émbrio [エンブリオ]（趣 germ）胚芽（はいが）

embun [ウンブン]（趣 dew）露（つゆ）

embus [ウンブス]
（趣 to blow out）吹きかける / 吐く

émigran [エミグラン]
（趣 emigration）移民（外国への）

émisi [エミスィ]（趣 emission）排出

émosi [エモスィ]
（趣 emotion）気持ち / 感情

émosional [エモスィオナル]
（趣 emotional）感情的な

émpang [エンパン(グ)]
（趣 aquaculture pond）養殖池

empat [ウンパ(ト)]（趣 four）4

empat belas [ウンパ(ト) ブラス]
（趣 fourteen）14

empat buah [ウンパ(ト) ブアー]
（趣 four）4つ

empat musim [ウンパ(ト) ムスィム]
（趣 the four seasons）四季

empat puluh [ウンパ(ト) ブルー]
（趣 forty）40

empéng [ウンペン(グ)]
（趣 dummy）おしゃぶり

empuk [ウンプッ]（趣 soft）やわらかい

émulsi [エムルスィ]（趣 emulsion）乳剤

énak [エナッ]（趣 tasty / delicious /
comfortable）美味しい / 気持ちのよい

enam [ウナム]（趣 six）6

enam belas [ウナム ブラス]
（趣 sixteen）16

enam buah [ウナム ブアー]（趣 six）6つ

enam puluh [ウナム ブルー]（趣 sixty）60

éncér [エンチェル]（趣 weak / thin）
（液体が）薄い

énérgi [エネルギ]（趣 energy）エネルギー

enggan [ウンガン]（趣 to refuse）
～するのを嫌がる / ～したがらない

engkau [ウンカウ]（趣 you / your）
あなた（詩的表現）

énsiklopédia [エンスィクロペディア]
（趣 encyclopedia）百科事典

entah [ウンター]（趣 don't know /
perhaps）知らない / ～かもしれない

entah mengapa [ウンター ムン(グ)アパ]
（趣 somehow）なぜか

entahlah [ウンターラー]
（趣 I don't know）わからない

énzim [エンズィム]（趣 enzyme）酵素

épidémi [エピデミ]
（趣 epidemic）（病気の）流行 / 多発

épilépsi [エピレプスィ]
（趣 epilepsy）癲癇（てんかん）

éra [エラ]（趣 era）時代 / 年代

erang [ウラン(グ)]
（趣 to groan）唸る / うめく

E

erat [ウラ(ト)] (�English close / tight)
密接な / 親密な / 緊密な

Éropa [エロパ] (�English Europe) ヨーロッパ

és [エス] (�English ice) 氷

és batu [エス バトゥ]
(�English ice / ice cube) 氷 / 角氷

és kering [エス クリン(グ)]
(�English dry ice) ドライアイス

és krim [エス クリム]
(�English ice cream) アイスクリーム

ésa [エサ] (�English single) 単一の

éséi [エセイ] (�English essay) 随筆 / エッセー

ésénsi [エセンスイ] (�English essence) 肝心

éskalator [エスカラトル]
(�English escalator) エスカレーター

ésofagus [エソファグス]
(�English esophagus) 食道

ésok [エソッ] (�English tomorrow / later)
明日 / 今度 / 後で

éstimasi [エスティマスイ] (�English estimate /
estimation) 見積もり / 推定

étalase [エタラス] (�English show window)
ショーウィンドウ

étika [エティカ] (�English ethics) 倫理

étnik [エトニッ] (�English ethnic) 民族の / 人種の

éufémistis [エウフェミスティス]
(�English euphemistic) 婉曲的な / 遠回しな

évolusi [エフォルスイ] (�English evolution) 進化

F

faédah [ファエダー] (�English use / benefit) 効用

fajar [ファジャル] (�English dawn) 夜明け / 明け方

faks [ファクス] (�English fax) ファックス

fakta [ファクタ] (�English fact) 事実

faktor [ファクトル] (�English factor) 要因

fakultas [ファクルタス] (�English faculty) 学部

fana [ファナ] (�English transient) はかない

fantasi [ファンタスイ]
(�English fantasy) ファンタジー / 空想

farmasi [ファルマスイ] (�English pharmacy) 薬局

fasih [ファスィー] (�English fluent) 流暢な

fasilitas [ファスィリタス]
(�English facilities) 施設 / 設備

fatwa [ファトワ] (�English fatwa)
ファトワ (イスラムの教義に基づく裁定)

Fébruari [フェブルアリ] (�English February) 二月

fénoména [フェノメナ]
(�English phenomenon) 現象

féodal [フェオダル] (�English feudal) 封建

féri [フェリ] (�English ferry) フェリー

férméntasi [フェルメンタスイ]
(�English fermentation) 発酵

féstival [フェスティファル] (�English festival)
お祭り / フェスティバル

figur [フィグル] (�English physique) 体格

Filipina [フィリピナ]（薁 the Philippines）
フィリピン

film [フィルム]（薁 movie / film）
映画 / フィルム

filsafat [フィルサファ(ト)]
（薁 philosophy）哲学

final [フィナル]（薁 final）決勝 / 決勝戦

firasat [フィラサ(ト)]
（薁 intuition / premonition）勘 / 予感

firdaus [フィルダウス]（薁 paradise）楽園

firma [フィルマ]（薁 firm）会社 / 企業

firman [フィルマン]（薁 word of God）
神の言葉 / お告げ

fisika [フィスィカ]（薁 physics）物理

fitnah [フィ(ト)ナー]（薁 slander /
defamation）中傷 / 名誉毀損

fitrah [フィトラー]（薁 alms / natural instinct）
（断食明けの）喜捨(きしゃ) / 本能

fléksibel [フレクスィブル]（薁 flexibility /
soft / flexible）融通 / 柔軟な / 融通がきく

fluktuasi [フルクトゥアスィ]（薁 increase and
decrease / change）増減 / 変動

fokus [フォクス]（薁 focus / to focus）
焦点 / 集中する

folder [フォルドゥル]（薁 folder）フォルダー

folklor [フォルクロル]（薁 folkways）民俗

fon [フォン]（薁 font）字体

fondasi [フォンダスィ]
（薁 foundation）土台 / 下地

formal [フォルマル]（薁 regular）正規

formalitas [フォルマリタス]（薁 style）形式

format [フォルマ(ト)]
（薁 format）形式 / 書式 / フォーマット

formula [フォルムラ]（薁 formula）数式 / 公式

formulir [フォルムリル]（薁 form）書式 / 用紙

forum [フォルム]（薁 forum）フォーラム

fosil [フォスィル]（薁 fossil）化石

foto [フォト]（薁 photograph）写真

fotografer [フォトグラフル]
（薁 photographer）カメラマン

fotokopi [フォトコピ]（薁 copy）コピー / 複写

foya-foya [フォヤ フォヤ]
（薁 be extravagant with money）
浪費する

fraksi [フラクスィ]
（薁 faction (in parliament)）会派

frasa [フラサ]（薁 phrase）句 / フレーズ

frékuénsi [フレクエンスィ]
（薁 number of times）回数

friksi [フリクスィ]（薁 friction）摩擦

fungsi [フンスィ]（薁 function / work）
機能 / 働き

G

gabah [ガバー]
（薁 rice in the husk）籾(もみ)

gabungan [ガブン(グ)アン]（薁 combination）
組み合わせ / 結合 / 合同

gabus [ガブス]（慣 cork）コルク

gadai [ガダイ]（慣 pawn / to pawn）
質入れ / 質に入れる

gading [ガディン(グ)]（慣 ivory）象牙（ぞうげ）

gadis [ガディス]
（慣 little girl / young woman）
少女 / 若い女性

gaduh [ガドゥー]（慣 noisy）騒ぐ

gagah [ガガー]（慣 brave / strong / sturdy）
勇敢な / 屈強な / たくましい

gagak [ガガッ]（慣 crow）カラス

gagal [ガガル]
（慣 to fail / failure / to miss the mark）
失敗する / 不可 / 落第する

gagal panén [ガガル パネン]
（慣 a bad harvest）不作

gagang télépon [ガガン(グ) テレポン]
（慣 phone receiver）受話器

gagasan [ガガサン]
（慣 idea）アイデア / 構想

gaib [ガイ(ブ)]（慣 mysterious）神秘的な

gairah [ガイラー]
（慣 excitement / passion）興奮 / 情熱

gajah [ガジャー]（慣 elephant）象

gaji [ガジ]（慣 wages / pay）
給与 / 給料 / 賃金

gaji bulanan [ガジ ブラナン]
（慣 monthly salary）月給

gaji harian [ガジ ハリアン]
（慣 daily wage [pay]）日給

gaji mingguan [ガジ ミングアン]
（慣 weekly wage [pay]）週給

gaji tahunan [ガジ タフナン]
（慣 annual salary）年俸

galah [ガラー]（慣 pole）長い棒 / 竿（さお）

galaksi [ガラクスィ]（慣 the Galaxy）銀河

gali [ガリ]（慣 to dig）掘る

galian [ガリアン]
（慣 excavated object）発掘

gamang [ガマン(グ)]
（慣 afraid / nervous）恐怖感がある

gambar [ガンバル]（慣 illustration /
image / picture / diagram）
イラスト / 映像 / 画像 / ～図

gambaran [ガンバラン]
（慣 picture）イメージ / 描写

gamblang [ガンブラン(グ)]（慣 explicit /
clear）はっきり（話し方）/ 一目瞭然

gambut [ガンブ(ト)]（慣 peat）泥炭

game [ゲーム]（慣 game）ゲーム

gamelan [ガムラン]（慣 Gamelan）
ガムラン（インドネシアの伝統打楽器）

gampang [ガンパン(グ)]（慣 easy / simple）
楽な / 簡単な / (～し)やすい

ganas [ガナス]（慣 ferocious）
狂暴な / 獰猛な

ganda [ガンダ]（慣 double / multiple）
倍 / ダブル / 複数の

gandum [ガンドゥム]（慣 wheat）麦

gang [ガン(グ)]（慣 alley）路地

G

ganggu [ガング] (＠ to disturb)
妨げる / 邪魔する

gangguan [ガングアン]
(＠ harm / obstacle / disturbance /
trouble) 危害 / 邪魔 / 妨害 / 迷惑 / 面倒

gangguan pendengaran
[ガングアン プンドゥン(グ)アラン] (＠ deafness /
poor hearing) 難聴 / 難聴の

gangguan séksual [ガングアン セクスアル]
(＠ impotent) インポテンツ

ganja [ガンジャ] (＠ marijuana) 大麻

ganjil [ガンジル] (＠ strange / odd)
奇妙な / 変な / 奇数の

ganti [ガンティ] (＠ substitute / spare /
to replace) 代わり / スペア / 代える

ganti rugi [ガンティ ルギ]
(＠ compensation) 賠償金 / 弁償

gantian [ガンティアン]
(＠ by turns / take turns) 交代

gantung [ガントゥン(グ)]
(＠ to hang on / to suspend)
つるす / 掛ける / 停止する / 停職にする

gantungan [ガントゥン(グ)アン] (＠ hook /
hanger) 掛けるところ / ハンガー

gantungan kunci [ガントゥン(グ)アン クンチ]
(＠ key ring) キーホルダー

gara-gara [ガラ ガラ] (＠ because of)
〜のせい

garam [ガラム] (＠ salt) 塩

garang [ガラン(グ)] (＠ fierce / loud)
荒々しい / 派手な

garansi [ガランスィ] (＠ warranty) 保証書

garasi [ガラスィ]
(＠ garage) ガレージ / 車庫

garis [ガリス] (＠ line) 線 / 行 (ぎょう)

garis bawah [ガリス バワー]
(＠ underline) 下線

garis besar [ガリス ブサル]
(＠ outline) 大筋 / 概要

garis bujur [ガリス ブジュル]
(＠ longitude) 経度

garis depan [ガリス ドゥパン]
(＠ the forefront) 最前線

garis lengkung [ガリス ルンクン(グ)]
(＠ curved line) 曲線

garis lurus [ガリス ルルス]
(＠ straight line) 直線

garis putus-putus [ガリス プトゥス プトゥス]
(＠ broken line) 破線

garpu [ガルプ] (＠ fork) フォーク

garu [ガル] (＠ harrow) 熊手

gas [ガス] (＠ gas) ガス / 気体

gas alam [ガス アラム]
(＠ natural gas) 天然ガス

gas alam cair [ガス アラム チャイル]
(＠ liquid natural gas) 液化天然ガス

gas buang [ガス ブアン(グ)]
(＠ exhaust gas [fumes]) 排気ガス

gatal [ガタル] (＠ itchy) 痒 (かゆ) い

gaun [ガウン] (＠ gown) ロングドレス

gaung [ガウン(グ)] (英 echo)反響

gawai [ガワイ] (英 gadget)デジタル小物

gawang [ガワン(グ)] (英 goal)
ゴール(得点できる場所)

gay [ガイ] (英 gay)ゲイ

gaya [ガヤ] (英 style / pattern)
スタイル / 様式

gaya kalimat [ガヤ カリマ(ト)]
(英 style)文体

gaya penulisan [ガヤ プヌリサン]
(英 style)書き方 / 文体

gaya rambut [ガヤ ランブ(ト)]
(英 hairstyle)髪型 / ヘアスタイル

gedung [グドゥン(グ)]
(英 building)棟 / ビルディング

gedung parlemén [グドゥン(グ) パルルメン]
(英 Capitol / the Diet building)
議事堂 / 国会議事堂

gedung pertemuan
[グドゥン(グ) プルトゥムアン] (英 hall)会館

Gedung Putih [グドゥン(グ) プティー]
(英 White House)ホワイトハウス

gedung sekolah [グドゥン(グ) スコラー]
(英 school building)校舎

gegabah [グガバー] (英 careless)軽率な

gegar [グガル] (英 shaking)震え

gejala [グジャラ] (英 phenomenon /
symptom / omen)現象 / 症状 / 兆し

gejala penyakit [グジャラ プニャキ(ト)]
(英 symptom / medical condition)
症状 / 病状

gejolak [グジョラッ]
(英 fluctuation / flaming)波乱

geladak [グラダッ] (英 deck)デッキ / 甲板

gelagat [グラガ(ト)] (英 sign / omen)
気配 / 前兆 / 兆し

gelak [グラッ] (英 laughter)大笑い

gelak tawa [グラッ タワ]
(英 loud laugh)爆笑

gelang [グラン(グ)] (英 ring / bangle)
輪 / 腕輪 / 飾り輪

gelanggang [グランガン(グ)]
(英 court)コート(競技場)

gelap [グラ(プ)] (英 injustice / dark / deep)
黒い / 暗い / 濃い

gelap gulita [グラ(プ) グリタ]
(英 pitch-dark)真っ暗

gelar [グラル] (英 degree / title)
学位 / タイトル(肩書き)

gelas [グラス] (英 glass / cup(s) /
glass(es))コップ / 〜杯

gelédah [グレダー] (英 to search for)
捜索する / くまなく探す

gelembung [グルンブン(グ)] (英 bubble)泡

gelepar [グルパル]
(英 fluttering)もがき暴れる

geli [グリ] (英 tickle)くすぐったい

geliat [グリア(ト)] (英 to stretch /
to sprain)体を伸ばす / ねじる

gelincir [グリンチル] (英 to skid /
to derail)スリップする / 脱線する

gelisah [グリサー] (英 restless)
不安な / 落ち着かない

gelombang [グロンバン(グ)] (英 wave)波

gelombang dingin
[グロンバン(グ) ディン(グ)イン] (英 cold wave)寒波

gelombang péndék
[グロンバン(グ) ベンデッ] (英 short wave)短波

gelombang radio [グロンバン(グ) ラディオ]
(英 radio wave)電波

gema [グマ] (英 echo)こだま / 反響

gemar [グマル] (英 to like)好む

gemas [グマス] (英 cute)
食べてしまいたいぐらいかわいい

gembira [グンビラ] (英 be glad / glad)
喜ぶ / うれしい

gembok [グンボッ] (英 padlock)南京錠

gembor [グンボル]
(英 watering can)じょうろ

gembos [グンボス] (英 puncture)
【ジャワ語】パンク

gemerlap [グムラ(プ)]
(英 to glitter)きらきら光る / 輝く

gemerlapan [グムラパン]
(英 glitter)きらめき / 輝き

gemetar [グムタル] (英 to shiver)震える

gemilang [グミラン(グ)]
(英 shining / brilliant)光り輝く

gempa [グンパ] (英 quake)地震 / 振動

gempa bumi [グンパ ブミ]
(英 earthquake)地震

gempa susulan [グンパ ススラン]
(英 aftershock)余震

gempar [グンパル]
(英 in a commotion)大騒ぎの

gempur [グンプル] (英 to attack /
to destroy)討つ / 破壊する

gemuk [グムッ] (英 thick / chubby)
太い / 丸々とした

gemuruh [グムルー] (英 thundering)轟音

gén [ゲン] (英 gene)遺伝子

genap [グナ(プ)] (英 exact / even)
偶数の / 満

gencatan senjata [グンチャタン スンジャタ]
(英 cease-fire)停戦

gendak [グンダッ] (英 lover)愛人

gendang [グンダン(グ)] (英 drum)太鼓

gendang telinga [グンダン(グ) トゥリン(グ)ア]
(英 eardrum)鼓膜

génder [ゲンドゥル]
(英 gender)ジェンダー

géndong [ゲンドン(グ)]
(英 carry)抱く / だっこ / 背負う

géneralisasi [ゲネラリサスィ]
(英 generalization)一般化

génerasi [ゲヌラスィ]
(英 generation)世代

génerasi lama [ゲヌラスィ ラマ]
(英 old generation)旧世代

géng [ゲン(グ)] (英 gang / bunch)
ギャング / 【口語】連中

genggam [グンガム]
(簿 to grasp / to grip / handful)
つかむ / 握る / 一つかみ / 一握り

genit [グニ(ト)] (簿 coquettish)愛らしい

génius [ゲニウス](簿 genius)天才

génre [ゲンル](簿 genre)ジャンル

gentar [ゲンタル]
(簿 to become frightened)怯える

genténg [グンテン(グ)] (簿 tile)瓦(かわら)

genting [グンティン(グ)] (簿 critical)
危機的な

géografi [ゲオグラフィ]
(簿 geography)地理(学)

géologi [ゲオロギ](簿 geology)地質学

geraham [グラハム](簿 back tooth)奥歯

gerai [グライ](簿 stand)スタンド(店)

gerak [グラッ](簿 to move / movement)
動く / 移動する / 動き

gerakan [グラカン](簿 movement /
campaign)動き / 運動(社会的活動)

geram [グラム](簿 be enraged /
be indignant)激怒する / 憤慨する

gerbang [グルバン(グ)] (簿 gate / entrance
and exit)ゲート / 出入口 / 門

gerbang utama [グルバン(グ) ウタマ]
(簿 main gate)正門

gerbong [グルボン(グ)] (簿 carriage)車両

geréja [グレジャ](簿 church)教会

gergaji [グルガジ](簿 saw)鋸(のこぎり)

gerhana [グルハナ](簿 eclipse)食 / 蝕

gerhana bulan [グルハナ ブラン]
(簿 lunar eclipse)月食

gerhana matahari [グルハナ マタハリ]
(簿 solar eclipse)日食

gerigi [グリギ](簿 serration)ギザギザ

gérilya [ゲリルヤ](簿 guerrilla)ゲリラ

gérilyawan [ゲリルヤワン]
(簿 guerrilla)ゲリラ

gerobak [グロバッ](簿 cart / wagon)荷車

gerombolan [グロンボラン]
(簿 group / bunch)群 / 集団

gesit [グスィ(ト)] (簿 nimble / quick)
すばしこい / すばやい

géstur [ゲストゥル](簿 gesture)身振り

getah [グター](簿 rubber)ゴム

getar [グタル](簿 to shake)揺れる

getaran [グタラン](簿 vibration)振動

getir [グティル](簿 astringent)苦い / 渋い

giat [ギア(ト)] (簿 energetic / active)
熱心な / 活発な

gigi [ギギ](簿 tooth)歯

gigi geraham bungsu
[ギギ グラハム ブンス]
(簿 wisdom tooth)親知らず(歯)

gigi palsu [ギギ パルス]
(簿 dentures)入れ歯

gigi seri [ギギ スリ](簿 incisor tooth)門歯

gigih [ギギー]（英 determined）
粘り強い / 辛抱強い

gigit [ギギ(ト)]（英 to bite）
噛む / 咬む / (虫が)刺す

gigitan [ギギタン]（英 bite）
噛むこと / 咬むこと / (虫が)刺すこと

gigitan serangga [ギギタン スランガ]
（英 insect bite）虫刺され

gila [ギラ]（英 mad / crazy / super）
狂った / 夢中の /【口語】超〜

gila babi [ギラ バビ]
（英 epilepsy）癲癇（てんかん）

giling [ギリン(グ)]（英 to grind）
すりつぶす / 挽(ひ)く

giliran [ギリラン]（英 order）順番

gincu [ギンチュ]（英 lipstick）口紅

ginjal [ギンジャル]（英 kidney）腎臓

gips [ギプス]（英 plaster cast）ギプス

girang [ギラン(グ)]（英 joyful）
朗(ほが)らかな / うれしい

gitar [ギタル]（英 guitar）ギター

gizi [ギズィ]（英 nutrition / nourishment）
栄養 / 養分

global [グロバル]（英 global）グローバルな

globalisasi [グロバリサスィ]
（英 globalization）グローバリゼーション

goda [ゴダ]（英 to seduce / to tempt）
誘惑する / 誘い込む

godaan [ゴダアン]（英 temptation）誘惑

gol [ゴル]（英 goal）ゴール（得点すること）/
ゴール（得点できる場所）

golf [ゴルフ]（英 golf）ゴルフ

golongan [ゴロン(グ)アン]
（英 group / class）グループ / 階層

golongan darah [ゴロン(グ)アン ダラー]
（英 blood type）血液型

goncang [ゴンチャン(グ)]
（英 to shake）揺れる / 揺さぶる

goncangan [ゴンチャン(グ)アン]
（英 seismic intensity）震度

gondol [ゴンドル]（英 carry in mouth）
（口に)くわえる

gong [ゴン(グ)]（英 gong）銅鑼（どら）

gonggong [ゴンゴン(グ)]
（英 barking）吠(ほ)える

goréng [ゴレン(グ)]（英 to fry / fried）
揚げる / 炒める / 揚げた / 炒めた

gorés [ゴレス]（英 to scratch）ひっかく

gorila [ゴリラ]（英 gorilla）ゴリラ

gosip [ゴスィ(プ)]（英 rumor）噂(うわさ)

gosok [ゴソッ]（英 to rub / to polish / to iron）こする / 磨く / アイロンをかける

gosok gigi [ゴソッ ギギ]
（英 to brush one's teeth）歯磨きする

goyang [ゴヤン(グ)]（英 to shake / shaky）
揺らす / 揺れる / 揺らいだ

grafik [グラフィッ]（英 graph）グラフ

gram [グラム]（英 gram）グラム

gratis [グラティス](英 free)無料

gravitasi [グラフィタスィ](英 gravity)重力

grosir [グロスィル](英 wholesale)卸売

grup [グルプ]
(英 group)団体 / グループ / 班

gua [グア](英 cave)洞窟

gubah [グバー]
(英 to compose / to write)作曲する

gubahan [グバハン]
(英 (song) arrangement / composition)
作曲

gubernur [グベルヌル](英 governor)知事

gudang [グダン(グ)]
(英 warehouse)蔵 / 倉庫

gué [グエ](英 I)
【ジャカルタ方言】俺 / あたし

gugat [グガ(ト)](英 charge / accuse)訴える

gugatan [グガタン]
(英 appeal / indictment / lawsuit)
訴え / 起訴 / 訴訟

gugup [ググ(プ)](英 to get tense /
to get nervous)緊張する

gugur [ググル]
(英 to drop / to miscarry / war dead)
落ちる / 流産する / 戦死する / 失効する

gugurkan [ググルカン](英 to drop /
to omit / to have an abortion)
落とす / 省略する / 堕胎(だたい)する

gugurkan kandungan
[ググルカン カンドゥン(グ)アン](英 to have an
abortion)中絶する / 堕胎(だたい)する

gugus [ググス](英 bunch)房 / 束

gugusan [ググサン](英 bunch)群

gugusan bintang [ググサン ビンタン(グ)]
(英 constellation)星座

gugusan pulau [ググサン プラウ]
(英 archipelago)群島 / 諸島

gula [グラ](英 sugar)砂糖

gula-gula [グラ グラ](英 candy)飴

gulai [グライ](英 curry)
カレー汁で煮込んだおかず

gulingkan [グリンカン](英 to roll /
to overturn)転がす / くつがえす

gulung [グルン(グ)](英 to roll / roll)
巻く / 丸める / 巻いたもの

gumam [グマム](英 to mumble)つぶやく

gumaman [グママン]
(英 mumble)つぶやき

gumpal [グンパル](英 lump)かたまり

gumpalan [グンパラン]
(英 lumps)かたまり

guna [グナ](英 use)用途

guncangan [グンチャン(グ)アン]
(英 shaking / impact)動揺 / 衝撃

gunting [グンティン(グ)](英 scissors /
to cut)はさみ / (はさみで)切る

gunting kuku [グンティン(グ) クク]
(英 nail clippers)爪切り

gunung [グヌン(グ)](英 mountain)山

gunung berapi [グヌン(グ) ブルアピ]
(英 volcano)火山

gurau [グラウ](英 joke / to joke)
冗談 / 冗談を言う

gurauan [グラウアン]
(英 joke)冗談 / ジョーク

gurih [グリー](英 rich in taste /
delicious)旨味(うまみ)

guru [グル]
(英 teacher / master)教師 / 師

guru besar [グル ブサル]
(英 professor)教授

guruh [グルー](英 thunder)雷

gurun [グルン](英 desert)砂漠

gusi [グスィ](英 gums)歯茎(はぐき)

H

habis [ハビス]
(英 to run out)なくなる / 尽きる

habis-habisan [ハビス ハビサン]
(英 thorough)徹底的

hadang [ハダン(グ)](英 to block /
to prevent)立ちはだかる / 阻(はば)む

hadap [ハダ(プ)](英 to face)向く / 面する

hadapan [ハダパン](英 front)前 / 前方

hadapi [ハダピ]
(英 to face / to encounter)
直面する / 遭遇する

hadiah [ハディアー](英 gift / giveaway /
prize / reward / present)
贈り物 / 景品 / 賞 / 賞金 / 賞品 / 褒美

hadiah kenang-kenangan
[ハディアー クナン(グ) クナン(グ)アン]
(英 memorial)記念品

hadir [ハディル]
(英 present)出席する / 居合わせる

hadirin [ハディリン]
(英 audience)出席者 / 聴衆

hafal [ハファル](英 to memorize)
暗記する / 覚える

haid [ハイ(ド)](英 period / menstruation)
月経 / 生理

hajah [ハジャー](英 hajah)
ハジャ(メッカ巡礼をした女性)

hajat [ハジャ(ト)](英 wish / desire)願い事

haji [ハジ](英 pilgrimage / haji)
メッカ巡礼 / ハジ(メッカ巡礼をした男性)

hak [ハッ](英 right)権利

hak asasi manusia
[ハッ アサスィ マヌスィア]
(英 basic human rights)基本的人権

hak cipta [ハッ チプタ](英 copyright)
コピーライト / 著作権

hakikat [ハキカ(ト)]
(英 essence / substance)実質 / 本質

hakim [ハキム](英 judge)判事 / 裁判官

hal [ハル](英 thing / matter)
できごと / 事柄 / 事項 / 物事 / 用件

halal [ハラル](英 halal)ハラール

halaman [ハラマン](英 courtyard /
garden / page)中庭 / 庭 / ページ

H

halaman depan ［ハラマンドゥパン］
(英 front yard) 前庭

halaman sekolah ［ハラマン スコラー］
(英 schoolyard) 校庭

halang ［ハラン(グ)］(英 to prevent /
to obstruct / to block) 妨げる / 阻止する

halangan ［ハラン(グ)アン］(英 obstacle /
hindrance) 差し支え / 障害

halilintar ［ハリリンタル］(英 lightning) 落雷

halo ［ハロ］(英 hello) もしもし

halte ［ハルトゥ］(英 bus stop) 停留所

halte bus ［ハルトゥ ブス］
(英 bus stop) バス停

haluan ［ハルアン］(英 course /
orientation / bow) 方向 / 志向 / 船首

halus ［ハルス］(英 tender / graceful /
elaborate) 細やかな / しとやかな / 精巧な

halusinasi ［ハルスィナスィ］
(英 hallucination) 幻覚

ham ［ハム］(英 ham) ハム

hama ［ハマ］(英 insect pest) 害虫

hambar ［ハンバル］(英 tasteless / dry)
味のない / 気持ちがこもっていない

hambatan ［ハンバタン］(英 obstacle) 障害

hamburger ［ハンブルグル］
(英 hamburger) ハンバーガー

hamil ［ハミル］(英 be pregnant) 妊娠する

hampa ［ハンパ］(英 blank / futile)
うつろ(心・表情などが) / 空しい

hampa udara ［ハンパ ウダラ］
(英 vacuum) 真空

hampar ［ハンビル］(英 to spread) 広げる

hampir ［ハンビル］(英 close / almost /
about) 惜しい / 近い / ほとんど /
～しかける / ほぼ

hampir semua ［ハンビル スムア］
(英 almost all) 大概

hampir-hampir ［ハンビル ハンビル］
(英 almost) ～しそうになる

hancur ［ハンチュル］(英 be crushed /
devastated) 潰(つぶ)れる / 荒廃した

hancur luluh ［ハンチュル ルルー］
(英 fragmented / mess) 粉々な / 台無し

handuk ［ハンドゥッ］
(英 towel) タオル / 手ぬぐい

hangat ［ハン(グ)ア(ト)］(英 warm / sunny
place) あたたかい / 温暖な / 日向(ひなた)

hangus ［ハン(グ)ウス］(英 to burn) 焦げる

Hanoi ［ハノイ］(英 Hanoi) ハノイ

hantaman ［ハンタマン］
(英 crushing) (物理的) 衝撃

hantar ［ハンタル］(英 to send / to turn in)
送る / 提出する / 見送る / 派遣する

hantu ［ハントゥ］(英 ghost) お化け

hanya ［ハニャ］(英 only / exclusively /
just) ～だけ / たった / もっぱら / ほんの

hanyut ［ハニュ(ト)］(英 to drift / to stream
along) 漂う / 流れる(液体と共に物が)

hapus ［ハプス］(英 remove) 消す / 拭く

haram [ハラム]（㊨ forbidden / illegal）
イスラムで禁止された / 非合法の

harap [ハラ(プ)]（㊨ to hope / please）
願う / 望む / どうか〜して下さい

harapan [ハラパン]（㊨ expectation / hope）期待 / 希望 / 待望 / 有望な

harga [ハルガ]（㊨ price / value）
価値 / 価格 / 貴重 / 代金

harga anak [ハルガ アナッ]
（㊨ child price）子供料金

harga barang [ハルガ バラン(グ)]
（㊨ prices）物価

harga diri [ハルガ ディリ]（㊨ pride）自尊心

harga mati [ハルガ マティ]
（㊨ fixed price）
固定価格 / これ以上まけられない値段

harga pasaran [ハルガ パサラン]
（㊨ market price）市場価格 / 相場

harga pelajar [ハルガ プラジャル]
（㊨ student rate）学生料金

harga pokok [ハルガ ポコッ]
（㊨ the cost price）原価

harga tetap [ハルガ トゥタ(プ)]
（㊨ price）定価

hargai [ハルガイ]（㊨ to appreciate / to respect）感謝する / 尊重する

hari [ハリ]（㊨ the day of the week / day）
曜日 / 日

~ hari [ハリ]（㊨ ~ day）〜日間

hari besar [ハリ ブサル]
（㊨ national holiday）祝祭日

hari gajian [ハリ ガジアン]
（㊨ payday）給料日

hari ini [ハリ イニ]（㊨ today）今日

hari itu [ハリ イトゥ]
（㊨ that day）当日 / その日

hari Jumat [ハリ ジュマ(ト)]
（㊨ Friday）金曜日

hari Kamis [ハリ カミス]
（㊨ Thursday）木曜日

hari kelahiran [ハリ クラヒラン]
（㊨ birthday）誕生日

hari kerja [ハリ クルジャ]（㊨ business [work] day / weekday）営業日 / 平日

hari libur [ハリ リブル]（㊨ holiday）休日

hari Minggu [ハリ ミング]
（㊨ Sunday）日曜日

hari Rabu [ハリ ラブ]
（㊨ Wednesday）水曜日

hari raya [ハリ ラヤ]（㊨ holiday）祝日

hari Sabtu [ハリ サットゥ]
（㊨ Saturday）土曜日

hari Selasa [ハリ スラサ]
（㊨ Tuesday）火曜日

hari Senin [ハリ スニン]
（㊨ Monday）月曜日

hari tahun baru [ハリ タフン バル]
（㊨ New Year's Day）元日

hari yang lalu [ハリ ヤン(グ) ラル]
（㊨ the other day）先日

harian [ハリアン]（㊨ daily）毎日の / 日刊

harimau [ハリマウ]（⽞ tiger）虎

harmoni [ハルモニ]
（⽞ harmony）調和 / 調和した

harmonis [ハルモニス]
（⽞ harmonious）調和のとれた

harta [ハルタ]（⽞ wealth / property / treasure）財産 / 資産 / 宝

hartawan [ハルタワン]（⽞ rich person）富豪

harus [ハルス]（⽞ must）
〜しなければならない

hasil [ハスィル]（⽞ result / product / results）結果 / 産物 / 実績 / 成果

hasil karya [ハスィル カルヤ]
（⽞ work / product）作品

hasil kerajinan tangan
[ハスィル クラジナン タン(グ)アン]
（⽞ handicrafts）手芸品

hasil laut [ハスィル ラウ(ト)]（⽞ fisheries / marine products）水産 / 水産物

hasil penjualan [ハスィル プンジュアラン]
（⽞ sales）売り上げ

hasil pertanian [ハスィル プルタニアン]
（⽞ crops / farm products）作物 / 農産物

hasrat [ハスラ(ト)]（⽞ intention / long-desired / desire）志向 / 念願 / 欲望

hasrat séksual [ハスラ(ト) セクスアル]
（⽞ sexual desire）性欲

hasta karya [ハスタ カルヤ]
（⽞ handicraft）手工芸

hasut [ハス(ト)]（⽞ to incite）
けしかける / 煽(あお)り立てる

hati [ハティ]（⽞ heart / liver）心 / 肝臓

hati nurani [ハティ ヌラニ]
（⽞ conscience）良心

hati-hati [ハティ ハティ]（⽞ to be careful）
注意する / 気を付ける

haus [ハウス]（⽞ to thirst for / thirsty）
渇く / 渇いた

hawa [ハワ]（⽞ air / weather）
大気 / 空気 / 天気

hawa nafsu [ハワ ナフス]
（⽞ sexual desire）性欲

hayat [ハヤ(ト)]（⽞ life）生涯 / 生命

hébat [ヘバ(ト)]（⽞ great / marvelous / wonderful / spectacular）偉い / すごい / すばらしい / とんでもない

héboh [ヘボー]（⽞ chaotic）大騒ぎの

héktare [ヘクタル]（⽞ hectare）ヘクタール

héla nafas [ヘラ ナファス]（⽞ sigh）溜め息

helai [フライ]（⽞ sheet）
〜枚 / 〜着(助数詞)

hélikopter [ヘリコプトゥル]
（⽞ helicopter）ヘリコプター

hélm [ヘルム]（⽞ helmet）ヘルメット

hémat [ヘマ(ト)]（⽞ view / thrifty / attentive）見解 / 倹約家の / 注意い

hempas [フンパス]（⽞ to strike / to slam）打ちつける / バタンと閉める

hendak [フンダッ]
（⽞ to want (to) / will / to）
欲しい / 〜したい / 〜しようとする

henti [フンティ]（英 to stop / to quit）
止まる / やめる

hépatitis [ヘパティティス]（英 hepatitis）肝炎

hérba [ヘルバ]（英 herb）ハーブ

hérnia [ヘルニア]（英 hernia）ヘルニア

héroin [ヘロイン]（英 heroine）ヒロイン

héwan [ヘワン]（英 animal）動物

hias [ヒアス]（英 to decorate）飾る

hiasan [ヒアサン]（英 decoration）
飾り / 装飾 / デコレーション

hibernasi [ヒブルナスィ]
（英 hibernation）冬眠

hibrida [ヒブリダ]（英 hybrid）雑種

hiburan [ヒブラン]（英 entertainment）
娯楽 / エンターテインメント

hidang [ヒダン(グ)]（英 to serve /
to entertain）提供する / もてなす

hidangan [ヒダン(グ)アン]（英 serving）料理

hidangan penutup
[ヒダン(グ)アン プヌトゥ(プ)]（英 dessert）デザート

hidap [ヒダ(プ)]（英 to suffer from）
（病気に）かかる

hidrogén [ヒドロゲン]（英 hydrogen）水素

hidung [ヒドゥン(グ)]（英 nose）鼻

hidung belang [ヒドゥン(グ) ブラン(グ)]
（英 play boy）プレイボーイ / 女たらし

hidung berdarah [ヒドゥン(グ) ブルダラー]
（英 nosebleed）鼻血

hidup [ヒドゥ(プ)]（英 to live / human life /
to exist / banzai）生きる / 人生 /
生活する / 生存する / 万歳

hidup bersama [ヒドゥ(プ) ブルサマ]
（英 living together / to live together）
同居（する）

hidup dan mati [ヒドゥ(プ) ダン マティ]
（英 life or death）生死

hidup kembali [ヒドゥ(プ) クンバリ]
（英 to revive / to regenerate）
生き返る / 再生する（命）

hiérarki [ヒラルキ]
（英 hierarchy）ヒエラルキー

hijau [ヒジャウ]（英 green）緑

hijrah [ヒジュラー]（英 to migrate）移住する

hikayat [ヒカヤ(ト)]（英 tale / story）物語

hilal [ヒラル]（英 crescent (moon)）三日月

hilang [ヒラン(グ)]
（英 to disappear / be lost / missing）
消える / 無くなる / 行方不明

hilir [ヒリル]（英 downstream）下流 / 川下

himpit [ヒンピ(ト)]（英 to press）押し付ける

himpun [ヒンプン]（英 to assemble）
集う / 集合する

himpunan [ヒンプナン]
（英 association / club）集合 / 〜会

hina [ヒナ]（英 mean / to disdain /
to insult）卑しい / 軽蔑する / 侮辱する

Hindu [ヒンドゥ]（英 Hindu）ヒンドゥー

hingar-bingar [ヒン(グ)アル ビン(グ)アル]
（英 noisy）騒々しい / やかましい

hingga [ヒンガ]（愚 till）〜まで

hiperbola [ヒプルボラ]
（愚 exaggeration）誇張

hiperténsi [ヒプルテンスイ]
（愚 high-blood pressure）高血圧

hipokrit [ヒポクリ(ト)]（愚 hypocrite）偽善者

hipotésis [ヒポテスィス]
（愚 hypothesis）仮説

hiraukan [ヒラウカン]（愚 to pay
attention to）構う / 気に掛ける

hirup [ヒル(プ)]（愚 to sip / to inhale）
（液体を）すする /（空気を）吸う

hisap [ヒサ(プ)]（愚 to inhale / to suck）
（煙草や麻薬を）吸う / しゃぶる

hitam [ヒタム]（愚 black / dark）黒い

hitam legam [ヒタム ルガム]
（愚 black as coal）真っ黒

hitam pekat [ヒタム プカ(ト)]
（愚 pitch black）真っ黒

hitung [ヒトゥン(グ)]
（愚 to count）数える / 計算する

hiu [ヒウ]（愚 shark）鮫

hobi [ホビ]（愚 hobby）趣味

hoki [ホキ]（愚 good luck）幸運

homoséksual [ホモセクスアル]
（愚 homosexual）同性愛の

honorarium [ホノラリウム]
（愚 performance fee）ギャラ

horizontal [ホリゾンタル]
（愚 horizontality）水平

hormat [ホルマ(ト)]
（愚 to respect / respect / salute）
尊敬する / 尊重する / 敬意 / 敬礼

hormon [ホルモン]（愚 hormone）ホルモン

hotél [ホテル]（愚 hotel）ホテル

hubungan [フブン(グ)アン]
（愚 relationship / connection）
間柄 / 関係 / 仲 / 結び付き

hubungan darah [フブン(グ)アン ダラー]
（愚 blood relation）血縁関係

hubungan diplomatik
[フブン(グ)アン ディプロマティ(ク)]（愚 diplomatic
relations）外交関係 / 国交

hujan [フジャン]（愚 rain / to rain）
雨 / 雨が降る

hujan deras [フジャンドゥラス]
（愚 heavy rain）豪雨

hujan lebat [フジャン ルバ(ト)]
（愚 heavy rain）豪雨

hukum [フクム]（愚 rule / law）法則 / 法律

hukum ketenagakerjaan
[フクム クトゥナガクルジャアン]
（愚 labor law）労働法

hukum pengadilan
[フクム プン(グ)アディラン]
（愚 the judiciary）司法

hukuman [フクマン]（愚 punishment /
penalty）刑 / 刑罰 / 処罰 / 罰

hukuman mati [フクマン マティ]
（愚 capital punishment）死刑

hukuman penjara [フクマン プンジャラ]
（愚 imprisonment）懲役

H

hulu [フル] (英 upstream / inland / handle)
川上 / 上流 / 奥地 / 柄(え) / 持ち手

hulubalang [フルバラン(グ)]
(英 commander) 指揮官

humor [フモル] (英 humor) ユーモア

huni [フニ] (英 to reside) 居住する

hunian [フニアン]
(英 residential) 住宅 / 住居

huruf [フルフ]
(英 character / letter) 字 / 文字

huruf besar [フルフ ブサル]
(英 capital letter) 大文字

huruf braile [フルフ ブライル]
(英 braille) 点字

huruf cétak [フルフ チェタッ]
(英 a printing type) 活字

huruf Cina [フルフ チナ]
(英 Chinese character) 漢字

huruf kecil [フルフ クチル]
(英 small letter) 小文字

huruf Latin [フルフ ラテン]
(英 Roman alphabet) ローマ字

huruf miring [フルフ ミリン(グ)]
(英 italic character)
イタリック体(文字) / 斜字体

huruf tebal [フルフ トゥバル]
(英 bold letter) 太字

huru-hara [フル ハラ] (英 chaos / chaotic)
混乱 / 騒動 / 混乱した

hutan [フタン] (英 forest / woods)
森林 / 林 / 森

hutan bakau [フタン バカウ]
(英 mangrove swamp) マングローブ湿地

hutan rimba [フタン リンバ]
(英 jungle) ジャングル

hutang [フタン(グ)]
(英 borrowing / debt) 借り / 負債

hutang budi [フタン(グ) ブディ]
(英 debt of gratitude) 恩義

I

ia [イア] (英 he / she) 彼 / 彼女

ialah [イアラー] (英 be) 〜である

ibadah [イバダー] (英 religious service)
信仰上の義務

ibarat [イバラ(ト)] (英 like) 〜のごとく

iblis [イブリス] (英 devil) 悪魔

ibu [イブ] (英 mother) 母 / 母親

Ibu ~ [イブ] (英 Mrs. / Ms.) 〜さん(女性)

ibu hamil [イブ ハミル]
(英 pregnant woman) 妊婦

ibu jari [イブ ジャリ] (英 the thumb) 親指

ibu kota [イブ コタ] (英 capital city /
metropolis) 首都 / 都

ibu negara [イブ ヌガラ] (英 first lady)
ファーストレディー

ibu pejabat [イブ ブジャバ(ト)]
(英 senior officer (woman)) 高官(女性)

ibu rumah tangga [イブ ルマー タンガ]
(英 housewife) 主婦

ibunda [イブンダ] (英 mother) 母上

idaman [イダマン]（英 ideal）理想

idé [イデ]（英 idea）アイデア / 発想 / 観念

idéal [イデアル]（英 ideal）理想的な

idéntifikasi [イデンティフィカスィ]
（英 identification）鑑識 / 同定

idéntitas [イデンティタス]
（英 identity）アイデンティティー

idéologi [イデオロギ]
（英 ideology）イデオロギー

idiom [イディオム]
（英 idiom）イディオム / 熟語

idola [イドラ]
（英 idol）アイドル

Idul Adha [イドゥル アドハ]
（英 Sacrifice Feast (Islamic holiday)）
犠牲祭（イスラム教の祝日）

Idul Fitri [イドゥル フィトリ]（英 Idul Fitri (end
of Ramadhan celebration)）
断食明け大祭（イスラム教の祝日）

iga [イガ]（英 rib）肋骨（ろっこつ）

ijazah [イジャザー]
（英 certificate / diploma）卒業証書

ikal [イカル]（英 curly / wavy）
ウェーブした（髪）

ikan [イカン]（英 fish）魚

ikan bakar [イカン バカル]
（英 grilled fish）焼き魚

ikan gurami [イカン グラミ]
（英 gourami）グラミー（食用淡水魚）

ikan kakap [イカン カカ（プ）]
（英 sea bream）鯛（たい）

ikan koi [イカン コイ]（英 goldfish）錦鯉

ikan lélé [イカン レレ]（英 catfish）鯰（なまず）

ikan mas [イカン マス]（英 carp）鯉（こい）

ikan mas hias [イカン マス ヒアス]
（英 goldfish）金魚

ikan pari [イカン パリ]（英 ray）エイ

ikan paus [イカン パウス]（英 whale）鯨

ikan salmon [イカン サルモン]
（英 salmon）鮭（さけ）

ikan sardin [イカン サルディン]
（英 sardine）鰯（いわし）

ikan tongkol [イカン トンコル]
（英 bonito / mackerel tuna）
鰹（かつお）/ 須萬（すま）

ikan tuna [イカン トゥナ]（英 tuna）鮪（まぐろ）

ikat [イカ（ト）]（英 band / bundle / to tie）
束（たば）/ 縛る / 結ぶ

ikatan [イカタン]（英 knot / bundles /
connection）結び目 / 束（たば）/ つながり

ikhlas [イクラス]（英 sincere）誠実な

ikhtiar [イクティアル]（英 way / effort）努力

iklan [イクラン]（英 advertisement）広告

iklim [イクリム]（英 climate）気候 / 風土

ikon [イコン]（英 icon）アイコン

ikut [イク（ト）]（英 to follow / to join /
depending on）付いて行く / 従う /
たどる / 参加する / ～次第

ikut serta [イク（ト）スルタ]
（英 participate）参加する

ilégal [イレガル]（＠ illegal）非合法

ilham [イルハム]（＠ inspiration）
ひらめき / インスピレーション

ilmiah [イルミアー]（＠ scientific）科学的な

ilmu [イルム]（＠ knowledge / science）
学問 / 〜術

ilmu hukum [イルム フクム]
（＠ jurisprudence）法学

ilmu humaniora [イルム フマニオラ]
（＠ the humanities）人文科学

ilmu kedokteran [イルム クドゥトゥラン]
（＠ medical）医学

ilmu pengetahuan [イルム プン(グ)ウタフアン]
（＠ science / advanced learning /
studies）科学 / 学術 / 学問

ilmu pengetahuan alam
[イルム プン(グ)ウタフアン アラム]（＠ natural
science / science）自然科学 / 理科

ilmu pengetahuan sosial
[イルム プン(グ)ウタフアン ソスィアル]
（＠ social science）社会科学

ilmu téknik [イルム テクニッ]
（＠ engineering）工学

ilmuwan [イルムワン]（＠ scholar）学者

ilusi [イルスィ]（＠ illusion / phantom）
錯覚 / 幻

imaji [イマジ]（＠ image）想像 / イメージ

imajinasi [イマジナスィ]
（＠ imagination）想像

imam [イマム]（＠ imam）
イマーム（イスラムの礼拝の導師）

iman [イマン]（＠ faith）信仰心

imbalan [インバラン]（＠ reward）報酬

imbang [インバン(グ)]（＠ draw）引き分け

imbas [インバス]
（＠ aftereffect）影響 / 余波

imbuhan [インブハン]（＠ affix）接辞

imigran [イミグラン]（＠ emigrant /
immigrant）移民（外国への移民者）/
移民（外国からの移民者）

imigrasi [イミグラスィ]
（＠ immigration）入国管理局

imitasi [イミタスィ]
（＠ imitation）イミテーション

impian [インピアン]
（＠ wish）夢（願い・空想）

implikasi [インプリカスィ]（＠ implication）
ある事態から引き起こされる結果 / 影響

impor [インポル]（＠ import）輸入

imun [イムン]（＠ immune）
免疫の / 免疫がある

imunitas [イムニタス]
（＠ immunity）免疫 / 免責

inap [イナ(プ)]（＠ to stay）泊まる

inci [インチ]（＠ inch）インチ

indah [インダー]
（＠ beautiful）美しい / きれいな

indéks [インデクス]（＠ index / catalogue）
索引 / 指数 / 目録

India [インディア]（＠ India）インド

indikasi [インディカスィ]
(英 indication)兆し / 兆候

individu [インディフィドゥ](英 individual)個人

individual [インディフィドゥアル]
(英 individual)個人的

Indocina [インドチナ]
(英 Indochina)インドシナ

Indonésia [インドネスィア]
(英 Indonesia)インドネシア

indra penciuman [インドラ プンチウマン]
(英 sense of smell)嗅覚

indra peraba [インドラ プラバ]
(英 tactile impression [sensation])
触感

indra perasa [インドラ プラサ]
(英 the sense of taste)味覚

induk [インドゥッ](英 mother / main)
(動物の)母親 / 母体(となる)

industri [インドゥストリ]
(英 industry)産業 / 業界

industri kecil [インドゥストリ クチル]
(英 small-scale industry(business))
小規模産業(企業)

industri kecil menengah
[インドゥストリ クチル ムヌン(グ)アー]
(英 small and medium sized industries)
中小企業産業

industri manufaktur
[インドゥストリ マヌファクトゥル]
(英 manufacturing industry)製造業

industri perikanan
[インドゥストリ プリカナン]
(英 fishing industry)水産業

inférior [インフェリオル]
(英 be inferior to)劣勢な

inférioritas [インフェリオリタス]
(英 inferiority)劣勢

inflasi [インフラスィ]
(英 inflation)インフレーション

influénza [インフルエンザ]
(英 flu)インフルエンザ

informasi [インフォルマスィ](英 information)
インフォメーション / 情報

informasi pribadi [インフォルマスィ プリバディ]
(英 personal information [data])
個人情報

informatika [インフォルマティカ]
(英 informatics / information science)情報科学

infrastruktur [インフラストルクトゥル]
(英 infrastructure)インフラ / 基盤

infus [インフス](英 intravenous drip)点滴

ingat [イン(グ)ア(ト)](英 to remember /
to memorize / to recall)
覚えている / 覚える / 思い出す

ingat kembali [イン(グ)ア(ト) クンバリ]
(英 to recall)回想する

ingatan [イン(グ)アタン]
(英 memory)記憶 / メモリ

ingat-ingat lupa
[イン(グ)ア(ト) イン(グ)ア(ト) ルパ]
(英 to have a vague memory)うろ覚えの

Inggris [イングリス]
(英 the United Kingdom)イギリス

ingin [イン(グ)イン](英 to want to)〜したい

I

ingin sekali [イン(グ)イン スカリ]
(英 by all means)是非とも

ingkar [インカル] (英 to refuse /
to disobey)否認する / 背く

ingus [イン(グ)ウス] (英 runny nose)鼻水

ini [イニ] (英 this)この / これ

inisiatif [イニスィアティフ]
(英 initiative)イニシアチブ / 主導

inkompetén [インコンペテン]
(英 incompetent)無能な

inkompeténsi [インコンペテンスィ]
(英 incompetence)無能

inkubasi [インクバスィ]
(英 incubation)潜伏

inovasi [イノファスィ]
(英 innovation)イノベーション / 革新

inovatif [イノファティフ]
(英 epoch-making)画期的

insaf [インサフ] (英 to be aware /
to repent / to see the light)
自覚する / 反省する / 覚醒する

insan [インサン] (英 human being)人間

insang [インサン(グ)] (英 gills)えら

inséntif [インセンティフ] (英 incentive)
インセンティブ / 報奨(ほうしょう)

insidén [インスィデン]
(英 incident)事件 / できごと

insomnia [インソムニア]
(英 insomnia)不眠症

inspéksi [インスペクスィ]
(英 inspection)検証 / 視察

inspirasi [インスピラスィ] (英 inspiration)
インスピレーション / ひらめき

instalasi [インスタラスィ] (英 installation)
設置 / インストール

instan [インスタン] (英 instant)インスタント

insting [インスティン(グ)] (英 instinct)本能

institusi [インスティトゥスィ]
(英 institution)機関 / 組織

institut [インスティトゥ(ト)]
(英 institute)研究所 / 学院

instruksi [インストルクスィ] (英 order)指令

instruktur [インストルクトゥル]
(英 instructor)インストラクター

insulasi [インスラスィ] (英 insulation)断熱

insya-Allah [インシャ アラー]
(英 if Allah wills it)
【アラビア語】神の思(おぼ)し召しがあれば

intai [インタイ] (英 to peep)覗き見する

intan 「インタン] (英 diamond)ダイアモンド

integrasi [イントゥグラスィ]
(英 integration)統合

intelék [イントゥレッ] (英 intelligence)知性

inteléktual [イントゥレクトゥアル]
(英 intellectual)知的

inteligénsi [イントゥリゲンスィ]
(英 intelligence)知能

inténs [インテンス] (英 intense)強烈な

inténsif [インテンスィフ]
(英 intensive)集中的な / 集約的な

interaksi [イントゥラクスィ]
(愛 interaction)交流 / 相互作用

interior [イントゥリオル]
(愛 interior)インテリア

interkom [イントゥルルコム]
(愛 extension telephone)内線電話

internasional [イントゥルナスィオナル]
(愛 international)
インターナショナル / 国際 / 国際的

internét [イントゥルネ(ト)]
(愛 Internet)インターネット

interphone [イントゥルフォン]
(愛 interphone)インターホン

interprétasi [イントゥルプレタスィ]
(愛 interpretation)解釈

interupsi [イントゥルルプスィ]
(愛 interruption)中断 / 不通

intervénsi [イントゥルフェンスィ]
(愛 intervention / interference)
介入 / 干渉

inti [インティ](愛 the core / core / essence)
核心 / 核(中心) / 肝心

inti sari [インティ サリ]
(愛 essence / main point / summary)
本質 / 要点 / 摘要

intim [インティム]
(愛 intimate)親密な / 密接な

intonasi [イントナスィ]
(愛 intonation)イントネーション

introduksi [イントロドゥックスィ]
(愛 introduction)導入 / 前置き

intuisi [イントゥイスィ](愛 intuition)勘 / 直感

invasi [インファスィ](愛 invasion)侵入

invéstasi [インフェスタスィ]
(愛 investment)投入 / 投資

ipar [イパル](愛 in-law)義理の

irama [イラマ](愛 rhythm)リズム

iri [イリ](愛 envious / to envy / jealousy)
羨ましい / 妬む / やきもち

iri hati [イリ ハティ](愛 envious / jealous)
うらやましい / 嫉妬する

irigasi [イリガスィ]
(愛 irrigation)灌漑(かんがい)

ironi [イロニ](愛 irony)皮肉

ironis [イロニ̣ス](愛 ironic)皮肉な

Isa [イサ](愛 Jesus Christ)イエス

isi [イスィ]
(愛 contents / content)内容 / 中身

isi pénsil [イスィ ペンスィル]
(愛 lead)鉛筆の芯

isi ulang [イスィ ウラン(グ)]
(愛 refill)詰め替え

isian [イスィアン](愛 entry)記入

Islam [イスラム](愛 Islam)イスラム

isolasi [イソラスィ]
(愛 isolation / insulation)
隔離 / 孤立 / 絶縁(伝導を断つ)

Israél [イスラエル](愛 Israel)イスラエル

istana [イスタナ](愛 palace)王宮 / 宮殿

istana kekaisaran [イスタナ クカイサラン]
(愛 the Imperial Palace)皇居

istana raja [イスタナ ラジャ]
（愿 royal palace）王宮

isteri [イストゥリ]（愿 wife）妻

istiadat [イスティアダ(ト)]（愿 custom /
ceremony）慣習 / しきたり / 儀式

istilah [イスティラー]（愿 term）用語

istiméwa [イスティメワ]（愿 particularly /
special）格別 / 特別な

istirahat [イスティラハ(ト)]（愿 rest /
relaxation）休憩 / 休息 / 休養 / 休み

istirahat siang [イスティラハ(ト) スィアン(グ)]
（愿 lunch break）昼休み

istri [イストリ]（愿 wife / spouse）
妻 / 嫁 / 奥様 / 配偶者

isu [イス]（愿 issue）問題 / 争点

isya [イシャ]（愿 night prayer）夜の礼拝

isyarat [イシャラ(ト)]（愿 sign）合図

Italia [イタリア]（愿 Italy）イタリア

itu [イトゥ]（愿 that / it / what-do-you-
call-it）あの / あれ / その / それ /
あれ（例のもの）

iuran [イウラン]（愿 membership fee）会費

iya [イヤ]（愿 yes）はい

izin [イズィン]
（愿 permission / authorization /
certificate）許可 / 認可 / 免許

J

jabat [ジャバ(ト)]（愿 to take hold of）
（役職に）就く

jabat tangan [ジャバ(ト) タン(グ)アン]
（愿 handshake / to shake hands）
握手（する）

jabatan [ジャバタン]（愿 post / work /
managerial position）地位 / 職務 / 役職

jadi [ジャディ]
（愿 and so / therefore / be completed）
それで / だから / できあがる

jadwal [ジャドワル]（愿 schedule）
スケジュール / 日程 / 予定表

jaga [ジャガ]（愿 to guard）守る / 見張る

jaga anak [ジャガ アナッ]
（愿 to baby-sit）子守する

jago [ジャゴ]（愿 expert / professional /
master）【口語】名人 / 玄人 / 達人

jagoan [ジャゴアン]（愿 master）達人

jagung [ジャグン(グ)]（愿 corn）トウモロコシ

jahat [ジャハ(ト)]（愿 evil / vicious）
邪悪な / あくどい

jahil [ジャヒル]（愿 to tease / to come onto）
ちょっかいを出す

jahit [ジャヒ(ト)]（愿 to sew）縫う

jajah [ジャジャー]（愿 to colonize）
植民地化する

jajahan [ジャジャハン]
（愿 territory / colony）領地 / 植民地

Jakarta [ジャカルタ]（愿 Jakarta）ジャカルタ

jakét [ジャケ(ト)]（愿 coat / jacket）
上着 / ジャンパー

jakét keselamatan [ジャケ(ト) クスラマタン]
（愿 life jacket）救命胴衣

jaksa [ジャクサ]
(㊥ public prosecutor) 検事

jalan [ジャラン] (㊥ road) 道路 / 道

jalan buntu [ジャラン ブントゥ]
(㊥ dead-end street) 袋小路

jalan cerita [ジャラン チュリタ]
(㊥ plot) あらすじ

jalan kaki [ジャラン カキ]
(㊥ to walk / walk) 歩く / 徒歩

jalan memutar [ジャラン ムムタル]
(㊥ detour) 回り道 / 迂回路

jalan negara [ジャラン ヌガラ]
(㊥ state road) 国道

jalan pintas [ジャラン ピンタス]
(㊥ shortcut) 近道

jalan raya [ジャラン ラヤ]
(㊥ main street) 大通り

jalan searah [ジャラン スアラー]
(㊥ ONE WAY) 一方通行

jalan tol [ジャラン トル]
(㊥ expressway) 高速道路

jalan utama [ジャラン ウタマ]
(㊥ main road / trunk line) 街道 / 幹線

jalan-jalan [ジャラン ジャラン]
(㊥ a walk) 散歩

jalin [ジャリン] (㊥ to weave / to establish)
編(あ)む / (関係を)結ぶ

jalur [ジャルル] (㊥ course / line / railway /
route) 経路 / 線 / 線路 / 路線

jalur laut [ジャルル ラウ(ト)]
(㊥ sea route) 海路

jam [ジャム] (㊥ period / time / clock)
〜時間目 / 時刻 / 時計

~ jam [ジャム] (㊥ ~ hour) 〜時間

jam béker [ジャム ベクル]
(㊥ alarm clock) 目覚まし時計

jam buka [ジャム ブカ]
(㊥ business hours / opening hours)
営業時間 / 開館時間

jam keberangkatan [ジャム クブランカタン]
(㊥ departure time) 出発時間

jam lembur [ジャム ルンブル]
(㊥ overtime hours) 残業時間

jam satu [ジャム サトゥ]
(㊥ one o'clock)【口語】一時(時刻)

jam sibuk [ジャム スィブッ]
(㊥ rush hour) ラッシュアワー

jam tangan [ジャム タン(グ)アン]
(㊥ watch) 腕時計

jamak [ジャマッ] (㊥ plural) 複数

jambak [ジャンバッ] (㊥ to pull /
to tear out (hair)) 引っつかむ

jambang [ジャンバン(グ)]
(㊥ sideburns) もみあげ

jambu biji [ジャンブ ビジ]
(㊥ guava) グァバ

jamin [ジャミン] (㊥ to guarantee)
保証する / 確保する

jaminan [ジャミナン] (㊥ collateral / bail /
guarantee) 担保 / 保釈 / 保証

jamuan [ジャムアン]
(㊥ entertainment) 接待

jamur [ジャムル]（**®** mold / mushroom）
黴(かび) / キノコ / マッシュルーム

janda [ジャンダ]（**®** widow）未亡人

jangan [ジャン(グ)アン]（**®** don't / not）
〜しないで / 〜するな

jangan répot-répot
[ジャン(グ)アン レポ(ト) レポ(ト)]
（**®** do not bother）お構いなく

jangan-jangan [ジャン(グ)アン ジャン(グ)アン]
（**®** be possible）ひょっとすると

janggal [ジャンガル]（**®** awkward）
きまり悪い / ぎこちない

janggut [ジャング(ト)]（**®** beard）あごひげ

jangka [ジャンカ]（**®** term）期間

jangka panjang [ジャンカ パンジャン(グ)]
（**®** long term）長期 / 長期間

jangka péndék [ジャンカ ペンデッ]
（**®** short term）短期 / 短期間

jangka waktu [ジャンカ ワクトゥ]
（**®** term）期間

jangkit [ジャンキ(ト)]（**®** to be infected）
感染する / 伝染する

jangkrik [ジャングリッ]（**®** cricket）コオロギ

janin [ジャニン]（**®** fetus）胎児

janji [ジャンジ]（**®** appointment / promise）
アポイントメント / 先約 / 待ち合わせ / 約束

jantan [ジャンタン]（**®** male animal）雄(おす)

jantung [ジャントゥン(グ)]（**®** the heart）心臓

Januari [ジャヌアリ]（**®** January）一月

jarak [ジャラッ]（**®** interval / distance）
間隔 / 距離 / 遥か / 行程

jarak penglihatan [ジャラッ プン(グ)リハタン]
（**®** sight）視界 / 視野

jarak tempuh [ジャラッ トゥンプー]
（**®** mileage）走行距離

jarang [ジャラン(グ)]（**®** seldom / barely）
めったに(〜ない) / なかなか(〜ない)

jari [ジャリ]（**®** finger）指

jari kelingking [ジャリ クリンキン(グ)]
（**®** little finger）小指

jari manis [ジャリ マニス]
（**®** the ring finger）薬指

jari telunjuk [ジャリ トゥルンジュッ]
（**®** forefinger）人差し指

jari tengah [ジャリ トゥン(グ)アー]
（**®** the middle finger）中指

jaring [ジャリン(グ)]（**®** net）網 / ネット

jaringan [ジャリン(グ)アン]
（**®** network）ネットワーク

jaringan sosial [ジャリン(グ)アン ソスィアル]
（**®** social networking）
ソーシャル・ネットワーキング

jarum [ジャルム]（**®** needle）針

jas [ジャス]（**®** jacket / suit）背広 / スーツ

jas hujan [ジャス フジャン]
（**®** raincoat）レインコート

jasa [ジャサ]（**®** service）
功績 / サービス業務

jasad [ジャサ(ド)]（**®** body）遺体

jasmani [ジャスマニ]
（奧 physical）肉体の / 身体の

jasmani dan rohani
[ジャスマニ ダン ロハニ]
（奧 body and soul）心身

jatah [ジャター]（奧 allotment / quota）
配当 / 割り当て

jati [ジャティ]（奧 genuine / native）
真の / 生粋(きっすい)の

jati diri [ジャティ ディリ]
（奧 identity）アイデンティティ

jatuh [ジャトゥー]（奧 to fall / to fall down /
to tumble）落ちる / 転ぶ / 転落する

jatuh cinta [ジャトゥー チンタ]
（奧 to fall in love）恋に落ちる

jatuh sakit [ジャトゥー サキ(ト)]
（奧 to fall ill）病気になる

jauh [ジャウー]（奧 far）遠い / 遠く / 遥かな

jauh hari [ジャウー ハリ]（奧 already）とっくに

Jawa [ジャワ]（奧 Java）ジャワ

jawab [ジャワ(ブ)]（奧 to answer /
to respond）答える / 返事する / 応じる

jawaban [ジャワバン]（奧 reply / answer）
解答 / 回答 / 返事 / 返信

jawatan [ジャワタン]
（奧 office / division）オフィス / 部門

jaya [ジャヤ]（奧 prosperous）
栄えている / 成功した

jazz [ジャズ]（奧 jazz）ジャズ

jebakan [ジュバカン]（奧 contrivance /
trap）仕掛け / 罠(わな)

jeda [ジュダ]
（奧 interval / break）合間 / 休止

jejak [ジュジャッ]（奧 track）跡

jejak kaki [ジュジャッ カキ]
（奧 footprint）足跡

jejaka [ジュジャカ]
（奧 young man）青年（男性）

jejaring [ジュジャリン(グ)]
（奧 network）ネットワーク

jelajah [ジュラジャー]（奧 exploration /
to explore）探検（する）

jelas [ジュラス]（奧 lucidness / clear /
obvious）はきはき / 明確な / 明白な /
明瞭な

jelaskan [ジュラスカン]
（奧 to explain）説明する

jelék [ジュレッ]（奧 ugly / bad）悪い

jéli [ジェリ]（奧 jelly）ゼリー

jelma [ジュルマ]（奧 to transform）
変身する / ～となって現れる

jemaah [ジュマアー]（奧 congregation）
【アラビア語】（イスラム教の）信者たち

jemaah haji [ジュマアー ハジ]
（奧 pilgrims）
【アラビア語】（巡礼月の）巡礼団

jemaah umrah [ジュマアー ウムロー]
（奧 pilgrims）
【アラビア語】（巡礼月以外の）巡礼団

jembatan [ジュンバタン]（奧 bridge）橋

jembatan besi [ジュンバタン ブスィ]
（奧 railroad bridge）鉄橋

jemput [ジュンプ(ト)]
（愛 to pickup）出迎える

jemputan [ジュンプタン]
（愛 pickup）出迎えの

jemu [ジュム]（愛 be tired of *sth* /
be tired of）うんざりする / 飽きる

jemur [ジュムル]（愛 to dry / to sunbathe）
干す / 日光浴する

jemuran [ジュムラン]（愛 dried thing /
place to dry *sth*）干し物 / 干し場

jenaka [ジュナカ]（愛 humorous）滑稽な

jenazah [ジュナザー]（愛 corpse）遺体

jendéla [ジュンデラ]（愛 window）窓

jéngkél [ジェンケル]
（愛 be irritated）いらいらする

jenguk [ジュン(グ)ウッ]
（愛 to go to see）見舞う

jenis [ジュニス]（愛 variety / sort / genre）
種類 / 品種 / ジャンル

jenis huruf [ジュニス フルフ]（愛 font）字体

jenis kelamin [ジュニス クラミン]
（愛 sex / distinction of sex）性 / 性別

jentik-jentik [ジュンティッ ジュンティッ]
（愛 mosquito larva）ボウフラ

jenuh [ジュヌー]（愛 be saturated /
be tired of / be bored with）
飽和する / 飽きる / 辟易（へきえき）する

Jepang [ジュパン(グ)]（愛 Japan）日本

jerami [ジュラミ]（愛 straw）藁（わら）

jerapah [ジュラパー]（愛 giraffe）キリン

jerat [ジュラ(ト)]（愛 trap）罠（わな）

jerawat [ジュラワ(ト)]（愛 pimple / swelling）
にきび / 吹出物 / できもの

jerih payah [ジュリー パヤー]
（愛 pain / trouble）苦労 / 苦しみ

jerit [ジュリ(ト)]（愛 to scream / to shout）
叫ぶ / 怒鳴る

jeritan [ジュリタン]
（愛 scream / shout）叫び / 悲鳴

Jérman [ジェルマン]（愛 Germany）ドイツ

jernih [ジュルニー]
（愛 clear / pure）澄んだ / 清らかな

jeruk [ジュル(ク)]（愛 orange）柑橘類

jeruk keprok [ジュル(ク) クプロッ]
（愛 orange）オレンジ

jeruk limau [ジュル(ク) リマウ]
（愛 lemon）レモン

jeruk mandarin [ジュル(ク) マンダリン]
（愛 mandarin orange）
マンダリンオレンジ / みかん

jeruk nipis [ジュル(ク) ニピス]
（愛 citrus）すだち

jeruk pecel [ジュル(ク) プチュル]
（愛 lime）ライム

jét [ジェ(ト)]（愛 jet）ジェット

jihad [ジハ(ド)]（愛 holy war）ジハード / 聖戦

jijik [ジジッ]（愛 disgusted / dirty）汚らしい

jika [ジカ]（愛 if）もし〜なら / 〜たら

jikalau [ジカラウ]
（愛 if）仮に〜ならば / 〜たら

jilat [ジラ(ト)] (＠ to lick / to engulf)
舐める / (火が家などを)飲み込む

jilbab [ジルバ(ブ)] (＠ hijab / veil) ベール

jilid [ジリ(ド)] (＠ volume) ～巻 / ～冊

jimat [ジマ(ト)] (＠ talisman) お守り

jin [ジン] (＠ genie / evil spirit) 魔神

jinak [ジナッ] (＠ benign) 良性の

jingga [ジンガ] (＠ orange) 橙(だいだい)色

jins [ジンス] (＠ jeans) ジーンズ

jitu [ジトゥ] (＠ accurate) 正確な

jiwa [ジワ] (＠ spirit / soul)
心理 / 精神 / 生命 / 魂

jodoh [ジョドー] (＠ relationship) 縁

jogét [ジョゲ(ト)] (＠ dance) ダンス

joging [ジョギン(グ)] (＠ jogging) ジョギング

jongkok [ジョンコッ]
(＠ to squat down) しゃがむ

jorok [ジョロッ] (＠ nasty / disgusting /
crude) いやらしい / けがらわしい / 下品

jual [ジュアル] (＠ to sell) 売る

jual beli [ジュアル ブリ] (＠ trading) 売買

juara [ジュアラ] (＠ champion)
チャンピオン / 優勝者

jubah [ジュバー]
(＠ mantle) ガウン / マント

jubah mandi [ジュバー マンディ]
(＠ bathrobe) バスローブ

judi [ジュディ] (＠ gambling)
賭け / 賭け事 / ギャンブル

judo [ジュド] (＠ judo) 柔道

judul [ジュドゥル] (＠ title / headline)
タイトル / 表題 / 見出し

juga [ジュガ] (＠ too) ～も

jujur [ジュジュル] (＠ honest / frankly)
正直な / 率直な

Juli [ジュリ] (＠ July) 七月

julukan [ジュルカン] (＠ nickname) あだ名

Jumat [ジュマ(ト)] (＠ Friday) 金曜(日)

jumbo [ジュンボ] (＠ jumbo) ジャンボ

jumlah [ジュムラー] (＠ number / the total /
quantity / sum) 数 / 合計 / 数量 / 量

jumpa [ジュンパ] (＠ to meet / to find)
会う / 見つける

jumpa pérs [ジュンパ ペルス]
(＠ press conference) 記者会見

jungkir balik [ジュンキル バリ(ク)]
(＠ upside-down) でんぐり返った

Juni [ジュニ] (＠ June) 六月

junior [ジュニオル] (＠ junior) 後輩

jurang [ジュラン(グ)] (＠ gap / ravine)
格差 / ギャップ / 峡谷(きょうこく)

juri [ジュリ] (＠ jury) 審査員 / 陪審

jurnalis [ジュルナリス]
(＠ journalist) ジャーナリスト

juru [ジュル] (＠ expert) 専門家

juru bahasa [ジュル バハサ]
(英 interpreter)通訳者

juru foto [ジュル フォト]
(英 photographer)カメラマン

juru kaméra [ジュル カメラ]
(英 photographer)カメラマン

juru masak [ジュル マサッ]
(英 cook)コック / 料理人

juru rawat [ジュル ラワ(ト)]
(英 nurse / caretaker)看護師 / 介護士

jurus [ジュルス](英 steps / movement
(martial arts))技 / 術

jurusan [ジュルサン](英 major / (future)
course)専攻 / 学科

jus [ジュス](英 juice)ジュース

justifikasi [ジュスティフィカスィ]
(英 justification)正当化

justru [ジュストル](英 exactly)まさに

juta [ジュタ](英 million)百万

jutawan [ジュタワン](英 millionaire)
百万長者 / 大金持ち

K

kabar [カバル](英 news / information)
便り / 消息(しょうそく)

kabel [カブル](英 cable / cord)
ケーブル / コード

kabin [カビン](英 cabin)キャビン

kabinét [カビネ(ト)](英 the Cabinet)内閣

kabul [カブル](英 to fulfill / to accept)
叶う / 認める

kabur [カブル]
(英 obscure / to escape / vacantly)
曇った(不透明な) / 逃れる /
ぼんやりした / 逃走する

kabut [カブ(ト)](英 fog)霧

kaca [カチャ](英 glass)ガラス / グラス

kaca depan [カチャ ドゥパン]
(英 windshield)フロントガラス

kaca jendéla [カチャ ジュンデラ]
(英 window glass)窓ガラス

kaca spion [カチャ スピオン]
(英 rearview mirror)サイドミラー

kacamata [カチャマタ]
(英 glasses)眼鏡

kacamata baca [カチャマタ バチャ]
(英 convex glasses)老眼鏡

kacamata hitam [カチャマタ ヒタム]
(英 sunglasses)サングラス

kacang [カチャン(グ)](英 nut / bean)
ピーナッツ / 豆

kacang hijau [カチャン(グ) ヒジャウ]
(英 mung bean)緑豆(りょくとう)

kacang kedelai [カチャン(グ) クドゥライ]
(英 soybean)大豆

kacang kenari [カチャン(グ) クナリ]
(英 walnut)クルミ

kacang mérah [カチャン(グ) メラー]
(英 red bean)あずき

kacang polong [カチャン(グ) ポロン(グ)]
(英 green pea / green peas)
エンドウ豆 / グリンピース

K

kacang tanah [カチャン(グ) タナー]
（麼 peanut）ピーナッツ / 落花生

kacang-kacangan
[カチャン(グ) カチャン(グ)アン]（麼 nuts）ナッツ

kacau [カチャウ]（麼 to become confused / be disordered）
混乱する / 乱れる / 滅茶苦茶 / 錯乱する

kadang-kadang [カダン(グ) カダン(グ)]
（麼 sometimes）時々

kadangkala [カダンカラ]
（麼 sometimes）時折

kadar [カダル]（麼 rate）割合 / 比率 / レート

kadar air [カダル アイル]
（麼 moisture）水分 / 水気

kafé [カフェ]（麼 café）カフェ

kafir [カフィル]（麼 infidel）
信仰を持たない者 / 異教徒

kagum [カグム]（麼 impressed）感心した

kain [カイン]（麼 cloth）生地 / 布

kain pél [カイン ペル]（麼 floor cloth / dish towel）雑巾（ぞうきん）/ 布巾（ふきん）

kaisar [カイサル]（麼 Emperor）天皇

kait [カイ(ト)]（麼 hook / to hook / to crochet）
フック / かぎ / 引っかけてもぎ取る / 編む

kaitan [カイタン]（麼 association）関連

kaji [カジ]（麼 to study / study）
研究する / 調査する / 学問

kajian [カジアン]（麼 research）研究

kakak [カカッ]（麼 elder sister / brother）
年上のきょうだい（兄・姉）

kakak laki-laki [カカッ ラキ ラキ]
（麼 brother）兄

kakak perempuan [カカッ プルンプアン]
（麼 sister）姉

kakanda [カカンダ]（麼 elder brother / elder sister）兄上 / 姉上

kakék [カケッ]（麼 old man / grandfather）
お爺さん（高齢の男性）/ 祖父

kakék buyut [カケッ ブユ(ト)]
（麼 great-grandfather）曾祖父（そうそふ）

kakék nénék [カケッ ネネッ]
（麼 grandparents）祖父母

kaki [カキ]（麼 foot / leg）あし（足・脚）

kaki gunung [カキ グヌン(グ)]
（麼 the foot）麓（ふもと）

kaki langit [カキ ランギ(ト)]
（麼 horizon）水平線 / 地平線

kaki lima [カキ リマ]（麼 sidewalk）歩道

kaki palsu [カキ パルス]
（麼 artificial leg）義足

kaku [カク]（麼 stiff）硬い（体が）

kala [カラ]（麼 time / tense）時 / 時制

kalah [カラー]
（麼 be inferior / be defeated / to lose）
劣る / 敗北する / 負ける

kalah perang [カラー プラン(グ)]
（麼 be defeated [lost] in the war）
敗戦する

kalangan [カラン(グ)アン]
（麼 group / amongst）グループ / 間

kalau [カラウ]（麼 if）もし〜なら / 〜たら

kalau begitu [カラウ ブギトゥ]
(愚 if so / then)それでは / それなら

kalau-kalau [カラウ カラウ] (愚 just in case)もしかして〜ではないかと

kaldu sup [カルドゥ ス(プ)] (愚 broth / stock (for soup))スープの素 / 出汁(だし)

kalénder [カレンドゥル]
(愚 calendar)カレンダー / 暦(こよみ)

kaléng [カレン(グ)] (愚 can)缶

kali [カリ] (愚 time / degree [frequency] / times)回 / 〜度(頻度) / 掛ける(×)

kali ini [カリ イニ] (愚 this time)
今回 / 今度(今から)

kali lipat [カリ リパ(ト)]
(愚 double / multiplicative)倍

kali pertama [カリ プルタマ]
(愚 first time)初めて / 初回

kali terakhir [カリ トゥルアヒル]
(愚 last [previous] time)最後 / 前回

kalian [カリアン] (愚 you / all of you)
あなた方 / 君達

kaligrafi [カリグラフィ]
(愚 calligraphy)習字 / 書道

kalimat [カリマ(ト)] (愚 sentence)文 / 文章

kalkulator [カルクラタル] (愚 calculator)電卓

kalkulus [カルクルス] (愚 calculus)結石

kalori [カロリ] (愚 calorie)カロリー

kalsium [カルスィウム] (愚 calcium)カルシウム

kalung [カレン(グ)] (愚 necklace / collar)
首飾り / 首輪 / ネックレス

kamar [カマル] (愚 room)部屋

kamar baca [カマル バチャ] (愚 study)書斎

kamar kecil [カマル クチル]
(愚 rest room / toilet)お手洗い / トイレ

kamar mandi [カマル マンディ]
(愚 bathroom / bath)
バスルーム / 風呂 / 浴室

kamar pas [カマル パス]
(愚 fitting room)試着室

kamar séwaan [カマル セワアン]
(愚 rented room)
レンタルルーム / 賃貸の部屋

kamar singel [カマル スィン(グ)ウル]
(愚 single room)シングルルーム

kamar suite [カマル スイトゥ]
(愚 suite)スイートルーム

kambing [カンビン(グ)] (愚 goat)山羊(やぎ)

Kamboja [カンボジャ]
(愚 Cambodia)カンボジア

kambuh [カンブー] (愚 to recur)再発する

kaméra [カメラ] (愚 camera)カメラ

kamérawan [カメラワン]
(愚 photographer)カメラマン

kami [カミ] (愚 we / our / us (excluding the hearer))僕達(聞き手を含まない) / 私達(聞き手を含まない)

Kamis [カミス] (愚 Thursday)木曜(日)

kampanye [カンパニュ]
(愚 campaign)選挙運動

kampung [カンプン(グ)]
(愚 the country)田舎(地方)

K

kampung halaman [カンプン(グ) ハラマン]
(圏 hometown / one's hometown)故郷

kampung nelayan [カンプン(グ) ヌラヤン]
(圏 fishing village)漁村

kampung petani [カンプン(グ) プタニ]
(圏 farm village)農村

kampus [カンプス](圏 campus /
school building)キャンパス / 校舎

kamu [カム](圏 you)君

kamu semua [カム スムア]
(圏 you / your)君達

kamus [カムス](圏 dictionary)辞書 / 辞典

kan [カン](圏 right)【口語】〜ですよね

Kanada [カナダ](圏 Canada)カナダ

kanak-kanak [カナッ カナッ](圏 child)子供

kanal [カナル](圏 canal)運河

kanan [カナン](圏 right)右

kancil [カンチル](圏 mouse deer)マメジカ

kancing [カンチン(グ)]
(圏 button)ボタン(衣類などの)

kandang [カンダン(グ)](圏 pen)
囲い / 畜舎(ちくしゃ)

kandung kemih [カンドゥン(グ) クミー]
(圏 bladder)膀胱(ぼうこう)

kandungan [カンドゥン(グ)アン]
(圏 contents / uterus)目次 / 内容 / 子宮

kangkung [カンクン(グ)]
(圏 Chinese water spinach)空心菜

kanker [カンクル](圏 cancer)癌(がん)

kantin [カンティン](圏 cafeteria)食堂

kantong [カントン(グ)]
(圏 bag / pocket)袋 / ポケット

kantong kertas [カントン(グ) クルタス]
(圏 paper bag)紙袋

kantong plastik [カントン(グ) プラスティッ]
(圏 plastic bag)ビニール袋

kantong sampah [カントン(グ) サンパー]
(圏 trash bag)ごみ袋

kantong téh celup
[カントン(グ) テー チュル(プ)]
(圏 tea bag)ティーバッグ

kantong tidur [カントン(グ) ティドゥル]
(圏 sleeping bag)寝袋

kantor [カントル]
(圏 office)オフィス / 事務所

kantor cabang [カントル チャバン(グ)]
(圏 branch office)支社 / 支店

kantor pajak [カントル パジャ(ク)]
(圏 tax office)税務署

kantor pemerintah [カントル プムリンター]
(圏 government office)官庁

kantor polisi [カントル ポリスィ]
(圏 police station)警察署

kantor pos [カントル ポス]
(圏 post office)郵便局

kantor pusat [カントル プサ(ト)]
(圏 head office)本社

kap mesin [カ(プ) ムスィン]
(圏 car hood)ボンネット

kapak [カパッ](圏 ax)斧(おの)

K

kapal [カパル]（愛 vessel）船舶

kapal api [カパル アピ]（愛 steamship）汽船

kapal layar [カパル ラヤル]
（愛 sailing ship）帆船

kapal nelayan [カパル ヌラヤン]
（愛 fishing boat）漁船

kapal perang [カパル プラン(グ)]
（愛 warship）軍艦

kapal terbang [カパル トゥルバン(グ)]
（愛 airplane）飛行機

kapan [カパン]（愛 when）いつ

kapan pun [カパン プン]（愛 anytime /
any moment）いつでも / 今にも

kapan-kapan [カパン カパン]
（愛 sometime）いつか

kapas [カパス]（愛 cotton）コットン

kapas pembersih telinga
[カパス プンブルスィー トゥリン(グ)ア]
（愛 cotton swab）綿棒

kapasitas [カパスィタス]（愛 capacity）
定員 / 容積 / 容量

kapital [カピタル]（愛 capital）資金

kapok [カポッ]（愛 to learn from hard
experience）懲りる

kapsul [カプスル]（愛 capsule）カプセル

kaptén [カプテン]
（愛 captain）キャプテン / 船長

kaptén kapal [カプテン カパル]
（愛 captain）船長

kapur [カプル]（愛 chalk / lime）
チョーク / 石灰

karakter [カラクトゥル]（愛 characteristic /
personality / character）
特性 / 人柄 / 人格

karam [カラム]（愛 to sink）沈没する

karang [カラン(グ)]（愛 coral）珊瑚(さんご)

karangan [カラン(グ)アン]
（愛 composition）作文

karantina [カランティナ]
（愛 quarantine）検疫(けんえき)

karaoké [カラオケ]（愛 karaoke）カラオケ

karat [カラ(ト)]（愛 rust / corrosion）
錆(さび) / 腐食(ふしょく)

karbohidrat [カルボヒドラ(ト)]
（愛 carbohydrate）炭水化物

karbon [カルボン]（愛 carbon）炭素

karbon dioksida [カルボン ディオクシダ]
（愛 carbon dioxide）二酸化炭素

karcis [カルチス]（愛 ticket）切符 / 券

karcis keréta [カルチス クレタ]
（愛 train ticket）乗車券

karcis masuk [カルチス マスッ]
（愛 admission ticket）入場券

kardus [カルドゥス]（愛 cardboard）段ボール

karé [カレ]（愛 curry）カレー

karena [カルナ]
（愛 reason / as）（〜の）せい / 〜ので

karét [カレ(ト)]
（愛 gum / rubber）ガム / ゴム

K

karét gelang [カレ(ト) グラン(グ)]
(國 rubber band)輪ゴム

kargo [カルゴ] (國 cargo)積荷 / 貨物

kariés gigi [カリエス ギギ]
(國 bad tooth)虫歯

karir [カリル] (國 career)キャリア

karpét [カルペ(ト)] (國 carpet)
カーペット / 絨毯(じゅうたん)

kartu [カルトゥ] (國 card / playing cards)
カード / 札(トランプなどの)

kartu idéntitas [カルトゥ イデンテイタス]
(國 ID card)身分証明書

kartu keluarga [カルトゥ クルアルガ]
(國 family register)戸籍(こせき)

kartu krédit [カルトゥ クレディ(ト)]
(國 credit card)クレジットカード

kartu mahasiswa [カルトゥ マハスィスワ]
(國 student ID card)学生証(大学生)

kartu nama [カルトゥ ナマ]
(國 name card)名札 / 名刺

kartu pasién [カルトゥ パスィエン]
(國 patient registration card)診察券

kartu pelajar [カルトゥ プラジャル]
(國 student ID card)学生証(生徒)

kartu pos [カルトゥ ポス]
(國 post card)はがき

kartu prabayar [カルトゥ プラバヤル]
(國 prepaid card)プリペイドカード

kartu rémi [カルトゥ レミ] (國 cards)トランプ

kartu SIM [カルトゥ スィム] (國 SIM card)
SIMカード

kartun [カルトゥン] (國 cartoon)アニメ

karung [カルン(グ)] (國 sack)麻袋

karunia [カルニア]
(國 gift (from God))幸運

karut-marut [カル(ト) マル(ト)]
(國 jumbled)あべこべな / でたらめな

karya [カルヤ] (國 production)作品

karya asli [カルヤ アスリ]
(國 the original)原作

karya klasik [カルヤ クラスィッ]
(國 classic)古典

karya picisan [カルヤ ピチサン]
(國 bummer / stinker)駄作

karyawan [カルヤワン] (國 employee /
office worker)社員 / 従業員 / 会社員

karyawisata [カルヤウィサタ]
(國 study tour)修学旅行

kasar [カサル] (國 harsh / rough /
scabrous / blunt)荒い / 粗い / 粗野な /
ざらざらした / そっけない

kasét [カセ(ト)] (國 cassette tape)
カセットテープ

kashmir [カスミル] (國 cashmere)カシミア

kasih [カスィー] (國 love / affection /
to love)愛 / 愛情 / 愛(いと)おしく思う

kasih sayang [カスィー サヤン(グ)]
(國 affection)愛情

kasihan [カスィハン] (國 pity / poor /
pitiful)哀れ / かわいそうな / 気の毒な

kasino [カスィノ] (國 casino)カジノ

K

kasir [カスィル] (蘭 register) レジ

kasta [カスタ]
(蘭 status) カースト / 階級 / 身分

kastél [カステル] (蘭 castle) 城

kasur [カスル] (蘭 bedding) 布団

kasus [カスス] (蘭 case / incident / affair) 事件 / 出来事 / 場合

kata [カタ] (蘭 word / wording / expression / phrase) 語 / 単語 / 文句 / 言葉

kata bantu [カタ バントゥ]
(蘭 auxiliary verb) 助動詞

kata benda [カタ ブンダ] (蘭 noun) 名詞

kata bilangan [カタ ビラン(グ)アン]
(蘭 numeral) 数詞

kata ganti [カタ ガンティ]
(蘭 pronoun) 代名詞

kata ganti orang [カタ ガンティ オラン(グ)]
(蘭 personal pronoun) 人称代名詞

kata kerja [カタ クルジャ] (蘭 verb) 動詞

kata kerja bantu [カタ クルジャ バントゥ]
(蘭 auxiliary verb) 助動詞

kata kerja intransitif
[カタ クルジャ イントランスィティフ]
(蘭 intransitive verb) 自動詞

kata kerja transitif
[カタ クルジャ トランスィティフ]
(蘭 transitive verb) 他動詞

kata kunci [カタ クンチ]
(蘭 search word) 検索ワード

kata sambung [カタ サンブン(グ)]
(蘭 conjunction) 接続詞

kata sandi [カタ サンディ]
(蘭 password) パスワード

kata serapan asing
[カタ スラパン アスィン(グ)]
(蘭 imported word) 外来語

kata sifat [カタ スィファ(ト)]
(蘭 adjective) 形容詞

katak [カタッ] (蘭 frog) 蛙 (かえる)

kata-kata [カタ カタ]
(蘭 words) 発言 / 言葉

katalog [カタロ(グ)]
(蘭 catalogue) カタログ / 目録

kategori [カトゥゴリ]
(蘭 category) カテゴリー / 項目

katun [カトゥン] (蘭 cotton) 綿 / 木綿

kaum [カウム] (蘭 group / class)
人種 / 民族 / グループ / 階級

kaum kerabat [カウム クラバ(ト)]
(蘭 relative) 親類

kaus kaki [カウス カキ]
(蘭 socks) 靴下 / ソックス

kawah [カワー] (蘭 mouth of a volcano / crater) 火口 / 噴火口 / クレーター

kawal [カワル] (蘭 to guard / to control)
警備する / コントロールする / 規制する

kawan [カワン] (蘭 friend / associate)
友達 / 仲間

kawan sekelas [カワン スクラス]
(蘭 classmate) 同級生

kawasan [カワサン] (蘭 area / zone)
地域 / 地区 / 地帯

K

kawasan bencana [カワサン ブンチャナ]
(英 disaster area) 被災地

kawasan industri [カワサン インドゥストリ]
(英 industrial zone) 工業地帯

kawasan kumuh [カワサン クムー]
(英 slum) スラム

kawasan sibuk [カワサン スイブッ]
(英 busy area) 繁華街

kawat [カワ(ト)] (英 wire) 針金

kawat listrik [カワ(ト) リストリ(ク)]
(英 electrical wire) 電線

kaya [カヤ] (英 rich / plentiful / wealthy)
金持ちの / 富む / 豊富な / 豊かな

kayak [カヤッ] (英 like)
【口語】〜みたい / 〜のよう

kayu [カユ] (英 wood) 材木 / 木材

kayu manis [カユ マニス]
(英 cinnamon) シナモン

kayuh [カユー] (英 to pedal / to paddle)
(自転車や舟を) 漕(こ)ぐ

ke- [ク] (英 the ~th (indicating order))
〜番目

ke mana [ク マナ] (英 where (to))
どこへ / どこまで

ke mana-mana [ク マナ マナ]
(英 to anywhere) どこへも

ke sana ke mari [ク サナ ク マリ]
(英 wandering) うろうろ

ke tepi [ク トゥピ] (英 to step aside)
どく / 端に寄る

keabadian [クアバディアン]
(英 eternity / eternal) 永遠 / 永久

keabnormalan [クアブノルマラン]
(英 abnormality) 異常さ

keabsahan [クアブサハン]
(英 validity / legality) 正当さ

keadaan [クアダアン]
(英 condition / situation) 状況 / 状態

keadilan [クアディラン] (英 justice / fairness) 公正 / 公平 / 正義

keagamaan [クアガマアン]
(英 religious) 宗教的な / 宗教上の

keagungan [クアグン(グ)アン]
(英 majesty / greatness)
壮大さ / 偉大さ

keahlian [クアフリアン] (英 proficiency / specialty / strong point)
熟練 / 専門 / 得意

keajaiban [クアジャイバン]
(英 miracle / mystery) 奇跡 / 神秘

keakraban [クアクラバン] (英 familiarity / intimacy) 親しみ / 密接

keaktifan [クアクティファン]
(英 activeness) 活発さ / 活躍 / 積極性

keakuratan [クアクラタン]
(英 accuracy / precision) 正確さ / 精度

keamanan [クアマナン] (英 safety / public security / security) 安全 / 治安 / 保障

keanéhan [クアネハン]
(英 strangeness) 奇妙さ

keanékaragaman [クアネカラガマン]
(英 diversity) 多様性

keanggunan [クアングナン]
(墺 elegance) 華麗さ / 気品

keangkuhan [クアンクハン]
(墺 arrogance) 横柄さ

keaslian [クアスリアン]
(墺 originality) 独自性

keasrian [クアスリアン] (墺 chicness) シック

keasyikan [クアシカン]
(墺 preoccupation) 熱中 / 夢中

kebahagiaan [クバハギアアン]
(墺 happiness) 幸せ / 幸福

kebaikan [クバイカン] (墺 advantage /
kindness) 良さ / 長所 / 親切

kebaikan hati [クバイカン ハティ]
(墺 kindness) 親切さ

kebajikan [クバジカン]
(墺 benefaction) 美徳 / 善行

kebakaran [クバカラン]
(墺 fire) 火事 / 火災

kebakaran hutan [クバカラン フタン]
(墺 forest fire) 森林火災

kebalikan [クバリカン] (墺 opposite /
reversal) 逆(反対) / 逆の / 逆転

kebanggaan [クバンガアン]
(墺 pride / honor) 誇り / 栄誉

kebangkitan [クバンキタン]
(墺 revival) 復活

kebangkrutan [クバンクルタン]
(墺 bankruptcy) 倒産 / 破産

kebangsaan [クバンサアン]
(墺 national) 国民の / 国家の / 国立の

kebanjiran [クバンジラン] (墺 flood) 氾濫

kebanyakan [クバニャカン]
(墺 most) 大半 / ほとんど

kebaruan [クバルアン] (墺 newness) 新た

kebas [クバス] (墺 numb) 痺れた

kebébasan [クベバサン] (墺 being able
to do as one desires / freedom)
自在 / 自由

kebenaran [クブナラン] (墺 truth /
the truth) 真実 / 真相 / 真理 / 誠

kebencian [クブンチアン]
(墺 hatred) 嫌悪 / 憎しみ

kebengisan [クブン(ぎ)イサン]
(墺 indignation) 憤慨

keberadaan [クブルアダアン]
(墺 whereabouts / existence)
所在 / 存在

keberangkatan [クブランカタン]
(墺 departure) 出発 / 発車 / 発進

keberanian [クブラニアン] (墺 boldness /
bravery / courage) 大胆さ / 勇敢 / 勇気

keberatan [クブラタン]
(墺 disagreement / objection)
異議 / 異論

keberhasilan [クブルハスィラン]
(墺 success) 成功

keberuntungan [クブルウントゥン(ぐ)アン]
(墺 fortune / good fortune)
運 / 幸運 / 福

kebetulan [クブトゥラン] (墺 accidentally /
by chance / with a thud)
偶然 / たまたま / ばったり

kebiadaban [クビアダバン]
(英 rudeness) 野蛮さ / 無礼さ

kebiasaan [クビアサアン] (英 habit /
commonplace) 習慣 / 普通のこと

kebijakan [クビジャカン] (英 policy)
政策 / 方策 / 方針

kebimbangan [クビンバン(グ)アン]
(英 anxiety) 心配 / 不安

kebinasaan [クビナサアン]
(英 ruin / devastation) 破滅 / 荒廃

kebingungan [クビン(グ)ウン(グ)アン]
(英 confusion / distraction)
困惑 / 戸惑い / 錯乱

kebisingan [クビスイン(グ)アン]
(英 noise) 雑音 / 騒音

kebocoran [クボチョラン]
(英 water leak) 漏水

kebodohan [クボドハン]
(英 stupid / fool) 愚かさ / 馬鹿

kebohongan [クボホン(グ)アン] (英 lie) 嘘

kebosanan [クボサナン]
(英 boredom) 退屈

kebudayaan [クブダヤアン]
(英 culture) 文化

kebun [クブン] (英 garden) 庭 / 農園

kebun binatang [クブン ビナタン(グ)]
(英 zoo) 動物園

keburukan [クブルカン]
(英 malignancy) 悪性

kebusukan [クブスカン]
(英 corruption) 腐敗 / 不正

kebutaan [クブタアン] (英 blindness /
loss of eyesight) 盲目 / 失明

kebutuhan [クブトゥハン]
(英 necessity) 必要性 / 需要

kebutuhan sehari-hari
[クブトゥハン スハリ ハリ]
(英 household goods) 日用品

kecakapan [クチャカパン] (英 skill) 技能

kecamatan [クチャマタン] (英 county) 郡

kecambah [クチャンバー]
(英 bean sprouts) モヤシ

kecanduan [クチャンドゥアン]
(英 addiction) 中毒 (依存)

kecanggungan [クチャングン(グ)アン]
(英 awkwardness) 不器用

kecantikan [クチャンティカン]
(英 beauty) 美容

kécap [ケチャ(プ)] (英 sweet soy sauce)
(大豆から作られた) 甘ダレ

kécap asin [ケチャ(プ) アスィン]
(英 soy sauce) 醤油

kecelakaan [クチュラカアン]
(英 accident) 事故

kecelakaan lalu lintas
[クチュラカアン ラル リンタス]
(英 traffic accident) 交通事故

kecemasan [クチュマサン]
(英 anxiety) 不安

kecemburuan [クチュンブルアン]
(英 jealousy) 嫉妬

K

kecemerlangan [クチュムルラン(グ)アン]
（英 excellence）優秀さ / 立派さ

kecenderungan [クチュンドゥルン(グ)アン]
（英 tendency）傾向 / 動向

kecepatan [クチュパタン]
（英 speed / speediness / immediacy）
スピード / 速さ / 早急 / 速度 / 速力

kecepatan angin [クチュパタン アン(グ)イン]
（英 wind velocity [speed]）風速

kecepatan per jam
[クチュパタン プル ジャム]
（英 speed per hour）時速

kecepatan tinggi [クチュパタン ティンギ]
（英 high speed）高速

kecerahan [クチュラハン]
（英 brightness）晴れやかさ / 明るさ

kecerdasan [クチュルダサン]
（英 intelligence）知能 / 知性

kecerdikan [クチュルディカン]
（英 brightness）利口さ / 賢さ

keceriaan [クチュリアアン]
（英 cheerfulness）
明るさ(性格) / 瑞々しさ

kecermatan [クチュルマタン]
（英 thoroughness）几帳面さ

kecerobohan [クチュロボハン]
（英 carelessness / negligence）
不注意 / ずぼら

kecéwa [クチェワ]（英 be disappointed /
be disillusioned）
がっかりする / 幻滅する / 失望する

kecil [クチル]（英 small）小さい / 幼い /
細かい / 些細な / 少ない

kecoa [クチョア]（英 cockroach）ゴキブリ

kecocokan [クチョチョカン]（英 suitability /
aptitude / appropriateness）
相性 / 相応 / 適性 / 妥当

kécoh [ケチョー]（英 cheat on）騙す

kecuali [クチュアリ]（英 except (for)）
〜以外 / 〜を除いて

kecukupan [クチュクパン]
（英 sufficiency）（ものに）不自由しない

kecurangan [クチュラン(グ)アン]
（英 meanness / corruption）卑怯 / 不正

kecurian [クチュリアン]（英 theft / to have
sth stolen）盗み / 盗難 / 盗まれる

kecurigaan [クチュリガアン]
（英 distrust / doubt）疑惑 / 不審

kecut [クチュ(ト)]（英 sour）すっぱい

kedahsyatan [クダーシャタン]
（英 intensity）強烈さ / ひどさ

kedai [クダイ]（英 store / shop）店

kedai kopi [クダイ コピ]
（英 teahouse）喫茶店

kedalaman [クダラマン]（英 depth）深さ

kedaluwarsa [クダルワルサ]（英 expire）
期限が切れている / 時代遅れ

kedamaian [クダマイアン]
（英 peace）平和 / 平穏さ

kedap [クダ(プ)]（英 tight）密閉した

kedap air [クダ(プ) アイル]
（英 watertight）防水の

K

kedap suara [クダ(プ) スアラ]
（麗 sound insulation）防音

kedap udara [クダ(プ) ウダラ]
（麗 airtight）密閉した / 気密の

kedatangan [クダタン(グ)アン]
（麗 arrival / attendance）到着 / 来場

kedaulatan [クダウラタン]
（麗 sovereignty）主権

kedekatan [クドゥカタン]
（麗 closeness）近さ / 親密さ

kedengaran [クドゥン(グ)アラン]
（麗 to sound）聞こえる

kediaman [クディアマン]
（麗 residence）住居 / 住まい

kedinginan [クディン(グ)イナン]
（麗 coldness）寒さ / 冷たさ

kedip [クディ(プ)]（麗 blink）瞬き

kedok [クドッ]（麗 mask）仮面

kedua [クドゥア]
（麗 second）二番目の / 第二の

kedua kutub [クドゥア クトゥ(プ)]
（麗 the two poles）両極

kedua pihak [クドゥア ピハッ]
（麗 both sides）両側

kedua-duanya [クドゥア ドゥアニャ]
（麗 both）両方とも / どちらも

keduanya [クドゥアニャ]
（麗 both）いずれも / 両方

kedudukan [クドゥドゥカン]
（麗 status）格（地位·等級）/ 身分

kedutaan [クドゥタアン]
（麗 embassy）大使館

kedutaan besar [クドゥタアン ブサル]
（麗 embassy）大使館

kedutaan besar Jepang
[クドゥタアン ブサル ジュパン(グ)]
（麗 Japanese Embassy）日本大使館

keéféktifan [クエフェクティファン]
（麗 effect / effectiveness）効き目 / 有効

keékstréman [クエクストレマン]
（麗 extremeness）過激さ / 過激性

keélastisan [クエラスティサン]
（麗 flexibility / agile）しなやかさ

keéleganan [クエルガナン]
（麗 elegance / grace）
エレガント / 上品さ

keélokan [クエロカン]
（麗 elegance / grace）華麗 / 優美

keempat [クウンパ(ト)]
（麗 fourth）四番目の / 第四の

keenam [クウナム]
（麗 sixth）六番目の / 第六の

keésaan [クエサアン]（麗 singleness / uniqueness）単一性 / 唯一性

keésokan hari [クエソカン ハリ]
（麗 next day）翌日

keésokan pagi [クエソカン パギ]
（麗 the next morning）翌朝

kefasihan [クファスィハン]
（麗 fluency）流暢さ

kegagahan [クガガハン]
（麗 bravery）勇敢さ

kegagalan [クガガラン]
（֎ failure / failing）失敗 / 落第

keganasan [クガナサン]
（֎ ferocity）獰猛さ

keganjilan [クガンジラン]
（֎ strangeness）奇妙さ

kegarangan [クガラン(グ)アン]
（֎ fierceness / aggressiveness / loudness）激しさ

kegelapan [クグラパン]
（֎ darkness）暗闇

kegemaran [クグマラン]（֎ favorite / liking）好きな / 好み

kegembiraan [クグンビラアン]
（֎ joy）喜び

kegemparan [クグンパラン]
（֎ commotion）騒ぎ / 騒動

kegeraman [クグラマン]
（֎ rage / indignation）激怒 / 憤慨

kegetiran [クグティラン]
（֎ hardship / astringency）辛苦 / 渋味

kegiatan [クギアタン]（֎ activity）活動

kegigihan [クギギハン]
（֎ determination）決意 / たゆまぬ努力

kegilaan [クギラアン]（֎ madness）狂気

kegirangan [クギラン(グ)アン]
（֎ joy）喜び / 歓喜

kegugupan [クググパン]
（֎ nervousness）緊張

keguguran [クググラン]（֎ miscarriage / to miscarry）流産（する）

kegunaan [クグナアン]（֎ use）用途

keguruan [クグルアン]（֎ education）教育

kehabisan [クハビサン]
（֎ to run out of）尽きる / 使い果たす

kehadiran [クハディラン]
（֎ attendance / audit）出席 / 聴講

kehakiman [クハキマン]
（֎ (ministry of) justice）法務（省）

kehalusan [クハルサン]
（֎ finesse / subtlety）繊細さ / 精巧さ

kehamilan [クハミラン]
（֎ pregnancy）妊娠

kehampaan [クハンパアン]
（֎ emptiness）空しさ

kehancuran [クハンチュラン]
（֎ breakdown / destruction）崩壊（ほうかい）/ 破壊

kehangatan [クハン(グ)アタン]（֎ heat / warmth）熱 / 熱さ / あたたかみ

kehati-hatian [クハティ ハティアン]
（֎ carefulness）慎重さ

kehébatan [クヘバタン]
（֎ excellence）すごさ / 見事さ

kehendak [クヘンダッ]
（֎ mind / determination）意思 / 意志

kehéranan [クヘラナン]
（֎ astonishment）驚異

kehidupan [クヒドゥパン]
（֎ life）生活 / 生涯 / 人生

kehidupan sehari-hari
[クヒドゥパン スハリ ハリ]（֎ daily life）日常生活

K

kehilangan [クヒラン(グ)アン]（麗 loss / disappearance / to lose）喪失 / 紛失 / 行方不明 / 失う / 紛失する

kehormatan [クホルマタン]（麗 honor）名誉 / 尊厳

kehutanan [クフタナン]（麗 forestry）林業

keikhlasan [クイクラサン]（麗 sincerity）誠意 / 真心

keikutsertaan [クイク(ト)スルタアン]（麗 participation）参加 / 出場

keindahan [クインダハン]（麗 beauty）美しさ

keinginan [クイン(ギ)イナン]（麗 desire / eagerness）望み / 希望 / 意欲

keingintahuan [クイン(ギ)インタフアン]（麗 curiosity）好奇心

keisengan [クイスン(ギ)アン]（麗 capriciousness）気まぐれ

keistiméwaan [クイスティメワアン]（麗 specialty / privilege）特別さ / 特色 / 特権

kejadian [クジャディアン]（麗 incident / event）事件 / できごと

kejahatan [クジャハタン]（麗 evil / crime）悪 / 犯罪

kejam [クジャム]（麗 cruel）惨い / 冷酷な

kejang [クジャン(グ)]（麗 (to) twitch）痙攣 / 痙攣する

kejanggalan [クジャンガラン]（麗 clumsiness）不審な点

kejar [クジャル]（麗 to chase / to pursue）追う / 追求する

kejatuhan [クジャトゥハン]（麗 drop / fall / downfall）下落 / 下降 / 没落 / 滅亡

kejauhan [クジャウハン]（麗 too far）遠すぎる

kejayaan [クジャヤアン]（麗 glory）光栄 / 全盛

kejelasan [クジュラサン]（麗 clearness / obviousness / conspicuousness）明確 / 明白 / 明瞭 / 露骨

kejemuan [クジュムアン]（麗 boredom）退屈さ / うんざり感

kejéngkélan [クジェンケラン]（麗 annoyance）苛立ち

kejenuhan [クジュヌハン]（麗 saturation）飽き飽きした気分 / 退屈

kejernihan [クジュルニハン]（麗 clearness）清らかさ / 透明さ

keji [クジ]（麗 despicable / shameless / to ridicule）あさましい / 卑しい / あざける

kejijikan [クジジカン]（麗 dirtiness / disgust）汚さ / 嫌悪

kéju [ケジュ]（麗 cheese）チーズ

kejuaraan [クジュアラアン]（麗 contest）大会（試合）

kejujuran [クジュジュラン]（麗 honesty / frankness / real intention）正直 / 素直 / 率直 / 本音

kejutan [クジュタン]（麗 surprise）サプライズ

kekacauan [クカチャウアン]
(愛 confusion / distraction)
混乱 / 錯乱

kekagétan [クカゲタン]
(愛 being startled)驚愕

kekaguman [クカグマン]
(愛 admiration)感心 / 感銘

kekal [クカル](愛 eternal)永久の

kekalahan [クカラハン]
(愛 defeat / loss)敗北 / 負け

kekanak-kanakan [クカナッ カナカン]
(愛 be very young / childishness /
childish)幼い / 幼稚 / 幼稚な

kekang [クカン(グ)](愛 to restrict /
to rein in / bit)制限する / 抑える /
(馬を)止める / くつわ

kekasaran [クカサラン](愛 roughness /
rudeness / coarseness)
荒っぽさ / 無礼さ / 荒さ

kekasih [クカスィー](愛 lover)恋人

kekayaan [クカヤアン](愛 wealth /
richness)裕福さ / 豊かさ / 豊富さ

kekebalan [クケバラン]
(愛 immunity)免疫 / 免責

kekebalan diplomatik
[クケバラン ディプロマティ(ク)]
(愛 diplomatic immunity)外交特権

kekecéwaan [クケチェワアン]
(愛 disillusionment / disappointment)
幻滅 / 失望

kekejaman [クケジャマン]
(愛 cruelty)残酷さ / 残忍さ

kekejian [クケジアン](愛 despicable
thing)卑しむべきこと / あさましさ

kekeliruan [クケリルアン]
(愛 mistake)錯誤 / 誤り

kekeluargaan [クケルアルガアン]
(愛 family oriented / familism)
家族的 / 家族主義

kekentalan [クケンタラン]
(愛 viscosity / thickness)濃度 / 濃さ

kekenyalan [クケニャラン]
(愛 elasticity)弾力

kekenyangan [クケニャン(グ)アン]
(愛 too full / overly full)満腹で苦しい

kekerapan [クケラパン]
(愛 frequency)頻度

kekerasan [クケラサン]
(愛 stubbornness / hardness / violence)
強硬 / ハード / 暴力 / 乱暴

kekeringan [クケリン(グ)アン]
(愛 dryness / dry)乾燥 / 乾燥した

kekhususan [クフススアン](愛 specialty /
specialness)特色 / 特別さ / 特殊性

kekosongan [クコソン(グ)アン]
(愛 vacancy / emptiness)空き / 空

kekuasaan [ククアサアン]
(愛 power)権力 / 権威

kekuatan [ククアタン]
(愛 power)力 / 実力 / 勢力 / 勢い

kekuatan fisik [ククアタン フィスィッ]
(愛 physical strength)体力

kekuatan militér [ククアタン ミリテル]
(愛 strength / force)戦力 / 武力

kekuatiran [ククアティラン] (愛 fear / concern / anxiety) 恐れ / 懸念 / 心配

kekukuhan [クククハン] (愛 sturdiness) 丈夫さ / 固さ

kekurangan [ククラン(グ)アン] (愛 shortage / lack) 欠陥 / 不足 / 短所

kekusutan [ククスタン] (愛 confusion / entanglement) 混乱 / もつれ

kelabu [クラブ] (愛 grey) グレー / 灰色

kelahiran [クラヒラン] (愛 birth) 出生 / 誕生 / 生まれ

kelainan [クライナン] (愛 abnormal) 異常

kelak [クラッ] (愛 later) 後々 / やがて

kelakar [クラカル] (愛 joke) ジョーク

kelakuan [クラクアン] (愛 behavior) 行い / 振る舞い

kelalaian [クラライアン] (愛 carelessness) 不注意

kelam [クラム] (愛 gloomy / dim / blurred) 薄暗い / ぼんやりとした

kelancaran [クランチャラン] (愛 smoothness / good condition / favorableness) 円滑 / 好調 / 順調 / 快調

kelangkaan [クランカアン] (愛 rarity) 稀(まれ)

kelanjutan [クランジュタン] (愛 continuance / continuation) 持続 / 続き

kelapa [クラパ] (愛 coconut) ココナッツ

kelapa sawit [クラパ サウィ(ト)] (愛 palm) ヤシ / パーム

kelaparan [クラパラン] (愛 starvation / hunger) 飢え / 空腹

kelar [クラール] (愛 finish) 完成する / 仕事が片付く

kelas [クラス] (愛 school class / class / grade) 学級 / クラス / 等級 / 〜年生

kelas atas [クラス アタス] (愛 first class / high class) 一流 / 高級

kelas bisnis [クラス ビスニス] (愛 business class) ビジネスクラス

kelas ékonomi [クラス エコノミ] (愛 economy class) エコノミークラス

kelas satu [クラス サトゥ] (愛 first class) ファーストクラス

kelayakan [クラヤカン] (愛 qualification) 資格 / 適性

kelebihan [クルビハン] (愛 advantage) 長所 / 利点

keledai [クルダイ] (愛 donkey) ロバ

kelegaan [クルガアン] (愛 relief) 安心

kelelahan [クルラハン] (愛 fatigue) 疲れ / 疲労

kelelawar [クルラワル] (愛 bat) コウモリ

kelemahan [クルマハン] (愛 weakness / weak point / meagerness) 欠点 / 弱点 / 貧弱 / 短所

kelemahlembutan [クルマールンブタン] (愛 grace) しとやかさ / 優美さ

kelembapan [クルンバパン] (愛 humidity) 湿気 / 湿度

kelembutan [クルンブタン]
(愚 smoothness / softness / gentle)
滑らかさ / 柔らかさ / 温和

kelengahan [クルン(グ)アハン]
(愚 carelessness)油断

kelengar matahari [クルン(グ)アル マタハリ]
(愚 sunstroke)日射病

kelenjar keringat [クルンジャル クリン(グ)ア(ト)]
(愚 sweat gland)汗腺(かんせん)

kelesuan [クルスアン](愚 fatigue)疲労

kelesuan ékonomi [クルスアン エコノミ]
(愚 recession)不況

keletihan [クルティハン]
(愚 fatigue)疲れ / 疲労

keléwatan [クレワタン]
(愚 to go past)通り過ぎる

kelicikan [クリチカン](愚 tricky)ずる賢さ

kelihatan [クリハタン](愚 to come into
view)見える(視界に入る)

keliling [クリリン(グ)](愚 surroundings /
around)周り / 周囲

keliling lingkaran [クリリン(グ) リンカラン]
(愚 circumference)円周

kelim [クリム](愚 seam)縫い目

kelima [クリマ](愚 fifth)五番目の / 第五の

kelinci [クリンチ](愚 rabbit)ウサギ

kelingking [クリンキン(グ)]
(愚 little finger)小指

kelip-kelip [クラ(プ) クラ(プ)]
(愚 twinkling)またたいている

keliru [クリル](愚 to make a mistake)誤る

kelompok [クロンポッ]
(愚 team / group / herd / flock)
組 / 集団 / 群れ / グループ / ～群

kelonggaran [クロンガラン](愚 laxity /
concession)ゆるさ / ゆるめること / 緩和

kelopak bunga [クロパッ ブン(グ)ア]
(愚 flower petal)花びら

kelopak mata [クロパッ マタ]
(愚 eyelid)まぶた

keluar [クルアル]
(愚 to go [come] out / to leave)
出る / 外出する / 離脱する

keluar dari ～ [クルアル ダリ](愚 to escape
from ～ / to get out from ～)
～から脱出する / 出る

keluarga [クルアルガ]
(愚 family / relative / household)
一家 / 家族 / 身内 / 家庭

keluhan [クルハン](愚 complaint /
grumble)苦情 / 愚痴 / 不平

keluhuran [クルフラン]
(愚 sophistication)高尚さ

kelulusan [クルルサン](愚 passing an
examination / graduation)
合格 / 修了 / 卒業

kelumpuhan [クルンプハン]
(愚 paralysis)麻痺(まひ)

kelunakan [クルナカン]
(愚 softness)軟らかさ

kemacetan [クマチュタン]
(愚 traffic jam)渋滞

K

kemahiran [クマヒラン]
（⊛ skill / skillfulness / ability）
技能 / 熟練 / 能力

kemajuan [クマジュアン]
（⊛ improvement / progress）
進歩 / 進捗 / 発達

kemakmuran [クマクムラン]
（⊛ prosperity）繁栄 / 繁盛

kemalangan [クマラン(グ)アン]
（⊛ bad luck）不幸 / 事故 / 災害

kemalasan [クマラサン]
（⊛ laziness）怠慢 / 怠惰さ

kemampuan [クマンプアン]（⊛ ability /
financial ability）能力 / 財力

kemandirian [クマンディリアン]
（⊛ independence）自立

kemanusiaan [クマヌスィアアン]
（⊛ humanitarian / human）
人道的な / 人間の

kemarahan [クマラハン]（⊛ anger）怒り

kemarau [クマラウ]（⊛ dry season）乾季

kemarin [クマリン]（⊛ yesterday）昨日

kemas [クマス]
（⊛ neat / to tidy up / to clean）
整った / 片づいた / 整える / 片づける

kemasan [クマサン]（⊛ package /
wrapping）パッケージ / 包装

kemasyarakatan [クマシャラカタン]
（⊛ social）社会の

kematangan [クマタン(グ)アン]
（⊛ maturity）成熟

kematian [クマティアン]
（⊛ death）死 / 死亡

kemauan [クマウアン]
（⊛ eager / intention）意欲 / つもり

kembali [クンバリ]（⊛ to return / to go
back）帰る / 返る / 戻る / 引き返す

kembalian [クンバリアン]
（⊛ change）おつり

kembang [クンバン(グ)]（⊛ to bloom /
to expand）(花が)咲く / 膨らむ

kembang api [クンバン(グ) アピ]
（⊛ fireworks）花火

kembang kol [クンバン(グ) コル]
（⊛ cauliflower）カリフラワー

kembar [クンバル]（⊛ twin）双子

kembung [クンブン(グ)]
（⊛ puffed up）お腹が張っている

kemegahan [クムガハン]
（⊛ excellence）立派

keméja [クメジャ]
（⊛ shirt）シャツ / ワイシャツ

kemelut [クムル(ト)]（⊛ crisis）危機

kemenangan [クムナン(グ)アン]
（⊛ victory）勝ち / 勝利

kementerian [クムントゥリアン]
（⊛ ministry）省(しょう)

kementerian luar negeri
[クムントゥリアン ルアル ヌグリ]
（⊛ the Foreign Ministry）外務省

kemérah-mérahan [クメラー メラハン]
（⊛ reddish）赤っぽい / 赤みがかった

kemerdékaan [クムルデカアン]
(愛 independence)独立

kemerosotan [クムロソタン]
(愛 decline / slump)衰退 / 不振

kemesraan [クムスラアン]
(愛 intimacy)親密さ

keméwahan [クメワハン]
(愛 luxury)豪華さ / 贅沢(ぜいたく)

kemilitéran [クミリテラン]
(愛 military affairs)軍事

kemiringan [クミリン(グ)アン]
(愛 inclination)傾斜

kemiripan [クミリパン]
(愛 resemblance)類似

kemiskinan [クミスキナン]
(愛 poverty)窮乏 / 貧困 / 貧乏

kempis [クンピス]
(愛 to shrivel / to deflate)しぼむ

kemudahan [クムダハン]
(愛 easiness / simplicity)安易 / 簡単

kemudi [クムディ](愛 rudder / steering /
control stick)舵 / ハンドル / 操縦かん

kemudian [クムディアン]
(愛 then / next)そして / それから

kemujuran [クムジュラン]
(愛 good luck)幸運

kemuliaan [クムリアアン]
(愛 nobility / honor)崇高さ

kemulusan [クムルサン]
(愛 smoothness)
スムーズ / 滑らか(よどみなさ) / 快調

kemunafikan [クムナフィカン]
(愛 hypocrisy)偽善

kemunculan [クムンチュラン]
(愛 appearance)出現 / 登場

kemunduran [クムンドゥラン]
(愛 regression)後退

kemungkinan [クムンキナン]
(愛 possibility)可能 / 可能性

kemurnian [クムルニアン]
(愛 purity)純粋さ

kemurungan [クムルン(グ)アン]
(愛 gloom / depression)陰気さ / 憂鬱

kemustahilan [クムスタヒラン]
(愛 impossibility)不可能

kena [クナ](愛 hit / to collide with *sth*)
当たる / 命中する

kenaikan [クナイカン]
(愛 raise / increase)上昇 / 増加

kenaikan gaji [クナイカン ガジ]
(愛 pay increase)昇給

kenaikan pangkat [クナイカン パンカ(ト)]
(愛 promotion)昇進 / 出世

kenaikan upah [クナイカン ウパー]
(愛 pay increase)昇給

kenakalan [クナカラン]
(愛 maliciousness / mischief)
意地悪 / いたずら

kenal [クナル](愛 to know / to recognize)
知っている / 面識がある

kenalan [クナラン]
(愛 acquaintance)知り合い / 知人

kenalan lama [クナラン ラマ]
(英 old friend) 旧知

kenang [クナン(グ)] (英 to remember)
(懐かしく)思い出す

kenangan [クナン(グ)アン] (英 memory)
思い出

kenang-kenangan
[クナン(グ) クナン(グ)アン]
(英 remembrance) 記念(品)

kenapa [クナパ] (英 why / how come)
【口語】どうして / 何で

kencan [クンチャン] (英 date) デート

kencang [クンチャン(グ)] (英 strong / fast)
(風が)強い / 速い

kencing [クンチン(グ)] (英 pee / to pee)
おしっこ(する)

kendali [クンダリ] (英 to control)
制御する / コントロールする

kendaraan [クンダラアン]
(英 transportation) 乗り物

kendur [クンドゥル] (英 to slack /
to loosen) たるむ / ゆるむ

kenékatan [クネカタン]
(英 determination to do *sth*) 無謀

kengerian [クン(グ)ウリアン]
(英 horrified) 恐怖感

kening [クニン(グ)] (英 forehead) 額(ひたい)

keniscayaan [クニスチャヤアン]
(英 necessity) 必然

kental [クンタル] (英 thick / strong) 濃い

kentang [クンタン(グ)] (英 potato) ジャガイモ

kentut [クントゥ(ト)] (英 fart) おなら

kenyamanan [クニャマナン] (英 comfort /
convenience) 快適さ / 便宜

kenyang [クニャン(グ)]
(英 to eat heartily) 満腹する

kenyataan [クニャタアン]
(英 the real / fact) 現実 / 事実

kepada ~ [クパダ]
(英 to (person or institute)) ~宛

kepadatan [クパダタン]
(英 overcrowding / crowding / crowd)
過密 / 混雑 / 密集

kepadatan penduduk
[クパダタン プンドゥドゥッ]
(英 population density) 人口密度

kepak [クパッ] (英 wing) 翼(つばさ)

kepala [クパラ] (英 head / the head /
chief) 頭部 / 先頭 / チーフ

kepala bagian [クパラ バギアン]
(英 head of the department) 部長

kepala negara [クパラ ヌガラ]
(英 head of a state) 国家元首

kepala sekolah [クパラ スコラー]
(英 principal) 校長

kepandaian [クパンダイアン] (英 skill /
technique / ability) 腕前 / 技 / 能力

kepanjangan [クパンジャン(グ)アン]
(英 too long) 長すぎる

kepantasan [クオアンタサン]
(英 appropriateness)
品位 / (身分に)相応しい

K

kepastian [クパスティアン]
（＠ certainty）確実性

kepatuhan [クパトゥハン]
（＠ obedience）服従

kepayahan [クパヤハン]（＠ fatigue）疲労

kepedulian [クプドゥリアン]
（＠ consideration）気づかい / 心づかい

kepékaan [クペカアン]
（＠ sensitivity）敏感さ / 感度

kepekatan [クプカタン]（＠ concentration / thickness）濃度 / とろみ

kepemilikan [クプミリカン]
（＠ possession）所有

kepemimpinan [クプミンピナン]
（＠ leadership）リーダーシップ / 指導力

kepentingan [クプンティン(グ)アン]
（＠ importance / interest）
重要性 / 大切さ / 利益

kepercayaan [クプルチャヤアン]
（＠ faith / belief / confidence）
信仰 / 信条 / 信任 / 信念 / 信用 / 信頼

kepergian [クプルギアン]
（＠ going out）外出

keperluan [クプルルアン]
（＠ necessity）必要性 / 必要なもの

kepesatan [クプサタン]
（＠ rapidity）急速さ

kepikunan [クピクナン]（＠ senility）痴呆

keping [クピン(グ)]
（＠ piece）〜枚〈片〉（助数詞）

kepiting [クピティン(グ)]（＠ crab）蟹（かに）

kepolisian [クポリスィアン]
（＠ the police）警察

kepolosan [クポロサン]
（＠ innocence）純情

keponakan laki-laki [クポナカン ラキ ラキ]
（＠ nephew）甥（おい）

keponakan perempuan
[クポナカン プルンプアン]（＠ niece）姪（めい）

kepopuléran [クポプレラン]
（＠ sign of life）人気

kepraktisan [クプラクティサン]
（＠ convenience）利便性

kepribadian [クプリバディアン]
（＠ personality）個性 / 人柄

keprihatinan [クプリハティナン]
（＠ concern）懸念（けねん）

kepuasan [クプアサン]
（＠ satisfaction）満足 / 納得

kepulangan [クプラン(グ)アン]
（＠ returning / homecoming / returning home）帰り / 帰国 / 帰宅

kepul-kepul [クプル クプル]
（＠ clouds）（雲や煙の）もくもく

kepunahan [クプナハン]（＠ loss / annihilation）消滅 / 消失 / 破滅

kepung [クプン(グ)]
（＠ to surround）取り囲む

kepunyaan [クプニャアン]
（＠ belongings）所有物

keputihan [クプティハン]
（＠ vaginal discharge）おりもの

keputih-putihan [クプティ プティハン]
(英 whitish)白っぽい

keputusan [クプトゥサン](英 resolution / clear determination / decision)
決議 / 決断 / 決定 / 裁定

keputusan sidang [クプトゥサン スィダン(グ)]
(英 decision)議決

keputusan suara terbanyak
[クプトゥサン スアラ トゥルバニャッ]
(英 majority decision)多数決

kera [クラ](英 monkey)猿

kerabat [クラバ(ト)](英 relative)親戚

keracunan [クラチュナン]
(英 to get poised / poisoning)
あたる(食べ物などに) / 中毒

keragaman [クラガマン](英 variety / diversity)様々 / 多様 / まちまち / 色々

keragu-raguan [クラグ ラグアン]
(英 uncertainty)あやふやさ

kerah [クラー](英 collar)襟(えり)

kerahasiaan [クラハスィアアン]
(英 secret / secrecy)機密 / 秘密

kerajaan [クラジャアン]
(英 kingdom)王国

kerajinan [クラジナン](英 handicraft / handiwork / folk craft)
工作 / 細工 / 民芸品

kerajinan tangan [クラジナン タン(グ)アン]
(英 handicraft)手芸 / 手工芸

kerakusan [クラクサン]
(英 greediness)欲張り

keramahan [クラマハン]
(英 amiable / amiability)
愛想 / 気さくさ / 和やかさ / 温和さ

keramaian [クラマイアン](英 celebration / busyness)お祝い / 祝賀会 / にぎやかさ

keramik [クラミッ](英 ceramics)セラミック

keran [クラン](英 faucet / tap)蛇口

kerang [クラン(グ)](英 shellfish)貝

kerangka [クランカ]
(英 framework)骨組み / 枠組み

keranjang [クランジャン(グ)]
(英 woven basket)かご

keranjang belanja
[クランジャン(グ) ブランジャ]
(英 shopping basket / shopping cart)
買物かご / ショッピングカート

kerap [クラ(プ)]
(英 often / frequent / frequently)
しばしば / たびたび / 頻繁な / 頻繁に

kerap kali [クラ(プ) カリ]
(英 often)しばしば

kerapian [クラピアン]
(英 neatness / rigorousness)
整っていること / 厳密性

keras [クラス](英 hard / strict / loud)
固い / 懸命に / 厳しい / (音・声が)大きい

keras kepala [クラス クパラ]
(英 persistent / stubborn / obstinate)
頑固 / 頑固な / 強情 / 強情な / 意地

keraton [クラトン](英 royal palace)宮殿

kerbau [クルバウ](英 buffalo)水牛

keremajaan [クルマジャアン]
（⊛ adolescent / youth / adolescence）
若者の / 若さ / 思春期

kerén [クレン]（⊛ well-dressed /
impressive）格好いい

kerendahan hati [クルンダハン ハティ]
（⊛ humility / modesty）謙虚さ

kerépotan [クレポタン]（⊛ trouble）手間

keresahan [クルサハン]（⊛ anxiety）不安

keréta [クレタ]（⊛ train / strap）列車

keréta api [クレタ アピ]（⊛ train）汽車

keréta bawah tanah
[クレタ パワー タナー]（⊛ subway）地下鉄

keréta gantung [クレタ ガントゥン(グ)]
（⊛ ropeway）ロープウェイ

keréta listrik [クレタ リストリ(ク)]
（⊛ train）電車

keréta malam [クレタ マラム]
（⊛ night train）夜行列車

keréta peluru Jepang
[クレタ プルル ジュパン(グ)]
（⊛ the Shinkansen）新幹線

keriangan [クリアン(グ)アン]（⊛ joy）
楽しそうな様子 / 喜び

keributan [クリブタン]（⊛ fuss）騒ぎ

kerikil [クリキル]（⊛ gravel）砂利（じゃり）

kerinduan pada kampung halaman
[クリンドゥアン パダ カンプン(グ) ハラマン]
（⊛ homesickness）ホームシック

kering [クリン(グ)]（⊛ dry / dryness / dry
[dried]）乾いた / 乾燥 / 乾燥した

keringanan [クリン(グ)アンナン]
（⊛ easiness）手軽さ

keringat [クリン(グ)ア(ト)]（⊛ sweat）汗

keriput [クリプ(ト)]（⊛ wrinkles）シワ

keris [クリス]（⊛ kris）短剣

kerisauan [クリサウアン]
（⊛ worry / anxiety）心配 / 不安

keriting [クリティン(グ)]（⊛ wavy）
（毛が）縮れた

kerja [クルジャ]（⊛ work / to work）
仕事 / 作業 / 働く

kerja keras [クルジャ クラス]
（⊛ labor）勤労

kerja lembur [クルジャ ルンブル]
（⊛ overtime work）残業

kerja paruh waktu [クルジャ パルー ワクトゥ]
（⊛ part-time job）アルバイト

kerja sama [クルジャ サマ]
（⊛ cooperation）協力 / 協調

kerja sambilan [クルジャ サンビラン]
（⊛ part-time job / side job）
アルバイト / パート / 副業

kerja sampingan [クルジャ サンピン(グ)アン]
（⊛ side job）副業

kerjap [クルジャ(プ)]
（⊛ to blink）瞬きする

kerlap-kerlip [クルラ(プ) クルリ(プ)]
（⊛ brightly）煌々と

kerobohan [クロボハン]（⊛ collapse）崩壊

kerongkongan [クロン(グ)コン(グ)アン]
（⊛ throat）喉

K

kérosin [ケロスィン]（英 kerosene）灯油

kertas [クルタス]（英 paper）紙

kertas aluminum [クルタス アルミニウム]
（英 tinfoil）アルミホイル

kertas daur ulang [クルタス ダウル ウラン(グ)]
（英 recycled paper）再生紙

kertas dinding [クルタス ディンディン(グ)]
（英 wallpaper）壁紙

kertas gambar [クルタス ガンバル]
（英 drawing paper）画用紙

kertas kemasan [クルタス クマサン]
（英 wrapping paper）包装紙

kertas surat [クルタス スラ(ト)]
（英 letter paper）便箋（びんせん）

kertas toilét [クルタス トイレ(ト)]
（英 toilet paper）トイレットペーパー

kerudung [クルドゥン(グ)]
（英 veil）イスラム女性が被る頭布

kerugian [クルギアン]
（英 loss / disadvantage / harm）
損 / 損失 / 被害 / 不利益 / 害 / 損害

keruh [クルー]（英 turbid）濁った

kerukunan [クルクナン]
（英 harmony）円満

kerumitan [クルミタン]
（英 complexity）複雑

kerumunan [クルムナン]
（英 crowd / crowds）群集 / 雑踏 / 人込み

keruntuhan [クルントゥハン]
（英 collapse）崩壊 / 倒壊

kerusakan [クルサカン]（英 breakdown /
damage / destruction）故障 / 損傷 /
ダメージ / 破壊 / 破損 / 損害 / 不良

kerusuhan [クルスハン]
（英 disturbance / riot）騒動 / 暴動

kerut [クル(ト)]（英 wrinkles）シワ

kesabaran [クサバラン]
（英 endurance / patience）我慢 / 忍耐

kesadaran [クサダラン]（英 awareness /
consciousness / self-awareness）
意識 / 自覚

kesakitan [クサキタン]（英 pain）痛み

kesaksian [クサクスィアン]
（英 testimony）証言

kesaktian [クサクティアン]
（英 supernatural power）超能力

kesal [クサル]（英 fed up / upset）
嫌になる / 腹を立てる

kesalahan [クサラハン]（英 mistake /
error）過ち / 誤差 / 間違い / 誤り

kesamaan [クサマアン]
（英 common / identity / similarity）
共通性 / 同一性 / 類似点

kesan [クサン]（英 impression /
impressions）印象 / 感想

kesanggupan [クサン(グ)グパン]
（英 ability）能力

kesat [クサ(ト)]（英 rough / coarse /
to wipe）ざらざらした / 粗暴な / 拭く

kesatuan [クサトゥアン]
（英 unity）一体性 / まとまり

K

kesayangan [クサヤン(グ)アン]
（⑭ favorite）お気に入りの

kesederhanaan [クスドゥルハナアン]
（⑭ easy / simplicity / modesty）
簡易 / 簡素 / 質素 / 素朴 / 単純 / 控え目

kesediaan [クスディアアン]
（⑭ intention）意向

kesedihan [クスディハン]
（⑭ misery）悲惨

keseganan [クスガナン]
（⑭ reserve / hesitance）遠慮 / 気兼ね

kesegaran [クスガラン]（⑭ freshness）
新鮮さ / 爽快さ / 生き生きしていること

keseharian [クスハリアン]
（⑭ everyday life）日常

keséhatan [クセハタン]
（⑭ health）健康 / 保健

keseimbangan [クスインバン(グ)アン]
（⑭ balance）均衡 / バランス

kesejahteraan [クスジャートゥラアン]
（⑭ welfare）福祉

kesejukan [クスジュカン]
（⑭ coolness）クール

keselamatan [クスラマタン]
（⑭ safety）無事

keselarasan [クスララサン]
（⑭ congruency / harmony）
一致 / 調和

keseléo [クスレオ]
（⑭ dislocation / to dislocate / (to) sprain）脱臼（する）/ 捻挫（する）

keseluruhan [クスルルハン]
（⑭ all / the whole）
全体 / 徹底 / 全く / 全快 / 全面的な

kesembilan [クスンビラン]
（⑭ ninth）九番目の / 第九の

kesembronoan [クスンブロノアン]
（⑭ silliness）軽薄さ

kesemek [クスムッ]（⑭ persimmon）柿

kesempatan [クスンパタン]
（⑭ opportunity / chance）
機会 / 契機 / チャンス

kesempurnaan [クスンプルナアン]
（⑭ perfection）完全さ / 完璧

kesemutan [クスムタン]
（⑭ to get numb / numbness / numb）
痺れる / 痺れ / 痺れた

kesenangan [クスナン(グ)アン]
（⑭ comfort / easiness）
楽さ / 快適さ / 簡単さ

kesendirian [クスンディリアン]
（⑭ loneliness）孤独

kesengsaraan [クスンサラアン]
（⑭ misery）悲惨さ / 惨めさ

kesenian [クスニアン]
（⑭ artistry）芸術 / 芸能

kesenjangan [クスンジャン(グ)アン]
（⑭ gap）格差

kesénsitifan [クセンスィティファン]
（⑭ sensitivity）敏感さ / 感受性

kesentosaan [クスントサアン]
（⑭ peacefulness）平穏 / 平和 / のどかさ

K

kesenyapan [クスニャパン]
(＠ dumb / silence)無言 / 沈黙

kesepakatan [クスパカタン]
(＠ agreement)合意 / 協定

kesepian [クスピアン]
(＠ loneliness / lonely)孤独 / 孤独な

keseragaman [クスラガマン]
(＠ uniformity)画一性

keserasian [クスラスィアン] (＠ affinity / compatibility)相性 / 適合性

keseringan [クスリン(グ)アン]
(＠ frequency)頻度

kesériusan [クセリウサン]
(＠ seriousness)
深刻さ / 真面目さ / 真剣さ

kesesakan [クスサカン]
(＠ congestion)混雑 / 密集

kesesuaian [クススアイアン]
(＠ suitability / appropriateness / convenience)
ふさわしさ / 適切さ / 相性 / 都合

kését [ケセ(ト)]
(＠ mat / rugmat)マット / ラックマット

kesetaraan [クスタラアン]
(＠ equality)平等 / 同等性

kesetiaan [クスティアアン]
(＠ faithfulness / loyalty)忠実さ / 忠誠

kesetrum [クストルム]
(＠ to receive an electric shock)
感電する

kesialan [クスィアラン]
(＠ misfortune / unluckiness)
不運 / 不吉

kesiangan [クスィアン(グ)アン]
(＠ oversleeping)寝坊

kesia-siaan [クスィア スィアン]
(＠ waste)無駄

kesibukan [クスィブカン]
(＠ busyness)忙しさ

kesimpulan [クスィンプラン]
(＠ conclusion)結論 / まとめ

kesinambungan [クスィナンブン(グ)アン]
(＠ continuity)連続性

kesombongan [クソンボン(グ)アン]
(＠ vanity / impertinence)
うぬぼれ / 虚栄心 / 生意気 / 見栄

kesopanan [クソパナン] (＠ politeness / courtesy)丁寧さ / 礼儀

kestabilan [クスタビラン] (＠ stability)安定

kesucian [クスチアン]
(＠ sacredness)神聖さ

kesukaan [クスカアン]
(＠ favorite)好きな / 好み

kesukaran [クスカラン] (＠ difficulty)困難

kesuksésan [クスゥセサン]
(＠ promotion / success)出世 / 成功

kesulitan [クスリタン] (＠ trouble / inconvenience)困難 / 不便 / 問題

kesungguhan [クスングハン]
(＠ seriousness)懸命さ / 真剣さ

kesunyian [クスニィアン] (＠ silence)沈黙

kesuraman [クスラマン] (＠ gloom / depression)薄暗さ / 不振 / 不況

kesurupan [クスルパン]（⑱ to be possessed by a spirit or ghost）取り憑かれている

kesusahan [クスサハン]
（⑱ difficulty）困難

kesusastraan [クスサストラアン]
（⑱ literary art / literature）文芸 / 文学

kesusilaan [クススィラアン]
（⑱ courtesy）礼儀 / 道徳

ketaatan [クタアタン]
（⑱ loyalty）忠実さ / 忠誠

ketabahan [クタバハン]（⑱ perseverance）
根気 / 忍耐 / 粘り強さ

ketagihan [クタギハン]
（⑱ addiction）中毒（依存）

ketahanan [クタハナン]
（⑱ durability）耐久性

ketajaman [クタジャマン]
（⑱ sharpness）鋭さ

ketakutan [クタクタン]（⑱ fear）恐怖

ketam [クタム]（⑱ crab / plane / to plane）
蟹（かに）/ かんな / （かんなで）削る

ketampanan [クタンパナン]
（⑱ handsomeness）
格好よさ / ハンサムさ

ketan [クタン]（⑱ glutinous rice）もち米

ketat [クタ(ト)]（⑱ strict / tight）
厳しい / きつい / 厳格な / 厳重な

keteduhan [クトゥドゥハン]
（⑱ calmness）穏やかさ

ketegangan [クトゥガン(グ)アン]
（⑱ tension）緊張 / 張りつめた状態

ketegasan [クトゥガサン]（⑱ strictness / insistence）厳しさ / 厳格さ / 主張

keteguhan [クトゥッグハン]
（⑱ firmness）強固さ

ketekunan [クトゥクナン]（⑱ hard work / earnestness）勤勉さ / 懸命さ

ketelanjangan [クトゥランジャン(グ)アン]
（⑱ nudity）裸（であること）

ketelitian [クトゥリティアン]
（⑱ thoroughness）
綿密さ / 几帳面さ

ketenangan [クトゥナン(グ)アン]
（⑱ calmness）穏やかさ / 落ち着き

ketenteraman [クトゥントゥラマン]
（⑱ peace / order）平穏 / 秩序 / 安定

ketentuan [クトゥントゥアン]（⑱ rules）規定

ketepatan [クトゥパタン]
（⑱ accuracy）正確さ

keterampilan [クトゥランピラン]（⑱ skill / artistic skill）技量のある / 器用

keterangan [クトゥラン(グ)アン]
（⑱ explanation / testimony）
説明 / 証言

keterasingan [クトゥルアスィン(グ)アン]
（⑱ isolation）孤立

keteraturan [クトゥルアトゥラン]
（⑱ orderliness / regularity）
整然としていること / 規則正しさ

keterbukaan [クトゥルブカアン]
（⑱ openness）開放性 / 透明性

ketergantungan [クトゥルガントゥン(グ)アン]
（⑱ dependence / addiction）依存 / 中毒

K

keterlaluan [クトゥルラルアン]
(英 too bad)あんまりな

keterlambatan [クトゥルランバタン]
(英 postponement / lateness / delay)
遅れ / 遅刻 / 遅延

keterlibatan [クトゥルリバタン]
(英 involvement)関与

ketertiban [クトゥルティバン]
(英 order / courtesy)秩序 / 規律 / 礼儀

keterusterangan [クトゥルストゥラン(グ)アン]
(英 frankness)率直さ / 気さくさ

ketetapan [クトゥタパン]
(英 resolution / determination)決定 /
決議 / 決意

ketiadaan [クティアダアン]
(英 lack / absence)欠如 / 不在 / 無さ

ketiak [クティアッ] (英 armpit)脇の下

ketibaan [クティバアン]
(英 arrival)到着 / 到来

ketidakadilan [クティダカディラン]
(英 injustice)不平等 / 不公平さ

ketidakbahagiaan [クティダッバハギアアン]
(英 unhappiness)不幸

ketidakbérésan [クティダッベレサン]
(英 senselessness)無茶苦茶

ketidakhadiran [クティダッハディラン]
(英 absence)不在 / 欠席 / 休み

ketidakjelasan [クティダッジュラサン]
(英 unclarity)不明瞭さ

ketidaklengkapan [クティダッルンカパン]
(英 incompleteness)不完全さ

ketidaknyamanan [クティダッニャマナン]
(英 discomfort)不快感

ketidakpopuléran [クティダッポプレラン]
(英 unpopularity)不評

ketidakpraktisan [クティダップラクティサン]
(英 inconvenience)不便

ketidakpuasan [クティダップアサン]
(英 dissatisfaction)不服 / 不満

ketidaksamaan [クティダッサマアン]
(英 disagreement)不一致

ketidakselarasan [クティダッスララサン]
(英 inconsistency)不一致 / 一貫性のなさ

ketidaksempurnaan
[クティダッスンプルナアン]
(英 incompleteness)不完全さ

ketidaksenangan [クティダッスナン(グ)アン]
(英 discomfort)不愉快

ketidaksopanan [クティダッソパナン]
(英 impoliteness)無礼さ

ketidaktahuan [クティダッタフアン]
(英 ignorance)無知

ketiga [クティガ]
(英 third)三番目の / 第三の

ketika [クティカ] (英 when / moment)
〜のとき / 時間 / 頃

ketimun [クティムン]
(英 cucumber)キュウリ

ketinggalan [クティンガラン]
(英 to be left behind / to miss)
遅れる / 取り残される

ketinggalan zaman [クティンガラン ザマン]
(英 outdated)時代遅れの

ketinggian [クティンギアン]
(英 height) 高さ

ketinggian air [クティンギアン アイル]
(英 water level) 水位

ketua [クトゥア] (英 head / chief / leader)
長 / 指導者

ketua rapat [クトゥア ラパ(ト)]
(英 the chair) 議長

ketujuh [クトゥジュー]
(英 seventh) 七番目の / 第七の

ketuk [クトゥッ] (英 to knock)
ノックする / コツコツ叩く

ketukan [クトゥカン] (英 knocking) ノック

ketulusan [クトゥルサン]
(英 sincerity) 誠実さ / 素直さ

ketumpulan [クトゥンプラン]
(英 insensitiveness) 鈍感

ketupat [クトゥパ(ト)] (英 rice cake boiled
in a plaited coconuts leaf)
四角形に編んだヤシの葉で包んだちまき

keturunan [クトゥルナン]
(英 heredity / descendant) 遺伝 / 子孫

keuangan [クウアン(グ)アン]
(英 accounts / finance) 会計 / 金融

keuangan publik [クウアン(グ)アン プブリッ]
(英 public finance) 財政

keunggulan [クウングラン]
(英 excellence / predominance)
優秀 / 優勢

keunikan [クウニカン] (英 uniqueness)
独特さ / 独自性

keuntungan [クウントゥン(グ)アン]
(英 profit) 利益 / 得

keutamaan [クウタマアン]
(英 primacy) 主要

kewajaran [クワジャラン]
(英 appropriateness) 妥当性 / 適切さ

kewajiban [クワジバン]
(英 responsibility) 義務

kewarganegaraan [クワルガヌガラアン]
(英 nationality) 国籍

kewaspadaan [クワスパダアン]
(英 caution) 警戒 / 用心

kewibawaan [クウィバワアン]
(英 air of importance) 貫禄

keyakinan [クヤキナン]
(英 conviction) 確信

keyakinan diri [クヤキナン ディリ]
(英 self-confidence) 自信

kezaliman [クザリマン]
(英 cruelty) 残酷さ / 残虐行為

khalayak [ハラヤッ] (英 public) 公衆

khas [ハス] (英 unique / original)
特別な / 独自な

khasiat [ハスィア(ト)]
(英 effect) 効力 / 効き目

khatulistiwa [ハトゥリスティワ]
(英 the equator) 赤道

khayal [ハヤル]
(英 have a day dream) 夢想する

khayalan [ハヤラン] (英 day dream) 夢想

K

khianat [ヒアナ(ト)] (＠ treacherous / to betray) 裏切りの / 裏切る

khidmat [キドマ(ト)] (＠ dignified) 厳かな

khotbah [コ(ト)バー] (＠ preach) 説教

khusus [フスス] (＠ special feature / exclusive use / special) 特集 / 専用 / 特殊な

Kiai [キアイ] (＠ Kiai (expert in Islam)) イスラム教の有識者

kian [キアン] (＠ gradually) ますます / だんだん

kias [キアス] (＠ figurative) たとえ / 比喩

kiasan [キアサン] (＠ figurative) たとえ / 比喩

kiat [キア(ト)] (＠ trick) コツ

kicau [キチャウ] (＠ chirp) さえずり

kicauan [キチャウアン] (＠ chirp) さえずり

kidal [キダル] (＠ left-handedness) 左利き

kikir [キキル] (＠ rasp) 鑢(やすり)

kikuk [キクッ] (＠ awkward / embarrassed) ぎこちない / きまり悪い

kilang [キラン(グ)] (＠ mineral oil refinery) 製油所 / プラント

kilat [キラ(ト)] (＠ lightning / luster / flash / urgent) 稲妻 / 光沢 / フラッシュ / 緊急の / 大急ぎの

kilau [キラウ] (＠ gloss) 艶(つや)

kilauan [キラウアン] (＠ glitter) 輝き / 光沢

kilo [キロ] (＠ kilo) キロ

kilogram [キログラム] (＠ kilogram) キログラム

kilométer [キロメトゥル] (＠ kilometer) キロメートル

kimia [キミア] (＠ chemistry) 化学

kincir air [キンチル アイル] (＠ waterwheel) 水車

kincir angin [キンチル アン(グ)イン] (＠ windmill) 風車

kinerja [キヌルジャ] (＠ performance) パフォーマンス / 性能

kini [キニ] (＠ now) 現在 / 今日(こんにち)

kios [キオス] (＠ kiosk) 売店 / キオスク

kipas [キパス] (＠ fan / propeller) うちわ / 扇風機 / プロペラ

kipas angin [キパス アン(グ)イン] (＠ fan) 扇風機

kiprah [キプラー] (＠ activity) 活躍

kira [キラ] (＠ to think / to assume) 考える / 思う / 推定する

kira-kira [キラ キラ] (＠ about) だいたい / 約

kiranya [キラニャ] (＠ somehow) どうやら

kiri [キリ] (＠ left) 左 / 左派

kirim [キリム] (＠ to send) 送る

kirim salam [キリム サラム] (＠ to send one's regards) よろしく伝える

kiriman [キリマン] (＠ shipping item / mail / remittance) 発送品 / 郵便物 / 仕送り

kiriman pos [キリマン ポス]
（英 postal item）郵便物

kiriman pos tercatat
[キリマン ポス トゥルチャタ(ト)]
（英 registered mail [letter]）書留郵便

kisah [キサー]（英 tale / story）
物語 / ストーリー

kisah hidup [キサー ヒドゥ(プ)]
（英 life story）伝記 / 人生談

kisah pribadi [キサー プリバディ]
（英 one's history）自分の人生談

kismis [キスミス]（英 raisin）
レーズン / 干し葡萄（ぶどう）

kita [キタ]（英 we / our / us）
私達（聞き手を含む）

kitab [キタ(ブ)]（英 holy scripture）聖典

Kitab Injil [キタ(ブ) インジル]（英 bible）聖書

klaim [クレイム]（英 insistence）主張

klakson [クラクソン]（英 horn）クラクション

klasifikasi [クラスィフィカスィ]
（英 classification）分別 / 分類

klasik [クラスィッ]
（英 classic）クラシック / 古典

klausa [クラウサ]（英 passage）節（せつ）

klausul [クラウスル]
（英 disclaimer）免責条項

klién [クリエン]
（英 client）クライアント / 顧客

klimaks [クリマクス]（英 climax）
最高潮 / クライマックス

klinik [クリニッ]（英 clinic）
クリニック / 医院 / 診療所

klop [クロ(プ)]
（英 matched）ピッタリ合う

klosét [クロセ(ト)]（英 toilet bowl）便器

klub [クル(ブ)]（英 club）クラブ

klub malam [クル(ブ) マラム]
（英 nightclub）ナイトクラブ

klub olah raga [クル(ブ) オラー ラガ]
（英 sports club）スポーツクラブ

knalpot [クナルポ(ト)]（英 muffler）
マフラー（自動車などの）

kode [コドゥ]（英 code）コード

kode pos [コドゥ ポス]
（英 zip code）郵便番号

kodok [コド(ク)]（英 frog）蛙（かえる）

koédukasi [コエドゥカスィ]
（英 coeducation）共学

koéksisténsi [コエクスィステンスィ]
（英 coexistence）共存

koin [コイン]（英 coin）コイン

kok [コッ]（英 shuttlecock）
シャトル（バドミントンの羽球）

koki [コキ]（英 cook）コック

kolaborasi [コラボラスィ]
（英 cooperation）提携

kolam [コラム]（英 pond）池

kolam renang [コラム ルナン(グ)]
（英 swimming pool）プール

K

koléga [コレガ]（㊅ colleague）同僚

koléksi [コレクスィ]
（㊅ collection）コレクション

kolésterol [コレストゥロル]
（㊅ cholesterol）コレステロール

kolik [コリッ]（㊅ colic）
疝痛(せんつう) / コリック

kolom [コロム]（㊅ column）欄

kolonial [コロニアル]（㊅ colonial）植民地の

kolonialisme [コロニアリスム]
（㊅ colonialism）植民地主義

koma [コマ]（㊅ comma / coma）
コンマ / 句点 / 昏睡状態

komandan [コマンダン]
（㊅ commander）司令官

komando [コマンド]
（㊅ command）命令 / 指令

kombinasi [コンビナスィ]
（㊅ combination）組み合わせ

komédi [コメディ]
（㊅ comedy）喜劇 / コメディ

komédi tunggal [コメディトゥンガル]
（㊅ stand-up comedy）
スタンダップコメディ

komén [コメン]
（㊅ comment）コメント / 意見

koméntar [コメンタル]（㊅ review）批評

komersial [コメルスィアル]
（㊅ commercial）商業の / 商用の

komik [コミッ]（㊅ comics / cartoon）
コミックス / 漫画

komite [コミトゥ]（㊅ committee）委員

komitmen [コミトムン]
（㊅ commitment）深い関与 / 献身

kompas [コンパス]
（㊅ compass）コンパス

kompénsasi [コンペンサスィ]
（㊅ compensation）償い / 賠償 / 弁償

kompetén [コンプテン]
（㊅ competent）有能な / 能力がある

kompetisi [コンプティスィ]
（㊅ contest）コンクール

kompléks [コンプレクス]（㊅ complex）
複雑な / コンプレックス / 複合ビル

kompléks perumahan
[コンプレクス プルマハン]
（㊅ apartment complex）団地

komplot [コンプロ(ト)]
（㊅ complicity）共犯

komponén [コンポネン]（㊅ parts）部品

komposisi musik [コンポスィスィ ムスィッ]
（㊅ musical composition）作曲

komprés [コンプレス]
（㊅ wet pack / to put a compress）
湿布 / 頭を湿布等で冷やす / 湿布を貼る

kompromi [コンプロミ]
（㊅ compromise）妥協 / 譲歩

komputer [コンプトゥル]
（㊅ computer / personal computer）
コンピュータ / パソコン

komunikasi [コムニカスィ]
（㊅ communication / correspondence）
コミュニケーション / 通信 / 伝達

komunis [コムニス]
（愛 communist）共産主義者

komunisme [コムニスム]
（愛 communism）共産主義

kondéktur [コンデクトゥル]
（愛 conductor）車掌

kondisi [コンディスィ]（愛 condition / conditions / appearance）
調子 / 状況 / 具合 / 状態 / 様子

kondisi badan [コンディスィ バダン]
（愛 physical condition）体調

kondisi ékonomi [コンディスィ エコノミ]
（愛 business conditions）景気

kondisi kritis [コンディスィ クリティス]
（愛 serious condition）重体

kondom [コンドム]（愛 condom）コンドーム

konduktor [コンドゥクトル]
（愛 conductor）車掌 / 伝導体

konéksi [コネクスィ]
（愛 connection）コネ / 人脈

konféksi [コンフェクスィ]
（愛 clothes）既製服

konfirmasi [コンフィルマスィ]
（愛 confirmation）確認

konfirmasi pesanan
[コンフィルマスィ プサナン]（愛 reservation confirmation）予約確認

konflik [コンフリッ]
（愛 conflict）対立 / 紛争

konfrontasi [コンフロンタスィ]
（愛 confrontation）対決

kongsi [コンスィ]（愛 to share / society）
シェアする / 公司（こうし）/ 結社

konkrét [コンクレ(ト)]（愛 concrete）具体的

konséntrasi [コンセントラスィ]
（愛 concentration）集中

konsép [コンセ(プ)]
（愛 concept）概念 / 構想 / 理念

konsér [コンセル]（愛 concert）コンサート

konsérvatif [コンセルファティフ]
（愛 conservatism）保守的

konsési [コンセスィ]（愛 concession）
営業許可 / 免許 / 譲歩

konsistén [コンスィステン]
（愛 consistent）一貫している

konsisténsi [コンスィステンスィ]
（愛 consistency）一貫性

konsonan [コンソナン]
（愛 consonant）子音

konspirasi [コンスピラスィ]（愛 plot）陰謀

konstruksi [コンストルクスィ]
（愛 construction）構造

konsul [コンスル]（愛 consul）領事

konsulat [コンスラ(ト)]
（愛 consulate）領事館

Konsulat Jénderal Jepang
[コンスラ(ト) ジュンドゥラル ジュパン(グ)]
（愛 Japanese Consulate）日本領事館

konsultasi [コンスルタスィ]
（愛 consulting / consultation）
コンサルティング / 受診 / 相談

K

konsumén [コンスメン]
（＠ consumer）消費者

konsumsi [コンスムスイ]
（＠ consumption）消費

konsumsi obat [コンスムスイ オバ(ト)]
（＠ taking medicine）服用

kontéks [コンテクス]（＠ context）文脈

kontés [コンテス]（＠ contest）コンテスト

kontra [コントラ]（＠ contra）反

kontradiksi [コントラディクスイ]
（＠ contradiction）矛盾

kontrak [コントラ(ク)]（＠ contract）契約

kontraktor [コントラクトル]
（＠ contractor）請負業者

kontras [コントラス]（＠ contrast /
comparison）コントラスト / 対照 / 対比

kontrasépsi [コントラセプスイ]
（＠ contraception）避妊

kontribusi [コントリブスイ]
（＠ contribution）寄与(きよ) / 貢献

kontrol [コントロル]（＠ control）
コントロール / 統制 / 抑制

kontrovérsi [コントロフェルスイ]
（＠ controversial）論争 / 議論

konvérsi [コンフェルスイ]
（＠ conversion）換算

konyol [コニョル]（＠ ridiculous /
senseless）馬鹿馬鹿しい / 無茶苦茶な

kooperasi [コオプラスイ]
（＠ cooperation）協力

koordinasi [コオルディナスイ]
（＠ coordination）調整

koordinat [コオルディナ(ト)]
（＠ coordinate）座標 / 等位の

koper [コプル]（＠ suitcase）
スーツケース / トランク

koperasi [コプラスイ]
（＠ cooperation）協同組合 / 生協

kopi [コピ]（＠ coffee）コーヒー

kopiah [コピアー]（＠ scullcap / fez）
インドネシア人男性用の縁なしの四角い帽子

koran [コラン]（＠ newspaper）新聞

koran berbahasa Inggris
[コラン ブルバハサ イングリス]
（＠ English paper）英字新聞

korban [コルバン]
（＠ victim）犠牲者 / 被害者

korban selamat [コルバン スラマ(ト)]
（＠ survivor）生存者

Koréa [コレア]（＠ Korea）韓国 / 朝鮮

Koréa Selatan [コレア スラタン]
（＠ South Korea）韓国

Koréa Utara [コレア ウタラ]
（＠ North Korea）北朝鮮

korék [コレク]（＠ to dig / to pick）
掘る / ほじくる

korék api [コレク アピ]
（＠ match / lighter）マッチ / ライター

koréksi [コレクスイ]
（＠ correction）修正 / 訂正

koridor [コリドル]（＠ corridor）廊下 / 回廊

K

korosi [コロスィ]（英 corrosion）腐食

korting [コルティン(グ)]（英 special sale / discount）特売 / 割り引き

korupsi [コルプスィ]（英 corruption）汚職

kos [コス]（英 boarding）下宿

kosakata [コサカタ]（英 vocabulary）語彙

kosén [コセン]（英 frame wood (window, door)）枠木（窓・ドアの）

kosmétik [コスメティク]（英 cosmetics）化粧品

kosong [コソン(グ)]（英 zero / empty / blank / vacant / plain）空の / 空いた / 無くなる / 空しい

kota [コタ]（英 city / the streets / metropolitan）市 / 市街 / 都市

kotak [コタッ]（英 box）箱

kotak penyimpanan barang berharga [コタップ プニンパナン バラン(グ) ブルハルガ]（英 safety box）セーフティボックス

kotak pos [コタッ ポス]（英 post-office box）郵便ポスト

kotak surat [コタッ スラ(ト)]（英 mailbox）ポスト（家の郵便受）/ 郵便受け

kotor [コトル]（英 dirty / unclear）汚い / 不潔な

kotoran [コトラン]（英 dirt）汚れ

koyak [コヤッ]（英 torn / to tear / to rip）破れた / 破る / 引き裂く

kréatif [クレアティフ]（英 creative）独創的な / クリエイティブな

krédibel [クレディブル]（英 securely）しっかりと / 堅実に

krédit [クレディ(ト)]（英 credit）クレジット / 掛け売り〈買い〉

krim [クリム]（英 cream）クリーム

krim dari susu [クリム ダリ スス]（英 fresh cream）生クリーム

krim pelindung matahari [クリム プリンドゥン(グ) マタハリ]（英 sunblock）日焼け止めクリーム

krim pencukur [クリム プンチュクル]（英 shaving cream）シェービングクリーム

krisis [クリスィス]（英 crisis）危機

Kristen [クリストゥン]（英 Christian）キリスト教徒

Kristus [クリストゥス]（英 Jesus Christ）イエス・キリスト

kritik [クリティッ]（英 criticism / to criticize）批判（する）/ 批評（する）

kritikan [クリティカン]（英 criticism）批判 / 批評 / 評論

kritis [クリティス]（英 critical）批判的な

kromosom [クロモソム]（英 chromosome）染色体

kronik [クロニッ]（英 chronic）慢性の

kronis [クロニス]（英 chronic）慢性

kronologi [クロノロギ]（英 details）経緯

kruk [クルッ]（英 crutch）松葉杖

-ku [ク]（英 my / me）私〈僕 / 俺〉の〈を〉

K

kuah [クアー] (＠ gravy / soup) 汁 / つゆ

kuala [クアラ] (＠ estuary / confluence) 河口 / 川の合流点

Kuala Lumpur [クアラ ルンプル] (＠ Kuala Lumpur) クアラルンプール

kuali [クアリ] (＠ earthen pot) 土鍋

kualifikasi [クアリフィカスィ] (＠ qualification) 資格

kualitas [クアリタス] (＠ quality) 質 / 品質

kualitas air [クアリタス アイル] (＠ water quality) 水質

kualitas tanah [クアリタス タナー] (＠ the nature of the soil) 地質

kuap [クア(プ)] (＠ yawn / to yawn) あくび(する)

kuartal [クアルタル] (＠ quarter) 四半期

kuasa [クアサ] (＠ force / power) 力 / 威力 / 権力 / 大国

kuat [クア(ト)] (＠ strong / powerful / keen / tough) 強力な / 力強い / 頑丈な / しぶとい / 丈夫な

kuatir [クアティル] (＠ worried / to feel anxious / to concern) 心配な / 心配する / 懸念する

kubis [クビス] (＠ cabbage) キャベツ

kubu [クブ] (＠ fort) 陣営

kubur [クブル] (＠ grave) 墓

kuburan [クブラン] (＠ graveyard) 墓地

kucek [クチュク] (＠ to scrub) こする / 手でごしごしする

kucel [クチュル] (＠ dirty)【ジャワ語】汚(よご)れる

kucil [クチル] (＠ ostracize) 仲間外れ

kucing [クチン(グ)] (＠ cat) 猫

kucing liar [クチン(グ) リアル] (＠ stray cat) 野良猫

kucir [クチル] (＠ plait (hair)) おさげ

kuda [クダ] (＠ horse) 馬

kudapan [クダパン] (＠ snack) スナック菓子

kudéta [クデタ] (＠ coup d'état) クーデター

kué [クエ] (＠ confectionary / cookie / cake) 菓子 / クッキー / ケーキ

kué tar [クエ タル] (＠ cake) デコレーションケーキ

kuil [クイル] (＠ temple / shrine) 寺院 / 神殿

kuis [クイス] (＠ quiz) クイズ

kuitansi [クイタンスィ] (＠ receipt) 領収書

kuku [クク] (＠ nail) 爪

kukuh [ククー] (＠ solidly / tough / sturdy) しっかり / しぶとい / 丈夫な / 強い

kukus [ククス] (＠ steam / steamed / to steam) 蒸気 / 蒸した / 蒸す

kuliah [クリアー] (＠ lecture / lesson / course) 講義 / 授業 / 講座

kulinér tradisional [クリネル トラディスィオナル] (＠ local [country] dish) 郷土料理

K

kulit [クリ(ト)]（愛 skin / leather）
皮 / 皮膚 / 肌 / 革

kulit kayu manis [クリ(ト) カユ マニス]
（愛 cinnamon）シナモン

kulit kerang [クリ(ト) クラン(グ)]
（愛 shell）貝殻

kulit sapi [クリ(ト) サピ]（愛 cowhide）牛革

kulkas [クルカス]（愛 refrigerator）冷蔵庫

kuman [クマン]（愛 fungus / bacteria /
germ）菌 / 細菌 / ばい菌

kumandang [クマンダン(グ)]
（愛 make *st* reverberate）響き渡る

kumbang [クンバン(グ)]（愛 bee）ハナバチ

kumbang tanduk [クンバン(グ) タンドゥッ]
（愛 unicorn beetle）カブトムシ

kumis [クミス]（愛 beard）口ひげ

kumpul [クンプル]（愛 to collect /
to gather）集める / 集まる

kumuh [クムー]（愛 dirty）不潔な

kumur [クムル]（愛 to gargle / to rinse）
うがいする / (口を)すすぐ

kunang-kunang [クナン(グ) クナン(グ)]
（愛 firefly）蛍

kunci [クンチ]（愛 key / lock）
鍵 / 秘訣 / 解答 / 鍵をする / (口を)閉じる

kunci otomatis [クンチ オトマティス]
（愛 self-locking）オートロック

kuncup [クンチュ(プ)]
（愛 bud / germ）つぼみ / 芽

kuning [クニン(グ)]（愛 yellow）黄色い

kuning telur [クニン(グ) トゥルル]
（愛 yolk）卵の黄身

kunjung [クンジュン(グ)]（愛 to visit）訪ねる

kunjungi [クンジュン(グ)イ]
（愛 to visit）〜を訪問する

kuno [クノ]（愛 ancient / archaic）
古代の / 古風な

kuntum [クントゥム]（愛 bud）
〜輪(りん)(花の助数詞) / つぼみ

kunyah [クニャー]
（愛 to chew）噛む / 咀嚼する

kunyit [クニャイ(ト)]
（愛 turmeric）ウコン / ターメリック

kuota [クオタ]（愛 quota）割り当て

kupas [クパス]（愛 to peel）(皮を)剥く

kupon [クポン]
（愛 coupon）クーポン / 引換券

kupu-kupu [クプ クプ]（愛 butterfly）蝶

kura-kura [クラ クラ]（愛 turtle）亀

kurang [クラン(グ)]
（愛 be lack in / be insufficient /
be lacking）欠如する / 足りない

kurang ajar [クラン(グ) アジャル]
（愛 impertinent / impolite）
生意気な / 無礼な

kurang darah [クラン(グ) ダラー]
（愛 anaemia）貧血

kurang lebih [クラン(グ) ルビー]
（愛 roughly / rough / about）
およそ / 〜ぐらい / 約〜

kurang tahu [クラン(グ) タウ]
（愛 be unfamiliar with）
暗い（よく知らない）

kurikulum [クリクルム]
（愛 curriculum）カリキュラム

kurnia [クルニア]（愛 gift / blessing /
to award）贈り物 / 恵み / 授ける

kurs [クルス]（愛 exchange rate）
為替レート

kursi [クルスィ]（愛 chair / stool / bench）
椅子 / スツール / ベンチ

kursi roda [クルスィ ロダ]
（愛 wheelchair）車椅子

kursor [クルソル]（愛 cursor）カーソル

kursus [クルスス]（愛 short course）講習

kurun [クルン]（愛 century）世紀

kurung [クルン(グ)]（愛 to confine）
閉じ込める / 監禁する

kurungan [クルン(グ)アン]（愛 parentheses /
cage / prison）括弧 / 檻 / 監獄

kurus [クルス]（愛 thin）痩せた

kurus kering [クルス クリン(グ)]
（愛 skinny）痩せ細った

kurva [クルファ]（愛 curve）曲線 / カーブ

kusam [クサム]（愛 to become obscure）
曇る（不透明になる）

kusta [クスタ]（愛 Hansen's disease /
leprosy）ハンセン病 / ライ病

kusut [クス(ト)]（愛 tangled / confused）
からまった / もつれた / 混乱した

kutip [クティ(プ)]
（愛 to pick up / to quote / to collect）
拾う / 引用する / 抜粋する / 集める

kutipan [クティパン]
（愛 quotation / extract）引用 / 抜粋

kutu [クトゥ]（愛 flea / louse）ノミ / シラミ

kutu air [クトゥ アイル]
（愛 athlete's foot）水虫

kutub [クトゥ(プ)]（愛 pole）（地球の）極

kutub selatan [クトゥ(プ) スラタン]
（愛 the South Pole）南極

kutub utara [クトゥ(プ) ウタラ]
（愛 the North Pole）北極

L

laba [ラバ]（愛 profit）利益 / 儲け

laba-laba [ラバ ラバ]（愛 spider）蜘蛛

labél [ラベル]（愛 tag / label）札 / ラベル

labirin [ラビリン]（愛 labyrinth）迷路

labu [ラブ]（愛 pumpkin）カボチャ

labur [ラブル]（愛 whitewash *st*）
（何かを）白く塗る

laci [ラチ]（愛 drawer）
引き出し（机・たんすなどの）

lacur [ラチュル]（愛 bad / to prostitute
oneself）厄（やく）/ 身を売る / 売春する

lada [ラダ]（愛 pepper / chili）
胡椒 / 唐辛子

ladang [ラダン(グ)]（愛 field）畑

lafal [ラファル]（愛 pronunciation）発音

lagak ［ラガッ］（愛 pose）格好 / 姿勢 / 態度

lagi ［ラギ］（愛 in / again / over again）
あと～ / 再び / また / 改めて

lagipula ［ラギプラ］（愛 furthermore /
moreover）さらに

lagu ［ラグ］（愛 song / music / encore）
歌 / 曲 / アンコール

lagu anak-anak ［ラグ アナッ アナッ］
（愛 children's song）童謡

lagu kebangsaan ［ラグ クバンサアン］
（愛 national anthem）国歌

lahan ［ラハン］（愛 the grounds / land）
敷地 / 土地

lahan basah ［ラハン バサー］
（愛 swamp）湿地

lahan garapan ［ラハン ガラパン］
（愛 arable land）耕地

lahan pertanian ［ラハン プルタニアン］
（愛 farmland）農地

lahar ［ラハル］（愛 lava / volcanic
mudflow）溶岩 / 火山泥流

lahir ［ラヒル］（愛 be born / birth）
生まれる / 誕生

lahir kembali ［ラヒル クンバリ］
（愛 be born again）生まれ変わる

lain ［ライン］（愛 other [another] /
separate）他 / 別々な

lain kali ［ライン カリ］（愛 next time /
the next time）今度（またの機会）/ 次回

lain-lain ［ライン ライン］
（愛 others / other）その他 / 他の

lajang ［ラジャン（グ）］
（愛 single）独身 / 未婚の

laju ［ラジュ］（愛 fast）速い

lajur ［ラジュル］（愛 traffic lane）車線

laki-laki ［ラキ ラキ］（愛 man [men] /
man / boy）男性 / 男 / 男子

laknat ［ラクナ（ト）］（愛 curse）呪い

laksamana ［ラクサマナ］
（愛 admiral）海軍大将

laksanakan ［ラクサナカン］
（愛 to carry out）実行する / 実施する

laku ［ラク］
（愛 to be in demand / valid / behavior）
よく売れる / 有効な / 振舞い / 態度

lakukan ［ラクカン］（愛 to do /
to commit）行う /（罪を）犯す

lalai ［ラライ］（愛 negligent）不注意

lalat ［ララ（ト）］（愛 fly）蝿（はえ）

lalu ［ラル］（愛 last- / on end）昨～ / 続けて

lalu lintas ［ラル リンタス］（愛 traffic）交通

lama ［ラマ］（愛 former / ragged / old）
旧～ / 永い / ぼろい / 古い

laman ［ラマン］（愛 page）ページ

laman wéb ［ラマン ウェ（ブ）］
（愛 website）ホームページ

lamar ［ラマル］（愛 to propose）
プロポーズする

lamaran ［ラマラン］（愛 proposal）
プロポーズ

L

lambai [ランバイ]（英 to wave）
（手を）振る

lamban [ランバン]（英 slow）
鈍い /（動きが）ゆるやかな

lambang [ランバン(グ)]（英 symbol）
記号 / 象徴 / シンボル

lambat [ランバ(ト)]（英 late / slow）
遅い / 鈍い /（動きが）ゆるやかな

lambat-laun [ランバ(ト) ラウン]
（英 sooner or later）
遅かれ早かれ / いずれ

lambung [ランブン(グ)]（英 stomach /
to bounce）胃 / 弾む

lampau [ランパウ]（英 past）過去 / 昔

lampin [ランピン]（英 nappy）おむつ

lampiran [ランピラン]
（英 attachment）添付

lampu [ランプ]（英 lamp / light）
照明 / 電灯 / ランプ

lampu depan [ランプ ドゥパン]
（英 headlights）ヘッドライト

lampu isyarat [ランプ イシャラ(ト)]
（英 traffic light）信号

lampu jalan [ランプ ジャラン]
（英 street）街灯

lampu lalu lintas [ランプ ラル リンタス]
（英 traffic light）信号機

lampu listrik [ランプ リストリ(ク)]
（英 light）電灯

lampu méja [ランプ メジャ]
（英 lamp）電気スタンド

lampu néon [ランプ ネオン]
（英 fluorescent light）蛍光灯

lampu séin [ランプ セイン]
（英 turn signal）ウィンカー

lampu sorot [ランプ ソロ(ト)]
（英 spotlight）スポットライト

lamunan [ラムナン]（英 fantasy）幻想

lamur [ラムル]（英 fatty meat）脂身

LAN [ラン]（英 LAN）LAN

lancang [ランチャン(グ)]
（英 impudent）ずうずうしい

lancar [ランチャル]（英 smooth / in good
condition / fluent）円滑な / 好調な /
順調な / 流暢な

landa [ランダ]（英 to hit）
（災害などが）襲う / 直撃する

landai [ランダイ]（英 smooth）なだらかな

landasan [ランダサン]（英 railway /
runway / base）線路 / 滑走路 / 土台

landasan pacu [ランダサン パチュ]
（英 runway）滑走路

langganan [ランガナン]
（英 subscription (fee)）購読(料)

langgar [ランガル]（英 to violate）
破る(規則を)

langit [ラン(グ)イ(ト)]（英 the sky / heaven）
上空 / 空 / 天

langka [ランカ]（英 rarely / rare / barely）
せっかくの(滅多にない) / 珍しい /
なかなか(〜ない)

langkah [ランカー]（籁 around the feet / step / process）足元 / 歩み / 手順 / 対処

langsing [ランスィン(グ)]
（籁 slim / slender）スリムな / 華奢な

langsung [ランスン(グ)]
（籁 direct / immediately）直接 / 直通 / 生の（直接の）/ 諸に / すぐ

lanjut [ランジュ(ト)]
（籁 further / advanced / detailed）さらに進んだ / 詳細な / 年がいった

lanjut usia [ランジュ(ト) ウスィア]
（籁 old person / the elderly）高齢者

lanjutan [ランジュタン]（籁 continuation / advanced）続き / 上級の

lansia [ランスィア]（籁 old person）高齢者

lanskap [ランスカ(プ)]（籁 landscape）風景

lantai [ランタイ]（籁 floor）床 / 階

lantang [ランタン(グ)]
（籁 loud and clear / outspoken）大きくはっきり聞こえる / あからさまな

lantaran [ランタラン]（籁 because of）～のせいで / ～のために

lantas [ランタス]（籁 immediately / and）すぐさま / 即 / そして

lantik [ランティッ(ク)]（籁 to appoint）任命する

lantun [ラントゥン]（籁 to sing）歌う

lantunan [ラントゥナン]（籁 song）歌

Laos [ラオス]（籁 Laos）ラオス

lap [ラ(プ)]（籁 rag）台拭き

lapang [ラパン(グ)]（籁 free / spacious）暇な / 空いた / 広々した

lapang dada [ラパン(グ) ダダ]
（籁 big-hearted）胸を張って

lapangan [ラパン(グ)アン]
（籁 field / plaza）グラウンド / 広場

lapangan terbang
[ラパン(グ)アントゥルバン(グ)]（籁 airport）空港

lapar [ラパル]（籁 hungry）空腹な

lapis [ラピス]（籁 layer / gilt）層 / メッキ

lapor [ラポル]（籁 to report）申告する / 報告する

laporan [ラポラン]（籁 declaration / report）申告 / 報告 / レポート / 通報

laporan kecurian [ラポラン クチュリアン]
（籁 theft report）盗難届

laporan laba rugi [ラポラン ラバ ルギ]
（籁 profit and loss statement）損益計算書

lapuk [ラプッ]（籁 obsolete / rotten）古い / 廃れた / ぼろぼろの

larang [ララン(グ)]（籁 to prohibit）禁止する

larangan [ララン(グ)アン]（籁 prohibition / taboo）禁止 / 禁物

lari [ラリ]（籁 running）ランニング

laris [ラリス]（籁 to be in demand）よく売れる

larut [ラル(ト)]（籁 to dissolve / late night）溶け合う / 夜ふけ

larutan [ラルタン]（籁 solution）溶液

larva [ラルファ] (英 larva) 幼虫

lasak [ラサッ]
(英 durable / energetic / restless)
丈夫な / 活動的な / 落ち着きがない

laskar [ラスカル] (英 soldier) 兵士

latar [ラタル] (英 background) 背景

latar belakang [ラタル ブラカン(グ)]
(英 background) 背景 / 経歴 / 経緯

latih [ラティー] (英 to train)
訓練する / 稽古する

latihan [ラティハン] (英 training / practice /
drill) 教習 / 稽古 / 練習 / 演習

lauk [ラウッ] (英 side dish) おかず

laundri [ラウンドリ] (英 laundry) ランドリー

laut [ラウ(ト)] (英 sea) 海

Laut Cina Selatan [ラウ(ト) チナ スラタン]
(英 South China Sea) 南シナ海

lautan [ラウタン] (英 ocean) 海洋 / 大洋

Lautan Atlantik [ラウタン アトランティッ]
(英 the Atlantic Ocean) 大西洋

Lautan Hindi [ラウタン ヒンディ]
(英 the Indian Ocean) インド洋

Lautan Pasifik [ラウタン パスイフィッ]
(英 the Pacific Ocean) 太平洋

lava [ラファ] (英 lava) 溶岩

lawak [ラワッ] (英 funny / joke / to joke)
滑稽な / 冗談 / ふざける

lawan [ラワン] (英 opponent / versus)
相手(試合の) / 対

lawan jenis [ラワン ジュニス]
(英 opposite sex) 異性

lawat [ラヤ(ト)] (英 to visit)
訪れる / 訪問する

layak [ラヤッ] (英 qualified)
適している / 条件を満たした

layan [ラヤン] (英 to handle / to serve)
応対する / 仕える / サービスする

layanan [ラヤナン] (英 treatment /
service) 応対 / サービス

layanan purnajual [ラヤナン ブルナジュアル]
(英 after-sales service) アフターサービス

layang [ラヤン(グ)] (英 to glide)
飛ぶ / 滑空する

layang-layang [ラヤン(グ) ラヤン(グ)]
(英 kite / swallow) 凧 / 燕

layar [ラヤル] (英 sail / screen)
帆 / スクリーン

layu [ラユ] (英 to wither / aged)
枯れる / 古い(新鮮でない)

lazim [ラズィム] (英 ordinary)
通常の / 普通の

lebah [ルバー] (英 bee) 蜂(はち)

lebam [ルバム] (英 bruise) 青あざ / 打撲

lébar [ルバル] (英 length / large)
縦 / 広い(幅)

Lebaran [ルバラン] (英 Lebaran (end of
ramadhan celebration))
断食明け大祭(イスラム教の祝日)

lébarnya [ルバルニャ]
(英 wideness) 広さ

L

lebat [ルバ(ト)] (® heavy / thick)
(雨が)激しい / (毛や実が)たくさんの

lebih [ルビー] (® much more / more)
一層 / 上(より大きい・多い) / もっと /
超える

lebih baik [ルビー バイッ]
(® better)より良い

lebih baik daripada
[ルビー バイッ ダリパダ]
(® better than)〜より良い

lebih dari [ルビー ダリ]
(® more than)以上

lebih kurang [ルビー クラン(グ)]
(® roughly / more or less)
およそ / だいたい

lebih-lebih lagi [ルビー ルビー ラギ]
(® especially)特に / とりわけ

lebur [ルブル] (® to melt down)
溶ける / とろける

leburkan [ルブルカン]
(® to melt down)溶かす

lécéh [レチェー] (® troublesome)
面倒な / 煩わしい

lécéhkan [レチェーカン]
(® to disdain)軽蔑する / さげすむ

ledak [ルダッ] (® to explode)爆発する

ledakan [ルダカン]
(® explosion)爆発 / 急増

lega [ルガ] (® to be relieved)
安心する / ほっとする

legénda [ルゲンダ] (® legend)伝説

législatif [レギスラティフ]
(® legislative)立法の

léhér [レヘル] (® neck)首(頸部)

lekang [ルカン(グ)] (® to fade away /
to break / to peel off)
消えていく / 割れる / 剥(は)がれる

lekas [ルカス] (® quick)速やかな

lekat [ルカ(ト)] (® to stick)
くっつく / 貼りつく

lekuk [ルクッ] (® dent / pothole)
へこみ / くぼみ / (道路の)穴ぼこ

lelah [ルラー] (® be tired / be exhausted /
be tired of)疲れた / 疲れる / 疲労する

lelaki [ルラキ] (® man)男

lélang [レラン(グ)] (® auction)
競売 / オークション

lelucon [ルルチョン] (® joke)ジョーク

leluhur [ルルフル] (® ancestor)祖先

lém [レム] (® paste / adhesive)
糊 / 接着剤

lemah [ルマー]
(® weak / be not good at / dull)
弱〜 / 苦手な / 薄弱な / 弱い / だるい

lemah lembut [ルマー ルンブ(ト)]
(® graceful / gentle)
優美な / しとやかな

lemak [ルマッ] (® lard / fat)脂 / 脂肪

lemari [ルマリ] (® wardrobe / shelf /
baggage [luggage] shelf)
箪笥 / 戸棚 / 荷物棚

lemas [ルマス] (® dull)だるい

lembaga [ルンバガ] (愚 institution / society)機関(組織) / 協会

lembah [ルンバー]
(愚 basin / valley)盆地 / 谷

lembap [ルンバ(プ)] (愚 moist)潤った

lembar [ルンバル] (愚 -)〜枚(助数詞)

lembaran [ルンバラン]
(愚 sheet)シート(紙・覆い)

lembing [ルンビン(グ)] (愚 spear)槍(やり)

lembu [ルンブ] (愚 cow)牛

lembut [ルンブ(ト)] (愚 soft / mild / gentle)
柔らかい / ふわふわ / 温和な

lémon [レモン] (愚 lemon)レモン

lémpar [レンパル]
(愚 to throw)(放り)投げる

lempung [ルンプン(グ)] (愚 clay)粘土

lencana [ルンチャナ]
(愚 badge)記章 / バッジ

lendir [ルンディル] (愚 mucus)粘液

lengah [ルン(グ)アー]
(愚 be careless)油断する

lengan [ルン(グ)アン]
(愚 arm / sleeves)腕 / 袖

lengan baju [ルン(グ)アン バジュ] (愚 hem)裾

lengkap [ルンカ(プ)] (愚 complete / ready)完全な / 揃った

léngkét [レンケ(ト)] (愚 sticky)ねばねばした

lengkung [ルンクン(グ)]
(愚 curve)カーブ / 曲線 / 反(そ)り

lengkungan [ルンクン(グ)アン]
(愚 curve)カーブ / 曲線 / 反(そ)り

lénsa [レンサ] (愚 lens)レンズ

lénsa kontak [レンサ コンタ(ク)]
(愚 contact lens)コンタクトレンズ

lentur [ルントゥル] (愚 elastic)しなやかな

lenyap [ルニャ(プ)]
(愚 to vanish)消える / 消失する

lepas [ルパス]
(愚 to fall out)抜ける(とれる)

lepas landas [ルパス ランダス]
(愚 takeoff)離陸

lepas pantai [ルパス パンタイ]
(愚 offshore)沖

lepuh [ルプー] (愚 blister)水膨(みずぶく)れ

léréng [レレン(グ)] (愚 inclined plane)斜面

léréng gunung [レレン(グ) グヌン(グ)]
(愚 hillside)山腹

lésbian [レスビアン] (愚 lesbian)レズビアン

lesu [ルス] (愚 worn out / lethargic)
疲れ果てた / 無気力な

letak [ルタ(ク)] (愚 position)位置

letih [ルティー] (愚 tired)疲れた

letup [ルトゥ(プ)] (愚 to explode /
to rupture)爆発する / 破裂する

letupan [ルトゥパン] (愚 explosion /
rupture / plosive)爆発 / 破裂 / 破裂音

letusan [ルトゥサン]
(愚 eruption)噴火 / 噴出

léukémia [レウケミア]（英 leukemia）白血病

lével [レフル]（英 level）レベル

léwat [レワ(ト)]（英 to pass）通る

léwati [レワティ]（英 to pass / to go beyond）通過する / 越える

lezat [ルザ(ト)]（英 delicious）おいしい

liar [リアル]（英 wild）野生の / 野良の

liat [リア(ト)]（英 tough）（肉などが）なかなか切れない / 硬い

libatkan [リバ(ト)カン]（英 to involve）伴う / 巻き込む

liberal [リブラル]（英 liberal）リベラルな / 自由主義の

liberalisme [リブラリスム]（英 liberalism）リベラル主義 / 自由主義

libur [リブル]（英 holiday）休み（休日・祝日）

liburan [リブラン]（英 holidays）休暇

licik [リチッ]（英 sly）ずるい

licin [リチン]（英 smooth）なめらかな

lidah [リダー]（英 tongue）舌

lift [リッ(ト)]（英 elevator）エレベーター

liga [リガ]（英 league）リーグ

lihat [リハ(ト)]（英 to look at）見る

lilin [リリン]（英 candle / wax）ろうそく / ワックス

lilit [リリ(ト)]（英 twist / surrounding / to coil up）ねじり / 周囲 / 巻きつく / ぐるぐるに丸まる

lima [リマ]（英 five）5

lima belas [リマ ブラス]（英 fifteen）15

lima buah [リマ ブアー]（英 five）5つ

lima puluh [リマ プルー]（英 fifty）50

limau [リマウ]（英 lemon）レモン

limbah [リンバー]（英 waste）廃棄物

limpa [リンパ]（英 spleen）脾臓（ひぞう）

limpah [リンパー]（英 to overflow）あふれる / 氾濫（はんらん）する

limpahan [リンパハン]（英 overflow）あふれる物 / 氾濫

lincah [リンチャー]（英 agile）機敏な / 活発な

lindung [リンドゥン(グ)]（英 preservation / to preserve / to protect）保護（する）/ 守る

lingkaran [リンカラン]（英 ring）輪

lingkaran tahun [リンカラン タフン]（英 growth ring）年輪

lingkungan [リンクン(グ)アン]（英 environment）環境

lingkup [リンク(プ)]（英 range）範囲

lintah [リンター]（英 leech）蛭（ひる）

lintang [リンタン(グ)]（英 latitude）緯度

lintang-pukang [リンタン(グ) プカン(グ)]（英 helter-skelter）一目散に / あわてふためいて

L

lintas [リンタス]
(愈 to cross)横断する / 渡る

lintas an [リンタサン]
(愈 passing through)通行

lipan [リパン](愈 centipede)ムカデ

lipat [リパ(ト)](愈 fold)折りたたみ

lipatan [リパタン](愈 fold)折りたたみ

LIPI [エルイーピーイー](愈 The Indonesian Institute of Sciences)インドネシア科学院

lipstik [リプスティ(ク)](愈 lipstick)口紅

liput [リプ(ト)]
(愈 to collect information)取材する

liputan [リプタン](愈 coverage)
取材(範囲) / 報道

lirik [リリッ](愈 lyrics)歌詞

lisan [リサン](愈 oral)口頭

lisénsi [リセンスィ](愈 license)ライセンス

listrik [リストリ(ク)](愈 electricity)電気 / 電力

listrik statis [リストリ(ク) スタティス]
(愈 static electricity)静電気

liter [リトゥル](愈 liter)リットル

liur [リウル](愈 saliva)よだれ

lobak [ロバッ](愈 white radish)大根

lobi [ロビ](愈 lobby)ロビー

lobi keberangkatan [ロビ ケブランカタン]
(愈 departure lounge [lobby])
出発ロビー

logam [ロガム](愈 metal)金属

logam berharga [ロガム ブルハルガ]
(愈 precious [noble] metal)貴金属

logat [ロガ(ト)](愈 dialect)訛(なま)り

logika [ロギカ](愈 reason / logic)
道理 / 理屈 / 論理

logo [ロゴ](愈 logo mark)ロゴマーク

lokal [ロカル]
(愈 local / local neighborhood)
現地の / 地元

lokasi [ロカスィ](愈 location)所在地 / 現場

loker [ロクル](愈 locker)ロッカー

lokét [ロケ(ト)](愈 counter / ticket office)
カウンター / 切符売り場

lokomotif [ロコモティフ]
(愈 locomotive)機関車

lolos [ロロス](愈 to slip off / to escape)
すり抜ける / 逃亡する

lombok [ロンボッ](愈 chili)唐辛子

lompat [ロンパ(ト)](愈 to jump)
ジャンプする / 跳ねる

loncat [ロンチャ(ト)](愈 to jump)
跳ぶ / 跳ねる / 跳ね上がる

loncéng [ロンチェン(グ)](愈 bell / chime)
鐘 / 鈴 / チャイム / 釣り鐘

longgar [ロンガル](愈 indulgent / loose)
甘い(厳格でない) / だぶだぶな /
ゆるい / ルーズな

lonjak [ロンジャッ](愈 to boost / to improve)
急上昇させる / 向上させる

lonjong [ロンジョン(グ)]
(愈 oval-shaped)卵型の

L

lori [ロリ]（愚 lorry）トロッコ列車

lorong [ロロン(グ)]
（愚 passage / corridor）通路 / 廊下

lotré [ロトレ]（愚 public lottery / lottery）
宝くじ / 抽選

lowongan kerja [ロウォン(グ)アン クルジャ]
（愚 recruitment / inviting applications）
求人 / 公募

luang [ルアン(グ)]
（愚 free / empty）暇な / 空いた

luar [ルアル]（愚 foreign / outside /
outdoor）外来（外国·外部から）/ 外

luar biasa [ルアル ビアサ]
（愚 extraordinary）異常な / 並外れた

luar negeri [ルアル ヌグリ]（愚 foreign
countries / foreign country）
海外 / 外国

luas [ルアス]（愚 wide / size / area）
幅広い / 広い / 広さ / 面積

lubang [ルバン(グ)]（愚 hole）穴

lubuk [ルブッ]（愚 the depths (of so heart)）
(心の)奥底 / 淵

lucu [ルチュ]（愚 funny / charming / cute）
面白い / 滑稽な / かわいい

ludah [ルダー]（愚 saliva）唾(つば)

lugas [ルガス]（愚 dryness）ドライ

luhur [ルフル]（愚 sophisticated）高尚な

luka [ルカ]（愚 injury / to be damaged）
傷 / 負傷(する)

luka bakar [ルカ バカル]（愚 burn）火傷

lukis [ルキス]（愚 to draw）(絵を)描く

lukisan [ルキサン]
（愚 pictorial arts / picture）絵画 / 絵

lulus [ルルス]（愚 to pass / to graduate）
合格する / 卒業する

lulusan [ルルサン]（愚 graduate / holder）
卒業生 / 資格保持者

lumayan [ルマヤン]（愚 to some extent /
so-so）結構(ある程度) / まあまあ

lumpuh [ルンプー]
（愚 paralyzed）麻痺した

lumpur [ルンプル]（愚 mud）泥 / ぬかるみ

lumrah [ルムラー]（愚 normal / common）
当然 / 普通の

lumur ～ [ルムル]（愚 riddled with）
～まみれ

lunak [ルナッ]（愚 flexible）融通がきく

lunas [ルナス]（愚 settled）
完済した / 返済済みの

luncur [ルンチュル]（愚 to slide down /
to speed）滑り落ちる / さっと進む

luntur [ルントゥル]（愚 faded）色落ちする

lupa [ルパ]（愚 to forget）
忘れる / 忘れてしまう

lurah [ルラー]（愚 village chief）
村長 / 町長

luring [ルリン(グ)]（愚 offline）オフライン

lurus [ルルス]（愚 straight）まっすぐ

lusa [ルサ]（愚 the day after tomorrow）
明後日

lusin [ルスィン]（英 dozen）ダース

lutut [ルトゥ(ト)]（英 knee）膝（ひざ）

luwes [ルウス]（英 flexible）
柔軟な / 融通がきく

M

maaf [マアフ]（英 sorry）ごめんなさい

mabuk [マブッ]
（英 to get drunk / intoxicated）
酔う / 酔った

mabuk laut [マブッ ラウ(ト)]
（英 seasickness / to get seasick）
船酔い（する）

macam [マチャム]（英 variety）品種 / 色々

macam-macam [マチャム マチャム]
（英 various）様々な

macan [マチャン]（英 tiger）虎

macet [マチュ(ト)]（英 be caught in a
traffic jam）渋滞する

Madinah [マディナー]（英 Medina）
メディナ（イスラム教第二の聖地）

madu [マドゥ]（英 honey）ハチミツ / 蜜

mafia [マフィア]（英 the Mafia）マフィア

magang [マガン(グ)]（英 to train /
apprentice）修行する / 見習い

maghrib [マグリヮ]
（英 dusk prayer）日没時の礼拝

magister [マギストゥル]
（英 master's degree）修士

magnét [マグネ(ト)]
（英 magnetism / magnet）磁気 / 磁石

maha [マハ]（英 most）
（神を称える表現の中で）最も

mahabesar [マハブサル]
（英 great）偉大な

mahakarya [マハカルヤ]
（英 masterwork / masterpiece）
傑作 / 名作

mahakuasa [マハクアサ]
（英 almighty）万能

mahal [マハル]（英 expensive）高価な

mahar [マハル]（英 bride price）
結婚持参金 / 婚資

maharaja [マハラジャ]
（英 emperor）大王 / 天皇

mahasiswa [マハスィスワ]（英 student /
university student）学生 / 大学生

mahasiswa asing [マハスィスワ アスィン(グ)]
（英 student studying abroad）留学生

mahasiswi [マハスィスウィ]（英 female
university student）女子大学生

mahir [マヒル]（英 skillful / skilled /
proficient）巧みな / 熟練した / 上手な

mahkamah [マーカマー]
（英 court）裁判所 / 法廷

mahkota [マーコタ]（英 crown）冠

mahligai [マーリガイ]
（英 palace）王宮 / 宮殿

mahluk hidup [マールッ ヒドゥ(プ)]
（英 living thing）生き物 / 生物

main [マイン]（英 to play）
遊ぶ / 演奏する /（ゲームなどを）やる

main api [マイン アピ]（@ to go looking for trouble）危険なことをする

main hakim sendiri
[マイン ハキム スンディリ]
（@ vigilante justice）私的制裁をする

main mata [マイン マタ]（@ to wink）ウィンクをする / 目配せをする

mainan [マイナン]（@ toy）玩具

main-main [マイン マイン]（@ to play / to romp / to fool）ふざける / 遊ぶ

majalah [マジャラー]（@ magazine）雑誌

Majelis Perwakilan Rakyat
[マジュリス プルワキラン ラッヤ(ト)]
（@ The People's Consultative Assembly）国民協議会

majikan [マジカン]（@ employer）雇用主

maju [マジュ]（@ to advance / to go forward / to go on）進行する / 進展する / 進歩する / 前進する / 捗る

maka [マカ]（@ consequently）したがって

makalah [マカラー]（@ article）論文 / 記事 / 論説

makam [マカム]（@ grave）墓

makan [マカン]（@ to eat / to have a meal）食べる / 食事する

makan angin [マカン アン(グ)イン]
（@ to go sightseeing）観光する / 散策する

makan malam [マカン マラム]
（@ dinner）夕食

makan pagi [マカン パギ]
（@ breakfast）朝食

makan siang [マカン スイアン(グ)]
（@ lunch）昼食

makanan [マカナン]
（@ meal / food products / food）食事 / 食品

makanan cepat saji
[マカナン チュパ(ト) サジ]
（@ fast food）ファストフード

makanan dalam kemasan
[マカナン ダラム クマサン]
（@ packaged food）包装食品

makanan olahan [マカナン オラハン]
（@ processed food）加工食品

makanan penutup [マカナン プヌトゥ(プ)]
（@ dessert）デザート

makanan pokok [マカナン ポコッ]
（@ the staple diet）主食

makanan ringan [マカナン リン(グ)アン]
（@ snack）おやつ

makanan utama [マカナン ウタマ]
（@ staple food）主食

makar [マカル]（@ subvert）政府を倒す〈転覆させる〉行為

makhluk [マクールッ]（@ creature）生き物

maki [マキ]（@ to swear）罵る

makian [マキアン]
（@ abusive word）罵詈雑言

makin [マキン]（@ increasingly）ますます / よりいっそう

maklum [マクルム]（@ to know）承知している

maklumat [マクルマ(ト)]（愚 declaration / announcement）宣言 / 布告

makmur [マクムル]
（愚 to prosper）繁栄する / 繁盛する

makna [マクナ]
（愚 meaning）意味 / 意義

maksiat [マクスィア(ト)]
（愚 vice）不道徳的行為

maksimum [マクスィムム]
（愚 maximum）最大限

maksud [マクス(ド)]（愚 intention / intended meaning / purpose）意図 / ゴール（目標）/ そのため（その目的で）

mal [マル]（愚 shopping mall）ショッピングモール

malah [マラー]（愚 rather / in fact）むしろ / それどころか

malaikat [マライカ(ト)]（愚 angel）天使

malam [マラム]（愚 evening / night）晩 / 夜

malam hari [マラム ハリ]（愚 at night）夜間

malam ini [マラム イニ]
（愚 tonight）今晩 / 今夜

malam-malam [マラム マラム]
（愚 late night）夜遅く

malang [マラン(グ)]
（愚 unfortunate）不幸な / 不運な

malapetaka [マラプタカ]
（愚 misfortune / disaster）不幸 / 災害

malaria [マラリア]（愚 malaria）マラリア

malas [マラス]（愚 negligent / to neglect / lethargic）怠慢な / 怠ける / 無気力な

Malaysia [マレイスィア]
（愚 Malaysia）マレーシア

malfungsi [マルフンスィ]
（愚 malfunction）不調 / 機能不全

maling [マリン(グ)]（愚 robber）泥棒

malnutrisi [マルヌトリスィ]
（愚 malnutrition）栄養失調

malu [マル]（愚 shameful）恥ずかしい

malu-malu [マル マル]
（愚 shy）恥ずかしがる

mama [ママ]（愚 mum）ママ

mamalia [ママリア]（愚 mammals）哺乳類

mampat [マムパ(ト)]
（愚 clogged up）詰まっている

mampir [マンピル]（愚 to drop in / to stop at [in]）立ち寄る

mampu [マンプ]（愚 be competent）できる（能力がある）

mampus [マンプス]
（愚 to kick the bucket）【口語】くたばる

mana [マナ]（愚 where / which / how）どこ / どれ / どの / (反語で)どうして〜か

manajemén [マナジュメン]
（愚 management）運営

manajer [マナジュル]（愚 manager）支配人

manakala [マナカラ]
（愚 when）する場合 / するとき

mana-mana [マナ マナ]（愚 anywhere / any (one) / whichever）どこか / どこでも / どれでも / どちらでも

M

mancung [マンチュン(グ)] (愛 a sharped-well formed nose) 鼻が高い

Mandarin [マンダリン] (愛 Mandarin) 北京語 / 中国語普通話

mandi [マンディ] (愛 bathing / to take a bath) 入浴(する)

mandor [マンドル] (愛 site supervisor) 現場監督

manfaat [マンファア(ト)] (愛 significance) 有意義

mangga [マンガ] (愛 mango) マンゴー

manggis [マンギス] (愛 mangostana) マンゴスチン

mangkat [マンカ(ト)] (愛 deceased) 亡くなった (王様)

mangkuk [マンクッ] (愛 bowl) 茶碗 / 椀 / どんぶり

mangkus [マン(グ)クス] (愛 effective) 効力のある

mangsa [マンサ] (愛 prey / victim) 餌食 / 獲物

manikur [マニクル] (愛 manicure) マニキュア

Manila [マニラ] (愛 Manila) マニラ

manipulasi [マニプラスィ] (愛 manipulation) 小細工 / 不正操作

manis [マニス] (愛 sweet) 甘い / 甘口

manisan [マニサン] (愛 candied (fruits)) 砂糖漬け果物

manja [マンジャ] (愛 to depend on) 甘える

manjur [マンジュル] (愛 be effective) 効く

mantan [マンタン] (愛 former / ex ~) 元～ / 前の

mantap [マンタ(プ)] (愛 stable) しっかりした / 安定した

mantel [マントゥル] (愛 overcoat / raincoat) コート / レインコート

manual [マヌアル] (愛 manual) マニュアル / 手引き

manusia [マヌスィア] (愛 human beings / human being) 人類 / 人間

manuskrip [マヌスクリ(プ)] (愛 manuscript) 原稿

marah [マラー] (愛 angry / be angry) 怒った / 怒る

maraton [マラトン] (愛 marathon) マラソン

Maret [マル(ト)] (愛 March) 三月

marga [マルガ] (愛 family name / surname) 姓 / 名字

margarin [マルガリン] (愛 margarine) マーガリン

margin [マルギン] (愛 margin) 余白

mari ~ [マリ] (愛 let's) ～しましょう

marka [マルカ] (愛 (road) marking) (路面) 表示

markas [マルカス] (愛 headquarters) 本部

markisa [マルキサ] (愛 passion fruit) パッションフルーツ

marmer [マルムル] (愛 marble) 大理石

Mars [マルス]（愛 Mars）火星

martabak [マルタバッ]（愛 murtabak）
ムルタバク(肉やたまねぎの入ったオムレツ)

martabat [マルタバ(ト)]
（愛 prestige / value）尊厳 / 品位

mas [マス]（愛 -）
【ジャワ語】〜さん(若い男性に)

mas kawin [マス カウィン]
（愛 bride price）結婚持参金 / 婚資

masa [マサ]（愛 period / time / era /
season / unbelievable）
〜期 / 年月 / 年代 / 時期 / まさか

masa depan [マサ ドゥパン]
（愛 the future / prospects / future）
将来 / 前途 / 未来

masa jabatan [マサ ジャバタン]
（愛 term）任期

masa kini [マサ キニ]（愛 modern times /
modern）現代 / 現代の

masa lalu [マサ ラル]（愛 the past）過去

masak [マサッ]（愛 unbelievable）まさか

masakan [マサカン]（愛 cooking）料理

masalah [マサラー]
（愛 subject / trouble）課題 / トラブル

masam [マサム]（愛 sour）すっぱい

maséhi [マセヒ]（愛 A.D.）西暦

masih [マスィー]（愛 still）まだ(〜している)

masing-masing [マスィン(グ) マスィン(グ)]
（愛 each / each other）
各々 / 各自 / それぞれ

masinis [マスィニス]
（愛 railway engine driver）機関士

masjid [マスジ(ド)]（愛 mosque）モスク

maskapai penerbangan
[マスカパイ プヌルバン(グ)アン]
（愛 airline company）航空会社

maskara [マスカラ]（愛 mascara）マスカラ

masker [マスクル]（愛 mask）マスク

massa [マッサ]（愛 mass）大衆

master [マストゥル]（愛 master）マスター

masuk [マスッ]（愛 to enter /
to be present）入る / 出席する

masuk akal [マスッ アカル]（愛 to make
sense）理屈にかなう / 納得いく

masuk angin [マスッ アン(グ)イン]
（愛 cold）風邪

masukan [マスカン]（愛 opinion）意見

masyarakat [マシャラカ(ト)]
（愛 member of a nation / society）
国民 / 社会 / 世間

masyhur [マシュフル]
（愛 famous）名高い / 有名な

mata [マタ]（愛 eye）目

mata air [マタ アイル]（愛 fountain）泉

mata pelajaran [マタ プラジャラン]
（愛 subject / school subject）
科目 / 教科

mata pencarian [マタ プンチャリアン]
（愛 livelihood）稼業

M

mata uang [マタ ウアン(グ)]
（愛 coin / currency）貨幣 / 通貨

matahari [マタハリ]
（愛 the sun / sun / sunlight）
太陽 / 日光

matang [マタン(グ)]（愛 ripe / mature）
熟した / 成熟した

matématika [マテマティカ]
（愛 mathematics）算数 / 数学

matéri [マテリ]（愛 material / ingredients）
素材 / 物質 / 材料 / 資料

mati [マティ]（愛 be turned off / to die /
to go off）落ちる（電源などが）/ 死ぬ /
消える（途絶える）

mati listrik [マティ リストリ(ク)]（愛 blackout /
to have a power failure）停電（する）

mati rasa [マティ ラサ]（愛 dull pain /
to become paralyzed / numbness）
鈍痛 / 麻痺する / 痺れ

mati-matian [マティ マティアン]
（愛 desperate / intently）必死な / 一心

matras [マトラス]
（愛 mattress）マットレス

matrikulasi [マトリクラスィ]
（愛 matriculation）大学予備教育

mau [マウ]（愛 to want (to) / will）
【口語】欲しい / 〜したい / 〜しようとする

maut [マウ(ト)]（愛 death）死

mawar [マワル]（愛 rose）薔薇（ばら）

mawas diri [マワス ディリ]
（愛 to introspect）反省する / 内省する

maya [マヤ]（愛 virtual）
仮想の / バーチャルの

mayat [マヤ(ト)]（愛 dead body / corpse）
死体 / 遺体

mayonés [マヨネス]
（愛 mayonnaise）マヨネーズ

mayoritas [マヨリタス]（愛 majority /
more than half / a large number）
大方 / 過半数 / 多数

mbah [ンバー]（愛 grandfather /
grandmother）【ジャワ語】祖父母

mbak [ンバッ]（愛 Ms.）〜さん（女性）

mébel [メブル]（愛 furniture）家具

médan [メダン]（愛 field / arena）場 / 広場

médan perang [メダン プラン(グ)]
（愛 battlefield）戦場

média [メディア]（愛 media）メディア

média massa [メディア マッサ]
（愛 mass media）マスメディア

médiasi [メディアスィ]
（愛 mediation）仲裁 / 調停

méditasi [メディタスィ]
（愛 meditation）瞑想

megah [ムガー]
（愛 majestic / excellent）堂々 / 立派な

Méi [メイ]（愛 May）五月

méja [メジャ]（愛 desk / table）
机 / テーブル

méja makan [メジャ マカン]
（愛 dining table）食卓

Mekah [ムカー] (愚 Mecca) メッカ

mékanisme [メカニスム]
(愚 mechanism) 仕組み / メカニズム

mekar [ムカル] (愚 to bloom) 咲く

melacur [ムラチュル]
(愚 to prostitute) 売春する

melafalkan [ムラファルカン]
(愚 to pronounce) 発音する

melahirkan [ムラヒルカン] (愚 to give birth / to produce / to express)
産む / 生み出す / 表明する

melainkan [ムラインカン]
(愚 except / unless / instead)
〜を除いて / 〜でなければ / そうでなく

melaksanakan [ムラクサナカン]
(愚 to conduct / to carry out / to implement) 行う / 実行する / 実施する

melakukan [ムラクカン]
(愚 to do) する / やる

melalaikan [ムラライカン] (愚 to neglect / to overlook) 怠る / 見落とす

melalui ~ [ムラルイ]
(愚 through) 〜を通じて

melamar [ムラマル]
(愚 to apply for) 応募する / 申請する

melambai [ムランバイ]
(愚 to wave) (手を) 振る

melambangkan [ムランバンカン]
(愚 to symbolize) 象徴する

melambung [ムランブン(グ)]
(愚 to bounce) 弾む / 高く舞い上がる

melampaui [ムランパウイ]
(愚 to surpass / to pass / to get over)
上回る / 越す (通りすぎて向こう側へ) /
越える

melampirkan [ムランピルカン]
(愚 to attach / to enclose)
添付する / 同封する

melamun [ムラムン]
(愚 to imagine / blankly)
空想する / ぼんやり (考える・眺める)

melancarkan [ムランチャルカン]
(愚 to make ~ smooth)
展開する / 円滑にする

melancong [ムランチョン(グ)]
(愚 to tour) 観光する / 旅行する

melanda [ムランダ] (愚 to hit)
(災害などが) 襲う / 直撃する

melanggar [ムランガル] (愚 to breach / to invade) 違反する / 侵す / 侵害する

melangkah [ムランカー] (愚 to step / to step into) 歩む / 踏み込む

melangkahi [ムランカヒ]
(愚 to skip / to stride over)
飛ばす (途中を抜かす) / またぐ

melanjutkan [ムランジュ(ト)カン]
(愚 to continue) 継続する / 続ける

melanjutkan sekolah
[ムランジュ(ト)カン スコラー] (愚 to enter a higher-level school) 進学する

melantik [ムランティッ]
(愚 to appoint) 任命する

melaporkan [ムラポルカン]
(愚 to declare / to report)
申告する / 報告する / 知らせる

melarang [ムララン(グ)]
（働 to prohibit / to forbid）禁止する

melarat [ムララ(ト)]
（働 shabby）みすぼらしい

melarikan [ムラリカン]
（働 to run off with / to kidnap）
持ち去る / 連れ去る / 誘拐する

melarikan diri [ムラリカン ディリ]
（働 to escape / to run away）
逃亡する / 逃走する

melarutkan [ムラル(ト)カン]
（働 to dissolve）溶かす / 溶く

melatih [ムラティー]（働 to train / to coach）
練習する / 訓練する / コーチする

melawan [ムラワン]
（働 to resist / to oppose / to repel）
抵抗する / 反対する / 対抗する

melawat [ムラワ(ト)]
（働 to visit）訪れる / 訪問する

melayani [ムラヤニ]
（働 to care / to serve / to respond to）
仕える / 務める / 奉仕する / 対応する

Melayu [ムラユ]（働 Malay）マレー（の）

melébarkan [ムレバルカン]
（働 to widen）（幅を）広げる

melebihi [ムルビヒ]
（働 to go over / to exceed）
オーバーする / 超過する / 超える

meleburkan [ムルブルカン]
（働 to melt down）溶かす

melécéhkan [ムレチェーカン]
（働 to disdain）軽蔑する / さげすむ

meledak [ムルダッ]
（働 to explode）爆発する

melekat [ムルカ(ト)]
（働 to stick）くっつく / 貼りつく

melemah [ムルマー]（働 to weaken /
to get weak）衰える / 弱まる / 弱る

melembutkan [ムルンブトカン]
（働 to soften）やわらかくする

melémpar [ムレンパル]（働 to throw out /
to throw）投げ出す / 投げる

melempem [ムルンプム]
（働 to become humid）湿気る

melengkapi [ムルンカピ]
（働 to equip with / to complete a set）
装備する / 備え付ける / 設置する

melengkung [ムルンクン(グ)]
（働 to curve）カーブする / 反る

melenyapkan [ムルニャ(プ)カン]
（働 to erase）消す（見えなくする）

melepas [ムルパス]（働 to send off /
passing up / to see sb off）
送別する / 見送り（差し控え）/ 見送る

melepuh [ムルプー]
（働 to blister）火膨（ひぶく）れができる

melését [ムレセ(ト)]（働 to miss the mark）
外す（当たらない）

meletakkan [ムルタッカン]（働 to put /
to establish）置く / 設置する

meletup [ムルトゥ(プ)]（働 to explode /
to rupture）爆発する / 破裂する

meletus [ムルトゥス]
（働 to erupt）噴火する / 噴出する

M

melarang　➡　meletus　803

meléwati [ムレワティ]（働 to pass /
to pass by / to pass through）
通過する / 通行する / 経過する / 見逃す

meléwatkan [ムレワ(ト)カン]
（働 to spend time / to spend / to miss）
ある期間を過ごす / 見逃す

melibatkan [ムリバ(ト)カン]
（働 to involve）巻き込む

melihat [ムリハ(ト)]（働 to look at）見る

melilit [ムリリ(ト)]（働 to coil up）
巻きつく / ぐるぐるに丸まる

melimpah [ムリンパー]（働 to abound）
あふれる（豊富に存在する）

melindungi [ムリンドゥン(グ)イ]
（働 to protect）守る / 保護する

melintang [ムリンタン(グ)]（働 horizontal /
to block）水平な / 横の / 遮断する

melintas [ムリンタス]
（働 to cross）横断する / 渡る

melintasi [ムリンタスィ]（働 to cross /
to pass）横切る / 横断する / 越える

melipat [ムリパ(ト)]
（働 to fold *sth* down / to fold）
折り返す / 折る（紙）/ 畳む

meliput [ムリプ(ト)]
（働 to gather news）取材する

meliputi [ムリプティ]（働 to cover）
覆う / カバーする / 含む

mélodi [メロディ]（働 melody）メロディー

meloloskan diri [ムロロスカン ディリ]
（働 to escape）脱出する / 脱する

melompat [ムロンパ(ト)]（働 to jump）
ジャンプする / 跳ぶ / 跳ねる

mélon [メロン]（働 melon）メロン

meloncat [ムロンチャ(ト)]
（働 to jump）跳ねる / 飛び上がる

melonggarkan [ムロンガルカン]
（働 to relax / to loosen）
緩和する / ゆるめる

melonjak [ムロンジャッ]
（働 to jump up / to boom）
跳ねる / 跳ね上がる / 急上昇する

meluap [ムルア(プ)]（働 to overflow /
to flood / to flow out of）
あふれる（外に出る）/ 氾濫する / 流出する

meluas [ムルアス]
（働 to spread / spread / to diffuse）
増大する / 広がる / 広まり / 普及する

melubangi [ムルバン(グ)イ]
（働 to dig a hole / to pierce）穴を開ける

melucuti [ムルチュティ]（働 to strip so /
to remove from so）脱ぐ / 脱がせる

meludah [ムルダー]（働 to spit）唾を吐く

meludahi [ムルダヒ]（働 to spit at）
〜に唾を吐く

melukai [ムルカイ]（働 to wound *sb* /
to hurt / to damage）傷つける / 損傷する

melukis [ムルキス]（働 to draw）
（絵を）描く

melulu [ムルル]（働 only）もっぱら / ばかり

meluluskan [ムルルスカン]
（働 to approve / to pass）
通す / 承認する / 許可する / 合格させる

M

meluncur [ムルンチュル]（愚 to slide）滑る

meluncurkan [ムルンチュルカン]
（愚 to launch / to start / to slide）
発射する / 発足する / スライドする

melupakan [ムルパカン]
（愚 to forget）忘れる

memaafkan [ムマアフカン]
（愚 to forgive）許す / 勘弁する

memadai 《解 pada》 [ムマダイ]
（愚 sufficient）十分な

memadamkan 《解 padam》
[ムマダムカン]（愚 to extinguish）
消す（火を）

memahami 《解 paham》 [ムマハミ]
（愚 to understand）
理解する / 了解する / 分かる

memahat 《解 pahat》 [ムマハ(ト)]
（愚 to carve）彫る

memainkan [ムマインカン]
（愚 to act）演じる

memajang 《解 pajang》 [ムマジャン(グ)]
（愚 to display）陳列する

memajukan [ムマジュカン]
（愚 to promote）進める

memakai 《解 pakai》 [ムマカイ]
（愚 to put on the head / to wear / to use）
被る / 着用する / 使用する / かける（眼鏡
を）/ 締める（ベルト・ネクタイを）

memakaikan 《解 pakai》
[ムマカイアン]（愚 to coat *sb*）着せる

memakamkan [ムマカムカン]
（愚 to entomb）埋葬する

memakan [ムマカン]（愚 to consume）
（時間・労力などを）要する

memaki [ムマキ]（愚 to swear）罵る

memaklumi [ムマクルミ]
（愚 to approve）了承する

memaksa 《解 paksa》 [ムマクサ]
（愚 to force）強制する / 強いる

memalingkan 《解 paling》
[ムマリンカン]（愚 to turn / to avert）
振り向ける / 背ける

memalsukan 《解 palsu》
[ムマルスカン]（愚 to forge）偽造する

memalukan [ムマルカン]
（愚 woeful / shameful / to disgrace）
なさけない / 恥ずべき / 恥をかかせる

memamérkan 《解 pamér》
[ムマメルカン]（愚 to exhibit / to show off /
to display）出品する / 展示する / 見せび
らかす / 陳列する

memanasi 《解 panas》 [ムマナスィ]
（愚 to warm）温める

memanaskan 《解 panas》
[ムマナスカン]（愚 to heat）加熱する

memancar 《解 pancar》 [ムマンチャル]
（愚 to flow out）湧(わ)く

memancarkan 《解 pancar》
[ムマンチャルカン]（愚 to radiate / to emit）
放射する / 放出する

memancing 《解 pancing》
[ムマンチン(グ)]（愚 to fish）釣る

memancur 《解 pancur》 [ムマンチュル]
（愚 to spout）噴き出る

M

memandang 《幹 pandang》
[ムマンダン(グ)]（爱 to look / to regard)
見つめる / 見渡す / みなす

memandang rendah 《幹 pandang》
[ムマンダン(グ) ルンダー]
（爱 to look down on)見下す

memandu 《幹 pandu》[ムマンドゥ]
（爱 to guide)案内する / ガイドする

memanén 《幹 panén》[ムマネン]
（爱 to harvest)収穫する

memanfaatkan [ムマンファア(ト)カン]
（爱 to make the most of / to use)
生かす / 利用する

mémang [メマン(グ)]
（爱 indeed)確かに / 本当に

memanggang 《幹 panggang》
[ムマンガン(グ)]（爱 to grill / to bake)
炙る / 焼く(火で調理する)

memanggil 《幹 panggil》[ムマンギル]
（爱 to call)呼び出す / (名前を)呼ぶ

memangkas 《幹 pangkas》
[ムマンカス]（爱 to save / to shave)刈る

memanjakan [ムマンジャカン]
（爱 to pamper)甘やかす

memanjang 《幹 panjang》
[ムマンジャン(グ)]（爱 be expanded)
伸びる(長くなる)

memanjat 《幹 panjat》[ムマンジャ(ト)]
（爱 to climb)登る

memantapkan [ムマンタ(プ)カン]
（爱 to stabilize / to establish)
安定させる / 確立する

memantau 《幹 pantau》[ムマンタウ]
（爱 to watch / to monitor)
監視する / 監督する

memantul 《幹 pantul》[ムマントゥル]
（爱 to reflect / to bounce back)
反射する / 跳ね返る

memantulkan 《幹 pantul》
[ムマントゥルカン]（爱 to reflect /
to rebound)反射する / 跳ね返す

memaparkan 《幹 papar》
[ムマパルカン]（爱 to explain)説明する

memar [ムマル]（爱 bruise)痣 / 打撲

memarahi [ムマラヒ]（爱 to scold)叱る

memarkir 《幹 parkir》[ムマルキル]
（爱 to park (a car))駐車する

memasak [ムマサッ]
（爱 cooking / to cook)
炊事 / 調理する / 料理する

memasang 《幹 pasang》
[ムマサン(グ)]（爱 to put up / to set /
to attach / to install)固定する /
取り付ける / はめる / 設置する

memasarkan 《幹 pasar》
[ムマサルカン]（爱 to market)
市場に出す / 販売する

memasok 《幹 pasok》[ムマソッ]
（爱 to supply)
供給する / 支給する / 補給する

memastikan 《幹 pasti》[ムマスティカン]
（爱 to confirm)確かめる

memasuki [ムマスキ]
（爱 to enter)進入する

memasukkan [ムマスッカン]
(＠ to put *sth* into / to insert *sth*)
入れる / 込める / 突っ込む / 挿す

memasyarakat [ムマシャラカ(ト)]
(＠ to diffuse)普及する

mematahkan 《＠ patah》
[ムマターカン](＠ to break)折る(棒)

memata-matai [ムマタ マタイ]
(＠ to watch / to spy)
監視する / 偵察する

mematikan [ムマティカン]
(＠ to turn off)(電源を)切る

mematuhi 《＠ patuh》[ムマトゥヒ]
(＠ to obey)従う / 守る

membaca [ムンバチャ]
(＠ to read / reading / to recite)
読書(する) / 朗読する

membacakan [ムンバチャカン](＠ to read
for *sb*)誰かのために読み上げる

membacok [ムンバチョッ]
(＠ to cut)叩き切る

membagi [ムンバギ](＠ to share /
to divide)配分する / 分担する / 分ける

membahagiakan [ムンバハギアカン]
(＠ make so happy)
幸せにする / 幸福にする

membahas [ムンバハス](＠ to deliberate
on / to discuss / to debate)
審議する / 討議する / 論議する

membaik [ムンバイッ]
(＠ to improve)良くなる

membajak [ムンバジャッ](＠ to cultivate /
to take over)耕す / 乗っ取る

membakar [ムンバカル]
(＠ to burn / to bake)焼く / 燃やす

membalas [ムンバラス]
(＠ to reply)答える / 返事をする

membalas dendam [ムンバラスドゥンダム]
(＠ to retaliate)仕返しする / 復讐する

membalik [ムンバリッ](＠ to turn over /
to turn the pages)裏返す / 捲る

membalut [ムンバル(ト)](＠ to wrap)
くるむ / 包む / 巻く

membandingkan [ムンバンディンカン]
(＠ to compare / to compare with)
比べる / 対比する / 比較する

membanggakan [ムンバンガカン]
(＠ be boastful of / be proud of)
自慢する / 誇る

membangkang [ムンバンカン(グ)]
(＠ to object)反論する

membangkitkan [ムンバンキ(ト)カン]
(＠ to bring about / to bring up)
引き起こす / もたらす / (話題を)持ち出す

membangun [ムンバン(グ)ウン]
(＠ to build / to construct)
築く / 建設する / 建築する / 建てる

membangunkan [ムンバン(グ)ウンカン]
(＠ to awaken / to awake)
起こす(目を覚まさせる) / 覚ます

membantah [ムンバンター]
(＠ to resist)逆らう

membantu [ムンバントゥ](＠ to assist /
to help)援助する / 手伝う / 補助する

membara [ムンバラ](＠ ardent /
burning)熱心な / 燃えさかる

membar**ingkan** [ムンバリンカン]
(愛 to lay down)寝かせる / 横にする

membas**ahi** [ムンバサヒ]
(愛 to wet)濡らす

membas**mi** [ムンバスミ]（愛 to eradicate /
to exterminate)撲滅する / 退治する

membas**uh** [ムンバスー]（愛 to wash)洗う

membat**alkan** [ムンバタルカン]
(愛 to cancel / to abandon)解約する /
取り消す / キャンセルする / 断念する

membat**asi** [ムンバタスィ]
(愛 to limit)限定する / 制限する

membaw**a** [ムンバワ]（愛 to carry on /
to bring / to carry)
持参する / もたらす / 持って行く

membay**angkan** [ムンバヤンカン]
(愛 to have an image / to imagine)
イメージする / 想像する

membay**ar** [ムンバヤル]（愛 to pay /
to pay up)支払う / 払い込む

membay**ar ganti rugi**
[ムンバヤル ガンティ ルギ]
(愛 to compensate)弁償する

membay**ar kompénsasi**
[ムンバヤル コンペンサスィ]
(愛 to compensate)賠償する

membay**ar utang** [ムンバヤル ウタン(グ)]
(愛 to refund)返済する

membeb**ankan** [ムンブバンカン]
(愛 to burden)負担をかける

membéb**askan** [ムンベバスカン]
(愛 to let *sb* free / to exempt)
逃がす / 免除する

membéb**askan diri** [ムンベバスカン ディリ]
(愛 to escape)逃(のが)れる

membéb**érkan** [ムンベベルカン]
(愛 to explain)明かす / 説明する

membed**ah** [ムンブダー]
(愛 to dissect / to make an incision)
解剖する / 切開する

membéd**akan** [ムンベダカン]
(愛 to differentiate / to change)
区別する / 違える

membek**u** [ムンブク]（愛 to freeze)凍る

membek**ukan** [ムンブクカン]
(愛 to freeze)冷凍する / 凍らせる

membél**a** [ムンベラ]
(愛 to defend)弁護する

membél**a diri** [ムンベラ ディリ]
(愛 to defend oneself)自衛する

membel**ai** [ムンブライ]
(愛 to stroke)撫でる

membel**alak** [ムンブララッ]
(愛 stare / open wide)
目を大きく見開く

membel**i** [ムンブリ]（愛 to buy /
to purchase)買う / 購入する

membél**ok** [ムンベロッ]（愛 to turn)曲がる

membél**ot** [ムンベロ(ト)]
(愛 to betray)裏切る / 背く

memben**ahi** [ムンブナヒ]（愛 to put *sth*
in order / to adjust)片づける / 整理する

memben**amkan** [ムンブナムカン]
(愛 to sink / to submerge)
沈める / 浸す

membenarkan [ムンブナルカン]
（働 to correct）正しく直す

membenci [ムンブンチ]（働 to dislike / to hate）嫌う / 嫌悪する / 憎む

membendung [ムンブンドゥン(グ)]
（働 to stop / to contain）
阻止する / せき止める

membengkak [ムンブンカッ]（働 to swell / to swell out）腫れる / 膨らむ

membéngkok [ムンベンコッ]
（働 to bend）曲がる

membéngkokkan [ムンベン(グ)コックカン]
（働 to bend）曲げる

membentangkan [ムンブンタンカン]
（働 spread so out）広げる

membentuk [ムンブントゥッ]（働 to form / to compose / to establish）
形成する / 構成する / 設置する

membentur [ムンブントゥル]（働 to hit / to crash）ぶつかる / 激突する

membenturkan [ムンブントゥルカン]
（働 to hit / to crash）
ぶつける / 激突させる

mémber [メンブル]
（働 friend）【口語】仲間 / 連れ

memberantas [ムンブランタス]
（働 fight (against)）撲滅する

membéréskan [ムンベレスカン]
（働 to tidy up）片づける（整える）

memberhentikan [ムンブルフンティカン]
（働 to dismiss / to stop）
解雇する / 止めさせる / 止める

memberi [ムンブリ]（働 to give / to give a presentation）贈る / あげる / くれる

memberi alasan [ムンブリ アラサン]
（働 to excuse / to make excuse）
言い訳する / 弁解する

memberi asupan [ムンブリ アスパン]
（働 to take）摂る

memberi bonus [ムンブリ ボヌス]
（働 to give a discount of）おまけする

memberi hadiah [ムンブリ ハディアー]
（働 to give a present）プレゼントする

memberi isyarat [ムンブリ イシャラ(ト)]
（働 to sign）合図する

memberi korting [ムンブリ コルティン(グ)]
（働 to reduce the price）負ける（安くする）

memberi kuliah [ムンブリ クリアー]
（働 to give a lecture / to take a lesson）
講義する / 授業する

memberi kursus [ムンブリ クルスス]
（働 to give a course）講習を行う

memberi latihan [ムンブリ ラティハン]
（働 to give training）訓練する

memberi layanan [ムンブリ ラヤナン]
（働 to treat）もてなす

memberi nasihat [ムンブリ ナスィハ(ト)]
（働 to advise）助言する

memberi obat [ムンブリ オバ(ト)]
（働 to give a medicine to）投薬する

memberi perhatian
[ムンブリ プルハティアン]
（働 to pay attention）注意を払う

memberi peringatan
[ムンブリ ブリンゲアタン] (愛 to remind)
勧告する / リマインドする

memberi pertolongan
[ムンブリ ブルトロンゲアン]
(愛 to relieve) 救済する

memberi pinjaman [ムンブリ ピンジャマン]
(愛 to loan) 貸付ける / 貸す

memberi potongan harga
[ムンブリ ボトンゲアン ハルガ]
(愛 to give a discount) 値引きする

memberi salam [ムンブリ サラム]
(愛 to greet) 挨拶する

memberi semangat
[ムンブリ スマンゲア(ト)] (愛 to cheer up)
励ます / 元気付ける / やる気を出させる

memberi tanda [ムンブリ タンダ]
(愛 to sign) 合図する

memberikan [ムンブリカン]
(愛 to give) 〜を与える / くれる

memberitahu [ムンブリタフ]
(愛 to tell) 知らせる / 伝える

memberitakan [ムンブリタカン]
(愛 to report) 報じる / 報道する

memberkahi [ムンブルカヒ]
(愛 to give a bless) 祝福を与える

memberontak [ムンブロンタッ]
(愛 to revolt) 反乱する

membersihkan [ムンブルスィーカン]
(愛 to come off / to clean / to remove)
取り除く (汚れなどを) / 清掃する / 掃除する

membesar [ムンブサル] (愛 to grow)
成長する / 育つ / 大きくなる

membesar-besarkan
[ムンブサル ブサルカン]
(愛 to exaggerate) 誇張する

membesarkan [ムンブサルカン]
(愛 to bring up / to enlarge)
大きくする / 育てる / 拡張する

membesarkan hati [ムンブサルカン ハティ]
(愛 to encourage) 激励する

membetulkan [ムンブトゥルカン]
(愛 to correct) 修正する / 訂正する

membiakkan [ムンビアッカン]
(愛 to breed) 繁殖する (殖やす)

membiarkan [ムンビアルカン]
(愛 to let / to leave *sb* alone)
〜させる / 〜させておく / 放っておく

membiasakan [ムンビアサカン]
(愛 to get *sb* accustomed to) 慣らす

membiasakan diri [ムンビアサカン ディリ]
(愛 to get used to) 慣れる

membiayai [ムンビアヤイ]
(愛 to cover / to finance)
(費用を) 負担する / 融資する

membicarakan [ムンビチャラカン]
(愛 to discuss) 審議する

membilas [ムンビラス] (愛 to rinse /
to rinse one's hair) すすぐ / リンスする

membimbing [ムンビンビン(グ)]
(愛 to guide) 指導する / 導く

membina [ムンビナ]
(愛 to train) 育成する / 養成する

membingungkan [ムンビン(グ)ウンカン]
(愛 to confuse / to trouble)
困惑させる / まぎらわしい

M

membintangi [ムンビンタン(グ)イ]
（@ to play the lead role）主演する

membisikkan [ムンビスィッカン]
（@ to whisper）ささやく

membisu [ムンビス]（@ to keep silent）
黙っている / 無言の

membius [ムンビウス]
（@ to give an anesthetic to）麻酔する

memblokir [ムンブロキル]
（@ to block）封鎖する / 閉鎖する

membocorkan [ムンボチョルカン]
（@ to let *sth* leak）漏らす

memboikot [ムンボイコ(ト)]
（@ to boycott）ボイコットする

membolos [ムンボロス]
（@ to play truant）サボる

membongkar [ムンボンカル]
（@ to dismantle / to disclose）
解体する / 暴露する

memborong [ムンボロン(グ)]
（@ to buy up / to get a contract）
買いしめる / 請け負う

memboroskan [ムンボロスカン]
（@ to waste one's money / to waste）
無駄遣いする / 浪費する

membosankan [ムンボサンカン]
（@ boring / monotony）
退屈な / つまらない / 単調

membuang [ムンブアン(グ)]
（@ to dispose of / to throw away）
（不要部分を）捨てる / 処分する

membuang muka [ムンブアン(グ) ムカ]
（@ to look away from）背(そむ)ける

membuang undi [ムンブアン(グ) ウンディ]
（@ to cast lots）くじで決める

membuat [ムンブア(ト)]（@ to make）作る

membuat catatan [ムンブア(ト) チャタタン]
（@ to take a memo）メモする

membuat draf [ムンブア(ト) ドラフ]
（@ to draft）下書きする

membuat kapal [ムンブア(ト) カパル]
（@ to build ships）造船する

membuat keputusan
[ムンブア(ト) クプトゥサン]（@ to make a
decision）決定する / 結論する

membuat kesalahan
[ムンブア(ト) クサラハン]
（@ to make a mistake）ミスする

membuat ketetapan
[ムンブア(ト) クトゥタパン]
（@ to make a resolution）決議する

membuat menunggu
[ムンブア(ト) ムヌング]
（@ to make *sb* wait）待たせる

membuat pendahuluan
[ムンブア(ト) プンダフルアン]（@ to make
introductory remarks）前置きする

membuat pesanan [ムンブア(ト) プサナン]
（@ to place an order）注文する

membuat skétsa [ムンブア(ト) スケッツァ]
（@ to sketch）写生する

membuat soal ujian
[ムンブア(ト) ソアル ウジアン]
（@ to set questions for a test）出題する

membuatkan [ムンブア(ト)カン]
（@ to make *sth* for *sb*）〜のために作る

membubarkan [ムンブバルカン]
(英 to breakup)解散させる

membubuhi [ムンブブヒ]
(英 to place / to add)加える

membubuhkan [ムンブブーカン]
(英 to add)付ける(添加する)

membudidayakan [ムンブディダヤカン]
(英 to cultivate / to breed)
栽培する / 養殖する

membujang [ムンブジャン(グ)]
(英 to stay single)独身を貫く

membujuk [ムンブジュッ](英 to flatter / to persuade)おだてる / 説得する

membuka [ムンブカ](英 to open / to leave open / to take off (clothes))
開ける / オープンする / 開放する / 開く / 脱ぐ

membuka hati [ムンブカ ハティ]
(英 to open one's heart to *sb*)
打ち明ける

membuka lowongan kerja
[ムンブカ ロウォン(グ)アン クルジャ]
(英 to invite applications)公募する

membuka usaha [ムンブカ ウサハ]
(英 to run business)営業する

membulatkan [ムンブラ(ト)カン]
(英 to round off / to make *sth* round)
四捨五入する / 丸める

membumbui [ムンブンブイ]
(英 to flavor)加味する

membungkuk [ムンブンクッ]
(英 to bend forward / to bow)
前かがみになる / お辞儀する

membungkus [ムンブンクス]
(英 to wrap up / to wrap)くるむ / 包む

membunuh [ムンブヌー]
(英 to assassinate / to kill)
暗殺する / 殺す

membunuh diri [ムンブヌー ディリ]
(英 to commit suicide)自殺する

membunyikan [ムンブニィカン]
(英 to ring)鳴らす

memburu [ムンブルカン](英 to hunt / to pursue)狩猟する / 追求する / 追う

memburuk [ムンブルッ]
(英 to deteriorate / to worsen)悪化する

membusuk [ムンブスッ]
(英 to rot / to go bad)腐る / 腐敗する

membutuhkan [ムンブトゥーカン]
(英 to need)要する

memecah 《幹 pecah》 [ムムチャー]
(英 to break / to split up)
砕く / 割る / 分割する

memecah-belah 《幹 pecah-belah》
[ムムチャー ブラー]
(英 to split up)ばらばらにする

memecahkan 《幹 pecah》
[ムムチャーカン](英 to solve / to break into pieces)解決する / 解明する / 砕く / 打開する / 割る(砕く)

memecat 《幹 pecat》 [ムムチャ(ト)]
(英 to discharge / to dismiss / to restructure)
降ろす(高い地位·役割から) / 解雇する

memedulikan 《幹 peduli》
[ムムドゥリカン](英 to care about)
気にする / 構う

M

memegang 《幹 pegang》

[ムムガン(グ)]（爱 to grasp / to take hold of / to hold）
掴む / 握る / 押さえる（動かないように）

memejamkan 《幹 pejam》

[ムムジャムカン]（爱 to shut）つぶる / 閉じる

memelihara 《幹 pelihara》

[ムムリハラ]（爱 to take care of / to breed / to conserve / to look after）
労る / 飼育する / 保守する / 養う

memelintir 《幹 pelintir》[ムムリンティル]

（爱 to twist）捩（ね）じる

memeluk 《幹 peluk》[ムムルッ]

（爱 to hold / to hug / to have faith in）
抱く / 抱える / 信仰する

memenangi [ムムナン(グ)イ]

（爱 to win）勝ち取る / 勝つ

memenangkan lélang

[ムムナンカン レラン(グ)]
（爱 to bid successfully）落札する

meméndék 《幹 péndék》[ムメンデッ]

（爱 to shorten / to shrink）
短くなる / 縮む

memengaruhi 《幹 pengaruh》

[ムムン(グ)アルヒ]（爱 to have influence over / to influence）
左右する / 影響する

mementaskan 《幹 pentas》

[ムムンタッカン]（爱 to perform）上演する

mementingkan 《幹 penting》

[ムムンティンカン]（爱 to consider *sth* important）重んじる / 重視する

mementingkan diri 《幹 penting》

[ムムンティンカン ディリ]
（爱 selfish）わがままな

memenuhi 《幹 penuh》[ムムヌヒ]

（爱 to respond / to fill）応える / 満たす

memenuhi syarat 《幹 penuh》

[ムムヌヒ シャラ(ト)]
（爱 to meet a requirement）条件を満たす

memérah [ムメラー]（爱 to turn red）赤らむ

memeram 《幹 peram》[ムムラム]

（爱 to ripen）熟させる

memerangi 《幹 perang》

[ムムラン(グ)イ]（爱 to fight with [against]）
〜と戦う

memeras 《幹 peras》[ムムラス]

（爱 to exploit / to wring）搾取する / 絞る

memercayai 《幹 percaya》

[ムムルチャヤイ]（爱 to place confidence in / to trust in / to believe）
信用する / 信頼する / 〜を信じる

memercayakan 《幹 percaya》

[ムムルチャヤカン]
（爱 to leave *sth* to *sb*）任せる

memercik 《幹 percik》[ムムルチッ]

（爱 to splash）飛び散る

memerhatikan 《幹 perhati》

[ムムルハティカン]（爱 to observe / to gaze）
観察する / 注視する

memeriksa 《幹 periksa》[ムムリクサ]

（爱 to check / to inspect / to medically examine）確認する / 検査する / 調べる / 診察する

memerintah 《幹 perintah》

[ムムリンター]（爱 to order / to rule）
命令する / 指示する / 統治する

memerkosa 《幹 perkosa》

[ムムルコサ]（爱 to rape）レイプする

M

memerlukan 《解 perlu》 [ムムルルカン]
(英 to need / to cost)
要る / 掛かる(費用・時間などが)

memesan 《解 pesan》 [ムムサン]
(英 to order / to make a reservation)
誂(あつら)える / 注文する / 予約する

memetik 《解 petik》 [ムムティッ]
(英 to pick / to play)
摘む / 弾く / 収穫する

memfasilitasi [ムンファスィリタスィ]
(英 to provide facilities)設備する

memfitnah [ムンフィ(トゥ)ナー]
(英 to slander)中傷する

memfotokopi [ムンフォトコピ]
(英 to copy)コピーする / 複写する

memijat 《解 pijat》 [ムミジャ(ト)]
(英 to rub)揉(も)む

memikat 《解 pikat》 [ムミカ(ト)]
(英 to attract / to snare)
引きつける / わなにかける

memikirkan 《解 pikir》 [ムミキルカン]
(英 to think about)～について考える

memikul 《解 pikul》 [ムミクル]
(英 to lift onto one's back / to bear)
担ぐ / 負う / 背負う

memilih 《解 pilih》 [ムミリー]
(英 to select / to elect / to choose)
選ぶ / 選挙する / 選択する

memiliki [ムミリキ](英 to possess /
to have [own] / to own)私有する /
所有する / 持つ / 持っている / 有する

memiliki keahlian [ムミリキ クアフリアン]
(英 to have a specialty)特技を持つ

memiliki persamaan
[ムミリキ ブルサマアン]
(英 be common)共通する

memilin 《解 pilin》 [ムミリン]
(英 to twist)捻る

memimpikan [ムミンピカン]
(英 to dream about)夢に見る

memimpin 《解 pimpin》 [ムミンピン]
(英 to lead / to guide)
引率する / 指導する

meminang 《解 pinang》 [ムミナン(グ)]
(英 to propose marriage / to propose)
求婚する / プロポーズする

memindahkan 《解 pindah》
[ムミンダーカン](英 to move / to carry
forward [over])移す / 繰り越す

memindai 《解 pindai》 [ムミンダイ]
(英 to scan)スキャンする

meminjam 《解 pinjam》 [ムミンジャム]
(英 to borrow)
拝借する / 借りる(無償で)

meminjamkan 《解 pinjam》
[ムミンジャムカン](英 to loan / to lend)
貸し付ける / 貸す

meminta [ムミンタ](英 to ask for /
to request / to demand)
求める / 要求する / 要請する / 依頼する

meminta ampun [ムミンタ アンプン]
(英 to apologize)許しを請う / 詫びる

meminta diri [ムミンタ ディリ]
(英 to excuse oneself)
途中で去る / おいとまする

meminta maaf [ムミンタ マアフ]
(英 to apologize)謝罪する / 謝る / 詫びる

M

memintal 《解 pintal》[ムミンタル]
（愛 to spin）（糸を）紡（つむ）ぐ

meminta-minta [ムミンタ ミンタ]
（愛 to coax *sb* to）ねだる

meminum [ムミヌム]（愛 to drink）飲む

memiringkan [ムミリンカン]
（愛 to incline）傾ける

memisahkan 《解 pisah》[ムミサーカン]
（愛 to separate / to split up）
離す / 分割する / 分離する

memisahkan diri 《解 pisah》
[ムミサーカン ディリ]（愛 to leave）離脱する

mémo [メモ]（愛 note）メモ

memodifikasi [ムモディフィカスイ]
（愛 to modify）改造する / 修飾する

memohon [ムモホン]
（愛 to ask a favor / to wish / to ask）
頼む / 願う / 依頼する

memohon maaf [ムモホン マアフ]
（愛 to apologize）謝る / 詫（わ）びる

memonopoli [ムモノポリ]
（愛 to monopolize）独占する

memorak-porandakan 《解 porak-pranda》
[ムモラッ ポランダカン]（愛 to ravage）荒らす

mémorandum [メモランドゥム]
（愛 memorandum）覚え書き

mémori [メモリ]（愛 memory）
思い出 / 記憶 / メモリ

memotong 《解 potong》[ムモトン（グ）]
（愛 to cut out / to break off /
to interrupt）切る / 切断する / 断つ /
差し引く / 口を挟む

memotong antrian 《解 potong》
[ムモトン（グ）アントリアン]
（愛 to break into）割り込む（間に入る）

memotong barisan 《解 potong》
[ムモトン（グ）バリサン]（愛 to cut in）
横入りする

memotong harga 《解 potong》
[ムモトン（グ）ハルガ]（愛 to cut price /
to give [get] a discount）
値下げする / 値引きする

memotong jalan 《解 potong》
[ムモトン（グ）ジャラン]
（愛 to take a shortcut）近道する

memotong pajak 《解 potong》
[ムモトン（グ）パジャ（ク）]
（愛 to cut [reduce] taxes）減税する

memotrét 《解 potrét》[ムモトレ（ト）]
（愛 to take a picture）写真を撮る

mempekerjakan [ムンプクルジャカン]
（愛 employment / to hire）
雇用 / 雇う

mempelajari [ムンプラジャリ]
（愛 to learn）学習する / 修学する

memperagakan [ムンプラガカン]
（愛 to show / to demonstrate）
見せる / 実演する

memperbaharui [ムンプルバハルイ]
（愛 to renew）更新する

memperbaiki [ムンプルバイキ]
（愛 to improve / to repair / to correct /
to mend）改善する / 改良する / 修理する /
是正する

memperbanyak [ムンプルバニャッ]
（愛 to increase / to multiply）
増やす / 増殖する

M

memperbarui [ムンブルバルイ]
（㉂ to renew）更新する

memperbesar [ムンブルブサル]
（㉂ to enlarge / to extend）
より大きくする / 拡張する

mempercepat [ムンブルチュパ(ト)]
（㉂ to accelerate / to speed up）
早める / 加速させる

memperdagangkan [ムンブルダガンカン]
（㉂ to trade）取引する

memperdalam [ムンブルダラム]
（㉂ to deepen）深くする / 深める

memperdaya [ムンブルダヤ]
（㉂ to trick / to deceive）だます / 欺く

memperhatikan [ムンブルハティカン]
（㉂ be concerned / to pay attention to）
気遣う / 着目する / 意識する / 注目する

memperingati [ムンブルイン(グ)アティ]
（㉂ to commemorate）記念する

memperjelas [ムンブルジュラス]
（㉂ to disclose）はっきりさせる

memperjuangkan [ムンブルジュアンカン]
（㉂ to fight for）〜のために戦う

memperkenalkan [ムンブルクナルカン]
（㉂ to introduce）紹介する

memperkenalkan diri
[ムンブルクナルカン ディリ]
（㉂ to introduce oneself）自己紹介する

memperkirakan [ムンブルキラカン]
（㉂ to conjecture / to project）
計る（推測する）/ 予測する

memperkuat [ムンブルクア(ト)]
（㉂ to strengthen / to reinforce）
強化する / 増強する / 補強する

memperkukuh [ムンブルククー]
（㉂ to strengthen）強固にする / 強化する

memperlakukan [ムンブルラクカン]
（㉂ to treat）扱う / 待遇する

memperlambat [ムンブルランバ(ト)]
（㉂ to decelerate）遅らせる / 減速させる

memperlihatkan [ムンブルリハ(ト)カン]
（㉂ to show / to present）
見せる / 提示する

memperluas [ムンブルルアス]
（㉂ to widen）広げる / 拡張させる

mempermainkan [ムンブルマインカン]
（㉂ to make fun of / to take advantage of）からかう / 弄ぶ / 巧みに利用する

memperoléh [ムンブルオレー]
（㉂ to acquire）
獲得する / 取得する / 入手する

memperpanjang [ムンブルパンジャン(グ)]
（㉂ to continue / to extend）
延長する（継続）/ 伸ばす

mempersatukan [ムンブルサトゥカン]
（㉂ to unify）統一させる

mempersembahkan
[ムンブルスンバーカン]（㉂ to offer）捧げる

mempersiapkan [ムンブルスイア(プ)カン]
（㉂ to prepare for / to prepare）
準備する / 用意する

mempersoalkan [ムンブルソアルカン]
（㉂ to question）疑問視する / 問う

mempertahankan [ムンブルタハンカン]
（㉂ to keep / to defend）
維持する / 防衛する

M

mempertahankan diri
［ムンプルタハンカン ディリ］
（働 to defend oneself）自衛する

memperteguh ［ムンプルトゥグー］
（働 to strengthen）強くする / 強化する

mempertimbangkan
［ムンプルティンバンカン］
（働 to take into consideration）
考慮する / 配慮する / 検討する

mempertunjukkan
［ムンプルトゥンジュッカン］（働 to present /
to exhibit）披露する / 展示する

mempraktikkan ［ムンプラクティッカン］
（働 to practice）実践する

memproduksi ［ムンプロドゥックスイ］
（働 to manufacture）製造する

memproduksi massal
［ムンプロドゥックスイ マッサル］
（働 to mass produce）量産する

mempromosikan ［ムンプロモスイカン］
（働 to advertise / to promote）
振興する / 宣伝する / 増進する / 促進する

memprosés ［ムンプロセス］
（働 to process）加工する / 処理する

memprotés ［ムンプロテス］
（働 to protest）抗議する

memprovokasi ［ムンプロフォカスイ］
（働 to provoke）挑発する

mempublikasikan ［ムンプブリカスイカン］
（働 to publish）公表する / 発行する

mempunyai ［ムンプニャイ］
（働 to possess / to have [own] / to own）
所持する / 所有する / 持つ / 有する

mempunyai dugaan
［ムンプニャイ ドゥガアン］（働 be suspected of）
疑いがある

mempunyai firasat
［ムンプニャイ フィラサ(ト)］
（働 to intuit）直感する

mempunyai rasa ingin tahu
［ムンプニャイ ラサ イン(ギ)ン タウ］
（働 to have a curiosity）好奇心がある

memuai ［ムムアイ］
（働 to expand）膨脹する

memuaskan 《幹 puas》 ［ムムアスカン］
（働 to satisfy / satisfactory）
満足させる / 満足のいく

memuat ［ムムア(ト)］（働 to post /
to publish）載せる / 掲載する

memudahkan ［ムムダーカン］
（働 to make *sth* easy）容易にする

memudar 《幹 pudar》 ［ムムダル］
（働 to become dim）ぼやける

memuja 《幹 puja》 ［ムムジャ］
（働 to worship / worship / to idolize）
崇拝する / 崇拝 / 心酔する

memuji 《幹 puji》 ［ムムジ］
（働 to praise / to give praise）
賛美する / 称賛する / 褒める

memukul 《幹 pukul》 ［ムムクル］
（働 to hit / to punch）打つ / 叩く / 殴る

memulai ［ムムライ］
（働 to start / to commence）
スタートする / （〜し）出す / 着手する

memulangkan 《幹 pulang》
［ムムランカン］（働 to send *sb* home /
to return）帰す / 返品する

M

memulihkan 《幹 pulih》[ムムリーカン]
(愛 to cure / to restore) 治す / 修復する

memungkinkan [ムムンキンカン]
(愛 to enable) 可能にする

memungkiri 《幹 pungkir》[ムムンキリ]
(愛 to deny) 否定する

memungut 《幹 pungut》
[ムムン(グ)ウ(ト)] (愛 to pick up) 拾う

memupuk 《幹 pupuk》[ムムブッ]
(愛 to encourage / to fertilize)
育む / 肥やす

memusatkan 《幹 pusat》
[ムムサ(ト)カン]
(愛 to concentrate / to particularize)
集中させる / 焦点を合わせる

memusnahkan [ムムスナーカン]
(愛 to destroy) 破壊する / 破滅させる

memutar 《幹 putar》[ムムタル]
(愛 to turn / to play)
回す / 再生する (音楽などを)

memutar film 《幹 putar》
[ムムタル フィルム]
(愛 to show films) 映写する

memutar otak 《幹 putar》
[ムムタル オタッ]
(愛 to think hard) 知恵をしぼる

memutarbalikkan 《幹 putarbalik》
[ムムタルバリッカン] (愛 to reverse) 覆す

memutihkan 《幹 putih》
[ムムティーカン] (愛 to whiten) 白くする

memutus 《幹 putus》[ムムトゥス]
(愛 to disconnect) 切断する

memutuskan 《幹 putus》
[ムムトゥスカン] (愛 to decide / to make a
clear determination)
決断する / 決定する / 裁定する

memvérifikasi [ムンフェリフィカスイ]
(愛 to verify) 照合する

memvéto [ムンフェト]
(愛 to veto) 拒否権を行使する

menaati 《幹 taat》[ムナアティ]
(愛 to observe / to obey)
守る (ルールを) / 従う

menabrak 《幹 tabrak》[ムナブラッ]
(愛 to crash into / to hit / to run over)
衝突する / ぶつかる / 轢(ひ)く

menabuh 《幹 tabuh》[ムナブー]
(愛 to beat) 打つ (太鼓などを)

menabung 《幹 tabung》[ムナブン(グ)]
(愛 to save money / to save up /
to deposit) 貯金する

menabur 《幹 tabur》[ムナブル]
(愛 to sow) 蒔(ま)く

menagih 《幹 tagih》[ムナギー]
(愛 to charge / to collect (a tax))
請求する (お金) / 取り立てる

menahan 《幹 tahan》[ムナハン]
(愛 to restrict / to bind / to endure)
抑える / 拘束する / 凌ぐ (耐える)

menahan diri 《幹 tahan》
[ムナハン ディリ] (愛 to tolerate / to restrain
oneself) 我慢する / 差し控える

menahun 《幹 tahun》[ムナフン]
(愛 chronic) 慢性の

M

menaiki [ムナイキ]
（動 to ride on / to go up）乗る（乗り物
などに）/ 上る（高いところ・地位に）

menaikkan [ムナイッカン]
（動 to raise [rise up]）上げる / 乗せる

menaklukkan 《解 takluk》
[ムナックルッカン]（動 to conquer）征服する

menaksir 《解 taksir》 [ムナクスィル]
（動 to assess / to appraise)
評価する / 算定する

menakuti 《解 takut》 [ムナクティ]
（動 to fear）〜を怖がる / 恐れる

menamai [ムナマイ]
（動 to name）名付ける

menambah 《解 tambah》 [ムナンバー]
（動 to add / to give extra）足す / 割増する

menambahi 《解 tambah》
[ムナンバヒ]（動 to add / to give extra)
加える / おまけする

menambal 《解 tambal》 [ムナンバル]
（動 to mend）繕（つくろ）う

menambang 《解 tambang》
[ムナンバン(グ)]（動 to dig）採掘する

menampar 《解 tampar》 [ムナムパル]
（動 to slap）平手打ちする

menampilkan 《解 tampil》
[ムナンピルカン]（動 to show / to perform /
to appear in）現す / 披露する / 発揮する

menampung 《解 tampung》
[ムナンプン(グ)]（動 to accommodate)
収容する

menanak 《解 tanak》 [ムナナッ]
（動 to cook (rice)）炊く

menanam 《解 tanam》 [ムナナム]
（動 to plant / to implant)
植える / 埋め込む

menandai 《解 tanda》 [ムナンダイ]
（動 to put a mark on）マークする

menandaskan 《解 tandas》
[ムナンダスカン]（動 to declare）断言する

menandatangani 《解 tanda tangan》
[ムナンダタン(グ)アニ]（動 to sign)
サインする / 署名する / 調印する

menang [ムナン(グ)]
（動 to win）勝つ / 勝利する

menangani 《解 tangan》
[ムナン(グ)アニ]（動 to undertake /
to respond to / to handle)
担当する / 取り組む / 対応する

menanggalkan 《解 tanggal》
[ムナンガルカン]（動 to peel / to strip /
to remove）剥がす / 剥ぐ / 外す（取り外す）

menanggapi 《解 tanggap》
[ムナンガピ]（動 to correspond）対応する

menangguhkan 《解 tangguh》
[ムナングーカン]
（動 to grant *sb* a postponement /
to postpone）猶予する / 延期する

menanggulangi 《解 tanggulang》
[ムナングランギ]（動 to conquer / to deal
[cope] with）克服する / 対処する

menangis 《解 tangis》 [ムナン(グ)イス]
（動 to weep）泣く

menangkap 《解 tangkap》
[ムナンカ(プ)]（動 to grasp / to catch /
to arrest / to capture)
受け止める / 逮捕する / 捕える

M

menantang 《幹 tantang》

[ムナンタン(グ)] (英 to challenge to / to take up a challenge)挑む / 挑戦する

menanti [ムナンティ] (英 to wait for)待つ

menanti-nanti [ムナンティ ナンティ]

(英 to wait and wait / to look forward to) ずっと待つ / 待ち望む

menantu [ムナントゥ] (英 son-in-law / daughter-in-law)義理の子 / 婿 / 嫁

menanyakan 《幹 tanya》

[ムナニャカン] (英 to ask a question / to inquire / to ask)
問い合わせる / 質問する

menara [ムナラ] (英 tower)タワー / 塔

menara kontrol [ムナラ コントロル]

(英 control tower)管制塔

menari 《幹 tari》[ムナリ]

(英 to dance)踊る / 舞う

menarik 《幹 tarik》[ムナリッ]

(英 interesting / to pull / attractive / to withdraw)面白い / 引く / 魅力的 / 引き出す(預金を)

menarik diri 《幹 tarik》[ムナリッ ディリ]

(英 to draw back)身を引く / 辞退する

menarik nafas 《幹 tarik》

[ムナリッ ナファス] (英 to breathe in)息を吸う

menarik uang 《幹 tarik》

[ムナリッ ウアン(グ)] (英 to withdraw)
下ろす(お金を引き出す)

menaruh 《幹 taruh》[ムナルー]

(英 to put / to place / to bet)
置く / (感情を)抱く / 賭ける

menasihati [ムナスィハティ]

(英 to advise / to recommend)
アドバイスする / 勧告する / 忠告する

menata 《幹 tata》[ムナタ]

(英 to arrange)整頓する

menatap 《幹 tatap》[ムナタ(プ)]

(英 to stare)見つめる

menawan 《幹 tawan》[ムナワン]

(英 charming / to capture)
魅力的な / (心を)とらえる / 攻略する

menawar 《幹 tawar》[ムナワル]

(英 to ask for a discount on)値切る

menawarkan 《幹 tawar》

[ムナワルカン] (英 to propose)
申し入れる / 申し出る

menayangkan 《幹 tayang》

[ムナヤンカン] (英 to show)
公開する / 上映する

mencabut [ムンチャブ(ト)]

(英 to lift / to pull out)
解除する(制裁) / 引き抜く

mencaci maki [ムンチャチ マキ]

(英 to swear)罵る / 悪態をつく

mencair [ムンチャイル]

(英 to melt) (氷などが)溶ける

mencairkan [ムンチャイルカン]

(英 to melt / to liquidize / to dilute)
溶かす / 液状にする / 薄める

mencakar [ムンチャカル]

(英 to scratch)引っ掻く

mencakup [ムンチャク(プ)]

(英 to cover)カバーする

M

mencalonkan [ムンチャロンカン]
（愛 to nominate）候補に立てる

mencampakkan [ムンチャンパッカン]
（愛 to chuck）投げる / 放る

mencampur [ムンチャンプル]（愛 to mix）
取り混ぜる / 交える / 混ぜる

mencampuradukkan
[ムンチャンプルアドゥッカン]
（愛 to mix up）混ぜ合わせる

mencampurbaurkan
[ムンチャンプルバウルカン]
（愛 to mix up）混ぜ合わせる

mencampuri [ムンチャンプリ]
（愛 to interfere in）〜に介入する

mencampurkan [ムンチャンプルカン]
（愛 to mix）混ぜる / 合わせる

mencangkul [ムンチャンクル]
（愛 to hoe）（くわで）耕す

mencantumkan [ムンチャントゥムカン]
（愛 to state / to publish）
記載する / 掲載する

mencapai [ムンチャパイ]（愛 to reach /
to accomplish / to achieve)
達する / 達成する / 遂げる

mencari [ムンチャリ]
（愛 to search / to look up / to collect）
検索する / さがす / 引く(辞書を) /
募る(寄付を)

mencari rezeki [ムンチャリ ルジュキ]
（愛 to earn a living）
生計を立てる / 生活の糧(かて)を得る

mencari suaka [ムンチャリ スアカ]
（愛 to ask for asylum）亡命を求める

mencari tenaga kerja
[ムンチャリ トゥナガ クルジャ]
（愛 to recruit）求人する

mencari uang [ムンチャリ ウアン(グ)]
（愛 to make money）稼ぐ

mencatat [ムンチャタ(ト)]（愛 to record /
to write down / to take a memo)
記録する / 記す / メモする

mencederai [ムンチュドゥライ]
（愛 to damage）損傷する

mencédok [ムンチェドッ]
（愛 to ladle out）（ひしゃくで）すくう

mencegah [ムンチュガー]
（愛 to obstruct / to block / to prevent)
阻止する / 防ぐ / 防止する / 予防する

mencegah kehamilan
[ムンチュガー クハミラン]
（愛 to prevent pregnancy）避妊する

mencela [ムンチュラ]（愛 to blame）詰る

mencelup [ムンチュル(プ)]
（愛 to dye）染める

mencelupkan [ムンチュル(プ)カン]
（愛 to dip / to soak)
浸ける(さっと) / 浸す

mencemari [ムンチュマリ]
（愛 to pollute）汚染する

mencemburui [ムンチュンブルイ]
（愛 to be jealous of)
〜に嫉妬する / 〜を妬む

menceritakan [ムンチュリタカン]
（愛 to tell *sb* / to tell）語る / 物語る

mencerminkan [ムンチュルミンカン]
（愛 to reflect）反映する

M

mencerna [ムンチュルナ]
（魏 to digest）消化する

mencétak [ムンチェタッ]
（魏 to print）印刷する / プリントする

mencicip [ムンチチ(プ)]（魏 to taste）
味見する / つまむ（軽く食べる）

mencicipi [ムンチチピ]
（魏 to taste / tasting）味わう / 味見

menciduk [ムンチドゥッ]
（魏 to scoop）掬（すく）う

mencincang [ムンチンチャン(グ)]
（魏 to chop）切り刻む

mencintai [ムンチンタイ]（魏 to love /
to fall in love）愛する / 恋する / 恋愛する

mencipta [ムンチプタ]（魏 to invent /
to create）発明する / 作り出す

mencipta lagu [ムンチプタ ラグ]
（魏 to compose (music)）作曲する

mencium [ムンチウム]
（魏 to smell / to kiss）嗅ぐ / キスする

menciut [ムンチウ(ト)]
（魏 to reduce）縮小する

mencoba [ムンチョバ]（魏 to attempt /
to try / to experiment）試みる /
試行する / 実験する / 試用する / 試す

mencocokkan [ムンチョチョッカン]
（魏 to apply）あてはめる

mencolék [ムンチョレッ]
（魏 to touch lightly）(指先で)軽く触る

mencolok [ムンチョロッ]
（魏 gaudy / be excellent）
著しい / 派手 / 派手な / 優れて目立つ

mencongak [ムンチョン(グ)アッ]
（魏 to do mental arithmetic /
to look up）暗算する / 見上げる

menconték [ムンチョンテッ]（魏 to cheat
in an exam）カンニングする

menconténg [ムンチョンテン(グ)]（魏 to put
a check mark）チェック印を付ける

mencorét [ムンチョレ(ト)]
（魏 to write graffiti）落書きする

méncrét [メンチュレ(ト)]
（魏 to have diarrhea）下痢する

mencubit [ムンチュビ(ト)]
（魏 to pinch）つねる

mencuci [ムンチュチ]
（魏 to wash / to clean）
洗う / クリーニングする / 洗浄する

mencuci mata [ムンチュチ マタ]
（魏 to feast one's eyes）目の保養をする

mencukupi [ムンチュクピ]
（魏 sufficient）十分な / 足りている

mencukur [ムンチュクル]（魏 to shave）剃る

menculik [ムンチュリッ]（魏 to kidnap /
take ~ away / to abduct）
連れ去る / 誘拐する

mencurahkan [ムンチュラーカン]
（魏 to pour）注ぐ

mencurangi [ムンチュラン(グ)イ]
（魏 to fool / to cheat）欺く / ごまかす

mencuri [ムンチュリ]（魏 to steal）盗む

mencurigai [ムンチュリガイ]
（魏 to doubt）疑う

M

mencurigakan [ムンチュリガカン]
（動 suspicious / doubtful）
怪しい / 不審な / 胡散臭い

mendadak [ムンダダッ]（動 suddenness / sudden）急 / とっさ / 不意

mendaftar [ムンダフタル]（動 to register / to apply）登録する / 申し込む

mendahului [ムンダフルイ]（動 to pass / to go ahead / to pass over）
追い越す / 先行する

mendaki [ムンダキ]
（動 to climb / hiking）登る / ハイキング

mendakwa [ムンダクワ]
（動 to sue）訴える（訴訟）

mendalam [ムンダラム]
（動 deep / thorough / to get deeper）
（程度が）深い / 詳細な / 深まる

mendalami [ムンダラミ]
（動 to deepen / to understand deeply）
（知識などを）深める / 深く理解する

mendampingi [ムンダンピン(グ)イ]
（動 to accompany）付き添う

mendapat [ムンダパ(ト)]
（動 to obtain / to gain）取る / 得る

mendapati [ムンダパティ]
（動 to find (out) / to get）
発見する / 知る / 分かる / 得る

mendapatkan [ムンダパ(ト)カン]
（動 to get）得る / 獲得する

mendarat [ムンダラ(ト)]
（動 to land）上陸する / 着陸する

mendatar [ムンダタル]
（動 horizontal / flat）水平な / 平らな

mendaur ulang [ムンダウル ウラン(グ)]
（動 to recycle）リサイクルする

mendayung [ムンダユン(グ)]
（動 to row）漕（こ）ぐ

mendekat [ムンドゥカ(ト)]
（動 to come closer）迫る（近づく）

mendekati [ムンドゥカティ]
（動 to approach / to come close to）
接近する / 近づく

mendéklamasikan [ムンデクラマスィカン]
（動 to read aloud）朗読（ろうどく）する

mendéklarasikan [ムンデクララスィカン]
（動 to declare / to proclaim）
宣言する / 布告する

mendékorasi [ムンデコラスィ]
（動 to decorate）装飾する

mendémonstrasikan
[ムンデモンストラスィカン]（動 to demonstrate）
デモンストレーションする / 実演する

mendenda [ムンドゥンダ]（動 to punish / to fine）処罰する / 罰金を課す

mendendam [ムンドゥンダム]
（動 to have a grudge against）恨む

mendengar [ムンドゥン(グ)アル]
（動 to listen）（意識して）聞く / 従う

mendengarkan [ムンドゥン(グ)アルカン]
（動 to listen carefully）
聞く / 耳を澄ます

mendengkur [ムンドゥンクル]
（動 to snore）いびきをかく

mendéportasi [ムンデポルタスィ]
（動 to deport）強制送還

M

mendera [ムンドゥラ]
(愛 to beat up)打ちのめす

menderita [ムンドゥリタ](愛 to agonize /
to suffer from)苦悩する / 苦しむ

mendermakan [ムンドゥルマカン]
(愛 to give charity)施(ほどこ)す

mendésain [ムデサイン]
(愛 to design)デザインする

mendesak [ムンドゥサッ](愛 to urge /
to push)強く求める / 迫る / 押す

mendiagnosis [ムンディアグノスィス]
(愛 to diagnose / to examine)
診断する / 診る

mendiang [ムンディアン(グ)]
(愛 the late / the deceased)故〜 / 故人

mendidih [ムンディディー]
(愛 to boil)沸騰する / 沸(わ)く

mendidik [ムンディディッ]
(愛 to educate)教育する

mendikté [ムンディクテ](愛 to take down
dictation / to dictate)
書き取る / 口述する

mendinginkan [ムンディン(グ)インカン]
(愛 to cool *sth* down / to cool /
to refrigerate)冷ます / 冷やす / 冷蔵する

mendirikan [ムンディリカン]
(愛 to establish / to form)
成立する / 設立する / 設置する

mendisiplinkan [ムンディスィプリンカン]
(愛 to train)躾ける

mendistribusikan [ムンディストリブスィカン]
(愛 to distribute)配給する / 配布する /
分配する / 分布する

mendongak [ムンドン(グ)アッ]
(愛 to look up)仰ぐ / 見上げる

mendorong [ムンドロン(グ)](愛 to push /
to encourage / to promote)
促す / 押す / 推進する / 突く

menduduki [ムンドゥドゥキ](愛 to settle /
to occupy / to take over)
収まる / 占有する / 就(つ)く

menduga [ムンドゥガ](愛 to suppose /
to see through / to guess)
推測する / 予期する

mendukung [ムンドゥクン(グ)]
(愛 to support / to assist)
応援する / 支援する / 支持する

mendung [ムンドゥン(グ)](愛 cloudy /
cloudiness / to become cloudy)
曇った / 曇り

menebak 《觚 tebak》[ムヌバッ]
(愛 to guess / to infer)
推理する / 推測する

menebang 《觚 tebang》[ムヌバン(グ)]
(愛 to deforest)伐採する

menebas 《觚 tebas》[ムヌバス]
(愛 to cut)刈(か)る

menegakkan 《觚 tegak》
[ムヌガッカン](愛 to establish / to set up)
確立する / 立てる(垂直に)

menegaskan 《觚 tegas》
[ムヌガスカン](愛 to emphasize /
to affirm)断言する / 断定する

menegur 《觚 tegur》[ムヌグル]
(愛 to greet / to speak to / to reproach)
挨拶する / 話し掛ける / 注意する /
非難する

menekan 《幹 tekan》 [ムヌカン]

（愛 to press / to oppress）
圧迫する / 押さえる（上から）

menekankan 《幹 tekan》

[ムヌカンカン]（愛 to emphasize）
強調する

meneladani 《幹 teladan》 [ムヌラダニ]

（愛 to follow a precedent）ならう

menelan 《幹 telan》 [ムヌラン]

（愛 to swallow）飲み込む

menelantarkan 《幹 telantar》

[ムヌランタルカン]（愛 to abandon）
放置する

menélépon 《幹 télépon》 [ムネレポン]

（愛 to telephone / to call）
通話する / 電話する

meneliti 《幹 teliti》 [ムヌリティ]

（愛 to research）研究する

menelusuri 《幹 telusur》 [ムヌルスリ]

（愛 to go along / to pursue）
沿う（川などに）/ たどる

menemani 《幹 teman》 [ムヌマニ]

（愛 to go with）付いて行く（同行する）

menémbak 《幹 témbak》 [ムネンバッ]

（愛 to shoot）撃つ

menembus 《幹 tembus》 [ムヌンブス]

（愛 to break through）突破する

menempa 《幹 tempa》 [ムヌンパ]

（愛 to train / to improve）
鍛える / 構築する

menempati 《幹 tempat》 [ムヌンパティ]

（愛 to occupy / to engage in）
占める / 就く

menémpél 《幹 témpél》 [ムネンペル]

（愛 to stick / to paste *sth* on）
付く / 貼り付ける / 貼る

menempuh 《幹 tempuh》 [ムヌンプー]

（愛 to face）直面する / 立ち向かう

menemui 《幹 temu》 [ムヌムイ]

（愛 to meet / to discover）
〜に会う / 見つける

menemukan 《幹 temu》 [ムヌムカン]

（愛 to discover / to find）
発見する / 見つける

menenangkan 《幹 tenang》

[ムヌナンカン]（愛 to calm）落ち着かせる

menendang 《幹 tendang》

[ムヌンダン(グ)]（愛 to kick）蹴る

menengadah 《幹 tengadah》

[ムヌン(グ)アダー]（愛 to look up）
仰ぐ / 見上げる

menengahi 《幹 tengah》 [ムヌン(グ)アビ]

（愛 to mediate）仲裁する / 調停する

menenggelamkan 《幹 tenggelam》

[ムヌングラムカン]（愛 to sink）沈める

menéngok 《幹 téngok》 [ムネン(グ)オッ]

（愛 inquiry / to visit *sb* in hospital）
お見舞いに行く / 見舞う

menentang 《幹 tentang》

[ムヌンタン(グ)]（愛 to oppose / to resist /
to compete）
反対する / 反抗する / 対戦する

menentukan 《幹 tentu》 [ムヌントゥカン]

（愛 to decide / to rule / decide）
確定する / 規定する / 判定する

menenun 《幹 tenun》 [ムヌヌン]

（愛 to weave）織（お）る

M

menepati 《解 tepat》[ムヌパティ]
(裏 to achieve / to keep)
果たす / 守る（約束を）

menepikan 《解 tepi》[ムヌピカン]
(裏 to put aside / to ostracize)
隅に寄せる / 放置する / 追放する

menepis 《解 tepis》[ムヌピス]
(裏 to shake off / to deflect)
払い除ける

menepuk 《解 tepuk》[ムヌプッ]
(裏 to pat / to clap)
(手のひらで)叩く / 拍手する

menerangi 《解 terang》[ムヌラン(グ)イ]
(裏 to light / to light up)
照明する / 照らす

menerangkan 《解 terang》
[ムヌランカン] (裏 to explain / to modify)
説明する / 修飾する

menerapkan 《解 terap》[ムヌラ-プカン]
(裏 to use *sth* practically)応用する

menerbangkan 《解 terbang》
[ムヌルバンカン] (裏 to fly)飛ばす(空中に)

menerbitkan 《解 terbit》
[ムヌルビ(ト)カン] (裏 to publish)
刊行する / 出版する

menerbitkan ulang 《解 terbit》
[ムヌルビ(ト)カン ウラン(グ)]
(裏 to reissue)再発行する

menerima 《解 terima》[ムヌリマ]
(裏 to receive / to take / to accept)
受け入れる / 受け付ける / 受け取る

menerima pesan 《解 terima》
[ムヌリマ プサン]
(裏 to receive a message)受信する

menerima tamu 《解 terima》
[ムヌリマ タム]
(裏 to receive a guest)応接する

menerjemahkan 《解 terjemah》
[ムヌルジュマーカン] (裏 to interpret /
to translate)通訳する / 翻訳する / 訳す

menerka 《解 terka》[ムヌルカ]
(裏 to guess)推測する

menerkam 《解 terkam》[ムヌルカム]
(裏 to pounce)襲いかかる

menerobos 《解 terobos》[ムヌロボス]
(裏 to break through)突破する

menertawakan 《解 tertawa》
[ムヌルタワカン](裏 to make fun of)冷やかす

menertibkan 《解 tertib》
[ムヌルティブカン](裏 to control)取り締める

meneruskan 《解 terus》[ムヌルスカン]
(裏 to continue)続ける

menetap 《解 tetap》[ムヌタ(プ)]
(裏 to reside)住む / 居住する

menetapkan 《解 tetap》[ムヌタ(プ)カン]
(裏 be decided)定める

menetaskan 《解 tetas》[ムヌタスカン]
(裏 to hatch eggs)孵化(ふか)させる

menétralkan 《解 nétral》
[ムネトラルカン](裏 to neutralize)
中和させる

menéwaskan 《解 téwas》
[ムネワスカン]
(裏 to cause ~ to be killed)死亡させる

mengabaikan [ムン(グ)アバイカン]
(裏 to omit / to ignore)抜かす / 無視する

mengabarkan 《幹 kabar》
[ムン(グ)アバルカン]（愚 to tell）教える / 伝える

mengabulkan 《幹 kabul》
[ムン(グ)アブルカン]（愚 to fulfil）叶える

mengacak-acak [ムン(グ)アチャッ アチャッ]
（愚 to scatter）散らかす

mengacau 《幹 kacau》[ムン(グ)アチャゥ]
（愚 to pester）邪魔する

mengacuhkan [ムン(グ)アチューカン]
（愚 to care about）構う

mengadakan [ムン(グ)アダカン]
（愚 to hold / to have）開催する / 行う

mengadili [ムン(グ)アディリ]
（愚 to judge）裁く

mengadopsi [ムン(グ)アドプスイ]
（愚 to adopt）養子にする / 採用する

mengadu [ムン(グ)アドゥ]
（愚 to complain）苦情を言う

mengaduk [ムン(グ)アドゥッ]
（愚 to throw into confusion）かき回す

mengagumi 《幹 kagum》
[ムン(グ)アグミ]（愚 to admire）感心する

mengaitkan 《幹 kait》[ムン(グ)アイ(ト)カン]
（愚 to connect）結び付ける / 関連付ける

mengajak [ムン(グ)アジャッ]
（愚 to invite / to invite *sb*）
勧誘する / 誘う

mengajar [ムン(グ)アジャル]
（愚 to teach）教える / 教授する

mengajarkan [ムン(グ)アジャルカン]
（愚 to explain）説く

mengaji 《幹 kaji》[ムン(グ)アジ]
（愚 to read the Koran）唱える（コーランを）

mengajukan [ムン(グ)アジュカン]
（愚 to submit）
出す（書類などを）/ 提出する

mengakar [ムン(グ)アカル]
（愚 to be rooted）根付く / 定着する

mengakhiri [ムン(グ)アヒリ]
（愚 to finish）終わらせる

mengakibatkan [ムン(グ)アキバ(ト)カン]
（愚 to cause）引き起こす

mengakrabi [ムン(グ)アクラビ]
（愚 to get friendly）親しむ

mengaktifkan [ムン(グ)アクティフカン]
（愚 to operate）稼働させる

mengaku [ムン(グ)アク]
（愚 to confess）告白する / 白状する

mengakui [ムン(グ)アクイ]
（愚 to confess / to recognize）
自白する / 認める

mengakuisisi [ムン(グ)アクイスイスイ]
（愚 to do an acquisition）買収する

mengalah 《幹 kalah》[ムン(グ)アラー]
（愚 to give in）負ける / 降参する

mengalahkan 《幹 kalah》
[ムン(グ)アラーカン]（愚 to defeat / to beat）
討つ / 負かす

mengalami [ムン(グ)アラミ]
（愚 to come across / to experience）
遭う / 経験する / 体験する

mengalihkan [ムン(グ)アリーカン]
（愚 to switch / to turn away / to turn）
切り換える / 逸(そ)らす / 転じる

M

mengalikan 《働 kali》[ムン(グ)アリカン]
(働 to multiply / times)
掛け算する / 掛ける(×)

mengalir [ムン(グ)アリル]
(働 to flow) 流れる

mengamalkan [ムン(グ)アマルカン]
(働 to practise) 実践する

mengamankan [ムン(グ)アマンカン]
(働 to render ~ harmless)
拘束する / 無害化する

mengamati [ムン(グ)アマティ]
(働 to observe / to monitor)
観測する / 監視する

mengambil [ムン(グ)アンビル](働 to take
up / to take in / to take) 受け持つ /
取り上げる / 取り入れる / 手でつかむ

mengambil alih [ムン(グ)アンビル アリー]
(働 to take over) 取って代わる / 引き継ぐ

mengambil foto [ムン(グ)アンビル フォト]
(働 to take a picture) 写真を撮る

mengambil keputusan
[ムン(グ)アンビル クプトゥッサン]
(働 to resolve) 決議する

mengampu [ムン(グ)アンプ](働 to be in
charge / to hold) 担当する / 支える

mengampuni [ムン(グ)アンプニ]
(働 to forgive *sb*) 勘弁する

mengamuk [ムン(グ)アムッ]
(働 to act violently / to go wild)
暴れる / 荒れる

menganalisis [ムン(グ)アナリスィス]
(働 to analyze) 分析する

menganalogikan [ムン(グ)アナロギカン]
(働 to analogize) 類推する

mengancam [ムン(グ)アンチャム]
(働 to threaten)
脅す / おびやかす / 脅迫する

mengandaikan [ムン(グ)アンダイカン]
(働 to suppose) 仮定する

mengandalkan [ムン(グ)アンダルカン]
(働 to rely on / to trust in)
頼る / 信頼する

mengandung 《働 kandung》
[ムン(グ)アンドゥン(グ)](働 to include /
pregnant) 含む / 妊娠している

menganga [ムン(グ)アン(グ)ア](働 to open
one's mouth wide) 口を大きく開く

menganggap [ムン(グ)アンガ(プ)]
(働 to assume / to regard *sb*)
想定する / 見なす

menganggar [ムン(グ)アンガル]
(働 to estimate) 推定する

mengangguk [ムン(グ)アングッ]
(働 to nod) 頷く

menganggur [ムン(グ)アングル]
(働 unemployed) 失業している

mengangkang 《働 kangkang》
[ムン(グ)アンカン(グ)](働 to straddle /
with one's legs apart)
股を開く / 脚を広げて

mengangkat [ムン(グ)アンカ(ト)]
(働 to raise / to adopt / to pull up)
持ち上げる / 引き上げる

mengangkut [ムン(グ)アンク(ト)]
(働 to transport / to carry)
運送する / 運搬する / 運ぶ

menganjurkan [ムン(グ)アンジュルカン]
（働 to suggest）勧める

mengantar [ムン(グ)アンタル]
（働 to see *sb* off / passing up）
送る（人を〜まで）/ 見送り（差し控え）

mengantarkan [ムン(グ)アンタルカン]
（働 to see *sb* off）見送る

mengantisipasi [ムン(グ)アンティスィパスィ]
（働 to anticipate）予期する

mengantré [ムン(グ)アントレ]
（働 to form a line）行列する

mengantuk 《働 kantuk》
[ムン(グ)アントゥッ]（働 sleepy）眠い

menganugerahkan
[ムン(グ)アヌグラーカン]
（働 to award）授ける / 授与する

menganut [ムン(グ)アヌ(ト)]
（働 to have faith in）信仰する

menganyam [ムン(グ)アニャム]
（働 to weave）（かごなどを）編む

mengapa [ムン(グ)アパ]（働 why）なぜ

mengapit [ムン(グ)アピ(ト)]（働 to nip）挟む

mengaplikasikan [ムン(グ)アプリカスィカン]
（働 to apply）適用する

mengapung [ムン(グ)アプン(グ)]
（働 to float）浮ぶ

mengarah [ムン(グ)アラー]
（働 to turn (to) / to aim）向く / 目指す

mengarahkan [ムン(グ)アラーカン]
（働 to turn one's face to / to lead）
向ける / 引率する

mengarang 《働 karang》
[ムン(グ)アラン(グ)]（働 to compose）作文する

mengarantina 《働 karantina》
[ムン(グ)アランティナ]（働 to quarantine）
検疫する

mengarungi [ムン(グ)アルン(グ)イ]
（働 to survive / to wade / to traverse）
（苦難を）乗り切る / （川や海を）渡る

mengaruniai 《働 karunia》
[ムン(グ)アルニアイ]（働 to award /
to give a thing）授ける / 恵む

mengaruniakan 《働 karunia》
[ムン(グ)アルニアカン]（働 to bless）恵む

mengasah [ムン(グ)アサー]
（働 to sharpen / to train / to polish）
研ぐ / 練磨する / 磨く

mengasihi 《働 kasih》[ムン(グ)アスィヒ]
（働 to love）〜を愛する

mengasingkan [ムン(グ)アスィンカン]
（働 to banish / to isolate）
追放する / 隔離する

mengaspal [ムン(グ)アスパル]
（働 to pave）舗装する

mengasuh [ムン(グ)アスー]
（働 to bring up / to care for）
育てる / 養育する

mengatakan 《働 kata》
[ムン(グ)アタカン]（働 to say）言う

mengatasi [ムン(グ)アタスィ]
（働 to overcome / to surpass）
克服する / 上回る

mengatur [ムン(グ)アトゥル]（働 to tidy /
to arrange）整理する / 配置する

M

mengaudit [ムン(グ)アウディ(ト)]
(愛 to audit) 監査する

mengawal 《解 kawal》 [ムン(グ)アワル]
(愛 to guard) 護衛する

mengawali 《解 awal》 [ムン(グ)アワリ]
(愛 to start / to precede)
始める / 先行する

mengawasi [ムン(グ)アワスィ]
(愛 to keep an eye on)
監視する / 見張る

mengawétkan [ムン(グ)アウェ(ト)カン]
(愛 to preserve) 保存する

mengayuh 《解 kayuh》 [ムン(グ)アユー]
(愛 to pedal / to paddle)
(自転車や舟を) 漕(こ)ぐ

mengayunkan [ムン(グ)アユンカン]
(愛 to swing) 振る

mengebumikan 《解 kebumi》
[ムン(グ)ウブミカン] (愛 to bury)
埋める / 埋葬する

mengecam 《解 kecam》
[ムン(グ)ウチャム] (愛 to recognize)
非難する / 批判する

mengecas [ムン(グ)ウチャス]
(愛 to charge) 充電する

mengecat [ムン(グ)ウチャ(ト)]
(愛 to paint) 塗装する / ペンキを塗る

mengecék [ムン(グ)ウチェク]
(愛 to check) チェックする

mengécér [ムン(グ)エチェル]
(愛 to retail) 小売りする

mengecéwakan 《解 kecéwa》
[ムン(グ)ウチェワカン]
(愛 to disappoint / disappointing)
がっかりさせる / 失望させる

mengecil 《解 kecil》 [ムン(グ)ウチル]
(愛 to get smaller) 小さくなる

mengecilkan 《解 kecil》
[ムン(グ)ウチルカン] (愛 to trim / to reduce)
小さくする / 縮小する

mengecualikan 《解 kecuali》
[ムン(グ)ウチュアリカン] (愛 to exclude /
to exempt) 除外する / 免除する

mengédarkan [ムン(グ)エダルカン]
(愛 to circulate / to distribute)
回覧する / 配布する

mengejang 《解 kejang》
[ムン(グ)ウジャン(グ)] (愛 to get cramp)
(足などが) つる / 硬直する

mengejar 《解 kejar》 [ムン(グ)ウジャル]
(愛 to chase / to pursue)
追う / 追求する

mengéjék [ムン(グ)エジェッ]
(愛 to make fun of / to tease *sb*)
嘲笑(あざわら)う / からかう

mengejutkan 《解 kejut》
[ムン(グ)ウジュ(ト)カン] (愛 to scare /
to surprise) おどかす / 驚かす

mengekang 《解 kekang》
[ムン(グ)ウカン(グ)] (愛 to restrict / to rein in)
制限する / 抑える / (馬を) 止める

mengéksploitasi [ムン(グ)エクスプロイタスィ]
(愛 to exploit) 搾取する

mengéksplorasi [ムン(グ)エクスプロラスィ]
(愛 to explore) 探検する

mengékspor [ムン(グ)エクスポル]
（愛 to export）輸出する

mengélak [ムン(グ)エラッ]
（愛 to avoid）避ける

mengelap [ムン(グ)ウラ(プ)]
（愛 to wipe）拭(ふ)く

mengelilingi 《幹 keliling》
[ムン(グ)ウリリン(グ)イ]
（愛 to surround / to revolve / to go around）囲む / 〜の周りを回る / 巡る

mengelola 《幹 kelola》[ムン(グ)ウロラ]
（愛 to manage / to apply / to administer）
運営する / 運用する / 管理する /
経営する / 司る

mengeluarkan 《幹 keluar》
[ムン(グ)ウルアルカン]（愛 to cost / to take out / to spend / to emit）
費やす（費用、時間などを）/ 出す（内から外へ）/ 取り出す / 放出する / 発揮する /
引き出す（預金を）

mengelu-elukan [ムン(グ)ウル ウルカン]
（愛 to laud someone to the skies）
人をほめちぎる / 絶賛する

mengeluh 《幹 keluh》[ムン(グ)ウル—]
（愛 to grumble）ぼやく

mengelupas 《幹 kelupas》
[ムン(グ)ウルパス]（愛 to peel off）
剥(む)ける / はげる

mengembalikan 《幹 kembali》
[ムン(グ)ウンバリカン]
（愛 to return / to restore / to recover）
返す / 取り戻す / 返還する / 戻す

mengembang 《幹 kembang》
[ムン(グ)ウンバン(グ)]（愛 to bloom / to expand）（花が）咲く / 膨らむ

mengembara 《幹 kembara》
[ムン(グ)ウンバラ]（愛 to travel）
旅する / 放浪する

mengembung 《幹 kembung》
[ムン(グ)ウンブン(グ)]（愛 to billow / inflated）
膨らむ（布が風で）/ 膨らんだ

mengembungkan 《幹 kembung》
[ムン(グ)ウンブンカン]（愛 to inflate）膨らます

mengempukkan [ムン(グ)ウンプッカン]
（愛 to soften）やわらかくする

mengemudi 《幹 kemudi》
[ムン(グ)ウムディ]
（愛 driving / to drive）運転(する)

mengemukakan 《幹 kemuka》
[ムン(グ)ウムカカン]（愛 to put forward / to raise）出す / 提示する

mengenai 《幹 kena》[ムン(グ)ウナイ]
（愛 regarding / to hit the mark）
〜に関して / 〜に関する / 命中する

mengenakan 《幹 kena》
[ムン(グ)ウナカン]（愛 to put on / to wear）
履く / 身に付ける / 帯びる

mengenal 《幹 kenal》[ムン(グ)ウナル]
（愛 to know / to recognize）
（理解の結果）知る / 識別する

mengenali 《幹 kenal》[ムン(グ)ウナリ]
（愛 recognition / to recognize）
認識(する) / 認知(する)

mengenang 《幹 kenang》
[ムン(グ)ウナン(グ)]（愛 to remember）
覚えている / 思い出す

mengencangkan 《幹 kencang》
[ムン(グ)ウンチャンカン]（愛 to fasten）
固定させる / 締(し)める

M

mengendalikan 《幹 kendali》
[ムン(グ)ウンダリカン] (英 to control) 操縦する

mengendap [ムン(グ)ウンダ(プ)]
(英 be precipitated) 沈殿する

mengendur 《幹 kendur》
[ムン(グ)ウンドゥル] (英 to slack / to loosen)
たるむ / ゆるむ

mengendurkan 《幹 kendur》
[ムン(グ)ウンドゥルカン] (英 to loosen / to relax)
緩める / 緩和する

mengepas pakaian
[ムン(グ)ウパス パカイアン]
(英 fitting / to try on) 試着(する)

mengeposkan [ムン(グ)ウポスカン]
(英 to mail) 郵送する

mengepul 《幹 kepul》[ムン(グ)ウプル]
(英 to smoke / to be filled with smoke)
昇る(煙)

mengepung 《幹 kepung》
[ムン(グ)ウプン(グ)] (英 to surround) 取り囲む

mengerahkan 《幹 kerah》
[ムン(グ)ウラーカン] (英 to mobilize) 動員する

mengerang [ムン(グ)ウラン(グ)]
(英 to groan) 呻(うな)る / うめく

mengeras 《幹 keras》[ムン(グ)ウラス]
(英 to curdle) 固まる

mengerat 《幹 kerat》[ムン(グ)ウラ(ト)]
(英 to bite) かじる

mengerém [ムン(グ)ウレム] (英 to put on
the brake) ブレーキをかける

mengerikan [ムン(グ)ウリカン]
(英 gruesome) ぞっとする / 恐ろしい

mengering 《幹 kering》[ムン(グ)ウリン(グ)]
(英 to dry out / to dry up / to dry)
涸(か)れる / 乾く / 乾燥する

mengeringkan 《幹 kering》
[ムン(グ)ウリンカン] (英 to dry)
乾かす / 乾燥させる

mengeriting 《幹 keriting》
[ムン(グ)ウリティン(グ)]
(英 to perm / to become wavy)
(毛を)縮らせる / パーマする / 縮れる

mengerjakan 《幹 kerja》
[ムン(グ)ウルジャカン] (英 to perform /
to work) 行う / 遂行する

mengerti [ムン(グ)ウルティ]
(英 to understand)
心得る / 了解する / 分かる

mengeruh 《幹 keruh》[ムン(グ)ウルー]
(英 to become muddy) 濁(にご)る

mengeruk 《幹 keruk》[ムン(グ)ウル(ク)]
(英 to clean out) 浚う(川などの土砂を)

mengerumuni 《幹 kerumun》
[ムン(グ)ウルムニ] (英 to gather around)
〜に群がる

mengesahkan [ムン(グ)ウサーカン]
(英 to authorize / to legitimize)
確認する(承認・認定) / 可決する /
採択する / 制定する

mengesalkan 《幹 kesal》
[ムン(グ)ウサルカン] (英 to annoy)
いらだたせる / 立腹させる

mengesankan 《幹 kesan》
[ムン(グ)ウサンカン]
(英 impressive / to give an impression)
印象的 / 印象を与える

mengetahui [ムン(グ)ウタフイ]
（働 to acknowledge / to know）
承知する / 知る

mengetam 《解 ketam》[ムン(グ)ウタム]
（働 to plane）(かんなで)削る

mengetatkan 《解 ketat》
[ムン(グ)ウタッカン]（働 to tighten）
締(し)める / きつくする / 厳しくする

mengetengahkan 《解 ketengah》
[ムン(グ)ウトゥン(グ)アーカン]
（働 to raise / to put forward）
(話などを)持ち出す / 提示する

mengetik 《解 ketik》[ムン(グ)ウティッ]
（働 to input）入力する

mengetuai 《解 ketua》[ムン(グ)ウトゥアイ]
（働 to lead）〜の長を務める / 〜を率いる

menggabungkan [ムンガブンカン]
（働 to combine）組み合わせる / 結合する

menggadaikan [ムンガダイカン]
（働 to pawn）質(しち)に入れる

menggagalkan [ムンガガルカン]
（働 to fail）落とす / 不合格にする

menggagas [ムンガガス]
（働 to come up with an idea）構想する

menggaji [ムンガジ]（働 to grant /
to employ）給与する / 雇用する

menggalakkan [ムンガラッカン]
（働 to encourage）促す / 奨励する

menggali [ムンガリ]（働 to excavate /
to dig）発掘する / 掘る

menggambar [ムンガンバル]
（働 to draw）描く

menggambarkan [ムンガンバルカン]
（働 to draw）描く

menggamit [ムンガミ(ト)]（働 to flip）弾く

menggandakan [ムンガンダカン]
（働 to double / to reduplicate）
倍にする / 重複する

mengganggu [ムンガング]
（働 to disturb）妨げる / 邪魔する

mengganggu-gugat [ムンガング ググ(ト)]
（働 to threaten）揺るがす / 危機に晒す

mengganti [ムンガンティ]
（働 to convert / to change /
to substitute）
代える / 交代する / 代用する

mengganti kerugian
[ムンガンティ クルギアン]
（働 to compensate）補償する

mengganti pakaian
[ムンガンティ パカイアン]
（働 to change clothes）着替える

menggantikan [ムンガンティカン]
（働 to succeed to / to replace）
継ぐ / 取って代わる

menggantung [ムンガントゥン(グ)]
（働 to hang on / to suspend）
つるす / 掛ける / 停止する / 停職にする

menggarap [ムンガラ(プ)]
（働 to farm）耕作する

menggariskan [ムンガリスカン]
（働 to outline / to underline）
概略を示す / 線を引く

menggaruk [ムンガルッ]
（働 to scratch）掻(か)く

M

menggelédah [ムングレダー]
（<u>他</u> to search for）
捜索する / くまなく探す

menggelepar [ムングルパル]
（<u>他</u> to flap one's wings）
羽をばたばたさせる

menggeletar [ムングルタル]
（<u>他</u> to tremble）震える

menggelikan [ムングリカン]（<u>他</u> funny / revolting）愉快な / 不快にさせる

menggelincir [ムングリンチル]（<u>他</u> to skid / to derail）スリップする / 脱線する

menggelinding [ムングリンディン(グ)]
（<u>他</u> to roll）転がる

menggemari [ムングマリ]
（<u>他</u> to prefer）嗜好(しこう)する

menggembirakan [ムングンビラカン]
（<u>他</u> to make *sb* happy / happy）
喜ばせる / 喜ばしい

menggemparkan [ムングンパルカン]
（<u>他</u> to cause a commotion / to shock / shocking）騒がせる / 衝撃を与える / 衝撃的な

menggempur [ムン(グ)グンプル]
（<u>他</u> to attack / to destroy）討つ / 破壊する

menggenang [ムングナン(グ)]
（<u>他</u> to gather）溜まる

menggéndong [ムングンドン(グ)]
（<u>他</u> to carry *sb* on *sb's* backs or arms / to shoulder）
おんぶする / だっこする / 背負う

menggéneralisasi [ムングネラリサスィ]
（<u>他</u> to make generalization）一般化する

menggenggam [ムングンガム]
（<u>他</u> to grasp / to grip）つかむ / 握る

menggerakkan [ムングラッカン]
（<u>他</u> to move）動かす

menggigil [ムンギギル]（<u>他</u> to shiver）震える

menggigit [ムンギギ(ト)]（<u>他</u> to bite）
噛(か)む / 咬(か)む / （虫が）刺す

menggilas [ムンギラス]
（<u>他</u> to run over）轢(ひ)く

menggiling [ムンギリン(グ)]（<u>他</u> to grind / to saw）擦る（すりつぶす）/ 挽く

menggiring [ムンギリン(グ)]
（<u>他</u> to corner）追い込む

menggiurkan [ムンギウルカン]
（<u>他</u> seductive）魅惑的な / 官能的な

menggoda [ムンゴダ]
（<u>他</u> to tempt）誘惑する

menggolongkan [ムンゴロンカン]
（<u>他</u> to classify）分類する

menggoncang [ムンゴンチャン(グ)]
（<u>他</u> to shake）揺れる / 揺さぶる

menggondol [ムンゴンドル]
（<u>他</u> to put *sth* in one's mouth）くわえる

menggonggong [ムンゴンゴン(グ)]
（<u>他</u> to bark）吠える

menggoréng [ムンゴレン(グ)]
（<u>他</u> to fry）揚げる / 炒める

menggorés [ムンゴレス]
（<u>他</u> to scratch）引っ掻く

menggoréskan [ムンゴレスカン]
（<u>他</u> to rub）擦る

menggosok [ムンゴソッ]
（働 to rub / to polish / to iron）
こする / 磨く / アイロンをかける

menggubah [ムングバー]
（働 to compose / to write）
作曲する / 作詞する

menggugat [ムングガ(ト)]
（働 to sue / to indict）
訴える / 起訴する

menggugurkan [ムンググルカン]
（働 to drop / to omit / to have an abortion）落とす / 省略する / 堕胎する

menggugurkan kandungan
[ムンググルカン カンドゥン(グ)アン]
（働 to have an abortion）
中絶する / 堕胎する

menggulingkan [ムングリンカン]
（働 to roll *sth*）転がす

menggulung [ムン(グ)ウルン(グ)]
（働 to wrap）巻く

menggumam [ムングマム]
（働 to mumble）つぶやく

menggunakan [ムングナカン]
（働 to use / to make use of）
活用する / 取り扱う / 用いる

mengguncangkan [ムングンチャンカン]
（働 to shake）揺さぶる

menggunting [ムングンティン(グ)]
（働 to cut）切る（はさみで）

menggurui [ムングルイ]
（働 to nag）説教する / 叱責する

menghabiskan [ムンハビスカン]
（働 to spend）費やす（時間）/ 過ごす

menghadang [ムンハダン(グ)]
（働 to block）塞（ふさ）ぐ / 遮（さえぎ）る

menghadap [ムンハダ(プ)]
（働 to face）向かう

menghadapi [ムンハダピ]
（働 to confront / to encounter）
直面する / 臨（のぞ）む

menghadiahi [ムンハディアヒ]
（働 to give）〜に贈る / プレゼントする

menghadiahkan [ムンハディアーカン]
（働 to present / to give a present）
贈る / 寄贈する / 進呈する / 贈与する /
プレゼントする

menghadiri [ムンハディリ]
（働 to attend）〜に出席する / 参加する

menghafal [ムンハファル]
（働 to memorize）暗記する

menghakimi [ムンハキミ]
（働 to judge）裁く

menghalalkan [ムンハラルカン]
（働 to allow）認める / 許す

menghalangi [ムンハラン(グ)イ]
（働 to block）塞（ふさ）ぐ / 遮（さえぎ）る

menghalau [ムンハラウ]
（働 to drive）追い払う

menghambat [ムンハンバ(ト)]
（働 to block）遮る / 妨げる

menghampar [ムンハンパル]
（働 to spread）広がる

menghamparkan [ムンハンパルカン]
（働 to put down）敷（し）く

M

menghampiri [ムンハンピリ]
（❀ to approach）近づく

menghancurkan [ムンハンチュルカン]
（❀ to crush）潰(つぶ)す

menghangatkan [ムンハン(グ)ア(ト)カン]
（❀ to warm / to keep warm）
あたためる / 保温する

menghanguskan [ムンハン(グ)ウスカン]
（❀ to burn）焦(こ)がす

menghantar [ムンハンタル]
（❀ to send / to turn in）
送る / 提出する / 見送る / 派遣する

menghanyutkan [ムンハニュ(ト)カン]
（❀ to sweep）押し流す

menghapus [ムンハプス]
（❀ to delete / to abolish）
削除する / 消去する / 廃止する

mengharap [ムンハラ(プ)]
（❀ to hope / to expect）望む / 期待する

mengharapkan [ムンハラ(プ)カン]
（❀ to hope / to count on）
希望する / 頼りにする

menghargai [ムンハルガイ]
（❀ to appreciate / to respect）
感謝する / 尊重する

menghasilkan [ムンハスィルカン]
（❀ to produce / to result in）
生み出す / 生産する / もたらす

menghasut [ムンハス(ト)]
（❀ to incite）
けしかける / 煽(あお)り立てる

menghayati [ムンハヤティ]
（❀ to appreciate）
（価値や意味を）正しく理解する

menghémat [ムンヘマ(ト)]
（❀ be economical / to save）
倹約する / 節約する

menghembuskan [ムンフンブスカン]
（❀ to blow out）吹きだす

menghembuskan nafas terakhir
[ムンフンブスカン ナファストゥルアヒル]
（❀ to breath one's last）息を引き取る

menghempas [ムンフンパス]
（❀ to strike / to slam）
打ちつける / バタンと閉める

menghentikan [ムンフンティカン]
（❀ to cancel / to stop / to call out
and stop）中止する / 止める /
停める(車などを) / 呼び止める

menghias [ムンヒアス]
（❀ to decorate）飾る / 装飾する

menghibahkan [ムンヒバーカン]
（❀ to donate）寄贈する / 贈与する

menghibur [ムンヒブル]
（❀ to comfort）慰(なぐさ)める

menghidangkan [ムンヒダンカン]
（❀ to serve）
ごちそうする / 出す(食事などを)

menghidupi [ムンヒドゥピ]
（❀ to support）扶養する

menghilang [ムンヒラン(グ)]
（❀ disappearance）失踪

menghilangkan [ムンヒランカン]
（❀ to lose / to remove / to omit）
無くす / 取り除く

menghimpun [ムンヒンプン]
（❀ to gather）溜める

menghina [ムンヒナ]（圏 to disdain / to insult）軽蔑する / 侮辱する

menghindar [ムンヒンダル]
（圏 to avoid）避ける

menghindari [ムンヒンダリ]
（圏 to avoid / to refrain from）
避ける / 謹しむ（控える）

menghiraukan [ムンヒラウカン]
（圏 to pay attention to）構う / 気に掛ける

menghisap [ムンヒサ(プ)]
（圏 to inhale / to suck）
（煙草や麻薬を）吸う / しゃぶる

menghitung [ムンヒトゥン(グ)]
（圏 to count / to calculate）
数える / 勘定する / 計算する

menghormati [ムンホルマティ]
（圏 to respect）
敬う / 尊敬する / 尊ぶ / 尊重する

menghubungi [ムンフブン(グ)イ]
（圏 to contact）連絡する

menghubungkan [ムンフブン(グ)カン]
（圏 to connect）繋(つな)ぐ / 結び付ける

menghukum [ムンフクム]
（圏 to punish）処罰する / 罰する

menghuni [ムンフニ]
（圏 to reside）居住する

mengiaskan 《圏 kias》
[ムン(グ)イアスカン]（圏 to compare）例える

mengibaratkan [ムン(グ)イバラ(ト)カン]
（圏 to compare）例える

mengidam [ムン(グ)イダム]
（圏 morning sickness）悪阻(つわり)

mengidéntifikasi
[ムン(グ)イデンティフィカスィ]
（圏 to identify）特定する

mengikat [ムン(グ)イカ(ト)]（圏 to tie / to tighten / to restrict / to bundle）
結束する / 縛る / 束縛する / 結ぶ

mengikat kontrak
[ムン(グ)イカ(ト) コントラ(ク)]
（圏 to make a contract）契約する

mengikis 《圏 kikis》[ムン(グ)イキス]
（圏 to reduce）削る

mengiklankan [ムン(グ)イクランカン]
（圏 to advertise）広告する

mengikut [ムン(グ)イク(ト)]（圏 to follow / to join / depending on）付いて行く /
従う / たどる / 参加する / 〜次第

mengikuti [ムン(グ)イクティ]（圏 to take / to follow / to join）受ける（試験を）/
付いて行く / 参加する

mengimbangi [ムン(グ)インバンギ]
（圏 to balance）バランスをとる

mengimplikasikan
[ムン(グ)インプリカスィカン]（圏 to imply）
暗示する / 含意する

mengimpor [ムン(グ)インポル]
（圏 to import）輸入する

menginap [ムン(グ)イナ(プ)]
（圏 to accommodate / to stay）
宿泊する / 泊まる

mengincar [ムン(グ)インチャル]
（圏 to aim）狙う

mengindikasikan
[ムン(グ)インディカスィカン]
（圏 to indicate）暗示する

M

mengingat [ムン(グ)イン(グ)ア(ト)]
(㊅ to memorize / to recall)
記憶する / 思い出す(努力して)

. . . .

mengingat kembali
[ムン(グ)イン(グ)ア(ト) クンバリ]
(㊅ to reminisce)回想する

. . . .

mengingatkan [ムン(グ)イン(グ)ア(ト)カン]
(㊅ to warn)
警告する / 注意する(忠告する)

. . . .

mengingini [ムン(グ)イン(グ)イニ]
(㊅ to want / to wish for)
〜が欲しい / 〜を望む

. . . .

mengingkari [ムン(グ)インカリ]
(㊅ to disobey)背(そむ)く / 違反する

. . . .

menginjak [ムン(グ)インジャッ]
(㊅ to step)踏む

. . . .

menginspéksi [ムン(グ)インスペクスイ]
(㊅ to inspect)検証する / 視察する

. . . .

menginstalasi [ムン(グ)インスタラスイ]
(㊅ to install / to fit *sth* into)
インストールする / 組み込む

. . . .

menginstruksikan
[ムン(グ)インストルクスイカン]
(㊅ to issue an order)指令する

. . . .

mengintai [ムン(グ)インタイ]
(㊅ to peep)覗き見する

. . . .

menginterprétasi
[ムン(グ)イントゥルプレタスイ]
(㊅ to interpret)解釈する

. . . .

menginterupsi [ムン(グ)イントゥルプスイ]
(㊅ to interrupt)中断する

. . . .

mengintervénsi [ムン(グ)イントゥルフェンスイ]
(㊅ to intervene / to interfere)
介入する / 干渉する

mengintip [ムン(グ)インテイ(プ)]
(㊅ to peep)覗く(こっそり)

. . . .

menginvasi [ムン(グ)インファスイ]
(㊅ to invade)侵入する

. . . .

menginvéstasikan
[ムン(グ)インフェスタスイカン]
(㊅ to invest)投入する

. . . .

mengipasi 《㊟ kipas》[ムン(グ)イパスイ]
(㊅ to fan / to arouse)あおぐ / あおる

. . . .

mengira 《㊟ kira》[ムン(グ)イラ]
(㊅ to assume / to think)
推測する / 思う

. . . .

mengirim 《㊟ kirim》[ムン(グ)イリム]
(㊅ to send / to dispatch / to forward /
to deliver)送る / 送付する / 発送する /
転送する / 納入する

. . . .

mengiringi [ムン(グ)イリン(グ)イ]
(㊅ to accompany)付き添う / 同行する

. . . .

mengisahkan 《㊟ kisah》
[ムン(グ)イサーカン](㊅ to tell)物語る

. . . .

mengisi [ムン(グ)イスイ](㊅ to enter /
to pack / to supplement)
記入する / 詰める / 補充する

. . . .

mengisi bénsin [ムン(グ)イスイ ベンスイン]
(㊅ to fuel)
ガソリンを入れる / 燃料を注入する

. . . .

mengisolasikan [ムン(グ)イソラスイカン]
(㊅ to isolate)隔離する

. . . .

mengitari 《㊟ kitar》[ムン(グ)イタリ]
(㊅ to go around)(周囲を)回る

. . . .

mengizinkan [ムン(グ)イズインカン]
(㊅ to permit / to authorize)
許可する / 認可する / 許す

mengkaji [ムンカジ]
（＠ to study）研究する / 調査する

mengkaji-ulang [ムンカジ ウラン(グ)]
（＠ to reconsider / to reexamine）
再検討する

mengkeret [ムンクル(ト)]
（＠ to shrink）縮む / 詰まる（短く縮まる）

mengkhawatirkan [ムンハワティルカン]
（＠ to worry）心配する / 心配させる

mengkhayal [ムンハヤル]
（＠ to have delusion）妄想する

mengkhianati [ムンヒアナティ]
（＠ to betray）裏切る

mengkhususkan diri
[ムンクススカン ディリ]（＠ to major in /
to specialize in）専攻する / 専修する

mengklaim [ムンクレイム]
（＠ to insist on）主張する

mengklasifikasi [ムンクラスイフィカスイ]
（＠ to classify）分別する / 分類する

mengkristal [ムンクリスタル]
（＠ to crystallize）結晶する

mengkritik [ムンクリティッ]
（＠ to criticize）批判する / 評論する

mengobati [ムン(グ)オバティ]
（＠ to provide or give medical treatment）
診療する / 治療する / 手当てする

mengobral [ムン(グ)オブラル]（＠ to sell at
a bargain price）安売りする

mengobrol [ムン(グ)オブロル]
（＠ to chat / to talk idly）
おしゃべりする / 雑談する

mengolah [ムン(グ)オラー]
（＠ to process）加工する

mengolés [ムン(グ)オレス]
（＠ to paint）塗る

mengombinasikan 《幹 kombinasi》
[ムン(グ)オンビナスイカン]
（＠ to combine）組み合わせる

mengoméntari 《幹 koméntar》
[ムン(グ)オメンタリ]（＠ to review）批評する

mengomplain 《幹 komplain》
[ムン(グ)オンプライン]
（＠ to grumble）文句を言う

mengomprés 《幹 komprés》
[ムン(グ)オンプレス]（＠ to apply a (medical)
compress）湿布する

mengonsumsi 《幹 konsumsi》
[ムン(グ)オンスムスイ]（＠ to consume）消費する

mengontak 《幹 kontak》
[ムン(グ)オンタ(ク)]（＠ to make contact）
接触する

mengontrak 《幹 kontrak》
[ムン(グ)オントラ(ク)]
（＠ to enter into a contract）契約する

mengontrol 《幹 kontrol》
[ムン(グ)オントロル]（＠ to control）
操る / コントロールする / 抑制する

mengoordinasi 《幹 koordinasi》
[ムン(グ)オオルディナスイ]（＠ to coordinate）
調整する / 調和する / まとめる

mengoperasikan [ムン(グ)オプラスイカン]
（＠ to operate）操作する

mengorbankan 《幹 korban》
[ムン(グ)オルバンカン]（＠ to sacrifice）
犠牲にする

mengorék 《幹 korék》[ムン(グ)オレック]
（愛 to dig / to pick）掘る / ほじくる

mengoréksi 《幹 koréksi》
[ムン(グ)オレックスィ]（愛 to correct）
修正する / 訂正する

mengorganisasi [ムン(グ)オルガニサスィ]
（愛 to organize）組織する

mengosongkan 《幹 kosong》
[ムン(グ)オソンカン]（愛 to empty / to vacate）
空にする / 空ける / 退去する

mengotak-ngotakkan 《幹 kotak-kotak》
[ムン(グ)オタッ ン(グ)オタッカン]
（愛 to divide）区分する

mengotori 《幹 kotor》[ムン(グ)オトリ]
（愛 to dirty）汚す

mengoyak 《幹 koyak》[ムン(グ)オヤッ]
（愛 to tear / to rip）破る / 引き裂く

menguak 《幹 kuak》[ムン(グ)ウアッ]
（愛 to expose）明らかにする

menguap [ムン(グ)ウア(プ)]（愛 to yawn /
to evaporate）あくびする / 蒸発する

menguasai 《幹 kuasa》[ムン(グ)ウアサイ]
（愛 to control / to acquire / to occupy）
支配する / 制する / 習得する / 占める

menguasai sepenuhnya 《幹 kuasa》
[ムン(グ)ウアサイ スプヌーニャ]
（愛 to master）極める

menguat 《幹 kuat》[ムン(グ)ウア(ト)]
（愛 to grow strong）強まる

menguatkan 《幹 kuat》
[ムン(グ)ウア(ト)カン]（愛 to strengthen /
to reinforce）強める / 補強する

mengubah [ムン(グ)ウバー]
（愛 to change / to alter）
チェンジする / 変更する / 変化する

mengubur 《幹 kubur》[ムン(グ)ウブル]
（愛 to bury / to plant）埋める / 葬る

mengucapkan [ムン(グ)ウチャ(プ)カン]
（愛 to say / to wish）
（祝辞などの言葉を）言う / 述べる

menguji [ムン(グ)ウジ]
（愛 to judge / to examine / to test）
鑑定する(検査) / 試験する / テストする

mengukir [ムン(グ)ウキル]（愛 to carve /
to sculpt）彫る / 彫刻する

mengukuhkan 《幹 kukuh》
[ムン(グ)ウクーカン]（愛 to strengthen）
強くする / 強化する

mengukur [ムン(グ)ウクル]
（愛 to measure）測定する / 計る

mengukus 《幹 kukus》[ムン(グ)ウクス]
（愛 to steam）蒸す

mengulang [ムン(グ)ウラン(グ)]
（愛 to repeat）繰り返す

mengulangi [ムン(グ)ウランギ]
（愛 to repeat）繰り返す

mengulas [ムン(グ)ウラス]（愛 to make a
commentary on）解説する

menguliti 《幹 kulit》[ムン(グ)ウリティ]
（愛 to skin）皮を剥(む)く

mengumpamakan [ムン(グ)ウンパマカン]
（愛 to use a metaphor）例える

mengumpat [ムン(グ)ウンパ(ト)]
（愛 to abuse）罵(ののし)る

mengumpulkan 《幹 kumpul》
[ムン(グ)ンプルカン]
(要 to collect / to recruit / to gather)
集める / 収集する / 徴収する / 溜める

mengumumkan [ムン(グ)ウムムカン]
(要 to announce / to notify / to let *sb* know)公表する / 発表する / 知らせる

mengunci pintu 《幹 kunci》
[ムン(グ)ウンチ ピントゥ]
(要 to lock the doors)戸締りする

mengundang [ムン(グ)ウンダン(グ)]
(要 to invite)招待する / 招く

mengundi [ムン(グ)ウンディ]
(要 to draw lots)くじ引きする

mengunduh [ムン(グ)ウンドゥー]
(要 to download)ダウンロードする

mengundurkan diri
[ムン(グ)ウンドゥルカン ディリ](要 to retire / to resign)引退する / 降りる(高い地位・役割から) / 棄権する

mengunggah [ムン(グ)ウンガー]
(要 to upload)アップする(アップロード)

mengungkapkan [ムン(グ)ウンカ(プ)カン]
(要 to express)表現する

mengungsi [ムン(グ)ウンスィ]
(要 to take shelter)避難する

mengunjungi 《幹 kunjung》
[ムン(グ)ウンジュン(グ)イ]
(要 to visit)訪れる / 訪問する

menguntungkan [ムン(グ)ウントゥンカン]
(要 to make a profit / profitable)
儲かる / 有益な / 有利な

mengunyah 《幹 kunyah》
[ムン(グ)ウニャー](要 to chew)噛(か)む

mengupah [ムン(グ)ウパー]
(要 to hire)雇う

mengupas 《幹 kupas》[ムン(グ)ウパス]
(要 to remove / to tear off / to peel)
剥(は)がす / 剥(む)く

mengurai [ムン(グ)ウライ]
(要 to untie)解(ほど)く

menguraikan [ムン(グ)ウライカン]
(要 to decompose / to terminate / to untie)分解する / 解消する / ほどく

mengurangi 《幹 kurang》
[ムン(グ)ウラン(グ)イ]
(要 to deduct / to subtract / to reduce)
控除する / 引き算する / 減らす

mengurung 《幹 kurung》
[ムン(グ)ウルン(グ)](要 to confine)
閉じ込める / 監禁する

mengurung diri 《幹 kurung》
[ムン(グ)ウルン(グ) ディリ]
(要 to shut oneself up)こもる

mengurus [ムン(グ)ウルス](要 to dispose of / to administer)処理する / 司る

mengurut [ムン(グ)ウル(ト)]
(要 to massage)マッサージする

mengusahakan [ムン(グ)ウサハカン]
(要 to carry out / to procure)
営む / 調達する

mengusap [ムン(グ)ウサ(プ)]
(要 to wipe / to stroke)拭く / 撫でる

mengusapi [ムン(グ)ウサピ]
(要 to stroke)撫でる

mengusik [ムン(グ)ウスィッ]
(要 to tease / to disturb)
からかう / ちょっかいを出す / いじる

M

mengusir [ムン(グ)ウスィル]（⤴ to expel / to banish）追い出す / 追放する

mengusulkan [ムン(グ)ウスルカン]
（⤴ to propose）提案する

mengusung [ムン(グ)ウスン(グ)]
（⤴ to carry *sb* on a stretcher）
担架で運ぶ

mengusut [ムン(グ)ウス(ト)]
（⤴ to investigate）捜査する

mengutamakan [ムン(グ)ウタマカン]
（⤴ to prioritize）優先する

mengutil《幹 kutil》[ムン(グ)ウティル]
（⤴ to shoplift）万引きする

mengutip《幹 kutip》[ムン(グ)ウティ(プ)]
（⤴ to quote / to extract / to cite）
引用する / 抜粋する

mengutus [ムン(グ)ウトゥス]
（⤴ to send *sb* specially / to dispatch）
特派する / 派遣する

meniadakan《幹 tiada》[ムニアダカン]
（⤴ to remove）排除する

menidurkan《幹 tidur》[ムニドゥルカン]
（⤴ to put *sb* to bed）寝かしつける

menikah [ムニカー]
（⤴ to get married）結婚する

menikah lagi [ムニカー ラギ]
（⤴ to remarry）再婚する

menikam《幹 tikam》[ムニカム]
（⤴ to stab）突き刺す

menikmati [ムニッマティ]（⤴ to enjoy）
楽しむ / 享受する / 味わう / エンジョイする

menilai [ムニライ]（⤴ to examine /
to evaluate / to judge / to assess）
評価する / 採点する / 判断する / 鑑定する

menilik《幹 tilik》[ムニリッ]
（⤴ to observe）監査する / よく見る

menimba《幹 timba》[ムニンバ]
（⤴ to gain / to draw）
（知識を）吸収する / 桶で汲む

menimbang《幹 timbang》
[ムニンバン(グ)]（⤴ to weigh）（重さを）量る

menimbulkan《幹 timbul》
[ムニンブルカン]（⤴ to cause）引き起こす

menimbun《幹 timbun》[ムニンブン]
（⤴ to pile up / to bury / to stock up）
積み重ねる / 埋める / 買いだめする

menimpa《幹 timpa》[ムニンパ]
（⤴ to fall on / to hit）
〜の上に落ちる / （災害などが）襲う

menindak《幹 tindak》[ムニンダッ]
（⤴ to dispose of）処置する / 対処する

menindas《幹 tindas》[ムニンダス]
（⤴ to oppress）抑圧する / 弾圧する

meninggal《幹 tinggal》[ムニンガル]
（⤴ to die）亡くなる / 死ぬ

meninggalkan《幹 tinggal》
[ムニンガルカン]（⤴ to leave / to check
out / be far away from）
立ち去る / 後に残す / 離れる / 離脱する

meninggalkan pesan《幹 tinggal》
[ムニンガルカン プサン]（⤴ to send *sth* (by
messenger)）言付ける

meninggi《幹 tinggi》[ムニンギ]
（⤴ to grow taller / to rise）
高くなる / 上がる

meninggikan 《幹 tinggi》
[ムニンギカン]（要 to raise）高める

meningkat 《幹 tingkat》[ムニンカ(ト)]
（要 to rise / to increase）
上昇する / 増加する

meningkat tajam 《幹 tingkat》
[ムニンカ(ト) タジャム]
（要 to increase suddenly）激増する

meningkatkan 《幹 tingkat》
[ムニンカ(ト)カン]（要 to increase /
to improve）上げる / 向上させる

meninjau 《幹 tinjau》[ムニンジャウ]
（要 to examine / to have an insight to）
検討する / 洞察する / 考察する

meninju 《幹 tinju》[ムニンジュ]
（要 to punch）こぶしで殴る

menipu 《幹 tipu》[ムニプ]
（要 cheat）だます

meniru 《幹 tiru》[ムニル]
（要 to imitate）真似する / 模倣する

menit [ムニ(ト)]（要 minute）〜分

menitikberatkan 《幹 titikberat》
[ムニティックブラ(ト)カン]（要 to emphasize）
重視する / 強調する

menitipkan 《幹 titip》[ムニティ(プ)カン]
（要 to leave *sth* with *sb*）預ける

meniup 《幹 tiup》[ムニウ(プ)]
（要 to blow / to whistle）吹く

menjabat [ムンジャバ(ト)]
（要 to hold）つかむ / (役職に)就く

menjadi [ムンジャディ]
（要 to become）(〜に)なる

menjaga [ムンジャガ]（要 to guard /
to maintain / to protect）
警護する / 手入れする / 謹しむ(控える)

menjaga rumah [ムンジャガ ルマー]
（要 to take charge of the house）
留守番する

menjahit [ムンジャヒ(ト)]
（要 to sew）裁縫する / 縫う

menjajah [ムンジャジャー]
（要 to colonize）植民地化する

menjalani [ムンジャラニ]（要 to undergo）
(手術・検査などを)受ける / 経験する

menjalankan [ムンジャランカン]
（要 to carry out）行う / 実施する / 進める

menjalin [ムンジャリン]（要 to weave /
to establish）編(あ)む / (関係を)結ぶ

menjamin [ムンジャミン]（要 to secure
(payment / to guarantee)）
担保する / 保証する

menjamu [ムンジャム]（要 to entertain /
to treat）接待する / もてなす

menjangkiti [ムンジャンキティ]
（要 to infect）〜に感染する / 伝染する

menjanjikan [ムンジャンジカン]
（要 promising / to promise）
有望な / 〜を約束する

menjarah [ムンジャラー]
（要 to plunder）略奪する

menjaring [ムンジャリン(グ)]
（要 to trawl）網で獲る / 精査する

menjatah [ムンジャター]
（要 to allot）配当する

M

menjatuhkan [ムンジャトゥーカン]
(愚 to drop / to fall)落とす / 没落する

menjauh [ムンジャウー](愚 to go away / to pass up)遠ざかる / 見送る(控える)

menjauhi [ムンジャウヒ]
(愚 to abstain / to keep *sth* away)
〜を避ける / 〜から遠ざかる

menjauhkan [ムンジャウーカン]
(愚 to keep *sth* away)遠ざける

menjawab [ムンジャワ(ブ)]
(愚 to answer / to reply)
応じる / 解答する / 回答する / 返事する

menjejak [ムンジュジャッ]
(愚 to step on)足を踏み入れる

menjelajah [ムンジュラジャー]
(愚 to explore)探検する

menjelang [ムンジュラン(グ)]
(愚 by / to approach / with *sth*)
〜までに / (時が)近づく / 〜を間近にして

menjelaskan [ムンジュラスカン]
(愚 to explain / to make a commentary on)
説明する / 解説する

menjelékkan [ムンジュレッカン]
(愚 to say badly / to damage)
悪く言う / 悪くする

menjelma [ムンジュルマ]
(愚 to transform)
変身する / 〜となって現れる

menjembatani [ムンジュンバタニ]
(愚 to mediate)橋渡しする

menjemput [ムンジュンプ(ト)]
(愚 to go and meet / to welcome)
出迎える / 迎える

menjemur [ムンジュムル](愚 to dry / to sunbathe)干す / 日光浴する

menjéngkélkan [ムンジェン(グ)ケルカン]
(愚 annoying / troublesome)
苛立たしい / 迷惑な

menjenguk [ムンジュン(グ)ウッ]
(愚 to visit *sb* in hospital)見舞う

menjentik [ムンジュンティッ]
(愚 to flip)指先で弾く

menjepit [ムンジュピ(ト)]
(愚 to put *sth* between)挟む

menjerit [ムンジュリ(ト)]
(愚 to scream / to shout)叫ぶ / 怒鳴る

menjernihkan [ムンジュルニーカン]
(愚 to purify / to calm)
浄化する / 澄ます / 沈静化する

menjijikkan [ムンジジッカン]
(愚 disgusting)気持ち悪い / 忌々しい

menjilat [ムンジラ(ト)](愚 to lick)舐める

menjilid [ムンジリ(ド)]
(愚 to bind)綴(と)じる / 製本する

menjinakkan [ムンジナッカン]
(愚 to train)馴らす

menjual [ムンジュアル]
(愚 to put *sth* on the market / to sell)
売り出す / 売る / 発売する

menjuarai [ムンジュアライ]
(愚 to win the victory)優勝する

menjulang [ムンジュラン(グ)]
(愚 to lift / to rise high)
高くかかげる / 高く上がる

menjumlah [ムンジュムラー]
（働 to total）合計する

menjuntai [ムンジュンタイ]
（働 to hang loose）垂れ下がる

menjurus [ムンジュルス]
（働 to center）（話が）向かう

menkeu [ムンクウ]
（働 the Minister of Finance）蔵相

menohok 《働 tohok》[ムノホッ]
（働 to stab）突き刺す

menolak 《働 tolak》[ムノラッ]
（働 to refuse / to reject / to repel）
拒絶する / 拒否する / 断る

menoléh 《働 toléh》[ムノレー]
（働 to turn）向く / 向きを変える

menoléh ke belakang 《働 toléh》
[ムノレー ク ブラカン(グ)]
（働 to turn *sth*）振り向ける

menoléransi 《働 toléransi》
[ムノレランスィ]（働 to permit）許容する

menolong 《働 tolong》[ムノロン(グ)]
（働 to relieve / to help）救援する / 助ける

menonjol 《働 tonjol》[ムノンジョル]
（働 striking）目立つ

menonton 《働 tonton》[ムノントン]
（働 to watch）
（テレビや映画を）見る / 鑑賞する

menopang 《働 topang》[ムノパン(グ)]
（働 to support）支える

menoréh 《働 toréh》[ムノレー]
（働 put a notch in）〜に切れ目を入れる

menstérilkan [ムンステリルカン]
（働 to sterilize / to disinfect）
殺菌する / 消毒する

mentah [ムンター]（働 raw）
生(なま) / 生の(手を加えていない)

mentah-mentah [ムンター ムンター]
（働 raw / completely）
生(なま)で / そのまま / 全面的に

méntal [メンタル]（働 mental）心の / 精神の

mentang-mentang
[ムンタン(グ) ムンタン(グ)]（働 just because）
単に〜だからという理由で

mentari [ムンタリ]（働 sun）太陽

mentéga [ムンテガ]（働 butter）バター

menteri [ムントゥリ]（働 minister）大臣

menteri keuangan [ムントゥリ クウアン(グ)アン]
（働 the Minister of Finance）蔵相

menteri luar negeri
[ムントゥリ ルアル ヌグリ]（働 the minister of
foreign affairs）外相

mentraktir [ムントラクティル]（働 to treat *sb*
to *sth* / to treat）奢る / ごちそうする

mentransfer [ムントランスフル]（働 to remit /
to forward）送金する / 転送する

ménu [メヌ]（働 menu）献立 / メニュー

menua 《働 tua》[ムヌア]（働 to grow
old / to become old）老いる / 老ける

menuai 《働 tuai》[ムヌアイ]
（働 to harvest）収穫する

menuang 《働 tuang》[ムヌアン(グ)]
（働 to pour）酌む / 注ぐ

menuangkan 《幹 tuang》

[ムヌアン(グ)カン]（愛 to pour）注ぐ

menuding 《幹 tuding》[ムヌディン(グ)]

（愛 to point）指差す

menuduh 《幹 tuduh》[ムヌドゥー]

（愛 to blame / to accuse）
非難する / 告訴(こくそ)する

menuju 《幹 tuju》[ムヌジュ]

（愛 to lead to / to move ahead / to aim）
通じる（交通機関が）/ 向かう / 目指す

menukar 《幹 tukar》[ムヌカル]

（愛 to exchange）換える / 交換する /
取り替える / 引き替える

menukar uang 《幹 tukar》

[ムヌカル ウアン(グ)]

（愛 to exchange money）両替する

menular 《幹 tular》[ムヌラル]

（愛 be infected / to infect）
感染する / 伝染する

menularkan 《幹 tular》[ムヌラルカン]

（愛 to pass the disease to people）
移す（病気などを）

menulis 《幹 tulis》[ムヌリス]

（愛 to write / to describe / to take notes）
著す / 書く / 記述する

menumbuhkan 《幹 tumbuh》

[ムヌンブーカン]（愛 to grow / to bring up）
生やす / 育てる

menumbuk 《幹 tumbuk》[ムヌンブッ]

（愛 to polish rice）精米する

menumis 《幹 tumis》[ムヌミス]

（愛 to stir-fry）炒める

menumpahkan 《幹 tumpah》

[ムヌンパーカン]（愛 to spill）こぼす

menumpang 《幹 tumpang》

[ムヌンパン(グ)]（愛 to put up / to get a lift）
一緒にさせてもらう / 泊めてもらう /
便乗する

menumpang tidur 《幹 tumpang》

[ムヌンパン(グ) ティドゥル]

（愛 to put up）泊めてもらう

menumpuk 《幹 tumpuk》[ムヌンプッ]

（愛 to pile up *sb* / to pile (up)）
重ねる / 積む

menunaikan 《幹 tunai》[ムヌナイカン]

（愛 to carry out / to fulfil / to cash）
（約束や義務を）遂行する / 現金化する

menunda 《幹 tunda》[ムヌンダ]

（愛 to delay / to extend / to postpone）
遅延する / 延ばす / 見合わせる / 延期する

menunduk 《幹 tunduk》[ムヌンドゥッ]

（愛 to look down）うつむく

menunggak 《幹 tunggak》

[ムヌンガッ]（愛 be in arrears）滞納する

menunggang 《幹 tunggang》

[ムヌンガン(グ)]（愛 to ride）またがる

menunggu 《幹 tunggu》[ムヌング]

（愛 to wait for）待つ

menunjuk 《幹 tunjuk》[ムヌンジュッ]

（愛 to point）指す

menunjukkan 《幹 tunjuk》

[ムヌンジュッカン]（愛 to indicate / to point
out / to show）表す / 示す

menuntut 《幹 tuntut》[ムヌントゥ(ト)]

（愛 to make a demand / to pursue / to sue）
請求する / 追及する / 追求する / 訴える（訴訟）

menuntut ilmu 《幹 tuntut》

[ムヌントゥ(ト) イルム]（愛 to study）学問する

M

menurun 《幹 turun》 [ムヌルン]

（働 to go down / to fall / to feel low）
下降する / 低下する

menuruni 《幹 turun》 [ムヌルニ]

（働 to come down）下る

menurunkan 《幹 turun》 [ムヌルンカン]

（働 to take down / to set *sb* down / to go down）下ろす / 降ろす / 下げる

menurut 《幹 turut》 [ムヌル(ト)]

（働 according to / to obey / to follow）
～によると / 従う / 付いて行く

menusuk 《幹 tusuk》 [ムヌスッ]

（働 to pierce / to stab）突く / 突き刺す

menutup 《幹 tutup》 [ムヌトゥ(プ)]

（働 to close）
締め切る / 閉める / 閉じる / 塞ぐ

menutupi 《幹 tutup》 [ムヌトゥピ]

（働 to cover / to compensate）
覆う / 償う

menyabit 《幹 sabit》 [ムニャビ(ト)]

（働 to cut）刈る

menyadari 《幹 sadar》 [ムニャダリ]

（働 to realize / be aware of / to know）
意識する / 気がつく / 気づく / 自覚する

menyadur 《幹 sadur》 [ムニャドゥル]

（働 to adapt）脚色する

menyahut 《幹 sahut》 [ムニャフ(ト)]

（働 to reply / to answer）
返答する / 応じる

menyajikan 《幹 saji》 [ムニャジカン]

（働 to serve）盛る / 出す（食事などを）

menyakiti 《幹 sakit》 [ムニャキティ]

（働 to cause *sb* pain）苦しめる

menyakitkan 《幹 sakit》

[ムニャキ(ト)カン]（働 painful）
苦しい（肉体的に）/ 辛（つら）い

menyaksikan 《幹 saksi》

[ムニャクスィカン]（働 to watch / to witness）
自分の目で見る / 目撃する

menyala [ムニャラ]（働 to catch fire / to burn）点く / 燃焼する / 燃える

menyalahgunakan 《幹 salahguna》

[ムニャラーグナカン]（働 to abuse）濫用する

menyalahi 《幹 salah》

（働 to breach）違反する

menyalahkan 《幹 salah》

[ムニャラーカン]（働 to blame）
咎める / 非難する / 責める

menyalak 《幹 salak》 [ムニャラッ]

（働 to bark）吠える

menyalakan [ムニャラカン]

（働 to light up / to ignite / to turn on）
点ける / 点火する / 入れる（電源などを）

menyalin 《幹 salin》 [ムニャリン]

（働 to copy / to change）
写す / 複写する / 着替える

menyalip 《幹 salip》 [ムニャリ(プ)]

（働 to overtake）追い越す（車などが）

menyalurkan 《幹 salur》

[ムニャルルカン]（働 to channel）
流す / （支援や情報を）提供する

menyamai 《幹 sama》 [ムニャマイ]

（働 to match / to resemble）
～に匹敵する / ～に似る

menyamakan 《幹 sama》

[ムニャマカン]（働 to equate / to equalize）
同一視する / 等しくする

menyamar 《幹 samar》[ムニャマル]
(愛 disguise oneself)変装する

menyambar 《幹 sambar》
[ムニャンバル](愛 to grab / to carry away)
掴み取る / 奪い取る

menyambung 《幹 sambung》
[ムニャンブン(グ)](愛 to connect)接続する

menyambut 《幹 sambut》
[ムニャンブ(ト)](愛 to welcome /
to celebrate)迎える / 歓迎する / 祝う

menyambut baik 《幹 sambut》
[ムニャンブ(ト) バイッ](愛 to welcome)
歓迎する

menyambut tahun baru 《幹 sambut》
[ムニャンブ(ト) タフン バル]
(愛 to greet the New Year)年が明ける

menyampaikan 《幹 sampai》
[ムニャンパイカン](愛 to forward /
to inform / to deliver)
回送する / 伝える / 伝達する / 納入する

menyandar 《幹 sandar》[ムニャンダル]
(愛 to lean)もたれる / 寄り掛かる

menyandarkan 《幹 sandar》
[ムニャンダルカン](愛 to lean)もたせ掛ける

menyangga 《幹 sangga》[ムニャンガ]
(愛 to support)支える

menyanggupi 《幹 sanggup》
[ムニャングピ](愛 to undertake)引き受ける

menyangka 《幹 sangka》[ムニャンカ]
(愛 to suppose)推測する / 予想する

menyangkal 《幹 sangkal》
[ムニャンカル](愛 to deny / to object)
打ち消す / 反論する

menyangkut 《幹 sangkut》
[ムニャンク(ト)](愛 to trap)引っかける

menyangrai 《幹 sangrai》
[ムニャンライ](愛 to toast)煎(い)る

menyanyi [ムニャンニィ]
(愛 to sing)歌う

menyanyikan [ムニャンニィカン]
(愛 to sing)歌う

menyapa 《幹 sapa》[ムニャパ]
(愛 to speak to)話しかける

menyapu 《幹 sapu》[ムニャプ]
(愛 to sweep)掃(は)く

menyarankan 《幹 saran》
[ムニャランカン](愛 to make a suggestion)
提案する

menyaring 《幹 saring》[ムニャリン(グ)]
(愛 to filter / to screen)
ろ過する / 選抜する

menyatakan [ムニャタカン](愛 to state /
to clarify)述べる / 説明する

menyatukan 《幹 satu》[ムニャトゥカン]
(愛 to unify / to unite)
一つにする / 合わせる / 統合する

menyayangi 《幹 sayang》
[ムニャヤン(ギ)](愛 to love / to cherish)
愛する / かわいがる

menyayangkan 《幹 sayang》
[ムニャヤンカン](愛 to regret)残念に思う

menyayat hati 《幹 sayat》
[ムニャヤ(ト) ハティ](愛 to break someone's
heart / heartbreaking)
(人)の心を打ち砕く / 切ない

menyebabkan 《幹 sebab》

[ムニュバッブカン]（英 to cause）
起こす / 及ぼす / 引き起こす

----

menyebalkan 《幹 sebal》

[ムニュバルカン]（英 irritating）うっとうしい

----

menyebar 《幹 sebar》[ムニュバル]

（英 to spread）蔓延する / 転移する

----

menyebarkan 《幹 sebar》

[ムニュバルカン]（英 to spread / to broaden）
拡散する / 広める

----

menyeberang 《幹 seberang》

[ムニュブラン(グ)]（英 to cross /
to go across）横断する / 渡る

----

menyebut 《幹 sebut》[ムニュブ(ト)]

（英 to call）称する

----

menyebutkan 《幹 sebut》

[ムニュブ(ト)カン]（英 to state）述べる

----

menyedekahi 《幹 sedekah》

[ムニュドゥカヒ]（英 to give charity）施す

----

menyediakan 《幹 sedia》

[ムニュディアカン]
（英 to lay in (stock / goods) /
to prepare）提供する / 供給する

----

menyedihkan 《幹 sedih》

[ムニュディーカン]（英 pitiful / miserable）
情けない / 悲惨な

----

menyegarkan 《幹 segar》

[ムニュガルカン]（英 refreshing / to refresh）
爽快な / 元気を回復させる

----

menyejukkan 《幹 sejuk》

[ムニュジュッカン]（英 to cool）冷やす / 冷ます

----

menyéka 《幹 séka》[ムニェカ]

（英 to wipe）拭く

----

menyekat 《幹 sekat》[ムニュカ(ト)]

（英 to block / to limit）
封鎖する / ブロックする / 制限する

----

menyelam 《幹 selam》[ムニュラム]

（英 to submerge / to dive）
潜水する / 潜る

----

menyelamatkan 《幹 selamat》

[ムニュラマ(ト)カン]
（英 to rescue / to help / to save sb）
救済する / 救助する / 救う

----

menyelamatkan diri 《幹 selamat》

[ムニュラマ(ト)カン ディリ]
（英 to escape）避難する / 逃げる

----

menyelami 《幹 selam》[ムニュラミ]

（英 to go deeply / to probe deeply）
（〜に）潜る / 深く調べる

----

menyelaraskan 《幹 selaras》

[ムニュララスカン]（英 to coordinate / to
standardize）調整する / 統一する

----

menyeléksi 《幹 seléksi》

[ムニュレクスィ]（英 to select）選考する

----

menyelenggarakan 《幹 selenggara》

[ムニュルンガラカン]（英 to hold a meeting /
to sponsor / to hold）
開催する / 主催する / 催す

----

menyelesaikan 《幹 selesai》

[ムニュルサイカン]（英 to finish / bring 〜 to
an end / to complete）
終える / 仕上げる / 始末する

----

menyeléwéng 《幹 seléwéng》

[ムニュレウェン(グ)]
（英 to embezzle）腐敗する（不正）

----

menyeléwéngkan 《幹 seléwéng》

[ムニュレウェン(グ)カン]（英 to embezzle /
to get illegally / to distort）横領する /
不正に入手する / 歪曲する

M

menyelia 《幹 selia》 [ムニュリア]
(英 to supervise) 監督する

menyelidik 《幹 selidik》
[ムニュリディッ] (英 to research /
to investigate) 研究する / 調査する

menyelidiki 《幹 selidik》 [ムニュリディキ]
(英 to investigate) 捜査する / 取り調べる

menyelimuti 《幹 selimut》
[ムニュリムティ] (英 to cover) 被(かぶ)せる

menyelinap 《幹 selinap》
[ムニュリナ(プ)] (英 to sneak into)
もぐりこむ / 忍び込む

menyelundup 《幹 selundup》
[ムニュルンドゥ(プ)]
(英 to infiltrate) 密かに潜入する

menyelundupkan 《幹 selundup》
[ムニュルンドゥ(プ)カン]
(英 to smuggle) 密輸する

menyeluruh 《幹 seluruh》
[ムニュルルー] (英 full / comprehensive)
全面的な / 包括的な

menyemai 《幹 semai》 [ムニュマイ]
(英 to sow) (種を)まく / 植えつける

menyemangati 《幹 semangat》
[ムニュマン(グ)アティ] (英 to encourage)
励ます

menyembah 《幹 sembah》
[ムニュンバー] (英 to pray / to worship /
to deify) 拝む / 崇拝する / 祀る

menyembelih 《幹 sembelih》
[ムニュンブリー] (英 to slaughter)
屠殺する / 屠畜する

menyembuhkan 《幹 sembuh》
[ムニュンブーカン] (英 to cure) 治す

menyembunyikan 《幹 sembunyi》
[ムニュンブニィカン] (英 to hide) 隠す

menyembur 《幹 sembur》
[ムニュンブル] (英 to spout)
飛び出す / 噴出する

menyemburkan 《幹 sembur》
[ムニュンブルカン] (英 to spray)
スプレーする / 吹き付ける

menyemir 《幹 semir》 [ムニュミル]
(英 to polish (shoes) / to dye (hair))
(靴)磨きをする / (髪)染める

menyemprot 《幹 semprot》
[ムニュンプロ(ト)] (英 to spray) スプレーする

menyempurnakan 《幹 sempurna》
[ムニュンプルナカン] (英 to complete /
to fulfil) 仕上げる / 完璧にする / 全うする

menyenangkan 《幹 senang》
[ムニュナンカン]
(英 pleasant / pleasure) 楽しい / 愉快

menyenangkan hati 《幹 senang》
[ムニュナンカン ハティ] (英 to please) 喜ばせる

menyénsor 《幹 sénsor》 [ムニェンソル]
(英 to censor) 検閲する

menyentuh 《幹 sentuh》
[ムニュントゥー] (英 to touch)
触る / 触れる / いじる / 接する

menyépak 《幹 sépak》 [ムニェパッ]
(英 to kick) 蹴る

menyerah 《幹 serah》 [ムニュラー]
(英 to give up / to surrender /
to abandon) 諦める / 降参する / 断念する

menyerah kalah 《幹 serah》
[ムニュラー カラー] (英 surrender /
to surrender) 屈服 / 降伏する

menyerahkan 《幹 serah》

[ムニュラーカン]（愛 to hand over / to submit / to leave *sth* to *sb*）
引き渡す / 提出する / 任せる

menyerahkan diri 《幹 serah》

[ムニュラーカン ディリ]（愛 to surrender oneself）
身をゆだねる / 自首する

menyérakkan 《幹 sérak》

[ムニェラッカン]
（愛 to scatter）散らす / ばらまく

menyeramkan 《幹 seram》

[ムニュラムカン]（愛 eerie）不気味な

menyerang 《幹 serang》

[ムニュラン(グ)]
（愛 to attack）攻撃する / 攻める

menyerang balik 《幹 serang》

[ムニュラン(グ) バリ(ク)]
（愛 to counterattack）逆襲する

menyerap 《幹 serap》[ムニュラ(プ)]

（愛 to absorb）吸収する

menyerbu 《幹 serbu》[ムニュルブ]

（愛 to attack / to assault）襲う / 襲撃する

menyérét 《幹 sérét》[ムニェレ(ト)]

（愛 to drag）引きする

menyertai 《幹 serta》[ムニュルタイ]

（愛 to bring along / to accompany / to go with）連れる / 伴う / 同行する

menyertakan 《幹 serta》

[ムニュルタカン]（愛 to enclose / to attach）
同封する / 添付する

menyerukan 《幹 seru》[ムニュルカン]

（愛 to appeal / to call）
訴えかける / 呼びかける

menyerupai 《幹 serupa》

[ムニュルパイ]（愛 to resemble）〜に似ている

menyesal 《幹 sesal》[ムニュサル]

（愛 be frustrated / to regret / to reflect on）悔しい / 後悔する / 反省する

menyesali 《幹 sesal》[ムニュサル]

（愛 be sparing of）惜しむ

menyesalkan 《幹 sesal》

[ムニュサルカン]
（愛 to regret / regretful）悔む / 無念な

menyesuaikan 《幹 sesuai》

[ムニュスアイカン]（愛 to adapt / to adjust）
合わせる / 調整する

menyesuaikan diri 《幹 sesuai》

[ムニュスアイカン ディリ]
（愛 to get used to）慣れる / 適応する

menyetir 《幹 setir》[ムニュティル]

（愛 driving / to drive）運転する

menyetor 《幹 setor》[ムニュトル]

（愛 to deposit / to pay）納める / 支払う

menyetujui 《幹 setuju》

[ムニュトゥジュイ]（愛 to approve / to consent to / to agree）賛成する / 承諾する / 承認する / 同意する

menyéwa 《幹 séwa》[ムニェワ]

（愛 to lease / to rent）
賃借する / レンタルする / 借りる（有償で）

menyéwakan 《幹 séwa》

[ムニェワカン]（愛 to rent / to lease）
賃貸する / リースする / 貸す（有償で）

menyia-nyiakan 《幹 sia-sia》

[ムニイア ニイアカン]（愛 to waste / to neglect）
無駄にする / ないがしろにする

M

menyiapkan 《幹 siap》 [ムニィア(プ)カン]
(他 to tailor / to prepare)
仕立てる / 備える

menyiarkan 《幹 siar》 [ムニィアルカン]
(他 to broadcast) 放送する

menyikat gigi 《幹 sikat》
[ムニィカ(ト) ギギ]
(他 to brush one's teeth) 歯磨きする

menyiksa 《幹 siksa》 [ムニィクサ]
(他 to abuse / to torture)
虐待する / 拷問する

menyilang 《幹 silang》 [ムニィラン(グ)]
(他 to cross) 交差する

menyimak 《幹 simak》 [ムニィマッ]
(他 to hear what others say) 聞き取る

menyimpan 《幹 simpan》
[ムニィンパン](他 to store / to save /
to keep) 収める / 蓄える / 保管する /
保存する

menyimpang 《幹 simpang》
[ムニィンパン(グ)](他 to stray off / to turn)
逸(そ)れる / 曲がる

menyimpulkan 《幹 simpul》
[ムニィンプルカン]
(他 to conclude / to put together)
結論する / まとめる / 断定する

menyinari 《幹 sinar》 [ムニィナリ]
(他 to illuminate) 〜を照(て)らす

menyindir 《幹 sindir》 [ムニィンディル]
(他 to satirize) 風刺する

menyinggung 《幹 singgung》
[ムニィングン(グ)]
(他 to touch / to irritate / to hurt)
触れる / 刺激する / (心を)傷つける

menyingkat 《幹 singkat》
[ムニィンカ(ト)](他 to abbreviate / to omit)
省略する / 略する

menyingkir 《幹 singkir》 [ムニィンキル]
(他 to get away) 逃げ出す

menyingkirkan 《幹 singkir》
[ムニィンキルカン](他 to remove)
除去する / 取り去る

menyingsing 《幹 singsing》
[ムニィンスイン(グ)]
(他 to break (of the day)) 明ける(夜が)

menyiram 《幹 siram》 [ムニィラム]
(他 to bathe / to flush) 浴びる / 水洗する

menyiramkan 《幹 siram》
[ムニィラムカン](他 to scatter) 撒(ま)く

menyisakan 《幹 sisa》 [ムニィサカン]
(他 to leave behind) 残す / 余らせる

menyisipkan 《幹 sisip》
[ムニィスィ(プ)カン](他 insert [push] 〜 in /
to insert sb) 差し込む / 挿す

menyita 《幹 sita》 [ムニィタ]
(他 to confiscate) 没収する

menyodorkan 《幹 sodor》
[ムニョドルカン](他 to hold out in front of
one) 差し出す

menyokong 《幹 sokong》
[ムニョコン(グ)](他 to support)
支える / 支援する / 支持する

menyuap 《幹 suap》 [ムニュア(プ)]
(他 to feed / to bribe)
(口まで運んで)食べさせる / 賄賂を与える

menyuapi 《幹 suap》 [ムニュアピ]
(他 to feed) 〜に(口まで運んで)食べさせる

menyuarakan 《幹 suara》
[ムニュアラカン]（愛 to voice）主張する

menyukai 《幹 suka》[ムニュカイ]
（愛 to like）好む

menyulam 《幹 sulam》[ムニュラム]
（愛 to embroider）刺繍する

menyumbang 《幹 sumbang》
[ムニュンバン(グ)]（愛 to contribute）
寄与する / 貢献する

menyumbangkan 《幹 sumbang》
[ムニュンバンカン]（愛 to contribute）
寄付する / 貢献する

menyumbat 《幹 sumbat》
[ムニュンバ(ト)]（愛 to stuff / to plug）
つめる / 塞(ふさ)ぐ

menyuntik 《幹 suntik》[ムニュンティッ]
（愛 to inject）注射する

menyuntikkan 《幹 suntik》
[ムニュンティッカン]（愛 to inject）注射する

menyunting 《幹 sunting》
[ムニュンティン(グ)]（愛 to edit）編集する

menyuruh 《幹 suruh》[ムニュルー]
（愛 to tell / to order）
～するように言う / 指示する

menyurutkan 《幹 surut》
[ムニュル(ト)カン]（愛 to decrease）減退させる

menyurvéi 《幹 survéi》[ムニュルフェイ]
（愛 to take a survey）調査する

menyusahkan 《幹 susah》
[ムニュサーカン]（愛 to trouble）
困らせる / わずらわす

menyusu 《幹 susu》[ムニュス]
（愛 to feed）（赤ん坊が）乳を飲む

menyusui 《幹 susu》[ムニュスイ]
（愛 to breast-feed）授乳する

menyusul 《幹 susul》[ムニュスル]
（愛 to catch up with）追いつく

menyusun 《幹 susun》[ムニュスン]
（愛 to edit / to tidy / to arrange）
編集する / 整える / 整理する / 配列する

menyutradarai 《幹 sutradara》
[ムニュトラダライ]（愛 to direct / to supervise）
演出する / 監督する

menziarahi [ムンズィアラヒ]
（愛 to visit）参拝する

meraba [ムラバ]（愛 to touch / to rub /
to grope）触る / 擦る / 手探りで探す

meracuni [ムラチュニ]
（愛 to poison）中毒する

meragukan [ムラグカン]（愛 doubtful /
to doubt）疑わしい / ～を疑う

mérah [メラー]（愛 red）赤 / 赤い

mérah jambu [メラー ジャンブ]
（愛 pink）ピンク

mérah menyala [メラー ムニャラ]
（愛 bright red）真っ赤な

mérah muda [メラー ムダ]
（愛 pink）ピンク

mérah tua [メラー トゥア]
（愛 dark red）深紅

merahasiakan [ムラハスィアカン]
（愛 to keep secret / to conceal）
内緒にする / 秘密にする

meraih [ムライー]
（愛 to win）獲得する / 手に入れる

M

merajuk [ムラジュッ] (愚 to sulk) すねる

merajut [ムラジュ(ト)] (愚 to knit)
編む(セーターなど)

merak [ムラッ] (愚 peacock) 孔雀(くじゃく)

merakit [ムラキ(ト)]
(愚 to construct) 組み立てる

meramal [ムラマル] (愚 to tell *sb's*
fortune / to predict / to forecast)
占う / 予言する / 予報する

merampas [ムランパス]
(愚 to take over) 乗っ取る

merampungkan [ムランプンカン]
(愚 to settle / to complete)
終える / 完了する

merancang [ムランチャン(グ)]
(愚 to design / to devise / to plan)
設計する / 考案する / 図る

merangkak [ムランカッ] (愚 to crawl) 這う

merangkap [ムランカ(プ)]
(愚 to double as / to make *sth* serve a
double purpose) 兼ねる / 兼用する

merangkum [ムランクム]
(愚 to gather / to summarize) まとめる

merangsang [ムラサン(グ)]
(愚 to stimulate) 刺激する

merapat [ムラパ(ト)]
(愚 to approach) 近づく / 接岸する

merapikan [ムラピカン]
(愚 to tidy up) 片づける(整える)

merasa [ムラサ]
(愚 to feel / to actually feel)
感じる / 実感する

merasakan [ムラサカン]
(愚 to taste) 味わう

merasuk [ムラスッ]
(愚 to possess) (霊などが)取り付く

merata [ムラタ] (愚 even) むらのない

merawat [ムラワ(ト)] (愚 to nurse /
to maintain / to take care of)
介護する / 看護する / 整備する /
世話する / 養育する / 育児する

merayakan [ムラヤカン]
(愚 to celebrate) 祝う / 祝賀する

merayap [ムラヤ(プ)] (愚 to crawl) 這う

merayu [ムラユ] (愚 to talk *sb* into doing /
to persuade) 口説く / 説得する

mercusuar [ムルチュスアル]
(愚 light house) 灯台

merdéka [ムルデカ]
(愚 be independent) 独立する

merdu [ムルドゥ]
(愚 melodious) (歌や声が)美しい

meréalisasikan [ムレアリサスィカン]
(愚 to realize) 実現させる

merebak [ムルバッ] (愚 to spread)
広がる / 蔓延する

merebus [ムルブス]
(愚 be boiled / to stew / to boil)
煮込む / 煮る / ゆでる

merebut [ムルブ(ト)] (愚 to plunder /
to take over) 略奪する / 乗っ取る

mereda [ムルダ] (愚 to become peaceful /
die down / to subside)
治まる / 下火になる / 収まる(弱くなる)

meredam [ムルダム]
（働 to soften）和らげる

meréfléksikan [ムレフレクスィカン]
（働 to reflect）反映する

meréformasi [ムレフォルマスィ]
（働 to reform）改革する

meregang [ムルガン(グ)]
（働 to tauten）突っ張る / 伸びる

mérek [メッ](働 brand）ブランド / 銘柄

mérek dagang [メッ ダガン(グ)]
（働 trademark）商標

meréka [ムレカ]
（働 they / their / them）彼ら / 彼女ら

meréka ulang [ムレカ ウラン(グ)]
（働 to reappear）再現する

merekah [ムルカー]
（働 to burst / to spread out / to crack）
はじける / 広がる / 割れる

merekam [ムルカム]
（働 to record）録画する

merekat [ムルカ(ト)]（働 to stick）くっつく

merékomendasi [ムレコメンダスィ]
（働 to recommend）推薦する

merékoméndasikan [ムレコメンダスィカン]
（働 to recommend）推薦する

merékonstruksi [ムレコンストルクスィ]
（働 to renovate / to reconstruct）
改装する / 再建する

merékrut [ムレクル(ト)]
（働 to recruit）（人材を）募集する

meremas [ムルマス]（働 to rub）揉(も)む

meréméhkan [ムレメーカン]
（働 underestimate）甘く見る / みくびる

merencanakan [ムルンチャナカン]
（働 to plan / to consult）
企画する / 計画を立てる / 諮(はか)る

merendahkan [ムルンダッカン]
（働 to lower / to reduce）
低くする / 下げる

merendam [ムルンダム]
（働 to soak）浸(つ)ける / 浸(ひた)す

merenggut [ムルング(ト)]
（働 to snatch）奪う

merengut [ムルン(グ)ウ(ト)]（働 to grouch /
to mump）すねる / ぶつぶつ言う

merénovasi [ムレノファスィ]（働 to repair /
to rebuild）改修する / 改築する

merenung [ムルヌン(グ)]
（働 to stare / to get thoughtful）
見つめる / 考え沈む

merépotkan [ムレポ(ト)カン]
（働 troublesome / to cause (sb) trouble）
面倒な / 迷惑をかける

meresap [ムルサ(プ)]（働 to penetrate /
to soak）入り込む / しみ込む

meresapi [ムルサピ]（働 to penetrate /
to soak into）〜に入り込む / しみ込む

meresmikan [ムルスミカン]
（働 to inaugurate / officially opened）
公式に発足させる / 公式に開始する

merestui [ムルストゥイ]（働 to bless /
to accept）祝福する / 容認する

merévisi [ムレフィスィ]
（働 to revise）改定する

merévolusi [ムレフォルスイ]
（憂 to reform）革新する

meriah [ムリアー]（憂 lively / jolly / grand）にぎやかな / 楽しい / 盛大な

meriam [ムリアム]（憂 cannon）大砲

meriang [ムリアン(グ)]
（憂 feverish / not in a good condition）熱っぽい / 体調が悪い

merica [ムリチャ]（憂 pepper）胡椒（こしょう）

merindu [ムリンドゥ]（憂 to miss）恋しく思う

merindukan [ムリンドゥカン]
（憂 to long for）慕う

meringankan [ムリン(グ)アンカン]
（憂 to reduce）軽減する

meringkas [ムリンカス]（憂 to summarize）要約する / 簡単にまとめる

merintangi [ムリンタン(グ)イ]（憂 to block / to cross）（川や道を）遮る / またぐ / 横切る

merintis [ムリンティス]
（憂 to develop）開拓する

merisak [ムリサッ]（憂 to bully / to abuse）虐める / 虐待する

merisaukan [ムリサウカン]
（憂 to worry）心配する

mérkuri [メルクリ]（憂 mercury）水銀

merobék [ムロベッ]（憂 to split up / to tear）裂く / ちぎる / 破る（裂く）

merobohkan [ムロボーカン]
（憂 to demolish）破壊する / 解体する

merokok [ムロコッ]
（憂 smoking / to smoke）喫煙（する）

merombak [ムロンバッ]（憂 to reshuffle）再編成する /（内閣を）改造する

meronda [ムロンダ]
（憂 to patrol）パトロールする

meronta-ronta [ムロンタ ロンタ]
（憂 to struggle）もがく

merosot [ムロソッ(ト)]
（憂 to decline）衰退する

merpati [ムルパティ]（憂 pigeon）鳩（はと）

merugi [ムルギ]（憂 unprofitable）損な

merugikan [ムルギカン]
（憂 hurt / disadvantageous / to hurt）害する / 不利な / 損なう

merujuk [ムルジュッ]
（憂 to refer to）参照する / 言及する

merumuskan [ムルムスカン]
（憂 to summarize）まとめる / 要約する

merundingkan [ムルンディンカン]
（憂 to negotiate）交渉する

meruntuhkan [ムルントゥーカン]
（憂 to break）崩す

merupakan [ムルパカン]
（憂 to be / to constitute）〜である / 〜を構成する

merusak [ムルサッ]
（憂 to destroy / to damage）壊す / 破壊する / 損なう / 損傷する

mesin [ムスィン]
（憂 engine / machine）エンジン / 機械

mesin cuci [ムスィン チュチ]
（憂 washing machine）洗濯機

mesin dérék [ムスィン デレッ]
（奥 crane）クレーン

mesin fotokopi [ムスィン フォトコピ]
（奥 copy machine）コピー機

mesin jahit [ムスィン ジャヒ(ト)]
（奥 sewing machine）ミシン

mesin ketik [ムスィン クティッ]
（奥 typewriter）タイプライター

mesin obras [ムスィン オブラス]
（奥 lockstitch machine）ロックミシン

mesin penjawab [ムスィン プンジャワ(ブ)]
（奥 answering machine）留守番電話機

Mesir [ムスィル]（奥 Egypt）エジプト

mesiu [ムスィウ]（奥 gunpowder）火薬

meski [ムスキ]（奥 though）〜のに

meskipun [ムスキプン]
（奥 even though）〜といえども

mesra [ムスラ]（奥 intimate relationship /
well-mixed）親密な（関係）

mesti [ムスティ]（奥 must）
〜しなければならない / 〜に違いない

métabolisme [メタボリスム]
（奥 metabolism）新陳代謝

métafora [メタフォラ]
（奥 metaphor）比喩（ひゆ）/ メタファー

météor [メテオル]（奥 shooting star）流星

météorologi [メテオロロギ]
（奥 meteorology）気象学

méter [メトゥル]（奥 meter）
メートル / 計器 / メーター

meterai [ムトゥライ]
（奥 documentary stamp）印紙

métode [メトドゥ]（奥 formula）方式

métrik [メトリッ]（奥 metric）メートル法の

méwah [メワー]（奥 luxurious）
豪華な / 贅沢な

mewajibkan [ムワジブカン]
（奥 to oblige）義務付ける

mewakili [ムワキリ]
（奥 to represent）代表する

mewarisi [ムワリスィ]（奥 to take over /
to inherit）受け継ぐ / 相続する

mewarnai [ムワルナイ]
（奥 to color / to dye）着色する / 染める

mewaspadai [ムワスパダイ]（奥 to caution /
be aware of）警戒する / 注意する

mewawancarai [ムワワンチャライ]
（奥 to interview / to have [hold] an
interview）インタビューする / 会見する /
面接する / 面会する

mewujudkan [ムウジュ(ド)カン]
（奥 to create / to realize）
作り出す / 生み出す / 実現させる

meyakini [ムヤキニ]（奥 to trust in /
to believe）確信する / 信じる

meyakinkan [ムヤキンカン]
（奥 to convince / convincing）
確信させる / 納得させる / 説得力がある

mi [ミー]（奥 noodles）麺（めん）

mi goréng [ミー ゴレン(グ)]
（奥 fried noodles）ミ・ゴレン / 焼きそば

M

mie instan [ミー インスタン]（㊜ instant ramen noodles）インスタントラーメン

migran [ミグラン]
（㊜ immigrant）移民（移民する人）

migrasi [ミグラスィ]（㊜ immigration / immigrant）移住 / 移民すること

mikro [ミクロ]（㊜ micro）ミクロな / 微小な

mikrofon [ミクロフォン]
（㊜ microphone）マイク

mikroorganisme [ミクロオルガニスム]
（㊜ microorganism）微生物

mikroskop [ミクロスコ(プ)]
（㊜ microscope）顕微鏡

milik [ミリッ]（㊜ belongings）所有物

milik pribadi [ミリッ プリバディ]
（㊜ private ownership / personal belongings）私有 / 身の回り

miliméter [ミリメトゥル]
（㊜ millimeter）ミリメートル

mimisan [ミミサン]（㊜ nosebleed）鼻血

mimpi [ミンピ]（㊜ dream）夢（寝ている時の）

minat [ミナ(ト)]（㊜ interest）関心 / 興味

mineral [ミネラル]
（㊜ mineral）鉱物 / ミネラル

minggat [ミンガ(ト)]
（㊜ runaway / to run away）家出（する）

minggu [ミング]（㊜ week）週 / 週間

Minggu [ミング]（㊜ Sunday）日曜（日）

minggu depan [ミング ドゥパン]
（㊜ next week）来週

minggu ini [ミング イニ]
（㊜ this week）今週

minggu lalu [ミング ラル]
（㊜ last week）先週

mingguan [ミングアン]（㊜ weekly）毎週の

mini [ミニ]（㊜ mini）ミニの / 小型の

minimarket [ミニマルケ(ト)]
（㊜ convenience store）コンビニ

minimum [ミニムム]（㊜ minimum）最小限

minta [ミンタ]（㊜ to ask (for) / to request / I'd like）求める / 頼む / 〜を下さい

minta ampun [ミンタ アンプン]
（㊜ to apologize）許しを請う / 詫びる

minta maaf [ミンタ マアフ]（㊜ I'm sorry / to apologize）ごめんなさい / 謝る

minta untuk ~ [ミンタ ウントゥ(ク)]
（㊜ to ask for）
（〜ように）願う /（〜ように）求める

minum [ミヌム]（㊜ to drink）飲む

minum obat [ミヌム オバ(ト)]
（㊜ to take medicine）服用する

minuman [ミヌマン]（㊜ beverage）飲物

minuman berkarbonasi
[ミヌマン ブルカルボナスィ]
（㊜ carbonated drink）炭酸飲料

minuman keras [ミヌマン クラス]
（㊜ liqueur）リキュール

minuman ringan [ミヌマン リン(グ)アン]
（㊜ soft drink）清涼飲料水

minus [ミヌス]（㊜ minus）マイナス

minyak [ミニャッ] (愛 oil) 油 / オイル

minyak bumi [ミニャッ ブミ] (愛 oil) 石油

minyak mentah [ミニャッ ムンター]
(愛 crude oil) 原油

minyak sawit [ミニャッ サウィ(ト)]
(愛 palm oil) パームオイル

minyak tanah [ミニャッ タナー]
(愛 kerosene) 灯油

minyak wangi [ミニャッ ワン(グ)イ]
(愛 perfume) 香水

minyak zaitun [ミニャッ ザイトゥン]
(愛 olive oil) オリーブオイル

miopia [ミオピア]
(愛 nearsightedness) 近視

miring [ミリン(グ)] (愛 lean / incline)
傾いた / 傾斜している / 斜め / 斜面

mirip [ミリ(プ)] (愛 be similar to /
similar) 似る / 似ている

misai [ミサイ] (愛 moustache) 口ひげ

misal [ミサル] (愛 example) 例

misalnya [ミサルニャ]
(愛 for example) 例えば

misi [ミスィ] (愛 mission) 使命 / ミッション

miskin [ミスキン] (愛 scarcity / poor)
乏しい / 貧乏な / 貧しい

mistéri [ミステリ]
(愛 mystery) 神秘 / 謎 / ミステリー

mistérius [ミステリウス]
(愛 mysterious) 神秘的な

mitos [ミトス] (愛 mythology) 神話

mobil [モビル] (愛 car) 車 / 自動車

mobil dérék [モビル デレッ]
(愛 tow truck) レッカー車

mobil karavan [モビル カラファン]
(愛 camper) キャンピングカー

mobil patroli [モビル パトロリ]
(愛 patrol car) パトカー

mobil pemadam kebakaran
[モビル プマダム クバカラン]
(愛 fire engine) 消防車

moci [モチ] (愛 rice cake) 餅

moda transportasi [モダ トランスポルタスィ]
(愛 moving means / transportation
facilities) 足 (移動手段) / 交通機関

modél [モデル] (愛 model)
型 / 機種 / 模型 / モデル

moderat [モドゥラ(ト)] (愛 moderate) 適度な

modérn [モデルン] (愛 modern)
モダンな / 現代の

modifikasi [モディフィカスィ]
(愛 modification)
改造 / 修飾 / 修飾 (文法)

modis [モディス] (愛 style / fashionable)
おしゃれ / おしゃれな

moga-moga [モガ モガ] (愛 hopefully)
〜でありますように / 願わくば

mogok [モゴッ] (愛 strike) ストライキ

mohon [モホン] (愛 favor to ask) お願い

mohon maaf [モホン マアフ]
(愛 I'm sorry) すみません (お詫び)

molékul [モレクル]
(㊍ molecule) 分子（原子の結合体）

Mongolia [モン(グ)オリア]
(㊍ Mongolia) モンゴル

monitor [モニトル] (㊍ monitor) モニター

monopoli [モノポリ] (㊍ monopoly /
to monopolize) 独占（する）

monorél [モノレル]
(㊍ monorail) モノレール

monoton [モノトン]
(㊍ monotonous / monotony)
単調な / 単調さ

montok [モントッ] (㊍ plump) ふっくらした

monyét [モニェ(ト)] (㊍ monkey) 猿

moral [モラル] (㊍ morality) 道徳

moratorium [モラトリウム]
(㊍ moratorium) モラトリアム

motif [モティフ] (㊍ motif / motive)
模様 / モチーフ / 動機

motivasi [モティファスィ] (㊍ motivation)
モチベーション / 動機付け

motor [モトル] (㊍ motorcycle / motor)
【口語】バイク / モーター

moyang [モヤン(グ)] (㊍ great-grandfather /
great-grandmother) 曾祖父 / 曾祖母

muai [ムアイ] (㊍ expansion / to expand)
膨脹（する）

muak [ムアッ] (㊍ bored / tired / sick)
飽きる / うんざりする / むかつく

mual [ムアル] (㊍ sick)
吐き気がする / うんざりした

muat [ムア(ト)] (㊍ to fit / to accommodate)
(大きさ的に) 合う / 入る / 収容する

muatan [ムアタン]
(㊍ cargo / load) 積荷 / 荷

mubazir [ムバズィル]
(㊍ wasteful) もったいない

muda [ムダ] (㊍ young / light / unripe)
若い / 若々しい / 薄い（色）/ 熟していない

mudah [ムダー] (㊍ easy / simple)
安易な / 容易な / 簡単な / (〜し) やすい

mudah pecah [ムダー プチャー]
(㊍ Fragile) 壊れ物注意

mudah-mudahan [ムダー ムダハン]
(㊍ hopefully) 願わくば

muda-mudi [ムダ ムディ]
(㊍ youngsters) 若者

mudarat [ムダラ(ト)] (㊍ harm / damage)
【アラビア語】害 / 危険

Muhammad SAW
[ムハンマ(ド) エスアーウェ]
(㊍ Muhammad) ムハンマド

mujarab [ムジャラ(ブ)]
(㊍ to be effective) 効く / 効果がある

mujur [ムジュル]
(㊍ luckily) 幸いにも / 運よく

muka [ムカ] (㊍ face / page)
顔 / 面目（めんぼく）/ (新聞の) 面

mukadimah [ムカディマー]
(㊍ preamble) 序文 / 前置き

mukjizat [ムッジザ(ト)] (㊍ miracle) 奇跡

mula [ムラ] (㊍ start / begin) 始まり / 最初

mulai [ムライ] (® to start / to begin)
開く(店・幕が) / 始まる / 始める

mula-mula [ムラ ムラ]
(® first (of all))初めに / まず

mulia [ムリア] (® honorable / noble)
尊い / 高貴な

multiétnis [ムルティエ(ト)ニス]
(® multi-ethnic)多民族の

multimédia [ムルティメディア]
(® multimedia)マルチメディア

multinasional [ムルティナスィオナル]
(® multinational)多国籍

mulus [ムルス]
(® smooth)スムーズな / 快調な

mulut [ムル(ト)] (® mouth)口

mumi [ムミ] (® mummy)ミイラ

mumpung [ムンプン(ゥ)]
(® while has a chance)今のうちに

munafik [ムナフィッ]
(® hypocritical)偽善的

muncul [ムンチュル]
(® to appear / to occur)出現する /
登場する / 起きる(発生する)

mundur [ムンドゥル] (® to regress /
to draw back / to withdraw)後退する /
退く / 棄権(スポーツ) / 脱退する

mungkin [ムンキン]
(® possible / perhaps / might be)
おそらく / 可能な / 多分 / もしかすると /
～かもしれない

mungkir [ムンキル]
(® to break)(約束を)破る

muntah [ムンター] (® to vomit)吐く

murah [ムラー] (® cheap)安い

murah hati [ムラー ハティ]
(® generous)寛大な / 気前がよい

murahan [ムラハン] (® cheap-looking /
cheap)安っぽい / 粗末

muram [ムラム]
(® to feel down)沈む(気分が)

murid [ムリ(ド)] (® pupil)生徒 / 弟子

murni [ムルニ] (® pure)純粋な

murung [ムルン(ゥ)] (® gloomy /
depressing)陰気な / 憂鬱(ゆううつ)な

musafir [ムサフィル] (® traveler)旅人

musala [ムサラ] (® prayer room)礼拝室

musang [ムサン(ゥ)] (® civet)ジャコウネコ

muséum [ムセウム] (® museum /
art museum)博物館 / 美術館

musibah [ムスィバー] (® calamity)災難

musik [ムスィッ] (® music)音楽

musik klasik [ムスィッ クラスィッ]
(® classic music)クラシック音楽

musik tradisional [ムスィッ トラディスィオナル]
(® traditional music)伝統音楽

musim [ムスィム] (® season)
～期(季節) / 季節 / 旬 / 時期

musim dingin [ムスィム ディン(ゥ)イン]
(® winter)冬

musim gugur [ムスィム ググル] (® fall)秋

musim hujan [ムスィム フジャン]
(豪 the rainy season / rainy season)
雨季 / 梅雨

musim kemarau [ムスィム クマラウ]
(豪 the dry season)乾季

musim panas [ムスィム パナス]
(豪 summer)夏

musim semi [ムスィム スミ](豪 spring)春

muslihat [ムスリハ(ト)](豪 trick)
策略 / 秘訣 / うまい方法

muslim [ムスリム](豪 Muslim)
イスラム教徒 / ムスリム

muslimat [ムスリマ(ト)](豪 a Muslim
woman)女性のイスラム教徒

muslimin [ムスリミン]
(豪 Muslim collectively)
イスラム教徒たち

musnah [ムスナー](豪 be annihilated /
to die out / be destroyed)
全滅する / 滅ぶ / 滅亡する

mustahil [ムスタヒル](豪 impossible /
absurd)ありえない / 不可能な / 無茶な

musuh [ムスー](豪 enemy)敵

mutakhir [ムタヒル](豪 the latest)最新

mutasi [ムタスィ](豪 personnel change /
change of post)異動 / 転任

mutiara [ムティアラ](豪 pearl)真珠

mutlak [ムトラッ](豪 absolute)絶対的

mutu [ムトゥ](豪 quality)質 / 品質

Myanmar [ミャンマル]
(豪 Myanmar)ミャンマー

N

naas [ナアス](豪 unlucky / bad thing)
不幸な / 凶事

nabi [ナビ](豪 prophet)預言者

Nabi Isa [ナビ イサ]
(豪 Jesus Christ)イエス・キリスト

Nabi Muhammad [ナビ ムハンマ(ド)]
(豪 Muhammad)ムハンマド

nada [ナダ](豪 manner [way] of talking /
tone)口調 / 声調 / トーン

nadi [ナディ](豪 pulse)脈拍

nafas [ナファス](豪 breath / to breathe)
息 / 呼吸(する)

nafkah [ナッカー](豪 livelihood)生計

nafsu [ナフス](豪 greed)欲

nafsu makan [ナフス マカン]
(豪 appetite for food)食欲

nafsu séks [ナフス セクス]
(豪 desire for sex)性欲

naga [ナガ](豪 dragon)龍

naik [ナイッ](豪 be raised / to rise /
to go up)上がる / 乗り込む /
上る(高いところ・地位に)

naik darah [ナイッ ダラー]
(豪 to get angry)怒る / かっとなる

naik daun [ナイッ ダウン](豪 boom)ブーム

naik gaji [ナイッ ガジ](豪 to get a rise in
one's salary)昇給する

naik haji [ナイッ ハジ]
(豪 to make a pilgrimage)巡礼する

naik pangkat [ナイッ パンカ(ト)]
（愛 be promoted）昇進する / 出世する

najis [ナジス]（愛 unclean things / excreta）不浄物 / 排泄物 / 糞

nakal [ナカル]（愛 mischievous）いたずら好きな

nakhoda [ナッホダ]（愛 captain）船長

nalar [ナラル]（愛 common sense）常識（判断力）

naluri [ナルリ]（愛 instinct）本能

nama [ナマ]（愛 name）名前 / 名称

nama asli [ナマ アスリ]（愛 real name）本名

nama julukan [ナマ ジュルカン]（愛 nickname）あだ名 / ニックネーム

nama keluarga [ナマ クルアルガ]（愛 family name / surname）姓 / 名字

nama lengkap [ナマ ルンカ(プ)]（愛 name / full name）姓名 / フルネーム

nama palsu [ナマ パルス]（愛 false [fictitious] name）偽名

nama panggilan [ナマ パンギラン]（愛 nickname）呼び名 / 愛称

nama samaran [ナマ サマラン]（愛 assumed name）仮名

nama samaran pengarang
[ナマ サマラン プン(グ)アラン(グ)]（愛 pen name）ペンネーム

namai [ナマイ]（愛 to name）名付ける

namanya [ナマニャ]（愛 its name / what is called）その名は〜 / (それこそ)〜というものだ

nampak [ナンパッ]（愛 be seen）見える

nampaknya [ナンパッニャ]（愛 somehow）どうやら

namun [ナムン]（愛 however）けれども / だが

nanah [ナナー]（愛 pus / suppuration）膿(うみ) / 化膿(かのう)

nanas [ナナス]（愛 pineapple）パイナップル

nangka [ナンカ]（愛 jackfruit）ジャックフルーツ

nanti [ナンティ]（愛 later / soon / before long）後で / 今に / 後 / やがて

napas [ナパス]（愛 breath）息

narapidana [ナラピダナ]（愛 prisoner）囚人

narasi [ナラスィ]（愛 narration）ナレーション

narator [ナラトル]（愛 narrator）ナレーター

narkotika [ナルコティカ]（愛 drug）麻薬

nasi [ナスィ]（愛 rice）ご飯

nasi campur [ナスィ チャンプル]（愛 plate meal）ワンプレートご飯

nasi goréng [ナスィ ゴレン(グ)]（愛 fried rice）ナシ・ゴレン / チャーハン

nasi putih [ナスィ プティー]（愛 plain rice）白米 / 普通のご飯

nasib [ナスィ(ブ)]（愛 fortune / destiny）運 / 運命

nasihat [ナスィハ(ト)]（愛 advice / recommendation）アドバイス / 忠告 / 勧告

nasihati [ナスィハティ]（愈 to advise）
～にアドバイスする / 忠告する

nasional [ナスィオナル]
（愈 national）国家の / 国民の

naskah [ナスカー]（愈 script / manuscript）
脚本 / 原稿 / 台本

Natal [ナタル]（愈 Christmas）クリスマス

natural [ナトゥラル]
（愈 natural / naturally）自然な / 自然に

naturalisasi [ナトゥラリサスィ]
（愈 naturalization）帰化

negara [ヌガラ]（愈 country / nation）
国 / 国家

negara berkembang
[ヌガラ ブルクンバン(グ)]（愈 emerging nation /
developing country [nation]）
新興国 / 発展途上国

negara maju [ヌガラ マジュ]
（愈 developed country [nation]）
先進国

negara tetangga [ヌガラ トゥタンガ]
（愈 neighboring country [nation]）隣国

négatif [ネガティフ]（愈 negative）否定的

negeri [ヌグリ]（愈 public / national）
公立 / 国立の / 国立

négosiasi [ネゴスィアスィ]
（愈 negotiation）協議

négosiasi awal [ネゴスィアスィ アワル]
（愈 groundwork laying）根回し

négosiasi bisnis [ネゴスィアスィ ビスニス]
（愈 business talk）商談

nékat [ネカ(ト)]（愈 persistent / absurd /
coercive）しつこい / 無茶な / 強引な

nelayan [ヌラヤン]（愈 fisherman）漁師

nénék [ネネッ]
（愈 grandmother / old lady）
祖母 / 高齢の女性

nénék buyut [ネネッ ブユ(ト)]
（愈 great-grandmother）曾祖母

nénék moyang [ネネッ モヤン(グ)]
（愈 ancestor）先祖 / 祖先

Népal [ネパル]（愈 Nepal）ネパール

népotisme [ネポティスム]
（愈 nepotism）縁故主義

neraca [ヌラチャ]
（愈 profit / balance sheet）
採算 / バランスシート

neraka [ヌラカ]（愈 hell）地獄

nétral [ネトラル]（愈 neutral / to neutralize）
中性 / 中立する

nétralisasi [ネトラリサスィ]
（愈 neutralization）中和

nganga [ン(グ)アン(グ)ア]（愈 to open one's
mouth wide）口を大きく開く

ngebut [ン(グ)ウブ(ト)]
（愈 put on speed）スピードを出す

ngomong-ngomong
[ン(グ)オモン(グ) ン(グ)オモン(グ)]
（愈 that reminds me / by the way）
【口語】そう言えば / ところで

ngorok [ン(グ)オロッ]
（愈 snoring）いびきをかく

niaga [ニアガ]（霙 business）商売 / 取引

niat [ニア(ト)]（霙 intention）意向

nihil [ニヒル]（霙 zero / none）ゼロ / 無

nikah [ニカー]（霙 marriage / to marry）結婚（する）

nikmat [ニクマ(ト)]（霙 pleasant）快い

nikmati [ニクマティ]（霙 to enjoy）楽しむ / 享受する / 味わう / エンジョイする

nilai [ニライ]（霙 price / value / sense of value / grade / score）金額 / 価値 / 価値観 / 成績 / 点数

nilon [ニロン]（霙 nylon）ナイロン

ningrat [ニングラ(ト)]（霙 nobleman）貴族

nisbi [ニスビ]（霙 relative）相対的な

nista [ニスタ]（霙 humiliation / blemish）屈辱 / 欠点

nitrogén [ニトロゲン]（霙 nitrogen）窒素

noda [ノダ]（霙 dirt / stain）汚れ / しみ

nol [ノル]（霙 zero）零 / 0

nomor [ノモル]（霙 number / the ~th (indicating order)）ナンバー / ～番目

nomor kamar [ノモル カマル]（霙 room number）部屋番号

nomor kursi [ノモル クルスィ]（霙 seat number）座席番号

nomor PIN [ノモル ピン]（霙 PIN number）暗証番号

nomor rumah [ノモル ルマー]（霙 house number）～番地

nomor satu [ノモル サトゥ]（霙 the first / number one）一番 / 一番（番号1）

nomor télépon [ノモル テレポン]（霙 telephone number）電話番号

nonmigas [ノンミガス]（霙 non-oil and gas）石油天然ガス以外

nonprofit [ノンプロフィ(ト)]（霙 non-profit）非営利

nonsén [ノンセン]（霙 nonsense）ナンセンス

norak [ノラッ]（霙 uncool）かっこ悪い

norma [ノルマ]（霙 norm）規範

normal [ノルマル]（霙 normal）正常な

nostalgia [ノスタルギア]（霙 nostalgia）郷愁

nota [ノタ]（霙 slip）伝票

notabéné [ノタベネ]（霙 postscript）追伸

notasi [ノタスィ]（霙 notation）楽譜

notifikasi [ノティフィカスィ]（霙 notification）通知 / 通知書

notulén [ノトゥレン]（霙 the minutes）議事録

novél [ノフェル]（霙 novel）小説

Novémber [ノフェンブル]（霙 November）十一月

nuansa [ヌアンサ]（霙 nuance）ニュアンス

nuklir [ヌクリル]（霙 nucleus）核（原子核）

nurani [ヌラニ]（霙 a sense of honor / conscience）道義心 / 良心 / 純粋な気持ち

N

Nusantara [ヌサンタラ]（඀ Indonesian archipelago / Indonesia）島嶼からなるインドネシアの事 / インドネシア国内

nutrisi [ヌトリスィ]（඀ nourishment）養分

-Nya [ニャ]（඀ God's ～）神様の

-nya [ニャ]（඀ his / her / its）彼〈彼女 / それ〉の〈を〉

nyala [ニャラ]（඀ flame）炎

nyalakan [ニャラカン]（඀ to light / to bring about）（火を）点ける / （気持ちを）引き起こす

nyali [ニャリ]（඀ guts）根性 / 肝（心・気力の）

nyaman [ニャマン]（඀ comfortable / pleasant）快適な / 心地よい / 楽な

nyamuk [ニャムッ]（඀ mosquito）蚊

nyanyi [ニャニィ]（඀ to sing / to recite）歌う

nyanyian [ニャニィアン]（඀ song）歌

nyaring [ニャリン(グ)]（඀ high-pinched / high-pinched voice）甲高い / 甲高く鳴りわたる

nyaris [ニャリス]（඀ to set about）～しかける

nyata [ニャタ]（඀ real / realistic）リアル（な）

nyawa [ニャワ]（඀ life）命

nyenyak [ニュニャッ]（඀ soundly (sleep)）ぐっすり

Nyepi [ニュピ]（඀ Nyepi）バリ・ヒンドゥーの元日 ※バリ島では観光客も外出禁止となる。

nyeri bulanan [ニュリ ブラナン]（඀ menstrual [period] pain）生理痛

nyinyir [ニィニイル]（඀ irritatingly repetitive）くどい（うるさい）

nyonya [ニョニャ]（඀ wife / polite way to say 'wife' / Madame）夫人 / 奥様 / 女史

O

obat [オバ(ト)]（඀ medicine）薬（医薬品）

obat berbahan kimia [オバ(ト) ブルバハン キミア]（඀ chemical）薬（化学薬品）

obat diaré [オバ(ト) ディアレ]（඀ antidiarrheal medicine）下痢止め薬

obat kumur [オバ(ト) クムル]（඀ mouth wash）うがい薬

obat mata [オバ(ト) マタ]（඀ eye drops）目薬

obat penahan rasa sakit [オバ(ト) ブナハン ラサ サキ(ト)]（඀ painkiller）痛み止め

obat penawar racun [オバ(ト) ブナワル ラチュン]（඀ antidote）解毒剤

obat pencernaan [オバ(ト) ブンチュルナアン]（඀ digestive medicine）胃腸薬

obat penenang [オバ(ト) ブヌナン(グ)]（඀ tranquilizer / sedative）精神安定剤 / 鎮静剤

obat penurun panas [オバ(ト) ブヌルン パナス]（඀ antifebrile）解熱剤

obat tidur [オバ(ト) ティドゥル]
（愛 sleeping pill）睡眠薬

obat-obatan [オバ(ト) オバタン]
（愛 medicine）医薬品／薬品

obéng [オベン(グ)]
（愛 screwdriver）ねじ回し

objék [オブジェッ]
（愛 subject / object）対象／物体

objéktif [オブジェクティフ]（愛 objectivity /
objective）客観／客観的な

obligasi pemerintah
[オブリガシィ プムリンター]
（愛 the national debt）国債

obral [オブラル]
（愛 bargain sale）バーゲンセール

obrolan [オブロラン]
（愛 idle talk）おしゃべり／雑談

observasi [オブスルファスィ]
（愛 observation）観察

obsési [オブセスィ]（愛 persistence）執着

obstétri dan ginékologi
[オブステトリ ダン ギネコロギ]（愛 the obstetrics
and gynecology department）産婦人科

oh [オー]（愛 oh）【口語】あっ／ああ

oh begitu [オー ブギトゥ]（愛 I see）
【口語】なるほど（そうですか）

oh ya [オー ヤ]（愛 that reminds me /
by the way）【口語】そう言えば／ところで

ojék [オジェッ]（愛 motorcycle taxi）
バイクタクシー

OK [オーケー]（愛 OK）オーケー

oksidasi [オクスィダスィ]（愛 oxidation）酸化

oksigén [オクスィゲン]（愛 oxygen）酸素

Oktober [オットブル]（愛 October）十月

olah [オラー]（愛 to process / to form）
加工する／処理する／作る

olahraga [オラーラガ]（愛 exercise）運動

oléh [オレー]（愛 by）〜によって／〜のため

oléh karena itu [オレー カルナ イトゥ]
（愛 so / accordingly / because of that）
それで／その理由で／それによって

oléh sebab itu [オレー スバ(ブ) イトゥ]
（愛 because of that / hence）
その理由で／それで／それ故に

oléh-oléh [オレー オレー]
（愛 souvenir）土産

olimpiade [オリンピアドゥ]
（愛 the Olympics）オリンピック

olok-olok [オロッ オロッ]
（愛 joking / to fool / to mock）
冗談の／ふざける／からかう

om [オム]（愛 uncle）
おじ（父母の弟）／おじさん（年配の男性）

ombak [オンバッ]（愛 wave）波

omélan [オメラン]（愛 nag）説教／叱責

omong kosong [オモン(グ) コソン(グ)]
（愛 nonsense）ナンセンス

ongkos kirim [オンコス キリム]
（愛 postage）送料

online [オンライン]（愛 online）オンライン

O

operasi [オプラスィ] (愛 operation / control / business) オペレーション / 作動 / 手術 / 操縦 / 営業 / 操作

operasi militér [オプラスィ ミリテル] (愛 military operation) 作戦(軍事)

operator [オプラトル] (愛 operator) オペレーター

opini publik [オピニ プブリッ] (愛 public opinion) 世論

oplah [オプラー] (愛 number of copies) 部数

opname [オプナム] (愛 hospitalization) 入院

oposisi [オポスィスィ] (愛 resistance / opposition) 反抗 / 反対(逆) / 対抗

optik [オプティ(ク)] (愛 optics) 光学

optimis [オプティミス] (愛 optimistic) 楽天的 / 楽観的な

optimisme [オプティミスム] (愛 optimism) 楽観主義

orang [オラン(グ)] (愛 person / others / personality) 人 / 他人 / 人柄 / ～人 / ～名(助数詞)

orang berkulit hitam [オラン(グ) ブルクリ(ト) ヒタム] (愛 black (person)) 黒人

orang kaya [オラン(グ) カヤ] (愛 rich person) 金持ち

orang kebanyakan [オラン(グ) クバニャカン] (愛 the most people / common people) 大多数の人 / 庶民

orang kulit putih [オラン(グ) クリ(ト) プティー] (愛 white) 白人

orang lain [オラン(グ) ライン] (愛 others) 他人

orang tua [オラン(グ) トゥア] (愛 parent / parents) 親 / 父母 / 両親

orbit [オルビ(ト)] (愛 track) 軌道

organ [オルガン] (愛 organ / internal organs) オルガン / 器官 / 臓器 / 内臓

organ dalam [オルガン ダラム] (愛 inward organs) 内臓

organik [オルガニッ] (愛 organic) 有機(栽培)の

organisasi [オルガニサスィ] (愛 organization / institution) 組織 / 機関

oriéntasi [オリエンタスィ] (愛 orientation) オリエンテーション

orisinal [オリスィナル] (愛 original / genuine) 独創的 / 独自な / 本物の

orisinalitas [オリスィナリタス] (愛 originality) 独自性 / 独創性

orkéstra [オルケストラ] (愛 orchestra) オーケストラ

ortodoks [オルドドクス] (愛 orthodox) 正統派の / 保守的な

otak [オタッ] (愛 brain / brains) 頭脳 / 脳

otak-otak [オタッ オタッ] (愛 otak-otak) オタ・オタ(魚肉の練り物)

otomatis [オトマティス]
(愛 automatic type / automatic)
オートマチック式 / 自動の

otonomi [オトノミ]
(愛 autonomy)自主 / 自治

otoritas [オトリタス]
(愛 power / authority)権限 / 権力

otot [オト(ト)](愛 muscle)筋肉

oval [オファル](愛 oval)楕円(だえん)

ozon [オゾン](愛 ozone)オゾン

P

pabéan [パベアン](愛 customs)税関

pabrik [パブリッ](愛 factory)工場

pacar [パチャル](愛 lover)恋人

paceklik [パチュクリッ](愛 famine)飢饉

pacuan kuda [パチュアン クダ]
(愛 horse racing)競馬

pada [パダ](愛 at (time) / in)
(時)に / ～において

padahal [パダハル](愛 but actually /
although)実際には / ～なのに

padam [パダム]
(愛 to go off)消える / 途絶える

padan [パダン](愛 to suit / to match)
合う / マッチする

padanan [パダナン]
(愛 equivalent)相当物

padang [パダン(グ)](愛 plain field)
広場 / 野原 / グラウンド

padang golf [パダン(グ) ゴルフ]
(愛 golf course)ゴルフ場

padang pasir [パダン(グ) パスィル]
(愛 desert)砂漠

padang rumput [パダン(グ) ルンプ(ト)]
(愛 grassland)草原

padat [パダ(ト)](愛 packed)
ぎっしり詰まった / 満員の

padi [パディ](愛 rice)稲

padri [パドリ](愛 priest)牧師 / 司祭

padu [パドゥ](愛 solid / united)
固い / 団結した

paduan suara [パドゥアン スアラ]
(愛 chorus)合唱 / コーラス

Paduka [パドゥカ](愛 Excellency)陛下

pagar [パガル]
(愛 fence / wall)垣根 / 柵 / 塀

pagi [パギ](愛 morning / the morning)
朝 / 午前

pagi ini [パギ イニ]
(愛 this morning)今朝

pagi-pagi [パギ パギ]
(愛 early in the morning)
朝早く / 早朝に

pagoda [パゴダ](愛 pagoda)仏塔

paha [パハ](愛 thigh)太腿 / 腿

pahala [パハラ](愛 reward from God)
(神からの)ご利益 / ご褒美

paham [パハム](愛 to understand)
理解する / わかる

pahit [パヒ(ト)]
(魚 bitter)苦い / つらい / 困難な

pahlawan [パーラワン]
(魚 hero)英雄 / ヒーロー

pajak [パジャ(ク)](魚 tax)税 / 税金

pajak bumi dan bangunan
[パジャ(ク) ブミ ダン バン(グ)ウンナン]
(魚 property tax)固定資産税

pajak konsumsi [パジャ(ク) コンスムスイ]
(魚 consumption tax)消費税

pajak pendapatan [パジャ(ク) プンダパタン]
(魚 income tax)所得税

pajak pertambahan nilai
[パジャ(ク) プルタンバハン ニライ]
(魚 VAT / value-added tax)
VAT / 付加価値税

Pak [パッ](魚 dad / Mr.)
お父さん / (男性に対して)〜さん

pakai [パカイ](魚 to wear / to put on /
to use)身に付ける / 着る / 履く / 被る /
使う

pakaian [パカイアン]
(魚 clothes / clothing)服 / 衣類

pakaian berkabung
[パカイアン ブルカブン(グ)]
(魚 mourning dress)喪服

pakaian dalam [パカイアン ダラム]
(魚 underwear)下着

pakaian formal [パカイアン フォルマル]
(魚 formal wear [dress])礼服

pakaian olahraga [パカイアン オラーラガ]
(魚 training [sweat] suit)
トレーニングウエアー

pakaian renang [パカイアン ルナン(グ)]
(魚 swim suit)水着

pakaian resmi [パカイアン ルスミ]
(魚 formal dress)正装

pakaian seragam [パカイアン スラガム]
(魚 uniform)制服 / ユニフォーム

pakaian tidur [パカイアン ティドゥル]
(魚 nightgown)ねまき

pakan [パカン](魚 feed)餌

pakar [パカル]
(魚 expert / skilled)専門家 / 巧みな

pakdé [パクデ](魚 uncle)
【ジャワ語】おじ(父母の兄)

pakét [パケ(ト)](魚 package / pack / set)
小包 / パック / セット / パッケージ

paklik [パクリッ](魚 uncle)
【ジャワ語】おじ(父母の弟)

paksa [パクサ](魚 forced / to force)
強制された / 強制する

paksaan [パクサアン]
(魚 force)強制 / 威圧

pakta [パクタ](魚 treaty)条約

paku [パク](魚 nail)釘(くぎ)

palang [パラン(グ)]
(魚 crossbar / cross)横棒 / 十字(+)

Palang Mérah Indonésia
[パラン(グ) メラー インドネスィア]
(魚 Indonesian Red Cross)
インドネシア赤十字社

Paléstina [パレスティナ]
(魚 Palestine)パレスチナ

P

paling [パリン(グ)] (英 most) 一番 / 最も

paling tidak [パリン(グ) ティダッ]
(英 at least) せめて / 少なくとも

palsu [パルス] (英 counterfeit / fake)
偽造の / 偽の

palsukan [パルスカン]
(英 to counterfeit) 偽造する

palu [パルー] (英 hammer) 金槌

paman [パマン] (英 uncle)
おじ(父母の弟) / おじさん(中年の男性)

paméran [パメラン]
(英 exhibition) 出品 / 展示 / 展覧会

pamérkan [パメルカン] (英 to exhibit /
to display) 展示する / 陳列する

pampas [パンパス] (英 to compensate)
償う / 賠償する

pampasan [パンパサン]
(英 compensation) 償い / 補償

pamrih [パムリー] (英 ulterior motive) 下心

panah [パナー] (英 bow / arrow) 弓矢

panas [パナス] (英 hot / warm)
熱い / 暑い / 温かい / 暖かい

panaskan [パナスカン] (英 to warm /
to heat) 温める / 暖める / 熱する

panca [パンチャ] (英 five) 五つ

pancang [パンチャン(グ)] (英 pole) 竿(さお)

pancar [パンチャル] (英 to spurt out /
to shine) 噴き出す / 輝きを放つ

pancaran [パンチャラン]
(英 ray / beam) 光線

Pancasila [パンチャスィラ] (英 Indonesia's
five principles of ideology)
(インドネシアの)建国五原則

panci [パンチ] (英 pan / frying pan)
鍋 / フライパン

pancing [パンチン(グ)]
(英 fishing rod / to fish) 釣竿 / 釣る

pancur [パンチュル]
(英 to spout / spout) 噴き出る / 噴出

pancuran [パンチュラン]
(英 spout) 噴出 / ほとばしり

panda [パンダ] (英 (giant) panda) パンダ

pandai [パンダイ]
(英 be good at / proficient / smart)
得意な / 上手な / 利口な

pandai besi [パンダイ ブスィ]
(英 blacksmith) 鍛冶屋

pandan [パンダン] (英 pandanus) パンダン
(料理で香りや色付けに使う植物)

pandangan [パンダン(グ)アン]
(英 view / field of view / sight)
〜観 / 視線 / 視野 / 視界

pandu [パンドゥ] (英 to guide) 案内する

panduan [パンドゥアン] (英 guidance /
guide) 案内 / 指導 / 手引き

panekuk [パネクッ]
(英 pancake) パンケーキ

panél [パネル] (英 panel) パネル

panén [パネン] (英 harvest) 収穫

panén raya [パネン ラヤ]
(英 good harvest) 豊作

pangéran [パン(グ)エラン]
（愛 prince）プリンス / 王子

panggang [パンガン(グ)]（愛 roast / to roast）ローストした / ローストする

panggil [パンギル]（愛 to call）～を呼ぶ / 呼び寄せる / ～を…と呼ぶ

panggilan [パンギラン]
（愛 nickname）愛称

panggung [パングン(グ)]
（愛 stage）ステージ / 舞台

pangkal [パンカル]（愛 base / beginning）根元 / 始め / 起点

pangkalan [パンカラン]
（愛 base）拠点 / 基地

pangkalan taksi [パンカラン タクスィ]
（愛 taxi stand）タクシー乗り場

pangkas [パンカス]
（愛 to shave）削る / そぎ取る

pangkat [パンカ(ト)]（愛 rank / status）クラス（階級）/ 格（地位·等級）

panglima [パン(グ)リマ]
（愛 commander）司令官

pangsa [パンサ]（愛 section / segment）セクション / （ドリアンの実の中の）房

panik [パニッ]
（愛 panic / be panic）恐慌 / 慌てる

panitia [パニティア]
（愛 committee / organizer）委員 / 幹事

panjang [パンジャン(グ)]
（愛 full length / long / length）全長 / 長い / 長さ / 幅

panjang lébar [パンジャン(グ) レバル]
（愛 at length）詳細に

panjat [パンジャ(ト)]（愛 to climb）登る

pankréas [パンクレアス]
（愛 pancreas）膵臓（すいぞう）

pantai [パンタイ]（愛 shore / seashore / beach）沿岸 / 海岸 / 渚 / 浜辺

pantang [パンタン(グ)]（愛 taboo）タブー

pantangan [パンタン(グ)アン]（愛 taboo）禁物

pantas [パンタス]（愛 appropriate / suitable）妥当な / ふさわしい

pantat [パンタ(ト)]（愛 the hips）尻

pantau [パンタウ]（愛 to watch / to monitor）監視する / 監督する

pantul [パントゥル]（愛 to reflect / to bounce back）反射する / 跳ね返る

pantulan [パントゥラン]（愛 reflection / bounce）反射 / 跳ね返り

pantulkan [パントゥルカン]（愛 to reflect / to rebound）反射する / 跳ね返す

pantun [パントゥン]（愛 pantun）パントゥン（伝統的な詩）

papa [パパ]（愛 poor / papa）窮乏した / パパ

papan [パパン]（愛 board）板

papan nama [パパン ナマ]
（愛 signboard）看板

papan pengumuman
[パパン プン(グ)ウムマン]
（愛 notice board）掲示板

P

papan tulis [パパン トゥリス]
（愚 blackboard）黒板

papar [パパル]（愚 to explain / flat / to depict）〜と語る / 平らな / 吹き出す

paparan [パパラン]（愚 explanation / (continent) shelf）説明 / (大陸)棚

paparkan [パパルカン]
（愚 to explain）説明する / 解説する

papaya [パパヤ]（愚 papaya）パパイヤ

paprika [パプリカ]
（愚 green pepper）ピーマン

para ~ [パラ]（愚 group of）
〜たち(人の複数形)

paradoks [パラドクス]（愚 paradox）逆説

paragraf [パラグラフ]（愚 paragraph）段落

parah [パラー]（愚 serious）
重い(病気・怪我など) / 重体の

paralél [パラレル]（愚 (be in) parallel / parallel）平行(な) / 並列

parang [パラン(グ)]（愚 machete）なた

para-para [パラ パラ]（愚 shelf）棚(たな)

paras [パラス]（愚 face / level）
顔立ち / (水面の)高さ / 平らな

parasit [パラスィ(ト)]（愚 parasite）
寄生する動植物

parasol [パラソル]（愚 parasol）日傘

parasut [パラス(ト)]（愚 parachute）
パラシュート

pari [パリ]（愚 stingray）エイ

parit [パリ(ト)]（愚 drain / moat / ditch）
溝(みぞ) / 堀

pariwisata [パリウィサタ]
（愚 sightseeing）観光

parkir [パルキル]（愚 parking）駐車

parkiran [パルキラン]（愚 car park）駐車場

parlemén [パルレメン]
（愚 assembly / national assembly）
議会 / 国会

parpol [パルポル]（愚 political party）政党

partai [パルタイ]（愚 party）党

partai berkuasa [パルタイ ブルクアサ]
（愚 the party in power）与党

partai oposisi [パルタイ オポスィスィ]
（愚 party out of power）野党

partai politik [パルタイ ポリティ(ク)]
（愚 political party）政党

paruh [パルー]
（愚 bird's bill / half）くちばし / 半分

paruh kedua [パルー クドゥア]
（愚 second half）後半 / 下半期

paruh pertama [パルー プルタマ]
（愚 first half）前半 / 上半期

paruh waktu [パルー ワクトゥ]
（愚 part time job）パートタイム

paru-paru [パル パル]（愚 lung）肺

pas [パス]（愚 to fit / exactly / (fitting) perfectly）フィットする / 適度 / ぴったり(ちょうどいい) / あてはまる / 丁度

pasal [パサル]
（愚 article / reason）条 / 理由

pasang [パサン(グ)]（愚 tide / high water / to attach / to play）
潮 / 満潮 / つける / 再生する / 〜足

pasang surut [パサン(グ) スル(ト)]
（愚 ebb and flow / rise and fall）
干満(潮の) / 盛衰

pasangan [パサン(グ)アン]（愚 partner / pair）相手 / 対 / パートナー / ペア

pasar [パサル]（愚 market / market place）
市 / 市場 / マーケット

pasar pagi [パサル パギ]
（愚 morning market）朝市

pasaran [パサラン]（愚 market）市場

pasarkan [パサルカン]
（愚 to market）市場に出す / 販売する

pascabayar [パスチャバヤル]
（愚 deferred payment）後払い

pascasarjana [パスチャサルジャナ]
（愚 graduate school）大学院

pasién [パスィエン]（愚 patient）患者

pasién gawat darurat
[パスィエン ガワ(ト) ダルラ(ト)]
（愚 emergency patient）救急患者

pasif [パスィフ]（愚 passiveness / being passive）受け身 / 消極的

Pasifik [パスィフィッ(ク)]（愚 Pacific）太平洋

pasir [パスィル]（愚 sand）砂

pasokan [パソカン]
（愚 supply / supplies）供給 / 物資

paspor [パスポル]
（愚 passport）パスポート / 旅券

pasta [パスタ]
（愚 pasta / paste）パスタ / ペースト

pasta gigi [パスタ ギギ]
（愚 tooth powder）歯磨き粉

pasti [パスティ]（愚 certainly / certain）
きっと / 絶対 / 確かな

pastikan [パスティカン]（愚 to make sure）
確かにする / 確かめる

pastiles [パステイルス]（愚 troche）トローチ

pastor [パストル]（愚 priest）
（カトリック教の）神父

pasukan [パスカン]
（愚 army / party）軍 / 隊

patah [パター]（愚 be broken）折れる

patah hati [パター ハティ]
（愚 be heartbroken）
失恋する / 絶望する

patah semangat [パター スマン(グ)ア(ト)]
（愚 be discouraged）落胆する / くじける

patah tulang [パター トゥラン(グ)]
（愚 broken bone / to break a bone）
骨折(する)

patahkan [パターカン]（愚 to break）
折る / 切断する / (気持ちを)打ち砕く

patén [パテン]（愚 patent）特許

pati [パティ]（愚 essence / extract）
核心 / エッセンス / エキス

patokan [パトカン]（愚 guide）目安

patuh [パトゥー]（愚 to obey）服従する

patung [パトゥン(グ)]（愚 statue）像 / 彫像

P

patut [パトゥ(ト)](麼 should / reasonable)
〜すべきだ / 適正な

pawai [パワイ](麼 march / parade)
行進 / パレード

pawang [パワン(グ)](麼 traditional
healer / (animal) handler)
呪術師 / 〜使い(動物を操る人)

payah [パヤー](麼 difficult)
困難な / 大変な

payudara [パユダラ]
(麼 breast)胸(乳房)

payung [パユン(グ)](麼 umbrella)傘

payung lipat [パユン(グ) リパ(ト)]
(麼 folding umbrella)折りたたみ傘

PBB [ペーベーベー]
(麼 the United Nations)国連

pecah [プチャー](麼 rupture / to rupture /
to crack)破裂 / 破裂する / 分かれる

pecah belah [プチャー ブラー]
(麼 all split up / to divide)
ばらばらの / 分裂させる

pecahan [プチャハン]
(麼 fraction / fragment)破片 / 分数

pecahkan [プチャーカン]
(麼 to break / to split up)
割る / (記録を)破る / 分割する

pecat [プチャ(ト)]
(麼 to dismiss)解雇する

péci [ペチ](麼 scullcap / fez)
インドネシア人男性用の縁なしの四角い帽子

pecinan [プチナン](麼 Chinatown)
チャイナタウン

pedagang [プダガン(グ)]
(麼 merchant)商人

pédal [ペダル](麼 pedal)ペダル

pédal gas [ペダル ガス]
(麼 gas pedal)アクセル

pedalaman [プダラマン](麼 inland)内陸

pedang [プダン(グ)](麼 sword)刀 / 剣

pedas [プダス](麼 hot)辛(から)い

pédiatri [ペディアトリ]
(麼 the pediatrics ward)小児科

pedih [プディー](麼 to sting)
ヒリヒリする / しみる

pédikur [ペディクル]
(麼 pedicure)ペディキュア

pedoman [プドマン]
(麼 guide)手引き / 指針

peduli [プドゥリ](麼 to care)
気にする / 構う

pedulikan [プドゥリカン]
(麼 to care about)気にする / 構う

pegal [プガル]
(麼 stiff / to get stiff)凝った / 凝る

pegang [プガン(グ)](麼 to hold)
掴まる / 持つ / 固守する

pegas [プガス]
(麼 spring)スプリング / ばね

pegawai [プガワイ](麼 employee /
the staff)使用人 / 職員 / 役人 / 会社員

pegawai bank [プガワイ バンク]
(麼 bank clerk)銀行員

P

pegawai negeri [プガワイ ヌグリ]
（愛 public employee）公務員

pegawai swasta [プガワイ スワスタ]
（愛 employee）（民間企業の）会社員

pegunungan [プグヌン(グ)アン]
（愛 mountains / mountain range）
山岳 / 山脈

pejabat [プジャバ(ト)]
（愛 bureaucracy）官僚

pejalan kaki [プジャラン カキ]
（愛 pedestrian）歩行者

pejam [プジャム]
（愛 to shut）つぶる / 閉じる

pejamkan [プジャムカン]
（愛 to shut）つぶる / 閉じる

pejuang [プジュアン(グ)]
（愛 fighter）戦士 / 闘士

péka [ペカ]（愛 sensitive）
鋭い（感性）/ 繊細な

pekak [プカッ]
（愛 deafness / poor hearing）
耳が聞こえない

pekan [プカン]（愛 week / fair）週 / フェア

pekarangan [プカラン(グ)アン]
（愛 compound）敷地 / 庭

pekat [プカ(ト)]（愛 dense / dark / deep / strong）濃い（気体の濃度）/ 暗い（色）/
濃い（色・味）

pekerja [プクルジャ]（愛 worker）労働者

pekerja paruh waktu
[プクルジャ パルー ワクトゥ]
（愛 part-timer）パートタイマー

pekerja sambilan [プクルジャ サンビラン]
（愛 part-timer）パート社員

pekerja tetap [プクルジャ トゥタ(プ)]
（愛 regular employee）正社員

pekerjaan [プクルジャアン]
（愛 work / occupation / operation）
仕事 / 職業 / 作業

pekerjaan kantor [プクルジャアン カントル]
（愛 office work）事務

pekerjaan rumah tangga
[プクルジャアン ルマー タンガ]
（愛 housework）家事

pél [ペル]（愛 mop）モップ

pelabuhan [プラブハン]（愛 port）港

pelacur [プラチュル]
（愛 prostitute）売春婦

pelacuran [プラチュラン]
（愛 prostitution）売春

pelajar [プラジャル]（愛 student）学生 / 生徒

pelajaran [プラジャラン]
（愛 learning / study / lesson）
学習 / 勉強 / レッスン / 教訓

pelajari [プラジャリ]（愛 to learn /
to study）〜を学ぶ / 勉強する

pelaksanaan [プラッサナアン]
（愛 enforcement / execution /
implementation）
強行 / 決行 / 施行 / 実行 / 実施

pelaku [プラク]（愛 practitioner /
perpetrator）実行者 / 加害者

pelamar [プラマル]（愛 applicant）応募者

pelampung [プランプン(グ)]
(愛 swim ring）浮き輪

pelan [プラン]（愛 slowly /
(voice) quiet）ゆっくり / (声が)小さい

pelancong [プランチョン(グ)]
(愛 tourist）観光客 / 旅行者

pelanggan [プランガン]（愛 client）顧客

pelanggaran [プランガラン]（愛 breach /
invasion / foul）違反 / 侵害 / 反則

pelangi [プラン(ゲ)イ]（愛 rainbow）虹

pelan-pelan [プラン プラン]（愛 gradually /
slowly）次第に / ゆっくり

pelarian [プラリアン]
(愛 escape / refugee）脱出 / 逃走 / 逃亡

pelarut [プラル(ト)]（愛 solvent）溶媒

pelatih [プラティー]（愛 coach）
監督（スポーツの) / コーチ

pelatihan [プラティハン]（愛 training /
in-service training / seminar）
訓練 / 研修 / 養成 / 演習

pelawak [プラワッ]
(愛 comedian）芸人 / コメディアン

pelayan [プラヤン]（愛 waiter / waitress）
ウェイター / ウェイトレス / ボーイ

pelayan toko [プラヤントコ]
(愛 shop clerk）店員

pelayanan [プラヤナン]（愛 service /
handling）給仕 / 奉仕 / 対応

pelayanan kamar [プラヤナン カマル]
(愛 room service）ルームサービス

pelbagai [プルバガイ]
(愛 various）さまざまな / 多様な

pelécéhan [プレチェハン]
(愛 harassment）嫌がらせ / ハラスメント

peledak [プルダッ]
(愛 explosive substance）爆発物

peledakan [プルダカン]（愛 blast）爆破

pelengkap [プルンカ(プ)]
(愛 complement）完全にするもの / 補語

pelepasan [プルパサン]（愛 release）解放

peletakan [プルタカン]
(愛 establishment）設置

peletakan batu pertama
[プルタカン バトゥ プルタマ]
(愛 starting construction）着工

pelihara [プリハラ]
(愛 to keep / to look after /
to maintain）飼う / 世話する / 守る

pelik [プリッ]（愛 difficult）難しい

pelindung [プリンドゥン(グ)]
(愛 protector）保護者 / 保護する物

pelindung sinar matahari
[プリンドゥン(グ) スィナル マタハリ]
(愛 sunblock）日焼け止め

pelit [プリ(ト)]（愛 stingy）けちな

pelita [プリタ]（愛 lamp / light）ランプ / 光

pelopor [プロポル]（愛 pioneer）
先駆者 / パイオニア

pelosok [プロソッ]
(愛 jumping off place）
辺鄙（へんぴ）な場所

peluang [プルアン(グ)]
（愛 opportunity）チャンス / 機会

peluh [プルー]（愛 sweat）汗

peluk [プルッ]（愛 to hug / to believe in）
抱く / 信仰する

pelukan [プルカン]（愛 hug）抱擁

pelukis [プルキス]（愛 artist）画家

pelunasan [プルナサン]
（愛 repayment）返済

peluncuran [プルンチュラン]
（愛 launch / start）発射 / 発足

peluru [プルル]（愛 bullet）弾

pemabuk [プマブッ]
（愛 drunken man）酔っ払い

pemadam 《愛 padam》[プマダム]
（愛 extinguisher）消火器

pemadam kebakaran 《愛 padam》
[プマダム クバカラン]（愛 firefighter）消防士

pemain [プマイン]（愛 player）
選手 / 演奏家 / プレーヤー

pemakaian 《愛 pakai》[プマカイアン]
（愛 use）使用

pemaksaan 《愛 paksa》[プマッサアン]
（愛 compulsion / coercion）強制 / 強引

pemalas [プマラス]
（愛 lazy person）怠け者

pemalsuan 《愛 palsu》[プマルスアン]
（愛 forgery）偽造

pemanas 《愛 panas》[プマナス]
（愛 heater）暖房 / ヒーター

pemanasan 《愛 panas》[プマナサン]
（愛 warming-up / heat / heating）
ウォーミングアップ

pemancar 《愛 pancar》[プマンチャル]
（愛 transmitter / broadcaster）
送信機 / 放送（局）

pemancingan 《愛 pancing》
[プマンチン(グ)アン]（愛 fish pond）釣り堀

pemandangan 《愛 pandang》
[プマンダン(グ)アン]（愛 scenery / sight /
view）景色 / 眺望 / 展望 / 見晴し

pemandian [プマンディアン]
（愛 bathing / bathing place）
水浴 / 水浴場

pemandu 《愛 pandu》[プマンドゥ]
（愛 guide）ガイド

pemangku 《愛 pangku》[プマンク]
（愛 stakeholder）利害関係者

pemantapan [プマンタパン]
（愛 strengthening）強化

pemantauan 《愛 pantau》
[プマンタウアン]（愛 monitoring）
監視 / 監督

pemantik api 《愛 pantik》
[プマンティッ アピ]（愛 lighter / match）
ライター / マッチ

pemarah [プマラー]（愛 short-tempered
(person)）短気な（人）

pemarkahan [プマルカハン]
（愛 marking）マーキング

pemasangan 《愛 pasang》
[プマサン(グ)アン]（愛 installation）
設置 / 取り付け / インストール

pemasaran 《幹 pasar》［プマサラン］
（愛 marketing）マーケティング

pemasokan 《幹 pasok》［プマソカン］
（愛 payment / supply）支給 / 補給

pembaca ［プンバチャ］（愛 reader）読者

pembacaan ［プンバチャアン］
（愛 reading / reading aloud）
閲覧 / 読み / 朗読

pembagian ［プンバギアン］
（愛 distribution / division）
配分 / 分担 / 分裂 / 割り算

pembagian kerja ［プンバギアン クルジャ］
（愛 division of work）手分け

pembagian tugas ［プンバギアン トゥガス］
（愛 division of work [labor]）分業

pembahasan ［プンバハサン］
（愛 deliberation / discussion）
審議 / 討議

pembajakan pesawat
［プンバジャカン プサワ(ト)］
（愛 hijacking）ハイジャック

pembakar ［プンバカル］（愛 burner）
バーナー / 燃やす装置 / 燃やす人

pembakaran ［プンバカラン］
（愛 burning）燃焼

pembalasan ［プンバラサン］
（愛 retaliation）仕返し

pembalut wanita ［プンバル(ト) ワニタ］
（愛 sanitary napkin [pad]）
生理用ナプキン

pembangkang ［プンバンカン(グ)］
（愛 rebel）反抗者

pembangkit listrik ［プンバンキ(ト) リストリ(ク)］
（愛 power plant [station]）発電所

pembangkit listrik tenaga air
［プンバンキ(ト) リストリ(ク) トゥナガ アイル］
（愛 hydroelectric power plant [station]）
水力発電所

pembangkit listrik tenaga angin
［プンバンキ(ト) リストリ(ク) トゥナガ アン(ゲ)イン］
（愛 wind-power plant [station]）
風力発電所

pembangkit listrik tenaga bahan bakar fosil
［プンバンキ(ト) リストリ(ク) トゥナガ バハン バカル フォスィル］
（愛 thermal power plant [station]）
火力発電所

pembangkit listrik tenaga nuklir
［プンバンキ(ト) リストリ(ク) トゥナガ ヌクリル］
（愛 nuclear power plant [station]）
原子力発電所

pembangkit listrik tenaga surya
［プンバンキ(ト) リストリ(ク) トゥナガ スルヤ］
（愛 photovoltaic power plant (station)）
太陽光発電所

pembangunan ［プンバン(グ)ウンナン］
（愛 development / construction）
開発 / 建設

pembantu ［プンバントゥ］
（愛 maid / assistant）メイド / 助手

pembantu rumah tangga
［プンバントゥ ルマー タンガ］
（愛 housemaid）メイド / 家政婦

pembasmi hama ［プンバスミ ハマ］
（愛 pesticide）殺虫剤

pembasmi kuman ［プンバスミ クマン］
（愛 disinfectant）消毒薬

P

pembasmian [プンバスミアン]
（愛 eradication / extermination）
撲滅 / 駆逐

pembasuhan [プンバスハン]
（愛 washing）洗うこと / 洗浄

pembatalan [プンバタラン]
（愛 cancellation / flight [ferry]）
解除 / 解約 / キャンセル / 欠航

pembatasan [プンバタサン]
（愛 restriction / limit）
限定 / 制限 / 制約

pembawa acara [プンバワ アチャラ]
（愛 chairperson）司会

pembawaan [プンバワアン]
（愛 one's nature）生まれつき

pembayar [プンバヤル]
（愛 payer）支払い者

pembayar pajak [プンバヤル パジャ(ク)]
（愛 taxpayer）納税者

pembayaran [プンバヤラン]
（愛 payment）支払い

pembébasan pajak
[プンベバサン パジャ(ク)]
（愛 tax exemption）税金免除

pembédaan [プンベダアン]
（愛 differentiation）区別

pembedahan [プンブダハン]
（愛 dissection / incision）解剖 / 切開

pembekalan [プンブカラン]
（愛 supply）供給 / 補給

pembekuan [プンブクアン]
（愛 freezing）冷凍

pembekuan izin [プンブクアン イズィン]
（愛 license suspension）免停

pembélaan [プンベラアン]
（愛 defense）弁護

pembelajaran [プンブラジャラン]
（愛 learning / study）学習 / 勉強

pembelajaran mandiri
[プンブラジャラン マンディリ]
（愛 study by oneself）自習

pembeli [プンブリ]（愛 buyer / client /
consumer）買い手 / 顧客 / 消費者

pembelian [プンブリアン]
（愛 purchase）購入 / 購買

pembenahan [プンブナハン]（愛 putting
in order / adjustment）片づけ / 整理

pembenaran [プンブナラン]
（愛 affirmation）肯定

pembengkakan [プンブンカカン]
（愛 swelling）腫れ

pembentukan [プンブントゥカン]
（愛 formation）形成 / 結成

pemberantasan [プンブランタサン]
（愛 extermination）退治

pemberhentian [プンブルフンティアン]
（愛 dismissal / end / stop）
解雇 / 終了 / 停止

pemberi [プンブリ]
（愛 giver）与える人 / 提供者

pemberian [プンブリアン]
（愛 issuing / presentation）交付 / 進呈

pemberitahuan [プンブリタフアン]
（愛 notice / notification）通知 / 届け

pemberontak [プンブロンタッ]
（愛 rebel）反抗者 / 反乱者

pemberontakan [プンブロンタカン]
（愛 revolt / riot）反乱 / 暴動

pembersih [プンブルスィー]（愛 cleaner /
fastidious）きれいにするもの /
クリーナー / きれい好き

pembersih muka [プンブルスィー ムカ]
（愛 facial cleanser）洗顔料

pembersih udara [プンブルスィー ウダラ]
（愛 air purifier）空気清浄器

pembersihan [プンブルスィハン]
（愛 cleaning）清掃 / 掃除

pembesar [プンブサル]（愛 dignitary /
enlarger）高官 / 大きくするもの

pembesaran [プンブサラン]
（愛 extension）拡大

pembiakan [プンビアカン]
（愛 breeding）繁殖

pembiaran [プンビアラン]
（愛 abandonment）放置

pembiasan [プンビアサン]
（愛 bias / deflection）バイアス / 偏向

pembiayaan [プンビアヤアン]
（愛 financing）融資

pembicaraan [プンビチャラアン]
（愛 conversation / talk）
対談 / 話（話す行為）

pembilang [プンビラン(グ)]
（愛 numerator）分子（分数の）

pembinaan [プンビナアン]
（愛 training）育成

pemblokiran [プンブロキラン]
（愛 blockade / blockage）封鎖 / 閉鎖

pembohong [プンボホン(グ)]
（愛 liar）嘘つき

pemboikotan [プンボイコタン]
（愛 boycott）ボイコット

pembongkaran [プンボンカラン]
（愛 dismantlement / disclosure）
解体 / 暴露

pemborong [プンボロン(グ)]
（愛 contractor / wholesaler）
請負業者 / 卸売業者

pemborosan [プンボロサン]（愛 waste
of money / waste）無駄遣い / 浪費

pembuangan [プンブアン(グ)アン]
（愛 to dispose / disposal / destruction）
処分（捨てる）/ 廃棄 / 破棄

pembuat [プンブア(ト)]（愛 maker /
producer）製作者 / 生産者 / メーカー

pembuatan [プンブアタン]
（愛 drawing up / manufacture）
作成 / 製作

pembubaran [プンブバラン]
（愛 breakup）解散

pembudidayaan [プンブディダヤアン]
（愛 cultivation / breeding）栽培 / 養殖

pembuka [プンブカ]
（愛 opener）開けるもの / オープナー

pembuka botol [プンブカ ボトル]
（愛 opener）栓抜き

pembuka kaléng [プンブカ カレン(グ)]
（愛 can opener）缶切り

pembukaan [ブンブカアン]
(英 opening / beginning)
オープニング / 開会 / 公開 / 冒頭

pembukuan [ブンブクアン]
(英 bookkeeping) 簿記

pembulatan [ブンブラタン]
(英 rounding off) 四捨五入

pembuluh [ブンブルー]
(英 conduit) 導管

pembuluh darah [ブンブルー ダラー]
(英 blood vessel) 血管

pembuluh nadi [ブンブルー ナディ]
(英 artery) 動脈

pembunuh [ブンブヌー]
(英 killer / murderer) 殺害者 / 人殺し

pembunuhan [ブンブヌハン]
(英 killing / murder) 殺害 / 殺人

pemburu [ブンブル]
(英 hunter) 狩猟者 / ハンター

pemburuan [ブンブルアン]
(英 hunting) 狩り / 狩猟

pemburukan [ブンブルカン]
(英 deterioration) 悪化

pembusukan [ブンブスカン]
(英 decay) 腐敗

pemecahan 《幹 pecah》
[ブムチャハン] (英 solution /
breakthrough) 解決 / 打開

pemecatan 《幹 pecat》 [ブムチャタン]
(英 dismissal / restructuring)
解雇 / リストラ

pemecutan 《幹 pecut》 [ブムチュタン]
(英 whiplash) 鞭打ち

pemegang 《幹 pegang》 [ブムガン(グ)]
(英 holder) 保有者

pemegang saham 《幹 pegang》
[ブムガン(グ) サハム]
(英 shareholder) 株主

pemeliharaan 《幹 pelihara》
[ブムリハラアン] (英 maintenance /
breeding / conservation)
維持 / 飼育 / 扶養 / 保守

pemeluk 《幹 peluk》 [ブムルッ]
(英 believer) 信者

pemenang [ブムナン(グ)]
(英 winner) 勝者

peméndékan 《幹 péndék》
[ブメンデッカン] (英 shortening) 短縮

pementasan 《幹 pentas》
[ブムンタサン] (英 performance) 上演

pemeran 《幹 peran》 [ブムラン]
(英 actor [actress]) 役者

pemeran pembantu 《幹 peran》
[ブムラン ブンバントゥ]
(英 supporting actor (actress))
助演者

pemeran utama 《幹 peran》
[ブムラン ウタマ]
(英 leading actor [actress]) 主演

pemeras 《幹 peras》 [ブムラス]
(英 squeezer / extortionist)
圧搾機 / 強要する人

pemerasan 《幹 peras》 [ブムラサン]
(英 exploitation) 搾取

P

pemerhati 《幹 perhati》 [プムルハティ]
（英 observer）観察者 / オブザーバー

pemeriksa 《幹 periksa》 [プムリクサ]
（英 inspector / examiner）
検査者 / 試験官

pemeriksaan 《幹 periksa》
[プムリクサアン]
（英 examination / inspection / check）
吟味 / 検査 / 診察 / チェック

pemerintah 《幹 perintah》
[プムリンター]（英 government）政府

pemerintah daérah 《幹 perintah》
[プムリンター ダエラー]
（英 local government）地方政府

pemerintah pusat 《幹 perintah》
[プムリンター プサ(ト)]
（英 central government）中央政府

pemerintahan 《幹 perintah》
[プムリンタハン]（英 governance / political power）行政 / 政権 / 統治

pemerkosaan 《幹 perkosa》
[プムルコサアン]（英 rape）レイプ

pemeroléhan 《幹 peroléh》
[プムロレハン]（英 acquisition）取得 / 入手

pemesanan 《幹 pesan》 [プムサナン]
（英 reservation）予約

pemicu 《幹 picu》 [プミチュ]
（英 trigger / cause）引き金 / 誘因

pemikiran 《幹 pikir》 [プミキラン]
（英 thinking）思考

pemilih 《幹 pilih》 [プミリー]
（英 chooser / elector / choosy）
選ぶ人 / 選挙人 / えり好みする（人）

pemilihan 《幹 pilih》 [プミリハン]
（英 election / choice）選挙 / 選択

pemilik [プミリッ]
（英 owner / master）オーナー / 主

pemilik rumah [プミリッルマー]
（英 landlord）大家 / 家主

pemilik saham [プミリッ サハム]
（英 shareholder）株主

pemilik tanah [プミリッ タナー]
（英 landowner）地主

pemilu [プミル]
（英 general election）総選挙

pemimpin 《幹 pimpin》 [プミンピン]
（英 leader）リーダー

peminat [プミナ(ト)]
（英 fan）ファン / 愛好者

pemindaian 《幹 pindai》
[プミンダイアン]（英 scanning）スキャン

peminjam 《幹 pinjam》 [プミンジャム]
（英 borrower / lender）
借り手 / 貸し手 / 債権者

peminjaman 《幹 pinjam》
[プミンジャマン]（英 lending / loan）
貸し出し / 貸付

pemintalan 《幹 pintal》 [プミンタラン]
（英 spinning）紡績

pemisah 《幹 pisah》 [プミサー]
（英 separator / separatist）
分離する物〈人〉/ 分離主義者

pemisahan 《幹 pisah》 [プミサハン]
（英 separation）分離 / 別々

P

pemkab [プンカ(ブ)]
(英 prefectural government)県庁

pemkot [プンコ(ト)]
(英 city government)市庁

pemohon [プモホン]
(英 applicant)申請者 / 応募者

pemotong 《幹 potong》 [プモトン(グ)]
(英 cutter)カッター / 切る道具

pemotong kuku 《幹 potong》
[プモトン(グ) ククゥ]
(英 nail clippers)爪切り

pemotongan 《幹 potong》
[プモトン(グ)アン]
(英 cut / reduction / deduction)
カット / 削減 / 差し引き

pemotongan pajak 《幹 potong》
[プモトン(グ)アン パジャ(ク)]
(英 tax cut [reduction])減税

pemotrétan 《幹 potrét》 [プモトレッタン]
(英 photography)写真撮影

pemprov [プンプロフ]
(英 provincial government)州政府

pemuda [プムダ]
(英 youth / young man)
若者 / 青年(男性)

pemuda-pemudi [プムダ プムディ]
(英 juveniles)青少年

pemudi [プムディ]
(英 young woman)青年(女性)

pemuja 《幹 puja》 [プムジャ]
(英 worshipper)崇拝者

pemujaan 《幹 puja》 [プムジャアン]
(英 worship)崇拝

pemukul 《幹 pukul》 [プムクル]
(英 batsman / bat)
たたく人〈物〉/ 打者 / バット

pemula [プムラ](英 beginner)初心者

pemulangan 《幹 pulang》
[プムラン(グ)アン](英 return)
返還 / 返却 / 返品

pemulihan 《幹 pulih》 [プムリハン]
(英 recovery / restoration)回復 / 修復

pemulihan keséhatan 《幹 pulih》
[プムリハン クセハタン]
(英 convalescence)保養

pemungutan suara 《幹 pungut》
[プムン(グ)ウタン スアラ](英 to decide /
ballot / voting)決する / 採決 / 投票

pemurung [プムルン(グ)]
(英 gloomy)暗い(性格)

pemusnah [プムスナー]
(英 destroyer)破壊者

pemusnahan [プムスナハン]
(英 annihilation)全滅

pemutaran 《幹 putar》 [プムタラン]
(英 playback)再生

pemutaran film 《幹 putar》
[プムタラン フィルム](英 showing)映写

pemutih 《幹 putih》 [プムティー]
(英 whitener / whitening)白くする物 /
ホワイトニング剤 / 美白製品

pemutusan 《幹 putus》 [プムトゥサン]
(英 disconnection)切断

pemutusan hubungan 《幹 putus》
[プムトゥサン フブン(グ)アン]
(英 breakup)絶縁(縁を切る)

P

pemutusan hubungan kerja 《隠 putus》
[プムトゥサン フブン(グ)アン クルジャ]
（英 disemployment）解雇

péna [ペナ]（英 pen）ペン

penagih 《隠 tagih》 [プナギー]
（英 claimant / (debt) collector / asker）
請求者 / 取り立て屋 / 求める人

penagihan 《隠 tagih》 [プナギハン]
（英 claim）請求

penahanan 《隠 tahan》 [プナハナン]
（英 bondage）拘束

penakluk 《隠 takluk》 [プナクルッ]
（英 conqueror）占領者 / 征服者

penaklukan 《隠 takluk》 [プナクルカン]
（英 conquest）征服

penakut 《隠 takut》 [プナク(ト)]
（英 coward）怖がり屋 / 臆病者

pénalti [ペナルティ]
（英 penalty）罰則（ばっそく）/ ペナルティ

penamaan [プナマアン]
（英 nomination / naming）
指名 / 命名

penambah 《隠 tambah》 [プナンバー]
（英 booster / person adding *sth*）
増加させる物 / 追加する人

penambah rasa 《隠 tambah》
[プナンバー ラサ]（英 seasoning）調味料

penambahan 《隠 tambah》
[プナンバハン]（英 addition /
multiplication / supplementation）
足し算 / 増殖 / 追加 / 補足

penambangan 《隠 tambang》
[プナンバン(グ)アン]（英 digging）採掘

penampakan 《隠 tampak》
[プナンパカン]（英 indication）現れ

penampang 《隠 tampang》
[プナンパン(グ)]（英 cross-section）断面

penampilan 《隠 tampil》 [プナンピラン]
（英 appearance / performance）
外見 / 出演 / 容姿

penampungan 《隠 tampung》
[プナンプン(グ)アン]
（英 accommodation）収容

penanak nasi 《隠 tanak》
[プナナッ ナスィ]（英 rice cooker）炊飯器

penanaman 《隠 tanam》 [プナナマン]
（英 cultivation）栽培 / 耕作

penanaman padi 《隠 tanam》
[プナナマン パディ]（英 rice-planting）田植え

penanda 《隠 tanda》 [プナンダ]
（英 marker / remarkable）
マーカー / 目覚ましい

penanda halaman buku 《隠 tanda》
[プナンダ ハラマン ブク]（英 bookmark）栞

penandatanganan 《隠 tanda tangan》
[プナンダタン(グ)アンナン]（英 signing）
署名（すること）/ 調印

penanganan 《隠 tangan》
[プナン(グ)アンナン]
（英 (medical) treatment / response /
handling）手当 / 対応 / 対処

penangguhan 《隠 tangguh》
[プナングハン]（英 grace / postponement）
猶予 / 延期

penanggulangan 《隠 tanggulang》
[プナン(グ)ウラン(グ)アン]（英 countermeasure /
dealing [coping] with）対策 / 対処

penanggung jawab 《幹 tanggung》
[プナングン(グ) ジャワ(ブ)]
(英 person in charge)責任者 / 担当者

penangkal 《幹 tangkal》[プナンカル]
(英 protector)保護装置 / 防御物

penanya 《幹 tanya》[プナニャ]
(英 questioner)質問者

penari 《幹 tari》[プナリ]
(英 dancer)踊り手 / ダンサー

penasaran [プナサラン]（英 curiosity /
to become curious)好奇心 / 気になる

penasihat [プナスィハ(ト)]
(英 adviser)顧問

penat [プナ(ト)]（英 tired)疲れた

penata rambut 《幹 tata》
[プナタ ランブ(ト)]（英 hairdresser)美容師

penataan 《幹 tata》[プナタアン]
(英 arrangement)整頓

penawar 《幹 tawar》[プナワル]
(英 antidote / curative)解毒剤 / 治療薬

pencahayaan [プンチャハヤアン]
(英 lighting)照明

pencalonan [プンチャロナン]
(英 nomination)指名 / 候補者選び

pencantuman [プンチャントゥマン]
(英 statement / publication)記載 / 掲載

pencapaian [プンチャパイアン]
(英 accomplishment / achievement)
達成 / 到達

pencarian [プンチャリアン]（英 search /
to feel around for / groping)
検索 / 捜索 / 模索

pencatat [プンチャタ(ト)]
(英 note-taker)記録者

pencegah [プンチュガー]
(英 preventive)防止する物〈人〉

pencegahan [プンチュガハン]
(英 obstruction / prevention)
阻止 / 防止 / 予防

pencegahan kebakaran
[プンチュガハン クバカラン]
(英 fireproof)防火

pencegahan kejahatan
[プンチュガハン クジャハタン]
(英 security)防犯

pencemaran [プンチュマラン]
(英 pollution)汚染

pencemaran nama baik
[プンチュマラン ナマ バイッ]
(英 defamation)名誉毀損

pencemaran udara
[プンチュマラン ウダラ]
(英 air pollution)大気汚染

pencernaan [プンチュルナアン]
(英 digestion)消化

pencinta [プンチンタ]
(英 lover)愛好家 / 〜を愛する人

pencipta [プンチプタ]
(英 inventor / creator)発明者 / 創作者

pencopét [プンチョペ(ト)]
(英 pickpocket)すり

pencuci mulut [プンチュチ ムル(ト)]
(英 dessert)デザート

pencucian [プンチュチアン]
(英 cleaning)クリーニング / 洗浄

pencucian mobil ［プンチュチアン モビル］
（麗 car wash）洗車

pencukur ［プンチュクル］
（麗 shaver）シェーバー

penculikan ［プンチュリカン］
（麗 abduction）誘拐 / 拉致

pencuri ［プンチュリ］（麗 robber）泥棒

pencurian ［プンチュリアン］
（麗 robbery / theft）盗難 / 盗み

pendaftaran ［プンダフタラン］
（麗 registration / application）
受付（手続き）/ 登録 / 申し込み

pendahulu ［プンダフル］
（麗 predecessor）前任者

pendahuluan ［プンダフルアン］（麗 preface /
introduction）前書き / 前置き

pendaki ［プンダキ］
（麗 climber）登山者 / 登山家

pendakian ［プンダキアン］
（麗 climbing）登ること / 登山

pendakian gunung
［プンダキアン グヌン(グ)］
（麗 mountain climbing）登山

pendakwa ［プンダクワ］
（麗 accuser）告発人 / 原告

pendakwaan ［プンダクワアン］
（麗 prosecution）起訴 / 告発

pendakwah ［プンダクワー］（麗 missionary）
（イスラム教の）宣教師 / 伝道師

pendamping ［プンダンピン(グ)］
（麗 going along as a companion /
escort）お供 / 付き添い

pendampingan ［プンダンピン(グ)アン］
（麗 company）同行

pendapat ［プンダパ(ト)］
（麗 opinion / view）意見 / 見解

pendapat umum ［プンダパ(ト) ウムム］
（麗 public opinion）世論

pendapatan ［プンダパタン］
（麗 income）収入 / 所得

pendapatan tahunan
［プンダパタン タフナン］
（麗 annual income）年収

pendarahan ［プンダラハン］
（麗 bleeding）出血

pendarahan dalam ［プンダラハン ダラム］
（麗 internal bleeding）内出血

pendaratan ［プンダラタン］
（麗 landing）上陸 / 着陸

pendatang ［プンダタン(グ)］
（麗 immigrant）移民（外国からの移民者）

pendatang baru ［プンダタン(グ) バル］
（麗 new member）新人

péndék ［ペンデッ］（麗 short）短い

pendekatan ［プンドゥカタン］
（麗 approach）アプローチ / 接近

pendengar ［プンドゥン(グ)アル］
（麗 listener）聞き手 / リスナー

pendengaran ［プンドゥン(グ)アラン］
（麗 hearing / sense of hearing）
聞き取り / 聴覚 / 聴力

penderitaan ［プンドゥリタアン］
（麗 suffering / agony / trouble）
苦痛 / 苦悩 / 苦労

P

pendéta [プンデタ]（英 clergyman）牧師

pendiam [プンディアム]
（英 silent (person)）無口な(人)

pendidik [プンディディッ]
（英 educator）教育者

pendidikan [プンディディカン]
（英 education）教育

pendidikan jarak jauh
[プンディディカン ジャラッ ジャウー]
（英 correspondence course）通信教育

pendidikan jasmani
[プンディディカン ジャスマニ]
（英 physical education (PE)）体育

pendidikan vokasi
[プンディディカン フォカスィ]
（英 vocation education）職業教育

pendiktéan [プンディクテアン]
（英 dictation）書き取り / 口述

pendingin udara [プンディン(グ)イン ウダラ]
（英 air conditioner / air-conditioner）
クーラー / 冷房

pendirian [プンディリアン]
（英 establishment）
樹立 / 設立 / 創立 / 設置

pendorong [プンドロン(グ)]
（英 motivation / trigger）
動機 / 起因 / きっかけ

penduduk [プンドゥドゥッ]
（英 inhabitant / resident / population）
住民 / 住人 / 人口

pendudukan [プンドゥドゥカン]
（英 occupation）占領

pendusta [プンドゥスタ]（英 liar）嘘つき

penebangan 《幹 tebang》
[プヌバン(グ)アン]（英 deforestation）伐採

penegakan 《幹 tegak》[プヌガカン]
（英 establishment）確立

penegasan 《幹 tegas》[プヌガサン]
（英 declaration / conclusion）断言 / 断定

penekanan 《幹 tekan》[プヌカナン]
（英 pressure / emphasis / oppression）
圧迫 / 強調 / 抑圧

peneliti 《幹 teliti》[プヌリティ]
（英 researcher）研究者

penelitian 《幹 teliti》[プヌリティアン]
（英 research）研究

penémbak 《幹 témbak》
[プネンバッ]（英 shooter）射撃手

penémbakan 《幹 témbak》
[プネンバッ(ク)アン]（英 shooting）射撃

penemuan 《幹 temu》[プヌムアン]
（英 discovery）発見

penenggelaman 《幹 tenggelam》
[プヌングラマン]（英 sinking）沈没

penentangan 《幹 tentang》
[プヌンタン(グ)アン]（英 resistance）反対 / 抵抗

penentuan 《幹 tentu》[プヌントゥアン]
（英 determination）決定

penerangan 《幹 terang》
[プヌラン(グ)アン]（英 lighting）照明

penerapan 《幹 terap》[プヌラパン]
（英 practical use）応用

penerbang 《幹 terbang》
[プヌルバン(グ)]（英 pilot）パイロット

penerbangan 《訳 terbang》
[プヌルバン(グ)アン]（英 aviation / airmail / flight）航空 / 航空便 / 飛行 / フライト

penerbangan doméstik 《訳 terbang》
[プヌルバン(グ)アン ドメスティ(ク)]
（英 domestic flight）国内線

penerbangan internasional 《訳 terbang》
[プヌルバン(グ)アン イントゥルナスィオナル]
（英 international flight）国際線

penerbangan langsung 《訳 terbang》
[プヌルバン(グ)アン ランスン(グ)]
（英 direct [non-stop] flight）直行便

penerbit 《訳 terbit》[プヌルビ(ト)]
（英 publishing company [house]）
出版社

penerbit surat kabar 《訳 terbit》
[プヌルビ(ト) スラ(ト) カバル]（英 newspaper publishing company）新聞社

penerbitan 《訳 terbit》[プヌルビタン]
（英 publication / publishing）刊行 / 出版

penerima 《訳 terima》[プヌリマ]
（英 recipient）受け取り人

penerima tamu 《訳 terima》
[プヌリマ タム]（英 receptionist）受付（係）

penerimaan 《訳 terima》[プヌリマアン]
（英 receiving / receipt / reception）
受け入れ / 受け取り / 応対 / 受領 / 領収

penerimaan tamu 《訳 terima》
[プヌリマアン タム]（英 reception）応接

penerjemah 《訳 terjemah》
[プヌルジュマー]
（英 interpreter / translator）通訳 / 訳者

penerjemahan 《訳 terjemah》
[プヌルジュマハン]（英 translation）翻訳

penertiban 《訳 tertib》[プヌルティバン]
（英 regulation）取り締まり

penerus 《訳 terus》[プヌルス]
（英 successor）跡継ぎ / 後継者

penetapan 《訳 tetap》[プヌタパン]
（英 determination / fixing）
決定 / 確定 / 設定

pengabaian [プン(グ)アバイアン]
（英 ignoring）無視

pengacara [プン(グ)アチャラ]
（英 lawyer）弁護士

pengadilan [プン(グ)アディラン]
（英 court）法廷

pengadopsian [プン(グ)アドプスィアン]
（英 adoption）採用

pengairan [プン(グ)アイラン]
（英 irrigation）灌漑（かんがい）

pengajar [プン(グ)アジャル]
（英 teacher）教師

pengajaran [プン(グ)アジャラン]
（英 lesson / teaching）教え / 教訓 / 教育

pengajian 《訳 kaji》[プン(グ)アジアン]
（英 learning to recite the Quran）
コーランの勉強

pengajuan [プン(グ)アジュアン]
（英 submission）提出

pengaktifan [プン(グ)アクティファン]
（英 operation）稼働

pengakuan [プン(グ)アクアン]
（英 confession）告白 / 自白 / 白状

pengalaman [プン(グ)アラマン]
（英 experience）経験 / 体験

P

pengaléngan 《 kaléng》
[プン(グ)アレン(グ)アン] (canned food)缶詰

pengamalan [プン(グ)アマラン]
(practice)実践 / 実行

pengamatan [プン(グ)アマタン]
(observation)観測

pengambilan [プン(グ)アンビラン]
(taking / intake)
取ること / 受け取り / 摂取 / 採用

pengandaian [プン(グ)アンダイアン]
(supposition)仮定

pengangguran [プン(グ)アングラン]
(unemployment)失業

pengangkatan [プン(グ)アンカタン]
(adoption)採用

pengangkutan [プン(グ)アンクタン]
(transportation)運送 / 運搬

pengangkutan laut
[プン(グ)アンクタン ラウ(ト)]
(sea transport)海上輸送 / 海運

penganiayaan [プン(グ)アニアヤアン]
(abuse)虐待

pengantar [プン(グ)アンタル]
(introduction)導入

pengantin [プン(グ)アンティン]
(bridal couple)新郎 / 新婦

pengantin baru [プン(グ)アンティン バル]
(just-married)新婚

pengantin lelaki [プン(グ)アンティン ルラキ]
(bridegroom)新郎 / 花婿

pengantin wanita
[プン(グ)アンティン ワニタ] (bride)花嫁

penganut [プン(グ)アヌ(ト)]
(believer)信者

pengarah [プン(グ)アラー] (director)
取締役 / 重役 / (映画などの)監督

pengarahan [プン(グ)アラハン]
(leading)引率

pengarang 《 karang》
[プン(グ)アラン(グ)]
(writer / author)作家 / 著者

pengaruh [プン(グ)アルー]
(influence)影響 / 左右 / 有力

pengasingan [プン(グ)アスィン(グ)アン]
(isolation / exile)隔離 / 追放

pengaspalan [プン(グ)アスパラン]
(paving)舗装

pengaturan [プン(グ)アトゥラン]
(adjustment / setting up /
arrangement)加減 / 設定 / 調節 /
手回し / 整頓 / 整理

pengawal 《 kawal》[プン(グ)アワル]
(guard)警備員 / 監視員 / ガードマン

pengawas [プン(グ)アワス]
(guardian / prefect)監督者 / 監視員

pengawasan [プン(グ)アワサン]
(control / surveillance)管轄 / 監視

pengawét [プン(グ)アウェ(ト)]
(preservative)保存料

pengecatan [プン(グ)ウチャタン]
(painting)塗装

pengecékan [プン(グ)ウチェカン]
(verification / check)
照合 / 確認(チェック)

P

pengecut 《幹 kecut》[プン(グ)ウチュ(ト)]
（愚 coward / cowardice）
意気地なし / 臆病 / 弱虫

pengédar [プン(グ)エダル]
（愚 distributor）卸売業者 / 配給業者

pengejaran 《幹 kejar》
[プン(グ)ウジャラン]（愚 chase）追跡

pengelola 《幹 kelola》[プン(グ)ウロラ]
（愚 superintendent / manager）
管理人 / 経営者

pengeluaran 《幹 keluar》
[プン(グ)ウルアラン]（愚 emission）排出

pengembangan 《幹 kembang》
[プン(グ)ウンバンガン]（愚 development /
amplification）開発 / 拡充

pengembara 《幹 kembara》
[プン(グ)ウンバラ]（愚 traveler）旅人

pengemudi 《幹 kemudi》
[プン(グ)ウムディ]
（愚 driver）ドライバー / 運転手

pengenalan 《幹 kenal》
[プン(グ)ウナラン]（愚 introduction /
recognition）入門 / 認知

pengendali 《幹 kendali》
[プン(グ)ウンダリ]
（愚 handler / administrator）
取扱者 / 管理者

pengendapan 《幹 endap》
[プン(グ)ウンダパン]（愚 precipitation）沈殿

pengepungan 《幹 kepung》
[プン(グ)ブン(グ)アン]（愚 siege）包囲

pengerahan 《幹 kerah》
[プン(グ)ウラハン]（愚 going to work /
mobilization）出動 / 動員

pengeras suara 《幹 keras》
[プン(グ)ウラス スアラ]（愚 speaker）
スピーカー

pengering rambut 《幹 kering》
[プン(グ)ウリン(グ) ランブ(ト)]
（愚 dryer）ドライヤー

pengertian [プン(グ)ウルティアン]
（愚 understanding）理解

pengesahan [プン(グ)ウサハン]
（愚 confirmation / approval /
adoption）確認（承認・認定）/ 可決 / 採択

pengetahuan [プン(グ)ウタフアン]
（愚 knowledge）知識

pengetahuan umum
[プン(グ)ウタフアン ウムム]
（愚 culture / common knowledge）
教養 / 常識（知識）

pengetik 《幹 ketik》[プン(グ)ウティッ]
（愚 typist）タイピスト

pengetikan 《幹 ketik》
[プン(グ)ウティカン]（愚 input）入力

penggabungan [プンガブン(グ)アン]
（愚 consolidation）合併

penggajian [プンガジアン]
（愚 payroll）給与

penggal [プンガル]（愚 to cut）切る

penggalian [プンガリアン]
（愚 excavation）発掘

penggandaan [プンガンダアン]
（愚 reduplication）重複（語形変化）

pengganggu [プンガング]
（愚 disturber）邪魔する人

P

pengganti [プンガンティ]
(愛 substitute / successor / spare)
代わり / 後任 / 予備の / 補欠

penggantian [プンガンティアン]
(愛 replacement)交代 / 取り替え

penggaris [プンガリス]
(愛 ruler)定規 / 物差し

penggaris segitiga [プンガリス スギティガ]
(愛 triangle ruler)三角定規

penggemar [プングマル](愛 fan)ファン

penggerak [プン(グ)グラッ]
(愛 initiator / mover)
創始者 / 原動力 / 起爆剤

penggoda [プンゴダ](愛 seducer)誘惑者

pengguguran [プンググラン]
(愛 dropping / drop / removal)
落とすこと / 投下 / 削除 / 解任

pengguna [プングナ](愛 user /
consumer)使用者 / 利用者 / 消費者

penggunaan [プングナアン](愛 use /
consumption)使用 / 利用 / 消費

penghalang [プン(グ)ハラン(グ)]
(愛 hindrance)障害 / 差し支え

penghalau [プン(グ)ハラウ]
(愛 repellent)追い払う物〈人〉

penghapus [プン(グ)ハプス]
(愛 eraser)消しゴム / 黒板消し

pengharapan [プン(グ)ハラパン]
(愛 hope)期待 / 希望

penghargaan [プン(グ)ハルガアン]
(愛 award / acknowledgement /
gratitude)表彰 / 感謝 / 敬意

penghasil [プン(グ)ハスィル]
(愛 producer)生産者

penghasilan [プン(グ)ハスィラン]
(愛 income)所得

penghayatan [プン(グ)ハヤタン]
(愛 appreciation)(価値や意味の)理解

penghématan [プン(グ)ヘマタン]
(愛 to save / economy / saving)
浮く(費用・時間などが) / 倹約 / 節約

penghibur [プン(グ)ヒブル]
(愛 entertainer)
慰める人 / エンターテイナー

penghilangan [プン(グ)ヒランガン]
(愛 omission / to omit)
省略(割愛) / 省く

penghinaan [プン(グ)ヒナアン]
(愛 contempt / insult / defamation)
軽蔑 / 侮辱 / 名誉毀損

penghormatan [プン(グ)ホルマタン]
(愛 respect)尊重

penghujung [プン(グ)フジュン(グ)]
(愛 end)終わり / 末

penghulu [プン(グ)フル]
(愛 headman / headman in Islamic
department)首長 / イスラム教関係の長

penghuni [プン(グ)フニ]
(愛 resident)住人

pengikut [プン(グ)イク(ト)]
(愛 follower)
信者 / 支持者 / フォロワー

penginapan [プン(グ)イナパン]
(愛 accommodation / guesthouse /
inn)宿泊 / 民宿 / 宿

P

pengiriman 《解 kirim》 [プン(グ)イリマン]
（英 sending / delivery / dispatch）
送付 / 発送 / 郵送

pengiriman uang 《解 kirim》
[プン(グ)イリマン ウアン(グ)]
（英 money transfer）仕送り / 振り込み

pengisian [プン(グ)イスィアン]（英 entry /
supplementation）記入 / 補充

penglihatan [プン(グ)リハタン]（英 visual
perception / eyesight / sight）
視覚 / 視力 / 視界

pengobatan [プン(グ)オバタン]
（英 medical care / medical treatment）
医療 / 診療 / 治療 / 手当

pengolahan [プン(グ)オラハン]
（英 proceeding）加工

pengoperasian [プン(グ)オプラスィアン]
（英 driving operation / operation）
運転操作 / 操作

pengorbanan 《解 korban》
[プン(グ)オルバナン]（英 sacrifice）犠牲

penguapan [プン(グ)ウアパン]
（英 evaporation）蒸発

penguburan 《解 kubur》
[プン(グ)ウブラン]（英 burial）埋葬 / 埋蔵

pengukur [プン(グ)ウクル]（英 ruler）物差し

pengumpul 《解 kumpul》
[プン(グ)ウンプル]
（英 collector）収集家 / 収集者

pengumuman [プン(グ)ウムマン]
（英 notice / announcement / information）
掲示 / 公表 / 告知 / 知らせ / 発表

pengunci 《解 kunci》 [プン(グ)ウンチ]
（英 lock）鍵をかける道具 / ロック

pengundian [プン(グ)ウンディアン]
（英 lottery）抽選 / くじ引き

pengungsi [プン(グ)ウンスィ]
（英 refugees）難民

pengunjung 《解 kunjung》
[プン(グ)ウンジュン(グ)]（英 visitor）訪問者

penguntit 《解 kuntit》
[プン(グ)ウンティ(ト)]（英 stalker）ストーカー

pengurus [プン(グ)ウルス]（英 manager）
管理者 / 監督者 / 経営者 / マネージャー

pengusaha [プン(グ)ウサハ]（英 business
person）実業家 / ビジネスパーソン

pengusiran [プン(グ)ウスィラン]
（英 banishment）追放

pengutilan 《解 kutil》 [プン(グ)ウティラン]
（英 shoplifting）万引き

pengutip 《解 kutip》 [プン(グ)ウティ(プ)]
（英 collector）収集人 / 徴収者

penilaian [プニライアン]（英 appraisal /
assessment / evaluation）
鑑定 / 評価 / 採点 / 審査 / 判定 / 判断

penilik 《解 tilik》 [プニリッ]
（英 observer）観察者

penindas 《解 tindas》 [プニンダス]
（英 oppressor）弾圧者 / 迫害者

pening [プニン(グ)]（英 be dizzy）
ふらふらする（発熱などで体が）

peninggalan 《解 tinggal》
[プニンガラン]（英 remains / remains of）
遺跡 / 名残り

P

peninjauan 《解 tinjau》
[プニンジャウアン]（英 inspection）視察

penipu 《解 tipu》[プニプ]
（英 liar / cheat）嘘つき / 詐欺師

peniru 《解 tiru》[プニル]
（英 imitator / a copy cat）
模倣者 / 真似する人

penjaga [プンジャガ]（英 guardian）
見張り / 世話をする人 / 守る人

penjahat [プンジャハ(ト)]（英 criminal / bad fellow）犯人 / 悪者

penjahit [プンジャヒ(ト)]
（英 tailor / seamstress）仕立て屋

penjaja [プンジャジャ]
（英 hawker）露天商 / 行商人

penjamin [プンジャミン]
（英 guarantor）保証人 / 身元保証人

penjara [プンジャラ]（英 prison）刑務所

penjarah [プンジャラー]
（英 plunderer）略奪者

penjawab [プンジャワ(ブ)]
（英 respondent）答える人 / 回答者

penjelajah [プンジュラジャー]
（英 explorer）探検家

penjelasan [プンジュラサン]
（英 explanation / excuse / commentary）
説明 / 申し開き / 解説

penjelmaan [プンジュルマアン]
（英 transformation / incarnation）
変換 / 変身 / 生まれ変わり

penjual [プンジュアル]（英 seller）売り手

penjualan [プンジュアラン]（英 bargain sale / sale / on sale / selling）
売り出し / 売却 / 発売 / 販売

penjuru [プンジュル]
（英 corner / angle）角（かど）/ 角度

penolakan 《解 tolak》[プノラカン]
（英 refusal / rejection / repellence）
拒絶 / 拒否 / 否決 / 反発

penolong 《解 tolong》[プノロン(グ)]
（英 assistance / rescuer）
アシスタント / 救助者

penonton 《解 tonton》[プノントン]
（英 audience）観客

pénsil [ペンスィル]
（英 pencil）鉛筆

pénsil mékanik [ペンスィル メカニッ]
（英 mechanical pencil）シャープペンシル

pénsiun [ペンスィウン]（英 mandatory [compulsory] retirement / pension）
定年退職 / 年金

péntas [プンタス]（英 stage）
舞台 / ステージ

penting [プンティン(グ)]
（英 important / precious）
重大な / 重要な / 大事な / 大切な

pentingnya [プンティン(グ)ニャ]
（英 importance / preciousness）
重大さ / 重要さ / 大切さ

penuh [プヌー]
（英 full / densely）いっぱい / ぎっしり

penukaran uang 《解 tukar》
[プヌカラン ウアン(グ)]
（英 money exchange）両替

penularan 《幹 tular》 [プヌララン]
（英 infection）感染 / 伝染

penulis 《幹 tulis》 [プヌリス]
（英 author / writer）作家 / 著者 / 筆者

penumbukan 《幹 tumbuk》
[プヌブカン]
（英 to mush）（料理などで）つぶすこと

penumpang 《幹 tumpang》
[プヌンパン（グ）]（英 passenger）乗客 / 旅客

penundaan 《幹 tunda》 [プヌンダアン]
（英 postponement / reservation / delay）
後回し / 保留 / 延期 / 遅延

penunggakan 《幹 tunggak》
[プヌンガカン]（英 arrears）滞納

penunggang 《幹 tunggang》
[プヌンガン（グ）]
（英 rider）（バイクや馬に）乗る人

penuntut 《幹 tuntut》 [プヌントゥ（ト）]
（英 prosecutor / demander）
訴追者 / 要求者

penurunan 《幹 turun》 [プヌルナン]
（英 descent / fall）下降 / 降下 / 低下

penutup 《幹 tutup》 [プヌトゥ（プ）]
（英 cover / lid / conclusion）
蓋（ふた）/ カバー / 結語

penutupan 《幹 tutup》 [プヌトゥパン]
（英 closing）閉鎖 / 閉会

penyabar 《幹 sabar》 [プニャバル]
（英 patient (person)）辛抱強い（人）

penyair 《幹 syair》 [プニャイル]
（英 poet）詩人

penyakit 《幹 sakit》 [プニャキ（ト）]
（英 disease）病気

penyakit anjing gila 《幹 sakit》
[プニャキ（ト） アンジン（グ） ギラ]（英 rabies）狂犬病

penyakit dalam 《幹 sakit》
[プニャキ（ト） ダラム]
（英 internal medicine）内科的疾患

penyakit kelamin 《幹 sakit》
[プニャキ（ト） クラミン]
（英 sexually transmitted disease）性病

penyakit kencing manis 《幹 sakit》
[プニャキ（ト） クンチン（グ） マニス]
（英 diabetes）糖尿病

penyakit kronis 《幹 sakit》
[プニャキ（ト） クロニス]（英 chronic illness
[disease] / intractable）慢性病

penyakit menular séksual 《幹 sakit》
[プニャキ（ト） ムヌラル セクスアル]（英 sexually
transmitted disease）性病

penyakit sapi gila 《幹 sakit》
[プニャキ（ト） サピ ギラ]（英 BSE）狂牛病

penyakit saraf 《幹 sakit》
[プニャキ（ト） サラフ]（英 neuralgia）神経痛

penyalahgunaan 《幹 salahguna》
[プニャラーグナアン]（英 abuse）濫用

penyamaran 《幹 samar》
[プニャマラン]（英 disguise）変装

penyambutan 《幹 sambut》
[プニャンブタン]（英 welcome）歓迎

penyandang cacat 《幹 sandang》
[プニャンダン（グ） チャチャ（ト）]
（英 disabled [handicapped] person）
障害者

penyanyi 《幹 nyanyi》 [プニャニィ]
（英 singer）歌手

penyapu 《幹 sapu》［プニャプ］
（英 sweeper）掃除人 / 掃除機

penyaring 《幹 saring》［プニャリン(グ)］
（英 filter）フィルター

penyayang 《幹 sayang》
［プニャヤン(グ)］
（英 merciful / caring (person)）
慈悲深い(方) / 思いやりのある(人)

penyebab 《幹 sebab》［プニュバ(ブ)］
（英 cause）原因

penyeberangan 《幹 seberang》
［プニュブラン(グ)アン］（英 crossing）横断

penyebutan 《幹 sebut》［プニュブタン］
（英 pronunciation）発音 / 呼び方

penyedia 《幹 sedia》［プニュディア］
（英 supplier）提供者

penyejuk 《幹 sejuk》［プニュジュッ］
（英 cooler）冷(ひ)やすもの / 冷却装置

penyelam 《幹 selam》［プニュラム］
（英 diver）潜水士 / ダイバー

penyelamat 《幹 selamat》
［プニュラマ(ト)］
（英 rescuer / savior）救助者 / 救世主

penyelenggaraan 《幹 selenggara》
［プニュルンガラアン］（英 holding (of an
event) / sponsorship）開催 / 主催

penyelesaian 《幹 selesai》
［プニュルサイアン］
（英 solution / settlement）解決 / 決着

penyeléwéngan 《幹 seléwéng》
［プニュルウェン(グ)アン］
（英 corruption）腐敗(不正)

penyelia 《幹 selia》［プニュリア］
（英 supervisor）監督者 / 指導教員

penyelidik 《幹 selidik》
［プニュリディッ］
（英 investigator）捜査官 / 調査官

penyelidikan 《幹 selidik》
［プニュリディカン］（英 investigation）捜査

penyelundupan 《幹 selundup》
［プニュルンドゥパン］（英 smuggling）密輸

penyembuhan 《幹 sembuh》
［プニュンブハン］（英 recovery）回復

penyerahan 《幹 serah》［プニュラハン］
（英 handover）引渡し / 移譲 / 譲渡

penyerang 《幹 serang》
［プニュラン(グ)］（英 attacker）攻撃者

penyerapan 《幹 serap》
［プニュラパン］（英 absorption）吸収

penyesalan 《幹 sesal》［プニュサラン］
（英 regret）後悔 / 無念さ

penyéwa 《幹 séwa》［プニュワ］
（英 tenant）賃貸者 / テナント

penyéwaan 《幹 séwa》［プニュワアン］
（英 rental / lease）
貸し / 賃借 / 賃貸 / レンタル

penyiar 《幹 siar》［プニアル］
（英 announcer）アナウンサー

penyiksaan 《幹 siksa》［プニッサアン］
（英 abuse）虐待 / 拷問

penyimpanan 《幹 simpan》
［プニンパナン］
（英 storage / keeping / preservation）
貯蔵 / 保管 / 保存

P

penyimpangan 《幹 simpang》
[プニインパン(グ)アン] (愛 deviance)逸脱

penyiram 《幹 siram》[プニイラム]
(愛 watering can)水やりの道具 / じょうろ

pényok [ペニョッ]
(愛 dented)【ジャワ語】へこんだ

penyokong 《幹 sokong》
[プニョコン(グ)]
(愛 supporter)支持者 / サポーター

penyu [プニュ] (愛 turtle)海亀

penyulingan 《幹 suling》
[プニュリン(グ)アン] (愛 distillation)蒸留

penyumbang 《幹 sumbang》
[プニュンパン(グ)] (愛 contributor)
貢献者 / 寄贈者 / 寄稿者

penyumbat 《幹 sumbat》
[プニュンパ(ト)] (愛 stopper)栓(せん)

penyunting 《幹 sunting》
[プニュンティン(グ)] (愛 editor)編集者

penyuruh 《幹 suruh》[プニュルー]
(愛 person who gives orders)
命令者 / 指示者

penyusunan 《幹 susun》
[プニュスナン] (愛 enactment /
arrangement / editing)制定 / 配置 / 編集

pepatah [プパター] (愛 proverb)格言

pepaya [ププヤ] (愛 papaya)パパイヤ

peperangan [ププラン(グ)アン]
(愛 battle)戦闘

pepohonan [プポホナン] (愛 tree)樹木

perabot [プラボ(ト)] (愛 furniture)家具

peradaban [プルアダバン]
(愛 civilization)文明

peraduan [プルアドゥアン]
(愛 competition / contest)
競争 / コンテスト

peraga [プラガ] (愛 model)モデル

peragawan [プラガワン]
(愛 (male) model)(男性)モデル

peragawati [プラガワティ]
(愛 (female) model)(女性)モデル

perah [プラー] (愛 to squeeze)絞(しぼ)る

perahu [プラフ] (愛 boat)ボート / 小舟

perairan [プルアイラン]
(愛 waters)水域 / 領海

pérak [ペラッ] (愛 silver)銀

peralatan [プルアラタン]
(愛 tool / equipment)工具 / 備品

peralatan rumah tangga
[プルアラタン ルマー タンガ]
(愛 household items)家庭用品

peralihan [プラリハン]
(愛 transition)推移

peram [プラム] (愛 to ripen)熟させる

perampasan [プランパサン]
(愛 plunder / confiscation)略奪 / 没収

perampok [プランポッ] (愛 robber)強盗

perampokan [プランポカン]
(愛 robbery)強盗(強盗行為)

perancang [プランチャン(グ)]
(愛 planner / designer)
設計者 / デザイナー

P

Perancis [プランチス]（⊛ France）フランス

perang [プラン(グ)]（⊛ war）戦争

perang dunia [プラン(グ) ドゥニア]
（⊛ great war）大戦

perang saudara [プラン(グ) サウダラ]
（⊛ civil war）内乱 / 内戦

perang sipil [プラン(グ) スィピル]
（⊛ civil war）内乱 / 内戦

perangai [プラン(グ)アイ]
（⊛ character / attitude）性格 / 態度

perangkap [プランカ(プ)]
（⊛ trap）罠(わな)

perangkapan [プランカパン]
（⊛ combined use）兼用

perangko [プランコ]
（⊛ stamp / postage stamp）
切手 / 郵便切手

perantara [プルアンタラ]
（⊛ matchmaker）仲人

peranti [プランティ]
（⊛ device）機器 / 装置

peras [プラス]（⊛ to squeeze）絞る

perasa [プラサ]（⊛ seasoning）調味料

perasaan [プラサアン]
（⊛ feeling / emotion / mood）
感覚 / 感じ / 感情 / 気分 / 気持ち

peraturan [プルアトゥラン]（⊛ regulation /
rule）規制 / 規則 / 条例 / ルール

perawakan [プラワカン]（⊛ character /
one's build / physique）
柄（品位 / 性質）/ 体つき / 体格

perawat [プラワ(ト)]（⊛ nurse）看護師

perawatan [プラワタン]（⊛ treatment /
maintenance / care / nursing）
メンテナンス / 介護 / 看護 / 看病 / 世話

perayaan [プラヤアン]
（⊛ celebration）祝賀 / 祝典 / 行事

perbaikan [プルバイカン]
（⊛ improvement / repair / correction）
改善 / 改良 / 修繕 / 修理 / 是正 / 訂正

perbandingan [プルバンディン(グ)アン]
（⊛ comparison）比較 / 対比

perbankan [プルバンカン]
（⊛ banking）銀行業 / 銀行業務

perbédaan [プルベダアン]
（⊛ difference）相違 / 違い

perbelanjaan [プルブランジャアン]
（⊛ shopping）買物

perbincangan [プルビンチャン(グ)アン]
（⊛ discussion）話し合い

perburuan [プルブルアン]
（⊛ hunting）狩猟

percakapan [プルチャカパン]
（⊛ conversation）会話

percaya [プルチャヤ]（⊛ to believe）信じる

perceraian [プルチュライアン]
（⊛ divorce）離婚

percik [プルチッ]（⊛ to splash）飛び散る

percuma [プルチュマ]（⊛ useless）無駄

perdagangan [プルダガン(グ)アン]
（⊛ trade / commerce）
交易 / 商業 / 商売 / 貿易

P

perdana [プルダナ]
（⑱ prime / first）主要な / 第一の

perdébatan [プルデバタン]
（⑱ argument / discussion / dispute）
議論 / 言論 / 論議 / 論争

perédaran [プルエダラン]
（⑱ circulation）循環 / 流通

perekat [プルカ(ト)]
（⑱ sticker / adhesive）シール / 接着剤

perékrutan [プレクルタン]
（⑱ recruitment）募集

perempatan [プルウンパタン]
（⑱ crossroads）十字路

perempuan [プルンプアン]
（⑱ woman）女 / 女性

perféksionisme [プルフェクスイオニスム]
（⑱ perfectionism）完全主義

pergantian [プルガンティアン]
（⑱ change / transfer）交代 / 振替

pergaulan [プルガウラン]
（⑱ relationship / socializing / association）交際 / 社交 / 付き合い

pergerakan [プルグラカン]
（⑱ movement）動き / 運動 / 活動

pergi [プルギ]
（⑱ to go / to pay a visit to）
行く / 参る（行く）

perguruan [プルグルアン]（⑱ school / educational facility）学校 / 教育機関

perhatian [プルハティアン]（⑱ attention / caution / public eye [notice]）
着目 / 注意（意識）/ 注目 / 念 / 人目

perhentian [プルフンティアン]
（⑱ stop / pause）
ストップ / 静止 / 停車 / ポーズ（一時停止）

perhiasan [プルヒアサン]
（⑱ decoration）飾り / 装飾

perhimpunan [プルヒンプナン]
（⑱ convention）大会（集会）

perhitungan [プルヒトゥン(グ)アン]
（⑱ count / calculation）
勘定 / 計算 / 集計 / 精算 / 打算

perhubungan [プルフブン(グ)アン]
（⑱ transportation / communication）
運輸 / 通信

peri [プリ]（⑱ fairy）妖精

periang [プリアン(グ)]
（⑱ cheerful (person)）朗らかな（人）

peribahasa [プリバハサ]（⑱ proverb）諺

perihal [プリハル]（⑱ about）～について

perilaku [プリラク]（⑱ action / attitude）
行い / 行為 / 態度

perincian [プリンチアン]（⑱ the details / specific / details）内訳 / 詳細 / 明細

perindustrian [プリンドゥストリアン]
（⑱ industry）工業 / 産業

peringatan [プルイン(グ)アタン]
（⑱ celebration / warning）
記念 / 警告 / 注意 / 忠告

peringkat [プルンカ(ト)]
（⑱ rank / ranking）～位 / 位 / 順位

perintah [プリンター]
（⑱ directions / order）指図 / 命令

période [ペリオドゥ]（愛 period）期間

peristiwa [プリスティワ]
（愛 case / event）件 / 事件 / 出来事

periuk [プリウッ]（愛 rice cooker）釜

perjalanan [プルジャラナン]
（愛 trip / journey）
走行 / 旅 / 旅行 / 行程 / 通行

perjamuan [プルジャムアン]
（愛 banquet）宴会

perjanjian [プルジャンジアン]
（愛 agreement / treaty）協定 / 条約

perjodohan [プルジョドハン]
（愛 a marriage proposal /
arrange (marriage)）縁談 / 見合い

perjuangan [プルジュアン(グ)アン]
（愛 fight）戦い

perkara [プルカラ]（愛 matter）事柄 / 事項

perkasa [プルカサ]（愛 brave）勇ましい

perkebunan [プルクブナン]（愛 farm）農場

perkémahan [プルケマハン]（愛 camp /
camp site）キャンプ / キャンプ場

perkembangan [プルクンバン(グ)アン]
（愛 progress / development）
進展 / 展開 / 発達 / 発展

perkenalan [プルクナラン]
（愛 introduction）紹介

perkiraan [プルキラアン]
（愛 projection）予測

perkotaan [プルコタアン]（愛 city）都会

perkumpulan [プルクンプラン]（愛 circle /
gathering）サークル / 集会 / 集合

perlahan-lahan [プルラハン ラハン]
（愛 slowly / gradually）
のろのろ / 次第に / ゆっくり

perlakuan [プルラクアン]
（愛 treatment）扱い / 待遇

perlawanan [プルラワナン]
（愛 opposition / repellence）
抵抗 / 反抗する / 対抗 / 反発

perlengkapan [プルルンカパン]
（愛 equipment / accessories / things）
装備 / 付属 / 〜用品

perlindungan [プルリンドゥン(グ)アン]
（愛 protection / nursing）保護 / 介抱

perlintasan [プルリンタサン]
（愛 railroad crossing）踏み切り

perlintasan kereta api
[プルリンタサン クレタ アピ]
（愛 railroad crossing）踏切

perlombaan [プルロンバアン]
（愛 competition / race）競争

perlu [プルル]（愛 necessary / to need）
必要な / 必要とする / 必要不可欠な

permadani [プルマダニ]
（愛 carpet）絨毯

permainan [プルマイナン]
（愛 play / game）遊び / ゲーム

permaisuri [プ(ル)マイスリ]
（愛 queen）王妃 / 女王

permasalahan [プルマサラハン]
（愛 problem）問題点

permata [プルマタ]
（愛 diamond / jewelry）
ダイヤモンド / 宝石

permén [プルメン]（英 candy / drop）
キャンディー / ドロップ

permintaan [プルミンタアン]
（英 demand / request / application）
需要 / 要求 / 要請 / 申請

permisi [プルミスィ]
（英 Excuse me.）すみません

permohonan [プルモホナン]
（英 request / wish / application）
依頼 / 頼み / 願い / 申請

permukaan [プルムカアン]（英 the face / surface / face）表 / 表面 / 面

permulaan [プルムラアン]（英 beginning / the beginning / start / commencement）
開始 / 初期 / 着手 / 始まり / 始業 / 冒頭

permusuhan [プルムスハン]
（英 confrontation）対立

pernah [プルナー]
（英 to have ~ed）～したことがある

pernapasan [プルナパサン]
（英 breath）呼吸

pernikahan [プルニカハン]
（英 marriage）結婚

pernyataan [プルニャタアン]
（英 announcement）発表 / 声明

peroléhan [プルオレハン]
（英 earnings / acquisition）
収益 / 獲得

péron [ペロン]（英 platform / station platform）プラットホーム

perpaduan [プルパドゥアン]
（英 combination）結合

perpanjangan [プルパンジャン(グ)アン]
（英 continuation）延長（継続）

perpindahan [プルピンダハン]
（英 moving / movement）
移転 / 転々 / 引っ越し / 移動 / 転移

perpisahan [プルピサハン]
（英 send-off / parting）送別 / 別れ

perpustakaan [プルプスタカアン]
（英 library）図書館

perputaran [プルプタラン]
（英 rotation）回転 / 転回

persahabatan [プルサハバタン]
（英 friendship）親善 / 友好 / 友情

persaingan [プルサイン(グ)アン]
（英 competition）競争

persalinan [プルサリナン]（英 childbirth / having a baby）お産 / 出産

persamaan [プルサマアン]（英 similarity / equation）共通点 / 類似点 / 方程式

persatuan [プルサトゥアン]
（英 unity）団結 / 統一

persaudaraan [プルサウダラアン]
（英 relationship）親族関係

persawahan [プルサワハン]
（英 countryside）田園

persediaan [プルスディアアン]
（英 stock）在庫

persegi [プルスギ]（英 square）
四角 / 四角形 / 正方形 / 平方

persegi panjang [プルスギ パンジャン(グ)]
（英 rectangle）長方形

P

persekot [プルスコ(ト)] (英 down payment / deposit / advance payment)
頭金 / 内金 / 前金

persekutuan [プ(ル)スクトゥアン]
(英 federation of states / alliance)
連邦 / 同盟

perselingkuhan [プルスリンクハン]
(英 extramarital love) 不倫

perselisihan [プルスリスィハン]
(英 disagreement / conflict)
意見の食い違い / 対立

persembahan [プ(ル)スンバハン]
(英 show / performance)
披露 / ショー / 上演 / 演奏

persén [プルセン] (英 tip) チップ

persenjataan [プルスンジャタアン]
(英 armaments / armament / weapon)
軍備 / 武装 / 兵器

perséntase [プルセンタス]
(英 percentage / ratio / proportion)
パーセント / 割合 / 率

perseorangan [プルスオラン(グ)アン]
(英 individual / single)
個人の / 一人の

persépsi [プ(ル)セ(プ)スィ]
(英 perception) 感覚 / 捉え方

perserikatan [プルスリカタン]
(英 union) 連合

Perserikatan Bangsa-Bangsa
[プルスリカタン バンサ バンサ]
(英 the United Nations) 国連

perséroan terbatas
[プルセロアント ゥルバタス]
(英 corporation) 株式会社

persetubuhan [プルストゥブハン]
(英 lovemaking) 性交

persetujuan [プルストゥジュアン]
(英 agreement / approval / consent)
一致 / 賛成 / 承認 / 同意

persiapan [プルスィアパン]
(英 arrangements / preparation)
支度 / 準備 / 用意

persidangan [プルスィダン(グ)アン]
(英 trial) 裁判

persilangan [プルスィラン(グ)アン]
(英 intersection) 交差

persimpangan [プルスインパン(グ)アン]
(英 interchange / intersection)
インターチェンジ / 交差点

persis [プルスィス]
(英 precisely) まさに / ぴったり

persoalan [プルソアラン]
(英 question) 問題 / 問い

pertahanan [プルタハナン]
(英 defense) 守備 / 防衛

pertalian [プルタリアン]
(英 connection / chain)
つながり / 連鎖

pertama [プルタマ] (英 the first / No.1 /
first time) 最初 / 第一 / 初め

pertama kali [プルタマ カリ]
(英 for the first time)
一回目 / 初めて

pertama-tama [プルタマ タマ]
(英 first of all) 初めに / まず

pertambangan [プルタンバン(グ)アン]
(英 mining industry) 鉱業

pertandingan ［プルタンディン(グ)アン］
（英 game / match [game] / contest）
球技 / 競技 / 試合 / 勝負 / 大会

pertanian ［プルタニアン］
（英 agriculture）農業 / 農耕

pertanian organik ［プルタニアン オルガニッ］
（英 organic）有機栽培

pertanyaan ［プルタニャアン］
（英 doubt / question / inquiry）
疑問 / 質問 / 問い合わせ

pertapaan ［プルタパアン］
（英 training）修行

pertarungan ［プルタルン(グ)アン］
（英 struggle）抗争

perteguh ［プ(ル)トゥグー］
（英 to strengthen）強くする / 強化する

pertempuran ［プルトゥンプラン］
（英 battle）戦闘

pertemuan ［プルトゥムアン］
（英 meeting / encounter）
会合 / 遭遇 / 出会い / 打ち合わせ

pertemuan ilmiah
［プルトゥムアン イルミアー］
（英 academic society）学会

pertengahan ［プルトゥン(グ)アハン］
（英 the middle / half / halfway）
中間 / 半(なか)ば / 中程

pertengkaran ［プルトゥンカラン］
（英 quarrel / argument / battle）
口喧嘩 / 喧嘩 / 争い

pertimbangan ［プルティンバン(グ)アン］
（英 consideration / judgement）
考察 / 考慮 / 配慮 / 判断

pertimbangkan ［プルティンバンカン］
（英 to take into consideration）
考慮する / 配慮する / 検討する

pertolongan ［プルトロン(グ)アン］
（英 help / relief）助け / 救援 / 救い

pertolongan darurat
［プルトロン(グ)アン ダルラ(ト)］
（英 first aid）応急手当

pertukaran ［プルトゥカラン］（英 exchange /
interchange）交換 / 交流 / 取り替え

pertumbuhan ［プルトゥンブハン］
（英 growing / growth）
生育 / 成長 / 発育

pertunangan ［プルトゥナン(グ)アン］
（英 engagement）婚約

pertunjukan ［プルトゥンジュカン］
（英 public performance / show）
公演 / ショー / 見せ物

perubahan ［プルウバハン］
（英 change / conversion / changes）
一変 / 転換 / 変化 / 変遷

perumahan ［プルマハン］
（英 residential zone）住宅地帯

perumpamaan ［プルウンパマアン］
（英 metaphor / figure of speech）
たとえ / 比喩(ひゆ)

perundang-undangan
［プルウンダン(グ) ウンダン(グ)アン］
（英 law / legal）法 / 法的な

perundingan ［プルンディン(グ)アン］
（英 discussion / negotiation）
合議 / 交渉

perusahaan ［プルウサハアン］
（英 company）会社 / 企業

perusahaan properti
[プルウサハアン プロプルティ]（愚 real estate agent [office]）不動産屋

perusahaan sekuritas
[プルウサハアン スクリタス]
（愚 brokerage firm）証券会社

perut [プル(ト)]
（愚 stomach / belly）お腹 / 腹

pesaing [プサイン(グ)]（愚 rival）ライバル

pesan [プサン]（愚 message / reservation）伝言 / メッセージ / 予約

pesan antar [プサン アンタル]
（愚 delivery service）出前

pesat [プサ(ト)]
（愚 abrupt / quick）急激な / 急速な

pesawat [プサワ(ト)]（愚 airplane）飛行機

peserta [プスルタ]（愚 participant）参加者

pésimis [ペスィミス]
（愚 be pessimistic）悲観する

pesisir [プスィスィル]（愚 shore）沿岸

pésta [ペスタ]（愚 party / banquet）
パーティー / 宴会

pesuruh [プスルー]（愚 errand）使い走り

peta [プタ]（愚 map）地図

petahana [プタハナ]
（愚 incumbent）現職の

petang [プタン(グ)]（愚 afternoon / evening / p.m.）午後（時刻の表現では2時から7時）/ 夕方

petani [プタニ]（愚 farmhouse / farmer）
農家 / 農民

peternakan [プトゥルナカン]
（愚 stock raising / stock farming / dairy farming）畜産 / 牧畜 / 酪農

peti [プティ]（愚 box / case）
（大きな）箱 / ケース

petik [プティッ]（愚 to pick / to snap / to quote）摘む / 弾く / 引用する

petinju [プティンジュ]（愚 boxer）ボクサー

petir [プティル]
（愚 thunder / lightning）雷 / 落雷

petualangan [プトゥアラン(グ)アン]
（愚 adventure）冒険

petugas [プトゥガス]
（愚 person in charge）係 / 担当者

petunjuk [プトゥンジュッ]（愚 indication / hint / clue / guidance）
指示 / ヒント / 手がかり / 手引き

pewangi [プワン(グ)イ]
（愚 perfume / fragrance）香水 / 香料

pewaris [プワリス]（愚 inheritor / ancestor）継承者 / 被相続人

pewarna [プワルナ]
（愚 coloring）着色料 / 染料

piala [ピアラ]（愚 trophy / cup）
トロフィー / カップ

piano [ピアノ]（愚 piano）ピアノ

piawai [ピアワイ]（愚 expert / skilled）
ベテラン / 熟練した

pidato [ピダト]（愚 address / speech）
演説 / スピーチ

pihak [ピハッ]（愚 party / side）〜側 / 〜方

pijak [ピジャッ] (爽 to step on) 踏む

pijat [ピジャッ] (爽 massage) マッサージ

pikét [ピケッ] (爽 watch) 当番

pikir [ピキル] (爽 to think) 考える

piknik [ピクニッ] (爽 picnic) ピクニック

pikun [ピクン] (爽 to grow senile / become decrepit) 惚(ぼ)ける / 老衰する

pil [ピル] (爽 pill) 錠剤

pilih [ピリー] (爽 to choose) 選ぶ

pimpinan [ピンピナン] (爽 leader) 幹部 / 主導 / 首脳 / 誘導 / 引率

pindah [ピンダー] (爽 to move) 移動する / 引っ越す

pindah bagian [ピンダー バギアン] (爽 to transfer / to change post) 異動する

pindah kerja [ピンダー クルジャ] (爽 to change job [occupation]) 転職する

pindah tugas [ピンダー トゥガス] (爽 to transfer / to change post) 転勤する / 転任する

pinés [ピネス] (爽 thumb tack) 画鋲

pinggang [ピンガン] (爽 waist) 腰

pinggir [ピンギル] (爽 edge) 端 / 縁

pinggul [ピングル] (爽 hips) 腰

pingsan [ピンサン] (爽 to lose consciousness / faint) 気絶する / 失神

pinjam [ピンジャム] (爽 to borrow) 借りる (無償で)

pintar [ピンタル] (爽 be familiar with / skillful / smart) 上手い / スマートな / 利口な

pintu [ピントゥ] (爽 door / entrance and exit / gate) 戸 / ドア / 扉 / 出入口 / 門

pipa [ピパ] (爽 pipe / tube) 管 / 筒 / パイプ

pipi [ピピ] (爽 cheek) 頬

pir [ピル] (爽 pear) 梨

piring [ピリン] (爽 dish) 皿

pisang [ピサン] (爽 banana) バナナ

pisau [ピサウ] (爽 knife) ナイフ / 包丁

pistol [ピストル] (爽 pistol) ピストル

pita [ピタ] (爽 tape / ribbon) テープ / リボン

piyama [ピヤマ] (爽 pajamas) パジャマ

plafon [プラフォン] (爽 ceiling) 天井

plakat [プラカッ] (爽 poster) 張り紙

planét [プラネッ] (爽 planet) 惑星

plastik [プラスティッ] (爽 vinyl / plastic) ビニール / プラスチック

plat nomor [プラッ ノモル] (爽 car license [number] plate) ナンバープレート

plin-plan [プリン プラン] (爽 indecisive) 優柔不断な

pluralisme [プルラリスム] (爽 pluralism) 社会的多元性 / 多元性

P

plus [プルス]（英 plus）プラス

pneumonia [プネウモニア]
（英 pneumonia）肺炎

pohon [ポホン]（英 tree）木

poin [ポイン]（英 spot / point / scoring）
地点 / 点 / 得点 / ポイント / 箇所

pojok [ポジョッ]（英 corner / interior）
角（道の）/ コーナー / 奥

pokok [ポコッ]（英 fundamental）根本

pola [ポラ]（英 pattern / form）
パターン / 形態 / 様式

poliandri [ポリアンドリ]
（英 polyandry）一妻多夫

poligami [ポリガミ]
（英 polygamy）一夫多妻制

polis [ポリス]（英 policy (insurance)）
証券（保険の）

polisi [ポリスィ]（英 police officer）
警官 / 警察官 / 巡査

politik [ポリティ(ク)]（英 politics）政治

politisi [ポリティスィ]（英 politician）政治家

polos [ポロス]（英 innocent / plain /
innocence）純情な / 無地 / 潔白な

polusi [ポルスィ]（英 pollution）公害

pom bensin [ポム ブンスィン]
（英 gas (petrol) station）
ガソリンスタンド

pompa [ポンパ]（英 pump）ポンプ

pondok [ポンドッ]（英 cottage）小屋

pongah [ポン(グ)アー]（英 arrogant）傲慢な

ponsél [ポンセル]（英 cellphone）携帯電話

popok [ポポッ]（英 diaper）おむつ

popularitas [ポプラリタス]
（英 popularity）人気

populasi [ポプラスィ]（英 population）人口

populér [ポプレル]（英 popular）人気の

poros [ポロス]（英 an axis）軸

porselén [ポルスレン]
（英 porcelain / china）磁器 / 瀬戸物

porsi [ポルスィ]（英 rate）割り

porter [ポルトゥル]（英 porter）ポーター

Portugis [ポルトゥギス]
（英 Portugal）ポルトガル

pos [ポス]（英 post）ポスト（投函用）

pos kilat [ポス キラ(ト)]
（英 express delivery）速達

pos polisi [ポス ポリスィ]
（英 police box）交番

pose [ポス]（英 pose）ポーズ（姿勢・態度）

posisi [ポスィスィ]（英 position）位置

(berada dalam) posisi sulit
[（ブルアダ ダラム）ポスィスィ スリ(ト)]
（英 pinch）ピンチ

positif [ポスィティフ]（英 favorable /
positive）好意的 / 肯定的な

poster [ポストゥル]（英 poster）ポスター

postur [ポストゥル]（英 posture）姿勢 / 体勢

P

pot [ポ(ト)] (英 pot) 壺(つぼ)

potong [ポトン(グ)] (英 to cut / a piece)
切る / 〜切れ

potongan [ポトン(グ)アン]
(英 slice / reduction / shape)
切れ / スライス / 軽減 / 形

potongan harga [ポトン(グ)アン ハルガ]
(英 discount / special sale)
値引き / 特売

PR [ペーエル] (英 assignment) 宿題

prabayar [プラバヤル]
(英 advance payment) 先払い

praduga [プラドゥガ]
(英 presumption) 推定 / 仮定

prajurit [プラジュリ(ト)]
(英 soldier) 兵隊 / 兵士

prakiraan [プラキラアン]
(英 forecast) 予想 / 予報

prakiraan cuaca [プラキラアン チュアチャ]
(英 weather report) 天気予報

praktik [プラクテッ] (英 practice) 実践

praktis [プラクティス] (英 practical /
convenient) 実用的な / 便利な

pramugara [プラムガラ] (英 (male) cabin
attendant) (男性)客室乗務員 / CA

pramugari [プラムガリ] (英 (female) cabin
attendant) (女性)客室乗務員 / CA

pramuka [プラムカ] (英 Indonesian Boy
Scout) ボーイスカウト

pramuniaga [プラムニアガ]
(英 salesperson) 販売員

pramuria [プラムリア] (英 hostess)
ホステス / (バー・ナイトクラブなどの)接客係

pramurukti [プラムルクティ]
(英 caretaker) 介護士

pramusaji [プラムサジ] (英 waiter /
waitress) ウェイター / ウェイトレス

pramusiwi [プラムスィウィ]
(英 baby sitter) ベビーシッター

pramuwisata [プラムウィサタ]
(英 tour guide) 観光ガイド

pranala [プラナラ] (英 link) リンク

prasangka [プラサンカ]
(英 bias / prejudice) 先入観 / 偏見

prasarana [プラサラナ] (英 infrastructure)
インフラ設備 / 社会基盤

prasmanan [プラスマナン]
(英 buffet) ビュッフェ

pratayang [プラタヤン(グ)]
(英 preview) プレビュー

prédikat [プレディカ(ト)]
(英 predicate) 述語

préféktur [プレフェットゥル]
(英 prefecture) 県

prématur [プレマトゥル]
(英 premature) 時期尚早な

prémis [プレミス]
(英 premise) 前提 / 仮定

prémium [プレミウム] (英 premium)
保険料 / 掛け金 / 上等な

prérogatif [プレロガティフ]
(英 privilege) 特権

P

préséden [プレセデン] (英 precedent) 前例

préséntasi [プレセンタスィ]
(英 presentation)
提示 / プレゼンテーション

présidén [プレスィデン]
(英 president) 大統領 / 社長

préstasi [プレスタスィ] (英 grade) 成績

pria [プリア] (英 man [men] / gentleman / boy) 男の人 / 紳士 / 男子

pribadi [プリバディ]
(英 private) プライベートな

pribumi [プリブミ]
(英 indigenous) 先住民 / 土着の

prihatin [プリハティン] (英 melancholy / humble) 憂鬱 / つつましい

primitif [プリミティフ] (英 primitive / undeveloped) 原始的な / 未開の

prinsip [プリンスィ(プ)] (英 principle / the spirit) 原理 / 主義 / 理念

prioritas [プリオリタス] (英 priority) 優先

probabilitas [プロバビリタス]
(英 probability) 確率

produk [プロドゥッ] (英 products) 製品

produksi [プロドゥックスィ] (英 manufacture / production) 製造 / 製作 / 生産

produktif [プロドゥクティフ]
(英 productive) 生産的 / 生産性が高い

produsén [プロドゥセン]
(英 maker) メーカー

profésor [プロフェソル] (英 professor) 教授

program [プログラム] (英 course / program)
課程 / コース(課程) / プログラム

promosi [プロモスィ] (英 advancement / advertisement / promotion) 振興 / 宣伝 / 促進 / 販売促進 / プロモーション

properti [プロプルティ]
(英 real estate) 不動産

proporsi [プロポルスィ] (英 proportion) 比例

proposal [プロポサル] (英 suggestion) 提案

prosédur [プロセドゥル]
(英 procedure) 手順 / 手続き

prosés [プロセス]
(英 process) 過程 / プロセス

prospék [プロスペッ]
(英 prospect / perspective / outlook)
見込み / 見通し / 目処

prostitusi [プロステイトゥスィ]
(英 prostitution) 売春

protéin [プロテイン] (英 protein) 蛋白質

protés [プロテス] (英 protest) 抗議

provinsi [プロフィンスィ]
(英 prefecture / state) 県 / 州

provokasi [プロフォカスィ]
(英 provocation) 挑発

psikater [スィキアトゥル] (英 psychiatric specialist) 精神科専門医

puas [プアス]
(英 be satisfied with) 満足した

puasa [プアサ] (英 fasting) 断食

publik [プブリッ] (英 the public / openly)
公衆 / 公共 / 公然

publikasi [プブリカスィ]
（愛 publication）公刊

pucat [プチャ(ト)]
（愛 pale）青ざめた / 顔色が悪い

pucuk [プチュッ]（愛 germ）（植物の）芽

pudar [プダル]（愛 to fade）褪（あ）せる

puding [プディン(グ)]
（愛 pudding）プリン

puing [プイン(グ)]
（愛 destruction / ruins）荒廃 / 廃墟

puisi [プイスィ]（愛 poem）詩

puja [プジャ]（愛 worship / to worship / to idolize）崇拝 / 崇拝する / 心酔する

pujaan [プジャアン]（愛 admiration）憧れ

puji [プジ]（愛 to praise）ほめる

pujian [プジアン]（愛 praise）賛美 / 称賛

pukul [プクル]（愛 to hit / to beat / o'clock）打つ / 叩く / 殴る / 〜時

pukulan [プクラン]（愛 blow / impact）
打撃 / 打つこと / 衝撃

pula [プラ]（愛 then / also）また / 同様に

pulang [プラン(グ)]（愛 to return）帰る

pulang-pergi [プラン(グ) プルギ]（愛 to go and return / round trip）往復（する）

pulas [プラス]（愛 to twist / to turn / deep sleep）ひねる / ねじる / 熟睡する

pulau [プラウ]（愛 island）島

pulih [プリー]（愛 to restore）復旧する

pulpén [プルペン]（愛 pen / ballpoint pen）
ペン / ボールペン

puluh [プルー]（愛 ~-ty）〜十

puluhan [プルハン]
（愛 dozens [tens] of / ~-ties）
数十の / 何十もの / 〜十代 / 〜十台

pulut [プル(ト)]（愛 gum）（粘りのある）樹液

pun [プン]（愛 also / even / even if）
〜も / 〜すら / だとしても / 全然 / ちゃんと

punah [プナー]
（愛 to die out / extermination）
途絶える / 滅びる / 絶滅

puncak [プンチャッ]（愛 summit / top / peak / utmost ~）（山の）頂 / 極み / 盛り / 頂上 / （〜の）至り

punggung [プングン(グ)]
（愛 back）背 / 背中

punya [プニャ]（愛 to possess）所有する

pupil (mata) [プピル (マタ)]
（愛 pupil / pupil of an eye）瞳孔 / 瞳

pupuk [ププッ]（愛 fertilizer）肥料

pura-pura [プラ プラ]
（愛 to pretend）〜のふりをする

purba [プルバ]（愛 ancient）古代の

puri [プリ]（愛 castle）城

purnama [プルナマ]（愛 full moon）満月

pusaka [プサカ]（愛 heirloom / legacy）
遺産 / 先祖代々伝わるもの

pusar [プサル]（愛 navel）臍（へそ）

pusaran [プサラン]（愛 whirlpool）渦

P

pusat [プサ(ト)] (㊟ center / the center / central) センター / 中心 / 中枢 / 中央

pusat informasi wisata
[プサ(ト) インフォルマスィ ウィサタ]
(㊟ tourist information center)
観光案内所

pusat kebugaran [プサ(ト) クブガラン]
(㊟ gym / fitness club)
ジム / フィットネスクラブ

pusing [プスィン(グ)]
(㊟ headache) 頭痛 / 頭が痛い

puskesmas [プスクスマス]
(㊟ health center) 保健所

pustaka [プスタカ] (㊟ literature) 文献

putar [プタル] (㊟ to play / to rotate)
再生する(音楽など) / 回転する

putih [プティー] (㊟ white) 白(い)

putra [プトラ] (㊟ son) 息子

putri [プトリ]
(㊟ daughter / princess) 娘 / 王女

putus [プトゥス] (㊟ be cut / to hang up)
切れる / 切る(電話を)

putus asa [プトゥス アサ]
(㊟ setback / despair) 挫折 / 絶望

putus cinta [プトゥス チンタ]
(㊟ broken heart) 失恋(する)

putus sekolah [プトゥス スコラー]
(㊟ to leave school) 退学する

putusan [プトゥサン]
(㊟ judgment / decision)
判決 / 判定(決定)

putus-putus [プトゥス プトゥス]
(㊟ interrupted / disconnected)
途切れ途切れの

R

raba [ラバ] (㊟ to touch / to rub /
to grope) 触る / 擦る / 手探りで探す

rabiés [ラビエス] (㊟ rabies) 狂犬病

Rabu [ラブ] (㊟ Wednesday) 水曜(日)

rabun [ラブン] (㊟ having poor eyesight)
目が見えづらい

rabun dekat [ラブン ドゥカ(ト)]
(㊟ farsightedness / aged eye)
遠視 / 老眼

rabun jauh [ラブン ジャウー]
(㊟ shortsightedness) 近視

racun [ラチュン]
(㊟ poison / toxicity) 毒 / 有毒

radang [ラダン(グ)]
(㊟ inflammation / ulcer)
炎症 / 潰瘍(かいよう)

radiasi [ラディアスィ] (㊟ radiation) 放射能

radikal [ラディカル] (㊟ extreme) 過激な

radio [ラディオ] (㊟ radio) ラジオ

radioaktif [ラディオアクティフ]
(㊟ radioactivity) 放射性

radius [ラディウス] (㊟ radius) 半径

ragam [ラガム] (㊟ category) 種類

ragi [ラギ] (㊟ yeast) 酵母菌 / イースト

ragu [ラグ] (㊟ to doubt) 疑う

ragu-ragu [ラグ ラグ] (英 uncertain / to hesitate) あやふやな / ためらう

rahasia [ラハスィア]
(英 secret) 内緒 / 密かな

rahim [ラヒム] (英 uterus) 子宮

rahmat [ラーマ(ト)] (英 blessing) 恵み

raih [ライー] (英 to win)
獲得する / 手に入れる

raja [ラジャ] (英 king / monarch)
王 / 君主 / 国王

rajah [ラジャー]
(英 amulet / lines of palm / tattoo)
お守りの絵 / 手相 / タトゥー

rajin [ラジン] (英 hardworking) 勤勉な

rajut [ラジュ(ト)] (英 to knit) 編む

rak [ラッ] (英 shelf) 棚

rakét [ラケ(ト)] (英 racket) ラケット

rakit [ラキ(ト)] (英 raft) いかだ

raksasa [ラクササ]
(英 giant / very large)
鬼 / 怪獣 / 巨人 / 巨大な

rakus [ラクス] (英 greedy) 欲張りな

rakyat [ラクヤ(ト)] (英 citizen / people)
国民 / 市民 / 民衆

ralat [ララ(ト)] (英 correction) 訂正

Ramadan [ラマダン] (英 Ramadan)
ラマダーン (イスラム暦9月で断食月)

ramah [ラマー] (英 amiable / frank / gentle) 和やかな / 気さくな / 温和な

ramai [ラマイ]
(英 crowded / noisy / vivaciousness)
にぎやか(な) / 盛り上がる

ramal [ラマル] (英 to predict / to forecast) 予測する / 予言する

rambu [ランブ] (英 sign) 標識

rambut [ランブ(ト)] (英 hair) 髪 / 髪の毛

rambutan [ランブタン]
(英 rambutan) ランブータン

rampas [ランパス] (英 to snatch / to confiscate) 奪う / 没収する

ramping [ランピン(グ)] (英 slender / slim)
華奢(きゃしゃ)な / 痩せている

ramuan [ラムアン] (英 blending) 調合

rancang [ランチャン(グ)] (英 to arrange / to plan) 設計する / 企画する

rangka [ランガ] (英 frame / skeleton / outline) 骨組み / 骨格 / アウトライン

rangkap [ランカ(プ)] (英 double) ダブル

rangsang [ランサン(グ)]
(英 to stimulate) 刺激する

ranjang [ランジャン(グ)] (英 bed) ベッド

ransel [ランスル] (英 rucksack) リュック

rantai [ランタイ] (英 chain) 鎖 / チェーン

rapat [ラパ(ト)] (英 meeting / close)
ミーティング / 密接な

rapi [ラピ] (英 tidy / neat) 整然とした / きちんとした / 片づいている

rapuh [ラプー] (英 fragile) 脆(もろ)い

R

ras [ラス]（英 variety / race）品種 / 人種

rasa [ラサ]（英 flavor / taste / feeling）味わい / 趣き / 心地

rasa-rasanya [ラサ ラサニャ]（英 for some reason or other）何となく

rasi bintang [ラスィ ビンタン(グ)]（英 constellation）星座

rasio [ラスィオ]（英 ratio / proportion）比率 / 率

rasional [ラスィオナル]（英 rationality / rational）合理的 / 理性的な

rasul [ラスル]（英 messenger of God）神の使徒

rata-rata [ラタ ラタ]（英 average）平均

ratu [ラトゥ]（英 queen）女王

ratus [ラトゥス]（英 hundred）百

raut muka [ラウ(ト) ムカ]（英 complexion）顔色

rawa [ラワ]（英 swamp）沼

rawat [ラワ(ト)]（英 to treat / to nurse）治療する / 看護する

raya [ラヤ]（英 great）大 / 大きい

rayu [ラユ]（英 to tempt）口説く

razia [ラズィア]（英 inspection）検問

réaksi [レアクスィ]（英 reaction）反応 / リアクション

réalisasi [レアリサスィ]（英 realization）実現

réalistis [レアリスティス]（英 realistic）現実的な / 現実主義の

rebus [ルブス]（英 to boil / boiled）茹でる / 煮る / 茹でた / 煮た

rebut [ルブ(ト)]（英 to snatch）奪い取る

récéh [レチェー]（英 small）細かい（お金）

reda [ルダ]（英 to subside）収まる（弱くなる）

redaksi [ルダクスィ]（英 editing）編集

réferénsi [レフレンスィ]（英 reference）参考 / 参考資料

réfléksi [レフレクスィ]（英 reflection）反映 / 反省

réformasi [レフォルマスィ]（英 reformation）改革

regang [ルガン(グ)]（英 taut）ぴんと張った

réhabilitasi [レハビリタスィ]（英 rehabilitation）リハビリテーション

réka ulang [レカ ウラン(グ)]（英 reappearance）再現

rekaman [ルカマン]（英 recording）録音

rékayasa [レカヤサ]（英 plot）策略

rékening [レクニン(グ)]（英 bank account）口座

rékoméndasi [レコメンダスィ]（英 recommendation）推薦 / おすすめ

rékonsiliasi [レコンスィリアスィ]（英 reconciliation）仲直り / 和解

rékonstruksi [レコンストルクスィ]
(爽 renovation / reconstruction)
改装 / 再建 / 復興

rékor [レコル](爽 record)記録

rékréasi [レクレアスィ]
(爽 recreation)レクリエーション

réktor [レクトル]
(爽 (university) president)学長

réla [レラ]
(爽 willing / accept the situation)
喜んでする / あきらめる

rélatif [レラティフ]
(爽 relative / comparatively)
相対 / 相対的 / 比較的 / 割合に / 割と

rélevan [レルファン]
(爽 relevant)関連がある

rém [レム](爽 brake)ブレーキ

remaja [ルマジャ](爽 youngster)若者

remang-remang [ルマン(グ) ルマン(グ)]
(爽 dim)薄暗い

réméh [レメー](爽 trivial)
些細な / 取るに足りない

rempah [ルンパー]
(爽 spices / spice)香辛料 / スパイス

remuk [ルムッ]
(爽 to be smashed up)砕け散る

renang [ルナン(グ)]
(爽 swimming)泳ぎ / 水泳

rencana [ルンチャナ](爽 planning /
plan)企画 / 手はず / プラン / 予定

rénda [レンダ](爽 lace)レース(刺繍)

rendah [ルンダー]
(爽 low / bad)低い / 悪い(劣っている)

rendah diri [ルンダー ディリ]
(爽 complex / be inferior to)
コンプレックス / 劣勢な

rendah hati [ルンダー ハティ]
(爽 humble / be modest / modest)
謙虚な / 謙遜する / 控え目な

rendam [ルンダム]
(爽 to soak)浸ける / 浸す

rénovasi [レノファスィ]
(爽 repair / rebuilding)改修 / 改築

réntétan [レンテタン](爽 a set of)揃い

renungan [ルヌン(グ)アン]
(爽 retrospection / thought)回想 / 思索

répot [レポ(ト)](爽 troublesome / to have
a hard time)面倒な / 厄介な / 困る

républik [レプブリッ](爽 republic)共和国

réputasi [レプタスィ](爽 reputation)評判

resah [ルサー](爽 restless)
落ち着かない / 不安な

resép [ルセ(プ)](爽 recipe /
prescription)レシピ / 処方箋

résési [レセスィ]
(爽 recession)不景気 / 不況

résiko [レスィコ](爽 risk)リスク

resmi [ルスミ](爽 official / formality /
formal)公式 / 公式な / 公用の / 正式な

résolusi [レソルスィ]
(爽 resolution)議決 / 決議 / 解像度

résor [レソル](爽 resort)リゾート

R

réspon [レスポン] (® response) 反響

réspondén [レスポンデン]
(® respondent) 回答者

réstoran [レストラン]
(® restaurant) レストラン

restu [ルストゥ] (® blessing) 祝福

restui [ルストゥイ] (® to bless / to accept)
祝福する / 容認する

retak [ルタッ] (® crack) ひび

retas [ルタス] (® to open / to hack)
切り開く / ハック

revisi [ルフィスイ]
(® to revise / to correct) 訂正 / 修正

révolusi [レフォルスイ]
(® reform / revolution) 革新 / 革命

rezeki [ルジュキ] (® good fortune /
livelihood) 福 / 幸運 / 生活の糧

riang [リアン(グ)]
(® cheerful) 朗らかな / 元気な

riba [リバ] (® interest) 利子

ribu [リブ] (® thousand) 千

ribut [リブ(ト)] (® noisy) 騒々しい

rimba [リンバ]
(® jungle) ジャングル / 密林

rimbun [リンブン]
(® leafy) 葉が生い茂った

rinci [リンチ] (® detailed / elaborated)
詳しい / 細かい / 詳細な

rincian [リンチアン] (® details) 明細

rindu [リンドゥ]
(® to miss *sb* / fondly-remembered)
恋しい / 懐かしい

ringan [リン(グ)アン] (® light / minor /
easy) 軽い / 手軽な / 簡単な

ringkas [リンカス] (® brief / concise)
簡潔な / すっきり(簡潔な)

ringkasan [リンカサン] (® summary /
resume) あらすじ / 概略 / 要約

rintik [リンティッ] (® drop) しずく

risau [リサウ] (® worried) 心配な

ritme [リトム] (® rhythm) リズム

ritsléting [リッツレティン(グ)]
(® zipper) ファスナー

riuh [リウー] (® noisy) 騒がしい

riwayat [リワヤ(ト)]
(® resume / biography) 履歴 / 伝記

riwayat hidup [リワヤ(ト) ヒドゥ(プ)]
(® one's career / life / one's history)
経歴 / 生涯 / 身の上 / 履歴書

robék [ロベッ] (® to get torn) 破れる

roboh [ロボー] (® to collapse) 崩壊する

robot [ロボ(ト)] (® robot) ロボット

roda [ロダ] (® wheel) 車輪

roh [ロー] (® ghost / spirit) 幽霊 / 霊

rohani [ロハニ] (® soul / spiritual)
精神 / 精神的な

rok [ロッ] (® skirt) スカート

rokok [ロコッ] (® tobacco) タバコ

R

romantis [ロマンティス]
(英 romantic) ロマンティック

rombak [ロンバッ] (英 to reshuffle)
再編成する / (内閣を)改造する

rombongan [ロンボン(グ)アン]
(英 group) グループ / 群れ

rongga [ロンガ] (英 hollow) 空洞

rontok [ロント(ク)] (英 to fall) 散る

rotasi [ロタスィ] (英 rotation) 自転

roti [ロティ] (英 bread) パン

ruam [ルアム] (英 rash) 湿疹 / 発疹

ruang [ルアン(グ)] (英 space / room)
スペース / 部屋 / 余地

ruang kelas [ルアン(グ) クラス]
(英 classroom) 教室

ruang lingkup [ルアン(グ) リンク(プ)]
(英 scope) 範囲 / スコープ

ruang rapat [ルアン(グ) ラパ(ト)]
(英 meeting room) 会議室

rubah [ルバー] (英 fox) キツネ

rugi [ルギ] (英 loss / to lose)
損 / 損失 / 損をする

ruji [ルジ] (英 spoke) 車輪の輻 / スポーク

rujuk [ルジュッ(ク)] (英 to refer to)
参照する / 言及する

rujukan [ルジュカン] (英 reference) 参照

rukun [ルクン] (英 harmonious) 円満な

rumah [ルマー] (英 home / house)
家 / 家屋 / 家庭 / 住宅 / ホーム

rumah séwa [ルマー セワ]
(英 rented house) 借家

rumah tangga [ルマー タンガ]
(英 household) 世帯 / 家庭(単位)

rumit [ルミ(ト)] (英 complex) 複雑な

rumput [ルンプ(ト)]
(英 grass / lawn) 草 / 芝生

rumput laut [ルンプ(ト) ラウ(ト)]
(英 sea grass) 海草

runcing [ルンチン(グ)]
(英 sharp) 鋭い(よく切れる)

runding [ルンディン(グ)]
(英 to negotiate) 交渉する / 相談する

runtuh [ルントゥー] (英 to crumble) 崩れる

rupa [ルパ] (英 face / appearance /
figure) 顔つき / 格好 / 姿

rupiah [ルピアー] (英 rupiah)
ルピア(インドネシアの通貨単位)

rusa [ルサ] (英 deer) 鹿

rusak [ルサ(ク)] (英 broken)
故障している / 壊れている

Rusia [ルスィア] (英 Russia) ロシア

rusuk [ルス(ク)] (英 flank) 脇 / 脇腹

rute [ルトゥ] (英 route / course)
航路 / 経路 / 路線

rutin [ルティン]
(英 regular / daily schedule /
mannerism) 定期的 / 日課 / マンネリ

R

S

s.a.w. [エスアウェ] (愛 may God's blessings and peace be with him) 神の祝福と平安あれ (ムハンマドの名の後に付ける)

s.w.t. [エスウェテ] (愛 glory to Him, the Exalted) 至高で栄光なる (イスラム教の神の名の後に付ける)

saat [サア(ト)] (愛 moment) 瞬間

sabar [サバル] (愛 endurance / perseverance) 我慢 / 辛抱強い

sabit [サビ(ト)] (愛 sickle) 鎌 (かま)

Sabtu [サブトゥ] (愛 Saturday) 土曜 (日)

sabuk [サブッ] (愛 belt) ベルト

sabuk pengaman [サブッ プン(グ)アマン] (愛 seat belt) シートベルト

sabun [サブン] (愛 soap) 石鹸

sadar [サダル] (愛 to become conscious of) 自覚する

sadis [サディス] (愛 cruel) 残酷な

sadur [サドゥル] (愛 to rewrite / plate (coating)) 書き直す / メッキ

sagu [サグ] (愛 sago (palm)) サゴヤシ / サゴ (サゴヤシのでんぷん粉)

sah [サー] (愛 right) 正当な

sahabat [サハバ(ト)] (愛 best friend) 親友

saham [サハム] (愛 stock) 株 / 株式 / 株券

sahih [サヒー] (愛 valid) 確かな / 正当な

sahut [サフ(ト)] (愛 to reply) 返答する

saing [サイン(グ)] (愛 to compete) 競争する

saingan [サイン(グ)アン] (愛 rival) ライバル

sains [サインス] (愛 science) 科学 / 理科

saja [サジャ] (愛 only / just / with no reason) だけ / ばかり / 別に / 何となく

sakit [サキ(ト)] (愛 to hurt / painful / disease) 痛む / 痛い / 病気

sakit gigi [サキ(ト) ギギ] (愛 toothache) 歯痛

sakit hati [サキ(ト) ハティ] (愛 be hurt) (心が) 傷つく

sakit kepala [サキ(ト) クパラ] (愛 headache) 頭痛

sakit perut [サキ(ト) プル(ト)] (愛 stomachache) 胃痛 / 腹痛

sakit pinggang [サキ(ト) ピンガン(グ)] (愛 backache) 腰痛

saksama [サクサマ] (愛 careful / accurate) 慎重 / 慎重に / 正確 / 正確に

saksi [サクスイ] (愛 witness) 証人 / 目撃者

sakti [サクティ] (愛 magic / supernatural) 魔力がある / 超能力がある

saku [サク] (愛 pocket) ポケット

salah [サラー] (愛 be wrong / to make a mistake) 違う / 間違える

salah cerna [サラー チュルナ] (愛 indigestion) 不消化 / 消化不良

salah cétak [サラー チェタッ] (愛 misprint) ミスプリント

salah mengerti [サラー ムン(グ)ウルティ]
（葉 to misunderstand）誤解する

salah paham [サラー パハム]
（葉 misunderstanding / to misunderstand）
勘違い（する）/ 誤解（する）

salah satu [サラー サトゥ]
（葉 one of）〜の1つ

salak [サラッ]（葉 snake fruit / to bark）
サラック（椰子の仲間の果物）/ 吠える

salam [サラム]（葉 greetings / regards）
挨拶 / よろしくとの挨拶

saldo [サルド]（葉 balance / the balance）
残額 / 残金 / 残高

salep [サル(プ)]（葉 ointment）軟膏

salib [サリ(ブ)]（葉 cross）十字架

salin [サリン]（葉 to copy / to change）
写す / 複写する / 着替える

salinan [サリナン]（葉 copy）写し / コピー

saling [サリン(グ)]
（葉 mutual / each other）相互 / 互いに

salju [サルジュ]（葉 snow）雪

salon [サロン]（葉 salon）サロン

salon kecantikan [サロン クチャンティカン]
（葉 beauty salon [shop]）美容院

salto [サルト]（葉 somersault）宙返り

saluran [サルラン]（葉 channel / pipe）
チャンネル / 管

sama [サマ]（葉 same / identical /
similar）同じ / 揃いの / 同一の /
同様な / むらのない

sama rata [サマ ラタ]
（葉 unanimously）一様に

samar [サマル]（葉 darksome）薄暗い

sama-sama [サマ サマ]
（葉 together / both / you're welcome）
一緒に / 共に / どういたしまして

sambal [サンバル]（葉 sambal）
サンバル（唐辛子などを混ぜたペースト）

sambil [サンビル]（葉 while / at the same
time / incidentally）
（〜し）ながら / がてら / ついでに

sambilan [サンビラン]（葉 part-time）
パートタイムの / アルバイトの

sambung [サンブン(グ)]（葉 to connect /
to continue）つなぐ / 続ける

sambut [サンブ(ト)]（葉 to welcome /
to celebrate）迎える / 歓迎する / 祝う

sampah [サンパー]
（葉 junk / trash）屑 / ごみ

sampai [サンパイ]（葉 to reach / till /
arrival）至る / 届く / 〜まで / 到着

sampai hati [サンパイ ハティ]
（葉 to have the heart）平気で〜できる /
〜する気になる

sampai jumpa [サンパイ ジュンパ]
（葉 goodbye / see you again）
さようなら / また会う日まで

sampan [サンパン]（葉 boat）小舟

sampel [サンプル]（葉 sample）サンプル

samping [サンピン(グ)]（葉 side）
横 / 脇 / そば / 傍ら

S

sampul [サンプル]（釆 cover）カバー / 表紙

samudra [サムドゥラ]
（釆 the ocean）海洋

Samudra Atlantik
[サムドゥラ アトランテイツ]
（釆 the Atlantic Ocean）大西洋

Samudra Hindia [サムドゥラ ヒンディア]
（釆 the Indian Ocean）インド洋

Samudra Pasifik [サムドゥラ パスィフィツ]
（釆 the Pacific Ocean）太平洋

sana [サナ]（釆 there）そこ / そちら

sandal [サンダル]（釆 sandals）サンダル

sandaran [サンダラン]
（釆 backrest / support）背もたれ / 助け

sandera [サンドゥラ]（釆 hostage）人質

sandiwara [サンディワラ]（釆 play /
performance）戯曲 / 劇 / 演劇

sangat [サン(グ)ア(ト)]
（釆 very）とても / 非常に / かなり

sangga [サンガ]
（釆 prop / to support）支え / 支える

sanggul [サングル]
（釆 bun）束ねた髪 / お団子

sanggup [サング(プ)]（釆 able / to have
the heart）できる / 〜する覚悟がある

sangkil [サン(グ)キル]
（釆 efficient）効率のいい

sanitasi [サニタスィ]（釆 sanitation）衛生

sanksi [サンクスィ]
（釆 punishment）処分 / 処罰

santai [サンタイ]
（釆 to relax / relaxing / easygoing）
くつろぐ / のんびり(した) / 気楽な

santun [サントゥン]（釆 polite）礼儀正しい

sapi [サピ]（釆 cow）牛

sapi perah [サピ ブラー]
（釆 milk cow）乳牛

sapta [サプタ]（釆 seven）七つ

sapu [サプ]（釆 broom）ほうき

sapu tangan [サプ タン(グ)アン]
（釆 handkerchief）ハンカチ

saput [サプ(ト)]（釆 film）薄い膜

saraf [サラフ]（釆 nerve）神経

saran [サラン]（釆 recommendation /
suggestion）勧告 / 提案

sarang [サラン(グ)]（釆 nest）巣

sarapan [サラパン]
（釆 breakfast）朝ごはん / 朝食

sari [サリ]（釆 juice / extract）
汁（液体）/ エキス

saring [サリン(グ)]（釆 to filter / to screen）
ろ過する / 選抜する

sarjana [サルジャナ]（釆 bachelor）学士

sarjana muda [サルジャナ ムダ]
（釆 junior college graduate）短大卒

sarung [サルン(グ)]（釆 sarong / sheath）
サロン（腰巻き布）/ (刃物の)さや / 覆い

sasaran [ササラン]
（釆 aim / target）狙い / 的 / 目標

S

sastra [サストラ]（愚 literature）文学

saté [サテ]（愚 roasted meat and vegetables on skewers）串焼き

satelit [サトゥリ(ト)]（愚 satellite）衛星

satire [サティル]（愚 satire）風刺

satu [サトゥ]（愚 one / a(n)）
1 / ある〜 / 同じ / 全〜 / 〜中(じゅう)

satu per satu [サトゥ プル サトゥ]
（愚 one by one）一つずつ

satu pihak [サトゥ ピハッ]
（愚 one party）一方(片側)

satuan [サトゥアン]（愚 unit）単位

satu-satunya [サトゥ サトゥニャ]
（愚 only one）唯一

saudara [サウダラ]（愚 relative / Mr. / you）親戚 / 〜君 / 君

saudara kandung [サウダラ カンドゥン(グ)]
（愚 sibling）実のきょうだい(兄弟姉妹)

saudara tiri [サウダラ ティリ]
（愚 half-brothers / sisters）
腹違いの兄弟 / 姉妹

sauna [サウナ]（愚 sauna）サウナ

saus [サウス]（愚 sauce / dressing）
ソース / ドレッシング

sawah [サワー]（愚 paddy field / rice field）水田 / 田んぼ

sawi hijau [サウィ ヒジャウ]（愚 choy sum (Brassicaceae, Chinese vegetable)）
小松菜(中国の野菜・アブラナ科)

sawi putih [サウィ プティー]
（愚 Chinese cabbage）白菜

sawit [サウィ(ト)]（愚 palm）椰子(やし)

saya [サヤ]（愚 I）僕 / 私

sayang [サヤン(グ)]（愚 my love / honey / pitiful / regret / wasteful）
愛している / 愛しい人(呼びかけ) /
惜しい / 残念 / もったいない

sayangi [サヤンギ(グ)イ]（愚 to love / to cherish）愛する / かわいがる

sayangnya [サヤン(グ)ニャ]
（愚 unfortunately / regrettable）
生憎 / 残念な

sayap [サヤ(プ)]（愚 wing）翼 / 羽

sayap kanan [サヤ(プ) カナン]
（愚 right wing）右翼

sayap kiri [サヤ(プ) キリ]
（愚 left wing）左翼

sayembara [サユンバラ]
（愚 prize）懸賞

sayu [サユ]
（愚 sorrowful）せつない / 悲しい

sayup-sayup [サユ(プ) サユ(プ)]
（愚 faint / subtle）微か(な)

sayur [サユル]（愚 vegetable）野菜

SD [エスデー]
（愚 elementary school）小学校

seadanya [スアダニャ]
（愚 as it is）ありのまま

seakan-akan [スアカン アカン]
〔愚 as if)あたかも〜のようだ

seandainya [スアンダイニャ]
（愚 if）仮に / もし仮に

S

searah [スアラー]
（接 on the other hand）一方

sebab [スバ(ブ)]（接 reason）理由

sebagai [スバガイ]（接 as）～として

sebagaimana [スバガイマナ]
（接 as）～であるように

sebagian [スバギアン]
（接 some / small part）一部の / 一部分

sebagian besar [スバギアン ブサル]
（接 mostly / majority / generally）
大抵 / 大半 / 大部分 / 大体

sebaiknya [スバイニャ]
（接 better ~）（～の）方がいい

sebaliknya [スバリッニャ]
（接 conversely）逆に

sebanding [スバンディン(グ)]
（接 to be comparable）匹敵する

sebanyak [スバニャッ(ク)]
（接 as many [much] as）
～もの / （数量が）～の / 同じぐらい多い

sebatang [スバタン(グ)]（接 one）一本

sebaya [スバヤ]
（接 the same age）同い年

sebelah [スブラー]
（接 side / nearby）側 / 横 / 隣

sebelas [スブラス]（接 eleven）11

sebelum [スブルム]
（接 before）（～する）前 / 以前

sebenarnya [スブナルニャ]
（接 actually / originally / true）
実は / 本来 / 本当の

sebentar [スブンタル]
（接 for a short while）しばらく

seberapa [スブラパ]
（接 as much as possible /
(not) so much）
できるだけ / それほど～

sebesar [スブサル]（接 as large as）
（大きさが）～（も）の / 同じぐらい大きい

sebisa mungkin [スビサ ムンキン]
（接 as far as possible）
できるだけ / 可能な限り

sebuah [スブアー]（接 one）1つ

sebulan [スブラン]（接 one month）
一か月 / 一月(ひとつき)

secara ~ [スチャラ]（接 ~ ly / in one's
way）～的 / の方法で

secukupnya [スチュク(プ)ニャ]
（接 sufficient(ly) / as much as one
wants）十分(な) / 欲するだけ

sedang [スダン(グ)]（接 half finished /
in the midst）～掛け（途中）/ 最中

sedap [スダ(プ)]（接 delicious）おいしい

sedekah [スドゥカー]（接 alms）施(ほどこ)し

sedérét [スデレ(ト)]（接 in line）一列

sederhana [スドゥルハナ]（接 simple /
plain / modest）簡素な / 質素な /
地味な / 素朴な / 粗末な / 控え目な

sedia [スディア]
（接 ready / prepared / already）
準備ができた / 用意がある / すでに

sedih [スディー]（接 sad）悲しい

sedikit [スディキ(ト)]（ 形 a few / a little）
少ない / 少し / やや

sedikit banyak [スディキ(ト) バニャッ]
（ 形 somewhat / more or less）
多少 / 一応

sedikit demi sedikit
[スディキ(ト) ドゥミ スディキ(ト)]
（ 形 little by little）少しずつ

sedotan [スドタン]（ 名 straw）ストロー

seékor [スエコル]
（ 名 one）一匹 / 一頭 / 一羽

seénaknya [スエナッニャ]
（ 形 on one's own）勝手な

segala [スガラ]（ 形 every / synthesis）
あらゆる / 軒並み / 総合

segan [スガン]（ 形 restraint / shy）
遠慮 / 恥ずかしがる

segar [スガル]（ 形 fresh / clean /
refreshing）新鮮な / さっぱりする /
爽やかな / 清々しい / 瑞々しい

ségel [セゲル]（ 名 seal / stamp）封 / 印紙

segelas [スグラス]（ 名 a cup of）一杯

segelintir [スグリンティル]
（ 形 a small number of）少数の

segera [スグラ]
（ 形 immediately / promptly）
早速 / 至急 / 即座に / ただちに

segi empat [スギ ウンパ(ト)]
（ 名 square）四角形

segitiga [スギティガ]（ 名 triangle）三角形

sehari [スハリ]（ 名 a (one) day）一日

seharian [スハリアン]（ 名 all day）一日中

seharusnya [スハルスニャ]（ 形 should）
〜するべきだ / 〜するはずだ

séhat [セハ(ト)]（ 形 healthy / be well /
sound / sturdy）
元気な / 健康な / 健在な / 健全な

sehelai [スフライ]（ 名 a sheet）一枚

sehingga [スヒンガ]（ 名 (so 〜) that）それで

seimbang [スインバン(グ)]（ 形 to balance /
balance）釣り合う / 両立

seiring [スイリン(グ)]（ 形 side by side）
並んで / ともに / 並行して

sejajar [スジャジャル]
（ 形 equal / parallel）同格 / 並列

sejak [スジャッ]
（ 名 since / since then）以降 / 以来

sejam [スジャム]（ 名 an hour）一時間

sejarah [スジャラー]（ 名 history）歴史

sejauh mana [スジャウー マナ]
（ 形 how far）どの程度まで / どれくらい

sejenis [スジュニス]（ 形 a kind of / of the
same kind）〜の一種 / 同種の

sejuk [スジュッ]（ 形 cool）クールな / 涼しい

sejumlah [スジュムラー]
（ 形 a sum of / some）
全部で〜の /（数量が）〜の / いくらかの

sejurus [スジュルス]
（ 名 a moment）ちょっと（の間）

sekadarnya [スカダルニャ]
（ 形 appropriately）適当に

S

sekali [スカリ]（愛 once / considerably / greatly）一旦 / めっきり / 一度 / 余程

sekalian [スカリアン]（愛 at once / incidentally / all of (you)）一気に / ついでに /（～の）皆さん

sekaligus [スカリグス]（愛 in a lump / at once / at the same time）一括で / 一挙 / 一度に / 一括 / 一気に

sekarang [スカラン(グ)]（愛 now / at present / the present time）今 / 今頃 / 目下 / 現在

sekat [スカ(ト)]（愛 to block）封鎖する / 仕切る

sekejap [スクジャ(プ)]（愛 instant / moment）あっという間 / 一瞬

sekelas [スクラス]（愛 same class）同級

sekelebat [スクルバ(ト)]（愛 at a glance）一見

sekeliling [スクリリン(グ)]（愛 whole place / surrounding）一帯 / 周囲

sekelompok [スクロンポッ]（愛 comrade）同志

sekeluarga [スクルアルガ]（愛 whole family）一家全員

seketika [スクティカ]（愛 quickly）さっと

sekian [スキアン]（愛 that's all）以上（文章の締めくくり）

sekilas [スキラス]（愛 look / at a glance）一目 / ちらっと

sekitar [スキタル]（愛 about / around / vicinity）辺り / 付近 / 周り / 周囲

sekolah [スコラー]（愛 school）学校 / スクール

sekolah dasar [スコラー ダサル]（愛 elementary school）小学校

sekolah menengah [スコラー ムヌン(グ)アー]（愛 secondary school）中高等学校

sekolah menengah atas [スコラー ムヌン(グ)アー アタス]（愛 high school）高校 / 高等学校

sekolah menengah pertama [スコラー ムヌン(グ)アー プルタマ]（愛 junior high school）中学校

sekop [スコ(プ)]（愛 shovel）スコップ

sékretaris [セクレタリス]（愛 secretary）秘書

séks [セクス]（愛 sex）性 / セックス

séksi [セクスイ]（愛 sexy / section）セクシーな / セクション

séksual [セクスアル]（愛 sexual）性的な

séktor [セクトル]（愛 sector）分野 / 部門 / セクター

sekujur tubuh [スクジュル トゥブー]（愛 the whole body）全身

sékulér [セクレル]（愛 secular）世俗的 / 非宗教的

sekumpulan [スクンプラン]（愛 a group of）～のグループ / ～の集団

sékuritas [セクリタス]（愛 securities）有価証券

sekutu [スクトゥ]（愛 ally）同盟者 / 仲間

sél [セル]（愛 cell）細胞

sél darah mérah [セル ダラー メラー]
（愛 red blood cell）赤血球

sél darah putih [セル ダラー プティー]
（愛 white blood cell）白血球

selagi [スラギ]（愛 while）〜のうちに

selai [スライ]（愛 jam）ジャム

selain [スライン]
（愛 other than / beside）以外 / 他に

selain itu [スライン イトゥ]
（愛 furthermore / besides / and so on）
しかも / その上 / その他

selalu [スラル]（愛 always / all the time）
いつも / 常に / 年中(ねんじゅう) / 終始

selam [スラム]（愛 diving）ダイビング

selamanya [スラマニャ]
（愛 forever / always）永遠に / 始終

selamat [スラマ(ト)]
（愛 congratulations / safe）
おめでとう / 無事な

selamat datang [スラマ(ト) ダタン(グ)]
（愛 Welcome / welcome）
いらっしゃいませ / ようこそ

selamat jalan [スラマ(ト) ジャラン]
（愛 goodbye / have a safe journey）
（去る人に対して）さよなら / 気を付けて

selamat malam [スラマ(ト) マラム]
（愛 good evening）こんばんは

selamat pagi [スラマ(ト) パギ]
（愛 good morning）おはよう

selamat siang [スラマ(ト) スィアン(グ)]
（愛 hello）こんにちは

selamat tidur [スラマ(ト) ティドゥル]
（愛 good night）おやすみなさい

selamat tinggal [スラマ(ト) ティンガル]
（愛 good bye）さようなら

selamatkan diri [スラマ(ト)カン ディリ]
（愛 to escape）避難する / 逃げる

selambat-lambatnya
[スランバ(ト) ランバ(ト)ニャ]（愛 by）〜までに

selancar [スランチャル]
（愛 surfing）サーフィン

Selandia Baru [スランディア バル]
（愛 New Zealand）ニュージーランド

selang [スラン(グ)]
（愛 every ... time [day] / room）
〜置き / 間(空間的間隔)

selangkangan [スランカン(グ)アン]
（愛 crotch）股

selanjutnya [スランジュ(ト)ニャ]（愛 in the
future / next / at one's convenience）
今後 / 次 / ついで

selaput [スラプ(ト)]（愛 film）膜

selaras [スララス]
（愛 in accordance / to match）
〜に合わせて / 〜に合った / 合致した

Selasa [スラサ]（愛 Tuesday）火曜(日)

selat [スラ(ト)]（愛 channel）海峡

selatan [スラタン]（愛 south）南

selebaran [スルバラン]
（愛 flyer / leaflet）ちらし / ビラ

selédri [スレドリ]（愛 celery）セロリ

seléksi [スレクスィ]
(英 selection)選択 / 選抜 / 選考

seléndang [スレンダン(グ)]
(英 shawl)ショール

selenggara [スレン(グ)ガラ] (英 to held / to organize)開催する / 主催する

selenggarakan [スレン(グ)ガラカン]
(英 to held / to organize)
開催する / 主催する

seléra [スレラ]
(英 taste / appetite)好み / 食欲

selesai [スルサイ]
(英 finished / completed / settled)
収まる / 終わる / 完了する / 仕上がる /
決着する

selimut [スリム(ト)] (英 blanket)毛布

selingan [スリン(グ)アン]
(英 interval)間(時間的間隔)

selingkuh [スリンクー]
(英 (love) affair)浮気

selir [スリル] (英 lover)愛人

selisih [スリスィー]
(英 gap / difference)ずれ / 差

selisih harga [スリスィー ハルガ]
(英 balance)差額

selisih waktu [スリスィー ワクトゥ]
(英 time difference)時差

selokan [スロカン]
(英 drain sewer)下水溝

sélotip [セロティ(プ)]
(英 cellophane adhesive tape)
セロハンテープ

seluruh [スルルー]
(英 all / synthesis)全〜 / 総合

seluruh dunia [スルルードゥニア]
(英 the whole world)全世界

seluruhnya [スルルーニャ]
(英 whole)全部

semacam [スマチャム]
(英 (something) like)〜のような(もの)

semakin [スマキン] (英 gradually /
more and more)段々 / ますます

semalam [スマラム] (英 last night)昨晩

semalam suntuk [スマラム スントゥ(ク)]
(英 all night long)一晩中

semangat [スマン(グ)ア(ト)]
(英 spirit / eagerness / motivation)
気迫 / 気風(理念) / 熱心 /
やる気 / 熱意

semangka [スマンガ]
(英 watermelon)スイカ

semasa [スマサ]
(英 when / while / during)
〜の時 / 〜の間 / 現在の

semata-mata [スマタ マタ]
(英 solely)もっぱら / ただ単に

sembahyang [スンバーヤン(グ)]
(英 prayer / to pray)
礼拝 / 祈り / 礼拝する / 祈る

sembarangan [スンバラン(グ)アン]
(英 incoherent / random)
でたらめな / やたらな

sembari [スンバリ]
(英 at the same time)(〜し)がてら

S

sembelih [スンブリー]
(英 to slaughter) 屠殺する / 屠畜する

sembelit [スンブリ(ト)]
(英 constipation) 便秘

sembilan [スンビラン] (英 nine) 9

sembilan belas [スンビラン ブラス]
(英 nineteen) 19

sembilan buah [スンビラン ブアー]
(英 nine) 9つ

sembilan puluh [スンビラン プルー]
(英 ninety) 90

semboyan [スンボヤン] (英 motto /
signal) モットー / 標語 / 合図

sembrono [スンブロノ] (英 thoughtless /
silly / negligent) 軽い / 軽薄な / 疎かに

sembuh [スンブー] (英 to recover /
to get well) 回復する / 治る

sembunyi [スンブニィ] (英 to hide) 隠れる

sembunyikan [スンブニィカン]
(英 to hide) 隠す

sembur [スンブル] (英 to spring) わき出す

semén [スメン] (英 cement) セメント

semenanjung [スムナンジュン(グ)]
(英 peninsula) 半島

semenjak [スムンジャッ]
(英 since) ～以来

sementara [スムンタラ] (英 temporarily /
temporary / for short while)
一時 (一旦) / 一時的 / 仮の / しばらく /
臨時 / 仮

sementara waktu [スムンタラ ワクトゥ]
(英 for a while / temporary)
しばらくの間 / 一時

seméster [セメストゥル] (英 semester) 学期

semestinya [スムスティニャ]
(英 ought to do) (～の) はず

semi [スミ] (英 sprouting) 芽生え

séminar [セミナル]
(英 seminar / course) セミナー / 講座

seminggu [スミング] (英 a week) 一週間

semoga [スモガ] (英 hopefully)
～でありますように / 願わくば

sempat [スンパ(ト)]
(英 in time / to manage to / to have
time to) 間に合う / ～する時間がある

sempit [スンピ(ト)]
(英 narrow / narrow-minded)
狭い / (考えが) 偏狭な

semprotan [スンプロタン]
(英 spray) スプレー

sempurna [スンプルナ]
(英 perfect / perfection / perfect
score) 完全な / 完璧 / 満点

semu [スム] (英 fictional) 架空

semua [スムア] (英 all)
一同 / すべて / 皆 / 向かい / 総合

semula [スムラ]
(英 original / beginning) 元 / 当初

senam [スナム] (英 exercise) 体操

senandung [スナンドゥン(グ)]
(英 cradlesong) 子守唄

senang [スナン(グ)]
(英 fun / glad / joyful)
楽しみ / 楽な(快適な) / うれしい / 気楽

senantiasa [スナンティアサ]
(英 always)いつも / 常に

senapan [スナパン](英 gun)銃 / 鉄砲

sendawa [スンダワ](英 (to) belch)
げっぷ(する)

sendi [スンディ](英 joint)関節

sendiri [スンディリ]
(英 self / alone / by oneself)
自分(自覚・自意識) / 単独 / 一人で / 自ら

sendiri-sendiri [スンディリ スンディリ]
(英 separation)別々

séndok [センドッ]
(英 spoon)匙(さじ) / スプーン

sengaja [スン(グ)アジャ](英 deliberate(ly) /
on purpose)意図的な / わざと

sengit [スン(グ)イ(ト)]
(英 fierce)激しい / すさまじい

sengkéta [スンケタ]
(英 dispute)言い争い / 対立

sengsara [スンサラ](英 be poor /
miserable)窮乏する / 惨めな

seni [スニ](英 art)芸術

seni pertunjukan [スニ プルトゥンジュカン]
(英 performing art)芸能

seniman [スニマン](英 artist)芸術家

Senin [スニン](英 Monday)月曜日

sénior [セニオル](英 senior)先輩

senja [スンジャ](英 twilight)夕暮れ

senjata [スンジャタ]
(英 weapon)武器 / 兵器

senjata api [スンジャタ アピ]
(英 firearms)(銃・爆弾などの)火器

senonoh [スノノー](英 decent)
(服装などが)適切な / 礼儀にかなった

sénsasi [センサスィ]
(英 sensational / sensation)
センセーショナルな / センセーション /
感覚

sénsitif [センスィティフ](英 delicate /
sensitive)微妙な / 敏感な / 繊細な

sénsitivitas [センスィティフィタス]
(英 sensitivity / delicacy / sensitiveness)
感受性 / 感度 / 微妙 / 敏感 / 繊細

sénter [スントゥル](英 flashlight)懐中電灯

séntimén [センティメン](英 sentiment /
feel an antipathy)感情 / 反感を抱く

séntiméter [センティメトゥル]
(英 centimeter)センチメートル

sentosa [スントサ]
(英 peaceful)平和な / 穏やかな

séntral [セントラル]
(英 central)中心の / 中央の

sentuh [スントゥー](英 to touch)
触れる / 接触する / 当たる

senyap [スニャ(プ)]
(英 silent / quiet)静かな / 沈黙した

senyum [スニュム]
(英 to smile)ほほえむ / にこにこする

seolah-olah [スオラー オラー]
（英 as it should be / as if）さも / まるで

seorang [スオラン（グ）]
（英 one person）一人（一名）

seorang diri [スオラン（グ）ディリ]
（英 alone / by oneself）（ふ）一人だけの / 一人で

sépak [セパッ]（英 to kick）蹴る

sépak bola [セパッ ボラ]
（英 soccer）サッカー

sepanjang [スパンジャン（グ）]
（英 whole / along）〜中（じゅう）/ 〜沿い

sepanjang hari [スパンジャン（グ）ハリ]
（英 all day）終日

sepanjang masa [スパンジャン（グ）マサ]
（英 forever）永遠に

separuh [スパルー]（英 half）半分

sepasang [スパサン（グ）]
（英 a pair）一対（の）/ 一組（の）

sepat [スパ（ト）]（英 bitter）渋い

sepatah [スパター]（英 single word）一言

sepatu [スパトゥ]（英 shoes）靴

sepatu sandal [スパトゥ サンダル]
（英 mule）ミュール

sepéda [スペダ]（英 bicycle）自転車

sepéda motor [スペダ モトル]
（英 motorbike / motorcycle）
オートバイ / バイク

sepélé [スペレ]（英 insignificant）些細な

sepenuh hati [スプヌー ハティ]
（英 wholehearted）一心に / 誠意を込めて

sepenuhnya [スプヌーニャ]
（英 fully / completely / full）
全面的に / すっかり / 全面的な

seperti [スプルティ]
（英 just like / 〜-like / like）
如し / 〜的（〜のような）/ 〜みたい

sepertinya [スプルティニャ]
（英 somehow）どうやら

sepi [スピ]（英 lonely / all quiet）
寂しい / 孤独な / しーんと

sepihak [スピハッ]
（英 one-side [way]）一方的

sepintas lalu [スピンタス ラル]
（英 (to take) a glance / briefly）
ちらっと（見る）/ ざっと（説明する）

sepréi [スプレイ]（英 sheet）シーツ

Séptémber [セプテンブル]
（英 September）九月

sepuasnya [スプアスニャ]
（英 thoroughly）思い切り / 思う存分

sepuluh [スプルー]（英 ten）10

sepupu [スププ]（英 cousin）いとこ

seragam [スラガム]
（英 uniform / unanimously）
制服 / ユニフォーム / 一様に

serambi [スランビ]（英 veranda / porch）
ベランダ / 縁側

serangan [スラン（グ）アン]
（英 attack）攻撃 / 攻め / 発作

S

serangan balik [スラン(グ)アン バリ(ク)]
（＠ counterattack）逆襲 / 反撃

serangan jantung
[スラン(グ)アン ジャントゥン(グ)]
（＠ myocardial infarction）心筋梗塞

serangga [スランガ]（＠ insect）昆虫 / 虫

serangkaian [スランカイアン]
（＠ series）一連

serasi [スラスィ]（＠ compatible /
suitable）ぴったり合った

serat [スラ(ト)]（＠ fiber）繊維

seratus [スラトゥス]
（＠ one hundred）100

serba [スルバ]（＠ entirely）〜ずくめ

serbu [スルブ]（＠ to raid / to rush）
押し入る / 襲撃する / 殺到する

serempak [スルンパッ]
（＠ at a stroke）一挙に

serentak [スルンタッ]
（＠ at the same time / one lump sum）
同時に / 一括

sérial [セリアル]（＠ series）シリーズ / 連続

seribu [スリブ]（＠ one thousand）1000

sering [スリン(グ)]
（＠ often / frequently / frequent）
何度も / しきりに / しばしば / 頻繁な

seringkali [スリンカリ]
（＠ frequently）しきりに

sérius [セリウス]（＠ serious）
真剣な / 深刻な / 真面目な

serta [スルタ]（＠ as well as / besides）
および / 並びに

serta-merta [スルタ ムルタ]
（＠ immediately）ただちに / 即座に

sértifikat [セルティフィカ(ト)]
（＠ certificate）証明書

seru [スル]（＠ to call / to appeal / hot）
呼びかける / 訴えかける / 激しい

seruan [スルアン]
（＠ call）呼びかけ / 訴えかけ

serupa [スルパ]
（＠ like / similar）似た / 同様の

sesaat [スサア(ト)]（＠ a brief moment of
time）つかの間 / ごく短い時間

sesak [スサッ]（＠ tight / be crowded /
crowded）きつい（余裕がない）/
窮屈な / 混む / 混んだ

sesak nafas [スサッ ナファス]
（＠ hard to breathe）息苦しい

sesama [スサマ]（＠ amongst /
between）〜同士で / 〜の間で

sesat [スサ(ト)]（＠ to get lost）（道に）迷う

sesekali [ススカリ]（＠ ever / sometimes）
一度たりとも（〜ない）/ ときどき

seseorang [ススオラン(グ)]
（＠ somebody）誰か / 誰か（肯定文）

sési [セスィ]（＠ session）
セッション / （ある活動の）時間 / 年度

sesuai [ススアイ]
（＠ properly / suitable / appropriate）
適切な / 合う（一致する）/ 都合がよい

sesuatu [ススアトゥ]（嶽 something）何か

sesungguhnya [ススングーニャ]
（嶽 actually）現に

sét [セ(ト)]（嶽 set）セット

setahun [スタフン]（嶽 a year）一年／年間

sétan [セタン]（嶽 devil）悪魔

setara [スタラ]
（嶽 equal／be equal to／be equal）
相当／対等な／匹敵する／平等な

setelah [ストゥラー]（嶽 after）〜の後で

setélan [ステラン]（嶽 suit）スーツ

setempat [ストゥンパ(ト)]（嶽 the actual
place／local neighborhood）
現地／現場／地元

setengah [ストゥン(ゲ)アー]
（嶽 half）半／半分

setengah baya [ストゥン(ゲ)アー バヤ]
（嶽 middle age／middle-aged）
中年／中年の

setengah harga [ストゥン(ゲ)アー ハルガ]
（嶽 half price）半額

setengah hari [ストゥン(ゲ)アー ハリ]
（嶽 half a day）半日

seterusnya [ストゥルスニャ]
（嶽 after this）以後

setia [スティア]
（嶽 faithful／devoted）忠実な／献身的

setiap [スティア(プ)]
（嶽 each／every）各〜／〜毎／毎〜

setir [スティル]
（嶽 steering wheel）ハンドル（車などの）

setrika [ストリカ]（嶽 iron）アイロン

setrum [ストルム]
（嶽 electric shock）感電

setuju [ストゥジュ]（嶽 to match／to agree）
合う（一致する）／同意する

seumpama [スウンパマ]（嶽 like／
similar）〜のような／〜と同様の

seumur hidup [スウムル ヒドゥ(プ)]
（嶽 lifetime）一生

seusai [スウサイ]（嶽 after／right after／
just at the moment）
後／終了後／直後／途端

seusia [スウスィア]
（嶽 the same age）同じ年

séwa [セワ]（嶽 lease／to rent）
リース／借りる（有償で）

sewajarnya [スワジャルニャ]
（嶽 proper／appropriate／naturally）
適切な／妥当(だとう)な／当然

sewaktu [スワクトゥ]
（嶽 when／at the time）〜の時

si [スィ]（嶽 that 〜 person [guy]／the 〜）
（その〈あの〉）〜という人／〜である人

sial [スィアル]（嶽 unlucky／damn(ed)）
不運な／不幸な／いまいましい

siang [スィアン(グ)]
（嶽 daytime／noon）日中／昼

siap [スィア(プ)]（嶽 completed／ready）
仕上がった／完成した／準備ができた

siapa [スィアパ]（嶽 who）誰

siaran [スィアラン]（嶽 broadcast）放送

S

siaran langsung [スィアラン ランスン(グ)]
（🔊 live broadcast / relay）
中継 / 中継放送

siasat [スィアサ(ト)]（英 plan）策

sia-sia [スィア スィア]（英 wasteful）無駄な

sibuk [スィブッ]（英 busy）忙しい / 多忙な

sidang [スィダン(グ)]
（英 meeting / hearing）会議 / 公判

sidik jari [スィディッ ジャリ]
（英 fingerprint）指紋

sifat [スィファ(ト)]
（英 character / nature）気質 / 性質

sigap [スィガ(プ)]（英 nimble / quick）
すばしこい / すばやい

sikap [スィカ(プ)]（英 attitude / pose）
姿勢 / 態勢 / 態度 / ポーズ

sikat [スィカ(ト)]（英 brush）ブラシ

sikat gigi [スィカ(ト) ギギ]（英 toothbrush /
toothpaste）歯ブラシ / 歯磨き

siklus [スィクルス]（英 cycle）サイクル / 周期

siku [スィク]（英 elbow）肘

sila [スィラ]（英 doctrine / sit with one's
legs crossed）原則 / あぐらをかく

silakan ~ [スィラカン]
（英 please）（どうぞ）〜して下さい

silang [スィラン(グ)]
（英 cross / cross-）交差 / 〜横断的な

silau [スィラウ]（英 dazzling）まぶしい

silinder [スィリンドゥル]
（英 cylinder）円柱 / 筒 / ボンベ

SIM [スィム]（英 driving license）運転免許証

simbiosis [スィンビオスィス]
（英 symbiosis）共生

simbol [スィンボル]（英 symbol）
記号 / 象徴 / シンボル

simpan [スィンパン]（英 to save / to store /
to keep）蓄える / 保存する / 保管する /
内に秘める

simpansé [スィンパンセ]
（英 chimpanzee）チンパンジー

simpati [スィンパティ]（英 sympathy）
共感 / 同感 / 同情 / 情け

simposium [スィンポスィウム]
（英 symposium）シンポジウム

simpul [スィンプル]（英 knot）結び目

simpulan [スィンプラン]（英 knot）結び目

simulasi [スィムラスィ]
（英 simulation）シミュレーション

sinar [スィナル]
（英 beam / light）光線 / 明かり

sinar matahari [スィナル マタハリ]
（英 sunshine / sunlight）日光 / 陽射し

sindikat [スィンディカ(ト)]
（英 syndicate）シンジケート

sindir [スィンディル]
（英 to insinuate）皮肉を言う

singa [スィン(グ)ア]（英 lion）ライオン

Singapura [スィン(グ)アプラ]
（英 Singapore）シンガポール

singgah [スィンガー]
（英 to stop by / to call at）立ち寄る

singkat [スインカ(ト)]
(愛 short)短い / 短期の

singkatan [スインカタン]
(愛 abbreviation)省略（短縮）/ 略語

singkirkan [スインキルカン]
(愛 to expel)追放する / 排除する

sini [スィニ](愛 here)ここ

sinis [スィニス](愛 cynical)皮肉な

sinonim [スィノニム]
(愛 synonym)同義語 / 類義語

sintétis [スィンテテイス]
(愛 composition)合成

sinyal [スィニャル](愛 radio wave)電波

sipir [スィピル](愛 warden)看守

siréne [スィレヌ](愛 siren)サイレン

sirih [スィリー](愛 betel)
キンマ（葉が噛みタバコにされる）

sirkuit [スィルクイ(ト)]
(愛 circuit)回路 / サーキット

sirup [スィル(プ)](愛 syrup)シロップ

sisa [スィサ]
(愛 remaining / remainder / rest)
残り / 余り

sisi [スィスィ](愛 side)側面 / 辺 / 横

sisi lain [スィスィ ライン]
(愛 the other side)反面

sisik [スィスィッ](愛 scales)うろこ

sisir [スィスィル](愛 comb / bunch)
櫛（くし）/（バナナの）房

sistém [スィステム](愛 system)～系 /
系統 / システム / 制度 / 体系 / 体制

Sistém Pemosisi Global
[スィステム プモスィスィ グロバル]
(愛 GPS (Global Positioning System))
GPS（全地球測位システム）

siswa [スィスワ](愛 student)生徒 / 学生

sita [スィタ](愛 to confiscate)
没収する / 押収する

situ [スィトゥ](愛 there)そこ / そちら

situasi [スィトゥアスィ]
(愛 situation / conditions / appearance)
形勢 / 事態 / 情勢 / 状況 / 様子

situasi dan kondisi
[スィトゥアスィ ダン コンディスィ]
(愛 convenience)都合

siul [スィウル](愛 whistle)口笛

SK 「エス カー」
(愛 letter of appointment /
determination letter)辞令 / 決定書

skala [スカラ](愛 scale)規模

skandal [スカンダル]
(愛 scandal)スキャンダル

skéma [スケマ](愛 scheme)目論見

skénario [スケナリオ]
(愛 scenario / script)
シナリオ / 台本

skétsa [スケッツァ]
(愛 sketching / sketch)
写生 / デッサン

ski [スキ](愛 skiing)スキー

S

slip [スリ(プ)]（英 slip）伝票

slip gaji [スリ(プ) ガジ]
（英 pay slip）給与明細書

slogan [スロガン]（英 slogan / tag line）
スローガン / キャッチフレーズ

sloki [スロキ]（英 sake cup）杯

SMA [エスエムア]
（英 high school）高校 / 高等学校

SMK [エスエムカー]
（英 Vocational Secondary School）
職業科高等学校

soal [ソアル]（英 problem / question /
with relation to）
問題（試験・課題）/ に関して

soda [ソダ]（英 soda）ソーダ / サイダー

sofa [ソファ]（英 sofa）ソファー

sogokan [ソゴカン]（英 bribe）賄賂

solidaritas [ソリダリタス]
（英 solidarity）連帯

solo [ソロ]（英 solo）ソロ

solusi [ソルスィ]（英 solution /
clarification）解決策 / 解明

sombong [ソンボン(グ)]（英 arrogant /
proud）高慢な / つんとした

songkét [ソン(グ)ケ(ト)]（英 songket）
ソンケット（金や銀の糸を入れて織った布）

sopan [ソパン]
（英 polite）礼儀正しい / 丁寧な

sopan santun [ソパン サントゥン]
（英 manners / etiquette）礼儀

sopir [ソピル]（英 driver）運転手

sorak [ソラッ]（英 cheering / to cheer）
歓声 / 声援 / 歓声を上げる / 声援する

sorak-sorai [ソラッ ソライ]
（英 shout of joy）歓声

soré [ソレ]
（英 afternoon / evening）午後 / 夕方

sorotan [ソロタン]
（英 public eye [notice]）人目

sosial [ソシアル]
（英 social）社会の / 社会的な

sosis [ソスィス]（英 sausage）ソーセージ

sosok [ソソッ]（英 figure）人影 / 姿

Spanyol [スパニョル]（英 Spain）スペイン

SPBU [エスペーベーウー]
（英 gasoline station）ガソリンスタンド

spékulasi [スペクラスィ]
（英 speculation）推測 / 憶測

spésial [スペスィアル]
（英 special）特殊な / 特別な

spésialis [スペスィアリス]
（英 specialist）スペシャリスト

spésialis bedah [スペスィアリス ブダー]
（英 surgical specialist）外科専門医

spésialis telinga hidung dan tenggorokan
[スペスィアリス トゥリン(グ)ア ヒドゥン(グ) ダン トゥンゴロカン]
（英 otological specialist）
耳鼻咽喉科専門医

spésiés [スペスィエス]
（英 species）（生物の）種(しゅ)

spésifikasi [スペスィフィカスィ]
(㊍ specifications) 仕様書 / 仕様

spésimén [スペスィメン]
(㊍ specimen) 標本

spons [スポンス] (㊍ sponge) スポンジ

spontan [スポンタン] (㊍ spontaneous)
自発的な / 無意識的な

spring [スプリン(グ)] (㊍ spring) ばね

Sri Langka [スリ ランカ]
(㊍ Sri Lanka) スリランカ

stabil [スタビル] (㊍ stable) 安定した

stadion [スタディオン]
(㊍ stadium) スタジアム

staf [スタフ] (㊍ staff) スタッフ

stagnan [スタグナン]
(㊍ to stagnate) 停滞する

stamina [スタミナ]
(㊍ physical strength) 体力

standar [スタンダル]
(㊍ standard) 規格 / 基準 / 標準

stapler [スタプルル] (㊍ stapler) ホチキス

stasiun [スタスィウン] (㊍ station) 駅

stasiun pemancar
[スタスィウン プマンチャル]
(㊍ broadcasting station) 放送局

statis [スタティス] (㊍ static) 静的

statistik [スタティスティク]
(㊍ statistics) 統計

status [スタトゥス]
(㊍ status) 地位 / 身分 / 現状

status quo [スタトゥス クオ]
(㊍ the present condition) 現状

stémpél [ステンペル]
(㊍ seal / signature stamp)
判子 / 印鑑

stéréo [ステレオ] (㊍ stereo) ステレオ

stérilisasi [ステリリサスィ] (㊍ sterilization /
disinfection) 殺菌 / 消毒

stétoskop [ステトスコ(プ)]
(㊍ stethoscope) 聴診器

stik [スティク] (㊍ bat / golf club)
バット / (ゴルフ用) クラブ

stok [ストッ] (㊍ stock) 在庫

stoking [ストキン(グ)]
(㊍ stockings) ストッキング

stop kontak [スト(プ) コンタ(ク)]
(㊍ plug) コンセント

stratégi [ストラテギ]
(㊍ strategy) 作戦 / 戦術 / 戦略

strobéri [ストロベリ] (㊍ strawberry) イチゴ

struktur [ストルクトゥル] (㊍ construction /
structure / mechanism)
機構 / 建造 / 構造 / 仕組み

studio [ストゥディオ]
(㊍ studio) 工房 / スタジオ

suaka [スアカ] (㊍ exile) 亡命

suam [スアム] (㊍ lukewarm) ぬるい

suami [スアミ]
(㊍ husband / master of a house /
spouse) 夫 / 主人 / 旦那 / 配偶者

suami istri [スアミ イストリ]

　(愛 husband and wife)夫婦 / 夫妻

suam-suam kuku [スアム スアム クク]

　(愛 lukewarm)なまぬるい / ぬるい

suap [スア(プ)](愛 to feed / bribe)

　(口まで運んで)食べさせる / 賄賂

suara [スアラ](愛 voice / vote / opinion)

　声 / 票 / 主張

suasana [スアサナ]

　(愛 atmosphere / mood)

　雰囲気 / ムード

suatu [スアトゥ](愛 one / a(n))ある～

suatu masa [スアトゥ マサ]

　(愛 sometime)ある時 / いつか

subsidi [スプスィディ](愛 subsidy)補助金

subtitusi [スプティトゥスィ]

　(愛 substitution)代用

subuh [スブー](愛 dawn)明け方

subur [スブル]

　(愛 fertile)肥沃な / 繁殖力がある

subyék [スブイェッ]

　(愛 subject / the subject)主語 / 主体

subyéktif [スブイエクティフ]

　(愛 subjective)主観的な

suci [スチ](愛 sacred / pure)

　神聖な / 清純な

sudah [スダー](愛 already)もう / すでに

sudi [スディ](愛 wish)欲する

sudut [スドゥ(ト)](愛 angle / edge /
corner)角 / 角(机などの) / 隅 / 奥

sudut pandang [スドゥ(ト) パンダン(グ)]

　(愛 point of view / viewpoint)

　観点 / 見地 / 視点

suhu [スフ](愛 temperature)温度 / 気温

suhu badan [スフ バダン]

　(愛 body temperature)体温

suka [スカ](愛 fond / favorite)

　気に入る / 好きな

suka duka [スカ ドゥカ](愛 joys and
sorrows)喜びと悲しみ / 苦楽

sukar [スカル]

　(愛 difficult)困難な / 難しい

sukaréla [スカレラ](愛 independence /
voluntary)自主 / ボランティアの

sukarélawan [スカレラワン]

　(愛 volunteer)ボランティア

suksés [スクセス](愛 be promoted /
to succeed in)出世する / 成功する

suku [スク](愛 race)人種

suku bangsa [スク バンサ]

　(愛 race)民族

suku bunga [スク ブン(グ)ア]

　(愛 interest)利子 / 利息

sulam [スラム](愛 embroidery /
to embroider)刺繍 / 刺繍する

sulap [スラ(プ)](愛 magic)手品

suling [スリン(グ)](愛 flute / distilled)
笛 / 蒸留した

sulit [スリ(ト)](愛 difficult to do / hard)
～しづらい / 大変な / 難しい /
苦しい(精神的に)

sultan [スルタン]（愛 sultan）スルタン

sulung [スルン(ヶ)]
（愛 eldest / first）最年長の / 最初の

Sumatera [スマトゥラ]（愛 Sumatra）
スマトラ（インドネシアの島）

sumbang [スンバン(ヶ)]
（愛 to contribute / improper / off-key）
寄付する / 不道徳な / 見聞きに堪えない

sumbangan [スンバン(ヶ)アン]
（愛 donation / contribution）
寄贈 / 寄付 / 献金

sumbat [スンバ(ト)]
（愛 to stuff / to plug / plug）
つめる / 塞ぐ / 栓

sumber [スンブル]（愛 source / resource）
源（みなもと）/ 情報源 / 資源

sumber air [スンブル アイル]
（愛 source of a stream）水源

sumber alam [スンブル アラム]
（愛 natural resources）天然資源

sumber daya [スンブル ダヤ]
（愛 resources）資源

sumber daya manusia
[スンブル ダヤ マヌスィア]
（愛 human resources）人材

sumber listrik [スンブル リストリ(ヶ)]
（愛 power supply）電源

sumbing [スンビン(ヶ)]
（愛 chipped）欠けた

sumbu [スンブ]（愛 core）芯（果物の）

sumpah [スンパー]（愛 oath / curse /
to swear）誓い / 呪いの言葉 / 誓う

sumpah serapah [スンパー スラパー]
（愛 savage curse / profanity）
罵詈雑言 / 冒涜的な言葉

sumpit [スンピ(ト)]（愛 chop sticks）箸（はし）

sumur [スムル]（愛 water well）井戸

sunat [スナ(ト)]
（愛 circumcision / commendable）
割礼 / 戒律ではないが推奨された

sundal [スンダル]（愛 immoral / whore）
みだらな / 売春婦

sungai [スン(ヶ)アイ]（愛 river）河川 / 川

sungguh [スングー]（愛 very / truly）
とても / 大変 / 本当に

sungguh-sungguh [スングー スングー]
（愛 really / surely / intently）
本当 / 正しく / 一心 / だいぶ

sungkan [スンカン]
（愛 to reserve）遠慮する

suntik [スンティ(ヶ)]
（愛 injection / to inject）注射（する）

sunting [スンティン(ヶ)]（愛 to propose /
to edit）プロポーズする / 編集する

sunyi [スニィ]（愛 all quiet / silent）
しーんと / 静かな

sunyi senyap [スニィ スニャ(プ)]
（愛 all quiet）しんとした

sup [ス(プ)]
（愛 soup）汁（汁物・椀物）/ スープ

supaya [スパヤ]（愛 so that）〜するように

super [スプル]（愛 super-）超〜

S

supermarkét [スプ(ル)マ(ル)ケ(ト)]
（薁 supermarket）スーパーマーケット

suplai [スプライ]（薁 supplies）物資

suplemén [スプルメン]（薁 supplement / appendix）サプリメント / 付録

surai [スライ]（薁 mane）（動物の）たてがみ

suram [スラム]（薁 to become obscure）曇る（不透明になる）

surat [スラ(ト)]（薁 letter）手紙

surat éléktronik [スラ(ト) エレクトロニッ]
（薁 email）メール

surat éléktronik sampah
[スラ(ト) エレクトロニッ サンパー]
（薁 spam mail）スパムメール

surat izin mengemudi
[スラ(ト) イズイン ムン(グ)ウムディ]
（薁 driving license）運転免許証

surat kabar [スラ(ト) カバル]
（薁 newspaper）新聞

surat keterangan [スラ(ト) クトゥラン(グ)アン]
（薁 certificate）証明書

surat-menyurat [スラ(ト) ムニュラ(ト)]
（薁 correspondence）（文書の）やりとり

surga [スルガ]（薁 paradise）極楽 / 楽園

surplus [スルプルス]（薁 surplus / excess）
黒字 / 超過 / 余剰 / 余分

suruh [スルー]（薁 to tell / to order）
〜するように言う / 指示する

surut [スル(ト)]（薁 low tide / to return to a normal state）
干潮 / 引く（普通の状態に戻る）

survéi [スルフェイ]
（薁 measuring / investigation）
測量 / 調査

susah [スサー]（薁 difficult / troublesome / stressful）困難な / 難しい / 厄介な / 苦しい（精神的に）

susah payah [スサー パヤー]
（薁 to undergo trouble）苦労する

susu [スス]（薁 milk）乳 / 牛乳 / ミルク

susu bubuk [スス ブブッ]
（薁 milk powder）粉ミルク

susu ibu [スス イブ]（薁 breast milk）母乳

susu kental manis [スス クンタル マニス]
（薁 condensed milk）コンデンスミルク

susu sapi [スス サピ]（薁 milk）牛乳

susul [ススル]（薁 to follow）後に続く

susun [ススン]（薁 to arrange）
並べる / きちんとそろえる

susunan [ススナン]
（薁 order / arrangement）順序 / 配置

susut [スス(ト)]（薁 to decrease / to shrink）減る / 縮む

sutra [ストラ]（薁 silk）絹

sutradara [ストラダラ]
（薁 director）監督（映画の）

swafoto [スワフォト]（薁 selfie）自撮り

swalayan [スワラヤン]
（薁 self-service）セルフサービス

swasta [スワスタ]
（薁 private）私立 / 私立の / 民間

Swiss [スウィス]（愛 Switzerland）スイス

switer [スウィトゥル]（愛 sweater）セーター

syair [シャイル]（愛 poem）詩

syal [シャル]（愛 scarf）
スカーフ / マフラー（防寒具）

syarat [シャラ(ト)]（愛 term）条件

syariah [シャリアー]
（愛 Islamic law）イスラム法

syok [ショッ]（愛 impressed / attracted）
【口語】感激した / 魅了された

syukur [シュクル]（愛 thanks to God /
thank God）神への感謝 / 幸いにも

syukurlah [シュクルラー]（愛 thank God）
幸いにも / おかげさまで

T

tabah [タバー]（愛 persevering）
辛抱強い / 根気強い

tabiat [タビア(ト)]（愛 habit）習慣 / 癖

tabir [タビル]（愛 curtain / screen）
幕 / スクリーン

tabir surya [タビル スルヤ]
（愛 sunblock）日焼け止め

tablét [タブレ(ト)]（愛 pill）錠剤

tabrakan [タブラカン]（愛 crash）衝突

tabu [タブ]（愛 contraindication / taboo）
禁忌(きんき) / タブー

tabung [タブン(グ)]
（愛 tube / test tube / cylinder）
管 / 筒 / 試験管 / 円筒 / 貯金する

tabung gas [タブン(グ) ガス]
（愛 gas cylinder）ガスボンベ

tabungan [タブン(グ)アン]
（愛 savings）貯金 / 貯蓄

tabur [タブル]
（愛 to scatter）まき散らす / ばらまく

taburan [タブラン]
（愛 a scatter）まき散らし

tadi [タディ]
（愛 just now / this）さっき / 直前の

tadi malam [タディ マラム]
（愛 evening）夕べ

tadi pagi [タディ パギ]
（愛 this morning）今朝

tagih [タギー]（愛 to demand / to crave）
強く求める / 懇願する

tahan [タハン]（愛 to restrict）抑える

tahan diri [タハン ディリ]（愛 to tolerate /
to restrain oneself）我慢する / 差し控える

tahan karat [タハン カラ(ト)]
（愛 anticorrosion）耐食

tahanan [タハナン]（愛 prisoner）
拘留者 / 人質 / 拘留 / 拘束

tahap [タハ(プ)]
（愛 stage）〜期（段階）/ 段階

tahap akhir [タハ(プ) アヒル]
（愛 last stage）末期

tahapan [タハパン]
（愛 stage）段階 / ステージ

tahayul [タハユル]（愛 superstition）迷信

tahi [タヒ]（＠ excrement）糞

tahi lalat [タヒ ララ(ト)]（＠ mole）ほくろ

tahu [タウ]
（＠ tofu / to know）豆腐 / 知っている

tahun [タフン]
（＠ age / year / years）歳 / 年 / 年間

tahun ajaran [タフン アジャラン]
（＠ school year）学年

tahun akadémik [タフン アカデミッ]
（＠ academic year）（大学・学校の）年度

tahun anggaran [タフン アンガラン]
（＠ business year）年度

tahun baru [タフン バル]
（＠ the New Year）正月

tahun depan [タフン ドゥパン]
（＠ next year）来年

tahun fiskal [タフン フィスカル]
（＠ fiscal year）会計年度

tahun ini [タフン イニ]
（＠ this year）今年

tahun pertama [タフン プルタマ]
（＠ the first year）1年目

tahun sebelumnya [タフン スブルムニャ]
（＠ the previous year）前年

tahunan [タフナン]
（＠ annual）年間の / 毎年の

tajam [タジャム]（＠ smart / keen / sharp）
鋭い / 洞察力がある / よく切れる / 尖った

tajuk [タジュッ]（＠ title / heading）
題名 / タイトル / 表題 / 見出し

tak [タッ]
（＠ not / stroke internal combustion
engine）～ない / ストローク（内燃エンジン）

tak terduga [タットゥルドゥガ]
（＠ unexpected）思いがけない

tak terhingga [タットゥルヒンガ]
（＠ unlimited）限りのない

tak terhitung [タットゥルヒトゥン(グ)]
（＠ countless）無数の

tak terkira [タットゥルキラ]
（＠ uncountable）数え切れない

takabur [タカブル]（＠ arrogant）傲慢な

takdir [タッディル]（＠ destiny / chance）
運命 / 縁（めぐり合わせ）

takhayul [タハユル]（＠ superstition）迷信

taksi [タクスィ]（＠ taxi）タクシー

taksir [タクスィル]（＠ to assess /
to appraise / make eyes at）
評価する / 算定する / 色目をつかう

taktik [タクティッ]（＠ tactic）作戦 / 戦術

takut [タク(ト)]（＠ fear / afraid）
怖い / 怖がる / 恐れる

takziah [タクズィアー]（＠ attend a funeral）
【アラビア語】葬式に参列すること

tali [タリ]（＠ string / strap / rope）
紐 / 弦 / ロープ

tali jemuran [タリ ジュムラン]
（＠ clothesline）洗濯ロープ

tamak [タマッ]（＠ greedy）欲張りな

taman [タマン]（＠ park）公園

taman kanak-kanak

[タマン カナッ カナッ]

(英 kindergarten)幼稚園

---

taman nasional [タマン ナスィオナル]

(英 national park)国立公園

---

tamasya [タマシャ]（英 journey)旅行

---

tamat [タマ(ト)]（英 to finish [complete] the work [game])果てる / 終わり

---

tambah [タンバー]（英 to add / plus / to have another helping)
加える / 増やす / 足す / おかわりする

---

tambang [タンバン(グ)]

(英 mine / rope)鉱山 / 縄 / ロープ

---

tambang batu bara

[タンバン(グ) バトゥ バラ]（英 coal mine)炭鉱

---

taméng [タメン(グ)]（英 shield)盾

Tamil [タミル]（英 Tamil)
タミル(インド南部・スリランカの種族)

---

tampak [タンパッ]（英 to appear / to look like)現れる / 見える

---

tampak luar [タンパッ ルアル]

(英 appearance)外見

---

tampak seperti [タンパッ スプルティ]

(英 to seem like)
〜らしい(〜のように見える)

---

tampan [タンパン]

(英 handsome)ハンサムな

---

tampar [タンパル]

(英 to slap)平手打ちする

---

tampil [タンピル]

(英 to perform)出る(出演・出場する)

---

tampilkan [タンピルカン]

(英 to show / to perform)
見せる / 登場させる

---

tampung [タンプン(グ)]

(英 to accommodate)収容する

---

tamu [タム]（英 customer / guest)
客 / 来訪者 / ゲスト

---

tanah [タナー]（英 land / soil / ground)
土地 / 土 / 地面

---

tanah air [タナー アイル]

(英 home country)母国 / 本国

---

tanah jajahan [タナー ジャジャハン]

(英 colony)植民地

---

tanah liat [タナー リア(ト)]（英 clay)粘土

---

tanak [タナッ]（英 to cook)炊く

---

tanam [タナム]

(英 to plant / to bury / to cultivate)
植える / 埋める / 耕作する

---

tanaman [タマナン]

(英 plant)植木 / 植物

---

tanda [タンダ]（英 mark / tag / sign)
印 / 符号 / タグ / マーク / 目印 / 合図 /
兆し / 標識

---

tanda baca [タンダ バチャ]

(英 punctuation mark)句読点

---

tanda halal [タンダ ハラル]

(英 halal logo)ハラールマーク

---

tanda kurung [タンダ クルン(グ)]

(英 parentheses)括弧

---

tanda masuk [タンダ マスッ]

(英 admissions / admission)入場(券)

---

tanda panah [タンダ パナー]
（⑱ arrow）矢印

tanda seru [タンダ スル]
（⑱ exclamation mark）感嘆符

tanda tangan [タンダ タンガン]
（⑱ sign / signature / signing）
サイン / 署名 / 調印

tanda terima kasih
[タンダ トゥリマ カスィー]（⑱ token of one's
gratitude / thankfulness）
感謝のしるし / 感謝の気持ち

tandas [タンダス]（⑱ say clearly / run out）
はっきり言う / 底をついた

tandu [タンドゥ]（⑱ stretcher / palanquin）
担架 / 駕籠（かご）

tanduk [タンドゥッ]（⑱ horn）角（つの）

tandus [タンドゥス]
（⑱ barren）不毛な / （土地が）やせた

tang [タン(グ)]（⑱ pliers）ペンチ

tangan [タン(グ)アン]（⑱ hand）手

tangan palsu [タン(グ)アン パルス]
（⑱ artificial arm）義手

tangga [タンガ]
（⑱ stairs / ladder）階段 / はしご

tangga darurat [タンガ ダルラ(ト)]
（⑱ emergency stairway）非常階段

tanggal ~ [タンガル]
（⑱ date of / date）～日 / 日付

tanggal lahir [タンガル ラヒル]
（⑱ date of birth）生年月日

tanggalkan [タンガルカン]
（⑱ to peel / to strip / to remove）
剥がす / 剥ぐ / 取り外す

tanggap [タンガ(プ)]
（⑱ stylish）乙な（気の利いた）

tanggapan [タンガパン]
（⑱ correspondence）対応（関係）

tangguh [タングー]（⑱ tough /
to postpone）タフな / しぶとい / 延ばす

tanggul [タングル]（⑱ bank）堤防 / 土手

tanggung [タングン(グ)]
（⑱ halfway / to incur / to bear）
中途半端（な）/ 負担する / 扶養する

tanggung jawab [タングン(グ) ジャワ(ブ)]
（⑱ responsibility / burden / charge）
責任 / 負担 / 担当

tangkai [タンカイ]（⑱ stem / handle）
茎 / （カップなどの）持ち手 / ～本（助数詞）

tangkal [タンカル]（⑱ to ward off）除ける

tangkap [タンカ(プ)]
（⑱ to catch / to arrest / to get）
捕まえる / 逮捕する / 把握する

tangkapan [タンカパン]
（⑱ catch）獲物 / 収穫

tangkas [タンカス]（⑱ agile）機敏な

tangki [タンキ]（⑱ tank）タンク

tani [タニ]
（⑱ farmer / farming）農民 / 農業

tanjakan [タンジャカン]（⑱ slope）坂

tanjung [タンジュン(グ)]（⑱ cape）岬

tanpa [タンパ] (㊛ without) 無し / 〜抜き

tanpa henti [タンパ フンティ]
(㊛ constantly) 絶えず

tanpa izin [タンパ イズィン]
(㊛ without permission) 無断

tanpa jeda [タンパ ジュダ]
(㊛ without stopping) 一気に

tanpa kecuali [タンパ クチュアリ]
(㊛ equality) 一律

tanpa sadar [タンパ サダル]
(㊛ unnoticed / instinctively)
いつの間にか / 思わず

tanpa segan [タンパ スガン]
(㊛ casual) 気軽な

tanpa sisa [タンパ スィサ]
(㊛ entirely) 残らず

tanpa syarat [タンパ シャラ(ト)]
(㊛ unconditionally) 無条件

tantang [タンタン(グ)] (㊛ to challenge /
to face) 挑む / チャレンジする

tantangan [タンタン(グ)アン]
(㊛ challenge) 挑戦

tante [タントゥ] (㊛ aunt / lady)
おば(父母の妹) / おばさん(中年の女性)

tanya [タニャ] (㊛ to ask) 質問する / 尋ねる

tanya jawab [タニャ ジャワ(ブ)]
(㊛ question and answer) 質疑応答

tapai [タパイ] (㊛ tapai)
タパイ(イモで作った発酵食品)

tapak [タパッ] (㊛ palm / sole /
footprint) 手のひら / 足の裏 / 足跡

tapi [タピ] (㊛ but) 【口語】でも / だけど

tapis [タピス] (㊛ filter / to filter)
フィルター / ろ過する

taraf [タラフ]
(㊛ standard / level) 水準 / レベル

targét [タルゲ(ト)] (㊛ target) 目標

tari [タリ] (㊛ dance) 踊り / ダンス

tarian [タリアン]
(㊛ dancing / dance) 踊り / ダンス

tarian rakyat [タリアン ラクヤ(ト)]
(㊛ folk dance) 民俗舞踊

tarif [タリフ] (㊛ price) 代金

tarif angkutan [タリフ アンクタン]
(㊛ fare) 運賃

tarif pajak [タリフ パジャ(ク)]
(㊛ tax rate) 税率

tarik [タリッ] (㊛ to pull) 引く / 引っ張る

tarik nafas [タリッ ナファス]
(㊛ to breathe in) 息を吸う

tarikan [タリカン]
(㊛ pulling) 引っ張り / 引き

taring [タリン(グ)] (㊛ fangs) 牙

tart [タル(ト)] (㊛ tart) タルト

taruh [タルー] (㊛ to put / to place)
置く *i* (感情を) 抱く / 賭ける / 賭け金

tas [タス] (㊛ bag) 鞄 / バッグ

tas jinjing [タス ジンジン(グ)]
(㊛ handbag) ハンドバッグ

tɛs koper [タス コプル]
(英 suitcase)スーツケース

tata bahasa [タタ バハサ]
(英 grammar)文法

tata krama [タタ クラマ]
(英 behavior / manners)行儀 / 作法

tata tertib [タタ トゥルティ(ブ)]
(英 discipline)規律

tata usaha [タタ ウサハ]
(英 general affairs)庶務

tatap [タタ(プ)] (英 to gaze / to scrutinize)
じっと見る / よく見る

tatapan [タタパン] (英 look / scrutiny)
見ること / 視線 / 監視

tatkala [タトカラ] (英 when)〜のときに

tato [タト] (英 tattoo)入れ墨

tauco [タウチョ]
(英 fermented bean curd)味噌(豆醤)

tawa [タワ] (英 laughter)笑い

tawan [タワン] (英 to capture)
攻略する / 攻め落とす / (心を)とらえる

tawanan [タワナン] (英 captive)捕虜

tawar [タワル] (英 tasteless / to offer /
to haggle)味がない / 提供する / 値切る

tawaran [タワラン]
(英 offer / asking price / bid)
申し出 / 提供 / 提示価格 / 入札

tawaran kerja [タワラン クルジャ]
(英 job offer)仕事の申し出 / 求人

tawar-menawar [タワル ムナワル]
(英 to haggle)値切る

tawon [タウォン]
(英 hornet / bee)スズメバチ / ハチ

tayang [タヤン(グ)]
(英 to show)放送する / 上映する

tayangkan [タヤンカン]
(英 to show)放送する / 上映する

téater [テアトゥル] (英 theater)劇場

tebak [トゥバッ]
(英 to guess)当てる(推測する)

tebakan [トゥバカン] (英 inference)推理

tebal [トゥバル]
(英 thick)厚い / (霧や髭が)濃い

tebang [トゥバン(グ)] (英 to cut down)
切り倒す / 伐採する

tebas [トゥバス] (英 to cut)刈る

tebing [トゥビン(グ)] (英 cliff)崖

tebu [トゥブ] (英 sugar cane)サトウキビ

tebus [トゥブス]
(英 to redeem / to compensate)
購う / 償う

tebusan [トゥブサン] (英 compensation /
ransom)代償 / 身代金

teduh [トゥドゥー] (英 calm / shady)
穏やかな / 日陰の

tegak [トゥガッ] (英 upright / vertical)
まっすぐに立った / 垂直な

tegak lurus [トゥガッ ルルス]
(英 vertical)垂直な

tegang [トゥガン(グ)] (英 taut / stiff / tense)
ぴんと張った / 緊張した

tegangan listrik [トゥガン(グ)アン リストリ(ク)]
（英 voltage）電圧

tegap [トゥガ(プ)]（英 sturdy / solid）
がっちりした / 頑丈な

tegar [トゥガル]（英 obstinate）意地

tegas [トゥガス]
（英 firm / strict / to emphasize）
断固とした / 厳しい / 強調する

teguh [トゥグー]
（英 strong）強い / しっかりした

tegur [トゥグル]（英 to greet / to speak to / to reproach）挨拶する / 話し掛ける / 注意する / 非難する

teguran [トゥグラン]（英 criticism / greeting）非難 / 挨拶

téh [テー]（英 tea）お茶 / 茶（植物・飲料）

téh hérba [テー ヘルバ]
（英 herb tea）ハーブティー

téh hijau [テー ヒジャウ]
（英 green tea）緑茶

téh hitam [テー ヒタム]（英 tea）紅茶

téh melati [テー ムラティ]
（英 jasmine tea）ジャスミンティー

tékad [テカ(ド)]（英 preparedness / determination）覚悟 / 決意 / 決心

tekan [トゥカン]（英 to press）
押す（重みを加える）

tekanan [トゥカナン]
（英 pressure）圧力 / 重圧 / プレッシャー

tekanan air [トゥカナン アイル]
（英 water pressure）水圧

tekanan darah [トゥカナン ダラー]
（英 blood pressure）血圧

tekanan darah rendah
[トゥカナン ダラー ルンダー]
（英 low-blood pressure）低血圧

tekanan darah tinggi
[トゥカナン ダラー ティンギ]
（英 high blood pressure）高血圧

tekanan udara [トゥカナン ウダラ]
（英 air pressure）気圧 / 空気圧

teka-teki [トゥカ トゥキ]（英 riddle）なぞなぞ

téknik [テクニッ]（英 technique / know-how）手法 / 技 / ノウハウ

téknik sipil [テクニッ スイピル]
（英 civil engineering）土木

téknisi [テクニスィ]（英 engineer / technician）技師 / 技術者

téknologi [テクノロギ]（英 technique / technology）技術 / テクノロジー

téknologi informatika
[テクノロギ インフォルマティカ]（英 information technology）情報技術 / IT

téko [テコ]（英 pot / kettle）ポット / やかん

téks [テクス]
（英 textbook / text of a book）
テキスト / 本文

téks asli [テクス アスリ]
（英 the original）原文

téks film [テクス フィルム]
（英 subtitle）映画の字幕

tékstil [テクステイル]（英 textile）織物

tékstur [テクストゥル]
(英 texture)質感 / 食感

tekun [トゥクン]
(英 hardworking / earnest)
勤勉な / 懸命な

təlaah [トゥラアー]
(英 investigation / to investigate)
研究 / 調査 / 調べる

teladan [トゥラダン](英 model)模範

telaga [トゥラガ](英 lake)湖

telah [トゥラー](英 already)すでに

telanjang [トゥランジャン(グ)]
(英 nakedness)裸

telanjang bulat [トゥランジャン(グ) ブラ(ト)]
(英 stark-naked)丸裸の

telanjur [トゥランジュル]
(英 already)(〜して)しまう

telapak [トゥラパッ](英 palm / sole)
(手の)ひら / (足の)裏

telapak tangan [トゥラパッ タン(グ)アン]
(英 palm)手のひら

télégram [テレグラム](英 telegram)電報

télékomunikasi [テレコムニカスィ]
(英 telecommunications)電気通信

téléks [テレクス](英 telex)テレックス

télépon [テレポン](英 telephone)電話

télépon pintar [テレポン ピンタル]
(英 smartphone)スマートフォン

télépon séulér [テレポン セルレル]
(英 cellular phone)携帯電話

télépon umum [テレポン ウムム]
(英 public telephone / telephone
booth)公衆電話 / 電話ボックス

téléskop [テレスコ(プ)]
(英 telescope)望遠鏡

télévisi [テレフィスィ](英 television)テレビ

télévisi kabel [テレフィスィ カブル]
(英 cable TV [television])ケーブルテレビ

telinga [トゥリン(グ)ア](英 ear)耳

teliti [トゥリティ](英 careful)丁寧な / 入念な

teluk [トゥルッ](英 bay)湾

telungkup [トゥルンク(プ)]
(英 on one's stomach)うつ伏せ

telunjuk [トゥルンジュッ]
(英 forefinger)人差し指

telur [トゥルル](英 egg)卵

telur dadar [トゥルル ダダル]
(英 omelet)卵焼き / オムレツ

telur mata sapi [トゥルル マタ サピ]
(英 sunny-side up egg)目玉焼き

telur rebus [トゥルル ルブス]
(英 boiled egg)ゆで卵

téma [テマ]
(英 theme / title)主題 / テーマ / 題名

teman [トゥマン](英 friend / colleague)
友達 / 仲間 / 味方 / 友人

teman baik [トゥマン バイッ]
(英 good friend)仲良し

teman lama [トゥマン ラマ]
(英 old friend)旧友

T

teman lelaki [トゥマン ルラキ]
（愛 boyfriend）彼氏 / ボーイフレンド

teman minum [トゥマン ミヌム]
（愛 drinking companions / snack）
飲み仲間 / 肴

teman sekamar [トゥマン スカマル]
（愛 roommate）ルームメイト

teman sekelas [トゥマン スクラス]
（愛 classmate）クラスメイト

teman sekolah [トゥマン スコラー]
（愛 schoolmate）学校の友達

teman wanita [トゥマン ワニタ]
（愛 girlfriend）彼女 / ガールフレンド

tembaga [トゥンバガ]（愛 copper）銅

témbak [テンバッ]
（愛 to shoot）撃つ / 射撃する

témbakan [テンバッカン]
（愛 shot）射撃 / 銃撃

tembakau [トゥンバカウ]
（愛 tobacco）タバコ

tembikar [トゥンビカル]（愛 pottery）陶器

témbok [テンボッ]（愛 wall）（石造りの）壁

tembus [トゥンブス]
（愛 to penetrate / to break through）
浸透する / 入り込む / 突き抜ける

tembus cahaya [トゥンブス チャハヤ]
（愛 transparent）光を通す

tembus pandang [トゥンブス パンダン(グ)]
（愛 see-through）
透けて見える / シースルー

tempa [トゥンパ]（愛 to build up）鍛える

tempat [トゥンパ(ト)]
（愛 ground / place）境地 / 場所

tempat asal [トゥンパ(ト) アサル]
（愛 the place of origin / the home of）
原産地 / 本場

tempat duduk [トゥンパ(ト) ドゥドゥッ]
（愛 seat）座席 / シート / 席

tempat duduk bayi
[トゥンパ(ト) ドゥドゥッ バイ]（愛 child seat）
チャイルドシート

tempat évakuasi
[トゥンパ(ト) エファクアスイ]（愛 shelter）避難所

tempat kerja [トゥンパ(ト) クルジャ]
（愛 workplace / place of work）
職場 / 勤め先

tempat minum [トゥンパ(ト) ミヌム]
（愛 bar）酒場

tempat parkir [トゥンパ(ト) パルキル]
（愛 parking lot）駐車場

tempat penitipan anak
[トゥンパ(ト) プニティパン アナッ]（愛 daycare /
nursery school）託児所 / 保育園

tempat penukaran uang
[トゥンパ(ト) プヌカラン ウアン(グ)]
（愛 exchange counter）両替所

tempat penyeberangan
[トゥンパ(ト) プニュブラン(グ)アン]
（愛 zebra crossing）横断歩道

tempat persinggahan
[トゥンパ(ト) プルスィンガハン]
（愛 port of call）寄航地

tempat terbuka [トゥンパ(ト) トゥルブカ]
（愛 outdoors）屋外

tempat tidur [トゥンパ(ト) ティドゥル]
(英 bed)寝台 / 寝床

tempat tidur tambahan
[トゥンパ(ト) ティドゥル タンバハン]
(英 extra bed)エキストラベッド

tempat tinggal [トゥンパ(ト) ティングル]
(英 living / residence / house)
住 / 住居 / 住まい

tempat tujuan [トゥンパ(ト) トゥジュアン]
(英 destination)目的地

tempatkan [トゥンパ(ト)カン]
(英 to place / to assign / to lodge)
配置する / 配属する / 収容する

tempayan [トゥンパヤン]
(英 pot / jar)甕(かめ)

témpél [テンペル]
(英 to paste / to stick)
貼り付ける / 張り付く

temperaméntal [テンプラメンタル]
(英 short temper)短気

témpo [テンポ](英 tempo)テンポ

témpo hari [テンポ ハリ]
(英 the other day)この前 / 先日

tempuh [トゥンプー]
(英 to face)直面する / 立ち向かう

temu [トゥム]
(英 to meet / to find)会う / 見つける

temukan [トゥムカン]
(英 to discover / to bring together)
発見する / 引き合わせる

tenaga [トゥナガ](英 power / energy)
パワー / エネルギー / 力 / 動力

tenaga air [トゥナガ アイル]
(英 water power)水力

tenaga angin [トゥナガ アン(グ)イン]
(英 wind power)風力

tenaga kerja [トゥナガ クルジャ]
(英 human resource / labor force)
人材 / 労働力

tenaga listrik [トゥナガ リストリ(ク)]
(英 electrical power)電力

tenaga nuklir [トゥナガ ヌクリル]
(英 nuclear power)原子力

tenang [トゥナン(グ)]
(英 quiet / calm / serene / silent)
おとなしい / 静かな / 悠々 / 冷静な

tenar [トゥナル](英 famous)有名な

ténda [テンダ](英 tent)テント

tendang [トゥンダン(グ)](英 to kick)蹴る

ténder [テンドゥル](英 bid)入札

tengah [トゥン(グ)アー](英 center /
in the midst)まん中 / 最中 / 中央

tengah hari [トゥン(グ)アー ハリ]
(英 noon)正午

tengah jalan [トゥン(グ)アー ジャラン]
(英 halfway)途中の / 中途の

tengah malam [トゥン(グ)アー マラム]
(英 midnight)真夜中

tengah-tengah [トゥン(グ)アートゥン(グ)アー]
(英 middle / center)まん中 / 中央

tenggang rasa [トゥンガン(グ) ラサ]
(英 consideration)思いやり

tenggara [トゥンガラ] (⊕ south-east) 東南

tenggat [トゥンガ(ト)]
(⊕ deadline) 締め切り

tenggat waktu [トゥンガ(ト) ワクトゥ]
(⊕ term limit) 期日

tenggelam [トゥングラム]
(⊕ to drown / to submerge / to sink)
溺れる / 沈む(水上から水中へ) / 沈没する

tenggorokan [トゥンゴロカン]
(⊕ throat) 喉

tengkorak [トゥンコラッ] (⊕ skull) 頭蓋骨

téngok [テン(グ)オッ]
(⊕ to look at / to see) 見る / 見舞う

ténis [テニス] (⊕ tennis) テニス

ténis méja [テニス メジャ]
(⊕ table-tennis) 卓球

tentang [トゥンタン(グ)] (⊕ about)
〜について / 反対する / 反抗する /
対戦する

tentara [トゥンタラ] (⊕ soldier) 兵士

tentram [トゥントラム] (⊕ peaceful) のどかな

tentu [トゥントゥ]
(⊕ surely / certain) きっと / 確かな

tentu saja [トゥントゥ サジャ] (⊕ of course)
当然 / 無論 / もちろん / 当り前(な)

tentukan [トゥントゥカン]
(⊕ to decide / to determine) 決める

tenun [トゥヌン] (⊕ to weave) 織(お)る

téori [テオリ] (⊕ theory / theorem)
説 / 定理 / 理論

tepat [トゥパ(ト)] (⊕ precise / accurate /
exact) 精密な / 的確な / 適切な /
きっかり / 丁度

tepat waktu [トゥパ(ト) ワクトゥ]
(⊕ timeliness) タイムリー

tepati [トゥパティ] (⊕ to keep / to fulfil /
to hit accurately) (約束を)守る /
(条件を)満たす / 当たる

tepercik [トゥプルチッ] (⊕ to splash)
(水などが)跳(は)ねる / 飛び散る

tepi [トゥピ] (⊕ shore / edge) 岸 / 縁(ふち)

tepi laut [トゥピ ラウ(ト)] (⊕ seaside) 海辺

tepi sungai [トゥピ スン(グ)アイ]
(⊕ riverbank) 川岸

tepuk [トゥプッ] (⊕ to pat / to clap)
(手のひらで)叩く / 拍手する

tepuk tangan [トゥプッ タン(グ)アン]
(⊕ applause) 拍手

tepung [トゥプン(グ)]
(⊕ powder / flour) 粉 / 小麦粉

tepung gandum [トゥプン(グ) ガンドゥム]
(⊕ flour) 小麦粉

tepung kanji [トゥプン(グ) カンジ]
(⊕ starch) 片栗粉

tepung maizéna [トゥプン(グ) マイゼナ]
(⊕ corn starch) コーンスターチ

tepung roti [トゥプン(グ) ロティ]
(⊕ bread crumbs) パン粉

terakhir [トゥルアヒル] (⊕ the end / last /
the last) 最後 / 最後の / 最終

T

te‑akhir kali [トゥルアヒル カリ]
・(廣 last)最後の / 最後に

teramat [トゥラマ(ト)](廣 greatly / extremely)大いに / 極めて

terampil [トゥランピル](廣 skillful)巧みな

terang [トゥラン(グ)](廣 bright / clear)
明るい / 断然 / 明らか(な) / 薄い(色)

terangi [トゥラン(グ)イ]
(廣 to illuminate)照らす

terangsang [トゥラン(グ)サン(グ)]
(廣 be motivated / to get excited)
刺激される / 興奮する

terantuk [トゥルアントゥッ]
(廣 to stumble)つまずく

terapan [トゥラパン]
(廣 practical use)応用

térapi [テラピ](廣 therapy)
セラピー / 療法

terapung [トゥラプン(グ)]
(廣 to float)浮く(水面・空中に)

téras [テラス](廣 terrace)テラス

terasa [トゥラサ]
(廣 to feel)感じられる / 思われる

terasing [トゥルアスィン(グ)]
(廣 isolated)孤立した

teratai [トゥラタイ](廣 lotus)蓮(はす)

teratur [トゥルアトゥル]
(廣 regularly / orderly)定期的な

terbakar [トゥルバカル](廣 to catch fire / to burn)燃える / 焼ける

terbakar matahari [トゥルバカル マタハリ]
(廣 suntan)日焼け

terbalik [トゥルバリ(ク)](廣 the wrong way around / inside out / inverse)
あべこべな / 裏返し / 逆さまな

terbang [トゥルバン(グ)]
(廣 to fly / to take a flight)
飛ぶ / 飛行する

terbangun [トゥルバン(グ)ウン]
(廣 to wake up)覚める / 目覚める

terbaru [トゥルバル]
(廣 latest / the latest)最新の / 最新

terbatas [トゥルバタス]
(廣 limited)限られた

terbayang [トゥルバヤン(グ)]
(廣 to picture / to be reflected)
(目や頭に)浮かぶ / 投影される

terbelah [トゥルブラー](廣 to split / to divide)裂ける / 分裂する

terbenam [トゥルブナム]
(廣 to sink)沈む / 沈み込む

terbengkalai [トゥルブンカライ]
(廣 to destroy)荒廃する

terbentang [トゥルブンタン(グ)]
(廣 to bridge)架かる(橋・虹が)

terbentuk [トゥルブントゥッ]
(廣 be formed)形成される

terbesar [トゥルブサル]
(廣 maximum)最大

terbiasa [トゥルビアサ](廣 to become proficient / to get too used to)慣れる / 習熟する / 麻痺する(気に留めなくなる)

terbilang [トゥルビラン(ク)]
(受 be calculated)計算される

terbit [トゥルビ(ト)](受 to rise / to be issued)
(太陽が)昇る / 発行される

terbitan [トゥルビタン]
(受 publication)出版物 / 出版 / 発行

terbuka [トゥルブカ](受 open)
開いている / 公開の / 公然の

terbukti [トゥルブクティ]
(受 be proven)証明される

terbunuh [トゥルブヌー]
(受 be killed)殺される

terburu-buru [トゥルブル ブル]
(受 to hurry)焦る / 急ぐ

terburuk [トゥルブルッ](受 worst)最悪の

tercabut [トゥルチャブ(ト)](受 be plucked /
be uprooted)引き抜かれる

tercampur [トゥルチャンプル]
(受 be mixed up)混ざってしまう

tercanggih [トゥルチャンギー]
(受 cutting-edge)最先端の

tercapai [トゥルチャパイ]
(受 be achieved)達成される

tercekik [トゥルチュキッ]
(受 be strangled)首を絞められる

tercengang [トゥルチュン(ク)アン(ク)]
(受 be surprised)びっくりする

tercinta [トゥルチンタ](受 dearest)最愛の

terdapat [トゥルダパ(ト)](受 be (available) /
be exist)ある / 存在する

terdekat [トゥルドゥッカ(ト)]
(受 nearest)最も近い / 最寄りの

terdengar [トゥルドゥン(ク)アル]
(受 to sound)聞こえる

terdesak [トゥルドゥサッ]
(受 desperate / pressed)窮地の /
追いつめられた / 〜せざるを得ない

terdiam [トゥルディアム](受 to fall silent)
静かになる / 黙りこくる

terdiri dari [トゥルディリ ダリ]
(受 be made up of / to comprise)
成り立つ / なる(構成されている)

terempas [トゥルウンパス]
(受 thrown away / crashed up)
投げ捨てられる / 墜落する

terendah [トゥルンダー]
(受 lowest)最低

terganggu [トゥルガン(ク)]
(受 be disturbed)妨害される

tergantung [トゥルガントゥン(ク)]
(受 to hang / hanging)吊るされている /
首を吊った / 途中で切れた

tergelincir [トゥルグリンチル]
(受 slip / to tumble)
スリップ(車などが雨で) / 転落する

tergesa-gesa [トゥルグサ グサ]
(受 be in hurry / busy / to hurry)
焦る / 慌ただしい / 急ぐ

tergések [トゥルゲセッ]
(受 to brush)擦れる(車体などが)

tergolong [トゥルゴロン(ク)]
(受 be classified)分類される

tergopoh-gopoh [トゥルゴポー ゴポー]
(㊈ to hurry)急ぐ / あわてる

tergorés [トゥルゴレス]
(㊈ be rubbed)擦れる

tergosok [トゥルゴソッ]
(㊈ to brush)擦れる(車体などが)

terguncang [トゥルグンチャン(グ)]
(㊈ be shaken)動揺する

terhadap [トゥルハダ(プ)]
(㊈ against)対する

terhalang [トゥルハラン(グ)]
(㊈ be interrupted)
妨げられる / 中断される

terhampar [トゥルハンパル]
(㊈ be spread)広がる / 散らばる

terharu [トゥルハル]
(㊈ be moved)感激する / 感動する

terhenti [トゥルフンティ]
(㊈ to stop)止まる / 途切れる

terhindar [トゥルヒンダル]
(㊈ to escape)免れる

terhingga [トゥルヒンガ]
(㊈ limited)限られた / 上限がある

terhormat [トゥルホルマ(ト)]
(㊈ honorable)名誉な

terhubung [トゥルフブン(グ)]
(㊈ be connected)
繋がる / 通じる(意志・意味が)

terhuyung [トゥルフユン(グ)]
(㊈ to stagger)ふらふらする

teriak [トゥリアッ](㊈ to shout)叫ぶ

teriakan [トゥリアカン](㊈ scream)叫び

terik [トゥリッ](㊈ broiling / strong)
灼熱(の日差し) / きつい(程度が強い)

terikat [トゥルイカ(ト)](㊈ be bound by)
しばられる / 束縛される

terima [トゥリマ](㊈ to receive /
to accept)受け取る / 受け入れる

terima kasih [トゥリマ カスィー]
(㊈ thank you / gratitude)
ありがとう / 感謝

teringat [トゥルイン(グ)ア(ト)]
(㊈ to remember)(ふと)思い出す

terisi [トゥルイスィ]
(㊈ be filled)満たされる / 詰まる

terisolasi [トゥリソラスィ]
(㊈ be isolated)孤立する

terjadi [トゥルジャディ]
(㊈ to occur)起こる / 発生する

terjaga [トゥルジャガ](㊈ be awakened /
be protected / be cared)
めざめる / 守られる / 気にかけられる

terjal [トゥルジャル]
(㊈ steep)険しい / 急な(傾斜が)

terjamin [トゥルジャミン]
(㊈ be guaranteed)保証される

terjangkau [トゥルジャンカウ]
(㊈ reasonable / close by / be close at
hand)手頃 / 手近な / もっともな / 近く

terjangkit [トゥルジャンキ(ト)]
(㊈ be transmitted)移る(病気などが)

terjatuh [トゥルジャトゥー]
(㊈ to fall)転落する / 転ぶ

terjebak [トゥルジュバッ]
(愛 be caught / to run into)
(罠に)はまる / (悪い状態に)陥る

terjemahan [トゥルジュマハン]
(愛 translation)訳 / 翻訳

terjepit [トゥルジュピ(ト)]
(愛 be caught in)挟まる

terjual [トゥルジュアル]
(愛 be in demand)売れる

terjual habis [トゥルジュアル ハビス]
(愛 be sold out)売り切れる

terjun [トゥルジュン]
(愛 to jump in / to plunge)飛び込む

terka [トゥルカ](愛 to guess)推測する

terkabul [トゥルカブル]
(愛 prayer is answered /
dream comes true)(夢などが)かなう

terkait dengan [トゥルカイ(ト) ドゥン(グ)アン]
(愛 in relation with)〜に関連して

terkam [トゥルカム]
(愛 to pounce)襲いかかる

terkandung [トゥルカンドゥン(グ)]
(愛 be contained)含まれる

terkecil [トゥルクチル]
(愛 minimum / smallest)最小 / 最小の

terkecuali [トゥルクチュアリ]
(愛 be exempted)
例外になる / 免除される

terkejut [トゥルクジュ(ト)]
(愛 be surprised)驚く / びっくりする

terkelupas [トゥルクルパス]
(愛 to peel off)剥(は)げる

terkemuka [トゥルクムカ]
(愛 famous)名高い

terkena [トゥルクナ]
(愛 to suffer from / to get / be hit)
〜にかかる / 〜を受ける / 〜にあたられる

terkenal [トゥルクナル]
(愛 famous)著名な / 名高い / 有名な

terkenang [トゥルクナン(グ)]
(愛 to remember)ふと思い出す

terkini [トゥルキニ](愛 the latest)最新

terkoyak [トゥルコヤッ](愛 be torn)破れる

terkuak [トゥルクアッ](愛 be made open /
to open)明らかにされる / 開く

terkubur [トゥルクブル]
(愛 be buried)埋まる

terkumpul [トゥルクンプル]
(愛 be collected)集められる

terkuras [トゥルクラス]
(愛 to bail up (water) / entirely used)
(水を)掻(か)き出す / 消耗しきる

terkutuk [トゥルクトゥッ](愛 despicable)
憎むべき / 卑劣な

terlalu [トゥルラル](愛 too / over-)〜過ぎ

terlambat [トゥルランバ(ト)]
(愛 be late / being too late)
遅れる / 遅刻する / 手遅れ

terlambat bangun
[トゥルランバ(ト) バン(グ)ウン]
(愛 to oversleep)寝坊する

terlampau [トゥルランパウ]
(愛 extremely / to go too far)
極端に / 度を越した

T

terlampir [トゥルランピル]
（爱 attached）添付した

terlarang [トゥルララン(グ)]
（爱 forbidden）禁止された

terlaris [トゥルラリス]
（爱 best-seller）ベストセラー

terlatih [トゥルラティー]
（爱 trained）訓練された

terlebih dahulu [トゥルレビー ダフル]
（爱 first of all / in advance）
まず最初に / 事前に

terlelap [トゥルルラ(プ)]
（爱 to fall asleep）つい眠ってしまう

terléna [トゥルレナ]（爱 to indulge）耽る

terlepas [トゥルレパス]（爱 to escape /
to miss）逃れる / 免れる / 逃す

terletak [トゥルルタッ]
（爱 be located [positioned]）位置する

terlibat [トゥルリバ(ト)]（爱 be involved）
関わる / 関与する

terlihat [トゥルリハ(ト)]（爱 to come into
view）見える（視界に入る）

terlintas [トゥルリンタス]
（爱 to cross）（頭の中を）よぎる

terluka [トゥルルカ]
（爱 to hurt / to injure / to get injured）
傷める / 怪我する / 負傷する

terlupa [トゥルルパ]
（爱 to forget）忘れてしまう

termangu [トゥルマン(グ)ウ]
（爱 be staggered by）呆然とする

termasuk [トゥルマスッ]（爱 to include /
including / be included）含む / 含まれる

terminal [トゥルミナル]
（爱 terminal）ターミナル

térmométer [テルモメトゥル]
（爱 clinical thermometer）体温計

ternak [トゥルナッ]
（爱 domestic animal / livestock）家畜

ternama [トゥルナマ]（爱 famous）有名な

ternganga [トゥルン(グ)アン(グ)ア]
（爱 to gasp）喘ぐ

ternyata [トゥルニャタ]
（爱 really / actually）実際 / 現に

terobosan [トゥロボサン]
（爱 breakthrough）突破

terobsési [トゥルオプセスィ]
（爱 be obsessive / be persistent）
こだわる / 執着する

térong [テロン(グ)]（爱 eggplant）茄子

teropong [トゥロポン(グ)]
（爱 binoculars）双眼鏡

téror [テロル]（爱 terrorism）テロ

téroris [テロリス]（爱 terrorist）テロリスト

terowongan [トゥロウォン(グ)アン]
（爱 tunnel）トンネル

terpaksa [トゥルパッサ]
（爱 unavoidable）やむを得ない

terpaku [トゥルパク]
（爱 to fix）くぎ付けになる

terpana [トゥルパナ]
（爱 absent-mindedly）呆然と

terpandang [トゥルパンダン(グ)]
(要 to happen to see / to notice / esteemed)（偶然）見える / 目に入る / 尊敬される

terpasang [トゥルパサン(グ)]
(要 to be on / be installed) 点いている / 付いている

terpatah-patah [トゥルパター パター]
(要 broken language) 片言

terpelintir [トゥルプリンティル]
(要 be twisted) 捩(ね)じれる

terpencil [トゥルプンチル]
(要 isolated) 孤立した

terpengaruh [トゥルプン(グ)アルー]
(要 be influenced) 影響される

terperangkap [トゥルプラン(グ)カ(プ)]
(要 be trapped) わなにかかる / 閉じ込められる

terperanjat [トゥルプランジャ(ト)]
(要 to be surprised) 驚く / びっくりする

terperinci [トゥルプリンチ]
(要 detailed) 詳しい / 詳細な

terperosok [トゥルプロソッ]
(要 to lapse into / to fall into) 陥る / はまる

terpesona [トゥルプソナ]
(要 be captivated) 魅了される

terpikir [トゥルピキル]
(要 to come to mind) 思いつく

terpilih [トゥルピリー]
(要 be selected) 選ばれる

terputus [トゥルプトゥス]
(要 be discontinued) 絶える

tersampaikan [トゥルサンパイカン]
(要 be transmitted) 伝わる

tersandung [トゥルサンドゥン(グ)]
(要 to stumble) つまずく

tersangkut [トゥルサンク(ト)]
(要 be hooked) 引っ掛かる（掛かって止まる）

tersébar [トゥルスバル]
(要 to spread) 広まる / 拡散する

tersedak [トゥルスダッ]
(要 be choked with) 噎(む)せる

tersedia [トゥルスディア] (要 be ready) 用意ができている / 準備ができている

tersenyum [トゥルスニュム]
(要 to smile) 微笑する / 微笑む

tserah [トゥルスラー]
(要 up to) ～しだいの / 委ねられる

tersesat [トゥルスサ(ト)] (要 to meet with an accident / to get lost) 遭難する / (道に)迷う

tersinggung [トゥルスィングン(グ)]
(要 be hurt / be offended) (心が)傷つく / 気を悪くする

tersingkir [トゥルスィンキル]
(要 be eliminated / be expelled) 排除される / 追放される

tersirat [トゥルスイラ(ト)]
(要 implied) (言葉の裏に)隠された

tersisa [トゥルスイサ]
(要 to remain) 余る / 残る

tersumbat [トゥルスンバ(ト)]
(要 be blocked) 詰まる（塞がって流れない）

T

tersungkur [トゥルスンクル] (働 to fall flat on one's face) 前に倒れる

tersusun [トゥルススン]
(働 well-regulated) 整った

tertambat [トゥルタンバ(ト)] (働 to remain one's mind) 留まる（印象に残る）

tertanam [トゥルタナム] (働 be buried / be planted) 埋まっている / 植わる

tertanggal [トゥルタンガル] (働 dated) 日付をつける

tertangkap [トゥルタンカ(プ)]
(働 be caught) 捕まる

tertarik [トゥルタリッ]
(働 be attracted / be pulled)
(心を) 惹かれる / 引っ張られる

tertawa [トゥルタワ] (働 to laugh) 笑う

tertegun [トゥルトゥグン]
(働 stunned) ぼう然とする

tertekan [トゥルトゥカン] (働 be under stress [pressure] / to press)
ストレス〈圧力〉を感じる / 押してしまう

tertentu [トゥルトゥントゥ]
(働 certain / specific) (ある) 特定の

tertib [トゥルティ(ブ)]
(働 order / well-mannered)
順序 / 秩序 / 規律 / 礼儀正しい

tertidur [トゥルティドゥル]
(働 to fall asleep) 寝てしまった

tertikam [トゥルティカム]
(働 be stabbed) 刺される

tertimbun [トゥルティンブン]
(働 to have been buried) 埋まっている

tertinggal [トゥルティンガル]
(働 be left behind / to leave behind)
取り残される / 置き去りになる /
置き忘れる

tertolong [トゥルトロン(グ)]
(働 to get out of trouble) 助かる

tertua [トゥルトゥア]
(働 oldest) 最古の / 最年長の

tertuduh [トゥルトゥドゥー]
(働 the accused / defendant) 被告

tertular [トゥルトゥラル]
(働 be transmitted) 移る（病気などが）

tertusuk [トゥルトゥスッ] (働 to stick) 刺さる

tertutup [トゥルトゥトゥ(プ)]
(働 be closed) 塞がる

terurai [トゥルウライ]
(働 to get untied) 解ける

terus [トゥルス] (働 straight / to keep on)
そのまま / 直接 / まっすぐ / 即 /
～し続ける

terus terang [トゥルス トゥラン(グ)]
(働 frank) 率直な

terusan [トゥルサン]
(働 canal / one-piece dress)
運河 / ワンピース（服）

terus-menerus [トゥルス ムヌルス]
(働 all the time / constantly)
じっと / ずっと / 次々 / 絶えず

terutama [トゥルウタマ]
(働 especially) 特に

terwujud [トゥルウジュ(ド)]
(働 to come true) 実現する

tés darah [テス ダラー]
(㊇ blood test)血液検査

tés urine [テス ウリヌ]
(㊇ urine test)尿検査

tésis [テスィス](㊇ thesis)修士論文

téstimoni [テスティモニ]
(㊇ testimony)証言

tetangga [トゥタンガ]
(㊇ the neighborhood / neighborhood / neighbor)近所 / 近隣 / 隣 / 隣人

tetap [トゥタ(プ)](㊇ as usual / still)
相変わらず / あくまでも / 依然 / 一定 / 正規

tetapi [トゥタピ](㊇ although / but / unless)けれども / しかし / ただし

téték [テテッ](㊇ boobs)おっぱい

tétésan [テテサン](㊇ water drop)水滴

tetikus [トゥティクス](㊇ mouse)マウス

téwas [テワス](㊇ to die)死亡する

Thailand [タイラン(ド)](㊇ Thailand)タイ

tiada [ティアダ](㊇ be absent / be missing / to not have)
ない / いない

tiang [ティアン(グ)](㊇ pole)柱

tiang listrik [ティアン(グ) リストリ(ク)]
(㊇ electric light pole)電柱

tiap [ティア(プ)](㊇ every)〜毎 / 毎〜

tiba [ティバ](㊇ to arrive / arrival)
着く / 到着する

tiba-tiba [ティバ ティバ]
(㊇ suddenly / sudden / by chance)
いきなり / 突然 / にわかに / ふと

tidak [ティダッ](㊇ no)いいえ / いや

tidak acuh [ティダッ アチュー]
(㊇ ignore)無視する

tidak ada [ティダッ アダ]
(㊇ be free from)無い

tidak adil [ティダッ アディル]
(㊇ unfair)不公平な

tidak aktif [ティダッ アクティフ](㊇ inactive / defunct / out of use)活動していない / 機能していない / 使用されていない

tidak apa-apa [ティダッ アパ アパ]
(㊇ that's OK / it's all right)
大丈夫です / 平気です / 構いません

tidak baik [ティダッ バイッ](㊇ terrible / no good)悪い / ひどい / だめな

tidak banyak [ティダッ バニャッ]
(㊇ not much)多くない

tidak begitu [ティダッ ブギトゥ]
(㊇ not so much)
あまり(それほど〜ない)

tidak berarti [ティダッ ブルアルティ]
(㊇ insignificant)無意味な

tidak beraturan [ティダッ ブルアトゥラン]
(㊇ irregular)不規則な

tidak berbahaya [ティダッ ブルバハヤ]
(㊇ harmless)無害な

tidak berdosa [ティダッ ブルドサ]
(㊇ harmless / innocent)
罪のない / 無邪気な

T

tidak bérés [ティダッ ベレス]
（英 failure）不具合

ticak bersalah [ティダップ ブルサラー]
（英 not guilty / innocence）無罪 / 純白な

tidak bisa [ティダッ ビサ]
（英 be unable to）〜できない

tidak boléh [ティダッ ボレー]
（英 must not）（〜しては）いけません /
〜してはならない / だめ

tidak cukup [ティダッ チュク(プ)]
（英 insufficient / be lacking）
甘い(不十分) / 不十分な / 足りない

tidak hadir [ティダッ ハディル]
（英 be absent from）欠席する

tidak langsung [ティダッ ランスン(グ)]
（英 indirectness）間接的な

tidak lulus [ティダッ ルルス]
（英 be rejected）落ちる / 不合格になる

tidak masuk akal [ティダッ マスッ アカル]
（英 unreasonableness / unreasonable /
absurd）理不尽(な) / 無茶な

tidak masuk kerja [ティダッ マスック クルジャ]
（英 be absent from work）欠勤する

tidak menyenangkan
[ティダッ ムニュナンカン]
（英 awkward）まずい / 不都合な

tidak mungkin [ティダッ ムンキン]
（英 impossible）あり得ない / 無理な

tidak pasti [ティダッ パスティ]
（英 not yet determined）未定

tidak peduli [ティダッ ブドゥリ]
（英 blunt）そっけない

tidak praktis [ティダッ プラクティス]
（英 inconvenient）不便な

tidak puas [ティダッ プアス]
（英 be dissatisfied with）不満な

tidak ramah [ティダッ ラマー]
（英 blunt / unkind）無愛想な / 不親切な

tidak sah [ティダッ サー]
（英 illegal / invalidity / invalid）
非合法 / 無効な

tidak seimbang [ティダッ スインバン(グ)]
（英 imbalance）不均衡 / アンバランスな

tidak senang [ティダッ スナン(グ)]
（英 unacceptable / discomforting /
unpleasant）
気に入らない / 不愉快な / 嫌な

tidak senonoh [ティダッ スノー]
（英 inappropriate / obscene / indecent）
(道徳上)不適切な / いかがわしい / 無礼な

tidak setuju [ティダッ ストゥジュ]
（英 disagreement）反対(不同意)

tidak sopan [ティダッ ソパン]
（英 rude / impertinent / impolite）
失礼な / 生意気な / 無礼な

tidur [ティドゥル]（英 to sleep）
睡眠をとる / 眠る / 寝る

tidur lelap [ティドゥル ルラ(プ)]
（英 to sleep soundly）熟睡する

tidur nyenyak [ティドゥル ニュニャッ]
（英 sound [deep] sleep）熟睡

tidur siang [ティドゥル スイアン(グ)]
（英 (to take a) nap）昼寝(する)

tiga [ティガ]（英 three）3

tiga belas [ティガ ブラス] (英 thirteen) 13

tiga buah [ティガ ブアー] (英 three) 3つ

tiga puluh [ティガ ブルー] (英 thirty) 30

tikam [ティカム] (英 to stab) 突き刺す

tikar [ティカル] (英 mat) ござ / マット

tikét [ティケ(ト)] (英 ticket) チケット / 切符

tikét langganan [ティケ(ト) ランガナン]
(英 pass) 定期券

tikét masuk [ティケ(ト) マスッ]
(英 admission ticket) 入場券

tikét pesawat [ティケ(ト) ブサワ(ト)]
(英 airline ticket) 航空券

tikus [ティクス] (英 mouse) ネズミ

tilam [ティラム] (英 mattress) マットレス

tilik [ティリッ] (英 to observe) 観察する

tim [ティム] (英 team / party) チーム / 隊

timah [ティマー] (英 tin) 錫 (すず)

timba [ティンバ]
(英 to gain / to draw / water dipper)
(知識を) 吸収する / 桶で汲む / 桶

timbal [ティンバル] (英 lead) 鉛 (なまり)

timbang [ティンバン(グ)]
(英 to weigh) (重さを) 量る

timbangan [ティンバン(グ)アン]
(英 scale) 秤

timbangan badan
[ティンバン(グ)アン バダン]
(英 bathroom scales) ヘルスメーター

timbul [ティンブル]
(英 to occur / to come up / to float)
発生する / (考えや物が) 浮かぶ

timbulkan [ティンブルカン]
(英 to cause) 引き起こす

timbun [ティンブン]
(英 to pile up) ためこむ

timbunan [ティンブナン]
(英 pile) (積まれてできた) 山

timpa [ティンパ] (英 to fall on / to hit)
～の上に落ちる / (災害などが) 襲う

timun [ティムン] (英 cucumber) 胡瓜

timur [ティムル] (英 east) 東

timur laut [ティムル ラウ(ト)]
(英 northeast) 北東

Timur Tengah [ティムル トゥン(グ)アー]
(英 Middle East) 中東

tindak [ティンダッ] (英 action) 行動

tindakan [ティンダカン]
(英 action / movement)
行動 / 動作 / 行為 / 対処 / 措置

tindak-tanduk [ティンダッ タンドゥッ]
(英 behaviour / action)
振る舞い / 行動

tindas [ティンダス]
(英 to oppress) 抑圧する / 弾圧する

tindih [ティンディー]
(英 to overlay / to overlap)
上に伸しかかる / 重なる / 重複する

tindik [ティンディッ] (英 pierced)
ピアス / (ピアスの) 穴を開ける

T

tinggal [ティンガル]
（英 to live / to stay / to remain）
住む / 滞在する / 留まる / 残る / 怠る

tinggalkan [ティンガルカン]
（英 to leave (behind) / to neglect）
（場所や人の元から）去る / 後に残す / 怠る

tinggi [ティンギ]（英 high / tall）
高度な / 高等 / 高等な / 背丈 / 高い

tingkah [ティンカー]（英 behavior）振る舞い

tingkah laku [ティンカー ラク]
（英 behaviour / action）振る舞い / 行動

tingkap [ティンカ(プ)]（英 window）窓

tingkat [ティンカ(ト)]
（英 grade / stage / floor）
等級 / 〜年生 / 段階 / 階

tingkatan [ティンカタン]
（英 level / class）階級

tinja [ティンジャ]（英 excrements）大便

tinjau [ティンジャウ]（英 to visit /
to inspect）視察する / 調査する

tinjauan [ティンジャウアン]（英 insight）洞察

tinju [ティンジュ]
（英 boxing / fist / to punch）
ボクシング / こぶし / こぶしで殴る

tinta [ティンタ]
（英 ink / Chinese ink）インク / 墨

Tiongkok [ティオンコッ]（英 China）中国

tip [ティ(プ)]（英 tip）チップ

tipe [ティプ]（英 type）タイプ

tipikal [ティピカル]（英 typical）典型的な

tipis [ティピス]（英 thin / fine）
薄い（厚みがない・密度が低い）/ 細い

tipu [ティプ]（英 lie / cheating）
嘘 / ごまかし / だますこと

tipu daya [ティプ ダヤ]（英 craftiness /
cheat / sinister scheme）
悪だくみ / 詐欺 / 奸計

tirai [ティライ]（英 curtain）カーテン / 幕

tiram [ティラム]（英 oyster）牡蠣(かき)

tirani [ティラニ]（英 tyranny）独裁

tiri [ティリ]（英 step (brother / sister)）
継(まま)兄弟姉妹

tiru [ティル]（英 to imitate）真似する

tiruan [ティルアン]（英 fake / imitation）
偽物 / 真似 / 偽造の / 偽の / 模倣

tirus [ティルス]（英 pointed）とがった

tisu [ティス]（英 tissue paper）
ちり紙 / ティッシュペーパー

titah [ティター]（英 command / speech）
（王やスルタンの）言葉 / 命令

titel [ティトゥル]
（英 title / headline）肩書 / 見出し

titik [ティティッ]
（英 point / dot）点 / ピリオド / しずく

titik berat [ティティッ ブラ(ト)]
（英 important point）重点

titik penting [ティティッ プンティン(グ)]
（英 key point）急所

titik puncak [ティティッ プンチャッ]
（英 the top）頂点

titik tolak [ティティッ トラッ]
（愛 starting point）出発点

titip [ティティ(プ)]（愛 commission）委託

titisan [ティティサン]（愛 reincarnation）
生まれ変わり

tiup [ティウ(プ)]（愛 to blow）吹く

TK [テーカー]（愛 kindergarten）幼稚園

toas [トアス]（愛 toast）乾杯

toilét [トイレ(ト)]（愛 toilet）トイレ

toilét umum [トイレ(ト) ウムム]
（愛 comfort station）公衆トイレ

toko [トコ]（愛 store / shop / kiosk）
商店 / ショップ / 店舗 / 店 / 売店

toko alat tulis [トコ アラ(ト) トゥリス]
（愛 stationery store）文房具店

toko serba ada [トコ スルバ アダ]
（愛 department store）デパート

tokoh [トコー]
（愛 person / figure）人物 / 著名人

tokoh utama [トコー ウタマ]
（愛 main character / the leading role）
主人公 / 主役

tol [トル]（愛 highway）有料高速道路

tolak [トラッ]（愛 to reject）断る / 拒絶する

toléh [トレー]
（愛 to turn）向く / 向きを変える

toléran [トレラン]
（愛 tolerant）寛大な / 寛容な

toléransi [トレランスィ]（愛 tolerance /
permission）寛大 / 寛容 / 許容

tolong [トロン(グ)]
（愛 to help / help / please）手伝う /
助ける / 助け / どうか～して下さい

tolong-menolong [トロン(グ) ムノロン(グ)]
（愛 to help each other）助け合う

tomat [トマ(ト)]（愛 tomato）トマト

tombak [トンバッ]（愛 spear）槍(やり)

tombol [トンボル]
（愛 switch / button）スイッチ / ボタン

ton [トン]（愛 ton）トン

tong [トン(グ)]（愛 barrel）樽(たる)

tong sampah [トン(グ) サンパー]
（愛 trash can）ごみ箱

tonggak [トンガッ]
（愛 picket / foundation / stump）
杭 / 基盤 / 幹

tonggérét [トンゲレ(ト)]（愛 cicada）蝉

tongkat [トンカ(ト)]（愛 cane / stick）杖 / 棒

tongsis [トン(グ)スィス]
（愛 selfie stick）自撮り棒

tonjol [トンジョル]（愛 to show off /
to stick out / swelling）
見せつける / 突き出す / こぶ

tonton [トントン]（愛 to watch）
（テレビや映画を）見る / 鑑賞する

top [ト(プ)]（愛 top）トップ

topan [トパン]（愛 typhoon）台風

topéng [トペン(グ)]（愛 mask）仮面 / 覆面

topi [トピ]（愛 hat）帽子

topik [トピッ]
(英 topic)題材 / 話題 / トピック

topografi [トポグラフィ]
(英 topography)地形 / 地形学

tcréh [トレー](英 put a notch in)
〜に切れ目を入れる

tornado [トルナド](英 tornado)竜巻

toserba [トスルバ]
(英 department store)デパート

total [トタル](英 total)延べ

tradisi [トラディスイ]
(英 tradition)しきたり / 伝統

tradisional [トラディスイオナル]
(英 traditional)伝統的

trafo [トラフォ](英 transformer)変圧器

tragédi [トラゲディ](英 tragedy)悲劇

trakéa [トラケア](英 windpipe)気管

transaksi [トランサクスイ](英 trade)取り引き

transfer [トランスフル](英 bank transfer /
remittance / forwarding)
銀行振込 / 送金 / 転送 / 振り込み

transformasi [トランスフォルマスイ]
(英 transformation)変革

transfusi darah [トランスフスイ ダラー]
(英 blood transfusion)輸血

transgénder [トランスジェンドゥル]
(英 transgender)
トランスジェンダー / 性差を超えた事

transisi [トランスイスイ](英 transition /
changes)移行 / 変遷

transistor [トランスイストル]
(英 transistor)トランジスター

transit [トランスイト]
(英 transit)トランジット / 乗り継ぎ

transkrip [トランスクリ(プ]
(英 transcript)写し

transkrip akadémik
[トランスクリ(プ アカデミッ]
(英 academic transcript)成績証明書

transliterasi [トランスリトゥラスイ]
(英 transliteration)音訳 / 字訳 / 転写

transmigrasi [トランスミグラスイ]
(英 transmigration)移住

transmisi [トランスミスイ](英 transmission)
トランスミッション / 送信 / 伝染

transparan [トランスパラン]
(英 transparent)透明な

transparansi [トランスパランスイ]
(英 transparency)透明

transplantasi [トランスプランタスイ]
(英 transplantation)移植

transportasi [トランスポルタスイ]
(英 transportation)運輸 / 輸送

trayék [トライエッ](英 route)路線

trén [トレン](英 trend / fashion /
tendency)風潮 / 流行 / 動向

tribun [トリブン](英 stands)スタンド

triliun [トリリウン](英 trillion)兆

triwulan [トリウラン](英 quarter)四半期

troli [トロリ](英 baggage [luggage] cart)
荷物カート

T

trombon [トロンボン]
（英 trombone）トロンボーン

trompét [トロンペ(ト)]
（英 trumpet）トランペット

tropis [トロピス]（英 the tropics）熱帯

trotoar [トロトアル]（英 pavement /
esplanade）歩道 / 遊歩道

truk [トルッ]（英 dump truck / track）
ダンプカー / トラック

tsunami [ツナミ]（英 tsunami）津波

tua [トゥア]（英 old / deep (color)）
年長 / 年長の / 暗い(色) / 濃い(色) /
ぼろい / 古い

tuah [トゥアー]（英 luck）幸運

tuan [トゥアン]（英 landlord / you）
主人（旅館や店などの）/
（男性に対し）あなた

tuan rumah [トゥアン ルマー]
（英 landlord / landlady / host）
大家 / 主催者 / ホスト

tuan tanah [トゥアン タナー]
（英 landowner）地主

tuang [トゥアン(グ)]（英 to pour）注ぐ

tuangkan [トゥアンカン]（英 to pour）注ぐ

tuas [トゥアス]（英 gearshift）（操作）レバー

tuberkulosis [トゥブルクロスィス]
（英 tuberculosis）結核

tubuh [トゥブー]
（英 body / the body）身 / 身体 / 肉体

tuding [トゥディン(グ)]（英 to point）指差す

tuduh [トゥドゥー]（英 to blame / to accuse）
非難する / 告訴する

tuduhan [トゥドゥハン]（英 blame /
accusation）非難 / 告訴

tudung [トゥドゥン(グ)]（英 wimple /
head cover）頭布 / 頭にかぶせるもの

tugas [トゥガス]（英 undertaking / duty /
work / operation）
受け持ち / 責務 / 務め / 任務 / 役目

tugu [トゥグ]（英 monument）
記念碑 / 記念塔

Tuhan [トゥハン]（英 god）神

tujuan [トゥジュアン]
（英 (bound) for ~ / purpose / goal）
〜行き / 目的 / ゴール(目標)

tujuh [トゥジュー]（英 seven）7

tujuh belas [トゥジュー ブラス]
（英 seventeen）17

tujuh buah [トゥジュー ブアー]
（英 seven）7つ

tujuh puluh [トゥジュー プルー]
（英 seventy）70

tukang [トゥカン(グ)]（英 artisan）職人

tukang cat [トゥカン(グ) チャ(ト)]
（英 painter）塗装工

tukang cukur [トゥカン(グ) チュクル]
（英 barber / barber shop）床屋 / 理髪店

tukang daging [トゥカン(グ) ダギン(グ)]
（英 meat shop）肉屋

tukang kayu [トゥカン(グ) カユ]
（英 carpenter）大工

tukang pos [トゥカン(グ) ポス]
(英 mail carrier)郵便配達員

tukang urut [トゥカン(グ) ウル(ト)]
(英 masseur / masseuse)マッサージ師

tukar [トゥカル]
(英 to change / to exchange)変わる /
替える / 交換する / 乗り換える / 移る

tukar pendapat [トゥカル プンダパ(ト)]
(英 exchange of opinions)意見交換

tukar tambah [トゥカル タンバー]
(英 (to take a) trade-in)下取り(する)

tukar-menukar [トゥカル ムヌカル]
(英 to exchange)交す

tulang [トゥラン(グ)](英 bone)骨

tulang belakang [トゥラン(グ) ブラカン(グ)]
(英 backbone)背骨

tulang belikat [トゥラン(グ) ブリカ(ト)]
(英 shoulder blade)肩甲骨

tulang kering [トゥラン(グ) クリン(グ)]
(英 shin)向こう脛(すね)

tulang punggung
[トゥラン(グ) プングン(グ)](英 backbone)背骨

tulang rusuk [トゥラン(グ) ルス(ク)]
(英 rib)肋骨(ろっこつ)

tulang selangka [トゥラン(グ) スランカ]
(英 clavicle)鎖骨

tular [トゥラル](英 infect)伝染する

tulén [トゥレン](英 pure / genuine)
純粋な / 真正の

tuli [トゥリ](英 deaf)聾(ろう)

tulis [トゥリス](英 to write)書く

tulisan [トゥリサン]
(英 writing / handwriting / letter)
書いたもの / 文章 / 文字

tulus [トゥルス](英 sincere)誠実な

tumbang [トゥンバン(グ)](英 to fall)
(木が)倒れる / (政権が)崩壊する

tumbuh [トゥンブー](英 to grow)
生育する / 成長する / 生える /
発育する / 育つ

tumbuhan [トゥンブハン](英 plant)植物

tumbuhan obat [トゥンブハン オバ(ト)]
(英 medical herb)薬草

tumbuh-tumbuhan
[トゥンブー トゥンブハン](英 plants)植物

tumbuk [トゥンブ(ク)]
(英 to punch / to pound)
(こぶしで)殴る / 打つ / 打ち砕く

tumis [トゥミス]
(英 to fry / fried)炒める / 炒めた

tumit [トゥミ(ト)](英 heel)踵(かかと)

tumor [トゥモル](英 tumor)腫瘍(しゅよう)

tumpah [トゥンパー]
(英 to get spilled)こぼれる / あふれる

tumpang [トゥンパン(グ)]
(英 to put up / to get a lift)
一緒させてもらう / 泊めてもらう /
便乗する

tumpang tindih [トゥンパン(グ) ティンディー]
(英 overlap)重複(重なること)

tumpu [トゥンプ](英 fulcrum)
(物事の)中心となる支え / 支点

tumpuan [トゥンプアン] (＠ foothold / anchorage) 拠り所 / 支え

tumpukan [トゥンプカン] (＠ pile / piling up) 積み重ね / 山 / 蓄積

tumpul [トゥンプル] (＠ dull / insensitive) 鈍い(切れ味が) / 鈍感な

tuna [トゥナ] (＠ tuna) マグロ

tunai [トゥナイ] (＠ cash) 現金

tunangan [トゥナン(グ)アン] (＠ fiancé / fiancée) 婚約者 / フィアンセ

tunas [トゥナス] (＠ shoot) 芽

tunawisma [トゥナウィスマ] (＠ the homeless) ホームレス

tunda [トゥンダ] (＠ to extend / to postpone) 延長する / 後回しする

tunduk [トゥンドゥッ] (＠ to look down / to obey) うつむく / 服従する

tunggal [トゥンガル] (＠ single / the singular number) 単一 / 単数

tunggang [トゥンガン(グ)] (＠ to ride) (またがって)乗る / またがる

tunggu [トゥング] (＠ to wait for) 待つ

tunggul [トゥングル] (＠ stump) 切り株

tungku [トゥンク] (＠ a cooking stove) かまど

tunjuk [トゥンジュッ] (＠ to point) 指す

tuntas [トゥンタス] (＠ to complete / to settle) できる(完成・完了する) / 決着する

tuntut [トゥントゥ(ト)] (＠ to demand / to study) 要求する / 学ぶ

tuntutan [トゥントゥタン] (＠ demand / pursuing / pursuit) 請求 / 追及 / 追求

tupai [トゥパイ] (＠ squirrel) リス

turis [トゥリス] (＠ tourist) 観光客

Turki [トゥルキ] (＠ Turkey) トルコ

turun [トゥルン] (＠ to get off / to move down / to go down) 下車する / 下がる / 降る

tusuk [トゥスッ] (＠ to pierce / to stab) 突く / 突き刺す

tutor [トゥトル] (＠ tutor) チューター

tutup [トゥトゥ(プ)] (＠ to close / to hang up / lid) 閉まる / 閉店する / 切る(電話を) / 蓋 / 栓

tutup mulut [トゥトゥ(プ) ムル(ト)] (＠ to shut one's mouth) 口をつぐむ

TV [ティフィ] (＠ TV) テレビ

U

uang [ウアン(グ)] (＠ money) お金 / 金 / 金銭

uang ganti rugi [ウアン(グ) ガンティ ルギ] (＠ indemnity) 補償金

uang jaminan [ウアン(グ) ジャミナン] (＠ bail money / deposit / security deposit) 保釈金 / 保証金 / 敷金

uang kembalian [ウアン(グ) クンバリアン] (＠ change) おつり

uang kertas [ウアン(グ) クルタス] (＠ paper money) 紙幣

uang logam [ウアン(グ) ロガム]
（選 coin)硬貨

uang muka [ウアン(グ) ムカ]（選 deposit /
down payment / advance payment)
手付金 / 頭金 / 内金 / 前金

uang saku [ウアン(グ) サク]
（選 pocket money)小遣い

uang subsidi [ウアン(グ) スブスィディ]
（選 subsidy)補助金

uang tebusan [ウアン(グ) トゥブサン]
（選 ransom)身代金

uang tunai [ウアン(グ) トゥナイ]
（選 cash)現金

uap [ウア(プ)]（選 steam)蒸気 / 湯気

uap air [ウア(プ) アイル]（選 steam)水蒸気

ubah [ウバー]
（選 to change)変える / 変わる

uban [ウバン]（選 gray hair)白髪

ubi [ウビ]（選 tuber)芋

ubin [ウビン]（選 tile)タイル

ucap [ウチャ(プ)]（選 to say / to wish)
（祝辞などの言葉を)言う / 述べる

ucapan [ウチャパン]（選 statement /
one's lines)発言 / 台詞

udang [ウダン(グ)]（選 shrimp)エビ

udara [ウダラ]（選 air)空気 / 空中 / 大気

udara bertekanan tinggi
[ウダラ ブルトゥカナン ティンギ]
（選 high-atmospheric pressure)高気圧

ufuk [ウフッ]（選 horizon)水平線 / 地平線

ujar [ウジャル]（選 to say / utterance)
述べる / 話す / 話す言葉

uji [ウジ]（選 to test)テストする / 検査する

ujian [ウジアン]（選 examination / taking
an exam / test)試験 / 受験 / テスト

ujian lisan [ウジアン リサン]
（選 oral test)口頭試験

ujian masuk [ウジアン マスッ]
（選 entrance examination)入試

ujian tertulis [ウジアント トゥルトゥリス]
（選 paper test)筆記試験

ujung [ウジュン(グ)]（選 tip / trend / edge)
先(尖った先端) / 先端 / 端

ujung jalan [ウジュン(グ) ジャラン]
（選 the end)突き当たり

ukir [ウキル]（選 to carve / to sculpt)
彫る / 彫刻する

ukiran [ウキラン]（選 sculpture)彫刻

UKM [ウーカーエム]（選 small and medium-
sized companies)中小企業

ukur [ウクル]（選 to measure)測る

ukuran [ウクラン]
（選 size)大きさ / サイズ / 寸法

ulama [ウラマ]（選 Muslim scholar)
ウラマ(イスラム神学者)

ulang [ウラン(グ)]（選 to repeat)繰り返す

ulang-alik [ウラン(グ) アリッ]
（選 shuttle)行ったり来たりする

ulangan [ウラン(グ)アン]（選 test / exam /
repetition)テスト / 試験 / 繰り返し

ulangi [ウラン(ギ)イ](愚 to repeat)繰り返す

ular [ウラル](愚 snake)ヘビ

ulas [ウラス]
(愚 to comment / segment / clove)
コメントする / (ミカンなどの)袋 / 片

ulasan [ウラサン]
(愚 comment / commentary / review)
コメント / 論評 / 解説

ulat [ウラ(ト)](愚 caterpillar)芋虫

ulat bulu [ウラ(ト) ブル]
(愚 hairy caterpillar)毛虫

uli [ウリ](愚 uli (glutinous rice snack))
ウリ(蒸したもち米のお菓子)

ulung [ウルン(グ)]
(愚 outstanding)優秀な / 卓越した

umat [ウマ(ト)]
(愚 follower / people)信徒 / 民衆

umat manusia [ウマ(ト) マヌスィア]
(愚 mankind)人類

umbi [ウンビ](愚 bulb / tuber)
球根 / 塊茎(かいけい)

umi [ウミ](愚 mother)【アラビア語】お母さん

umpama [ウンパマ](愚 like / example)
〜のごとく / 例え

umpat [ウンパ(ト)]
(愚 to swear / to curse)罵(ののし)る

UMR [ウーエムエル](愚 Local Minimum Wages)地域最低賃金

umrah [ウムロー](愚 umrah (small pilgrimage to Mecca))
【アラビア語】小巡礼(メッカ参詣)

umum [ウムム](愚 general / public)
一般 / 公共の / 公共 / 公然

umur [ウムル](愚 age)年(年齢) / 年齢

undang [ウンダン(グ)]
(愚 to invite)招く / 招待する

undangan [ウンダン(グ)アン]
(愚 invitation / guest)招待客 / 招待

undang-undang [ウンダン(グ) ウンダン(グ)]
(愚 constitution / law)憲法 / 法 / 法律

undi [ウンディ](愚 lottery)籤(くじ)

undian [ウンディアン](愚 drawing lots / lottery)籤(くじ)引き / 抽選

unduh [ウンドゥー]
(愚 download)ダウンロード

undur [ウンドゥル](愚 to move back / to retreat)後退する / 撤退する

unggul [ウングル]
(愚 be superior to / excellent)
優れた / 優越 / 勝る / 優秀な / 優勢な

ungkapan [ウンカパン](愚 expression / idiom)表現 / 慣用句 / 言葉

ungu [ウン(グ)ウ](愚 purple)紫

uni [ウニ](愚 union)連合

unifikasi [ウニフィカスィ]
(愚 unification)統合

unik [ウニッ(ク)](愚 unique / inherent)
独特な / ユニークな / 固有の

unit [ウニ(ト)](愚 device / unit)装置 / 単位

Unit Perawatan Inténsif
[ウニ(ト) プラワタン インテンスィッフ](愚 ICU (intensive care unit))集中治療室

U

universal [ユニフルサル]
（奥 universal）普遍的な

universitas [ユニフルスイタス]
（奥 university）大学

unjuk rasa [ウンジュッ ラサ]
（奥 demonstration）デモ

unsur [ウンスル]（奥 element / factor）
元素 / 要素 / 要因

unta [ウンタ]（奥 camel）ラクダ

untuk [ウントゥ(ク)]
（奥 for ~ / to ~）（〜の）ため

untuk dimakan [ウントゥ(ク) ディマカン]
（奥 edible）食用 / 食用の

untung [ウントゥン(グ)]
（奥 proceeds / profit）
収益 / 儲(もう)け

untung rugi [ウントゥン(グ) ルギ]
（奥 loss and gain）損得

upacara [ウパチャラ]（奥 ceremony）
儀式 / 式(式典) / セレモニー

upacara pemakaman
[ウパチャラ プマカマン]
（奥 funeral）葬儀 / 葬式

upacara pernikahan
[ウパチャラ プルニカハン]
（奥 wedding ceremony）結婚式

upacara tradisional
[ウパチャラ トラディスィオナル]
（奥 traditional event）伝統行事

upah [ウパー]（奥 pay）賃金

upaya [ウパヤ]（奥 effort）努力

urai [ウライ]
（奥 untie）解く / ほぐす / 分解する

urat [ウラ(ト)]（奥 vein）脈 / 筋

urine [ウリヌ]（奥 urine）尿

urus [ウルス]（奥 to manage）管理する

urusan [ウルサン]（奥 duty / business /
important points）
仕事(するべきこと) / 用事 / 用件

urusan mendadak [ウルサン ムンダダッ]
（奥 urgent business）急用

urusan pribadi [ウルサン プリバディ]
（奥 private use）私用

urut [ウル(ト)]
（奥 to massage）マッサージする

urutan [ウルタン]
（奥 order / No.）順序 / 〜番

US [ウーエス]（奥 United States）アメリカ

(tidak) usah [(ティダッ) ウサー]
（奥 don't）〜しなくてよい / 〜するな

usaha [ウサハ]
（奥 effort）事業 / 努力 / 営業 / 労力

usaha écéran [ウサハ エチェラン]
（奥 retail industry）小売業

usaha kecil menengah
[ウサハ クチル ムヌン(グ)アー]（奥 small and
medium-sized companies)
中小企業

usahawan [ウサハワン]
（奥 entrepreneur）実業家 / 起業家

usang [ウサン(グ)]（奥 shabby / obsolete）
おんぼろの / 廃れた

usap [ウサ(プ)]（愚 to wipe / to stroke）
拭く / 撫でる

USB [ユーエスビー]（愚 USB）USB

usia [ウスィア]（愚 age）年齢

usia kawin [ウスィア カウィン]
（愚 marriageable age）結婚適齢期

usia paruh baya [ウスィア パルー バヤ]
（愚 middle-aged）中年の

usia pénsiun [ウスィア ペンスィウン]
（愚 retiring age）定年

usia senja [ウスィア スンジャ]
（愚 one's final years）晩年

usik [ウスィッ]（愚 to tease / to disturb）
からかう / ちょっかいを出す / いじる

usil [ウスィル]（愚 meddlesome）お節介な

usir [ウスィル]（愚 to expel / to chase）
追い出す / 追っかける

usul [ウスル]（愚 proposal）提案 / 議案

usulan [ウスラン]（愚 idea）案

usung [ウスン(グ)]
（愚 to carry on a stretcher）担ぐ

usus [ウスス]（愚 intestine）腸

usus besar [ウスス ブサル]
（愚 the large intestine）大腸

usus buntu [ウスス ブントゥ]
（愚 appendix）虫垂（ちゅうすい）/ 盲腸

utama [ウタマ]
（愚 chiefly / principal）主な / 主要な

utang [ウタン(グ)]（愚 liabilities / debt /
loan）債務 / 借金 / ローン

utang budi [ウタン(グ) ブディ]
（愚 justice）義理

utara [ウタラ]（愚 north）北

utara selatan [ウタラ スラタン]
（愚 north and south）南北

utusan [ウトゥサン]
（愚 delegate / envoy）代表団 / 使節

uzur [ウズル]
（愚 infirm）（年老いて）衰えた

V

vaksin [ファクスィン]（愚 vaccine）ワクチン

vaksinasi [ファクスィナスィ]
（愚 vaccination）予防接種

vakum [ファクム]（愚 vacuum）真空

valuta asing [ファルタ アスィン(グ)]
（愚 foreign currency）外貨

vanili [ファニリ]（愚 vanilla）バニラ

VCD [フィスィディ]（愚 VCD (video compact
disc)）VCD / ビデオCD

végétarian [フェゲタリアン]（愚 vegetarian）
菜食主義者 / ベジタリアン

véna [フェナ]（愚 vein）静脈

véntilasi [フェンティラスィ]
（愚 ventilation）換気

versi [フルスィ]（愚 version）版 / バージョン

vértigo [フェルティゴ]
（愚 dizziness）眩暈（めまい）

vértikal [フェルティカル]（愚 vertical）垂直な

véteran [フェトゥラン]（愚 veteran）ベテラン

V

véto [フェト] (英 veto) 拒否権

vidéo [フィデオ] (英 video) ビデオ / 動画

Viêtnam [フィエ(ト)ナム]
　*(英 Vietnam) ベトナム

vila [フィラ] (英 summer house) 別荘

virus [フィルス] (英 virus) ウイルス

visa [フィサ] (英 visa) ビザ / 査証

vital [フィタル] (英 essential) 不可欠な

vitalitas [フィタリタス]
　(英 energy) 活気 / 活力

vitamin [フィタミン] (英 vitamin) ビタミン

vokal [フォカル] (英 vocal / vowel)
発音 / 母音 / 熱心に発言する

volt [フォル(ト)] (英 volt) ボルト (電圧の単位)

volume [フォルム] (英 volume) 体積

W

wacana [ワチャナ] (英 discourse) 談話

wadah [ワダー] (英 case / bowl /
container) 入れ物 / 器 / 容器

waduk [ワドゥッ] (英 dam) ダム

wafat [ワファ(ト)]
　(英 have passed away / pass away)
死去 (する)

wah [ワー] (英 wow)【口語】わあ

wahai [ワハイ] (英 oh ~ / listen ~)
(呼びかけで) ああ〜よ

wajah [ワジャー] (英 face) 顔

wajar [ワジャル] (英 a matter of course /
ordinary) 当り前 (な)

wajib [ワジ(ブ)]
　(英 compulsory / obliged)
義務の / 必修の / 必ず〜せねばならない

wakil [ワキル] (英 representative) 代表

waktu [ワクトゥ] (英 time / moment)
時間 / タイミング / 時

waktu luang [ワクトゥ ルアン(グ)]
　(英 free time) 暇な時 / 空いている時間

waktu senggang [ワクトゥ スンガン(グ)]
　(英 spare time) 暇な時間

waktu setempat [ワクトゥ ストゥンパ(ト)]
　(英 local time) 現地時間

waktu tempuh [ワクトゥ トゥンプー]
　(英 duration) 所要時間

walau [ワラウ] (英 even if / no matter)
たとえ〜だとしても

walaupun [ワラウプン]
　(英 although) 〜にもかかわらず

wali [ワリ] (英 guardian) 後見人

wali kota [ワリ コタ] (英 mayor) 市長

wangi [ワン(グ)イ] (英 fragrance) 香

wanita [ワニタ] (英 woman [women] /
lady) 女子 / 婦人

wanita tuna susila [ワニタ トゥナ ススィラ]
　(英 a whore) 売春婦

warga [ワルガ] (英 member / citizen)
一員 / 市民 / 住民

warga sipil [ワルガ スィピル]
　(英 civilian) 民間人

warganét [ワルガネ(ト)]
（英 netizen）ネット市民

waris [ワリス]（英 heir / inheritor）
相続人 / 相続者

warisan [ワリサン]
（英 inheritance）遺産

warisan budaya [ワリサン ブダヤ]
（英 cultural assets）文化財

warisan dunia [ワリサン ドゥニア]
（英 world heritage）世界遺産

warna [ワルナ]
（英 color）色 / カラー / 色彩

warnét [ワルネ(ト)]
（英 Internet café）インターネットカフェ

warta [ワルタ]（英 news）ニュース / 報道

wartawan [ワルタワン]（英 journalist）記者

warung [ワルン(グ)]（英 (street) stall）屋台

warung kopi [ワルン(グ) コピ]
（英 coffee shop / coffee stall）
喫茶店 / 喫茶軽食の屋台店

wasiat [ワスィア(ト)]（英 will）遺言

wasir [ワスィル]（英 hemorrhoids）痔(じ)

wasit [ワスィ(ト)]（英 umpire）審判

waspada [ワスパダ]（英 careful /
cautious）気を付ける / 用心深い

waswas [ワスワス]（英 anxiety / worried）
不安な / 心配な / 不安 / ためらい

watak [ワタッ]（英 temperament /
character）気性 / 人格

watt [ワ(ト)]（英 watt）ワット

wawancara [ワワンチャラ]（英 interview）
インタビュー / 会見 / 面接 / 面会

wawasan [ワワサン]
（英 vision）ビジョン / 洞察

wayang [ワヤン(グ)]
（英 shadow / puppet）映画 / 影絵芝居

wésel [ウェスル]
（英 bill of exchange）為替手形

wewangian [ウワン(グ)イアン]
（英 perfumery）香水類

wibawa [ウィバワ]（英 authority）権威

Wi-Fi [ワイファイ]（英 Wi-Fi）Wi-Fi

wig [ウィ(グ)]（英 wig）鬘(かつら)

wilayah [ウィラヤー]（英 territory / area /
zone）領域 / 区域 / ～帯

wilayah téritorial [ウィラヤー テリトリアル]
（英 territory）領土

wira [ウィラ]（英 hero）英雄 / ヒーロー

wiraswasta [ウィラスワスタ]
（英 entrepreneur）自営業者 / 起業家

wisata [ウィサタ]
（英 sightseeing / journey）見物 / 旅行

wisatawan [ウィサタワン]
（英 tourist）観光客

wiski [ウィスキ]（英 whisky）ウィスキー

wisma [ウィスマ]（英 building）建物 / ビル

wol [ウォル]（英 wool）ウール / 羊毛

wortel [ウォルトゥル]（英 carrot）ニンジン

wujud [ウジュ(ド)]（英 to exist）存在する

wujudkan [ウジュ(ド)カン]
(趣 to create / to realize)
作り出す / 生み出す / 実現させる

Y

ya [ヤ] (趣 yes / right / OK)
はい / (確認や念押しで)〜ね

yɛ Allah [ヤ アラー]
(趣 oh my god)何てこった

Yahudi [ヤフディ] (趣 Jew)ユダヤ

yaitu [ヤイトゥ] (趣 that is to say /
what we call / that is)
つまり / いわゆる / すなわち

yakin [ヤキン] (趣 certain / confident)
確信した / 自信がある

yakni [ヤクニ] (趣 that is to say / that is)
つまり / すなわち

yang [ヤン(グ)] (趣 the one which /
those which / that)〜である人〈物〉/
〜のやつ / 〜である所の

yang bersangkutan
[ヤン(グ) ブルサンクタン] (趣 person himself
[herself] / the relevant)本人 / 当該の

yang disebut [ヤン(グ) ディセブ(ト)]
(趣 so-called / what we call)
〜という / いわゆる

~ yang lain [ヤン(グ) ライン]
(趣 another)〜の他に

yang mana [ヤン(グ) マナ] (趣 which)
どちら(二つのうち) / どの / どれ

Yangon [ヤン(グ)オン]
(趣 Yangon)ヤンゴン

yatim [ヤティム] (趣 orphan)孤児

yatim piatu [ヤティム ピアトゥ]
(趣 orphan)孤児

yayasan [ヤヤサン]
(趣 foundation)基金 / 財団

yén [イェン] (趣 yen)円(日本の通貨)

Yesus [イェスス]
(趣 Jesus Christ)イエス・キリスト

yoghurt [ヨグル(ト)]
(趣 yoghurt)ヨーグルト

Yunani [ユナニ] (趣 Greece)ギリシャ

Z

zaitun [ザイトゥン] (趣 olive)オリーブ

zakar [ザカル] (趣 testicles)睾丸

zakat [ザカ(ト)] (趣 tithe)喜捨

zalim [ザリム] (趣 cruel)残酷な

zaman [ザマン] (趣 era)時代 / 時 / 年代

zaman modérn [ザマン モデルン]
(趣 recent times)近代

zaman pertengahan
[ザマン プルトゥン(グ)アハン]
(趣 middle ages)中世

zaman purba [ザマン プルバ]
(趣 ancient times)古代

zamrud [ザムル(ド)]
(趣 emerald)エメラルド

zat [ザ(ト)] (趣 nutrition / ingredient /
substance)要素 / 成分 / 物質

zébra [ゼブラ] (趣 zebra)シマウマ

zébra cross [ゼブラ クロス]
（＠ pedestrian crossing）横断歩道

ziarah [ズィアラー]（＠ pilgrimage /
visit a grave）巡礼 / 墓参り

zuhur [ズフル]（＠ midday prayer）
【アラビア語】昼過ぎの礼拝

Z

日常のあいさつ

おはようございます。

Selamat pagi.

スラマ(ト) パギ
Good morning.

こんにちは。(正午から午後3時まで)

Selamat siang.

スラマ(ト) スィアン(グ)
Good afternoon.

こんにちは。(午後3時から日没まで)

Selamat soré.

スラマ(ト) ソレ
Good afternoon.

こんばんは。

Selamat malam.

スラマ(ト) マラム
Good evening.

やあ。

Halo.

ハロ
Hi.

おやすみなさい。

Selamat tidur.

スラマ(ト) ティドゥル
Good night.

さようなら。(去る人に対して)

Selamat jalan.

スラマ(ト) ジャラン
Goodbye.

さようなら。(残る人に対して)

Selamat tinggal.

スラマ(ト) ティンガル
Goodbye.

またね。
Sampai jumpa lagi.
サンパイ ジュンパ ラギ
See you.

久しぶりですね。
Lama tidak berjumpa.
ラマ ティダッ ブルジュンパ
Long time no see.

お元気ですか？
Apa kabar?
アパ カバル
How are you?

元気です。
Kabar saya baik.
カバル サヤ バイッ
I'm fine.

まあまあです。
Biasa-biasa saja.
ビアサ ビアサ サジャ
So-so.

相変わらずです。
Seperti biasanya.
スプルティ ビアサニャ
Same as usual.

調子が悪いです。
Saya kurang séhat.
サヤ クラン(グ) セハ(ト)
I feel bad.

お気を付けて。
Hati-hati.
ハティ ハティ
Take care.

ようこそ！いらっしゃい！
Selamat datang!
スラマ(ト) ダタン(グ)
Welcome!

行ってらっしゃい！
Hati-hati di jalan!
ハティ ハティ ディ ジャラン
Have a safe trip!

ただいま！
Saya pulang!
サヤ プラン(グ)
I'm home!

自己紹介する

お名前は何ですか？
Siapa nama Anda?
スィアパ ナマ アンダ
May I have your name?

私はシティです。
Nama saya Siti.
ナマ サヤ スィティ
My name is Siti.

お名前はどう書きますか？
Bagaimana cara menulisnya?
バガイマナ チャラ ムヌリスニャ
How do you spell your name?

お会いできてうれしいです。
Senang bertemu dengan Anda.
スナン(グ) ブルトゥム ドゥン(グ)アン アンダ
Nice to meet you.

ご出身はどちらですか？
Anda berasal dari mana?
アンダ ブルアサル ダリ マナ
Where are you from?

私は日本から来ました。

Saya dari Jepang.

サヤ ダリ ジュパン(グ)

I'm from Japan.

私はジャカルタで生まれました。

Saya lahir di Jakarta.

サヤ ラヒル ディ ジャカルタ

I was born in Jakarta.

私は東京に住んでいます。

Saya tinggal di Tokyo.

サヤ ティンガル ディ トウキョウ

I live in Tokyo.

趣味は何ですか?

Apa hobi Anda?

アパ ホビ アンダ

What are your hobbies?

趣味は読書です。

Hobi saya membaca buku.

ホビ サヤ ムンバチャ ブク

My hobby is reading books.

好きなスポーツは何ですか?

Anda suka olah raga apa?

アンダ スカ オラー ラガ アパ

What sports do you like?

テニスが好きです。

Saya suka ténis.

サヤ スカ テニス

I like tennis.

私は20歳です。

Umur saya 20 tahun.

ウムル サヤ ドゥア プルー タフン

I'm 20 years old.

誕生日はいつですか？

Kapan ulang tahun Anda?

カパン ウラン(グ) タフン アンダ

When is your birthday?

人を紹介する

シェーンさんをご紹介します。

Saya mau memperkenalkan Jane kepada Anda.

サヤ マウ ムンプルクナルカン ジェーン クパダ アンダ

I would like to introduce Jane to you.

こちらは友達のジェーンさんです。

Ini Jane, teman saya.

イニ ジェーン トゥマン サヤ

This is my friend, Jane.

誘う

食事に行きましょう！

Ayo kita makan bersama!

アヨ キタ マカン ブルサマ

Let's go for a meal!

映画を見に行きましょう！

Ayo kita menonton film!

アヨ キタ ムノントン フィルム

Let's go to see a movie!

私と遊びませんか？

Pergi main bersama saya, yuk.

プルギ マイン ブルサマ サヤ ユッ

Why don't you play with me?

予定があります。

Saya sudah ada acara.

サヤ スダー アダ アチャラ

I already have something planned.

はい、行きましょう！

Ya, ayo kita pergi!

ヤ アヨ キタ プルギ

Yes, let's go!

忙しいです。
Saya sibuk.
サヤ スィブッ
I'm busy.

明日都合がいいですよ。
Bésok saya ada waktu
ベソッ サヤ アダ ワクトゥ
I'm available tomorrow.

何時がいいですか？
Anda bisa jam berapa?
アンダ ビサ ジャム ブラパ
What time is good for you?

いつがいいですか？
Kapan Anda bisa?
カパン アンダ ビサ
When is convenient for you?

退出する

また会いたいです。
Saya mau bertemu dengan Anda lagi.
サヤ マウ ブルトゥム ドゥン(グ)アン アンダ ラギ
I hope to see you again sometime.

メールしてください。
Tolong e-mail saya.
トロン(グ) イーメイル サヤ
Please e-mail me.

メールアドレスを教えてください。
Tolong beritahukan alamat e-mail Anda.
トロン(グ) ブリタフカン アラマ(ト) イーメイル アンダ
Please let me know your e-mail address.

電話してください。
Tolong télépon saya.
トロン(グ) テレポン サヤ
Please give me a call.

連絡をとりあいましょう。

Mari kita tetap saling berhubungan.

マリ キタ トゥタ(プ) サリン(グ) ブルフブン(グ)アン

Let's keep in touch.

お話できてよかったです。

Senang bisa mengobrol dengan Anda.

スナン(グ) ビサ ムン(グ)オブロル ドゥン(グ)アン アンダ

Nice talking to you.

お会いできてよかったです。

Senang bisa bertemu dengan Anda.

スナン(グ) ビサ ブルトゥム ドゥン(グ)アン アンダ

Nice meeting you.

ジェーンさんによろしくね。

Salam untuk Jane, ya.

サラム ウントゥッ ジェーン ヤ

Say hello to Jane.

感謝する

どうも。

Terima kasih.

トゥリマ カスィー

Thank you.

今日はありがとうございました。

Terima kasih untuk hari ini.

トゥリマ カスィー ウントゥ(ク) ハリ イニ

Thank you for today.

ありがとうございます。

Terima kasih banyak.

トゥリマ カスィー バニャッ

Thank you very much.

いろいろお世話になりました。

Terima kasih atas segalanya.

トゥリマ カスィー アタス スガラニャ

Thank you for everything.

来てくれてありがとう。

Terima kasih atas kedatangannya.

トゥリマ カスィー アタス クダタン(グ)アンニャ

Thank you for coming.

お電話ありがとうございます。

Terima kasih atas téléponnya.

トゥリマ カスィー アタス テレポンニャ

Thank you for calling.

誘ってくれてありがとう。

Terima kasih atas undangannya.

トゥリマ カスィー アタス ウンダン(グ)アンニャ

Thank you for asking me.

あなたの親切に感謝します。

Terima kasih atas kebaikannya.

トゥリマ カスィー アタス クバイカンニャ

I appreciate your kindness.

ご清聴ありがとうございました。

Terima kasih telah mendengarkan.

トゥリマ カスィー トゥラー ムンドゥン(グ)アルカン

Thank you for listening.

とても親切ですね。

Anda sangat baik.

アンダ サン(グ)ア(ト) バイッ

It is kind of you.

あやまる

ごめんね。

Maaf, ya.

マアッ ヤ

Sorry.

ごめんなさい。

Saya mohon maaf.

サヤ モホン マアッ

I'm sorry.

遅れてすみません。

Maaf, saya terlambat.

マアッ サヤ トゥルランバ(ト)

I m sorry for being late.

お手数をかけてすみません。

Maaf merépotkan.

マアッ ムレポ(ト)カン

I'm sorry for bothering you.

間違えました。

Saya keliru.

サヤ クリル

I made a mistake.

どうか許してください。

Mohon dimaafkan.

モホン ディマアッカン

Please forgive me.

ほめる・喜ぶ

かっこいい！

Kerén!

クレン

Cool!

いい感じ！

Bagus!

バグス

Sounds great!

やったぞ！

Saya berhasil!

サヤ ブルハスィル

I did it!

（あなたが）やったね！

Anda berhasil!

アンダ ブルハスィル

You did it!

わくわくする！
Sangat mendebarkan!
サン(グ)ア(ト) ムンドゥバルカン
How exciting!

すごい！ いいぞ！
Hébat!
ヘバ(ト)
Great!

よかったよ！
Sangat bagus!
サン(グ)ア(ト) バグス
Well done!

とてもいい気分です！
Saya sangat senang!
サヤ サン(グ)ア(ト) スナン(グ)
I feel great!

たいしたもんだな！
Benar-benar mengagumkan!
ブナルブナル ムン(グ)アグムカン
That is really something!

楽しそう！
Kelihatannya menarik!
クリハタンニャ ムナリッ
Sounds fun!

うれしい！
Saya senang!
サヤ スナン(グ)
I'm glad!

怒る

ひどい！
Itu keterlaluan!
イトゥ クトゥルラルアン
That's terrible!

嫌な人ね！

Anda menyebalkan!

アンダ ムニュバルカン

You are annoying!

聞いてるの？

Anda mendengarkan saya?

アンダ ムンドゥン(グ)アルカン サヤ

Are you listening to me?

からかわないでよ！

Jangan mengolok-olok saya!

ジャン(グ)アン ムン(グ)オロッオロッ サヤ

Don't make fun of me!

あなたのせいですよ！

Itu gara-gara Anda!

イトゥ ガラ ガラ アンダ

It's your fault!

かまわないで！

Biarkan saya sendiri!

ビアルカン サヤ スンディリ

Leave me alone!

いい加減にしてよ！

Cukup sudah!

チュク(プ) スダー

That is enough.

腹がたつ！

Saya jéngkel!

サヤ ジェン(グ)ケル

I'm upset!

誰も気にしないよ！

Tidak ada yang peduli!

ティダッ アダ ヤン(グ) プドゥリ

Who cares?

驚く

本当？
Benarkah?
ブナルカー
Really?

あなた、おかしいんじゃないの？
Anda gila ya?
アンダ ギラ ヤ
Are you crazy ?

まさか！
Masa!
マサ
No way!

信じられない！
Tidak dapat dipercaya!
ティダッ ダパ(ト) ディプルチャヤ
Unbelievable!

悲しむ・落胆する

悲しいです。
Saya sedih.
サヤ スディー
I'm sad.

傷つきました。
Saya terluka.
サヤ トゥルルカ
I was really hurt.

がっかりしました。
Saya merasa kecéwa.
サヤ ムラサ クチェワ
I'm disappointed.

ショックです。
Saya merasa terpukul.
サヤ ムラサ トゥルプクル
I'm shocked.

ずるいです。
Itu curang.
イトゥ チュラン（グ）
That is not fair.

食事中に

おいしい！
Ini énak!
イニ エナッ
This is delicious!

おいしそう！
Itu kelihatannya énak.
イトゥ クリハタンニャ エナッ
It looks delicious!

甘いです。
Ini manis.
イニ マニス
It's sweet.

酸っぱいです。
Ini asam.
イニ アサム
It's sour.

辛いです。
Ini pedas.
イニ プダス
It's hot.

苦いです。
Ini pahit.
イニ パヒ（ト）
It's bitter.

これ、大好きです。
Saya suka sekali ini.
サヤ スカ スカリ イニ
I like this very much.

これ、嫌いです。
Saya tidak suka ini.
サヤ ティダッ スカ イニ
I don't like this.

どうぞ食べてください。
Silakan dimakan.
スィラカン ディマカン
Please have some.

それ、好きですか？
Anda suka itu?
アンダ スカ イトゥ
Do you like it?

乾杯！
Toas!
トアス
Cheers!

もっと召し上がりませんか？
Mau tambah lagi?
マウ タンバー ラギ
Would you like some more?

私は（お酒が）飲めません。
Saya tidak bisa minum (minuman keras).
サヤ ティダッ ビサ ミヌム（ミヌマン クラス）
I can't drink alcohol.

もう結構です。
Sudah cukup.
スダー チュク（プ）
That's enough.

空港で

搭乗ゲートはどこですか？
Di mana pintu masuk pesawat?
ディ マナ ピントゥ マスッ プサワ（ト）
Where is the boarding gate?

この便は予定通りですか？

Apakah penerbangannya sesuai jadwal?

アパカー プヌルバン(グ)アンニャ ススアイ ジャドワル

Is the flight on schedule?

搭乗は始まっていますか？

Apakah sudah mulai memasuki pesawat?

アパカー スダー ムライ ムマスキ プサワ(ト)

Are passengers boarding now?

これを持ち込みたいです。

Saya mau membawa ini ke dalam pesawat.

サヤ マウ ムンバワ イニ ク ダラム プサワ(ト)

I want to take this with me.

予約の変更をお願いします。

Saya mau mengubah pesanan saya.

サヤ マウ ムン(グ)ウバー プサナン サヤ

I'd like to change my reservation.

私のスーツケースが出てきません。

Koper saya belum keluar.

コプル サヤ ブルム クルアル

My baggage doesn't come out.

レストランで

この土地の料理が食べたいのですが。

Saya mau makan makanan khas daérah sini.

サヤ マウ マカン マカナン ハス ダエラー スィニ

I'd like to have some local food.

これを食べてみたいです。

Saya mau coba makan ini.

サヤ マウ チョバ マカン イニ

I would like to have this.

ちょっとすみません。

Permisi.

プルミスィ

Excuse me.

メニューをください。

Minta ménunya.

ミンタ メヌニャ

Please give me a menu.

注文をお願いします。

Saya mau pesan.

サヤ マウ プサン

May I order?

これをお願いします。

Saya pesan ini.

サヤ プサン イニ

I'll have this.

だいぶ待ちますか？

Perlu waktu lama?

プルル ワクトゥ ラマ

Do I have to wait for a long time?

何がおすすめですか？

Apa rékoméndasinya?

アパ レコメンダスィニャ

What would you recommend?

まだ料理が来ません。

Pesanannya belum datang.

プサナンニャ ブルム ダタン(グ)

Our food hasn't come yet.

これは注文していません。

Saya tidak pesan ini.

サヤ ティダップサン イニ

I didn't order this.

会計をお願いします。

Minta notanya.

ミンタ ノタニャ

The bill, please.

お手洗いはどこですか？

Di mana kamar kecilnya?

ディ マナ カマル クチルニャ

Where is the restroom?

持ち帰ります。

Saya mau bawa pulang.

サヤ マウ バワ プラン(グ)

Take out, please.

ここで食べます。

Saya makan di sini.

サヤ マカン ディ スィニ

I'll eat here.

予約をキャンセルしたいのですが。

Saya mau membatalkan pemesanan saya.

サヤ マウ ムンバタルカン プムサナン サヤ

I'd like to cancel my reservation.

満腹です。

Saya kenyang

サヤ クニャン(グ)

I'm completely full.

ホテルで

今、チェックインできますか？

Sudah bisa chéck-in sekarang?

スダー ビサ チェク イン スカラン(グ)

Can I check-in now?

今晩泊まれますか？

Ada kamar untuk malam ini?

アダ カマル ウントゥ(ク) マラム イニ

Do you have a room for tonight?

浴室は付いていますか？

Ada kamar mandi di dalam?

アダ カマル マンディ ディ ダラム

Does the room have a bath?

朝食付きですか？

Ini termasuk sarapan?

イニ トゥルマスッ サラパン

Is breakfast included?

シングルの部屋はありますか？

Ada kamar single?

アダ カマル スィングル

I'd like a single room.

ツインの部屋はありますか？

Ada kamar twin?

アダ カマル トゥイン

I'd like a twin room.

一泊おいくらですか？

Berapa tarif semalam?

ブラパ タリフ スマラム

How much for one night?

部屋を変えてほしいです。

Saya mau tukar kamar.

サヤ マウ トゥカル カマル

I'd like to change rooms.

部屋を見せてもらえますか？

Boléh saya lihat kamarnya?

ボレー サヤ リハ(ト) カマルニャ

May I see the room?

部屋に鍵を忘れました。

Saya lupa kunci di kamar.

サヤ ルパ クンチ ディ カマル

I locked myself out.

部屋の鍵が壊れています。

Kunci kamarnya rusak.

クンチ カマルニャ ルサッ

The key to my room doesn't work.

隣の部屋の人がうるさいです。

Kamar di sebelah berisik.

ナマル ディ スブラー ブリスィッ

The people next door are too noisy.

ルームサービスをお願いします。

Saya mau pesan makan di kamar.

セヤ マウ ブサン マカン ディ カマル

Room service, please.

モーニングコールをお願いします。

Saya mau pesan layanan wake-up call

サヤ マウ ブサン ラヤナン ウェイクアップ コール

A wake-up call, please.

貴重品を預かっていただけますか？

Bisa titip barang berharga?

ビサ ティティ(プ) バラン(グ) ブルハルガ

Could you keep these valuables for me, please?

わたしの荷物がありません。

Barang saya hilang.

バラン(グ) サヤ ヒラン(グ)

My luggage is missing.

トイレが詰まっています。

Air toilétnya tidak mengalir.

アイル トイレ(ト)ニャ ティダッ ムン(グ)アリル

The toilet doesn't flush.

シャワーのお湯が出ません。

Air panasnya tidak keluar.

アイル パナスニャ ティダック クルアル

There's no hot water in the shower.

水が漏れています。

Airnya bocor.

アイルニャ ボチョル

Water is leaking.

チェックアウトしたいのですが。

Saya mau chéck-out.

サヤ マウ チェク アウ(ト)

I'd like to check out.

街頭で

観光案内をいただけますか？

Boléh minta pamflét pariwisata?

ボレー ミンタ パンフレ(ト) パリウィサタ

Can I have a sight-seeing pamphlet?

銀行はどこですか？

Di mana bank?

ディ マナ バンク

Where is the bank?

ここはどこですか？

Saya ada di mana sekarang?

サヤ アダ ディ マナ スカラン(グ)

Where am I now?

観光地で

観光に来ました。

Saya datang untuk berwisata.

サヤ ダタン(グ) ウントゥ(ク) ブルウィサタ

I came to do some sightseeing.

写真を撮ってもらえますか？

Boléh minta tolong fotokan saya?

ボレー ミンタ トロン(グ) フォトカン サヤ

Could you take my picture?

写真を撮ってもいいですか？

Boléh memotrét?

ボレー ムモトレ(ト)

May I take picture?

入場料はいくらですか？

Berapa harga tikét masuknya?

ブラパ ハルガ ティケ(ト) マスクニャ

How much is admission?

タクシー

ミナス（独立記念塔）に行きたいのです。
Saya mau ke Monas.
サヤ マウ ク モナス
I would like to go to the Monas.

空港まで行きたいです。
Saya mau ke bandara.
サヤ マウ ク バンダラ
I would like to go to the airport.

空港までいくらですか？
Berapa ongkos ke bandara?
ブラパ オンコス ク バンダラ
How much is it to the airport?

駅まで行きたいです。
Saya mau ke stasiun keréta.
サヤ マウ ク スタスィウン クレタ
I would like to go to the station.

駅までいくらですか？
Berapa ongkos ke stasiun keréta?
ブラパ オンコス ク スタスィウン クレタ
How much is it to the station?

この場所に行ってください。
Tolong antarkan saya ke tempat ini.
トロン(グ) アンタルカン サヤ ク トゥンパ(ト) イニ
Please take me to this place.

この場所までいくらですか？
Berapa ongkosnya ke tempat ini?
ブラパ オンコスニャ ク トゥンパ(ト) イニ
How much is it to this place?

電車

この電車はジョグジャカルタ行きですか？
Apakah keréta ini pergi ke Jogjakarta?
アパーカー クレタ イニ プルギ ク ジョグジャカルタ
Is this train going to Jogjakarta?

次の電車はいつ到着しますか？

Kapan keréta berikutnya datang?

カパン クレタ ブルイク(ト)ニャ ダタン(グ)

When the next train will arrive?

どのくらい待ちますか？

Berapa lama harus menunggu?

ブラパ ラマ ハルㇲ ムヌング

How long should I wait?

座席を予約したいのですが。

Saya mau pesan kursi.

サヤ マウ プサン クルスィ

I'd like to book a seat.

切符はどこで買えますか？

Bisa beli karcis di mana?

ビサ ブリ カルチㇲ ディ マナ

Where can I get tickets?

お店で

Tシャツはありますか？

Ada baju kaus ?

アダ バジュ カウㇲ

Do you have a T-shirt?

色違いのものはありますか？

Ada warna lain?

アダ ワルナ ライン

Do you have this in different colors?

サイズ違いのものはありますか？

Ada ukuran lain?

アダ ウクラン ライン

Do you have this in different sizes?

ラッピングしてもらえますか？

Bisa dibungkus?

ビサ ディブンクㇲ

Could you wrap it?

気に入りました。

Saya suka.

サヤ スカ

I like it.

いくらですか？

Ini berapa?

イニ ブラパ

How much is it?

試着していいですか？

Boléh dicoba?

ボレー ディチョバ

May I try it on?

手にとってもいいですか？

Boléh saya ambil?

ボレー サヤ アンビル

May I pick it up?

これを見せてもらえますか？

Boléh saya lihat?

ボレー サヤ リハ(ト)

May I see it?

ちょっと見ているだけです。

Saya hanya lihat-lihat saja.

サヤ ハニャ リハ(ト) リハ(ト) サジャ

I'm just looking.

これがほしいのですが。

Saya mau ini.

サヤ マウ イニ

I'd like this.

免税で買うことができますか？

Bisa beli dengan bébas pajak?

ビサ ブリ ドゥン(グ)アン ベバス パジャ(ク)

Can I buy it duty free?

もっと安くしてもらえますか？

Bisa ditawar?

ビサ ディタワル

Could you give me a discount?

クレジットカードは使えますか？

Bisa pakai kartu krédit?

ビサ パカイ カルトゥ クレディ(ト)

Do you take credit cards?

領収書をください。

Tolong kuitansinya.

トロン(グ) クイタンスィニャ

Could I have a receipt?

両替

両替をしてください。

Saya mau tukar uang.

サヤ マウ トゥカル ウアン(グ)

I'd like to exchange some money.

計算書をください。

Tolong nota penghitungannya.

トロン(グ) ノタ プン(グ)ヒトゥン(グ) クイタンスィニ

Receipt, please.

計算が間違っていませんか？

Kelihatannya salah hitung?

クリハタンニャ サラー ヒトゥン(グ)

I think the bill is added up wrong.

日本円を扱っていますか？

Bisa bayar dengan Yén?

ビサ バヤル ドゥン(グ)アン イェン

Do you accept Japanese Yen?

トラブル

助けてください！

Tolong!

トロン(グ)

Help!

逃げて！

Menjauhlah!

ムンジャウーラー

Get away!

交通事故にあいました。

Saya mengalami kecelakaan lalu lintas.

サヤ ムン(グ)アラミ クチュラカアン ラル リンタス

I had a traffic accident.

盗難にあいました。

Saya kecurian.

サヤ クチュリアン

I got robbed.

警察を呼んでください。

Tolong télépon polisi.

トロン(グ) テレポン ポリスィ

Please call the police.

救急車を呼んでください。

Tolong panggilkan ambulan.

トロン(グ) パンギルカン アンブラン

Please call an ambulance.

消防車を呼んでください。

Tolong panggilkan pemadam kebakaran.

トロン グ パンギルカン プマダム クバカラン

Please call a fire engine.

パスポートを無くしました。

Saya kehilangan paspor.

サヤ クヒラン(グ)アン パスポル

I've lost my passport.

盗難証明書をください。

Tolong buatkan Surat Keterangan Kecurian.

トロン(グ) ブアトカン スラト クトゥラン(グ) アン クチュリアン

Could you make out a theft report?

子供が迷子になりました。

Anak saya tersesat.

アナッ サヤ トゥルススサ(ト)

I can't find my child.

エアコンが壊れています。

ACnya rusak.

アーセーニャ ルサ(ク)

The air conditioner is broken.

日本語を話せる人はいますか？

Ada orang yang bisa berbahasa Jepang?

アダ オラン(グ) ヤン(グ) ビサ ブルバハサ ジュパン(グ)

Is there anyone here who can speak Japanese?

電話

日本へ電話したいのですが。

Saya mau menélépon ke Jepang.

サヤ マウ ムネレポン ク ジュパン(グ)

I'd like to make a call to Japan.

また電話します。

Saya akan menélépon kembali.

サヤ アカン ムネレポン クンバリ

I'll call back.

番号を間違えました。

Salah sambung.

サラー サンブン(グ)

I must have the wrong number.

ゆっくり言ってください。

Tolong bicara pelan-pelan.

トロン(グ) ビチャラ プラン プラン

Would you speak slowly?

伝言を残してもいいですか？

Bisa meninggalkan pesan?

ビサ ムニンガルカン プサン

Can I leave a message?

５時にかけ直してください。

Tolong télépon kembali pada jam 5.

トロン(グ) テレポン クンバリ パダ ジャム リマ

Call me back at five.

接待・社交

お食事でもいかがですか？

Bagaimana kalau kita makan malam bersama?

バガイマナ カラウ キタ マカン マラム ブルサマ

Would you like to have dinner?

とても楽しかったです。

Saya sangat senang.

サヤ サン(グ)ア(ト) スナン(グ)

I had a really good time.

あいにく先約があります。

Sayangnya saya sudah ada acara lain.

サヤン(グ)ニャ サヤ スダー アダ アチャラ ライン

Unfortunately, I already have plans.

喜んでご一緒します。

Saya akan pergi dengan senang hati.

サヤ アカン プルギ ドゥン(グ)アン スナン(グ) ハティ

I'd love to go.

私に任せてください。

Serahkan kepada saya.

スラーカン クパダ サヤ

Let me take care of this, please.

病気

病院へ連れて行ってください。

Tolong antarkan saya ke rumah sakit.

トロン(グ) アンタルカン サヤ ク ルマー サキ(ト)

Take me to the hospital, please.

体調が悪いです。

Saya tidak énak badan.

サヤ ティダッ エナッ バダン

I feel sick.

風邪を引いています。

Saya flu.

サヤ フル

I have a cold.

お腹が痛いです。

Saya sakit perut

サヤ サキ(ト) プル(ト)

I have a stomachache.

けがをしました。

Saya cedera.

サヤ チュドゥラ

I got injured.

風邪薬をください。

Minta obat flu.

ミンタ オバ(ト) フル

May I have some cold medicine?

せきが出ます。

Saya batuk.

サヤ バトゥッ

I have a cough.

寒気がします。

Saya meriang.

サヤ ムリアン(グ)

I feel cold.

めまいがします。

Saya pusing.

サヤ プスィン(グ)

I feel dizzy.

熱があります。

Saya demam.

サヤ ドゥマム

I got a fever.

数字

0
nol / kosong
ノル / コソン(グ)

1
satu
サトゥ

2
dua
ドゥア

3
tiga
ティガ

4
empat
ウンパ(ト)

5
lima
リマ

6
enam
ウナム

7
tujuh
トゥジュー

8
delapan
ドゥラパン

9
sembilan
スンビラン

10
sepuluh
スプルー

11
sebelas
スブラス

12
dua belas
ドゥア ブラス

13
tiga belas
ティガ ブラス

14
empat belas
ウンパ(ト) ブラス

15
lima belas
リマ ブラス

16
enam belas
ウナム ブラス

17
tujuh belas
トゥジュー ブラス

18
delapan belas
ドゥラパン ブラス

19
sembilan belas
スンビラン ブラス

20
dua puluh
ドゥア プルー

21
dua puluh satu
ドゥア プルー サトゥ

22
dua puluh dua
ドゥア プルー ドゥア

25
dua puluh lima
ドゥア プルー リマ

30
tiga puluh
ティガ プルー

40
empat puluh
ウンパ(ト) プルー

50
lima puluh
リマ プルー

60
enam puluh
ウナム プルー

70
tujuh puluh
トゥジュー プルー

80
delapan puluh
ドゥラパン プルー

90
sembilan puluh
スンビラン プルー

100
seratus
スラトゥス

200
dua ratus
ドゥア ラトゥス

1,000
seribu
スリブ

3,000
tiga ribu
ティガ リブ

10,000
sepuluh ribu
スプルー リブ

100,000
seratus ribu
スラトゥス リブ

200,000
dua ratus ribu
ドゥア ラトゥス リブ

500,000
lima ratus ribu
リマ ラトゥス リブ

1,000,000	第9の
sejuta	**kesembilan**
スジュタ	クスンビラン

3,000,000	第10の
tiga juta	**kesepuluh**
ティガ ジュタ	クスプルー

第1の	第20の
pertama / kesatu	**keduapuluh**
プルタマ / クサトゥ	クドゥアプルー

第2の	第100の
kedua	**keseratus**
クドゥア	クスラトゥス

第3の
ketiga
クティガ

月

第4の	1月
keempat	**Januari**
クウンパ(ト)	ジャヌアリ

第5の	2月
kelima	**Fébruari**
クリマ	フェブルアリ

第6の	3月
keenam	**Maret**
クウナム	マル(ト)

第7の	4月
ketujuh	**April**
クトゥジェー	アプリル

第8の	5月
kedelapan	**Méi**
クドゥラパン	メイ

6月
Juni
ジュニ

7月
Juli
ジュリ

8月
Agustus
アグストゥス

9月
Séptémber
セプテンブル

10月
Oktober
オクトブル

11月
Novémber
ノフェンブル

12月
Désémber
デセンブル

曜日

日曜日
Minggu
ミング

月曜日
Senin
スニン

火曜日
Selasa
スラサ

水曜日
Rabu
ラブ

木曜日
Kamis
カミス

金曜日
Jumat
ジュマ(ト)

土曜日
Sabtu
サットゥ

イベント

祝日
hari raya
ハリ ラヤ

休日
hari libur
ハリ リブル

断食月
Ramadan
ラマダン

ラマダン明け
idul fitri
イドゥル フィトリ

ニュピ（サカ暦正月）
Nyepi
ニュピ

クリスマス
Natal
ナタル

正月
tahun baru
タフン バル

旧正月
tahun baru imlék
タフン バル イムレッ

独立記念日
hari kemerdékaan
ハリ クムルデカアン

季節

春
musim semi
ムスィム スミ

夏
musim panas
ムスィム パナス

秋
musim gugur
ムスィム ググル

冬
musim dingin
ムスィム ディン（グ）イン

乾季
musim kemarau
ムスィム クマラウ

雨季
musim hujan
ムスィム フジャン

天気

晴れ
cerah
チュラー

曇り
berawan
ブルアワン

雨
hujan
フジャン

色

赤
mérah
メラー

白
putih
プティー

青
biru
ビル

緑
hijau
ヒジャウ

塩辛い
asin
アスィン

黄色
kuning
クニン(グ)

うま味がある
gurih
グリー

黒
hitam
ヒタム

辛い
pedas
プダス

グレー
abu-abu
アブ アブ

美味しい
énak
エナッ

茶色
cokelat
チョクラ(ト)

美味しくない
tidak énak
ティダッ エナッ

紫
ungu
ウン(グ)ウ

家族

家族
keluarga
クルアルガ

味覚

甘い
manis
マニス

父親
ayah / bapak
アヤー / ババッ

苦い
pahit
パヒ(ト)

母親
ibu
イブ

酸っぱい
asam
アサム

夫
suami
スアミ

妻
istri
イストリ

息子
anak laki-laki
アナッ ラキ ラキ

娘
anak perempuan
アナッ プルンプアン

祖父
kakék
カケッ

祖母
nenék
ネネッ

伯父、叔父
om / paman
オム ノ パマン

伯母、叔母
tante / bibi
タントゥ ノ ビビ

兄弟
bersaudara laki-laki
ブルサウダラ ラキ ラキ

姉妹
bersaudara perempuan
ブルサウダラ プルンプアン

孫
cucu
チュチュ

いとこ
saudara sepupu
サウダラ ススプ

甥
keponakan laki-laki
クポナカン ラキ ラキ

姪
keponakan perempuan
クポナカン プルンプアン

感情

嬉しい
senang
スナン(グ)

楽しい
menyenangkan
ムニュナンカン

悲しい
sedih
スディー

怖い
takut
タク(ト)

心配
khawatir
ハワティル

安心
lega
ルガ

恥ずかしい
malu
マル

怒った
marah
マラー

残念
sayang
サヤン(グ)

自然

山
gunung
グヌン(グ)

川
sungai / kali
スン(グ)アイ / カリ

海
laut
ラウ(ト)

海岸
pantai
パンタイ

砂浜
pantai berpasir
パンタイ ブルパスィル

湖
danau
ダナウ

沼
telaga
トゥラガ

島
pulau
プラウ

森
hutan
フタン

樹木
pepohonan
プポホナン

花
bunga
ブン(グ)ア

太陽
matahari
マタハリ

月
bulan
ブラン

星
bintang
ビンタン(グ)

嵐
badai
バダイ

雪
salju
サルジュ

食器類

スプーン
séndok
センドッ

フォーク
garpu
ガルプ

ナイフ
pisau
ピサウ

箸
sumpit
スンピ(ト)

皿
piring
ピリン(グ)

コップ
gelas
グラス

グラス
kaca
カチャ

ジョッキ
gelas bir
グラス ビル

杯(さかずき)
sloki
スロキ

特別協力	カルティカ・ハンダヤニ・アンバリ
	イルマ・サウィンドラ・ヤンティ
	チュウ太プロジェクトチーム
編集協力	ロシタ，岡崎葉澄，藤浦 爽
	株式会社ブレイン
デザイン	合原孝明
編集担当	斎藤俊樹〔三修社〕

ポータブル
日インドネシア英・インドネシア日英辞典

2017 年 12 月 10 日　第 1 刷発行

総監修者———	川村よし子〔東京国際大学〕
監 修 者———	フロレンティナ・エリカ
編 集 者———	三修社編集部

発 行 者———	前田俊秀
発 行 所———	株式会社三修社
	〒 150-0001　東京都渋谷区神宮前 2-2-22
	TEL 03-3405-4511　FAX 03-3405-4522
	振替 00190-9-72758
	http://www.sanshusha.co.jp/

印刷製本———	大日本印刷株式会社

ISBN978-4-384-05878-9 C0580